Principles, Definitions and Model Rules of European Private Law:

Draft Common Frame of Reference (DCFR)

full edition

Principles, Definitions and Model Rules of European Private Law Draft Common Frame of Reference (DCFR). Full Edition
Authored by Christian Von Bar, Eric Clive

This Chinese edition is published by Law Press China in 2014, Beijing through the arrangement with Sellier European Law Publishers.

著作权合同登记号
图字：01-2010-1406

欧洲私法的原则、定义与示范规则：

欧洲示范民法典草案

（全译本）

第九卷

动产担保物权

第十卷

信 托

附 录

欧洲民法典研究组
欧盟现行私法研究组 编著

克里斯蒂安·冯·巴尔
埃里克·克莱夫 主编

梁慧星 翻译顾问

徐强胜 赵 莉 译

法律出版社
LAW PRESS · CHINA

出版说明

集二百余位欧洲优秀学者历时四年起草完成的《欧洲私法的原则、定义与示范规则:欧洲示范民法典草案》(也就是学界所谓的“欧洲民法典草案”),展现了欧洲各国当下最为认可与适用的私法规则,可称世界上最为先进的民法典草案之一。不论该草案最终是否能够通过,或以何种形式通过,其中所蕴藏的学术意义与价值都不容忽视。随着我国社会主义法律体系的逐步完善,制定一部较为成熟的民法典既是建设社会主义法律体系发展的必然要求与历史选择,也是学界多年的期盼与梦想。将该草案逐译出版,对当下我国民法典的建构具有深远的影响,也有着重要的理论与现实意义。

欧洲示范民法典草案共分十卷,分别是:一般条款、合同和其他法律行为、债及相关权利、有名合同及其产生的权利义务、无因管理他人事务、造成他人损害的非合同责任、不当得利、物的所有权的取得与丧失、动产担保物权、信托,共计示范规则1023条。同时,几乎每条示范规则之后都附有起草小组的评论或注释,大部分示范规则附带示例。为了方便读者阅读,中译本共分五册出版,第一册为第一卷、第二卷、第三卷,第二册为第四卷,第三册为第五卷、第六卷、第七卷,第四册为第八卷,第五册为第九卷、第十卷、附录。

中译本的出版于2012年获得国家出版基金资助。中国社会科学院学部委员、法学研究所研究员梁慧星先生任本书的翻译顾问,中国社会科学院法学研究所谢鸿飞研究员、北京理工大学付俊伟博士领衔二十余位国内外学者,历时三年时间完成本书的全部翻译工作。法律出版社黄闽社长任项目组总负责人,法学学术出版分社社长朱宁和分社长助理高山分别担任该出版项目组组长、副组长,高级策划编辑刘文科负责全面统筹、协调、执行该项目。参加本项目编辑工作的有刘文科、易明群、韩满春、吕丽丽、董飞、黄琳佳、李峰沄。此外,刘彦沣博士为本项目的出版工作做出了重要的贡献。

如此卷帙浩繁的翻译作品的出版实为一项艰难的工作,难免出现一些错误和不完善之处,希望学界不吝批评指正,以便改进我们的工作。

法律出版社

序　言

受邀对共同参照框架草案完整版，这一欧洲私法共同参照框架学术起草稿的中文翻译作此序言，我深感荣幸！在欧洲和中国私法的核心领域进行观点的广泛交流，我们草案的起草人感到受益匪浅并且也为之鼓舞！我们对由中国社会科学院的梁慧星教授担任主编之下的翻译团队的成果感到振奋人心！再一次强调，欧盟成员国与东亚主要国家私法间的密切联系是显著的。与欧洲现在的发展相吻合，新的法典也已经在亚洲诞生或正在诞生，而过去的法典又面临着现代化的发展。在此过程中，对于我们双方维持一个密切的关系从而不至于会错过相互学习和分享对方成就的机会显得尤为重要。

共同参照框架草案是一个学术文本。它是在欧洲法律科学中心区域自主创造出的产物。它部分建立在过去欧洲委员会合同法，即在丹麦主席领导下享誉盛名的兰德委员会的成果基础之上，并且还融入了有名合同、非合同法律责任以及物权法特殊领域的规则。另外，共同参照框架草案包含了与欧盟私法相关的合同和侵权规则，即所谓的“共同法”。共同参照框架草案的文本最初来源于“欧洲民法典起草小组”工作的指示，并且其余的由另一个欧洲法律学者的团体，即阿奎那小组而起草。由来自双方团体的成员组成的编译团体负责共同参照框架草案最后文本的形成。紧接着致力于引起诸多论争的临时性版本的出版，共同参照框架一共出版了两种形式：包含了共同参照框架草案一般性原则的临时性版本呈现出了定义和规则；同时，完整性版本还包括了示范规则扩展的注释、包括了欧盟成员各国详细法律的评论以及界定和验证收集而来的巨大材料的系统记载。

在出版后的短时间内，共同参照框架草案引发了广泛的论争；同时，它也引起了世界范围内的共鸣。一些重要的翻译（原稿翻译为日语、韩语和俄语）更是促进和激发了它的传播。欧盟委员会也给予了将它翻译为德文、法文、意大利语、波兰语和西班牙语的政策。比较来说，译为中文明显地更具挑战性并且更加耗费时间。我对在该译文中所体现出的能力、技巧和智慧表示赞赏！它是世界范围内首次对共同参照框架草案完整版的翻译;其他所有的翻译目前为止都仅限于临时性版本。

起草共同参照草案的学术团体希望创造一个参照框架,以此来浇灌欧盟和成员国司法体系成长的源泉。更进一步的目标是从国内法律中获得法律论争,以及从外国司法体系中获得解决方案,同时还提供一种新的法律平台来促进学者在比较欧盟标准时,更加准确地记述和评估国内法律体系。共同参照框架草案在这些阶段的各个层次上都将受到实质性的认可。我们草案的起草人希望与中国的同事和朋友共同来探讨草案中所包含的路径与想法!

克里斯蒂安·冯·巴尔
2013 年 9 月于奥斯纳布吕克

目　　录

第九卷

动产担保物权

第一章　总　　则

第一节　适用范围

第Ⅸ－1:101 条　总则

（1）本编适用于基于物权担保合同所产生的下列动产物权：

（a）担保物权；

（b）保留所有权的交易所保留的所有权。

（2）本编规定的担保物权规则也适用于：

（a）以担保为目的的信托所产生的权利；

（b）由单方法律行为所设立的动产担保物权；

（c）财产法中所包含的符合法律规定宗旨的担保物权。

评　论

A. 担保物权和所有权保留

第（1）款指出了由担保物权或者所有权保留制度产生的担保权利的基本特征。下列三个条款将对这两种制度进行定义并详细阐述。

B. 合同担保权（第（1）款）

总的来说，合同担保物权涵盖在这些规则（即担保物权及所有权保留交易）中，是基于物权担保合同产生的，一般情况下我们称之为“担保协议”。在实践中，担保协议通常是比较广泛采用的手段，特别是在借贷合同中，债权人及债务人双方约定，由债务人提供担保来担保债权人的权利。如果担保是由第三人提供的，一般也都会由当事人协商一致并在借贷合同中签署担保条款；不过，债权人和第三方担保人也可能会另外订立一个附属的担保合同，对贷款担保条款及有关的担保权利的条款作出规定。

担保协议的当事人往往是该担保义务的债权人和债务人。然而,由于担保已不再局限于由债务人提供,第三人也可以为债权提供担保。在这种情况下,就可能会存在两到三个担保协议:其一是担保权人与债务人之间的协议,其二是担保债权权人与担保人之间的协议,其三则是债务人和担保人之间的协议。

因为担保协议的本质是合同而本身没有物权效力,因此其效力来源于当事人的意思自治。当事人可以通过自由约定担保条款细节来确定担保机制的具体内容,比如作为担保的财产、担保财产由担保人占有还是交与担保权人占有、担保财产的保险等。

不过,本编中所提到的这些规则并不仅仅适用于根据合意达成的担保权,同时也适用于那些非经合意而形成的物权担保,详见第(2)款的规定。

C. 非合同担保物权(第(2)款)

总则。上文所提到的规则主要是适用于合同担保,即基于物权担保合同而产生的所有权保留以及担保权。但是,对于少数的动产非合同担保物权来说,也应该适用那些合同担保物权规则来加以调整,以填补其中可能产生的法律空白。

以担保为目的的信托(第(2)款(a))。有些时候,信托是用来进行担保的,例如,债务人或者其他担保人将他们的财产交给担保债权人或作为信托受托人的第三人来实现担保目的。另外也可能交付具有相同目的的信托收据。第十卷中的信托条款明确规定了那些适用于以担保为目的的信托条款要受本卷中的物权担保制度约束(X-1:202:信托的特殊法律效力),这样就可以避免任何可能的法律冲突。

单方法律行为设立的动产担保物权(第(2)款(b))。通过单方法律行为设立担保物权也不难理解。尽管在实践中并不常见,但对此种情形也应该加以规定。

财产法中的担保物权(第(2)款(c))。许多国家的立法所规定的法定担保物权,均缺乏详细的规定,尤其是涉及商业服务的内容。只能适用担保物权的一般性制度——类推适用那些符合法定担保物权目的一般性的担保物权制度。第(2)款(c)确认本法仍将作为各国国内法定担保制度的补充。参见第Ⅳ.C-5:106条(价款支付)第(2)款及第Ⅳ.E-2:401条(留置权)中的例子。

不过,这些规则的适用,还应当与其他的法律规定相适应;并且只有在与其目的相符合的情况下才可以适用。

留置权。有必要对第Ⅸ-2:114条(留置权)作出解释。这个条款涵盖了各种因合同或者法律直接规定而产生的赋予当事人留置一定财产以担保其履行请求权利实现的情形,特别是对于债务人财产上劳务报酬的支付请求权。这些情形常见于因服务提供人在自己的营业场所对债务人的财物所为特定的诸如检查、修理或其他劳务行为后所享有的请求债务人给付一定金钱的案例中。在这些情形中,都会产生由本编相关规则所调整的具有占有性质的担保物权。

第Ⅸ－1:102 条　动产担保物权

(1)动产担保物权是设立在动产上的定限物权,使担保权人有权就担保财产优先受偿。

(2)担保物权这一术语包括:

(a)定限物权,普遍认为其具有物权担保作用,特别是质押。

(b)无论名称为何,依据物权担保合同所产生的定限物权。根据该合同,当事人授予担保权人就担保财产优先受偿以实现其担保权,或者根据该合同达到同样效果。

(c)本编中其他被视为担保物权的权利,例如第Ⅸ－2:114 条(留置权)所规定的权利以及本条第(3)款所规定的权利。

(3)依据物权担保合同进行或意图进行动产所有权转移,其目的或效果是实现担保物权的,只能就该动产为受让人设定担保物权。

(4)本条第(3)款的规定特别适用于:

(a)有形动产所有权担保转移;

(b)担保让与;

(c)出售并回租;

(d)出售并转售。

评　论

A. 概述

对于第九卷的适用范围是很难界定的,因为目前还缺乏有关动产担保物权的统一规定——这不仅仅体现在欧盟法这一层面上,在各成员国同样如此。这有其历史原因,在 19 世纪,动产担保物权在大多数成员国是被严格限制的,至于占有性质的担保,诸如起源于罗马法的质押制度,被欧洲广泛认可。不过,随着工业革命的到来,对于非占有性质的担保制度的需求变得日益紧迫,这是因为如果不把诸如原材料、半成品或者贸易库存等担保财产留给债务人或担保人,工业和贸易往来就无法发展。在 19 世纪末至 20 世纪这一时期,欧洲各国都针对不同的情形设立了各种类型的非占有性质的动产物权担保,有需要注册登记的,也有不需要的。事实上这些丰富多彩的设计在今天依然有其重要意义,尽管人们注意到在国内法层面上有关的特别法的推广速度已经放缓。然而,没有被普遍接受和认可的术语在本编中不能采用。

因为,即便不考虑各国的特别立法,情况也是十分复杂的。以担保为目的的实践经常会为合同或者那些非为担保目的而设立的动产制度带来新的情况。比如寄售、出售回租、租赁,或者从动产这个层面上来看——所有权转让担保以及履行请求权转让担保——而这仅仅是随意所举的几个例子。

B. 担保物权和所有权保留

动产担保物权规则似乎是建立在担保物权和所有权保留二者之间的根本性的区别之上的。通过本条及以下条款对这两种基本制度的阐述可以加深这一印象。然而,这种印象是一种误导。诚然,本编规则对于担保物权和所有权保留这两种制度进行了适当的区分。然而,该区分仅仅体现在两个领域:一是设立(第二章),二是执行(第七章)。在其他方面——如对第三人效力、优先权、违约前规则及权利终止等方面——都表明没有必要区分担保物权和所有权保留。在上述四个领域,统一的规则能够很好地适用于担保物权和所有权保留两种制度。

C. 担保物权定义(第(1)款)

顾名思义,(动产)担保物权是第九卷的核心制度。第(1)款主要是规定了这个核心制度的定义。定义主要由两个要素构成:第一,担保物权是对财产所有权进行限制的权利;第二,担保物权赋予担保权人就担保财产享有优先受偿的权利。

定限物权。本条第(1)款将担保物权的法律性质阐述为对于财产所有权的"定限物权"。这一说明指出了担保物权作为一种限制性权利仅仅是在动产所有权之上的一种产权负担。所有权通常仍由担保人享有。不过存在这种可能性,尽管罕见,即第三方当事人虽然不享有所有权,但其可能利用权力或职权以自己的名义设定一个担保权(并不仅仅是以所有权人的代理人的身份)。

在多数情况下,担保人通常都是担保物权所担保的债权的债务人,不过身份并不重要。第三人可能愿意或被请求以其财产提供担保,而不论收费与否。

优先受偿权。第(1)款关于动产担保物权定义的后半部分内容,对前半部分提到的定限物权进行了实质性的界定。该限制性权利必须能够允许担保权人就担保财产优先受偿。在该定义所包含的三个要素中,最重要的还是第一个要素,即担保权人享有优先受偿权。

这里所称的担保物权的优先受偿权,是所有动产担保物权的精髓。如果允许担保债权人优先于任何其他的(或至少是大多数的)债权人实现其担保物权,担保物权所具有的功能也仅仅是对权利人即担保债权人提供担保。这就是担保权人优先受偿的本质。该优先权在现实中任何可能出现的情况中都应当被尊重:无论是担保财产的所有人的其他债权人在执行担保财产的过程中协议出售担保财产时,还是在债务人的所有资产进入破产程序时。

当然,享有优先权并不是说在任何时候都是"绝对的"优先。其主要是相对于其他不享有担保权的债权人来说的。相比之下,如果不同担保权人就相同的担保物享有担保权,权利行使的先后顺序就应该按照优先原则来进行了(比较第四章)。除此之外,担保物权可能还会受到法定优先权的影响,尽管对于动产这并不常见。

D. 第(2)款和第(3)款

评论 A 对于动产担保物权发展的历史背景进行了简要的概述,本条第(2)款和第(3)款则必须确定第九卷适用的实质性范围。不过这并不简单——因为除了得到普遍认可的占有性质押制度外,各国国内法在动产担保物权方面存在广泛的分歧。每个国家——或多或少地——都有自己的规则来解决当下实践中非占有性担保(即担保财产由担保人占有)的需求问题,担保人既可以是所担保债务的债务人,也可以不是。

在众多案例中,定限物权被"公认具有动产担保物权的功能"(第(2)款(a)),除此之外,将许多其他的权利识别为担保物权仍然是有疑问的。第(2)款和第(3)款的目的在于寻求适当的识别标准来解决这些疑问。

这两款规定了两个标准,每个标准都足以认定动产担保物权是否存在,也即要么是当事人有设立担保物权的意思,要么就是当事人的协议产生了同样的效果。

E. 第(2)款

该款(b)项已经明确地说明了(国内的)制度的名称如何与确定其是否构成实质意义上的担保物权是没有关系的。在本条款中,判断权利是否构成担保物权应看其本质。这有两个标准可供遵循。

本款(a)项确立了一个明显的标准:即该动产权利是一种"被公认为具有物权担保作用的权利"。最典型的例子显然就是质押权。事实上,质押权在整个欧洲都被认为是担保权——至少占有性的质押是这样的。这同样也可以被扩展到非占有性的质押当中,主要是因为质押条款通常都包含着设立担保物权的意思。

对于其他在一国范围内所形成的类似的制度我们也可以做此推论。如果在一国之内,一个制度"被公认为具有财产担保作用的功能",这就足够去将它们纳入到这些担保规则的适用范围内了。相比之下,某种制度是否构成担保物权,并不考虑其是否在立法或官方规范中有所体现,也不依其是否在商业实践中被广泛运用,而只需要法院所认可。

本款(b)项主要解决那些未被公认的担保权的问题。与上面的方法不同,这里我们使用两个正式的和两个实用的标准来进行探讨。这两个正式的标准是,"定限物权"必须是经"动产担保合同"设立的。很显然,在目前的情况下对这两个标准不应作过于严格的理解。一般意义上,我们将这两个法律上的标准作为首要标准。很明显,当事人设立的定限物权名称为何无关紧要,而是必须由相应的物权担保合同所设立。

相比较而言,真正的重点在于这两个可供选择适用的具有实用功能的标准上:当事人主观上愿意设立担保物权的意思和当事人之间的担保协议所具有的客观效果。

示例

A与B是好朋友。B骄傲地告诉A他最近继承了一笔数量可观的一个经济效益很好的公司的股票。由于A正打算修建一座房屋,需要向一个私人债主借贷,在得知这一情况后,A就想请B作为他的担保人,B同意以其1/3股票作为债权担保。A、B共同将这一意向签署下来并交予出借人。如果A到期无法清偿债务,出借人可否执行B的担保财产?基于当事人间的合意和所签署条款的效力,我们可以得出一个肯定的答案。

本款(c)项界定了另外一个适用第九卷的标准:非常明确地确认它们为担保物权。它们被明确地包括在第三款提到的担保物权之内,并将在下面的内容中进行讨论(参见评论F)。

所有权保留被单独地规定。目前的规则将其视为担保物权(比较第Ⅸ-2:114条(保留所有权));这对于许多国家来说是个革命性的规定。详见以下第Ⅸ-2:114条的评论。

F. 第(3)款

第(3)款主要解决当事人根据什么标准协议转让所有权会导致动产担保物权的产生。

根据第(2)款(b)项规定,判定所有权转移是否产生担保物权的决定性因素是当事人的意愿或者他们的交易之间具有类似效果的条款。当事人必须有意愿运用所有权的转移来保障相关担保权利的实现,或者这本来就是他们的交易所应有的效果。

第(3)款列举了四种典型的当事人明示或默示地以担保为目的的所有权转移交易,因此可以将其重新定性为设立担保物权(作为定限物权)。

第(a)项提到了对于有形动产所有权的担保转移。前述的"担保"意味着当事人已经有此意图。对于担保权人而言,特殊有形财产的所有权转移是有担保目的的。这一目的在实践中通常是通过两个条款来确定的。第一,"出卖人"仍占有已转让的有形财产。第二,当事人通常会达成一个相应的所有权回复条款。在担保转移涉及的债务清偿后,担保权人依据法律或合同规定的义务,应将财产所有权转移给担保人。实际上,这个所有权担保转移相当于一个非占有性担保物权。

第(b)项涉及担保让与的问题。对于无形资产的转让,特别是付款请求权,与所有权的担保转移有着相同的结构和功能。

第(c)项涉及了售后回租问题。这与所有权担保转移有着相同的效果。就出售本身而言,其包含了向买受人转移所有权的意思。对出卖人而言,回租则是指出卖人仍然保留对已出售物品的占有。卖方支付的租金的比例与其应当偿还给买方—出租人给予卖方—承租人的贷款的比例是相一致的。在以租金形式全部清偿完贷款后,租赁终止且买方通常应当将买入的财产所有权转移给原"卖方—承租人",也就是债务人。

第(d)项提到了售后转售。这是售后回租的简化形式,因此可以参考上述评论。

第Ⅸ－1:103 条　保留所有权交易:范围

(1)供应动产的所有权人保留动产的所有权,以担保债务的履行的情形,就是“保留所有权交易”。

(2)“保留所有权交易”这一术语包括:

(a)卖方在销售合同项下保留所有权;

(b)供应人在分期付款的合同项下所享有的所有权;

(c)在租赁合同项下对租赁物的所有权,前提条件是依据合同条款承租人在租赁期间届满时,有权选择取得租赁物的所有权或者有权选择继续使用租赁物(融资租赁),而不需要支付对价或仅需支付名义上的对价;

(d)供应人在意图实现担保目的或效果的寄售合同项下的所有权。

评　论

A. 引言

本条款所涉及的保留所有权交易代表了在欧洲最为典型的为了担保购置款融资(购置款融资)而适用的担保交易制度。

由于购置款融资总体上有利于经济的发展,因此在广泛的国际协议中,购置款融资应享有特殊的、优厚的待遇。个人和企业购买力越强,越能促进公共福利、经济,特别是工业的发展。对于国际购置款融资发展的一个粗略的统计表明,为了实现给予购置款融资的安全性提供特别保护这一公认的意愿,在法律层面上,有两种可供适用的方案,并且已经体现在立法及司法实践中。

一个解决方案是基于对普通担保物权的适用。如果将其作为购置款融资的担保,它就被赋予了一个特殊的优先权。然而,除此之外,对于担保的一般规则同样适用。这些规则取决于债务人/担保人同意以担保动产提供担保或担保权人保留担保动产之上的担保物权。如果将买方购买的动产作为担保物以担保购置款融资,买方必须是这些动产的所有权人。这就意味着,为了使买方能够为未支付的货款将担保物权给予卖方(或第三人),卖方不得不将已售商品的所有权转移给买方。

另一个解决方案是将动产转移给买方占有时、卖方保留其所售出的动产的所有权的方式。与其他各大洲的实践有所不同,这种保留所有权的方式在欧洲得到广泛的认可和适用。应该补充说明的是,所有权保留的基本方法扩展到了——买卖合同中保留所有权以外的三个相关交易,即

——分期付款合同项下供应商保留的所有权

——融资租赁合同

——寄售合同项下供应商保留的所有权，如果当事人的意图，或其合同约定的效果是为寄售人设立担保。

上述两种方式——无论是适用担保物权还是所有权保留——在广泛的意义上是可以共存的。两者都可以由当事人随意选择适用。但是，必须注意的是，二者在其他方面的效果——在动产担保物权的方式之外——是不相同的。特别是在买方履行不能或进入破产清算程序时，当买方的其他债权人实现债权时，与单一的动产担保物权相比，所有权保留给予卖方更强的保障。

B. 所有权保留交易和担保物权

如上所述，基于经济因素，大家一致认可动产担保物权的特别保护应适用于购置款融资的担保。大多数欧洲国家奉行的传统方法就是对完全所有权的追索权。在通常情况下，尽管已经将售出的货物交付给买方，卖方仍可以保留售出货物的所有权直至货款付清。当买方破产或其他债权人起诉买方时，卖方可以通过主张所有权以全面维护权益。卖方可以从破产财产中收回其已售出的动产，当然，应考虑扣除买方已经支付的所有货款，并且可以对已售出货物的使用和磨损费用等进行反诉。这是对售出的动产进行执行时应适用的规则。

瑞典和其他几个欧盟成员国选择了另一个更直接而效果相同的方法。该方法并非依赖所有权的特殊法律地位，而是卖方可以享有优先权、一个超级优先权的担保物权，该担保物权在买方破产时也能达到与所有权保留相同的效果。

乍一看，这种特殊方法和传统的所有权追索方法取得的效果似乎相同。但前者采用的手段更为直接，和所有权追索权相比确实更简洁和合理。然而，这个较为先进的方法还没有被大多数的欧盟成员国所接受。同时，和所有权追索方法相比，“单一的”担保物权也存在致命的缺点。当买方破产时，有担保的债权人不再享有所有权人的特殊优先权；债权人不能从破产财产中收回其售出的动产。同样的规则适用于买方的其他债权人的执行行为——除非修订有关的破产或执行的规则，在购货款方面给予债权人特殊的保护。迄今为止，这种给予债权人特殊保护的规则在许多欧盟成员国仍是空白的。

面对这两种方式，研究小组已经决定起草含有基本条款的草案，既沿用传统的保留所有权的方式，也允许适用更为现代的购置款融资的担保物权的概念。在实体法规则中仅适用现代的担保方式会产生很大的风险。只要成员国的破产法、执行方面的规则以及执行者不采用新方法给予担保物权超级优先权来保障购置款融资，那么适用新规则会严重地减弱在最为紧急的情况下对购置款融资的保护，例如担保人破产时，对售出的财产执行时，或强制执行担保物权时。更为重要的是，达到这些实质性的目标并向现行的欧洲法律及实践靠拢，而不仅仅是提供一种担保物权基础上的精妙而单一的解决方法——但对于获得这样的实际效果并无把握。

对待融资租赁的安排是另一个有利于这种双重担保方式的依据。融资租赁具有和所有权保留交易相同的经济功能,它是一个现代的购置款融资的担保方式,尽管其法律结构稍有不同。在客户的主动要求下,该客户作为未来的承租人指示出租人从制造商处取得货物。出租人将这些货物出租给作为承租人的客户,由承租人向其支付双方约定的租金。如果货款已经付清了,承租人就有选择权,继续支付租金——虽然仅是象征性的数额,或无偿的或仅象征性地支付少量款项来取得这些租赁物。显然,尽管二者有着微小的差别,融资租赁和所有权保留交易还是有着相同的法律结构。肯定二者法律上的相似性体现了这两种制度在经济上的关联性,同时代表了对所有权保留交易制度的最初的设想。

另外,并非所有权保留交易制度在所有方面都有别于担保物权。恰恰相反,二者之间存在广泛的相同点,并且为了使目前规则易于适用,应尽可能制定统一规则。大部分担保物权规定同样适用于所有权保留交易制度。通常情况下,二者适用统一的规则,例外情况下应当建立明晰的所有权保留交易的制度。

C. 详细说明

第(1)款列举了第(2)款中所规定的所有四种所有权保留交易制度的基本法律结构。参与把资产转移到第(2)款所提到的那几类人手中的资产所有权人,以及对购置资产的持有人(未来的所有权人)进行融资的人可以保留所有权作为对这些资产的付款担保。

所有权保留意味着所有权不转移而将资产交付给购买者(或者,如果该购买者如此指示所有人,也可以交付给第三人)。购买者或第三人占有并可以使用所取得的财产。所有权人可规定使用的任何条件或使用上的限制。

基于不同的情况,所有权人甚至可能允许持有者处分资产。特殊情况下,可能会允许再次销售这些已转让资产,特别是如果涉及的资产是商品,再次销售对于商人来说是筹集资金偿还从最初销售者/所有权人所借资金的唯一的现实方式。上述的处分权利会被限制在"正常的商业贸易中";对于销售商,"正常的商业贸易"通常被严格限制在现金交易或者类似的直接变现形式(如信用卡、银行转账或支票)。

第(2)款列举了实际适用的所有权保留的四种合同形式。然而,尽管这四种类型目前是所有权保留合同的典型的基础形式,但在第(2)款中"包括"这一用词也就意味着并未排除其他合同类型的存在。事实上,新的合同类型会在本条所列举的广义框架下不断地建立和发展起来。

第(a)项指出,保留所有权交易的模式最初产生于买卖合同。当卖方将货物交付买方占有时,卖方保留售出货物的所有权作为付款担保直到购买方在约定的时间支付货款为止。

在许多国家,实际操作中卖方的所有权"保留"必须受适当地限制。为了节约处理时间和避免诉讼及行政程序,卖方通常在交付货物时立即向买方转移某种形式的所有权——尽管是在买方尚未全款支付货款的情况下。这就意味着买方不仅获得了占有权,而且也得到了所有权——尽管只是部分的有条件的所有权。这种方式所指的正是“附条件买卖”这一术语,尽管不严谨但是广为人知并适用于某些司法管辖区域。该方式意味着买方名义上获得已交付的售出货物的所有权;尽管这个所有权是有条件的——只有当全部货款支付完成时才会转变成完全所有权。

第(b)项的规定涵盖了有关购置款融资,即分期付款购买的担保形式。这种形式在今天主要用于欧洲的英语语系的国家。正如上述两个名称所表明的那样,该合同由两个阶段构成,首先是分期付款合同,之后分期付款人支付完所有分期付款的款项后(总数相当于货物价款),其有权选择在无偿或支付少量款项后得到货物的所有权。从实际功能来看,这种方法完全等同于所有权保留交易。

第(c)项规定涉及了融资租赁,一种在过去的几十年中所创立并广泛应用于全欧洲及其他地区的商业协议。我们已经在之前的评论B部分对此进行了阐述。尽管商业背景有某种程度上的不同,但融资租赁在结构上非常接近于分期付款购买,因此它也是一种保留所有权交易。

第(d)项规定涵盖了某种寄售行为。这个类型的合同结构不同于前述的所有的所有权保留交易的形式。不同之处并非是偶然的,但是能够从这种商业方式的历史背景进行解释,概括地说寄售就是商业流通的一种特殊方法。但是,在斯堪的纳维亚国家,它同时也被用做担保目的,因为在这些国家,允许买方出售这些商品给第三人的所有权保留交易被视为无效。为了克服这些法律上的障碍,卖方就求助于寄售合同。如果起草这种合同是为寄售人提供担保,或者多个当事人的协议的效果是实现担保目的,这种意图或者效果就有优先性。此准则与适用Ⅸ－1.102(动产担保物权)第(3)款的更普通的方法相符合,因而这个准则和第九卷中的基本指导方针保持一致。

第Ⅸ－1:104条　保留所有权交易:适用规则

(1)保留所有权交易适用以下担保物权规则,法律另有规定除外。

(a)第Ⅸ－2:104条(可转让性、现实存在以及特定化的特别规定)第(2)款至第(4)款;

(b)第二章第三节和四节;

(c)第三章至第六章;

(d)第七章第一节。

(2)将担保物权规则适用于保留所有权交易时,应适用以下变通:

(a)担保财产分别指通过买卖合同、分期付款买卖合同、租赁合同或寄售合同项下所提供的财产;

(b)买卖合同项下保留所有权交易中,担保权人是指卖方,担保人是指买方;

(c)在分期付款买卖合同项下保留所有权交易中,担保权人是指供货方,担保人则是指分期付款的买方;

(d)在融资租赁合同项下保留所有权交易中,担保权人是指出租人,担保人是指承租人;

(e)在寄售合同项下保留所有权交易中,担保权人是指寄售人,担保人是指代售人。

评　论

A.保留所有权交易和担保物权规则

第(1)款阐明了一般原则,即尽管保留所有权交易制度有一部分的独立性,但在许多方面都与担保物权的制度相同。在第(1)款所提及的那些章节中,明确列举了与担保物权相关规则不相符合的情况。除非法律另有规定,保留所有权交易适用担保物权规则。对购置款融资的担保信贷和类似交易领域两种可能的担保方法都予以认可的主要原因在前一条款的评论B中已经指出:坚持保留所有权交易的传统概念的目的在于减轻顾虑,即大多数国家的破产、执行及强制执行制度不认可单纯的购置款融资之上担保物权等同于所有权的法律地位。

除了那些具有高度实践性的重要问题外,保留所有权交易的法律建构在结果上并未偏离动产担保物权基础上的普通的担保交易规则,即自诩为担保交易的示范性制度。例如,虽然单纯的购置款融资上的担保物权的概念允许运用优先权本身这一理念作为解决若干竞争性的动产担保物权的优先顺序的关键,但保留所有权交易这一传统概念的适用却是更为复杂的。首先,基于“任何人不得转让不属于自己的财产”的原则,在第三人对已售财产或租赁财产主张所有权时,由于买方或承租人被认为不享有已售财产或租赁财产的所有权,因此其通常不能将这些担保财产的所有权转让给第三人。

实践中,由于很多卖方的习惯是在支付全部货款的条件下立刻向买方转让所有权,因此在买卖合同方面保留所有权交易与单纯的担保物权的区别似乎稍有弱化。不过,在效力上并没有改变结果。只有买方付清全部货款停止条件才能成就,因此买方付清货款才能取得货物的所有权。即使没有附条件的所有权转让,买方在付清全部货款的情况下也可以处分未来的所有权来获得同样的法律地位。

对于保留所有权交易的法律建构及其与所有权的竞争关系,我们不是试图在欧洲共同法律原则层面上制定特殊规则,而是更愿意主要从单纯的担保物权出发去寻找解决问题的方案。不过,与这些担保物权规则功能方法相同的保留所有权交易也能在大多数与其相关的制度中找到。详见第(1)款的规定。不过,这些规则的重点,譬如第Ⅸ－3:107条(购置款融资交易登记)以及第Ⅸ－4:102条(特别优先权)第(1)款的规定,主要着重于法律的适用效果而非法律构架。这可以确保保留所有权交易涉及优先权及相抵触的所有权时,在实际上能够取得与购置款融资担保物权同样的效果。

B. 特别说明

没有必要对第(1)款所明确列举的同样适用于保留所有权交易的一般适用规则做特别的述评。值得一提的是,即使适用于保留所有权交易的那些章节中的一般性规定也会包含一些特殊规则。

无须对第(2)款进行说明;该部分内容仅列举了那些适用于保留所有权交易的部分及个别的担保物权规则的关键术语的变通。第(2)款规定的变通仅涉及专业术语。

第Ⅸ－1:105条　除外条款

(1)担保人营业所在地或居住地的国内法特别规定了小额信贷担保人的保护规则的,本编不再适用于小额信贷的担保物权。

(2)本编规定的事项,受国际条约调整且约束成员国的,对成员国而言,该条约优先于本编规定而适用。

评　论

第(1)款规定涉及新兴的经济和社会现象,即社会中新出现的一种逐渐发展起来的融资模式，无法获取正常融资的人们通过这种新的融资方法来进行小规模营业或者专业活动。这种方式是由当铺的典当制度演变而来的，承典人常常通过占有出典人的随身物品作为质押来向出典人提供小额的贷款。不过无论是在放款的条件方面，还是对于典当物品的处理方面，承典人通常会受到严格的限制。

第(1)款强调，对于成员国来说，其声明适用的任何具体的强制性规定都应优先适用。在跨国交易中，则应当优先适用担保人营业地或住所地的法律，因为正是担保人需要最大程度的保护。这意味着每个成员国都可以自由地对"小额贷款"进行定义。

第(2)款旨在澄清：在某个国际公约中各国已经就有关担保物权的专门事项的规则达成一致意见的，对已经批准该公约的成员国而言，该公约的规则优先于本编规定。该款针对的是一特定的国际条约，也即《国际统一私法协会移动设备担保物权公约》(开普敦 2001)以及该公约项下的有关航空器、铁路和空间物体的三个独立的议定书。特别是《航空器担保物权议定书》，已经被多国批准，并且即将在这些国家中生效。尤其值得注意的是，该议定书规定了之前已在都柏林实施的国际登记制度。为了避免重复和混乱，看来更为可取的做法是赋予国际公约的效力优先于与其相抵触的欧盟制度——只要是对于那些批准该公约的国家。

由于人们关于国际条约对于国内法的普遍优先权表现出担忧，因此对于该优先权是以相当谨慎的方式进行表达的。解决这个问题，一个通用的规则未必妥当，因为与合同法领域相关的国际公约常常允许合同缔结方突破国际公约的规定缔结合同(参见 CISG 即《联合国国际货物销售合同公约》第 6 条)。

在特定情况下，为利于执行特定的政策或法律规定，本条第(2)款的一般规则或许可以减损。

第二节　定　　义

第Ⅸ－1:201 条　定义

(1)基于本编目的，适用以下定义。

(2)"从物"是指已经或即将与某一动产或不动产紧密结合，或已经或即将成为某一动产或不动产的组成部分，可以在经济上合理地从该动产或不动产中分离出来且不损害该动产或不动产的有形动产。

(3)"融资办法"包括：

(a)保留所有权交易。

(b)财产所有权转移给买受人时，设定于该财产之上的对以下权利的担保物权：

(i)卖方根据买卖合同所享有的给付价款请求权；

(ii)贷款人对于其发放给买方支付价款且确实已支付给卖方贷款的请求权。

(c)以担保上述第(a)、(b)项规定的款项的支付为目的,而受让上述第(a)、(b)项规定的权利的第三人所享有的权利。

(4)"物权担保合同"是指涉及以下内容的合同:

(a)担保人承诺为担保权人设立担保物权;

(b)当标的物所有权转移给作为担保人的受让人时,担保权人有权保留担保物权;

(c)出卖人、出租人或其他财产提供方为了担保其债权的实现,有权保留所提供财产的所有权。

(5)"违约"是指:

(a)债务人不履行担保物权所担保债务;

(b)担保人和担保权人约定的可以赋予担保权人行使担保物权的其他情形或事件。

(6)"金融资产",是指金融证券和现金支付请求权。

(7)"金融证券"是指:

(a)可转让的股权凭证和类似的证券,及可转让债券和类似债权凭证;

(b)任何其他的能够交易和授权取得此类金融证券或者进行现金结算的票据,但支付工具除外;

(c)集体投资中的股权;

(d)金融市场工具;

(e)本款(a)、(b)项中所述金融证券上的权利或与之相关的权利。

(8)"无形资产",是指非物质的财产,包括未持有凭证的和间接持有的证券,以及共有人对共有的有形财产,或者对共同投资或基金所享有的不可分割的股权。

(9)根据本规则的目的,"所有权"的客体既包括有形动产又包括无形资产。

(10)"占有性担保物权"是指由担保权人或其他第三人(债务人除外)占有有形的担保财产为条件的担保物权。

(11)"收益",是指任何来自于担保财产的价值,例如:

(a)通过出卖,或者其他处分行为,或收取款项所实现的价值;

(b)因缺陷、损害或损失而取得的损害赔偿金或保险金;

(c)法定的或天然的孳息,包括分红;

(d)收益的收益。

(12)"担保权人",可以是权利被担保的债权人,或者是以其本人名义为债权人持有担保物权的第三人,特别是作为受托人。

(13)"担保人",可以是担保物权所担保的债务的债务人,也可以是第三人。

评　论

第(2)款:"从物"。"从物"这一说法在英国法律术语中并不常见,常常以"营业性装置"这一术语取而代之。最典型的例子就是机动车、飞机、船舶的引擎或是房屋的给暖设施,(在进行必要的检查和维修时)只要这些设施可以比较容易从主物上分离出去而不会对引擎及建筑物造成损害,无论是从物还是引擎或建筑物都必须避免遭受不必要的经济价值的贬损或者支出不合理的修理费。从物的概念很好地划清了两种有形财产之间的界限,特别是在一物附着于另一物之上的时候。如果某物仅仅是从属于主物的一个从物,则这个从物在法律就被认为是独立于其所附着的主物的。主物之上的权利或负担不延伸到从物上;反之亦然。

第(3)款:购置款融资办法。出于通常的经济原因,需要以担保的形式为融资提供法律的特别保护,这一点在Ⅸ-1:103(保留所有权交易:范围)的评论A中已经做了阐释。担保这一特别保护方式并不局限于保留所有权交易。由于所有的担保均具有相同的经济功能,因此应当对其一视同仁;至于如何适用具体法律方式或进行法律解释则无关宏旨。

其实,第(3)款列举了购置款融资之上担保物权的五种情况。第一种情况是关于保留所有权交易的,第二种情况是卖方在(仅仅)保留所售货物之上担保物权的情况下将货物所有权让与给买方(第(3)款(b)项(i),第一种方式)。第三种及第四种情况是卖方将所售货物的所有权转移给买方之后,买方再以该货物授予卖方担保物权(第(3)款(b)项(i),第二种方式)或者给第三方贷款人设定一个担保物权(第(3)款(b)项(ii)),用以担保买方的借款用来支付购买该货物的价款。第五种情况是由第三方贷款人向第一种至第三种情形中的卖方以及第一种、第二种情形中的买方分别提供贷款资金。第三方在此可以代位取得:

——第一种情形下,卖方所保留的所有权;

——第二种情形下(其中的第一种方式),卖方所保留的担保物权;

——第三种情形下,为担保买方向卖方支付货物的价款,买方为卖方所设定的担保物权。

如果第三方贷款人又向第四方再次融资,若该贷款确实用于支付所贷记的价款,则后者便代位取得了该第三方贷款人的权益。至于第三方贷款人所取得权利是所售货物的所有权还是单纯的担保物权,则无关紧要。

第(4)款:"物权担保合同"。总的来说,担保物权的具体规则都是由合同来规定的。这些担保合同一般都是主合同的构成部分,特别是在信贷合同中,都会同时规定贷款的担保条款以及与之相关的担保物权条款。即使担保合同是一个独立的合同,其本身并无物权的效果,并适用当事人意思自治原则:当事人可以自由地约定其所创设的担保物权的所有细则。

这样看来,这两种基本担保的区别就越来越明显了,这也体现在了第(4)款的各项目中。

第(4)款的(a)项规定了担保人设立担保物权的义务。之所以先提到这个问题是因为该问题在实践中是最常见的。

相反,(b)项则规定了一个很少见的情况,其在事实上而不是在法律上与(c)项所规定的情形十分相似。所有权人以信贷方式出售其财产时,可以通过保留担保物权((b)项)或保留所有权交易中的所有权((c)项)来担保其信用权利,即其价款的实现。单纯地保留担保物权较为少见,但也是可能的,特别是实力雄厚的买家为了取得强势的法律地位,坚持必须这么做的时候。

最后,第(4)款的(c)项阐述的是通常情况下的所有权保留制度:卖方、分期付款收款人、融资出租人或者寄售人保留财产的所有权,而把该财产的占有权转移给买方、分期付款购买人、承租人及代售人。

创设担保物权的合同的当事人往往就是享有担保权的债权人和负有担保义务的债务人。不过,由于担保物权并非必须由债务人提供,有时可能由第三人提供担保物权。在所有权保留的情况下,当事人是所售或出租财产的所有权人以及买受人或承租人。在这两种情况下,第三方融资人既可以自始就介入该关系当中,也可以中途介入(参见以下"担保提供者"之规定)。

第(5)款:"违约"。第(5)款(a)项的规定实质上表明了不履行由担保物权产生的义务即构成违约,以下将列举区分不履行和违约的一些原因。尤其重要的是,信贷市场的专业人员都将"违约"一词作为其通用术语。另外,在实践中,其还有一种比较特殊的用法:如果一个信贷协议中含有所谓的交叉违约条款,当事人通常约定对另外一个信贷合同违约,那么根据本协议中也构成违约。尽管在实质上违约与不履行并没有什么区别,但是由于"违约"这一术语在英语系国家以及国际实践中根深蒂固,所以采用其他的术语反倒会使人们感到迷惑甚至产生混乱。

第(6)款:"金融资产"。金融资产的定义,基本上符合2002年"金融抵押品安排"的欧盟指令(FCD)第2条第(1)款(e)项的规定。定义的第一部分,即金融工具,进一步规定在本条第(7)款中;第二部分有关现金支付中的权利不需要作评论,另外现金支付的担保物权被明确的排除在外(FCD第2条第(1)款(e)项及明确的18种情形)。

第(7)款:"金融工具"。该定义与FCD第二条第(1)款(e)项的规定一致。

第(8)款:"无形财产"。"无形财产"(或非物质的)是指那些没有物理形态的财产。付款请求权同样是一种无形财产,无凭证式证券,即不纳入可流通票据的证券也是无形财产,间接持有的证券是指由银行或其他中介机构持有的并进行书面登记的证券。

第(9)款:"所有权"。该术语是一个切实可行的方法以便于适用一个术语即可表明人们对有形及无形财产享有的最广泛的权利。与此相对应的是DCFR中所采用的方式,就是定义列表中"所有权"和"财产权"定义的结合。不过,不动产原则上被排除在本规范之外；但是这可能对不动产有轻微的影响，比如从物的规则对不动产的影响。

第(10)款：“占有性担保物权”。传统的占有性担保物权——质押权的地位已经因为经济的发展而有所下降；尽管如此，质押权依然是一种十分重要的担保物权。担保债权人（或为担保债权人持有该财产的第三人）并非仅仅享有占有质押物的权利，而是必须这么做。担保债权人只有（直接或间接地）占有质押物，才能使其担保物权对抗第三人（Ⅸ-3:102:（生效的方式）第（2）款（a）项）。

第(11)款：“收益”。以下举例说明：

(a)项：第一个重要的例子是货款的支付请求权；第二个例子是因出租有形财产而收入租金的权利；第三个例子是收到的现金款项或存入银行账户的款项。

(b)项：如果质押的有形财产由于归责于所有权人以外的人的作为或不作为所造成的毁损、瑕疵或灭失，所有权人的索赔是（偶然的）“收益”。由于上述损失会削弱担保债权人经济地位，因此，应当将担保物权扩展至这些收益，同样因上述损失所产生的保险收益也适用此规定。附带说明的是，根据前款规定，这些收益的客体是流动资金而不是权利，因此经济上更有价值。

(c)项：天然孳息是一个比较明确的分类，而法定孳息则是人们将“天然的”的概念进行换位所创立的一种现代经济意义上的分类。请求支付诸如贷款及银行存款的利息的权利就是典型的例子。再如公司（部分或全部）解散时的财产进行变卖后进行的分配。

(d)项：适用于“收益”的条款同样适用于“收益的收益”，因为后者的资格来源于前者。

第(12)款：“担保权人”。“担保权人”作为担保物权的享有人并不需要更多的解释。债券持有人的受托人是第三人以自己的名义为担保权人持有担保物权的典型例子。通常情况下，债券持有人的数量极其庞大，再者若债券是公开发行的，则债券持有人会经常发生变化，由于在一个特定的时间点以所有这些债券持有人的名义行事并不现实，因此公开发行债券的人通常任命一个信托受托人及时地为所有这些债券持有人行事。

第(13)款：“担保人”。通常情况下担保人都是债务人，在其一项或多项财产上为债权人设定担保物权。不过，并非一定如此。屡见不鲜的情况是，债务人无法满足债权人的担保要求的。如果出现这种情形，则债务人会寻求第三人来帮助其按照债权人的要求提供担保。提供担保的第三人既可以是债务人的亲戚、朋友，也可以是同事。不过，这个第三人也可能是企业，特别是银行或其他金融机构，甚至可能是债务人的雇主，同时这个第三人的身份通常需要经过债权人的同意。无论第三人为债务人向债权人提供的担保是无偿（这通常发生在亲戚、朋友之间）还是有偿的（特别是银行或保险人提供的担保），这都仅仅是债务人和担保人之间的内部事务，与所有权人方面没有任何关系。

第二章　担保物权的设立和效力范围

第一节　担保物权的设立

第一分节　一 般 规 定

第Ⅸ－2:101条　设立担保物权的方式

动产担保物权可以通过以下方式设立：

(a)担保人授权为担保权人设立担保物权；

(b)担保权人在转移财产所有权给担保人时，保留担保物权；

(c)担保权人因留置权而占有标的物。

评　论

A. 担保物权的设立以及对抗第三人的效力

动产担保物权的规则主要是基于设立担保物权或保留所有权交易与其对抗全体第三人的效力之间的根本区别(也即在第Ⅸ－3:101条(对抗第三人的效力)第(1)款中规定的第三人)。

第二章有关担保物权设立的规则仅仅涉及那些直接参与的有关当事人，即担保人和担保权人双方必须符合条件(提供保留所有权交易的担保物权合同的各方当事人，见第Ⅸ－1:103条(保留所有权交易：适用范围)第(2)款)。此外，只要不涉及第Ⅸ－3:101条(对抗第三人的效力)第(1)款中规定的第三人，赋予担保权人相应的法律地位不需要满足其他额外的条件，债务人一旦违约，则担保权人就有权就担保财产实现其担保物权。

只有符合第三章中所规定的其他条件，担保物权或者保留所有权交易才可有效地对抗第三人。从严格的法律意义上讲,第三章(总则:占有、控制或登记)中规定的要求不同于第二章对设立担保物权和保留所有权交易的条件的规定。第三章中的内容主要是涉及担保物权的外部关系,而非担保人和担保权人之间的关系。然而,事实上,担保物权的设立与对抗第三人的效力往往都是同时产生的。

B. 动产物权的积极作用和设立的效果

传统上,物权——不同于合同权利以及非合同之债相关的权利(如由于侵权之债或者返还不当得利之债所引起的非合同责任)——被认为是仅限于那些能够对抗全体第三人的权利(更诗意地说,对世权)。由此可知,如果不符合第三章所规定的对抗全体第三人的生效条件,依据本章规则所设立的担保权是否会产生传统意义上的物权可能还不能完全确定。严格说来,从这一逻辑得出的结论可能就是担保物权设立的规则,不应当规定在本编中,而应当构成合同关系规则中的一部分。

然而,该观点过于狭隘。就本卷的一般原则而言,即便某一权利仅仅满足了本章的要求而没有满足第三章的要求,我们也认为这已经是一个有效的物权而不仅仅是担保人和担保权人之间的合同关系。与传统的观点不同,此处的物权不再局限于必须能够对抗所有第三人的权利;就担保物权而言,是能够有效地对抗担保权人、担保人及"部分"第三人的物权,不同于与能有效地对抗"全部"第三人的物权。

上述基本原则体现了这一事实,即仅符合第二章的条件而不符合第三章条件的担保物权或保留所有权交易,依据超越了单纯的合同性范围的规则而产生效力。举例来说,某种形式的担保物权并不受第三章具体要求的约束(参见,如第Ⅸ-3:101条(对抗第三人的效力)第(2)款中规定的担保物权或者第Ⅸ-3:107条(融资购买担保方式的登记)中规定的提供给消费者的财产之上的融资担保方式)。同样,相对于担保权人来说,取得担保财产所有权的人获取了担保人的地位(只要不存在不受在先担保物权或所有权保留交易的约束的例外的善意取得),这表明只要满足了第二章的条件便能够产生物权了。再举一个例子,在多个人共同享有担保物权或者保留所有权交易时,根据第三章的规定,该物权是无效的。我们认为,其物权只在彼此之间有效,较早取得物权的人即排名在前的人享有优先权(第Ⅸ-4:101条(优先权:一般原则)第(4)款)。最后一个例子,是关于对第三人的关系,比如那些根据第六编的规定应承担责任的第三人,在本条款规则里没有具体规定。保留所有权交易的权利人可以向造成担保财产损害的第三人要求损害赔偿;如果有必要的话,根据第三章保留所有权交易的规定,该项损害赔偿请求权并不需要依据登记或者其他条件。

C. 第二章内容概述

除了本章最后的部分外,其余主要都是关于担保物权设立的。第一节是关于担保物权的设立,第二节是关于本编中其余类型的担保物权,比如保留所有权交易。第三节是有关可设定担保的特定财产的规则(或受制于保留所有权交易的财产),以及从担保财产的生产、联合及混合中是否或如何创设担保物权;最后一部分是本章的第四节,仅有一个条款,主要规定担保物权所涵盖的义务。

D. 设立担保物权的基本原则及特别规定

第一节被分成了四个分节。第一分节规定了设立担保物权的一般规则;第二分节至第四分节规定了设立担保物权各种不同方式的具体要求及问题。

除了本节所解决的这些问题外,第三节规定的是就特殊财产设立担保物权的问题,为此有必要对第一节有关担保物权设立的一般规则进行相应的调整适用。

E. 设立担保物权的方式

本条款主要列举了在本编范围内设立担保物权的三种方式。

通过授权设立担保物权((a)项):这种在第二分节中详述的设立担保物权的方法可以说是一种设立担保物权的最古老的办法了,在就担保财产从担保人那里获得担保物权之前,担保权人对担保财产是没有任何权利的。

通过保留担保物权方式设立担保物权((b)项):通过财产保留来设立担保物权时,担保权人先前就已经拥有了该财产。这些财产在转移给交易的另一方当事人(他被视为担保人不是因为他将担保物权授予了担保权人,而仅仅是因为其接受了有担保的所有权)的同时,也起到了对担保权人提供担保的作用。并不需要通过转移所有权给担保人,再从担保人处获取担保物这两个独立的过程,而是担保权人依据本规则仅将所有权转移给担保人,并同时保留对转移财产的担保物权,这样担保人仅对财产取得有担保的权利(见第三分节)。而在保留所有权交易的情况下,保留的所有权本身就具有担保功能,而这里的保留担保物权是依据(b)项规定的方式新设立的仅为担保权人所保留的限制物权;在保留担保物权的情况下,担保人成为担保财产的所有权人,而根据保留所有权交易,买方、分期付款购买人、承租人或者收货人如果有所有权的话,也不能取得比附条件的所有权更多的权利。

通过留置标的物设立担保物权((c)项):第三种设立担保物权的方式是授权担保权人留置标的物;而根据本卷规定,留置权被视为担保物权(见第四分节,第Ⅸ-2:114条(留置权))。

F. 以担保为目的转移所有权

尽管在本卷中并没有明确提到这种交易,但是为担保目的转让所有权,对受让人而言同样可以产生担保物权(见第Ⅸ-1:102条(动产之上的担保物权)第(3)款)。受让人,也就是担保权人,在受让所有权之前对该设定担保的财产是不享有任何物权的,而这个交易便是通过授权而设立担保物权的情形。因此,只有符合了第一分节和第二分节对这种设立担保物权的方式规定的其他要求时,才能通过这样的转让所有权的协议设立担保物权;对于那些特殊的财产,还应当适用第三节的规定。

G. 保留所有权交易

另外,第二节对设立保留所有权交易这一担保物权进行了单独的规定。第一节中可以(部分地)适用于保留所有权交易的唯一的条款是第Ⅸ－2:104 条(可转移性、现实存在和特定化的特别规定)(见第Ⅸ－1:104 条(保留所有权交易:适用规则)的第(1)款(a)项)。

第Ⅸ－2:102 条　设立担保物权的一般要件

设立动产担保物权应当符合以下条件:
(a)该动产客观存在;
(b)该动产可以转让;
(c)所担保的权利存在;
(d)符合通过担保人授权、保留所有权交易或留置标的物而设立担保物权的各种补充条件。

评　论

A. 总则

本条款包含依据本章规则设立担保物权时应当满足的一般要件,而不论采取何种设立方式。补充条件体现在有关个体化的担保物权设立方式的三个分节之中;第三节则进一步规定了在特殊财产之上设立担保物权的有关问题。

B. 动产的客观存在

(a)项表明了只有现实存在的动产之上才能够设立担保物权。显然这也是物权法的基本原则。不过要声明的是,目前在 DFCR 中仍没有关于物权法的一般卷章的规定;但有关物权法的具体事项的类似的条文在其他卷章中可以找到,参见第Ⅷ－2:101 条(转移所有权的一般要件)第(1)款(a)项。

不能将(a)项的规定理解为彻底否定在不存在的财产之上创设担保物权的协议的效力。正如第Ⅸ－2:103 条(占有性和非占有性担保物权)第(3)款所明确的,只要有关动产尚未存在,则该协议可能不产生任何物权效力,但是,一旦该设定担保的动产进入现实存在,担保物权即可成立。

需要强调的是,这种迟延设立的担保物权并不妨碍其具有优先权效力。如果该担保物权是经由登记而生效,则其优先权效力是根据其登记时间来确定的(见第Ⅸ－4:101 条(优先权:一般原则)第(2)(a)项);而登记的时间可能还会早于担保物权的实际创设时间。

C. 动产的可转让性

根据(b)项的规定只有在可转让的动产之上才能设立担保物权,即该动产的所有权可以转让。其原因是显而易见的,动产若不具有可转让性,就几乎不可能通过执行该担保动产来实现担保物权(除了取得收入的可能性)。对于动产的可转让性这一要件的有关规定,在第Ⅸ－2:104 条(可转让性、现实存在和特定化的特别规定)第(1)款至第(3)款中有具体的规定,参见该条款的评论。

D. 所担保的权利存在

由于本卷规定的动产担保物权仅仅取决于所担保的权利,那么所担保权利的存在也是本条款项下担保物权设立的另一项基本条件(见(c)项)。

至于在未来的财产之上设立担保物权,各方当事人可能协商一致为尚未存在的权利(或者仅仅是附条件的权利)创设担保物权。第Ⅸ－2:104 条(可转让性、现实存在及特定化的特别规定)第(5)款规定,在被担保的权利成为现实的存在或者变成无条件的权利时担保物权成立。

E. 担保物权的不同设立方式的补充条件

根据(d)项规定只有在满足补充条件时,才能通过担保人授权(第二分节),保留所有权交易(第三分节)或基于留置权(第四分节)来设立担保物权,这些条件的内容根据设立方式的不同而不同。而根据第二分节和第三分节的规定,对于当事人之间的协议有不同的要求,基于留置权创设担保物权,仅仅取决于担保权人有权留置动产作为担保的补充条件(第Ⅸ－2:114 条(留置权))。

第Ⅸ－2:103 条　移转占有和非移转占有担保物权

依合同设立担保物权,不需要担保权人占有担保财产,当事人另有约定的除外。

评　论

本条款主要是为了澄清一些观点。尽管历史上各国的立法都认为只有担保权人占有担保财产的动产担保物权才是有效的物权(占有质押),但本规则采取了相反的做法:非移转占有担保允许担保人在设立担保物权后继续使用该担保财产(参见第Ⅸ-5:202条(一般权利)及关于该条款的评论A)。在商业实践中,也只有这种非移转占有的担保才允许担保人使用作为担保的机器设备进行生产,或允许店主、其他商人继续销售商品(库存)。根据第三章有关非移转占有性担保具有对抗第三人效力的规则,存在三种可选择的办法来实现对抗第三人效力这一目的,尤其是存在具有可行性的担保物权登记这一方式。

即使通过合同设立的担保物权一般情况下并不取决于担保权人对担保财产的占有,但当事人之间对此可以自由地进行其他的约定。例如当事人也可以约定,只要担保权人没有占有担保财产,担保物权就不能设立。

本条款的适用范围仅限于通过合同设立的担保物权。对于本卷范围内的法定担保物权(如根据法律规定设立的保留所有权交易),免除担保权人占有担保物的要件就显得不合时宜。通常仍然会认为,这些法定的担保物权的设立取决于担保权人对担保财产的占有(明显的例外是第Ⅷ-5:101条(当事人意思自治及与相关规定的关系)第(4)款规定的动产担保物权);这一立场一般不应当因有关合同性的担保物权的规则而改变。

第Ⅸ-2:104条　可转让性、现实存在性和特定化的特别规定

(1)金钱债权之外的其他债权,无论其是否能够转让,只要能转化为金钱债权,均可创设担保物权。

(2)任何动产均可设立担保物权,即使其所有权人已承诺对该动产不予以转让或者不设立权利负担。该规则同样适用于债权,而且无论其是合同之债还是非合同之债,除非依据第Ⅲ-5:109条(可转让性:专属于债权人的权利)第(1)款的规定该债权不可转让。

(3)若当事人旨在未来的、种类物或者不可转让的财产之上设立担保物权,则仅在该财产客观存在、已特定化或者可转让情况下,担保物权才生效。本条第(2)款的适用不受影响。

(4)本条第(3)款第一句经适当调整可准用于在附条件权利之上所设立的担保物权,包括该第(3)款所涵盖的权利。担保物权可以在目前的附条件的权利之上设立,尤其是在附条件转让所有权时受让人所享有的权利之上设立担保物权。

(5)本条第(3)款第一句经变通可以准用于为了担保未来的或附条件的权利而设立担保物权。

评 论

A. 设定担保的财产具有可移转性

本条第(1)~(3)款规定在可移转的财产之上设立担保物权的具体问题,以及在可移转的财产之上设立担保物权应符合的基本条件。

第(1)款甚至允许在除金钱债权之外的不可转让的债权上设立担保物权,只要这些债权可以转换为金钱债权。比如,由于竞业禁止承诺所产生的非金钱之债转化为金钱之债的例子,只要合同约定以金钱赔偿来制裁违反竞业禁止义务的行为(只要该合同有效)。即便是没有约定金钱赔偿的制裁方式,也依然会存在不履行义务的损害赔偿请求权。

按照第(2)款的规定,即便是财产的所有权人或者持有人已经向第三人允诺其不会转移或者在财产上设定担保,这个权利仍然是可以转让的。最典型的例子就是在消极担保条款中,债务人向债权人承诺其不在有关的财产之上为其他债权人设立担保物权,以此来保证债权的实现。不过,尽管财产的所有权人应当对其不履行债务的行为向债权人承担责任,消极担保条款还是无法阻止债务人向其他人设定担保物权,也即:即使担保人向其债权人承诺不就同一财产向其他债权人设立担保物权,也不影响担保权人取得担保物权。相反,如果不得转移财产是基于法律规定而不是合同约定,那么就不能在该财产上设定担保物权;在第Ⅸ-2:102条(设立担保物权的一般条件)分节(b)中的一般规则中并无对此情况的例外规定。同样,这些规则也适用于履行权,尽管这些权利可通过协议约定不得转让,但是也不妨碍债权人在其上设立担保物权,除非这些权利具有强烈的人身特性(见第(2)款第二句结尾的例外规定)。

最后,第(3)款规定,凡是当事人在签订物权担保合同时约定在不得转让的财产之上设立担保物权的,只有在这些财产变为可转让时,担保物权才会生效。此规则对第(2)款有关禁止财产转让的约定无效的规定并不产生影响(见第(3)款第二句)。

B. 担保财产的客观存在

关于担保财产客观存在的问题(参见第Ⅸ-2:102条(设立担保物权的一般条件)(a)项的一般条件)在前本条第(3)款及第(4)款进行了规定。其中,第(3)款规定,如果当事人意图通过合同在某动产之上设立担保物权,而在缔结合同时该财产尚未存在,那么该财产一旦成为现实存在,担保物权即生效。第(4)款则规定的是附条件担保物权的设立问题。

根据第(4)款第一句的规定,第(3)款的规则同样适用于在附条件的权利之上设立担保物权的情形。比如,如果担保人所享有的对抗第三人的履行请求权是附加条件的,则只有在此项附条件的权利变成无条件的权利时,也即如果出现了履行请求权赖以存在的事件或者具备其他条件时,授予担保权人的担保物权才能成立。上述规则同样适用于未来的、种类物的以及不可转让的附条件的担保物权的设立情形(见第(4)款第一句的后半句)。如果此项权利成为无条件的,并且不再是未来的、种类物的以及变成可转让的权利的,则担保物权成立。

然而,第(4)款第二句对第一句的规则进行了限制。虽然通常情况下,只有在所担保的权利是无条件的情况下担保物权才能够成立,但有时担保物权可以在现有附条件的权利之上设立。某些时候受制于中止条件的转移行为,可设立附条件的所有权,该所有权在条件成就之前即已存在。比如说,在买卖合同中,所有权的转移受制于价款的支付,受让方并不能立即取得所有权,只是获得一个附条件的权利(或者临时性权利,见第Ⅸ－2:307 条(用于加工或组装的抵押商品的使用))。这些附条件的权利上也可以设定担保。不过,如果这些条件不能实现,特别是在买方未能支付货款而卖方终止合同的情况下,则受让人所有的附条件权利和所设定的担保物权都将归于消灭。

C. 担保财产的特定化

第(3)款第一句中的规则同样适用于担保财产的特定化。通过当事人的约定来设立担保物权的总括性要求在第Ⅸ－2:105 条(赋予担保物权的条件)(a)中阐述过(见该条的评论 B);至于所有权保留的情况,也间接地遵从第Ⅸ－2:113 条(保留所有权交易的条件)(b)项的规定。保留担保物权的财产进行所有权转移应当对财产特定化,参见第Ⅷ－2:101 条(所有权转移的一般条件)第(3)款第一句的规定。如果双方当事人打算用担保人的财产来设立担保物权而在担保合同中未将担保财产具体化,则只有在该财产特定化后担保物权才能成立。在散装财产的一部分之上设定担保物权时,担保物权在设立时便生效,第Ⅸ－2:112 条(物权法的一般问题)适用第Ⅷ－2:305 条(散装货物部分货物的转移)和第Ⅷ－2:306 条(散装货物的交付)。

D. 担保权的客观存在

第Ⅸ－2:102 条(担保物权设立的一般条件)(c)项规定,如果所担保的权利根本不存在的话,则不得设立此担保物权,本条第(5)款与第(3)款第一句确定了这一个规则,即合同约定为所担保的权利设立担保物权,但在缔约时该权利仅仅是未来或者附条件的,那么只有在该担保的权利变成现实或者条件实现的情况下担保物权才能成立。

这种担保物权延迟设立不一定影响担保物权的优先顺序。如果对担保物权进行了登记,按照登记的时间而非实际设立的时间来决定担保物权的优先顺序(第Ⅸ－4:101 条(优先权:一般原则)第(2)款(a)项)。

第二分节 担保物权的创设

第Ⅸ－2:105 条 创设担保物权的要件

除了第一分节中所规定的那些条件之外，在动产之上创设担保物权还需要满足以下要件：

(a)当事人应当对该担保财产进行特定化；

(b)担保人有权利或权限在该财产之上设立担保物权；

(c)担保权人有权依据物权担保合同所授予的担保物权对抗担保人；

(d)担保权人和担保人协商一致为担保权人创设担保物权。

评 论

A. 总则

通过设立财产负担这一传统方式而创设的担保物权，我们已经阐述过它的一般概念。在与担保人达成协议的基础上(物权担保合同)，不需要将财产转移给担保权人，担保权人即对担保财产取得类似有限物权的担保物权。

除了需要满足本条中所规定的这些构成要件以外，同时无论第Ⅸ－2:102 条(创设担保物权的一般要件)规定的物权设立方式如何，那些设立担保物权的一般性要件也必须满足。关于在特殊类型的财产之上设立担保物权，会进一步在第二章第三节做出特别规定。

B. 拟担保财产的特定化——(a)项

要求当事人应当对拟担保的财产进行特定化体现了物权法的一项基本原则。与那些带有强制性属性的权利不同，财产权必须涉及特定的财产。如果权利所涉及的财产没有特定化，当事人不能创设担保物权或者处分该权利。特定化不一定必须包含在物权担保合同的内容中，可以在稍后对拟担保财产进行特定化。第Ⅷ－2:101 条(所有权转移的一般要件)第(3)款第一句也有相似的规定。如果在物权担保合同缔结后才对拟创设担保物权的种类物进行特定化，那么该种类物一旦特定化担保物权即成立(参见第Ⅸ－2:104 条(可转让性、现实存在和特定化的特别规定)第(3)款第一句)。

第Ⅸ－2:112 条(物权法的一般规定)引用了第Ⅷ－2:305 条(构成集合物部分的动产的转让)及第Ⅷ－2:306 条(从集合物中提取动产)的规定，对特殊情况下担保财产的特定化问题作出了规定。如果担保物权是设立在一定数量的集合财产之上，未将特定财产从集合物中识别出来,担保物权也并非完全无效。虽然由于没有特定化,担保物权不能设立在集合物中的特定财产之上,但是仍然可以成立于集合物的不可分割的份额之上(关于份额的计算参见第Ⅷ-2:305条(构成集合物部分的动产的转让)第(3)款)。

C. 担保人设立担保物权的权利或权限——(b)项

本条款的(b)项明确表达了一个一般的法律原则并将其适用于担保物权。总之,没有人有权处分权利,特别是转让、放弃权利或设立权利负担,除非其享有这样做的权利或权限(任何人不能给予其所未有者,参见第Ⅷ-2:101条(所有权转移的一般要件)第(1)款(c)项,以及第Ⅲ-5:104条(债权让与的要件)第(1)款(d)项中债权让与的规定的同样的要件)。

这样的权利或权限可能最初源于法律的规定。尤其是对其财产设定担保的所有权人通常可以自由地处分这些财产。不过,例外的是,即使是所有权人,其处分财产的权限可能会被限制,最典型的情况就是在其破产的时候。

换言之,倘若授予所有权人之外的人相应的权限,其可能有权在有关财产之上设立担保物权。而这样的权限既可能依法产生(如破产管理人的情况),也可能来源于实际所有权人的授权。

根据第Ⅸ-2:108条(担保物权的善意取得)以及第Ⅸ-2:111条(现金、流通票据和无记名单证之上的担保物权)即依据善意取得原则取得担保物权的规定,即使担保人不享有设立担保物权的权限,也有可能创设担保物权。

担保交易项下的财产。对于在已经受制于担保交易的财产之上再次设立担保物权的权利或权限所引起的特别问题,将在下面的条款中进行规定。

未禁止担保人设立重复担保。在担保财产上已经存在担保物权这一事实并不影响担保人重复设立受在先担保物权限制的新的担保物权。通常,在同一财产之上可以存在数个具有竞争性的担保物权;而他们之间的关系由第四章关于优先顺位的规定进行确定。然而,通常担保人在设立重复担保物权时没有权利忽视在先的担保物权。不过,第二顺位担保权人是否可以不受在先担保物权的影响取决于担保物权由第Ⅸ-2:109条确定(在担保财产之上善意取得担保物权)。

一般不允许担保权人设立重复担保。另外,担保权人一般无权在担保财产上设立重复担保。对某一财产享有的担保物权(第Ⅸ-2:102条(动产担保物权)第(1)款所定义的定限物权)并不意味着担保权人凭借该项物权可以在同一财产之上重复设立担保物权,即便是一个后顺位的担保物权。担保人已经在动产之上为某项担保的权利设立了担保物权的,如果允许担保权人设立重复担保,担保人就可能面临其担保财产为履行另一义务而额外承担责任的风险。不在担保财产之上设立重复担保,但是,为了债权人的利益,担保权人可以通过在其被担保的权利之上设定担保来间接利用其担保物权。根据第Ⅸ-2:301条(金钱债权之上的担保物权)(c)项的规定,一个金钱债权之上的担保物权允许担保权人行使一切担保权利来保障其金钱债权的实现。

保留所有权交易项下财产之上担保物权的设立。关于保留所有权交易项下的财产设立担保物权的问题,还是有一些需要区分的不同点。

(i)通常,由于买受人、分期付款购买人、受托人以及承租人并不享有担保财产的所有权,因此依法其不享有处分该财产的权利。而保留所有权交易的所有权人允许上述买受人、分期付款购买人、受托人以及承租人等在所有权人保留的所有权之上设立担保,是极其不同寻常的情形。

不过,在有些情形下,特别是保留所有权合同中的买受人,对担保财产享有暂时的附条件的权利。尽管买受人无权在保留所有权交易的所有权人保留的所有权之上设立担保,但买受人为了债权人的利益,可以作为这种暂时附条件权利的所有权人而在该权利之上设立担保。第Ⅸ－2:104条(可转让性、现实存在和特定化的特别规定)第(4)款第二句明确允许这种做法。如果买受人付清了标的物的价款,则买受人的担保权人就可以自动的获取买受人的(不再是附条件的)担保财产所有权之上的担保物权。不过,如果保留所有权交易的所有权人行使第七章所规定的权利,则买受人为第三方所设立的任何权利都会归于无效(第Ⅸ－7:301(保留所有权交易下违约的后果)第(2)款)。

甚至在相关交易下,买方、分期付款方、受托人以及承租人并没有这种暂时的附条件的权利,但是,上述买受人、分期付款方、受托人以及承租人依然可以在这个实际为保留所有权交易的所有权人享有所有权的财产之上为他人设定有效的担保物权,只要他们最终取得该担保财产的所有权。也就是说,只有在按照第Ⅸ－2:105条(设立担保物权的要件)(b)项规定的要件缔结物权担保合同后;上述买受人、分期付款方、受托人以及承租人等取得担保财产所有权之后,担保物权才能设立并且因此才能具有设立担保物权的权限(见第Ⅸ－2:106条(因授权而设立担保物权的时间))。

(ii)保留所有权交易的所有权人,即出卖人、供货商或出租人,依然是担保财产的所有权人。即使违反了基本的买卖合同、分期付款合同、寄售合同或租赁合同的义务,保留所有权交易的所有权人依然有权在担保财产之上设立担保物权。

D. 担保权人对担保物权的权限——(c)项

在(c)项中规定了担保权人只有在依据物权担保合同所授予的担保物权有权对抗担保人时才能创设担保物权。这一规定符合DFCR在物权移转或创设方面的一般导向,在第Ⅷ－2:101条(所有权移转的一般要件)第(1)款(e)项(货物所有权的移转)以及第Ⅲ－5:104条(基本要件)第(1)款(d)项(权利的让与)中对这一问题做出了极为突出的规定。

DFCR的规则是尊崇因果规则的;DFCR反对以抽象原则确定法律制度,认为取得有关物权的法定权利的客观存在,也即原因,是物权转移和设立必不可少的条件。

E. 协商一致创设担保物权—(d)项

尽管担保物权的设立依据是因果关系的法则(参见上述D的规定),但是我们依然有必要对物权担保合同和设立担保的行为本身做一个区分。上述的区分在第Ⅲ－5:104条(基本要件)第(1)款(d)项及(e)项的有关权利移转的部分都已经做出了明确规定。不过,该因果关系法则也并非必然否认授权受让人取得物权的合同和受让人实际取得物权所依据的协议二者之间的区别,即使后一协议可能仅仅是因为存在一个正当的原因而产生效力。

然而,显而易见,物权担保合同和设立担保物权的协议在理论上的区分没有必要体现在法律实践当中。也即我们可以认为物权担保合同的当事人仅仅是允许担保权人具有获得担保物权的资格,其担保物权只能在之后由当事人协商一致而创设,这两个协议可以包含在同一个交易当中。相同的原则在第Ⅲ－5:104条(基本要件)第(3)款权利移转的规定中有明确表述。

在某种程度上,(d)项的规定与第Ⅷ－2:101条(所有权转移的一般要件)第(1)款(e)项的规定内容有所不同,即当事人协商一致由替代的交付行为来确定所有权转移的时间。根据第Ⅷ－2:104条(交付)及第Ⅷ－2:105条(等同于交付的行为)的规定,仅在创设占有性担保物权的情形下,交付才可以是一个所有权转移的适当标准,这些规则的适用可以推动非占有性担保物权的使用,因为非占有性担保物权不存在交付或等同于交付的行为。不过,对担保财产的实际交付,可以作为初步的证据,不仅证明当事人协商一致缔结了物权担保合同,同时也证明当事人实际上已经同意创设担保物权。

第Ⅸ－2:106条　通过创设行为而设立担保物权的时间

在符合第Ⅸ－2:110条(延期设立)规定时,通过创设行为而设立担保物权的时间为前述条款所规定的各项条件成就之时,当事人另有约定的除外。

评　论

本条款的总体思路是,只有在符合前条规定的所有条件的情况下才能创设担保物权(包括第一分节规定的条件,特别是第Ⅸ－2:102条(设立担保物权的一般要件)规定,即前条所提到的条件)。然而,并非要求在缔结物权担保合同时必须满足所有的条件。如果其中一些条件是在稍后的时间内才满足,也不会导致整个交易的无效;相反,在上述缺少的条件成就时担保物权即设立。关于第一分节所规定的条件,在第Ⅸ－2:

104条(可转让性、现实存在和特定化的特别规定)第(3)款中有相似的规定。

依据第Ⅸ－2:110条(延期设立)的规定所包含的担保物权的创设应符合第Ⅸ－2:107条(消费者所创设的担保物权)所规定的附加条件,或者符合第Ⅸ－2:108条(担保物权的善意取得)规定的可替代的条件,而由于担保人没有创设担保物权的权利或权限,因此即使在之后也不符合第Ⅸ－2:105条(设立担保物权的要件)(b)项规定的条件。在上述情况下,只有当所有的附加条件(第Ⅸ－2:107条)或替代性条件(第Ⅸ－2:108条)成就时,才能创设担保物权。

本条款的最后部分明确地规定了当事人之间约定担保物权成立的时间的可能性。也即允许当事人特别约定在满足一定的附加条件后担保物权才能设立,或者约定在物权担保合同缔结时担保物权并不能立即设立,而是在稍后才能设立。类似规则在第Ⅷ－2:103条(关于所有权转移时间的协议)和第Ⅷ－2:101条(所有权转移的一般要件)第(1)款(e)项关于货物所有权转移的条文中也有所体现。之所以有这样的规定,并不是为了满足担保权人延迟设立担保物权的意图,这种延迟设立担保物权的可能性主要是考虑一些情况较为特殊的当事人的利益,比如说第三方担保人要求只有规定了反担保条款才愿意设立附条件的担保。

第Ⅸ－2:107条 消费者所创设的担保物权

(1)由消费者作为担保人通过授权而设立的担保物权,只有在以下情形下才有效:

(a)担保财产应当加以个别区分;

(b)签订物权担保合同时消费者尚未取得所有权的财产(本条第(2)款规定的金钱债权除外),仅能作为消费者为购买该财产而取得贷款的担保。

(2)消费者作为担保人时,其所享有的未来的薪酬、退休金或其他同类的收入等金钱债权,在满足消费者个人及其家庭的基本生活需要的范围内,不得设定担保物权。

评 论

A. 一般解释

有整个章节都致力于保护作为保证人的消费者的利益(即第四卷G,第四章);这表明所有的保证担保的保证人会面临极大的风险,因为即使其对债权人的责任仅仅是有条件的,但也可能会威胁到保证担保的保证人的经济存在。事实上,与这种高风险的保证担保相比,物权担保人的义务就严格限制在以其享有的物权担保的权利所设定的担保财产的价值内。动产物权的消费者担保人提出的诉讼请求,尽管很少,如果有可能的话,反映了不同风险级别这一事实。这种不同的风险程度同样体现在这样的事实上,即我们极少审理作为动产物权担保人的消费者的诉讼。

同保证担保相比,物权担保除了风险程度较低以外,同时还需考虑一个问题,保证担保是保证人为某项债务提供的担保,而该债务人应当与保证人相分离。然而在动产物权担保领域,担保人通常就是债务人。作为担保人的消费者,身为债务人已经受到消费者保护法的保护,从而不需要以担保人的身份得到额外的保护。

这些结论为欧洲层面的立法发展过程所证实。无论是第一版的(1987年)还是第二版的(2008年)《欧盟消费者信贷指令》,都没有规定关于物权担保的保护性规则。

B. 理由

然而,有必要考虑到对于易受消费诱惑的脆弱的个人而言,其可能会通过申请一般的信贷或通过赊购来购买重要的家用设备,比如一辆新汽车或者其他高档消费品。

C. 需要采取保护行为的三个方面的问题

第一个方面是充分识别出消费者提供担保的财产。这样是为了避免出现那种"以全部财产设定担保"的概括性描述(如"全部家庭用品"、"所有担保"等)。第(1)款(a)项要求对于设定担保的财产项目必须一一进行列举。尽管在某些特定情况下这一要求可能会耗费时间以及增加缔约成本,但是这种方法可以有效避免意外,以及提高消费者的风险意识,即如果消费者不履行对债权人的义务对于作为保证人的消费者所带来的风险。

另一个常常面临的风险就是消费者用未来可能取得的财产或者仅仅是已经订立合同还未取得的财产作为担保财产。对于这种未来取得的财产作为担保,其风险应当限制在为货款担保的范围内((b)项)。

最后,第(2)款规定的是另一个关于预支未来收入的问题,即未来的定期的金钱收入,诸如薪金、退休金及社会保障金等。第(2)款的规定是为了确保不能处置上述定期收入的最低金额,而是将其保留作为消费者个人及其家庭的基本生活需要。不可否认,通常在确定上述收入的保留数额时耗时耗力。尽管这样做会增加缔约成本,但是有利于消费者知悉在此类敏感财产上对债权人设定担保所引起的风险。

D. 关于消费者保护的其他规定

很少有消费者保护的其他规定,因为从目前来看对这方面的需求并不迫切和明显。第七章关于强制执行的规定有一些保护性规则(例如,第Ⅸ-7:103条(实现担保物权的非司法途径和司法途径)第(3)款、第Ⅸ-7:105条(流质契约)第(3)款、第Ⅸ-7:107条(对消费者实现担保物权的通知))。通常消费者设定的小额信贷的担保,可以适用国内的特别立法(第Ⅸ-1:105条(适用范围的除外规定)第(1)款)。最后,第Ⅸ-3:107条(购置款融资担保方式的登记)第(3)款免除了消费者作为保证人对购置款融资担保方式登记的要求,而其他情况下应当进行登记。

第Ⅸ-2:108条 担保物权的善意取得

(1)即使担保人没有权利或权限处分有形财产,但如符合以下条件,担保权人依然有权取得该财产之上的担保物权:

(a)在设立担保物权时,设定担保的财产或可流通票据是由担保人占有,或如果需要登记,该财产在国际或国内所有权登记簿上登记的所有权人是担保人;

(b)在担保物权设立之时,担保权人不知道以及不可能知道担保人没有权利或权限在该财产之上创设担保物权。

(2)就本条第(1)款(b)项而言,已经依据第三章第三节的规定对保留所有权交易的标的物登记以对抗担保人的,应当认定在该财产上取得担保物权的担保权人明知其没有权利或权限创设担保物权。

(3)从所有权人处或合法占有人处盗窃的财产,不适用担保物权的善意取得。

评 论

A. 总则

即使权利的转让人没有权利或权限处分某项权利,善意取得原则也依然允许善意的受让人取得该项权利。通常情况下,不享有某项权利的转让人无权转让有效的所有权给受让人,除非是经过权利人的特别授权,而善意取得原则保护了交易过程中受让人对转让人的信赖利益。提供这种保护既是为了作为个体的受让人的利益,同时也是为了整个交易秩序的安全;如果交易主体可以合理地信赖其交易相对人具有处分交易财产的权利,就可以大大提高市场效率。

还要强调的是,善意取得原则的适用还有另一方面的效果。也就是当受让人取得了转让人无权处分的权利后,仍存在一个真正的所有权人(或许转让人就是真正的所有权人,但是依然不能处分有关财产,因为某人在该财产之上的权益限制了转让人处分该财产的权利)不是失去了权利就是其有关财产已经设定了担保的情形。

很显然,这种对受让人的保护制度,相对而言牺牲了真正所有权人的利益,因此不能仅仅建立在受让人确实信赖转让人的权利或权限这一事实基础之上;从法律的观点来看,只有根据明确规定的附加的客观条件,受让人对转让人的信赖具有合理性时,这种合理的期待才会受到法律的保护。

传统上接受这种特殊保护的基础在于转让人对于该财产的实际占有。如果转让人实际占有该动产,则受让人就有权相信转让人也具有处分该动产的权利。这个推理实际上意味着,善意取得原则的适用范围仅限定于有形财产,同时也构成第八卷第三章规定的善意取得原则的基础。而在 DFCR 中,关于动产所有权取得的条款规定了善意取得的核心原则,同时也构成了更具体的适用这些原则(包括本卷规定的善意取得原则)的参照点。

然而,鉴于存在若干分歧,第八卷第三章的规则并不能直接地和无条件地适用于物权担保的情形。首先,本规则规定的是动产担保物权的取得,而非完全的所有权的取得。受让人取得有限的物权,并不会剥夺所有权人对担保财产享有的全部权利。其次,对债权人而言,担保物权的取得通常与实际占有担保财产无关。这就表明,对于担保物权的善意取得并不依赖于交付担保财产或等同交付的行为。最后,担保物权的登记公示制度会引起关于保护受让人对转让人权利的信赖利益的一些具体问题。

B. 物权法的善意取得条款综述

既然本卷对动产担保物权规定的多项条款都涉及善意取得原则的不同方面,因此,做一个简单的总结有助于展示这些条款的每一项核心内容。

本条款。本条规定的是担保人没有权利或权限处分担保财产,担保权人取得担保物权的情况,即担保人并非担保财产的所有权人这一典型情形。同时也包括担保人试图在受到保留所有权交易限制的财产之上创设担保物权的情形。本条的规定与第Ⅷ－3:101 条(通过没有权利或权限转让所有权的人而善意取得)非常相似,而二者主要的区别在于第Ⅷ－3:101 条的规定不仅包括限制物权如担保物权的取得,还包括所有权的取得。

第Ⅸ－2:109 条(有形担保财产之上善意取得担保物权)。本条第(1)款所规定的善意取得担保物权的情形是:担保人是担保财产的所有权人,但是为第三人的利益已经在该财产之上设定了担保。受让人可以根据第Ⅸ－2:109 条第(1)款的规定不受在先担保物权的影响,可以在担保财产之上取得担保物权。

第Ⅸ－2:111 条(现金、流通票据及无记名单证之上的担保物权)。为了促进市场效率,对于某些财产本条款的规定超越了担保权人确信有权处分担保财产这一边界。对于现金、流通票据及无记名单证而言,只要将其移交给担保权人直接占有即可,担保权人不必考虑担保人是否具有处分该财产的权利。

第Ⅸ－3:101 条(对抗第三人的效力)第(3)款。本条款主要是详细说明适用其他的善意取得规则的法律后果,即这些规则允许在已经设定担保物权或保留所有权交易的财产之上善意取得担保物权。不需要满足第三章规定的要件,担保权人因不知道在先物权存在善意取得的担保物权即可有效地对抗在先取得的物权担保。

第Ⅸ－3:321 条(担保权人提供正确信息的法律后果):其他有关善意取得的规则在有关登记的章节中也有规定。第Ⅸ－3:321 条第(2)款作出了限制善意取得原则的规定,即对担保财产的持有人已经告知受让人已有在先担保的情况下,受让人在该担保财产之上取得物权的可能性进行了限制。另外,第Ⅸ-3:332 条(担保权人提供错误信息的法律后果)第(1)款)以及第Ⅸ-3:323 条(没有提供信息的法律后果)扩大了善意取得原则的适用范围,允许受让人——甚至涉及无形财产——只要根据登记的担保权人的信息显示有关财产之上并未设立担保,那么受让人即可不受已经登记的担保权人的权利的约束取得担保物权。

第Ⅸ-4:101 条(优先顺位:一般规则)第(5)款:与第Ⅸ-3:101 条(对抗第三人的效力)第(3)款相同,本条款规定的是在已经设定担保物权或保留所有权交易的财产之上善意取得担保物权的其他规则适用的另一个法律后果。因不知道在先担保物权的存在而善意取得的担保物权的效力优先于在先存在于该财产之上的担保物权。

第Ⅸ-6:102 条(因所有权的善意取得而导致担保物权的丧失):本条款中的内容在某种程度上限制了第八卷第三章规则的适用,即当在先权利为担保物权或保留所有权交易时,所有权的善意取得不受在先权利的限制。在本卷的条款中,这种规定具有特定的意义,因为这会导致有关财产之上的担保物权的终止。

C. 本条款下担保物权的善意取得

第Ⅸ-2:105 条(创立担保物权的要件)规定的其他的要件。善意取得原则仅仅是取代了担保人必须具有权利或权限处分有关财产这一要件;本分节下其他的取得担保物权的要件并不会受到影响,例如:对担保财产特定化的物权担保合同的存在以及有权对债权人创设担保物权(参见第Ⅸ-2:105 条(a)项和(c)项)。

有形财产。根据本条第(1)款的规定,善意取得原则仅仅适用于有形财产。这种限制遵循了第Ⅷ-3:101 条(通过没有权利或权限转让所有权的人的善意取得)有关善意取得的适用范围的规定,因为只有有形财产才能够被转让人实际占有,而这正是对善意取得人的正当期望进行法律保护的基础。

担保人没有权利或权限处分担保财产。对于有权处分有关担保财产的担保人来说,没有必要适用善意取得规则。

毋庸置疑,需要强调的是,已经设定担保物权的担保财产(从第Ⅸ-1:102 条(动产之上的担保物权)所定义的定限物权的意义上讲)并未剥夺担保人处分该担保财产的权利(参见第Ⅸ-2:105 条(创设担保物权的要件)的评论 C)。

保留所有权交易项下的担保财产的情况又有所不同,在保留所有权交易的情况下,买方、分期付款购买人、承销人或承租人并不是交易财产的实际所有人——就像第(2)款所确认的——他们同样无权就该财产创设担保物权。在所购买或租赁的财产之上为另一担保权人创设担保物权的意图,是有可能适用本条款的一种情形。因此,对于在已经设立定限物权的财产之上善意取得担保物权的规定包含于另一条款中(第Ⅸ-2:109 条(在已设定担保的财产之上善意取得担保物权)),而不是规定在保留所有权交易项下的财产之上善意取得担保物权的条款中。然而,这和第Ⅸ-1:104 条(保留所有权交易:法律适用规则)第(1)款的规定不相冲突,因为第二章第一节第二分节在第Ⅸ-2:109条中并未提到适用于保留所有权交易的担保物权规则。而且,还要强调的是,本条款与第Ⅸ-2:109条很大程度上是相同的,因此,在保留所有权交易项下的财产之上善意取得担保物权无论是适用前者还是后者的规则,其结果都是相同的。对于保留所有权交易和(普通的)担保物权是由两种不同的规定调整的,因为对于保留所有权交易的法律规定遵循的是传统认识,因此其合法性是先例的推理的基础上所产生的,尽管这两种担保制度在很大程度上功能都是相似的。

买方、分期付款购买人、承销人或承租人有权在保留所有权交易项下的财产之上设立担保物权的两种特殊例外情况,已经在第Ⅸ-2:105条(创设担保物权的要件)的评论C中进行了阐述。至少在附条件的所有权转移中,买方可以在卖方交付的财产之上设立暂时的、附条件的担保物权;而且,即便是在缔结物权担保合同时还不存在暂时的、附条件的权利,但只要买方、分期付款购买人、承销人或承租人之后取得所转移财产的所有权,那么就有可能有效地创设担保物权(第Ⅸ-1:105条(b)项规定的条件成就时,担保物权成立,参见第Ⅸ-2:106条(通过创设设立担保物权的时间))。

通过创设取得担保物权。本条款规定于第二章第一节第二分节中;因此该规定仅适用于那些通过创设而取得第Ⅸ-1:102条(动产担保物权)所定义的定限物权意义上的担保物权;这一条款既不允许通过留置取得担保物权,也不允许在保留所有权交易的持有人被视为所有权人的情况下取得保留所有权交易这一担保物权。该限制的理由显而易见,只有根据当事人之间所订立的协议,从另一方当事人处取得的担保物权的一方当事人才值得予以保护,因为其对实际上已取得担保物权的设想满怀信心。而没有理由保护当事人仅仅是依据协议规定的内容来保留那些被认为是当事人已经拥有的权利。

作为所有权人的担保人对担保财产的占有或登记。仅在两种情形下,担保权人的善意才会得到法律的保护,即基于客观标准其善意的信赖被认为是合理且正当的。

在第一种情形中,担保人应当占有担保财产或者持有不记名的可流通证券。为规定善意取得的目的而涉及的占有的含义,应当参考第八卷的规则(参见第Ⅷ-1:205条(占有)对占有的定义)。事实上,第八卷中有关善意取得的规则已经超越了通过要求交付有关财产来占有这一单一的条件(第Ⅷ-3:101条(通过没有权利或权限转让所有权的人善意取得)第(1)款(b)项);对于交付这一术语的定义,参见第Ⅷ-2:104条(交付)的规定,交付的替代由第Ⅷ-2:105条(等同于交付的行为)规定。然而,对于担保物权的善意取得而言,占有这一要求并不合适。对于意欲取得所有权的个人来说,占有当然会被视为是在交易中保护其善意的前提条件。但是,本规则是为了支持非移转占有担保物权的适用(见第Ⅸ-2:103条(占有和非占有担保物权));将非占有担保交易置于较占有担保物权劣势的地位,显然违反了支持非占有担保物权的适用意图。既然对担保财产的占有不再是取得担保物权的正常途径,那么针对债权人对于债务人有权处分担保财产的信赖的法律保护就不应当局限于担保权人事实上占有担保财产这一情形。

担保物权的成立不以担保物交付给担保权人为条件,这也就意味着在同一财产之上创设多个担保物权成为可能。根据本规则的规定解决该问题的方法参见第Ⅸ-2:109条(在先担保的有形财产之上善意取得担保物权)的评论C的内容。

担保权人对担保人处分担保财产的权利的善意信赖受到保护的第二种情况,是在国际或国内所有权登记簿上将担保人登记为该担保财产的所有权人。在第Ⅷ-3:301条(通过没有权利或权限转让所有权的人的善意取得)第(1)款的规定中,并没有特别提到让与人进行登记才有可能善意取得这一情况。然而,在第八卷中提供了对国内所有权登记制度的一般性参考,第Ⅷ-1:102条(动产登记)第(2)款规定有关的国内登记的法律规则的效力优先于第八卷关于登记行为是受让人善意信赖登记所有人有处分权的基础等规则。在第Ⅸ-2:108条(善意取得担保物权)第(1)款(a)项的规定中,认为对基于受让人登记而善意取得的法律保护是无条件地,即在担保人未实际占有担保财产时,可以基于担保人被登记为担保财产的所有权人而善意取得担保物权,而无论调整登记的法律是否有此规定。即使是动产担保物权的善意取也有赖于国内法的规定,使当事人有必要查明根据国内法是否实际上认可对这种善意取得的保护。鉴于所有权人登记通常是受让人应该信赖的事实,因此本规则更倾向于自动认可这种登记作为善意取得动产担保物权的依据。依据第Ⅷ-1:103条(其他规定的优先适用)第(1)款的规定是许可这种对第八卷所有权人登记规则变通的,该条款详尽地说明了关于以担保为目的的移转或保留所有权的规则,第九卷的规定通常优先于第八卷的规定。然而,应该强调的是,只有登记为担保财产的所有权人才符合本条第(1)款(a)项no.(ii)的规定。反之,登记为担保物权的持有者(根据第三章第三节关于此规则的规定)就不属于本条第一段(a)(ii)规定的情形;第三人作为保留所有权交易持有人的登记可能具有重要意义,因为这种登记可以防止担保权人依据第(1)款(b)项的规定主张善意取得(参见第(2)款)。

本条第(1)款规定的一般意义上的善意取得。本条款中关于善意取得的主要要件包含在第(1)款(b)项中。只有在担保权人不知道或者是无法合理期待其知道担保人没有权利或权限在担保财产之上创设担保物权时,其才可以善意取得担保物权。至于担保人没有权利或权限创设担保物权,不是因为担保财产是保留所有权交易项下的财产这一事实,而是因为第三人依据无效的买卖合同将担保财产交付给担保人,而该财产的(全部的)所有权仍属于第三人,这一善意的要件与第Ⅷ-3:101条(通过没有权利或权限转让所有权的人的善意取得)第(1)款(d)项所规定的善意的条件相一致,对此可参考该条款的评论。

本条第(1)款(b)项和第(2)款规定的对保留所有权交易项下的财产的善意取得。正如之前已经强调过的,买受人、分期付款购买人、承销人及承租人没有权限在保留所有权交易的权利人所保留的所有权之上设立担保物权(例外情况下,买方仅可以在附条件的所有权之上设定担保,参见第Ⅸ-2:105条(创设担保物权的要件)的评论C);

如果在有关财产之上设定作为定限物权的担保物权，情形则有所不同（参见第Ⅸ-2:105条（创设担保物权的要件）评论C）。担保权人只有在不知道或不能被合理地期待其知道拟设定担保的财产是保留所有权交易项下的财产时，才因此可以善意取得担保物权。

这种情形不同于通常所适用的善意取得的要件，因为保留所有权交易——与所有权相反——通常来讲，应当符合本规则关于登记的要件（参见第Ⅸ-3:107条（设备购置款融资的登记））。登记对保留所有权交易的权利人的权利具有公示作用，即使意图在有关的财产之上取得担保物权的债权人实际上不知道存在该保留所有权交易，该担保权人至少应知道债务人没有权利或权限在有关财产之上创设担保物权；第（2）款甚至规定了一个假设，即担保权人可以被视为（事实上）知道担保人没有权利或权限创设担保物权。

关于担保财产之上已经在先登记担保物权的问题，在第Ⅸ-2:109条（有形担保财产之上善意取得担保物权）评论中有详细的阐述。如上所述，区别对待在保留所有权交易项下的财产之上善意取得担保物权的唯一理由就是后一类担保交易的传统法律结构；而其实质和结果是没有区别的。参见第Ⅸ-2:109条有关对抗担保人以外第三人的在先担保物权登记问题的评论。

善意取得不需要对价。与第Ⅷ-3:101条（通过没有权利或权限转让所有权的人善意取得）第（1）款（c）项规定不同，根据本条款的规定，取得有关财产应支付对价的要求不适用于担保物权的善意取得。支付对价的标准也没有明确地规定适用于担保物权的取得。创设担保物权通常都是为了确保债权人向债务人支付的款项或提供的贷款的安全，其目的至少等同于对价。

根据第（3）款规定排除赃物的善意取得。根据本条第（3）款的规定，在赃物之上不产生担保物权的善意取得。这一例外规定与第Ⅷ-3:101条（通过没有权利或权限转让所有权的人善意取得）第（3）款的规则相似；而在目前情况下，没有必要适用第Ⅷ-3:101条第（3）款的第一句后半句的特别规定来处理通过转让人的正常交易渠道进行交易的赃物。该款规定主要意图是保护日常的商业实践中的特殊的交易行为。相比之下，取得动产担保物权并不被认为是属于债务人的日常交易行为。然而，对于在现金、可流通票据或无记名可流通单据之上创设的担保物权，第Ⅸ-2:111条（现金、可流通票据及可流通单据之上的担保物权）有特殊规定，根据其规定即使不符合本条款规定的条件。也就是说，即使现金、可流通票据或无记名可流通单据等财产是从所有权人处盗取的，担保权人依然可以在这些财产之上善意取得担保物权。

担保物权的取得与登记无关。第三章第三节规定的依据善意取得原则取得的担保物权的登记并非本条款的重要内容。担保权人已经将担保物权登记在册这一事实并非表明其有理由相信担保人具有处分有关担保财产的权限。

如果实际上不享有担保物权，虽然登记的担保权人试图转让（声称的有担保的）权利及事实上并不存在的担保物权，那么担保物权在登记簿上进行登记这一事实同样没有意义。在登记簿上进行登记这一事实,并不能成为保护第三人对于所登记担保物权实际存在的信赖的充分的依据。因此,第Ⅸ-5:301 条(担保债权的转让)中并没有包含任何有关受让人善意取得担保物权的规定。

最后,需要注意的是——与保留所有权交易的登记相反——甚至在有关财产之上的担保物权登记的事实不会构成本条款规定的善意取得的障碍。关键问题在于担保权人对担保人享有处分有关财产的权利的信赖,而不是对在先担保存在的善意的问题。参见第Ⅸ-2:109 条(在有形担保财产之上善意取得担保物权)第(3)款。

D. 担保权人善意取得担保物权后所有权人的法律地位

所有权人和担保权人。依据善意取得原则,担保权人在所有权人的财产之上取得担保物权。如果有关财产是属于保留所有权交易项下的财产,担保权人根据本条规定取得的权利就不再被按照第七章规定行使权利的保留所有权交易的权利人所消灭(参见第Ⅸ-7:301 条(保留所有权交易下违约的后果)第(2)款(b)项)。而且,最初的保留所有权交易和之后的善意取得的担保物权谁优先的问题由第Ⅸ-4:104 条(优先权:一般规定)第(5)款调整,即后者享有优先权。

然而,为了规定效力及优先权,真正的所有权人并不被视为担保人。因此,如果符合第三章规定的效力要件,担保权人就可以依靠其担保物权对抗在第Ⅸ-3:101 条(对抗第三人的效力)第(1)款(a)项意义上作为第三人的所有权人。只有在所有权人是保留所有权交易的权利人时其法律地位才会有所不同。

对所有权人而言,善意取得担保物权的效力依据的是第Ⅸ-3:101 条(对抗第三人的效力)第(3)款的规定,而非满足第三章中规定的任何条件。

如果对担保物权进行登记,则登记必须是针对担保人并且需要担保人而非所有权人的同意。这是因为担保权人根本就不需要征得原所有权人的同意。然而,这样的结果就是,担保物权登记对抗的是普通人,而非担保财产的真正所有权人。如果此后所有权人在该担保财产之上创设了另一个担保物权,那么该所有权人的担保权人是很难在登记中发现该担保财产已经存在在先担保物权的。这个问题也会在受让人设立担保物权之前转让该担保物财产的情况下出现,对此在第Ⅸ-2:109 条(在有形担保财产之上善意取得担保物权)中有详细规定。

所有权人及担保人。担保权人根据本条款受到的法律保护不能免除担保人因创设担保物权行为对所有权人造成损失的赔偿责任。

第Ⅸ－2:109 条 在有形担保财产之上善意取得担保物权

(1)如果有形财产之上已有担保物权或其他定限物权负担的，并且担保人受该定限物权的限制，没有权利或权限处分该财产，担保权人在以下情况下可以取得不受这些定限物权限制的担保物权：

(a)符合前条第(1)款(a)项规定的条件；

(b)担保物权设立时，担保权人不知道或不应当知道，担保人没有权利或权限而不顾第三人的定限物权创设担保物权。

(2)依本条第(1)款(b)项的规定，在先担保物权为对抗第三人已根据第三章第三节的规定进行了登记，在该担保财产之上取得担保物权的担保权人，被视为知道担保人没有权利或权限不顾在先担保物权在该财产之上创设担保物权。

(3)不符合本条第(1)款规定的条件，但符合前条规定条件的，担保权人取得担保财产之上的担保物权。该担保物权与在先权利的优先权依据一般规定确定。

评 论

A. 总则

本条规定的是在已经设定定限物权的财产之上善意取得担保物权的问题，包括第Ⅸ－1:102 条(动产担保物权)所定义的担保物权和另一种定限物权(由第Ⅸ－2:108 条(担保物权的善意取得)涵盖的在属于保留所有权交易项下的财产之上善意取得的担保物权)。如果担保权人对在先担保物权的存在主观上是善意的，担保权人善意取得的担保物权不受在先担保物权的制约。在先的担保物权的权利持有人也必须承认这个新的担保物权具有更高的优先效力，即新的担保权人不需要为了能够有效地对抗在先担保权人而去满足第三章规定的条件(参见第Ⅸ－3:101(对抗第三人的效力)第(3)款)，即可享有优先于在先担保物权的权利(参见第Ⅸ－4:101 条(优先权：一般规则)第(5)款)。

然而，如下所示，无视在先担保物权而最终适用善意取得担保物权的范围相当有限。依据本条款规定，只有在少数情况下，才有可能不考虑符合第三章规定的效力的条件的在先担保物权的存在，而在同一财产之上设立新的担保物权。在先的担保物权经过登记公示保护其权利人以对抗另一担保权人的善意取得。这种善意取得之所以可能的一个重要的例外情形是，在先担保权人的登记所对抗的只是其他人而非意图创设新的担保物权的担保人(参见评论 C)。即便这时不存在善意取得，也仍然有可能在同一财产之上创设新的(附条件的)担保物权;在先及在后的担保物权被视为构成竞争性的担保物权,它们之间的优先效力关系的判定适用第四章优先权规则的规定(参见第四章)。

正如第Ⅸ－2:108条(善意取得担保物权),本条款规定仅允许通过创设而取得担保物权,不允许以其他方式包括保留所有权交易取得担保物权。这一点也体现在第二章第二分节中,第一节仅适用于通过创设而设立担保物权的情形;同样参见第Ⅸ－2:108条(善意取得担保物权)评论C的理由。

B. 根据本条第(1)款规定善意取得担保物权

第Ⅸ－2:105条的其他条件。正如第Ⅸ－2:108条(善意取得担保物权)的规定,依据本条款的规定善意取得原则只有在——除了不受在先担保物权制约的创设担保物权的权利或权限外——满足第Ⅸ－2:105条(创设担保物权的条件)规定的所有其他条件时才能适用。

有形财产。正如依据第Ⅸ－2:108条(善意取得担保物权)的规定,本条款第(1)款规定的善意取得仅适用于有形财产。参见第Ⅸ－2:108条的评论C。

担保人没有权利或权限处分财产不受在先担保物权的制约。即使担保人的财产之上已经存在担保物权的,担保人并未因此丧失作为所有权人处分担保财产的权利,或者说担保人有权在该财产之上创设另外的担保物权,只要这么做不影响在先担保物权即可。在所有权转移的情况下,受让人作为担保财产的新所有权人取得担保人的法律地位(第Ⅸ－5:303条(担保财产的转让)第(1)款);新创设的担保物权劣后于在同一财产之上创设的在先担保物权,这两种担保物权之间的关系由优先权的规则调整(参见第四章)。

然而,如果某财产之上已经设立了担保物权,则担保人通常不再具有不受这一在先担保物权的制约处分该财产的权利或权限(包括无视该在先担保物权的存在而创设担保物权)。如果根据合同或者法律规定,担保人没有被授予不受在先担保物权的制约而处分担保财产的权限(参见第Ⅸ－5:204条(贸易商及制造商对担保财产的处分)第(1)款),则新的担保权人只有依据善意取得原则才能不受在先担保物权的影响而取得担保物权。

担保人的占有或者登记。本条款第(1)款(a)项将第Ⅸ－2:108条(善意取得担保物权)第(1)款(a)项规定的担保人占有或者登记的替代条件引入到了本条款中。

第Ⅸ－2:108条(善意取得担保物权)第(1)款(a)项规定的最初的适用范围,是只适用于担保人进行担保财产的所有权登记,这可能使担保权人具有依据善意取得原则取得担保物权的资格。但如果根据本编第三章第三节的规定在登记簿上登记的担保物权,则与本条款无关。

对于占有的替代性构成要件,也可参考第Ⅸ－2:108条(善意取得担保物权)第(1)款(a)项规定的条件,具体参见该条款的评论C。再次说明,担保人占有担保财产就足够了;而无须将担保财产交付给担保权人,担保权人即可依据本条规定受到法律保护。

不要求担保人将担保财产交付给新的担保权人,既避免了让最初的担保权人承担更多的法律风险,同时也不会产生担保人能够为不同的债权人分别创设担保物权的问题。只要有关的担保权人确保其担保物权因符合第三章规定的要求而具有法律效力,那么就限制了第三人根据本条第(1)款规定善意取得担保物权的可能性。显然,占有行为使担保物权产生效力;在担保人不对担保财产占有的情况下——更常见的是登记担保人的财产所有权——根据本条第(1)款的规定不能善意取得担保物权。如果担保物权已经登记,则其可能符合本条第(1)款(a)项引入的第Ⅸ－2:108条(善意取得担保物权)第(1)款(a)项的条件。然而,这种在欧洲担保物权登记簿上登记担保财产形成的对最初的担保物权的公示,通常就避免了任何新的担保人针对在先担保物权主张其善意的可能性。

第(1)款(b)项规定的善意。如果担保权人是善意的,依据本条规定担保权人才可以免受在先担保物权的制约而取得新的担保物权。即,担保权人不知道或不能被合理地期待知道担保人没有权利或权限而不顾第三人的定限物权(第(1)款(b)项)创设担保物权。就像第Ⅸ－2:108条(善意取得担保物权)的评论C所解释的那样,接下来的评论内容也是与在属于保留所有权交易项下的财产之上善意取得担保物权的情况相关。

关于此点,实践中最大的问题就是如何认定是否能够合理地推定担保权人知道担保人没有权利或权限免受在先担保物权或保留所有权交易的制约处分担保财产。这一般都是根据个案的具体情形来看的。比如,如果采用在特定经济领域的普遍做法,根据保留所有权的协议买入的库存产品,那么就可以合理地推断第三人知道担保人没有权利不顾供货商保留的所有权而在这些财产之上创设新的担保物权。此外,如果担保权人知道担保人正处在经济极度困难并且之前努力获取贷款的情况下,则更应当合理地推断担保权人知道有关财产之上已经设定了担保物权。

总的来说,担保权人要想依据本条款规定善意取得担保物权,就应当承担举证责任,即不顾在先担保物权而意图取得新的担保物权的担保权人,应证明其不知道也不可能合理地期待他知道担保人没有权利或权限不受在先担保物权的制约处分该财产(参见第(1)款(b)项的措辞:"如果……担保权人不知道也不能合理地期待他知道……")。有关该举证责任的规则同样适用于那些在未设定担保的动产之上善意取得所有权的情形(参见第Ⅷ－3:102条(在定限物权之上善意取得所有权)第(1)款(d)项第二句)。

善意与登记——第(2)款。判断是否能够合理地认定担保权人知道担保人没有权利或权限不顾在先担保物权或保留所有权交易而在有关财产之上创设担保物权,一个非常重要的因素就是看在先的担保物权是否依据第三章第三节的规定进行了登记。

根据本条第(2)款规定,担保权人被认为知道担保人没有权利或权限不顾在先担保物权或保留所有权交易而在有关财产之上创设担保物权,即应推定每一个担保权人知悉针对担保人进行登记的每一个在先担保物权及保留所有权交易。只要属于担保交易项下的财产已经针对担保人进行了登记,不需要担保权人实际知情,也不需要更多的说明,即可避免担保权人依据本条款善意取得担保物权。

也就是说,实际上这一规则与所有的担保物权登记制度是一致的,都要求担保权人意图在某财产之上取得担保物权之前,应当调查在该财产之上是否针对担保人登记过的任何担保物权或保留所有权交易。如果有关财产实际上已经受制于登记过的担保物权或保留所有权交易,那么即便该担保权人真的不知道上述在先担保物权的存在,其也不会取得具有优先于在先担保物权的新的担保物权,也不能受到本条第(1)款规定的善意取得规则的法律保护。就目前而言,这是因为依据本编登记的信息都已经可以在网络上查询并对公众开放(第Ⅸ-3:302条(登记簿的结构和运行),第Ⅸ-3:317条(为查询为目的访问登记簿)),查询登记信息对拟担保权人及创设担保物权基本上不会带来太多的负担。

根据本卷第三章第三节规定的登记制度,对登记这一原则没有一般性的限制,只要实事求就是合理的,由当事人自己申请并记录在登记簿上,也不要求确切地指出其所要登记的具体财产。尽管这种从登记簿上直接获取的信息相对于从包含公共登记的更传统的登记制度所提供的信息来说,可靠度以及详细程度会低一些,但是这种制度也保证了从登记的担保权人那里获取担保物权的更准确信息的可能性(第Ⅸ-3:319条(提供信息的义务)等条款)。即使现有的针对担保人的登记表设计得极其宽泛并缺乏精确性,但可以预见拟担保权人这种登记的可能性。毕竟,作为担保权人他们也能依据这些规则在这种登记公示制度中获益。只有在一些十分特殊的情况下,在登记的内容中或登记的担保权人的其他声明中竟然允许在同一财产之上存在另一个担保物权的受让人,则此时便推定该财产之上还没有设定任何担保物权,以及基于一般理由而对第(2)款中相关规则的限制(下一款将要讨论的限制与此相反)可能是合理的。一个特殊的例外情况明确规定在第Ⅸ-3:322条(担保权人提供错误信息的法律后果)第(1)款中。即使在先担保物权进行了登记,但登记的担保权人依据第三章第三节第五分节的要求登记的信息表明有关财产未设定担保,那么就不能排除新的担保权人的善意取得。

善意以及登记对抗担保人以外的人。本条第(2)款中的规则即认定担保权人知道担保人没有权利或授权而不顾在先担保物权在该担保财产之上创设担保物权,被严格限制在针对担保人登记的担保物权上(依据第Ⅸ-2:108条(善意取得担保物权)第(2)款登记的保留所有权的规定适用的相应的限制)。申请这种登记并不是为了对抗为新的拟担保权人创设担保物权的债务人。仅依据担保物权已被登记的事实,通常不能认定新的拟担保权人知道转让人没有权利或权限不顾在先担保物权在该财产之上创设担保物权,也就意味着在这种情形下,除非新的拟担保权人确切地知道该在先担保物权的存在或者如果依据其他的情况,可以合理地认定拟担保权人知道担保人可能已经得到的是在先担保物权项下的担保财产,那么拟担保权人根据本条第(1)款的规定可优先于在先担保物权善意取得担保物权。

典型的例子就是担保物权没有针对担保财产的实际所有权人进行登记,因此实际的所有权人随时可以作为担保人在同样的担保财产之上创设新的担保物权。在创设第二个担保物权之前,在先担保物权项下的担保财产的所有权就已经移转,并且也没有进行另外的转移登记公示(参见第Ⅸ-3:330条(担保财产的转让:一般规定)和第Ⅸ-3:331条(担保财产的转让:转让的公示))。对这一问题在有关登记制度条款的评论中有更详细的解释,可以比较第Ⅸ-3:330条评论B。就目前来看,可以说欧洲的担保物权登记制度并非意在作为一个真正的页码查询系统,查找特定财产的资料比起查找特定的担保人要困难得多。为了不给担保物权的创设增加过多的负担,新的拟担保权人在查询登记情况时不应有义务查询担保人从谁那里取得的担保财产。

同样的推理也适用于下面的情况,即非所有权人依据第Ⅸ-2:208条(善意取得担保物权)创设了一个担保物权,而真正的所有权人也要在同一财产之上创设另一个担保物权(参见第Ⅸ-2:208条(善意取得担保物权)评论D)。在这种情况下,本条第(2)款不再适用,即由于该担保物权没有针对目前想要成为担保人的真正的所有权人进行登记,新的拟担保权人可以优先于在同一财产之上设立的该先担保物权而善意取得担保物权。

没有日常商业活动中特殊的交易规则。第Ⅸ-6:102条(由于善意取得所有权导致物权担保的丧失)第(2)款(a)项规定,如果转让人以日常商业程序行事,就不会仅仅因为担保已经登记这一事实,而认定意图在担保财产之上取得所有权的第三人知道该转让人没有权利或权限而不顾在先担保处分该财产。本条款中也没有规定关于担保人正常商业程序的相应的交易规则。原因是这些条款仅涉及取得担保物权的问题;一般也没有必要出于商业利益而制定特别保护买卖交易的特殊规则;不能也不应该将创设担保物权的行为理解为是任何人的日常商业行为的组成部分。

C. 根据第Ⅸ-2:109条第(3)款的规定善意取得担保物权

第(3)款的内容涉及担保人意图在其无权处分并已设定担保的财产之上创设担保物权的特殊情况。如果新的拟担保权人对该财产之上存在担保物权是恶意的,但是对担保人无权处分该财产不是恶意的,那么只要能够符合第Ⅸ-2:208条(善意取得担保物权)规定的其他条件,新的担保权人也可以在该财产之上取得担保物权,并且另一在先担保物权不受影响;二者之间的优先顺序根据第四章的一般规则来确定。

D. 不顾在先担保物权而善意取得担保物权的效力

不顾在同一财产之上设立的在先担保物权而善意取得的担保物权的效力问题在评论A中已经有所反映。对新的担保权人而言在先担保物权仿佛就不存在,即不需要满足第三章的任何要件,新的担保物权就可以有效地对抗在先担保权人(参见第Ⅸ-

3:101 条(对抗第三人的效力)第(3)款);依据第Ⅸ－4:101 条第(5)款的规定,新的担保物权享有优先于在先担保物权的效力。

然而,在对抗其他担保权人或其他第三人时,依据本条规定不考虑在先担保物权而取得担保物权的担保权人的法律地位,与通常的担保权人相同。在对抗其他第三人时,依据本条规定取得担保物权必须符合第三章的正常条件,并且其优先地位由第四章的一般规则来确定。

不顾在先担保物权而取得的新的担保物权既没有完全终止也没有失去对抗担保人或其他普通担保权人的效力。仅仅是依据本条的规定不顾在先担保物权取得担保物权的担保权人被认为与其对抗的在先担保物权并不存在;这种新的担保物权仍然可以有效地对抗担保人,并依然有效地对抗其他的担保权人。

第Ⅸ－2:110 条　迟延设立

根据第Ⅸ－2:106 条(通过创设设立担保物权的时间)的规定在有关财产之上设立担保物权时,还未符合第Ⅸ－2:107 条(消费者创设担保物权)和第Ⅸ－2:108 条(善意取得担保物权)规定条件的,一旦实现上述规定条件,该担保物权即自动设立。

评　论

本条款的内容是对第Ⅸ－2:106 条(通过创设设立担保物权的时间)规定的一般规则的补充,根据其一般规则的规定,如果满足第Ⅸ－2:105 条(创设担保物权的条件)规定的要件,即可通过创设设立担保物权。第Ⅸ－2:105 条的内容只涉及了通过创设设立担保物权的一般要件,没有涉及第Ⅸ－2:107 条(消费者创设担保物权)规定的消费者作为担保人的附加条件,也未涉及第Ⅸ－2:108 条(善意取得担保物权)列举的担保人没有权利或权限创设担保物权时担保权人善意取得担保物权的替代性条件。因此,附加这一规则是有必要的。也就是说,如果通过创设设立担保物权需要满足第Ⅸ－2:107 条和第Ⅸ－2:108 条规定的条件,则其设立的时间就是在这些附加的或替代性的条件都满足的时候,而不是在第Ⅸ－2:106 条指定的时间就能成立。

第Ⅸ－2:111 条　现金、流通票据和无记名凭证之上的担保物权

现金、流通票据或无记名凭证之上的担保物权可以不受在先权利的约束而设立，只要这些财产由担保权人直接占有，即使不符合第Ⅸ－2:105 条（创设担保物权的要件）（b）项、第Ⅸ－2:108 条（善意取得担保物权）及第Ⅸ－2:109 条（在担保财产之上善意取得担保物权）规定的条件，都不影响其效力。

评　论

本条包含了在三种可流通财产之上设立担保物权的特殊规则：首先，现金（国内货币或外币）；无记名可流通票据（如无记名汇票或支票等）；无记名可流通单据（如签发的无记名的提单或仓单）。其中，单据是最基本的形式，因为相关规定要求将这类担保财产移转给担保权人直接占有。

在此类财产上设立担保物权，不受本分节有关在这类财产之上创设担保物权的权利或权限的一般条件的制约。即便是担保人没有在该类财产上创设担保物权的权利或权限（即没有满足第Ⅸ－2:105 条（创设担保物权的条件）（b）项的条件），并且即使担保权人不能适用第Ⅸ－2:108 条（善意取得担保物权）规定的善意取得原则，也依然可以在这类财产之上设立担保物权。这就表明即使担保权人知道担保人没有权利或权限在现金、无记名可流通票据及无记名可流通单据之上设立担保物权，即便这些财产是从所有权人处盗取的，依然有可能在这些财产之上设立担保物权。

本条规则能如此规定有赖于上述金融工具的流通性。这些票据的可流通性扩展至了在这些财产之上设立的担保物权：担保权人不必去调查担保人在这些财产之上创设担保物权的权利或权限；并且即使有所怀疑，担保权人也依然可以取得有效的动产担保物权。更进一步来说，就现金而言，查明特定现金的来源或任何前所有权人以及调查取得现金的过程几乎是不可能的。

适用的唯一例外的条件就是将这类担保财产直接移转给担保权人直接占有。有关规定通常不要求移转占有来设立担保物权，即便是依据善意取得原则设立担保物权也不需要移转占有（参见第Ⅸ－2:108 条（善意取得担保物权）评论 C）。然而，根据本条款规定，要求直接占有是必需的，因为有必要限制这一规则的适用；这是因为本条款也适用于担保权人的非善意取得和担保财产是从所有权人盗取的情形，因此有必要规定担保权人直接占有担保财产以证明其受到法律保护的正当性。当然，这一直接占有的要件实际上也限制了本条款的适用范围，也即不

能适用于在现代的金融账户形式——一般而言——电子“票据”或“单据”之上设立担保物权的情形。

如果不顾在先担保物权依据本条款在有关财产之上取得担保物权，根据第Ⅸ-4:101条（优先权:一般规则）第（5）款的规定，新的（占有性）担保物权便享有优先于在先担保物权的效力。理论上讲，这一规则同样适用于在先设立的保留所有权交易；但是不大可能适用于在本条所规定的财产之上设立这种形式的担保。第Ⅸ-4:102条（优先权）第（2）款的规定对金融财产之上的担保物权也产生类似的优先权后果；根据该优先权规则，占有或控制这些金融财产的担保权人，享有优先于在先担保物权的权利（特别是已经登记的担保物权），甚至可以适用于本条款不能适用的无形金融财产，因为担保权人不能“占有”无形财产。

第Ⅸ-2:112条 物权法的一般问题

第八卷第二章中物权法的一般问题的规定，经变通后适用于本卷。

评 论

尽管在DFCR中至今还没有有关物权法的一般问题的独立编章，在通过创设而设立担保物权的过程中可能会产生大量的法律问题，这些问题本质上被视为物权法的一般问题，对于涉及物权设立或转让的各种情形而言这些问题具有共性。至少，就这些问题而言都涉及了，但没有直接触及通过创设设立担保物权的核心特征，一些有关物权法的一般问题的相同的法律规则没有必要在本章中重复；而在另一部分内容里对那些物权法的原则做详细的汇编作为参考倒是可能的。

遵循这个一般方法，本条款有关物权法的一般问题适用于第八卷第二章关于转让货物所有权的规则；这些规定经适当改编后也可以适用于通过创设设立担保物权的问题。

可供引用的内容特别包括第Ⅷ-2:305条（附属物之上的担保物权）和调整一批货物中的部分货物的转移问题的第8 -2:306条（原始担保财产之上的收益）。这些条款中规定的原则（可以视为有关特定化的条件的特殊问题，参见第Ⅸ-2:105条（创设担保物权的条件）（a）项及该条款的评论B）若适当也可以适用于在一批确定的货物中的特定数量货物之上设立担保物权的情况。有关在上述特定数量的货物之上设立担保物权之后这些财产又在整批货物中混合的情况，参见第Ⅸ-2:309条的规定（担保物权项下的担保财产混合）。

第三分节　担保物权的保留

第Ⅸ-2:113条　保留担保物权的条件

(1)除了第一分节规定的条件之外,依保留方式设立动产担保物权时还应符合下列条件:

(a)担保权人为对抗受让人有权保留依物权担保合同设立的担保物权;

(b)担保权人将保留担保物权的担保财产的所有权让与受让人。

(2)担保物权在前款规定的全部条件成就时即通过保留方式设立。

(3)根据本编规则的规定,此时的受让人视为担保人。

评　论

A. 总则

本条款的规则允许通过保留方式设立定限物权的方式来替代通过创设设立担保物权的方式。在通过创设设立担保物权的情况中,担保人授予担保权人定限物权,而一般不会将所有权转移给担保权人。在保留设立担保物权的情况下,担保权人保留担保财产的担保物权而转移担保财产的所有权。受让人仅仅取得一个设定有担保的所有权,尽管转让前担保权人拥有没有设定担保的所有权。

在实践中,以保留这种方式设立担保物权通常都是发生在所有人意欲出卖财产,而且还想通过该财产为出卖的价金做担保的情况下。作为保留所有权的替代方式,买卖双方可以协商一致将售出财产的所有权转移给买方而卖方仅保留该财产的担保物权,这样买方就没有成为所售货物的(无条件的)所有权人。不论是保留所有权还是保留担保物权,卖方所享有的担保物权的效力都要优先于其他担保权人,也只在违约的情况发生时卖方的权利才会受到较多限制。在保留所有权交易的情况下,根据买卖合同的规定合同关系终止后,卖方仍然有权要求归还售出的财产(第Ⅸ-6:101条(担保物权消灭的情形)第(4)款第二句和第Ⅸ-7:301条(保留所有权交易下违约的法律后果));而作为单纯的担保物权的担保权人,卖方为了实现担保权利仅可行使这种担保物权;任何多出的价金部分应返还给买方(或其他担保权人),参见第Ⅸ-7:215条(收益的分配)。

即便没有通过保留设立担保物权的可能性,但是通过两个步骤也能达到这样的目的。担保权人将自己一个未设定担保的所有权转让给担保人,随后担保人在该财产上为担保权人设立一个担保物权。允许通过保留设立担保物权的优势在于:一是可以简化交易步骤,一步就能完成;二是在担保权人对抗风险时给予其更好的法律保护,比如,在受让人再次转移担保物权之前破产的时候,或受让人将担保物权再次转移给新的担保权人时将会成为第二顺位的权利,仅仅是因为在同一财产上有受让人为另一担保权人设立的在先担保物权。

B. 通过保留设立担保物权的条件

本条款仅规定通过保留这一方式设立担保物权的特别要件。通过保留设立担保物权除了符合本条款规定的要件外,也应当满足第一分节规定的一般条件;在特殊类型的财产之上设立担保物权,适用本章第三节规定的特殊规则。

担保权人保留担保物权的权利。根据本条第(1)款(a)项的规定,担保权人必须具有保留担保物权的权利,这一规定与只有当担保权人有权取得担保物权时才有可能通过创设设立担保物权的规则相一致(第Ⅸ-2:105 条(创设担保物权的条件)(c)项);只有在物权担保合同中就担保权人具有保留担保物权的权利达成合意时,才能设立担保物权。

另外需要指出的是,本条款不允许担保权人在担保物权合同中以保留的形式单方设立担保物权。与保留所有权交易不同,该担保权人不保留所有权;而是担保权人在转让财产所有权的同时设立并保留担保物权。这种转让要求双方当事人达成合意,而转让的效力——遵循以下因果关系的法则——取决于受让人有取得所有权的权利。这些条件经必要的变通后适用于在所有权转移给受让人过程中为担保权人保留担保物权的问题。

担保权人将所有权转移给受让人。本条第(1)款(b)项规定了保留所有权交易和通过保留设立担保物权的根本区别。卖方、供货方以及出租人等根据保留所有权交易保留所有权(或者根本不转移所有权,或者仅根据与担保权相对应的义务履行的中止条件转移所有权,即价款的支付),而担保权人在本条规定的情形下转移所有权而保留担保物权,即在担保财产之上的定限物权。

由于既可以在有形财产之上也可以在无形财产之上通过保留创设担保物权,根据第(1)款(b)项规定,转让所有权就包括有形财产所有权的转让和其他权利的转让,这与 DFCR 的一般原则(参见定义列表中所有权和财产的定义)及贯穿于本编中的定义是一致的(参见第Ⅸ-1:201 条(定义)第(9)款)。

关于担保权人转移所有权的条件间接地包含了第八卷(有形财产所有权转移的情形)规定的附加条件以及第三卷第五章(履行请求权转让的情形)的内容。尽管在第Ⅸ-2:112 条(物权法的一般问题)(而不是第Ⅸ-2:105 条(创设担保物权的条件))中没有明确规定这些条件,但只要在双方当事人将拟担保财产特定化(参见第Ⅷ-2:101 条(所有权转移的一般条件)第(3)款)及达成转让协议的情况下(参见第Ⅲ-5:104 条(基本条件)第(3)款),就能通过保留设立担保物权,即使该担保财产已经受制于在先担保物权。

第(1)款(b)项明确规定,只有在担保权人转让其财产所有权的情况下,才可能通过保留设立担保物权。如果担保权人不是财产的所有权人,则在转移财产所有权给受让人时也不能保留所有权。

示例 1

A 享有对 B 的支付请求权。A 和 B 同意由 C 将其拥有的财产的所有权转移给 B,而 A 声称根据该交易保留担保物权。无论最终 B 是否取得该财产的所有权,但由于 A 不是该财产的所有权人,A 不能在该财产之上保留担保物权。

即使此时受让人可能取得所有权,如果担保权人不是所有权人(如果真正所有权人授权给担保权人或其他当事人能够依据善意取得原则),在这种情况下,担保权人不能通过保留取得担保物权,并且担保权人也不得主张依据善意取得原则通过保留设立担保物权(参见第Ⅸ－2:108 条(善意取得担保物权)评论 C)。但是,如果担保权人这么做是因为得到了所有权人的授权,则此时担保权人与所有权人之间的合同会被视为通过授权设立担保物权,对此问题适用第二分节的规定。

示例 2

事实与示例 1 相同;然而 A 是在所有权人 C 的授权下行事,即 A 有权转让 C 的财产,B 取得财产的所有权,而 A 仍不能保留担保物权,但是 A 和 C 之间的协议可以被理解为是通过授权设立担保物权的协议。同时依据该协议 A 将 C 的所有权转移给 B,C 作为第三方担保人授予 A 担保物权。

C. 通过保留设立担保物权的时间

第(2)款规定的原则与第Ⅸ－2:106 条(通过保留设立担保物权的时间)相同。当通过保留设立担保物权时,只有在符合了所有相关的条件后担保物权才会产生;然而,这可能是发生在物权担保合同缔结之后。

D. 被视为担保人的受让人

根据第三段,为适用本编的目的,受让人被视为担保人。通过保留设立担保权范围内财产的受让人基本上很少会被视为担保人,因此前条我们一直称之为受让人。不过,为了本卷的其他规则,比如预期违约的效力以及一般违约的后果,这时候受让人是被看做普通担保人的。

E. 保留的担保物权的优先效力

虽然关于优先权的规则中并没有规定通过保留设立的这类担保物权享有优先的法律地位,但是,通过保留设立担保物权的担保权人通常享有优先于其他竞争性担保权人的权利。这是因为,通过保留设立的担保物权通常具有购置款融资的功能。如果在转移所有权给买方时,卖方保留担保物权作为价金的担保,则此时的担保物权应遵守第Ⅸ-1:201条(定义)第(3)款(b)项(i)目的规定。作为购置款融资交易,此时的担保物权依据第Ⅸ-4:102条(超级优先权)第(1)款的规定享有最优先权利。此外,此种超级优先权不因担保物权转让而受影响,即这一超及优先权可以伴随着保留的担保物权的让与而转移给另一担保权人(参见第Ⅸ-5:301条(担保权的转让)第(4)款)。

而如果这种购置款融资交易例外地不具有这样的超级优先权(特别是如果协议约定保留的担保物权是作为担保权的担保而不是作为价金支付请求权的担保或是超过第Ⅸ-3:107条(购置款融资交易的登记)规定的35天期限而发生的登记),则担保权人就无法受到第Ⅸ-5:303条(担保财产的转让)第(3)款的同等的法律保护;这一条款适用于在财产转让之前已经通过保留设立担保物权的财产所有权的转让;在通过保留设立担保物权的情况下,转让所有权的同时产生保留的担保物权。

第四分节　留　置　权

第Ⅸ-2:114条　留置权

依据合同约定或法律规定,某人为对抗财产的所有权人,有权留置该财产作为其履行请求权的担保,该留置权产生占有担保物权。

评　论

A. 一般规定

担保物权,即赋予担保权人对担保财产优先受偿权利的一种定限物权,除了通过授权(第二分节)或保留(第三分节)设立外,还可依据留置权设立。

如果担保权人有留置某物的权利,即使没有当事人的明确同意其仍被认为享有担保物权。事实上,即使当事人之间没有任何协议,也可依据对财产的留置权设立担保物权。本条已经明确地声明适用留置权,而不论其是依据合同还是依据法律规定而产生。

B. 政策

留置权产生于一方有义务为他方(通常是所有权人)保管财物,并有权保留该财产直到一定的条件实现为止,也即是一种双务性的行为。留置权可以通过当事人的合意达成,但是更多的时候是由法律规定。典型例子就是修理人在对方完全付清修理价款之前是可以行使留置权的(国内法中对产生于法律规定的担保物权的一种替代解决办法)。这样留置权与保留履行义务的权利是不同的(参见第Ⅲ-3:401条(同时履行抗辩权))。例如,如果卖方对售出的货物既不转移所有权也不转移占有,而是保留履行义务直至对方付清价款时,卖方仍然是该财产的所有权人——假如卖方出售自己的财产——其保留履行的权利便不是本编所谓的担保物权。也即这种履行抗辩权的行使是不受本编规则调整的。

通过将这种单一的留置占有的权利上升为一种担保物权,即通过占有财产而保留的定限物权,本条款强化了依据合同或法律规定而产生的留置权。本条款并未规定留置权产生的条件,而是仅规定了留置权产生后所具有的法律效力。该条款的一个最重要的法律后果就是,如果发生了违约,则担保权人可以依据第七章的规定来寻求救济。这是一种解决僵局的好办法。尽管债权人通常有权留置财产,但许多国家立法不允许对留置财产实现“担保”权,如果债务人拒绝支付价款,则留置财产的债权人就陷入了僵局。将这种留置对方财产的方法上升为一种占有的担保物权,就可以迅速有效地解决这一问题了。

此外,还希望能够在欧盟各成员国之间就本条中的原则,乃至在基于合同规定的担保物权的领域之外达成共识。尽管法律已经有对于修理人、仓储保管人、旅馆经营人等类似一方当事人的有效的法律保护,允许他们利用交易对方的财产作为其付款请求权的担保,但是实现这种保护一部分是利用了法律上的担保物权,另一部分是通过留置权实现的。通过将留置权上升为担保物权,则两者的区别就是无关紧要的了,并且不管国内法对担保权人的法律地位如何规定,都有利于担保权人得到同样的法律救济。

C. 依据留置权设立担保物权的要件

本条款对依据留置权设立担保物权规定的唯一要件就是,留置权人必须有权针对所有权人留置其财产作为履行请求权的担保。

实际上,通过该条规定判断留置权是否产生以及依据什么条件产生并不困难,必须具有留置权的条件间接地确认了在以这种方式设立担保物权时,必须符合第一分节所规定的一般条件,特别是担保财产的客观存在、可转让性及所担保的权利的客观存在。

如果担保人不享有担保财产的所有权,依据留置权是否还可以产生担保物权,本条款并没有直接地回答这一问题;而本条款仅要求留置权人即担保权人必须享有对抗留置财产的所有权人的留置权。如果留置权是基于合同产生,这实际上意味着只有在所有权人或者所有权人的代理人同意的情况下,才可以产生担保物权。其他的合同无法约束所有权人。而如果留置权是由法律规定的,那么是否能够产生留置权,就需要看国家法律中关于留置权的具体规定,例如,如果修理是在所有权人以外的人指令下进行的,那么修理人有权留置被修理财产以对抗所有权人。无论如何,在依据留置权设立担保物权的情况下,都不可能根据本卷规定的善意取得担保物权的原则,特别是不可能依据第Ⅸ-2:108条(善意取得担保物权)的规定来获得法律保护。

D. 留置权的法律效力和优先权

依据留置权取得的担保物权是一种典型占有性担保物权,这样他们可以通过担保权人行使占有权有效地实现第三章的目的。

留置权享有第Ⅸ-4:102条(超级优先权)第(3)款规定的超及优先权,也就是说依据留置权取得担保物权的担保权人的权利优先于其他一切在留置财产之上主张担保物权的担保权人。

第二节 保留所有权交易的成立

第Ⅸ-2:201条 保留所有权交易

(1)符合以下条件的,保留所有权交易在第Ⅸ-1:103条(保留所有权交易:适用范围)第(2)款规定的情况下产生:

(a)卖方、供应商或出租人是所提供财产的所有权人或有权处分这些财产;

(b)物权担保合同明确指定该财产;

(c)被担保的权利存在;

(d)卖方、供应商或出租人保留所有权。

(2)转让以债务履行作为停止条件的,也构成本条第(1)款(d)项规定的保留所有权。

评 论

A. 概述

根据本规则担保物权的一般区别,即担保物权与保留所有权交易之间的区别,在第Ⅸ-1:103条(保留所有权交易:适用范围)的评论A、B中已经详细的阐述了。

第Ⅸ-1:103条(保留所有权交易:适用范围)主要是对保留所有权交易作出了定义,而这类物权担保具体依据哪些条件产生,将是本条所要阐述的内容。前述第二章节适用于设立担保物权的规则,也即在第Ⅸ-1:102条(动产之上的担保物权)第(1)款所定义的定限物权的设立,并不适用于保留所有权交易(除第Ⅸ-2:104条(可流通性、现实存在及特定化的特别规定)第(2)款至第(4)款以外)。担保物权和保留所有权交易的最根本的区别就在于二者的设立方式大不相同,因此适用于担保物权也适用于保留所有权交易的一般原则(参见第Ⅸ-1:104 条(保留所有权交易:适用规则))不能适用于本条款。

对于在特殊类型的财产之上的保留所有权交易,还需要满足本章第三节规定的附加条件(保留所有权交易的规则的适用范围参见第Ⅸ-1:104 条(保留所有权交易:适用规则)第(1)款(b)项)。

B. 保留所有权交易的条件

根据本条款保留所有权交易在满足以下条款所提及的条件时,才能够成立。

根据买卖合同、分期付款购买合同、融资租赁合同或者寄售合同提供的财产。本条款仅适用于依据买卖合同、分期付款购买合同、融资租赁合同或者寄售合同提供财产的情形。这一条件是由本条第(1)款第一句前半句得出的结论,该条款也包含了第Ⅸ-1:103 条(保留所有权交易:适用范围)第(2)款对此情形的规定;在本条第(1)款(a)项和(d)项中有关于买卖合同、分期付款购买合同、融资租赁合同或者寄售合同的规定。

绝大多数保留所有权交易的情况都是属于这四种合同的;在相关规则中作为保留所有权交易的例证自始至终被明确提到的也只有这四种合同。不过,第Ⅸ-1:103 条(保留所有权交易:适用范围)第(1)款并没有将保留所有权交易的定义限制在这四种合同的范围中,也允许在其他的交易中适用保留所有权交易。然而,至少在本条中并未直接地提到这个可能性。而是不得不主要依据第Ⅸ-1:103 条(保留所有权交易:适用范围)第(1)款所规定的标准来回答在其他交易下是否会产生保留所有权交易这一问题,不过,本条第(1)款(a)项至(d)项的详细规定仍然是有助于确定这一标准的。

提供的财产的所有权或所有权人的授权。本条第(1)款(a)项明确要求,根据买卖合同、分期付款购买合同、融资租赁合同或者寄售合同提供的财产必须为卖方、提供方或者出租人所有,或卖方、提供方或者出租人等至少有所有权人的授权。

如果卖方、提供方或者出租人没有所有权或未得到所有权人的授权提供财产,则保留所有权交易根本就不会成立。此时(真正的)所有权人的权利不会受到任何影响,也不会成立保留所有权交易;而卖方、提供方或者出租人等也不会取得这类物权担保。

示例 1

A 和 B 签订汽车融资租赁合同。由 A 向 B 提供汽车,然而,汽车的所有权属于不知道 A 和 B 之间交易的 C 所拥有。对于 A 来说不成立担保物权,C 仍是完全的所有权人(然而,如果 B 选择取得所有权时,B 有善意取得的可能性)。因此,即使没有登记,在所提供的汽车上 C 的权利依然可以有效地对抗第三人。

如果卖方、提供方或者出租人不是所提供财产的所有权人,而其行为的依据是所有权人针对所提供财产对其进行的授权,情况就有所不同了。如果所有权人(其不希望自己成为买卖合同、分期付款购买合同、融资租赁合同或者寄售合同的当事人:这并非第二卷第六章规定的代理的情况)已经授权卖方、提供方或者出租人进行了保留所有权交易,则其实际上是把自己的所有权降级为保留所有权交易,也即本卷的担保物权。保留所有权交易对抗他人的效力来源于登记。然而,需要注意的是,即使(真正的)所有权人依然享有所售出财产的所有权,卖方、提供方或者出租人即以自己的名义签订买卖合同、分期付款购买合同、融资租赁和寄售合同的人,根据本卷(参见第Ⅸ-1:104条(保留所有权交易:适用规则)第(2)款)的目被视为担保权人。真正的所有权人授权卖方、提供方或者出租人将其所有权降格为保留所有权交易,为买卖合同、分期付款购买合同、融资租赁合同和寄售合同项下应付的款项的付款请求权向卖方、提供方或者出租人提供担保,同时也授权卖方、提供方或者出租人针对买方、分期付款购买人、承租人或受托人行使来源于依据本卷规定真正的所有权人保留的所有权的权利。

示例2

A是汽车经营商,与B签订了汽车融资租赁合同,由A提供汽车给B,然而,A的客户C是汽车的真正所有权人,C授权A根据保留所有权交易向B提供该汽车。A以自己的名义与B签订了汽车融资租赁合同,C不是A与B之间的合同的一方当事人。然而,依据该交易尤其是依据C对A的授权,C之前的完全所有权降格为单纯的保留所有权交易,且只有在登记的情况下才能有效地对抗第三人。但是A作为出租人被视为本编意图下的担保权人,有权信赖保留所有权交易,例如依据第Ⅸ-5:201条(担保财产的保管和保险)(预期违约)或第Ⅸ-7:301条(保留所有权交易下违约的法律后果)(违约后)的规定主张担保权人的权利。

物权担保合同中担保财产的特定化。本条第(1)款(b)项要求在物权担保合同即买卖合同、分期购买合同、融资租赁和寄售合同中对保留所有权交易项下的担保财产进行特定化(参见第Ⅸ-1:103条(保留所有权交易:适用范围)第(2)款)。一般来说,在买卖合同、分期付款购买合同、融资租赁合同和寄售合同中已经包含了对其项下担保财产特定化的条款,或者允许对这些提供的财产进行特定化,所以我们认为本条第(1)款(b)项并未包含这样一个附加条件。不过,如果某些财产中只有部分属于保留所有权交易项下的担保财产,而这些财产中不属于保留所有交易的其他财产的所有权发生了转让,此时就有必要对属于保留所有权交易项下的担保财产另外进行特定化了。

被担保的权利存在。第(1)款(c)项指出,只有存在被担保的权利,即具有保留所有权所担保的履行请求权,才能成立保留所有权交易。如果被担保的债权在一开始存在,比如对价金的付款请求权,随着债务人付清款项而不复存在,保留所有权交易也同时终止(参见第Ⅸ-6:101条(担保物权消灭的情形)第(1)款(f)项)。由于实现担保物权而终止了保留所有权交易后,买方、分期付款购买人、承租人或受托人是否取得无担保的所有权,要根据双方合同的规定来确定(参见第Ⅸ-6:104条(消灭的法律后果)第(5)款)。在保留所有权的买卖合同中,买方一旦支付货款就成为担保财产的所有权人。不过,如果双方当事人在融资租赁合同中仅约定承租人有权继续使用租赁财产而不需要进一步的付款,或者仅象征性地支付租金(参见第Ⅸ-1:103条(保留所有权交易:适用范围)第(2)款(c)项的最后的规定),那么,甚至在所担保的租金全部支付之后,出租人也仍然是租赁财产的所有权人。

被保留的所有权。最后,只有卖方、提供方或者出租人在相关交易范围内实际保留所有权才能成立保留所有权交易(参见第(1)款(d)项)。很显然,这一要件是保留所有权交易最核心的特征,同时也构成了第Ⅸ-1:103条(保留所有权交易:适用范围)所规定的这类物权担保定义的核心内容。本条第(2)款阐明了这一要件,指出如果所有权转移是附条件的,也即要求与担保权利相关的义务履行完成之后转移所有权,这也是保留所有权交易成立的一种形式。例如,根据卖方与买方签订的保留所有权的协议,买方可能会同意只有在其付清全部价款后,所有权转移才会生效。事实上为了实现担保物权,这样的所有权转移是附条件的,这就意味着担保权利实现之前,并且在保留的所有权的价款被付清之前,是不能转移(无条件的)所有权的。

C.作为的保留所有权交易

作为定限物权的担保物权只有在达到特定标准才被认为构成购置款融资交易,而保留所有权交易总是被购置款融资交易的定义所覆盖(参见第Ⅸ-1:201条(定义)第(3)款)。这对保留所有权交易的设立不会产生什么影响,但是这些有关优先待遇的规定却是保留所有权交易具有优先权的基础(参见第Ⅸ-4:102条(超级优先权)第(1)款)。另外还要指出的是,作为购置款融资的保留所有权交易应当按照第Ⅸ-3:107条(购置款融资登记)的规定进行登记。与许多成员国的法律实践不同,除了应符合本条款规定的成立要件,还应当根据第三章第三节的规定对保留所有权交易进行登记,保留所有权交易才能产生对抗第三人的效力。

第三节　在特定种类财产之上设立担保物权

第Ⅸ-2:301条　金钱债权的担保物权

(1)金钱债权之上的担保物权还应符合下列特别规定。

(2)本示范法第三卷第五章的规定经变通后均可适用于金钱债权的担保,不包括第Ⅲ-5:108条(可转让性:合同禁止的效力)第(2)款和第(3)款及第Ⅲ-5:121条(连续受让人之间的冲突)的规定。

(3)担保人对担保权人享有的金钱债权,也可用来为担保权人设定担保。

(4)金钱债权之上的担保物权的效力及于任何对该金钱债权进行担保的保证担保或担保物权。

评　论

A. 概述

第二章第一节和第二节包括一般的担保物权及保留所有权交易的设立，而第三节主要规定在特殊类型财产之上设立担保权的问题；作为对前述章节条款的补充。

B. 适用范围

本条适用于所有把付款请求权作为担保物的情形。付款请求权最常见的担保类型就是担保物权，也即通过授权对付款请求权设立的一种定限物权；这也包括当事人意图以付款请求权作为担保的情况。依据这些规则，这样的交易被视为仅仅是设立了担保物权（参见第Ⅸ－1:102 条（动产之上的担保物权）第（3）款）。不过，实践中几乎没有必要认可付款请求权应该受制于保留所有权交易。占有权和所有权的分离——这体现了此种担保的特征并构成了它存在的理由——不能适用于付款请求权。进一步来说，针对付款请求权的所有权保留违背了认可该担保方式背后的经济原理，因为与取得有形财产相比，付款请求权交易不值得受到同样的鼓励。

C. 转让条款的适用

本条第 2 款明确规定第三卷第五章有关付款请求权转让的条款经“适当的改编”后予以适用。仅在“改编”后适用是因为在付款请求权之上的担保物权的情况下，相关的权利仅仅是担保性的，而不涉及转让情况下的权利的转移。另外，一般原则认为权利的担保就是把一个限制性的（担保）物权部分地转让给担保权人，而适用第三卷第五章的规则符合这一基本原则。

第三卷第五章的某些条款排除适用。特别是排除第Ⅲ－5:108 条（可转让性：合同禁止的效力）第（2）款和第（3）款的适用。这些条款内容不同于本卷的观点，其完全不考虑任何有关可转让性的限制，因此它阻碍或限制了设立担保物权的可能性——比较第Ⅸ－2:201 条（保留所有权交易）。而第Ⅲ－5:108 条第（4）款关于让与人因违反让与的禁止性或限制性规定而应对债务人承担的责任的规定适用于本条款，对让与人是足够的制裁。

第Ⅲ－5:121 条（连续性受让人之间的竞争关系）的内容被排除适用，因为其与优先效力规则相违背而且与第九卷关于登记的规定相抵触。

D. 担保人对担保权人的权利负担

本条第（3）款澄清了在一些国家中引起疑问的地方，也即担保人所持有的对担保权人的付款请求权可以作为对后者的担保。通过这个让与的类比有助于证明这个假设。因为不可否认,担保人有时候会转让一些针对担保权人的付款请求权给后者。不过,这种权利的让与有时显得有点做作,一个单纯的暂时性的担保将会更有意义。

E. 担保物权的延伸

第(4)款规定了一个基本原则。独立的个人和动产担保物权由于其独立性可以纳入付款请求权担保的范围,即如果发生了违约,则担保权人不仅可以在付款请求权之上执行其担保物权,还可以选择行使对付款请求权的担保物权以实现其担保物权。至少部分地,这是适用有关转让规则的结果。第Ⅲ－5:115 条(转让给受让人的权利)第(1)款明确将转让的效力扩展至所有的"从权利以及可转让的担保物权"。本条第(4)款的规定已被第Ⅸ－7:214 条(金钱给付请求权或流通票据之上担保物权的实现)第(4)款所确认。

第Ⅸ－2:302 条　公司股份之上的担保物权

(1)直接持有公司的可流通股票,视为占有公司股份。

(2)未满足第(1)款中规定条件的公司股份,无论其是否经过登记,都不受占有性担保物权的支配。

(3)公司股份之上设立的担保物权其效力可以及于股息、红利以及其他通过股票所获得的财产之上,但仅限于股票和此类财产的货币价值。

评　论

A. 占有担保物权适用的范围

在设立占有性担保物权时,传统上常常会遇到的一个问题,即哪些类型的财产可以成为担保物权项下的担保财产。特别是对于那些通过凭证形式来证明或体现的无形财产来说,会产生一些疑问。

本规则通常无意于去划分某些财产到底是有形的(因此有可能在其之上行使占有权)还是无形的(会排除对该财产占有的可能性)。更好的做法是,仅规定通常将适用于这些财产的分类与一定的后果相联系,也即是否可以认为对相关凭证的占有足以设立占有性担保物权,并且在占有的财产之上取得对抗第三人的效力。最后提到的问题将在第Ⅸ－3:202 条(流通物权凭证和流通票据)和第Ⅸ－3:203 条(有证书的股票和债券)中论述。相比之下,第Ⅸ－2:302 条(在公司股份之上的担保物权)至第Ⅸ－2:

304 条(流通物权凭证和流通票据)规定了占有相关凭证是否能够在公司股份之上设立占有性担保物权这个首要问题(第Ⅸ－2:302 条第(1)款和第(2)款),债券(第Ⅸ－2:303 条(债券之上的担保物权)),流通物权凭证及流通票据(第Ⅸ－2:304 条第(3)款)。

B. 在公司股份之上的占有担保物权

关于是否可以认定占有股权凭证足以在股份之上设立占有性担保物权的问题,本条第(1)款和第(2)款区分两种不同的持有股票方式。这相应地反映出有关公司股权凭证的最新发展。虽然直到目前,在资本市场上公司股票的交易通常体现为可转让股权凭证的交易,但是最近的趋势是这类交易越来越趋于无纸化了。第Ⅸ－2:302 条(公司股份之上的担保物权)的内容既应当适用于传统的可转让股权凭证的交易制度,也适用于现代的全面扩展的制度如间接持有凭证、国际性凭证以及无凭证式账目表的制度。

只有在股份具有证书这样的传统形式并且被股东直接占有的情况下,持有人才可以据此在股票之上并因此在股份之上设立一个占有性的担保物权。这种情况并不多见。因为,只有股东自己亲自持有股票才是直接占有。而实际上,股票一般都是由第三方专业机构,特别是银行或其他金融机构持有,为了客户隐私和资金安全,只有持股人才能在或不在持有机构的协助下进入查阅。

无论是否经过登记,只要公司股票没有满足本条第(1)款的条件,其就不能成为占有性担保物权项下的财产(第(2)款)。比如,这适用于银行所持基金的股份证书,是以客户的名义记载于登记簿上来代表每个股东的权利。如果公司仅发行一支存放于银行的国际股份,会是同样的结果,每个股东的权利是以他们的名义记载于登记簿所代表的。最后,前述规则同样适用于从来没有发行过国际股份的公司,股东的全部权益仅由登记簿所确认。

C. 在公司股份之上的担保物权的范围

本条第(3)款规定了不同的问题。不论公司股份上的担保物权到底被认为是占有性的还是非占有性的,都会产生有关这样的担保物权的范围问题。持有公司股份的股东通常不仅有分享资本(即在公司解散的情况下收到的所分配的财产的价值)和收益(即股息)的权利,同时还有参与公司重要事务决策的权利。

作为一条有关违约的规则第(3)款规定,公司股份之上的担保物权仅限于股份的货币价值。这意味着担保权人无权行使诸如股东的投票权等。股票的货币价值,只要它们是附带股息,当然包括累计的股息之上担保物权。

第Ⅸ－2:303条　债券之上的担保物权

前条第(1)款和第(2)款的规定也适用于债券。

评　论

对于债券而言,在设立占有性担保物权时会产生与股份同样的问题,因此适用于股份的解决办法同样可以适用于债券(参见前条评论A和B)。同样,直接持有债券凭证就足以在债券之上设立占有性担保物权。而未被直接持有的债券凭证不能在该债券之上设立占有性担保物权。

第Ⅸ－2:304条　流通物权凭证和流通票据之上的担保物权

(1)流通物权凭证的效力及于动产的,物权凭证之上的担保物权也及于该动产。

(2)对于流通票据,流通票据之上的担保物权也及于该票据所体现的权利。

(3)占有流通物权凭证和流通票据的,视为占有物权凭证所代表的财产或享有票据所体现的权利。

评　论

A. 流通物权凭证及流通票据

本条款规定在流通物权凭证及流通票据之上设立担保物权的问题。这两种可流通"凭证"的共同特征显然就是都具有可流通性,即可转让性,并且都代表了一定的价值。其中,流通凭证代表了一定的有形财产(特别是商品);而流通票据则代表了一定的无形财产,特别是体现在汇票、支票及本票上的付款请求权(比较第Ⅰ－1:101条(适用范围)第(2)款(d)项)。

流通物权凭证通常都是仓单、提单。而本条规则主要适用于签发的纸质文件;不能适用于已经开始使用,但到目前为止仍然没有被普遍承认的电子提单。

B. 可流通物权凭证担保物权的范围

本条第(1)款已经从"真正"物权凭证的可流通性得出结论,即在可流通物权凭证之上设立担保物权的同时,也在该物权凭证所代表的有形财产之上设立了担保物权,只要可流通物权凭证事实上涵盖这些财产。

C. 流通票据之上担保物权的范围

本条第(2)款的规则与第(1)款的规则相类似,确立了票据法的一般原则。在流通票据上设立的担保物权,也在其代表的权利之上设立了担保物权,即对一笔款项的付款请求权。

D. 流通物权凭证及票据之上的占有性担保物权

同样的问题也出现了,即在流通物权凭证和票据之上是否能够成立占有性担保物权(参见第Ⅸ-2:302条(公司股份之上的担保物权)评论A的概述)。本条第(3)款对此问题做出了肯定的回答,只要直接占有该类纸质凭证,就足以在流通物权凭证所涵盖的财产之上,或在流通票据所代表的权利之上设立占有性担保物权。

第Ⅸ-2:305条 从物之上的担保物权

(1)动产或不动产的从物之上可以设立担保物权。如果不动产物权有特别规定的,担保物权的设立还应适用这些特别规则。

(2)已经设定担保物权的动产成为动产或不动产的从物的,该担保物权继续存在。

评 论

A. "从物"

法律意义上所谓的"从物"(参见第Ⅸ-1:201条(定义)第(2)款)似乎并没有被人们广泛地知晓和理解。

阐明这个定义最好的办法就是将其与"必要部分"(partie integrante)的相关概念进行对照,比如砖块和其他用于建筑的材料。这些材料经过整合以后,由于实践中已经不可逆转地融入该建筑物,所有存在于砖块或其他建筑材料之上的担保(或其他)物权都将归于消灭。

相反,从物并不会失去其独立性;如果将从物分离出来,不会或不会明显地损害其自身的或其他与其相关联的装置的价值。实际的例子比如多数运输工具,特别是机动车、飞机或船舶等的引擎;建筑物的窗户以及供热系统的锅炉及其他相似的机器设备,只要将这些从物从主物上分离出来在经济上是合理和可行的。

B. 法律后果

如果满足了这些从物的技术标准，从物就具有独立的法律地位。本条款列举了两个法律后果。首先，无论从物是动产还是不动产，都可以根据第九卷规定单独对其设立担保物权。这就意味着从动产或不动产主物上分离以后，从物上的担保物权依然存在。

其次，在有形财产之上设立的担保物权，在该财产后来成为动产或不动产的从物后担保物权继续存在。有些时候还可以通过不动产登记来查询有关从物之上的担保物权的公示信息（参见第Ⅸ－3:105 条（不动产的从物之上的担保物权））。

第Ⅸ－2:306 条　原担保财产的收益

（1）担保物权的效力及于因原担保财产的缺陷、损坏或灭失而产生的给付请求权，包括保险收益。

（2）占有型担保物权的效力及于原担保财产的法定孳息和天然孳息，但当事人另有约定的除外。

（3）经当事人同意，担保物权的效力也及于原担保财产的其他收益。

评　论

A. 基本观点

本条的三款对于担保物权及于原始担保财产的收益问题分别作出了不同的规定。本条款关于担保物权的效力范围的最基本的观念是，担保物权一般不应该从原始担保财产的范围扩大至其收益，特别是不能适用于对该担保财产销售款的付款请求权。作出这种限制的原因，是为了给其他提供信贷的债权人提供公平的机会，使其能够在对债务人一般交易进行融资过程中，通过在这些收益之上设立担保物权，为其付款请求权提供担保。

关于“收益”的定义请参见第Ⅸ－1:201 条（定义）第（11）款的内容。其并不包括那些通过生产、组合或混合等方式使用原担保物所产生的新的财产；原担保物权是否涵盖这些生产、组合或混合出来新的财产，分别由第Ⅸ－2:307 条至第Ⅸ－2:309 条的规定进行调整。

本条款的规定不仅适用于一般担保物权项下的原始财产，同时也扩大适用于保留所有权交易下的卖方、供应方和出租方对保留所有权交易项下提供的财产收益之上的权利。然而,应该强调的是,即使存在扩大适用的情况,卖方、供应方或出租人也仅取得这些收益之上的担保物权,而不是所有权。不同于所提供的财产,这些收益并非一开始就属于卖方、供应方或出租方。

B. 例外

本条三款主要针对基本原则规定了三种例外情况,即基本原则是担保物权不会从原始担保财产扩大至其收益之上,每一个例外都有其自身的原因和适用范围。

第(1)款的例外规定是自动适用的,不需要当事人的特别约定。该规定所列举的那些情形大多数都是当事人没有约定的,甚至违背担保财产所有权人的意愿。不过,提到的这些例外情况有可能是因为担保人或者其代理人或受雇人的行为而导致的。担保物权自动扩展适用于收益的正当理由是担保财产价值的贬损或全部损失。因此,当上述情况或类似情况发生时,为了保护担保权人的利益,其担保物权就扩展至付款请求权。

第(2)款主要阐述一个隐含的规则,也即在占有性担保物权中,担保物权的范围及于该担保财产的法定孳息或天然孳息,除非当事人另有约定。该隐含规则基于这样的事实,即在占有性担保情况下,担保权人实际占有担保财产。因此担保人会首先关注担保财产是否会产生孳息,会产生什么样的孳息。而且,实际占有担保财产的担保权人也就是收取这些孳息的最佳人选。

关于天然孳息的定义(参见第Ⅸ-1:201条(定义)第(1)款(c)项)不必赘述,最典型的例子就是动物的后代。移植到动物之外的财产之上,就变成了一个不太显眼的术语"法定孳息"了,典型的例子就是利息或者股息。

关于天然以及法定孳息还有一个新的疑问,即谁才是孳息的所有权人?本条款并没有明确地回答这个问题,只是暗示了其答案。对于两种孳息来说,只有担保物权扩展其上。也就是说,孳息的所有权人仍然是担保财产的所有权人,而在主物上设立的担保物权也是孳息之上的担保物权。

第(3)款规定,只有当事人,即担保权人及担保人之间协议约定,在那些不属于第(1)款和第(2)款所列举的收益之上,为了在产生这些收益的担保财产之上持有担保物权的担保权人的利益,才可以设立担保物权。通常情况下都是由担保权人主动要求缔结这样的协议,因为担保权人希望维护其担保物权以便尽可能长久地得到保障。不过,此处担保权人与担保人的利益是一致的,因为担保人希望通过向担保权人提供收益之上的担保,而尽可能地延长优惠的利率水平之上的信贷期限。然而,另外,若债务人/担保人可以获取更便宜的供应商的信贷,只要债务人能够在收益之上向该新的债权人提供担保,那么该债务人转向新的债权人通常就具有了可行性。

C. 法律效力和优先权

第(1)款所提及的收益之上的担保物权,即因担保财产的缺陷、损害或灭失而取得的付款请求之上的担保物权，不需要满足第三章（参见第Ⅸ-3:101条（对抗第三人的效力）中第（2）款）的任何条件即具有法律效力。这类收益之上的担保物权仍然享有原担保财产之上担保物权的优先权（第Ⅸ-4:104条（孳息和收益：一般规则）第（1）款（b）项）。而且，原始担保财产之上的担保物权享有的超级优先权也依然存在（第Ⅸ-4:105条（孳息和收益：例外规定）第（2）款（a）项）。因此，甚至原始担保财产之上的保留所有权交易为此类收益上的担保物权所取代，后者同原始财产之上的担保物权享有同样的优先权。

根据本条第（2）款规定，担保权人的权利扩展至天然和法定孳息之上的担保物权，也受第Ⅸ-3:101条（对抗第三人的效力）第（2）款规定的调整。至于第（3）款所规定的其他收益之上的担保物权，只有在当事人依据第（3）款的规定协商一致的情况下才能适用，同时也不能排除第三章规定条件的制约，即这些孳息之上的担保物权只有在登记后或担保财产为债权人所实际占有或控制的情况下才会产生效力。然而，是根据第Ⅸ-4:104条（孳息和收益：一般规则）以及（第Ⅸ-4:105条（孳息和收益：例外规定））所规定的条件，这些担保物权依然可以享有原担保物权所具有的优先权；对此问题在这些条款的评论里作了详细的解释。

第Ⅸ-2:307条　担保财产用于加工或附合

（1）担保人已经设立担保物权的原材料被用来加工新产品，经当事人同意，担保物权的效力及于：

（a）新产品；

（b）担保人作为原材料的前所有人依第Ⅷ-5.201条（加工）的规定因加工而享有对加工者的付款请求权。

（2）物的结合已构成第Ⅷ-5.203条（附合）所规定的不可能分离或分离在经济上不合理情况的，前款规定也相应地予以适用。

（3）由于原材料的加工或附合，非保留所有权交易持有人的物的前所有人是否依法取得担保物权，以及该担保物权的效力和优先权等问题，适用第八卷第五章的规定。如果这些担保物权因当事人的合意而设立，则须遵守第九卷的规定，但根据第Ⅷ-5:204条（关于担保物权的补充规定）第（3）款的规定享有超级优先权。

（4）在本条第（1）款（b）项规定的情况下，作为原材料的前担保权人，其权利效力及于第（3）款规定的担保物权。

评 论

A. 概述

第八卷第五章包含商品加工、附合和混合的大量规则,关于加工和附合的问题,这些规定重点在于:(ⅰ)用所有权属于不同的人的材料加工或附合而形成的新产品的所有权的归属;(ⅱ)因加工或附合而丧失材料所有权的前所有权人对新产品的所有权人的付款请求权;(ⅲ)在新产品之上的对已消耗的财产的付款请求权提供担保的担保物权。

然而,这些材料用于加工和附合对于这些财产之上的担保物权的影响问题,并不包含在第八卷第五章中,这些问题是由本条第(1)款和第(2)款进行规定。本条第(3)款和第(4)款涉及第八卷和第九卷关于原材料前所有权人的担保物权的界定问题,参见以下的评论E和F。

如果没有在用于加工或附合的原材料之上设定担保物权,而是成立了保留所有权交易,将适用下一条规定而不适用本条的规定。

B. 担保财产用于新产品的加工

在担保财产用于加工新产品时,不能仅认为这些新产品是当初设立了担保物权的原材料的替代品,而没有增加任何价值。相反,这些新加工物不仅是当初设立担保的原材料用于生产加工过程的结果,也是生产者的工作而且可能是其他财产也用于加工的结果。因此,让担保人和其他债权人都把用于新产品加工的原材料之上的最初的担保物权及于这些新产品是相对不公平的。从这个方面来讲,这样的加工是否被担保权人允许是无关紧要的。

毋庸置疑,无论是在新产品之上通过授予所有权(如果所有权人是加工者)还是通过创设担保物权的形式,用以加工新产品的原材料的前所有权人的所有权依据第八卷的规定都会自动地及于新产品之上。然而,在这些原材料之上仅享有担保物权的持有人明显处于弱势地位,其并不能证明担保物权自动地及于新产品之上。

本条第(1)款规定了两种类型的财产,即如果担保财产已经被用来加工新产品,那么依据担保人和担保权人之间的协议,最初的担保物权可以及于这两类财产之上。(a)项涉及了新产品本身,如果担保权人成为以设定担保的原材料加工的新产品的所有权人(第八卷第五章规定的是担保人为加工者这一情形),那么有可能在这些新产品而不是在已不复存在的原材料之上设立担保物权。

示例1

A在她的布料上为B创设非占有担保物权。如果A后来用设定担保的布料生产服装,那么A将会成为这些服装的所有权人;然而,由于布匹不再作为独立的财产而存在,B在布匹上的担保物权将不复存在。但是,如果A和B达成一致协议,B也有可能在这些服装上之取得担保物权。

(b)项规定,作为(担保)材料前所有权人的担保人依据第Ⅷ-5:201条(加工)的规定,有权因生产加工而取得对生产者的付款请求权。如果担保人没有成为这些产品的所有权人,由于担保人无权处分这些新产品,那么担保人就不能在这些新产品之上为担保权人设立担保物权。不过,作为失去这些原材料的所有权的替代,担保人通常对生产者取得了原材料货币价值的付款请求权(参见第Ⅷ-5:201条(加工)),担保人依据与原担保权人之间的协议可以在付款请求权之上设立担保物权。

示例2

如示例1所述,A在她的布匹上创设一个非占有性担保物权,如果之后C使用属于A的已为B设定担保的布匹生产服装,C将成为这些服装的所有权人。在这些布匹之上的A的所有权和B的担保物权都因此归于消灭。不过,A现在就这些布匹的货币价值对C取得付款请求权,如果A和B达成协议,B可以在这一付款请求权之上取得对C的担保物权以取代布匹之上的原担保物权。

就后面这个例子而言,可以说,作为已用来加工产品的材料的前所有权人即担保人,他的所有权因为加工而消灭,同时,按照第八卷第五章(另见第(3)款第一句)的规定,担保人也取得了在新产品上的担保物权。该担保物权保障了担保人对新产品所有权人享有的付款请求权。如果之后在付款请求权之上为担保权人而设立担保物权,即已用以生产产品的原材料之上的担保权人,那么这个付款请求权之上的担保物权作为付款请求权的担保也及于新产品之上(参见专门规定这种情况的第(4)款);关于付款请求权的担保及于对这些权利的担保物权的一般规则规定在第Ⅸ-2:301条(金钱债权之上的担保物权)第(4)款。

示例3

事实和示例2相同,除了对C享有的付款请求权,作为生产加工导致的布匹所有权消灭的替代结果,A取得了在C所享有所有权的服装之上的担保物权,该担保物权作为A对C付款请求权的担保。为了B的利益,A和B约定A将对C的付款请求权向B提供担保,B因此也有权享有A在这些服装上的担保物权。

C. 担保财产与其他财产的附合

根据第(2)款规定的与第(1)款相同的原则,都适用于这样的情形:担保财产和其他财产附合,而且这种附合使其不可能分离或者分离在经济上不合理(参见第Ⅷ-5:203 条(附合))。同样,在这种情况下,原担保财产价值增加,如果当事人没有达成这样效果的协议,就将这些用来附合的原材料之上的原担保物权,扩展到新附合的产品上或已消失的原材料的货币价值的付款请求权之上是不公平的。

D. 法律效力和优先权

在新加工物、附合物之上或担保人对这些财产的所有权人的付款请求权之上的担保物权不能免受第三章规定条件的约束。因此,为了使在已用来加工或附合的原材料之上的前担保权人的担保物权产生效力,前担保权人必须占有或控制这些财产或对其进行登记。

如果这些担保物权有效,其就享有在原材料之上的担保物权的优先权(参见第Ⅸ-4:103 条(优先权的延续)第(1)款(a)项);这包括对原担保物权的超级优先权的延续(参见第Ⅸ-4:103 条(优先权的延续)评论 A)。

E. 第(3)款:第八卷和第九卷的界限

这里已经指出,第八卷第五章关于生产和混合的规定也涉及为在生产和混合过程丧失所有权的原材料的前所有权人设立的担保物权。这些担保物权是受第八卷还是第九卷规定的约束是一个相当复杂的问题,这主要由第Ⅷ-5:101 条(当事人意思自治以及与相关规定的关系)来确定。在这种情况下,为了给出一个全貌,第(3)款的观点总结如下:

第一句:依法律规定设立担保物权。如果因法律的规定,原材料的前所有权人取得了新产品之上的担保物权,那么第八卷的规定优先于第九卷适用(参见第Ⅷ-5:101 条(当事人意思自治及与相关规定的关系)第(1)款第二句和第(4)款第一句)。这特别包括了担保物权的创设、效力和优先权。然而,有关第八卷没有涉及的其他问题,例如担保物权的执行,第九卷的规定仍然适用。

在用来生产或混合的原材料的前所有权人本来就是该原材料之上的保留所有权交易的权利人时,第(3)款第一句明确规定不能适用本款规定。对于保留所有权交易项下的财产,第八卷第五章的规则不能直接适用(参见第Ⅷ-5:101 条(当事人意思自治及与相关规定的关系)第(3)款明确的例外规定);相反,保留所有权交易项下的财产的生产或混合后的法律后果规定在第Ⅸ-2:308 条(保留所有权交易项下的财产的加工或组合)第(1)款,而这反而是对第八卷第五章规则的准用。

第二句:依当事人协议设立担保物权。加工和组合也可以基于双方当事人之间的协议产生,依据这种协议产生的担保物权,也可能类似于依第八卷第五章的规定设立的法定担保物权。第Ⅷ－5:101条(当事人意思自治以及与相关规定的关系)第(4)款第二句规定,按照当事人之间的协议设立的担保物权由第九卷的规定调整。如果原材料的所有权人A与生产商B协商一致,同意B用A的原材料制造新商品,而且B将成为这些新商品的所有权人,那么A将对新商品的价值享有付款请求权,并由新产品之上的担保物权对其提供担保,该担保物权由第九卷的规定进行调整。第Ⅷ－5:204条(关于担保物权的补充规定)第(3)款的适用是第Ⅷ－5:101条第(4)款第二句规定的唯一例外,即原材料的前所有权人的担保物权作为材料价款的担保物权或保留所有权交易同样享有绝对优先权。

F. 第(4)款:原材料的前担保权人的担保物权及于原材料的前所有权人的担保物权

第(4)款包含了示例3中已解决的问题。这里涉及两个担保物权:一个是作为生产和混合的后果而丧失原材料的所有权的担保人的新的(通常是法定的)担保物权;另一个是最初在用于生产或混合的原材料之上就享有担保物权的担保权人依合同设立的新的担保物权。如果后者的担保权人从作为原材料前所有权人的担保人处取得了对新产品的新所有权人的担保物权,那么这个担保物权也及于担保人在新加工物或组合物之上的担保物权。

第Ⅸ－2:308条　保留所有权交易的标的物的加工或附合

(1)保留所有权交易的标的物的加工或附合的法律后果,适用第八卷第五章的规定(加工、附合和混合)的规定;动产的所有权人视为买方、分期付款购买人、承租人或承销人。

(2)保留所有权交易项下的原材料被加工成新产品的,经当事人约定,卖方、供应商或出租人可以在以下财产之上取得担保物权。

(a)加工的新产品;

(b)基于本条第(1)款规定被视为原材料的前所有权人的买方、分期付款购买方、承租人或承销人依第Ⅷ－5:201条(加工)的规定享有的对加工人的付款请求权。

(3)前款规定相应地适用于动产附合的情形。

(4)在本条第(2)款(b)项规定的情形下,卖方、供应商或出租人的权利的效力及于买方、分期付款购买方、承租人或承销人由于加工或组合所取得的在加工物或组合物之上的担保物权。

评 论

A. 概述

本条规定属于保留所有权交易项下的财产的加工或附合,解决了这两者的两个不同方面的问题:

第一,所有权归属的问题,及在生产者、用于加工或附合的材料的其他所有权人与将保留所有权交易项下的财产用于加工或附合的买方、分期付款购买人、承租人及受托人之间价值补偿请求权的问题。该问题适用本条第(1)款的规定,这是对第八卷第五章规定的变通适用。

第二,在买方、分期付款购买人、承租人或受托人在加工或附合后所取得权利之上,保留所有权交易的权利人的权利是否能够继续存在。前条第(1)款、第(2)款及第(4)款所提到的担保物权项下的财产的加工或附合等类似问题,由本条第(2)款至第(4)款进行规定。

B. 第八卷第五章变通后的适用(本条第(1)款)

本条第(1)款规定的出发点是第八卷第五章的规定不适用于属于保留所有权交易项下的财产加工和附合的问题(参见第Ⅷ-5:101条(当事人意思自治及与相关规定的关系)第(3)款)。这个例外的原因是保留所有权交易的担保目的使此类型的物权担保有别于普通所有权。而一般来说,根据第八卷第五章的规定,是可以把原材料的(完全的)所有权人的专有地位及于加工或附合后的新加工物或附合物上的,关于保留的所有权的专有地位则有所不同,所有权人保留所有权只是为了在买卖合同、分期付款合同、融资租赁合同或寄售合同中实现担保目的。至少如果将其及于非原始财产之上是有争议的,保留的所有权的专有地位较弱,而且不能像第八卷第五章规定的一般所有权那样受到认可。

保留所有权交易项下的财产不受第八卷第五章规定的调整,这就有必要在第九卷作出适用于这些问题的有关规定。与受担保物权限制的财产的加工或附合的情形相反(第IX-2:308条(保留所有权交易项下的标的物用于加工或附合)),对于保留所有权交易项下的财产的加工或附合,第九卷不仅需要解决这种担保物权的扩展问题,还要解决新加工物或附合物的所有权的归属问题。

本条第(1)款通过变通适用第八卷的规定解决这一问题。对于涉及保留所有权交易项下的财产的加工或附合的情形,参照第八卷的规定,以确保在所有权归属的这类相同问题上,与不属于保留所有权交易这类担保物权项下的财产适用的规则不会完全不同。除了一方面关系到保留所有权交易的权利人,另一方面与买方、分期付款购买人、承租人及承销人相关,这还特别关系到参与到加工或附合中的人的法律地位。用于加工或附合的某些财产是否属于保留所有权交易项下的财产或仅受担保物权限制这个问题,不应当影响第三方生产商或涉及加工或附合行为的其他财产的所有权人的法律地位。对第八卷第五章已经阐明的不同而且详细的解决方案,第Ⅸ-2:308条(保留所有权交易项下的财产用于加工或附合)第(1)款的准用规定避免了在本条款中进行重申的必要。

但是,准用第八卷第五章的规定受到一个重要限制性条款的限制。为了将这些规则适用于保留所有权交易项下的财产加工或附合的情况,并非认为保留所有权交易的权利人是这些财产的所有权人,而是买方、分期付款购买人、承租人或承销人,即其财产是由所有权人向其提供并受制于保留所有权交易、随后用于加工或附合的人,才被视为所有权人。该限制性条款强调了保留所有权的担保功能,并使得买卖合同、分期付款合同、融资租赁合同和寄售合同的当事人的意图得到了实现。买方、分期付款购买人、承租人或承销人可以使用所有权人向其提供的财产并从中受益;卖方、供应商或出租人保留所有权只是为了担保价款的支付。不加限制地适用第八卷第五章的规定会与第九篇的原则发生冲突。根据本编的规定,一般来说,担保物权不会自动及于非原始担保财产之上。对第八卷第五章的不加限制的适用结果就是保留所有权交易的权利人的权利自动及于这些新加工物或附合物之上。如果在新加工物或新附合物之上的一切权利,或通常根据第八卷第五章的规定,用于加工或附合的原材料的原所有权人得到的偿还请求权,转移给买方、分期付款购买人、承租人或承销人,那么这种结果是可以避免的。

为了阐明这一观点,准用第八卷第五章的规则,适用于保留所有权交易项下的财产加工或组合的问题的主要内容体现在以下四个例子中。为了解释第Ⅸ-2:309条(保留所有权交易项下的财产的混合)第(2)款至第(4)款规定的在加工或混合后保留所有权交易的权利人的权利,在评论C里将会用同样的例子来说明。

示例1

根据保留所有权条款,A向B出售铁矿石,B用这些原料生产出钢铁。B不但是生产者,同时为了第八卷第五章适用的目的,B还是原材料的所有权人,B因此成为这些钢铁的所有权人。

示例2

A根据保留所有权条款提供给B的铁矿石错误地由C使用来生产钢铁,在B和C没有协议的情况下,C成为钢铁的所有权人。根据第Ⅸ-2:308条(保留所有权项下的标的物用于加工和附合)第(1)款规定,作为原材料所有权人的B因此对C享有相当于钢铁价值的付款请求权,该付款请求权由B在这些钢铁之上担保物权提供担保(第Ⅷ-5:201条(加工)第(1)款)。

示例3

根据保留所有权条款,A提供油漆给B,这些油漆用于给C的汽车喷漆,这是一个附合的例子(油漆和车组合),C的车被认为是两种成分组成的主体。因此第Ⅸ-2:308条(保留所有权交易项下的标的物用于加工和组合)第(1)款结合第Ⅷ-5:203条(组合)第(2)款规定,C成为整车的唯一所有权人。依据第八卷第五章规定,B被认为是油漆的所有权人。因此,B取得油漆价款的付款请求权,由附合财产之上动产担保物权提供担保(第Ⅷ－5:203条第(2)款)。

示例4

A生产用于乐器上的特殊而昂贵的亮光漆。A根据保留所有权条款提供这些亮光漆给B。有些漆用于C所有的半成品小提琴的加工制作。无论亮光漆还是小提琴都不是主体。因此C作为一个组件的所有权人成为了这个附合财产(小提琴和亮光漆的组合)的共同所有权人,参见第Ⅷ－5:203条(组合)第(3)款第一句。为了适用第八篇第五章,B被视为亮光漆的所有权人,所以B也成为了附合财产的共同所有权人(结合第Ⅸ－2:308条(保留所有权项下的标的物用于加工和附合)第(1)款和第Ⅷ－5:203条第(3)款第一句的规定)。

C. 加工或者附合后保留所有权交易持有人的权利

第Ⅸ－2:308条(保留所有权项下的标的物用于加工和附合)第(2)款至第(4)款规定的保留所有权交易的持有人对用于生产或附合的财产所享有的权利,与根据第Ⅸ－2:307条(担保财产用于加工或附合)第(1)款、第(2)款和第(4)款,对用于加工或附合的财产享有担保物权的持有人的权利,并行不悖。第Ⅸ－2:308条第(2)款体现的一般原则是在这些财产被用来加工或附合后,保留所有权交易的持有人的权利不会及于最初提供的财产之外,除非在双方当事人之间,也就是在卖方、供货商或出租人与买方、分期付款购买人、承租人、承销人之间,达成了有此效力的协议。

如果有这样一个协议,保留所有权交易的持有人因加工或附合的结果而取得的权利取决于物权担保合同的另一方当事人,即买方、分期付款购买人、承租人、承销人所取得的权利。为了保护保留所有权交易的持有人,只有后者取得的权利才可以被设定担保(参见第Ⅸ－2:105条(授予担保物权的条件)(a)项的基本原则)。这点可以参考上述评论B的例子来说明。

示例1

如果买方B成为由A提供的保留所有权项下的铁矿石所生产出来的钢铁的所有权人,若当事人协商一致,A可以取得这些钢铁之上的担保物权(第Ⅸ－2:308条(保留所有权项下的标的物用于加工和组合)第(2)款第(a)项)。

示例2

如果买方B没有成为由A提供的保留所有权项下的铁矿石生产出来的钢铁的所有权人,只是取得了对C的付款请求权,并由在C所有的钢铁之上的担保物权来担保,那么A可以根据与B之间的协议取得对C的付款请求权之上的担保物权(第Ⅸ－2:308条(保留所有权项下的标的物用于加工和附合)第(2)款(b)项)。依据第Ⅸ－2:308条第(4)款规定,A也可以行使B在钢铁之上为A设定的付款请求权的担保物权。

示例3

同样在保留所有权交易项下的财产的组合而不是生产的情形下，买方 B 对油漆的所有权人 C 取得所提供油漆的价值的付款请求权，由附合后财产之上的担保物权提供担保。如果供应商 A 和 B 协商将 A 的权利扩展至保留所有权交易项下的最初的财产之外，B 被担保的对 C 的付款请求权有利于 A（第Ⅸ－2:308 条（保留所有权项下的标的物用于加工和附合）第（2）款（b）项和第（3）款），A 可以行使 B 在附合物之上的担保付款请求权的担保物权（参见第Ⅸ－2:308 条第（3）款和第（4）款）。

示例4

在 A 供应给 B 的保留所有权交易项下的财产和其他财产附合在一起的时候，买方 B 就变成了附合物的共同所有权人，这时如果双方当事人协商一致的话，卖方 A 可以取得 B 享有的附合财产的共同所有权份额之上的担保物权（第Ⅸ－2:308 条（保留所有权项下的标的物用于加工和附合）第（2）款（b）和第（3）款）。

为了有效地对抗第三人，保留所有权交易的权利人在新加工物、附合物之上，或在买方、分期付款购买人、承租人或承销人对这些财产的所有权人享有的付款请求权之上取得的担保物权必须符合第三章的条件。如果这些担保物权有效，他们就享有最初的保留所有权交易的包括超级优先权（参见第Ⅸ－4:103 条的评论）在内的优先权（参见第Ⅸ－4:103 条（优先权的持续）第（1）款（a）项）。

第Ⅸ－2:309 条　担保财产的混合

（1）担保财产混合后，将一体物或混合物分离成其原有成分不可能或在经济上不合理，但有可能在经济上合理地按比例区分一体物或混合物的数量，则根据第Ⅷ－5:202 条（混合）第（1）款的规定，原担保财产之上的担保物权继续存在于物的前所有权人对一体物或混合物所享有的权利之上。该担保物权以混合时各物的价值所占的份额为限。

（2）依据前款规定而混合的物受保留所有权交易限制的，第Ⅷ－5:202 条（混合）第（1）款适用时应附以下限制条件，即保留所有权交易持有人的权利延续至混合时各物的价值在一体物或混合物的相应份额之上。

（3）任何担保权人都有权行使担保人作为共有人的权利，有权分割其在不可分离的一体物或混合物中的份额（第Ⅷ－5:202 条（混合）第（2）款）。

（4）担保权人持有的金融财产在基金中混合的，担保人对这项基金中的相应份额享有相应的权利。对此问题，本条第（1）款可以变通适用。

（5）如果在第（1）、（2）款和第（4）款所规定的情形下，混合物或基金并不能足以清偿全体共有人的，适用第Ⅷ－2:305 条（构成集合物组成部分的动产的转让）第（4）款和第（5）款的规定。

评　论

A. 担保物权项下的商品的混合

本条第(1)款规定担保物权项下担保商品的混合的法律效果。该规定不加区分地规定了担保商品各种不同的混合效果。只有其中的一部分或几部分,或者是所有混合部分设定了一个担保物权,或设定一个或几个担保权人的担保物权。

第Ⅷ－5:202条(混合)第(1)款规定了混合的基本后果。不同混合财产的所有权人变成了集合物或者混合物的共同所有权人,每个人享有与在混合时各自财产价值相等的份额。从第Ⅷ－5:202条(混合)第(1)款的意义上计算各自份额的细节以及解释混合的条件,可以参考该条款的评论。

然而,第Ⅷ－5:202条(混合)并没有提及混合前商品之上的担保物权是否仍然存在并扩展至集合物或混合物这个问题。本条第(1)款规定,已经融入集合物或混合物的特定部分的担保物权继续保留。

这个结果是合理的,尽管形式上变更了(从财产到份额),但本质上在混合前后具有担保客体的全部特征。该担保客体的特征证明了在混合前后其法律地位的一致性。

该特征的另外两个后果是:(1)混合前在某部分财产之上所取得的担保物权的效力自动地扩展至在集合物或混合物中的各自的份额之上(第Ⅸ－3:101条(对抗第三人的效力)第(2)款和第Ⅸ－3:106条(混合财产之上的担保物权));(2)因此各种份额之上担保物权的优先权包括绝对优先权不受混合的影响(第Ⅸ－4:103条(优先权的延续)第(1)款(b)款)。

B. 保留所有权交易项下的商品的混合

保留所有权交易项下的商品的混合不直接适用第八卷第五章的规定(参见第Ⅷ－5:101条(当事人意思自治及与相关规定的关系)第(3)款)。但是,本条第(2)款强调了仅在不重要的限制性条件下适用这些规定。所有权人,即保留所有权交易的权利人在集合物或混合物份额上所取得的权利不能视为(完全的)所有权,但是可以作为原保留所有权交易的延续,因此一般受本编规定的调整。然而,应该指出,保留所有权交易的权利人在集合物或混合物的份额上的权利不受第三章规定的对抗第三人的效力条件的限制(参见第Ⅸ－3:101条(对抗第三人效力)第(2)款和第Ⅸ－3:106条(混合物之上的担保物权))。同时,原保留所有权交易的任何绝对优先权都不受影响(参见第Ⅸ－4:103条(优先权的延续)第(1)款(b)项)。

关于混合财产之上担保物权的扩展(参见评论A),可以认为集合物或混合物上的份额取代了混合前保留所有权交易项下的客体,这一事实证明了担保物权扩展结果的合理性。

C. 金融财产

本条第(4)款稍微涉及了有关混合的不同问题。首先,根据本款规定被混合的是金融财产;第Ⅷ－5:202条(混合)的规定并不适用,因为该条规定仅限于商品混合的问题。其次,本条第(4)款不仅涉及关于担保权人是否在混合财产之上取得担保物权的问题,而且(第一句中)也有关于担保人是否在混合基金上享有任何权利的问题(即使为担保权人设定了担保,参见第二句)。从技术上讲,第(4)款第一句涉及的问题。也就是说,为所有权人代持金融资产的人对这些财产的混合,可以被视为不属于这些规则调整范围的问题,因为在这些财产之上设立的担保并不是为了持有人的利益。但是,由于在DCFR的任何其他卷章中并没有涉及这个问题,并且在这些规则中又特别重要,因此由本条款将其作为其他有关混合规则的附件进行规定。

第一个问题是是否允许以及在何种条件下允许担保权人混合金融担保财产。因为担保权人没有实际占有无形担保财产,根据第Ⅸ－5:201条(对担保财产的保管和保险)的规定,维持担保财产可识别性的义务并不直接适用于目前情形,看来根据善意的一般要件,一个相似的规则应当适用于担保权人控制下的(无形的)金融财产(参见第Ⅸ－5:201条评论A)。因此,只有当事人协商一致,才能允许担保权人将其控制的金融担保财产在基金中进行导致个人的财产不再具有可识别性的混合。

一旦担保权人混合了金融担保财产,也就是但不一定是银行或类似金融机构,同其他担保人、其他客户或担保权人自身所拥有的其他同种金融财产相混合,他们在原来由其控制的特定财产之上就不再享有原所有权人的个人权利。很明显,这也是一个出现在物权担保范围之外的一般问题,也即,是否银行持有的客户的金融财产不是为了银行的利益而设立担保。

本条第(4)款第一句规定的解决办法符合第Ⅷ－5:202条(一般权利)关于有形财产混合的规定。担保人,即财产的所有权人有权享有基金中相应的份额。这个份额和它所作出的贡献是成比例的(参见第(4)款第二句和第(1)款第二句);此外,这个份额是为担保权人的利益而设定担保(参见第(4)款第二句和第(1)款第一句)。

至于第(1)款和第(2)款涉及的情形,如果因为后来发生的事情使这项基金不再能满足份额持有人的所有的合理的索赔权,适用第(5)款的规定。

第四节　担保物权的效力范围

第IX－2:401条　被担保的权利

(1)担保物权,在最高限额内(如果有的话),不仅担保主债权,也担保债权人对债务人的从债权,特别是以下的给付请求权:

(a)约定的违约利息;

(b)债务人不履行合同所产生的损害赔偿金、罚金或其他约定赔偿金;

(c)非司法途径追索上述款项所产生的合理费用。

(2)对担保人和非担保人的债务人的债务提起诉讼和执行程序所产生的合理费用的给付请求权,担保权人在进行法律程序之前已经在足够的时间内通知了债务人以避免上述费用的,也属于担保物权的效力范围。

(3)总括担保仅担保因债权人和债务人之间合同所产生的权利。

评　论

参见第Ⅳ.G－2:104条(担保物权的效力范围)的相应规定的评论A至评论F。

第三章　对抗第三人的效力

第一节　一 般 规 则

第Ⅸ－3:101 条　对抗第三人的效力

（1）依本卷第二章规定创设的担保物权不具有对抗以下类别的第三人的效力：

（a）担保财产之上的物权的持有人，包括有效的担保权人；

（b）已经进入担保财产执行程序的，并依法取得优先保护地位以对抗轮候执行的债权人；

（c）符合本章规定条件的担保人的破产管理人，构成例外情况的除外。

（2）依据本章的规定取得对抗第三人效力的担保物权，根据本卷规定不需要另外约定，其效力可以扩展至原担保财产之外的其他财产之上的，担保物权效力的扩展不受本章要求的限制。

（3）依善意取得原则取得的担保物权，即使不符合本章规定的条件，都具有对抗保留所有权交易的持有人或在先担保权人的效力，而不必顾及该保留所有权交易或担保财产之上存在的在先担保物权。善意取得的担保物权对抗其他第三人的效力问题，仍然受本章其他规则的约束。

评　论

A. 第三章的一般规则

根据这些规则所依据的总体思路，在担保物权的设立（比较第二章）和对抗第三人的效力之间有一个基本的区别；后一问题将在本章涉及。第三章是目前最全面的一章，包含了 44 条规则，其中不少于 33 条规则都涉及登记，这也证明了该问题的重要性。在英美法系中设立和生效的区别上，“整体论”——为全世界各地的现代立法所采用。本条款规则已经采用了该理论，并通过引进所有类型的物权担保特别是非占有性担保物权的现代复杂的登记制度使其得到加强。

因为经济方面的原因,已经从根本上削弱了古典传统的占有性担保物权的重要性。出现这种现象的主要原因是,在我们这个时代,实践中用做担保最重要的财产是工业或工艺设备、产品及库存,而不是珠宝或艺术品。尽管后一类型的财产容易转移,但从事工商业活动的人不能放弃对设备或货物的占有,这样就不必停止盈利的经济活动,并可以用挣来的金钱偿还被担保的债务。

无形财产之上的担保物权的新领域中(几乎是)出现了一个真正的初来乍到者,即控制。债权人对债务人的无形财产(一个发展中的领域)实行的控制相当于对债务人有形财产的实际占有。事实上,占有被认为是控制的一种有形手段。

担保人登记和担保权人占有和控制一样是使担保物权具有对抗第三人效力的现代手段。

这个构想也为本章的各部分内容提供了依据:第一节包含部分一般规则。第二节和第三节涉及生效的方式,即占有、控制(第二节)和登记(第三节)。

最后一个值得强调的问题是这些关于对抗第三人效力的规则不仅对作为定限物权的担保物权适用,也适用于保留所有权交易。一般来说,后一类型的担保交易不是由于根据第二章的规则设立就具有对抗第三人的效力,而是只有符合第三章(即登记,参见第Ⅸ-3:107条(融资交易的登记)),规定的条件才具有对抗第三人的效力。

B. 第三人的三种类型——第(1)款

该款是第三章全部内容的发端。它明确列举了第二章和第三章的区别。在列举第三人的三种类型((a)项至(c)项)中有一个被省略掉了,即担保人。这是对前面第二章前提的间接确认。根据第二章规定,合法设立的担保物权(仅)约束担保人和担保权人。但是,担保物权不约束(a)项至(c)项列举的三类第三人,除非其符合第三章的条件。换言之,仅仅根据第二章规定设立的担保物权不是一个充分有效的物权。

第(1)款所使用的否定公式——用教学法上的推理——可以转变成一个肯定公式。不能断定和依据第二章规定设立的但不符合第三章条件的担保物权相对抗的第三人,与那些对抗仅根据第三章的条款才有效的担保物权的第三人相一致。对上述三种类型的人作简要的说明不无裨益。

类型(a):对担保财产享有所有权的人,特别是包括不是担保人的担保财产的所有权人(有关该群体的问题参见第Ⅸ-2:108条(善意取得担保物权)的评论D),非担保的物权的持有人和有效的担保物权的持有人,包括保留所有权交易的持有人(比照第Ⅸ-1:104条(保留所有权交易:适用的规则)第(1)款(c)项),涉及保留所有权中的卖方、分期付款购买合同中的供方、融资租赁合同中的出租人和寄售合同中的提供方(参见第Ⅸ-1:103条(保留所有权的范围)第(2)款)。

类型(b):由于缺乏司法执行的统一规则,当债权人成为执行债权人开始执行债务人的财产时,与其对抗的只要满足本章规定的条件就有法律效力的担保物权还必须符合执行地的国内法。在某些国家,此时为了执行债权人的利益出现的法律上的留置权,可以作为一个准则,因为其大体相当于私法上的物权,可以确定执行债权人的法律地位。

类型(c):一旦指定破产管理人,担保人就丧失了处分破产财产的权利,而且担保物权只有符合本章的条件才能有效对抗破产管理人。再者,对于何时指定破产管理人并没有统一的规则;而这个确切的时间必须由进入破产程序地的国内法来确定。

有关生效的三个一般方式规定在下列条款中。第(1)款结尾所述的一些例外由第(2)款和第(3)款规定;另一个规定在第Ⅸ-3:107条(融资购买交易的登记)第(4)款。

正如评论A所指出的,第三章的规则也适用于保留所有权交易。通常,只有登记的保留所有权交易才能有效对抗第(1)款提及的三种类型的第三人(参见第Ⅸ-3:107条(融资购买交易的登记))。

C. 例外情形——第(2)款

本款规定了第(1)款中一般规则的例外情形。但是该例外受限于——第三章所依据的一般理念所要求的——以本卷为依据的特殊情形,一般要求担保物权的设立以物权担保合同为依据,而担保物权扩展至原担保财产之外不需另外订立有此效果的协议。

可以列举出上述担保物权扩展的两个例子。首先,本规则包括了担保物权由于担保财产的缺陷、损坏或灭失等而消灭的情形(第Ⅸ-2:306条(原担保财产的收益)第(1)款)。在这些情形下,担保物权扩展至因此类事件而产生的付款请求权,特别是对担保财产和保险收益造成损害、缺陷或灭失的人的损害赔偿请求权。原担保财产非人为原因灭失的情况下,灭失的担保物权由赔偿请求权取代担保财产进行补偿。这些事件的特殊性质证明了担保物权自动扩展至替代财产,并且不需要进行公示。但是,在特别涉及高额的赔偿请求权时,担保权人或许希望建立另外的公示制度以针对不知情的第三人引起的风险进行警示。

其次,该规则适用于第Ⅸ-2:309条(物权担保项下财产的混合)第(1)款和第(2)款规定的情形。该规定涉及同类担保财产的混合,在这样情况下,原担保财产被混合后的集合物的份额所代替。无论是在法律上还是事实上,担保财产并没有发生变化;但其法律上的认定变得更加复杂。因为担保财产的身份没有改变,对于原担保物权是否扩展至其他财产这一问题可能会有疑虑;为了消除疑虑,第Ⅸ-3:106条(混合财产之上的担保物权)规定了解决这一问题的特殊规则。

第(2)款的例外情形适用于所列举的受重要条件限制的担保物权。为了使依法扩展担保权人的权利的担保物权不受第三章条件的限制,原担保财产之上的担保物权根据本章的规定应当能有效地对抗第三人。如果担保权人已经实际受益,比如,由于原担保财产的毁损而将担保物权扩展至保险赔偿金,但如果原担保物权不符合第三章的有关条件,即使这些扩展的担保物权可以有效地对抗第三人,那么也都将是临时的。

D. 善意取得和法律效力——第(3)款

本款包括了另外一种例外情形。第(3)款涉及的担保物权,即在不顾及已经存在的物权担保情形下而善意取得的担保物权不能完全免受第三章条件的约束。相反,不符合本章条件的这些担保物权仅在对抗第(3)款第一句提到的其他人时才有效力,目的是使其被视为有效。第(3)款第二句明确规定在对抗其他第三人时,第(3)款规定的担保物权的效力仍然受本章其他规定的约束,即通常为了使担保物权对第三人产生效力,担保权人必须对其进行占有、控制或进行登记。这个规则可以作如下解释:依据善意取得,新的担保权人由于善意的信赖担保财产之上不存在其他在先担保而取得担保物权的应受到法律保护。至于涉及的其他第三人,与基于善意取得担保物权这一事实无关。

担保权人因为善意并可以依据第Ⅸ-2:108 条(善意取得担保物权)的规定,在保留所有权交易项下的财产之上取得担保物权时,没有必要登记担保物权或满足第三章的其他条件,就可以对抗第三人,即保留所有权交易的权利人。如果担保权人想对担保人行使权利,并且除了保留所有权交易的权利人之外未涉及其他人时,新担保物权并不需要符合本章的条件。然而如果还涉及其他第三人,比如不受善意取得影响的破产管理人或其他担保物权的担保权人,只要符合第三章的条件,那么依据第Ⅸ-2:108 条取得的担保物权可以有效地对抗这些第三人。

如果不考虑在同一财产之上的在先担保物权,依据第Ⅸ-2:109 条允许善意取得的规定(有形担保财产之上善意取得担保物权)取得担保物权,该担保物权不需要满足本章的任何条件,就可以有效地对抗在先担保的担保权人,而无须顾及在先取得的担保物权。对担保权人而言,善意取得可以被认为在先担保物权犹如不存在。此外,如果新的担保权人还想取得对抗其他第三人的效力,那么必须符合本章的条件。

但是应该强调,本章第(3)款的适用范围非常有限。正如第Ⅸ-2:108 条(善意取得担保物权)评论 A 所指出的,至少只要在先担保物权或保留所有权交易符合第三章的条件,那么另一担保权人不顾在先物权担保取得担保财产之上的担保物权几乎是不可能的。

第Ⅸ-3:102 条　担保物权生效的方式

(1)所有类型财产之上的担保物权,均可依本章第三节之规定,通过登记生效。

(2)担保物权也可以根据本章第二节的规定生效:

(a)对于有形财产,担保权人通过占有担保财产;或者

(b)对于无形资产,担保权人通过控制担保财产。

评　论

本条款列举了担保物权生效的三种主要方式:

A. 第(1)款:登记

最广泛、最通用的方式是根据第本章第三节规定进行登记。本款适用于所有类型的财产——不仅包含第(2)款所列举的用于该条款的目的的那些特殊类型的财产。

事实上,对担保物权进行登记是很有可能的,甚至在某种特定情形下也是合理可行的,尽管后者还要依据第(2)款的标准之一才会有效。在担保权人对财产实施实际占有时可能与债权人相互竞争而产生争议,或可能容易失去占有的情况下,登记是特别明智的。另外管理往来账户的金融机构可能拒绝听从担保权人的指示,致使其对财产的控制处于危险中。

通过两种方式生效的情形,即通过占有和登记这两种方式,就出现了这两种方式之间的关系的问题。第Ⅸ-3:103条解决了这个问题(担保物权生效的几种方式)。第Ⅸ-3:104条规定了生效方式变更的可能性(生效方式的变更)。

根据第(1)款规定进行登记对保留所有权交易和其他融资购买交易特别重要。对这一类型的物权担保,第Ⅸ-3:107条(融资购买交易的登记)规定登记是其生效的强制性方式。

B. 第(2)款:占有和控制

该款在(a)项和(b)项介绍了担保物权生效的两种方式。其一,担保权人占有担保财产是占有性质押的悠久历史传统。尽管今天已经基本过时,但不仅对奢侈品和艺术品,且对于其他物品而言,仍然有可能适用这种担保形式。鉴于经济上的有关情况,追索权经常用于所谓的现场仓储。

示例

生产者P所提供的一部分产品储藏在锁着的一个独立(部分的)的建筑物中。这把锁只能被两把钥匙共同打开。其中一把钥匙由担保人A掌管,另一把由仓库代理人F掌管,F不是A的雇员,也不服从A的指示(权利受限的占有人或占有代理人),比较第Ⅷ-1:207条(权利受限的占有人的占有)和第Ⅷ-1:208条(通过占有代理人的占有)的规定。

相比之下,第Ⅸ-3:102条(担保物权生效的方式)第(1)款(a)项所规定的第二个可选方式,即"控制",是最近起源的,并已经发展成为现代的无形财产这一特别类型之上的担保物权生效的方式。在现代类型的无形金融财产之上设立担保物权是极其重要的。详细的说明,可以参考第Ⅸ-3:204条的规定(对金融财产的控制)。

第Ⅸ-3:103条 担保物权生效的多种方式

(1)担保物权通过登记、占有或控制生效,也可以通过其他方式生效。各种方式的效力不同,所选择方式中具有更强的效力者优先。

(2)前款规则同样适用于不受本章规定条件限制的担保物权通过登记、占有或控制生效的情形。

评 论

A. 在实际上适用多种可选方法作为担保物权生效的方式

前述条款列举了使担保物权有效对抗第三人的三种主要方式,即登记、占有和控制的方式。选择占有和控制的方式只能分别适用于有形财产和无形财产。能够适用于所有客体而不论其是有形财产、无形财产还是知识产权(即知识)的唯一方式是登记。

因此,在实践中,两种以上相结合的的方式只能在一方面是占有或控制,与另一方面的登记之间出现。特别是处于边缘位置的情况下,担保权人可能认为他对有形或无形担保财产的占有或控制并非确信无疑,一个谨慎明智的担保权人可能希望结合第二种广泛接受的登记方式来实现其担保物权的效力。

B. 法律问题

第(1)款第一句明确指出担保物权的生效方式有可能结合起来适用。

事实上,在双方当事人用几种方式对特定担保物权进行公示时,问题出现了,即其效力依附于这些重复的方式。根据第二句规定选择适用的方式中"较强效力"的方式优先。但是,根据第九卷的规定,一般来说,担保物权的效力不会因选择的担保物权生效方式的不同而不同。这仍可能与物权担保特有的规则以外的领域有所不同,比如执行或破产程序。

不过有一点,这里有一个事实上的差异,可能有重要的实践性的后果,这就是时间因素。根据本规定,效力在取得时开始生效。根据第九卷适用的规则,"较强效力"这个术语意味着担保物权的生效时间要早于因其中一种生效方式而生效的时间。

第(2)款把本条款的适用范围扩大到例外情形,即尽管没有采用实现效力的通常方法,担保物权仍然有效。第Ⅸ-3:101条第(2)款(对抗第三人的效力)规定了一个这样的例外。而对其解释,比较该规定的评论C。第Ⅸ-3:107条(融资购买交易的登记）第（3）款规定了某类人限制类型的担保物权的例外。对其解释，可参考对该条款的评论。

虽然在所有的这些情况下，担保物权的效力根本不依靠任何形式的公示，但是双方当事人，尤其是担保权人或许希望坚持这种自愿的公示；一般来说，当事人会选择登记，是因为它允许担保人依据担保物权，或买方、分期付款购买人、承租人或承销人根据保留所有权交易对担保财产进行占有。在所有的这些情形下，第（2）款声明应当适用第（1）款的规定。

第Ⅸ－3:104条　担保物权生效方式的变更

担保物权生效方式变更的，只要前一个方式终止时能够立刻符合新生效方式的条件，其效力延续。

评　论

本条款规定了担保物权生效的多重可能方式的不同方面的问题。其内容清楚地体现了其意图，基本不需要任何解释。如果担保权人想要变更公示的方式，那么必须保持前种方式与新方式的连续性不被中断。例如，如果双方当事人决定把占有担保物权变更为非占有担保物权，只有在担保权人把担保财产返还给担保人之前，对非占有担保物权进行了有效的登记，公示和其效力的连续性才会得到维持。

第Ⅸ－3:105条　不动产添附物之上的担保物权

土地登记法律有相应规定的，不动产添附物之上的担保物权可以在添附之时经土地登记簿的登记或标注而生效。

评　论

本条款规定动产和不动产法律界线所发生的问题。它涉及依附于不动产（如所引用规则的评论里给出的例证）的添附物（如第Ⅸ－1:201条（定义）第（2）款所作的定义）。因为本卷规定的适用范围限于动产，所以本条款仅能作为调整不动产的法律的参考，真正的登记或至少注册是否可能的问题，也必须留给不动产法律来解决。当然，由于登记或备案的方式可能把对担保权人的保护及于不动产的添附物,其存在的可能性是令人期待的。特别是备案的方式,可以确保不动产添附物之上的担保物权具有对抗不动产抵押权人的效力。

第Ⅸ-3:106条 混合财产之上的担保物权

(1)已经生效的担保物权项下的有形财产发生混合时,依第Ⅸ-2:309条(担保财产的混合)规定的混合物相应份额上的担保物权继续有效。

(2)前款规定准用于金融财产在基金中混合的情形。

评 论

A. 概述

本条款的依据是第Ⅸ-2:309条的规定(担保物权项下财产的混合)。本条款可以被理解为对第Ⅸ-3:101条(对抗第三人的效力)第(2)款的基本原则的具体适用,并使第Ⅸ-2:309条的规定生效。它体现了一个基本思路:每一个通过混合被整合进混合物或基金的个体部分财产的权利之间具有法律连续性。

B. 第(1)款

第(1)款得出了效力问题的结论。对单个、几个或全部的混入混合物或集合物的个人财产之上可能已取得的效力,继续各自维持,因为在集合物或混合物中各自的每一个份额分别与其对集合物或混合物中的贡献相一致。

C. 第(2)款

如果金融财产(第Ⅸ-1:201条第(6)款)合并入一个基金(第Ⅸ-2:309条(物权担保项下财产的混合)第(4)款),应适用同样的规定。

第Ⅸ-3:107条　融资购买交易的登记

(1)所有权担保方式只有通过登记,才能生效。

(2)在相关财产交付之日起35日内进行登记的,所有权担保方式从设立之日起即生效。

(3)相关财产交付之日起35日之后进行登记的,所有权担保方式只能自登记时起生效,并且不具有第Ⅸ-4:102条(超级优先权)规定的优先权。

(4)提供给消费者的信贷由所有权担保方式担保的,该担保物权不需要登记即可生效。该例外规定不适用于收益和所提供的财产之外的其他财产的情形。

评　论

A. 概述

本条款包括强调特权制度的关于融资购买交易的效力的一些规则,比如保留所有权交易和(正常的)担保融资购买的担保物权(第Ⅸ-1:201条(定义)第(3)款)。依据规定特别条件的有关规则,这些融资交易即可以产生效力,这些规则从几个方面偏离了为融资购买交易以外的担保物权而设立的普通制度。

B. 担保物权开始生效的时间点

第(1)款对担保物权开始生效的时间点进行了标记,与构成本章效力基础的一般规则相对应。融资购买交易的两种类型,即保留所有权交易和符合第Ⅸ-1:201条(定义)第(3)款的条件的担保物权,是非占有担保物权的类型,因此需要登记才能开始生效(比较第Ⅸ-3:102条:担保物权生效的方式)。从35天的宽限期开始计算,生效的时间点才能得到支持,这是所提供财产的交付日期。根据买方、分期付款购买人、承租人或承销人的指令,必须交付所购买财产的,不一定是交付给这些人,也可能是交付给第三人。只有在交付所提供的财产时,在这些财产之上的物权担保才成为"非占有性的"。任何融资购买交易,不管是保留所有权交易还是作为定限物权的担保物权,都不能具有法律效力,除非或者直至创设另一种生效方式。既然如此,在实践中唯一可选择的生效方式就是登记。

C. 特殊方面:非消费者买方,分期付款购买人,出租人或者收货人

交付之后35天内登记。如果卖方、供货方、出租人或者其他担保权人融资购买交

易的登记是在交付之后的35天之内(正如B所定义的那样),担保物权从设立之日起有溯及力(第(2)款)。

为什么宽限期为35天?这不是一个任意性的规定,而是考虑了广泛的商业实践。实践中经常给买方30天的时间来履行付款义务;只有期限届满后的付款才导致支付迟延付款利息的义务,当事人另有约定的除外。

如果卖方、供货方、出租人或其他担保权人想要安全交易,尤其是在买方、分期付款租赁人、承租人或承销人(即担保人)面临财政困难时,他们就会希望在35天期限届满之前的交付日甚至交付之前的任何时间进行登记。

在35天之内的期间进行登记的话,会有非常重要的作用。融资购买交易的效力可以溯及至其设立之日,并根据第Ⅸ-4:102条(超级优先权)第(1)款的规定享有超级优先权。

在此期间设立的权利的溯及既往效力。必须区分三种"抵触的"权利。

竞争性的担保物权。融资购买交易和在此期间产生和生效的担保物权之间的关系由第Ⅸ-4:102条(超级优先权)第(1)款规定。该条款所规定的融资购买交易的溯及力和优先权优先于几种登记的普通排序时间。这并不意味着在此期间取得的担保物权无效或失效,而是仅仅意味着融资购买交易的担保权人能依靠这段宽限期,从而把正常顺序的登记放在一边。换言之,在该宽限期间生效的担保仍然有效;但是,其地位低于卖方、供货方、出租人或其他融资购买交易的担保权人的优先的担保物权。

买方、分期付款购买人、承租人或承销人的执行债权人的权利。根据这些规则来看,在35天期限里进行执行的买方、分期付款购买人、承租人或承销人的执行债权人同样受第(2)款规定的约束。至少在执行程序开始时,在那些把执行债权人看作是享有优先权地位的担保权人的成员国里,应该有这样的一个结果(比较第Ⅸ-4:107条(执行债权人的优先权))。既然政府当局受到约束应该尊重其干预的私法关系,那么他们也应该尊重第(2)款规定的非常有限的溯及力。

买方、分期付款购买人、承租人或者承销人的财产的破产管理人的参与。原则上,担保权人可以依据第(2)款规定的溯及既往效力,同样可以对抗在此期间被指定的破产管理人。但是,因为该管理人代表了买方、分期付款购买人、承租人或者承销人的所有债权人的利益,而且通常行使公权力,所以这种解决办法将更加不确定。

结论:从前面的分析中应该得到什么实践性的结论?一般来说,第(2)款规定的溯及既往效力给融资购买交易的担保权人提供了有效的保护。但是,为了避免争议和法律风险,特别是如果买方、分期付款购买人、承租人或者承销人正处于财力薄弱时期并存在许多未付款的债权人时,最好不要太依赖于35天的宽限期,而是要尽早登记。

优先权。融资购买交易,即保留所有权交易和对融资购买提供担保的担保物权(第Ⅸ-1:201条(定义)第(3)款),在第(2)款规定的35天期限内登记就享有优先权。对此问题已经明确地规定在第Ⅸ-4:102条(超级优先权)第(1)款中。第(3)款的规定从反面证明了这一点。

尽管是以一种否定的方式，第(3)款确认了在35天的限制期结束之前进行登记的积极作用。首先，(迟延的)登记产生登记的"一般"效力，而没有溯及既往的效力，尽管更重要的是第二个后果，即失去赋予在35天内"迅速"登记的超级优先权。这种地位的降低是因为没有按照第(2)款的鼓励及时登记。这种迟延可能产生一种疑虑，即迟延担保的借贷更具有一般借贷的属性而不是真正的融资购买交易。

D. 特别方面的问题：作为消费者的买方，分期付款购买人或承租人

第(4)款规定了前款的一个例外。而且，这也背离了正常的模式。例外的规定是，在没有登记的情况下，在提供给作为担保人(特别是买方、分期付款买方或承租人)的消费者的财产之上设立的担保物权和保留所有权交易有效。

第一，从条款规定中可以看出，可以不进行登记的特权被严格限制在消费者的购买融资之上；与融资交易最相关的类型是根据保留所有权协议和融资租赁合同进行的买卖。

第二，为了使消费者对其得到的财产取得物权的效力，对担保物权或保留所有权交易没有登记的要求。当然，如果消费者财政困难，担保权人，特别是卖方、出租人或其他供应商，针对这样的特权，一如既往地要确认其是否应该使用不需要登记的特权。这也与潜在的竞争性的债权人数量有关，因为担保权人可能希望避免争议和法律的不确定性，而通过(主动的)登记很容易避免上述问题。

第三，尽管未登记，担保物权或保留所有权交易的效力可通过第Ⅸ－4:102条第(1)款的规定强化。该物权担保享有超级优先权。在效力上，其优先权优于已经在先设立的担保及其他物权。然而，由于消费者担保人在未来财产之上设立担保物权的可能性总是被第Ⅸ－2:107条(消费者创设担保物权)第(1)款(b)项的规定所限制，这种超级优先权仅限于与其他物权的关系。

第四，登记的例外仅限于提供给消费者的主要客体，而且并不扩展至收益和其他财产。该限制由本条款的目的所决定——保护消费者的取得权。它并不打算对消费者的所有财产都确立一般的特权。

第Ⅸ－3:108条　担保财产的进口

担保财产来自欧盟以外的国家，只要在三个月内满足本章规定的要件，则任何在先的担保物权仍然继续有效。

评　论

A. 问题

欧盟内部市场融入世界贸易;内部市场在更广泛且很真实的意义上是全球市场的一部分。欧洲经济依赖于从世界市场进口,因为进口需要融资,而且融资可能来源于欧洲之外的渠道,所以有必要面对这样一个事实,即经常进口的商品可能在国外已经为外国出口商或甚至欧洲的进口商的借贷设立了担保物权。欧洲如何看待这样的进口产品的担保物权?

B. 解决方法

本条款提出了基本的解决方案,即根据一个条件,跨越边界进入欧洲之前已经生效的担保物权(包括保留所有权交易,比较第Ⅸ-1:104 条(保留所有权交易:适用的规则)第(1)款(c)项)依然有效。这个条件是根据这些规则该担保物权必须在三个月内生效。

这些规则留下了一些未解决的问题——有意识地,因为在这个宽广的领域里我们经验很少。

首先,"进口"必须被严格地理解为一种外国出口者和欧洲进口者之间的贸易吗?大部分情形可能是这样的,但当然不是绝对的。我们想要涵盖的是所有的事实上、法律上或经济上跨越于欧洲边境的往来:私人来往;游客、士兵、外交官以及移民等行李和物品。

其次,在跨越边境进入欧洲时如何发现担保财产之上存在"有效"的担保物权或保留所有权交易呢?这些规则没有建立一种能够作出回应的冲突规则,因为对于各种各样的有体物或无形权利来说,很可能没有可适用的简单公式。通过搁置这一问题,可以增加其灵活性。

最后,在三个月的宽限期内进口货物的所有权地位也是悬而未决的问题。似乎可取的做法是,推定通过适用外国法律生效的担保物权或者保留所有权交易的效力在短暂的期间内可以存在,直至根据本规则确立其效力或宽限期届满。此后只有遵守本规则才能有效。这种推定也符合第Ⅸ-3:107 条(融资购买交易的登记)第(2)款规定的类似规则。

有关进口商品之上的物权担保的优先权问题,参见第Ⅸ-4:106 条(担保财产的进口)。

第二节　债权人占有或控制担保财产

第Ⅸ－3:201条　占有

有形财产之上的担保物权,可以通过担保权人占有担保财产而生效:

(a)担保权人或担保权人的代理人(非担保人)对担保财产实施直接的物理控制;

(b)第三人(非担保人)占有担保财产的,第三人和担保权人达成协议,仅为担保权人占有担保财产;

(c)担保权人和担保人共同占有担保财产,或第三人为双方当事人占有担保财产的,未经担保权人的明示同意,担保人不能使用担保财产。

评　论

A. 占有和控制

对于欧洲所有法律制度来说,"占有"是物权法的一个基本概念。在第三章关于效力的规定中,占有作为担保物权生效的三种方式之一,发挥着作用。事实上,在传统的质押制度中,抵押权人对质押物的占有一直是授予质押物权效力即对世效力的核心要求。在现代的规定中,抵押权人对有形抵押财产的占有赋予抵押以效力。占有的传统的作用由第Ⅸ－3:102条(担保物权生效的方式)第(2)款(a)项确定;因而占有一如既往地发挥着作用。

相比较而言,"控制"是个新的术语。它适用于作为担保物权标的物的无形财产——一个迅速发展的重要的担保物权种类,特别是在知识产权法领域(这里不再做进一步探究)——和无凭证式金融财产(第Ⅸ－1:201条(定义)第(6)款)。另见第Ⅸ－3:204条(对金融财产的控制)。

占有和控制的功能是相同的;仅仅是他们各自的适用领域不同而已。因此可以适当地考虑把这两种概念和制度合二为一,即由更中立的人进行控制。然而,这个观点尚未采用,因为:

——其适用于有形财产将会带来一种不确定因素;

——在发生典型的占有式质押的情况下,欧洲大多数国家都很好地解决了质押的细微区别问题而加以应用,他们并没有通过新术语来代替这个概念。

——第三卷继续使用占有这一术语(特别是第Ⅷ－1:205条至第Ⅷ－1:208条)。

最后一点,如果本卷背离了这个核心术语,特别是对于第八卷提到的几个问题,那么将会出现困惑。

B. 本条款概述

本条款包含了占有作为担保物权的生效方式的重要规则,即担保权人持有有形担保财产的方式。据传统说法,这就是占有式质押。在仅规定一种担保物权的本条款规则的范围内,占有仅作为担保物权生效的三种方式之一发挥作用。以这种特殊方式实现担保物权的效力,与使用占有式质押具有完全相同的事实类型。

占有式担保物权的基本要素在本条款的开篇部分已作出规定,即担保权人必须实际占有有形担保财产。该主要规则由三项规定详细说明。这反遇出了过去几个世纪以来在欧洲习惯中演进着且直到目前还在运用的占有这一最典型的事实类型。

基本规则见(a)项,接下来的(b)项和(c)项是基本规则的变化形式并涵盖相当具体的事实类型。

C. 三个事实类型

(a)项。(a)项具体规定了因担保权人的占有使占有性担保物权生效的基本和典型的事实类型。占有包含两个方面的要素,即个人的和技术的。关于个人要素,担保权人必须亲自占有或者通过代理人进行占有。然而担保人不能作为代理人,因为这会在事实上相当于——尽管法律也许没有规定——一个非占有式担保物权。代理人是被授权以另一个人的名义行事的人(参见定义清单)。因为代理人是本人的"另一个自我",可以说本人是通过代理人来作为;作为本人的担保权人通过代理人间接占有担保财产。

排除担保人的代理占有的作用是很容易理解的。通常作为担保财产所有权人的担保人不是代理行为中无利害关系的第三人;相反,作为担保财产所有权人的担保人通常有着与担保权人明显冲突的私人利益。这足以说明担保人是不能作为担保权人的代理人行事的。

(b)项。(b)项允许第三人——除担保人以外——持有担保财产,只要第三人仅仅为担保权人的利益持有担保财产。如果第三人为担保权人的利益独占地持有担保财产,这实际上相当于一个特设机构。将此种情况视为担保权人对担保财产的一种持有是恰当的。实际的例子有,担保权人起诉仓储管理员或工匠,要求其修复担保财产。再次说明,在(a)项中规定的由于相同的原因,担保人不能作为担保权人的"代理人"持有质押财产。

(c)项,典型的例子是两把钥匙的安排,即一个配备了相应插槽的仓库;在第Ⅸ-3:102条(担保物权生效的方式)评论B中也提到现场仓储方面的例子。在所有的这些情况中,决定性的标准规定在(c)项的最后条款中。未经担保权人的明确同意,担保人不能使用担保资产。

D. 占有式担保物权的特殊类型

本条仅仅适用于有形财产之上的占有式担保物权，而第Ⅸ-3:202 条（可流通的物权凭证和流通票据）和第Ⅸ-3:203 条（凭证式股份和债券）将为了担保物权生效而将占有的适用范围扩展至在无形财产之上设立的特定担保。详情见后面这两个条款的评论。

第Ⅸ-3:202 条　流通物权凭证和流通票据

（1）占有流通物权凭证或者流通票据，足以使流通物权凭证代表的货物或流通票据所体现的权利之上的担保物权生效。

（2）本条第（1）款规定的物权凭证所代表的货物，根据标注了合理日期的信托收据交付给担保人或其他人，为期至多十日，以供货物的装卸、出售、交换的，或以除了设立竞争性的担保物权之外的其他方式处分该货物的，在该货物之上的担保物权不受影响。

评　论

A. 对流通物权凭证和流通票据的占有

正如第Ⅸ-2:302 条（公司股份之上的担保物权）的评论 A 所解释的那样，占有是否具有法律意义这个问题有些不确定，按照所涉财产的性质来说，它们本身并非有形财产，或者本身不受直接占有行为的限制，但是可以通过这些财产予以证明和体现。我们不打算去介入所涉财产的一般分类，本条款和下一条款规定，对于这几种类型的财产，占有相关单据和凭证就足以使这些凭证所证明或代表的财产之上的担保物权生效。

本条第（1）款规定了对流通性物权凭证和流通票据占有的意义：第Ⅸ-2:304 条（流通性物权凭证和流通票据）第（3）款已经说明对凭证和票据的占有足以在物权凭证项下的货物或票据所代表的权利之上设立占有式担保物权。基于此，本条第（1）款规定，对这样的凭证或票据的占有，同样足以有效取得物权凭证项下的货物或票据所代表的权利之上的有效对抗第三人的担保物权。

B. 对流通物权凭证和流通票据的占有

第（2）款确认了被国际商业惯例所接受的效力等级上的例外情形。假如货物交付给担保人或他的代理人，担保权人对提单项下商品的占有出现短暂的中断，并不影响合法、有效成立的担保物权：

——一个严格的期限限制，即最长10天；

——针对附随票据的问题，即一个正式的信托凭证；

——只为装货或卸货、出售、交换或提单项下货物的其他交易方式的担保意图，而不是竞争性担保物权的设立。

第Ⅸ－3:203条　有证书的股票和债券

占有可流通的直接持有的公司股票证书及直接持有的债券证书的，准用前条第(1)款的规定。

评　论

如果直接持有公司流通性股票证书以及直接持有债券证书所体现的债券，那么本条声明适用前一条第(1)款所包含的规则。这意味着占有纸质证书足以使在其所代表的权力之上的担保物权生效。前一条第(1)款的规则有限地扩展至股份和债券是符合随后第Ⅸ－2:302条(公司股份之上的担保物权)和第Ⅸ－2:303条(债券之上的担保物权)所规定方式的。对纸质证书的占有足以设立占有性担保物权，这项原则只限于股票和债券这些类型。

关于“直接持有的凭证或公司股份”的意义，参见第Ⅸ－2:302条(公司股份之上的担保物权)。

第Ⅸ－3:204条 金融财产的控制

(1)担保权人可以通过行使以下控制方式,使担保物权生效:

(a)为金融财产在金融机构开立的账户(中介金融财产);

(b)非中介金融工具在登记簿上的登记,该登记簿由发行人持有或为发行人持有,或依据国内法该登记簿对物权有决定性的影响。

(2)具有以下情况之一的,构成担保权人对本条第(1)款(a)项规定的财产的控制:

(a)经担保人同意,担保权人指示管理账户的金融机构,未经担保权人同意,不得许可担保人处分账户中的财产;

(b)金融机构在特殊账户中为担保权人持有财产;

(c)金融机构就是担保权人。

(3)前款规定准用于担保权人对本条第(1)款(b)项规定的财产的控制。

(4)符合本条第(2)款和第(3)款规定的条件的,必须通过书面、电子形式或其他耐久的介质的记载证明。

评 论

A. 概述

本条款目的在于形成一个无形财产之上担保物权的生效制度。很明显,使有形财产之上的担保物权生效的方法,即通过担保权人占有,一般不能及于无形财产之上。另外,随着无形财产的价值在实践中越来越重要,尤其是金融财产,就需要代替公示的其他方法——不像登记,当然登记仍然是可能的——实际上对有形财产的占有是高效和清晰可见的。按照美国—加拿大的惯例和法律的模式,特别是近来的一个例子——《欧盟关于金融担保安排的2002号指令》(FCD),本条款采用"控制"标准来确定金融财产(如第Ⅸ－1:201条第(6)款和第(7)款所定义)之上担保物权的生效。

条款未涉及的所有情形中,无形财产受无形财产之上担保物权生效的替代方式的限制,即登记方式。

B. 控制概念的适用范围

本条第(1)款划定控制的适用范围。源于第(1)款所划定的控制的客观范围是入账的金融财产。根据第Ⅸ－1:201条(定义)第(6)款规定,金融财产就是付款请求权和金融票据;后一术语由第Ⅸ－1:201条第(7)款进行定义。该定义与FCD中的第1条第(4)款(a)项和第2条第(1)款(d)项和(e)项的定义相对应。

相比之下,本条款的主观适用范围不论是从方式还是从广度上都不同于FCD的规定。本条第(1)款(a)项只要求由金融机构持有金融资产。之所以采用这个标准,是因为金融机构受公众的监督,而且如果能正确进行监督的话,就能够提供坚固可靠的保证。满足这些标准的资产是"中介金融财产"。另外一个类别是"非中介金融工具",只要登记在发行人持有的登记簿里即可。例如,股份公司的股东登记册,或者由发行公司持有,或者由专门为其他公司进行股份登记的中立机构持有,或者是根据国内法进行的这样的登记对权利具有决定性(例如,英国的CREST)。

C. 对中介金融财产控制的方法

第(2)款涉及了担保权人能施加"控制"的几种方法,即担保物权生效的途径。这里提供了对中介金融资产进行控制的三种可选择方式。

(a)经担保人的同意,担保权人指令金融机构不允许担保人未经担保权人的同意处分金融资产。这一规定预设金融担保资产仍在担保人的名下,但是限制其处分这些财产的权力。

(b)为了避免可能对按照上述(a)的解决方式限制担保人处分权的忽视或漠视而引起的任何其他风险,最安全的做法是担保权人把担保财产转移到自己的一个特别账户里,这个特别账户使担保资产既区别于担保人的普通资产,也区别于担保权人的普通资产。

(c)有一个特别情形就是,持有担保人资产的金融机构同时也是担保权人((C)项)。尽管需要做轻微的调整,但(a)项和(b)项这两个备选方案基本上仍然可以适用。在(a)项规定的情形下,担保权人的指令不再是必要的;作为担保权人的金融机构通过内部命令即可取得同样的效果。同样地,在采用上述(b)方式的情形下,在金融机构开设的独立特别账户可以增加对作为担保权人的金融机构的实际保护。

D. 对非中介金融票据控制的方法

基于第(2)款适用于第(1)款所述财产,第(3)款规定了第(2)款的适用范围。该条款不需要任何评论。

E. 形式要求

第(4)款为第(2)款和(3)款的实质性要件确立了形式要件。一方面鉴于控制所带来的深远影响,另一方面与占有或登记相比较缺乏外部要素,因此必须采取正式的形式以取得控制效力。对与FCD第1条第(5)款和第2条第(3)款规定的相一致的书面形式、电子记录手段或其他持久方式等可替代的形式要件,这里没有必要解释。

F. 不同担保权人的控制

如果先后为不同的担保权人的利益对财产进行控制，那么他们之间的关系由优先权的一般规则调整。根据第Ⅸ－4:101条（优先权：一般规则）第（2）款（a）项规定的第二个选择方法，担保物权生效的顺序对优先权具有决定性的作用。

G. 超级优先权

特别重要的是控制享有绝对优先权（第Ⅸ－4:102条（超级优先权）第（2）款）。这意味着控制优先于任何其他担保物权或定限物权，即使这些权利设立或生效的时间更早。但是，在几个不同的担保权人之间，各自对同一个财产行使控制权，这样，就适用决定优先权的普通规则。

第三节　登　　记

第一分节　担保物权登记程序

第Ⅸ－3:301条　欧洲担保物权登记簿；其他登记或备案系统

（1）本编要求或允许的任何担保物权或保留所有权交易的登记，均可在欧洲物权担保登记簿上进行，但本条第（2）款另有规定的除外。

（2）特定类型财产的担保物权，已经在登记系统或权利凭证备案系统登记或备案的，其效力取决于是否遵守了这些系统的强制性规定。依据成员国的法律建立的登记系统，则适用第Ⅸ－3:312条（根据国内法建立的其他登记或备案系统中关于登记事项的过渡性规定）的规定。

（3）金融工具之上的担保物权在发行人所持有或为发行人持有的登记簿上，或在依据国内法对物权有决定性影响的登记簿上登记并不构成本节所称的登记。但是，如符合第Ⅸ－3:204条（金融财产的控制）第（3）款的条件，则可能构成控制。

评　论

A. 登记公示为现代物权担保法的准则

很多成员国的动产物权担保制度已经采用了登记公示制度；同时现代国际公约和

示范法，比如开普敦公约、欧洲复兴与开发银行关于担保交易的示范法，在物权担保问题上都是以动产物权担保登记制度为基础的。只有几个国家的法律制度，尤其是德国和奥地利的法律还没有引进这样的登记公示制度；然而，在这一问题上现在法律发展的方向似乎也更符合国际标准。

我们有足够的理由认为动产担保的登记公示是欧洲私法的一个原则，而且这个原则构成了本节所遵循方法的一般基础。

但是，关于登记制度的细节，在各成员国之间在相当大的程度上有所不同。首先，关于准确的登记系统的操作方式都有不同的一般途径；本节规则所遵循的总体构想以及它背后的政策考虑将会在评论C和本节随后的评论中详细解释。其次，在所有的成员国中登记本身的作用并不都是完全相同的。按照目前的规则，必须强调的是登记并不是成立动产担保物权必需的要件，即对于担保物权或保留所有权交易的设立，登记并没有实质性的影响。在第二章的条件得到满足时，担保物权和保留所有权交易即得以成立。第三章只涉及对抗第三人的效力，这些效力也可以通过登记以外的方式取得（即通过占有或控制），或例外情况下不需要满足任何额外条件（参见第Ⅸ-3:101条（对抗第三人的效力）第(2)款，第Ⅸ-3:107条（融资购买交易的登记）第(4)款）。此外，登记并不足以使担保物权或保留所有权交易成立。如果第二章的要求没有得到满足，如担保人无权在有关财产之上设立担保物权，那么仅依据登记担保权人并不能取得任何权利。

B. 登记公示制度的目的

在公共登记册上对动产物权担保进行登记公示，其本身并不是目的，而是服务于几个不同的可以简要总结的目的。

关于未来的担保权人和与担保人交易的其他第三人的信息。登记公示制度的主要目的是提供担保权人和与担保人交易的第三人的信息。当担保人看起来财力丰厚时，想要给其提供无担保贷款的人可以通过查询登记簿来获取信息，如关于在担保人违约时，担保人持有的财产能否用于满足他们的索赔要求，或者是否已经在这些财产之上为其他担保权人设立担保等信息。甚至更重要的是，想要在担保人财产之上取得物权的人（不论是担保物权还是完全的所有权），可以在登记簿上获取可靠的信息，如关于他们是否可以取得仅受限于在先担保物权的同一财产之上的权利。获取信息的可能性明显也有利于发挥担保人的优势。由于能够证明担保人的有关财产之上没有登记担保物权或保留所有权交易，担保人就能够保证与其交易的当事人可以在这些财产之上取得没有产权负担的权利（不论是担保物权还是所有权）。并在此基础上担保人可能会获得一个更好的价格，至少会为担保信贷提供一个更好的条件。

对登记的担保权人的保护。担保权人也可以从担保权的登记中受益。登记公示使第三人注意到该财产已为担保权人设定了担保或保留所有权交易。就可以认定或者推定第三人已经实际上注意到，其不能再不顾原担保权人的权利而依据善意取得担保财产。

预防欺诈。担保物权或者保留所有权交易的登记是一件既可以准确确定又易于证明的事情。这使得登记制度的作用就像一个预防欺诈的有效机制。在相互竞争的债权人之间,其担保物权的优先权一般由登记的时间顺序确定。登记可以作为担保物权何时生效的证明。

登记也在担保权人和试图阻止担保权人对财产进行执行的担保人之间发生作用,该担保人主张涉及的财产实际上受到为另一债权人(其参与了担保人的欺诈行为)而设立的在先担保物权的限制。担保物权登记公示的要求可以保护其对抗倒签日期的担保。

优先权规则适用的基础。最后但很重要的目的前面已经提到,而且在很大程度上可以说是构成实现已提到的目的的基础的,就是动产物权担保的登记公示制度可以用作优先权规则适用的基础。至少迄今为止还没有其他生效方式(特别是控制)或其他例外的规则(特别是融资购买交易)可以适用,在同一财产之上设立的竞争性担保物权之间的优先权由不同担保进行登记的顺序决定(参见第Ⅸ－4:101条(优先权:一般规则)第(2)款(a)项)。登记制度可以提供确定的结果,而且优先权的顺序一般至少可以直接依登记确定,而不必调查担保人和担保权人之间缔结协议的内容和顺序。

C. 本节规则下登记系统的一般特征

根据本节规定的登记系统的主要特征可以总结如下:它是一个通知备案系统;它是一个不涉及公共登记的直接登入系统;它的运作电子化,可以在线访问;并且它包括所有类型的担保物权。

通知备案系统。这里所说的通知备案系统与传统的(完整的)登记系统在某个重要方面有很大的不同。后者的公示形式中,担保物权或保留所有权交易的所有基本资料都要登记,明确地罗列担保物权和保留所有权交易的准确的内容和范围。相反,在通知备案系统里,从登记簿中可以得到的仅限于是否存在担保物权或保留所有权交易这样一个信息。要确定事实上是否已经设立了物权担保或其是否已经终止、哪些财产用作担保财产这些信息,任何有利害关系的当事人仅能通过进一步的查询才能掌握。这些查询需要确实会导致登记之后交易费用的增加。但是,似乎有一个普遍接受的观点,即这些费用被通知备案的核心优势给抵消了,即备案可以更简单快捷,必要细节和手续的减少使备案很少出错。如果需要的话,可通过调查担保权人获取登记内容中缺失的信息(参见第五分节)。

直接登入系统。这些规则规定的登记系统可以被描述为直接登入系统,即登记公示系统,其不同于很多传统的模式,当事人自己可以直接进入登记系统进行登记,而不需要涉及可能要检查担保交易详情和登记内容的公共登记。而且,可以想象前述的登记系统比以公共登记处为基础模式运作的更有效率,它运转迅速、不妨碍有效物权担保的设立,满足了登记制度的市场要求。如果该登记系统引起不必要的麻烦,我们不会建议其作为所有成员国都普遍适用的示范规则，尤其是对那些(尽管很少)到目前为止还没有要求对动产担保物权进行登记公示的国家。在依照公共登记处为基础模式的大多数制度中，会出现因公共登记处没有时间去处理而造成登记申请积压的情况，这导致无法在登记的内容中发现担保物权或保留所有权交易，从而不能达到登记公示制度的目的。此外，引入用于动产物权担保登记的泛欧洲的公共登记机构将会产生巨大的费用。只要公共机构的介入被约束在一个最小范围内(参见第Ⅸ－3:316条(登记机构对有争议登记的审查))，这个相对大胆的建议的前景是可以实现的。

可以在线访问的电子登记。传统的物权担保模式通常是以纸质为基础的，而现代的登记模式利用最新的通信技术，采用在线方式。本规则采取后一种登记方式，这一决定背后的主要政策选择目的是降低费用；在线访问可能旨在通过直接进入系统来最大程度地提高效率。从另一方面来说，在线访问确实产生了关于登记使用者的认证和识别的特殊问题，参见第Ⅸ－3:304条(登记申请的认证要求)的评论。

包括所有担保物权和保留所有权交易的登记。本节规则规定的登记意在包含所有类型的物权担保，依据本章许可的其他方式(即占有、控制)没有生效的或完全没有免除这些要求的担保物权除外(参见第Ⅸ－3:101条(对抗第三人的效力)第(2)款)。这不仅适用于作为定限物权的担保物权，无论其是否像融资购买交易那样享有超级优先权，而且也适用于保留所有权交易(参见第Ⅸ－3:303条(保留所有权交易和担保物权))。这样一个无所不包的制度的优点是查询者不用去查询不同的登记人；但是，对有关专业登记的一般规则必须做一些变通(参见本条第(2)款，第Ⅸ－3:312条(关于进入其他登记系统或根据国内法进行登记的过渡性条款))。

D. 其他登记及备案系统的变通

本节规定的登记制度不仅与传统的登记制度不同，后者是在担保物权的详情被载入登记簿前由公共登记机构检查当事人提供的信息。而且，特别是与普通法或英美法系国家的其他登记备案制度相比，也有很多不同，这里只是简要地提出这一问题，在后面相关规定的评论中会作出更充分的解释：(i)对所有不需要进行登记的事项，必须经担保人同意被视为对担保人提供保护的核心要求(参见第Ⅸ－3:306条(登记内容的最低要求)第(1)款(d)项和第Ⅸ－3:309条(必须经担保人同意))。(ii)在某些方面，善意取得可能会导致不同于登记内容的结果(参见第Ⅸ－3:322条(担保人提供错误信息的后果)及第Ⅸ－3:330条(担保财产的转让：一般规则)的评论)。(iii)由于有些成员国的法律环境问题，特别是涉及法院诉讼程序的期限，使得仅通过诉讼程序和损害赔偿请求权向担保人或其他登记用户提供保护不切实际(参见第Ⅸ－3:309条的评论A及第Ⅸ－3:319条(提供信息的义务))。

E. 欧洲担保物权登记簿的建立

由于一些例外(见下文F)，担保物权或保留所有权交易必须在欧洲担保物权登记簿上进行了登记,才能实现本规则要求的登记公示。一般来说,在根据一般的物权担保的国内法建立的任何登记机构的登记(如英国关于公司费用的登记)并不足以实现担保物权生效的目的。由于各国立场不同,对于登记的细节、登记的条件和效力,本规则无法仅依据登记机构的运作程序选择出一个解决方案。此外,本规则意在描述这样一个担保物权登记,即通过一个最有效的方式来达到要求登记公示的目的;该目的意味着有必要引进一个专门为这些规则所设计的全新的登记方式。虽然国内的登记系统可以依照这些规定进行调适,但是成员国层面上 25 个或更多独立单元的登记制度的零碎化似乎并不符合这些规则的通常目的。

F. 其他登记或备案系统

在某些情形下,本条第(2)款和第(3)款明确指出在其他登记机构登记足以使相关的担保物权生效。

首先,存在权属证书的登记或备案系统中也包括特殊类型财产之上的担保物权(包括保留所有权交易)的登记,在根据欧洲的法律或国际法建立的任何这样的登记系统中进行担保交易的登记和备案,都能取代在欧洲物权担保登记簿上进行的登记。于是,效力上,欧洲或国际法制度享有优先权;关于后者,本条第(2)款第一句的效力与第Ⅸ－1:105 条(除外规定)第(2)款阐明的优先权相对应。但是,对于根据成员国的国内法所建立的登记系统,他们的立场是不同的。为符合第(2)款第一句的规定,有必要同时在两个登记机构进行平行登记(参见第Ⅸ－3:312 条(关于根据国内法建立的其他登记或备案系统种关于登记事项的过渡性规定))。

其次,第(3)款包含了涉及金融票据登记的特殊规则,特别是公司股份登记的规则,无论是由发行人进行登记,或者由公司或一些独立于发行人的特定机构为发行人的利益进行登记,如果就像在英国“GREST”进行登记的情形下登记具有决定性效力的话。如果这样的登记机构允许在其所登记的金融票据之上的担保交易(无论担保物权还是保留所有权交易)的登记,那么该登记不受本节任何额外条件的限制。相反,这样的登记可能构成控制(第Ⅸ－3:204 条(对金融财产的控制));这种生效的方式优于在同一财产之上的竞争性担保物权的登记(第Ⅸ－4:102 条(超级优先权)第(2)款)。实际上,发行人对金融票据之上的担保交易进行的登记,或为发行人利益(由专业运营商)进行的登记,优先于欧洲的担保物权登记,即使根据国际法或欧洲法律还没有成立这样的登记。这样做的原因在于,本规则的初衷是尽可能少地干预公司股份交易的规则;此外,以额外条件对金融财产之上设立担保物权进行限制,不符合《金融担保财产的指令》的规定。

第Ⅸ－3:302条　登记簿的结构和运作

（1）欧洲担保物权登记簿是对人登记系统，是针对认证的担保人登记相关的担保物权。

（2）登记簿通过电子方式运作，用户可以在网上直接访问。

评　论

在对人的登记系统中，登记是针对某些人，而在对物的登记系统中针对的是特定的财产。欧洲动产之上担保物权的登记是以前一种方式运行，即不管是担保物权还是保留所有权交易，对单个担保人的所有的担保交易的登记都是针对该担保人的。如果担保财产的特定化和识别仅有可能针对某些种类财产进行的话，那么对物的登记系统对于动产的物权担保几乎不具有可行性。但是，可以查询登记的担保财产的说明内容（参见第Ⅸ－3:318条（查询登记簿））使得对人登记在一定程度上就像一个对物的登记系统。

通过电子运作和在线访问，欧洲担保物权登记系统将会有更高的工作效率，并且比传统的以纸质为基础的登记系统消耗更低的成本（见前一条评论C）。

第Ⅸ－3:303条　保留所有权交易和担保物权

（1）基于欧洲担保物权登记簿的目的，并未区分保留所有权交易和担保物权。

（2）本节中，任何有关担保物权的规定均适用于保留所有权交易。

评　论

本节所描述的欧洲担保物权的一个基本特征就是无所不包即包括所有类型的动产之上的担保物权。按照这一基本原则，本条款认为欧洲担保物权登记簿不区分担保物权（无论是否像融资购买交易一样享有超级优先权）和保留所有权交易。登记可以包括这两种担保物权，而且这两种登记的程序是相同的。

保留所有权交易登记的适用范围的扩展，是按照同等对待保留所有权交易和担保物权的这些规则所规定的一般方式进行（例如，第Ⅸ－1:104条（保留所有权交易：适用规则）第（1）款），同时也是适用第Ⅸ－3:107条（融资购买交易登记）第（1）款规定的包括保留所有权交易在内的所有类型的融资购买交易的登记条件的结果。

基于登记的目的,统一对待担保物权和保留所有权交易,当然只包括登记的程序问题,而不涉及实质性问题。即使这些类型的担保物权之间有很多不同,为了登记的目的,还是决定不对其进行区分。对当事人来说,可能很难去判断担保财产是受担保物权还是保留所有权交易的限制。因此在登记这些权利时担保权人所作的任何表示并不可靠。此外,对拟担保权人最重要的问题是财产是否受在先担保权人优先权的限制;在这种情形下,担保物权和保留所有权交易的效力的区别就更不重要了。

本条第(2)款特定的相关性在于强调这个一般方法无条件地适用于本节的情况。在本节的规则适用于担保物权时,同样也适用于保留所有权交易。对于必要术语的修改,参见第Ⅸ－1:104条(保留所有权交易:适用规则)第(2)款。例外的是,本节规则同时明确地提到保留所有权交易和担保物权(特别参见第Ⅸ－3:301条(欧洲物权担保登记;其他登记或注册的制度)第(1)款的规定);这只是为了便于分类。

第Ⅸ－3:304条　验证是登记的前提条件

(1)在网上登记簿提交的任何声明,比如登记申请、修改、注销登记事项,或同意的声明,都要求声明人予以验证。

(2)“验证”要求:

(a)使用网上登记系统为每个用户发送的登录信息进行验证,该信息是用户初次登录系统后经验证其身份和联系方式所形成的。

(b)在欧盟或成员国采用普遍应用的网上安全身份验证系统后,可以使用这些系统进行验证。

评　论

作为对人登记制度的物权担保登记是以在线方式进行操作的,涉及很多关于用户的认证和识别的问题。这些规则是基于以下主要概念之间的区别:

A. 声明的验证

在以任何方式作在线登记声明时,有必要让进行申报的人对登记内容进行验证。要求验证可以起到保护作用,以对抗其他人作出的欺诈性声明。

B. 普遍适用的在线身份验证系统的登记或使用

任何在线认证的可靠方式要求在某些事先识别的程序中对用户的身份进行检查。

在一些成员国,有投入使用普遍适用的在线身份验证系统的趋势。如果这些系统可供使用,那么可以设想他们也可以用作本节要求的在线登记申报的证明的基础。

但是,只要这种系统没有普遍适用,看上去仍有必要保持适用欧洲物权担保登记的特殊的登记系统。在用户作出首次登记申报前,他们的身份和联系方式等都要经历验证过程。记录的信息提供给任何可能在将来准备登记信息的用户,其可以对登记申报进行验证。

C. 同意

在很多情形下,一个人进行登记申报必须得到另一个人的同意。最著名的例子就是担保权人进行的登记备案必须经过担保人的同意(参见第Ⅸ-3:306条(登记的最小范围)(d)项和第Ⅸ-3:309条(必须经担保人同意))。这样的同意是登记声明的另一种类型,即必须由担保权人予以证明。

D. 验证身份

在登记用户作出的登记声明涉及另一个人时,比如一个担保权人对在某一担保人的财产之上设立的担保物权进行登记时,那么对该申报中的另一个人必须准确地核实其身份。根据本节规定,可以理解为身份验证的要求非常严格。因为担保权人进行登记时登记的担保人的身份信息必须足够精确,使在线系统能够确认是哪个人的同意是必要的,该身份信息必须与担保人在登记过程中录入的或在各自的在线身份验证系统中所使用的个人身份识别号码或其他身份资料精确匹配。然而,因为在担保权人进行登记之前,其和担保人之间通常就有合作关系,而该身份验证的要求是在线登记时要求以另一方当事人的同意作为登记的条件时进行的,应该不会产生不可逾越的问题。

第二分节　登记事项

第Ⅸ-3:305条　担保权人登记的事项和预告登记

(1)担保权人可以直接在登记簿上填写登记事项。

(2)在有关担保物权设立或物权担保合同缔结之前或之后,都可以进行登记。

评　论

本条第(1)款规定由担保权人而不是担保人进行担保物权的登记。在有些国家的登记制度中,可以由担保人进行登记。本条规则作出这样选择的前提是,相对于担保人来说,担保权人在登记上具有更大的利益。担保权人冒着失去(或没能有效得到)担保权人地位的风险,而担保人受到的影响仅限于担保权人可能会要求其设立有效的担保物权作为其申请批准额外信贷的一个条件。

第(2)款规定了登记备案的时间。它明确规定可以在相关担保物权设立前后或物权担保合同缔结前后进行登记。在担保物权设立前或物权担保合同缔结前进行的登记,经常被称为"预告登记"。根据本规则预告登记的可能性是存在的,在某种程度上如下所示,并且我们也可以看出,依据直接登记制度,登记簿中的登记内容不受任何公共登记机构验证条件的限制。因此,对于登记涉及的担保,无论其是已经存在还是将来才设立的,担保权人登记时不受任何限制。第(2)款确认了这样的立场,并明确目的是为了享有优先权的登记,仅在担保物权成立时生效。有效的预告登记使担保权人享有优先权地位,比如已经在与担保人协商有关担保信贷的条款或关于在担保人尚未取得的财产之上设立担保物权的条款的过程中。但是,根据下一条第(1)款(d)项的规定,担保人在这样的早期阶段同意登记是有必要的。

在担保物权设立后进行备案登记仍是有可能的。但是,需要指出的是,只有在完成登记后担保物权才能生效;是否享有优先权要看登记时间而不是担保物权设立的时间(参见第Ⅸ-4:101条(优先权:一般规则)第(2)款(a)项)。

第Ⅸ-3:306条　登记内容的最低要求

(1)仅在以下情况下登记事项才可以记入登记簿:

(a)有经认证的担保人;

(b)包含有关担保财产的最低限度的声明;

(c)就一个或多个财产类型表中指出担保财产所属的财产类别;

(d)满足担保人同意的要件;

(e)附有担保权人声明,表明承担因错误登记给担保人和第三人造成损害的赔偿责任。

(2)本条第(1)款(b)项所称的声明,仅说明担保权人在担保人财产之上设立担保物权或保留担保财产的所有权作为担保即可。

评　论

本条款涉及了登记簿中备案登记的必备内容。可以设想担保权人通过填写在线表格和提交数据材料在线注册的方式进行登记。如果登记不包括这里列举的必备内容,担保权人就无法提交登记。

如果不是对已验证身份的担保人进行备案(见第(1)款(a)项;对身份验证的含义

参见第Ⅸ-3:304条(验证是登记的前提条件)评论D),也不对担保财产进行说明(参见第(1)款(b)项),那么就不能进行登记。这些条件得不到满足,就不可能确定担保权人在担保人财产之上的担保物权是否确实属于登记的范围(参见第Ⅸ-3:310条(担保人的身份、担保财产的说明及登记的效力)第(1)款)。

根据第(1)款(b)项以及第(2)款的规定,担保权人仅需对担保财产做必要的说明,而不需要很详细。根据本规则规定登记公示系统只是一个通知备案系统。担保权人不一定会识别对其有利的特定的担保财产;这反而足以使第三人从登记中得到警示,即有关财产之上已经存在担保物权,其通过进一步的调查也可以得到更多的信息。但是,不限于特定财产的登记也给担保权人带来了一些特定的责任。首先,可能会是更少的情况下,担保权人才没有义务答复第Ⅸ-3:320条(信息的范围)第(4)款(a)项要求提供的信息。其次,担保权人有责任将过于宽泛的登记限制在第Ⅸ-3:315条(担保人注销和修改登记请求权)规定的担保物权的实际存在范围中。

另外,担保权人必须通过财产类别列表的一个或多个参考项目指出担保财产所属的类别(参见第(1)款(C)项)。该要求(涉及选择框列表的使用)是为了让其他用户一眼就能看出担保人的财产是否属于特定的财产类别,是否可能已经受到担保物权或保留所有权交易的限制。这被认为是非常有必要的,因为对查询担保人财产之上担保物权信息的未来债权人来说,登记所使用的语言可能不是那么容易理解的。同时,必须保证该要求并不构成担保人在取得担保物权效力的过程中的障碍。必须降低因为担保权人的错误分类而导致物权担保被认定无效这种风险。在一定程度上,这个问题必须通过本条第(1)款(b)项提到的财产类别列表的制定来认真对待。但是,这不是在本条款的评论中解决的问题。至少根据本条规定,允许担保权人对不同类别的财产登记多个参考项目来解决担保权人的一些难题。如果担保权人并不掌握正确的分类,可以方便地——经过担保人的同意——在网上登记表的一个以上的方框内打钩标示。

登记申请需要担保人宣布同意(第(1)款(d)项)。关于本要件的政策目的参见第Ⅸ-3:309条(必须经担保人同意)。

在登记备案时担保权人的姓名和地址并未列在必须登记的信息范围之内。其原因是,根据担保权人事先登记或使用的其他在线身份验证系统所必需的对担保权人的申报的验证,这些信息已经提供给了登记系统(参见第Ⅸ-3:304条(对登记申报的验证要求))。

这些规则不仅意在适用于担保物权项下财产的登记,也适用于有关保留所有权交易的财产的登记。从第Ⅸ-3:303条(保留所有权交易和担保物权)第(1)款的规定可以看出,这两种类型登记的必要内容是完全相同的。然而,通常来说,在本条款适用于保留所有权交易时,有必要对专门术语变通适用,就是改为适用担保物权这一术语。在已验证的买方、分期付款购买人、承租人或承销人作为担保人时(第(1)款(a)项),才能进行登记;还必须有所提供的用于担保的财产的必备的申报内容(第(1)款(b)项)。这些通常适用的专门术语,参见第Ⅸ-1:104条(保留所有权交易:适用规则)第

(2)款的规定。

第Ⅸ－3:307 条　登记事项的附加内容

登记簿的登记事项可以包括以下附加内容:

(a)债权人提供的关于担保财产或担保物权内容的其他信息;

(b)在通常的五年期限届满之前,登记到期日;

(c)担保的最高限额。

评　论

本条款包含了登记的其他内容,即并不是必须具备的但是担保权人也可以进行登记的内容。

一般来说,担保权人可以添加关于担保物权和保留所有权交易项下的财产的任何信息或担保物权的内容,比如物权担保合同的条款或与担保人协商一致的违约条款(比较本条(a)项的规定)。但是,应该强调的是本条(a)项只是为了确保担保权人在登记时添加其他内容在技术上是可行的。如果合同中禁止担保权人将这些信息公开,或者如果公开意味着合同之外责任的情形,那么担保权人对于担保人的责任(因错误内容的删除而造成的损失)不受该项规定的影响。

因为这些信息可能会在进行在线登记的过程中用到,所以在本条款中特别提到了两种类型的其他信息。根据(b)项规定,担保权人可以指定登记的期满时间,并且根据(c)项规定,担保权人可以指出所登记的担保的最高限额。

第Ⅸ－3:308 条　登记簿上所显示的内容

就每一项登记而言,登记簿上显示以下内容,任何用户均可查询到:

(a)担保人的名称和联系方式;

(b)担保权人的名称和联系方式;

(c)登记日期;

(d)第Ⅸ－3:306 条(登记的最低要求)第(1)款(b)项和(c)项规定的必备登记事项;

(e)第Ⅸ－3:307 条(登记事项的附加内容)(a)项和(c)项规定的附加登记事项。

评　论

本条款列举了根据前两条的规定成功地进行了登记的情况下，出现在登记簿上的信息。

第Ⅸ-3:309条　必须经担保人同意

(1)只有担保人向登记簿提交同意登记的声明，登记事项才能记载入登记簿。通过向登记簿提交终止声明，担保人可以自由地终止此种同意。但终止同意不影响终止声明提交登记簿之前已登记事项的效力。

(2)担保人同意登记的声明，在某种程度上依据物权担保合同是设立担保物权的必要条件的，担保权人可以要求担保人提交同意声明。

(3)本条不影响担保人和担保权人之间任何协议的有效性、条款或效力。但同意登记的声明除外。

评　论

A. 通常必须经担保人同意

毫无疑问，通常根据物权担保合同产生的担保物权只有依据双方当事人的合意才能设立，不太显而易见的是担保权人对这样的担保物权或保留所有权交易进行登记必须要取得担保人的同意。

至少根据这些规则所建立的通知备案系统，登记对担保权人和担保人之间担保物权和保留所有权交易的设立无关。从概念来看，有可能争取允许担保权人单方进行登记。这样一种解决方案经常得到支持，以保证登记行为的效率。对担保权人和担保人之间就登记进行事先互动的任何附加要求都会减缓登记的进程；如果必须由双方进行申报，而且内容必须一致的话，将会产生额外的交易费用。

从另一方面来看，不经过担保人的同意就针对担保人进行备案登记会带来巨大的风险。首先，有登记备案纯粹是为了对担保人的利益造成损害的风险。即使登记本身并不会给所谓的担保权人创设一个担保物权，但担保人要得到进一步的担保信贷的能力会受到消极的影响。因为担心仅取得第二顺位的担保物权，未来的担保权人可能不接受在担保人的已经登记备案的财产之上取得担保物权。在其他情况下，登记的内容有可能破坏担保人的名誉或违反保密义务。即使担保物权或保留所有权交易已经设立,登记的内容也可能规定得过于宽泛;这样一来,担保权人为了他自己还能在未来可能的担保物权方面获得担保地位,而去排除其他潜在的债权人,这样至少间接地危害了担保人的商业利益。

在很多采用登记备案系统的地区(特别是在北美),实践证明实际上这些风险可能没有太多的相关性。即使这些登记制度允许担保权人未经担保人的同意就可进行登记,担保人可以通过寻求法院帮助撤销登记或对错误登记主张损害赔偿请求权而受到保护。根据有关的实体法担保人的地位与本规则规定的担保人的地位相似(特别参见第Ⅸ-3:315 条(担保人注销或修改登记的请求权))。但是,似乎对担保人保护的替代方法可以取代必须经过担保人同意这个要件,只要足以肯定担保人可以依靠法院对轻率的、不公正的或其他方式的错误登记进行高效的强制执行。很遗憾,所有成员国法院诉讼的期限和效力都不能满足这些标准。独立于诉讼程序的对担保人进行预防性保护的措施还是有必要的;这一解决方案可以在担保人同意这个要件中找到。

同时,必须确保担保人同意这个要求没有过分地妨碍登记的速度和效率。达到这一目的之方法将在本评论的其余部分说明。

B.“形式”同意声明和“实质”同意的区别

以在线登记方式进行登记,确定担保人是否已经同意登记的可行性方法是有限的。从物权担保合同的内容(事实上,第(2)款规定了含有同意登记内容的物权担保合同基础上的预先设定的权利)或担保人在其他文件中的申报中核实担保人是否同意,似乎是不可能的。电子系统既不能核查双方当事人之间协议的法律后果,也根本不能对协议进行登记;另外,仅有担保权人声明(或保证)担保人已经同意进行登记是不够的。因此,这些规则选择了一个解决方案,即担保人必须通过独立的登记申报作出已经同意登记的声明。即使事实上物权担保合同本身包括担保人对担保权人进行登记备案的同意,根据本条款的目的,登记时如果没有对此特别声明,这种同意仍然不会有效。基于本规则的目的,“实质”同意和“形式”同意的区别规定在本条第(3)款。

这种区分与担保人可能终止对登记的同意密切相关。基于当事人协议的同意,担保人受“实质”同意声明的约束,即一旦当事人同意通过登记设立有效的担保物权,担保人不能终止他的同意登记声明来撤销与对方的协议。但是在其他情形下,特别是当事人已经缔结了关于未来设立担保物权的协议时,担保人有可能终止协议。因为电子登记不能确定担保人的“实质”同意是否具有约束力,这些规则允许担保人任意终止其“形式”同意登记的声明。终止不能影响基本的协议,即担保人可能会违反这些协议,不过似乎为了保护担保人,“形式”同意的终止必须有技术上的可行性。但是,这种对同意的终止没有溯及既往的效力;如果根据同意登记的声明已经登记了担保物权,当担保人终止同意时,该担保物权仍然有效(第(1)款第二句和第三句)。

C. 同意声明的可能类型

可以想象,有各种关于同意登记声明的类型。为了说明这些类型,对在线登记系统允许使用的可能的同意形式,做简要的叙述。

对指定的担保权人的无条件同意。在当事人之间有密切的商业往来关系时,担保人可能非常信任担保权人,所以担保权人可以自由地进行登记。这样,担保人为指定的担保权人作出无条件同意声明,担保权人就可以针对该担保人自由地进行备案登记,而不需要为每一个具体登记获得一个额外的同意声明(仅受担保人可能终止同意的限制)。

同意对特定内容进行登记。如果担保人更有兴趣防御不公正的或过度宽泛的登记,他可能更愿意选择仅对特定内容同意登记,只有完全符合担保人同意登记的内容才可以进行登记。既然登记系统无法评估不同的登记内容实质上是否和担保人的同意登记的内容相一致,那么必须符合同意的登记内容这个问题只能在形式主义的基础上决定。

只同意部分内容。在特别同意行不通的情况下,而对于无条件的同意,担保人又认为风险过大,担保权人有可能进行不公正的登记。这种情况下,仍然可以提供更多限制类型的同意。这些限制类型的同意可以使用能够通过电子系统加以确认的标准,即登记是否有最高限额,或指出担保财产是否属于特定类别的财产。这似乎是可行的,比如,如果登记中显示的最高金额使总的最高限额超过了担保人同意的最高限额,担保权人就不能进行备案登记,而该系统会自动地告知担保权人剩余担保金额的数量。

第Ⅸ-3:310条 担保人身份、担保财产的说明和登记的效力

(1)根据本卷规定,特定担保人财产之上担保物权的效力或优先权是取决于登记的,只有符合以下条件,依据本分节的规定,登记簿上的登记才是充足的:

(a)登记事项登记在正确的担保人名下;

(b)担保权人关于担保财产的声明和登记簿上显示的担保财产涵盖了担保物权项下的财产;

(c)担保财产事实上属于登记簿中所表明的某一类或某几类财产;

(d)担保权人的声明使用的是欧盟的官方语言。担保权人可以附上翻译。

(2)就本条第(1)款(b)项的目的而言:

(a)只有担保权人在有关担保财产的声明中包含了原担保财产之外的孳息、加工物、收益和其他财产时,登记才对这些财产有效;

(b)对担保财产的说明没有必要标识单个的财产。

(3)进行登记的担保权人承担以下风险:

(a)担保财产的说明错误、对说明的翻译错误或担保财产的类型标示错误;

(b)登记事项登记在错误的人名下。

评　论

本条款的总体思路是担保物权通过登记生效，只要在其之上设立担保物权的财产包含于登记的内容中。根据本章第Ⅸ－3:303 条（保留所有权交易及担保物权）第（2）款的规定，该原则同样适用于保留所有权交易。

为了使担保权人避免不必要的负担和风险，拟定的登记内容足够广泛，足以涵盖实际上已经设立担保的财产或保留所有权交易项下的财产。没有必要对单个具体财产进行说明。根据物权法的基本原则，物权担保当然只能在特定财产之上设立（参见关于通过作为设立担保物权主要方式的授予而设立的第Ⅸ－2:105 条（创设担保物权的条件）（a）项）。但是，根据本节规则的规定，还要对物权担保的设立和登记进行区分。为了不给担保权人增加不必要的负担，担保权人不承担仅仅因在登记财产时未能准确说明具体财产的特征，担保物权或保留所有权交易即不能生效这种风险。其他未来的债权人可以获得警示，即可能已经存在了登记较为笼统的担保物权或保留所有权交易，其可以通过从担保权人那里查询获取更多的信息。

但是，如果担保权人的权利扩展至担保财产的附属财产之上（参见第（2）款），我们仍然认为登记中的声明明确包含原担保财产的收益是有必要的。这一立场，即收益没有自动包括在担保财产内，与第Ⅸ－2:306 条（原始担保财产的收益）第（3）款的规定相一致。根据该规定只有双方当事人就此问题协商一致，原担保财产的收益才属于担保财产（由第Ⅸ－2:306 条第（1）款和第（2）款以及第Ⅸ－2:309 条（物权担保项下财产的混合）第（1）款和第（2）款规定的担保物权，完全不适用第三章规定的条件，参见第Ⅸ－3:101 条（对抗第三人的效力）第（2）款和第Ⅸ－3:106 条（混合财产的担保物权））。

第Ⅸ-3:311条 登记事项的修改

(1)登记之后,担保权人可以修改其登记的任何事项。

(2)只有符合以下条件,修改的登记事项才可以记入登记簿:

(a)对特定的登记项目的修改;

(b)包括关于修改内容的声明;

(c)附有担保权人的声明,表明其将承担因对原登记的错误修改对担保人或第三人所造成的损失的赔偿责任。

(3)修改后,登记簿同时保存和显示原文本和修改文本,包括修改日期。

(4)登记事项的修改,仅在不扩大担保权人的权利的情况下才有效。特别是,修改有限制担保权人权利的作用,尤其是:使担保权人的权利劣后于其他债权人;表明将担保物权转让给其他债权人;限制担保权人关于担保财产的同意声明中担保财产的范围;设定或提前登记的有效期。

(5)担保权人权利的扩展,只有规定在新的登记事项中才会有效。

评 论

担保权人可以对已经登记的内容进行修改;在这种情况下,原来的内容及修改后的内容将同时出现在登记簿上。

需要注意的是,修改没有扩展担保权人权利的作用。仅修改不会给担保人的地位带来消极影响,因此,不需要担保人同意。意在扩展担保权人权利的修改是无效的;只能通过一个新的登记而不能仅凭修改现有登记取得这样的效力。

与只要担保人同意就允许担保权人通过修改原登记内容扩展其权利的建议相比,不允许仅通过修改登记内容扩展担保权人权利这一解决方案更为可取。理由是:(i)对在线登记系统来说,不可能确定担保权人的修改是导致有效地扩展还是限制担保权人的权利。根据本条款的规定,担保权人仍然可以对意在扩展其权利的修改进行登记备案;但是,该修改并不能产生法律效力。(ii)扩展担保权人的权利不仅影响担保人的利益,还会影响第三人。担保人和担保权人可以协商一致扩展担保权人的权利包括登记的范围;但是,这样的扩展只能从有此效果的登记申报之日起对其他债权人产生效力,而且不能享有基于原登记日期的优先权。

第Ⅸ－3:312 条 根据国内法建立的关于其他登记或备案系统中有关登记事项的过渡性规定

(1)根据成员国的国内法,担保物权在另一个登记系统中登记或在另一个权利凭证备案系统中备案时,只要这些系统还在对特定类型的财产之上的担保物权运营,主管该系统的机构应在欧洲担保物权登记簿上登记,重申登记和备案的内容,包括登记和备案的日期,以对抗担保人。在欧洲担保物权登记簿登记,是本卷规定的登记和备案有效的必要条件。

(2)关于第四章所规定的优先权,在国内系统中登记或备案的时间具有决定性作用。

评 论

就依各成员国的国内法所建立的特殊登记系统而言,一般认为未必以设立欧洲担保物权登记系统来取代它们。国内的立法者认为如果是对于信贷担保的某个特定市场领域,这些具体登记比欧洲的物权登记更为高效,因为这些特殊登记比公共机构登记的信息更为可靠,在特殊登记簿上的登记可以持续的有效(参见第Ⅸ－3:301 条(欧洲担保物权登记;其他登记或备案制度)第(2)款)。

然而,基于欧洲登记公示制度的效率考虑,有必要采用平行登记(第(1)款第二句)。只有在国内特殊的登记系统和普通的欧洲登记簿上同时登记,担保物权和保留所有权交易才能有效,否则任何未来的债权人不可能信赖后者登记的内容,而是还要去核实是否存在国内法上的其他登记簿或注册系统,其中可能会登记有关的担保物权。

该规则只适用于根据成员国的国内法确立的登记,因为将其适用于依据国际法确立的登记会与之发生冲突。但是,公共机构运行根据国内法建立的特殊的登记或注册系统,受第(1)款规定的在欧洲登记簿上对担保人登记的约束;当然,该规定不影响担保权人自己进行登记的可能性。此外,即使是由公共机构进行备案登记,该担保权人与本编规定的其他登记中的担保权人的法律地位相同,即该担保权人必须回答询问,并有权修改或注销登记。

既然本条要求进行双重登记,就必须有一个附加规则来确定哪个登记或注册决定优先权顺序。本条第(2)款规定,在根据国内法建立的特殊的登记或注册系统中进行登记或注册的时间是基于第Ⅸ－4:101 条(优先权:一般规则)规定的相关时间。

第Ⅸ-3:313条　登记证书自动发送至担保权人和担保人

在对登记事项或修改登记作出备案后,有关证书自动地发送至担保权人和担保人。

评　论

用电子在线登记可以进行自动的沟通。系统可以自动发送证书,并同时用于信息和证据。

第Ⅸ-3:314条　担任担保权人代理人的第三人

(1)担保权人可以指定第三人作为其代理人,并作为补充内容进行登记。登记簿上显示代理人的、而不显示担保权人的名称和联系方式。此种情况下,除了应符合上述条款规定的条件,同时依第Ⅸ-3:309(必须经担保人同意)第(1)款和第(3)款的变通规定,第三人也同意的,该登记事项才能载入登记簿。

(2)担保权人按照第Ⅸ-3:309条(必须经担保人同意)第(1)款和第(3)款的变通规定向登记簿提交声明,可以授权第三人代表自己向登记簿提交声明。

(3)登记事项确认第三人担任担保权人的代理人之后,担保权人和第三人作为连带债务人对担保权人依本节规定所负的全部债务承担连带责任。

评　论

本条第(1)款第一句允许担保权人指定一个第三人作为他的代理人。一般来说,在备案登记后,担保权人的名称出现在登记簿上(参见第Ⅸ-3:308条(登记簿上所显示的内容)(b)项)使未来的债权人可以联系担保权人,以核实有关财产是否确实为了担保权人的利益设立了担保或受保留所有权交易的限制(参见第五分节)。但是,在有些情形下,担保权人不愿意公开其在担保人融资中的作用。这就可以通过指定第三人作为担保权人的代理人,出现在登记簿上的就是该第三人的而不是担保权人的名称和联系方式。

有一种情形,即指定第三人作为担保权人的代理人代其出现在登记簿上,要和某些人本身不是担保权人却为担保权人持有担保交易这种情形区别开来。在这样的情况下，担保交易的持有人尽管不是担保物权的担保权人，但为了这些规则的目的被视为担保权人（参见第Ⅸ－1:102 条（定义）第（12）款）。

如果出现在登记簿上的是第三人而不是担保权人，那么该第三人将受本节（第（3）款）规定的担保权人的所有义务的约束。如果担保权人不希望登记簿上显示其名称，调查者应该可以向被指定为担保权人的代理人的第三人调查信息。第三人并不能变成担保权人本人，但是必须像担保权人本人一样回答请求的信息。此外，第三人不仅有义务代表担保权人回答询问，而且如果违反了第五分节规定的提供信息的义务还要对调查者或担保权人承担损害赔偿责任。另外，担保权人本人仍然要对第三人的任何不履行行为承担损害赔偿责任，并且第Ⅸ－3:321 条至第Ⅸ－3:323 条的规定也予以适用。

既然担保权人选择指定第三人作为他的代理人会使后者承担前一条款所规定的义务，仍有必要——除了本节规定的任何其他有关的条件——要求作为代理人的第三人同意登记其名称（第（1）款第二句）。该同意受第Ⅸ－3:309 条（需要担保人同意）第（1）款和第（3）款规则的约束，即必须有登记声明，该同意声明可以自由终止，而且必须对双方当事人之间的"实质"协议与"形式"同意加以区分。

通常更实际可行的是，担保权人让第三人作为他们的代理人进行备案登记而不是担保权人亲自登记。第（2）款提出了这样的可能性，但受第三人必须得到担保权人授权这一要求的限制。正如根据第（1）款和第（2）款规定的同意声明，此授权受第Ⅸ－3:309 条（需要担保人同意）第（1）款和第（3）款规定的制约，其适用要做适当的调整。

第三分节　对担保人的保护

第Ⅸ－3:315 条　担保人注销或修改登记的请求权

相应的担保物权不存在的，担保人有权要求担保权人注销或修改登记。

评　论

只有担保权人可以进行登记、修改和注销。担保人不能单方面注销登记。但是，担保人可以要求担保权人注销或修改登记，比如，如果登记内容过于宽泛或者作为基础的担保物权或保留所有权交易已经不复存在。

对担保人的上述要求强制履行的通常的方式是在有管辖权的法院的诉讼程序；下一条款则规定了另外一种可能性。

第Ⅸ－3:316条　登记机构对登记争议的审查

(1)担保人在行使请求权要求担保权人注销或修改登记时,可以申请登记机构协助。

(2)依担保人的申请,登记机构应当询问担保权人是否同意担保人的请求。

(3)登记机构根据第(2)款的规定询问担保权人之后两个月内,担保权人未表示反对的,将依担保人的请求注销或修改登记事项。

(4)担保权人在第(3)款规定的两个月期限内表示反对的,在担保人请求的范围内作为争议事项进行标注。

(5)争议事项的标注一直持续至:

(a)担保人向登记机构提交声明撤回申请;

(b)担保权人向登记机构提交声明同意担保人的请求;

(c)担保权人注销登记事项;

(d)主管法院根据担保人的请求作出了最终的裁判。

评　论

根据本条款的规定,担保人享有一定的受保护的权利,担保人在主张前一条款规定的对担保权人的任何要求时,可以向登记机构申请帮助。

因为登记机构不希望成为一个额外的准司法机构,所以其权力是有限的。根据本条第(3)款的规定,如果担保权人同意(或至少在两个月内没有反对),登记机构可以按照担保人的申请注销或修改登记。如果担保权人反对担保人的请求,登记机构就不能注销登记,但可以对争议进行标示(第(4))。而担保人只能就其要求的内容求助于法院的判决。

标示为有争议的登记这一事实并不意味着登记的失效;而是仅仅被视为担保人由此可以进行公示的一种方式,表明相应的担保物权的存在是有争议的。

第四分节　访问、查询登记簿

第Ⅸ－3:317条　以查询为目的的访问登记簿

为查询目的,任何人只要付费都可以访问登记簿;不需要取得担保人或担保权人的同意。

评　论

任何人都可以为了查询目的而访问登记系统；这并不意味着任何信息只可以通过控制登记的公共权力机构获得。并且支付费用也不是为了限制查询；当然，所谓的支付费用只因为这是维护登记系统的需要。

他人查询登记不需要担保人或担保权人的同意。担保人和担保权人通过在登记系统的登记或同意该登记，认可了任何人都可以查看登记中所包含的信息。

第Ⅸ－3:318条　查询登记簿

可以查询登记簿中个别担保人的登记事项，或具体说明担保财产的登记事项。

评　论

A. 查询登记的方法

作为对人登记制度，可以针对具体的担保人查询备案登记信息，即在选择某个担保人后，登记查询人可以浏览针对担保人的所有登记备案信息。

担保权人在登记时也可能对担保财产进行详细说明，为了充分利用这种可能性，登记机构也允许对这些说明进行查询，即如果担保权人对担保物权或保留所有权交易项下的担保财产登记了独特的序列号，即使其他查询人可能不知道该财产是针对哪个担保人登记的，他们还是可以通过该序列号查找到有关的登记信息。

B. 查询可能性和第三人的推定注意

可以查询登记信息的不同方法与这一问题密切相关，即按照特定财产之上的担保物权或保留所有权交易的登记信息，是否可以合理地预期第三人知道该财产已经被担保物权或保留所有权交易所限制，即推定第三人已经注意了该物权担保的存在。这与善意取得的可能性有关，即使第三人确实不知道存在其他在先担保权人的权利，如果至少可以合理地预期其知道在先权利的存在，该第三人就不能不受其他在先担保权人的权利的限制而根据善意取得原则取得所涉财产之上的物权。

因为随时可以查阅所有的针对某个担保人登记的担保物权和保留所有权交易，如果在先担保交易针对让与人进行了登记，就可以推定已经告知第三人其即将取得物权担保的财产之上存在在先担保物权或保留所有权交易。但是，如果第三人在与让与人的正常交易过程中将要取得的不是担保物权而是完全的所有权，情况就不同了（参见第Ⅸ-6:102条（由于善意取得所有权而导致物权担保的丧失）第（2）款）。在这种情况下，第三人——不是担保权人本人——不能期望其关注物权担保登记的任何可能内容。

从另一方面来说，他人也随时可以查询担保财产的说明信息，但不一定能像查询特定担保人那样会有确定的结果。因为根据本法规定，担保权人没有对担保财产进行详细说明的义务，这样的结果是，第三人就不能查询到这些登记财产的详细说明。因此，即使担保权人在登记时对担保财产进行了详细的说明，但如果这些财产之上的担保物权或保留所有权交易并没有针对某个让与人进行登记，而第三人正是要从该让与人那里取得这些财产之上的担保物权，第三人就不可能注意到该财产之上的担保物权和保留所有权交易。（可能发生这样一种情形，即如果担保财产由受到现存担保物权或保留所有权交易限制的担保人转让给另一个受让人，没有针对该受让人的物权担保登记的情况下，该受让人承担担保人的法律责任。参见第Ⅸ-3:330条（担保财产的转让：一般规则）及第Ⅸ-3:331条（担保财产的转让：转让声明）。）

第五分节　登记的担保权人提供信息的义务

第Ⅸ-3:319条　提供信息的义务

（1）经担保人同意，任何已登记的担保权人均有义务答复查询人提出的关于登记事项中的担保物权和担保财产的信息请求。

（2）请求必须使用担保权人的营业地、公司所在地或居住地所在的欧盟成员国的官方语言或者英语。

（3）担保权人必须自收到请求及担保人的同意函后14日之内答复请求。

（4）担保权人对查询人和担保人依据上述各款规定提出的信息请求均有答复义务。担保权人对其违反答复义务给这两方当事人造成的损失承担损害赔偿责任。

评　论

A. 概述

本条款的规定考虑到从目前规则所建议的直接登记系统的登记簿上得到的信息可能是有限的、不可靠的。登记中包含的信息可能已经过时了，比如，有关的担保物权和保留所有权交易已不复存在，但登记还没有被注销。在其他情形下，登记中对担保财产的说明从一开始就过于宽泛，或对单个特定财产说明得不够具体。因此这种登记只能实现警示功能,它仅说明可能存在担保物权或保留所有权交易。查询者只能依据由警示而激发的进一步的查询来获取更为详细具体的信息。

因为查询和以查询方式获得信息是登记的主要功能,不能将其视为留给当事人自我规制的问题。拥有有关在担保人的财产之上的担保物权或保留所有权交易的信息的人(如登记的担保权人)可能对询问的信息会迟延答复或根本就不答复。必须做出规定强制他们提供准确的信息,不得无故拖延。

本条款强加的是义务而不是责任,因为下一条款具体地规定了不遵守该义务的后果。然而,鉴于本条第(4)款第二句强制实行的损害赔偿责任的规定,两者的差别并不明显。

B. 有关当事人

本法规则选择了由已登记的担保权人承担回答信息询问的义务,即名称出现在特定登记簿上的担保权人(有关担保物权转让的情形,参见第Ⅸ－3:328条(担保物权的转让:一般规则)的评论B)。任何未来的债权人或其他的利害关系人都可以理所当然地询问担保人有关财产是否受担保物权或保留所有权交易的限制。但是,尤其是如果担保人与承担担保义务的债务人是同一个人时,关于其财产是否受担保物权或保留所有权交易限制的任何声明可能并不可靠。此外,如果担保人提供的信息是错误的,任何未来的债权人最后可能一无所有,只剩下对抗担保人的个人权利。因此,能够提供可靠信息并有义务保护未来债权人的只能是担保权人。

不仅未来的担保权人(即希望在担保人的财产之上取得担保物权的人)有权要求得到在特定的财产之上是否存在担保物权或保留所有权交易的更多信息,而且其他利害关系人,特别是想要在担保人持有的财产之上取得(完全)所有权的人,也享有这样的权利。在任何情况下善意取得原则都不保护这样的受让人;因此,关于其想要取得的财产是否受担保物权或保留所有权交易的限制的问题,他们需要得到可靠的信息。

我们引入查询信息的请求必须由担保人同意这一要件,是为了避免担保权人为了其他对担保信息没有合法利益的人而查询。另一方面,查询人不得不寻求担保人同意的事实,似乎并没有不合理地限制查询人获取相关信息的机会。因为,如果担保人不同意,那么未来的债权人无非是不能向其发放信贷。在有人想要取得担保人财产之上的完全的所有权时,就出现了类似的情形,即该财产之上的享有优先权的物权不会因为转让而丧失。

关于这种担保人同意的专门术语,参见第Ⅸ－3:324条(请求的形式和提供信息的形式)的评论。

C. 提供信息义务的具体规定

一般来说,只要问询时用担保权人可以理解的语言,就产生提供信息的义务。首先,可以使用担保权人营业地、注册地或居住地所在的欧盟成员国的官方语言。但是,因为严格要求使用官方语言会给查询人带来不必要的麻烦,查询人也可以使用英语(第(2)款)。

担保权人不仅对查询人负有回答的义务,对担保人也负有同样的义务。后者与担保权人答复的内容有利害关系,因为如果不能向未来债权人提供可靠的信息,担保人在取得进一步的贷款时会有困难(第(4)款第一句)。

对担保权人违反回答信息请求义务的基本救济措施是承担损害赔偿责任。如果担保人就是担保义务的债务人,该救济措施对其尤其重要。担保权人的行为可能使担保人不能得到更多的担保贷款,所以后者只能以高利率获得无担保贷款,那么担保人对这种利率差别造成的损失可以要求损害赔偿。但是,对于想要取得担保权人地位的查询人而言,损害赔偿不是唯一可能的救济措施。即使在有错误或误导性信息情况下,损害赔偿可能使查询人得到像担保权人一样的地位,该救济措施正好是查询人实际上想要的法律地位。该目标至少部分地通过第Ⅸ-3:321条(担保人提供错误信息的法律后果)至第Ⅸ-3:323条(未提供信息的后果)的规定来实现,除了在一些基本规则和原则比如善意取得的基础上以外,还提供了一些对查询人的特殊的保护。

第(3)款规定了允许担保权人答复信息请求的期间是两个星期。该时间限制并不排除迟延答复的可能性,但是假如担保权人未在该期间内答复请求的信息,可以采取第(4)款和第Ⅸ-3:323条(未提供信息的后果)规定的救济措施。

关于提供信息的内容和对违反提供信息义务的救济参见下一条款的规定。

第Ⅸ-3:320条　信息的内容

(1)担保权人必须答复依据前条规定提出的信息请求,提供当时在特定财产之上担保物权存在的信息。

(2)担保权人提供信息的方式如下:

(a)明确地指出相关的财产是否已为担保权人提供担保;

(b)转发担保人和担保权人之间关于授予或保留担保物权协议的相关部分。

(3)担保物权已转让的,登记簿上记载的担保权人必须公开受让人的名称和联系方式。

(4)提供信息必须适用营业地、注册地或居住地所在的欧盟成员国官方语言或者使用英语。

(5)以下信息无须提供:

(a)登记事项符合本条第(4)款的要求,从登记事项可以明显地、直接地看出相关财产未设定担保;

(b)担保权人已经在过去三个月内答复了同一查询人关于同一财产的信息请求,且所提供的信息仍然是正确的。

(6)本条规定并不影响担保权人依据第Ⅸ-5:401条(担保权人提供担保物权信息的义务)的规定应承担的提供被担保债务的信息义务,不影响对担保人应承担的提供该信息的同等义务,也不影响担保人因不履行这些义务应承担的法律后果。

评 论

A. 信息的内容

关于为答复前一条款规定的信息请求而提供的信息内容，其基本原则是担保权人只需要指出查询人查询的具体财产是否被设定担保或是否属于保留所有权交易项下的财产（此外，本节的规定并不区分担保物权和保留所有权交易）。在有关资料事先被要求保密的情况下，担保权人没有义务提供担保人的担保财产的全部情况，也不需要陈述其与担保人签订的物权担保合同的详细情况。

本条第（2）款（a）项规定了答复请求信息的标准方式。另外，担保权人也可以提供其与担保人之间涉及物权担保的提供与保留的协议的部分重要内容（第（2）款（b）项）。如果担保权人怀疑特定财产是否受担保物权或保留所有权交易的限制，或者希望避免就一个广泛的财产清单说明这些财产是否属于担保物权或保留所有权交易项下的财产，则担保权人最好是，而不是必须发送全部的物权担保合同，但至少应提供与担保人之间有关设立物权担保的那部分协议内容。既然担保人已经同意查询人的信息请求，该答复咨询的方式不会产生保密的问题。

在担保交易已经转让的情形下，适用具体的规则，以便在登记中显示担保权人——即使登记中未提及担保交易的转让——不再是担保交易的权利人。根据本条第（3）款的规定，登记为担保权人的人不必提供担保物权或保留所有权交易是否依然存在的任何信息：相反，该担保权人只需要告知查询人转让的事实，因此查询人欲知详情可以求助于新的担保权人。

B. 答复信息所使用的语言——第（4）款

既然我们不能假设查询人和担保权人使用的是同一种语言，因此必须决定是前者还是后者承担翻译的义务。允许担保权人答复信息时使用其营业地、注册地或居住地所在成员国的语言，这样解决问题是为担保权人考虑。在担保权人和担保人之间已经存在物权担保合同，但在担保人和查询人之间未必有这样的关系；这样看来，在提供信息使用的语言方面，担保权人应该享有优势地位。对于使用英语答复的可能性，参见第Ⅸ－3:319条（提供信息的义务）评论C。

C. 例外——第（5）款

本条第（5）款规定了担保权人不需要提供信息的两个例外情况：

根据（a）项规定，如果从登记内容本身就可以明显地看出查询涉及的财产不受担保物权或保留所有权交易的限制，那么就不必给予答复。如果担保权人在登记簿中声明 A 财产已经设定担保,就不必再回答在 B 财产之上是否存在该担保物权的有关咨询。另一方面,即使在登记时对担保财产的说明赋予了为担保人设定担保的特定财产以个人化的特征,担保权人仍然应该回答涉及该担保财产的信息请求。担保物权可能不复存在,并且查询人不能确定登记所包含的信息是否已经过时。

(b)项中规定的第 2 个例外情况是为了保护担保权人对抗重复的咨询请求。

D. 担保物权所涉及义务的信息

第(6)款规定,第五分节的规则并不影响担保权人提供担保所涉及义务的有关信息的任何义务和不履行该义务的后果。担保权人对担保人所承担的义务由第Ⅸ－5:401条(担保权人提供担保物权信息的义务)规定;担保权人和债务人之间基本的担保交易可以产生相似的义务。

不履行这些义务的法律后果与该分节规定的不同。担保权人必须要根据这些义务答复咨询请求。但是,因为担保的金额通常是变动的,甚至不为担保权人所实际知悉,因此,对于有关担保物权或保留所有权交易是否存在的查询及其担保权的范围和内容的查询,在本分节中规定严格适用的制度似乎并不合适。所以,似乎最好是把上述后一查询问题排除在第五分节非常具体和呆板的规则之外,而适用基本原则。需要补充的是,要在本节内容中规定这样的基本原则,将会与这一事实相矛盾,即提供这种信息的义务不限于已登记物权担保的情况,还可以在担保权人行使占有或控制权时适用。

第Ⅸ－3:321 条　担保权人提供正确信息的法律后果

(1)担保权人根据本分节的规定,准确地告知查询人相关的财产未设定担保,随后为该担保权人利益在这些财产之上设立的担保物权,不能依初始登记取得优先于查询人的担保物权的优先权。该规则仅适用于查询人提出信息请求后三个月内取得担保物权的情形。

(2)担保权人根据本分节的规定,准确地告知查询人相关财产已经设定担保的,即使查询人符合善意取得的条件,在该担保财产之上也不能取得不受担保权人的在先担保物权约束的担保物权。

评　论

A. 一般调查

本条款及下面两个条款规定了履行或不履行信息告知义务的具体法律后果。本条款规定了担保权人正确提供信息的情形。下一条款涉及不正确提供信息的情况。上述三个条款中的第三个条款罗列了完全不履行或迟延答复信息请求的法律后果。

B. 财产未设定担保的正确信息——第(1)款

第(1)款涉及担保权人正确告诉查询人相关的财产不受担保物权或保留所有权交易的限制这一情形(而且,本节规则不对担保物权的两种类型进行区分)。如果查询人随后取得了物权,结果就是查询人可以依靠担保权人提供的信息,而且查询人取得的权利不应该低于担保权人的权利顺位。

在担保权人提供信息后,只要查询人取得担保物权,就可以没有任何障碍地实现前一款规定的结果。但是,适用第Ⅸ-4:101条(优先权:一般规则)的规定在担保权人也取得另外的担保物权时产生了一些问题。因为相互竞争的担保物权的优先权由登记的顺序来决定,它可以倒签实际设立时间。担保权人可以依初始登记根据第Ⅸ-4:101条(优先权:一般规则)的规定要求优先于为查询人设立的担保物权的优先权,即使这些担保物权是在担保权人已经告知查询人相关财产没有为担保权人设定担保之后才实际设立,并且是在担保权人的担保物权设立之前已经设立。

本条第(1)款想要对这个具体问题进行补救。告知查询人财产不受为担保权人设立的担保物权或保留所有权交易限制的该担保权人不能依初始登记授予的优先权优先于为查询人设立的担保物权。但是,这不会构成对担保物权或保留所有权交易的效力和担保权人在其他方面备案登记的限制。

本条款提出的解决方案相当新颖,但相比其他可用的方法更为可行。(i)要求注销原担保权人的登记不太现实。该担保权人相对于其他潜在的担保权人来说享有优先顺位的权利,其不应该失去这一地位。此外,登记的范围经常比咨询涉及的担保财产更为宽泛。(ii)让查询人的优先顺位依赖于一个从属协议,这似乎不当地加重了查询人的负担(而且,也可能间接地延误债务人获取其他贷款)。查询人应该可以在得到担保权人的答复后立即获得一个有保障的优先顺位的担保物权,而不需要为了查询人的权利去缔结从属协议。

本条第(1)款的适用受到三个方面的限制。第一,查询人只受三个月的保护。如果在提出信息请求之后超过3个月才设立担保物权,查询人就不能再依赖于相关的财产没有为担保权人设定担保这个前提。

第二,即使在三个月期间之内,如果担保权人进行了新的登记,原担保权人还是可以设立优先于查询人取得的权利的担保物权。本条第(1)款的效力仅受依初始登记授予的优先权的限制。

第三,本条第(1)款仅涉及查询人的物权担保的权利,而本条第(2)款及第Ⅸ-3:322条(担保权人提供错误信息的法律后果)涉及一般物权的取得。原因是一般认为在查询人取得相关财产的完全所有权时,就不会出现上面提到的问题。一旦查询人取得所有权,担保人就不能有效地在相关财产之上为担保权人设立另一个担保物权。

C. 财产已设定担保的正确信息——第(2)款

本条第(2)款涉及担保权人已经正确告知查询人相关财产受担保物权或保留所有权交易的限制。如果查询人随后取得了物权,那么该物权一定受担保权人的在先权利的限制。

在大部分情形下,适用一般原则会产生这些效力。担保权人在查询人的权利设立之前,其担保物权已经设立并生效,因此,享有优先于后者的优先权。但是,在查询人可以依善意取得原则的情况下,也会有一些例外。第Ⅸ-6:102条(因所有权的善意取得而导致担保物权的丧失)明确规定,如果是在担保人的日常经营业务中,允许依据善意取得原则免受在先登记的担保物权或保留所有权交易的限制而善意取得所有权。本条第(2)款确定,如果担保权人已经告知查询人有关财产事实上已经受担保物权或保留所有权交易限制的情形下,查询人不能依据善意取得原则取得该担保财产的所有权。

应该指出的是,在本分节的大部分规定构成担保权人负担的同时,本条第(2)款为担保权人答复信息请求设立了一个激励制度,以便给担保权人提供额外的保护。

D. 本条款的相对效果

在大部分情况下,只需要考虑有两个竞争性担保权人的情形。但是,个别情况下担保人对三个或更多担保权人设立有效的担保物权。只要对于所有的担保人统一适用本条款,就不会产生一些特殊问题,如果有例外情形,那情况就会不同了。在这些情况下,优先权问题可能受其只能在某些而不是全部担保人之间产生效力的情形影响。不过,可能在善意取得的情况下产生类似的问题(例如,担保权人可能对另一担保权人持有的在先担保物权存在善意,但是可能被告知了作为第三人的担保权人的权利)。既然结果要看个案的具体情况,所以没有对这个方面产生的相对复杂的问题进行详细的探讨。可以说,在本条的规定中,每个担保权人的法律地位主要取决于该担保权人是否可以被视为已经意识到其只能是第二或更低顺位的担保权人这一风险。

第Ⅸ-3:322条 担保债权人提供错误信息的法律后果

(1)根据本分节的规定,如果担保权人错误地告知查询人相关的财产没有设定担保的,即使登记簿上已经记载了该担保权人的权利,依据善意取得原则,查询人依然可以在三个月内在该财产之上取得不受为担保权人设立的担保物权限制的物权。

(2)根据本分则的规定,如果担保权人错误地地告知查询人相关的财产已经设定担保的,而且查询人仍然从担保人处取得相关财产之上的担保物权的,准用第Ⅸ-3:321条第(1)款第一句的规定。

评　论

A. 财产没有设定担保的错误信息——第(1)款

不论任何原因,如果担保权人错误地告知查询人相关财产不受担保物权或保留所有权交易的限制(本节规则没有区分担保物权和保留所有权交易),查询人可以依赖该信息,即查询人应该可以取得相关财产之上的不受担保权人在先权利限制的物权。

但是,还不完全清楚这样的结果是否都是源于此基本规则的适用。如果担保人不按照其日常业务程序进行交易,似乎不允许依善意取得原则取得免受已登记担保物权限制的完全的所有权;根据这些基本原则,根本不能善意取得无形财产的完全所有权或担保物权。因此,看起来有必要适用一个其他规定。

仅适用第Ⅸ-3:321条(担保权人提供正确信息的法律后果)第(1)款是不够的。需要处理的不是查询人的权利与随后设立的担保权人的权利之间的关系,而是查询人与在先权利之间的关系。本条第(1)款提出的解决方案是,在三个月的期间内,登记簿上记载显示的担保权人的权利不会影响查询人可能取得相关财产之上不受担保权人在先权利约束的物权。

然而,上述取得仍然是依据查询人的善意。如果查询人从其他渠道已经得知担保权人权利的存在,那么就不会有善意取得。

B. 财产已经设定担保的错误信息——第(2)款

在担保权人——即使是错误的——告知查询人相关的财产受担保物权或保留所有权交易限制的情况下,查询人通常会避免进行交易。这样,担保人的损害赔偿请求权将是最重要的。但是,如果查询人取得了担保物权(推定由于对实事求是地宣称相关财产没有受担保物权或保留所有权交易限制的担保人的信赖),担保权人不应该从错误信息中获得任何优势地位。

如果担保权人已经告知查询人相关财产没有设定担保,那么担保权人将处于更不利的地位,即查询人可以取得相关财产之上不受该担保权人的任何在先权利限制的物权。

在大部分情况下,该结果源于这些一般规则。查询人取得物权不会仅仅因为相关的财产已经进行登记的事实而受到禁止;因此查询人可以取得一个物权利益,不管是来自实际上不受(所谓的)担保权人的担保物权或保留所有权交易的限制的权利的持有人的担保物权还是所有权。

只有在前一条评论A列举的情形下,才需要一个具体的规定,即不仅是查询人,还有担保权人随后取得相关财产之上的担保物权的情况。根据本条第(2)款规定,准用前一条第(1)款的规定,即担保权人随后取得的担保物权不能享有初始登记授予的优先权。

第(2)款比前一条第(1)款的规定走得更远,它限制引用该款第一句的规定。这可以看作对担保权人惩罚的一部分。

关于查询人取得的不是担保物权而是完全的所有权的情形,参见前一条最后一款的评论A。

第Ⅸ-3:323条 担保权人未提供信息的法律后果

(1)担保权人没有根据第Ⅸ-3:319条(提供信息的义务)和第Ⅸ-3:320条(信息的内容)的规定答复信息请求的,或者错误地答复了相关财产之上的担保物权已经转让的,视为担保权人已经告知了查询人相关财产没有设定担保的信息。对此,可分别准用第Ⅸ-3:321条(担保权人提供正确信息的法律后果)第(1)款或者第Ⅸ-3:322条(担保权人提供错误信息的法律后果)第(1)款的规定。

(2)依据第Ⅸ-3:319条(提供信息的义务)和第Ⅸ-3:320条(信息的内容)的规定,担保权人迟延答复信息请求的,且在担保权人答复信息之前查询人已经设立并取得物权的,适用前款规定。

评 论

依据本分节的规定,查询人从担保权人那里获得进一步的信息至关重要;因此,对担保权人拒绝答复信息请求时,必须有相应的救济措施。

A.第(1)款:未提供信息

如果担保权人不回复查询人的信息请求,仅损害赔偿责任不能给予查询人提供足够的保护。为了使担保权人不能从其不作为中受益,应该以对查询人最有利的方式,即视为担保权人已经——正确或不正确地——告知相关财产不受担保物权或保留所有权交易的限制(第(1)款仅指担保物权,但是其解释也包括保留所有权交易,参见第Ⅸ-3:303条(担保物权和保留所有权交易)第(2)款)。

通过适用第Ⅸ-3:321条(担保权人提供正确信息的法律后果)第(1)款和第Ⅸ-3:322条(担保权人提供错误信息的法律后果)第(1)款的规定来实现这一目的。

第(1)款不仅适用于担保权人完全不答复相关具体财产的信息请求这一情形,也适用于其错误地告知其担保物权或保留所有权交易已经转让的情形。

B. 第(2)款:迟延地答复

根据本条第(2)款规定,担保权人在两周(参见第Ⅸ－3:319 条(提供信息的义务)第(3)款)的答复期满后还没有答复信息请求的,其法律后果适用第(1)款的规定。但是,如果查询人是在担保权人事实上已经答复,即使是迟延答复信息请求之后才取得相关财产之上的物权的,查询人就不能依靠本条和第Ⅸ－3:321 条(担保权人提供正确信息的法律后果)第(1)款以及第Ⅸ－3:322 条(担保权人提供错误信息的法律后果)第(2)款的规定获得特殊保护。

第Ⅸ－3:324 条 请求的形式和提供信息的形式

根据本分节的规定,信息请求和答复都必须使用文本形式。二者均可以使用登记机构提供的电子通讯方式,这样,查询或答复的证明可以通过登记机构发送给查询人或担保权人,其分别作为另一方收到请求或答复的证明。

评 论

像第Ⅸ－3:313 条(登记证书自动传送至担保人和担保权人)所规定的那样,电子在线登记可以用作通讯手段。因为收到信息请求和答复的时间对本分节规定的适用非常重要,需要收到的证明的,可以通过作为通讯平台的在线登记来传送,这类似于互联网的电子邮件提供商。

如果是通过在线登记提供的通讯方式来查询,可以这样设想担保人的同意可以采用与担保人同意登记相似的方式。

第六分节 登记的期间、续期和涂销

第Ⅸ－3:325 条 期间

(1)登记事项自载入登记簿 5 年后或登记中载明的有效期届满时失效。

(2)一旦登记事项失效,则不再显示在登记簿上,任何用户业不再能直接访问。它将不再具有本节规定的任何法律效力。登记事项的内容被保存在登记机构的档案文件中以备查考。

评　论

通常情况下,担保物权或保留所有权交易的登记必须保证没有过多的不符合真实情况的事项,否则,有登记簿难以查询的风险。此外,每个针对担保人的登记事项都可能会使其难以获得另外的担保贷款。

本条第(1)款规定,如果担保权人的登记事项中包含了按照第Ⅸ-3:307 条(登记的补充条款)中(b)项的补充内容所规定的到期日,那么登记事项在到期日之后便不再保留在登记簿上。如果没有此类到期日,则登记事项自登记 5 年后到期。

登记到期后,便失去了本节规定的任何效力,也就是说,此登记中包含的担保物权或保留所有权交易不再被认为具有依登记对抗第三人的效力。也不能在登记簿上直接查询登记的内容。然而,登记内容依然需要保留在档案中,这是因为,将来遇到有需要确定到期日之前登记事项的法律地位的情况时,此登记内容可能会变得非常重要。

第Ⅸ-3:326 条　续期

(1)除非登记事项中载明了有效期,登记事项可以在正常有效期间届满之前再续期五年。

(2)登记事项的续期依担保权人向登记机构发出续期声明而生效。

评　论

多数情况下,为期 5 年的登记事项的一般期间包括担保物权或保留所有权交易的全部有效期限,并且,在此期间终止前,担保物权可能会实现或执行。对动产担保物权而言,存在更长的期限(或担保权人在与初始登记类型相同的财产之上多次取得担保物权)的例外情况,本条款允许担保权人再续期 5 年。这种续期可以重复。这种续期因担保权人单方声明而生效(见第(2)款),不需要担保人表示同意的声明。此规定与最近的澳大利亚婚姻法草案中有关非占有担保物权的规定相一致,与需担保人同意的解决方式相比,担保权人的法律地位更为优越。需要担保人的同意会有效地促使担保权人在 5 年期限到期之前行使担保物权或与担保人达成协议。在现行的规定下,后者可以依第Ⅲ-3:315 条(担保物权人涂销或修正登记请求权)规定的权利得到充分的保护。

如果登记内容中包含到期日，则没有适用本条续期的可能。担保权人要受自己作出声明的约束。

第Ⅸ-3:327条　涂销

(1)担保权人可以在任何时间向登记机构发出涂销声明而涂销登记事项。

(2)就前款所规定的声明的法律后果而言，准用第Ⅸ-3:325条(期间)第(2)款的规定。

评　论

只有担保权人能涂销登记。(然而，担保人有权按照第Ⅸ-3:315条(担保权人涂销或修正登记请求权)的规定要求涂销登记)。如果担保人自己能够涂销登记，这将会单方破坏担保权人面对第三人时的担保地位。

第七分节　担保物权或担保财产的转让

第Ⅸ-3:328条　担保物权的转让：一般规则

(1)即使担保物权被转让，它仍将因初始登记而继续有效。

(2)即使没有依第Ⅸ-3:329条(担保物权的转让：转让声明)的规定作出转让声明，自转让之日起，受让人也像担保人一样受到本章第五分节的约束。

(3)转让人对因与登记事项有关的行为所造成的任何损失对受让人承担责任；同时，转让人对因担保物权转让后、转让声明登记之前，或转让人依第Ⅸ-3:329条(担保物权的转让：转让的声明)的规定宣布同意这一声明之前的修正或涂销登记行为所造成的损失也要向受让人承担责任。

评　论

A. 一般规则

作为一般规则，无论是担保物权或保留所有权交易，依登记而生效的担保交易，其转让并不影响原效力。即使没有原担保权人或新担保权人的另行登记，登记效力依然不变(本条第(1)款,也见于第Ⅸ-5:301条(担保物权的转让)第3款(a)项)。然而,为了得到额外的保护,当事人可以作出此种登记;此转让声明的细节由第Ⅸ-3:329条(担保物权的转让:转让声明)进行规定。

本规定有意识地反对这一选择,即依新担保权人的登记来保持担保物权或保留所有权交易的效力。理由是,即使没有如此规定,其他既存担保权人(见评论B)和未来担保权人(见评论C)的、担保人(见评论D)和现存担保权人(见评论E)的利益也能得到充分保护。因而,此规定对新担保权人相当苛刻。

B. 其他担保权人

在同一担保财产之上在先持有担保物权的其他担保权人的法律地位不受担保物权转让的影响。如果那些新的担保权人的权利顺位低于转让人的担保物权,那么这些在先担保权人在担保物权转让后就不应该通过享受较高的优先顺位而意外获利。

C. 未来债权人

只要转让未经登记,第三人便无法从登记簿中确定谁持有相关担保物权或保留所有权交易。因此,可以假定,大多关于登记的担保物权的查询将直接指向仍登记在册的转让人,而非受让人。

然而,未来债权人仍可以得到充分保护:(i)转让人有义务向查阅人披露担保交易的转让(见第Ⅸ-3:320条(信息的内容)第(3)款);(ii)即使未经登记,受让人也有义务回答信息请求(本条第(2)款);(iii)转让人关于担保物权或保留所有权交易已经转让的答复同样也约束受让人(本条第2款)。

D. 担保人

一般情况下,担保人的法律地位不因担保权人的变更而受影响。

然而,因为担保人倾向于,所有对抗他们的登记都能够显示出实际担保权人,以减少未来担保人不能从登记簿中确定有关担保交易的实际持有人的不便,所以担保人有权要求在登记中表明担保物权的转让(第Ⅸ-3:329条(担保物权的转让:转让声明)第(5)款)。

E. 担保权人(受让人)

担保物权的转让并不影响担保交易的效力和优先顺位,这显然对新担保权人有利。尤为重要的是,因为担保物权或保留所有权交易的转让通常不需要当事人的特别同意,而是作为被担保权利转让的必然结果,所以当事人不需要一直关注担保交易的转让。

然而,只要受让人没有在登记簿上登记成为新担保权人,受让人就要承担转让人可能涂销登记或提供给查询人虚假信息的风险。对抗这些风险的保护措施由若干条款规定:(i)根据第Ⅸ-5:301 条(担保债权的转让)第(2)款的规定,转让人有义务告知受让人担保物权的存在;(ii)依本条第(3)款规定,转让人须对其与登记相关的行为引起的损害承担责任(比如,涂销登记事项或告诉查询人登记中的担保物权或保留所有权交易不再存在);(iii)受让人有权要求转让人同意按照下条第(5)款的规定作出转让的声明。

第Ⅸ-3:329 条　担保物权的转让:转让声明

(1)当担保物权转让时,初始登记依转让声明而修正。

(2)转让声明受第Ⅸ-3:311 条(登记事项的修正)和本条所规定的补充规定的约束。

(3)只有在以下情况下,转让声明才能记入登记簿:

(a)指向特定的登记事项;

(b)表明了被转让的担保物权;

(c)指明了受让人;

(d)附有作出登记修正人的声明,表明他将承担因错误登记而给担保人或第三人造成损害的责任。

(4)转让声明可以由转让人登记,或得到转让人的同意后,由受让人登记。

(5)在担保物权转让的基础上和限度内,担保人有权请求转让人作出转让声明,且受让人有权请求转让人根据前款作出同意的表示。主张这些权利可参照第Ⅸ-3:316 条(登记机构对有争议登记的审查)的规定。

(6)一旦转让声明被登记,初始登记即作出相应修正,且其效力不再及于已被转让的担保物权。

(7)一旦转让声明被登记,对担保人的新登记事项会自动生成,新登记事项将重申初始登记的内容,并表示该担保物权已经转让给受让人。

(8)依新登记,受让人取得本节中所称之担保权人的地位,就被转让的担保物权而言,新登记维持由初始登记所确立的优先顺位。

评　论

本条阐明了担保交易转让的声明细节(无论是担保物权或保留所有权交易,见第Ⅸ-3:303 条(保留所有权交易和担保物权))。这些规定有些复杂,因为很多情况下转让人不会转让同一登记事项中的全部担保物权或保留所有权交易,而只转让其中一部分。这就有必要设立两个相互独立的登记,一个是为了转让人拥有剩余的权利,另一个是让受让人拥有已经受让的担保交易。

A. 初始登记的修正

为了表明担保物权的转让,初始登记会被修正。这种修正包括指出转让哪些财产的声明(本条第3款(b)项)。此修正的法律效果就是,初始登记中不再包括已经被声明转让的财产(本条第(6)款)。

登记的修正可以由原担保权人提出,或得到转让人的同意后由受让人提出(本条第(4)款)。担保人的同意不是必需的,因为此修正仅仅限于已在登记中存在的担保物权或保留所有权交易,与新登记注册相比,这种修正对于担保人而言风险较小。

在(修正的)初始登记的保留的(有限的)范围内,转让人仍然被视为担保权人。转让人有义务回答相关信息的问询,也可以涂销这种登记。

B. 表明转让的新登记事项

初始登记事项的修正具有设立新登记的效力,用来对抗担保人,并指明作为相关担保的受让人的新担保权人(本条第(7)款)。

在已经被转让的担保交易的范围内,新登记保持了初始登记的优先顺位(比较第(8)款第二句,它是第Ⅸ-5:301条(担保物权的转让)第(4)款中的一般规则的特殊适用)。对于新登记而言,依本节的目的,只有受让人被视为新担保权人,也就是说,受让人必须回答相关询问,同时也是唯一有权涂销登记的人。

第Ⅸ-3:330条　担保财产的转让:一般规则

(1)无须在登记簿上进行新的登记,担保财产的所有权即可转移,但仍应受既存担保物权的约束。

(2)因登记簿上的初始登记所确立的担保财产之上的担保物权的对抗效力和优先顺位的持续,适用第Ⅸ-5:303条(担保财产的转让)的规定。

(3)在本节中,自转让之日起,受让人即取得被转让财产之上的担保物权的担保人地位。

(4)买受人、分期付款买受人、承租人和受托人对所提供的财产或与其有关的权利被转让,且受既存的保留所有权交易约束的,可以准用前款的规定。

评　论

前两个条款规定的是担保物权的转让,本条和下一条款则是处理担保财产所有权的转让，或买受人、分期付款买受人、承租人、受托人所提供的财产之上的或与之相关的权利的转让，这些权利受限于既存的保留所有权交易。然而，转让本身不会对登记带来困难（本条第（1）款和第（3）款，见评论C），但在原担保权人与取得担保财产的受让人的担保权人之间，或者与从后者那里取得此财产之上的物权的其他人之间却有可能产生冲突。这些问题主要根据第Ⅸ－5:303条（担保财产的转让）进行处理，本条第（2）款也有所规定。在一定程度上，该问题也可以依善意取得原则解决，体现在第Ⅸ－2:108条（善意取得担保物权）、第Ⅸ－2:109条（在担保财产之上善意取得担保物权）和第Ⅸ－6:102条（因所有权的善意取得而导致担保物权的丧失）的规定。这些条文都包含了关于善意取得原则适用的特殊规定，都适用于受担保物权或保留所有权交易所约束的财产所有权转让之后的情况。事实上，即使担保财产的所有权转让后（或在保留所有权交易的情况下，买受人、分期付款买受人、承租人、受托人的权利被转让之后），担保交易可能仍然仅针对转让人登记，而不是针对作为新担保人的受让人进行登记，那么无论与受让人交易的当事人是否应当知道相关财产已设定了担保或受到保留所有权交易的限制，该问题的具体结果就是，受让人没有权利或权限免受在先权利的约束转让该财产之上的物权。

与本条中所涉及的情形相比，第Ⅸ－3:303条（保留所有权交易和担保物权）中的一般规则适用于欧盟担保物权登记簿的登记，它并不对担保物权和保留所有权交易进行区别。然而，实体法问题总是有细微区别的。因此，本条第（4）款作出的区别规定有利于两种情况的区分，在评论中，也将分别论述这两种情况。从评论A到评论C讨论了有关担保财产所有权的转移；评论D则讨论了买受人、分期付款买受人、承租人、受托人提供的受既存保留所有权交易的约束的财产或与之相关的权利的转让。

A. 担保财产所有权的转让并不一定影响担保物权的效力

本条第（2）款的规定与第Ⅸ－5:303条（担保财产的转让）的规定一致，本条第（1）款是建立在担保人可以转让既存担保物权项下担保财产所有权的假设之上的。受让人不需要转让登记，也能取得该权利（第1款）。

根据与第Ⅸ－5:303条（担保财产的转让）一致的本条第（2）款的规定，担保权人在担保财产之上的权利继续有效，并不以对抗受让人的新登记为要件。由于初始登记可对抗原始担保人，担保物权仍然具有对抗所有非担保（和一些担保的，见评论B和C）债权人的效力。

然而，前述各款并不适用于受让人取得免受在先担保物权约束的相关担保财产所有权的情况。如果转让担保人有权进行此种转让，或受让人按照第Ⅸ－6:102条（因所有权的善意取得而导致担保物权的丧失）及第Ⅸ－3:102条（免除定限物权的所有权的善意取得）规定的善意取得原则，就可以取得免受在先担保物权约束的相关担保财产的所有权。在这种情况下，受让人获得免受担保物权限制的财产，担保权人的担保物权在转让后就不再发生效力（第Ⅸ－5:303条（担保财产的转让）第

(1)款和第(2)款)。

B. 原担保权人和从受让人处得到物权(包括担保物权)的人之间的冲突

担保财产的所有权从原担保人转移至受让人的,担保物权依然有效。这时,原担保权人、在受让人的担保财产之上取得担保物权的受让人的担保权人,以及从受让人处就相关财产取得物权尤其是所有权的其他人之间,可能会产生冲突。

(a)在转让前取得担保物权的受让人的担保权人

第Ⅸ-4:101条(优先顺位:一般规则)中有关优先顺位的一般规则在涉及担保财产转让情况时,必须作出细微调整。当按下列顺序发生时,登记的顺序不是决定性的。首先,担保权人A在担保人B的种类为X的(未来)财产上取得并登记担保物权;其次,担保权人C在担保人D的种类为X的(现有)财产上取得并登记担保物权;最后,受让人B从转让人D处获得既存的担保物权项下的担保财产。如果登记顺序具有决定性的话,担保权人A的权利就优先于担保权人C。这样,仅仅因为担保财产作为担保转让给了B,担保权人C就失去了优先顺位。

显然,这样的解决方式不合理。因此,依本条第(2)款和第Ⅸ-5:303条(担保财产的转让)第(3)款的规定,在转让时设立的担保物权(也就是说,转让人的担保权人C的担保物权)优先于在担保财产的所有权转让前设立的担保物权,这有利于受让人的担保权人的担保物权(也就是说,受让人的担保权人A的担保物权)。

在这种情况下,善意取得的问题通常是不用讨论的,因为在为其债权人设立担保时,受让人还没有占有财产(见第Ⅸ-2:109条(在担保财产之上善意取得担保物权)第(1)款(a)项和第Ⅸ-2:108条(担保物权的善意取得)第(1)款(b)项的规定)。

(b)转让后取得担保物权的受让人的担保权人

在涉及担保财产转让后取得担保物权的受让人的担保权人时,将出现不同的问题。只要在登记簿上已经就有问题的财产登记的有关担保物权仅针对原担保人(转让人)的,受让人的担保权人就难以知悉该担保物权的存在。因此,必须考虑,对抗同一财产之上取得担保物权的这些受让人的担保权人时,转让财产之上的原担保物权是否有效,并且在什么条件下有效。

如果担保权人只有在登记簿上作出对抗受让人的补充登记,其注明受让人已经取得转让人设立的担保物权项下的财产后,才取得并登记他们的担保物权的话,那么问题就简单了。在这种情况下,受让人的担保权人在同一财产之上仅可以取得受限于原担保权人的优先顺位的担保物权。同样的结果适用于受让人的担保权人得到原担保权人的担保物权通知的情况。所以,没有理由不维护原担保权人担保物权的优先顺位。

在针对受让人的登记事项完成之前,受让人的担保权人取得担保物权,且该担保权人不知道之前的担保,情况就会不同。必须假设这样的事实,登记以对抗转让人的担保物权，都不应该在任何情况下排除这一可能性，即在已经转让的同一财产之上拟取得担保物权的其他债权人也应该受到保护。在什么程度和什么情况下，这种所提供的保护应被视为善意取得原则的适用，要考虑推定而不是实际上的告知，此告知也许是依据包含相关担保物权的登记的存在而推定的。

虽然依照第Ⅸ-2:109条(在担保财产之上善意取得担保物权)中有关善意取得原则的规定并不适用于无体物，但对于想要取得免受在先担保限制的物品上获得担保物权的担保权人来说，并不能完全依赖善意取得规则，因为有时担保物权已经登记。第Ⅸ-2:109条(在担保财产之上善意取得担保物权)第(1)款(b)项仅要求债权人不知道或不应该知道转让人没有权利或权限转让担保物权，而不管相关动产之上是否存在第三人的定限物权，才适用善意取得。并不是在所有情况下，只要有在欧盟担保物权登记簿上的登记这一事实就具有决定性，而仍然需要考虑登记事项的内容及其他相关情形。除了登记由登记方自己完成从而可能导致登记的不可靠，还必须想到，登记中有关担保财产的描述也有可能是不具体的。查询登记簿不是为了具体担保人的登记事项，而是想要查询相关具体财产的登记项目，这在实践中是极有可能的。如果担保物权没有针对受让人的登记，即登记簿上不包含对受让人的登记事项的，受让人的担保权人就须查明受让人从谁手中取得相关财产的所有权，然后他们不得不联系转让人的担保权人，并询问相关财产是否确实为其设定了担保。然而，可以肯定地说，未来担保权人确定相关财产是否已设定担保的责任比完全所有权的未来受让人的责任更加严格，显然，这种广泛的责任走得太远了。如果未来担保权人总是需要调查相关担保财产的来源，而非仅需要查询是否有针对担保人的相关登记事项，这样就会大大减损登记系统的公示效力。

基于这些考虑，第Ⅸ-2:109条(在担保财产之上善意取得担保物权)第(2)款明确规定了在担保财产所有权转移的情况下的登记效力的限制问题，并规定，即使担保物权已登记，仍适用善意取得。只要在登记簿上记载的相关财产上的担保物权未对受让人进行登记，而是仅针对转让人进行登记的，就不能排除从受让人处善意取得免受在先担保限制的担保物权。除非受让人的担保权人确实知道，受让人没有权利或权限不顾在先担保转让相关财产之上的担保物权，否则就不需要在登记簿上查询正在与其交易的受让人以外的人的登记事项。

很明显，按照本规则所规定的直接登记系统，原担保权人并非总是能把初始登记作为保护手段，以对抗受让人的担保权人，其免受原担保权人的权利限制取得担保财产之上的担保物权。这说明，实际上，对受让人的登记是必要的，它可以对原担保权人权利的丧失提供保护。有关转让的声明在下一条款中规定。

(c)从受让人取得其他物权的人

类似的情形适用于从受让人处取得转让的财产之上的其他物权——如完全所有权——而不是担保物权的人。

第Ⅸ-6:102条(因所有权的善意取得而导致担保物权的丧失)第(2)款可以看

出,仅仅有担保登记的存在,并不能完全排除善意取得的可能性。本款(a)项限于发生在日常经营活动中的处分,而无论处分是否在日常交易的过程中发生,本款(b)项的规定都适用。如果担保财产所有权转让后,担保物权没有被登记为对抗受让人,仅对转让人进行了登记,则并不排除按照第Ⅸ-6:102条及第Ⅷ-3:102条(取得有效性的方法)的规定,善意取得免受担保物权限制的所有权。

C. 作为担保人的受让人

在本节中所建议的登记系统是高度规范的,因此可以假定,只有转让声明已经被登记的情况下,受让人才能被认为是担保人。与第Ⅸ-3:328条(担保物权的转让:一般规则)第(2)款有关担保权人的规定相似,第(3)款也明确表明受让人自转让时起被视为担保人(即使没有按照第Ⅸ-3:331条(担保财产的转让:转让声明)进行声明),因此允许受让人按照第三分节来使用这些保护方法。

D. 受既存的保留所有权交易约束的担保财产的转让

根据本条第(4)款规定,即使在没有担保财产所有权转让的情况下,买受人、分期付款买受人、承租人、受托人的相关财产的权利转让仍然受到既存的保留所有权交易的约束,可准用本条第(1)~(3)款的规定。

无论是否存在担保财产所有权的转让或买受人、分期付款买受人、承租人、受托人对相关财产或与之相关的权利的转让,登记的过程都不受影响。但实体法问题总是有差异的,因此对其进行分类并区别对待是比较可行的。

受限于保留所有权交易的买受人、分期付款买受人、承租人、受托人并不是这些财产的所有人,这些人只能依据买卖合同、分期付款合同、融资租赁合同、运输合同等来转移有关财产上或与之相关的权利来替代所有权的转移。因此,虽然受让人一般情况下不会成为所有人,而仅仅是受托人,比如说买方依据买卖合同而取得的对抗卖方的权利-受让人取得买受人、分期付款买受人、承租人、受托人之前持有的权利。也就是说,自转让时起,受让人不需要登记就因本节的规定而取得上述法律地位,这时,可准用本条第(1)款和第(3)款的规定。

(a)一般情况下,保留所有权交易不受转让的影响

买受人、分期付款买受人、承租人、受托人在既存的保留所有权交易项下的财产之上或与之相关的权利的转让,可以准用评论A的推理。这种转让一般情况下不会影响保留所有权交易;第Ⅸ-5:303条(担保财产的转让)第(1)款(也可适用于此情况,参见第(4)款)证实保留所有权交易的效力并不以对受让人事项的新登记为必要条件。

但是如果买受人、分期付款买受人、承租人、受托人同意转让所有权给受让人,而后者依据善意取得原则不受既存的保留所有权交易限制的,受让人将取得所有权,见第Ⅸ-6:102条(因所有权的善意取得而导致担保物权的丧失)第(3)款和第

Ⅷ－3:101条（无权转让的善意取得）的规定。如果（事实上的）所有权人已经授权给转让人，则保留所有权交易的持有人就会丧失权利。

（b）原担保权人与从受让人处取得物权（包括担保物权）的人之间的冲突

只要买受人、分期付款买受人、承租人、受托人所持有的权利转让受既存保留所有权交易的限制，受让人就不可能成为该财产的所有权人。因此，任何试图从受让人手里取得物权（包括担保物权）的人，都不会得到任何与所涉财产相关的权利，除非他们能适用善意取得原则。

所以，在评论B（a）中处理这种情况的解决办法就很直接。在原始买受人、分期付款买受人、承租人、受托人的权利转让之前，声称自己基于在这些财产之上的担保物权的取得而成为受让人的担保权的人，最终并不能得到财产所有权。这种情况不适用善意取得原则，过去和现在都不是相关财产所有权人的受让人（只要保留所有权交易没有丧失），不能在这些财产之上设立物权。该冲突的解决有利于保留所有权交易的持有人。

在评论B（b）和（c）解决的问题中，其结果取决于从受让人取得相关财产的所有权人是否能够依赖善意取得原则。如果不能，作为非所有权人的受让人就不能在该物之上设立物权。然而，依第Ⅸ－2:108条（担保物权的善意取得）或第Ⅸ－6:102条（因所有权的善意取得而导致担保物权的丧失）和第Ⅷ－3:101条（通过对转让所有权没有权利或授权的人的善意取得）（为得到全部所有权）的规定，保留所有权交易的持有人可以取得优先权。在评论B（b）中对在先担保物权的登记所作出的解释，也适用于这些情况。如果第三人仅仅是从担保交易所登记对抗的人处取得权利，保留所有权交易的登记能够阻止第三人善意取得的主张。如果保留所有权交易只登记为对抗原始买受人、分期付款买受人、承租人、受托人，但并没有登记为对抗取得前者地位的受让人时，不再排除从受让人处取得相关财产之上财产所有权的人的善意取得。

第Ⅸ-3:331条 担保财产的转让:转让声明

(1)取得受限于既存担保物权的担保财产物的所有权的受让人,有义务在登记簿中记载转让事项,但担保人已经登记了该转让声明的除外。

(2)受让人对因违反前款规定的义务而给持有被转让财产的担保物权之担保权人所造成的损失承担责任。

(3)在以下情况下,转让声明可以由受让人或担保权人进行如果:

(a)它表明了特定的担保人是受让人;

(b)它指明作为转让人的特定担保人的身份;

(c)它最低限度地描述了被转让财产;

(d)它指明了被转让财产所属的某一或某些财产种类;

(e)附有作出转让声明的人的声明,表明他将承担因错误登记而给受让人、担保人或第三人造成的损害的责任。

(4)适用于买受人、分期付款买受人、承租人、受托人对所提供的财产或与此财产相关的权利被转让时,而若受既存的保留所有权交易的约限制,则可以准用前款的规定。

评 论

担保权人关注转让声明的原因见前条评论B(b)。总之,受让人与其无担保的债权人甚至有可能因针对原担保人(转让人)的初始登记而受到限制;针对受让人的登记可以为原担保权人提供额外保护,以对抗受让人的担保权人、其他取得担保物权的人以及依善意取得原则不顾原担保权人的优先利益的其他担保物权。

通常情况下,原担保人不会通知担保权人担保财产的所有权已经转让。这样,原担保权人就不可能登记转让声明的,以阻止上述情况下因受让人的处分而出现的善意取得;另外,这与和物权领域所适用的善意取得原则并不一致,是由受让人的担保权人(或在相关财产上的物权的其他受让人)承担原担保权人的责任风险。因此,本规则选择了由受让人承担在登记簿上对自己进行所指明的转让登记的责任。

表面看来,让受让人承担这种责任违反常理,但该解决方法(从澳大利亚有关非占有担保登记的法律草案中受到的启发)事实上非常符合物权法的基本原则和侵犯他人物权的非合同责任。

首先,只有在担保财产的转让未导致转让人的担保权人的担保物权丧失的情况下,受让人才负有这一登记义务。第(1)款规定的条件确认适用这一规定的前提是,转让的担保财产必须是既存的担保物权项下的财产。事实上，只有当转让人无权不顾担保处分该财产的，和受让人非善意的情况下，受让人才有义务登记转让声明。因此，第(1)款中的义务对于受让人并非完全出乎意料。

其次，受让人有义务登记转让声明的最重要的作用，是受让人须依本条第(2)款的规定承担损害赔偿责任。只有第三人从受让人处取得转让的担保财产的物(担保)权，并导致原担保权人的优先顺位或全部权利丧失的，也就是说，第三人须依第Ⅸ-3:330条(担保财产的转让：一般规则)的注释中的善意取得原则而得到此种权利时，才会因没有转让登记而引起这种损害赔偿。只有受让人未告知第三人其知道(或有理由认为)相关财产之上已经设定担保物权或者受原担保权人的保留所有权交易的限制的，受让人才可能承担损害赔偿责任。看起来这是很普通的规定，A 知道或应当知道某财产受限于 B 的物权，而 A 处分该财产并导致了 B 财产优先顺位的丧失或这些权利的完全丧失，没有告知现存的或未来的优先顺位的受让人在先权利的存在，就在相关财产之上设立担保物权或转让其他物权的，则 A 应对 B 负责。

可以认为，仅由受让人个人承担责任，对于失去担保物权的原担保权人的保护并不充分。然而，除了还要保护从受让人处取得物权的人，还必须考虑到受让人和原担保人/债务人的财务状况有可能同样糟糕。此外，担保权人允许原担保人占有财产，可以视为承担了额外的丧失其物权人地位的风险。

本条第(1)款和第(3)款也表明允许由担保权人登记表明转让的声明。受让人没有履行第(1)款规定的义务的，这就可以为担保权人提供额外的保护。

即使由担保权人登记转让声明，也不需要作为新的担保人的受让人的同意。对担保人而言，转让声明的登记与初始登记相比，风险较小。因为该担保人总能向未来的担保权人指出，不是从转让人处取得财产，因此不受担保权人依错误表明担保财产转让的声明主张的担保物权的限制。

按照本条第(4)款的规定，本条第(1)至(3)款对担保财产所有权转让的规定，也可以适用于买受人、分期付款买受人、承租人、受托人在提供的或与之相关的既存的保留所有权交易项下的财产之上的权利的转让。正如本条评论 D 所表述的一样，在这种情况下，尽管对于转让本身和保留所有权交易的效力的持续性和有效性而言，这并非必不可少的，但是登记簿上的转让登记仍能够为保留所有权交易的持有人提供额外的保护，并对抗第三人的善意取得。

第八分节 费　　用

第Ⅸ－3:332条 费用的分担

（1）在当事人之间：

（a）每一方须承担网上安全身份识别系统的注册费用或准入费用。

（b）担保人需要承担其他由担保人支出的与登记有关的合理费用。

（2）问询和回复问询的费用由问询者承担。

评　论

一般情况下，登记的实施要求其用户承担费用。不管何时进行登记声明或进行其他行为，这些费用都由用户直接向登记机关支付；在这里，并没有必要讲清有关细节。但是本条仍然包含一方当事人是否有权要求其他相关当事人偿还这些费用的问题。

第九分节 登记制度建立前已设立的担保物权

第Ⅸ－3:333条 在登记制度建立前设立的担保物权

（1）欧盟担保物权登记簿启用之前已生效的担保物权，无须依本节规定登记，即可保持其效力。

（2）根据成员国的国内法，担保物权已在权利凭证登记或备案系统登记或备案的，一旦本登记簿得以建立，原主管该登记系统的机构应在欧盟担保物权登记簿登记，重申登记或备案的内容，包括登记或备案的日期，以对抗担保人。

评　论

本条包含过渡性规定。第Ⅸ－3:312条（依国内法建立的其他登记或备案系统中与登记事项有关的过渡性规定）中包括了在欧盟担保物权登记簿建立后，还在运营的有关特殊财产的担保物权的登记或备案系统。本条是关于在先已设立生效的担保物权或保留所有权交易的（也可参考包含保留所有权交易的担保物权，见第Ⅸ－3:303条（保留所有权交易和担保物权））。

根据此条款，即使在欧盟担保物权登记簿建立后，在先已设立生效的担保物权或保留所有权交易仍然继续有效，并不需要另行登记。因为对于已经在国内登记的物权，使其继续有效符合现代法律思想中的主流做法，参见关于非占有担保物权登记的英国法律委员会的草案和澳大利亚法律草案。

对于新登记簿建立之前没有进行登记的担保物权或保留所有权交易，通常认为应被要求至少在一定过渡期届满后登记。但是，为了保护担保权人，这些规则作出了对抗此种结果的选择。因为依本节规定，担保权人不经担保人的同意是不能进行登记的，因而，其面对第三人时的担保地位取决于担保人的仁慈。

在欧盟担保物权登记簿建立前，担保物权已经在国内登记或备案的，是由该担保物权的登记系统的主管机构，而不是担保权人进行再次登记的，就不再需要担保人的同意。本条第(2)款则要求该主管机构将任何之前在登记系统中登记或备案的内容，重新在新的欧盟登记簿登记并重申其内容。当然，担保权人如能取得担保人的同意，就可以在登记簿上登记担保人的有关事项以对抗担保人。

须强调的是——这与第Ⅸ-3:312条规定的情况不同(依国内法建立的其他登记或备案系统中与登记事项有关的过渡性规定)——依据本条第(2)款规定所进行的登记，并非担保物权继续有效的必要条件。这符合本条第(1)款的规定，但该规定不同于第Ⅸ-3:312条第(1)款第二句的规定。

第四章 优先顺位

第Ⅸ-4:101条 优先顺位:一般规则

(1)同一财产之上,数个担保物权之间及担保物权与其他定限物权之间的优先顺位由相关时间的先后而确定,但另有例外规定的除外。

(2)"相关时间"是指:

(a)就担保物权而言,如果登记了,是依本卷第三章第三节规定登记的时间,或是担保物权依本卷第三章的其他规则的规定而取得对抗效力的时间,以两者在先者为准。

(b)就其他定限物权而言,指设立的时间。

(3)已经取得对抗效力的担保物权的效力优于未取得对抗效力的担保物权,即使后者设立的时间在先。

(4)两个或更多未取得对抗效力的担保物权之间依其设立时间确定其优先顺位。

(5)保留所有权交易的标的物之上依善意取得规则取得的担保物权,或同一财产上不顾在先权利负担而依善意取得规则取得的担保物权,优先于保留所有权交易或在先的担保物权,但第Ⅸ-4:108条(优先顺位的改变)另有规定的除外。

评 论

A. 一般情况下的优先顺位

优先权的规定解决的问题是,某人在特定财产之上的权利能否优先于他人在同一财产之上相竞合的权利。

通常情况下,因物权的排他性或其取得的情况,有关物权冲突的解决方式就是一方的权利排除另一方的权利。B所有权的取得与A在同一财产之上所有权的持续性是不可能同时存在的;如果因善意取得的某财产之上的物权不存在他人在先担保的,则受让人就可以取得不受在先权利限制的权利(例见第Ⅸ-2:109条(在担保财产之上善意取得担保物权),第Ⅸ-6:102条(因所有权的善意取得而导致担保物权的丧失))。然而,在第Ⅸ-1:102条(动产担保物权)第(1)款关于担保物权的定义中规定,担保物权是无排他性的定限物权。在已设定担保的财产上设立其他附加的担保物权是有可能的,且不会侵犯在先担保权人的物权。担保人不会丧失处分相关财产的权利,且仍可设立另外的合法有效的担保(见关于Ⅸ－2:105 条(设立担保物权的要件)的评论 C)。

既然相互冲突的担保物权可能有效的存在于同一财产之上,就会产生相互关系的问题。该问题关系到从相关担保物权真正实现被担保的权利的可能性,由有关优先顺位的规则解决。如果担保财产的总数额大于高顺位担保权人有权执行的金额,则低顺位担保权人只能参与到高顺位担保权人请求的执行程序中(见第Ⅸ－7:215(收益的分配)第(3)款)。尽管从理论上说任何财产之上都可以存在多个竞合的有效担保物权,事实上,对担保权人而言,只有优先顺位最高的担保物权才具有真正的价值。

B. 本章之外的物权权益冲突的规则

有关善意取得的规定,尤其是第Ⅸ－2:109 条(在担保财产之上善意取得担保物权)和第Ⅸ－6:102 条(因所有权的善意取得而导致担保物权的丧失)的规定,已经成为调整本章范围之外冲突的物权关系规则的范例(然而,这里指的是本条第(5)款的某些规定)。但是,对此最重要的原则是,"不能给付自己没有的东西"的基本原则(见第Ⅸ－2:105 条(设立担保物权的要件)(c)项)。如果担保人无权处分已设定担保的权利,担保人便不能创设担保物权。在先转让的所有权,优于之后转让人拟为其他担保权人设立的担保物权。

该原则也确定了履行请求权的全部转让(如 B 将对 A 的付款请求权转让给 C,见第三卷,第五章)和担保让与(如 B 将对抗 A 的可实现的权利转让给 C,作为 C 债权的担保)之间的关系。在 B 向 D 转让了可有效对抗第三人的履行请求权的担保之后,B 又将其对 A 的履行请求权转让给 C,则受让人 C 仅取得受 D 的担保物权限制的权利。自 B 转移至 C 时,B 对 A 的履行请求权已经设定担保,因此 B 转让给 C 的权利不具有优先顺位。如果履行请求权的全部转让早于在同一权利之上的担保物权的设立时间,结果就会不同,转让一旦生效,履行请求权的前持有人就没有权限在同一权利之上再为其债权人设立担保。因此,后者将从所谓的履行请求权的担保转让中一无所获。

C. 担保物和其他定限物权之间的优先顺位

第四章也调整担保物权和其他定限物权的优先顺位问题,例如,用益权,在担保物权的执行中非常重要。如果担保财产在执行过程中出售给了第三人,则其他优先顺位较低的定限物权就会丧失(见Ⅸ－7:213 条(以变卖方式变现后买受人对财产的权利)第(1)款(d)项)。

D. 保留所有权交易

依据第Ⅸ－1:104 条(保留所有权交易:适用范围)第(1)款(d)项的规定,本章中有关担保物权优先顺位的规则同样适用于保留所有权交易。虽然不完全一致,但多数人通常主张,保留所有权交易和担保物权应适用相同的规则,尤其是关于优先顺位方面的规则,更应该适用相同的规则,对此在第Ⅸ－1:104条的评论A中进行了解释。

E. 本条款中优先权的顺序

同一财产之上的相互冲突的物权之间的优先顺位问题,依本条款规定的一个原则确定,也就是说,优先顺位的依据是相关的设立权利的时间顺序(第1款)。然而此基本原则也有某些例外,还会受限于相关时间的计算标准(第Ⅸ－4:102条(超优先顺位)第(2)~(5)款)。

F. 相关时间顺序的一般规定

同一财产之上互相冲突的担保物权之间的优先顺位,通常认为由这些担保物权的设立时间来确定,成员国的法律体系普遍接受这一观点。在后果上,这一观点与"不能给付自己没有的东西"的原则适用的结果相类似。一旦转让人已经把某一财产的所有权转让给受让人,除非另有约定,其他人是无法从转让人处再取得所有权的。该传统原则与本章的优先权原则在操作上最重要的不同之处在于:依本章规定,仅在例外情况下,转让和设立相关物权的时间才对确定优先权顺序具有重要意义。

G. 已登记担保物权的相关时间

对于登记的担保物权而言,担保物权设立的相关时间通常是(担保物权因其他方式在先生效时将适用例外条款,见下面的评论)其登记的时间点(本条第(2)款(a)项)。担保物权在此之前设立,既不是登记的前提,也不是优先顺位顺序关联性的决定因素。当然,只有设立有效的担保物权,优先顺位的顺序才对担保物权有意义。仅成就第三章规定的生效条件,担保权人不能取得任何物权;要作为担保权人,从依担保物权执行担保人财产的款项中参与分配,则取决于该担保物权是否为该担保权人设立。

仅根据登记的顺序确定优先顺位的好处很明显。第三人可能并不知道设立时间,甚至也许会在担保权人和担保人之间引起争议,而和设立时间相反,登记时间却很容易从登记簿中查明。欧盟担保物权登记簿试图提供动产担保物权的公示;第三人只要依据登记簿上的内容,即可确定优先顺位,高效地实现其目的。也就是说,他们不再需要顾及这些登记的担保物权中其他可能必须考虑的因素(比如设立日期)。

担保物权不需要在登记时就已经设立,依登记时间确定优先顺位,预先登记的做法就很重要了。担保权人可以和担保人一起安排未来的担保物权登记;如果因担保物权设立的时间靠后,有不能取得第一顺位的优先权的风险,登记可以保护担保权人对抗这一风险。实际上,担保权人A先于B而登记,即使B的担保物权设立时间比A早,A的担保物权也优于B。

在涉及循环担保物权的情况时,尤其是担保人的库存物品为担保权人设定担保的

(先前的库存品中的物品因出售给担保人的顾客而终止担保物权的,库存物品的新物品总是受担保物权的约束,以取代原担保物权),担保权人在库存物品之上担保物权的优先顺位由一个单独的登记便可以确定。担保权人在登记簿上登记的担保物权的范围也包括未来库存物品上的担保物权,稍后确实取得了未来的库存物品并设定担保的,其优先顺位由初始登记日期确定。

以登记时间来确定优先顺位的不利后果,主要是延迟登记的情况。如果担保权人在权利设立后没有立即进行登记,其他担保权人便可以在第一担保权人最终登记前在同一财产之上进行担保物权的登记,从而取得更高的优先顺位。即使第一担保权人的担保物权是依法设立,并从开始时就可对抗担保人,也必须将优先顺位给予其他在先登记的担保权人。

H. 担保物权通过其他方式生效的相关时间

担保物权不是通过登记,而是通过其他方式生效,比如,由担保权人实际占有或控制,那么,决定其优先顺位顺序的时间就是担保物权生效的时间(第(2)款(a)项)。事实上,前款中规定的原则,即因登记生效的担保物权的登记时间具有决定意义,仅仅体现为该款一般规则的具体适用。但本条第(2)款(a)项的重要的解决方式的合理性在于,依设想,特别是就登记的担保物权而言,同一财产之上存在多个担保物权可能会产生优先顺位的问题。

担保物权无论是依担保权人占有,还是依担保物权登记或任何其他情形生效,其生效的确定时间是最早实现相关生效条件的时间(见第Ⅸ-3:103 条(担保物权以多种方法取得对抗效力))。

如果担保物权通过占有而生效,担保权人实际占有的时间便具有决定意义。依占有而生效的担保物权转让时,新担保权人必须实际占有,或转让人同意为受让人代为占有(第Ⅸ-5:301 条(担保物权的转让)第(3)款(c)项);只要符合其中一个条件,担保物权的优先顺位就不受影响,也就是说,转让人实际占有的时间仍然对决定优先顺位具有决定意义(见第Ⅸ-5:301 条第(4)款)。对于第Ⅸ-2:114 条(留置权)规定的留置权之上的担保物权,第Ⅸ-4:102 条(超优先顺位)第(3)款作出了优先顺位的特别规定。

无形财产的担保物权通过担保权人的实际控制而生效,担保权人实际控制担保财产的时间,是确定优先顺位的关键。对转让给其他担保权人的担保,和前款中的占有担保物权一样,适用相同的规定,参见第Ⅸ-5:301 条(担保物权的转让)第(3)款(c)项和第(4)款的规定。然而,需要注意的是,依第Ⅸ-4:102 条(超优先顺位)第(2)款第一句的规定,由实际控制而生效的担保物权与其他担保物权相比,具有超优先顺位。因此,只有多个担保权人因实际控制而生效的多个担保物权之间的关系,才适用本条的规定(第Ⅸ-4:102 条第(2)款第二句)。

对于不需要符合任何附加条件而生效的担保物权(例见第Ⅸ-3:101 条(对抗第三

人的效力)第(2)款规定的担保物权),其相关生效时间便是设立的时间。这些担保物权自设立时起生效。因此,根据前条第(2)款(a)项便可以确定其优先顺位。

I. 其他定限物权的相关生效时间

本条第(2)款(b)项针对定限物权而不是担保物权,其设立时间便能确定优先顺位的相关时间。本卷中的"设立"(第二章)和"对抗第三人的效力"(第三章)的不同在于,是否仅适用于担保物权。其他定限物权自设立时起有效,因此,此时间点也决定他们的优先顺位。

J. 无对抗效力的担保物权之间的优先顺位

至于多个完全无对抗效力的担保物权之间,根据本条第(4)款的规定,其优先顺位是依据担保物权的设立顺序决定的,即第二章要求设立担保物权需要符合的条件成就的时间(第Ⅸ-2:106条(通过创设而设立担保物权的时间)和第Ⅸ-2:113条(保留担保物权的要件)第(2)款)。依第三章的规定没有对抗效力的担保物权,不一定完全丧失对抗其他相冲突的担保权人的效力。其他竞合担保权人的担保物权或保留所有权交易不能取得对抗效力的,就其仅作为物权的持有人的地位而言,所有这些担保交易在这些担保人之间有对抗效力。这就可能出现担保人不是所担保债务的债务人的情形;因此竞合担保权人仅可依其担保物权,采取对抗担保人的行为,因为依第三章的规定还没有产生对抗效力;然而,只要债权人依其对担保人的履行请求权提起的个人强制执行程序,无论其是否有担保,无对抗效力的的担保物权,都不能对抗该强制执行程序(第Ⅸ-3:101条(对抗第三人的效力)第(1)款(b)项)。

K. 善意取得担保物权的优先顺位

本条第(5)款规定了特殊的优先权规则,这是优于任何优先顺位的。不顾同一财产之上在先设立的担保物权,善意取得担保物权的,该担保物权享有优于其他在先担保物权的优先顺位,而不需要考虑登记的顺序或本章中的其他一般规则。此优先权规则显然是担保物权领域中善意取得原则的核心。如果善意担保权人因善意受到保护,则在先的担保物权就被视作从未存在,即该受保护的担保权人的权利依善意取得的规定,优先于在先的担保物权。但是,此在先担保物权相对于其他担保权人的优先权地位,或其对抗担保人或第三人的效力,都不受影响。另外,作为第二优先顺位的担保物权,可能会减少参与分配担保财产变现利益的机会。本条第(5)款也不影响(新)担保物权的优先顺位,即依善意取得的担保物权相对于其他担保物权,如果有其他担保物权的话,都不再受善意取得原则的影响。

本条第(5)款适用于依本编的规定善意取得担保物权的各种情形,包括保留所有权交易项下的财产之上的担保物权的取得(第Ⅸ-2:208条(担保物权的善意取得)),在同一财产之上的不受在先担保物权限制的担保物权的取得,这是基于第Ⅸ-2:109

条(在担保财产之上善意取得担保物权)和第Ⅸ－2:111 条(现金、流通票据和无记名单证之上的担保物权)的规定,这些规定和依据第Ⅸ－3:322 条(担保人给予错误信息的法律后果)第(1)款和第Ⅸ－3:323 条(担保人为提供信息的法律后果)第(5)款的担保物权的善意取得一样,都不适用于所有权的取得(见第Ⅸ－6:102 条(因所有权的善意取得而导致担保物权的丧失))。善意取得担保财产的所有权,涉及同一财产之上的在先担保或保留所有权交易的消灭(见第Ⅸ－6:101 条(担保物权的消灭的情况)第(1)款(e)项)。

本条第(5)款的优先权规定的效力高于本章中所有其他优先权规定("一直有优先顺位");仅有的例外情况见第Ⅸ－4:108 条(优先顺位的变更)第(5)款的规定。从属合同依然存在一直具有优先权的可能性。

L. 特殊类型担保物权的例外规定

对于某些类型的担保物权而言,这些一般规则受第Ⅸ－4:102 条(超优先顺位)规定的例外情况限制。关于融资购买交易、通过实际占有或控制而生效的金融财产之上的担保物权以及留置权的的超优先顺位的特别规定,参见该规定的评论。

M. 有对抗效力的担保物权与无对抗效力的担保物权之间的优先顺位

在这两种担保物权之间,优先顺位的顺序依本条第(3)款确定。不管其设立时间的顺序,有对抗效力的担保物权优先于无对抗效力的担保物权。

同样的规定适用于有对抗效力的担保物权与不符合第三章的对抗第三人的效力条件的竞合的保留所有权交易之间(第Ⅸ－3:107 条(所有权担保方式的登记))。因为卖方或者出租方在面对第三人时,不能依赖保留所有权交易,所以同一财产之上有对抗效力的担保物权的持有人便占据优先地位。

担保物权之外的定限物权,与无对抗效力的担保物权之间的关系遵循与此相同的原则。尽管此种情况并未在本条款中明确规定——因为缺乏其他动产之上的定限物权,这种情况将很少发生——显然依第(2)款(a)项的规定,无对抗效力的担保物权永远不可能优先于其他定限物权,因为该担保物权根本不符合取得对抗效力的条件。

最后,有对抗效力的担保物权优先于无对抗效力的担保物权的基本原则,不受第Ⅸ－4:102 条(超优先顺位)的特别规定的限制。这些特别规定仅承认符合对抗效力条件的某些类型担保物权的超优先顺位。因此,根据第Ⅸ－4:102 条的规定,无对抗效力的担保物权均不能享有超优先顺位。

第Ⅸ-4:102条 超优先顺位

(1)根据本卷第三章的规定,具有对抗第三人效力的保留所有权交易,优先于担保人设立的任何担保物权或其他定限物权。

(2)因按照第Ⅸ-3:204条(金融财产的控制)所规定的控制,或依占有而取得对抗效力的金融财产之上的担保物权,优先于担保人所设立的任何担保物权或其他定限物权。如果已为不同的担保人取得了控制,则适用第Ⅸ-4:101条(优先顺位:一般规则)的第(1)款和第(2)款(a)的规定。

(3)依Ⅸ-2:114条(留置权)的规定,因留置标的物所产生的担保物权优先于该财产上的其他任何权利。

(4)上述规定受第Ⅸ-4:101条(优先顺位:一般规则)第(5)款和第Ⅸ-4:108条(优先顺位的改变)的规定的约束。

评 论

A. 超优先顺位概述

本条对于前条规定的优先顺位的一般原则规定了例外情况。某些种类的担保物权是因为所有权担保方式,或通过控制、占有而生效的金融财产之上的担保物权及留置权的本质属性而享有优先顺位的。特殊优先顺位意味着不管其相关时间的顺序,其优先顺位优于任何担保物权。即使其他竞合担保物权生效在先,特殊优先顺位的担保物权也具有优先顺位。仅有的例外情况规定在本条第(4)款中(见评论F)。

B. 作为所有权担保方式的担保物权

本条第(1)款规定的担保交易依本规则归入了所有权担保方式。该术语包括保留所有权交易和符合第Ⅸ-1:201条(定义)第(3)款(b)项规定的条件的担保物权(也就是定限物权)。面对其他竞合和冲突的物权,这两种所有权担保方式具有特殊的优先地位。但是,实际上保留所有权交易给予其持有者优先地位时,可能所适用的规则不同于本章规定的优先顺位原则。因此,这些评论首先涉及的是如所有权担保方式这样的担保物权,而留置权将包含在评论C中。

本条第(1)款赋予的所有权担保方式的优先顺位,可用于对抗同一财产之上的担保物权及其他定限物权。然而,担保人设立的物权是受限制的,也就是说,如果由所有权担保方式这种担保物权担保购买贷款,担保财产的买受人为担保人。相关财产应在出售前就已经设定担保,例如,卖方在这些财产之上设立了担保物权的,这些担保物权继续享有优先于后来为卖方或其他提供贷款的第三人设立的所有权担保方式的优先顺位。

本条第(1)款规定的主要效力可以通过以下例子来说明。运输公司所有人A在1月1日将其现有和未来的卡车为B银行设立担保物权,由B银行定期向A发放贷款。C也是一辆卡车的所有人,3月1日在其车辆上为D设立非占有担保物权。后来,C将其车辆于5月1日卖给A,但其以所有权担保方式保留了担保物权。此时,所有的担保物权在达成相关协议并登记后都已经产生对抗效力。在A与B之间,卡车因协议条款而设立了未来财产上的担保物权。因此,这是一个为B设立的担保物权。但是,即使B在此车辆上取得担保物权的对抗效力早于C,根据第(1)款规定,C依然享有所有权担保方式的优先于B的担保物权。D的地位并不受影响。因为D的担保物权不是由A设立(在此处A被认为是保留所有权方式的担保人),所以并不适用于第(1)款的规定。因为登记的时间更早,D的权利优先于C的担保物权。

此规则建立在下列政策的基础上。融资购买担保方式(这里,由卖方提供信贷)应得到比一般的非购买融资担保方式更好的保护,因为购买行为特别有利于经济的发展。此外,保护卖方提供的信贷,也有特殊的原因。因为作为投资者的银行通常与债务人保持着长期的合作关系,因此最好也在债务人的未来财产上为他们自己设立担保,正如前款中银行B的例子一样。另一方面,通常卖方不具备这种可能性。如果在出卖给买受人的财产上的担保物权只享有一般优先顺位,它们可能仅仅处于第二优先顺位,就会降低债权人从执行中实现担保物权的可能性。这种解决方式明显不公,偏袒银行,此外,相反还有一些给予卖方担保物权优先顺位的特殊原因。通过出卖财产和转让相关财产,卖方为最终用于买方的债权人的资产池作出了直接的贡献,其中一个债权人同时也是卖方,是价款的信贷人。因为没有该卖方的贡献,无论担保与否,就没有买方的其他债权人从出售的财产中实现债权的可能,所以该卖方在这些财产上享有优于其他担保权人的优先顺位是公平合理的。

但是,还需要注意,作为所有权担保方式的担保物权依本规定享有超优先顺位须具备两个条件:

第一,须有效对抗第三人。但,如果不符合第三章的条件,确定这种价款的担保物权的优先顺位便不能依前条第(1)款,而必须依第Ⅸ-4:101条(优先顺位:一般原则)第(3)款和第(4)款的规定。

第二,如果作为所有权担保方式的担保物权依第Ⅸ-3:107条(所有权担保方式的登记)第(1)款登记,它可以享有本条第(1)款项下的超优先顺位,但须依此规定在35日内登记才有效。如果这些条件不具备,该担保物权只能适用第Ⅸ-4:101条(优先顺位:一般原则),尤其是第(2)款(a)项的规定。

C. 保留所有权交易

保留所有权交易的持有人和作为所有权担保方式的担保物权的担保权人所享有

的优先顺位是相同的。虽然根本的法律制度也许不一样，也许包含其他法律概念的适用，但本章的优先顺位规则，尤其是本条第(1)款可以视为保留所有权交易的法律地位的重述。主要表现在以下几点：

(a)保留所有权交易的对抗效力优于其他竞合物权

只要符合本条第(1)款的规定，也就是说，如果保留所有权交易能有效对抗第三人，且登记没有超过第Ⅸ－3:107条(所有权担保方式的登记)第(1)款的35天的期限，保留所有权交易就优先于所有的由买受人、分期付款买受人、承租人、受托人(在本条中被视为担保人，见第Ⅸ－1:104条(保留所有权交易:适用规则)第(2)款)的在同一财产上设立的竞合担保物权或其他定限物权。此规定依据的政策，及对买受人、分期付款买受人、承租人、受托人或其他担保人所设立的担保物权适用本规定的限制，见上面的评论B。

本条第(1)款规定的的超优先顺位，与出卖人、供货人或出租人按照传统的保留所有权交易所得到的保护相同。因为买受人、分期付款买受人、承租人、受托人并不能取得所提供财产的所有权，除非已经授予这些人处分权或依据善意取得原则，否则第三人一般也不能就这些财产从买受人、分期付款买受人、承租人、受托人处得到更多的权利。无论所谓的物权转让的发生，是在保留所有权交易项下的财产取得之前还是之后，出卖人、供货人、出租人的权利，都优于在同一财产之上的第三人所声称从买受人、分期付款买受人、承租人、受托人处获得的权利。

当然，如果后者被授予处分权，或在这些财产上设立担保物权、或第三人可依赖善意取得规则，那么结果就会不同。如果并存的担保物权在保留所有权交易之前由出卖人、供货人，或出租人设立并生效，这些担保物权便成为出卖人、供货人或出租人(保留)的所有权的担保。即使在传统体制下，从后者取得权利的出卖人、供货人或出租人和其他人(包括买受人、分期付款买受人、承租人或受托人)也必须尊重这些担保物权。

(b)不具有对抗效力的保留所有权交易

如果保留所有权交易不具有对抗效力，则不适用本条第(1)款。在无对抗效力担保物权的情况下，保留所有权交易的优先顺位依第Ⅸ－4:101条(优先顺位:一般原则)第(3)～(4)款的规定确定。任何拥有在先设立的有对抗效力的担保物权甚至无对抗效力的担保物权的担保权人优先于该保留所有权交易的持有人。

这些结果与传统的所有权保留的体制度不同，这是有利于登记要求的结果，甚至第Ⅸ－3:107条(所有权担保方式的登记)规定的保留所有权交易也是如此。不经登记，保留所有权交易就不具备对抗第三人的效力要件。因此，可对抗第三人的有效的担保物权持有者优先于未登记保留所有权交易的持有者。

(c)超过第Ⅸ－3:107条(所有权担保方式的登记)规定的35天后登记的保留所有权交易

在第Ⅸ－3:107条的规定中，保留所有权交易超过35天的期限后登记也有对抗效力，但依本条第(1)款的规定不享有超优先顺位(见第Ⅸ－3:107条第(2)款)。

这样的保留所有权交易依然比之后生效的担保物权,更具有优先顺位。保留所有权交易的传统理解与遵循"不能给付自己没有的东西"的原则一样,它们在面对第三人时,效力相似。

然而,如果竞合担保物权比保留所有权交易更早取得对抗效力,后者便不能优先于其他担保权人的权利。主张优先顺位超过在先担保物权是第Ⅸ-3:107 条(所有权担保方式的登记)第(2)款的核心内容,它明确规定超优先顺位并不适用于 35 天届满后才登记的保留所有权交易。相反,不管保留所有权交易的持有人是否能够主张优先于第三人,他们在相关财产上的物权必须依第Ⅸ-4:101 条(优先顺位:一般原则)的基本原则确定,尤其是第(1)款和第(2)款的规定。通常认为保留所有权交易可以有效对抗第三人;但是,对于这种保留所有权交易形式的担保物权而言,其对抗效力受到限制,不能优先于在同一财产之上其他享有更高优先顺位的担保物权。

D. 因控制或占有而取得对抗效力的金融财产之上的担保物权

本条第(2)款给予所有金融财产之上的担保物权以超优先顺位,其依据第Ⅸ-3:204 条(金融财产的控制)控制或占有(见第Ⅸ-3:202 条(流通物权凭证和流通票据)和第Ⅸ-3:203 条(有证书的股票和债券))的规定而取得对抗效力。这种特殊优先顺位适用于同一财产上的任何其他担保物权,不管由谁设立或何时设立(此外,受第(4)款例外的限制)。而且,按照第(2)款规定,也给予此规定中的担保物权以优于所有权担保方式的超优先顺位。相对于第(1)款中的一般规则,这是一种例外规定:属于"特别法优于普通法"的原则。仅在有多个因控制而取得对抗效力的担保物权时,其优先顺位才适用第Ⅸ-4:101 条(优先顺位:一般规则)的规定,即根据取得对抗效力的相关时间顺序来确定优先顺位。

前款规定的主要目的在于,因实际控制或占有而取得对抗效力的金融财产上的担保物权,其优先权优于在欧盟担保物权登记簿上登记的同一财产之上的担保物权,应注意的是,由发行人运营的或为发行人运营的金融票据在登记簿上的登记或依内国法的规定是确定所有权的决定因素,同时,这些财产之上的担保物权可以视为是按照第Ⅸ-3:204 条(金融财产的控制)的规定实施控制的,而不是依据第三章第三节的规定登记的(见第Ⅸ-3:301 条(欧盟担保物权登记簿:其他登记或备案系统)第(3)款)。金融财产的控制或占有甚至有优先于在先登记的竞合担保物权。

这种对金融财产上的担保物权的优先待遇,是因担保权人通过实际控制或占有取得对抗效力,这与现代担保物权制度领域的共同理念是一致的。同样的规定也体现在《美国统一商法典》第 9 条(1999 年重订版,美国证券交易委员会。第Ⅸ-328 条)和《英国法律委员会关于修订英国公司担保法的建议》(2005 年第 296 号报告,登记草案 39 第(2)款)。更重要的是,该规定也反映了《金融担保指令》的观点。这一欧洲共同体立法第 3 条第(1)款和第 2 条第(2)款同样规定,控制或占有特定金融财产就足以取得这些财产之上的担保物权(参见其注释 9)。从理论上讲,存在争议的是,如果通过实际控制或占有金融财产可设立担保物权,这些规定应与《金融担保指令》保持一致,尽管这种担保不得不让渡优先权给在先登记取得对抗效力的担保物权。然而,这种思路明显违反了《金融担保指令》的立法精神,虽然与其措辞没有抵触。如果金融财产上的担保物权只具有第二顺位的优先权,对担保权人可能毫无意义。为了实行《金融担保指令》,必须确保取得金融财产之上的担保物权的担保权人享有第一顺位的优先顺位。

前一款规定中适用的《金融担保指令》阐明了这一规定的政策。取得金融担保财产之上的担保是值得鼓励的。担保权人没有义务查阅登记簿,以确定相关财产是否已经为其他担保权人设定了担保。尽管实际上有可能相应地限制了对登记担保物权的保护,但这一对登记债权人的不利条件似乎不会产生严重问题。第Ⅸ-3:204条(金融财产的控制)中的金融财产都是很容易处分的;如果担保权人也没有实际控制或占有这些金融财产,债权人会面临担保人未经授权处分这些财产的巨大风险,因此,每一个担保权人仅依赖这些财产之上的担保物权的登记是不可靠的。

特别是对现金、流通票据和无记名单证之上的占有担保物权的受让人(但是,不是通过控制而使担保物权有效)而言,类似的优先待遇也要遵循第Ⅸ-2:111条(现金、流通票据和无记名单证之上的担保物权)和第Ⅸ-4:101条(优先顺位:一般规则)的规定。依据这些规定,占有这些财产的担保权人的优先权总是优先于同一财产之上在先的担保物权。

E. 依第Ⅸ-2:114条规定的留置权

依本条第(3)款规定产生的特殊优先顺位并不适用于第Ⅸ-3:201条(占有)中因占有而取得对抗效力的所有担保物权,而是被限制在第Ⅸ-2:114条(留置权)规定的留置权范围内。

此规定背后的策略可做如下解释:认为留置权可以产生担保物权,通常适用于担保权人为修理、改进担保财产的工作(另一方当事人应当向该债权人支付费用)而占有担保财产或其他类似的情况(例见,修理人、受托人或运输人的留置权)。承认这种担保物权的超优先顺位,在一定程度上符合所有权担保方式的超优先顺位的正当性(评论B)。

F. 例外情况——第(4)款

本条第(4)款可用于除第(1)~(3)款列举的全部三种超优先顺位的情况之外的其他例外情形。如果在第Ⅸ-4:101条(优先顺位:一般规则)第(5)款和第Ⅸ-4:108条(优先顺位的变动)的范围之内,则担保物权或保留所有权交易并不享有第(1)~(3)款规定的超优先顺位。在有从合同的情况下,此合同依前条规定也会影响其超优先顺位;在担保物权或保留所有权交易项下的财产之上善意取得担保物权的,享有超优先顺位,原担保物权或保留所有权交易的优先顺位劣后于依善意取得而受到保护的担保权人的权利。

G. 本卷之外的优先顺位

本条不是欧洲示范民法典中唯一规定超优先顺位的条款。第Ⅷ-5:204条(担保物权的补充规定)第(3)款,也包含用于加工和附合的原材料的前所有权人的担保物权的类似规定。这些在新产品或附合财产上的担保物权,优于其他加工人或主体部分的所有权人的担保物权,即优先于新产品或附合财产的所有人的权利。第Ⅷ-5:204条第(3)款适用于两种情况:第一,原材料所有者与加工物或用于加工或附合的主体部分的所有权人之间没有达成协议(在这种情况下,依第八卷第五章中的规定而设立的担保物权被视为法定担保物权)。第二,两者之间达成协议,且协议规定的担保物权等同于在第八卷第五章第(4)款的规定的担保物权(见第Ⅷ-5:101条(当事人意思自治和其他相关规定))。在这两种情况下,前原材料所有人的担保物权的超优先顺位被视为在功能上等同于所有权担保方式的优先顺位。

第Ⅸ-4:103条　优先顺位的持续

(1)担保财产发生以下变化时,原优先顺位不受影响:

(a)担保财产成为动产的添附物;或

(b)担保财产被用于加工成新物,或与其他财产相互物混合或附合,只要担保物权的效力及于担保人对加工、混合而形成的财产所享有的权利。

(2)动产成为不动产的添附物时,除非调整不动产的法律另有规定外,也适用本条第(1)款(a)项。

评　论

A. 优先顺位的持续与区别优先顺位的特别规定

前面两条所依据的思路是,每一个担保物权或保留所有权交易的优先顺位是分别决定的,也就是说,就相关财产上的特定担保物权而言,其优先顺位取决于实际符合相关条件。本条和下一条采用了不同的方法。这些特殊规定之中的担保交易的优先顺位,可由其他财产之上的担保交易的优先顺位决定(如产生孳息和收益的主要财产,或被用来混合、附合或用于加工新产品的财产),也可由在同一财产上的担保交易的优先顺位决定。但是,必须要在他们的状态发生改变之前,如担保财产成为其他财产的附属成分的情况。如果其他担保交易的优先顺位对该担保物权的优先顺位的决定有关键作用,且享有超优先顺位,则此规定就显得异常重要。这种特殊优先顺位很可能持续下去(然而,对存在特殊优先顺位的担保物权和保留所有权交易的财产的孳息和收益,此规定受第Ⅸ-4:105条(孳息和收益:例外规定)的限制)。

一方面,本条遵循第Ⅸ-4:101条(优先顺位:一般规则)和第Ⅸ-4:102条(超优先顺位)的总体思路,另一方面,也符合第Ⅸ-4:103条至第Ⅸ-4:105条的规定,即使后面的规定不适用于任何特定的情形,上述所讨论的担保交易也并非没有任何保护。进一步说,这种担保交易的优先顺位的确定,适用第Ⅸ-4:101条和第Ⅸ-4:102条的一般规则(这特别在第Ⅸ-4:105条(孳息和收益:例外情况规定)的情况中详细说明)。但是,与依第Ⅸ-4:103至第Ⅸ-4:105条规定得到的结果相比,这些规定产生的可能是较低优先顺位的担保物权。

B. 例外的优先顺位的持续

担保人占有担保物权或保留所有权交易项下财产的,不可能不改变这种占有。这些财产,尤其是原材料、半成品或类似物品,会经常使用在担保人(或任何其他人占有的财产)的交易过程中。这种情况下的原担保物权的扩展、对抗效力的持续性和原担保交易的优先顺位一样,并非不言而喻的。相反,这些规则的通常规定是,动产上的担保物权的设立取决于相关财产当事人协议的规定,担保物权或保留所有权交易的对抗效力也通常依第三章中的有关担保财产的条件(也就是说,占有、控制或登记)的实现来决定。换句话说,赋予担保权人法律地位时,并非依据对每个担保权人的相对保护价值,或可利用的资金池的贡献的比较,而是基于相对严格的标准比如当事人协议。这就排除了担保物权或保留所有权交易项下的财产发生实质性改变之后,可能发生的的争议。通常若原始财产可被追踪和追寻至目前的状态,则担保物权都应该继续存在、对抗效力持续和保持其初始的优先顺位。而只有在由这些规则作出的特殊规定的范围内,那些实质性改变的担保交易会继续存在、持续对抗效力和保持初始的优先顺位。关于担保物权的持续存在和对抗效力的条件,参考第二章和第三章的规定。本条解决的问题是,如果有关担保物权保持存在和对抗效力,优先顺位是否可以持续?也就是说,即使担保物成为添附物或被用来加工、混合或附合,优先顺位是否不受影响。

C. 担保财产成为添附物

第(1)款(a)项和第(2)款规定担保财产成为另一财产的添附物的问题。"添附物"一词的定义见第Ⅸ-1:201条(定义)第(2)款。依第Ⅸ-1:104条(保留所有权交易:适用规则)第(1)款(c)项的规定,所涉及的"担保财产"在本条中也包括受保留所有权交易限制的财产。

事实上,受担保物权或保留所有权交易限制的财产,即使成为添附物,通常在实质上也会保持不变。除此之外,它已经是术语"添附物"的定义的一部分,添附物在与主物分离时,不会对每一财产造成实质性损害。所以除了担保财产之上的担保交易继续存在的情况外(见第Ⅸ-2:305(添附物之上的担保物权)第(2)款),其一般规则就是,即使担保财产成为添附物,这些担保交易的优先顺位也不受到影响(见第(1)款(a)项,如果主要财产是动产——并受例外情况的限制——第(2)款是对不动产作为主物的情况的规定)。

有关不动产的法律效力必须要作出专门规定,不是有意要涉及这些规定。按照第(2)款的规定,成为不动产的添附物的担保财产,只要与不动产的法律不发生矛盾,那么,这些财产之上的担保交易也继续享有初始的优先顺位。

D. 加工、混合和附合

加工、混合和附合的概念是由第八卷关于货物所有权转让的规定确定的(第八卷第五章)。在这些情形下,加工物、附合物和聚集物或混合物(混合的情况下)之上的权利取代了用于混合、附合或用于加工的(原始)财产之上的前物权。在原始财产之上的担保物权和保留所有权交易已经没有必要在加工、附合和混合后继续存在。这些作为成果的新产品在性质上,可能与原财产有很大差异。如果承认初始担保能够及于新产品之上,而不需要具备任何其他条件,将不利于其他债权人,尽管这种不利可能并不明显。关于担保物权和保留所有权交易在加工、混合和附合之后是否继续存在的问题,由第Ⅸ-2:307条、第Ⅸ-2:309条的规定解决。本条依普遍的观点,并未规定任何优先顺位持续的额外条件;如果担保交易在加工、混合、附合后依然存在,其优先顺位不受影响,也就是说,新产品上担保物权的优先顺位与用于加工、混合和附合的原财产之上的担保交易的优先顺位是相同的。

第Ⅸ-4:104条　孳息和收益:一般规则

(1)以下类型的财产上的孳息和收益之上的担保物权,维持初始担保财产之上的担保物权的优先顺位:

(a)与初始担保财产种类相同的孳息和收益;

(b)因初始担保财产的缺陷、损坏或灭失而产生的给付请求权,包括保险收益;

(c)初始担保财产的担保物权登记的已经涵盖的孳息和收益。

(2)在未为第(1)款所规定的情况下,孳息和收益之上的担保物权的优先顺位,依第Ⅸ-4:101条(优先顺位:一般规则)和第Ⅸ-4:102条(超优先顺位)的一般规则予以确定。

评　论

A. 一般规则

优先顺位的分别确定与持续的区别在前条评论A中已经予以解释。本条和第

Ⅸ－4:105条（孳息和收益:例外情况）是对初始的担保或保留所有权交易项下财产上的孳息和收益的规定（基于第Ⅸ－1:104条（保留所有权交易:适用规则）第（1）款（c）项的规定）。即使孳息和收益之上的担保物权与初始担保财产之上的担保物权不同，依本条和下一条的规定，孳息和收益的担保物权可在最大范围内，继续享有初始担保交易的优先顺位。

本条款与下一条款依据的是担保权人的物权及于孳息和收益的设想，且这些扩展的担保与初始担保交易一样，均可有效对抗第三人。这种优先问题由第二章和第三章规定。本条款的重要性在于，如果分别确定优先顺位的话，与适用于孳息和收益之上担保交易的规定相比，初始担保财产之上的担保交易，则可享有较有利的优先顺位。即使担保权人拥有初始担保或保留所有权交易项下财产之上的孳息和收益的所有权，这种担保物权仍可能晚于初始担保物权的产生和取得对抗效力。如果后一时间点与优先顺位的确定有关，则孳息和收益的担保物权与其他竞合担保物权相比，在优先顺位方面处于劣势。如果初始担保财产之上的担保交易依第Ⅸ－4:102条（超优先顺位）的规定享有超优先顺位，则优先顺位的保持就显得更加重要。但是孳息和收益的超优先顺位的持续却受第Ⅸ－4:105条（孳息和收益:例外情况）中的附加规定的约束。

然而，需要强调的是，即使本条没有关于优先顺位持续的规定，相关担保物权也依然视为有对抗效力，且它们的优先顺位按照一般规则确定，即特别是依第Ⅸ－1:104条（见前条第（2）款）的规定确定。

B. 与初始担保财产种类一致的孳息和收益

本条包括三种类型的孳息和收益。首先，依本条第（1）款（a）项，与初始担保或保留所有权交易项下的财产种类相同的孳息和收益之上的担保物权，继续保持其原财产之上担保交易的优先顺位。例如非占有担保中，一群设定担保的羊所生育的小羊。因为，如果孳息和收益与初始担保财产种类相同，而孳息和收益也设定了担保，就优先顺位而言，分别适用不同的规定显然不合理。

然而，需要注意的是，这种类型的孳息和收益的重要性是有限的，因为它与本条（C）项中规定的情况有大量的重叠。如果孳息和收益与初始担保或保留所有权交易项下的财产种类相同，除非登记事项仅限于个人的初始担保，否则孳息和收益通常也会记载在登记簿中。

C. 因原物缺陷、损坏或灭失而引起赔偿请求权

本条所规定的第二种孳息和收益是对原物缺陷、损坏或灭失的赔偿请求权（第（1）款（b）项）。此类收益的担保物权仍然保持着初始担保物的担保中的优先顺位的理由，和证明担保交易自动扩展至这类收益的的依据是相同的（第Ⅸ－2:306条（担保财产的收益）第（1）款））。赔偿请求权只不过是损坏或灭失的原始财产的替代品而已。为了保护担保权人，担保物权的优先顺位必须没有任何变化地及于收益之上（如果在收益

之上的担保物权的优先顺位必须另外确定，优先顺位将由赔偿请求权产生的时间确定，见第Ⅸ－1:101 条（优先顺位：一般规则）第（2）款（a）项和第Ⅸ－3:101 条（对抗第三人的效力）第（2）款）。因为这些赔偿数额与初始担保物的损坏的价值相一致，并没有涉及价值的增多，所以不会对其他担保权人的利益造成影响。

D. 初始登记的孳息和收益

本条款最后一类是初始登记中的孳息和收益，也就是说，在欧盟担保物权登记簿的登记事项中所包括的初始担保财产之上的担保物权和保留所有权交易。

很大程度上，本条第（1）款（c）项明确规定的仅是经公示的这一类型的孳息和收益。如果初始登记中也包括孳息和收益（在孳息和收益之上的担保物权通常仅在符合条件时产生对抗效力，见第Ⅸ－3:310 条（担保人的身份，担保财产的描述和登记的效力）第（1）款（b）项第二句）的规定，即使没有特别规定在本条第（1）款（c）项中，孳息和收益之上的担保物权的优先顺位，仍然依第Ⅸ－4:101 条（优先顺位：一般规则）第（2）款（a）项的规定，由初始登记的日期决定。然而，因为初始担保财产的孳息和收益的登记效力的扩展是很重要的制度，所以在孳息和收益之上的担保物权与初始担保物权或保留所有权交易享有同样的优先顺位的情况下，这种明确规定至少可以起到澄清该问题的作用。

而且，对于初始登记所包含的孳息和收益而言，在初始担保交易依第Ⅸ－4:102 条（超优先顺位）的规定享有超优先顺位时，初始担保交易的优先顺位的持续也是特别重要的。如果孳息和收益记载入初始登记之中，债权人 A 的担保物权是从出售所有权担保方式项下的财产所得到的收益中取得的，那么，A 的担保物权优于买方或承租人 B 在这些收益之上为担保权人 C 设立的担保物权（见第Ⅸ－4:105 条（孳息和收益：例外情况）第（2）款（b）项和此条的评论）。

第Ⅸ－4:105 条　孳息和收益：例外规定

（1）所有权担保方式的标的物或第Ⅷ－5:204 条（关于担保物权的补充规定）第 3 款所规定的财产的孳息和收益之上的担保物权，不具有初始担保财产之上的担保物权的超优先顺位。

（2）前款规定并不影响以下财产之上的担保物权的超优先顺位：

（a）由于初始担保财产的缺陷、损坏或灭失而产生的给付请求权，包括保险收益。

（b）初始担保财产的变价收益。

评　论

A. 一般规则

我们已经指出(参见前一条评论A),初始担保交易的优先顺位保留下来,并依第Ⅸ-4:102条(超优先顺位)的规定享有超优先顺位的情况下,优先顺位的持续至少具有潜在的重要性。比如:如果初始担保权人持有保留所有权交易或作为所有权担保方式的担保物权,那么收益本身之上的担保物权就不再视为这些特殊类型的担保物权之一了。因此,如果担保权可以保留初始保留所有权交易或其他所有权担保方式的超优先顺位的话,则可依第Ⅸ-4:102条(即,优先于在同一收益之上为其他担保人设立的在先担保物权)的规定享有超优先顺位。

前条所规定的优先顺位持续的基本规则,也可以适用于初始担保或保留所有权交易项下财产的孳息和收益之上的担保物权。但是,对于受所有权担保方式限制的或受第Ⅷ-5:204条(关于担保物权的补充规定)第(3)款规定的担保物权限制的财产的孳息和收益,前条的适用不得违背本条的特别规定。本条第(1)款规定的基本原则是,这类孳息和收益之上的担保物权不享有超优先顺位;然而,这种限制在第(2)款中得到了部分的修正。

前条的例外规定并未包含所有类型的享有超优先顺位的担保物权。对于因控制或占有而具有对抗效力的担保物权项下的金融财产的孳息和收益,或留置权基础上的担保物权项下财产的孳息和收益,第Ⅸ-4:104条(孳息和收益:一般规则)关于优先权持续的一般规则,不受影响。这是因为,担保物权可能扩展的孳息和收益,通常是那些依本条第(2)款的规定不受第(1)款限制的财产。对于不属于第(2)款规定的孳息和收益的类型,在担保财产仍然可能由担保人占有时,只和担保物权有关。

B. 一般规则:孳息和收益的担保物权不具有超优先顺位的持续——第(1)款

一般情况下,受所有权担保方式限制或包含于Ⅷ-5:204条(关于担保物权的补充规定)第(3)款规定中的孳息和收益的担保物权不享有超优先顺位。

例如,担保人出租受所有权担保方式限制的财产的,且担保物权及于初始担保财产之上的民事收益时,收益之上的担保物权(即租金请求权)仅是普通的优先顺位,即其优先顺位受同一财产之上为其他担保权人设立的在先取得对抗效力的担保物权的限制。

限制初始担保物权的超优先顺位的理由如下,保留所有权交易和作为所有权担保方式的担保物权应享有超优先顺位,因为这些担保方式所限制的财产不是由担保人取得的,而是这些不同担保方式的各自持有人给予债权人的。这种情况与第Ⅷ-5:204

条(关于担保物权的补充规定)第(3)款规定的担保物权项下的财产相似。然而,担保人支出的额外费用,比如市场费用或商业正常支出,是这些原始财产产生的必要的孳息和收益,这些孳息和收益之上的担保物权通常不应享有同样的超优先顺位。

C. 例外——第(2)款

第(1)款的两种例外规则是依据第(2)款而规定的。如果前条有规定,则第Ⅷ－5:204 条(关于担保物权的补充规定)第(3)款中的所有权担保方式和保留所有权交易所限制的财产之上的这两种类型的孳息和收益则可以继续享有超优先顺位。

根据(a)项的规定,因初始担保或保留所有权交易(第 2 款中涉及的抵押也包括是保留所有权交易,见第Ⅸ－1:104 条(保留所有权交易:适用规则)第 1 款(c))项下财产的缺陷、损坏或灭失产生的赔偿请求权,包括保险收益,不适用第(1)款的规定,即此种担保物权的收益可保留初始担保物权的超优先顺位。这种例外的依据是,初始担保或保留所有权交易项下的财产因缺陷、损坏或灭失产生的赔偿请求权可以视为是原财产的替代品,而不能再作为担保权人的担保。因为担保人并没有增加价值,如果在这些收益上的担保物权不能得到和初始担保财产之上的担保交易相同的待遇,则担保权人会处于不利的的地位。这种结果和第Ⅸ－2:306 条(担保财产的收益)中的初始担保在此类收益中的自动扩展相一致。

(b)项包含了原始担保或保留所有权交易项下财产的出售所得收益问题。与(a)项不同,出售所得收益不能依第Ⅸ－2:306 条(担保财产的收益)第(1)款的规定自动包含在初始担保中,相反,必须要有当事人协议。此外,这些担保物权还必须登记(见第Ⅸ－3:310 条(担保人的身份,担保财产的描述,和登记的效力)第(2)款(a)项第二句)。这种区别对待的原因是,出售所得的收益常常包括因卖方的努力所得到的利润。无论是否设定担保,自动地将初始担保物权及于这些收益,对其他债权人是不公平的。然而,如果当事人的协议中规定了自动扩展的效力,那么担保权人将会丧失出售初始担保财产给第三人的权利,或至少操作起来会变得困难,因此应该保护担保权人初始权利的优先顺位的持续。所以,如果因保留所有权交易或作为所有权担保方式的担保物权而产生的卖方的权利及于原财产出售所得的收益,则这种收益之上的担保物权,优先于同一收益之上的为其他担保权人设立的担保物权,即使后者先于前者登记。这种处理结果与一些国家的制度尤其是德国法,是相一致的。基于对保留所有权交易的传统理解,保留所有权交易的扩展与收益让与的在先担保之间的优先顺位冲突才得到解决。然而,优先顺位概念的使用,允许这种不顾及诸如“善良风俗”这样的一般原则的做法,但不具有普遍性,有必要依传统方法以实现合理的经济目的。

第Ⅸ-4:106条　担保财产的进口

担保财产从欧盟成员国之外带入本地区的,在进入欧盟之前已经生效的担保物权,只有符合第Ⅸ-3:108条(担保财产的进口)规定的条件,其优先顺位才予以保留。

评　论

不要误认为本规定是国际私法的规则。在担保财产进入欧盟前,担保物权(或保留所有权交易,见第Ⅸ-1:104条(保留所有权交易:适用规则)第(1)款(c)项)的对抗效力是如何确定以及适用何种法律,不是本条所要讨论的问题。本条规定的唯一条件是财产之上的担保交易进入欧盟之前就已经具有对抗效力。

本条只在实体法的范围内,确定进入欧盟后所产生的优先顺位的问题。如果(因为第三章所规定相关的对抗效力的要件须按照第Ⅸ-3:108条(担保财产的进口)中的规定,在三个月的期限内实现)担保交易按照第Ⅸ-3:108条仍被视为有对抗效力,依据此规则,此担保物权的优先地位与进口之前保持一致。实际上,担保物权初始生效的时间仍继续决定着优先顺位的顺序。如果担保物权或保留所有权交易在担保财产进口之前享有超优先顺位,则按照这些规则,这种优先待遇仍会得到支持。

反之,如果担保财产在进入欧盟之前,担保交易依准据法的规定,还没有取得对抗效力的,或不符合第Ⅸ-3:108条规定的条件(例如,此规定要求的三个月的登记生效时间已届满),但只要符合第三章的要求,担保物权或保留所有权交易则依然被视为有对抗效力。如果担保财产在进口后,其他担保权人也在同一财产之上主张竞合的担保物权,担保的优先顺位依本章中的一般规则进行确定,即至少在通常情况下,担保财产进口之后取得对抗效力的时间对于在同一财产之上的竞合担保物权的优先顺位的顺序是具有决定性的。(见第Ⅸ-4:101条(优先顺位:一般规则)的概述中的第(2)款(a)项)。

第Ⅸ-4:107条　债权人执行的优先顺位

就优先顺位的确立而言,只要根据执行地的程序规则,对这些财产的执行程序的所有前提条件都已经实现,执行债权人自对特定财产开始执行之时起,即被视为取得有对抗效力的担保物权。

评　论

本条解决债权人执行的优先地位问题,即担保人的债权人基于对担保人的金钱债权而提起执行程序的问题。依第Ⅸ－3:101条(对抗第三人的效力)第(1)款(b)项的规定,不符合第三章规定条件的担保物权,对于提起这些财产执行程序的债权人而言,是无效的。然而,此规则保留了有效担保交易面对执行债权人时的关系问题。需要指出的是,必须确定在什么条件下,执行债权人的权利优先于持有有效担保交易的担保权人,反之亦然。

似乎广泛接受的观点是,仅在特定限制条件下,执行债权人的权利才能够优先于依协议设立的有效担保物权,至于如何实现这样的结果却没有统一的方法。其中一种办法是按照某些成员国的内国法,无担保债权人提起的执行程序所产生的有利于该债权人的担保物权。然而,这种做法不能被视为构成了共同的欧洲法律原则,因为程序法上的不一致,第七章的有关执行的一般规则也难以和上述办法保持一致。

本条规则确定的解决方式并不具有深远意义。对于优先顺位的目的,也就是说,为确定担保物权和同一财产之上其他定限物权之间的关系,如果按照执行地的程序法,提起特定财产上的执行程序的所有前提都得到满足,执行债权人就被视为享有有效的担保物权。从开始提起相关财产的执行程序时,担保物权视为生效。生效的时间决定着这种虚构的担保物权的优先地位(见第Ⅸ－4:101条(优先顺位:一般规则)第(2)款的一般原则)。如果竞合担保物权在执行程序开始之前就已经生效,执行债权人将不得不把优先顺位让渡给这些担保物权。

本条并不对执行程序开始的具体时间和执行特定财产需符合的条件作出具体规定。对于最后所提及的条件,本条明确地规定了执行地的程序法是决定性的。假如金钱支付的判决不能得到实现时,这种不同的国内程序法也适用于确定执行程序的开始时间。依据各国程序法,债权人申请判决的执行程序需要符合的条件是不同的。因此,除了执行程序必须已经指向特定财产的事实以外,这里没有规定其他更明确的条件。

第Ⅸ-4:108条 优先顺位的变动

(1)同一财产的担保物权与其他担保物权以及其他定限物权之间的优先顺位,可以依其权利因优先顺位的改变而受影响的所有权利人之间的文本形式的协议而改变。

(2)取得因优先顺位的改变而受到不利影响的担保物权或限定物权的第三人,只有在欧盟担保物权登记簿的担保物权登记已作相应修正的情况下,或在转让时第三人知道或应当知道优先顺位改变时,才受到约束。

评 论

当按照第Ⅸ-4:101条(优先顺位:一般规则)至第Ⅸ-4:107条(执行债权人的优先顺位)的规定,不同担保交易(也包括不同于担保物权的定限物权)之间的优先顺位由法律确定时,在优先顺位的范围内,本条第(1)款也赋予当事人意思自治原则以法律效力。如果有关当事人,即会受到影响的物权持有人同意的,则优先顺位的顺序可以依书面形式的协议进行改变。有关"书面形式"的含义见第1.-1:106条("书面形式"及相似表述)的规定。

一般情况下,这种协议无须登记便可生效。但是,本条第(2)款规定因优先顺位改变而受到消极影响的物权(无论是保留所有权交易、担保物权或其他定限物权)的受让人可在一定条件下不受优先顺位改变的影响,也就是说,可以获得与优先顺位改变前的初始优先地位相一致的物权。只有第三方受让人知道或应当知道变更优先顺位的协议的,或此变更已经在登记簿上进行了登记,即,如果受让人取得因优先顺位变更而受到消极影响的已登记担保物权或保留所有权交易的,或如果在欧盟担保物权登记簿上登记的担保物权已经做了指明优先顺位变更修正的(参见第Ⅸ-3:311条(登记事项的修正)),第三方受让人才受到相应约束。登记通常也被视为受让人对优先顺位变更的有效公示;这也在第(2)款中作出了明确的规定,因为这形成了一种最常见的方式,可以用来约束此协议的第三方受让人。

因为协议本身并不包含公示这一因素,而公示通常对第三方受让人的物权效力极其重要(也就是说,优先顺位的顺序),因此对于本条第(2)款规定的第三方受让人的相关权利而言,限制优先顺位变更协议的效力具有合理性。因而第三方受让人一般有权相信明确显示在登记簿的内容中的优先顺位的顺序。

第五章　违约前的规则

第一节　一 般 原 则

第Ⅸ－5:101 条　一般原则

（1）担保人和担保权人可以自由决定与担保财产有关的相互关系，但本示范规则另有规定的除外。

（2）违约前所达成的担保权人取得担保财产所有权的协议，或有类似效果的协议，均为无效，但另有明确规定的除外。本款不适用于保留所有权交易。

评　论

A. 违约前阶段

第五章的内容包括违约事件发生之前的担保物权以及与之相关的权利义务的规定，一旦发生违约（见第Ⅸ－1:201 条（定义）第（5）款），担保权人的权利和救济可以适用第七章的规定。

无论以后是否存在违约，本章的规则都可以适用。违约前的阶段只不过是在第二章规定的担保交易的设立和终止之间的，或多或少地被延伸的期限——其终止是因担保义务的正常履行或符合第六章规定的其他条件——或依第七章规定的非司法强制执行而终止。

B. 违约前的规则：担保物权的设立和生效

本章的违约前的规则，焦点在于担保权人和担保人之间的内部关系（尤其见第一、二、三节的规定）。因此，担保物权或保留所有权交易仅需合法设立即可，依据第三章的规定取得的对抗第三人的效力一般不需要适用这些规定。

本章第三节规定了当事人的变更。担保物权的受让人或担保财产的受让人都受到初始担保交易的约束。在这两种情况中，都有个人物权转让给受让人的事实（担保物权或保留所有权交易项下财产的转让见第Ⅸ－5:301条（担保物权的转让）第（2）款）。这里，并不要求转让的担保必须依第三章的规定才有对抗第三人的效力。但是，第三节也规定了转让之后对抗效力持续的问题。这种特定的结果明显地只适用于在担保交易或担保物权或保留所有权交易项下财产的转让之前，相关担保交易依第三章的规定已经可有效对抗第三人的情况。

C. 保留所有权交易

一般来讲，本章所有规定不仅适用于担保物权，也适用于保留所有权交易（见第Ⅸ－1:104条（保留所有权交易：适用规则）第（1）款（c）项）。

第一节与第Ⅸ－5:201条（担保财产的保管和保险）规定的一般原则，确实是没有任何保留的。在第二节的第一分节中，担保人的权利和义务也适用于保留所有权交易下的买受人、分期付款买受人、承租人或受托人。然而，因为现实原因，此原则对第二节的第二分节的保留所有权交易的持有人是不适用的，因为出售人、供应人或出租人很少占有所提供的财产。最后，第三节和第四节在第Ⅸ－5:303条（担保财产的转让）的变通规定，可准用于保留所有权交易。至于保留所有权交易的个别条款，其适用的细节见相关规定的注释。

D. 当事人确立担保财产之上的相互关系的自由

本条第（1）款支持当事人自由决定其担保财产之上的相互关系的原则。当然，合同自由原则已经铭记在第Ⅱ－1:102条（当事人意思自治）第（1）款。但是，在物权法领域，并不清楚当事人是否享有这种自由，这就解释了必须在这里确认此原则的原因。

在担保权人和担保人之间，必须区分他们之间相互关系的两种不同类型的基础。第一种类型是物权担保合同，这是纯粹的合同关系。这种特殊类型的合同不是本卷所涵盖的内容，但是，它也受合同法基本原则的约束，不言而喻，基本原则中包含着合同自由的原则。除此之外，担保权人和担保人的关系，也受到建立在担保物权的根本原则上的物权法的约束。在违约事件的结果的范围之内，当这些原则具有强制性时（见第七章），当事人通常可以自由地确定违约之前的担保物权的条款，比如在其他人之间安排担保权人和担保人关于使用财产的权利，担保财产的保管责任或在违约之前关于担保物权和担保财产的其他权利和义务。

需要强调的是，这些权利和义务不应仅仅作为担保物权合同的一部分。在担保权人和担保人之间的规定其相互关系的条款，也可以用以拘束反对及支持第三人从原当事人取得担保财产或担保物权（见本章第三节）。担保物权的这种拘束力的扩展不能解释为合同权利让与或合同地位转让的结果，尤其是因为担保物权或担保财产的转让，可能会引起本章规定的未经另一方当事人同意的债务人替代的情况。

然而，甚至在违约前的阶段，当事人自由决定担保财产之上的相互关系的原则也不是没有限制和例外的(见本条第(1)款的最后规定)。虽然第五章中明确规定了一些例外情况,但是,大部分例外情况则包含在本条第(2)款中。仅仅依据明示的的协议才能偏离本章规定的违约规则,这样的限制可以视为是对当事人默示协议的排除。

E. 违约之前或违约时的债务抵偿

本条第(2)款规定了一个人人皆知的罗马法原则(解除约款)——尽管受不断增多的例外情况的限制,但该原则仍被各个成员国广泛采用。担保人不能依违约前缔结的担保财产抵偿债务的协议而被剥夺财产。第(2)款规定禁止约定担保人违约之前或违约时转让所有权给担保权人;违约后协议生效的问题规定在第Ⅸ－7:105 条(流质契约)中。

上述禁止性规定的正当理由是,担保财产抵偿债务的协议,即把未担保的所有权转让给担保权人,以抵消担保义务的协议,对担保人而言,有着巨大的风险。担保财产的价值也许远远超过担保物权的数额;同意违约之前就以担保财产抵偿债务,担保人会失去所有的保护,这些保护是为了担保人防止其财产价值的减少,并可用以对抗担保权人的正常权利,以及违约后的救济。

本条第(2)款的最后部分是本规则的例外情况。其中一种例外情况见第Ⅸ－5:208 条(以法定孳息抵偿债务)(甚至在违约之前,主要财产中所包含的担保物权的法定孳息就可以用来实现担保物权的);另一种明显的例外情况见第Ⅸ－5:207 条(有权处分金融财产的银行),如果当事人明示同意,它允许银行处分担保的金融财产和以其抵债。但是,这仅仅是一种暂时的许可,因为银行有义务按照第Ⅸ－5:207 条(有权处分金融财产的银行)第(2)款的规定对相等价值的财产再次转让。

最后,本条第(2)款明确规定,所有权的担保转让和售后回租的协议是不会无效的。虽然当事人可能有把所有权转让给担保权人的意图,但这仅仅是以担保为目的的转让,而不是本规定意义内的以担保财产抵债。因此,这两种形式的交易,在本卷中被视为设立了仅可作为定限物权的担保物权(见第Ⅸ－1:102 条(动产担保物权)第(4)款),也就是说,担保人依然被视为相关财产的所有权人。此外,应进一步指出,如须依第(2)款的要求,在缔结协议时,所有权的担保转让或相关财产的售后回租协议尚未设定担保。

F. 保留所有权交易

与第Ⅸ－1:104 条(保留所有权交易:适用规则)第(1)款(c)项的规定一样,本条第(1)款不仅适用于担保物权,也适用于保留所有权交易。从历史上看,在法律实践中,保留所有权交易得到了发展。而契约自由原则在保留所有权交易中的适用,是为了克服传统的担保物权的某些限制。因此,一般情况下,当事人也应该依据这些规定享有这样的自由。

第二节 担保财产

第Ⅸ-5:201条 担保财产的保管和保险

(1)占有担保财产的当事人有义务将这些财产与其他人的财产区别开来保管,且必须善尽合理的注意义务,以保持和维护这些财产。

(2)其他当事人有权在任何合理的时间检查这些担保财产。

(3)担保人有义务像一个审慎的所有人在财产处于相同情形时通常会投保的那样为担保财产投保,以抵御相关风险。应担保权人的要求,担保人必须提供承保范围的证明。没有或仅有不充足的承保范围或没有此类证明的,担保权人有权办理充足的保险,且将相关费用加入担保债权的范围内。

评 论

A. 善意原则的具体适用

本条规定,无论哪一方当事人占有担保财产,即占有担保物权的担保权人和非占有担保物权的担保人,都有保管义务。这与担保财产的所有权是没有关系的。在财产之上设立非占有担保物权的担保人,同受保留所有权交易约束的买受人、分期付款买受人、承租人或受托人一样受相同的拘束(见第Ⅸ-1:104条(保留所有权交易:适用规则)第(1)款(c)项)。

这种对担保财产的保管义务可被理解为是善意原则的适用。如果担保人占有担保物,这是在遵循担保物权的通常目的(也就是说,用担保物的价值来实现担保义务履行请求权),担保人必须确保担保物权或保留所有权交易项下的财产处于较好的保存条件,以免担保权人的担保变得毫无价值。

在占有担保中,担保权人有义务对担保人承担保管义务是因为担保财产的所有权仍然属于担保人(保留所有权交易通常不包含担保权人对财产的占有)。担保权人对担保财产只有定限物权。因此,担保权人应当负有为担保人管理其财产的义务。

B. 保管和维护

保管和维护的义务构成本条第(1)款规定义务的核心内容。担保财产的占有人对担保财产的价值常见的贬损没有严格责任,仅对因在保管和维护时未尽到合理的注意义务引起的损失负责。

C. 使财产确定的义务

另外，依本条第（1）款规定，担保财产占有方有义务使担保物权或保留所有权交易项下的财产具有确定性。此义务的目的在于，防止其他当事人担保财产之上的物权因为与持有人或第三人的同类财产混合而丧失。即便与其他财产一起存放，只要它们仍然可以区别开来，就没有必要把担保物权或保留所有权交易项下的财产单独存放。

D. 检查的权利

因为只有担保财产占有方（物理上）控制着担保财产，其他当事人就有必要为了调查相关财产的状况，随时检查担保财产。作为违约前的规则，第Ⅸ－5:201条（担保财产的保管和保险）第（2）款赋予他方当事人在任何合理时间检查担保财产的权利。当然，当事人可对任何其他时间和具体的检查方式自愿达成一致意见。

E. 保险

依据本条第（3）款第一句的规定，担保人有义务对担保物权或保留所有权交易项下的财产投保。与本条第（1）款不同的是，即使担保财产由担保权人占有，担保人也要进行投保。担保财产的担保物权旨在给予担保权人在担保财产之上实现担保物权的可能。如果担保物权或保留所有权交易项下的财产损毁或灭失，那么，至少担保权人依保险合同有权要求理赔。这一立场与第Ⅸ－2:306条（初始担保财产的收益）第（1）款的规定一致，即担保物权扩展至保险赔偿金。

投保义务的保险范围仅限于审慎的所有人通常在财产所在地所投保的风险。

要求提供保险责任范围的证据的可能性（本条第（3）款第二句），使担保权人可以核实担保人是否实际履行了本条第（3）款第一句规定的义务。虽然担保权人或许总是自付费用对担保财产投保，但当担保人自己没有对担保财产进行充分的投保或不能提供其证据的，担保权人也可以自己投保并要求投保人承担保险费。

F. 制裁

依据本条款规定，任何义务的不履行都会产生第三卷第三章所规定的不履行义务时的通常救济方式。最常见的救济方式是赔偿。如果担保权人不符合本条第（1）款规定的标准，则须对担保人受到的损失负责。然而，在确定损失的数额时，必须考虑担保权人可能已执行的相关财产之上的物权的情况。担保人应当为担保权人可能从物权实现其债权金额的减少而承担责任。对担保权人的损害赔偿请求权的计算的详细说明，见第Ⅸ－5:205条（未经授权的使用或处分）的评论A。

G. 例外及相反的协议规定

因本条仅规定违约规则，所以当事人可以自愿达成内容与此相反的协议（见第

Ⅸ－5:101 条(一般原则)第(1)款)。除此之外,下一分节包含了一系列允许担保财产持有人使用或处分担保财产的规定。当然,这两种可能性是不能并存的,且推翻了保管、维护和保持该财产的确定性的义务。

第一分节　担保人的权利和义务

第Ⅸ－5:202 条　一般权利

担保人有权占有担保财产时,担保人才有权以合理方式使用这些财产。

评　论

A. 概述

本条和本分节的其他规定都是关于非占有担保的。从历史上看,发展这种类型的担保物权的实际目的就是使担保人能够继续使用担保财产。担保财产必须由担保权人占有(如传统的占有担保的情况),也不能适用于经济目的,而且还必须被视为无收益的呆滞资本。作为违约规则,本条规定在非占有担保的情况下,担保人有权以合理方式使用担保财产。

按照第Ⅸ－1:104 条(保留所有权交易:适用规则)第(1)款(c)项的规定,本条不仅仅适用于担保物权,同时也适用于保留所有权交易。在此种担保中,因为买受人、分期付款买受人、承租人或受托人通常都会占有提供的财产,所以,对其使用权加以合理使用限制尤其重要。

B. 以合理方式使用

何为经许可的合理使用,要视案件的具体情况和担保财产的性质而定。担保汽车用于日常运输(可认为不能用来横穿大陆的旅行)、固定的机器用于担保人的日常生产而在原地继续使用(但是未经担保权人的同意,不得在另外的地点拆除和重装)、租车公司的车可继续出租给客户。这些在合理限度内的使用,可能会导致担保物权或保留所有权交易项下的财产遭受一定的损耗。但是,对担保物进行实质的利用和处分的行为,都不认为是本条范围内的合理使用方式,以下两条包含着相反例证的详细规定。

C. 处罚措施

如果担保人未合理使用担保财产,担保权人可以获得禁止这种不合理使用的禁令;如果有约定的,未经许可的不合理使用也可能会构成违约(见第Ⅸ－1:201 条(定义)第(5)款(b)项)。此外,如果担保人的行为造成了担保财产的价值贬损,并导致担保物权丧失,则担保权人可以要求赔偿。更多的担保人对担保权人的义务,详见第Ⅸ－5:205条(无权使用和处置)的评论。

第Ⅸ－5:203条 已担保的工业原料的使用

占有已经设定担保的工业原料(比如原材料或半成品)的担保人,可以加工这些原料,但当事人明文禁止的除外。

评 论

本条包括担保人占有的工业原料作为担保财产的特殊情况,这也构成前两条规定的例外。正如本章中的一般规则,工业原料在受担保物权和保留所有权交易限制的两种情况下,均适用本条(第Ⅸ－1:104条(保留所有权交易:适用规则)第(1)款(c)项的规定)。

此外,非占有担保的目的之一在于担保物权和保留所有权交易项下的财产能够为经济目的而继续使用。这种使用依第Ⅸ－5:202条(一般权利)的规定是不允许的,因为这通常包括了原始担保财产的毁损和担保权人担保物权的丧失的情形。然而,允许担保人占有的担保工业原料用于商业生产的行为,是能够充分理解和具有经济合理性的,并在一定程度上也符合担保权人自己的利益。本条规定在出现违约情况时,赋予担保人这一权利,即当事人使用担保财产不需要相关当事人为此达成协议。

相关当事人也可以不同意担保人使用财产,但须有明示协议。不能仅从协议的情况中推断出当事人的真实意思是禁止工业原料用于生产。

显然,即使担保财产是用于生产的,如果担保人和债务人是一致的,依然对担保权人负有履行担保义务的责任。无论经允许工业原料用于生产之前还是之后,担保权人扩展至产品的权利问题均依第二章规定处理。依据这些规则,即使未经许可使用工业原料生产的,一般也不能自动将担保交易及于原担保财产的新产品之上(参见第Ⅸ－2:307条(为加工或附和目的而使用担保财产)和第Ⅸ－2:308条(为加工或附和目的而使用保留所有权交易的标的物)。这与第八卷第五章的规定不同。第八卷第五章规定了用于生产的原料的前所有权人自动取得新产品之上的物权(参见第Ⅷ－5:201条(生产))。担保人未经授权处分的责任由第Ⅸ－5:205条(未经授权的使用和处分)规定。也见于此规定的评论A,这是关于未经授权即利用担保的原材料进行生产时,担保人损害赔偿责任的说明。

第Ⅸ-5:204 条 销售者和制造者处分担保财产

(1)在正常的经营活动中,作为销售者或制造者的担保人,可以处分其占有的以下类型的担保财产,并免予担保物权的约束:

(a)标明出售或出租的财产,以及工业原料(存货);

(b)工业原料的加工物。

(2)销售者和制造商不得处分已设定担保的设备,但担保权人有明确授权的除外。

评 论

A. 一般原则

本条规定了担保人占有担保财产的另一种特殊情况。在本条的规定中,非占有担保的经济目的(和占有担保相反)要求赋予担保人处分担保财产的权利。依第Ⅸ-5:202 条(一般权利)的规定,为了保护担保权人的利益,担保人仅可用合理方式使用担保物权或保留所有权交易项下的担保财产,而本条授权担保人出售本规定中的担保财产,即使可能会造成担保权人在这些财产上的权利的丧失。

本条款仅适用于占有担保物的担保人为销售者或制造者的情况。因此,尤其明显的是,他们占有的设定担保的部分存货如同工业材料的产品一样,是为了从出售中获益而有意进行处分的,因此,在出现违约的情况时,本条规定授予这些担保人此种出售权利。

在理论上,担保人是否有权对抗担保权人而处分担保财产,和受让人是否有权从这种处分中得到对抗担保权人的权利之间是有区别的。然而,通常情况下,担保权人和担保人之间的关系将直接决定着担保人对第三人的权限;本条试图涵盖这两种情况并以相同的规定进行调整。

最后,需要指出的是,尽管本条在措辞上仅适用于担保物权和担保,实际上也适用于保留所有权交易项下的相关财产(见第Ⅸ-1:104 条(保留所有权交易)第(1)款(c)项的规定)。

B. 对存货或加工物的处分——第(1)款

本条第(1)款规定允许销售者或生产者处分担保的存货((a)项)和工业原料的加工物((b)项)。“存货”的定义是,担保人持有的用以出售和出租的财产和工业原料,包括原材料和半成品(见前款)。此外,担保人也可以处分工业原料的加工物。如果担保人可以适用工业原料并用于生产而不顾担保权人在这些财产之上的权利(如前条所允许),那么,自然也可以处分该财产。生产者用工业原料进行生产,最终是为了出售,因此,可以合理推定担保人享有处分这些财产的权利。

当然,内容相反的协议也是有可能存在的,即当事人都认可,即使是生产商也无权处分用于担保的存货或工业原料的加工物。但是,为脱离违约规则的限制,第一款未要求当事人之间明示的协议。

C. 对设备处分的禁止——第(2)款

本条第(1)款允许销售者或生产者处分担保的存货,而本条的第(2)款却禁止对担保设备的处分。原因不仅在于设备的单独价值远远大于存货,还因为对于销售者或生产者而言,即使在其日常生产过程中,出售这些财产也不能视为使用设备的典型的方式。担保权人在设备之上设立担保物权或保留所有权交易时,他有权相信这样的前提,即担保人将不会处分这些设备。

但是,这一前提不能解释为,排除了担保人曾经具有处分保留所有权交易项下设备的权利的所有可能性。通常情况下,这种出售必须被视为具有经济合理性,甚至是必需的。一般是指出售已经磨损或将淘汰的设备并由新财产替代的特殊情况。然而,给予担保人广泛的甚至能够处分设备的自由裁量权将给担保权人带来难以承受的风险。担保权人永远不能肯定其担保物权不会面临丧失的风险:因为相关财产不再适应最新的科技标准而被担保人处分而带来的风险。特别是因为,比如具有较高价值的工程设备、飞行器或工业机器这样的设备,一般使用时间比较长,所以,“过时”标准的模糊性使其几乎可以适用于担保物权项下全新设备以外的一切旧设备的情况。反之,仅在担保权人明示授权时,担保人才可以进行这种处分的规定是比较合理的。这就意味着,担保人必须有担保权人对担保物权或保留所有权交易项下的设备处分的许可,才能进行处分。那么,在这种情况下,仅凭默示的约定是不充分的;为保护担保权人的利益,要求有担保权人明示的授权。

D. 受让人的法律地位

如果无论依据本条第(1)款规定还是依据担保权人的授权,担保人都有权不受担保限制的处分担保财产,那么,受让人就可以得到免受担保权人权利限制的担保财产的物权(尤其是所有权)。然而,不得不提及的是,如果存在其他第三人的物权,该物权并不受影响。如果无论本条规定还是当事人的协议,都没有给予担保人免受担保权人权利限制而处分担保财产的权利,受让人也可以依据善意取得原则取得相关财产之上的无权利负担的所有权,见第Ⅸ-6:102条(因所有权的善意取得而导致担保物权的丧失)和第八卷第三章的规定。然而,如果相关财产的担保物权或保留所有权交易已经登记,对于设备而言,几乎不可能依据这些规定适用善意取得原则,因为对设备的处分(和存货相反)不是发生在担保人的日常经营中的行为。

E. 处分后担保人的法律地位

如果担保人依此规定或与担保权人的协议有权处分担保财产,则担保人不需要承担由此产生的责任。如果担保人与债务人为同一人,则担保人仍须承担担保责任。不管存在于初始担保财产之上的担保物权是否及于处分行为的收益,相关处分行为均依第二章规定进行。

关于担保人因未经授权处分担保财产而对担保权人承担责任的问题,见下条规定。

第Ⅸ-5:205 条　未经授权的使用或处分

(1)占有担保财产的担保人对担保权人负有不得违背本分节前条的限制性规定而使用或处分该担保财产的义务。

(2)除了因不履行本条第(1)款规定的义务所造成的损失承担责任之外,违反这些限制性规定的担保人,还应当向担保权人说明并返还因使用所取得的价值,同时说明并返还因处分所得的收益,但以担保债权未受清偿的数额为限。

评　论

A. 损害赔偿责任

本条规定了因担保人未经授权使用和处分了担保物权或保留所有权交易项下的财产,而引起的占有担保人和担保权人之间的法律后果(本条对保留所有权交易的适用参见第Ⅸ-1:104 条(保留所有权交易:一般规则)第(1)款(c 项))。

本条第(1)款规定,担保人有义务不使用或处分违背本分节中前条的限制性规定的担保财产。不履行此义务将引起第八卷第三章中的一般救济。最常见的救济是对未经授权使用或处分造成的一切损失的损害赔偿。

承担损害赔偿责任向债权人支付的金额将使债权人尽可能地恢复到违约前的状态(见第Ⅲ-3:702 条(一般赔偿标准))。目前,担保权人可以要求因担保财产之上的权利(无论是担保物权或保留所有权交易)的灭失而造成损害赔偿金,也可以主张因未经授权的使用导致担保财产价值贬损造成损失的赔偿。

对于作为定限物权的担保物权的赔偿数额的确定,适用下列规则:因为担保权人仅在其担保物权上受到影响,因此,必须一方面参照初始状态下的担保财产之上的担保物权执行后的价值,另一方面参照担保权人通过担保物权或剩余的担保财产或担保此权利的其他担保物权的执行而实际得到的赔付，这两者之间的差额就是计算出的相关损失。如果债务人已经完全赔付了担保权人，或如果担保人未经授权处分后的担保财产的剩余价值仍能够充分满足担保权人的要求，则不存在损害赔偿。

在未经授权使用或处分保留所有权交易项下的担保财产的情况中，保留所有权交易的持有人的赔偿金数额通常是相同的，即使卖方、供货方或出租人丧失的或受影响的不仅是担保物权，还有保留的所有权。这是因为，卖方、供货方、出租人依合同义务向买受人、分期付款买受人、承租人或受托人提供相关财产，即使财产的价值更高，卖方、供货方或出租人也仅有权要求对方按照约定支付价金，即担保物权的价值。损害赔偿请求权应将卖方、供货方、或出租人置于这样的地位：如果担保人履行了义务，这些担保权人将处于什么状况。因此，卖方、供货方、或出租人仅在担保人未足额支付约定价金的结果出现时，才能够请求因担保人未经授权使用或处分担保财产所造成的损失的赔偿。如果买受人、分期付款买受人、承租人或受托人拖欠担保财产剩余部分的变现金额，卖方、供货方、或出租人在这一情况下的权利不影响上述结果，且这种权利不限于担保物权担保的数额。在未经授权使用或处分前，只要基础合同关系没有终止，卖方、供货方、出租人从买受人、分期付款买受人、承租人或受托人的未经授权的使用或处分中，不应该获取比出售、分期付款购买、融资租赁或运输的价金更多的利益，即不应该超出卖方、供货方或出租人依据该合同所合理预期的数额。

B. 说明的义务

除了上述的损害赔偿义务，本条的第(2)款还规定，担保人对担保财产未经授权使用和处分的，有义务说明其因未经授权使用而获得的任何价值，或从未经授权处分中得到的收益，并需要把所产生的数额支付给担保权人。这仅仅是担保人的个人义务。本条第(2)款在担保人获取的这种价值或收益之上，未设立任何担保权人的物权权利。

因为担保权人的担保物权的目的仅仅是为了实现担保物权，对于担保财产的未经授权的使用和处分，担保权人的救济不能超越此目的。赔偿数额也被限制在未实现的担保物权的数额范围内。基于评论A所陈述的理由，在买方或承租人违约后，保留所有权交易的持有人可能依第Ⅸ－7:301条(保留所有权交易的违约后果)第(3)款的规定要求支付担保财产的剩余价值，并不能证明对于这种特殊类型的担保物权的不同待遇是合理的。

说明和按照本条第(2)款规定进行支付的责任，以及担保人的损害赔偿责任，它们之间有一些相似之处，前者和后者的不同之处在于，前者未限制在担保权人执行其相关财产之上的担保物权所实现的数额之内。相反，如果对实现担保物权是必需的，担保人可能对来源于未经授权使用和处分的价值或收益的全部数额承担责任。通过至少部分剥夺担保人的非法利益，本条第(2)款也实现了作为次要目的的预防功能。

C. 受让人的法律地位

无论受让人因担保人未经授权处分担保财产，是否可以取得无权利负担的权利，都不在本条的调整范围内,详见第Ⅸ-5:204条(销售者或制造者处分担保财产)的评论D。

第二分节 担保人的权利和义务

第Ⅸ-5:206条 限制的使用权

占有或控制担保财产的担保权人无权使用担保财产,但仅为保管和保护财产所必需的正当使用除外。

评 论

A. 一般规则

本分节规定,在发生违约之前,担保权人所享有的权利和相应的义务。本条规定了担保权人对担保财产及其有限的使用权。实际上,这些有限的使用权也仅适用于担保权人占有、控制担保财产的情形。如果不是占有或控制担保财产,则担保权人行使担保财产的使用权利是不可能的。

在实践中,本分节的规定仅适用于担保物权,而不适用于保留所有权交易。后者极少用于被视为担保人的买受人、分期付款买受人、承租人或受托人(见第Ⅸ-1:104条(保留所有权交易:一般规则)第2款)不打算占有担保财产的情况。

B. 限制的使用权

依据前一分节的规定,占有担保物权或保留所有权交易项下财产的担保人享有广泛的权利来使用甚至处分担保财产,而担保权人的权利却受到了极大地限制。担保权人只有为了维护和保护担保财产而有必要的合理使用要求时,才有权依该规定使用担保财产。例如一匹需要训练的马。本条规定的使用权与其说是第Ⅸ-5:201条(担保财产的保管和保险)中的一般注意义务的比较特殊的类型,还不如说是担保权人为自己的利益而对担保财产的使用。第一分节中的担保人与第二分节中的担保权人的地位的区别在于,担保权人并不是为了开发其经济价值,而是为了保护自己作为担保权人的地位而占有担保财产。因为担保物权的基本目的只是确保担保物权的实现,一般而言,没有理由许可担保权人使用担保财产,因为,这会不可避免地导致担保权人所占有的担保财产的价值减少的风险(至少在作为定限物权的担保物权的情况下)。

违约之后,情况就会相应改变。一旦担保物权成为强制性的,担保权人可以按照第七章规定的条件使用担保财产,以请求实现担保物权取得其变现的收益,参见第

Ⅸ－7:207 条(变现的一般规则)第(1)款(b)项。

C. 例外及制裁

在第Ⅸ－5:101 条(一般原则)第(2)款的限制下(也就是说,只要他们不允许担保权人变现担保财产),依本条规定当事人均不构成违约;但是在第Ⅸ－5:207 条(有权处分金融财产的银行)与第Ⅸ－5:208(以法定孳息抵偿债务)的规定中,都包含了本规则的一些例外情况。

在担保权人未经授权使用的情况下,特别是如果担保财产丧失价值或已被担保权人处分时,担保人可采用的制裁措施包括禁止使用的禁令和损害赔偿请求权。然而,在计算损害时,必须考虑到,担保权人可能已经执行了相关财产之上的担保物权。此外,如果担保人与担保的债务人为同一人的,有可能抵消后者对担保人的损害赔偿请求权的义务。

此外,按照第七卷不当得利的规定,担保权人也许要对未经授权使用担保人的财产所取得的价值负有说明的义务。

第Ⅸ－5:207 条　有权处分金融财产的银行

(1)经明确同意,作为担保权人持有金融财产的银行或其他金融机构,有权使用、占有和处分担保财产。

(2)担保物权一旦实现,担保权人仅负有向担保人转移同种类、同性质和同价值的金融财产的义务。

评　论

A. 银行或其他金融机构有权使用、占有并处分担保财产——第(1)款

本条第(1)款允许当事人通过明示的合同达成一致意见,银行或其他金融机构有权使用、占有并处分其持有的作为担保财产的金融财产(见第Ⅸ－1:201 条(定义)第(6)款和第(7)款)。通常,经过担保权人和担保人一致同意,前者可以违背第Ⅸ－5:206 条(限定的使用权)第(1)款(见此规定的评论 C)中的违约规则的规定使用担保财产。本条中的第(1)款比第Ⅸ－5:101 条(一般原则)第(2)款的规定更进一步地创设了一个例外规定。与该规定中的一般规则相反,第(1)款规定了依当事人的协议由担保权人占有担保财产的有限的可能性。

本条第(1)款仅适用于金融财产,即由银行或其他金融机构享有的金融工具和金

钱债权。如果各方当事人明示同意,担保权人可处分其所持有的作为担保的金融财产,也可以在没有在先违约的条件下,取得免受担保人的任何权利限制的这些财产的所有权。本规则背后的目的在于,对于当事人而言,担保权人不必将金融财产当作呆滞资本,而是可以用于其日常经营之中。银行或其他金融机构通常都是这样处理此种财产的,这也符合经济目的,不应一直禁止他们将占有的作为担保财产的金融财产用于经营目的。就担保人而言,没有高于一切的利益。金融财产是可替代的;担保人在这种特殊的项目中并没有明显的特殊利益,因此,取代原担保财产之上的持续的担保物权,担保权人将种类、性质、价值相同的金融财产重新转让给担保人(第(2)款)就可以了。此外,受到日常监管的银行或其他金融机构比其他担保权人更值得信赖。

B. 担保物权实现后,担保权人的义务

根据本条第(1)款规定的当事人之间的明示协议,担保权人占有、处分作为担保物的金融财产的,由于实现了担保物权,则产生了依本条第(2)款规定将同等的财产归还给担保人的义务。

本条第(1)款并不要求有预先违约的事件,在占有或处分担保财产之后担保物权得到实现的,例如,担保人进行了偿还,那么担保人有权要求归还和原金融财产同种类、性质、价值的金融财产。当然,如果担保物权在违约占有之后得到实现的,或担保权人即银行执行了其对金融财产的担保物权,那么就不会产生归还的义务。这种情况不仅明显不安全,而且还不在本章的仅限于违约前阶段的适用范围之中,所以将不再产生本条第(2)款规定的义务。

正如本条第(2)款"仅仅"这一明白的表述一样,和第Ⅸ－6:105 条(担保权人清算收益的义务)相背离,担保权人并没有义务对处分担保财产产生的孳息和收益做出解释。得到这种利益的可能性正是本条第(1)款中占有被例外许可的目的。不过,担保人当然对作为担保财产的金融财产所获得的任何利益或类似的应付款项享有权利,但需要银行与客户的同意。

C. 担保权人的金融财产混合的结果

银行处分权的特殊方面之一,是作为担保权人对持有的客户的金融财产混合的权利。该类混合的法律后果均包含在第Ⅸ－2:309 条(担保财产的混合)第(4)款和第(5)款规定混合的法律后果的其他规则的范围内。

第Ⅸ－5:208 条　以法定孳息抵偿债务

如果担保物权的效力及于初始担保财产的法定孳息,担保权人就有权收取并以之充抵担保债权。即使担保债权未届清偿期,也不例外。

评　论

A. 担保物权及于法定孳息

本条款仅适用于担保物权(或保留所有权交易,见第Ⅸ－1:104 条(保留所有权交易:一般规则)第(1)款(c)项)扩展至初始担保财产的法定孳息(例如,依合同约定许可第三人使用担保财产所得到的租金,即法定孳息)的情况。无论担保物权或保留所有权交易中的法定孳息都以第二章的规定为基础。一般情况下,对于超出担保物权或保留所有权交易项下的初始财产范围的担保物权的扩展,必须依据当事人协议(见第Ⅸ－2:306 条(担保财产的收益)第(2)款),在此,有一个推定,即原担保财产之上占有担保物权及于原担保财产之上的法定和自然孳息。

B. 担保权人收取、占有法定孳息的权利

如果担保权人的权利延及法定孳息(见注释 A),即使在违约前或履行请求权到期之前,担保权人就可以收取和占有作为法定孳息的金钱来减少担保物权的范围。本规则的例外就是,在违约之前并不允许占有(见第Ⅸ－5:101 条(一般原则)第(2)款),其依据在于,与主要财产相比,担保人不太在意孳息,所以对孳息保护的相关规则可能并不关注。此外,依据本规定,只有金钱能被用来减少担保物权,因此,担保权人滥用抵偿也就是说不顾担保人利益低价取得担保财产,这种可能性是不存在的。这一论证甚至证明适用违约情况的例外规定时也是合理的,也就是说,当事人显然可以协商一致作出相反的约定:给予担保权人这种有限的抵偿权,并不需要当事人另行约定。

对于担保权人为实现担保物权,在担保人发生违约后将担保财产出租给第三人的类似权利,参见第Ⅸ－7:207 条(变现的一般规则)第(1)款(b)项的规定。

第三节 当事人变更

第Ⅸ-5:301条 担保物权的转让

(1)担保物权转让给其他债权人的,担保物权也随之转让。
(2)转让人必须告知受让人担保被转让权利实现的任何担保物权。
(3)担保物权可以通过以下方式取得对抗第三人的效力:
(a)依第Ⅸ-3:328条(担保物权的转让:一般规则)第1款所规定的初始登记;
(b)受让人取得担保财产的占有或控制;
(c)转让人同意为受让人占有或控制;
(d)没有满足第三章规定要求的担保物权也是有效的。
(4)担保物权仍然有效的,其优先顺位不受转让的影响。

评 论

A. 担保物权随被担保的权利的转让而转让

本条第(1)款包含了这样一个为人普遍接受的规则,如果被担保的权利转让至其他债权人,作为从权利的担保物权也随之转让(见第Ⅲ-5:115条(转让给受让人的权利)第(1)款))。

这一规则适用于作为定限物权的担保物权及保留所有权交易,即依据第Ⅸ-1:104条(保留所有权交易:一般规则)第(1)款(c)项扩展的担保物权。在有些国家的法律制度中,特别是,为担保目的的所有权转让和所有权保留,通常认为是仅基于所有权转让的规则而具有可转让性,其中也可能包含其他的标准。本条规则并没有遵循传统的做法,而是把担保物权随被担保的权利而转让的规则扩展至此类担保。这些规则规定的担保物权的从属性证明了这一结果的合理性。而且,在DCFR规定中的所有权转让,是以协议为基础的,是对保留所有权交易的转让和以担保为目的所有权的转让的传统理解的简化(后种交易被重塑为按照第Ⅸ-1:102条(动产之上的担保物权)第(4)款的规则设立的担保物权)。

担保物权的转让并不要求必须是已取得对抗效力的担保物权,即使是无对抗效力的担保物权,也能随被担保的权利一起转让。本条第(3)款仅涉及了转让之后担保物权是否有效的问题。

B. 转让人的通知义务

本条第(2)款强加给转让人将担保物权(或保留所有权交易,见第Ⅸ－1:104条(保留所有权交易:一般规则)第(1)款(c)项)的存在告知受让人的义务。一般情况下,转让人只会将符合自己利益的事项告知受让人(出让对第三人的履行请求权时,与未担保的权利相比,受让人更乐意为可执行的担保物权支付较高的价格),而本款规定的义务实现了填补漏洞的功能。

C. 转让后担保物权的效力

既然第二章的设立担保交易的规则与第三章的对抗第三人的效力的规则是有区别的,另一个问题就是,为保证担保物权在转让之后依然有对抗效力,受让人是否必须采取一些额外的措施。这个问题的产生,尤其要考虑到,第三章中关于取得对抗效力的方法的规定,特别是集中于担保权人的地位方面,即后者必须实际占有或控制担保财产,或担保物权或保留所有权交易已经登记在担保权人名下。

本条第(3)款规定,如果担保因占有或控制而取得对抗效力,只有当该占有或控制转让给受让人,或者转让人同意为受让人代为占有或控制时,担保物权才继续保持对抗效力(参见第(3)款(b)和(c)项)。

然而,如果转让的担保交易最初因登记而取得对抗效力,即通过作为原担保权人的转让人在登记簿上登记担保物权的事项而取得对抗效力,则没有必要对于担保交易的转让事项在登记簿上进行另外的登记或公示;担保物权因初始登记而保持对抗效力(见第(3)款(a)项和第Ⅸ－3:328条(担保物权的转让:一般规则)第(1)款)。对本情况的进一步解释见第Ⅸ－3:328条的评论。

另外一种显而易见的情况是,没有附加任何额外条件的担保物权或者不需要符合第三章规定条件的,转让前就具有对抗效力的保留所有权交易(见第(3)款(d)项)转让后,它们的担保仍保持对抗效力。这种担保物权部分规定在第Ⅸ－3:301条(欧盟担保物权登记簿;登记或注释的其他体系)第(2)款中;另一部分包括消费者财产之上的所有权担保方式(第Ⅸ－3:107条(所有权担保方式的登记)第(4)款),以及法定担保物权和欧盟担保物权登记簿建立之前设立的担保物权(第Ⅸ－3:333条(登记簿建立之前已设立的担保物权)第1款)。

D. 转让后担保物权的优先顺位

最后的问题是转让后担保物权的优先顺位。只要担保物权或保留所有权交易继续保持对抗效力,也就是说,在转让之前有对抗效力,且按照本条第(3)款规定保持对抗效力,那么依第(4)款规定转让之后,其优先顺位不受影响。这与评论A的一般原则是一致的,即受让人可以像转让人那样能够依靠从属担保物权和保留所有权交易。

如果超出本条第(4)款的适用范围,即担保交易在转让之前就无对抗效力或不符合第(3)款规定的条件,则转让后的担保交易的优先顺位依据第四章的一般规则确定。如果担保物权在转让之后不再有对抗效力,则其优先顺位必须让位于其他有对抗效力的担保物权(见第Ⅸ－4:101 条(优先顺位:一般规则)第(3)款);其优先顺位和其他无对抗效力的担保物权的关系根据初始设立的日期确定(见第Ⅸ－4:101 条第(4)款)。如果担保物权在转让后才取得对抗效力的,满足对抗效力条件的时间由第Ⅸ－4:101 条第(2)款确定。

第Ⅸ－5:302 条　担保物权的部分转让

由于部分转让担保物权,或将整个担保物权转让给不同的受让人,每人仅取得其中的一部分,导致担保物权被分成几个部分的,则:

(a)每部分担保物权的持有者按其担保物权占整个担保物权的比例,享有部分担保物权。

(b)每部分担保物权的持有者的担保物权的对抗效力将分别予以确定;对担保财产的占有或控制也可以由部分担保物权人代表其他人实施。

评　论

A. 一般规则

本条只适用于担保物权被分为若干部分,分别由不同的担保权人占有的情形。这种结果源于两种情况,即担保物权的部分转让或整个担保物权转让给不同的受让人,每个人仅得到初始担保物权的一部分。无论第Ⅲ－5:115 条(转让给受让人的权利)还是第Ⅸ－5:301 条(担保物权的转让),都不包括这种部分担保物权转让的特殊结果。因为相应的担保交易(无论是担保物权还是保留所有权交易,见第Ⅸ－1:104 条(保留所有权交易:一般规则)第(1)款(c)项)对履行请求权的实现提供担保。

B. 按比例享有担保物权

因为每个担保权人都只是部分享有被担保的权利,所以必须划分每个担保权人对从属担保物权的权利。担保人中的任何一个,包括仍然在转让后持有部分担保物权的转让人,并非应比其他人享有更好的担保物权。所以本条采用了担保物权或保留所有权交易由每个担保权人按比例享有的规则。每个担保权人的利益由其所持有的部分担保物权占整个原担保物权的比例来确定。当然,只要当事人同意,也可以不依比例享有。

C. 担保权人权利的对抗效力

本条(b)项规定,不同担保权人所持有的担保交易的每一部分的效力应该分别进行确定。然而,本规定的结果在一定程度上是对(b)项后半句的一种修正。任何单独的担保权人都有可能不仅为自己,而且也有可能为其他担保权人占有或控制担保财产。依据前条第(3)款(a)项和第Ⅸ－3:328条(担保物权的转让:一般规则)第(1)款的一般规则,对于已经登记的担保物权,初始登记的效力就足以保障转让的权利的对抗效力。

D. 优先顺位

本条并不包括关于优先顺位的详细规定。在这里,适用第Ⅸ－5:301条(担保物权的转让)第(4)款的基本规则,即只要担保交易保持对抗效力,即使是被担保的权利部分转让,优先顺位也不受担保物权或保留所有权交易的转让的影响。

第Ⅸ－5:303条　担保财产的转让

(1)担保财产所有权转移给其他人的,担保财产之上的担保物权的存在和对抗第三人的效力均不受影响。自转让时起,受让人视为担保人。

(2)转让人经授权处分担保财产并免受担保物权约束的,或受让人基于善意取得担保财产并免受担保物权约束的,不适用前款规定。

(3)在担保财产的所有权转移之前,已在新所有人的未来财产之上为另一担保权人所设立的担保物权,不具有优先于在转让时被转让财产之上担保物权的顺位。

(4)买受人、分期付款买受人、承租人或受托人在受既存保留所有权交易的标的物之上的或与该标的物有关的权利转让,准用本条上述规定。

评　论

A. 担保物权的存在不受担保财产转让的影响

本条第(1)款第一句的规定是本卷中所规定的担保物权的物权属性的直接结果。担保不仅仅约束初始担保人(作为担保物权合同的一方),也约束担保财产之上后来的所有权人。担保人可能是(也通常是)担保财产的所有人,他有可能将所有权转让至其他人。然而,担保财产的所有权人,不给予担保人免受担保物权限制处分担保财产的权限。此原则可适用于有形担保财产所有权的转让和担保履行请求权的让与。

本条第(2)款规定了本规则的两种例外情况。第一,担保人经授权,可以转让担保财产之上未担保部分的所有权。转让人,即担保人,可依和担保权人之间的协议或依法而得到授权。法定授权的情形见第Ⅸ－5:204条(处分)第(1)款的规定。第二,即使担保人没有得到免受担保权人权利限制处分担保财产的授权,受让人依善意取得原则也可以取得未担保部分的所有权。根据第Ⅸ－6:102条(因所有权的善意取得而导致担保物权的丧失)和第Ⅷ.－3:102条(解除定限物权的所有权的善意取得)的规定,担保物权即使已登记,也有可能丧失。

B. 受让人视为担保人

本条第(1)款第二句规定,根据本编的目的,受让人视为担保人。这是担保物权的物权属性的结果。由于担保财产所有权的转移,新所有权人须承担原担保人的义务并享有对抗其财产的权利,即要求执行其转让的担保财产之上担保物权的权利。此规则也符合本条第(2)款的例外规定。

C. 担保财产转让后担保物权的效力

本条第(1)款规定的转让的另一个结果是,再次强调了担保物权不会因担保财产所有权的转让而丧失,担保物权的对抗效力也不会因转移受到影响。

当然,对于因占有或控制而取得对抗效力的担保物权,必须指出的是,一旦担保权人失去占有或控制,就有可能发生所有权的转让,则担保物权就会失去对抗效力。但是原因并不在于转让本身,而在于不符合第三章规定的取得对抗效力的要件了。

对于已登记的担保物权,这些规则规定了新登记的要求,以对抗取代原担保人而取得担保人地位的担保财产的新所有权人时,即使该担保物权公示的内容有限(仅查询对原担保人的登记簿可能会有任何结果,而查询对新担保人的登记事项就不可能发现原担保物权),一般也不应当让担保权人承担担保地位可能自动丧失的风险,或承担为对抗新担保人而重新登记的义务。在现行的解决方式下,他人的利益,尤其是受让人的其他担保权人的利益,在一定程度上可以适用善意取得原则进行保护(见第Ⅸ－3:330条(担保财产的转让:一般规则)评论B)。不过可以在登记簿上进行指明转让的补充登记,可以对担保权人提供额外的保护(见第Ⅸ－3:331条(担保财产的转让:转让公示))。

D. 转让前受让人设立的担保物权的优先顺位

如果受让人在其未来的财产之上设立担保物权(即在受让人随后取得的担保财产上),且在该担保财产之上的担保物权转让之前已经登记的,则本条第(3)款调整该登记的担保物权引起的优先权的具体问题。因为此问题仅和已登记的担保物权有关,应结合登记的有关规定处理,见第Ⅸ－3:330条(担保财产的转让:一般规则)评论B(b)。

E. 保留所有权交易

本条第(4)款规定在买受人、分期付款买受人、承租人或受托人在既存保留所有权交易项下的财产或与该财产有关的权利被转让时,准用本条第(1)~(3)款的规定。虽然第(1)~(3)款规定的法律后果的情况是相似的,但是保留所有权交易的基本情况和法律体制有着相当大的距离,因此显然有必要单独规定保留所有权交易。

主要区别在于,在保留所有权交易的情况下,买受人、分期付款买受人、承租人或受托人并没有成为所有权人,而只不过是期待权的持有人(见第Ⅷ－2:307条(保留所有权交易下的期待权))。因此,买受人、分期付款买受人、承租人或受托人可以各自转让在标的物之上的或与之相关的权利。

基于“不能给付自己没有的东西”的原则,既然买受人、分期付款买受人、承租人或受托人无权将所有权转让至第三人,则出卖人、供货人、或出租人保留的所有权通常并不受买受人、分期付款买受人、承租人或受托人权利转让的影响。如果保留所有权交易可有效对抗第三人,则在买受人、分期付款买受人、承租人或受托人试图将所有权转让给他人时,此人不能成为所有权人,并必须尊重出让人、供货人和出租人在相关财产上所保留的所有权。这与本条第(1)款关于担保财产的转让是一致的;对于保留所有权交易而言,担保的对抗效力同样也不受转让的影响。但是,如果买受人、分期付款买受人、承租人或受托人有权进行处分或受让人依善意取得受到保护,结果就会不同。本条第(2)款的规则同样适用于保留所有权交易项下财产的转让。在这种情况下,受让人也就成了相关财产的所有权人,保留所有权交易的持有人的权利会丧失。

然而,如情况并非如此,受让人,即从买受人、分期付款买受人、承租人或受托人处获得相关财产之上或与之相关的权利的人,依据担保物权的规定,可以取得上述转让人的法律地位(见本条第(1)款第二句规定的原则)。受让人就应承担第二节中第一分节规定的担保人的相关义务,保留所有权交易的持有人可以在发生违约之后,根据第Ⅸ－7:301条(保留所有权交易的违约后果)的规定重新向受让人主张占有担保财产。

以本条第(4)款的规定为基础,本条第(3)款的规则可以适用于保留所有权交易项下财产转让的情况;然而,只有当保留所有权交易不享有第Ⅸ－4:102条(超优先顺位)第(1)款规定的超优先顺位时,才有必要适用本规定。

第四节　担保权人告知担保物权内容的义务

第Ⅸ-5:401条　担保权人告知担保物权内容的义务

(1)担保人有权要求担保权人也有义务应担保人的请求,提供与担保债务数额有关的信息。担保人还可要求将此信息提供给第三人。

(2)担保人不是担保债务的债务人的,担保人依前款规定所享有的权利则取决于债务人的同意。

评　论

A.担保人知道担保物权内容的权利

第三章第五分节(特别第Ⅸ-3:319条(提供信息的义务))规定了担保权人的告知义务,尤其是在已登记的担保物权的情况下。但是,担保权人的告知义务仅限于登记的具体财产是否已经设定担保。从另一方面来讲,担保权人依本条规定的提供信息义务,指的是告知所担保债务的数额的义务(是担保物权,还是保留所有权交易见第Ⅸ-1:104条(保留所有权交易:适用规则)第(1)款(a)项的规定)。至于这些告知义务为什么要分别规定,以及为什么称其为义务而不是责任,见第Ⅸ-3:319条(提供信息的义务)的评论A和第Ⅸ-3:320条(信息的内容)的评论D的规定。

依本条规定所要求的信息,主要考虑的不是担保人本身的特别利益,而是考虑那些也许会给予担保人另外的担保信贷的第三人,或想要取得既存担保交易项下的相关财产之上的物权的人的利益。这些担保财产的剩余价值,只有在财产之上的担保物权所担保的债务总额被扣除后才能够确定。因此,担保人可以要求将相关信息告知有利害关系的第三人。

B.债务人的参与

通常,债务人也有权依关于未偿债务总额信息的基本协议来对抗担保权人。如果债务人与担保人为同一个人,则告知义务是一致的。但是,只有因担保物权产生的告知义务才适用本条规定。当债务人与担保人不是同一个人时,本条第(2)款规定,依本条规定的告知义务需要债务人的同意。此规则有助于保护债务人事务的机密性。因此,建议担保人最好得到债务人的预先同意,由债务人预先授予担保人不可撤销的权利,即要求担保权人告知担保债务总额的权利。

C. 制裁

未依本条规定履行告知义务的制裁措施,及由担保权人的不当说明产生的其他法律后果不需要,也不应该在此处进行阐述,而是由一般规则进行规定。告知信息的最重要的后果之一,是担保权人将受到其限制,担保权人不能够要求相关担保物权比所告知的债务数额承担更多的数额。但是,实际起到上述作用还需要取决于个案的具体情况。担保权人可能在告知信息时,明确说明对事态发展超出其控制范围;因此,严厉的法律后果适用于第三章第五分节规定的更正式的告知义务,而第三节则不适用于现行的法律体系。

第六章　消　　灭

第Ⅸ-6:101条　担保物权消灭的情形

(1)以下情形出现时,担保物权消灭:

(a)担保权人和担保人同意消灭;

(b)担保权人放弃担保物权,担保人恢复对担保财产的占有的,推定担保权人放弃担保物权;

(c)担保财产灭失;

(d)担保权人获得了担保财产的所有权;

(e)第三人取得担保财产的所有权,并免受该担保物权的约束;

(f)其他规定中规定或隐含的消灭情形,例如担保物权的债务人和债权人因继承或混同等变成同一人。

(2)担保债权完全消灭的,担保物权也消灭,尤其是担保权人已经获得足额清偿的情形,但担保物权连同担保债权已经转移给另外的人,该受让人向原担保权人所作的清偿除外。

(3)保留所有权交易的消灭准用本条第1款(a)项到(c)项、第(e)、(f)项和第2款的规定。如果买受人、分期付款买受人、承租人或受托人依买卖合同、分期付款买卖合同、融资租赁合同或寄售合同所取得的,对所提供的财产的权利或与该财产有关的权利不再存在的,保留所有权交易也因此而消灭。

评　论

A. 一般规则

在违约造成的后果出现之前,就处理担保物权的消灭问题,因为在现实中,这是最经常的导致担保终止的原因。除了担保物权的实现,一方或双方当事人旨在或涉及消灭担保物权的自愿行为,是实践中最经常出现的消灭担保物权的原因。然而,担保物权也可能是因为法律事件而消灭(参见本条第(1)款的(d)至(f)项)。

B. 消灭的意思

担保物权的消灭意味着彻底消失。不仅面对第三人时,其效力消失,而且双方当事人之间的效力也随之终结,也就是说,担保权人不仅不再有权对抗担保人对原占有担保物权项下财产的占有,而且,当出现违约时,也不能提起强制执行程序。更多关于涉及担保物权消灭的细节规定在第Ⅸ-6:104条中(消灭的法律后果)。

丧失对抗第三人的效力并非一般意义上的担保物权的消灭。正如设立担保物权可以不具备第三章规定的对抗第三人的效力的条件,担保物权未消灭的,也可能丧失对抗第三人的效力。然而,该规则略微受本条第(1)款(b)项中的后半句规定的限制。

C. 担保物权消灭的情形

本条第(1)款和第(2)款列举了七种消灭的具体情形。这些列举是非常详尽的。然而,第(1)款第(6)项有意的用开放性术语表述,其目的是允许担保物权的消灭作为其他条款隐含的后果(见下面的(f))。

正如在本条主题中所表明的,(a)至(f)项中包含的担保物权终止的情形可能是全部或部分消灭。不论旨在全部或者仅部分消灭,都取决于每一种情形中的特殊情况,而且,在部分消灭的情形中,涉及消灭哪一部分或何种比例的担保的情形。

(a)担保权人和担保人同意消灭——第(1)款(a)项。第(1)款(a)项规定了担保物权消灭的一种情形,即担保权人和担保人达成一致协议消灭担保物权。担保物权因协议而成立,也可能因协议而消灭。因协议而消灭的,除担保权人和担保人同意消灭以外,不需要其他条件。尤其是不需要转移担保财产的占有(然而,担保权人可能因为消灭而必须再次转移占有,见第Ⅸ-6:104条(消灭终止的法律后果)第(2)款的规定)。

(b)担保权人放弃——第(1)款(b)项。按照有关定限物权消灭的传统观点,本条第(1)款(b)项规定了担保权人单方放弃担保物权的情形。这种担保物权的放弃可能是明示的,也可能是默示的,而后者仅要求简要说明。默示的放弃并不容易推定,因为这会违反担保权人的利益。但是,情况也可能非常明显,以至于可以得出明确的结论。例如,如果在占有担保的情况下,担保权人把担保财产返还给担保人。依据该情形,可以推定担保权人放弃担保物权,如果担保权人想要推翻这一推定,表明自己没有放弃担保物权的意图,是非常困难的。无论如何,该占有担保物权的对抗效力,因向担保人返还占有而消灭。

(c)担保财产灭失——第(1)款(c)项。只有存在担保财产,才能够设立担保物权(见第Ⅸ-2:102条(设立担保物权的一般条件)(a)项),担保财产灭失的,担保物权消灭,这是不言而喻的。担保财产灭失,也许是因为事实原因(例如担保车辆在事故中损毁),也许是因为法律原因(例如规定金钱债权担保的合同无效)。然而,即使原担保财产灭失,如果担保物权及于孳息或其他替代原担保财产的财产之上,则担保权人的权利也许不会全部丧失,见第Ⅸ-2:306条(初始担保财产的孳息)的规定。

(d)担保权人取得担保财产的所有权——第(1)款(d)项。本条第(1)款(d)项规定:如果担保权人取得担保财产的所有权,则担保物权消灭。至少对于动产之上的担保物权而言,在同一财产之上由同一个人持有的担保物权和所有权并没有明显区别。这种担保财产的所有权的取得可能发生在两种情况下:第一,担保权人可能会从作为担保财产的所有权人的担保人处购买;第二,担保权人有运用例外规定的可能,即以担保财产抵偿其权利。

本条第(1)款(f)项有类似的规定。然而依本条第(1)款(d)项的规定,担保权人和担保财产的所有权人是同一个人。而第(1)款(f)项则规定因后来发生的事件,而出现的担保物权的债务人和债权人的身份的混同的情况,如继承或企业合并。

(e)第三人取得担保财产的所有权,并免受该担保物权的约束——第(1)款(e)项。担保物权可能因不受担保限制的第三人取得担保财产的所有权而消灭。这发生在不同的情况下。首先,转让担保财产所有权的第三人可能有担保权人的授权,处分担保财产时不受担保物权的限制。即使没有协议,担保人也有权不受任何担保物权的限制处分担保库存(见第Ⅸ-5:204条(销售者和制造者处分担保财产))。其次,第三人能够依善意取得原则取得担保财产的所有权。对不受担保物权的限制善意取得所有权的详细规定见第Ⅸ-6:102条(因所有权的善意取得而导致担保物权的丧失)。

(f)其他消灭的情形——第(1)款(f)项。第(1)款(f)项作出了其他可明示或默示消灭担保物权的规定。其中一种明确规定的情形是——担保物权的债务人和债权人成为同一人的,尤其是继承或合并的,担保物权消灭。这符合债务合并的理念。(第Ⅲ-6:201条(因混同而消灭债务))

(g)担保物权完全消灭——第(2)款。依本卷规定,担保物权是指从属的或独立的担保物权。存在被担保的权利,对设立担保物权至关重要,被担保的权利完全消灭的,担保物权消灭。

然而,本条第(2)款对第(1)款的一般规则规定了的重要例外情况,说明了单独规定这种消灭情形的原因。本条第(2)款对担保物权部分消灭的问题,接受的是普遍认可的规则,例如,向担保权人部分支付的,本身并不消灭相应部分的担保物权;而担保物权仍然具有完全的对抗效力。当然,此外,双方当事人可协商一致消灭部分担保物权(此部分消灭的协议可以作为部分支付的结果,符合本条第(1)款(a)项的规定)。就特别重要的担保物权的支付而言,第(2)款规定,债务人之外的其他人支付给债权人的,不消灭担保物权,而担保和被担保的权利都转让给支付人的(物上保证人的支付,参见第Ⅸ-6:106条(物上保证人的追索权)和第4.G-2:113条(履行后物上保证人的权利)),规定其他担保物权转至物上保证人。

D. 保留所有权交易消灭的情形

对于保留所有权交易而言,第(1)款和第(2)款所规定的大部分消灭情形也可以适用;因此第(3)款的第一句规定,可广泛参考这些条款的规定。唯一的例外是第(1)款(d)项的规定。因为保留所有权交易的持有人仍然是所提供财产的所有权人,因此,此条款不适用于保留所有权交易。相反,买受人、分期付款买受人、承租人或受托人在买卖合同、分期付款合同、融资租赁合同或寄售合同项下财产之上或与之相关的权利的灭失,构成了保留所有权交易消灭的特殊情形(第(3)款第二句)。在一定程度上,这包括诸如主合同关系消灭,保留所有权交易持有人的金钱支付请求权也一并消灭的情况,所以说,这和第(2)款规定的情况具有相似性。如果买受人、分期付款买受人、承租人或受托人的权利不复存在(例如因为放弃),保留的所有权也不复发挥其担保作用,因为,不管有没有实现金钱支付请求权,财产提供者都可以收回该财产。应当指出,保留所有权交易的消灭不需要买受人、分期付款买受人、承租人或受托人成为所提供财产的所有权人,具体细节详见第Ⅸ-6:104 条(消灭的法律后果)第(5)款第二句的规定。

第Ⅸ-6:102 条　因所有权的善意取得而导致担保物权的丧失

(1)第三人善意取得担保财产的所有权并免受担保物权的约束,是否导致担保物权的丧失,适用第Ⅷ-3:102 条(善意取得所有权并免受定限物权的约束)的规定。

(2)就第Ⅷ-3:102 条(善意取得所有权并免受定限物权的约束)第 1 款(d)项第一句而言,担保物权已经按照第3 章第3 节登记的,即视为受让人知道转让人没有权利或权限转让免受担保物权约束的所有权,但以下情形除外:

(a)转让人是在从事正常的经营活动中实施交易行为;

(b)登记簿显示的担保人并非转让人。

(3)第三人善意取得被提供财产的所有权是否导致保留所有权交易的丧失,由第Ⅷ-3:101 条(通过没有权利或权限转让所有权的人的善意取得)第(2)款的规定决定。本条第(2)款可予以准用。

评　论

A. 概述

他人取得不受在先担保交易限制的担保财产所有权的,担保物权或保留所有权交易可能丧失。第三人可依善意取得原则,取得免受既存的担保物权和保留所有权交易限制的财产。

第八卷第三章有两个条款是规定善意取得原则的。第Ⅷ-3:101 条(通过没有权利或权限转让所有权的人的善意取得)规定,通过无权转让所有权的人而善意取得所有权,即典型地通过非所有权人善意取得所有权。第Ⅷ-3:102条(善意取得所有权并免受定限物权的约束)涵盖了免受定限物权限制的所有权的善意取得,即转让人不考虑在先的定限物权而转让其财产所有权的情形。

本卷规定的担保物权,在第Ⅸ-1:102条(动产担保物权)第(1)款中的定义,是这种定限物权最常见的例子;关于取得不受在先担保物权限制的所有权的问题适用第Ⅷ-3:102条(善意取得所有权并免受定限物权的约束)的规定,参见本条第(1)款的规定。

然而,在保留所有权交易的情形下,按照对这一法律行为的传统理解,买受人、分期付款买受人、承租人或受托人(参见第Ⅸ-1:103条(保留所有权交易:范围)第(2)款)被视为非所有权人。因此,第三人依据善意取得原则,不顾保留所有权交易的持有人的权利取得所有权的,适用第Ⅷ-3:101条(通过没有权利或权限转让所有权的人的善意取得)的规定(见本条第(3)款第一句)。然而,除了适用第八卷的不同条款的规定,担保物权所要解决的法律问题和保留所有权交易的法律问题几乎完全一样。因此,本条的第(3)款第二句规定:本条第(2)款——包含了因所有权的善意取得而导致担保物权的丧失——也适用于保留所有权交易的丧失。在接下来的评论中,这两种情形可一并处理。

B. 登记和普通善意取得

普通善意取得所有权的条件和范围超出了本卷规定范围的,依可能的善意取得在欧盟担保物权登记簿登记的(第三章第三节),适用本规定。受让人明知转让人没有权利或权限不受在先权利约束而转让财产的,不能发生善意取得。这同样适用于受让人应该知道转让人没有权利或权限的情况(见第Ⅷ-3:102条(善意取得所有权并免受定限物权的约束))第(1)款(d)项第一句(担保物权)和第Ⅷ-3:101条(通过没有权利或权限转让所有权的人的善意取得)第(1)款(d)项第一句(保留所有权交易))。

作为一般规则,已登记的担保交易公示了担保物权或保留所有权交易,因此,任何受让人应该知道转让者没有不受担保物权约束的转让所有权的权利或权限。为了避免关于登记效力的争议,以及在什么具体情况下受让人应该知道转让人没有权利或权限,本条第(2)款适用了法律推定。根据免责条款(见评论C至E),担保物权或保留所有权交易依第三章第三节的规定登记的,可以认为任何受让人均知道转让者没有转让的权利或权限。对于排除其他当事人表明其不知道或不应当知道转让者没有权利或权限的意图,有关法律推定的法律技巧适用第Ⅸ-2:108条(担保物权的善意取得)第(2)款和第Ⅸ-2:109条(在担保财产之上的善意取得担保物权)第(2)款的规定。

C. 在日常的经营活动中的登记和所有权的善意取得——第(2)款(a)项

债权人想要在相关财产之上取得担保物权的,应适用更严格的规定,如关于他们是否应该查询登记簿上在先竞合担保物权和保留所有权交易的存在（或者是否可以认为他们有推断这些担保交易存在的信息），而对于想要取得相关财产所有权的第三人，相关规定应更宽松。应当保护转让人日常经营活动中的交易行为；如果当事人不再信任转让人对货物的占有，还必须调查这些财产之上是否有登记的担保物权和保留所有权交易的，必然构成日常贸易的障碍。

因此，本条第（2）款（a）项明确规定了这样一个不争的事实：只要转让发生在转让人的日常经营活动中，即使欧盟担保物权登记簿上担保物权的登记事项包含相关财产之上的担保物权或保留所有权交易的，也不能依此认为想要在这些财产之上取得所有权的第三人知道转让人没有权利或权限不受在先担保的限制转让所有权。

相反，转让人的行为超出了其日常经营活动范围的，则不能适用第（2）款（a）项的例外规定。担保物权登记的，可以依法律推定认为受让人知道转让者没有不受在先担保约束转让所有权的权利或权限，这就排除了善意取得的可能。只要受让人从其他途径知道或应当知道转让人没有转让的权利或权限，即使转让人的转让行为发生在其日常经营活动中，其结果也同样排除受让人的善意取得。受让人不能表明符合第Ⅷ－3:102 条（善意取得所有权并免受定限物权的约束）第（1）款（d）项第一句或第Ⅷ－3:101 条（通过没有权利或权限转让所有权的人的善意取得）第（1）款（d）项规定的善意条件的，不适用本条第（2）款规定的法律推定。

有一种可能排除善意取得的具体情况是，虽然转让人日常经营活动中的行为符合第Ⅸ－2:108 条（担保物权的善意取得）第（2）款的规定，但是登记的担保权人已经告知受让人相关财产受担保交易的约束，该受让人就不能主张其善意。

D. 对抗转让人以外的人的登记——第（2）款（b）项

本条第（2）款（b）项中有另外一个限制欧盟担保物权登记簿登记的担保物权的对抗效力的规定。如果登记簿上有关担保物权或保留所有权交易的登记事项未登记对抗转让人而仅登记了转让人从哪个人取得的相关财产的，就想要取得该财产之上的物权的第三人而言，就没有必要查询该登记事项了。这种情形下，可以认为受让人不知道转让人没有权利或权限转让所有权。这样，即使担保物权或保留所有权交易已经登记，也可能发生善意取得。见第Ⅸ－3:330 条（担保财产的转让：一般规则）的评论 B（b）和（c）。

E. 第（2）款中的其他例外规定

依据第Ⅸ－2:108 条（担保物权的善意取得）和第Ⅸ－2:109 条（在担保财产之上善意取得担保物权）的规定，依担保物权或保留所有权交易的登记就认定第三人知道转让人没有权利或权限的规定，受其他例外规定的限制，然而，这些例外条款的适用范围非常有限。其中一种例外明确地规定在第Ⅸ－3:322 条（担保权人提供错误信息的法律后果）第（1）款中，担保物权的持有人告知担保财产的受让人该财产未设定担保的错误信息的,即使该担保物权已经登记,该受让人仍可取得不受担保约束的权利。第二个例外规定是从善意和公平交易的一般原则中产生的。此原则在目前情况下的具体适用参见第Ⅸ-2:109条(在担保财产之上善意取得担保物权)的评论B。

F. 欧盟担保物权登记簿之外的登记或备案系统

然而,对于欧盟担保物权登记簿之外的其他登记或备案系统的登记或备案的效力,不一定适用前述条款中解释的原则。即使这些专业系统是按照成员国的国内法设立的,第Ⅸ-3:301条(欧盟担保物权登记簿;其他登记或备案系统)第(2)款和第Ⅸ-3:312条(依内国法建立的其他登记或备案系统中与登记事项有关的过渡性规定)的规定也允许这些系统继续运行。这些登记或备案系统越专业,就可能越符合相关(国内的)立法目的,即使相关财产是在转让人日常经营活动中取得的,仍可依据这些系统中的登记或备案推定受让人知道转让人没有权利或权限。

第Ⅸ-6:103条 担保物权的消灭时效

即使担保物权已过消灭时效,且担保物权的债务人向债权人提出消灭时效后两年内,担保物权仍可以强制执行。

评 论

该条款涉及一个十分有争议的问题,必须首先澄清该问题。

A. 时效的一般效力

时效期间和其他细节由第三卷第七章第二节规定。然而,和当前的内容相关的仅仅是在可能强制执行担保物权时,有关担保物权时效的效力问题。

根据第Ⅲ-7:501条(一般效力)的规定,在时效期间届满后,债务人有权拒绝履行。然而,债务人在期间届满后履行的,不能仅因为时效已经届满而主张返还。这两个规定表明了履行请求权的时效期间届满并不消灭规定的权利,而是仅仅给予了债务人有权拒绝履行相应义务的权利。

B. 担保物权的时效的效力

对于债务人援引担保物权的时效的,欧洲各国对此效力问题出现了分歧。对于担保权人主张其担保的权利,多数国家似乎否定债务人援引时效的效力。但其他几个国家,尤其是在拉丁语系的国家,被担保的付款请求权的债务人已经成功地援引了时效的，也允许担保人援引时效。

上述后一种解决方式的主要原因在于，担保物权从属于被担保的权利，因此有必要共享后者的命运（对保证担保，参见 Drobing 所著的《保证担保》214，222 f.）。

通过对比，欧洲各国主要的观点是，担保物权是被担保的权利的强化措施，因为其通常是由债务人自己所创设的，从而超越了担保的从属性。这一理由比有关从属性的理论观点更令人信服。

不过，一定程度上接受其他观点也未尝不可。因此，本条款最后的部分设置了在担保物权的债务人援引时效期间届满之后两年的时限。无可否认，该时限的规定是武断的。然而，在债务人援用时效后，该两年时限给担保权人留下了充足的时间去决定其未来的行为。

第Ⅸ－6:104条　消灭的法律后果

（1）担保物权的全部或部分消灭，是指相关财产的权利负担相应地消灭。

（2）担保物权消灭的，担保权人不再有权占有或控制担保财产，以对抗所有权人。欧盟担保物权登记簿的登记的涂销请求权，适用第Ⅸ－3:315条（担保人的涂销或修正登记事项请求权）的规定。

（3）担保权人必须告知持有担保财产的第三人有关担保物权消灭的信息，第三人是为担保权人持有该财产的，担保权人必须征求担保人的指示。

（4）给付请求权设定了担保，且已向第三方（给付请求权的债务人）通知了担保事项的，担保权人必须征求担保人的指示。

（5）保留所有权交易消灭时，出卖人、供应商、或出租人对所提供的财产的所有权不再受本卷规定的约束。买受人、分期付款买受人、承租人或受托人取得所提供的财产的所有权或其使用所提供的财产的权利，由当事人的协议调整。欧盟担保物权登记簿的登记的涂销请求权，适用本条第（2）款第二句的规定。

评　论

A. 担保物权自动消灭

担保物权的消灭意味作为担保财产担保的担保物权的自动消灭（第（1）款）。而对于抵押这样常见的担保物权，其自动消灭的后果是显而易见的。国内的法律制度有时候不规定物权担保物权的自动消失，而是强制担保权人再次把担保财产之上的物权地位转让给担保人。本条规定不适用这一方式。作为物权的担保物权的自动消灭仅在某些情形下,显得不太合理,然而在其他情形中,与担保权人相比,担保人可能仅仅有一种(个人)权利,即要求担保权人放弃或解除担保。

显然,担保财产丧失的,或担保权人或第三人取得担保财产的(第Ⅸ-6:101条(担保物权消灭的情形)第(1)款(c)项至(e)项),这些区别就无关紧要了。在此种情况下,即使是根据前款规定中概述的传统观点,依担保权人的行为撤销担保,也是不需要甚至不可能的。这样的情形下(前者丧失担保物权或后者丧失所有权),担保权人和担保人之间有无责任取决于具体情况,即主要是一方当事人是否违反了第五章规定的任何义务。

应当指出,本条规定了"全部或部分"担保物权的消灭的法律后果(第(1)款),或规定了当担保物权消灭时,"到目前为止的"法律后果(第(2)款)。这是因为第Ⅸ-6:101条(担保物权消灭的情形)第(1)款允许某些消灭的情形,例如,放弃担保物权,如果放弃的仅仅是部分担保物权的,则此部分担保物权消灭。然而,因支付而消灭担保物权的,只能是全部消灭,即只有在清偿全部被担保的权利之后,才能消灭全部担保物权(参见第Ⅸ-6:101条第(2)款)。因此,本条规定的法律后果不适用于仅以部分支付实现担保物权的情况。

B. 占有、控制和登记

担保物权自身自动消灭时,担保权人事实上也许仍然占有或控制着担保财产,或者欧盟担保物权登记簿的登记事项包含该担保物权。

本条第(2)款第一句规定,担保物权消灭后,担保权人不再有权占有原来的担保财产。显然,如果担保权人依其他任何原因仍然有权占有,他仍然可拒绝其他当事人任何重新占有的请求。如果情况并非如此,实际占有担保财产的担保权人,则必须把该担保财产返还给作为该财产所有权人的担保人。如果担保权人占有的可替代的担保财产已经混合(见第Ⅸ-2:309条(担保财产的混合)),担保权人依本条第(1)款规定对担保财产的返还责任是指,返还给担保人不分份额的混合物或混合的整体。

同样的规定适用于担保权人对担保财产的实际控制。担保权人不再有权行使对抗所有权人的原担保财产之上的控制权。因为控制通常是通过持有担保财产的第三人行使的,担保权人必须指示第三人解除控制。担保权人消灭担保物权义务的具体规定详见本条第(3)款的规定(见注释c)。

如果登记事项不符合(或不再符合)既存的担保物权,担保权人涂销欧盟担保物权登记簿的登记事项的义务遵循本条第(2)款第二句涉及的第Ⅸ-3:315条(担保人的涂销或修正登记请求权)的一般规则。

C. 第三人持有财产

很多情况下,担保财产不是由担保人或者担保权人持有,而是由第三人持有。其中一个典型情形是第Ⅸ-3:204条(金融财产的控制)规定的控制协议。对于这种情况,本条第(3)款规定担保权人必须将其放弃控制权和将重新恢复担保人的初始权力的信息告知持有这些金融担保财产的银行。担保人将被许可处分其“冻结”的账户(第Ⅸ-3:204条第(2)款(a)项)。对于第Ⅸ-3:204条第(2)款(b)项规定的专用账户,担保权人必须要求担保人给予指示。

D. 通知债务人时,告知担保物权的撤销

关于担保的撤销的特殊问题规定在本条第(4)款。支付请求权设定担保的,该担保物权的存在可以告知第三方债务人,尽管这不是设立担保物权或取得对抗效力的必要条件。但是,在实践中通常会进行这样的告知。如果已经发生担保的撤销,担保权人有义务将撤销事项告知第三方债务人。否则,第三方债务人至少不能肯定其可以对谁进行有效履行。

E. 保留所有权交易

本条第(5)款单独规定了保留所有权交易消灭的法律后果。

对于担保物权来说,消灭意味着不再是行使担保职能的物权。然而,因为各方当事人之间不需要所有权转让的协议(尤其在融资租赁的很多情况下,通常是没有此类协议的,如完全依据推测,承租人取得所有权通常受承租人为此行使的选择权的限制)。在保留所有权交易消灭的任何情况下,所提供的财产的所有权从出卖人、供应商或出租人自动转给买受人、分期付款买受人、承租人或受托人的规定的确有点过分。相反,遵循一种更加差异化的方法会更好。保留所有权交易的消灭一般会有这样的影响:担保权人的权利,即保留的所有权,如果没有受到导致其消灭的事件的影响,将不再受本卷规定的约束(第(5)款第一句)。例如,如果清偿了被担保的权利,则所有权不再履行担保的职能,而且,也就没有对一般租赁登记的义务了(除融资租赁之外),似乎也就不能再要求遵守本卷规定的公示要件,以作为该物权取得对抗第三人效力的条件。

然而,买受人、分期付款买受人、承租人或受托人是否有权在导致消灭的事件发生之后使用所提供的财产,或者这些人是否可以取得所提供的财产的所有权,完全依赖于各方基础协议的内容和导致该担保物权消灭的事件。

本条第(5)款第二句明确表达的观点,经审视可以这样解释:清偿担保物权担保的债务后,买方可以取得担保财产的所有权。这取决于当事人之间的协议是否允许买方和分期付款购买人自动取得担保财产的所有权。如果各方当事人同意依据支付全部价金的中止条件转移所有权的,买方才能取得担保财产的所有权。这些条件全部实现的,买方自动成为所有权人。在分期付款购买时,也产生同样的法律后果。因为全额支付分期付款费用使购买成为可能,即所有权的转让成为可能。如果没有依据全部支付价金才能自动转移所有权的条款,出卖人、供应商或出租人(通常)有义务转移所有权给买受人、分期付款买受人、承租人或受托人。如果没有支付的,则出卖人、供应商

或出租人的物权地位将维持不变。

当事人协议也包括,导致担保物权消灭的事件发生后,在先保留所有权交易的持有人是否有权占有担保财产的问题,这和本条第(2)款、第(5)款第二句是不一样的。而本条第(5)款第二句和第(2)款第二句一样,同样规定引用第Ⅸ-3:315条(担保人涂销或修正登记请求权)的内容。

第Ⅸ-6:105条 担保权人清算收益的义务

担保物权一旦消灭,担保权人即有义务清算担保财产的收益,并且将其移交给担保人。不管其是否收到、使用或消费这些权益,担保权人均应清算。

评 论

本条和下一条规定了担保物权消灭的间接法律后果。这两条规定都与违约后强制执行的法律后果无关。关于从担保物权的强制执行中实现价值的分配由第Ⅸ-7:215条(收益的分配)规定。

担保权人有义务说明和返还收益,当然,依本条规定的前提是担保权人获得了担保财产的收益。只有担保权人占有或控制担保财产的,才会发生这种情况。

担保物权及于初始担保财产的收益的一般条件,适用第Ⅸ-2:306条(初始担保财产的收益)的规定。根据本条第(1)款的规定,收益事实上取代了初始担保财产。虽然该收益不会构成额外的价值,既然其已经取代了初始担保财产,担保权人仍有义务予以说明和返还。

对于依据第Ⅸ-2:306条(初始担保财产的收益)第(2)款规定,当事人约定担保物权所及于的收益,以及本条第(3)款规定的法定和天然孳息(第(3)款),担保权人也同样有义务说明和返还。

第Ⅸ-5:207条(有权处分金融财产的银行)规定了上述规则的一个例外,即银行作为担保权人持有金融财产的收益的情况;一般来说,如收益已用以实现担保物权,无论是采用抵偿还是抵消的方式,担保权人都没有对收益说明的义务。

第Ⅸ-6:106条　物上保证人的追偿权

（1）如果担保人不是担保物权的主债务人（物上保证人），且清偿了未偿付的担保债务的，准用第Ⅳ.G-2:113条（保证人履行后的权利）、第Ⅳ.G-1:106条（若干担保人：内部求偿权）和第Ⅳ.G-1:107条（若干担保人：对债务人的追偿权）。

（2）物上保证人对债务人的地位提供从属保证的人相同。

评　论

本条规定了一个特殊情形。即第三人取代债务人取得为担保权人设立的担保物权；且该第三人已经向担保权人清偿了全部担保债务（通过强制执行物上保证人的财产来实现担保人的担保物权的，适用第Ⅸ-7:109条（物上保证人的追偿权）的规定）。

在这种情形下，物上保证人通常要求债务人偿还。如果这样，就和保证的担保人应债权人的要求而向债权人支付的情况类似。对于这种情形，也可适用第Ⅳ.G-2:113条（保证人履行后的权利）的规定。

如果有若干担保人或保证人，他们自己之间以及和债务人之间的相互追偿的权利和义务，适用第Ⅳ.G-1:106条（若干担保人：内部求偿权）和第Ⅳ.G-1:107条（若干担保人：对债务人的追偿权）的规定。而且，保证担保的类似情况证明了适用第四卷第七编的规定是合理的。同样的原则规定在第Ⅳ.G-1:105条（若干担保人：对债权人的连带责任）第（2）款中。

本条第（2）款通过广泛参考保证担保的相关法律，说明了物上保证人在对抗债务人时其地位相当于从属担保人。除适用于物上保证人的第Ⅳ.G-2:113条（履行后担保人的权利）规定之外，根据第Ⅸ-6:106条（物上保证人的追偿权）第（1）款的规定，也允许适用第Ⅳ.G-2:111条（债务人对保证人的救济）和第Ⅳ.G-2:112条（保证人履行前的通知和请求）的规定，但只能在债务人和担保人之间适用。

第七章　违约和担保物权的实现

第一节　一 般 规 则

第Ⅸ－7:101 条　违约后担保权人的权利

(1)违约事件发生后,只要符合当事人约定的其他条件,担保权人就可行使本章规定的权利。

(2)涉及第Ⅸ－3:101 条(对抗第三人的效力)第(1)款所列举的第三人,且符合该条规定的条件的,只有在担保物权依本卷第三章的规定具有对抗效力,担保权人才可行使本章规定的权利。不涉及此类第三人的,只要担保物权被有效设立就够了,优先顺位的规则不受影响。

评　论

A. 第七章概述

本章是第九卷关于动产担保物权的最后部分,是非常重要的一部分。本章仅规定了轻微违约,即不履行被担保的权利,在实践中多是指付款请求权(本条)。这是债法问题,尤其是合同法问题。本章的重点在于不履行引起的法律后果,在此领域通常称为债务人违反担保的责任。

司法外和司法执行途径。动产担保的实体方面的规定是没有强制力的,或者,如果把权利的强制执行问题完全留给各个欧盟成员国各自的程序法律和实体法,就不能达到统一欧洲动产担保物权的目的。另外,这些规定并未试图包含担保物权的司法执行途径,因为,其本质上是欧盟成员国保留的领域。

因此,本章的规定仅关注执行中的很少一部分内容,即被称为"非司法强制执行"的部分。然而,且不说受到尊重的正式的"司法管辖"在目前执行需求中的局限性,它还需要通过所谓有效的实质性审议以证明这一具有局限性方式的正当。因为传统担保物权执行方法所造成时间的拖延，成本的高昂和经常令人失望的结果，欧洲许多国家出现了越来越多的寻求替代方法的运动。

因此，希望本章中的规定不仅仅适合第四卷的直接需要，而且可以有更多的用途。

担保物权和保留所有权交易的执行。值得注意的是，就创设方式而言，而不是依据第三章至第六章的规定，担保物权和保留所有权交易的强制执行的基本区别再次变得明显而重要。即使是对非司法途径而言，担保物权的执行仍然遵守执行的绝大多数规则。理由是显而易见的，担保财产由担保人拥有；即使执行会造成担保人的担保财产的全部或大部分丧失，也必须尊重担保物权。

相反，保留所有权交易的执行比较简单。基本上，作为所有权人的担保权人仅仅需要重新占有受到影响的财产。仅占有权转让给债务人的，即买受人、分期付款买受人、承租人或受托人的，这些人必须返还购买、分期付款购买的或承租的物品的占有权，用来交换他们已经支付给该财产所有权人的款项，这些财产将是他们以未来的收购所取得。不言而喻，这种仅由他方当事人返还占有权的，比目前的占有人返还其所拥有的财产更为简单。在保留所有权交易的买卖中，如果买方在保留所有权交易的买卖中，依全部付款的暂时条件取得所有权的，卖方终止了买方/卖方的关系的，这种附条件的所有权将自动消灭。

强制规则。不言而喻，本章的规则具有强制性，除非另有明文规定（参见第Ⅸ－7:102 条（强制规则））。

对消费者担保人的特殊规定。本章的规定同样适用于对消费者的担保物权的执行。然而，有必要考虑多数消费者作为债务人或担保人的特殊情况，为此本章作出了一些例外规定。

相比之下，国内关于小额贷款担保的执行的特殊规定，适用第Ⅸ－1:105 条（适用范围的除外规定）第（1）款的规定，不受本章的规定的影响。

B. 违约事件

本条第（1）款规定的违约事件，是引起权利可行使的主要条件和本章规定的一般义务的起点。在违约事件发生之前，担保权人只是持有担保财产以作为担保，但实际上，并不一定会为了清偿担保物权的担保的债务而去实现担保物权（该规则的例外见第Ⅸ－5:208 条（以法定孳息抵偿债务）的规定）。

第Ⅸ－1:201 条（定义）第（5）款规定的违约事件的定义涉及本卷范围之外的因素。主要是指担保债务的不履行（第Ⅸ－1:201 条第（5）款（a）），这被视为违约事件；此债务的成立、条件、到期和不履行的其他因素受调整相关债务的规定的约束。即使没有债务的不履行，担保权人也可以和担保人对视为违约的其他事件或各种情况达成一致意见（第Ⅸ－1:201 条第（5）款（b）项），例如，在交叉违约时（见第Ⅸ－1:201 条第5 款的注释）。

C. 当事人约定的其他条件

因为第Ⅸ-1:201条(定义)第(5)款(b)项允许当事人对视为违约的其他条件或各种情况达成一致意见,本条第(1)款涉及当事人约定的其他条件。换句话说,担保权人和担保人对其他条件达成一致的,且该条件必须在担保权人行使本章所规定的权利之前具备,例如时间限制(也就是说,本章所规定的权利是在达成协议之前还是之后行使),或者债务人不是担保人的,担保权人必须要从债务人处实现其担保物权的条件(保证担保中也存在类似概念,见第Ⅳ.G-2:108条(主要保证责任的期间)和第Ⅳ.G-2:106条(保证人的补充责任)的规定)。

D. 依本章规定行使权利

本条第(1)款涉及本章规定的一般权利的行使。换言之,在违约发生后,担保权人可以行使保留、变现和本章规定的类似权利等所有权利,而不论是通过司法执行程序,有没有法院或其他主管部门的支持。合法有效的担保物权项下的违约并未满足所有这些规定的需要。至于本章规定的担保权人的一些权利的其他条件参见相关条款的注释。

E. 担保物权的设立和对抗效力

本条第(2)款规定的问题是,合法设立的担保物权是否就足以依据第二章的规定强制执行(且按照第六章规定没有消灭),或担保物权只要根据第三章的规定也有对抗效力,是否担保权人就可以行使本章规定的权利。该答案取决于是否涉及(第(2)款第一句)还是不涉及第三人(第(2)款第二句)。

(a)涉及第三人:对抗效力的要求。本条第(2)款第一句在第三章的对抗第三人的效力和本章的违约后的担保权人的权利之间建立了联系。根据该规定,只要担保物权已经合法设立且未消灭,同时按照第三章的规定具有对抗效力,那么对于涉及第Ⅸ-3:101条(对抗第三人的效力)第(1)款所列举的第三人的,担保权人都可行使本章中的权利。

第Ⅸ-3:101条(对抗第三人的效力)第(1)款规定涉及的是以下情况下的第三人:

(i)无论何时,担保权人拟依据某一财产之上的担保物权行使权力,其他第三人(担保人以外的人,见下面的(b))也拥有该财产之上的物权,尤其是有对抗效力的担保物权(第Ⅸ-3:101条(对抗第三人的效力)第(1)款(a)项);

(ii)担保权人拟依据某一财产之上的担保物权行使权利,如果其他债权人已经进入该财产的执行程序,并且已经取得了可以对抗轮候执行的法律地位(第Ⅸ-3:101条(对抗第三人的效力)第(1)款(b)项);

(iii)如果担保人已经破产且正式的破产程序已经开始,因而在担保人财产之上的担保物权的强制执行中涉及了破产管理人的(第Ⅸ-3:101条(对抗第三人的效力)第(1)款(c)项)。

涉及上述任何一种第三人的,且相应的事实出现,除非担保权人的担保物权有对抗效力,否则担保权人不能依本章规定作为强制执行的担保权人行使权利。

然而,即使强制执行的担保权人的权利是有对抗效力的,其在现实中实现的机会,也要取决于在面对其他享有对抗效力的竞合担保物权的担保权人时,其所具有的优先顺位(本条第(2)款第三句)。此问题必须依据第四章规定的标准解决。

(b)没有涉及第三人的:设立本身就是强制执行的充分条件。如果第Ⅸ-3:101条(对抗第三人的效力)第(2)款第二句规定没有涉及第三人的,只要担保物权有效设立且未消灭的,担保权人的担保物权就可以强制执行。这就没有必要符合第三章规定的有效对抗第三人的条件(本条第2款第1句)。只要没有涉及第三人,即使担保物权没有登记或者担保财产没有被担保权人占有或控制,担保权人也可以强制执行其对抗担保人的担保物权。这种情况下,担保权人也不局限于担保物权涵盖的债务的强制执行。

强制执行担保权人的担保物权的效力,并不要求所涉及的第三人是持有无对抗效力的担保物权的竞合担保权人(这种无对抗效力的担保物权的持有人未被包含在第Ⅸ-3:101条((对抗第三人的效力)第(1)款(a)项)的规定中)。然而,必须指出的是,如果强制执行担保权人和竞合担保权人的担保物权都是无对抗效力的,仍存在按照设立的顺序来决定这些担保物权之间的优先顺位问题。(见第Ⅸ-4:101条(优先顺位:一般规则)第(4)款的规定)

第Ⅸ-7:102条　强制规则

就实现担保物权的担保权人和担保人之间,本章的规则具有强制性,但另有相反规定的除外。

评　论

本条明确规定了本章中的规则具有强制性。

当本卷的其他章节——与欧洲示范民法典(DCFR)中的一般方法相一致——都遵循当事人意思自治原则时,即使本卷规定物权法的内容,该原则的地位在本章中也必然是不同的。在违约法律后果的规定中,只要本章中有明确地规定,本章规则中所包含的不同的政策(尤其是担保人的保护和确保有效强制执行程序的可操作性的通常目的)就对担保权人和担保人之间的当事人协议的范围有所要求。

从本章的很多规定中,都可以找到这种例外情况的存在。一方面,担保人和担保权人可以通过协议放弃担保人依本章的违约规定享有的受保护的权利;另一方面,担保权人可以同意其他条件或强制执行的形式,以给予担保人更多的保护。

本条仅限制了担保权人和担保人之间协议的可能性,而担保权人之间的协议,即在多个担保权人之间的协议,本条并未禁止。

第Ⅸ－7:103 条　实现担保物权的司法途径和非司法途径

(1)除非另有约定,担保权人可以以非司法途径实现担保物权。

(2)消费者财产之上的担保物权只能由法院或其主管机关实现,但在违约之后,消费者担保人同意以非司法途径实现担保物权的除外。

(3)就保留所有权交易而言,当事人不得约定排除实现担保物权的非司法途径,本条第(2)款不适用。

(4)担保权人应以商业上合理的方式实现担保物权,并尽可能取得担保人的合作;在涉及第三人的情况下,还要尽可能取得第三人的合作。

评　论

A. 概述

本条规定,依本规则发生违约时当事人面临的主要选择。担保物权的执行可由担保权人向法院或其他主管机关(司法执行)申请执行,或者担保权人自己执行(非司法执行)。传统上前一种执行方式(主要因为其可以给予担保人更多的保护)比后者更容易接受,而非司法途径的执行可以预计是一种更高效和低成本的方式。为此,除非涉及消费者担保人,这里主要规定非司法规则。

B. 非司法途径

只有当事人缔结了特别协议,传统的非司法途径的执行才被国内法所许可,然而,本条第(1)款规定的由担保权人提起的执行程序不需要这种特别协议(除非担保人是消费者,见本条第(2)款)。当事人另有约定的,则不存在非司法途径执行的权利。该特别协议可以在早期阶段就达成,例如在担保物权合同中,也可以在之后达成,比如,在强制执行之前或甚至更晚。

主要规则所隐含的政策并未打算给予担保权人特殊的优势。因为,与担保权人相对应的担保人最终必须负担执行程序的费用,担保人也愿意减少就担保财产实现担保物权的费用,即通过允许担保权人自己执行担保财产,来达到担保人减少费用的愿望。

同时,必须规定保护措施,可以确保非司法途径执行的效率及收益,不会以担保人和其他利害关系人保护的欠缺为代价。具体规定需要确保:例如,没有低价卖出担保人的财产或担保人和其他利害关系人未在合理的时间内收到通知等。这些具体规定,在之后的第二节中的第一分节和第二分节中可以找到,而本条第(4)款则规定了担保权人必须在进行执行时尽可能地且以商业合理的方式和担保人合作的一般原则。不能滥用非司法执行,以免给担保人带来困扰;不能让担保人承担超过实现担保权人的被担保权利范围的执行负担。还要避免担保财产的浪费。尤其是在执行担保人对第三人的付款请求权时,这种合作的一般义务也会扩展至所涉及的第三人。

最后,担保权人通过非司法途径执行其担保物权的事实,并不会剥夺担保权人按照下面的规定求助于法院或其他主管机关的权利。毫无疑问,在任何情况下这都是不言而喻的。这种求助于法院或其他主管机关的权利的详细内容和相关程序都有可适用的国内法,即担保权人寻求救济的法院或其他主管机关所属的欧盟成员国的法律。

C. 司法途径

对担保权人而言,寻求司法途径救济,即由法院或其他主管机关执行担保物权,通常情况下都是可以的。本条第(1)款隐含了当事人可能对排除非司法途径的执行达成一致意见的情况。如果担保人和担保权人同意,担保物权的执行就仅可以通过法院或其他有权机关进行。关于这种执行形式的一些规定,参见本章第二节的第三分节。

D. 消费者担保人

为消费者担保人进行的非司法途径执行与司法途径的执行,与评论 B 和 C 为一般担保人所规定的非司法途径执行与司法途径的执行,是有区别的。只有担保权人与消费者担保人之间有关于非司法途径执行的约定时,才有可能通过非司法途径实现消费者担保人财产之上的担保物权;此外,只有在发生违约后缔结这样的协议才会有效。

对消费者担保人的财产之上的担保物权优先采用司法途径执行,是出于对消费者担保人保护的需要。消费者担保人通常缺乏金融和担保的经验,如果执行程序由法院或其他主管机关控制,消费者担保人能受到更好的保护。另一方面,非司法途径不太正式,因此费用较低。这也许是即使消费者也接受该程序的原因,至少是在简单的案件中可以接受非司法途径的执行。

E. 保留所有权交易

本条第(4)款的规定适用于保留所有权交易(见第Ⅸ－1:104 条(保留所有权交易:一般规则)第(1)款(d)项的一般规则),对本条第(1)款开始的规定(“除非另有约定”)和第(2)款的规定,必须作出例外规定。根据第三节的规定,保留所有权交易的持有人不必把担保财产通过出售或其他方法变现;相反,保留所有权交易的持有人,可以消灭担保目的的买卖、分期付款、融资租赁或者寄售合同等基础合同所产生的法律关系,并可收回担保财产的占有。但是,保留所有权交易的持有人可能会寻求法庭的救济,以取得担保财产的占有(见以上的评论B和第Ⅸ-7:302条(占有、固定和保存)以及第Ⅸ-7:203条(法庭或其他机关的介入)的规定)。

第Ⅸ-7:104条 寻求法庭救济的权利和损害赔偿请求权

权利受到执行担保物权的措施侵犯或对合法的执行措施享有抗辩权的当事人或第三人,可以:

(a)请求管辖法庭或其他机关迅速作出裁决,指令当事人依本章规定采取实现措施;

(b)请求责任方赔偿损失。

评 论

A.受到执行措施侵犯后的权利或对执行的抗辩权

如果非法的执行措施侵犯个人权利或对合法执行措施享有抗辩权的,本条规定了可适用的一般救济措施。执行措施(或对其的抗辩)可能发生在司法或非司法途径的执行程序之中。然而,对于非司法途径的执行,第Ⅸ-7:203条(法庭或其他机关的介入)更具体地规定了请求法院或其他主管机关介入的问题。

本条款规定的保护,可由受对合法执行措施抗辩影响的担保权人提出请求,也可以是担保人和第三人请求保护,即合法利益受执行措施影响的其他人请求保护。

B.对主管法院或其他机关的请求权

(a)项规定清楚表明,在司法途径和非司法途径的执行中,其权利因非法执行措施或因对合法执行措施的抗辩而权利受到侵犯的人,必须始终有权利对主管法院或其他机关提出请求,以命令当事人必须依本章的规定为一定行为。可能会要求担保权人停止其执行措施,也可能要求担保人或其他担保财产的其他持有人停止抗辩。

必须依据国内法的规定确定哪个法院或其他机关有权决定人们的请求。国内法也同样适用于法院或其他机关的程序性规定。本条中唯一的稍微触及程序的规定是,权利受侵犯的当事人,可以允许其使用简易程序。

C.损害赔偿请求权

权利因非法执行措施或因对合法执行措施的抗辩而受到侵犯的人,按照本条(b)

项规定，也有权要求责任方赔偿损失，即根据具体情况，向担保人或担保权人要求损害赔偿。应当注意的是，双方当事人不仅对自己的行为承担责任，也要对第三人在执行措施中代表他们的行为承担责任。损害赔偿请求权的法律基础是第Ⅵ－2:206 条（侵犯财产权或合法占有造成的损失）的规定；而详细内容，则适用第六卷的规定。

第Ⅸ－7:105 条　流质契约

（1）违约前所达成的，在违约后由担保权人取得担保财产的所有权的协议，或有类似效果的，均属无效。

（2）本条第（1）款不适用于：

（a）担保财产是在公认的市场上以公开价格进行交易的可替代物；

（b）当事人事先约定了便于确定合理的市场价格的其他方法。

（3）本条第2款（b）项不适用于消费者担保人。

（4）允许以物抵债的，担保权人也仅有权在以物抵债时公认的或同意的市场价格的范围内，取得担保财产的所有权。担保人有权要求返还超出担保债务的剩余部分。债务人对不足部分仍应承担清偿责任。

（5）本条不适用于保留所有权交易。

评　论

A. 违约后没有流质契约

本条第（1）款规定了有着悠久的历史并被普遍接受的一般原则，即发生违约之前，在担保权人和担保人之间缔结的流质契约是无效的。这种契约旨在转让（或者是有转让的效力）担保财产的所有权给担保权人，从而剥夺担保人的财产。

本条第（1）款涉及违约后生效的取得所有权的协议，这一问题包含在第Ⅸ－5:101 条（一般原则）第（2）款关于违约前生效的协议的规定中。这两种规则背后的政策是一致的；因此，可以适用第Ⅸ－5:101 条的评论 B。

违约后，依据第Ⅸ－7:216 条（担保权人以担保财产抵偿债务）规定的条件，担保财产可能会被担保权人占有。

B. 例外——第（2）款

就像在第Ⅸ－5:101 条（一般原则）第（2）款中一样，本条对违约前缔结流质契约的禁止性规定，受本条第（2）款明确（详尽的）列举的例外情况的约束。

首先,如果担保财产是种类物,且在公认的市场上以公开价格交易(第(2)款(a)项),则担保人和担保权人可以在违约前协商一致订立违约后才发生效力的流质契约。此规定意味着,例如,当担保财产是公开在股票交易中交易的股票时,担保权人占有的担保财产被低估的风险很小。如果担保权人——用取得担保财产的所有权相交换——使担保人相信抵偿生效时担保财产公开的市场价格(或根据担保财产的公开市场价格,使担保人接受担保财产的所有权以用来部分或全部实现担保债务),这种情况不会对担保人造成不利。

在第二种情况中,如果当事人事先约定了便于确定合理市场价格的其他方法,是允许违约后缔结流质契约的(第(2)款(b)项)。此外,这种例外的决定性因素是——即使担保财产没有公开的市场价格——仍然有其他确定担保财产价值的可能性,因此可以保护担保人防止低估财产的损失。例如,担保权人和担保人协商一致,对于作为担保财产的旧汽车的价格,可参考特定的二手车指南所列举的价格来确定。

C. 消费者担保人

消费者担保人仅可部分免除流质条款的效力。如果担保财产是种类物,且其在公认的市场上以公开价格交易,则消费者担保人和担保权人可以在违约前订立违约后生效的流质契约。实质上,这种情况类似于违约前有效的占有。作为担保权人的银行持有担保人的担保金融财产,即在公认的市场上以公开价格交易的种类物的典型实例,银行可以在违约前占有财产,即使担保人是消费者(在第Ⅸ-5:207 条(银行有权处理金融财产)中没有消费者保护的例外规定)。

然而,在本条第(2)款(b)项中,流质契约的禁止性规定的例外并不适用于消费者担保人(见第(3)款)。因为消费者担保人对金融没有特别的经验,他们通常对于担保财产价值的确定方法缺乏合理的判断。

D. 占有财产的评估

占有的一个重要方面是担保财产的评估。只有根据客观标准的评估才能避免对担保人不利的风险。

客观标准规定在第本条(2)款中。规定第(2)款(a)项(b)项中的两种方法都可以视为客观标准。(a)项涉及公认市场的公开价格。该"公认"的市场也许是官方规定的,例如,通过一些主管机关,或根植于一般公众观念中的某一个机构。而且,公开价格是公众控制的,具有一定的保证。(b)项规定了一个更低的要求;然而,当(a)项规定的条件不具备时,以"合理市场价格"确定价格是唯一允许的合理替代方式。但是,由于其客观确定性程度较低,需要对此规定严格的标准和狭义的解释。

E. 保留所有权交易

毫无疑问,本条不适用于保留所有权交易,因为此种情况下担保权人已经是且依然是所有权人。

第Ⅸ－7:106 条　担保人的赎回权

(1)即使在违约后,只要偿还了担保债务的未受清偿部分,担保人即可请求担保权人终止行使本章规定的权利,并返还担保财产的占有。

(2)在以下情况下,本条第 1 款所规定的担保人的权利可不再行使:

(a)在第 2 节规定的实现担保物权的过程中,担保财产已经被以物抵债或变卖,或担保权人已与第三人订立了有约束力的变卖财产的合同;

(b)在依第 3 节行使权利的情形,保留所有权交易的持有者已经终止了由买卖、分期付款、金融租赁或者寄售合同所产生的关系。

评　论

A. 担保人的赎回权(第(1)款)

担保的债务到期后,或在担保权人已经开始执行后,担保人可以在任何时候向担保权人支付担保债务中的未清偿数额。本条款涉及的主要问题是,担保人的支付是否具有且何时具有使担保权人必须停止执行程序并返还所占有的担保财产的效力。

赎回权规定在本条第(1)款。如果担保人全部清偿了担保债务(部分支付不能赎回),担保权人不能再行使本章项规定的权利,即担保权人必须将占有的担保财产返还给担保人且不能再继续执行程序。这包括担保财产的拍卖计划的取消和按照第四卷第二部分的规定,以收益为目的的任何出租担保财产给第三人的协议的终止等情况。然而,如果担保权人已经出售了担保财产,或者受买卖合同约束,则适用第(2)款(a)项的规定。而且,担保人不能再行使第(1)款规定的权利。

这些规定中的担保人赎回权的基本原理如下:如果担保人通过支付全面履行了担保债务,担保物权消灭(第Ⅸ－6:101 条(担保物权消灭的情形))。担保权人由此丧失了其法律地位,也不再有权行使本章规定的权利。虽然在传统背景下,这里使用了不同的法律术语和法律技术,但是其后果与保留所有权交易是相似的。依所有权保留条款进行出售的,卖方经常依价款全部支付的中止条件转让其所有权。一旦支付价款,买方即成为无条件的所有权人,卖方不再对售出的财产享有任何权利。如果未采用这一简单的方法,则卖方有义务转移其保留的所有权给买方。

B. 赎回权的限制(第(2)款)

本条第(2)款规定了赎回权的限制。从表面上看,担保权人依本章规定已经开始的执行程序没有这样的效果:即在担保债务全部清偿后,担保人就不能再要求担保财产的返还。但事实是,一旦担保权人已经行使本章规定的权利,开始进行(a)项和(b)项列举的步骤,即使担保人随后清偿了担保债务,担保人(确实)不能取得担保财产的返还。

(a)项规定了担保财产已经被担保权人占有或出售,或担保权人受出售担保财产给第三方的协议约束的情况。通常这些条件的成就,与从出售的收益中实现担保物权以及消灭担保债务密切相关(或基于担保权人依第Ⅸ-7:105条(流质契约)规定的担保财产的占有情况而接受全部或部分的担保债务消灭的事实)。如果债务已经随着担保财产的变现而消灭,担保人随后的支付不再有注释A说明的法律后果。(a)项通过明确的规定阐明,一旦担保财产已经被担保权人占有或出售,或担保权人依无条件义务出售给第三方的,那么,担保人不能再行使第(1)款规定的的权利。根据该明文规定,很清楚的是,担保权人是否收到担保财产变现的收益并不重要;因此,即使担保物权担保的债务可能尚未消灭,担保人也丧失了赎回权。

本规定背后的政策显而易见。担保权人已经处分、占有了担保财产或至少承诺要出卖担保财产的,如果仍然承担在担保人清偿后返还担保财产的义务,那么担保权人至少可能处于严重不利地位。然而,如果担保财产的变现总额已超过担保债务的总额或价值,显然担保权人不能同时保留从担保财产的变现中获得的收益和从担保人处获得的清偿。然而,担保权人归还担保人多付款项的义务不在担保物权规定的范围内。参见第七卷中不当得利的规定。

(b)项规定保留所有权交易。发生违约后,保留所有权交易的持有人只需要消灭买卖、分期付款、融资租赁或者寄售的基础合同所产生的法律关系,以便收回担保财产的占有,而不需要任何其他的执行措施,例如,不需要一般意义上的占有或者相关财产的出售。因此,此时不能适用(a)项的规定。相反,(b)项规定了在这种情况下,消灭买卖、分期付款、融资租赁或者寄售合同所产生的法律关系,即标志着第(1)款规定的买受人、分期付款买受人、承租人或受托人权利的消灭。一旦这种法律关系消灭,买受人、分期付款买受人、承租人或受托人的未偿付的债务即消灭(第Ⅲ-3:509条(对合同债务的效力)第(1)款);这些债务的执行不再可能,且买受人、分期付款买受人、承租人或受托人不再有权占有出卖人、供应人和出租人提供的担保财产。

第Ⅸ－7:107条　对消费者实现担保物权的通知

(1)担保权人至少应在开始实现担保物权之前十日内,以书面形式通知消费者担保人,并且,如果担保人不是债务人,且债务人也是消费者,还需通知债务人。只有在以上情形下,担保权人才可以依本章规定对消费者担保人行使其权利。

(2)实现担保物权的通知必须:

(a)明确指明担保物权所担保的债务,并列明通知发送之前的未受清偿额;

(b)说明当事人约定的实现担保物权的其他条件已经满足;

(c)说明担保权人拟实现担保物权,并指明担保权人拟实现担保物权所针对的担保财产;

(d)由担保权人签字或代表担保权人签字。

(3)通知所使用的语言必须是消费者居所地的官方语言。

评　论

A. 通知规定的概要

本章规定了担保权人需要给予的大量的各种通知。为了有助于理解,除了本条规定的对消费者担保人的执行通知外,下列内容对这些通知进行了简单的介绍。

其他通知必须在下列场合给予:

——必须告知第三方债务人将要执行给付请求权之上的担保物权。还必须告知第三方债务人,其债务应向其他人履行而不是向原债权人履行(第Ⅸ－7:204条(给付请求权的担保))。

——必须在允许担保权人处分担保财产之前,给予担保人非司法处分的通知(第Ⅸ－7:208条至第Ⅸ－7:210条)。

——担保权人旨在以担保财产抵偿债务的,必须提前通知担保人(第Ⅸ－7:216条(担保权人以担保财产抵偿债务))。

B. 对消费者担保人的执行通知

但凡担保权人依本章规定要对消费者担保人行使权利的,都要依据本条款规定,给予执行通知。该通知被视为担保权人即将启动执行程序的警告。根据担保权人选择的实现担保物权的方式,若担保人是消费者的,需要额外的通知(参见评论A中的概要),这样可有效地给予后者第二次警告。本章规定的执行措施(包括变现的保护措施)开始的十天前,必须由担保权人给予消费者担保人此种额外通知。这样,为了避免对其财产的执行,消费者担保人有额外的十天时间可以清偿担保债务。

收件人:担保人是消费者的,执行通知必须送达其本人。如果担保人不是债务人且后者是消费者,那么,此人也必须收到执行通知。相反,如果债务人只是消费者,而不是物上保证人,就不需要本条规定的执行通知。

与消费者担保人持有的给付请求权相关的执行中,第三方债务人也必须收到执行通知的副本(见第Ⅸ-7:204条(给付请求权的担保)第(1)款(a)项(i));然而,给予第三方债务人的通知本身,不受本条规定的约束,而且,也不需要担保权人执行开始前的十天时间。

时间通知:该通知必须至少在执行开始十日之前送达收件人。该时间是由通知到达收件人的时间而不是由担保权人发出通知的时间决定的。

担保债务的指示:按照本条第(2)款(a)项的要求,担保权人必须作出若干有关担保债务的声明。这些要求的目的是为了给消费者担保人提供信息,对于担保权人声称对其财产有权执行的通知,消费者担保人应该能够权衡利弊。

指明执行的约定条件:本条第(2)款(b)项要求担保权人在执行通知中表明当事人同意的执行条件已经成就(见第Ⅸ-7:101条(担保人占有有形财产的权利)第(1)款)。

执行的意图和指明担保财产:就本条第(2)款(c)项要求的信息而言,其具有对消费者担保人的最后警告作用,用来证明执行要求的正当性。必须告知消费者担保人,担保权人确实将要开始执行程序,且将要开始执行为担保权人设定担保的担保人的担保财产。

书面形式和签名:执行通知必须是书面形式(第(1)款)且必须由担保权人或其代表签字。该要件是保留证据的需要,也是为了强化执行通知的警告作用。

语言:本条第(3)款规定,通知必须使用消费者居住地的官方语言。即使居住地所在的成员国在不同的地区有不同的官方语言,这种要求可以视为对消费者提供了最高级别的保护。

C. 保留所有权交易

评论B中所提出的要求,也适用于保留所有权交易的持有者享有的处分权的行使(第Ⅸ-1:104条(保留所有权交易:适用规则)第(1)款(d)项)。如果动产是依保留所有权交易提供给消费买受人、分期付款买受人或承租人的,因此,保留所有权交易的持有人,即出卖人、供应人或出租人,可能消灭买卖、分期付款、融资租赁或者寄售合同所产生的法律关系,保留所有权交易的持有人行使第Ⅸ-7:301条(保留所有权交易的违约后果)规定权利的,在行使该权利的十天前对消费买受人、分期付款买受人、承租人发出执行通知的,就可以要求收回其动产。在此情况下,消费者也有额外的最后机会对出卖人、供应商、或出租人支付未偿款项。

D. 担保人的救济

如果担保权人未能遵守本条对执行通知的要求,或者担保权人对消费者担保人开始执行时，没有给予这样的通知，或通知后未满十天即开始执行的，担保人有权享有第Ⅸ－7:104 条（寻求法庭救济的权利和损害赔偿请求权）规定的救济。担保人可以请求管辖法院或者其他机关以获得禁令，阻止担保权人继续进行这样的执行程序，即未依本章规定给予适当执行通知的执行程序；此外，担保人也可以要求损害赔偿。

然而，如果担保权人已经处分了担保财产，第三方受让人的法律地位不会受到担保权人未遵守本条要求的影响（见第Ⅸ－7:213 条（以变现方式变现后买受人对财产的权利））。担保人仅可针对债权人行使救济。

在保留所有权交易的情况下，持有担保财产的消费买受人、分期付款买受人、承租人有权享有和担保物权中的担保人相同的救济。

第Ⅸ－7:108 条　多数担保人的连带责任

（1）数个担保物权担保同一债务或某一债务的相同部分的，担保权人可以选择行使任一、数个或所有担保物权以满足其债权。相应地适用第Ⅳ.G－1:105 条（多数保证人：对债权人的连带责任）。

（2）除一个或多个担保物权之外，还有一人或多人提供了保证的，准用本条第（1）款的规定。

评　论

A. 物权连带责任

本条款以第Ⅳ.G－1:105 条（多数保证人：对债权人的连带责任）为蓝本，正如该规定所指出的，将一般规则引入了为担保同一债务（或某一债务的相同部分）设立多个担保物权的特殊情况。基本事实也许是，除债务人以外的一个或多个人（或债务人以外的若干人）已经设立了同一（部分）债务之上的担保物权。另一种选择是，只有若干人，但不是债务人，已经同意为同一（部分）债务创设担保物权。在所有的这些情况下，担保权人可以选择对抗任一个、数个或所有担保人。他们的物权责任具有连带性。

B. 物权担保和个人保证相结合产生的连带责任

如果有一个或一个以上的担保物权和一个或一个以上个人保证相结合，则适用第Ⅳ.G－1:105 条（多数保证人：对债权人的连带责任）中的基本规则，并参照第Ⅳ.G－1:105 条第（2）款的规定。

第IX-7:109条　物上保证人的追偿权

担保债务已通过对担保人的财产实现担保物权清偿的,数个物上保证人之间或物上保证人与保证人之间的追偿权,以及担保人对债务人的追偿权,准用第IV.G-2:113条(保证人履行后的权利)、第IV.G-1:106条(多数保证人:内部追偿权)和第IV.G-1:107条(多数保证人:对债务人的追偿权)的规定。

评　论

本条规定,通过执行不是债务人而是物上保证人的担保人的财产而实现担保物权所担保的债务后,所产生的追偿权的问题。本条参照第四卷第七编的后果是,对保证人而言,追偿权是相同的。

物上保证人也可以享有对债务人的追偿权(见第IV.G-2:113条(保证人履行后的权利))。如果有数个物权担保人,或者既有个人保证又有物权担保,物上保证人对抗担保权人在其财产之上执行担保物权的,也可以依前条规定向连带责任的保证人要求内部追偿。

第二节　担保物权的变现

第一分节　非司法途径:变现前的规则

第IX-7:201条　担保权人占有有形财产的权利

(1)担保权人没有权利占有有形担保财产,但以下情况除外:

(a)担保权人行使这一权利时担保人同意;

(b)担保人已经依协议规定同意担保权人取得占有,且在担保权人行使这一权利时,担保人或实际持有人均未反对。

(2)在对消费者实现担保物权时,实现担保物权的通知送达十日后,才能依本条第(1)款的规定取得占有。

(3)除非另有规定,本条第(1)款规定的取得占有的同意或协议,包括为取得占有而进入担保人或其他持有人的处所或场所的权利。

评　论

A. 第二节的适用范围

如标题所示,第二节仅规定担保物权的执行。但不适用于保留所有权交易的“执行”,该问题单独在第三节进行规定。不过,第三节的一些规定可参照第二节。

当所有权人将所有权转让给买受人,仅保留担保卖方支付(剩余)价款的担保物权的,适用第二节的规定。由于所有权已转让给买方,卖方处于和任何其他为担保权人创设担保物权的担保人同等的法律地位。前所有权人仅保留担保权人的法律地位。

B. 第二节内容摘要

第二节概括地规定了担保物权的非司法途径和司法途径的执行。第二节的前两个分节规定了非司法途径。第一分节主要规定担保权人执行占有有形担保财产的权利,或至少也有权如债权人保留财产的权利那样将其固定。第二个问题是货币给付请求权的“冻结”,无论其是否体现在流通票据之中。第二分节主要规定担保财产的变现。第三分节仅规定一个独立的条款,仅指国内程序法中的司法强制执行。这主要需要由前面分节的非司法途径执行的规则中所列举的一些实体规定进行补充。

C. 条款的适用范围和关键问题

本条只适用于有形担保财产,更准确地说,仅仅是担保权人未能持有的有形财产。换言之,本条适用于实践中最重要的有形财产的非占有担保物权。为了从担保人处取得此类财产以及避免不合理处分的风险,取得占有是至关重要的,这是变现的第一步。

担保权人经常会面临这样的困境,即占有担保财产的担保人和为继续生产或出售或其他商业活动而急需担保财产的人,拒绝或试图推迟占有的转让。本条款的规定就是用来解决此困境的。虽然没有明说,但担保权人的自救行为是排除在外的。

流通票据和流通凭证之上的担保物权的执行也适用本条及以下两条的规定。

D. 解决方案

本条的规定是建立在担保权人只能用和平方式对抗担保财产的持有人的基础之上的。因此,担保权人的占有都必须取得后者的同意,无论后者是现在还是之前同意。

本条第(1)款(a)项规定,担保权人要求占有,而担保人同意的,担保权人才可以开始占有。

(b)项规定,达成协议(尤其是双方缔结的物权担保的合同)后,当担保权人要求交付,或单方面占有财产时,“实际占有人”不得反对。即使担保权人占有时未经同意,实际占有人,无须是初始担保人,仍受实际占有人自己或初始担保人的以前的协议的约束。

本条第(2)款增加了对消费者担保人或担保财产的消费者持有人进行执行的条件:担保权人需要自按照第Ⅸ-7:107条(对消费者实现担保物权的通知)的规定发出正式的执行通知之日起,至少十日之后,才可以要求占有担保财产。此外,仍可适用本条第(1)款的规定。

第一担保人已经出售或处分担保财产的,此规定仍可适用:担保仍然有对抗效力的,担保财产当前的持有人被视为担保人。

本条第(2)款扩大了第(1)款的担保人同意的范围。除非另有规定,可以认为此同意包括同意担保权人进入担保人的或为担保人持有担保财产的第三人的处所(如房屋,商业处所或厂房)。

第Ⅸ-7:202条　债权人固定和保存担保财产的权利

(1)担保权人有权采取必要的措施固定担保财产,以阻止无权使用或处分,并从物理上保护此财产。此时,准用前条第(1)款到第(3)款的规定。

(2)担保人有权:

(a)采取合理措施保存、维护担保财产或为其投保,并且可以为此向担保人请求偿还。

(b)为保存担保财产的价值而将其出租给第三人;或

(c)采取担保人同意的任何其他保护措施。

评　论

综述:本条为关于债权人取得有形担保财产占有的前条规定提供了可替代方案。对担保权人而言,可能因为主观或客观原因,并不想取得担保财产的占有。也许是因为体积过大或过重,不容易移动,或担保权人因某些主观原因不愿移动担保财产,例如移动财产不方便,或移动或保存财产的费用太高。

本条第(1)款:第(1)款规定的是,担保权人没有占有担保财产的,希望用来保护担保财产的一些措施。此保护措施清单仅仅是列举式的,并试图帮助债权人作出明智抉择。前条的第(1)款至第(3)款试图确保尊重担保权人和担保人之间缔结的协议,遵守取得担保人占有的担保财产的所有必要步骤。

本条第(2)款举出了一些担保权人可能会选择的保护担保财产的可替代方法。由于这些步骤同样保护担保人的财产权益,后者应承担因此产生的费用才合情理。

对当事人而言，还有另外一个选择，将担保财产租借给第三人（见第四卷第二编）。这时并不是想要从出租中为担保权人获得利益（正如第Ⅸ－7:207条（变现的一般规则）第（1）款（b）项中设想的情况）。恰恰相反，出租是为了保存担保财产的价值。典型的情况如，上述提到过的马匹必须得到训练以避免其健康受损的例子。现在，对一些科技设备，也要做相同的考虑。

流通票据：虽然本条中的执行也包括流通票据之上的担保物权的执行（见第Ⅸ－7:205条（流通票据）），对于流通票据，从来不会产生占有不便的问题。因此，对此类担保财产而言，本条将很少适用。

第Ⅸ－7:203条　法院或其他机关的介入

（1）占有财产的担保人或第三人拒绝交付或拒绝担保权人接触的，担保权人可以向有管辖权的法院或其他机关申请裁定，以取得担保财产的占有或有权接触担保财产。

（2）一旦收到当事人的申请，法院或其他机关可以裁定采取前条所规定的任何保护措施。

评　论

前面两条规定了以当事人约定为依据的非司法途径。然而，如果因为当事人无法达成一致协议而造成僵局，担保权人有权通过请求法院或其他主管机关介入而得到最终的救济。

本条的第（1）款拟通过法院的必要介入来维护担保权人的权利，并按照第Ⅸ－7:201条（担保权人占有有形财产的权利）的规定接触并带走担保财产。

相比之下，本条第（2）款通过允许采取强制财产保全措施，使之和第Ⅸ－7:202条（债权人固定和保存担保财产的权利）条的规定相适应。

第Ⅸ-7:204条 给付请求权的担保给付请求权抵押

(1)担保财产是担保人对第三债务人所享有的给付请求权的,只有同时符合以下条件,担保权人才能行使本章规定的权利:

(a)担保权人向第三债务人送达以下通知:

(i)担保人是消费者的,一份符合第Ⅸ-7:107条(对消费者实现担保物权的通知)所有条件的实现担保物权的通知的副本;

(ii)其他情形的,一份符合第Ⅸ-7:107条(对消费者实现担保物权的通知)第(2)款(a)和(d)项规定所有条件的实现担保权的通知。

(b)担保权人尽可能精确地告知第三债务人,担保人对第三债务人的给付请求权的性质、数额和到期日等信息。

(2)第三债务人必须告知正在实现担保物权的担保权人,其所知道的其他担保权人的竞合权利的数额和到期日。

评 论

序言:本条规定了具有重要经济价值的财产的担保物权的实现。货币是最具有流动性的财产,因此,比大多数通常需要通过出售转换为货币的有形财产,更受欢迎并广泛使用。这种差异生动地反映在给付请求权的简要的规定(第Ⅸ-7:214条(给付请求权或流通票据之上的担保物权的变现))和有形担保财产的变现(第Ⅸ-7:207条至第Ⅸ-7:213条)的复杂规定的比较之中。

虽然正如本条规定所表明的,为了从给付请求权的执行中受益,必须支付微小的代价。

应该注意的是,本条不适用于流通票据(比较第Ⅸ-7:205条(流通票据)第二句)。

本条第(1)款规定了可以区别有形财产的执行和给付请求权执行的根本特点。给付请求权变现的标的,不是担保人同时又是给付请求权的债权人所能掌握的物理对象,而是担保人和担保人的债务人即第三方债务人之间的法律关系所蕴含的价值。

序言中的前半句指出了这种实际情况所包含的法律要件。担保标的和此后执行的是担保人对第三方债务人所具有的给付请求权。其构成要件是对执行债权人有约束力。

该款(a)项要求执行担保权人必须交给执行债务人两种文件之一。而交付哪种文件,取决于执行所针对的给付请求权的持有人,即担保人是否是消费者。

如果持有给付请求权的人(担保人)是消费者,执行担保权人必须按照第Ⅸ－7:107 条(对消费者实现担保物权的通知)的规定,在对消费者的执行开始前,发出执行通知((a)项(i)目)。在此种情况下,执行债权人必须给第三方债务人送达此执行通知的副本。

如果给付请求权的持有人(担保人)不是消费者,则债权人需要把一份执行通知送达给第三债务人,而且,此通知必须部分符合,但不要求全部符合第Ⅸ－7:107 条(对消费者实现担保物权的通知)中第(2)款的条件。此款中的(a)项和(b)项中的条件的适用,不需要说明或解释。

此外,根据该款(b)项的规定,执行债权人要进行执行的担保人的金钱支付请求权,必须是认定为"在这种可能的情况下"是非常明确的。这个条件显然是一种妥协。一方面,第三债务人必须尽可能多地(在商业过程中,可能数以千计)了解执行债权人的执行所指向的应付债务;另一方面,执行债权人不可能知道担保人的账目,因而很难完全具体说明预期拟执行的给付请求权。但是,至少担保人的姓名或名称是必须知道的。

本条第(2)款要求,第三债务人应告知执行担保权人,其所知悉的其他担保权人对第三债务人的竞合担保物权的数额和到期日。告知其他竞合担保权人的信息,包括担保物权的数额和到期日等细节,是为了使担保权人评估是否存在其他担保权人在先的优先顺位,这是和担保权人相关的问题。自优先顺位在先的权利起,剩下的给付请求权的经济价值可决定担保物权所包含的给付请求权的实际价值。

第三债务人因故意或过失提供的任何错误信息,将产生第Ⅳ－1:101 条(基本规定)第(1)款规定的损害赔偿请求权。

第Ⅸ－7:205 条　流通票据

(1)第Ⅸ－7:201 条(担保权人占有有形财产的权利)、第Ⅸ－7:202 条(债权人固定和保存担保财产的权利)和第Ⅸ－7:203 条(法院或其他机关的介入)的规定,也适用于流通票据的取得占有。

(2)第Ⅸ－7:204 条(给付请求权的担保)的规定不适用于流通票据。

评　论

本规定调整在流通票据之上设立的担保物权的执行问题。其执行划分为两个

阶段:

第一阶段,正如第(1)款所指出的,流通票据作为一个文件,对其理解是个问题。这是由执行债权人只能通过票据来行使包含在票据内的给付请求权的事实决定的。因为流通票据是有形的,也适用第Ⅸ-7:201条(担保权人占有有形财产的权利)和第Ⅸ-7:203条(法院或其他机关的介入)对常见的普通有形财产的规定。既然对仅交付文件存在争议,那么就和第Ⅸ-7:202条(债权人固定和保存担保财产的权利)的规定没有什么关系;因此,通常不会出现使担保权人固定和保存担保人手中的这些担保财产的特殊理由。

第二阶段,担保权人体现在流通票据中的执行权是一个问题。这里,执行给付请求权之上的担保物权的一般规则可适用第Ⅸ-7:214条(给付请求权或流通票据之上担保物权的变现)的规定。然而,这样就会减少对第三债务人权利的保护:本条第(2)款不适用于前条的规定。

第Ⅸ-7:206条　流通物权凭证

前条规定也适用于流通物权凭证的取得占有。

评　论

本条规定物权凭证之上的担保物权的执行。该问题及其解决方案与流通票据之上的担保物权的执行相类似。这说明适用前条规定是合理的。

第二分节　非司法途径:担保财产的变现

第Ⅸ－7:207 条　变现的一般规则

(1)担保权人有权通过以下方式之一将担保财产变现,并以其收益清偿担保债权:

(a)依第Ⅸ－7:211 条(通过强制拍卖、任意拍卖或私下交易而变卖)的规定变卖担保财产,但当事人另有约定除外;

(b)向第三人出租担保财产并收取孳息;

(c)依第Ⅸ－7:216 条(担保权人以担保财产抵偿债务)的规定取得担保财产的所有权;

(d)依第Ⅸ－7:214 条(给付请求权或流通票据之上的担保物权的变现)的规定,采取给付请求权和流通票据的变现方法(收款、变卖或以物抵债)。

(2)依第Ⅸ－7:107 条(对消费者实现担保物权的通知)的规定应当发出实现担保物权的通知的,只有在该通知发送十日后,才适用本条第(1)款的规定。

(3)担保权人可以聘任私人代理或向管辖法庭执行官员申请,采取所有或部分措施,以变现担保财产。

评　论

A. 概述

第七章第二节中关于担保物权非司法执行途径的规定分为两个分节。第一分节规定保护措施。包括取得担保财产的占有、固定,并通知担保人及第三人。这些步骤都发生在变现之前。第二分节规定了担保财产的实际变现、变现的不同可能性及其条件和法律后果。

B. 担保财产的变现

序言。总的来说,担保财产的变现是一个程序过程,借助于此程序,执行担保权人依其在这些财产上的物权,利用这些财产或来源于这些财产的收益,以实现其担保物权。

担保权人通过变现实现其担保物权的方式取决于其所选择的方案。担保权人以担保财产抵偿债务的,担保物权的所有权本身就是公认的(部分)实现担保物权的方式,或担保人的信用与财产价值一致(此信用用来抵消担保所包含的债务)。如果担保权人收到金钱(因担保财产的变卖,来自担保的支付请求权的收款或依第四卷第二编的规定将担保物出租给第三人的租金)，那么，担保权人在实现担保物权时可能会接受这些金钱支付。任何超出担保债务的部分都按照第Ⅸ－7:215条(收益的分配)的规定分配。

本条的第(1)款包含了这些规定认可的四种重要的的变现方式。对大多数变现方法而言，第(1)款仅仅指出了特定的相关规定；但是，本款中也存在一些实体规定。

担保财产的变卖。财产变现的重要方法之一是出售担保财产，这规定在第Ⅸ－7:211条(通过强制拍卖、任意拍卖或私下交易而变卖)之中。本条的第(1)款(a)项规定，在任何情况下，担保权人所使用的非司法执行途径中至少包括可以出售担保财产；此种变现方法仅在当事人另有约定时才能排除。但是，这并不一定意味着，如果没有相应效果的协议，担保权人能够依本规定采取任何出售担保财产的方法。通过出售而变现担保财产，可以通过强制拍卖、任意拍卖或私下交易的方式。无论如何，只要得到各方同意，或担保财产有公开的市场价格，担保权人可以进行私下交易方式(见第Ⅸ－7:211条第(2)款)。

如果当事人，也即担保权人和担保人达成一致协议，排除担保权人出售担保财产权利的，担保权人仍可行使本条规定的其他变现方式。此外，在法院或者和其他主管机关担当管理人的担保财产的出售过程中，担保权人可自由申请司法途径的执行。

出租担保财产。第Ⅸ－7:202条(债权人的固定和保持担保财产的权利)的第(2)款(b)项规定，担保权人有权依第四编B部分的规定把担保财产出租给第三人，而为了保持担保财产的价值，本条第(1)款(b)项规定，担保权人为了增加收入也可以出租担保财产。在违约之前，按照第Ⅸ－5:208条(以法定孳息抵偿债务)的规定，对担保人而言，也存在类似的可能性。然而，本条第(1)款(b)项超出了此规定的范围，即使担保物权没有及于初始担保财产的法定孳息，也允许担保权人在发生违约后把担保财产出租给第三人。

与本分节中规定的其他变现方式不同，通过向第三人出租担保财产实现担保财产的变现是一个相对简单的过程，不需要任何其他特别规定。这种变现方式的主要原理如下：

和其他的变现方法相反，出租担保财产给第三人不需要非司法途径处分的预先通知(第Ⅸ－7:208条(以非司法途径处分担保财产的通知))或取得租金的预先通知(第Ⅸ－7:216条(担保人以担保财产抵偿债务))。在第Ⅸ－7:202条(债权人的固定和保持担保财产的权利)第(2)款(b)项的规定中，并不要求有类似的通知，因为难以确定向第三人出租担保财产的主要目的是为了保持担保财产，还是为了增加收益，所以，不应该对通知有不同的要求。此外，将担保财产出租给第三人不会给担保权人的权利造成永久的和不可挽回的损失，因此，这种情况下通知无关紧要，但在担保财产的出售或抵偿的情况下，通知是必不可少的。然而，担保人同时也是消费者的，仅在已经按照第Ⅸ－7:107条(对消费者实现担保物权的通知)的规定通知了消费者担保人的，担保权人方可行使担保财产的出租权。

尽管在担保权人通过向第三人出租变现担保财产时,没有相当于第Ⅸ-7:212条(商业合理价格)规定的商业合理价格那样的具体规定,但是,可以适用第Ⅸ-7:103条(实现担保物权的司法途径和非司法途径)第(4)款规定的一般规则基础上的类似原则。非司法途径的执行(包括通过向第三人出租担保财产进行的变现)必须以合理的商业方式进行,即担保权人不得低价向第三人出租担保财产,且必须确保担保财产的保持。

从此种变现方式得到的法定孳息,即支付的租金,执行担保权人可以直接用以实现担保物权;任何超出部分都要返还给担保人。其他担保权人不受影响;他们在担保财产之上的权利不会因担保财产出租给第三人而丧失。

抵偿。本条第(1)款(c)项提到了依第Ⅸ-7:216条(担保权人以担保财产抵偿债务)的规定,通过以担保财产抵偿的方式变现担保财产的可能性。这种在违约之后的抵偿,必须和第Ⅸ-7:105条(流质契约)第(1)款(受此规定的第(2)款规定的例外的约束)所禁止的流质契约区别开来。第Ⅸ-7:216条规定的若干保障措施可以确保避免和流质契约有关的风险。

担保给付请求权的收款。本条第(1)款(d)项规定,对给付请求权而言,可以通过第Ⅸ-7:214条(给付请求权及流通票据之上的担保物权的变现)规定的全部三种方式来变现。当变卖和抵偿适用于其他担保财产的担保给付请求权时,这里还有另外一种变现方式,收款,即从第三债务人处收到支付款,这也是较为常见的给付请求权之上的担保物权的变现方法。

C. 对消费者担保人实现担保物权的通知

为了进一步说明,本条第(2)款重申了已经在第Ⅸ-7:107条(对消费者实现担保物权的通知)第(1)款中阐明的原则,即对消费者担保人的执行,只有在担保权人发出将要采取执行措施的执行通知十日后,才有可能开始。对此通知的具体细节和未能符合执行通知的要求的法律后果见第Ⅸ-7:107条的评论B和评论D。

D. 任命私人代理或向执行法官申请执行

本条第(3)款允许担保权人委派一个私人代理或请求主管的法庭执行官员,采取所有或部分措施,以变现担保财产。担保权人不必亲自执行,但是可以通过利用私人拍卖行的专业知识和服务来进行私人拍卖的变现。另外,尽管非司法途径的规定允许担保权人亲自执行,但担保权人始终可寻求法庭的帮助,如在强制拍卖的过程中申请帮助。

E. 在非司法途径和司法途径中的变现

虽然第Ⅸ-7:201条(担保权人占有有形财产的权利)构成非司法途径执行规则的一部分,本规定中提到的担保财产变现的不同方法也和司法途径的执行相关。第Ⅸ-

7:217条(法律适用)第(2)款第一句规定,在司法途径的执行中,担保权人可向法院或其他主管机关申请行使按照非司法途径的规定可使用的任何权利。无论在担保权人和担保人之间是否存在此类协议,都无关紧要(见第Ⅸ-7:217条第(2)款第二句);因此,即使当事人在非司法途径执行中阻止担保权人使用此种变现方式,在司法途径中仍可使用该方式变现担保财产。

第Ⅸ-7:208条　以非司法途径处分担保财产的通知

(1)担保权人只有在通知了其处分意图时,才能行使处分担保财产的权利。

(2)担保财产容易腐烂的,或价值有快速减少的可能的,或是可快速在公认的市场上以公开的价格进行交易的可替代物的,不适用第1款的规定。

评　论

A. 以非司法途径处分担保财产的通知

本条要求,执行担保权人想要处分担保财产的,必须给予通知。通知确保被通知人在因处分行为而丧失担保财产之上的权利之前,受到最后的警告。被告知担保权人的意图后,被通知人可以考虑,是否应该通过清偿担保债务的未偿还部分,或是参与到财产变现之中,即是否应该为他们自己取得担保财产,以避免执行其财产。

即使担保权人已经根据第Ⅸ-7:107条(对消费者实现担保物权的通知)的规定送达了执行通知,也必须给予本条规定的通知。本章规定的通知通常并不互相排斥;而且,必须依据本条规定将通知送达大量的收件人(见第Ⅸ-7:209条(通知的收件人)),而不是依据第Ⅸ-7:107条规定的执行通知的条件进行通知。

适用范围。本条规定的通知的条件适用于,无论何时担保权人在非司法途径的执行过程中想要处分担保财产的所有情况。不论处分即担保财产的出售,是通过强制拍卖、任意拍卖还是私下交易进行的,都和本条的适用无关。对担保财产的种类,也是如此。本条的规定既适用于有形财产也适用于担保给付请求权。

然而,当担保权人仅仅要出租担保财产给第三人(见前条的评论B)或担保权人要按照第Ⅸ-7:216条(担保权人以担保财产抵偿债务)的规定抵偿债务时,是不需要给予通知的,因为在其后的规定中,包含了对担保权人通知的单独要求。

此规定在司法途径的执行中也不适用。第Ⅸ-7:217条第(2)款第一句规定,担保权人可以向法院或其他主管机关申请行使非司法途径执行中的任何权利;在这里,不包括本条中的程序性规定。

通知的收件人、时间和内容。这些事项规定在接下来的两条中。

未通知的法律后果及救济。对于担保权人没有按照本条的规定给予通知的，相应的救济措施，作为补充规定由接下来的两条进行规定，可参照第Ⅸ－7:107条（对消费者实现担保物权的通知）的评论B的规定。当任何一方当事人可以获得对抗担保权人的禁令和要求损害赔偿时，担保财产的第三方买受人的地位不受因违反这些条款的程序性规定而产生的后果影响。

没有通知担保人和债务人造成的间接的但并非无关紧要的法律后果，涉及执行程序的费用。按照第Ⅸ－2:401条（担保物权）第（2）款的规定，合理费用的给付请求权包含在担保物权内，规定了担保权人必须在充分的时间内告知担保人将开始执行程序的意图，使担保人能够通过履行未清偿债务来避免这些费用。

B. 例外情况

本条第（2）款规定，不需要通知的两种情况是：第一，如果担保财产容易腐烂，或价值有快速减少的可能的，担保权人不需要通知担保人。这种例外的原因是显而易见的。通知的要求将会延迟处分行为，因此会造成担保财产贬损的后果，也会减少来源于处分的收益。因为这种通知的要求在商业活动中显然是不合理的，而且也损害相关各方当事人的利益，但这和第Ⅸ－7:103条（强制规定）第（4）款的要求相冲突。

第二，如果担保财产是在公认的市场上以公开的价格进行交易的种类物，也没通知的必要。此例外是建立在禁止就同类财产缔结流质契约的例外规定的类似基础之上的（见第Ⅸ－7:105条（流质契约）的评论B）。如果担保财产是种类物，或者其价格易于客观地参照公开的市场价格确定，变现的结果应该和市场价一致，这样，担保人和其他担保财产的财产利益的持有人就不太可能因为担保权人处分担保财产而受到损害。

第Ⅸ－7:209条　通知的收件人

前条所规定的通知，必须发至：

（a）担保人，债务人（如果不是担保人）以及担保权人所知道的对担保义务负责的其他人。

（b）对担保财产享有权利的下列人员：

（i）其他已经登记了担保物权的担保权人；

（ii）开始实现担保物权时占有或控制担保财产的人；

（iii）担保权人实际知道的对担保财产享有权利的其他人。

评 论

本条规定了担保权人处分担保财产意图的通知必须给予哪些人。

按照本条(a)项的规定,通知必须给予担保人、债务人(如果不是担保人,也就是说,如果后者是物上保证人)和担保权人所知道的对担保义务承担责任的其他人。最后提到的一类中还特别包括保证人。这些人可能想要通过清偿担保债务来避免执行,因为他们受物上保证人主张的追偿权的约束。担保权人并不承担通知这些人的绝对义务,而且,通知的要求限于担保权人实际知道的对担保义务有责任的收件人。然而,实际上证明通知有利于担保权人。因为某些第三人愿意清偿担保债务中的未偿还部分,以取代担保权人的担保物权,这样,可强化第三人在追偿时的法律地位。

通知应给予的人的名单通过(b)项的规定进一步扩大,把持有担保财产的权利(从广义上)的其他人包括在内。此项提到了登记的担保权人和担保财产之上担保物权的其他持有者。当执行担保权人对通知前者负绝对义务时,对于后者,仅在执行担保权人实际知道他们的物权时,才必须给予通知。由于其担保财产的物权可能因处分而受到影响,所以,必须通知这些人,他们也因此能够衡量自己是否应该取得担保财产。最后,在执行开始前必须通知要担保财产的占有人((b)项(ii)目)。即使这些人不一定拥有相关财产之上的物权,但他们可能仍愿意为自己取得这些财产,以便能继续行使占有权。

第Ⅸ－7:210 条 通知的时间和内容

(1)第Ⅸ－7:208 条(以非司法途径处分担保财产的通知)所规定的通知必须适时发出。至少在处分前十日送达收件人的,被视为适时发出通知。

(2)该处分通知必须指明:

(a)拟处分担保财产的时间和地点;

(b)拟处分担保财产的合理描述;

(c)处分担保财产的最低价位和支付条款;

(d)担保人、债务人和其他利害关系人通过偿付担保债务的未受清偿部分而避免担保财产的处分的权利。

(3)该处分通知必须使用能够预期通知到其收件人的语言。

评　论

A. 适时送达通知

本条第(1)款第一句规定了非司法途径处分担保财产的通知必须适时发出。如果处分前不久通知才送达收件人,则不能实现通知的目的(见第Ⅸ－7:208条(以非司法途径处分担保财产的通知)的评论A)。

为避免纠纷和不确定性,第二句规定,在处分前十日送达收件人的,被视为适时发出通知。担保权人当然也可以更早的给予通知。为能够证明收到的时间,建议使用挂号信或者信差送达。

B. 通知内容

第(2)款列举了几项必须包含在担保权人的非司法途径处分担保财产的通知事项。这在很大程度上是不言而喻的,并不需要进一步解释。根据第(2)款规定,通知的要求是,确保通知的收件人被告知担保权人意图处分担保财产的情况,和通过偿付担保债务的未偿还部分以避免担保财产处分的权利。

C. 语言

在担保物权的泛欧洲体制下,产生了语言不同的问题,特别在涉及非司法途径处分担保财产的通知的,尤其是在没有打过交道的人之间要使用这种通知时,就产生了语言问题。第(3)款试图解决这一问题,要求担保权人起草通知的语言,应当是能通知到收件人的语言。实际上,这要求担保权人应收件人的要求,承担提供翻译的义务。然而,必须强调的是,担保权人并非总是必须使用相关收件人住所地或公司所在地的成员国的语言。至少在商业范围内,收件人会理解担保权人通常有权期望将英语作为通知的语言。

第Ⅸ-7:211条　通过强制拍卖、任意拍卖或私下交易而变卖

(1)以变卖方式变现所有或部分担保财产,可以采取官方监督的拍卖(强制拍卖)或邀请公众参加的拍卖(任意拍卖)的方式。

(2)以变卖的方式变现所有或部分担保财产,可以采取私下交易的方式,不过,此种方式应当经当事人同意,或担保财产有公开的市场价格。

(3)依上述规定而变卖担保财产的具体细节,可由担保权人决定。

(4)该转让受既存在先权利的约束,应买受人的要求,担保权人必须向买受人披露相关细节。

(5)担保权人在强制拍卖或任意拍卖过程中取得担保财产的,担保人可以在拍卖十日之内撤销交易。

(6)担保财产的所有人作为买受人参加了根据本条规定的担保财产的变现活动时,该变现即视为同意解除担保财产之上的担保负担。

评　论

A. 概述

对于担保财产,除了给付请求权(对此权利也有按照第Ⅸ-7:214条(给付请求权或流通票据之上的担保物权的变现)规定的收款的可能)之外,最重要的变现方法就是担保财产的变卖。买受人取得担保财产的所有权,而价款可以用来实现执行担保权人的担保物权。

担保权人也可以通过强制拍卖或任意拍卖取得担保财产。在此种拍卖之外的非司法途径中,担保权人取得担保财产的所有权的行为,不认为是私人交易,而是按照第Ⅸ-7:216条(担保人以担保财产抵偿债务)规定的债务抵偿。通常,担保权人采用非司法途径变卖担保财产的法律理念是,担保权人是依法律授权处分担保人的财产。仅担保权人是和第三方买受人缔结的买卖合同中的一方当事人;担保人和取得担保财产的第三人之间并无契约关系;第三人仅对担保权人支付购买价款。

B. 通过强制拍卖或任意拍卖变卖

本条第(1)和第(2)款区分了两种变卖担保财产的变现方法。第(2)款包含了私人交易(见评论C),而第(1)款调整通过拍卖的变卖,这里的拍卖既可以是强制拍卖,也可以是任意拍卖。

第(1)款的强制拍卖被定义为有官方监督的拍卖。这种监督不会影响由担保权人控制的通过非司法途径变现的性质;这已经规定在第Ⅸ－7:207 条(变现的一般规则)的第(3)款中,即在非司法途径执行中,担保权人在担保财产变现的过程中可寻求官方支持。

在任意拍卖中,没有官方监督;然而,会要求邀请公众参与拍卖。这要求又将任意拍卖和私人交易区别开来;担保权人必须以合理方式为预期的任意拍卖做广告(可能利用法院的帮助)且公众必须能够充分参与拍卖程序。

C. 私人交易

与强制拍卖或任意拍卖相反,通过私人交易的担保财产的变现,仅可在担保权人和担保人协商一致时(无论此协议是否在违约前或违约后缔结),或担保财产有公开的市场价格时才有可能。这主要基于以下考虑:通过私人交易的担保财产的变现增加了担保权人低价出售担保财产的风险。因为可能会和买受人串通,或仅仅因为担保权人设置了较低的价格将更容易找到买受人,担保权人就可能受诱惑而低价出售担保财产。即使这将违背按照第Ⅸ－7:212 条(商业合理价格)中达成合理商业价格的义务(也是按照第Ⅸ－7:103 条(实现担保物权的司法途径和非司法途径)第(4)款中的商业合理性的一般要求),这种不当行为也是很难予以证明的,因此担保权人不会因第Ⅸ－7:104 条(寻求法庭救济和损害赔偿请求权)(b)项中规定的可能因此承担损害赔偿责任而停止自己的不当行为。如果以拍卖方式出售,无论是强制拍卖还是任意拍卖,公众的参与为对抗风险提供了保护,而且出售价格将会接近于担保财产的市场价格。

另外,拍卖既耗费时间又代价不菲。因此,当相关当事人同意私人交易或担保财产有公开的市场价时,就不需要采用拍卖的方式出售。在这两种情况下,担保人都受到充分的保护。在第一种情况中,担保权人可求助于第Ⅸ－7:212 条(商业合理价格)第(4)款设置的程序。在第二种情况中,公开市场价格的存在,更容易评估担保权人在私人交易行为中的合理性。

D. 出售变现的细节

除了区分拍卖和私人交易的一般规则,本条包含了关于通过出售担保财产变现细节的两条规定,无论在拍卖或私人交易中都可以适用。

本条第(4)款规定,该转让受既存在先权利的约束,应买受人的要求,担保权人必须向买受人披露相关细节。这些规定中,非司法途径中的出售不影响享有优先顺位的担保物权(见第Ⅸ－7:213 条(以变卖方式变现后买受人对财产的权利)第(2)款(a)项)。如果相关财产之上,除了执行担保权人的权利,还存在更高顺位的担保物权的负担,买受人取得所有权要受更高优先顺位的担保物权的约束。如果违反第(4)款的规定,担保权人没有告知买受人这一情形,则担保权人对买受人承担责任。

然而,作为一般规则,本条第(3)款规定担保权人可自由决定处分财产的细节,即处分财产的地点、日期和其他条件。当然,这种自由处分的权利受第Ⅸ-7:103条(实现担保物权的司法途径和非司法途径)第(4)款规定的商业合理性的一般要求和第Ⅸ-7:212条(商业合理价格)规定的取得商业合理价格的特殊要求的约束。实际上,担保权人通常会通过代表来执行(见第Ⅸ-7:207条(变现的一般规则)第3款)。

E. 担保权人取得担保财产

如果担保权人通过成为强制拍卖或任意拍卖中的最高出价者,为自己取得了担保财产,本条第(5)款规定,可以由担保人在拍卖后十日之内撤销交易,无须给予理由,且并未违背程序法和实体法的规定;此种撤销交易是严格的预防手段。撤销的法律后果是,有必要再次变现担保财产。

F. 担保人取得担保财产

担保财产通过出售的变现不仅限于第三方当事人购买。担保人也可以作为买受人参加购买。对此,本条第(6)款有明确规定。这给人的第一感觉是,担保财产的所有权人可能想要得到他自己的财产的想法是荒谬的。然而,这种实践至少牢固的根植于担保土地的拍卖,且很容易转换成担保动产。当然,应当保护担保人通过参与拍卖,保持其担保财产的利益;没有合法的理由阻止担保人在与其他利害关系人竞争中保护其权益。如果担保人在拍卖中,出价最高,他可以以此种形式保留(重新购置)其财产。如果担保人支付的价格低于财产的担保权人的评估价值,担保权人就必须承担错误估计担保财产市场价值的后果(第Ⅸ-7:213条(以变卖方式变现后买受人对财产的权利)第(4)款)。

按照本条第(6)款的规定,担保财产出售给所有权人被视为(某种程度上)担保物权的解除(比较第Ⅸ-7:213条(以变卖方式变现后买受人对财产的权利)第(1)款(b)项)。当然,担保权人的给付请求权可相应减少(第Ⅸ-7:215条(收益的分配)第(2)款)。

第Ⅸ－7:212 条　商业合理价格

（1）担保权人必须以商业合理价格变现担保财产。

（2）有担保权人可以进入的公开市场，按照当时的市价出售，并已经适当考虑到担保财产特征的，该价格是商业合理价格。

（3）前款规定无法适用时，担保权人如已采取在具体情况下可能采取的措施，则此价格就是商业合理价格。

（4）变现采用私人交易方式的，担保人可请求担保权人告知其预定的价格或价格范围。担保人能够证明此价格范围明显低于强制拍卖或任意拍卖可能合理达到的价格的，担保人可请求担保权人准备任意拍卖或强制拍卖。除前条的第（5）款另有规定之外，通过此种方式形成的价格对当事人均有约束力。

评　论

A. 商业合理价格

本条第（1）款要求担保权人必须以商业合理价格变现担保财产。这是第Ⅸ－7:103 条（实现担保物权的司法途径和非司法途径）第（4）款所规定的商业合理性的一般规则的特别适用。其原理可以作如下解释：担保权人的变现行为仅仅是为了实现担保物权。而担保人仍是担保财产的所有权人（第Ⅸ－7:215 条（收益的分配）第（4）款），同样有资格得到来源于变现的任何收益。因此，在变现时，担保权人不能仅以等同于担保债务的未清偿部分的价格出售担保财产。相反，出售的收益应当等同于买受人取得的担保财产的实际价值。

这不一定意味着，当担保权人的变现价格同相关财产的实际价值不一致时，就永远不是商业合理价格。在一定程度上，这有可能是适用第（2）和（3）款的结果（见评论 B）。而且，出售可能受到既存的高顺位的担保权人的担保物权的约束。本质上，在此情况下，任何第三方买受人仅需要支付担保财产的实际价值减去该财产仍需对担保物权承担责任（这一部分不从实际债务人或共同担保中不易得到补偿）的金额。

B. 视为商业上合理价格的具体情况

完全按照本条第（1）款规定的条件以商业合理价格变现的，会对担保权人构成实质上的风险。如果该条件未成就，担保权人应当按照第Ⅸ－7:104 条（寻求法庭救济的权利和损害赔偿请求权）（b）项的的规定向担保人承担损害赔偿责任。为了避免担保权人变现的具体价格的商业合理性引起争议,本条第(2)款和第(3)款规定,如果担保权人符合这些规定中的要求,获得的价格就会被视为商业合理价格。

C.达不到预期价格的,以拍卖代替私人交易的请求权

本条第(4)款规定了特定的可能性,即当私人交易变现达不到预期价格的,担保人可以请求拍卖。即使还可以进行私人交易,即担保权人和担保人达成约定或相关财产有公开的市场价格,担保人仍可要求和担保权人沟通预期价格或价格范围。如果担保人认为达不到预定价格,且能证明此价格显著低于通过拍卖得到的合理价格,担保人可请求担保权人通过拍卖变现担保财产来代替私人交易。然而,对担保人而言,如果拍卖的变现价格也不充足,担保人必须接受此价格(见第(4)款第3句)。唯一的例外是,在此次拍卖中,担保权人为自己取得了担保财产,则担保人可以行使第Ⅸ-7:211条(通过强制拍卖、任意拍卖或私下交易而变卖)所规定的权利,也就是说,在拍卖后十日以内撤销交易。

D.救济

当担保权人没有依照本条的要求,而是以低于商业合理价格的价格将担保财产出售给买受人,担保人(和按照第Ⅸ-7:213条(以变卖方式变现后买受人对财产的权利)第(1)款(c)项规定,受到此出售影响而丧失其权利的较低顺位的担保物权持有人)可以行使第Ⅸ-7:104条规定的权利,即如果交易还没有结束,担保人可要求担保权人终止变现,并对造成的任何损失进行赔偿。

然而,如果交易已经完成,买受人的地位不因违反本条的要求而受到影响,见第Ⅸ-7:213条(以变卖方式变现后买受人对财产的权利)第(3)款。当担保权人自己取得担保财产时,可适用例外规定。在这种情况下,如果财产没有按商业合理价格变现,法院可以依据第Ⅸ-7:104条(a)项的规定命令担保权人返还所有权。即使在按照第Ⅸ-7:211条(通过强制拍卖、任意拍卖或私下交易而变卖)第(5)款规定的撤销权的十日期限届满后,也可行使此权利。

第Ⅸ－7:213 条　以变卖方式变现后买受人对财产的权利

(1)买受人取得被变卖财产的权利,并不受以下权利的约束:

(a)担保人的权利;

(b)执行担保权人的权利;

(c)顺位在后的担保权人的权利,无论是担保权人还是或保留所有权交易的持有人;和

(d)顺位低于正在实现担保物权的其他定限物权持有人的权利。

(2)除非正在实现担保物权的担保权人经授权处分免收担保物权约束的担保财产,或买受人依第Ⅸ－6:102 条(因所有权的善意取得而导致担保物权的丧失)的规定善意取得担保财产,变卖的财产之上的以下权利在转让后仍然存在:

(a)顺位在先的担保权人的权利,无论是担保物权还是保留所有权交易的持有人;

(b)其他顺位在先的定限物权。

(3)未遵守本章规定的通知要求,或违反了本章规定的拍卖或私人交易的程序性规定,都不影响买受人的地位。

(4)担保权人或担保人作为买受人参加了通过变卖方式的变现活动的,准用本条上述规定中关于变卖后果的规定。

评　论

A. 通过出售变现的一般法律效力

前面已经指出,在非司法途径的执行中,通过出售的变现是建立在担保权人和买受人的买卖合同的基础之上的(见第Ⅸ－7:211 条(通过强制拍卖、任意拍卖或私下交易而变卖)的评论 A)。担保权人享有被清偿的权利,但必须遵守第Ⅸ－7:215 条(收益的分配)关于购买价格的规定。本条规定,买受人依据在非司法途径执行中购买的担保财产的所有权来对抗担保人。

B. 免受担保权人权利约束取得所有权

按照本条第(1)款(a)项的规定,买受人在所购买的财产上之取得不受担保权人权利约束的权利。通常,这意味着买受人取得所有权。即使担保人不是买受人和担保权人的买卖合同中的当事人,担保权人经法律授权,仍然有权将担保人的所有权转让给买受人。然而,如果担保财产实际上并不是由担保人而是由第三人所有的,情况就会不同。在这种例外情况下,只要担保人经第三人授权(这实际上不太可能),或买受人可以按照第Ⅷ-3:101条(通过没有权利或权限转让所有权的人的善意取得)的规定善意取得所有权,那么,买受人就能成为所有权人。更确切地说,这一系列特殊的问题实际上是一般的所有权取得的问题,对此并没有按照第(2)款和第(3)款的规定特殊对待。按照第Ⅷ-1:101条(适用范围)第(3)款第一句的规定,第八卷关于动产所有权的取得和丧失的规定也适用于非司法途径的所有权的取得和丧失。

执行担保权人的权利因执行而丧失(第(1)款(b)项)。因此,在担保物权执行中,买受人在其购买的财产之上取得不受担保物权约束的权利。

C. 低顺位担保物权的丧失

本条第(1)款(c)项和(d)项的规定包括,买受人在所购买的财产之上,取得免受担保物权约束的权利,其优先顺位低于执行担保权人担保物权的;和取得免受其他定限物权约束的权利,其优先顺位低于执行担保权人的担保物权的这两种情况。按照本条的规定,无论是担保物权还是保留所有权交易,较低优先顺位的担保物权都有可能丧失,尤其是在同一财产之上其优先顺位不高于其他担保物权的保留所有权交易,更有可能丧失(这可能发生在保留所有权交易根本没有登记或在第Ⅸ-3:107条(保留所有权交易)规定的35天期限届满后),如果有规定此效力的从合同,或如果其他在同一财产之上的担保物权是因善意取得而得到的(见第Ⅸ-4:101条(优先顺位:一般规则)第(5)款))。另一个定限物权的例子是用益物权,如果其优先顺位低于执行担保权人,在转让后即丧失其权利(对担保物权和其他定限物权的优先顺位的顺序的决定见第四章,尤其是参见第Ⅸ-4:101条第(2)款(b)项的规定)。

证明这种低顺位担保物权的丧失的合理性的理由如下:凭借其作为高顺位债权人的地位,执行担保权人以法律所授权的方式处分不受低顺位担保物权约束的担保财产。因此,在非司法途径执行中出售担保财产的,担保权人就可能将不再受低顺位担保物权约束的财产之上的权利移交给买受人。

无论是否是担保物权,低顺位物权的持有人,在一定程度上,依据第Ⅸ-7:215条(收益的分配)第(3)款的规定,可以参与担保财产变现的收益的分配,从而获得补偿。然而,如果收益并不足以满足低顺位担保物权中的债务的未清偿部分或其他定限物权的价值,这些低顺位权利的持有人将不能再获得任何补偿。不能认为此结果不公平,因为这是他们接受较低优先顺位的担保物权时所遭受的风险的必然后果。通常,他们对较低顺位担保物权所担保的贷款要求更高的利息,来使其增加的商业风险减少到最低限度。

D. 高顺位担保物权通常不受影响

高顺位担保物权,即享有超越执行担保权人的权利的优先顺位的担保物权,未在第(1)款规定的权利丧失中提及;相反,第(2)款(a)项和(b)项规定,这些权利在转让后,通常是依然存在的。除非适用第(2)款规定的例外情况,买受人在非司法途径中购买的财产之上取得的权利,仅受这些高顺位担保物权的约束。

这一结果符合本章的一般处理方法。如果其他担保权人的担保物权享有的优先顺位超越拟执行权利的担保权人的权利,就不能阻止担保权人执行其担保物权。此规定的唯一例外规定在第Ⅸ-7:214条(给付请求权或流通票据之上担保物权的变现)第(2)款中。低顺位担保权人不能收取担保给付请求权的款项。总的来说,低顺位担保权人通过执行取得收益的,不能影响高顺位担保权人的权利。这也是本条第(2)款规定这些权利即使在转让后也应继续存在的原因。相应地,这些高顺位担保物权的持有人按照第Ⅸ-7:215条(收益的分配)规定不参与收益的分配,因为他们仍然可以强制执行其对担保财产的权利。对这些高顺位担保物权的持有人而言,即使担保人把担保财产的所有权转让给第三人,仍然受该既存担保的约束,其高顺位担保物权不受影响。

当然,担保享有的优先权超越执行担保权人的权利,并继续存在,这一事实可能对担保财产的出售构成主要障碍。买受人倾向于取得无担保负担的权利;至少变现的价格要明显低于买受人取得不受担保约束的财产变现后的价格。因此,低顺位担保物权的执行担保权人会明智地寻求和高顺位担保物权的持有人达成协议(这种债权人之间的协议,在本章中通常是有可能的,见第Ⅸ-7:102条(强制规定))。执行担保权人可经高顺位担保权人授权,处分免受担保物权约束的担保财产。这样,买受人将得到免受这些高顺位担保约束的权利(参见第Ⅸ-7:213条(以变卖方式变现后买受人对购买财产的权利)第(2)款的规定)。作为交换,高顺位担保权人依据与执行担保权人之间的协议,有权按照其优先顺位参与收益的分配。对高顺位担保权人而言,此协议将提供优先实现其担保物权的机会,而不再需要亲自对担保人执行其担保物权。

除了授权执行担保权人处分免受高顺位担保约束的担保财产,本条第(2)款还指出,买受人在担保财产之上取得免受担保约束的权利的第二种可能:买受人可依据善意取得原则。特别是,买受人的权利受第Ⅸ-6:102条(因所有权的善意取得而导致担保物权的丧失)规定的保护,即免受在先担保约束,善意取得所有权。买受人能否依赖此规定,将取决于案件的具体情况。如果对于买受人来说,担保权人行使非司法途径所规定的权利,出售担保财产的,该变卖可视为发生在卖方的日常交易中;因此,即使高顺位担保权人的权利已经登记,也不能推断买受人有恶意(见第Ⅸ-6:102条第(2)款)。然而,以拍卖方式出售的,买受人再依据第Ⅸ-6:102条第(2)款的规定,要求对日常交易中的变卖的保护,就不太可能了。这时,可以认定买受人知道担保物权已登记,其可以对抗财产被拍卖的担保人。

如果高顺位担保权人的权利,因买受人依前款善意取得所有权而丧失,则对于按照第Ⅸ-7:215条(收益分配)的规定变现的收益,就不能再要求分配。但是,若买受人以为相关权利没有负担(且实际上取得了无担保的权利),执行担保权人因而获得较高的担保财产的价格的,执行担保权人有责任按照第Ⅸ-7:104条(寻求法庭救济的权利和损害赔偿请求权)(b)项和第七卷关于不当得利的规定,对高顺位担保权人进行损害赔偿。

E. 担保权人或担保人以买受人身份参与变现

前条中规定的原则,通常也适用于担保权人或担保人以买受人身份参与担保财产变现的情况(第(4)款)。如果担保人取得担保财产,即与担保权人对担保物权的解除协商一致(比较第Ⅸ-7:211条(通过强制拍卖、任意拍卖或私下交易而变卖)第(6)款),执行担保权人则丧失担保财产之上的权利。相反,担保权人在拍卖中买到担保财产的,担保人的权利丧失。此外,担保权人和担保人在此时,将取得免受任何低顺位担保约束的担保财产之上的权利。

另外,其优先权超越执行担保权人的担保仍然存在。担保权人和执行担保权人都不能依善意取得原则,以取得不受高顺位担保约束的权利。

F. 违反程序性规定无关紧要

本条第(3)款规定,若仅违反本章规定的变现或拍卖程序,买受人的地位不受影响。即使执行担保权人不遵守本章的通知要求,或未依商业合理价格变现,买受人依然能够按照前款规定取得权利。

此规定的例外,在第Ⅸ-7:104条(寻求法庭救济的权利和损害赔偿请求权)(b)项的规定中体现。当担保权人本人在违反本章的程序性规定的拍卖中,取得担保财产时,若担保权人尚未将财产所有权转让给第三人的,担保权人会被责令归还担保财产;不过,在后一情况中,担保权人可能对非合同之债承担责任(第Ⅵ-2:101条("具有法律性的损害"的含义)第(1)款(b)项)。

第Ⅸ-7:214条　给付请求权或流通票据之上担保物权的变现

(1)担保财产是给付请求权或者流通票据的,担保权人可就未清偿的债务向第三债务人收款,或变卖和转让给付请求权或流通票据的权利。

(2)作为担保财产的给付请求权或流通票据之上还有其他顺位在先的担保物权的,担保权人无权向顺位在先的担保权人主张给付请求权或流通票据。

(3)除了流通票据中的债务人,第三债务人也可拒绝偿付,除非担保权人送达了一式两份的写明具体数额的通知,并附有足够证据。

(4)担保权人也可以收款或以其他方式,实现按照第Ⅸ-2:301条(金钱债权之上的担保物权)第(4)款的规定,作为给付请求权之上的担保物权效力所及的保证债权和担保物权。

评　论

本条规定给付请求权或流通票据之上的担保物权变现的特点。

如果担保权人的担保物权是给付请求权或流通票据，第(1)款为担保权人提供三种可选择的变现方式。债权人可以收款、变现、转让支付请求权或流通票据。收款一般是首选，在实践中，是比较有效的方法，只要第三债务人有偿还能力，担保权人就可以迅速收到现金。通常这种途径更迅速。

给付请求权的收款也受第Ⅸ-7:204条(给付请求权的担保)的调整。流通票据的收款，主要依据调整已发行的特定类型的流通票据的规定，可以作为本条规定的补充。

或者，担保权人可采用变卖、转让给付请求权或使用流通票据的变现方式。变卖适用第Ⅸ-7:207条(变现的一般规则)至第Ⅸ-7:213条(以变卖方式变现后买受人对财产的权利)规定的程序；以转让适用第Ⅸ-7:216条(担保权人以担保财产抵偿债务)。

本条第(2)款采用了第四卷第四编所规定的优先顺位的法律后果。如果其他担保权人或定限物权的持有人享有优先顺位，顺位较低的债权人不能从收款中获益。

本条第(3)款旨在保护第三债务人。担保权人给第三债务人送达通知后，第三债务人才应当付款。通知必须注明担保权人主张的担保债务的具体数额。此数额也必须有充分的证据支持。充分的证据是指，账单副本或担保债务的债务人的显示负债余额的现金账户。

当然，对担保给付请求权的存在或到期，或其他执行的条件有争议，第三债务人也可以拒绝支付。无论是面对依担保给付请求权要求收款的担保权人，还是面对直接转让时履行请求权的受让人，第三债务人的法律地位是一致的。

如果在到期前开始执行，不能强迫被执行的债务人立即付款。此时，也可排除依给付请求权进行收款。担保权人可能希望到期时，或者如果想快速变现担保的，才会变卖和转让给付请求权；在这种情况中，不得行使执行担保权人的选择权。

本条第(3)款不适用于流通票据，因为流通票据适用严格责任。

本条第(4)款适用第Ⅸ-2:301条(金钱债权之上的担保物权)第(4)款的规定，担保权人的执行权及于给付请求权之上的保证担保和担保物权。这些从权利包括各种形式的保证担保或担保物权(第Ⅳ.G-2:113条(保证人履行之后的权利)第(3)款第一句)。

第Ⅸ－7:215条　收益的分配

（1）依前述规定，以非司法途径变现担保财产所取得的收益，由担保权人根据以下顺序进行分配。

（2）第一，已经实现担保物权的担保权人，可以以该收益清偿担保物权，以及因实现担保物权所发生的费用。

（3）第二，扣除本条第（2）款规定数额之后，收益仍有剩余的，顺位低于正在实现担保物权的担保权人的，在其担保物权所担保的债务数额范围内受偿。存在数个顺位在后的担保权人的，剩余收益将按照这些权利之间的优先顺位予以分配。前段规定，可准用于其顺位在后与执行担保权人的其他定限物权的持有人；这些定限物权的价值，而非担保债务，起着决定性的作用。

（4）第三，按照本条第（2）款和第（3）款的规定，扣除后的剩余收益必须返还给担保人。

（5）担保权人的受偿额不得超过约定的或等级的该担保权人的担保物权的最高数额，这一限制不适用于因执行而产生的合理费用。

评　论

当然，执行收益的分配，必须考虑到担保的相关等级、担保的优先权和其他涉及所有当事人的物权，该物权可能受执行程序影响。

本条第（2）款规定，担保财产之上低顺位的担保物权的担保权人，不能阻止担保权人从其担保物权的执行中获益。第（3）款概括地描述了执行担保权人的执行责任。

本条未规定可能在担保财产之上存在的高顺位担保物权。未规定的原因是，该担保物权的优先权超越执行担保权人的权利，因此不受担保财产变卖的影响。相反，其担保物权在变卖后的财产之上继续存在。担保物权已登记的，通常排除善意取得无担保的财产，参见第Ⅸ－7:213条（通过变卖变现后买受人在所购买的财产之上的权利）的规定。

至于执行担保权人相关权利的实现，可以用执行的收益来偿还其担保债务。这些债务由第Ⅸ－2:401条（担保物权）规定。

本条第（3）款至少包含了三条规则，都表达和肯定了优先顺位的一般规则。第一句和第二句里提到的担保权人是竞合担保权人，但是按照第四卷第四编的规定拥有较低顺位。在执行担保权人依第（2）款规定实现担保物权后，尚有剩余收益的的，可用来实现后顺位的担保物权。虽然不太可能，但若动产担保物权之上有数位担保权人，均为较低顺位而又顺位不同，每一位都有权在顺位在先的担保权人之后实现担保物权。

本条第(3)款第三句规定，其他定限物权的持有人都有权分享执行的收益。由于本条款未对此进行规定，定限物权的范围和数量是不确定的；对此国内法有规定。如果依国内法确定了担保物权的顺位等级，本法尊重国内法的这一规定。比如动产之上的用益物权。

对于这些权利的顺位和实现，第Ⅸ－2:101 条(优先顺位：一般规则)第(2)款(b)项作出了具体规定，即按照权利产生的时间决定其顺位。这不仅适用于此类定限物权之间的顺位，也适用于这些权利面对担保物权时的顺位，从援引第四章关于一般优先顺位的规则的做法，可以作出这样的判断。

第二个特点是，这些权利并不担保给付请求权。因此，其权利范围必须分别确定。最接近担保物权的是这些权利的货币价值。这规定在第三句的第二分句中。

本条第(4)款规定了一般规则，即在先债权人实现权利之后的剩余金额，都必须支付给担保人。这一金额是指担保人所拥有的担保财产的净值。因此，对这部分来源于担保财产清算的收益，担保人有权取得。

本条第(5)款肯定和强调了第(2)款所体现的原则：必须强调，执行担保权人不得通过执行担保财产而致富。

第Ⅸ－7:216 条　担保权人以担保财产抵偿债务

在以下条件下，担保权人可以以担保财产全部或部分抵偿担保物权：

(a)担保权人必须事先通知其欲以担保财产全部或部分抵偿担保债务的意图，具体说明相关细节。

(b)该动议必须发送至第Ⅸ－7:209 条(通知的收件人)所规定的人。

(c)必须符合第Ⅸ－7:210 条(通知的时间和内容)第(1)款、第(2)款(b)项和(d)项和第(3)款及第Ⅸ－7:212 条(商业合理价格)第(1)款所规定的条件(参照适用)。

(d)该动议必须指明在动议发送前营业日结束时未收清偿的担保数额，以及意欲以担保财产抵偿的债务的数额。

(e)每个收件人收到该动议十日之内都没有以书面形式反对该动议。

评　论

简介。在实践中，担保财产的抵偿扮演着不起眼的角色。即使担保权人为了自己的利益可以使用担保财产，或者为获利可以转卖该财产，但是担保权人的兴趣(可能)仅在于接管财产。

不过,抵偿这一可选方案已经被接受,因为在某些情况下,可能非常有用。不必等待可能陷入财务危机的担保人的支付,担保权人即可为自己低价取得担保财产,或通过转售给第三人取得现金,从而节省开支。

另外,因为担保权人追求其个人利益的本性,允许抵偿有可能给担保人带来一定风险。这就意味着法律必须也要保护担保人的合法权益。这也是本条对担保权人规定强制性条件的原因。

本条的开场语。担保权人可以选择以担保财产的部分或全部抵偿债务,这由担保权人自己决定。对此,并未明确规定,但隐含在条文之中。这种选择可以但没必要和实现全部或部分担保物权的方式相一致。如果担保财产的价值轻松地涵盖了担保物权,那么,抵偿就可以完全实现担保物权。相比之下,如果担保财产丧失了其大部分价值,抵偿仅可部分实现担保物权。

上述考虑可能是担保权人决定是否采用抵偿的前提。

(a)项。该项规定要求,担保权人必须事先通知其抵偿的意图,即取得担保财产的意图。依据合同法,这是由担保权人对(b)项中未直接提到的人发出的要约。此要约需对(a)项和本条的开场语的注释中的两个因素量化。首先,担保权人需指明其是想要取得全部还是部分担保财产;当然,若是部分取得,必须指明想要取得的具体部分。其后,担保权人必须指明其要求的抵偿是全部还是部分实现担保物权;同样,若是部分实现,担保权人必须指明想要抵偿的给付请求权的比例或数额。

依据买卖合同,第一个要素是指要购买的财产,第二个要素是指购买价格。

(b)项。该项规定了担保权人对其购买意图应通知的收件人:由第Ⅸ-7:209条(通知的收件人)对此规定,也即非司法途径中的收件人。担保权人应通知的人员大致如下:

——对担保债务承担责任的所有人(见第Ⅸ-7:209条(通知的收件人)(a)项);

——对担保财产享有权利的所有人(见第Ⅸ-7:209条(通知的收件人)(b)项)。

显然,对于担保权人购买部分或全部担保财产的提议和出价,这两类人将受到直接的影响。

(c)项。通过参考各种规定,该项间接列举了必须符合的六个其他条件。这些条件简要概括如下:

(i)通知必须适时发出,即必须在拟处分前十日送达收件人(第Ⅸ-7:210条(通知的时间和内容)第(1)款)。

(ii)必须合理说明拟处分的担保财产(第Ⅸ-7:210条(通知的时间和内容)第(2)款(b)项)。这里是指,担保权人必须准确说明希望取得哪些担保财产(除非其拟用全部担保财产抵偿债务)。

(iii)通知必须表明,第Ⅸ-7:210条(通知的时间和内容)第(2)款(d)项所列举的人(这些人同时也是通知的收件人),可以选择通过偿付担保债务的未清偿部分而避免处分担保财产的意图。

(iv)“通知必须使用能够预期通知到其收件人的语言”作为第Ⅸ－7:210条(通知的时间和内容)第(3)款的要求;关于此要求见该条评论C。

(v)担保人的出价必须具有“商业合理性”(第Ⅸ－7:212条(商业合理价格)第(1)款)。该标准是所有非司法途径通知的基本标准。

(d)项。担保权人必须指明在动议发送前“营业日结束”时未受清偿的确切的担保数额,以获悉全面准确的担保货币债务的实际数额。而且,担保权人必须指明其拟用全部或部分担保财产抵偿担保债务的数额(本条(d)项)。

(e)项。按照最后一项的重要规定,收件人没有以书面形式反对的,视为接受担保权人的动议。反对动议的时间限于每个收件人收到动议之日起十日之内。担保权人可能难以证明通知收到的时间,但可以通过挂号信或注明日期的送达回执克服这一困难。

第三分节　以司法途径来实现担保物权

第Ⅸ－7:217条　法律适用

(1)以司法途径实现担保物权,将依担保权人请求执行的法庭或其他主管机关执行所在地的成员国的程序规则进行。

(2)担保权人可以请求法庭或其他主管机关行使前述各分节所规定的任何权利。根据前述各分节的规定,无论这些权利是否依赖于当事人协议或同意,或是否被当事人的协议或约定所排除,也无论是否存在担保人或其他人的反对意见,这些权利可由法庭或其他主管机关行使。

评　论

A. 司法途径

担保权人可以请求法院或其他主管机关以司法途径实现担保物权。无论当事人对非司法途径实现担保物权的可能性是否达成一致意见,或者担保权人是否依本章违约的规定自由采取非司法途径,依法永远不会剥夺担保权人通过法院或其他主管机关实现其担保物权的权利。

实际上,担保权人在以下情况中可能会以司法途径实现担保物权。第一,当事人依第Ⅸ－7:103条(实现担保物权的司法途径和非司法途径)第(1)款规定缔结协议,排除了非司法途径实现担保物权的可能性。第二,在消费者担保人的情形中:在发生违约之后,消费者担保人不同意以非司法途径实现担保物权,参见第Ⅸ－7:103

条第(2)款。第三,即使存在非司法途径实现担保物权的可能,担保权人也可能倾向于司法途径,因为可以预见,担保人可能非常反对非司法途径(因此,即使以非司法途径实现担保物权的,担保权人也必须请求法院或其他主管机关的帮助),或法律情况非常复杂,以至于担保权人不想自己变现,以避免承担因不当执行措施所产生的法律责任。

B. 程序性规定的适用

无论何时,担保权人向法院或其他主管机关申请司法途径实现担保物权,法院或其他主管机关应当适用自己的程序法(见第(1)款)。按照这些程序规则,实现担保物权的司法途径,适用请求执行的法院或其他主管机关所在地的成员国的程序性,其中包括成员国的管辖权规定。

前述对非司法途径的程序性保护不适用于司法途径。相反,通知的要求及类似的问题仅受适用的成员国程序法调整。

C. 可用的救济

以上规定不能够干涉国内程序法,但可调整实体法所涉及的问题,即使这些问题产生于司法途径实现担保物权时。因此,第(2)款第一句规定,担保权人应当同样享有前项(即非司法途径实现担保物权的规定)所规定的权利。作为实体法中的最重要的一方,担保权人有权变卖担保财产、以担保财产抵偿债务或取得向第三人出租担保财产的租金收益;担保权人的所有权利均可通过对担保人的司法程序实现。担保财产的收款必须通过对第三债务人的程序实现。无论何时,法院或其他主管机关都可以使用这些执行方法,也可以适用前一分节关于收益分配的规定(基本符合担保权人的权利)。

通过法院或其他主管机关行使担保权人权利,受国内程序法规定的程序保障,所以,就不再需要担保权人和担保人之间的协议,也不需要担保权人或其他人的同意(或不反对)(第(2)款第二句)。无论担保人同意或者反对,法院或其他主管机关都可以从担保人处取得财产;即使未达成相关效力的协议,也可以命令采取任何种类的保护措施;担保权人和担保人之间排除变卖担保财产的协议,在司法途径实现担保物权的情况下是无效的;法院执行的担保财产的抵偿,不必以第Ⅸ－7:209条(通知的收件人)所规定的收件人没有异议为前提。

担保人和其他可能受执行影响的人的权利,适用第Ⅸ－7:104条(寻求法庭帮助和损害赔偿请求权)的一般规则。然而,这些权利能否作为一个独立的诉讼请求,或是否只能在主要的执行程序中作为抗辩,由国内程序法决定。

第三节　保留所有权交易的特殊规则

第Ⅸ-7:301条　保留所有权交易的违约后果

(1)保留所有权交易的持有人,可以通过依第三卷第三章第五节的规定终止买卖合同、分期付款合同、融资租赁合同或寄售合同中的合同关系,而行使其在保留所有权交易中所享有权利。

(2)买受人、分期付款买受人、承租人或受托人转让或设立的被提供财产之上的任何权利将终止,除非:

(a)买受人等已经获得授权设立或转让此种权利;

(b)受让人受到第Ⅸ-2:108条(担保物权的善意取得)至第Ⅸ-2:111条(现金、流通票据和无记名单证之上的担保物权)或第Ⅸ-6:102条(因所有权的善意取得而导致担保物权的丧失)的保护;

(c)受让人的权利例外地享有优先于交易的持有人的顺位。

(3)一旦转卖或转租,保留所有权交易的持有人有权获得超过所提供财产可被变现的原始价款的多余部分。

(4)依协议约定或法律规定而受让保留所有权交易的第三人享有本条第(1)款到第(3)款所规定的权利。

评　论

A. 问题的起点

第四卷的大多数规定不仅适用于一般担保物权,也适用于保留所有权交易(第Ⅸ-1:104条(保留所有权交易:范围)第(1)款)。然而,其中一个主要的例外情况,涉及债务人违约的法律后果,以及与执行有密切关系的领域。保留所有权的特点在这个领域变得非常重要,其原因是:作为担保权人的出卖人、供应商或出租人保留了所有权,其仍是担保财产的所有权人。因此,这些担保权人无须从债务人或物上保证人处取得担保财产的所有权。恰恰相反,担保权人仅须从买受人、分期付款买受人、承租人和受托人或者其他财产的持有人处取得占有权。

因此,本条的主要作用是,恢复所有权人对担保财产的占有。随着恢复占有,使当事人尽可能地恢复到买卖合同、分期付款合同、融资租赁合同或者寄售合同订立前的状态。

B. 取得占有

尽管本条第(1)款的主要作用是使保留所有权交易的持有人重新占有担保财产,但如果不尊重买受人、分期付款购买人或承租人、受托人已有的权利,则不能达到占有的目的。

第一步程序是,出卖人、供应商或出租人必须消灭买卖合同、分期付款合同、融资租赁或者寄售合同等基础合同所产生的合同关系,即依据该合同买受人、分期付款买受人、承租人或受托人占有担保财产的合同关系。如果买受人、分期付款买受人、承租人或受托人未向出卖人、供应商或出租人付款而违约的,则可以适用一般合同法的规定消灭该合同关系(参加第三卷第三章第五节)。返还担保财产不可能的,必须按照其价值赔偿给出卖人、供应商或出租人(比较第Ⅲ-3:513条(利用和改良)的规定)。

关于所有权人重新占有担保财产的步骤,参见第Ⅸ-7:302条(占有、固定和保存)的规定。

另外,出卖人、供应商或出租人必须返还因提供财产而得到付款,比如,价金或租金,包括利息(见第Ⅲ-3:511条(无须返还的情形)第(2)款和第(5)款)。

C. 对使用或财产价值贬损的损害赔偿

出卖人、供应商或出租人也有权要求买受人、分期付款买受人、承租人或受托人,赔偿因使用担保财产及担保财产价值贬损而造成的损失。本规定来源于第Ⅲ-3:513条至第Ⅲ-3:515条规定的基本原则。

D. 买受人、分期付款买受人、承租人或受托人设立的权利的消灭——第(2)款

基本情况。在占有担保财产时,买受人、分期付款买受人、承租人或受托人也可以分别在其持有的担保财产之上设立权利。他们还可能转售或者再出租或者设立担保物权。

所有这些权利通常都会消灭,因为这通常是从无权设立或转让这样的权利的人那里取得的。买受人、分期付款买受人、承租人或受托人不是所有权人,或至多是在中止条件下的所有权人。如果出卖人、供应商或出租人已经转让了所有权,这仅是附条件的所有权,其所附条件是全部价金或者全部租金的支付;且此条件并未成就。

免责条款。然而,此基本规定有三个例外:

第一,出卖人、供应商或出租人授权给买受人、分期付款买受人、承租人或受托人,使其可以转让担保财产的所有权((a)项)。这符合保留所有权交易买卖的商业惯例,即买方在其日常经营中可以出售其所购买的货物(用来交换收益之上设立的担保)。授权其他担保人销售担保财产的情况,适用第Ⅸ-5:204条(销售者和制造者处分担保财产)的规定。

第二,受让人可能会因所有权或定限物权(尤其是担保物权)的善意取得而受到保

护。参见第Ⅸ-2:108 条(担保物权的善意取得)至第Ⅸ-2:111 条(现金、流通票据和无记名单证之上的担保物权)和第Ⅸ-6:102 条(因所有权的善意取得而导致担保物权的丧失)(见(b)项)。

第三,即使以上两种情况都不适用,若受让人享有的优先权优先于出卖人、供应商或出租人的权利,其仍可享有优先于担保财产的所有权人的权利((c)项)。但这仅是例外情况。第一种情形是,保留所有权交易的持有人与其他担保权人缔结了从合同。第二种情形是,保留所有权交易的持有人的优先权劣后于其他担保权人,这发生在第Ⅸ-3:107 条(保留所有权交易)第(2)款规定的 35 天期限届满后,保留所有权交易才登记的情形下。在这种情形下,保留所有权交易不能享有绝对优先权;因此,担保财产之上的具有对抗效力的担保物权优先于保留所有权交易。第三种情形是,在同一财产之上依善意取得原则取得担保物权(见第Ⅸ-4:101 条(优先顺位:一般规则))。这种情形与(b)项中规定的情况重叠。但是,应当单独规定这一情形,因为(b)项中还包含了不适用(c)项规定的所有权的善意取得。

E. 转卖或者转租

本条第(3)款解决了实践中所产生的一个争议。为了避免不必要的分歧,必须澄清事实情况。此规定调整的是,买卖合同、分期付款合同、融资租赁合同或者寄售合同中的合同关系消灭后,担保财产已经按时返还出卖人、供应商或出租人时所出现的情况。如果出卖人、供应商或出租人与其他买方或承租人缔结了新的买卖或融资租赁合同,并因市场条件的变化或更积极的个人努力,以更高的价格变现,那么,就会产生这样的问题,即该出卖人或出租人是否可以保留超过初始价款的余额,或该余额是否应归属初始的买卖、分期付款、融资租赁合同或寄售合同的的另一方当事人。

本条规定选择的解决办法是,将额外收益给予卖方、供货方或出租方。新的合同已经缔结,而且独立于初始合同。除了其违约间接导致这种情形外,原始买受人、分期付款买受人、承租人或受托人对该额外利益并没有任何贡献,而对这种违约行为有什么正当理由给予其奖赏呢?

F. 保留所有权交易中第三受让人的地位

本条第(4)款规定了第三受让人的法律地位,即保留所有权交易转让给该第三人,尤其是基于含有担保物权的被担保的权利转让时,包括该保留所有权交易的转让的,该第三人的法律地位(第Ⅸ-5:301 条(担保物权的转让))。

该保留所有权交易的受让人被视为具有和原始出卖人、供应商或出租人相同的法律地位。因此,本条第(1)款至第(3)款对其同样适用。

第Ⅸ-7:302条　占有、固定和保存

第Ⅸ-7:201条(担保权人占有有形财产),第Ⅸ-7:202条(债权人固定和保存担保财产的权利)和第Ⅸ-7:203条(法庭或其他机关的介入),根据第Ⅸ-1:104条(保留所有权交易:一般规则)第(2)款的规定变通后,准用于保留所有权交易。

评　论

本条的目的在于,本章关于担保权人重新占有和债务人违约后的保护措施的规定同样适用于保留所有权交易。相关规则见第Ⅸ-7:201条至第Ⅸ-7:203条的规定。

第十卷

信　　托

第一章　基本规定

第一节　信托适用范围及与其他规定之间的关系

第 X－1:101 条　本卷适用的信托

(1)本卷适用于根据第二章(信托的设立)规定所设立之信托。

(2)经适当修改,本卷同样适用于以下信托:

(a)由下列情形成立的信托:

(i)成文法中为设立信托所作出的声明;

(ii)具有设立信托效力的法院命令;

(b)非由本示范规则所确定,而是依据成文法中的规定所产生的信托。

(3)本卷中,"法院"是指根据其国内法所认可的公职人员或公共机构,但不包括仲裁庭。

评　论[①]

A. 总则

概述。本条确定第十卷的适用范围,原则上第十卷适用于所有种类的信托。不过,正如以下评论所阐明的,为适应某些种类信托的特性,本卷的规则仅在修改后才能加以适用。此外,在某些法律体系中(特别是普通法系)会导致信托产生的事实,依据本卷或其他卷的规定,并不引起信托的产生,即本卷并未纳入其国内法体系中的所有信托。

具体规则。另外,本卷尽可能提供信托法的详细规则(以备具体事项之需)。所

---

① 遗憾的是,没有时间对第十卷的所有条款进行注释。我们会在之后的 PEL 中有关信托的篇章进行全面的注释。

以,本卷全面规定了信托当事人的权利和义务(特别是第六章的规定)、第三方当事人的地位(第十章)及当事人的变更(特别是第八章、第X－9:301 条也有此方面规定)。信托经营涉及的下列领域的核心规则是特别重要的问题(同样是具有实际意义的):信托基金的管理(第三章)、未履行信托义务的赔偿(第七章)及信托义务的履行(第五章)。其他章节内容包括信托的条款(第四章)及信托关系的变更或终止(第九章)。本章的其余部分是有关信托的基本规定,尤其是关于信托的定义、信托的特殊法律后果及信托当事人的规定(本章第二节)。

与其他卷的关系。当然,尽管本卷的规则构成信托的特殊准则,但不能将其与其他卷的内容割裂开来。只要第二卷及第三卷中有涉及非契约性法律行为及其引起的权利和义务的规定,均与信托相关。然而,值得注意的是,在许多情况下需要不同的规定或对那些原有规定作出修改以适应信托的特殊要求,其结果是本卷的规定取代了上述规定。总体上关于对合同法规则的取代,参见第X－1:303 条的注释。

特别是与第Ⅰ－1.101(2)条的关系。规定在第Ⅰ－1:101 条第2 条款中(包括遗嘱、继承及不动产物权)的例外事项的范围受到了重要的限制。首先,"例外"仅适用于除非另有规定的情形;其次,对"例外"的理解不能超越其本意。这样,尽管遗嘱及继承不适用本卷的规则,遗嘱信托却属于本卷的范围。然而,遗嘱信托要优先适用遗嘱及继承法的规则:参见第X－2:402 条的规定。换言之,本卷适用于遗嘱信托时应符合继承法,并作为其补充性规定加以运用。同样,除非通过受托人,不具备法律人格的非法人机构不能拥有资产,这样的信托在本卷规则调整范围之内,尽管本卷规则将大多数与非法人机构有关的问题排除在外。同样地,不动产信托也在本卷规则调整范围之内,只要该信托与这样的财产所有权(即受托人所有权)无关,并且仅规定从该财产受益的权利(例如,这与土地买卖不同,土地买卖不在第四卷A 的范围内:参见第Ⅳ.A－1:101 条第3 款)。比如,在关于对所有权人承担义务方面第十卷与第七卷没什么不同。在第七卷与第十卷之间基本的区别在于:第X－1:202 条进行概述的及其第十章详细说明的关于对第三人的影响,因为来自于信托的权利会对第三人产生具有物权属性的特殊效力,尽管第七卷的规定并未涵盖要求返还原物的所有权效力(参见第Ⅶ－7:101 条第2 款的规定)。

B. 根据第二章规定所设立的信托

第二章。本卷规则是为依有关当事人的法律行为所设立的信托而制定(通常是指明示信托或自愿信托)。这是依据本卷第二章的规定所产生的信托;该章详细说明了作为法律行为之后果设立信托的各种方式。

依据本卷设立信托的方式。设立信托的各种不同方式详见第X－2:102 条以第X－2:103 条的规定。简言之,本卷信托既包括转移信托标的给受托人的方式,也包括信托人保留信托财产,声明该财产属于信托,并且信托人成为受托人的方式。此外,上述情形意味着依据本卷规定,两种信托均在信托人生前设立,并在其死后发生效力。

后者受到一定限制,即不得与适用的继承法的原则相抵触。信托也可以起因于不合格的法律行为,即当事人曾试图设立信托,但由于种种原因未能成功。关于此原则参见第X－2:505条的规定。本卷的其他规定同样给信托设置了救济的途径,详见第X－10:401条的规定。一定意义上这样的信托是补充性的,是以本卷涉及的信托的优先存在为先决条件的。

信托标的。本卷的主要作用决定于信托的设立方式而不是信托的标的。正如早已指出的,本卷不仅适用于动产信托,也适用于不动产信托。然而,本卷认识到各国有关不动产的规则存在分歧,因此在规定信托法时对各种不动产的法律体系进行调和,并且不影响其独特的结构及政策。

信托目的。同样,基于信托目的其适用范围没有区别——换言之无论信托是为了私人利益还是达到抽象的目的。因此本卷并不限于某些法律体系所归类的私人信托。不过,鉴于信托定义所清楚表明的(参见第X－1:201条),本卷不承认抽象目的信托,除非是为了促进公共利益。为此,本卷并未冒险进入某些普通系法国家所发展起来的(非慈善)目的信托的领域。

C. 按照成文法的声明所设立的信托

由法定声明设立信托。为进行必要的限制,成文法所声明的具体规则也适用于信托。立法者认为对于某个具体案例而言,考察导致信托产生的原因时,并不是考虑可否满足普通的成文法规定的构成要素,而是应考虑施加于特定资产的信托关系。如果国家或地方的议会立法时规定以个人身份在该国取得了特定财产的所有权人可以处分自己的财产,那么信托声明可以包含在成文法中。通常,根据成文法声明所设立的信托可能是有关构成民族遗产的或基于公共目的而捐赠的建筑物或土地的。

示例1

X请求建造一座有豪宅的庄园用于首相周末休闲之用,那么无论是哪位政府首脑,都可以在轻松环境中和顾问团队进行政策的制定,以便从决策的压力中解脱出来,同时还可以在令人陶醉的乡村环境中款待外国贵宾。由于涉及与政府公务人员及外交安排有关的安全和公共财政资金问题,该计划不经立法程序是不能有效的付诸实施的。成文法案声明设立该信托条款或对第十卷声明的信托进行确认,由此设立的信托适用第X－1.101条第2款(a)项的规定。

成文法渊源。成文法的渊源无关宏旨,它可能是国内立法、地方立法或共同体的法律,并且可能包含一级立法或二级立法。

D. 由具有设立信托效力的法院命令设立的信托

司法权限设立信托。在特定情况下,适当的法律可授予法院管辖权,由法院作出这方面的命令以设立财产信托。或者由一方诉讼当事人作出保证,并且在各方当事人同意下作出包含该保证的法院命令,这样的法院命令通常属于家庭法的调整范围(例如:行使司法权对离婚的配偶重新分配财产时或者对于父母抚养孩子作出法院命令的情形)或者属于个人权利法的范畴(对于缺乏处理个人事务必要的法律能力的个人,为了其利益进行财产管理)。

特别是:赔偿金判决信托。法院命令所声明的信托也可以产生于法律的其他领域。例如,为承担非合同性责任而支付赔偿金,以便对相关的损害进行赔偿。为了受到不法行为侵害的一个或数个第三方的利益,或许法院命令会要求全部或部分赔偿金由信托持有——尤其是,原告能够向受托人要求多少赔偿金(权利上的或实际存在的)。该情形下的强制性信托保证了第三方享有赔偿金判决的利益(而不是仅仅由原告享有,否则原告有可能受到不正当的过度补偿),并且被告从与每一个受害的第三方签订协议的工作中解脱了(转移给了更能胜任的人)。原告由于未成年或无行为能力而不具备管理或处分赔偿金的条件时,法院同样有设立赔偿金信托的管辖权。还有一种情况可能是由于原告的损害程度未确定,原告要求作出预先赔偿的裁决:赔偿金信托能让被告一次性支付赔偿金,同时在估计的损害范围内保留一定份额,以免一次性支付的总额无法实现。显然,不需要法院的裁判,当事人通过诉讼和解即可达成这样的协议。该信托规定在第二章中。

预期效果。或对于在这些规则之外的问题——特别是和物权法有关的事项,其并非严格意义上的产权转让——法院可能会承认依法已经设立的信托。这并不是本条第(2)款(a)项(ii)目范围内由法院判决所设立的信托,而可能是属于本条第(2)款(b)项的范畴。其区别在于法院判决的预期效果上,如果信托发生效力仅限于法院判决作出之后,准确地说这是由法院所设立的信托。如果法院适用成文法去承认当事人在诉讼开始前因确定的行为所产生的信托,法院判决本身则不是信托产生效力的法律渊源,法院判决仅仅是对预先存在的事态的确认而已。

E. 依法律设立的信托

法定失衡矫正。由于信托有助于确保适当平衡当事人之间的权利,基于政策需要根据不同情况可以依据国内成文法强制设立信托。特别是,信托可以一定程度上为债权人提供财产担保,例如消费者在合同条款的谈判中很有可能是弱势一方当事人,如果他们受益于合理的法律建议,在此情形下他们可能在合同中规定信托。一个典型的情况就是资金从委托人处转移给另一个以中间人身份行事的人,在该项资金用于协议约定的目的之前,委托人应得到特别的保护以防范中间人破产的风险。

特别是:特殊合同。可以通过有关特定类别合同当事人之间关系的成文法的规定,依法设立信托,这不在本卷规则范围内。例如,根据规定不动产租赁当事人之间关系的国内法规则,承租人支付定金作为其履行合同义务的担保,房东自动的作为信托来持有该定金是为了确保承租人不受损害,防止诸如租赁期限届满后定金返还给承租人之前房东破产等情形。同样,这样的信托可以因适用有关特定合同的更加专门性的立法而产生,本卷规则对此仅作概括性论述。因此,可以依据国内法由像律师这样的专业人士,从委托人处接受资金作为信托,这并不排除在关于服务合同的规则之外。同样地,国内法可以在特定的委托代理关系背景下(例如:经纪人业务)作出关于代理人接受资金的规定,关于委托关系的规则对此会作出一般性的规定。同样,对预先付款并面临供应商向其提供(货物或服务)之前即破产的风险的债权人,某些合同关系适用的法律可以对其设计信托保护。如果债权人有权要求资产转让(在此意义上债权人有权要求具体的履行),当供应商的经营下降到经济生存能力水平线之下的临界点之前,如债权人有权要求的强制履行不能获得法官的支持,这种安排是以债权人不应该受到损害(例如:作为债务人破产的结果)为前提的。在这些场合下,为避免债务人的其他债权人从上述付款人交付的款项中受益,实行强制性信托在政策方面是有其道理的。在功能方面,这样的安排看起来像是对所有权的保留,不过在严格意义上这是从款项中获益的权利而不是对款项保留的所有权。当然,信托可以由当事人明示的协商一致:只有在当事人不能协商一致,以及接受款项一方因信托会对其处分收到的款项的自由加以限制而不同意信托的情况下,成文法的规定才发生效力。

特别是:物权法及继承法。出于各种目的,立法机关可能在物权法及继承法领域引进信托。对死者的遗产实施强制性信托,信托可以作为一种手段,去调整遗产的管理,以及根据遗嘱继承或无遗嘱继承的规定在有权获得遗产的人中间处置遗产。强制实行信托同样可以作为处置变卖债券后获得的资金的机制,或者作为共同所有权制度的一部分。

特别是:信托防止不当得利或不合理受益。一方面是合同或物权,另一方面是信托财产,在其交集的情况下产生信托以防止不当得利或不合理受益。这种信托超越了恢复原状或放弃收益的单纯义务,根据第三卷或第七卷的规则这种义务足以或可能满足需要了。例如,信托是依法产生以防止代理人违反忠诚义务从收益中得利或是因另一个人为信托财产筹资而设立信托,这就要依所适用的法律来确定了。

示例 2

A 为购买一套房屋支付五分之一的房款,该房屋的所有权登记在 A 的伴侣 B 的名下。双方将该房产设想为双方共同的家,并且 A 交付的房款不是赠与或贷款,而是双方未来的共同生活的基础。在双方关系破裂后,A 声称 B 是为了双方利益以信托形式拥有该不动产,她享有按照其支付房款比例从该不动产受益的权利。B 承认根据第Ⅶ-1:101 条的规定,A 有权要求返还其投资(鉴于第Ⅶ-2:101 条第 4 款的规定,基于 A 的付款的共同目的或期望已经落空),B 辩称他对不当得利的责任不能延伸到房屋的份额,该房屋在双方关系存续期间已经大大升值了。即使第Ⅶ-5:101 条第(4)款和第(5)款规定 B 有义务向 A 转让房屋的份额(因为基于合理的期待,他可能知道 A 的付款目的有可能落空),这种义务通常是债法上单纯的的义务。要求返还不当得利是否具有物权效力不是由第Ⅶ-7:101 条第(2)款所规定。所适用的法律可以比第七卷走得更远,以确定 A 付款时,基于强制施加于 B 的信托,A 有权享有房屋的份额。不当得利的规则并未对此构成妨碍:参见第Ⅶ-7:101 条第(3)款的规定。

示例3

P雇佣R为其代理人,让其代表自己签订买卖合同。在未履行其对P的义务的情况下,R与第三方X以高价缔结了买卖合同,其中包含秘密条款即X给R好处作为回报。在得知这些情况后,P可以向R索取那笔好处费作为损害赔偿(比较第Ⅲ－3:702条的规定),但根据适当的法律,可剥夺R从非法所得中获益的权利,因为R是为了P的利益作为信托来持有所得的。

根据本卷规定法院不具有内在的司法管辖权。必须强调,依据本卷规定,法院不具有设立信托的内在的管辖权。有关信托设立的管辖权受制于委托人是否已经成功设立信托或依据本卷规定的规则之一是否已设立了信托。无论是基于不当得利的逆转、物主行为显失公平还是其他的原因,法院或许不是简单地"发现"(即创造)了信托的成立。除非这些规则另有规定,这些规则中没有依据在法律关系中运用法律设立信托。只能在这样的情况下认可信托的成立,即这些规则允许设立信托以及适当的法律强制实施信托。

示例4

R自称自己是国际知名演员A,诱骗出借人L通过B银行的一个账户给其提供短期贷款。在R不遵守其作出的还款承诺后,L发现了骗局。L的救济方法可以是宣告贷款合同无效、因不履行而终止合同(同时要求赔偿损失或恢复原状),或者是因欺诈请求非合同之债赔偿。即使可以确认部分贷款依然在B银行的账户上,依据本卷的规则法院也没有理由认为R是账户余额的受托人。L并未对借出的款项设立信托,原因是本卷并未作出此类规定,即依据法律R因欺诈获得的钱款并不导致信托的成立。然而,依据适用的准据法,有关不当得利的规则并不反对信托的成立:参见第Ⅶ－7:101条第(3)款的规定。

F. 法院及政府官员

范围广泛的司法干预。本卷的一些规定包括授予法院解决信托问题的权力:例如指定受托人的权力(第X－8:203条),或免除受托人职务的权力(第X－8:402条),或变更信托条款的权力(第X－9:202条等规定)。至少总体上在这些权力运用于信托管理及信托内容的重构时,基于政策的司法干预的范围较其他方面授予法院的权力更为广泛。例如,在第Ⅱ－7:203条(因错误改订合同)及第Ⅱ－7:302条第(2)款(关于违反强行法的合同效力)仅从有限的救济方式着眼进行了阐释。由于可能涉及若干竞争的利益关系(例如既有受益人之间的冲突,也有受益人与受托人之间的冲突),依据本卷司法权之运用并非仅限于对某一种关系中双方利益的司法平衡。此外,司法权运用的性质有着微妙的差异。鉴于法院常常关注于在不公平当事人之间寻求适当的救济方式以实现公正(a putting right what has gone wrong),在信托法背景下为了未来信托的生效,法院常致力于促进未来信托基础的改善。这在运用司法权变更受托人时最为明显:这对于即将离任的受托人造成的损害的补救毫无帮助——应采取其他救济措施——因为该司法权仅限于确保未来的称职的信托管理。此外,对于以促进公益慈善为目的的信托,在正确、高效地利用资源服务于公众时有着更为广泛的公共利益。此种情况参见第Ⅹ－9:204 条(关于出于公益目的法院命令变更信托),该部分内容非常清楚地解释了本卷所认可的司法权,其特点没有反映在合同的情形下。

排除仲裁庭。因此,本卷中的司法权的运用常常带有附加的管理特性,在合同背景下行使的司法权中是不反映这种管理性的。在全面定义法院时包含仲裁庭(参见第Ⅰ－1:108 条第 1 款及定义列表中"法院"的定义)是不恰当的。在某种程度上这种司法权代表的是国家的(管理)权力。

包含政府官员及机构。基于相同理由,这些条款认可政府可以从本卷设计的司法权中选择全部或部分,由政府官员或机构将其运用于特定类型的信托或用于特定的目的。因此,地方当局对于本地的信托基于公共目的可以享有监管权。为了某项活动或产业监管机构可以对涉及并有利于促进该活动或产业的信托拥有这样的权力。通常基于公共目的可以指令专员对信托行使全部或部分权力。

G. 专门用语

信托。该术语的含义参见第Ⅹ－1:201 条的规定。

设立、产生、创设。"设立"这一术语是指由法律行为或官方行为(法律规定或法院命令)所形成的信托。术语"产生"是指由适用法律规则所形成的信托。"创设"是一个综合性术语,包含上述两种途径所形成的信托。

第Ⅹ－1:102 条　物权担保法的优先适用

对于为担保目的而设的信托,第九卷(动产担保物权)的规定优先于本卷的规定而适用。

评　论

A. 总则

概述。这些条款确保为担保目的设立的信托与第九卷建立的动产财产权益担保的整体制度相符合。该卷明确规定,经适当调整适用于依据担保目的信托所产生的权利,参见第Ⅸ－1:101 条第(2)款(a)项的规定。至于依据信托受益的权利并非有限的财产权,而是特别的权利(因为,不同于大多数根据债法所产生的权利,它们就像物权一样会有明显的第三者效力),它们不属于第Ⅸ－1:102 条担保物权的范围(除了与此无关的个别情况,担保权受到定限物权的限制)。但是,为实现担保目的而创设的信托的受益权和传统的物权担保一样能够充分发挥作用。如果不将为担保而设的信托置于第九卷的范围内,以确保在担保效力上同等对待相似的担保手段,那么无论构成其规则的基础多么精确教条,第九卷的规定也将会功能失调。

B. 担保目的之信托

担保目的信托的形式。利用信托作为担保措施是可以采取的多种形式之一。从根本上讲,信托的创设可以是债务人将资金交给受托人作为债务人履行债务的担保,只有当债权人要求债务人履行债务的权利完全实现时,受托人才有义务返还信托资金。受托人可以是第三人或债权人,或者,债务人也可以作为受托人直至债权人要求履行债务的权利得到实现。采取的适当的方法依赖于当事人的需要及约定的交易费用(也涉及政府财政)。在各种情况下,债权人享有的受益权利都是以债务人未能履行债务为前提条件的。

示例1

借款人B将设备的所有权转让给第三方T,以此作为从L处获取贷款的担保。根据当事人间的协议,依据信托条款T为了B的利益持有该设备以担保B向L清偿债务。由于L有权从该设备中受益,只要B不偿还贷款,对于未以诚信的价值购买该设备的任何第三方,L的该受益权可以强制实施(参见第Ⅹ－10:401条),L对该设备具有相对应的有限所有权。此外,由于该设备构成了特殊的财产而且并不是T的个人产业的一部分(参见第Ⅹ－1:202条),在T破产时L的担保物是受到保护的。

示例2

根据当事人协议,允许借款人B保留作为从L处获取贷款的担保物的所有权,但是依据约定B在必要范围内是该担保物的受托人,以保护L享有的贷款本息的受偿权益。信托的约定授予B出卖担保物的权力,但是出卖的程序应符合信托担保的目的(参见第Ⅹ－3:201条第(1)款的规定)。

示例3

从事邮购业务的董事们为其业务的偿付能力感到担忧,为了保护已预付货款的顾客,公司为所有的预付款开设了一个新的银行账户,只有在货物已交付时公司才提取货款。在与银行的联系中,公司表明该账户中的资金是为了保护尚未供货的顾客,按照其相应的预付款而作为信托所持有的,信托即成立了。该信托具有担保目的,可以视其为担保权利,尽管其产生于单方法律行为(比较:第Ⅸ－1:101条第(2)款(b)项的规定)。然而,如果公司破产,依据破产法及调整公司担保的法律,该信托容易被弃之不顾,原因是公司设立该信托的结果是赋予某一类债权人(未得到供货的顾客)以优先权,是对其他债权人的歧视待遇。如果是顾客而不是公司对该资金设立信托,明确约定对其付款保留受益的权利直到货物交付时为止,那么情况就不同了。不过,由于公司不能为自己的目的使用该资金(例如向其供货商付款),公司通常可能会拒绝接受这样的付款条件。

提供担保措施的其他信托。除第九卷意义上担保目的信托外,在相对小的范围内,其他的信托协议可能会提供过渡性的担保措施。虽然与动产有关,这样的信托协议不在第九卷范围内;其问题完全由本卷解决(结合合同法及物权法的规则)。

示例4

银行与某公司缔结贷款协议规定款项只能用于特定目的,明确指出银行发放该笔贷款时放入一个新设的单独账户中,该资金是为了银行以信托形式所持有直至公司提取该资金用于规定的贷款目的,为达到指定目的允许公司作为受托人提取该款项。如果公司以此行事,银行仅享有要求公司还本付息的契约性权利。如果公司未支取该账户资金并且贷款协议因故终止,银行的权利是受到保障的,因为银行作为信托的受益人可以要求收回账户中的余额。如果不适当地从账户中提取款项——用于贷款协议约定之外的目的——对于收到该信托资金或使资金滥用便利的第三人,银行享有救济权,其所依赖的情形及适用的规则参见第X－10:401条及第X－10:501条的规定。

第二节　定义、特殊效力及当事人

第X－1:201条　信托的定义

信托,是指受托人依调整其法律关系的条款(信托条款),为了受益人的利益或促进公益目的,有义务管理或处分一项或多项财产(信托财产)法律关系。

评　论

A. 总则

概述。本条款从法律关系的角度界定信托的定义,为该法律关系指定一个基本的当事人(受托人),并规定该法律关系的基本特征是信托人有义务按照信托条款的要求管理或处分信托财产,该处分行为是为了一个或多个受益人的利益,或者是为了促进特定目的,或者二者兼而有之。

作为法律关系的信托。也许可以从若干观点中的任何一个来对信托进行定义。在本质上可以将信托定义为一个实体,或者说信托在本质上似乎是一个实体,把受托人及标的物视为信托的组成部分。或者，可以认为仅信托财产自身就是信托。尽管这两种定义方法在术语的使用上产生了共鸣，但在此却于事无补。信托未被看做独立于受托人的法人（以上述理解受托人降至了董事会成员的地位），也不能授予信托财产本身以法律人格，因为这样会留下太多的问题。尽管信托遗产的特殊性质（尤其是受托人本人的债权人不能获取该财产）成为信托定义的一个方面，受托人管理信托的权利和义务毫无疑问地构成信托制度的一个同样最为重要的支柱。如果依据有关信托财产的权利和义务的约定对信托进行定义，似乎就能对信托有更为直观的理解。这些规则由此保留的"信托"这一术语指出的有义务管理或处置信托财产的受托人这一方当事人与另一方当事人即有权要求受托人履行义务的受益人或其他人之间的法律关系。

信托当事人。信托定义与被强加了管理或处置信托财产义务的人有关。因为正像信托定义所表明的，可以为促进公益目的而创设信托，在严格意义上，受益人的存在并非在所有的情形下都是信托整体的构成要素。至于该种情形下谁有权要求受托人履行义务，参见第X－1:205条的规定。同样，由于信托可以因实施法律而产生，委托人也就不是构成信托的恒定不变的一个要素。显而易见，若缺乏对当事人是信托的普通特性的认识（例如为特定人或某一类人的利益由法律行为所设立的信托）就难以完全理解信托。因此，在第X－1:203条的规定中列举的当事人，可以依据信托确切的性质成为信托体系的构成部分，即使其并不总是信托关系的构成部分。

B. 信托法律关系的内容

信托关系的要素。该定义表明了信托概念（在以后的章节中进行详细阐述）必不可少的要素，即（i）信托资金，由财产（有形财产或具有货币价值的权利）所构成，信托因此得以运转；（ii）受托人—所有权人或权利人，享有信托财产权；（iii）人（受益人）或目的，正是为了其利益托管及运用信托财产；（iv）信托条款规定的为实现信托目的而使用信托财产的义务。

受托人义务。该定义的重点在于受托人的义务而不是受益人相应的权利，因为正如已经强调的，如果信托是以促进公共利益为目的，是不存在受益人的。即使存在受益人，一个单独的受益人所能要求的履行行为的性质是随信托条件而变化的：一个受益人可能有权利受益或仅仅是具有受益的资格。在后一种情况下，只要因受益人的赞同而谨慎行事（通常指受托人谨慎行事），受益人就有资格受益。同时，这样的受益人仅有被认定资格的一种权利。用浅显的话说，仅享有被认定受益资格的受益人可以比作选美比赛的参加者。详见第X－1:206条的规定。

独特的义务。这些规则视信托为独特的义务。尽管信托明显与合同有着实质性的相似之处，但信托不是合同性义务；一旦承认单一的信托法既适用于生前设立的信托也适用于遗嘱设立的信托，该结论就不是不证自明的了。受托人的义务也不属于给他人造成损失的不当得利及无因管理之债的相关规则的范围之内。换言之，正是由于重要的第三方财产信托才得以产生，信托被视为物权法的支撑（如果不属于物权法）。

信托关系的信赖属性。信托法律关系是以受托人的高度诚信为特征的，然而，信托的定义并未明确体现信托关系的信赖特征，并且本卷的其他条款也未反映信赖的特质。因为没必要标示出该特征，因为反而会削弱其本质特性，该特征并未刻画出信托法律关系的本质，在一定程度上它反映了信托的内容。信托职务的信赖特征产生于信托条款以及本卷的规定。信托基金的权益属于受托人，受托人享有信托基金所有权人的全部权利。由于在面对第三人时受托人可以有效地处分信托基金，使受托人能够管理信托基金以实现信托目的。但是，受托人被赋予的权利仅限于信托条款中确定的信托目的，受托人来源于信托权益中的为实现信托目的而行使权利的这种责任，可以认为是信赖特征，因为受托人可能会产生滥用其地位的情形——为实现不同于既定的授权目的用尽一切权利，并且在实际面对第三人时如此行事。在某种意义上，受托人被授予了额外的权利对于信托基金较委托人更大的权利便于受托人为自己牟利——唯有信托责任才能约束受托人的广泛权利。由于受托人对信托基金具有综合管理的权利，相应地，受托人为自己利益使用信托基金的可能性就很大（而不是根据信托条款行事）。对信赖特性的责任因此产生了，以防止受托人为一己私利滥用权力使用信托基金。受托人通常有义务按照规定的信托目的管理及利用权力运用信托基金（例如，为受益人的利益或以促进公益为目的），并且受益人的行为应符合诚实善意：参见第X－6:101条的规定。这通常需要更加特别的严格责任以免受托人从信托基金获取未经授权的利益（参见第X－6:109条）。例如，在禁止自我交易方面（第X－6:108条），以及当受托人的信托义务与其个人利益相冲突时免去其职务，这些规则强调受托人职责的信赖特性（第X－8:402条第(1)款(e)项）。信托是信赖关系这一明晰的陈述对于这些特定义务无关紧要。

管理（信托基金）。信托义务是施加于受托人的管理及处分信托基金的责任，本卷并未对什么是信托基金"管理"进行定义，但是与"处分"信托基金相对比，管理信托基金清楚地限定于管理方面，而处分是指为了实质性目的分散信托基金。因此管理信托基金与这样的问题有关，即仅有权拥有信托财产，保持财产的安全，将信托基金进行投资（详见第X－6:103条及以下所述）——换言之，管理是指为了他人的利益保护或最大限度地利用信托基金的行为。例如，这包括针对相对方的请求或第三方的干涉，为保护信托财产权益或保持对信托财产的占有进行诉讼，或者对于欠受托人的并构成信托财产的债提起诉讼。

处分（信托基金）。尽管本卷所有的规则常常涉及处分的问题，但本卷同样未对处分的含义进行定义（虽然由第X－7:101条第(1)款的规定可见处分信托财产仅是"处理"信托财产的手段之一）。处分的含义与"管理"相对应，处置或处分信托财产旨在依据法律或事实利用任何有效方法放弃信托财产使得它们脱离信托基金，通过转让或分配或其他类似方式来放弃财产。因此处分包括为受益人进行的信托基金的任何运作——主要是将全部或部分信托基金转移给受益人（包括从基金付款给受益人）。同样地，在秉承信托责任基于经营信托的需要的情况下，可以将部分或全部信托基金出售给第三人——首先,这必须是为了清偿信托债务(例如,在信托基金管理中对第三人所发生的债务,比如因代理人所提供的服务而对其所欠的费用)(第X－2:402条明确指出为还清债务处分财产当然是处分信托基金的方式之一,但是该种处分不属于受托人处分信托财产的情况,而是受继承法中关于运营信托规则的制约。因此,该部分规定至多是同时对该主张加以确认)。由于本金及收益都来自于信托基金,因此处分既包括以本金付款也包括从收益中进行支付。

信托条款。信托义务的确切内容由特定的信托条款规定(关于该问题,详见第四章)。在可能的信托责任的范围的一端是单纯的或简单的信托,信托财产转移给受托人,并不要求受托人履行积极的经营管理义务,其基本义务仅仅是在受益人有权要求时将信托财产转移给受益人。从受托人的角度看该信托是以消极义务为其根本特征的:除了受益人(或者受益人指定的代替受益人的第三人)不能将财产转让给其他任何人,不能干涉受益人享有的权利(占有、使用,或直接支付、获取收益),并且受托人不能从信托财产中获利。在这个意义上,管理信托很大程度上局限于持有信托财产的权利。在信托责任范围的另一端是大规模的任意信托或公益信托,要求受托人监督信托基金的投资,有时对分享人数众多的信托基金的收益或资金的处分需要做出艰难的抉择,并确定为何人的利益设立信托。这样,受托人的积极义务是显而易见的——既要有经验管理基金(例如,审核及改变投资或投资政策及其实施),又要处分信托财产(例如,权衡受益人的相关需要或资助申请的相对优势)。

信托基金及信托财产。正如本条款所指出的,信托的存在可能源于单一的财产或涉及一批财产。通常情况下,这一批财产受制于同一信托义务,即在该批财产上只存在同一信托义务,尽管该义务涉及信托中的所有财产(正如单一财产信托义务的适用涉及一切可分割但未分割的信托财产的一部分)。关于若干信托财产共同构成一个信托基金的情况(而不是源于多份单独的财产中的每一个的单独的信托的标的),参见第X－3:101条的规定.

独立的信托基金。该定义并非要求将信托财产作为独立的基金持有,但在提出该问题的场合要剥离信托基金。首先,第一个问题是在设立信托时不剥离信托财产其是否能构成信托基金:参见第X－3:103条的规定。其次,信托一旦成立,受托人就有义务保持信托财产与其他财产相独立,参见第X－6:103条第(1)款的规定。但是,信托条款可以授权受托人在规定情形下将信托财产与其他财产相混合(例如,对各种信托财产联合经营、共同投资以达到一定的收益率,这在信托财产相互分离的情况下是无法达到的)。最后,本条第二句规定了信托基金构成了与个人遗产不同的的特殊遗产。

合理的目的。其定义将信托的合理目的限定为下列两类:信托为受益人利益及信托以公共利益为目的。第X－1:205条规定了上述两种目的每一种情况下有资格履行受托人义务的主体。若当事人声称其设立信托既不是为了受益人的利益,也不是以促进社会公共利益为目的(见下文),那么为其主张的目的的信托不产生效力,该信托不能存在。该限制的基本原理在于,没有人在(积极地)履行受托人义务时具有充足的自我利益或公共责任。然而,这不能证明该种安排完全没有意义,在一些较小的(基本上是否定的)意义上,如果信托是为了法定目的并且其条款可以由法院管辖——当持有人滥用信托基金时提供救济。事实上,如果信托财产持有人选择或放弃阻止滥用规定的权力,其不能按照信托预期目的使用信托基金并非意味着法院应当剥夺其如此行事的一切机会。因而主张设立信托仅仅是为了受益人的利益或是为了促进公共利益为目的,但是又允许为中间目的的信托提供救济措施,这样的信托不产生预期的效力,但也不是完全不具有法律(或真正的信托)的效果:参见第X－4:203条的规定。

该方法的优越性在于,其有助于勾勒出公共利益与其他同样至关重要的抽象目的之间的界限。关于所有不属于公共利益目的的信托,完全不具备全有或全无的解决方案,这给"公共利益"这一概念带来了沉重的负担。

受益人及信托目的。第Ⅺ－1:203条第(3)款(与第X－1:206条结合起来看)指出在什么时候将某个人视为信托之受益人,与之相对,本卷未尝试对公共利益之目的进行定义,此概念必定范围广泛、具有政治敏感性,因此应当单独对其进行解释。但是,在本规则中应当给出某些标记。首先,为实现公共利益的目的,公职人员或机构必须具有强制执行信托的功能,这在很大程度上隐含在第X－1:205条第(2)款(a)项的规定中。此外,根据第X－4:203条第(2)款(a)项的规定,有的信托目的既不促进公共利益,也不违反公共利益。因此,事实证明信托目的不违反公共利益是必须的,但还远远不够,信托目的一定要具有正面的效果。同样,与为受益人目的而设的信托相比,为公共利益而设立的信托有一些强制性的限制。然而,为一类(范围广泛的)个人所设的信托属于为受益人利益的信托,这很大程度上隐含在第X－4.103条第(2)款的规定中。因此,以促进公共利益的目的所设的信托应当与公众或不得仅仅定义为一类受益人的部分公众相联系。

示例1

为了促进废除对枪械的持有及保管的限制,一个枪械爱好者以信托的形式将其收藏的枪械及其金钱遗赠给一位有同样爱好的朋友。权衡利弊,对比不能理解为取消该限制是为了公共利益;实际上取消对枪械的限制极有可能严重危害公众安全。该问题除了考虑信托是否主要涉及法律的变化以外,可能被视为是有关公众生命安全的法律事项,该信托不是以促进公众利益为目的。

示例2

某公司获得一块土地并将其作为雇员及家属的休闲用地,有关协议条款以信托的形式进行了规定。该信托的设立就是为了受益人利益而不是为了促进公益目的,信托财产利益仅仅由特定类别的成员所享有。但相反的情况是,如果信托规定该土地用于公众或本地社区居民,由于规定了休闲设施用于公众,那么毫无疑问该信托就是以公共利益为目的。

C. 信托与法人

概述。因为这些规则并没有将信托视为独立的法人,这就需要进一步解释这些规则如何才能适用于法人。假如法人为特定目的而设立,则其财产的管理及处分只能以此目的为最终目标。尽管如此,信托的规则与法人的法律规则还是有区别的,但是这并不妨碍法人也成为受托人。

具有信托性质的法人。在很多法律制度中,一个社团或公司的管理层或成员可以组建社团或公司,依据是将该法人的财产用于该法人的目的之条款。另外,上述财产自身可以组成公司(有董事会或类似附加的管理机构);并且公司章程会规定财产运用的目的。本卷不涉及这些事项。赋予法律人格的确切方式无关紧要,关键问题仅仅是凭借其法律人格有一套单独适用的法律规则。只要符合组建公司实体的规定,即可创设公司,公司财产的运用属于公司法调整的法律问题,而不属于信托法范畴,即信托是法律人格衣钵之下的内部事务,换言之,由受托人管理信托基金就变成了由法人的董事会管理法人的财产(无论如何阐述)。严格地说,这不属于信托法的问题。法人的管理者(例如董事)的义务是调整法人的法律的组成部分,这适用于特别注册的基金会,但当然,例如,同样也适用于有担保的有限责任公司、注册的社团及其他组织。调整公司的法律规则与信托法规则在某些方面可能很相似,即使不存在完全相同的实例——例如,信赖原则适用于公司管理人员(当然,他们要照顾公司财产)以便防止其通过损害公司从中非法获益——这是可以预料的。但它们依然是各自独立的法律领域,特别是,将信托施加于公司并将信托财产运用于一定的公司目是错误的。无须赘言,更确切地说,公司仍然是其财产的不受限制的所有人。如果将公司作为其财产的受托人看待,那仅仅是因为公司必须将其财产用于公司章程规定的目的,这也只是由于所适用的公司法如此要求。

法人的内部义务。当我们考察法人的内部义务时,问题就更加凸显了。例如,基金会管理者的义务是将基金会的财产专门用于章程规定的目的,这不在本卷规定之内,该义务的产生是基于基金法律规定,并由其进行调整。信托法适用于该内部义务的范围仅限于公司准据法类推适用的信托法的原则。信托法不能直接适用,因为公司并非董事的组合,因为事实上财产在授予公司的同时并未授予董事,此种情况下,董事不符合成为基金受托人的要求。参见第Ⅹ-1:203条第(2)款。

作为受托人的法人。没有什么(除了对公司的法律上的行为能力的限制)可以阻止法人成为受托人。因此,在特定情况下,法人可以以受托人的身份接受财产,或者拨出公司自身的部分财产组成信托基金。

设立中法人的财产。同样,信托也可能产生于发起人设立法人的过程中。受托人可以作为即将成立的法人的受托人来持有财产,法人尚未成立这一事实并不妨碍其在成立后享有受益人的权利:参见第Ⅹ-4:103条第(3)款的规定。

示例3

X想要在这个财政年度设立一个私人基金会，但是很显然X没能及时完成设立基金会所需要的手续。于是，X将本来要捐献给基金会的财产转移给Y；X同意Y以信托的形式为基金会利益持有该财产，在下一财政年度基金会一旦成立，Y将会把该财产转移给基金会。只要基金会注册并且因此具备法人资格，基金会便可以向Y索取该财产。在此期间，即使Y无偿债能力，基金会也能对这些财产主张权利，因为信托基金属于独立的财产。参见第X－1:202条第(2)款的规定。另外，如果基金会因其他原因未能按计划成立，则该信托失效，那么Y即是为X的利益以信托的形式持有该财产(参见第X－4:102条第(1)款的规定)。

以公司成员为受益人之信托。同样，本卷的规则也适用于完全发生在公司内部的信托。比如公司某一成员作为另一股东的受托人，同意持有该股东的全部或部分股份(例如，作为股东协议的一部分)。甚至本卷规则同样适用于公司自身设立的以其成员为受益人之信托，这种信托因各方之间的法律行为而成立。在本质上，这与以公司的财产设立的信托所产生的义务有明显的区别。

为公司利益作为救济措施的信托。由于公司管理人员不履行公司内部义务而适用法律所设立信托的情况并非特例。如果公司的管理人员不履行公司法规定的义务，其结果(依据准据法)是创设了信托(例如，由于公司董事获取了非法利益)，这就是本卷对这种已产生的信托予以规定的原因。即将成立的信托的基础在于公司法这一事实并不影响该信托是为了当事人或第三人的利益所设立这一后果。

非法人组织。正如第X－1:101条的注释所指出的，即使有的组织不具有法人资格，信托仍然可以产生——事实上可能是必不可少的——目的是管理该组织的财产，这并非仅适用于非法人团体。基金会只有在登记注册或被主管机构批准后才具有法人资格，在基金会成为法人之前，只要符合创立信托的条件，为了基金会的利益持有财产的人对于涉及这些财产的事项受制于本卷的规定。

第X－1:202条　信托的特殊效力

(1)信托依据本卷第十章(与第三人的关系)的规定产生法律效力，信托财产独立于受托人的个人财产，也独立于其他归属于受托人或由受托人管理的财产。

(2)信托效力尤其是体现在以下方面(除信托财产归属于受托人外的其他一些原因)：

(a)无论经由执行程序或破产程序，受托人本人的债权人不得对信托财产主张权利；

(b)对于依婚姻或家庭关系进行财产分配的规定，信托财产不受其约束；

(c)受托人的继承人无权因受托人的死亡而从信托财产中受益。

评　论

本条款的作用。本条概括了信托的特殊法律效果,将在第十章作出详细规定。在信托特殊法律效果的范围内,下列规则的规定主要是出于教学目的,以提醒读者在与其他法律关系相比较时关注信托的特殊法律性质。

独立的财产。本条第1款说明信托财产构成独立的财产,这可能被视为是对本条第(2)款所阐述的特殊含义的说明,或者相反是对信托多种属性的简要描述或对其进行的总结。信托财产与其他财产相区分是唯一的观点,信托财产既区别于受托人个人的财产,又区别于归属于他人/她人的财产,后者包括授予受托人的其他信托财产。某专业人士(如律师或银行)可能成为相当数量信托的受托人。除非将这些信托进行合并,否则不同的信托财产仍然各自独立。

受托人的债权人。正如第十章所述,必须严格区分受托人本人的债权人和因受托人这一身份而产生的债权人。信托财产被置于受托人个人的债权人能够主张权利的范围之外;因信托受托人这一身份,债权人与其交易,即取得权利,可以将其对受托人的权利延伸到信托财产。例如,后者的权利包括:受托人因履行信托义务缔结商品供应或服务合同而产生的债,与之对应之权利;以及受托人造成损害的非合同责任,即由于信托财产的危险性致使第三人受到损害,并且受托人对损害负有责任。受托人本人的债权人,是指其对受托人的权利源于受托人以其他(主要是个人的)身份所导致的相关义务。

示例

T是根据黄色信托(Yellow Trust)的条款设立的股份和存款投资组合的受托人,同时也是根据绿色信托(Green Trust)条款进行的其他投资的受托人。T所控制的信托财产是作为其个人财产的一部分来持有的。T与审计员A签订合同,由A审计黄色信托(Yellow Trust)的账户,与投资经理B签订合同,由B管理绿色信托(Green Trust)的投资。A和B都有权依据他们的合同条款的规定向T主张他们各自的报酬。如T在驾船时损坏了C的财产,T同样有责任赔偿C。A的报酬请求可以从黄色信托(Yellow Trust)财产中支付;如果不足以支付,A还可以要求从T的个人财产中支付,但是不能要求以绿色信托(Green Trust)的财产支付。同理,B可以依靠绿色信托(Green Trust)的财产,或者,如果需要的话,B可以要求T以个人财产支付,但是不能要求从黄色信托(Yellow Trust)的财产中支付。C的赔偿要求只能由T的个人财产满足;C不能指望向上述任一信托财产行使追索权。

婚姻和家庭关系。在亲属法律制度中,家庭成员——尤其是配偶或合伙人——在关系存续期间可以保留个人财产,在分居或离婚时,或是登记注册的合伙关系结束时,可以对重新分割财产提出个人的主张,孩子同样可以要求重新分配财产。在这种情况下,如果是向一个碰巧是受托人的个人主张权利,则家庭成员只是该受托人的个人债权人(这是假定有关的信托并非家庭信托;家庭成员的财产权很可能至少在某种程度上由家庭财产的信托所调整。在这里我们可能会忽略这种情况,因为我们关注的是信托的"外部"效应,而不是根据信托产生的权利)。然而,在其他情况下,婚姻或类似的财产制适用的效果是:配偶或合伙人一方取得的财产从一开始就是以某种方式所共享的——也即,财产权也归属于其他家庭成员。这样的规则在其功能上预先假定财产的取得是以配偶或合伙人个人身份,即该财产是其个人(可自由支配的)财产的一部分;对取得财产者可享有的权利延伸至以家庭关系为由应当通过该取得的财产获益的人。但是,家庭成员以受托人身份取得财产时(除非依据为家庭利益所设立信托的条款),赋予受托人家庭成员对该信托财产的权利的情况是不存在的。该信托财产的设立不是为了受托人的利益,同样他/她的家庭排除在该信托利益之外。某人有权从信托中受益的情况则不同:如同有关的家庭成员对于其他财产有权收益,受益人的权利必须带入婚姻或家庭财产制的范围之内。

第X－1:203条　信托当事人

(1)委托人,是指通过法律行为设立信托或打算设立信托的人。

(2)受托人,是指信托创设之时或之后被任命、并被授予及管理信托财产,并承担第X－1:201条(信托的定义)规定的义务的人。

(3)受益人,是指根据信托条款,有权或有资格从信托财产受益的人。

(4)信托辅助人,是指依据信托条款有权指定或辞去受托人,或有权接受受托人辞呈的人。

(5)本卷另有规定的除外:

(a)委托人也可以是受托人或受益人;

(b)受托人也可以是受益人;

(c)信托各当事人均可以成为信托辅助人;

(d)本卷中,"继承人"是指根据继承法规定,在被继承人死亡后有权获得其个人遗产的继承人或代理人。依据本卷规定,信托当事人(或原当事人)的规定,也适用于被继承人死亡后的继受人。

评　论

A. 总则

概述。本条阐明了信托关系的各方当事人——既包括构成信托存在的基本当事人,也包括根据信托的设立方式和信托条款存在的当事人,并基于本书的宗旨对信托当事人进行定义。正如信托(第X－1:201条)定义所表明,受托人是信托不可或缺的一方当事人。如果信托不是以促进公共利益为目的,也将会有一个或多个受益人。

“信托当事人”。本条符合信托当事人定义之目的,之后的条款中所提及的“信托当事人”均须包含本卷所确认的各方当事人(即委托人、受托人、受益人及信托辅助人)。

基本当事人。与信托定义相一致,就信托法律关系而言,其涉及对信托财产的管理及处分的法律义务,而该义务是由受托人承担,因此没有受托人就不会有信托。相应地,必须指定某人履行该义务——为了使履行义务具有意义——某人必须有兴趣或者有责任履行该义务。为受益人利益设立的信托,受益人可以要求受托人履行义务。为某些其他人利益设立的信托,其他人有权强制实施该信托。参见第X－1:205条的规定。在这些人中,只有受益人归入了“信托当事人”这一概念之中;实施信托的公职人员和公共机构不属于信托当事人的范畴。这是因为(通常与其他强制实施者对比)他们有可能已经涉及导致信托设立的各种计划,但是通过扩展当事人的概念,只有那些有权强制实施、并且不能从信托中获取利益的其他执行者才可以被指定为信托当事人。同样,当涉及债权人的待遇时,也要对强制实施者的类型进行划分,因为只有受益人有权从信托基金中受益,因而这可能是债权人个人可以援用的权利以间接地诉诸于信托基金:参见第X－10:101条(维护债权人作为“信托一方当事人”的权利,以援用信托当事人对信托基金的权利)的规定。

然而,在向法院提出诉讼的情况下,受益人与其他实施者将享有同样的权利:参见第X－6:108条第(2)款(避免自我交易的买卖合同)、第X－7:102条(对受托人决定的司法审查)、第Ⅰ－8:203条(法院命令委任受托人)及第X－9:202条(法院命令变更信托条款的管理)的规定。

潜在的当事人。如果信托是由法律行为所设立,则势必存在委托人。而信托辅助人则不是信托的必要特征。是否存在信托辅助人取决于信托条款是否授权任何人变更受托状态。

自然人和法人。信托的每一方当事人,无论是委托人、受托人、信托辅助人及受益人,既有可能是自然人,也可能是法人。参见第Ⅰ－1:108条第(1)款的规定及定义清单中所列举的有关“当事人”的定义。

B. 委托人

委托人定义概述。所谓委托人实质上即是信托的设立者——是宣告信托条款的人。通常委托人也是信托财产的所有权人,该项财产受制于信托,因为将处分信托财产的权利纳入信托的范围内是信托成立的一项要求(参见第X－2:101条“归属委托人的财产”、第X－2:102条“要求转让”)。

专门术语。“委托人”(truster)这一术语比“财产授予人”(settlor)更易接受。“财产授予人"(Settlor)这一术语有其缺陷,其在语义上与"信托"没有联系,仅仅与"财产转让"(settlement)有语义上的联系,并且该术语还容易使人们将其与土地的规划相联系。鉴于动产资金信托的重要性,这种表达(即Settlor,译者注)是不受欢迎的。相反,"委托人"一词,在语义上更清晰地表达了一人将财产委托给另一人的情况。同样,"委托人"(truster)也比"信托创始人"(author of the trust)更能够得到认可。"信托创始人"是对委托人基本功能的描述(即指其是导致信托产生的人),并且该术语较冗长,将导致本条款草案更加繁琐。然而,在将"truster"翻译成某些其他语言时,也许需要借助于另外一个更长的短语"信托创立者"(constitutor of the trust)。

正在设立或即将设立信托的人。信托一旦成立,委托人就是宣告信托条款创设信托的人,并将信托财产赋予受托人,因此使受托人承担信托义务。然而,委托人这一概念还包括按照第二章规定未能成功设立信托的人,但是其有设立信托的意图。这可能是因为此人还没有将其计划付诸实施,或者是已经实施但是由于某种原因失败了。这种广义上的概念(包括"将要成为的"委托人)符合本草案的主要宗旨。在对待信托设立机制及解决信托设立失败或未能完全设立信托产生的法律问题时,第二章的规定的委托人应当包括打算设立或积极设立信托的人。

信托成立前做为所有权人的委托人。正如早已指出的,为了在某项财产上设立信托,委托人须有权处分这些财产,否则委托人就不能将财产授予受托人。通常情况下,信托设立前夕,委托人就是信托财产的所有权人。

信托成立后的委托人。信托一旦成立,委托人在信托运行中便无固定角色。这种情况下,委托人便没有权利强制实施信托;委托人也不是第X－1:205条所列举的当事人。在此方面可以将委托人的地位与为第三人利益而签订的合同相对比:比较第Ⅱ－9:302条(a)项,其在规定第三人享有与债权人"相同的"的执行权方面,设想债权人保留了强制执行的权利。除非信托有可能终止,或信托条款出现漏洞,而为弥补该漏洞作出了有利于委托人的解释,否则委托人无权收回信托财产(参见第X－4:102条)。任何对信托予以干预的权利都必须由信托条款加以规定(例如,将委托人设为信托辅助人或者某些交易必须获得某人的同意)。对于从信托资金受益的权利同样如此,不过要确保这样的受益权,信托条款对于信托财产的处分另有规定除外(因为这是第X－4:102条规定的效果)。

信托因法律规定设立而无委托人。如果信托因法律规定而产生,则不存在委托人。这反映在第X－1:201条有关信托定义的规定中,该定义没有提及委托人。委托人通常是信托的构成要件,但并非是必不可少的要件。

C. 受托人

原始及后继受托人:受托人的定义包括原始受托人(信托创设时即授予其信托财产的受托人)和后继受托人(信托成立之后授予其信托财产的受托人)。

专门术语。受托人可替代的称谓就是受托所有权人,在那些不存在与"受托人"明确对应的词汇的语系中,可能受托所有权人这一替代性称谓就是最佳译文了,若运用该未翻译的英文术语,则会导致困惑或遭致反对。然而,这种替代性称谓有其缺陷,有其他实例表明所有权人应受制于信赖义务,所以对于信托而言该称谓显得过于宽泛,不够明确具体。正是因为该原因,“受托人”这一传统术语就显得更加严谨和精确,更受人青睐。

授予受托人对信托财产的所有权。信托的基本特征就是授予受托人对信托财产的所有权以实现信托目的,受托人披着完全所有权人的衣钵。对于受托人来说,他有权利处分信托财产(源于所有权),这将信托关系与其他法律关系相区别——如保管合同法律关系,其财产是由非所有权人控制。

信托成立后的所有权:常见的信托设立方式要求委托人将未来的信托财产转移给受托人,参见第X－1:202条。

未转移所有权而设立信托。如果委托人将自己确定为受托人,就有可能不经转移所有权而设立信托。在此种情况下,预期的信托财产的既存所有权人便成为(唯一的)受托人,参见第X－1:203条。这种强行将既存所有权人赋予受托人地位可能是非自愿的,财产的所有权人也可能因法律规定成为受托人。

D. 受益人

特定受益人及其范围。受益人可能是一个或多个特定的人,或者是某特定范围的成员。可以授予受托人(或第三人)权力,使其有权扩大或减少符合受益条件的受益人的范围。

受益权。受益权可能表现为对全部信托财产的权利,可能是对一部分信托财产的权利,也可能是对来源于信托财产的一定数量的财产的权利(例如受托人的股权中的10股),或者可能是某一段时期内(例如在受益人有生之年)对信托财产的利润或其他收益的权利。受益权或许是附条件的,详见第X－1:206条第(1)款的规定。

受益的资格。参见第X－1:206条第(2)款的规定。

目的信托。如果信托仅仅是为了促进各种目的而设立,而不是使受益人(是指有权受益或有资格受益的人)受益,则不会存在受益人,并且是受托人而不是他人应当履行信托义务。参见第X－1:205条第(2)款的规定。

E. 信托辅助人

可选择当事人。信托辅助人在信托的特征中完全是任意性的。由信托条款决定是否设立辅助人、辅助人是否有权指定或解除受托人,或者是否有权同意受托人的辞呈。

术语解释。通过规定简要的信托条款设立信托辅助人,并赋予其指定或解除受托人职务、或同意受托人辞呈的权利,这已被证明是行之有效的,因为信托辅助人这一概念在关于信托制度的变更的规定中是反复出现的。之所以选中信托辅助人这一术语,是由于信托辅助人的存在是由法律行为所设信托的一个任意性特征;该项制度实质上是有助于信托基础构架的平稳运行,而不直接涉及信托财产的管理和处分。

一项或多项权力。信托辅助人依据信托条款享有本条涉及的部分或全部权力。有可能指定受托人及免除受托人职责的权力赋予了不同的人,不过这种做法可能并不明智,如果有权解除受托人职务的信托辅助人对于其他信托辅助人指定的受托人的适当性持有相反的观点,那么实践中就会产生问题。

权力范围。信托辅助人的权利范围由信托条款决定。

F. 当事人及其身份的多重性

当事人多重性。对于任何设定的信托,都可能(通常都是)存在多个受托人。这在第X－1:204条作出了明确规定。同样,也可以将信托辅助人的权力授予若干人,由他们共同行使权力。也可能存在多个受益人,尽管后来的受益人未必享有完全相同的受益权。此外,信托也可能由若干委托人设立,例如,由共有人共同在共有财产上创设信托。

身份的多重性。一个人可能在信托中存在多重身份。本条第(5)款已经清楚地表明,根据本卷规定的限度,一个人可能既是委托人同时又是受托人,或者既是委托人又是受益人,或者可能既是受托人又是受益人。除非原则上为了某人的利益(无论同时其是否为委托人)不能使其成为单独的受托人以外,没有什么阻止一个人同时担任委托人、受托人及受益人这全部的三种身份,参见第X－9:109条第(5)款的但书"本卷有相反规定除外",标志着最终的限制。下面的例子说明了上述的笼统的主张的边界。

示例1

S将某公司的股份转移至N,N作为代理人代表S管理该股份。红利则直接打入S的银行账户,并且S继续行使基于该股份的表决权。S仍保留了该股份资本价值的全部受益权。N只是为了S基于信托而占有信托资金,则S既是委托人又是受益人。

示例2

T为其继子C的利益,声明自己成为其储蓄账户的受托人。则T既是委托人又是受托人。

示例3

当H与W结婚时建立了一个家庭信托。H将一宗房产转移至自己与W共有的名下,在夫妻共同生活期间为H及W的利益作为信托财产,死后则是为了活着的一方后半生的生活,并且最终是为了孩子的利益,或者在没有孩子的情况下,由指定的亲属受益。则H既是委托人,又是受托人之一,同时也是受益人之一,W则既是受托人又是受益人。

示例4

A和B是一匹赛马的共有人。作为他们之间经济往来的一部分,他们可能同意就该种马设立信托,A持有38%的信托份额,B持有62%的份额。事实证明,同样的人既是受托人又是受益人并不妨碍信托的存在,因为他们的受益权(做为股份不等的共有人)与受托人彼此之间(共同所有人)的权利并不一致,没有权利义务的归并,也没有共同的受益权(比较第X－9:109条第(2)款)。

特别是:委托人作为受益人。成立信托的委托人可以依据信托条款保留其作为受益人的权利。同样,在信托条款未指定受益人或指定无效的时候(参见第X－4:102条),委托人同样享有该项权利。或者,例如因受益人的指定,委托人也可以在信托设立后成为受益人。

特别是:委托人作为受托人。如上述事例所述,委托人可以:(i)通过单方面的法律行为(该种信托设立方式由第X－2:10条规定)自己承担受托人的职责,或者(ii)可以将受托人职责转交他人,由委托人自己与受托人共同控制收到的信托财产。设立信托的委托人通过转交受托人职责,让他人担任受托人;在此之后,委托人根据约定也可以成为受托人。不是受益人的委托人不能因履行受托人的职责而获取任何利益(受托人因履行职责而应该得到的报酬除外)。相反,委托人为实现信托条款规定的目的应致力于信托财产的有效管理。然而,对于每一个单独的委托人而言,是否愿意承担这样的责任倒是个问题。通常情况下,尤其是信托资金数额较大时,作为外行的委托人宁可让专业人士成为受托人,也不愿意由自己承担哪怕是一部分责任。但是,为家庭成员的利益成立自由裁量信托的情况下,委托人可能希望保留权力以便影响受托人在信托财产的受益分配方面的决策。我们可以作出类似的观察,即委托人对于涉及公共目的的信托感受到一种强烈的情感上或政治上的联系。担任该类信托的受托人为其长期控制信托财产提供了基础。

特别是:受托人作为受益人。受托人也可以受益人身份对信托财产享有权益,当然,这也会带来潜在的利益冲突。受托人有义务在受益人之间公平地(通常是无私地)行事(参见第X－6:101条第(2)款),因此受托人不能不当地谋取自己在信托财产中的利益从而损害其他受益人的利益。然而,事实上受托人为了对自己有利,有能力不公正地执行信托,以牺牲其他受益人的利益为代价。因此利益冲突有可能是免除受托人职务的一个理由(参见第X－8:402条(e)项),尽管有这样的风险,受托人作为受益人仍然是委托人设立信托时最初设想的一部分。也许正是因为受托人对信托财产有利害关系,才会使受托人更加积极担任受托人,并积极履行受托人义务,从而最大化地使信托各方从信托财产中受益。但是受益权也许会被视为获得酬劳权。多重角色可能在以后的信托过程中产生,在信托设立后,受益人也许会被指定为受托人。同时,利益的冲突也许会成为解除受托人的基础,或成为拒绝指定受托人的理由;然而,这并不是说自动产生的一定不合格(参见第X－8:201条第(1)款(a)项),这种解职的理由(参见第X－8:402条(e)项)并未列举出来以免对受托人的指定产生效力)。另外,受托人可以继承受益人的受益权,或购买受益人的受益权。

受托人购买受益人受益权的情形。受托人若购买受益人转让的受益权,由于面临潜在的困难,在签订协议时必须谨小慎微。第Ⅱ-7:207条规定的规则会经常适用,虽然就该条款而言存在着不公平利用的余地。由于管理着信托财产,受托人很可能比受益人更加了解受益人的受益权的实际价值,后者相信("信托")受托人为了受益人的利益诚实谨慎地管理信托财产,因此当双方协商转让受益权时,受益人面临着对受托人过度"信赖"的风险。不过,不当地利用受益人以过低的价格购买受益权不能根据本卷规定得到救济。这种情况下,并非受托人不正当履行义务,因为受托人的义务仅在于管理信托财产以及行使受托人的权利:分析第Ⅹ-6:101条第(2)款的规定,它规定了第(2)款的背景。受托人购买受益权是以受托人的个人身份购买的个人资源,这既不是受托人的信托财产管理行为的一部分,也不是行使受托人的权力,而是人人都可享有的为获取可转让的权利而行使的协商缔约的普通自由。

G. 继承人

继承人的定义。为起草的目的,本条第d款对"继承人"作出了简要的定义:继承人是指继承死者财产的人,至于其是继承人还是遗产代理人将依据继承准据法及相关的法律制度而定。

特别是:委托人的继承人。如果信托没有生效(参见第Ⅹ-2:205条(信托条款已经失效,但信托资金已授予受托人))或信托已生效,但还没有耗尽信托资金时(参见第Ⅹ-4:102条(信托资金的不完全处分)),本卷承认委托人的权利。如果委托人死亡,或信托是遗嘱信托,则委托人的继承人有权继承。

H. 其他当事人

信托执行人。本卷规定,为了不具有公益性的抽象目的而设立的信托是不能产生效力的(根据信托条款可以让受托人执行),因此没有必要规定信托执行人。有权执行信托的人既可以是受益人(其为了自身利益而执行),或者,就公益目的信托而言也可以是公职人员或公共机构(出于公共职责而执行)或是有足够兴趣的个人(注意,是出于兴趣而执行):参见第Ⅹ-1:205条的规定。由于没有人有充分的义务或足够的兴趣执行公益目的信托,所以本规则并不包括"为公益目的而设立的其他信托须由信托条款指定的人执行"这一特殊的机制。

信托保护人。同样,本规则并未规定信托保护人,至少就信托保护人的作用而言是超越一个纯粹的信托辅助人的作用的。信托保护人可能被视为介于受托人和受益人之间的受托人的监督者,其功能是对受托人起到制约或掣肘作用,因为没有信托保护人的许可受托人不能行使关键的权力。信托保护人通常是家庭朋友或关系密切并受到信任的法律顾问。正如非公益目的信托的执行人,信托保护人作为一种制度同样有其缺陷,其有关信托的行为的兴趣或其行为的外部责任有可能会受到干预或限制。总之,这样的制度的包容性使我们就有关信托规则最大限度地探索了信托的模式,远远超越了对制定欧洲信托示范法的现实性的考虑。

第三人。与信托有关的第三人，如果是信托当事人一方的债权人、或者是信托财产的受让人或是触及了包含信托内容的私法范围的其他人，将由第十章进行规定。

第X－1:204条 多个受托人

(1)若存在多个受托人，信托是连带的。

(2)若信托财产同时授予多个受托人，则他们之间是共同共有关系。

评 论

连带责任。本条第(1)款规定，如果有多个受托人，则信托是连带的，该款简要说明了受托人的义务是连带的。受益人可以向受托人中的任何一个主张权利(参见第Ⅲ－4:102条第(1)款)。

共同共有权。本条第(2)款清楚地表明：受托人可以信托财产共有人的身份共同持有信托财产。不分份额的财产共有形式对于信托而言并不合适，因为如果每一位受托人都可以单独处分信托财产的份额，与受托人共同管理信托财产相比，其会产生截然相反的作用。这样的安排使得受托人可以抛开共同受托人而单独行动，违反了将信托财产委托给一个集合体进行管理的主要目的。除此之外，还会造成令人不安的信托财产权利的分散，事实上，如果善意第三人从一个有问题的受托人处取得了信托财产的份额，如果这些人的利益与信托格格不入，不良的信托财产份额将相伴而生。只要信托财产所有权保持共同共有性，这种可能性就不会产生：受托人必须通过共同的行为才能处分信托财产。对于受益人而言，这就会增强信托资金管理的安全性，因为如果一个不忠实的受托人基于个人利益意欲处分信托财产，则需要其他受托人的一致同意。如果受托人中的一人死亡，共同共有所有权还可以排除死者的继承人或代理人，使其余的受托人仍然是所有权人：参见第X－8:504条第(1)款。此原则的作用是将信托财产保留于旨在以受托人身份管理信托财产的人的手中(也只能是这样的人)。这样的安排对于按份共有不具有可行性，因为在按份共有的情况下，所有权人死亡后，依据特定条款，其财产份额发生法定转移，转移给其继承人或其代理人，而不包括其他财产份额的所有权人(生存受托人)。

第Ⅹ－1:205 条　有权强制受托人履行义务的人

(1)只要与受益人的受益权或受益资格有关,受益人有权要求受托人履行其义务。
(2)对于促进公益目的之信托,可以强制受托人履行义务的人包括:
(a)具有信托职责的公职人员或机构;并且
(b)对信托义务的履行有充分的利害关系的其他人。
(3)受托人可以强制其他共同受托人履行义务。

第Ⅹ－1:206 条　受益权及受益资格

(1)信托条款要求受托人在某种情况下处分全部或部分的信托财产,以便使某人受益的,则此人享有受益权。
(2)信托条款允许受托人在一定条件下能够处分全部或部分的信托资金,以便使某人受益,但是能否受益取决于受托人或其他人的决定,则此人享有受益资格。
(3)受托人依据信托条款中的受益资格的规定,通知某受益人决定让其受益,则此受益人的受益资格转化为受益权。
(4)本卷中的"受益"不包括受托人对信托财产行使的追索权。

第三节　一般规则的修订及增补

第Ⅹ－1:301 条　"无偿"的引申意义

(1)本卷中,"无偿"是指没有报酬地做某事或给予。
(2)鉴于法律行为或提供的收益所创设的权利的价值,报酬的价值微不足道以至于公平原则要求对其忽略不计,在本卷中也可以将该法律行为或收益视为是无偿的。

评　论

"无偿"的核心定义。第(1)款中无偿的定义与赠予规则中无偿的定义相一致(参见第Ⅸ－1:201 条)。无论是在那些赠予的规则中还是本卷中都没有规定"报酬"的含义,但是我们的理解是报酬意味着作为回报所给予的经济利益,而不论是否确实存在一个作为报酬的对价的权利。无偿的本质在于是否免费作出了某事或提供了某物。

“无偿”定义的扩展。根据本卷关于给予报酬的情况,本条第(2)款对无偿给出了广义的概念,但是该报酬(相当地)微不足道以至于根据公平原则应当忽略不计,这样的措辞表明公平原则“要求”在此种情形下该报酬应当忽略不计;对于法院而言,该准则的适用是强制性的而不是任意性的。这表明无偿的检验标准较高而且主要是适用于特殊情况,考虑的是象征性支付的情形而不是着眼于仅仅是对价值的低估,甚至是极端的低估。如果给付的补偿物的确与报酬相似,那么就不能认为该报酬是微不足道的。然而在任何一个具体的案件中,对于法院而言,关于已做过的事情或提供的事物中哪些是无偿的,并对于这种特别的情形如何评估并划定界限是个问题。

定义扩展的原因。对无偿的定义进行扩展是为了防止对微不足道的对价的防卫,就像对属于廉价交易的情况下所做的防卫一样。在赠与的情况下,没有必要扩展无偿的定义,因为该卷对于包含买卖及赠与的混合合同进行了深入探讨(参见第Ⅳ.H-1:202条)并作出了相应的规定。与之相比,本卷一旦跨越有偿这一界限,即一旦认为该问题并非属于无偿的情形,那么相应的保护机制就启动了。正是由于“无偿”在这里标志着非此即彼,在划定其界限时必须考虑交易现实,并且不允许以获取的显著的不成比例的象征性款项去干扰“无偿”的成立。这必然是一个灰色的界限:所谓报酬的微乎其微必然是一个程度上的问题。然而,这并不违背整体的原则,其同样适用所要求的“以程度为基础”的标准:例如,可以与第Ⅱ-7:207条第1款(b)项的规定做个对比,该规定采用了“过度的”受益这一概念。

将无偿作为准则。无偿的概念在本卷不同的规则中都很重要。在某些规则中,其目的很明确,因为问题在于交易是作为赠予还是设立信托而生效(参见第Ⅹ-2:401条),或规则是否为无偿地设立信托的委托人提供保护,或给予其堪比扩展到捐赠人的那些特权(比较第Ⅹ-4.201条的撤销及第Ⅹ-9:103条的无偿信托的终止)。另外,其作用是为毫无回报的放弃某些利益的当事人(例如Ⅹ-4.101条(c)项(有利于委托人保留受益权的解释)),或者付出代价的善意取得的当事人制定出保护的条件(第Ⅹ-4:202条(撤销前当事人的信托的信赖)以及根据第Ⅹ-10:401条的规定,与履行信托义务相比,从受托人处取得财产的人的责任更为重要)。换言之,其目的是仅对那些不加以保护就会遭受不公平牺牲的人提供保护。请参见后文中第Ⅹ-10:102条第(1)款(c)项的规定,其更加清楚地表明,从受托人处无偿地得到承诺的人是不配作为信托债权人受到保护的。

法律行为。法律行为指任何意图发生法律效力的声明或协议,参见概念清单中该术语的定义。根据本卷的上下文,法律行为包括打算设立信托及合同(如委托人和受托人之间)的声明、转让(如委托人将信托财产转让给受托人)、放弃、接受或权利让与。后者的情形包括受益人对信托财产受益权的放弃及受托人对信托债务人的履行责任的免除(关于后者,参见第Ⅹ-10:303条的规定:控制无偿免责以免损害受益人的利益)。信托常常由若干法律行为所共同形成——设立信托的意思表示及将信托财产转让给受托人的行为。

第X－1:302条　通知

(1)本卷要求将通知送达某人,但实际不可行的,通知也可以送达法院。

(2)有多个受托人的,通知送达任一受托人视为送达全体受托人。但是,变更受托人的通知在变更生效后须送达至继续担任受托人者。

第X－1:303条　规则的强制性

本卷规则具有强制性,另有规定的除外。

评　论

A.强制性规则

基本规则。本卷的规则具有强制性,除非另有其他规定。这种规定似乎出人意料,但这是在综合考虑若干因素的基础上作出的规定。首先,本卷的多数规则实质上都是基本的规则,比如财产法上的规则,它们在当事人意思自治的范围内决定着的游戏规则。即使没有被视为强制性的,由于这样的规则规定信托的定义、属性及制度,某种程度上应在建立这种规则时予以取舍。因此,当事人无权扩展信托的范围,例如,当受托人违反信托义务将信托财产转让给善意第三人时,不能通过取消对该善意取得财产的人的保护来扩展信托范围(比较第X－10:401条的规定)。

几个利益分配的实质性条款。其次,有关信托的内容——调整当事人关系的条款——是取决于当事人意思自治的。无论是养老金信托或为雇员利益设立的任意信托,或家庭信托及慈善信托或诸如此类的信托,其信托的特定条款都与信托的性质密切相关,因此本规则几乎不起作用。除了本规则所确立的"一般法"以外,若没有为信托法规定有效的"特别法",就无法提供适用于上述信托中的任何一个信托的条款。在当前的基础工作中,我们无法专注于上述任务,这就解释了缺乏与源于信托的利益分配有关的违约规定的原因。本卷的该类规则作出了必要的一般性规定(参见第X－10:401条)并仅限于解释及效力问题。

受制于信托条款的受托人的权利和义务。再次,必要时,本规则会明确规定适用当事人意思自治,以产生该规则的效果。显然,这在涉及受托人的权利及义务方面最为明显。对于前者(指受托人权利,译者注),关于受托人的广泛的权利,由信托条款决定是完全适用该规则还是经修正后适用[参见第X－5:201条第(1)款("除非信托条款对……进行限制"),(2)("受制于信托条款的限制或修正……")]。至于后者(指受托人义务,译者注),本规则只规定核心的一般性义务(第X－6:101条第(1)款、第(2)款)。这实质上是规定不可或缺的核心的信托义务。第X－1:201条将信托定义为涉及义务的法律关系:若信托机构未内部破裂,应保留受托人管理及处分信托财产的义务,本规则与第X－1:201条所采取的定义方法相一致。然而,在第X－6:103条以下规定的一般性或核心义务的特定表现形式及受托人谨慎程度和所需技能,是受制于委托人的要求的(参见第X－6:101条第(3)款("除信托条款另有规定之外"))。因此,受托人也能够不断地调整自己的权利和义务来适应其特定的信托目的。

B. 与合同法的关系

因信托产生的权利和义务。信托一旦成立,信托各当事人之间的法律关系就由本卷调整,本卷规定了受托人义务及受益人相应的权利。即使信托各当事人进入信托法律关系是因履行合同义务或作为合同安排的一部分,本卷所阐述的信托的内部规则才是基本法,而非适用合同法规则。例如,受托人生前设立的信托的受益人无权向受托人主张合同债权(作为委托人与受托人缔结的合同的第三方受益人)。一旦委托人和受托人之间设立了信托,就不可能再将其视为为第三人利益而设立的合同,同样,对于不履行的救济、补偿问题及抗辩由本卷调整。然而,由于本卷仅规定信托各方当事人的权利及义务,对于受托人依据之前的合同对非信托当事人承担的义务的违约责任则依然由合同法调整。

在信托关系中进行交易的合同。本卷规则的适用并未完全脱离合同法,为实现其目的,许多变更当事人之间关系的交易以契约性安排作为前提(正如通过转让财产设立信托是以根据物权法规则有效转让作为前提条件)。例如,虽然本卷论述了信托权利的处分(分配或让与)及放弃,但对于信托权利的分配、让与或放弃的协议则属于合同法调整范围。在这点上,本卷规则的作用可与第八卷及第九卷相媲美。

信托义务履行中缔结的合同。同样,受托人在履行信托规定的受托人义务时所缔结的合同(通常是与第三人)必然属于合同法范畴,即使强制执行该合同的权利是针对信托当事人并且信托财产是由本卷第十章规定的。这种情况同样适用于下列合同:出售部分信托财产的合同、储存或出租信托财产的合同、投资合同及代表受托人所签订的代理服务合同(如提供法律意见或投资建议)。

合同法专属的先决问题。合同法依然适用于设立(已实现的或尚未实现的)信托的先决问题,而这是运用本卷的触发因素。这些先决问题包括(a)设立信托的一个承诺及接受(或拒绝)任命成为受托人的承诺。

特别是:设立信托的承诺。设立信托的单方面承诺的效力由合同法调整(例如借款人在借款期间有义务将其财产作为信托转移给利害关系人持有,作为保障债权人利益的担保形式)。当合同责任能够自动生效时,合同及信托的界限就不复存在了——就像在受允诺人的所有权之上施加信托的信托声明自动发生效力一样。

特别是:接受信托职务的承诺。接受指定成为受托人的承诺(在信托成立前)由合同法调整。如果受托人拒绝接受,则作为受允诺人的委托人(以及该承诺的任何第三方受益人)可以基于其信赖损失要求赔偿,例如,受托人有义务找到替代的受托人,否则不能拒绝其承诺。

第二章 信托的设立

第一节 依法律行为设立信托的基本规则

第X－2:101条 设立的要件

只要符合下列条件，无须其他要求，即可就委托人的资金设立信托：

(a) 委托人作出了就该资金设立信托的意思表示；

(b) 该意思表示符合第X－1:201条（意思表示的要件）所规定的条件；

(c) 符合第X－2:102条（依转让而设立）或第X－2:103条（非依转让而设立）的规定。

第X－2:102条 依转让而设立

(1) 符合设立信托的其他条件的，为执行设立信托的意思表示，信托财产转移给同意担任受托人或意思表示中指定担任或将要担任受托人的人，则信托设立。

(2) 赠与合同的规定准用于委托人与未来受托人之间所签订的，于委托人有生之年将信托资金转让给受托人的协议。

(3) 委托人向有意成为信托资金受托人的人，作出了设立信托的具有拘束力的单方允诺的，该人即成为有权请求履行该允诺所设定债务的受托人，但该权利被抛弃的除外。

第Ⅹ－2:103条　非依转让而设立

(1)设立信托的其他条件已经满足,有以下情况之一的,无须转让信托资金,信托仅依委托人的意思表示即可设立:

(a)该意思表示指定委托人为唯一受托人。

(b)该意思表示是遗嘱,且未指定受托人。

(c)(i)委托人已实施将信托资金转让给未来受托人所需的所有行为;

(ii)未来受托人没有或不能接受该资金;

(iii)意思表示没有作出相反规定。

(2)当信托根据本条第(1)款的规定而设立时,委托人成为受托人。

第二节　设立信托的意思表示

第Ⅹ－2:201条　意思表示的要件

(1)本章第一节(依法律行为而设立信托的基本规则)所规定设立信托的意思表示的要求是:

(a)该意思表示由委托人作出或由有权代表委托人的人作出;

(b)该意思表示满足第Ⅹ－2:203条(意思表示的形式要件)所规定的条件。

(2)意思表示无须对当事人通知或公开。

第Ⅹ－2:202条　意思表示的方式

(1)某人通过陈述或行为,表示了已经或即将是被授予资金的人,将作为受托人受到法律约束的意图,该人即作出了设立信托的意思表示。

(2)在确定遗嘱或其他规定财产权利的文件中的一个或多个陈述,是否构成就该财产设立信托的意思表示时,优先采取整体解释方法。

第X－2:203条　意思表示的形式要件

(1)资金的转让需要转让人签署文件的,仅有设立信托的意思表示,没有效力,但该转让文件包括了该意思表示,或以相同或相似的形式作出意思表示的除外。

(2)委托人是唯一受托人的意思表示没有效力,但以和赠与的单方允诺相同的形式作出意思表示的除外。

(3)信托以表意人死亡为设立条件的,该意思表示即没有效力,但以遗嘱文件作出意思表示的除外。

第X－2:204条　意思表示的撤销或变更

(1)表意人可以在信托设立前的任何时间内,撤销或变更意思表示或其中的条款。

(2)撤销或变更未满足意思表示的形式要件的,无效。

(3)但是,信托文件中所规定的意思表示或条款,可以通过实质性地破坏或毁灭文件的方式予以撤销,只要该文件与该意思表示或条款有关,且相应的国内法允许通过该方式来撤销此类文件中具有法律效力的表述。

第X－2:205条　未满足要件的意思表示的效力

在设立信托过程中未满足第X－2:201条(意思表示的要件)所规定的意思表示的条件,将资金转让给未来受托人的,受托人应当根据信托条款将资金返还给委托人。

第三节　信托的拒绝及受益权的抛弃

第X－2:301条　受托人拒绝信托的权利

(1)某人没有表示同意充当受托人,而在信托设立时成了受托人的,可以通过通知以下人之一而拒绝充当受托人:

(a)委托人;

(b)具有完全行为能力,且同意充当受托人的共同受托人。

(2)拒绝可以采用抛弃所有被授予的权利,或放弃整个信托的形式。一旦作出,即意味着抛弃权利,放弃信托。

(3)拒绝不得撤销。

(4)为拒绝信托而发生的合理费用,有权请求接受信托资金且同意担任受托人的共同受托人偿还;没有共同受托人的,有权请求委托人偿还。

(5)唯一的受托人拒绝信托,或没有接受信托资金且同意充当受托人的共同受托人的,委托人依第X－2:103条(非依转让而设立)第(1)款(c)项的规定成为信托资金的受托人,但设立信托的意思表示另有规定的除外。

(6)除本条以上条款已作规定之外,拒绝的条件及其效力适用或类推适用第Ⅱ－4:303条(权利或利益的拒绝)的规定。

第X－2:302条　受益权或受益资格的抛弃

受益人依第Ⅱ－4:303条(权利或利益的拒绝)的规定放弃受益权或受益资格的权利,通过通知受托人的方式行使。

第四节　特殊情况的补充规定

第X-2:401条　赠与与信托的区别

(1)某人无偿地向他人转让财产,且无法确定转让人是否或在多大程度上是赠与财产,还是就此为转让人利益而设立信托的,转让人的意思可推定为:

(a)赠与给受让人,只要这种推定与当事人之间的关系或转让人过去或同时发生的交易相一致;

(b)在其他所有情形,受让人是代表转让人利益的受托人。

(2)通过证明转让时转让人无意仅为受让人利益而处分该财产,或根据具体情况确实是仅为受让人利益而处分该财产,可以推翻本条第(1)款的推定,从而适用本条第(1)款中的另外一种情形。

(3)转让给多个受让人时(包括转让给转让人和其他人时),相应地适用本条第(1)款和第(2)款的规定。

(4)证明或推定转让人意欲仅部分为受让人的利益而处分资金,或仅为一个受让人但并非共同受让人的利益而处分资金的,视为转让人意欲在该限度内为该受让人的利益而设立信托。

第X-2:402条　继承法规定的优先适用

信托自委托人死亡时发生效力的,关于以下内容,信托规则优先于继承法适用:

(a)死者遗产如何处分以清偿丧葬费用或死者债务。

(b)(i)委托人是否可以自由处分信托资金的任何部分;

(ii)任何人是否因与死者之间的家庭关系或其他关系而享有对某部分资金的请求权;

(iii)这种请求权如何得以满足。

第X－2:403条　与请求分割未决遗产的权利有关的信托

委托人表示,受遗赠人充当与委托人的遗产有关的受托人,且该意思表示满足了第X－2:201条(意思表示的要件)所规定的条件,但是该遗产还未转让的,该受遗赠人则成为可向委托人死亡时承受该遗产的继受人主张权利的受托人。

第三章　信 托 财 产

第一节　成为信托财产的条件

第X－3:101条　信托资金

（1）信托财产被授予同一受托人，且符合以下条件之一的，不管信托财产是否属于同一种类，均构成独立的信托资金：

（a）相关的信托条款表明，这些财产为独立的财产，或要求统一管理；

（b）独立的财产因信托义务的履行而合并。

（2）多个信托同时以相同条款为同一受托人而设立的，这些信托财产构成独立的信托资金，但信托条款另有规定的除外。

（3）在本卷中，"部分信托财产"，是指信托财产的份额、信托财产中的特定财产或特定份额，或可从信托财产中提取的特定数量的财产。

评　论

信托基金必要性。将同一个信托分散于一系列的财产之上，是极为不便且效率低下的，应该统一管理及处分信托财产以形成一系列独立的信托。比如：受托人收到的指令就是应该就整体的基金而不是对每一个财产进行经营管理。同样，可以很方便地将信托财产的收益和留存财产的增值都共同归属于信托财产，以对信托收益受益人和信托资本的受益人之间实现财产价值与数量之间的平衡（在未来的某个时候这些财产将移转给受益人）。这种做法也会将投资证券组合视为一个信托资金。这同样适用于各种类型的投资的情况，有的投资安全（但收益很少），而有的投资风险大但有可能有较高的收益：即将该投资池作为一个信托基金，使受托人能够依其信托义务谨慎投资，分散风险。将信托的每一个投资隔离，将迫使受托人走投资的中庸之道。

财产的多样化。信托财产由多个财产组成的，则该信托财产也不需要是同类财产的组合。信托财产可以由性质不同的财产构成。参见第X－3:102条的规定。

多个委托人共同组成的单一信托基金。这种情况很可能是由委托人池共同出资而设立的单一信托基金。

示例

A、B、C及D,为某家庭成员,且均为X公司的股东。他们的个人股份共占公司全部股份的55%。为保证公司仍处于其家庭控制之下,他们将股份转让至T1和T2设立一个信托基金,由受托人依委托人的出资比例为委托人持有该股份。通过这种方式,受托人被授予表决权且应对前股东负责。信托条款规定,任何受益人希望处分其收益权或要求受托人再转让其股份的,其他受益人有优先购买权。这种安排可以完全依合同进行,但是信托的效力却在于其对抗第三人的强制执行力(比如,此时的当事人如保留了其股份,其中的任何人均可有效地向股东以外的人转让其股份,尽管依其义务不能如此)。同样,仅为信托目的设立用途单一的公司,不需要手续和费用即可达到设立信托的预期目的。

信托的归集。将各自的信托财产合并起来管理,即依各自的信托条款归集这些财产必须是合理的。将一方的信托财产与其他财产归集的权力仅规定在其中一方的信托条款中是不够的;没有归集信托财产权力的,归集将违反保持信托财产与其他财产相分离的义务(第X－6:103条)。归集违反了信托义务的,就有责任分离或恢复信托财产的分离。在分离时,混合财产本身构成一个信托基金,每个错误归集到信托的财产构成混合财产的一个份额。

第X－3:102条　信托财产的范围

信托财产由可转让的物权或其他权利构成。

评　论

A.一般规则

概述。本条规定了一个基本规则,即信托可以设立在任何可转让的权利之上(无论是委托人自愿还是依法设立)。本条很明确地规定,信托财产并不限于财产,通常还包括法定权利。

财产。信托财产不限于由受托人掌管的财产,而"财产"这一术语就是该事实的客观反映。任何经法律认可且可转让的权利都可以成为信托财产。因此,受托人所享有的或为了信托对象的利益有责任处分(或对债务人行使执行的权利等)的个人权利也可以构成信托财产。一般情况下,信托财产是由物权和合同权利组成的复合体。一般的信托财产可以是金钱、银行账户及其债权、地产、物品(诸如古玩、艺术品)、公司股份和债券、知识产权、流通票据和许多其他特殊投资形式。

B. 物权和其他权利

财产。没有什么特别种类的财产不能成为信托财产,因此,可以设立的信托财产包括动产及不动产、物品、土地及建筑物等有形财产以及无形财产。非所有权的物权(第Ⅷ-1:204条的定限物权)也可以成为信托的标的。同样,部分共有人就其不可分的财产份额也可以成为信托的标的。

权利。"权利"这一术语同样是不受限制的。一般而言,权利是依部分债法(比如债务履行请求权)或继承法(如继承权)赋予权利人(直接地或因违约间接地)对支付或转让价值请求权而产生的。只要权利可以转让,并不需要是合同上的;也可以是依不当得利的法律规定要求返还不当得利的权利,或依无因管理的法律要求支付无因管理的费用或酬劳的权利,甚至是家庭法上的权利。权利既可以是无条件的,也可以是有条件的。权利有可能被撤销(因产生该权利的交易取消,依法终止其作为信托财产)。权利是否具有强制性无关紧要(比如,对于该相应权利,债务人是否由于债务已过时效有权拒绝履行其债务)。同样不能确定的是,是否有债务人应就相对的权利承担积极的给付利益的责任;该债务人仅仅影响那些必须服从其行为并足以因此遭受损害的那些人。这里所称的"权利"仅包括权力或权限,比如:处分他人财产或权利的权力或权限。"权利"只要能为他人带来经济上的利益就足够了。

特别是:信托权利。依本卷规定,受益权本身就可能成为信托财产,信托受益人有可能依据主信托授予的信托受益权创设一个次信托。

信托是权利的信托,而非责任的信托。信托基金构成一个单独的财产,但是这种财产不能只由债务构成。信托基金由若干信托财产组成(参见第Ⅹ-1:201条)。仅有责任的信托是不合法的,但这并不意味着信托成立时受托人不承担责任。责任可能只与财产本身有关:换言之,该财产可能负有法律责任。比如,有一种情况,尚未足额缴付的股份形式的信托财产,且公司可能会要求缴付。更为普遍的是,权利的效用取决于受托人的费用支出:受托人作为承租人依租赁协议支付租金的权利;买卖的特权或优先购买权或买卖合同项下的权利,可能使受托人有责任支付价金以行使被授予的购买权。然而此时,责任仅限于一个前提条件,即占有或谋求或保留积极的效益。

C. 财产的可转让性

可转让性要件。不允许财产转让的信托也是不可能的——有些法律制度走得太远以至于居然认为信托财产不能转让——但陷入了困境。因为,如果信托财产根本不可转让,就不可能变更受托人(而这被视为是依信托法提供基本救济的可能性),也不可能清算信托并转移至受益人(而受益人有权得到信托财产的全部利益)。而这两种情况下的财产转让被视为是信托的基础,欧洲模式更符合信托法的传统(或保守的)做法,这也是本示范规则所采取的方法。也就不需要制定新的规则,以克服不能更换受托人的问题。本示范规则规定了受托人的解职及委任新的受托人,以防止权利持有人身份发生变化的情形。同时也没有必要制定有关信托期限的细则,但如果信托通常情况下不能够依受益人的期望终止的话,则需要制定关于信托存续期间的细则。

可转让的概念。可转让性,是指财产能够转入他人名下,或虽然权利人不能将该财产转入该人名下,但财产之上也不存在因不履行义务应向第三人承担责任的情况。因此,虽禁止转让,但未能防止错误的转让,仅产生损害赔偿责任的(参见第Ⅷ－5:108条第(1)款),受害人依信托可享有赔偿请求权。同样,即使权利只能转让给特定类型的人或必须与其他财产一并转让,该权利也视为可转让的。因为该限制并未根本损害受益人的利益,也未从根本上影响更换受托人的可能性。即使未将受益人作为可能的该类受让人,受益人可以将权利赋予该类受让人中的第三人,从而通过其他手段从信托财产中获益,同时,也能够保证信托在终止时转让至该受让人。

示例1

A有摩托车个人牌照的所有权,依车辆注册专用标志的规定,A的这一权利本身不能转让;其个人摩托车牌照只能与摩托车一起转让。A还没有摩托车时,对其注册标志声明设立信托。虽然该信托有效,但A只有在取得摩托车后,其注册标志和摩托车一起转让才会产生转让的效力。

示例2

F是农场主,有一群奶牛,她有权依共同农业政策取得超出其需求的牛奶配额。F为N的利益以牛奶配额为标的设立了信托,以F自己为受托人,但N不是农民。虽然信托有效,由于N不是农民,不符合共同体的牛奶配额权的规定,牛奶配额不能转让至N。如果N之后符合了规定的条件,或N提供符合规定条件的受让人要求F向其转让牛奶配额,可以转让。

没有权利让与的信托。这种情况下应注意一点,委托人可以就自己的被禁止让与的权利以自己为受托人设立信托(依第Ⅹ－2:103条的规定)。这种将合同权益让给他人的方式,不违反禁止性规定。以此方式设立信托也不影响债权人的更换(比较第Ⅷ－5:113条让与的规定)。让与不同于设立信托的的意思表示,让与权利持有人保留权利,仅处分“权益”。设立权利信托的,债权人仍然对受托人承担履行义务,不向受益人承担履行义务。受益人的权利仅限于要求受托人维护财产、恰当地处分对债务人(信托财产)享有的权利。信托只有因权利的让与而终止时,才会出现违反让与禁止的问题。当然,禁止转让的约定有可能更加严厉,甚至其条款可能进一步阻止设立权利信托,如仍然允许一方当事人将权利让与他人时坚持由该受让人作为权利持有人决定权益的让与。结果就是,协议包含了禁止权利让与的规定的,此时应更进一步审视协议条款,确定是否还禁止就该权利设立信托。

示例3

A将房屋出租给B,并约定了租期。租赁合同约定,未经A同意,B不得将其依租约享有的权利让与他人,但未明文规定B是否可以就其权利设立信托。于是B依合同表示,为C的利益以自己作为该权利的受托人。B承诺不得让与其权利并不代表B也不能为他的承租权设立信托。如果合同禁止分开占有该房屋,也只是阻止A许可他人(C是作为)使用该房屋,这与为C设立的信托不矛盾,依信托条款,C也不能使用该财产,只能获得等同于B占用期间的等价的金钱的利益。

不可转让的权利。不可转让的财产一般采取许可及授权的形式,此时,应说明许可或授权的资格,证明良好的品格等诸如此类的要求。第Ⅷ－5:109条规定,未经债务人同意,债权人的个人权利不得让与(即债务人不应当向债权人以外的任何人履行义务)。

特别是:作者的人身权。《伯尔尼公约》所保护的版权作品作者的人身权为不可转让的世袭权利提供了一个实例(即表明作品的作者身份的权利——"署名权";——反对修改其作品损害其名誉及声望的权利——"作品完整权")。作者人身权在作者生前不可让与,但是依国内法的规定,作者可以放弃这些权利,作者死亡后,人身权的转让可以成为遗嘱处分的标的。

特别是:人格权。对于赋予个人的内在的、不可分割的权利,不能设立信托,比如人格权。尽管这种权利可以实现经济目的(如名人的肖像权),但不能成为信托的标的。

示例4

S是一位国际著名足球明星,非常受生产商们的欢迎,生产商们急于联系S,让其为他们的产品做电视商业广告及其他广告宣传,以增加其产品的吸引力。S可以授权他人(生产商)利用自己的形象实现商业目的,但是依法S无权转让自己的形象,也不能设立肖像权的信托。

第X－3:103条　信托资金的确定和分离

(1)设立信托的资金符合以下条件,信托才能生效:

(a)信托条款中充分确定了信托资金,或构成信托的资金以其他方式确定的;

(b)信托资金与其他财产相分离。

(2)其他设立信托的意思表示的条款许可的,在下列情况下,就未分离资金成立信托的意思表示,视为就包括该资金的整个混合财产成立信托的意思表示:

(a)受托人有义务分离该信托资金;

(b)资金分离前,意思表示的条款所规定的权利和义务及于混合财产的相应部分。

评　论

信托资金的确定性。为了形成信托的独立财产，作为一个法律问题，必须界定财产，即哪些财产属于信托资金，哪些不属于，这可能影响相关的第三人的法律地位——尤其是，这些财产是否可以用来对受托人的债权人进行清偿。

示例1

T在其遗嘱中，声称将其"大部分"绘画集设立信托，但这种意思表示不能产生有效信托。显然，T并未打算将其所有的绘画都设为信托，只是其中的一部分，但是很不确定多少绘画才属于"大部分"，也无法确定哪些绘画属于绘画集。依该信托条款，信托财产不能充分确定。

示例2

T的遗嘱中规定，他的堂妹A可以继承任何一辆她喜欢的劳斯莱斯汽车，其余车辆变卖，变卖所得设立信托，为无家可归的人提供财务资助。如果A能够作出选择，且实际选择了一辆劳斯莱斯车，该信托资金就是确定的。

信托财产的分离。鉴于信托的特殊法律效果，依法应确定哪些财产属于信托，哪些不属于（即哪些属于受托人的私人财产，或是受托人依其他信托的条款持有的财产），分离这一条件要求从一开始信托资金就要分离，这是确认信托资金过程的一部分。不过，本条第(2)款的规定可以确保，分离这一要求还未彻底打击设立信托的意愿，可以现就包含信托财产的混合财产中能界定的部分先设立临时信托，以后再解决财产未分离的问题。

示例3

X通知Y，他就一笔50,000英镑的金额为Y设立了信托。但没有在金融机构预留一个单独的账户，也没有将该金额的支票交付给任何当事人。由于该财产没有与X的其他财产分离，X未能在此资金上设立信托。由于还未指定此金额来源于哪个特定的资金，此时不适用本条第(2)款的规定。该交易是没有法律效果的。如果X已经与Y在合同中约定承担设立该信托的义务，则Y有权依合同的救济方式强制X设立信托。

示例4

A持有X公司100股股份，A通知B，从现在起在其拥有的49股股份上为B设立信托，B依信托条款有条件地享有受益权。这49股股份构成信托标的，但并未分离：他们仍属于A的100股股份中的一部分。这种情况适用本条第(2)款的规定。A持有信托的全部股份，依信托条款分离其中的49股视为B（有条件的）收益的信托资金。在此期间,拟设立的信托只能运行其中的49股股份。B按照股份的比例享有附条件的受益权。

第二节　信托资金的变化

第X -3:201 条　信托资金的增加

(1)信托成立后,受托人通过以下方式取得的财产,符合信托财产范围的,构成信托资金的一部分:

(a)履行信托义务;

(b)作为信托资金的附属物,或利用信托资金;

(c)违反信托条款的规定利用受托人的地位所获得的信息或机会;

(d)违反信托条款的规定处分该财产之时或之后。

(2)有多个受托人的,财产可依本条的规定成为信托资金一部分的,无须全体受托人都取得该财产。

第X -3:202 条　信托资金的减少

(1)财产不再授予承担第X—1:201条(信托的定义)所规定义务的人时,该财产不再属于信托资金的一部分。

(2)有多个受托人的,只要财产授予至少一个有资格的受托人,则该财产仍然构成信托资金的一部分。

第X -3:203 条　信托资金与其他财产的混合

(1)信托财产与受托人的其他财产相混合,导致该信托财产不再具有可识别性的,信托存在于该混合财产之上,同时准用第Ⅷ -5:202条(混合)的规定,如同每份财产都有不同的所有权人,根据初始信托的规定管理或处分混合财产中的相应份额。

(2)其他财产为受托人的个人财产的,混合财产的减少均应按受托人个人财产的份额予以分担。

评 论

概述。本条款规定的是信托财产未经授权就与受托人的其他财产混合的法律后果。不属于信托财产方面的问题(比如,受托人恢复信托财产的责任),由本卷其他条款规定(参见第七章)。本条款限于信托财产与受托人的其他财产混合的范围内,包括受托人的个人财产或依其他信托的条款授予受托人的财产。该条款也仅限于规定未经授权的混合;经授权混合的,则混合的财产单独构成一个新的信托基金(参见第3:101条第(1)款(b)项的规定)。

与第三人的财产的混合。有形动产的信托资金与第三人的有形动产混合的,没有可供适用的信托特别法,可以适用本卷有关混合物之上权利转让的规定(第Ⅷ-5:103条)。这些规定能够确定受托人和第三人之间混合财产的物权。无论结果物权是留给还是授予受托人,这些权利都将依第X-3:201条规定涉及的物权代位成为(继存或替代的)信托财产。如果这种混合是信托的货币资金(包括金钱之债,混合在银行账户中的货币)与第三人的货币的混合,也可依国内法来确定受托人和第三人之间的物权分配。另外,依第X-3:201条的规定,受托人在混合财产中对第三人享有的权利构成信托财产。

信托混合的份额。本条第(1)款所适用的解决方法是将整个混合财产设为信托,规定这种方法是考虑到受托人仅通过财产混合,有可能导致信托财产受到受托人的个人债权人的要求的影响。这是根本违反了信托的基本原则,该基本原则是,第三人对信托的影响仅限于对于支付了对价的真正的买受人,不履行付款义务,也不通知而对信托造成损害。一方面,混合财产的相关份额属于信托资金的问题;另一方面有关受托人(或另一个信托资金)的有形动产的问题,类推适用第Ⅷ-5:103条的规定。该类推适用就是因为所有信托财产的权利都属于受托人;这仅仅是确定从混合财产中受益的权利范围的问题之一。这种方法既适用于与受托人个人财产混合的情况,也适用于与其他信托财产混合的情况。

损失的分担。因为整个混合财产是一个信托资金,信托法的规则决定着混合财产的损失和利益如何进行分配——即依所占该资金份额的比例多少进行分配,这是受托人所要求的公正原则的体现。然而,规则要与原则区别开来。本条第(2)款规定了一个例外情况,由于混合的产生和存在就是受托人不履行义务所造成的(保持信托财产分离的义务),故应当由受托人首先承担损失。如果钱花光了,应当假定受托人花光的是其个人份额中的钱,而不是加剧其不当行为。如果损失等耗尽了受托人的个人份额,混合财产也就不是混合财产了:整个财产就成了依初始信托条款而持有的财产了。任何进一步的损失会造成信托资金的减少;减少是由于受托人不履行义务所造成的,依第X-7:201条的规定由受托人承担损害赔偿责任。

第X -3:204条　信托资金的灭失或耗尽

(1)在信托义务履行过程中信托资金被完全处分,或因其他原因不再有信托资金的,信托终止。

(2)受托人因未履行信托义务而负有恢复信托资金义务的,信托随信托资金的恢复而恢复。

第四章　信托条款及其无效

第一节　信 托 条 款

第 X -4:101 条　解释

在不违背单方法律行为的其他解释规则的情况下，如果信托条款的含义无法以其他方式加以确定，则优先采取以下解释方法：

(a)对信托条款所使用的词语和表述进行整体解释；

(b)避免将受托人的合理行为解释为债务不履行；

(c)避免或尽量减少处分信托资金条款的不完整性；

(d)信托于委托人有生之年无偿设立，且委托人已经或可能已经保留了受益权的，授权委托人享有该受益权或扩大该权利。

第 X -4:102 条　信托资金的不完全处分

(1)依具体情形，信托条款和本卷规定不会以其他方式处分信托资金的，应当为委托人的利益而处分信托资金。

(2)但是，因不能实施为促进公共利益的信托，或因为履行信托义务未耗尽信托资金，而导致信托资金的不完全处分的，信托资金则将为促进与初始目的最为相似的公共利益而处分。

第X－4:103条 受益人的确定

(1)旨在授予受益权的条款，只有在利益到期时委托人十分确定地指明了受益人，或受益人可依其他方法加以确定时，才有效。

(2)信托条款允许受托人或第三人选定某一类别的人成为受益人的，只有在选定时能合理地确定所选之人属于该类别的，该条款才有效。

(3)在信托成立之后才存在的人，也可以作为受益人。

第X－4:104条 受益权或受益资格的确定

(1)受益权或受益资格，只有在利益到期或分派时，信托条款中充分界定了利益，或利益可依其他方法加以确定时，才有效。

(2)拟分派的利益不能确定仅仅是因为第三人不能或没有作出选择的，受托人可以作出选择，但信托条款另有规定的除外。

第X－4:105条 偿还债权人的信托

以清偿债务为目的或为此类债权人利益而设立的信托，其效力相当于履行债务人的债务以免除债务人的负担而使债务人受益的信托。

第二节　信托条款的无效

第X－4:201条　委托人撤销

在不违背其他必要的变通规定的情况下，第二卷第七章（效力欠缺的情形）的规定，在适用于委托人有生之年无偿设立的信托时，可作如下修正：

（a）因对事实或法律的误解而使信托得以设立，或使某信托条款得以订立，无论是否符合第Ⅱ－7:201条（误解）第（1）款（b）项所规定的条件，委托人均可以撤销该信托或该条款；

（b）依靠于受益人或在与受益人之间的信任关系中处于弱势的委托人，当且仅当信托或信托条款规定了受益人的利益的情况下，委托人可以撤销该信托或信托条款，但受益人能够证明其没有利用委托人的地位获得超额利益或完全不公平的优势的除外；

（c）发出撤销通知［第Ⅱ－7:210条（撤销期间）］的合理期限，在以下情况下，不开始计算：

（i）委托人行使排他性权利以从收入中获取利益；

（ii）信托资金包括了一个或多个未到期受益权。

（d）适用本条（c）项（i）目的规定时，接受利益并不能被认为是对信托的默认。

第X－4:202条　撤销后对受托人和第三人的保护

（1）受托人对信托资金的所有权不因撤销而影响。

（2）除非受托人知道或应当知道信托或信托条款可能被撤销：

（a）受托人不因信托被撤销前依信托条款而管理或处分信托资金而承担责任；

（b）受托人可对因撤销而有权享受利益的人，主张其可向撤销前有权享受该利益的受益人主张的抗辩；

（c）受益人保留撤销前所产生的对信托资金的追索权。

（3）在以下情况下，信托的撤销不影响在撤销前第三人已经取得的受益人受益权，或该受益权之上的担保物权或其他定限物权：

（a）该第三人不知道也不应当知道信托或信托条款可能被撤销；

（b）该处分并非无偿。

第X－4:203条　不可强制执行的信托目的

(1)为受益人利益或促进公共利益之外的目的的信托,是对委托人有效的信托。

(2)在以下情况下,受托人依据为促进不可强制执行的目的的原信托,享有处分信托资金的撤销权:

(a)此目的的促进不违反信托基本原则或强制性规定,且不与公共利益相冲突;

(b)可以合理地确定信托资金的任何处分是否是为了促进该目的;

(c)该处分与从该处分中所可能获得的利益并非明显不成比例。

第五章　受托人决策与权力

第一节　受托人决策

第X－5:101条　受托人的酌情决定

(1)在遵守本卷规定的受托人义务和其他规则所规定的例外规定的情况下,受托人可以自由地决定是否、何时和如何行使其权力和酌情决定权,以最适当地履行其信托义务。

(2)除信托条款或其他规则另有规定外,受托人不受且不自认为会受任何信托当事人或其他人的指令或意愿的约束。

(3)受托人无须披露行使酌情决定权的理由,但信托以促进公共利益为目的或信托条款另有规定的除外。

第X－5:102条　多个受托人决策

存在多个受托人的,受托人权力和酌情决定权的行使,以简单多数决的方式进行,但信托条款或本卷其他规则另有规定的除外。

第X－5:103条　行使权力或酌情决定权时的利益冲突

除非信托条款另有规定,只要决策的效力是为受托人的利益而授予、确认或扩大受益权或受益资格,受托人可以不行使或不参与行使权力或酌情决定权。

第二节　受托人的权力

第一分节　一般规定

第X－5:201条　受托人的权力:一般规则

(1)除受信托条款或本卷其他规则约束外,受托人可以以下方式履行信托义务:

(a)像资金所有人可能合法实施的那样;

(b)像一个经授权的人为他人实施的那样。

(2)除信托条款另有限制或另有规定外,本节其他条文规定受托人在特殊情形下的权力。

第X－5:202条　最少受托人的限制

(1)受托人的人数少于信托条款或本示范规则所规定的最少数量的,受托人仅仅可以行使:

(a)聘任受托人的权力;

(b)申请法庭支持的权利;

(c)第X－6:201条(从信托资金中获得赔偿和补偿的权利)所规定的权利。

(d)受托人在以下范围内的其他权利或权力:

(i)该权利或权力的行使由信托条款所明确规定;

(ii)该权利或权力的行使为保护信托资金所必需;

(iii)该权利或权力的行使是为清偿已到期或即将到期的信托债务所必需。

(2)信托依转让给至少两个受托人而设立的,受托人的最少数量是两人,但信托条款另有规定的除外。

第二分节 受托人的特殊权力

第X－5:203条 授权代理人的权利

(1)受托人可以授权代理人代表其为一定行为,并且,除了本节以下条文另有限制性规定之外,可以委托其他人履行信托义务。

(2)多个受托人可以委托其中一人代表其为一定行为。

(3)但是,在决定是否或如何行使以下权力时,须由受托人亲自履行:

(a)分派受益人利益,或选择所欲促进的公共利益目的或促进方式的酌情决定权;

(b)变更受托人;

(c)委托履行信托义务。

(4)受托履行义务的人,在与该履行有关的范围内,与受托人具有相同的义务。

(5)在没有充足理由的情况下,受托人不得达成非书面形式的委托合同,或含有以下条款的委托合同:

(a)授予不可撤销委托的条款;

(b)排除第四卷第三章第一节(受托人的主要义务)所规定的代理人义务的条款,或修改这些义务以损害本人利益的条款;

(c)允许代理人转委托的条款;

(d)允许代理人利益冲突的条款;

(e)排除或限制代理人因不履行义务而对委托人所应承担责任的条款。

(6)受托人有义务监督代理人的履行情况,在必要时,给代理人下达指令或解除委托关系。

第X－5:204条 移转所有权给允诺充当受托人的人的权利

（1）受托人可以将信托财产转让给允诺充当与该财产有关的受托人，且按原受托人的指令处分财产，如违反指令，则一经请求，即将该信托财产返还给原受托人。

（2）受领人必须是：

（a）在其经营活动中作出此允诺的人；

（b）由受托人控制的法人；

（c）成文法中指定的有资格履行信托义务或满足为此目的而设定的条件的法人。

（3）相应地适用第X－5:203条（授权代理人的权力）第（5）款、第（6）款的规定。

第X－5:205条 将物理上的控制移转给保管人的权利

（1）受托人可以将信托财产和与该财产有关的文书，置于允诺保证信托财产安全，且一经请求即将该信托财产返还受托人的人的物理控制之下。

（2）相应地适用第X－5:204条（移转所有权给允诺充当受托人的人的权利）第（2）款和第（3）款的规定。

第X－5:206条 委托的权利

受托人可以委托他人履行受托人的信托义务，行使受托人的权力，包括酌情决定权的行使、处分信托财产的权利和委托的权利，但仍应对依第Ⅲ－2:106条（委托他人履行）的规定的履行承担责任。

第X－5:207条 选择投资的权利

受托人有义务以该信托资金投资的，受托人可以以任何方式投资，并且可以决定最适合于履行义务的特殊投资方式。

第X－5:208条　为审计提交信托账目的权利

在适当的时候，受托人可以提交信托账目，由一个独立的、有资格的审计人进行审计。

第六章　受托人和信托辅助人的权利与义务

第一节　受托人的义务

第一分节　一 般 规 定

第X－6:101条　受托人的一般义务

(1)受托人应当按照法律和信托条款的规定,以谨慎管理他人事务的态度,为受益人的利益或以促进公共利益为目的,管理信托资金和行使处分信托资金的权利。

(2)尤其是,受托人应当以必要的注意与技能,公正与善意地为一定行为。

(3)除信托条款另有规定之外:

(a)这些义务包括由第X－6:102条(必要的注意和技能)和下一分节所规定的特别义务;

(b)信托资金的管理或处分对受益人有益,仅就该受益人的经济利益而言。

第X－6:102条　必要的注意与技能

(1)考虑到受托人的报酬请求权,受托人必须以一个合理适格和谨慎的人管理他人事务所具有的必要的注意和技能为一定行为。

(2)受托人在其专业活动中为一定行为时,必须以一个专业人士所必需的注意与技能而行事。

第二分节　受托人的特别义务

第X－6:103条　分离、保护和保险的义务

（1）受托人应当保持信托资金与其他财产相分离，且保护信托财产的安全。

（2）尤其是，除非受托人已经尽到了特别安全保护义务，否则不能将信托财产置于有高度被滥用的风险的投资中。当信托财产是载有持有人的债权凭证时，如果该凭证根据第X－5:205条（将物理上的控制转移给保管人的权利）的规定置于保管人的妥善保管之下，则视为已经履行该注意义务。

（3）受托人应尽可能合理地为信托财产投保，以免遭受损失。

第X－6:104条　告知和报告的义务

（1）受托人应当告知享有受益权的受益人，该信托的存在以及该受益的权利。

（2）受托人应当善尽合理的努力，以告知具有受益资格的受益人，该信托的存在以及该受益人的资格。

（3）在确定本条第（2）款中何种努力是合理时，必须考虑以下因素：

（a）所需费用是否与可能给受益人带来的利益的价值相称；

（b）受益人是否属于受托人所指定的受益人的类别；

（c）确定和联系受益人的可行性。

（4）在合适的时候，受托人应当置备有关信托资金的现状与投资、信托债务以及信托财产的处分及其收益的材料，以供查阅。

第X－6:105条　保管信托账目的义务

受托人应当保管与信托资金有关的账目（信托账目）。

第X-6:106条　接受检查和允许复制信托文书的义务

(1)受托人必须允许受益人或其他有权请求强制履行信托义务的人,检查信托文书和自费复制信托文书。

(2)本条第(i)款不适用于:

(a)与受托人基于其受托人身份对欲检查的人已经或将要提起的诉讼有关的法律顾问意见,以及为该诉讼所收集的证据;

(b)受托人与其他受益人之间的联系情况,以及其他如披露即将导致受托人违反其作为受托人对他人的保密义务的联系情况。

(3)受益人不提供为受托人保守秘密的充分保证的,受托人可以拒绝检查和复制含有秘密信息的信托文书的请求。

(4)只要文书披露了受托人决定是否行使酌情决定权的理由、受托人在决定之前的磋商以及与该磋商有关的材料,受托人也可以拒绝检查和复制该文书的请求,但信托以促进公共利益为目的除外。

(5)信托条款可以扩大本条所规定的检查权和复制权。

(6)在本卷中,"信托文书"是指:

(a)任何载有受托人与信托有关的意思表示(不管是否意图受到约束)的文件,以及任何修改信托条款的法律行为或法庭裁定;

(b)受托人的会议记录;

(c)受托人基于其身份所作的记录、所收到的通知和其他书面通信,包括受托人聘请的并从信托资金中列支的法律顾问的意见书;

(d)任何载有受托人所达成或作出的法律行为的文书;

(e)处分信托财产的收据;

(f)信托账目。

第X－6:107条　投资的义务

（1）委托人有义务以信托资金进行投资，只要其适于投资，并且特别是：

（a）处分通常条件下既不产生收益也不会增值的财产，并以其处分收益投资；

（b）受托人缺乏有效和谨慎投资相应规模和性质的信托资金所必需的专业知识的，采纳关于资金投资的专业建议；

（c）分散投资以：

（i）分散投资失败或损失的风险；

（ii）使预期收入明显地超过潜在的失败或损失；

但信托资金很小，分散投资不适当的，除外。

（d）在适当的间隔期内，审查保持或改变投资是否适当。

（2）受托人不得投资以下财产：

（a）急需转让给受益人的或受益人急需使用的，或急需以之清偿信托债务的财产；

（b）投资该财产可能会妨碍受托人履行本卷所规定的其他义务。

（3）投资的义务并没有授权受托人处分依信托条款的规定应由受托人保留或以实物转让给受益人的信托财产。

第X－6:108条　不得获取信托财产或信托债权人权利的义务

（1）受托人不得购买信托财产，或取得信托债权人对受托人的权利，无论是个人亲自实施还是通过代理人获取。

（2）因不履行本义务而签订的信托财产买卖合同，可以被任何信托当事人或有权强制履行信托义务的人撤销。

（3）撤销权是不履行义务的救济措施的补充。

（4）本条准用于取得或使用信托财产的其他合同，或与信托债务相应的权利。

第X－6:109条　不得获取未经授权的利益或好处的义务

(1)受托人不得利用信托资金或其基于受托人身份所掌握的信息或机会,以获取利益,但该利用为信托条款所授权的除外。

(2)受托人不得以其对受益人所享有的个人债权,与受益人的受益权相抵销。

第X－6:110条　共同受托人的义务

受托人有义务:

(a)在履行信托义务时与共同受托人合作;

(b)在其知道或有理由怀疑以下情形时,采取适当的行为:

(i)某共同受托人不履行信托所规定的或因信托而产生的义务,或即将不履行;

(ii)该不履行可能或已经导致信托资金的损失。

第二节　受托人的权利

第X－6:201条　从信托资金中获得赔偿和补偿的权利

受托人就其在履行信托义务时发生的费用和信托债务,有权从信托资金中获得赔偿或补偿。

第X－6:202条　从信托资金中获得报酬的权利

（1）受托人有权从信托资金中获得信托条款规定的报酬。

（2）在专业活动中充当受托人的人，因其在履行信托义务时已经完成的工作，有权从信托资金中获得合理的报酬，但与信托条款的规定不符的除外。

（3）有以下情形之一的，本条第（2）款不予适用：

（a）具有受益人身份的受托人有权从信托资金中获得重大的利益；

（b）信托因受托人与委托人之间的合同而设立；

（c）信托以促进公共利益为目的。

第X－6:203条　涉及未经授权而取得的权利

（1）本条适用于以下情形：

（a）受托人因不履行信托义务而取得财产或其他利益；

（b）因归入义务的履行，该财产成为信托资金的一部分，或该利益加入信托资金之中。

（2）受托人因取得财产所必然发生的费用或债务，有权获得赔偿或补偿。受托人先前已经全部或部分承担了第X－7:201条（受托人恢复信托资金的责任）规定的责任的，受托人在超额返还的范围内，有从信托财产中获得赔偿的权利。

（3）在以下情况下，受托人也有权获得合理的报酬：

（a）受托人取得财产是善意的并增加了信托资金的价值；

（b）受托人如是在履行信托义务时取得财产的，受托人就有权根据第X－6:202条（从信托资金中获得报酬的权利）第（3）款（b）项的规定获得报酬。

（4）受托人因违反第X－6:109条（不得获取未经授权的利益或好处的义务）的规定而取得财产，但已经获得受益人有效同意的，受托人可以放弃本条第（2）款、第（3）款所规定的权利，并承袭该受益人的受益权。

（5）受托人依本条规定所享有的权利不得超过取得该财产的价值。

第Ⅹ-6:204条　相对于受益人的权利

(1)受托人依第Ⅹ-6:201条(从信托资金中获得赔偿和补偿的权利)的规定所享有的权利超过了信托资金的,受托人可以就其超过部分向受益人追偿。

(2)受益人依本条第(1)款所应承担的责任:

(a)限于受益人依据信托条款已获取的利益;

(b)受不当得利抗辩的约束,准用第Ⅶ-6:101条(不利益)的规定。

(3)本条第(1)款规定的追偿权在赔偿或补偿请求权产生6个月后终止。

第Ⅹ-6:205条　由信托资金付费投保个人责任险的权利

(1)就受托人投保责任险以防御第Ⅹ-7:201条(受托人恢复信托资金的责任)规定的责任而发生的合理费用或债务,受托人有权从信托资金中获得赔偿或补偿。

(2)本条第(1)款不适用于以下情形:

(a)受托人因履行信托义务所享有的报酬请求权;

(b)保险是用于防御因故意或重大过失而不履行义务所产生的责任。

第三节　信托辅助人的义务

第Ⅹ-6:301条　信托辅助人的义务

(1)信托辅助人知道受托人的身份且此信息并非显而易见的,信托辅助人应当披露受托人的身份。

(2)在决定是否行使权力时,信托辅助人有义务:

(a)基于善意而为一定行为;

(b)不得获取未经信托条款授权的利益。

第七章　不履行义务的救济措施

第一节　实际履行、司法审查和辅助救济措施

第X－7:101条　实际履行

（1）强制实际履行信托义务，包括禁止受托人不依据信托条款的规定而处分，或以其他方式处理信托财产。

（2）履行需要受托人行使酌情决定权的，实际履行不能强制执行。

第X－7:102条　司法审查

（1）一旦信托当事人或有权申请强制执行信托义务的人提出申请，法庭可以审查受托人或信托辅助人的关于是否行使或怎样行使信托条款或本卷所授予的权力或酌情决定权的决定。

（2）被受托人解任或被信托辅助人未经受托人同意而解任的前受托人，有权请求对该决定进行司法审查。

（3）法庭可以撤销受托人或信托辅助人不理性的或严重不合理的、由不相关或不正确因素所引发的决定，法庭也可以撤销受托人或信托辅助人的其他滥用权力或超出了其权力范围的决定。

第X－7:103条 进一步的救济措施

其他规则可以规定:

(a)依法庭裁定提供与信托资金及其管理和处分有关的账目和质询;

(b)向法庭支付或转让信托资金中的现金或其他财产;

(c)依法庭裁定聘任管理人管理信托资金;

(d)由公职人员或公共机构行使受托人的权利和权力,特别是对于以促进公共利益为目的的信托;

(e)暂停受托人管理和处分资金的权利与权力。

第二节　未经授权的利益的赔偿和归入

第X－7:201条　受托人恢复信托资金的责任

（1）在以下情形下，受托人有责任恢复信托资金，以弥补其不履行信托规定的或因信托所产生的义务给信托资金所造成的损失：

（a）不履行义务不能免责；

（b）不履行义务因受托人未善尽必要的注意和技能而引起。

（2）但是，只有在其知道自己是受托人，或其明显是受托人的情况下，此人才承担本条第（1）款所规定的责任。

（3）受托人并不能仅因为共同受托人之一、代理人或其他被委托履行的人或经授权接受信托财产的人造成信托资金的损失而承担责任。

（4）本条第（3）款并不影响受托人基于以下情形所产生的责任：

（a）本条第（1）款规定的因受托人自己不履行信托义务所产生的责任，特别是：

（i）不履行聘任或聘用该人以及达成聘用协议时的善尽必要的注意和技能的义务；

（ii）不履行监督该人的义务，以及不履行在情况所需时采取措施保护信托资金的义务。

（b）基于委托履行［第X－5:206条（委托的权力）］所产生的责任；

（c）依第Ⅵ－3:201条（雇员和代表人造成损害的责任承担）所产生的责任；

（d）因受托人的诱导、协助或合作而导致该人不履行义务所产生的责任。

（5）第Ⅲ－3:702条（一般赔偿标准）可以准用于确定恢复的计算。

（6）受托人的以下权利中止，直至受托人完全恢复信托资金：

（a）对信托资金的追索权；

（b）受托人基于受益人的身份而享有的受益权。

（7）本条规定受信托条款的约束。

第X－7:202条　受托人赔偿受益人的责任

(1)依第X－7:201条(受托人恢复信托资金的责任)规定承担责任的受托人,尽管恢复了信托资金,也有义务赔偿没有获得其有权获得的利益的受益人,或若无不履行本应依信托条款有权获得利益的受益人。

(2)受益人享有因不履行合同债务所发生的相同的赔偿请求权。

(3)本条规定受信托条款的约束。

第X－7:203条　未经授权的利益的归入

受托人因不履行第X－6:109条(不得获取未经授权的利益或好处的义务)所规定的义务而获取利益,并且此利益未依第X－3:201条(信托资金的增加)的规定构成信托资金的一部分的,受托人应当将利益归入信托财产,不能依原物归入的,归入其金钱价值。

第三节　抗　　辩

第X－7:301条　受益人对不履行的同意

(1)委托人可以以受益人对不履行义务的有效同意来抗辩恢复、赔偿或归入信托利益的责任承担。

(2)受益人同意受托人已构成不履行义务的行为,且具有以下情形之一的,构成受益人对不履行义务的同意:

(a)受益人知道该行为将构成不履行义务;

(b)该行为已明显将构成不履行义务。

(3)无论不履行义务对同意的受益人有利还是不利,均适用本条第(1)款的规定。

(4)受益人以受托人的身份参与不履行义务的,本条第(1)款的规定适用于任何有责任的共同受托人。连带债务人之间任何关于恢复信托资金或赔偿受益人的剩余责任的追偿权不受影响。

(5)同意是因受托人提供的错误信息或受托人不履行告知义务所致的误解所引起时,该同意无效。

第X－7:302条　诉讼时效

请求履行信托义务的一般诉讼时效期间从受益人的利益届期时开始计算。

第X－7:303条　受托人的保护

(1)经合理质询之后，受托人向有权取得授予的利益的人履行，即可免除义务。

(2)有权享有该利益的受益人根据第七卷(不当得利)的规定对受领该利益的人享有的权利不受影响。

第四节　连带责任与丧失

第X－7:401条　连带责任

(1)多个受托人对同一不履行义务负有责任的，他们的责任是连带的。

(2)在连带债务人之间，责任的份额与每一债务人对不履行义务的相应责任成比例，应当考虑每一个债务人作为受托人的技能和经验。

(3)债务人对其同意的不履行的相关责任，不能仅因债务人未积极参与引起该不履行的活动而减少。

第X－7:402条　与受托人串通的受益人的受益权的丧失

(1)受益人在受托人的不履行中与之串通的，法庭可以应受托人或其他受益人的请求而裁定与受托人串通的受益人的受益权丧失。

(2)已合法同意不履行但未与之串通的受益人的受益权，受益权仅在受益人因该不履行而获益的范围内丧失。

(3)受益人的受益权因本条规定而丧失的，本应支付给该受益人的利益将用于清偿受托人的债务，直至债务消灭或受益权耗尽。

第八章 受托人或信托辅助人的变更

第一节 受托人变更的一般规定

第X－8:101条 变更受托人权力的一般规定

(1)信托成立之后,可以聘任受托人,受托人也可以辞任或解任。任命、辞职或解任的,可依:

(a)以下权利:

(i)信托条款规定的;

(ii)根据本节规定授予受托人的。

(b)依本节规定作出的法庭裁定。

(2)非依书面方式,本条第(1)款(a)项所规定的权利的行使没有效力。这一规则同样适用于与权利行使有关的具有拘束力的受托人。

(3)不再担任受托人的人行使信托条款所规定的权利,在通知留任的受托人之前,不发生效力。

(4)独任受托人的辞任或解任,只有在继任的受托人同时被聘任时才生效。

第X－8:102条 授予受托人变更受托人的权力

(1)依本节规定授予受托人的权利,仅可在以下情形下行使:

(a)通过一致的决定;

(b)在具体情况下,信托辅助人没有相应的权利,或受托人要求信托辅助人行使权利之后的合理期限内信托辅助人没有行使此种权利。

(2)除本条第(1)款规定的以外,受益人有解除与整个信托资金有关的信托的共同权利,受托人就应当依据受益人的共同指令而行使本节规定的权利。

(3)信托条款可以修改或排除本节授与委托人的权利。

第二节　受托人的聘任

第X－8:201条　聘任的一般限制性条件

(1)出现以下情形之一的,对受托人的聘任无效:

(a)如果此人被聘任,共同受托人有权以该人无行为能力、拒绝充当受托人或不适格为由而解任此人;

(b)被聘任的人不同意充当受托人;

(c)聘任超过了信托条款所规定的受托人的最大数量。

(2)信托条款规定仅有一个受托人的,受托人的数量不能超过两个。

第X－8:202条　由信托辅助人或受托人聘任

(1)受托人可以聘任另外的一个或多个受托人。

(2)留任的受托人可以聘任继任的受托人,以替代不再充当受托人的人。

(3)信托辅助人的自我聘任无效,但信托条款另有规定的除外。

第X－8:203条　依法庭裁定而聘任

应任何信托当事人或有权强制执行信托义务的人申请,法庭可以聘任:

(a)继任的受托人,以替代不再充当受托人的人;

(b)另外一个或多个额外的受托人,如符合下列条件:

(i)没有其他人能够或愿意行使聘任权;

(ii)聘任有可能会促进根据信托条款的规定有效和谨慎地管理、处分信托资金。

第三节　受托人的辞任

第X－8:301条　信托辅助人或共同受托人同意的受托人辞任

(1)在受托人辞任时有权聘任继任受托人的信托辅助人,可以同意受托人辞任。

(2)信托辅助人仅在同时聘任继任受托人的情形下,才能未经留任受托人的同意辞任。

(3)留任的受托人可以同意受托人的辞任。

(4)辞任后至少存在两个留任受托人或一个特别受托人时,受托人才能经信托辅助人或共同受托人同意而辞任。

(5)本卷中,"特别受托人"是指:

(a)具有充当受托人职能的公职人员或公共机构;

(b)成文法中指定的具有受托人职能或符合为此目的所设条件的任何法人。

第X－8:302条　法庭同意的辞任

特别虑及该受托人辞任后能否保障有效、谨慎地依信托条款之规定管理及处分信托资金,只要解除受托人的信托义务是公平的,法庭可以同意不能以其他方式辞任的受托人的辞任。

第四节　受托人的解任

第X－8:401条　由信托辅助人或共同受托人解任

(1)法庭可能以无行为能力、拒绝充当受托人或不适格为由而解任受托人的,留任受托人即可接任该受托人。

(2)信托辅助人或受托人对受托人的解任,至解任通知送至被解任的受托人时生效。

第X－8:402条　依法庭裁定而解任

只要受托人已经不适合继续充当受托人，应信托当事人的申请，法庭可以不经受托人的同意，也可以不考虑信托条款的规定而解任受托人。特别是基于以下理由：

(a)该受托人无行为能力；

(b)该受托人实际不履行或预期严重不履行信托规定的或因信托而产生的义务；

(c)该受托人不适格；

(d)对于应取得全体受托人一致同意的事项，该受托人总是或经常与其他共同受托人存在根本分歧；

(e)该受托人的其他利益与信托规定的义务或因信托而产生的义务的履行存在根本性的冲突。

第五节　受托人变更的效力

第X－8:501条　对受托人义务与权利的影响

(1)受聘的受托人受信托约束，并取得相应的权利及权力。除本条以下款项另有规定外，解除辞任或解任的受托人与信托之间的关系，并且其丧失相应的权利及权力。

(2)受托人在辞任或解任后的合理期限届满前，不终止该受托人与其他共同受托人的合作义务。

(3)前受托人对信托资金的追偿权作为对留任受托人的权利而生效。受益人的赔偿、补偿或报酬请求权不受影响。

(4)前受托人仍然受以下义务约束：

(a)第X－6:109条(不得获取未经授权的利益或好处的义务)规定的义务；

(b)信托债务；

(c)因不履行义务所产生的责任。

第X－8:502条　信托财产的归属和剥夺

（1）无须法庭作出相应裁定，符合以下情形之一的，信托财产的所有权即属于被聘任为受托人者：

（a）该财产的所有权可依转让人和受让人之间的协议而移转，无须进一步地转让行为或手续；

（b）根据相应的内国法，该财产的所有权被视为属于一个受托人的团体。

（2）信托财产归属于被聘任为受托人者，并不剥夺留任受托人的权利。

（3）辞任或解任的受托人丧失相应的权利。

第X－8:503条　信托文书的移交

留任或继任的受托人有权请求前受托人移交其占有的信托文书。信托文书的占有人有权自费制作或保留信托文书的复印件。

第X－8:504条　受托人死亡或解散的效力

（1）受托人中有一人死亡或法人受托人解散的，信托财产仍然属于留任受托人。该规定适用于任何继受死者或被解散受托人的其他财产的人。

（2）独任受托人死亡的，死亡受托人的继受人成为受托人，并且：

（a）受托人的继受人受信托的约束并取得相应的权利与权力；

（b）受托人的继受人在死亡受托人遗产的范围内对死亡受托人的信托债务承担责任；

（c）信托资金属于受托人的继受人。

但是，受托人的继受人仅能行使第X－5:202条（最少受托人的限制）第（1）款所规定的权利，而不论继受人的数量。

（3）受托人处分信托资金的遗嘱无效，但是，信托条款可以赋予遗嘱聘任受托人的权利。

（4）因不履行所产生的义务由死亡受托人的继受人承担。

第六节　信托辅助人死亡或解散

第X－8:601条　信托辅助人死亡或解散的后果

信托辅助人死亡或解散时，信托辅助人的权利终止，但是信托条款可以允许其通过遗嘱行使权利。

第九章　信托的终止、变更及受益权的转让

第一节　信托的终止

第一分节　信托终止的一般规定

第X－9:101条　终止的方式

与信托资金或部分信托资金有关的信托以下列方式终止:

(a)委托人或受益人依信托条款规定的权利而解除信托;

(b)委托人依第X－9:103条(委托人解除无偿信托的权利)的规定解除信托;

(c)受益人依第X－9:104条(受益人的解除权)的规定解除信托;

(d)受托人依第X－9:108条(受托人终止)的规定终止信托;

(e)权利、义务依据第X－9:109条(权利义务的混同)的规定而混同。

第X－9:102条　终止对受托人责任的效力

(1)在信托终止的范围内,免除受托人的相应责任。

(2)除非相关当事人另有约定,信托终止并不免除受托人的下列责任:

　(a)受托人不履行信托规定的或因信托所产生的义务而对受益人所应承担的责任;

　(b)对信托债权人的责任。

第二分节　委托人或受益人解除信托

第X －9:103 条　委托人解除无偿信托的权利

(1)除本条第(2)款和第(3)款另有规定,委托人不能仅因信托是无偿设立而享有解除信托或信托条款的默示权利,而不论:

(a)信托是否由委托人非依转让而设立;

(b)委托人是否保留在其有生之年的受益权。

(2)委托人可以解除为尚未存在的人所无偿设立的信托或信托条款。

(3)委托人可以解除为他人利益设立的无偿信托,正如该利益依赠与方式而授予时受托人可以撤销对受益人的赠与一样。

第X －9:104 条　受益人的解除权

(1)有完全行为能力的受益人,可以解除全部或部分资金的为受益人排他性利益而设立的信托。

(2)每个受益人都具有完全行为能力时,多个受益人都有相应的共同权利,以解除全部或部分资金的为这些受益人排他性利益而设立的信托。

(3)解除部分资金的信托将对为其他受益人或以促进公共利益的目的的其余部分资金的信托造成消极影响的,不得解除部分资金之信托。

第X －9:105 条　“排他性利益”的含义

(1)所有信托资金及其所产生的所有未来收益,均只能依信托条款的规定为该受益人或受益人的财产而处分时,信托资金或部分信托资金即视为受益人的排他性利益。

(2)在本条第(1)款中,不考虑受益人同意的可能性,也不考虑受益人未行使与其自身利益相冲突的权利的可能性。

第X－9:106条 解除通知及其效力

(1)委托人或受益人可以通过书面通知受托人的方式而行使解除权。

(2)由委托人解除的全部或部分信托自信托为委托人获益时生效。

(3)行使解除权的受益人指示受托人向受益人之外的其他人转让财产的,解除通知赋予此人享有从被转让的全部或部分财产中受益的权利。

(4)受托人应当根据解除通知的规定立即转让全部或部分信托财产,但转让不可能或非法的除外。转让信托财产的义务取代了依信托条款管理和处分全部或部分信托财产的义务。

(5)要转让的信托财产未分割份额,而不分割份额又不允许转让的,转让因此成为不可能。因此受托人有义务:

(a)分割财产并且转让已分割的份额,只要分割是可能的、合理的;

(b)如可能,变卖财产并转让相应的收益。

(6)信托终止于必要的财产转让完成之时,且仅在必要的转让完成时终止。

第X－9:107条 受托人的留置权

(1)受托人可以留置拟转让信托资金的一部分用以清偿:

(a)信托债务;

(b)受托人享有的对信托资金的追偿权;

(c)转让费用、任何必要的财产分割或变卖的费用,但以这些债务、权利和费用将被分配至拟转让的部分资金为条件。

(2)对于被分配至拟转让的部分资金的相应的债务、权利及费用,行使解除权的人进行了补偿的,留置权终止。

第三分节　其他终止形式

第Ⅹ-9:108条　受托人终止

(1)受益人依第Ⅹ-9:104条(受益人的解除权)第(1)款的规定享有解除信托的权利的,受托人可以通知受益人,催告受益人在该通知所确定的合理期限内行使该权利。受益人在规定的期间内未能行使该权利的,受托人可以将该信托转让给受益人而终止信托。受益人应当接受转让。

(2)其他规则作了相应规定的,受托人也可以通过向法庭交付信托资金中的款项或转让信托资金中的其他财产的方式而终止信托。

第Ⅹ-9:109条　权利与义务的混同

(1)当独任受托人是唯一的受益人,且设立信托资金是为了该受益人的排他性利益时,信托终止。

(2)存在多个受托人的,仅在其享有共同的受益权时,才相应适用本条第(1)款的规定。

(3)信托持续地与受益人的受益权相关的、或受益权上存在担保物权或其他限制物权之负担的,受托人则继续受该信托或权利负担的约束。

第二节　信托的变更

第Ⅹ-9:201条　委托人或受益人变更信托

(1)委托人或受益人可以依照下列条款规定的权利变更信托条款:

(a)信托条款规定的权利;

(b)本条第(2)款规定的权利。

(2)只要信托条款与可能会解除的信托所涉及的全部或部分信托资金有关,有权解除信托的委托人或受益人,就享有相应的变更这些信托条款的权利。

(3)多个受益人共同行使变更信托条款的权利的,需要受益人达成具有该变更内容的协议。

(4)变更自行使变更权的人死亡时生效的,无效,但遗嘱文书有明确规定的除外。

(5)非以书面形式通知受托人的,变更不产生效力。

第X－9:202条　依法庭裁定变更信托管理条款

(1)依信托当事人或有权要求强制执行信托义务的人的申请,法庭可以变更与信托资金管理有关的信托条款,但以该变更有可能促进更有效和谨慎地管理信托资金为前提。

(2)本条第(1)款规定的变更,不得实质性地影响调整信托资金处分的信托条款的实施,除非法庭也有权力根据以下条款的规定变更该条款。

第X－9:203条　为受益人而依法庭裁定变更信托

(1)应信托当事人的申请或因不变更信托条款而受益的人的申请,法庭可以变更赋予下列人受益权或受益资格的信托条款:

(a)尚未存在的人;

(b)目前不符合所规定的条件的人,如某类型的成员资格,而该条件是其权利的基础。

(2)上述规定同样适用于信托条款在遥远的未来赋予受益权或资格、或赋予以不可能发生的事件为前提的受益权或受益资格的情形。

第X－9:204条　为公共利益目的依法庭裁定而变更信托

(1)由于情势变更,如果认为继续促进信托条款所规定的特殊的信托目的不合时宜,并浪费资源的,信托当事人或有权强制履行信托义务的人向法庭提出申请的,法庭可以为促进公共利益的目的而变更信托条款。

(2)如果在情势变更后委托人设立信托的,依据本条款规定,法庭变更信托条款应当与委托人可能选择的目的相同,以有利于促进一般性的或特殊的公共利益目的。

第三节　受益权的转让

第X－9:301条　依法律行为转让受益权

（1）依法律行为转让受益权适用第三卷第五章第一节（债权转让）的规定，本条款另有规定的除外。

（2）受益权无偿转让者无效，但以书面形式转让的除外。

（3）受益权转让以转让人死亡为生效条件的，仅依据继承法的有关规定而生效。

第十章　与第三人的关系

第一节　债权人的一般规定

第X－10:101条　关于债权人的基本规则

（1）由受托人向其承担债务者（即信托债权人）从信托资金中实现其权利（根据第X－10:202条（信托债权人与信托基金有关的权利）的规定），但其他债权人不得以此种方式实现债权，本示范法另有规定的除外。

（2）本条第（1）款的规定，不影响信托当事人的债权人行使该当事人与信托基金有关的权利。

第X－10:102条　信托债务的定义

（1）信托债务是指受托人以下列方式所形成的债务：

（a）目前作为信托财产的所有权人所产生的债务；

（b）为实现信托目的、依据信托条款所产生的债务；

（c）以受托人的身份，根据有偿合同或其他有偿法律行为所形成的债务，但债权人知道或应当知道债务并非根据信托条款产生的除外；

（d）因管理、处分信托财产或履行信托债务的作为或不作为所形成之债务；

（e）与信托财产具有实质性关系的其他债务。

（2）受托人对于前任受托人或行使了拒绝权的候任受托人的赔偿、补偿或支付报酬的义务，同样属于信托债务。

（3）受托人的其他债务不属于信托债务。

第二节　信托债权人

第X－10:201条　信托债权人对受托人的权利

（1）受托人对信托债务的清偿承担个人责任。

（2）受托人和信托债权人另有约定的除外：

（a）受托人的责任不限于强制执行信托时信托财产的价值；

（b）只要符合变更受托人的规则，即使信托财产不再赋予受托人，也不终止受托人的个人责任。

（3）不得仅因为彼方当事人披露其以受托人身份缔结合同而认定合同此方当事人同意免除或限制该受托人的责任。

第X－10:202条　信托债权人与信托财产有关的权利

信托债权人可以从信托财产实现下列权利：

（a）强制履行第X－10:201条（信托债权人对受托人的权利）规定的受托人的个人责任；

（b）行使信托财产上的担保物权。

第X－10:203条　委托人和受益人的保护

委托人或受益人不以该身份对信托债权人承担责任。

第三节 信托债务人

第X－10:301条 强制信托债务人履行债务的权利

(1)受托人享有履行请求权并且该权利属于信托财产的，强制债务人(信托债务人)履行债务的权利属于受托人。

(2)本条第(1)款的规定并不影响:

(a)受益人享有的要求受托人对于信托债务人行使有关的权利的履行请求权;

(b)允许受益人及受托人成为起诉信托债务人的一方当事人的程序规则。

第X－10:302条 抵销

受托人对信托债务人的权利仅可以抵销下列权利:

(a)与信托债务有关的权利;

(b)受益人对信托财产的受益权。

第X－10:303条 信托债务人的免责

下列情形，受托人免除信托债务人的债务无效:

(a)免除信托债务人的债务并非履行受托人的信托义务;

(b)(i)免除是无偿的;

(ii)债务人知道或应当知道免除并非履行受托人的信托义务。

第四节　信托财产的受让人和信托财产之上的担保物权

第X－10:401条　受赠人和恶意受让人的责任

(1)受托人违反信托条款的规定转让信托财产给他人的,在下列情况下,受让人取得信托财产将受到信托的限制:

(a)转让是无偿的;

(b)受让人知道或应当知道是受托人进行的转让,并且转让违反信托条款的规定。

(2)依本条第(1)款规定受信托约束的受让人享有相应地请求返还作为交换付出的任何利益的权利。

(3)本条第(1)款的信托,在以下情况下消灭:

(a)受让人作为交换所给付的利益因信托义务的履行被处分;

(b)受托人或第三人履行了恢复信托财产的义务。

(4)受让人应当知道是指:

(a)经合理谨慎的调查,受让人就能发现事实;

(b)考虑到信托财产的性质和价值、这样的调查的性质与成本以及商业习惯,可以公平并合理地预见受让人此时会进行该调查。

(5)受托人为他人在信托财产之上设立担保物权或其他定限物权时,准用本条款的规定。

第五节　第三人的责任和保护的其他规定

第X－10:501条　诱使或协助滥用信托财产的责任

(1)依第Ⅵ－2:211条(诱使债务不履行造成的损失)的规定所产生的侵权责任由第(2)款作出变通规定。

(2)受托人有责任恢复信托财产的,故意诱使受托人不履行信托义务的人,或故意协助受托人不履行义务的人,与受托人承担连带责任。

第X－10:502条 对与受托人交易的第三人的保护

(1)受托人非为履行信托义务而与非信托当事人签订的合同,无效或可撤销。

(2)不知道事实真相的非信托当事人可以信赖信托文件显示的效果以及其内容的真实性,以保护其利益并对抗受托人。

Annexes

Table of destinations*

An entry in this table indicates a model rule which addresses the same legal issue as that dealt with in the relevant article of the PECL. It does not imply that the corresponding model rule is in the same terms or to the same effect. Relocations of Model Rules since the publication of the Interim Outline Edition (IOE) are indicated in italics in square brackets. Reference should be made to the IOE to ascertain changes in wording.

	PECL		DCFR Model Rules
Chapter 1	1:101		
		(1)	I. – 1:101(1)
		(2)	–
		(3)	–
		(4)	–
	1:102		
		(1)	II. – 1:102(1)
		(2)	II. – 1:102(2)
	1:103		–
	1:104		–
	1:105		II. – 1:104(1), (2)
	1:106		I. – 1:102(1), (3), (4)
	1:107		–
	1:201		
		(1)	II. – 3:301(2); III. – 1:103(1)
		(2)	III. – 1:103(2)
	1:202		III. – 1:104
	1:301		
		(1)	I. – 1:108(1) (with the Annex) *[ex IOE I. – 1:103(1) (with Annex 1: "Conduct")]*
		(2)	I. – 1:108(1) (with the Annex) *[ex IOE I. – 1:103(1) (with Annex 1: "Court")]*
		(3)	–
		(4)	I. – 1:108(1) (with the Annex) *[ex IOE I. – 1:103(1) (with Annex 1: "Non-performance")]*; III. – 1:102(3) *[ex IOE III.–1:101]*
		(5)	–

* This and the following table were compiled by *Daniel Smith* (Osnabrück) with assistance from Dr. *Stephen Swann* (Osnabrück).

	PECL	DCFR Model Rules
	(6)	I. – 1:106 *[ex IOE I. – 1:105]*
	1:302	I. – 1:104 *[ex IOE I. – 1:103(1) (with Annex 1: "Reasonable")]*
	1:303	
	(1)	I. – 1:109(2) *[ex IOE II.–1:106(2)]*
	(2)	I. – 1:109(3) *[ex IOE II.–1:106(3)]*
	(3)	I. – 1:109(4) *[ex IOE II.–1:106(4)]*
	(4)	III. – 3:106
	(5)	I. – 1:109(5) *[ex IOE II.–1:106(5)]*
	(6)	I. – 1:109(1) *[ex IOE II.–1:106(1)]*
	1:304	I. – 1:110 *[ex IOE I. – 1:104 (with Annex 2)]*
	1:305	II. – 1:105
Chapter 2	2:101	
	(1)	II. – 4:101
	(2)	II. – 1:106(1) *[ex IOE II.–1:107]*
	2:102	II. – 4:102
	2:103	II. – 4:103
	2:104	
	(1)	II. – 9:103(1)
	(2)	II. – 9:103(3)(b)
	2:105	II. – 4:104
	2:106	II. – 4:105
	2:107	II. – 1:103(2)
	2:201	II. – 4:201
	2:202	II. – 4:202(1)-(3)
	2:203	II. – 4:203
	2:204	II. – 4:204
	2:205	II. – 4:205
	2:206	II. – 4:206
	2:207	II. – 4:207
	2:208	II. – 4:208
	2:209	
	(1)	II. – 4:209(1)
	(2)	II. – 4:209(2)

	PECL	DCFR Model Rules
	(3)	I. – 1:108(1) (with the Annex) *[ex IOE I. – 1:103(1) (with Annex 1: "Standard terms")]*
	2:210	II. – 4:210
	2:211	II. – 4:211
	2:301	
	(1)	II. – 3:301(1)
	(2)	II. – 3:301(3)
	(3)	II. – 3:301(4)
	2:302	II. – 3:302(1), (4)
Chapter 3	3:101	
	(1)	II. – 6:101(1)
	(2)	–
	(3)	II. – 6:101(3)
	3:102	–
	3:201	
	(1)	II. – 6:103(2)
	(2)	II. – 6:104(2)
	(3)	II. – 6:103(3)
	3:202	II. – 6:105
	3:203	II. – 6:108
	3:204	
	(1)	II. – 6:107(1)
	(2)	II. – 6:107(2), (3)
	3:205	II. – 6:109
	3:206	II. – 6:104(3)
	3:207	II. – 6:111(1), (2)
	3:208	–
	3:209	
	(1)	II. – 6:112(1)
	(2)	II. – 6:112(3)
	(3)	II. – 6:112(4)
	3:301	II. – 6:106
	3:302	–
	3:303	–
	3:304	–
Chapter 4	4:101	II. – 7:101(2)
	4:102	II. – 7:102
	4:103	II. – 7:201
	4:104	II. – 7:202
	4:105	II. – 7:203
	4:106	II. – 7:204
	4:107	II. – 7:205

	PECL	DCFR Model Rules
	4:108	II. – 7:206
	4:109	II. – 7:207
	4:110	
	(1)	II. – 9:403-9:405 *[ex IOE II.–9:404-9:406]*; II. – 9:407(1) *[ex IOE II.–9:408(1)]*;
		II. – 9:408 *[ex IOE II.–9:409]*
	(2)	II. – 9:406(2) *[ex IOE II.–9:407(2)]*
	4:111	II. – 7:208
	4:112	II. – 7:209
	4:113	
	(1)	II. – 7:210
	(2)	–
	4:114	II. – 7:211
	4:115	II. – 7:212(2)
	4:116	II. – 7:213
	4:117	II. – 7:214
	4:118	II. – 7:215
	4:119	II. – 7:216
Chapter 5	5:101	II. – 8:101
	5:102	II. – 8:102(1)
	5:103	II. – 8:103(1)
	5:104	II. – 8:104
	5:105	II. – 8:105
	5:106	II. – 8:106
	5:107	II. – 8:107
Chapter 6	6:101	
	(1)	II. – 9:102(1)
	(2)	II. – 9:102(2)
	(3)	II. – 9:102(3), (4)
	6:102	II. – 9:101(2)
	6:103	II. – 9:201(1)
	6:104	II. – 9:104
	6:105	II. – 9:105
	6:106	II. – 9:106
	6:107	II. – 9:107
	6:108	II. – 9:108
	6:109	III. – 1:109(2)

	PECL	DCFR Model Rules
	6:110	
	(1)	II. – 9:301(1)
	(2)	II. – 9:303(1), 2nd. sent.
	(3)	II. – 9:303(2), (3)
	6:111	III. – 1:110
Chapter 7	7:101	III. – 2:101(1), (2)
	7:102	
	(1)	III. – 2:102(1)
	(2)	III. – 2:102(2)
	(3)	III. – 2:102(1)
	7:103	III. – 2:103
	7:104	III. – 2:104
	7:105	III. – 2:105
	7:106	III. – 2:107(1), (2)
	7:107	III. – 2:108
	7:108	III. – 2:109(1)–(3)
	7:109	
	(1)	III. – 2:110(1)
	(2)	III. – 2:110(2), (3)
	(3)	III. – 2:110(4)
	(4)	III. – 2:110(5)
	7:110	III. – 2:111
	7:111	III. – 2:112(1)
	7:112	III. – 2:113(1)
Chapter 8	8:101	III. – 3:101
	8:102	III. – 3:102
	8:103	III. – 3:502(2)
	8:104	III. – 3:202; III. – 3:203(a)
	8:105	
	(1)	III. – 3:401(2)
	(2)	III. – 3:505
	8:106	
	(1)	III. – 3:103(1)
	(2)	III. – 3:103(2), (3)
	(3)	III. – 3:503; III. – 3:507(2)
	8:107	III. – 2:106
	8:108	III. – 3:104(1), (3), (5)
	8:109	III. – 3:105(2)
Chapter 9	9:101	III. – 3:301
	9:102	
	(1)	III. – 3:302(1), (2)
	(2)	III. – 3:302(3), (5)
	(3)	III. – 3:302(4)

	PECL	DCFR Model Rules
	9:103	III. – 3:303
	9:201	
	(1)	III. – 3:401(1), (4)
	(2)	III. – 3:401(2)
	9:301	
	(1)	III. – 3:502(1)
	(2)	–
	9:302	III. – 3:506(2)
	9:303	
	(1)	III. – 3:507(1)
	(2)	III. – 3:508
	(3)	III. – 3:508
	(4)	III. – 3:104(4)
	9:304	III. – 3:504
	9:305	III. – 3:509(1), (2)
	9:306	III. – 3:511(2) *[ex IOE III.–3:510 and III. – 3:512(2)]*
	9:307	III. – 3:510 *[ex IOE III.–3:511]*
	9:308	III. – 3:510 *[ex IOE III.–3:511]*
	9:309	III. – 3:510 *[ex IOE III.–3:511]*
		III. – 3:512 *[ex IOE III.–3:513]*
	9:401	III. – 3:601
	9:501	III. – 3:701
	9:502	III. – 3:702
	9:503	III. – 3:703
	9:504	III. – 3:704
	9:505	III. – 3:705
	9:506	III. – 3:706
	9:507	III. – 3:707
	9:508	III. – 3:708
	9:509	III. – 3:712 *[ex IOE III.–3:710]*
	9:510	III. – 3:713 *[ex IOE III.–3:711]*
Chapter 10	10:101	III. – 4:102
	10:102	III. – 4:103
	10:103	III. – 4:104
	10:104	III. – 4:105
	10:105	III. – 4:106
	10:106	III. – 4:107

	PECL	DCFR Model Rules
	10:107	III. – 4:108
	10:108	
	(1)	III. – 4:109(1)
	(2)	–
	(3)	III. – 4:109(2)
	10:109	III. – 4:110
	10:110	III. – 4:111
	10:111	III. – 4:112
	10:201	III. – 4:202
	10:202	III. – 4:204
	10:203	III. – 4:205
	10:204	III. – 4:206
	10:205	III. – 4:207
Chapter 11	11:101	
	(1)	III. – 5:101(1)
	(2)	III. – 5:101(1)
	(3)	III. – 5:101(2)
	(4)	III. – 5:103(1)
	(5)	–
	11:102	
	(1)	III. – 5:105(1)
	(2)	III. – 5:106(1)
	11:103	III. – 5:107
	11:104	III. – 5:110
	11:201	III. – 5:115
	11:202	III. – 5:114(1), (2)
	11:203	III. – 5:108(1); III. – 5:122 *[ex IOE III. – 5:108(3)]*
	11:204	III. – 5:112(2), (4), (6)
	11:301	
	(1)	III. – 5:108(2), III. – 5:108(3) *[ex IOE III. – 5:108(4), (5)]*
	(2)	III. – 5:108(4) *[ex IOE III. – 5:108(6)*
	11:302	III. – 5:109
	11:303	
	(1)	III. – 5:119(1) *[ex IOE III. – 5:118(1)];* III. – 5:120(2) *[ex IOE III. – 5:119(2)]*
	(2)	III. – 5:120(3), (4) *[ex IOE III. – 5:119(3), (4)]*

	PECL	DCFR Model Rules
	(3)	III. – 5:120(1) *[ex IOE III. – 5:119(1)]*
	(4)	III. – 5:119(1) *[ex IOE III. – 5:118(1)]*
	11:304	III. – 5:119(2) *[ex IOE III. – 5:118(2)]*
	11:305	–
	11:306	III. – 5:117
	11:307	III. – 5:116(1), (3)
	11:308	–
	11:401	
	(1)	III. – 5:121(1) *[ex IOE III. – 5:120(1)]*
	(2)	III. – 5:114(3)
	(3)	III. – 5:122 *[ex IOE III. – 5:108(3)]*
	(4)	III. – 5:122 *[ex IOE III. – 5:108(3)]*
Chapter 12	12:101	
	(1)	III. – 5:202(1)(a) *[ex IOE III. – 5:201(1)]* III. – 5:203(1) *[ex IOE III. – 5:201(1)]*
	(2)	III. – 5:203(2) *[ex IOE III. – 5:201(2)]*
	12:102	
	(1)	III. – 5:205(3) *[ex IOE III. – 5:202(1)]*
	(2)	III. – 5:205(4) *[ex IOE III. – 5:202(2)]*
	(3)	III. – 5:205(5) *[ex IOE III. – 5:202(3)]*
	(4)	III. – 5:205(1) *[ex IOE III. – 5:202(4)]*
	12:201	
	(1)	III. – 5:302(1) *[ex IOE III. – 5:301(1)]*
	(2)	III. – 5:302(2) *[ex IOE III. – 5:301(2)]*
Chapter 13	13:101	III. – 6:102(a), (b)
	13:102	III. – 6:103
	13:103	III. – 6:104
	13:104	III. – 6:105
	13:105	III. – 6:106
	13:106	III. – 6:107
	13:107	III. – 6:108

	PECL	DCFR Model Rules
Chapter 14	14:101	III. – 7:101
	14:201	III. – 7:201
	14:202	III. – 7:202
	14:203	III. – 7:203
	14:301	III. – 7:301
	14:302	III. – 7:302(1)-(3)
	14:303	III. – 7:303(1), (2)
	14:304	III. – 7:304
	14:305	III. – 7:305
	14:306	III. – 7:306
	14:307	III. – 7:307
	14:401	III. – 7:401
	14:402	III. – 7:402
	14:501	III. – 7:501
	14:502	III. – 7:502
	14:503	III. – 7:503
	14:601	III. – 7:601
Chapter 15	15:101	II. – 7:301
	15:102	II. – 7:302
	15:103	–
	15:104	II. – 7:303
	15:105	II. – 7:304
Chapter 16	16:101	III. – 1:106(1)
	16:102	III. – 1:106(4)
	16:103	
	(1)	III. – 1:106(2)
	(2)	III. – 1:106(3)
Chapter 17	17:101	III. – 3:709

Table of derivations

An entry in this table indicates an article of the PECL which addresses the same legal issue as that dealt with in the relevant model rule. It does not imply that the article of the PECL is in the same terms or to the same effect.

Relocations of Model Rules since the publication of the Interim Outline Edition (IOE) are indicated in italics in square brackets; newly inserted Articles or Paragraphs are pointed out by an asterisk. Reference should be made to the IOE to ascertain changes in wording.

	DCFR Model Rules	PECL
Book I	I. – 1:101	
	(1)	1:101(1)
	(2)	–
	(3)	–
	I. – 1:102	
	(1)	1:106(1), 1st sent.
	(2)	–
	(3)	1:106(1), 2nd sent.
	(4)	1:106(2), 1st sent.
	(5)	–
	I. – 1:103* *[ex IOE Annex 1: "Good faith and fair dealing"]*	–
	I. – 1:104* *[ex IOE Annex 1: "Reasonable"]*	1:302
	I. – 1:105* *[ex IOE Annex 1: "Consumer" and "Business"]*	–
	I. – 1:106 *[ex IOE I. – 1:105]*	1:301(6)
	I. – 1:107 *[ex IOE I. – 1:106]*	–
	I. – 1:108	
	(1) (with Annex: "Conduct"; "Court"; "Non-performance"; "Standard terms") *[ex IOE I. – 1:103(1) (with Annex 1: "Conduct"; "Court"; "Non-performance"; "Standard terms")]*	1:301(1), (2), (4); 2:209(3)
	(2) *[ex IOE I. – 1:103(2)]*	–

	DCFR Model Rules	PECL
Book I	I. – I:109 *[ex IOE II.–I:106]*	
	(1)	1:303(6)
	(2)	1:303(1)
	(3)	1:303(2)
	(4)	1:303(3)
	(5)	1:303(5)
	(6)	–
	(7)	–
	I. – I:110* *[ex IOE I. – I:104 (with Annex 2)]*	1:304
Book II	II. – I:101	–
	II. – I:102	
	(1)	1:102(1)
	(2)	1:102(2)
	(3)	–
	II. – I:103	
	(1)	–
	(2)	2:107
	(3)	–
	II. – I:104	
	(1)	1:105(1)
	(2)	1:105(2)
	(3)	–
	II. – I:105	1:305
	II. – I:106 *[ex IOE II.–I:107]*	
	(1)	2:101(2)
	(2)*	–
	II. – I:107 *[ex IOE II.–I:108]*	–
	II. – I:108 *[ex IOE II.–I:109]*	–
	II. – I:109* *[ex IOE Annex I: "Standard terms"]*	–
	II. – I:110 *[ex IOE II.–9:403]*	–
	II. – 2:101	–
	II. – 2:102	–
	II. – 2:103	–
	II. – 2:104	–
	II. – 2:105	–
	II. – 3:101	–
	II. – 3:102	

	DCFR Model Rules	PECL
Book II	(1)	–
	(2)	–
	(3)*	–
	II. – 3:103	–
	II. – 3:104	–
	(1)	–
	(2)	–
	(3)	–
	(4)*	–
	(5)*	–
	II. – 3:105	–
	(1)	–
	(2)	–
	(3)*	–
	(4)*	–
	II. – 3:106	–
	(1)	–
	(2)*	–
	(3)	–
	II. – 3:107*	–
	II. – 3:108*	–
	II. – 3:109 *[ex IOE II.–3:107]*	–
	II. – 3:201	–
	II. – 3:202*	–
	II. – 3:301	
	(1)	2:301(1)
	(2)	1:201(1)
	(3)	2:301(2)
	(4)	2:301(3)
	II. – 3:302	
	(1)	2:302, 1st sent.
	(2)	–
	(3)	–
	(4)	2:302, 2nd sent.
	II. – 3:401	–
	II. – 3:501*	–
	II. – 4:101	2:101(1)
	II. – 4:102	2:102
	II. – 4:103	2:103
	II. – 4:104	2:105
	II. – 4:105	2:106
	II. – 4:201	2:201

	DCFR Model Rules	PECL
Book II	II. – 4:202	
	(1)	2:202(1)
	(2)	2:202(2)
	(3)	2:202(3)
	(4)*	–
	II. – 4:203	2:203
	II. – 4:204	2:204
	II. – 4:205	2:205
	II. – 4:206	2:206
	II. – 4:207	2:207
	II. – 4:208	2:208
	II. – 4:209	2:209(1), (2)
	II. – 4:210	2:210
	II. – 4:211	2:211
	II. – 4:301	–
	II. – 4:302	–
	II. – 4:303	–
	II. – 5:101	–
	II. – 5:102	–
	II. – 5:103	–
	II. – 5:104	–
	II. – 5:105	–
	(1)	–
	(2)	–
	(3)*	–
	(4)	–
	(5)	–
	(6)	–
	(7)*	–
	II. – 5:106	–
	II. – 5:201	–
	II. – 5:202	–
	II. – 6:101	
	(1)	3:101(1)
	(2)	–
	(3)	3:101(3)
	II. – 6:102	–
	II. – 6:103	
	(1)	–
	(2)	3:201(1)
	(3)	3:201(3)

	DCFR Model Rules	PECL
Book II	II. – 6:104	
	(1)	–
	(2)	3:201(2)
	(3)	3:206
	II. – 6:105	3:202
	II. – 6:106	3:301
	II. – 6:107	
	(1)	3:204(1)
	(2)	3:204(2), 1st sent.
	(3)	3:204(2), 2nd sent.
	II. – 6:108	3:203
	II. – 6:109	3:205
	II. – 6:110	–
	II. – 6:111	
	(1)	3:207(1)
	(2)	3:207(2)
	(3)	–
	II. – 6:112	
	(1)	3:209(1)
	(2)	–
	(3)	3:209(2)
	(4)	3:209(3)
	II. – 7:101	
	(1)	–
	(2)	4:101
	(3)	–
	II. – 7:102	4:102
	II. – 7:201	4:103
	II. – 7:202	4:104
	II. – 7:203	4:105
	II. – 7:204	4:106
	II. – 7:205	4:107
	II. – 7:206	4:108
	II. – 7:207	4:109
	II. – 7:208	4:111
	II. – 7:209	4:112
	II. – 7:210	4:113(1)
	II. – 7:211	4:114
	II. – 7:212	
	(1)	–
	(2)	4:115
	(3)	–

	DCFR Model Rules	PECL
Book II	II. – 7:213	4:116
	II. – 7:214	4:117
	II. – 7:215	4:118
	II. – 7:216	4:119
	II. – 7:301	15:101
	II. – 7:302	15:102
	II. – 7:303	15:104
	II. – 7:304	15:105
	II. – 8:101	5:101
	II. – 8:102	
	(1)	5:102
	(2)	–
	II. – 8:103	
	(1)	5:103
	(2)*	–
	II. – 8:104	5:104
	II. – 8:105	5:105
	II. – 8:106	5:106
	II. – 8:107	5:107
	II. – 8:201	–
	II. – 8:202	–
	II. – 9:101	
	(1)	–
	(2)	6:102
	(3)	–
	(4)	–
	II. – 9:102	
	(1)	6:101(1)
	(2)	6:101(2)
	(3)	6:101(3)
	(4)	6:101(3)
	(5)	–
	(6)*	–
	II. – 9:103	
	(1)	2:104(1)
	(2)	–
	(3)(a)	–
	(3)(b)	2:104(2)
	II. – 9:104	6:104
	II. – 9:105	6:105
	II. – 9:106	6:106
	II. – 9:107	6:107

	DCFR Model Rules	PECL
Book II	II. – 9:108	6:108
	II. – 9:109*	–
	II. – 9:201	
	(1)	6:103
	(2)	–
	II. – 9:301	
	(1)	6:110(1)
	(2)	–
	(3)	–
	II. – 9:302	–
	II. – 9:303	6:110(2), (3)
	II. – 9:401	–
	II. – 9:402	–
	II. – 9:403 *[ex IOE II.–9:404]*	4:110(1)
	II. – 9:404 *[ex IOE II.–9:405]*	4:110(1)
	II. – 9:405 *[ex IOE II.–9:406]*	4:110(1)
	II. – 9:406 *[ex IOE II.–9:407]*	
	(1)	–
	(2)	4:110(2)
	II. – 9:407 *[ex IOE II.–9:408]*	
	(1)	4:110(1)
	(2)	–
	II. – 9:408 *[ex IOE II.–9:409]*	4:110(1)
	II. – 9:409 *[ex IOE II.–9:410]*	–
	II. – 9:410 *[ex IOE II.–9:411]*	–
Book III	III. – 1:101 *[ex IOE III.–1:102]*	–
	III. – 1:102 *[ex IOE III.–1:101]*	
	(1)	–
	(2)	–
	(3)	1:301(4)
	(4)	–
	(5)	–
	III. – 1:103	
	(1)	1:201(1)
	(2)	1:201(2)
	(3)	–

	DCFR Model Rules	PECL
Book III	III. – 1:104	1:202
	III. – 1:105	–
	III. – 1:106	
	(1)	16:101
	(2)	16:103(1)
	(3)	16:103(2)
	(4)	16:102
	(5)	–
	III. – 1:107	–
	III. – 1:108	–
	III. – 1:109	
	(1)	–
	(2)	6:109
	(3)	–
	III. – 1:110	6:111
	III. – 1:111*	–
	III. – 2:101	
	(1)	7:101(1)
	(2)	7:101(2), (3)
	(3)	–
	III. – 2:102	
	(1)	7:102(1), (3)
	(2)	7:102(2)
	(3)*	–
	(4)*	–
	III. – 2:103	7:103
	III. – 2:104	7:104
	III. – 2:105	7:105
	III. – 2:106	8:107
	III. – 2:107	
	(1)	7:106(1)
	(2)	7:106(2)
	(3)	–
	III. – 2:108	7:107
	III. – 2:109	
	(1)	7:108(1)
	(2)	7:108(2)
	(3)	7:108(3)
	(4)	–
	III. – 2:110	
	(1)	7:109(1)
	(2)	7:109(2)
	(3)	7:109(2)

	DCFR Model Rules	PECL
Book III	(4)	7:109(3)
	(5)	7:109(4)
	III. – 2:111	7:110
	III. – 2:112	
	(1)	7:111
	(2)	–
	III. – 2:113	
	(1)	7:112
	(2)	–
	III. – 2:114	–
	III. – 3:101	8:101
	III. – 3:102	8:102
	III. – 3:103	
	(1)	8:106(1)
	(2)	8:106(2), 1st sent.
	(3)	8:106(2), 2nd sent.
	III. – 3:104	
	(1)	8:108(1)
	(2)	–
	(3)	8:108(2)
	(4)	9:303(4)
	(5)	8:108(3)
	III. – 3:105	
	(1)	–
	(2)	8:109
	III. – 3:106	
	(1)	1:303(4), 1st sent.
	(2)	1:303(4), 2nd sent.
	III. – 3:107	–
	III. – 3:108*	–
	III. – 3:201	–
	III. – 3:202	8:104
	III. – 3:203	
	(a)	8:104
	(b)	–
	(c)	–
	(d)	–
	III. – 3:204	–
	III. – 3:205*	–
	III. – 3:301	9:101
	III. – 3:302	
	(1)	9:102(1)
	(2)	9:102(1)

	DCFR Model Rules	PECL
Book III	(3)	9:102(2)(a)-(c)
	(4)	9:102(3)
	(5)	9:102(2)(d)
	III. – 3:303	9:103
	III. – 3:401	
	(1)	9:201(1), 1st sent.
	(2)	8:105(1); 9:201(2)
	(3)	–
	(4)	9:201(1), 2nd sent.
	III. – 3:501	–
	III. – 3:502	
	(1)	9:301(1)
	(2)	8:103
	III. – 3:503	8:106(3)
	III. – 3:504	9:304
	III. – 3:505	8:105(2)
	III. – 3:506	
	(1)*	–
	(2)	9:302
	III. – 3:507	
	(1)	9:303(1)
	(2)	8:106(3)
	III. – 3:508	9:303(2), (3)
	III. – 3:509	
	(1)	9:305(1)
	(2)	9:305(2)
	(3)	–
	III. – 3:510 *[ex IOE III.–3:511]*	9:307; 9:308; 9:309
	III. – 3:511 *[ex IOE III.–3:512]*	
	(1)	–
	(2) *[ex IOE III.–3:510]*	9:306
	(3)*	–
	III. – 3:512 *[ex IOE III.–3:513]*	9:309
	III. – 3:513 *[ex IOE III.–3:514]*	–
	III. – 3:514 *[ex IOE III.–3:515]*	–
	III. – 3:601	9:401
	III. – 3:701	9:501
	III. – 3:702	9:502
	III. – 3:703	9:503

	DCFR Model Rules	PECL
Book III	III. – 3:704	9:504
	III. – 3:705	9:505
	III. – 3:706	9:506
	III. – 3:707	9:507
	III. – 3:708	9:508
	III. – 3:709	17:101
	III. – 3:710*	–
	III. – 3:711*	–
	III. – 3:712 *[ex IOE III.–3:710]*	9:509
	III. – 3:713 *[ex IOE III.–3:711]*	9:510
	III. – 4:101	–
	III. – 4:102	10:101
	III. – 4:103	10:102
	III. – 4:104	10:103
	III. – 4:105	10:104
	III. – 4:106	10:105
	III. – 4:107	10:106
	III. – 4:108	10:107
	III. – 4:109 (1) (2) (3)	 10:108(1) 10:108(3) –
	III. – 4:110	10:109
	III. – 4:111	10:110
	III. – 4:112	10:111
	III. – 4:201	–
	III. – 4:202	10:201
	III. – 4:203	–
	III. – 4:204	10:202
	III. – 4:205	10:203
	III. – 4:206	10:204
	III. – 4:207	10:205
	III. – 5:101 (1) (2)	 11:101(1), (2) 11:101(3)
	III. – 5:102	–
	III. – 5:103 (1) (2)	 11:101(4) –

	DCFR Model Rules	PECL
Book III	III. – 5:104	
	(1)	–
	(2)*	–
	(3)*	–
	(4)	–
	III. – 5:105	
	(1)	11:102(1)
	(2)	–
	III. – 5:106	
	(1)	11:102(2)
	(2)	–
	III. – 5:107	11:103
	III. – 5:108	
	(1)	11:203
	(2)	11:301(1)
	(3) *[ex IOE III.–5:108(4), (5)]*	11:301(1)
	(4) *[ex IOE III.–5:108(6)]*	11:301(2)
	III. – 5:109	11:302
	III. – 5:110	11:104
	III. – 5:111	–
	III. – 5:112	
	(1)	–
	(2)	11:204(a)
	(3)	–
	(4)	11:204(b)
	(5)	–
	(6)	11:204(c)
	(7)	–
	III. – 5:113	–
	III. – 5:114	
	(1)	11:202(1)
	(2)	11:202(2)
	(3)	11:401(2)
	III. – 5:115	11:201
	III. – 5:116	
	(1)	11:307(1)
	(2)	–
	(3)	11:307(2)
	III. – 5:117	11:306
	III. – 5:118*	–

	DCFR Model Rules	PECL
Book III	III. – 5:119 *[ex IOE III.–5:118]*	
	(1)	11:303(1), (4)
	(2)	11:304
	(3)*	–
	III. – 5:120 *[ex IOE III.–5:119]*	
	(1)	11:303(3)
	(2)	11:303(1)
	(3)	11:303(2)
	(4)	11:303(2)
	III. – 5:121 *[ex IOE III.–5:120]*	
	(1)	11:401(1)
	(2)	–
	III. – 5:122* *[ex IOE III.–5:108(3)]*	11:203; 11:401(3), (4)
	III. – 5:201*	–
	III. – 5:202	
	(1)	
	(a) *[ex IOE III.–5:201(1)]*	12:101(1)
	(b)*	–
	(c)*	–
	(2)*	–
	III. – 5:203	
	(1) *[ex IOE III.–5:201(1)]*	12:101(1)
	(2) *[ex IOE III.–5:201(2)]*	12:101(2)
	(3)*	–
	III. – 5:204*	–
	III. – 5:205	
	(1) *[ex IOE III.–5:202(4)]*	12:102(4)
	(2)*	–
	(3) *[ex IOE III.–5:202(1)]*	12:102(1)
	(4) *[ex IOE III.–5:202(2)]*	12:102(2)
	(5) *[ex IOE III.–5:202(3)]*	12:102(3)
	III. – 5:206*	
	III. – 5:207*	
	III. – 5:208*	
	III. – 5:209*	

	DCFR Model Rules	PECL
Book III	III. – 5:301*	
	III. – 5:302	
	(1) *[ex IOE III.–5:301(1)]*	12:201(1), 1st sent.
	(2) *[ex IOE III.–5:301(1)]*	12:201(1), 2nd sent.
	(3) *[ex IOE III.–5:301(2)]*	12:201(2)
	III. – 5:401*	–
	III. – 5:402*	–
	III. – 6:101	
	(1)	–
	(2)*	–
	III. – 6:102	
	(a), (b)	13:101
	(c)*	–
	III. – 6:103	13:102
	III. – 6:104	13:103
	III. – 6:105	13:104
	III. – 6:106	13:105
	III. – 6:107	13:106
	III. – 6:108	13:107
	III. – 6:201	–
	III. – 7:101	14:101
	III. – 7:201	14:201
	III. – 7:202	14:202
	III. – 7:203	14:203
	III. – 7:301	14:301
	III. – 7:302	
	(1)	14:302(1)
	(2)	14:302(2)
	(3)	14:302(3)
	(4)*	–
	III. – 7:303	
	(1)	14:303(1)
	(2)	14:303(2)
	(3)*	–
	(4)	–
	III. – 7:304	14:304
	III. – 7:305	14:305
	III. – 7:306	14:306
	III. – 7:307	14:307
	III. – 7:401	14:401
	III. – 7:402	14:402

	DCFR Model Rules	PECL
Book III	III. – 7:501	14:501
	III. – 7:502	14:502
	III. – 7:503	14:503
	III. – 7:601	14:601

General list of abbreviations*

A & E	Admiralty and Ecclesiastical Cases (London 1865-1875; cited by year, book and page; cf. LR)
A & V	*Aansprakelijkheid en Verzekering. Tijdschrift voor beroeps-, bedrijfs- en overheidsaanspakelijkheid* (Deventer 1.1993-8.2000; since 2000/01 published as *Aansprakelijkheid, verzekering en schade* [AV&S]; cited by year and page)
A.C.	*Actualidad Civil* (Madrid 1.1985 ff, cited by year and page)
A.L.	*L-Avviż Legali* (Legal notice, Malta)
A.N.	*Αναγκαστικός νόμος* (Obligatory law, Greece)
a.o.	and others
A.P.	*Αρειος Πάγος* (Supreme Court in Civil Matters, Greece)
AA	*Ars Aequi Juridisch Studentenblad* (Zwolle [later Nijmegen], 1.1951/1952 ff; cited by year and page)
AAMN	*Anales de la Academia Matritense del Notariado* (Madrid 1.1945 ff; cited by year and page)
AB	*Alkotmánybirósági határozat* (Decisions of the Constitutional Court of Hungary; cited by number and year)
AB	*Wet algemeene bepalingen* (Act of 15 May 1829 on the General Provisions for the Legislation of the Kingdom, The Netherlands, Stbl. 28)
AB 04	*Allmänna bestämmelser för byggnads-, anläggnings- och installationsentreprenader* (General Conditions of Contract for Building, Civil Engineering and Installation Work of 2004, Sweden)
ABGB	cf. CC
ABK 96	*Allmänna Bestämmelser för Konsultuppdrag inom arkitekt och ingenjörsverksamhet av år 1996* (General Rules for Consulting Works in Architectural and Engineering Activities of 1996, Sweden)
AC	Appeal Cases (House of Lords) (London 1.1875/76 ff; the older part of the collection up to 1890 cited as App. Cas.; from 1891 the abbreviation AC is used; cited by year, book and page); cf. LR
AC	*Aranzadi Civil* (Navarra 1.1992 ff; cited by year, volume, number and page); cf. RAJ
AcadCCProp	Academic Proposal for the Hungarian CC (March 2008)
AcadProp	cf. AcadCCProp
ACLR	Australian Current Law Review (Sydney 1.1969/70-2.1970/71; cited by year, volume and page)

* Table compiled by *Daniel Smith* (Osnabrück) together with *Johanna Graf*, *Aleksandra Izabela Kryśków* and *Anneke Lohmann* (Osnabrück) and the assistance of *Sebastian König* (Osnabrück).

AcP	*Archiv für die civilistische Praxis* (Tübingen 1.1818(1820)-50.1867; N.S. 1.=51.1868-49.=99.1906; 100.1906-120.1922; N.S. [=3.F.] 1.=121.1923-29.=149.1944; 30.=150.1948/49-53.=173.1973; 174.1974 ff; incorporating *Archiv für bürgerliches Recht*, Berlin 1.1888/89-43.1917/19; cited by volume, year and page)
ACQP	Acquis Principles; drafted by the Acquis Group (European Research Group on Existing EC Private Law)
AD	South African Law Reports. Decisions of The Supreme Court of South Africa, the South-West Africa Division, the High Court of Rhodesia, Appellate Division (1910-1945/46; cited by year and page)
AD	*Arbetsdomstolens domar* (Stockholm 1.1929-49.1977(1978); 1978(1979) ff; cited by year and number)
Ad & E	Adolphus & Ellis' Queen's Bench Reports (ER 110-113) (volumes 1-12 covering the years 1834-1840; cited by volume and page)
ADC	*Annuario de Derecho Civil* (Madrid 1.1948 ff; cited by year and page)
affd	affirmed
AfP	*AfP. Zeitschrift für Medien- und Kommunikationsrecht* (Düsseldorf 26.1995 ff; 1.1953-25.1994 published as *Archiv für Presserecht*; cited by year and page)
AFT	*Arrêt du Tribunal fédéral* (Judgements of the Swiss Federal Tribunal) (available online at: http://www.bger.ch)
AG	*Amtsgericht* (Local Court, Austria and Germany)
AG	*Aktiengesellschaft* (Joint-stock company, Austria and Germany)
A-G	*Advocaat-Generaal* (The Netherlands); Attorney-General (England, Ireland); *Avocat-Général* (Belgium, France)
AGBG	*Gesetz zur Regelung des Rechts der Allgemeinen Geschäftsbedingungen* (General Contract Terms Act, Germany)
AGG	*Allgemeines Gleichbehandlungsgesetz* (General Equal Treatment Act, Germany)
AHC/SLC	*Association Henri Capitant des Amis de la Culture Juridique Française* and *Société de Législation Comparée* (Producers of European Contract Law. Materials for a Common Frame of Reference: Terminology, Guiding Principles, Model Rules (Munich 2008))
AHG	*Amtshaftungsgesetz* (Civil Servants' Liability Act, Austria)
AID	*Αρχείο Ιδιωτικού Δικαίου* (*Triminiaia nomiki epitheorisis*; Civil Law Archive, Athens 1.1934-17.1954/59; cited by volume, year and page)
AJA	*Actualidad Jurídica Aranzadi* (Navarra 1.1991 ff; cited by year, number and page)
AJCL	The American Journal of Comparative Law (Baltimore, Berkeley, since 2005 Ann Arbor 1.1952 ff; cited by volume, year and page)
AJDA	*L' actualité juridique: revue mensuelle: Droit administratif* (Paris 1.1945; cited by year and page)
AJP/PJA	*Aktuelle juristische Praxis/Pratique Juridique actuelle* (Lachen 1.1992 ff; cited by year and page)
AJT	*Algemeen Juridisch Tijdschrift* (Gent 1994-2002; subsequently *Nieuw juridisch Weekblad*, cf. NjW)
AK	cf. CC
ALJR	The Australian Law Journal Reports, incorporated in the The Australian Law Journal (Sydney et al. 32.1958/59 ff; cited by volume and page)

All ER	All England Law Reports (London 1.1936 ff; cited by year, book and page)
Alm.Del	*Almindelig Del* (General part, Denmark)
ALR	The Australian Law Reports. Being reports of judgments of the High Court of Australia, the Federal Court of Australia, other federal courts and tribunals, state and territory supreme courts exercising federal jurisdiction and incorporating reports of judgements of the Supreme Court of the Australian Capital Territory (revised by the judges) and the Supreme Court of the Northern Territory (Chatswood et al. 1.1973/74 ff; cited by volume, year and page)
ALR	*Allgemeines Landrecht für die Preußischen Staaten vom 5. Februar 1794* (Civil Code of 5 February 1794, Prussia, 1 June 1794)
alt.	alternative
AM	*Auteurs en media/Auteurs et média* (Brussels 1.1996; cited by year and page)
Amb	Ambler's Chancery Reports (ER 27) (1737-1784; cited by year and page)
AMG	*Arzneimittelgesetz* (Medicines Act, Germany)
AnfO	*Anfechtungsordnung* (Avoidance Act, Austria)
AngG	*Angestelltengesetz* (Employees' Act, Austria)
Ann. Louv.	*Annales de Droit de Louvain – revue trimestrielle* (Brussels 41.1981 ff; previously *Annales de l'Association des Anciens Etudiants de la Faculté de Droit de l'Université de Louvain – revue trimestrielle/Annalen van de Vereeniging der Oud-Studenten van de Rechtsfaculteit der Universiteit van Leuven*, 1.1930/33-2.1933/34; then *Annales de droit et de sciences politiques – revue trimestrielle/Annalen voor rechtsgeleerdheid en staatswetenschappen*, 3.1934/35-24.1964; and *Annales de droit – revue trimestrielle de droit belge*, 25.1965-40.1980 [Annal.dr.]; cited by year and page)
Ann.Dr.Liège	*Actualités du droit. Revue de la Faculté de droit de Liège* (Liège 1.1956-35.1990, later Antwerpen, Brussels 1.1991-13.2003; since 1.1956-21.1976 *Annales de la Faculté de Droit de Liège*, 21.1976-27.1982 *Annales de la Faculté de Droit, d'Économie et de Sciences Sociales de Liège*, 28.1983-35.1990 *Annales de droit de Liège; since 49.2004 ff published as Revue de la Faculté de Droit de l'Université de Liège* [RFDL]; cited by year and page)
Annal.dr.	*Annales de droit: revue trimestrielle de droit belge* (Brussels 25.1965-40.1980; since 41.1981: *Annales de droit de Louvain: revue trimestrielle* [cf. Ann. Louv. above]; cited by year and page)
Annal.prop. industr.	*Annales de la propriété industrielle, artistique et littéraire – revue trimestrielle* (Paris 1.1855 ff; cited by year and page)
Anon.	Anonymous author
Anst	Anstruther's Exchequer Reports (ER 145) (volumes 1-3 covering the years 1792-1797; cited by year, volume and page)
ANWB	*Algemene Nederlandse Wielrijdersbond* (Dutch General Cyclists Association)
AnwBl	*Österreichisches Anwaltsblatt: Organ des österreichischen Rechtsanwaltskammertages* (Vienna 1970 ff; cited by year and page); previousely *Nachrichtenblatt der Österreichischen Rechtsanwaltschaft: mit den Mitteilungen der Rechtsanwaltkammern; zugleich Organ der wirtschaftlichen Organisation der Rechtsanwälte* (Vienna 3.1930-11.1938, 3/4; 12.1950-31.1969)
AP	*Audiencia Provincial* (Court of Appeal, Spain); cf. CA

AP	*Arbeitsrechtliche Praxis. Nachschlagewerk des BAG* (Munich and Frankfurt/M. 1.1971 ff; cited by Law, § and number)
App	*Corte d'Appello* (Court of Appeal, Italy); cf. CA
App. Cas.	Appeal Cases (1875-1890); cf. AC and LR
appr.	approximate
APR	*Algemene Praktische Rechtsverzameling* (Gent 1.1952 ff; cited by year and number)
APR	Annual percentage of rate
Apygardų teismai	Regional Court (Lithuania)
Apylinkių teismai	Local Court (Lithuania)
AR	*Arrêté Royal* (Royal decree, Belgium)
Arb	*Sammlung arbeitsrechtlicher Entscheidungen* (Vienna 58.1989(1990); previously *Sammlung arbeitsrechtlicher Entscheidungen der Gerichte und Einigungsämter* (Vienna 1.1922/23-16.1938/47(1948); 17.1948(1949)-57.1988(1989); cited by number)
Arch.civ.	*Archivio civile* (Piacenza, 4th Series 18.1975-47.2004; from 1.1958-17.1974 *Archivo della responsabilità civile e dei problemi generali delle danno – rivista bimestrale di legislazione, dottrina e giurisprudenza*; cited by year and page)
Arch.Giur.circolaz.	*Archivio Giuridico della circolazione e dei sinistri stradali – rivista mensile di dottrina, giurisprudenza e legislazione* (Piacenza, 4th Series 1.1955 ff; cited by year and page)
Arch.resp.civ.	*Archivio della responsabilità civile e dei problemi generali del danno* (Piacenza 1.1958 ff; 1959-1974; since 1975 published as *Archivio civile*; cited by year and page)
ArchN	*Αρχείο Νομολογίας* (Athens 1.1949 ff; cited by volume, year and page)
ARIL	Annual Review of Irish Law (Dublin 1.1987/1988; cited by year and page)
Arm	*Αρμενόπουλος* (Salonika 1.1946/47 ff; cited by year and page)
ARN	*Allmänna reklamationsnämnden* (Swedish Board of Consumer Complaints)
Arr.Cass.	*Arresten van het Hof van Cassatie* (Brussels 1.1967 ff; 1937-1961 published as *Arresten van het Hof van Verbreking*; the collection did not appear 1962-1966; cited by year and page)
art(s).	article(s)
ÄrzteG	*Ärztegesetz* (Doctor Act, Austria)
AS	*Amtliche Sammlung des Bundesrechts und systematische Sammlung des Bundesrechts* (Bern 1987(1988) ff; previously *Amtliche Sammlung und Systematische Sammlung des Bundesrechts*, 1970-1972; then *Sammlung der eidgenössischen Gesetze und Systematische Sammlung des Bundesrechts*; Bern 1973(1974)-1986(1987))
AS	*Aranzadi social* (Pamplona 1991 ff); previously *Tribunales Superiores de Justicia/ Social: Madrid* [1989(1991)-1990(1991)] and *Repertorio de sentencias del Tribunal Central de Trabajo* [1973-1989(1990/91)]; cited by year and page)
ASA	Advertising Standards Authority; a self-regulatory body established by the advertising industry to monitor compliance with codes of practice regulating the content of advertisements, sales promotions and direct marketing within the UK
ASC	Australian Consumer Sales & Credit Law Cases (North Ryde, N.S.W. 1983-1997; previously Australian Consumer Sales & Credit Law Case Reports,

	1978-1979; Australian Consumer Sales and Credit Law Reporter, Cases, 1980-1981-1982; since 1997 ff Consumer credit law cases; cited by year and page)
asp	Act of the Scottish Parliament
ASPI	*Automatizovaný systém právních informací* (Automatic System for Judicial Information, Czech Republic)
ASVG	*Allgemeines Sozialversicherungsgesetz* (Social Security Act, Austria)
AT	*Audiencia Territorial* (Former Court of Second Instance, Spain; cf. now AP)
ATF	*Arrêt du Tribunal fédéral* (Judgements of the Swiss Federal Tribunal) (available online at: http://www.bger.ch)
AtomG	*Atomgesetz* (Nuclear Energy Act, Germany)
AtomHG	*Atomhaftpflichtgesetz* (Nuclear Liability Act, Austria)
Avd	*Avdeling* (Part or section, Sweden)
Avhl	*Avhendingslova* (Sale of Real Property Act, Norway)
Avv. e proc.	*Avvocato e procuratore* (barrister and solicitor, Italy)
AWSt-A	Reference term used in the publications of the BfAI; cf. BfAI
B	Baron; a judge of the Court of Exchequer
B & Ad	Barnewall & Adolphus' King's Bench Reports (ER 109-110) (volumes 1-5 covering the years 1830-1834; cited by volume and page)
B & Ald	Barnewall and Alderson's Reports, King's Bench (ER 106) (volumes 1-5 covering the years 1817-1822; cited by volume and page)
B & C	Barnewall & Cresswell's King's Bench Reports (ER 107-109) (volumes 1-10 covering the years 1822-1830; cited by volume and page)
B & S	Best & Smith Queen's Bench Reports (ER 121-122) (volumes 1-6 covering the years 1861-1865; cited by volume and page)
B.I.B.D.C.	*Bulletin Institut Belge Droit Comparé* (Brussels 8.1922-10.1924; cited by year and page)
B.R.H.	*Belgische Rechtspraak in Handelszaken/Jurisprudence commerciale de Belgique* (Antwerp 1.1968-15.1982; cited by year and page)
B.V.	*besloten vennootschap* (Dutch company limited by shares)
BA	*Bulletin Advokacie* (Bulletin of the advocacy, Czech Republic, 1971 ff; previously *Zprávy advokacie* [1956-1969] and *Advokátní praxe* [1970])
BAG	*Bundesarbeitsgericht* (Federal Labour Court, Germany)
BAGE	*Entscheidungen des Bundesarbeitsgerichts* (Decisions of the Federal Labour Court, Germany; Berlin, later Heidelberg and Frankfurt/M. 1.1955 ff; cited by volume and page)
Banca, borsa e tit. cred.	*Banca, borsa titoli di credito: rivista di dottrina e giurisprudenza* (Milan 1.1934-8.1941; [9.]1942-[10.]1943; 11.1948-32.1969 = [N.S. 1-22]; N.S. 23=33.1970 ff; cited by year, volume and page)
BankFin	*Bank- en Financiewezen/Revue de la banque* (Brussels 1.1936/37-64.2000; since 65.2001 published as *Bank- en Financiewezen/Revue bancaire et financière*; cited by year and page)
Banque	*Revue banque* (Paris 666.2005 ff; since 1.1926-14.1939; N.S. 15.1946-60.1991 = nos. 1-522; nos. 523.1992-598.1998 published as *Banque – revue mensuelle du banquier, de son personnel et de sa clientèle*, from nos. 599.1999-665.2005 as *BanqueMagazine*; cited by year, volume and page)

BAnz	*Bundesanzeiger* (Cologne 1.1949 ff; cited by year, number and page)
Batt	Batty's King's Bench Reports (Dublin 1928, one volume covering the years 1825-1826; cited by volume and page)
BauR	*Baurecht: Zeitschrift für das gesamte öffentliche und zivile Baurecht/in Verbindung mit der ARGE Baurecht im Deutschen Anwaltverein* (Düsseldorf 1.1970 ff; cited by year and page)
BB	*Betriebs-Berater. Zeitschrift für Recht und Wirtschaft* (Heidelberg, later Frankfurt/M. 1.1946 ff; cited by year and page)
BB	*Bundesbeschluss* (Federal resolution, Switzerland)
BBergG	*Bundesberggesetz* (Mining Act, Germany)
BBR	*Boverkets Byggregler* (Building rules of The National Board of Housing, Building and Planning, Sweden)
BBTC	*Banca, borsa e titoli di credito – rivista di dottrina e giurisprudenza* (Milan 1.1934-8.1941; 9.1942-10.1943; 11.1948-32.1969=N.S. 1-22; N.S. 23=33.1970; N.S. 51=61.1998 ff; cited by year, book and column)
BCASPDM	British Code of Advertising, Sales Promotion and Direct Marketing
BCC	British Company Cases (Bicester 1.1990 ff; cited by year and page); previously British Company Law Cases (1.1983/85(1986)-1990(1991))
BCLC	Butterworths Company Law Cases (London 1.1983/84 ff; cited by year, book and page)
BD	*Byretsdom* (local court judgment, Denmark)
BDA	*Base de Datos Aranzadi* (Online database linked to Westlaw, Spain) BDA AC = *Aranzadi Civil*, cf. AC BDA AS = *Aranzadi Social*, cf. AS BDA JUR = *Jurisprudencia* (all other decisions not specifically compilated in other areas) BDA RTC = *Repertorio Tribunal Constitucional* (Constitutional Court Compilation, Spain) BDA RAJ = *Repetorio de Jurisprudencia Aranzadi*; see further RAJ
BDT	*Bírósági Döntések Tára* (Decisions of the Court of Appeal, Hungary)
Beav	Beaven's Rolls Court Reports (ER 48-55) (volumes 1-36 covering the years 1838-1866; cited by volume and page)
BfAI	*Bundesagentur für Außenwirtschaft, former Bundesstelle für Außenhandelsinformation* (Federal Information Centre on Foreign Trade Law; Cologne, Germany)
BFD	*Universidade de Coimbra. Boletim da Faculdade de Direito* (Coimbra 1.1914/15-9.1925/26=Nr. 1-90; 10.1926/28 ff; cited by volume, year and page)
BG	*Bundesgericht* (Supreme Court of Switzerland); *Bezirksgericht* (Court of Appeal, former German Democratic Republic; partly also Germany; Court of First Instance, general jurisdiction, Austria)
BG	*Bundesgesetz* (Federal law, Switzerland)
BGB	cf. CC
BGB (old)	*Bürgerliches Gesetzbuch* (Civil Code, Germany, from 18 August 1896, RGBl. p. 195 effective up to 31 July 2002)
BGB-InfoV	*Verordnung über Informations- und Nachweispflichten nach bürgerlichem Recht* (Civil Code Information Duties Act, Germany)

BGBl.	*Bundesgesetzblatt* (Official Journal issued by the Ministry of Justice, Germany; Bonn, Cologne 1949-1950; then in parts: BGBl. part I [1951 ff]; BGBl. part II [1951 ff]; BGBl. part III [1951-1967] *Fundstellennachweis der Sammlung des Bundesrechts* [Collection of Federal Statutes], since 1968 published as *Bundesgesetzblatt Teil 1. Fundstellennachweis A, Bundesrecht ohne völkerrechtliche Vereinbarungen* respectively as *Bundesgesetzblatt Teil 2. Fundstellennachweis B, Völkerrechtliche Vereinbarungen, Verträge zur Vorbereitung und Herstellung der Einheit Deutschlands) Bundesgesetzblatt für die Republik Österreich* (Official Journal, Austria 1920-1938; 1945 ff, since 2004 distributed online: www.ris.bka.gv.at)
BGE	*Entscheidungen des schweizerischen Bundesgerichtes* (Decisions of the Swiss Supreme Court; can also be referred to as *Arrêts du Tribunal Fédéral Suisse*, Lausanne 1.1875 ff; from 23.1897 two books without special titles; separation in sub-series with changing titles and numeration from 40.1914; book I: *Verfassungsrecht [inkl. Kompetenzkonflikte] = Droit constitutionnel [y compris les conflits de compétence] = Diritto costituzionale [ivi compresi i conflitti di competenza]* [121.1995 ff]; book II: *Verwaltungsrecht und internationales öffentliches Recht [inkl. Klagen aus dem öffentlichen Recht] = Droit administratif et droit international public [y compris les actions fondées sur le droit public]* [121.1995 ff]; book III: *Zivilrecht und Schuldbetreibungs- und Konkursrecht = Droit civile et poursuite pour dettes et faillite = Diritto civile e esecuzioni fallimenti* [40.1914/15]; book IV: *Strafrecht und Strafvollzug = Droit pénal, exécution des peines = Diritto penale, esecuzione delle pene* [40.1914/15]; book V: *Sozialversicherungsrecht = Droit des assurances sociales = Diritto delle assicurazioni sociali* [96.1970 ff]; cited by volume, book and page)
BGH	*Bundesgerichtshof* (Federal Court of Justice, Germany; before 1990 only for West Germany)
BGHR	*BGH-Rechtsprechung Zivilsachen* (Decisions of the German Supreme Court in civil matters, Cologne et al. 1987, CD-ROM; cited by § and keyword)
BGHReport	*BGH-Report. Schnelldienst zur Zivilrechtsprechung des Bundesgerichtshofs* (Cologne 1.2001 ff; cf. also zr-report.de; cited by year and page)
BGHZ	*Amtliche Sammlung der Entscheidungen des Bundesgerichtshofes in Zivilsachen* (Decisions of the German Federal Court of Justice in civil matters, Cologne et al. 1.1951 ff; cited by volume and page)
BH	*Bírósági Határozatok* (Reported Cases, Court Decisions, Hungary)
BIE	*Bijblad bij de Industriële Eigendom* ('s-Gravenhage, 1.1933 ff; cited by year and page)
Bijl.	*Bijlage* (Supplement, The Netherlands)
BImSchG	*Bundesimmissionsschutzgesetz* (Immission Control Act, Germany)
Bing	Bingham's Reports, Common Pleas (ER 130-131) (volumes 1-10 covering the years 1822-1834; cited by volume and page)
Bing NC	Bingham's New Cases, English Common Pleas (ER 131-133) (volumes 1-6 covering the years 1834-1840; cited by volume and page)
BinnSchG	*Binnenschiffahrtsgesetz* (Inland Waterways Act, Austria) and *Gesetz über den gewerblichen Binnenschiffsverkehr vom 1. Oktober 1953* (Industrial Inland Waterway Traffic Act, Germany)
BJ	*La Belgique Judiciaire: gazette des tribunaux belges et étrangers* (Brussels 1.1842-72.1914; 77.1919-98.1940; cited by year and page)

BJagdG	*Bundesjagdgesetz* (Federal Hunting Act, Germany)
BJC	*Boletín de Jurisprudencia Constitucional* (Bulletin of the Constitutional Court of Spain, Madrid 1.1981 ff; cited by volume, year and page)
BJIBFL	Butterworths Journal of International Banking and Financial Law (London 1.1986 ff; cited by year and page); cf. JIBFL
BKR	*Boverkets Konstruktionsregler* (Construction Rules of The National Board of Housing, Building and Planning, Sweden)
Black W	William Blackstone's King's Bench Reports (ER 96) (volumes 1-2 covering the years 1746-1780; cited by volume and page)
Bligh N.S.	Bligh's House of Lords Reports, New Series (ER 4-6) (volumes 1-11 covering the years 1827-1837; cited by volume and page)
BMLR	Butterworths Medico-Legal Reports (London 1.1992 ff; the series began in 1992 but also includes earlier landmark decisions; cited by volume and page)
BOE	*Boletín Oficial del Estado* (Official Gazette, Spain; Madrid 1.1936 ff; cited by year, number and date)
BolMinJus	*Boletim do Ministério da Justiça* (Bulletin of the Ministry of Justice, Portugal; Lisbon 1.1940/41-7.1947 = nos. 1-40 published as *Boletim oficial do Ministério da Justiça*; N.S. 1.1947; 2.1947-499.2000 published as *Boletim do Ministério da Justiça*; cited by volume, year and page)
Bos & Pul	Bosanquet & Puller's Common Pleas Reports (ER 126-127) (volumes 1-3 covering the years 1796-1804; cited by volume and page)
BPIR	Bankruptcy and Personal Insolvency Reports (Bristol 1.1996 ff; cited by year and page)
BR	*Tijdschrift Bouwrecht* (Deventer 1.1972 ff; cited by year and number)
BRAO	*Bundesrechtsanwaltsordnung* (Lawyers Regulations Act, Germany)
BRats-Drucks.	*Bundesratsdrucksachen. Verhandlungen des Bundesrates* (Proceedings of the 2nd Chamber of the German Federal Parliament; Bonn 1.1949 ff; cited by volume, year and, if necessary, by page)
BrB	cf. CP
Bro PC	J. Brown's Cases in Parliament (ER 1-3) (volumes 1-8 covering the years 1702-1800; cited by volume and page)
Brod & B	Broderip & Bingham's Common Pleas Reports (ER 129) (volumes 1-3 covering the years 1819-1822; cited by volume and page)
Brussels Convention	Convention on Jurisdiction and the Enforcement of Judgments in Civil and Commercial Matters – consolidated version, concluded at Brussels on 27 September 1968 (OJ EC C 27, 26 January 1998, 1-27)
Brussels I Reg.	Council Regulation (EC) No. 44/2001 of 22 December 2000 on Jurisdiction and the Recognition and Enforcement of Judgments in Civil and Commercial Matters (OJ EC L 12, 16 January 2001, 1-23)
BS	*Belgisch Staatsblad*; cf. Monit. belge
BT-Drucks.	*Bundestagsdrucksachen. Verhandlungen des Bundestages* (Proceedings of the 1st Chamber of the German Federal Parliament; Bonn 1.1949 ff; cited by volume, year and if necessary, by page)
BTVG	*Bundesgesetz, mit dem Regelungen über den Erwerb von Rechten an Gebäuden und Wohnungen von Bauträgern getroffen werden/Bauträgervertragsgesetz* (Real Estate Developers Contract Act, Austria)
Build LR	Building Law Reports (Harlow 1.1976-89.1998; cited by volume and page)

Build LR (N.S.)	Building Law Reports (Harlow 1.1999 ff; cited by year and page)
Bull. Bel.	*Bulletin der belastingen* (previously titled *Bulletin van de rechtstreeksche belastingen en het kadaster* and from September 1930-1960 titled *Bulletin van de rechtstreeksche belastingen*; Brussels 1.1925-4.1928; 5.1929-21.1945; 21.1945-35.1959; 36.1960 ff; cited by year and page)
Bull.Ass.	*Bulletin des Assurances* (Antwerpen 1.1921-85.2005 = nos. 1-353; 354.2006 ff; cited by year and page)
Bull.ass.plén.	*Bulletin des arrêts de la Cour de cassation, assemblée plénière* (Bulletin of the decisions of the Court of Cassation, Full Assembly of the Court, France; cited by year, book and number)
Bull.ch.mixte	*Bulletin des arrêts de la Cour de cassation, chambre mixte* (Bulletin of the decisions of the Court of cassation, Mixed Chamber, France; cited by year, book and number)
Bull.civ.	*Bulletin des arrêts de la Cour de cassation rendus en matière civile* (Bulletin of the decisions of the Court of Cassation in civil matters, France; Paris 12.1804/05, 128.1926 ff; cited by year, book and number)
Bull.com.	*Bulletin des arrêts de la Cour de cassation rendus en matière commerciale* (Bulletin of the decisions of the Court of Cassation in Commercial Matters = Book IV [formerly Book III] of Bull.civ.; cited by year, book and number)
Bull.crim.	*Bulletin des arrêts de la Cour de cassation rendus en matière criminelle* (Bulletin of the decisions of the Court of Cassation in Criminal Matters, France; Paris 9.1804 ff; cited by year, book and number)
Bulletin Droit et Banque	*Bulletin Droit et Banque* (Luxembourg 1.1982 ff; cited by year and page)
BullEU	Bulletin of the European Union (Bulletin of the European Communities, before 1993; Luxembourg 1.1968 ff; cited by year and number)
Burr	Burrows King's Bench Reports tempore Mansfield (ER 97-98) (volumes 1-5 covering the years 1757-1771; cited by volume and page)
BVerfG	*Bundesverfassungsgericht* (Federal Constitutional Court of Germany)
BVerfGE	*Amtliche Sammlung der Entscheidungen des Bundesverfassungsgerichts* (Decisions of the Federal Constitutional Court of Germany; Tübingen 1952 ff; cited by volume and page)
BVerfGG	*Gesetz über das Bundesverfassungsgericht (Bundesverfassungsgerichtsgesetz) (Statute of the Constitutional Court of the Federal Republic of Germany)*
BVerwG	*Bundesverwaltungsgericht* (Federal Court in administrative matters of Germany)
BW	cf. CC
BW (old)	*Burgerlijk Wetboek* (Civil Code, The Netherlands, from 1 September 1838, Stb. 1831 nos. 1 and 6 in conjunction with KB, 10 April 1838, Stb. 1838 no. 12)
C & F	Clark and Finnelly's House of Lords Cases (ER 6-8) (volumes 1-12 covering the years 1831-1846; cited by year, volume and page)
C & P	Carrington and Payne's Nisi Prius Reports (ER 171-173) (volumes 1-9 covering the years 1823-1841; cited by volume and page)

C Rob	Christopher Robinson's Admiralty Reports (ER 165) (volumes 1-6 covering the years 1798-1808; cited by volume and page)
c.	chapter (Acts of the United Kingdom)
C.J.	Lord Chief Justice (England)
C.P.	Common Pleas Cases (1865-1875; cited by year, volume and page; cf. LR)
C.P.Rep	Civil Procedure Reports (2000 ff; cited by year and page)
C.proc.civ.	cf. CCP
C.proc.crim.	cf. CCrimProc
C.proc.pen.	cf. CCrimProc
C.proc.pén.	cf. CCrimProc
CA	Court of Appeal; abbreviation used coherent for the following courts: *Апелативен съд/Окръжен съд* (Bulgaria); *Audiencia Provincial* [AP] (Spain); *Centraal Medisch Tuchtcollege* [CMT] (The Netherlands); *Corte d'Appello* [App] (Italy); *Cour d'Appel* (Belgium, France); *Court of Appeal* (England); *Curte de Apel* (Romania); *Εφετείο* [Ef] (Greece); High Court [HC] (Ireland; in its appellate jurisdiction); *Hof van Beroep* (Belgium); *Gerechtshof* [Hof] (The Netherlands); *Hovrätt* [HovR] (Finland, Sweden); Inner House (Court of Session, Scotland); *Ítélőtábla* (Hungary); *Kammergericht* [KG] (Berlin, Germany); *Krajsky sùd* [KS] (Slovakia); *Lietuvos apeliacinis teismas* (Lithuania), *Megyei bíróság* (Hungary); *Oberlandesgericht* [OLG] (Austria, Germany); *Софийски градски съд* (Sofia, Bulgaria); *Østre Landsret* (Denmark); *Ringkonnakohus* (Estonia); *Sąd Apelacyjny* (Poland); *Sentencia de la Audiencia Provincial* [SAP] (Spain); *Søndre Landsret* [SL] (Denmark), *Tribunal da Relação* [RL, RP, RG, RE, RC] (Portugal); *Vestre Landsret* [VL] (Denmark); *Višje sodišče* [VS] (Slovenia); *Vrnchi soud* [VS] (Czech Republic)
CA	cf. Ccom (for the Bulgarian Commercial Act)
CAA	Civil Aviation Authority (England and Wales)
CAA	*Cour d'appel administratif* (Administrative Court of Appeal, France)
Cal 3d	California Reports, Third Series (San Francisco 1974 ff; cited by volume, year and page)
Camp	Campbell's Nisi Prius Reports (ER 170-171) (volumes 1-4 covering the years 1808-1816; cited by volume and page)
Can. Bar Rev.	Canadian Bar Review/*La revue du barreau canadien* (Toronto/Ottawa, 1.1923-64.1986; 66.1987 ff; cited by volume, year and page)
Car & M	Carrington & Marshman's Nisi Prius Reports (ER 174) (reports covering the years 1840-1842; cited by year and page)
Car & P	Carrington & Payne's Nisi Prius Reports (ER 171-173) (volumes 1-9 covering the years 1823-1841; cited by volume and page)
Cass.	*Hof van Cassatie/Cour de cassation* (Belgium); *Cour de cassation* (France); *Corte Suprema di Cassazione* (Italy, when none other specified: *sezione civile* = Civil Law Chamber) (Court of Cassation)
Cass. Pen.	*Cassazione penale. Rivista mensile di giurisprudenza* (Milan 1961 ff; cited by volume, year and page)
Cass.ass.pl	*Cour de Cassation siègeant en assemblée plénière* (Court of Cassation, Full Assembly of the Court, Belgium)
Cass.ass.plén.	*Cour de cassation, Assemblée Plénière* (Court of Cassation, Full Assembly of the Court, France)

Cass.ch.mixte	*Cour de cassation, Chambre Mixte* (Court of Cassation, Mixed Chamber, France)
Cass.ch.réun.	*Cour de cassation, Chambres Réunies* (Formation of the Court of Cassation replaced in 1967 by the *Assemblée Plénière*, France)
Cass.civ.	*Cour de cassation, Chambre Civile* (Court of Cassation, Civil Law Chamber, France)
Cass.com.	*Cour de cassation, Chambre Commerciale et Financière* (Court of Cassation, Commercial, Economic and Financial Law Chamber, France)
Cass.crim.	*Cour de cassation, Chambre criminelle* (Court of Cassation, Criminal Law Chamber, France)
Cass.pén.	*Cour de cassation, Chambre pénale* (France); cf. Cass.crim.
Cass.req.	*Cour de cassation, Chambre des Requêtes* (Court of Cassation, Petition Chamber, France; abolished in 1947)
Cass.sez.civ.	*Corte di Cassazione, sezione civile* (Supreme Court of Cassation, Civil Law Chamber, Italy)
Cass.sez.lav.	*Corte di Cassazione, sezione lavoro* (Supreme Court of Cassation, Labour Law Chamber, Italy)
Cass.sez.pen.	*Corte di Cassazione, sezione penale* (Supreme Court of Cassation, Criminal Law Chamber, Italy)
Cass.sez.trib.	*Corte di Cassazione, sezione tributaria* (Supreme Court of Cassation, Tax Law Chamber, Italy)
Cass.sez.un.	*Corte di Cassazione, sezione unite* (Supreme Court of Cassation, Joint Chambers, Italy)
Cass.soc.	*Cour de cassation, Chambre Sociale* (Court of Cassation, Social Law Chamber, France)
CB	Common Bench Reports (ER 135-139) (volumes 1-18 covering the years 1845-1856; cited by volume and page)
CB (N.S.)	Common Bench Reports, New Series (ER 140-144) (volumes 1-20 covering the years 1856-1865; cited by volume and page)
CBR Jaarboek	*Centrum voor Beroepsvervolmaking in de Rechten. Universiteit Antwerpen. Jaarboek* (Antwerp and Apeldoorn 1.1996/97 ff; cited by year and page)
CC	Civil Code; abbreviation used coherent for the following codes: *Allgemeines Bürgerliches Gesetzbuch* [ABGB] (Austria); *Αστικός Κώδικας* [AK] (Greece); *Bürgerliches Gesetzbuch* [BGB] (Germany); *Burgerlijk Wetboek* [BW/NBW] (The Netherlands); *Civil Code* (Malta); *Civillikums* (Latvia); *Cod civil* [C.civ.] (Romania); *Code Civil* (Belgium, France and Luxembourg); *Codice Civile* (Italy); *Código Civil* (Portugal and Spain); *Kodeks cywilny* [KC] (Poland); *Lietuvos civilinis kodeksas* [CK] (Lithuania); *Občanský zákoník* [OZ] (Czech Republic); *Občiansky zákonník* [OZ] (Republic of Slovakia); *Polgári Törvénykönyv* [Ptk] (Hungary); *Гражданский Кодекс Российской Федерации* (Russia)
CCBE	Consultative Committee of Bars and national associations of the six states of the EEC; appellation later simplified to The Council of Bars and Law Societies of Europe
CCC	*Contrats, concurrence et consommation* (Paris 1.1991 ff; cited by year, volume and page)
CCGPA	General Part of the Civil Code Act (*Tsiviilseadustiku üldosa seadus*, Estonia)

CCH	*Code de la construction et de l'habitation* (Code of Construction and Habitation, France)
CCIA	Civil Code Implementation Act; abbreviation used coherent for the following Codes: *Εισαγωγικός Νόμος* (Greece); *Einführungsgesetz zum Bürgerlichen Gesetzbuch* [EGBGB] (Germany)
CCJC	*Cuadernos Civitas de Jurisprudencia Civil* (Madrid 1.1983 ff; cited by year and page)
CCLT	Canadian Cases on the Law of Torts (Toronto 1.1976 ff; cited by volume and page)
Ccom	Commercial Code; abbreviation used coherent for the following codes: *Cod comercial* (Romania); *Code de commerce* (France); *Código Comercial* (Portugal); *Código de comercio* (Spain); *Εμπορικός Νόμος* (Greece); *Handelsbalk* (Finland); *Handelsbalken* (Sweden [HB]); *Handelsgesetzbuch* (Austria and Germany [HGB]); *Obchodný zákoník* (Czech Republic); *Ochodný zákonník* [ObchZ] (Slovakia); *Търговски закон* [CA] (Bulgaria); *Wetboek van Koophandel/Code de commerce* (Belgium)
CCP	Code of Civil Procedure; abbreviation used coherent for the following codes: *Civilinio proceso Kodeksas* (Lithuania); *Cod de procedură civilă* (Romania); *Code de Procédure Civile* [C.proc.civ./NCPC] (France); *Codice di procedura civile* [C.proc.civ./CPC] (Italy); *Código de Processo Civil* [C.proc.civ.] (Portugal); *Ley de enjuiciamiento civil* [LEC] (Spain); *Code judiciaire* (Part IV)/*Gerechtelijk Wetboek* [Code jud./GerW] (Belgium); *Κώδικας Πολιτικής Δικονομίας* [KPolDik] (Greece); *Polgári perrendtartás* [Pp] (Hungary); *Граждански процесуален кодекс* (Bulgaria); *Tsiviilkohtumenetluse seadustik* (Estonia); *Kodeks postępowania cywilnego* (Poland); *Wetboek van Burgerlijke Rechtsvordering* [Rv] (The Netherlands); *Zakon o pravdnem postopku* [ZPP] (Slovenia); *Zákon občanský soudní řád* (Czech Republic); *Zivilprozessordnung* [ZPO] (Austria and Germany)
CCR	Crown Cases Reserved (London 1865-1875; cited by volume and page); cf. LR
CCrimProc	Code of Criminal Procedure; abbreviation used coherent for the following codes: *Cod de procedură penală* (Romania); *Code de procédure pénale* [C.proc.pén.] (France); *Code d'instruction criminelle/Wetboek van Strafvordering* [C.proc.crim.] (Belgium); *Codice di procedura penale* [C.proc.pen.] (Italy); *Código de Processo Penal* [C.proc.pen.] (Portugal); *Κώδικας Ποινικής Δικονομίας* [KPD] (Greece); *Ley de Enjuiciamiento Criminal* [LECr] (Spain); *Strafprozessordnung* [StPO] (Germany); *Wetboek van Strafvordering* [Sv] (The Netherlands)
CD	*Código deontológico da ordem dos médicos* (Doctors Standard of Care Act, Portugal)
Cd	Command Papers (London 1900-1918, United Kingdom; cited by document number)
CDC	*Cuadernos de Derecho y Comercio*, Spain (Madrid 1.1987 ff; cited by year and page)
Cdo	*Dovolání proti pravomocným rozhodnutím odvolacích soudů ve věcech občanskoprávních* (In references to cases from Czech Supreme Court, designates that the case concerns a civil appeal to the Supreme Court *[dovolání]*, in distinction to "Odo" [commercial cases] and "Tdo" [criminal cases])

CDP	*Cadernos de Direito Privado* (Braga 1.2003 ff; cited by year, number and page)
CE	cf. Const. (for Spain)
CE	*Conseil d'Etat* (Council of State, France)
CELB	Cardozo Electronic Law Bulletin (available at http://www.jus.unitn.it/cardozo; cited by volume, year and page)
CETS	Council of Europe Treaty Series; cf. http://conventions.coe.int/Treaty
cf.	confer
CFI	Court of First Instance, general jurisdiction; abbreviation often used coherent for the following courts (see there): AG, Apygardu teismai, Apylinkiu teismai, AT, BD, BG, Civ., Conc., Corr, Eir., HC, Helyi bíróság, JP, Kerületi bíróság, KS, Ktg, LG, Linnakohus, Maakohus, MPr, OH, Okj, Okz, ØL, OS, PPr, Pr, Pret., Rb, Sąd grodzki, Sąd okręgowy, SH, Sh.Ct., TGI, TI, Trib., Trib.com., Trib.Corr., Trib.enfants, Városi bíróság, VL, Vred
CFR	Common Frame of Reference
Ch	The Law Reports. Chancery Cases (1.1891 ff; cited by year, volume and page)
Ch. App.	The Law Reports. Chancery Appeal Cases (1865-1875; cited by year, volume and page; cf. LR)
Ch. D	The Law Reports. Chancery Division (1875/76-1890; cited by year, volume and page; cf. LR)
chap(s).	chapter(s)
ChrID	*Χρονικα Ιδιωτικού Δικαίου* (Annals of Private Law, Greek legal journal, Athens 1.2001 ff; cited by year and page)
Chron.	Chronique
CI	*Contratto e Impresa* (Padova 1.1985 ff; cited by year and page); cf. Contr. Impr.
CICR	*Comitato interministeriale per il credito e il consume* (The Interministerial Committee for Credit and Savings, referred also as the Credit Committee, Italy)
CIF	Cost Insurance and Freight
CIM	*Convention internationale concernant le transport des marchandises par chemins de fer* (International Agreement on Rail Freight of 7 February 1970, BGBl. II 1974 p. 381)
Cir.	Circuit
CISG	Vienna United Nations Convention on Contracts for the International Sale of Goods of 11 April 1980 (http://www.uncitral.org/uncitral/en/uncitral_texts/sale_goods/1980CISG.html)
Civ.	*Tribunal de première instance, Chambre civile* (Court of First Instance, Belgium)
CJ	*Colectânea de Jurisprudência* (Coimbra 1.1976 ff; cited by year, volume and page)
CJ(ST)	*Colectânea de Jurisprudência. Acórdãos do Supremo Tribunal de Justiça* (Coimbra 1.1993 ff; cited by volume, year and page)
CK	cf. CC
Cl & Fin	Clark & Finnelly's House of Lords Cases (ER 6-8) (volumes 1-12 covering the years 1831-1846; cited by volume and year)
CLC	Commercial Law Cases (London 1.2002 ff; cited by year, volume and page)
CLJ	The Cambridge Law Journal (Cambridge 1.1921/23 ff, parts without volume numbers; cited, as far as possible, by volume, year and page)

CLR	Commonwealth Law Reports (Melbourne 1.1903 ff; cited by volume, year and page)
CLY	Current Law Yearbook (London 1.1947 ff; cited by year and issue)
Cm	Command Papers (London 1986 ff; cited by document number)
Cmd	Command Papers (London 1919-1956; cited by document number)
CMLR	Common Market Law Reports (London 1.1963 ff; cited by volume, year and page)
Cmnd	Command Papers (London 1956-1986; cited by document number)
CMR	*Convention relative au Contrat de transport international de marchandises par route* (Convention on the Contract for the International Carriage of Goods by Road, 19 May 1956, UNTS vol. 399 p. 189)
CMT	*Centraal Medisch Tuchtcollege/Centraal Tuchtcollege voor de Gezondheidszorg* (Court of Appeal in Medical Cases, The Netherlands; cf. CA)
Co Rep	Coke's King's Bench Reports (ER 76-77) (volumes 1-13 covering the years 1572-1616; cited by volume and page)
Co.	Company
Code jud.	cf. CCP
col.	*Colonna* (column)
Col.Leg.Esp.	*Colección Legislativa de España*. First series, third part: *Jurisprudencia civil* (Madrid 1.1889 ff; cited by volume, year, book, number and page)
Coll. Arb.	*Collegio Arbitrale* (Arbitration Tribunal; Italy)
Colum.J.Eur.L.	Columbia Journal of European Law (New York 1.1994/95 ff; cited by volume, year and page)
COM	Publications of the European Commission (Brussels 1.1968 ff; cited by year, page and status)
Com Cas	Commercial Cases (London 1.1895-46.1940/41; cited by year, volume and page)
Com LR	Commercial Law Reports (London 1981-1983; cited by year and page)
Comb	Comberbach's King's Bench Reports (ER 90) (1685-1699; cited by year and page)
CompLYB	Comparative Law Yearbook ('s-Gravenhage/The Hague 1.1977 ff; cited by year and page)
Conc.	*Conciliatore* (Justice of the Peace, Italy)
concl.	conclusion(s)
Cons. Stato	*Consiglio di Stato* (Supreme Court in administrative matters, Italy)
ConsC	*Code de la consommation* (Consumer Code, France)
ConsCredA	Consumer Credit Act; abbreviation used coherent for the following statutes: Consumer Credit Act 1974 (United Kingdom); Consumer Credit Act 1995 (Ireland); *Crédito ao Consumo* (Portugal); *Konsumentkreditlag* (Sweden); *Konsumkreditgesetz* (Switzerland); *Ley 7/1995, de Credito al Consumo* (Spain); *Loi réglementant le crédit à la consummation* (Luxembourg); *Loi relative à la prévention et au règlement des difficultés liées au surendettement des particuliers et des familles – Loi Neiertz* (France); *Loi relative au crédit à la consommation/Wet op het consumentenkrediet* (Belgium); *Verbraucherkreditgesetz* (Germany); *Wet op het comsumentenkrediet* (The Netherlands); *Zákon o spotrebitel'ských úveroch a o zmene a doplnení zákona Slovenskej národnej rady č. 71/1986 Zb. o Slovenskej obchodnej inšpekcii v znení neskorších predpisov* (Slovakia)

ConsLC	*Schulte-Nölke/Twigg-Flesner/Ebers* [eds.], EC Consumer Law Compendium – Comparative Analysis Prepared for the European Commission under Service Contract No. 17.020100/04/389299: "Annotated Compendium including a comparative analysis of the Community consumer acquis" (Version of 1 December 2006)
ConsProtA	Consumer Protection Act; abbreviation used coherent for the following statutes: *Codice del Consumo* (Italy); Consumer Protection Act 1987 (England/Scotland); *Real Decreto Legislativo 1/2007, que aprueba el texto refundido de la Ley General para la Defensa de los consumidores y usuarios y otras leyes complementarias* [LCU] (Spain); *Konsumentenschutzgesetz* [KSchG] (Austria); *Kuluttajansuojalaki* (Finland); *Προσταια των Καταναλωτών* (Greece); *Lei de Defesa do Consumidor* (Portugal); *Loi relative à la protection juridique du consommateur* (Luxemburg); *Patērētāju tiesību aizsardzības likums* (Latvia); *Lietuvos Respublikos Vartotojų Teisių Gynimo Įstatymas* (Lithuania); *Loi du 14/7/1991 sur les pratiques du commerce et sur l'information et la protection du consommateur/Wet van 14 juni 1991 betreffende de handelspraktijken en de voorlichting en bescherming van de consument* (Belgium); *Regime legal aplicável à defesa dos consumidores/Lei de Defesa do Consumidor* (Portugal); *Закон за защита на потребителите* (Bulgaria); *Tarbijakaitseseadus* (Estonia); *Törvény a fogyasztóvédelemről* (Hungary); *Zákon o ochraně spotřebitele* (Czech Republic); *Zákon o ochrane spotrebitel'a a o zmene zákona Slovenskej národnej rady č. 372/1990 Zb. o priestupkoch v znení neskorších predpisov* (Slovakia); *Zakon o varstvu potrošnikov* (Slovenia)
Const LJ	Construction Law Journal (London 1.1984 ff; cited by volume and page)
Const LR	Construction Law Reports (London 1.1985 ff; cited by volume and page)
Const.	Constitution/constitutional; abbreviation used coherent for the following constitutions: *Alkotmány* (Hungary); *Bundesverfassung der Schweizerischen Eidgenossenschaft vom 18. April 1999* (Switzerland); *Bunreacht na hÉireann* (Ireland); *Constituição da República Portuguesa* [CRP] (Portugal); *Constitución Española* [CE] (Spain); *Constituţia României* (Romania); *Constitution francaise de 1958* (France); *Costituzione della Repubblica Italiana* [Cost.] (Italy); *Grondwet* [GrW] (The Netherlands); *Eesti Vabariigi põhiseadus* (Estonia); *Grundgesetz* [GG] (Germany); *Kongeriget Norges Grundlov* (Norway); *Suomen perustuslaki* (Finland); *Конституция на Република България (Bulgaria); Konstytucja Rzeczypospolitej (Poland); La Constitution belge/Belgische Grondwet (Belgium); Lietuvos Respublikos Konstitucija (Lithuania); Regeringsformen (Sweden); Σύνταγμα Ελλάδας (Greece); Ustav Republike Hrvatske (Croatia); Ustava Republike Slovenije (Slovenia); Ústava Slovenskej republiky (Slovakia)*
Contr. Impr.	*Contratto e Impresa* (Padova 1.1985 ff; cited by year and page); cf. CI
ContrA	Contracts Act; abbreviation used coherent for the following statutes: *Aftaleloven/Lovbekendtgørelse om aftaler og andre retshandler på formuerettens område* (Denmark); *Lag om avtal och andra rättshandlingar på förmögenhetsrättens område* (Sweden); *Laki varallisuusoikeudellisista oikeustoimista* (Finland)
CoPECL	Common Principles of European Contract Law
Corr	*Correctionnel* (Court of First Instance in Criminal Matters, Belgium)
Corr.giur.	*Corriere giuridico* (Milan 1.1984 ff; cited by year and page)
Corte Cost.	*Corte Costituzionale* (Constitutional Court of Italy)

Cost.	cf. Const.
COTIF	*Convention relative aux transports internationaux ferroviaires* of 9 May 1980 (Convention concerning International Carriage by Rail)
Cour	*Cour Supérieure de Justice* (Superior Court of Justice, Luxembourg; in its function as *Cour d'assises, Cour de cassation* or *Cour d'appel)*
Cowp	Cowper's King's Bench Reports (ER 98) (volumes 1-2 covering the years 1774-1778; cited by volume and page)
Cox	Cox's Equity Cases (ER 29-30) (volumes 1-2 covering the years 1783-1796; cited by volume and page)
Cox CC	Cox's Criminal Cases (volumes 1-36 covering the years 1843-1945; cited by volume and page)
Cp	*Civilni postopek* (Register for civil court cases, Slovenia)
CP	Penal Code; abbreviation used coherent for the following Codes: *Bekendtgørelse af straffeloven* [STRFL] (Denmark); *Brottsbalk* [BrB] (Sweden); *Cod penal* (Romania); *Code Pénal* (France and Luxembourg); *Code Pénal/ Strafwetboek* (Belgium); *Codice Penale* (Italy); *Código Penal* (Portugal and Spain [NCP]); *Наказателен кодекс* (Bulgaria); *Kazenski zakonik* (Slovenia); *Kodeks karny* (Poland); *Περί κυρώσεως του Ποινικού Κώδικος* [PK] (Greece); *Strafgesetzbuch* [StGB] (Austria and Germany); *Rikoslaki* (Finland); *Büntető Törvénykönyv* [Btk] (Hungary); *Voorafgaande Titel Wetboek van Strafvordering* [V.T.SV.] (Belgium); *Wetboek van Strafrecht* [Sr] (The Netherlands)
CP(old)	Old Penal Code
CPC	cf. CCP
CPD	Common Pleas Division (London 1875/76-1880; cited by year, volume and page; cf. LR)
CPI	*Codice della proprietà industrial* (Code of Industrial Property Rights, Italy)
CPR	Civil Procedure Rules 1998 (SI 1998/3132) (England)
CR	*Izba Cywilna* (Chamber in civil matters, Poland)
Cr & Ph	Craig & Phillips' Chancery Reports (ER 41) (reports covering the years 1840-1841; cited by page)
Cr App Rep	Criminal Appeal Reports (London 1.1908 ff; cited by volume and page)
Cr. M. & R.	Crompton, Meeson & Roscoe's Exchequer Reports (ER 149-150) (volumes 1-2 covering the years 1834-1835; cited by volume and page)
CrimLR	Criminal Law Review (London 1.1954 ff; cited by volume, year and page)
Cro Jac	Croke's King's Bench Reports tempore James I (ER 79) (1603-1625; cited by year and page)
CRvB	*Centrale Raad van Beroep* (Administrative Court, The Netherlands)
CSJ	*Curtea Supremă de Justiţie* (High Court of Cassation and Justice, Romania; until 2003)
CSOH	Court of Session Outer House (Scotland; cited by year and page)
CSP	*Code de la Santé Publique* (Public Health Code, France)
ctr.	*contra*
CuadCivJur.	*Cuadernos Civitas de Jurisprudencia Civil* (Madrid 1.1983 ff; cited by year and page)
CurrLegProbl.	Current Legal Problems (London 1.1948 ff; cited by volume, year and page)

D	*Décret* (decree, France)
D	Digesten
D	Dunlop, Bell & Murray's Reports, Session Cases, Second Series (Edinburgh volumes 1-24 covering the years 1838-1862; cited by volume and page)
D.	*Recueil de jurisprudence Dalloz* (Paris; with different forms and titles: D.A. *(Recueil analytique Dalloz* [1941-1944]); D.C. *(Recueil critique Dalloz* [1941-1944]); D.H. *(Recueil hebdomadaire Dalloz* [1924-1940]); D.P. *(Recueil périodique et critique mensuel Dalloz* [1924-1940]); *Recueil Dalloz, Recueil Sirey*, combined since 1955; *Recueil Dalloz et Recueil Sirey*; from 1965: *Recueil Dalloz-Sirey; appearing in sections*: D. Chron./Jur. *[Chronique/Jurisprudence]*, D. I.R./Légis. *[Informations Rapides/Législation]*, D. Somm.Comm. *[Sommaires Commentés]*; cited by year, book and page) (older forms and titles omitted)
D. Chron./Jur.	cf. D.
D. Somm.Comm.	cf. D.
D. I.R./Légis.	cf. D.
D.A.	cf. D.
D.C.	cf. D.
D.H.	cf. D.
D.I.T.	*Droit de l'informatique et des télécoms* (Paris 1.1988-16.1999; since 2001: *Legalis.net*; cited by year and page)
D.P.	cf. D.
Danno e resp.	*Danno e responsabilità. Problemi di responsabilitá civile e assicurazioni* (Milan 1.1996 ff; cited by year and page)
Danske Lov	*Kong Christian den Femtes Danske Lov af 15. april 1683* (Danish Code of King Christian the fifth of 15 April 1683)
DAOR	*Le droit des affaires/Het ondernemingsrecht* (Gent 1.2000/01 ff; cited by year and page)
DAR	*Deutsches Autorecht* (Munich 1.1926 ff; cited by year and page)
DB	*Der Betrieb. Wochenschrift für Betriebswirtschaft, Steuerrecht, Wirtschaftsrecht, Arbeitsrecht* (Düsseldorf 1.1948 ff; cited by year and page)
DCCR	*Droit de la Consommation – Consumentenrecht* (Louvain-la-Neuve 1988/89 ff; cited by year and page)
DCFR	Draft Common Frame of Reference
DCI	*Diritto del commercio internazionale* (Milan 1.1987 ff; cited by year and page)
DDike	*Διοικυτικύ Δίκυ* (Athens 1.1989 ff; cited by year and page)
De G. & Sm	De Gex and Smale (ER 63-64) (volumes 1-5 covering the years 1846-1852; cited by volume and page)
De G.F. & J.	De Gex, Fisher and Jones' Chancery Reports (ER 45) (volumes 1-4 covering the years 1859-1862; cited by volume and page)
De G.M. & G	De Gex, Macnaghten & Gordon's Bankruptcy Reports (ER 42-44) (volumes 1-8 covering the years 1851-1857; cited by volume and page)
De Verz	*Tijdschrift voor Verzekering/Bulletin des Assurances* (formerly *De Verzekering)* (Brussels 1.1921 ff; cited by year and page)
DEE	*Δίκαιο Επιχειρυσεων και Εταιρειών* (Athens 1.1995 ff; cited by volume, year and page)

Def.	*Répertoire du Notariat Defrénois* (Paris 86.1966 ff; previousely *Répertoire général pratique du notariat et de l'enregistrement* (Paris 1.1881-85.1965); cited by year, number and page)
Deknl	*Lov om fordringshavernes dekningsrett – dekningsloven* (Creditors Security Rights Act, Norway)
Den	Denison & Pearce's Crown Cases Reserved (ER 169) (volumes 1-2 covering the years 1844-1852; cited by volume and page)
DFG	*Deutsche Forschungsgemeinschaft* (German Research Foundation; central, self-governing research funding organisation that promotes research at universities and other publicly financed research institutions in Germany)
DG	*Diário do Governo* (Government Gazette, Portugal; Lisbon 1.1869 ff), substituted by Diário da República
DHG	*Dienstnehmerhaftpflichtgesetz* (Service User Liability Act, Austria)
Diário Rep.	cf. DR
Dick	Dicken's Chancery Reports (ER 21) (reports covering the years 1559-1798; cited by year and page)
Dig.Disc.Priv.	*Digesto delle Discipline Privatistiche* (Encyclopedia): *Sezione civile; Diritto civile, Diritto processuale civile, Diritto di famiglia e minorile, Diritto internazionale privato, Diritto privato comparato, Diritto comunitario, Diritto agrario, Diritto canonico, Teoria generale del diritto.* (Torino 1987 ff; cited by year and page)
Diki	*Δικυ* (Athens 1.1970 ff; cited by volume, year and page)
DIN	*Deutsches Institut für Normung e.V.* (German Institute for Standardization, Berlin)
Dir. e Giur.	*Diritto e giurisprudenza: rassegna di dottrina e di giurisprudenza civile* (Naples 1.1945 ff; cited by year and page)
Dir. e Giur. Agr.	*Diritto e giurisprudenza agraria e dell'ambiente: mensile di dottrina, giurisprudenza e legislazione* (Rome 2.1993 ff; previously *Giurisprudenza agraria italiana* [1.1954-38.1991] and then *Diritto e giurisprudenza agraria: mensile di dottrina, giurisprudenza e legislazione agraria, forestale e dell'ambiente* [1.1992]; cited by year and page)
Dir. e Giust.	*Diritto e giustizia. Supplemento settimanale cartaceo al quotidiano giuridico on line* (Milan 2003 ff; cited by year, fasc. and page)
Dir. Economia assicur.	*Diritto ed economia dell'assicurazione* (Milan 1.1955/59 ff; cited by year and page)
Dir.b.merc.fin.	*Diritto della banca e del mercato finanziario* (Padua 1.1987 ff; cited by year and page)
Dir.fall.	*Il diritto fallimentare e delle società commerciali* (Padua 1924 ff; cited by year and page)
Dir.fam.pers.	*Il diritto di famiglia e delle persone* (Milan 1.1972 ff; cited by year and if necessary, by part and page)
Dir.inf.	*Diritto dell'informazione e dell'informatica* (Milan 1.1985 ff; cited by year and page)
Dir.just.	*Direito e justiça* (Lisbon 1.1980 ff; cited by year and page)
disp. prel.	*disposizioni sulla legge in generale o preleggi* (Preliminary Provisions to the Civil Code, Italy)
diss.	dissertation
DJ	*Deutsche Justiz* (Berlin 1.1933-13.1945; cited by year and page)

DJT	*Deutscher Juristentag* (German Lawyers' Forum)
DL	*Decreto legge* (Italy); *Decreto ley* (Spain); *Decreto-Lei* (Portugal); *Ordonnance* (France); Decree Law
DLgs	*Decreto legislativo* (Legislative Decree, Italy)
DLR	Dominion Law Reports (Toronto et al., First Series 1.1912-70.1922; 1923-1955; Second Series 1.1956-70.1968; Third Series 1.1969-150.1984; Fourth Series 1.1984 ff; cited by year, volume and page)
DM	*Deutsche Mark* (Former German currency)
DMSG	*Denkmalschutzgesetz* (Monumental Protection Act, Austria)
DNotZ	*Deutsche Notarzeitschrift* (Magazine of the German Association of Public Notaries; Munich, Berlin 1.1901-33.1933; 33.1933 ff; cited by year and page)
DNR 2005	*De Nieuwe Regeling 2005, Rechtsverhouding opdrachtgever-architect, ingenieur en adviseur* (General Contract Terms in the Line of Business of Engeneers and Architects)
Dods	Dodson's Admiralty Reports (ER 165) (volumes 1-2 covering the years 1811-1822; cited by volume and page)
DOGC	*Diari Oficial de la Generalitat de Catalunya* (Barcelona 1.1931 ff; France 1.1956 ff; Barcelona 1.1977 ff; previously [1931-1936]: *Bulletí de la Generalitat de Catalunya*; quoted by year, number and date)
Dow	Dow's Reports, House of Lords (ER 3) (volumes 1-6 covering the years 1812-1818; cited by volume and page)
Dow & RyKB	Dowling and Ryland's Reports, King's Bench (ER 171) (reports covering the years 1822-1823; cited by volume and page)
DPIJ	Doyle's Personal Injury Journal (1990-2000; cited by year and page)
DPR	*Decreto Presidente della Repubblica* (Presidential decree, Italy)
DR	*Diário da República* (Government Gazette, Portugal; Lisbon 1.1976 ff; cited by number, year, series and part), substituted *Diário do Governo* [DG]
Dr. & Sm	Drewry & Smale's Vice-Chancellor's Reports (ER 62) (volumes 1-2 covering the years 1860-1865, cited by volume and page)
Dr.prat.com.int.	*Droit et pratique du commerce international* (Paris 1.1975-22.1996; cited by year and page)
Droit soc.	*Droit social* (Paris 1.1938 ff; cited by year and page)
Ds	*Departementsserien*. Series of reports published by Swedish departments of ministers (Stockholm 1988 ff; cited by year and report number)
DStR	*Deutsches Steuerrecht* (Munich 1.1962/63 ff; cited by year and page)
DTI	Department of Trade and Industry (United Kingdom)
DULJ	Dublin University Law Journal (Dublin 1.1976-1981; New Series from 1982; cited by year, volume and page)
DV	*Държавен вестник* (Official Journal, Bulgaria)
Dz. U.	*Dziennik Ustaw Rzeczypospolitej Polskiej* (Official Gazette, Poland)
E & B	Ellis and Blackburn's Reports (ER 118-120) (volumes 1-8 covering the years 1852-1858; cited by volume and page)
E & E	Ellis & Ellis' Queens Bench Reports (ER 120-121) (volumes 1-3 covering the years 1858-1861)
E.E.	*Επίσημη Εφημερίδα της Κυπριακής Δημοκρατίας* (Official Gazette, Cyprus)
e.g.	*exempli gratia* (for example)

EAL	*Lovbekendtgørelse om erstatningsansvar* (Damages Liability Act, Denmark)
East	East's Term Reports, King's Bench (ER 102-104) (volumes 1-16 covering the years 1801-1812; cited by volume and page)
EBH	*Elvi Bírósági Határozat* (Principle Decision of the Hungarian Supreme Court)
EBLR	European Business Law Review (London 1.1990 ff; cited by year and page)
EC	European Commission
EC	European Community
ECE	Economic Commission for Europe
ECE	European Code of Ethics (adopted by the European Franchise Federation first in 1972 and amended in 2003)
ECG	*E-Commerce Gesetz* (E-Commerce Act, Austria)
ECHR	European Convention on Human Rights
ECHR	European Court on Human Rights (Strasbourg)
ECJ	Court of Justice of the European Communities (Luxembourg)
ECJ Rep.	European Court of Justice Reporter; a digest of all decisions and opinions of the European Court of Justice (Oxford 1.1982 ff; cited by year and page)
ECLR	European Competition Law Review (Oxford 1.1980 ff; cited by volume, year and page)
ecolex	*Fachzeitschrift für Wirtschaftsrecht* (Vienna 1.1990 ff; cited by year and page)
ECR	European Court Reports. Reports of cases before the Court of Justice and the Court of First Instance/Court of Justice of the European Communities (Luxembourg 1.1954 ff; until 1989 published as Reports of cases before the Court; cited by volume, year and page)
ECU	European Currency Unit
ed(s).	edition, editor(s)
Edinburgh LRev	The Edinburgh Law Review (Edinburgh 1.1997 ff; cited by volume, year and page)
EEB-Newsletter	The European Environmental Bureau Newsletter (http://www.eeb.org/publication/general.htm)
EEC	European Economic Community
EED	*Επιθεώρυσις Εργατικού Δικαίου* (Athens 1.1941 ff; cited by volume, year and page)
EEmpD	*Επιθεώρυσις Εμπορικού Δικαίου* (Athens 1. 1950 ff; cited by volume, year and page)
EEN	*Εφυμερίδα Ελλύνων Νομικών* (Athens 1.1934 ff; cited by volume, year and page)
Ef	*Εφετείο* (Court of Appeal, Greece); cf. CA
EFSlg	*Ehe- und familienrechtliche Entscheidungen* (Decisions on Marriage and Family Law, Austria, Vienna 1.1965 ff; cited by the number of the decision)
eG	*eingetragene Genossenschaft* (registered cooperative, Germany)
EG	Estate Gazette (London 1.1858 ff; cited by year, volume and page)
EGBGB	cf. CCIA
EGCS	Estates Gazette Case Summaries, a supplement of the Estate Gazette: the oldest journal devoted to land and property investment (London 1.1858 ff; cited by year and page)
EGLR	Estates Gazette Law Reports (London 1.1985; cited by year, volume and page)

EHRR	European Human Rights Reports (London 1.1979/80 ff; cited by year, volume and page)
Eir.	*Ειρηνοδικείο* (Court of Peace [cf. CFI], Greece)
Eis.	*Εισαγωγύ* (Introduction, Greece)
EJCL	Electronic Journal of Comparative Law (1.1997 ff; http://www.ejcl.org/index.html)
EKG	*Einheitliches Kaufgesetz* (former German Uniform Law of Sales)
EKHG	*Eisenbahn- und Kraftfahrzeughaftpflichtgesetz* (Traffic Liability Act, Austria)
El. & Bl.	Ellis & Blackburn's Queen's Bench Reports (ER 118-120) (volumes 1-8 covering the years 1851-1858; cited by volume and page)
El.Bl. & El.	Ellis, Blackburn & Ellis' Queen's Bench Reports (ER 120) (reports covering the year 1858; cited by book and page)
EllDik	*Ελλύνικύ Δικοωσύνυ* (Athens 1.1960 ff; cited by volume, year and page)
EllDni	*Ελληνική Δικαιοσύνη (ΕλλΔνη)* (Greek Justice, 1.1960 ff; cited by year and page)
EMLR	Entertainment and Media Law Reports (London 1.1998 ff; cited by year and page)
Enc.dir.	*Enciclopedia del diritto* (Milan 1.1958 ff; cited by volume and page)
Enc.giur.	*Enciclopedia giuridica italiana* (Milan 1884-1932; comprehensive encyclopedia on the Italian legal system, edited by the *Società Editrice Libraria)*
END	*Επιθεώρηση Ναυτιλιακού Δικαίου* (*ΕΝΔ*) (1.1961 ff; cited by year and page)
EntgFG	*Entgeltfortzahlungsgesetz* (Employee Remuneration (Public Holidays and Illness) Act, Germany)
EO	*Exekutionsordnung* (Enforcement Proceedings Act, Austria)
EOA	cf. LOA
EPA	Employment Protection Act 1990 (United Kingdom)
EpiskED	*Επισκόπηση Εμπορικού Δικαίου* (*ΕπισκΕΔ*) (Salonika 1.1995 ff; cited by year and page)
EpTrAksXrD	*Επιθεώρηση Τραπεζικού, Αξιογραφικού και Χρηματιστηριακού Δικαίου* (*ΕπΤρΑξΧρΔ*); (Salonika 1.1993 ff; cited by year and page)
EpTrapDik	*Επιθεώρηση Τραπεζικού Δικαίου* (*ΕΤρΔ*) (Banking Law Review; cited by year and page)
Eq.	Equity Cases, cf. LR
ER	The English Reports (London 1900-1932; reprint of the nominate reports of English judgements from the years 1220-1865/66 in 178 volumes; cited by volume and page)
ErmAK	*Ερμηνεία του Αστικού Κώδικος* (Commentary to the Greek Civil Code)
ERPL	European Review of Private Law (Deventer 1.1994 ff; cited by volume, year and page)
ERT	*Europarättslig Tidskrift* (Stockholm 1998 ff; cited by year and page)
EsingD	*Επιθεώρησις Συγκοινωνιακού Δικαίου* (*ΕσυγκΔ*) (Athens 1.1973 ff; cited by year and page)
Esp	Espinasse's Nisi Prius Reports (ER 170) (volumes 1-6 covering the years 1793-1807; cited by volume and year)
esp.	especially
estab.	established
et al.	*et alii* (and others)

et seq.	*et sequens, et sequentes or sequential* (and the following)
etc.	*et cetera*
ETC	Equal Treatment Commission
ETS	European Treaty Series of Agreements and Conventions of the Council of Europe (Strasbourg 1.1949-3.1949, 4.1950 ff/61.1971 ff; cited by volume and number)
EU	European Union
EuGRZ	*Europäische Grundrechte-Zeitschrift* (Strasbourg 1.1974 ff; cited by year and page)
Eur.Conv.Hum. Rights	European Convention on the Protection of Human Rights, 4 November 1950
Eur.L.Rev.	European Law Review (London 1.1975/76 ff; cited by year and page)
Eur.Transp.L.	European Transport Law (Antwerp 1.1966 ff; cited by volume, year and page)
EurCodeEthics	European Code of Ethics adopted by the European Franchise Federation first in 1972 and amended in 2003
Europa e dir. priv.	*Europa e diritto privato* (Milan 1.1998 ff; cited by year and page)
EuZW	*Europäische Zeitschrift für Wirtschaftsrecht* (Munich, Frankfurt/M. 1.1990 ff; cited by year and page)
EvBl	*Evidenzblatt der Rechtsmittelentscheidungen* (Vienna 1.1934 ff; included in the ÖJZ since 1946, see there; cited by year and page)
EVHGB	*Verordnung zur Einfürhrung handelsrechtlicher Vorschriften im Lande Österreich* (Commercial Code Implementation Act, Austria)
EWCA Civ	Approved Judgment of the Court of Appeal, Civil Division, England and Wales
EWHC	Approved Judgment of the High Court (England and Wales)
EWiR	*Entscheidungen zum Wirtschaftsrecht* (Cologne 1.1985 ff; cited by §, number, year and page)
EWS	*Europäisches Wirtschafts- und Steuerrecht* (Munich 1.1990 ff; cited by year and page)
Ex.	Exchequer Cases (London 1865-1875; cited by volume, year and page; cf. LR)
Ex. D	Exchequer Division (London 1.1875/76-5.1879/80; cited by volume, year and page; cf. LR)
Exch	Exchequer Reports Welsby, Hurlstone & Gordon (ER 154-156) (volumes 1-11 covering the years 1847-1856; cited by volume and page)
Exch	Court of the Exchequer (United Kingdom)
Exch Ch	Exchequer Chamber (United Kingdom)
F	Fraser's Session Cases, 5th Series (Edinburgh, volumes 1-8 covering the years 1898-1906; cited by volume and page)
F & F	Foster & Finlason's Nisi Prius Reports (ER 175-176) (volumes 1-4 covering the years 1858-1867; cited by volume and page)
f(f)	following page(s)
F.Supp.	West's federal supplement: cases argued and determined in the United States district courts, United States Court of International Trade and rulings of the Judicial Panel on Multidistrict Litigation (St. Paul/Minnesota 671.1988-999.1998; 2nd series 1.1998 ff); previously: The federal reporter:

	cases argued and determined in the circuit and district of the United States with key-number annotations (1.1932/33(1933)-670.1988)
FAL	*Forsikringsaftaleloven* (Insurance Contracts Act, Denmark); *Vakuutussopimuslaki* (Insurance Contracts Act, Finland); *Lag om Försäkringsavtal* (Insurance Contracts Act, Sweden)
Fallim	*Il fallimento e le altre procedure concorsuali* (Milan 1.1979 ff; cited by year and page)
Fam	The Law Reports, Family Division (London 1.1972 ff; formerly: The Law Reports, Probate, Divorce and Admiralty Division 1.1865/1869 ff; cited by year and page)
FamRZ	*Zeitschrift für das gesamte Familienrecht* (Bielefeld 1.1954 ff; until 9.1962: *Ehe und Familie im privaten und öffentlichen Recht* [Marriage and Family within Private and Public Law]; cited by year and page)
FamZ	*Interdisziplinäre Zeitschrift für Familienrecht. Beratung – Unterbringung – Rechtsfürsorge* (Vienna 1.2006 ff; cited by year and page)
fasc.	fascicle
FC	Faculty of Advocats, Collections of decisions (collection covering the years 1738-1841; cited by year and page)
FCR	Family Court Reporter (Chichester 1987-1999), continued by Butterworths Family Court Reports (London 1.2000 ff; cited by year, volume and page)
FED	*Forsikrings- og Erstatningsretlig Domssamling* (Collection of Insurance and Tort Law Cases, Copenhagen 1.1994 ff; cited by year and page)
ΦΕΚ	*Φύλλο Εφημερίδας Κυβερνήσεως* (Government Gazette Issue, Greece; Athens 1.1833 ff; laws and other acts having the status of a law are published in the first Part (A'); cited by year, volume and if necessary, book and number)
FFFS	*Finansinspektionen*'s [Financial Supervisory Authority] Regulatory Code (Sweden)
FFR	*Försäkringsjuridiska föreningens rättsfallsamling* (Stockholm 1939-1984; cited by year and page)
FFS	*Finlands Författningssamling* (Official Gazette, Finland; Helsingfors 1.1860 ff; cited by year, number and page)
FIDIC	*Féderation International des Ingenieurs Conseils* (International Federation of Consulting Engineers, Geneva (Switzerland))
Fin LR	*Financial Law Reports* (Brentford 1.1982 ff; cited by volume, year and page)
Fin T	cf. Prec Ch
FL	*Færdselsloven* (Traffic Act, Denmark)
FmL	*Fastighetsmäklarlag* (Real Estate Agents Act, Sweden)
fn.	footnote(s)
FOB	Free On Board
Forkjl	*Forbrukerkjopsloven* (Consumer Sales Act, Norway)
Foro amm. CDS	*Il Foro amministrativo. Consiglio Di Stato* (Milan 1.2002 ff; cited by year and page)
Foro it.	*Il Foro italiano: raccolta di giurisprudenza civile, commerciale, penale, amministrativa* (Rome 1.1876 ff; cited by year, book and column)
Foro it. Mass.	*Massimario del Foro italiano* (Rome 1.1930 ff; cited by volume, year, number and column)

Foro pad.	*Il foro padano: rivista mensile di dottrina e giurisprudenza dell'Alta Italia e della Corte di Cassazione* (Milan 1.1946-50.1995, 52.1996 ff; cited by year, book and page)
ForstG	*Forstgesetz* (Forestry Act, Austria)
FP6	Sixth Framework Programme on Research
FS	*Festschrift/Festskrift*/Commemorative Publication/Essays in honour of somebody
FSA	Financial Services Authority (United Kingdom)
FSMA	Financial Services and Markets Act 2000 (United Kingdom)
FSR	Fleet Street Patent Law Reports (London 1.1963 ff; cited by year and page)
FSupp	cf. F.Supp.
FTLR	Financial Times Law Reports (Brentford 1.1982-1988; cited by year, volume and page)
FuR	*Familie und Recht* (Neuwied 1.1990 ff; cited by year and page)
FWO	*Fonds voor Wetenschappelijk Onderzoek-Vlaanderen* (Fund for Academic Research, Flanders, Belgium)
GazPal	*La gazette du palais: feuille officielle d'annonces légales* (Paris 1.1886 ff; cited by year, book and page)
Gazz. Uff.	*Gazzetta Ufficiale della Repubblica Italiana* (Official Gazette, Italy; Rome 1.1860 ff; cited by year, number and page)
GCM	*Giustizia Civile, Massimario annotato della cassazione* (Milan 5.1955(1955/56)-7.1957(1957/58); [8.]1958-[31.]1981; 32.1983 ff; cited by year and page)
GEA	Gender Equality Act (Estonia)
GenTG	*Gentechnikgesetz* (Genetic Engineering Act, Germany)
GerW	cf. CCP
GesRZ	*Der Gesellschafter, Zeitschrift für Gesellschafts- und Unternehmensrecht* (Vienna 1.1972 ff, cited by year and page)
GG	cf. Const.
GGSt	*Gefahrgutbeförderungsgesetz* (Transportation of Dangerous Goods Act, Austria)
Giff	Giffard's Chancery Reports (ER 65-66) (volumes 1-5 covering the years 1857-1865; cited by volume and page)
Giur. civ. comm.	*La Nuova giurisprudenza civile commentata: rivista bimestrale delle nuove leggi civili commentate* (Padova 1.1985 ff; cited by year, book and page)
Giur.comm.	*Giurisprudenza commerciale* (Milan 1.1974 ff; cited by year and page)
Giur.cost.	*Giurisprudenza costituzionale* (Milan 1.1956-20.1975; then: Parte 1 = *Corte costituzionale* 21.1976 ff; Parte 2 = *Ordinanza di rinivio ed i ricorsi* 21.1976 ff; Parte 3 = *Quaderni della giurisprudenza costituzionale* 1.1964-7.1968; New Series 1.1972 ff)
Giur.it.	*Giurisprudenza italiana* (Turin 14.1862-25.1873; 3rd series 26.1874-32.1880, 4th series 33.1881-43.1891, 5th series 44.1892-64.1912, 110.1958 ff; cited by year, part and if necessary, section and column)
Giur.it.Mass.	*Massimario della Giurisprudenza italiana* (Turin 1.1931 ff; cited by year, number and page)
Giur.mer.	*Giurisprudenza di merito* (Milan 1.1969 ff; cited by year, book and page)
Giur.milanese	*Giurisprudenza milanese: Mensile di giurisprudenza del distretto di Corte d'Appello di Milano* (Milan 1997-2004; cited by year and page)

Giur.rom.	*Giurisprudenza romana* (Milan 1.1997 ff; cited by year and page)
Giur.tosc.	*Giurisprudenza toscana* (Milan et al. 1.1950 ff; cited by year and page)
Gius.	*Rassegna di giurisprudenza civile annotata* (Milan 1993 ff; cited by year and page)
Giust. Pen.	*Giustizia penale. Rivista critica di dottrina, giurisprudenza, legislazione* (Rome 1.1895 ff; cited by year, book and page)
Giust.civ.	*Giustizia civile. Rivista bimestrale di giurisprudenza* (Milan 1.1951 ff; cited by year, book and page)
Giust.civ.Mass.	*Giustizia civile. Massimario annotato della Cassazione* (Milan 5.1955 (1955/56)-7.1957 (1957/58); [8.]1958-[31.]1981; 32.1983 ff; cited by year and page)
Giust.pen.	*La Giustizia penale. Rivista critica di dottrina, giurisprudenza, legislazione* (Rome 1.1895 ff; cited by year, book and page)
GlU	*Sammlung von Civilrechtlichen Entscheidungen des kaiserlich königlichen Obersten Gerichtshofes, begründet von Julius Glaser und Joseph Unger* (Collection of Civil Law cases, established by Julius Glaser and Joseph Unger, Vienna 1.1859-34.1901; cited by the number of the decision)
GlUNF	*Neue Folge der Sammlung von Civilrechtlichen Entscheidungen des k. k. Obersten Gerichtshofes, begründet von Julius Glaser und Joseph Unger* (New collection of civil law cases, established by Julius Glaser and Joseph Unger, Vienna 1=35.1900-18=52.1919; cited by the number of the decision)
GmbH	*Gesellschaft mit beschränkter Haftung* (Private company limited by shares, Austria and Germany)
GmbHG	*Gesetz betreffend Gesellschaft mit beschränkter Haftung* (Private Company Limited by Shares Act, Austria and Germany)
GmbHR	*GmbH-Report. Gesellschafts- und Steuerrecht der GmbH und GmbH & Co* (Cologne 1.1963 ff, until 75.1985: *GmbH-Rundschau*; cited by year and page)
GoA	*Geschäftsführung ohne Auftrag* (Benevolent intervention in another's affairs, Austria and Germany)
GPCCA	General Part of the Civil Code Act (*Tsiviilseadustiku üldosa seadus*, Estonia)
GPR	*Zeitschrift für Gemeinschaftsprivatrecht/European Community Private Law Review/Revue de droit privé communautaire* (Munich/Franfurt/M. 1.2003/2004 ff; cited by year and page)
Gron O&M	*Groninger Opmerkingen en Mededelingen: magazijn voor leerstellige rechtsvergelijking op historische grondslag* (Groningen 1.1984 ff; cited by volume, year and page)
GRUR	*Gewerblicher Rechtsschutz und Urheberrecht* (Weinheim 1.1896-49.1944, 50.1948 ff; cited by year and page)
GRUR Int	*Gewerblicher Rechtsschutz und Urheberrecht, Internationaler Teil* (Weinheim 1.1980 ff; from 1966 to 1980 Auslands- und internationaler Teil; cited by year and page)
GrW	cf. Const.
GWB	*Gesetz gegen Wettbewerbsbeschränkungen* (Restraints on Competition Act, Germany)
GWD	Green's Weekly Digest: current Scottish Case Law (Edinburgh 1.1986 ff; cited by year and page)
H	*Højesteret* (Supreme Court of Denmark)
H.	*Suvremenno pravo* (Sofia 1.1993; cited by volume and year)

H.TK	*Handelingen van de Tweede Kamer der Staten-Generaal* ('s-Gravenhage 1974 ff; cited by year, number and page)
H & C	Hurlstone and Coltman's Exchequer Reports (ER 158-159) (volumes 1-3 covering the years 1862-1866; cited by volume and page)
H & N	Hurlstone and Norman's Reports (ER 156-158) (volumes 1-7 covering the years 1856-1862; cited by volume and page)
H & Tw	Hall & Twell's Chancery Reports (ER 47) (volumes 1-2 covering the years 1849-1850; cited by volume and page)
HaftPflG	*Haftpflichtgesetz* (Liability Act, Germany)
HaL	*Lag om handelsagentur* (Commercial Agents Act, Sweden)
Hare	Hare's Chancery Reports (ER 66-68) (volumes 1-11 covering the years 1841-1853; cited by volume and page)
Harv.LR	Harvard Law Review (Cambridge, Mass. 1.1887/1888 ff; cited by year, volume and page)
HB	cf. Ccom
HBl	Henry Blackstone's Common Pleas Reports (ER 126) (volumes 1-2 covering the years 1788-1796; cited by volume and page)
HC	High Court (Court of first Instance, England; Court of Appeal, Ireland)
HD	*Redogörelser och meddelanden angående högsta domstolens avgöranden* (Collection of Judgments by the Finnish Supreme Court, Helsinki 1.1926 ff; cited by year, number and page)
HD	*Højesteretsdom* (Denmark); *Høyesterettsdom* (Norway); *Högsta domstolens domar* (Sweden, Finland) (Judgment of the Supreme Court)
Hdst.	*Hoofdstuk* (Chapter, The Netherlands)
hevdsl.	*Lov om hevd* (Acquisitive Prescription Act, Norway)
Helyi Bíróság	Local Court (Court of First Instance, Hungary)
HGB	cf. Ccom
HK	*Højesterets kendelse* (Supreme Court Decisions, Denmark)
HKLR	Hong Kong Law Reports (Hong Kong 1.1905/06-40.1956; 1957-1995; cited by year, volume and page)
HL	House of Lords (United Kingdom)
HL(E)	cf. LR
HL(Ir)	cf. LR
HL(Sc)	cf. LR
HLC	Clark's House of Lords Cases (ER 9-11) (volumes 1-11 covering the years 1847-1866; cited by volume and page)
HLR	Housing Law Reports (London 1.1967 ff; cited by year, volume and page)
HOAI	*Honorarordnung für Architekten und Ingenieure* (Fee Regulation for Architects and Engeneers, Germany)
Hof	*Gerechtshof* (Court of Appeal, The Netherlands); cf. CA
HovR	*Hovrätt* (Court of Appeal, Finland and Sweden); cf. CA
HR	*Hoge Raad* (Supreme Court, The Netherlands)
HRR	*Höchstrichterliche Rechtsprechung* (Berlin, book 4 [1928]-book 18 [1942]; formerly: *Juristische Rundschau* [Suppl.], *Die Rechtsprechung der Oberlandesgerichte und Höchstrichterliche Rechtsprechung auf dem Gebiet des Strafrechts*; cited by year and number)
HS	*Handelsrechtliche Entscheidung* (Vienna 1.1959/60(1961) ff; cited by number)

HSL	*Hälso- och Sjukvårdslagen* (Medical Care Act, Sweden)
Hume	Hume's Decisions, Court of Session (Scotland) (reports covering the years 1781-1822; cited by year and page)
HvertrG	*Handelsvertretergesetz* (Commercial Agents Act, Austria)
i.a.	*inter alia* (among other things)
i.e.	*id est* (that is to say)
I.H.	Inner House (Court of Session, Scotland)
I.R.	*Informations rapides du recueil Dalloz* (France; cf. D.)
ibid.	*ibidem* (in the same place)
ICC	International Chamber of Commerce (Paris, France)
ICCJ	*Înalta Curte de Casaţie şi Justiţie* (The High Court of Cassation and Justice in Romania; since 2003)
ICCLR	International Company and Commercial Law Review (London 1.1990 ff; cited by year and page)
ICE	Institution of Civil Engineers
ICLQ	International and Comparative Law Quarterly (London 1.1952 ff; cited by year, number and page)
ICLR	Irish Common Law Reports, 2nd Series (Dublin 1.1850-17.1866; cited by volume, year and page)
ICR	Industrial Cases Reports (London 1.1975 ff; cited by year and page)
ICSTIS	Independent Committee for the Supervision of Telefone Information Services (United Kingdom)
IECL	The International Encyclopedia of Comparative Law (Tübingen, New York 1.1970 ff; cited by volume, chapter and margin number)
IEHC	Approved Judgment of the High Court (Republic of Ireland)
IER	*Intellectuele Eigendom & Reclamerecht* (Zwolle 1.1985 ff; cited by year and page)
IESC	Approved Judgement of the Supreme Court (Republic of Ireland)
IHR	*Internationales Handelsrecht, Zeitschrift für das Recht des internationalen Warenkaufs und -vertriebs* (Munich 1.1999 ff; cited by year and page)
ill.	illustration
ILRM	Irish Law Reports Monthly (Dublin 1.1981(1982)-13.1993; 1994 ff; retrospective volumes have also been published, for 1976-1980 inclusive; cited by year and page)
ILT	Irish Law Times, New Series (Dublin 1.1983 ff; cited by year and page)
ILTR	Irish Law Times Reports (Dublin 1.1867 ff; cited by year, book and page)
Inc.	Incorporated
Incoterms	International Commercial Terms
InDret	Review on the Analysis of Law; Online (cited by number and year)
Inf AuslR	*Informationsbrief Ausländerrecht* (Frankfurt/M. 1.1979 ff; cited by year and page)
Inf. prev.	*Informazione previdenziale. Rivista bimestriale dell'avvocatura dell'Istituto Nazionale delle Previdenza Sociale* (Rome 1.1985 ff; cited by year and page)
Inner House	Inner House (Court of Session, Scotland) (appeal court in civil cases)
InsO	*Insolvenzordnung* (Insolvency Act, Germany)
IntBusLawyer	International Business Lawyer (London 1.1973 ff; cited by year and page)
Inv.	*Invoering* (promulgated)

IPRax	*Praxis des Internationalen Privat- und Verfahrensrechts* (Bielefeld 1.1981 ff; cited by year and page)
IPRE	*IPR-Entscheidungen 1-3, Österreichische Entscheidungen zum Internationalen Privatrecht* [Vienna 1.1983(1984)], since volume 2 published as: *Österreichische Entscheidungen zum Internationalen Privat- und Verfahrensrecht* [Vienna 2.1983/87(1991)-3.1988/90(1994); cited by volume and page]
IPRG	*Bundesgesetz über das Internationale Privatrecht* (Private International Law Act, Austria)
Ips	*Izredna pravna sredstva* (extraordinary remedy, Slovenia)
IR	The Irish Reports (Dublin 1.1894 ff; including the sub-series Common Law Series [1.1867(1868)-11.1877(1878)] as well as Equity Series [1.1867(1868) ff]; cited by year, book and page)
Ir Jur	Irish Jurist (Dublin 1.1935-31.1965; cited by volume, year and page)
Ir Jur (N.S.)	Irish Jurist (New Series) (Dublin 1.1966 ff; cited by volume, year and page)
IrChR	Irish Chancery Reports: a series of reports of cases argued and determined in the Hight Court of Chancery and the Rolls Court in Ireland (Dublin 1.1850/52(1852)-17.1864/66(1867); cited by volume and page)
IrEqR	Irish Equity Reports (Dublin 1.1838-12.1850; cited by year and page)
IRLR	Industrial Relations Law Reports (London 1.1972 ff; cited by year and page)
IrLR	Irish Law Reports, 1st Series (Dublin 1.1838-12.1850; cited by year, book and page)
ISP98	International Standby Practices 1998
IT-law	The law related to Information Technology
J	*Juristen* (Copenhagen 1.1919 ff; cited by year and page)
J & H	Johnson & Hemming's Chancery Reports (ER 70) (volumes 1-2 covering the years 1860-1862; cited by volume and page)
J Legal Studies	Journal of Legal Studies (Chicago 1.1972 ff; cited by volume, year and page)
J.	Judge (High Court, United Kingdom)
J. Int'l Fin. Mkt.	Journal of International Financial Markets, Institutions and Money (Amsterdam 1.1991 ff; cited by year, volume and page)
J.C.B./B.R.H.	*Jurisprudence Commerciale de Bruxelles/Belgische Rechtspraak in Handelzaken* (Antwerp 1.1968-15.1982)
J.Environ.L.	Journal of Environmental Law (New York 1.1974/75 ff; cited by volume, year and page)
J.P.A./R.H.A.	*Jurisprudence du port d'Anvers/Rechtspraak van de haven van Antwerp* (Antwerp 1.1856-92.1943; 93.1949 ff)
JA	*Juristische Arbeitsblätter. Zeitschrift für Studenten und Referendare* (Cologne et al., 1.1969 ff; cited by year and page)
Jac & W	Jacob and Walker's Chancery Reports (ER 37) (volumes 1-2 covering the years 1819-1821; cited by volume and page)
Jahrb.f.ital.R.	*Jahrbuch für italienisches Recht* (Heidelberg 1.1988 ff; cited by volume, year and page)
JAR	*Jurisprudentie arbeidsrecht* ('s-Gravenhage/The Hague 1.1992 ff; cited by year and page)
JB	*Jordabalk* (Land Code, Sweden)
JBL	Journal of Business Law (London 1.1057 ff; cited by year and page)

JBl	*Juristische Blätter* (Vienna 1.1872 ff; cited by year and page)
JbOstR	*Jahrbuch für Ostrecht* (Munich 1.1960 ff; cited by volume, year and page)
JC	Justiciary Cases (Edinburgh 1.1916/20-4.1930/35; 1935/40-1960/65; cases decided in the High Court of Justiciary)
JCl. Soc.	*Juris-classeur des sociétés* (Paris 1.1913 ff; cited by fasc. and number)
JClCiv	*Collection des Juris-Classeurs. Juris-Classeur Civil* (Paris 1.1962 ff; cited by art., fasc./v° and no.)
JCP	*Juris-Classeur périodique* (cf. SemJur)
JCP éd. E	*Juris-Classeur périodique (Semaine Juridique) édition Entreprise* (cf. SemJur)
JCP éd. G	*Juris-Classeur périodique (Semaine Juridique) édition Générale* (cf. SemJur)
JCP éd. N	*Juris-Classeur périodique (Semaine Juridique) éditions Nouvelles* (cf. SemJur)
JCP Pan.	*Panorama, Semaine Juridique* (cf. Sem.Jur.)
JCP Som.	*Sommaire, Semaine Juridique* (cf. Sem.Jur.)
JCT	The Joint Contracts Tribunal Ltd. (London since 1931; www.jctltd.co.uk)
JDI	*Journal du droit international* (Paris 1.1874 ff; cited by year and page; also known as *Clunet)*
JFT	*Tidskrift utgiven av Juridiska Föreningen i Finland* (Helsingfors 1.1936 ff; cited by year and page)
JGG	*Jugendgerichtsgesetz* (Juvenile Court Act, Germany)
JGS	*Justizgesetzsammlung. Gesetze und Verordnungen in Justizsachen* (Vienna 1780-1848; cited by year and number)
JhJb	*Jherings Jahrbücher für die Dogmatik des bürgerlichen Rechts* (Jena 1.1857-90.1943; until 37.1897 *Jahrbuch für die Dogmatik des heutigen römischen Rechts und deutschen Privatrechts*; cited by volume, year and page)
JIBFL	cf. BJIBFL
JL	*Jurisprudence de Liège* (Liège 83.1978-93.1986, afterwards published as JLMB [cf. JLMB])
JLMB	*Revue de jurisprudence de Liège, Mons et Bruxelles* (Liége, 94.1987 ff; cited by year and page)
JLSS	Journal of the Law Society of Scotland (Edinburgh 1.1956 ff; cited by year and page)
JO	*Journal Officiel de la République Française. Lois et Décrets.* (Official Gazette of the French Republic. Acts and Decrees, Paris 1.1869 ff; cited by date of issue)
Johns	Johnson's Chancery Reports (ER 70) (1859; cited by book and page)
JOL	*Jurisprudentie Online* (cited by year and page)
JöR	*Jahrbuch des öffentlichen Rechts der Gegenwart* (Tübingen 1.1907-25.1938; N.S. 1.1951 ff; cited by volume, year and page)
JPA	*Jurisprudence du port d'Anvers/Rechtspraak van de haven van Antwerpen*, cf. RHA
JP	*Juge de Paix* (Justice of the Peace, Belgium and Luxembourg)
JP	Justice of the Peace Reports (London 1837-1931 and 1983(1984) ff; in between published as Justice of the Peace and Local Government Review Reports 1932-1983; cited by year, volume and page)
JR	*Juristische Rundschau* (Berlin 1.1947 ff; cited by year and page)
JT	*Juridisk tidskrift vid Stockholms universitet* (Stockholm 1.1989/90 ff; cited by year and page)
JT	*Journal des Tribunaux* (Brussels 1.1881-96.1981; 101.1982 ff; volumes 97-100 not published; cited by year and page)

JT (Lausanne)	*Journal des Tribunaux* (Lausanne 1.1929 ff; cited by year and page)
JTT	*Journal des Tribunaux du Travail* (Brussels, 1.1970-844.2002; since 2003 published as *JTT. Droit du travail, droit de la sécurité sociale, droit judiciaire social, droit pénal social*; cited by year and page)
jur.	*jurisprudence*
jur. Civ.	*Jurisprudencia Civil* (Civil jurisprudence, Spain)
Jura	*Jura. Juristische Ausbildung* (Berlin et al. 1.1979 ff; cited by year and page)
Juridica	*Juridica* (Tartu 1.1993; cited by volume, year and page)
Juridica Int.	*Juridica international* (Tartu 1.1996 ff; cited by issue, year and page)
JuridRev/JurRev	The Juridical Review (Edingburgh, London 1.1889-67.1955; New Series 1.1956 ff; cited by year and page)
JuS	*Juristische Schulung. Zeitschrift für Studium und Referendariat* (Munich, Frankfurt/M. 1.1961 ff; cited by year and page)
JUS	*Rivista di scienze giuridiche* (Milan 1.1940-4.1943; N.S. 1.1950-20.1969; 21.1974 ff; cited by year and page)
JW	*Juristische Wochenschrift. Organ des Deutschen Anwaltsvereins* (Bulletin of the German Lawyers' Association, Leipzig 1.1872-68.1939, 1940 merged with Deutsches Recht as the A ed.; cited by year and page)
JZ	*Juristenzeitung* (Tübingen 1.1945 ff; Continuation of the German *Rechtszeitschrift* and the South German *Juristenzeitung*, vol. 6.1951 ff; cited by year and page)
KAD	*Κώδικας Αεροπορικού Δικαίου* (Air Law Code, Greece)
KAKuG	*Krankenanstalten- und Kuranstaltengesetz* (Hospital and Sanatorium Act, Austria)
KartG 2005	*Bundesgesetz gegen Kartelle und andere Wettbewerbsbeschränkungen – Kartellgesetz* (Cartels and other Restraints on Competition Act, Austria)
KB	*Koninklijk Besluit* (Royal decree, Belgium and The Netherlands)
KB	King's Bench
KB	The Law Reports. King's Bench Division (London 1.1875/76 ff; cited by year, book and page) cf. LR
KBL	*Købeloven* (Sale of Goods Act, Denmark)
KC	cf. CC
KCLJ	King's College Law Journal (London 1.1990-17.2006; since 18.2007 published as King's Law Journal [KLJ]; cited by year, volume and page)
Keble	Keble's King's Bench Reports (ER 83-84) (volumes 1-3 covering the years 1661-1679; cited by volume and page)
Kerületi Bíróság	District Court (Court of First Instance, Hungary)
KF	*Karlsruher Forum*. Supplement to *VersR* (Karlsruhe 1.1959 ff; cited by year and page)
Kft	*Korlátolt felelősségű társaság* (Private company limited by shares, Hungary)
KG	*Kort Geding* (from 1.1981 contained in *Rechtspraak van de Week*; cf. RvdW)
KG	*Kammergericht* (Court of Appeal, Berlin, Germany) cf. CA
KGTG	*Kulturgütertransfergesetz* (International Transfer of Cultural Property Act, Switzerland)

Kh.	*Rechtbank van koophandel* (Commercial Court in Belgium. It is not a division of the Court of First Instance, because commercial law is not a branch of civil law in Belgium)
KHVG	*Kraftfahrzeug-Haftpflichtversicherungsgesetz* (Motor Vehicle Liability Insurance Act, Austria)
Kilk	Kilkerran's Court of Session Decisions (reports covering the years 1738-1752; cited by year and page)
KIR	Knight's Industrial Reports (London 1.1966-10.1975; cited by year, volume and page)
Kjl	cf. SGA
KKL	*Konsumentköplagen* (Consumer Sales Act, Sweden)
KKO	*Korkein oikeus* (Finnish Supreme Court)
KL	cf. SGA
KMG	*Kapitalmarktgesetz* (Capital Market Act, Austria)
kn	*Книга* (booklet, Bulgaria)
KO	*Konkursordnung* (Bankruptcy Act, Austria)
KommL.	*Lag om Kommissions* (Commissions Act, Sweden), *Kommissionslov* (Commission Agents Act, Denmark)
KöpL	cf. SGA
KPD	cf. CCrimProc
KPolDik	cf. CCP
KritE	*Κριτική Επιθεώρυσυ νομικύς θεωρίας και νομολογίας* (Athens 1.1994; cited by year and page)
KS	*Krajsky soud* (District Court, Court of First Instance, Czech Republik), cf. CFI; *Krajsky sùd* (District Court, Court of Appeal, Slovakia) cf. CA
KSchG	cf. ConsProtA
KSE 1995	Konsulttitoiminnan Yleiset Sopimusehdot (General Conditions for Consulting, Finland)
Ktg	*Kantongerecht* (Local Court, The Netherlands)
KTjL	*Konsumenttjänstlagen* (Consumer Services Act, Sweden)
KTS	*Konkurs-, Treuhand- und Schiedsgerichtswesen* (Cologne et al. 1.1939-52.1991; cited by year and page)
KultGüRückG	*Kulturgüterrückgabegesetz* (Return of Cultural Objects Act, Austria and Germany)
KultSchG	*Gesetz zum Schutz deutschen Kulturgutes gegen Abwanderung* (Protection against Displacement of Cultural Objects Act, Germany)
KunstUrhG	*Kunsturhebergesetz* (Copyright on Works of Fine Art and Photography Act, Germany)
Ky	Kentucky Reports (Frankfort, Kentucky, 1.1785/1801-314.1951; cited by volume and page); continued as The south-western reporter, cf. SW
L	*Lag* (Finland, Sweden); *Loi* (France); *Lov* (Denmark); *Legge* (Italy): Law
l.fall	*Legge fallimentare* (Insolvency Act, Italy)
LA	*Protezione del diritto d'autore e di altri diritti connessi al suo esercizio* (Copyright Act, Italy)
La Ley	*Revista jurídica española de doctrina, jurisprudencia y bibliografía* (Madrid 1.1980 ff; cited by year, book and page)

LAG	*Landesarbeitsgericht* (Appellate Labour Court, Germany)
Lane	Lane's Exchequer Reports (ER 145) (reports covering the years 1605-1611; cited by year and page)
Lav.prev.oggi	*Lavoro e previdenza oggi* (Milan 1.1974 ff; cited by year and page)
Lavoro 80	*Lavoro 80 – Rivista di diritto del lavoro pubblico e privato* (Milan 1.1981 ff; cited by year and page)
Law Com.	Law Commission Report (England and Wales)
LC	*Ley concursal* (Insolvency Act, Spain)
LC	Lord Chancellor (United Kingdom)
LCA	*Ley del Contrato de Agencia* (Agency Act, Spain)
LCD	*Ley de Competencia Desleal* (Unfair Competition Act, Spain)
LD	*Νομοθετικό Διάταγμα (ΝΔ)* (Legislative Decree, Greece)
Ld Raym	Lord Raymond's King's Bench and Common Pleas Reports (ER 91-92) (volumes 1-3 covering the years 1694-1732; cited by volume and page)
LDC	*Ley de Defensa de la Competencia* (Anti-Trust Act, Spain)
Le & Ca	Leigh & Cave's Crown Cases Reserved (ER 169) (reports covering the years 1861-1865; cited by year and page)
LEC	cf. CCP
LECr	cf. CCrimProc
LEF	*Ley de Expropiación Forzosa* (Compulsory Expropriation Act, Spain)
Legal Studies	Legal Studies. The Journal of the Society of Public Teachers of Law (London 1.1947 ff; cited by volume, year and page)
LegCCProp	Legislative Proposal no. T/5949 on the Hungarian Civil Code as in the parliamentary process
Legf. Bír.	*Legfelsőbb Bíróság* (Supreme Court of Hungary)
LEX	*System informacji prawnej LEX* (Legal Information System LEX, Poland)
LFG	*Luftfahrtgesetz* (Aviation Act, Austria)
LFZG	*Lohnfortzahlungsgesetz* (Continued Payment of Wages for Employees Absent due to Illness Act, Germany)
LG	*Landgericht* (Germany); *Landesgericht* (Austria); Court of First Instance, general jurisdiction, also Court of Appeal for appeals from the Local Courts (Austria and Germany)
LGDJ	*Librairie Générale de Droit et de Jurisprudence* (French publishing company)
LGR	Local Government Law Reports (London 1.1911 ff; cited by volume, year and page)
LGS	*Ley General de Sanidad* (General Healthcare Act, Spain)
LGZ Wien	*Landesgericht für Zivilrechtssachen Wien* (High Court of Vienna)
LH	*Ley Hipotecaria* (Mortgages and Land Register Act, Spain)
LHMPSD	*Ley sobre hipoteca mobiliaria y prenda sin desplazamiento de posesión* (Movable Mortgage Act, Spain)
Lietuvos apeliacinis teismas	Court of Appeal (Lithuania)
Lietuvos auksciausiasis teismas	Supreme Court of Lithuania
Limb. Rechtsl.	*Limburgs Rechtsleven* (Beringen 1.1958 ff; cited by year and page)

Linnakohus	City Court (Estonia)
lit.	*litera*
LJ	Lord Justice (Court of Appeal judge, United Kingdom)
LJ Adm (N.S.), LJ CP, LJ Ch (O.S./N.S.), LJ Exch (N.S.), LJ KB (N.S.)	Law Journal Reports (London. Various series covering the years 1822-1949, [O.S. 1.1822(1823)-9.1831; N.S. 1=10.1832-38=47.1869; 39.1870-118.1949]); decisions cited with indicator of competent jurisdiction: Adm (Admiralty), CP (Common Pleas), Ch (Chancery), Exch (Exchequer), KB/QB (King's or Queen's Bench) (O.S.: Old Series; N.S.: New Series)
LJG	Lord Justice-General (Presiding Judge in the High Court of Justiciary, Scotland)
LJN	*Landelijk Jurisprudentie Nummer* (National case database serial number, http://www.rechtspraak.nl)
LJP	Law Journal Reports, Probate, Divorce & Admiralty New Series (Reports covering the years 1875-1946; cited by year, volume and page)
Lloyd's L. Rep	Lloyd's List Law Reports (London 1.1919-84.1950; cited by year, volume and page; London 1950 (1951/1952)-1967(1967/1968); cited by year and page)
Lloyd's Rep	Lloyd's Law Reports (London 1.1968 ff; cited by year, volume and page)
Lloyd's Rep Med	Lloyd's Reports: Medical (London 1.1968 ff; cited by volume, year and page)
LM	*Lakimies – Suomalaisen Lakimiesyhdistyksen aikakauskirja* (Helsinki 1.1903 ff; cited by year and page)
LM	*Lindenmaier-Möhring, Nachschlagwerk des Bundesgerichtshofs* (Reference Book of the Federal Court of Justice in civil cases, Munich 1.1951 ff; cited by act, paragraph and number)
LMCLQ	Lloyd's Maritime and Commercial Law Quarterly (London 1974 ff; cited by year and page)
LNTS	League of Nations Treaty Series (Geneva 1.1920-205.1944/46; cited by volume and page)
LOA	Law of Obligations Act; abbreviation used coherent for the following acts: *Võlaõigusseadus* [EOA/VÕS] (Estonia); *Закон за задълженията и договорите* [OCA] (Bulgaria); *Obligacijski zakonik* [OZ] (Slovenia); *Bundesgesetz betreffend die Ergänzung des Schweizerischen Zivilgesetzbuches. 5th part: Obligationenrecht* [OR] (Switzerland)
loc. cit.	*loco citato* (the place already cited)
LOCM	*Ley de ordenación del comercio minorista* (Retail Trade Act, Spain)
LOPJ	*Ley del poder judicial* (Organic Act on Judiciary Power, Spain)
LOTC	*Ley Orgánica del Tribunal Constitucional* (Statute of the Constitutional Court of Spain)
Loyers et copr.	*Loyers et copropriété* (Paris 1.1987 ff; cited by year and number of commentary)
LøysL	*Lov om løysingsrettar* (Contractual Rights to Buy Immovable Property Act, Norway)
LPA	Law of Property Act (Estonia)
LPC	*Loi sur les pratiques du commerce* (Dishonourable Trade Practices Act, Belgium)
LPCC	cf. ConsProtA (for Belgium)
LPI	*Real Decreto Legislativo 1/1996, que aprueba el texto refundido de la Ley de Propiedad Intelectual aprobada por la Ley 22/1987, de 11 de noviembre, que*

	regulariza, aclara y armoniza las disposiciones legales y vigentes sobre la materia (Copyright Act, Spain)
LQR	The Law Quaterly Review (London 1.1885 ff; cited by volume, year and page)
LR	Law Reports. Publications of the Incorporated Council of Law Reporting (1865/66-1875 [the year of foundation of the High Court] in 11 series [here cited with the A & E, Ch. App., CCR, the C.P., Eq., the Ex., the HL(E), HL(Ir), HL(Sc), P & D, PC and the QB]; usually LR is put at the head of citations of decisions of the series up to 1875. 1875 the 11 series were reduced to 6 [App. Cas., Ch. D, QBD, C.P.D., Ex. D, PD]. Since 1881 the Law Reports are published in 4 series [App. Cas., Ch. D, QBD, P.D.]. Since 1890 [AC, Ch, QB, P and Fam] cited in a different way: the volume does not appear any more, but the year, put at the head within brackets; in case the reporting took more than one volume, the volume appears behind the year)
LR Ir	Law Reports, Ireland (Dublin 1.1878/79-32.1893; cited by year, book and page)
LR Sc & Div	Law Reports, House of Lords Scotch & Divorce Appeal Cases (reports covering the years 1866-1875; cited by volume and page)
LRC	Law Reform Commission
LRCP	*Ley de Responsabilidad Civil por Daños causados por Productos Defectuosos* (Product Liability Act, Spain)
LRJ-PAC	*Ley de Régimen Jurídico de las Administraciones Públicas y Procedimiento Administrativo Común* (General Regime of Public Administrations Act, Spain)
LRP	limited-right-possessor
LS Law Med	LS Law Medical (London 2006 ff); previously: Medical Law Reports [Med LR] (London 1989/90-1997) and Lloyd's Law Reports – Medical [Lloyd's Rep Med] (London 1998-2006); cited by year, volume and page
LSG	Law Society Gazette (Dublin 94.2000 ff; previously published as Incorporated Law Society of Ireland, Dublin 76.1982-93.1999; cited by year, volume, book and page)
LT	Law Times Reports (London 1859-1947; cited by year, book and page)
Ltd.	Limited
LuftVG	*Luftverkehrsgesetz* (Aviation Act, Germany)
Lush	Lushington's Admiralty Reports (ER 167) (reports covering the years 1859-1862; cited by book and page)
LVP	*Ley de Venta a Plazos de Bienes Muebles* (Instalment Sales Act, Spain)
Mass.giur.lav.	*Massimario di giurisprudenza del lavoro* (Milan 5.1929-16.1940; 20.1947 ff; previously: *Massimario di giurisprudenza per l'impiego privato. Supplemento a l'Organizzazione industriale* 1.1925-4.1928; cited by year and page)
M	Macpherson's Session Cases, Third Series (Edinburgh 1.1862-11.1873; cited by year, book and page)
M & M	Moody and Malkin's Nisi Prius Reports (ER 173) (reports covering the years 1826-1830; cited by book and page)
M & S	Maule & Selwyn's King's Bench Reports (ER 105) (volumes 1-6 covering the years 1813-1817; cited by volume and page)

M & W	Meeson and Welsby's Reports, Exchequer (ER 150-153) (volumes 1-16 covering the years 1836-1847; cited by volume and page)
M.No.	Marginal number
Maakohus	County Court (Estonia)
Mac & G	Macnaghten & Gordon's Chancery Reports (ER 41-42) (volumes 1-3 covering the years 1849-1851; cited by volume and page)
Macq	Macqueen's Scotch Appeal Cases (cases covering the years 1851-1865; cited by volume and page)
Magyar Jog	*Magyar Jog* (Budapest 1.1954-13.1966; 38.1991 ff; 14.1967-37.1990 published as *Magyar jog és külföldi jogi szemle*; cited by year and page)
Man & G	Manning & Granger's Common Pleas Reports (ER 133-135) (volumes 1-7 covering the years 1840-1844; cited by volume and page)
MB	*Megyei Bíróság* (Court of Appeal, Hungary)
McGill LJ	McGill Law Journal (Montreal 1.1952/55 [1954]; cited by volume, year and page)
MD	*Marknadsdomstolen* (The Market Court, Sweden)
MDR	*Monatsschrift für Deutsches Recht. Zeitschrift für die Zivilrechts-Praxis* (Cologne, Hamburg 1.1947 ff; cited by year and page)
Med LR	Medical Law Reports (London 1989/90-1997); continued as Lloyd's Law Reports – Medical [Lloyd's Rep Med] (London 1998-2006) and then as LS Law Medical [LS Law Med] (London 2006 ff) cited by year, volume and page)
MedienG	*Mediengesetz* (Media Act, Austria)
Mer.	Merivale's Chancery Reports (ER 35-36) (volumes 1-3 covering the years 1815-1817; cited by volume and page)
MietSlg	*Mietrechtliche Entscheidungen* (Vienna 1.1951 ff; cited by year and number of the decision)
MittDtPatAnw	*Mitteilungen der deutschen Patentanwälte* (Munich 1.1909 ff; cited by year and page)
MJ	Maastricht Journal of European and Comparative Law (Antwerp, Baden-Baden 1.1994 ff; cited by volume, year and page)
ML	*Myndighedsloven* (Minors and Guardianship Act, Denmark)
MLR	The Modern Law Review (London 1.1937/38 ff; cited by year and page)
MÖB M	*Miljööverdomstolens beslut* (Decisions of the Environmental Appellate Court, Sweden)
Mod	Modern Reports (ER 86-88) (volumes 1-12 covering the years 1669-1732; cited by volume and page)
MÖD	*Miljööverdomstolens dom* (Judgment of the Environmental Appellate Court, Sweden)
Mon. NBW	*Monografieën nieuw BW: commentaar op het nieuwe burgerlijk recht [A-serie/B-serie] (Deventer 1982-2005); continued as* Monografieën BW *[A-serie/B-serie]: losdelig handboek (Deventer 2006 ff); cited by series and number)*
Mon.TP	*Le Moniteur des travaux publics et du bâtiment: journal des travaux publics réunis* (Paris 2.1903-72.1975; 1976 ff; cited by date and page)
Mon.Trib.	*Monitore dei Tribunali, giornale di legislazione e giurisprudenza civile e penale* (Milan 1.1859/60-117.1977; cited by year and page)

MonC	*Code monétaire (ordonnance relative à la partie législative du code monétaire et financier*, France: since government act no. 2000-1223 of 14 December 2000)
Monit. belge	*Moniteur belge des arrêtés des secrétaires généraux: journal officiel* (Official Gazette, Belgium; Brussels 1.1831 ff; cited by date)
Moore KB	Moore's King's Bench Cases (ER 72) (reports covering the years 1519-1621; cited by year, book and page)
Moore PC	Moore's Privy Council Cases (ER 12-15, volumes 1-15 covering the years 1836-1862; cited by volume and year)
Moore PC (N.S.)	Moore's Privy Council Cases, New Series (ER 15-17) (volumes 1-9 covering the years 1862-1873; cited by volume and page)
MoP	*Monitor Prawniczy* (Warsaw 1.1993 ff, cited by year, number and page)
Mor	Morison's Dictionary of Decisions, Court of Session (Edinburgh 1540-1808; cited by year and page)
Mot II	Motive (Explanatory Report on the Draft of a Civil Code for the German Reich. Vol. II: Law of Obligations, Berlin, Leipzig 1888)
MPr	*Μονομελές Πρωτοδικείο* (One-Member CFI, Greece) cf. PPr
MR	Master of the Rolls (Member and President of the Court of Appeal, United Kingdom)
MR-Int	*Medien und Recht International, Europäische Rundschau zum Medienrecht, IP- & IT-Recht* (Saarbrücken 1.2004 ff; cited by year and page)
MRG	*Mietrechtsgesetz* (Landlord and Tenant Act, Austria)
MuSchG	*Musterschutzgesetz* (Trademark Act, Austria)
MvA	*Memorie van Antwoord. Parlementaire Geschiedenis* (Ministerial Statements on Draft Laws, The Netherlands)
MvT	*Memorie van Toelichting. Parlementaire Geschiedenis* (Explanations of Draft Laws, The Netherlands)
N.S.	New Series
N.V.	*Naamloze vennootschap* (Dutch public limited company)
Narodne novine	Official Gazette of the Republic of Croatia (Zagreb 1835 ff; cited by number and date)
NBW	cf. CC
NC CC	National Court Civil Chamber (Estonia)
NCP	cf. CP
NCPC	*Nouveau Code de procédure civile* (Code on procedural law, France) [since 20 December 2007: "*Code de procédure civile*"] cf. CCP
ND	*Νέον Δίκαιου* (New Law, Greece)
NDS	*Nordisk Domssamling* (Oslo 1.1958 ff; cited by year and page; in Scandinavia the NDS is often cited by the year of the judgment, which is often one year prior to the year of publication)
NdsRpflege	*Niedersächsische Rechtspflege* (Celle 1.1947 ff; cited by year and page)
NDTrEl	*Νομικό Δελτίο Τραπέζης της Ελλάδος* (Legal Bulletin of the Bank of Greece, Athens; cited by issue, year and page)

NE	West's North-Eastern Reporter: cases argued and determined in the courts of Illinois, Indiana, Massachusetts, New York, Ohio (St. Paul, Minnesota, 2nd series 514.1988 ff; previousely: The North-Eastern Reporter, 1.1885-200.1936, 2nd series 1.1936-513.1988; cited by year, volume and page)
Ned. Rechtspraak	*Nederlandsche Rechtspraak of verzameling van arresten en gewijsden van den Hoogen Raad der Nederlanden en verdere rechtscollegien* (Older collection of Dutch decisions; The Hague 1.1839-222.1912/13; cited by volume, year and page)
NedJur	*Nederlandse Jurisprudentie – Uitspraken in burgerlijke en strafzaken* (Zwolle 1.1913 ff; cited by year and page)
NedJur (kort)	cf. NedJur (supplementary collection of judgments that have not entered into effect; cited by year and number)
NedTIR	*Nederlands Tijdschrift voor International Recht* (Leiden 1.1953/54 with various titles; Nederlands International Law Review 22.1975 ff; cited by volume, year and page)
New LJ	New Law Journal (London 1.1850 ff; cited by volume, year and page)
NFT	*Nordisk forsikringstidsskrift* (Danish ed.); *Nordisk försäkringstidskrift* (Swedish ed.) (Copenhagen 1.1921 ff; cited by year and page)
NFV	*Nederlandse Franchise Vereniging* (Dutch Franchise Association, The Netherlands)
NGO	Non-governmental organisation
NI	Norther Ireland Law Reports (containing reports of cases argued and determinedin the High Court of Justice and on appeal there-from in the Court of Appeal in Northern Ireland; London, 1925 ff; cited by year and page)
NIJR	New Irish Jurist Reports (Dublin 1900-1905; cited by year, volume and page)
NILQ	Northern Ireland Legal Quaterly (Belfast 1.1936/37-14.1960/61; N.S. 1=15.1964 ff; cited by volume, year and page)
NILR	The Netherlands International Law Review; cf. NedTIR
NJA	*Nytt Juridiskt Arkiv* (Stockholm 1.1874 ff; as of 1876 separation into two divisions: division 1: *Rättsfall från högsta domstolen*; cited by year, division and page; division 2: *Tidskrift för lagstiftning*; cited by year, division and page)
NJB	*Nederlands Juristenblad* (Zwolle, Deventer 1.1926 ff; 11.1936-18.1943, the same content as *Weekblad van het recht* [cf. W]; cited by year and page)
NJOZ	*Neue juristische Online-Zeitschrift* (Munich 2001 ff; cited by year and page)
NJW	*Neue Juristische Wochenschrift* (Munich, Frankfurt/M. 1.1947 ff; previously: Juristische Wochenschrift [cf. JW]; cited by year and page)
NjW	*Nieuw juridisch weekblad* (Mechelen 1.2002 ff; previously published as *Tijdschrift rechtsdocumentatie en -informatie*: Antwerpen 14.1993-23.2002; cited by year, page and issue number)
NJW-RR	*NJW-Rechtsprechungs-Report Zivilrecht* (Munich, Frankfurt/M. 1.1986 ff; cited by year and page)
NLJ	New Law Journal (London 116.1965/66 ff; previously: The Law yournal, 1.1866-115.1965; cited by year and page)
no(s).	number(s); margin number(s)
NoB	*Νομικό Βύμα* (Athens 1.1953 ff; cited by volume, year and page)
νόμος	Law (Greece)

Notiziario giur. lav.	*Notiziario giuridico. Diritto del lavoro, diritto civile e commerciale, diritto amministrativo e costituzionale, diritto communitario* (Turin 1.1970 ff; cited by year and page)
Nouva giur. civ. comm.	*La Nuova giurisprudenza civile commentata: rivista bimestrale delle nuove leggi civili commentate* (Padova 1.1985 ff; cited by year, book and page)
Nov.Dig.it.	*Nuovissimo Digesto italiano* (Turin 1.1957 ff; previously published as *Nuovo digesto italiano*; cited by volume, year and page)
NP	*Nowe Prawo* (Warsaw 6.1950-47.1991; since 1.1991-7.1997; 8.1998 ff published as *Przegląd sądowy*; cited by year and decision number)
NPC	New Property Cases (London 1.1998 ff; cited by year and page)
NRE	*Loi relative aux nouvelles régulations économiques* (Business Regulations Act, France)
NRt	cf. Rt
NS	*Nejvyssi soud* (Supreme Court of the Czech Republic)
NS ČR	*Nejvyssi soud České Republiky* (Supreme Court of the Czech Republic since 1 January 1993)
NS ČSR	*Nejvyssi soud Československé Republiky* (Supreme Court of Czechoslovakia; the abbreviation ČSR used here throughout for both the Czechoslovak Republic (ČSR) [country's official name from 1920-1938 and 1945-1960] and for the Czechoslovak Socialist Republic (ČSSR) [country's official name from 1960-1990]; the court ceased to exist from 31 December 1992)
NS SR	*Najvyssi sùd Slovenskej Republiky* (Supreme Court of the Republic of Slovakia)
NSWLR	New South Wales Law Reports (Sydney 51.2000/01 ff; cited by volume, year and page)
NTBR	*Nederlands Tijdschrift voor Burgerlijk Recht* (Deventer 1.1984 ff; cited by year and page)
NuR	*Natur und Recht* (Hamburg, Berlin 1.1979 ff; cited by year and page)
NVwZ	*Neue Zeitschrift für Verwaltungsrecht* (Munich, Frankfurt/M. 1.1988 ff; cited by year and page)
NY	New York Court of Appeals Reports (Albany, New York, 1.1893 ff; cited by number, year and page)
NZ	*Österreichische Notariatszeitung, Monatsschrift für Notariat und freiwillige Gerichtsbarkeit* (Vienna 1.1949 ff; cited by year and page)
NZLR	New Zealand Law Reports (Wellington 1.1883 ff; cited by year, section and page)
NZM	*Neue Zeitschrift für Miet- und Wohnungsrecht* (Munich 1.1998 ff; published online; cited by year and page)
NZV	*Neue Zeitschrift für Verkehrsrecht* (Munich, Frankfurt/M. 1.1988 ff; cited by year and page)
ÖBA	*Österreichisches Bankarchiv* (Vienna 1.1953 ff; cited by year and page)
ÖBl	*Österreichische Blätter für gewerblichen Rechtsschutz und Urheberrecht* (Vienna 1.1952 ff; cited by year and page)
ObchZ	cf. Ccom
obs.	observations
OCA	cf. LOA

Odo	*Obchodní dovolání* (In references to cases from Czech Supreme Court, designates that the case concerns a commercial cases to the Supreme Court [*dovolání*], in distinction to "Cdo" [civil appeal cases] and "Tdo" [criminal cases])
OER	*Osteuropa-Recht. Gegenwartsfragen aus den Rechten des Ostens* (Berlin [previously Stuttgart] 1.1955 ff; cited by year and page) cf. ROW
OGH	*Oberster Gerichtshof* (Supreme Court of Austria)
OGH BritZ	*Oberster Gerichtshof für die Britische Zone* (Supreme Court for the British Zone, Germany)
OGP	*Onroerend goed in de praktijk* (Loose-leaf collection, Antwerp)
OH	Outer House (Court of Session, Scotland)
OIZ	*Österreichische Immobilien-Zeitung* (Vienna 1.1928-11.1938; [N.S.]1.1945 – [N.S.]5.1949; 16.1950 ff; cited by year and page)
OJ	Official Journal
OJ EC	Official Journal of the European Communities (Brussels 1.1958 ff; from 11.1968 ff: issue C [Communication]: Information and Notice; Issue L [Législation]: Legislation; cited by issue, number, date and page)
ÖJZ	*Österreichische Juristenzeitung* (Vienna 1.1946 ff; cited by year and page)
Okj	*Okrajno sodisce* (District Court, Court of First Instance, Slovenia)
Okz	*Okrozno sodisce* (Regional Court, Court of First Instance, Slovenia)
ØL	*Østre Landsret* (Eastern High Court, Denmark)
ØLD	*Østre Landsrets Dom* (Judgments of the Eastern High Court, Denmark)
OLG	*Oberlandesgericht* (Court of Appeal, Austria, Germany [for Berlin in particular, cf. KG]) cf. CA
OLGR	*OLG-Report. Zivilrechtsprechung der Oberlandesgerichte* (Decisions of the Court of Appeal in civil matters, Germany; Cologne 1.1997 ff; cited by year and page)
OLGZ	*Entscheidungen der Oberlandesgerichte in Zivilsachen einschließlich der freiwilligen Gerichtsbarkeit* (Decisions of the Court of Appeal in civil matters including jurisdiction over non-contentious matters, Germany; Munich, Berlin 1.1965 ff; cited by year and page)
ØLK	*Østre Landsrets Kendelse* (Decisions of the Eastern High Court, Denmark)
ÖNORM A 2060	*Allgemeine Vertragsbestimmungen für Leistungen – Werkvertragsnorm* (General conditions for contracts – Works contract, Austria)
ÖNORM B 2110	*Allgemeine Vertragsbestimmungen für Bauleistungen – Werkvertragsnorm* (General conditions of contracts for works of building and civil engineering construction – Works contract, Austria)
Ont HCJ	Ontario High Court of Justice (Canada)
OP	owner-possessor
OPH	*Občianske právo hmotné* (Civil Law, Slowakia)
op. cit.	*opera citato* (work already cited)
OR	cf. LOA (for Switzerland)
OR (2nd)	Ontario Reports, 2nd Series (Toronto 1.1882 ff; cited by year, number and page)
Ord.	Ordonnance
ORVP	*Ordenanza del Registro de Ventas de Bienes Muebles a Plazos de 19 de Julio de 1999* (Ordinance of the Register of Sales by Instalments of Movable Assets, Spain)

ÖRZ	*Österreichische Richterzeitung* (Vienna 1.1908-3.1909, 7.1914-12.1919, 19.1926-31.1938, 32.1954 ff; cited by year and page)
OS	*Okrajno sodišče* (District Court, CFI, Slovenia); *Okresni soud* (District Court, CFI, Czech Republic); *Okresny súd* (District Court, CFI, Republic of Slovakia)
ÖS	*Österreichischer Schilling* (Austrian Schilling, former Austrian currency)
OSA	*Orzecznictwo Sądów Apelacyjnych* (Collection of Courts of Appeal's Decisions, Poland; Warsaw 3.1991 ff; cited by year, decision number and poz.)
OSN	*Orzecznictwo Sądu Najwyższego. Zbiór Orzeczeń Sądu Najwyższego* (Collection of Supreme Court Decisions, Poland)
OSNC	*Zbiór Orzeczeń Sądu Najwyższego. Orzeczenia Izby Cywilnej* (Collection of Supreme Court Decisions. Civil Chamber, Poland, Warsaw 1917-1939, 1945/46-1952; since 1953 published as *Orzecznictwo Sądu Najwyższego Izby Cywilnej i Izby Karnej)*
OSNCP	*Zbiór Orzeczeń Sądu Najwyższego. Orzeczenia Izby Cywilnej i Administracyjnej oraz Izby Pracy i Ubezpieczeń Społecznych* (Collection of Supreme Court Decisions. Civil and Administrative Chamber and Chamber of Labour and Social Insurance Law, Poland)
OSNIC	*Orzecznictwo Sądu Najwyższego Izba Cywilna* (Collection of Supreme Court Decisions, Poland)
OSNP	*Orzecznictwo Sądu Najwyższego. Izba Pracy, Ubezpieczeń Społecznych i Spraw Publicznych* (Warsaw, 206.2003 ff; 1.1963-1994 published as *Orzecznictwo Sądu Najwyższego. Izba Cywilna oraz Izba Administracyjna, Pracy i Ubezpieczeń Społecznych*; 1994-2003 *Orzecznictwo Sądu Najwyższego: zbiór urzędowy. Izba Administracyjna, Pracy i Ubezpieczeń Społecznych)*
OSPiKA	*Orzecznictwo Sądów Polskich i Komisji Arbitrażowych* (Jurisprudence of the Polish Courts and Arbitration Tribunals, Warsaw 1.1957-33.1989)
Ot. prp.	*Odelstingsproposisjon* (Government Bill proposal, Norway)
Ottawa L Rev	Ottawa Law Review/Revue de droit d'Ottawa (Ottawa 1.1966 ff; cited by volume, year and page)
OUP	Oxford University Press
OVG	*Oberverwaltungsgericht* (Administrative Court of Appeal, Germany)
Ow	*(Rijks-) Octrooiwet* (Patent Act, The Netherlands)
Ox JLS	Oxford Journal of Legal Studies (London 1.1981 ff; cited by volume, year and page)
OZ	cf. CC (for Czech Republic and Republic of Slovakia)
OZ	cf. LOA (for Slovenia)
P	President (official name, United Kingdom)
P	Law Reports. Probate, Divorce and Admiralty Divison (London 1.1891 ff; cited by year and page)
P & B	*Proces en bewijs*; previousely *Cahiers de droit judiciaire*; continued as *Tijdschrift voor Precesrecht en Bewijsrecht – Revue de droit judiciaire et de la prevue* [RDJP] (Ghent, Brussels and Mechelen 1.1993 ff; cited by year and page)
P & CR	Property, Planning and Compensation Reports (1986 ff; before published as Planning and Compensation Reports from 1949-1967 and continued by

	Property and Compensation Reports from 1968-1985; cited by volume and page)
P & D	Law Reports, Probate & Divorce Cases (1865-1875; cited by years, volume and page; cf. LR)
P Wms	Peere William's Chancery Reports (ER 24) (volumes 1-3 covering the years 1695-1735; cited by volume and page)
p(p).	page(s)
PA	possession-agent
Pa.	Pennsylvania
Pan.	*Edition Nouvelles, Panorama* (cf. SemJur)
Pand. b.	*Pandectes belges. Répertoire général de législation, de doctrine et de jurisprudence belges* (Brussels 1.1878 ff; cited by keyword and number)
Pand. Pér.	*Pandectes périodiques. Recueil de toutes les décisions judiciaires de toutes les lois et circulaires usuelles et notices de toutes les publications doctrinales qui paraissent en Belgique* (Brussels 1888-1927)
Πας.	*Παράρτημα* (Appendix, Cyprus)
para(s).	paragraph(s)
Parl. St. Kamer	*Parlementaire stukken Kamer* (Publications of the committee of the chamber of the Belgian parliament, Brussels)
Pas. belge	*Pasicrisie belge (Recueil général de la jurisprudence des cours et tribunaux de Belgique*; Brussel, vol. I: *Arrêts de la Cour de cassation*, 3rd Series 1865-1924, 112.1925 ff; vol. II: *Arrêts de la Cour d'Appel*, 3rd Series 1865-1924, 112.1925 ff; vol. III: *Jugements des tribunaux*, 3rd Series 1865-1924, 112.1925 ff; vol. IV: *Jurisprudence étrangère*, 3rd Series 1893-1924, 112.1925 ff; vol. V: *Revue de droit belge*, 3rd Series 1893 ff; cited by year, book and page)
Pas. luxemb.	*Pasicrisie luxembourgeoise. Recueil de la jurisprudence luxembourgeoise en matière civile, commerciale, criminale, de droit public, fiscal, administratif et notariel* (Luxemburg 1.1881 ff; cited by volume, year and page)
Pasin belge	*Pasinomie belge ou Collection complète des lois, décrets, arrêtés et règlements généraux qui peuvent être invoqués en Belgique* (Brussels 1.1788 ff; cited by year and page)
PC	Privy Council (United Kingdom)
PC	Privy Council Appeals (London 1865-1875; cited by year, volume and page; cf. LR)
PD	*Προεδρικό Διάταγμα* (*ΠΔ*) (Presidential Decree, Greece)
PD	Probate, Divorce and Admirality Division (London 1875/76-1890; cited by year, volume and page; cf. LR)
Peake	Peake's Nisi Prius Reports (ER 170) (reports covering the years 1790-1794; cited by page)
Peake Add. Cas.	Peake's Additional Cases at Nisi Prius (ER 170) (reports covering the years 1795-1812; cited by page)
PECL	Principles of European Contract Law. Prepared by the Commission on European Contract Law. Parts I and II: Edited by *Ole Lando* and *Hugh Beale* (The Hague 2000); Part III: Edited by *Ole Lando*, *Eric Clive*, *André Prüm* and *Reinhard Zimmermann* (The Hague 2003)
PEL	Principles of European Law

PEL Ben.Int.	Principles of European Law – Benevolent Intervention in Another's Affairs
PEL Liab.Dam.	Principles of European Law – Non-Contractual Liability Arising out of Damage Caused to Another
PEL SC	Principles of European Law – Service Contracts
PEL Unj.Enr.	Principles of European Law – Unjustified Enrichment
PflVG	*Gesetz über die Pflichtversicherung für Kraftfahrzeughalter* (Compulsory Insurance for the Keeper of a Motor Vehicle Act, Germany)
PHG	*Produkthaftungsgesetz* (Product Liability Act, Austria and Germany)
PHI	*Produkthaftung International* (Karlsruhe 1.1981 ff; cited by year and page)
PiP	*Państwo i Prawo* (Warsaw 1.1946 ff; cited by year, number and page)
PIQR	Personal Injuries and Quantum Reports (London 1.1992 ff; cited by year and page)
PJ	*Poder Judicial. Conseijo General del Poder Judicial* (Madrid 1.1981-43/44.1996; since 45.1997 published as Revista del Poder Judicial; cited by year and page)
PJE	*Legfelsıbb Bíróság Polári jogegység határozat* (Decision of the Hungarian Supreme Court on the Uniform Application of the Civil Law; cited by number and year)
PK	cf. CP
PK	*Legfelsıbb Bíróság Polgári Kollégium Állásfoglalás* (Civil Senate Statement of the Supreme Court, Hungary)
PL	*Potilasvahinkolaki* (Patients Injury Act, Sweden)
plc.	public limited company
PNA	Promissory Notes Act (Nordic countries)
PNLR	Professional Negligence and Liability Reports (London 1.1999 ff; cited by year and page)
Pointlex	*PointLex analyserar: klargörande av praxis* (Stockholm 2000-2005; cited by year and page)
POS Regulations	The Public Offers of Securities Regulations (United Kingdom)
poz.	*pozycja* (Number in a collection of decisions, Poland)
PP	*Pravna praksa* (Ljubliana 1.1988 ff; cited by year, volume and page)
PPr	*Πολυμελές Πρωτοδικείο* (CFI, Multi-Member Chamber, Greece)
PPSA	Personal Property Security Acts (Canada)
Pr	*Πρωτοδικείο* (Court of First Instance, Greece) cf. CFI
PR	*Právní rozhledy: časopis pro všechna právní odvětví* (Prague 1.1993 ff; cited by year, number and page)
pr.	principium
Pr. Bankowe	*Prawo Bankowe* (Warsaw 1.1994 ff; cited by year, number and page)
Prawo i Medycyna	*Prawo i Medycyna: ochrona praw jednostki a dylematy współczesnej medycyny* (Warsaw 1.1998 ff; cited by year and page)
Prec Ch	Precedents in Chancery (T. Finch) (ER 24) (reports covering the years 1689-1722; cited by page)
Pref. to	Preface to (Annotation for the commentaries in French reports that follow cases and Notes before commenting to specific paragraph in Austrian, German and Greek commentaries)
Pret.	*Pretura* (Local Court in the old procedural system, Italy)

Prg	*De Praktijkgids. Tijdschrift gewijd aan de rechtspraktijk en aan de jurisprudentie van de kantongerechten* (Arnhem 1.1980 ff; cited by year and number)
Proc.	*Processo* (Court case from the commencement of proceedings up to the jugdement, Italy and Portugal)
Proc. Gen.	*Procureur Géneral* (Attorney General, Belgium) cf. also A-G
ProdHG	*Produkthaftungsgesetz. Gesetz über die Haftung für fehlerhafte Produkte* (Product Liability Act, Germany)
Proiectul Noului Cod civil	Draft of a new Civil Code (Romania)
Prop	*Proposition* (Government Bill Proposal, Sweden)
Prot II	*Protokolle* (Reports of the Commission for the Second Reading of the Draft Civil Code, Germany; Prepared by Order of the Reich Ministry of Justice by Achilles, Gebhard and Spahn. Vol. II: Law of Obligations, Berlin 1898)
pt.	*parte* (part, Italy)
Ptk	cf. CC
Pty	proprietary
PZ	*Pomorski zakonik* (Code of Maritime Law, Slovenia)
QB	The Law Reports. Queen's Bench Division (London 1.1891 ff; cited by year, book and page, additional LR cited: London 1865-1875)
QB (ComCt)	Queen's Bench Division, Commercial Court
QBD	Queen's Bench Division (London 1875/76-1890; cited by year, book and page; cf. LR)
QC	Queen's Council
Qd R	Queensland Reports: decisions of the Supreme Court of Queensland/ Incoporated Council of Law Reporting for the State of Queensland (Brisbane 1958-1962; 56.1963-65.1972; 1973 ff; cited by year and page)
R	Rettie, Crawford & Melville, Session Cases (4th Series) (Edinburgh 1.1873-25.1898; cited by year, book and page)
R.	*Regina* or *Rex*
R.	*Règlement* (order, France)
r+s	*Recht und Schaden* (Kippenheim 1.1974 ff; cited by year and page)
RÅ	*Regeringsrättens årsbok* (Yearbook of the Supreme Administrative Court, Sweden)
RabelsZ	*Zeitschrift für ausländisches und internationales Privatrecht* (Berlin, Tübingen 1.1927 ff; since volume 26 of 1961: *Rabels Zeitschrift für ausländisches und internationales Privatrecht*; cited by volume, year and page)
Racc.Dec.Cass.	*Raccolta decennale completa e coordinata della giurisprudenza civile della Corte di cassazione dal luglio 1972 al giugno 1982* (Rome 1984; cited by column and number)
RAJ	*Repertorio Aranzadi de Jurisprudencia* (Pamplona 1.1930/31, 2.1934 ff; cited by year, number and page) cf. BDA RAJ
RAJ (TSJ y AP)	*Repertorio Aranzadi de Jurisprudencia. Sentencias de Tribunales Superiores de Justicia y Audiencias Provinciales y otros Tribunales* (Pamplona 1.1996 ff; cited by year, number and page)
RAO	*Rechtsanwaltsordnung* (Lawyers Regulations Act, Austria)

rapp.	*Rapport* (Note, France)
Rass.Avv.Stato	*La Rassegna mensile dell' Avvocatura dello Stato* (Rome 1.1948 ff; cited by year, book and page)
Rass.dir.civ.	*Rassegna di diritto civile* (Napoli 1.1980 ff; cited by year and page)
Rass.Giur.Umbra	*Rassegna Giuridica Umbra* (Perugia 1.1955 ff; cited by year and page)
RATG	*Rechtsanwaltstarifgesetz* (Lawyers Fees Act, Austria)
Rb	*Arrondissementsrechtbank* (District Court, Court of First Instance, general jurisdiction, The Netherlands); *Rechtbank van eerste anleg* (Court of First Instance, Belgium)
RC	*Relação de Coimbra* (CA Coimbra, Portugal) cf. CA
RCDI	*Revista Crítica de Derecho Inmobiliario* (Madrid 1.1925 ff; cited by year and page)
RCDP	*Revista Catalana de Dret Privat* (Barcelona 1.2002 ff; cited by volume, year and page)
RCJB	*Revue critique de jurisprudence belge* (Brussels 1.1947 ff; cited by year and page)
RCR	*Relazione della Commissione Reale al progetto del libro 'obbligazioni e contratti'* (cf. *Pandolfelli* et al., Codice civile, in the Table of Literature Cited in an Abbreviated Form)
RD	*Regio Decreto* (Italy); *Real decreto* (Spain); *Βασιλικό Διάταγμα, (ΒΔ)* (Greece): Royal decree
RD banc	*Revue de droit bancaire et de la bourse* (Paris 1.1987 ff; cited by volume, year and page)
RD imm.	*Revue de droit immobilier* (Paris 1.1979 ff; cited by volume, year and page)
RdA	*Recht der Arbeit* (Munich 1.1948 ff; cited by year and page)
RDBB	*Revista de Derecho Bancario y Bursátil* (Madrid 1.1981 ff; cited by year and page)
RDC/TBH	*Revue de droit commercial belge/Tijdschrift voor Belgisch handelsrecht* (Antwerp 1.1967-29.1996; 103.1997 ff; continuation of the *Jurisprudence commerciale de Belgique*; cited by year and page) cf. TBH
RDE	*Revista de Direito e Economia* (Coimbra 1.1975 ff; cited by volume, year and page)
RDES	*Revista de Direito e de Estudos Sociais* (Lisbon 1.1945/46-27.1985, 2nd series: 28.1986 ff; cited by volume, year and page)
RDGRN	Resolución de la Dirección General de los Registros y del Notariado (Spain)
RDL	*Real decreto legislative* (Legislative Decree Law, Spain)
RdM	*Recht der Medizin* (Vienna 1.1994 ff; cited by year and page)
RDM	*Revista de Derecho Mercantil* (Madrid 1.1946 ff; cited by year and page)
RdP	*Revista de derecho patrimonial* (Cizur Menor (Navarra) 1992 ff; cited by year and page)
RDP	*Revista de Derecho Privado* (Madrid 1.1913 ff; cited by year and page)
RdS	*Recht der Schule* (Vienna 1.1979 ff; cited by year and page)
RDSS	*Revue de Droit sanitaire et social* (Paris 1980 ff; previously *Revue de l'aide sociale* from 1958-1964 and continued as *Revue trimestrielle de droit sanitaire et social* from 1965-1979; cited by year and page)
RdU	*Recht der Umwelt* (Vienna 1.1994 ff; cited by year and page)
RdW	*Österreichisches Recht der Wirtschaft* (Vienna 1.1983 ff; cited by year and page)
RE	*Relação de Évora* (CA Evora, Portugal) cf. CA
recht	*recht. Zeitschrift für juristische Ausbildung und Praxis* (Bern 1.1983 ff; cited by year and page)

REDOK	*REDOK – Rechtsdokumentation* (Austrian law database with court decisions since 1965)
ref(s).	reference(s)
reg.	regulation
Rejent	*Rejent* (Kluczbork 1.1991-2000; 11.2001=117 ff; cited by year and page)
Rel.	cf. CA
Rel.Guard.	*Relazione del Guardasigilli al progetto ministeriale delle obbligazioni* (cf. *Pandolfelli et al.*, *Codice civile* in the Table of Literature Cited in an Abbreviated Form)
Rep.	Report
Rép.Dr.Civ.	*Répertoire de droit civil* (Paris 1.1951-5.1955; 2nd ed. 1.1970 ff; cited by volume, year and number, sometimes also by key word)
Rép.Dr.Com.	*Répertoire de droit commercial* (Paris 1.1972 ff; cited by volume, year and number, sometimes also by key word)
Rep.Foro it.	*Repertorio del Foro italiano: legislazione, bibliografia, giurisprudenza* (Rome 94.1971(1972)-100.1977; 1978); previously *Repertorio generale annuale di giurisprudenza, bibliografia e legislazione de Il Foro italiano* (Rome and in parts Bologna 1.1876(1882)-3.1878(1882); 4.1879(1880)-93.1970(1971); cited by volume, year and column)
Rep.Giur.it.	*Repertorio generale della giurisprudenza italiana* (Turin 71.1969 ff; previously: *Repertorio generale annuale della Giurisprudenza italiana*, Turin 1.1899-70.1968; cited by year, key word and number)
Req.	cf. Cass.req.
Res Jur. Imm.	*Res et jura immobilia: revue trimestrielle du droit de la construction et des biens* (Brussels 1.1932 ff; cited by year and page)
resp.	respectively
Resp. civ. et assur.	*Responsabilité civile et assurances. Revue mensuelle* (Paris 1.1988 ff; cited by year and number of commentary)
Resp.civ. e prev.	*Responsabilità Civile e Previdenza* (Milan 1.1930 ff; cited by year and page)
Restitution LRev	Restitution Law Review (London 1.1993 ff; cited by year and page)
Rev.crit.dr.int.pr.	*Revue critique de droit international privé* (Paris 1.1905 ff; cited by year and page)
Rev.crit.jur.belge	*Revue critique de jurisprudence belge* (Brussels 1.1947 ff; cited by year and page)
Rev.crit.légis. et juris.	*Revue critique de législation et de jurisprudence* (Paris 1.1851 ff; cited by year and page)
Rev.dr.int.dr.comp.	*Revue de droit international et de droit comparé* (Brussels 26.1949 ff; 1940-1948 not published; 11.1925-25.1939 published as: *Revue trimestrielle*; cited by volume, year and page)
Rev.dr.publ.	*Revue de droit public et de la science politique en France et à l'étranger* (Paris 1.1894 ff; cited by volume, year and page)
Rev.dr.sanit.soc.	*Revue de droit sanitaire et social* (Paris 1.1965 ff; cited by year and page)
Rev.dr.uniforme	*Revue de droit uniforme. Uniform Law Review* (Rome 1.1973 ff; cited by year, part and page)
Rev.gén.Ass.Resp.	cf. RGAR
Rev.gén.dr.	*Revue générale du droit, de la législation et de jurisprudence en France et à l'étranger* (Paris 1.1877-62.1938; cited by year and page)

Rev.Hell.	*Revue Hellénique de droit international* (Athens 1.1948 ff; cited by volume, year and page)
Rev.int.dr.comp.	*Revue internationale de droit comparé* (1.1869/72-71.1947/48; previously: *Bulletin de la Société de législation comparée*, Paris 1.1949 ff; cited by volume, year and page)
Rev.jur.pol. Ind.Coop.	*Revue juridique et politique, Indépendance et Coopération* (Paris N.S. 1.1946 ff; cited by volume, year and page)
Rev.jur.soc.	*Revue de jurisprudence sociale* (Levallois-Perret 1.1989 ff; cited by year and page)
Rev.not.b.	*Revue du notariat belge* (Brussels 1.1896 ff; until 1970 *Revue pratique du notariat belge and Annales du notariat et de l'Enregistrement)*
Rev.prat.not.	*Revue pratique du notariat belge: droit civil, droit fiscal, procédure, rédaction notariale, jurisprudence et législation* (Brussels 1.1875-40.1914; 41=Année 45.1919-92=Année 96.1970) and *Annales du notariat et de l'enregistrement: recueil mensuel de législation et de jurisprudence* (Brussels [1.]1896-[3.]1898; 4.1899-71.1970); both merged in continued as *Revue du notariat belge* (Brussels 93=Année 97.1971 ff; cited by year and page)
Rev.soc.	*Revue de sociétés* (Paris 1.1883 ff; cited by year and page)
Rev.trim.dr.civ.	cf. RTD civ
Rev.trim.dr.com.	cf. RTD com
RFDA	*Revue Française de Droit Administratif* (Paris 1.1946/47 ff; cited by year and page)
RG	*Reichsgericht* (Supreme Court of the German Reich, Germany)
RG	*Relação de Guimarães* (CA Guimaraes, Portugal) cf. CA
RGAR	*Révue générale des assurances et des responsabilités* (Brussels 1.1927 ff; cited by year and number)
RGAT	*Revue générale des assurances terrestres* (Paris 1.1930-66.1995) continued as Revue générale du droit des assurances (Paris [67.]1996-[68.]1997; 69.1998 ff; cited by year and page)
RGBl.	*Reichsgesetzblatt* (Government Gazette of the German Reich; Berlin 1871-1945, since 1922 divided into parts I and II) and *Rechts- und Staatsgesetzblätter* (Government Gazette, Austria; Vienna 1849-1940)
RGD	*Revista General de Derecho* (Valencia 1.1945 ff; cited by year and page)
RGDC	*Revue générale de droit civil/Tijdschrift voor Belgisch Burgerlijk Recht* (Antwerp 1.1987 ff; cited by year and page) cf. TBBR
RGEN	*Recueil général de l'enregistrement et du notariat: droit civil et notariat; droits d'enregistrement et de succession; timbre, taxe de transmission et autres taxes assimilées au timbre* (Brussels 77.1928 ff) previously: *Recueil général des décisions administratives et judiciaires en matière de droits d'enregistrement de timbre, de greffe, de succession, d'hypothèque et de notariat* (Brussels 1.1848-76.1927; cited by year and page)
RGI	*Repertorio Giurisprudenza Italiana* (Turin 1.1848 ff; cited by year, keyword and number)
RGLJ	*Revista General de legislación y jurisprudencia* (Madrid 1.1853 ff; cited by year and page)
RGZ	*Amtliche Sammlung der Entscheidungen des Reichsgerichtes in Zivilsachen* (Decisions of the German Imperial Court in civil matters, Berlin 1.1872-172.1945; cited by volume and page)

RH	*Rättsfall från Hovrätterna* (Decisions of the Swedish court of appeal, changing places of publication, usually Stockholm, 1.1980 ff; cited by year and number)
RHA	*Rechtspraak van de haven van Antwerpen/Jurisprudence du port d'Anvers* [JPA] (Antwerp 1.1856-58.1913; 60.1921-82.1943; 93.1949-124.1985/86, 126.1987/88-144.2006, 145.2007 ff; cited by year and page)
RHG	*Reichshaftpflichtgesetz* (Reich Liability Act, Austria)
RIBA	Royal Institute of British Architects
Ridg. L & S	Ridgeway, Lapp & Schoales Irish Term Reports, or reports of cases determined in the King's courts, Dublin, from Easter Term, 34 Geo.III. to Hilary Term, 35 Geo.III. inclusive (Dublin 1796)
RIE	*Revista de instituciones europeas* (Madrid 1.1974-23.1996); continued as *Revista de derecho comunitario europeo* (Madrid 1.1997 ff; cited by year and page)
Riigikohus tsiviilkollegium	Supreme Court Civil Chamber (Estonia)
Ringkonnakohus	District Court, Court of Appeal (Estonia)
RIS-Justiz	Austrian internetpublication of OGH-decisions (http://www.ris.bka.gv.at/jus/; decisions are cited by date, number of legal subject and keyword)
Riv. Corte dei Conti	*Rivista della Corte dei Conti: pubblicazione bimestrale di servizio* (Rome 5.1952 ff; cited by year, fasc. and page)
Riv.crit.dir.priv.	*Rivista critica del diritto privato* (Bologna 1.1989 ff; cited by year and page)
Riv.Dir.Civ.	*Rivista di Diritto Civile* (Padova 1.1955 ff; cited by year, book and page)
Riv.Dir.Com.	*Rivista del Diritto Commerciale e del Diritto generale delle obbligazioni* (Milan 1.1903 ff; cited by year, book and page)
Riv.dir.eur.	*Rivista di diritto europeo* (Rome 1.1961 ff; cited by year and page)
Riv.dir.impresa	*Rivista di Diritto dell'Impresa* (Naples 1.1989 ff; cited by year and page)
Riv.dir.ind.	*Rivista di diritto industriale* (Milan 1.1952 ff; cited by year and page)
Riv.dir.int.priv. proc.	*Rivista di diritto internazionale privato e processuale* (Padova 1.1969 ff; cited by year and page)
Riv.dir.lav.	*Rivista di diritto del lavoro* (Milan 1.1949-32.1980; cited by year and page)
Riv.dir.sport.	*Rivista di diritto sportivo* (Milan 1.1949 ff; cited by year and page)
Riv.giur.circ.trasp.	*Rivista giuridica della circolazione e dei trasporti* (Rome 1.1947 ff; cited by year and page)
Riv.giur.edil	*Rivista giuridica dell'edilizia* (Milan 1.1958 ff; cited by year, volume and page)
Riv.giur.lav.	*Rivista giuridica del lavoro e della previdenza sociale* (Rome 1.1954 ff; part 1: *Dottrina*; part 2: *Giurisprudenza*; part 3: *Previdenza*; part 4: *Diritto penale del lavoro*; cited by year, book and page)
Riv.giur.pol.	*Rivista giuridica di polizia locale* (Rimini 1.2000 ff; cited by year and page)
Riv.it.dir.proc.pen.	*Rivista Italiana di Diritto e procedura penale* (Milan 1.1958 ff; cited by year and page)
Riv.it.med.leg.	*Rivista italiana di medicina legale* (Milan 1.1979 ff; cited by year and page)
Riv.Notar.	*Rivista del Notariato* (Milan 1947 ff; cited by year and page)
Riv.pen.	*Rivista penale* (Rome 1.1952 ff; cited by year and page)
Riv.trim.dir.proc. civ.	*Rivista trimestrale di diritto e procedura civile* (Milan 1.1947 ff; cited by year and page)

RIW	*Recht der Internationalen Wirtschaft. Betriebs-Berater International* (Frankfurt/M., until 2004 Heidelberg 1.1954/55-3.1957 and 21.1975 ff; from 4.1958-20.1974 *Außenwirtschaftdienst des Betriebsberaters* [AWD]; cited by year and page)
RJ	*Repetorio de Jurisprudencia Aranzadi*, cf. RAJ
RJC	*Revista jurídica de Cataluña; Acadèmia de Jurisprudència i Legislació de Catalunya* (Barcelona 1.1895-42.1936; 43.1945-69.1970; 70.1971-81.1982; 82.1983 ff avalable online, cf. http://dialnet.unirioja.es; cited by volume, year and page)
RJDA	*Revue de jurisprudence du droit des affaires* (Paris 1.1991 ff; cited by year and page)
RJN	*Recueil de jurisprudence neuchâteloise* (Neuchâtel 1.1953/57-7.1977/80; 1980/81(1982); divided into four parts: P. 1.: Droit civil, P. 2.: Droit pénal, P. 3.: Droit administratif, P. 4: Poursuite et faillite; cited by year and page)
RKTKo	*Rügikohtu Tsiviilkolleegium Kohtuotsus* (Civil Chamber of an Estonian Court)
RL	*Relação de Lisbon* (CA Lisbon, Portugal) cf. CA
RLJ	*Revista de Legislação e Jurisprudência* (Coimbra 1.1868/69 ff; cited by volume, year and page)
RLR	Restitution Law Review (Oxford 1.1993-7.1999; [8.]2000; 9.2001 ff; cited by year and page)
RLR	Restitution Law Review (London 1.1993 ff; cited by year and page)
RM	*Rechtsgeleerd magazijn: tijdschrift voor binnen- en buitenlandsche rechtsstudie* (Haarlem 1.1882-58.1939; cited by year and page)
RM-Themis	*Rechtsgeleerd magazijn Themis. Tijdschrift voor publiek- en privaatrecht* (Zwolle 1.1939 ff; cited by year and page)
RN	*Rivista del notariato* (Milan 1.1947 ff; cited by year and page)
ROA	*Revista da Ordem dos Advogados* (Lisbon 1.1941 ff; cited by year, volume and page)
Rob.	Robinson's Scottish Appeal Cases (1840-41)
ROHG	*Reichsoberhandelsgericht* (German Commercial Supreme Court from 1869 to 1878)
ROHGE	*Entscheidungen des Reichsoberhandelsgerichts* (Decisions of the German Commercial Supreme Court)
Roll Abr	*Un Abridgment Des Plusieurs Cases Et Resolutions Del Common Ley: Alphabeticalment Digest Desouth Severall Titles* (Rolle's Abridgment of the Common Law, London, 1668)
Ross	Ross' Leading cases in commercial law of England and Scotland (volumes 1-3 covering the years 1853-1857; cited by volume and page)
ROW	*Recht in Ost und West: Zeitschrift für Ostrecht und Rechtsvergleichung* (Berlin 1.1957-42.1998; cited by year and page); continued in *Osteuropa-Recht: Gegenwartsfragen aus den Rechten des Osten* [cf. OER] (Berlin [and before Stuttgart] 1.1955 ff; cited by year and page)
RP	*RP 189/1998 rd – Regeringens proposition till Riksdagen med förslag till lagstiftning om borgen och tredjemanspant* (Government bill to the Riksdag proposing legislation on surety and security pledged by a third party, Finland)
RP	*Relação do Porto* (CA Oporto, Portugal) cf. CA
RPC	Reports of Patent, Design & Trade Mark Cases (London 1.1884 ff; cited by year and page)

RPD	*Rivista de derecho privado* (Madrid 1.1913/14-38.1954=Nr. 1-[453]; [39.]1955; 40.1956 ff; cited by year and page)
RPDB	*Répertoire pratique du droit belge – Encyclopédie Reeks* (Brussels and Paris 1.1928 ff; cited by year, volume and page, sometimes also by key word)
RPDC	*Revista Portuguesa do Dano Corporal* (Coimbra 9.2000 ff; cited by volume, year, book and page)
RPEiS	*Ruch Prawniczy, Ekonomiczny i Socjologiczny* (Poznań 1.1921 ff; cited by year, volume and page)
RPfleger	*Der Deutsche Rechtspfleger* (Bielefeld 111.2003 ff; previously: *Der deutsche Rechtspfleger* (Bielefeld 1.1889,Okt.-46.1935; 54.1943-55.1944,9; 56/57.1948/ 49-110.2002; temporarily published as *Deutsche Rechtspflege*, 47.1936-50.1939; cited by year and page)
RPL	*Retsplejeloven* (Rules of Procedure, Denmark, no. 90, 11 April 1916, lovbekendtgørelse no. 815 of 30 September 2003)
RRD	*Revue régionale de droit* (Brussels 1976 ff; cited by year and page)
RRJ	*Revue de la Recherche Juridique. Droit Prospectif* (Aix-en-Provence 1.1974/75 ff; cited by year and page)
RS	cf. RIS-Justiz
RS	*Uradni list Republike Slovenije* [UL RS] (Official Journal of the Republic of Slovenia)
RSC	Rules of the Supreme Court (England)
RSCOrd	Rules of the Supreme Court, Order (England)
RSDA	*Revue suisse de droit des affaires/Schweizerische Zeitschrift für Wirtschaftsrecht* (Zurich 62.1990-77.2005, since 78.2006 *Schweizerische Zeitschrift für Wirtschafts- und Finanzmarktrecht/Revue suisse de droit des affaires et du marché financier*; cited by year and page) cf. SZW
Rsp	*Die Rechtsprechung* (Vienna 1.1919-20.1938; cited by year and page)
Rt	*Norsk retstidende* (Publishing the decisions of the Høyesterett, Supreme Court of Norway)
RT	*Riigi Teataja* (Official Journal, Estonia; cases published there are also available on http://www.riigikohus.ee)
RT	*Revista dos Tribunais* (São Paulo 1.1912 ff; cited by year and page)
RTD civ	*Revue trimestrielle de droit civil* (Paris 1.1902-38.1939, 39/40.1940/41-78.1979 = tome 39-77, 79.1980 ff; until 1977 cited by volume, then by year and page)
RTD com	*Revue trimestrielle de droit commercial* (Paris 1.1948 ff; cited by year and page)
Rth	*Rechtstheorie. Zeitschrift für Logik, Methodenlehre, Kybernetik und Soziologie des Rechts* (Berlin 1.1970 ff; cited by year and page)
RTR	Road Traffic Reports (London 1.1970 ff; cited by year and page)
Russ & Ry	Russell & Ryan's Crown Cases Reserved (ER 168) (reports covering the years 1799-1823; cited by year and page)
Rv	cf. CCP
RVA	*Asetus rikoslain voimaanpanemisesta* (Penal Code Implementation Act, Finland)
RvdW	*Rechtspraak van de Week* (Zwolle 1.1939 ff; cited by year and number)
RVOI 2001	*Regeling van de verhouding tussen opdrachtgever en adviserend ingenieursbureau* (General Contract Terms in the Line of Business of Engeneers and Architects; repealed by the DNR 2005, see there)

RvT	*Raad van Toezicht op het Verzekeringswezen* (Council for the Supervision of the Insurance Sector, The Netherlands)
RW	*Rechtskundig Weekblad* (Antwerp 1.1931/32 ff; cited by year and page)
RZ	*Österreichische Richterzeitung* (Vienna 1.1908-3.1909; 7.1914-11.1918,10; 19.1926-31.1938; 32.1954 ff; cited by year and page)
S	Shaw's Session Cases, First Series (Scotland 1821-1838; cited by volume and page)
S & S	*Schip en Schade. Beslissingen op het gebiet van zee- en binnenvaartrecht en brandverzekeringsrecht* (Zwolle 1.1957 ff; cited by year and page)
s(s).	section(s)
S.	*Recueil général des lois et arrêts resp. Recueil Sirey*; 1.1801/02 ff; cf. D.
S.I.	Statutory Instrument (Ireland and United Kingdom)
S.L.	Subsidiary Legislation *(Leġislazzjoni Sussidjarja* [L.S.], Malta)
SA	*Société Anonyme*
Sąd grodzki	District Court (Poland)
Sąd okręgowy	Circuit Court (Court of First Instance, Poland)
Sąd pierwszej instancji	Court of First Instance (Poland)
Salk	Salkeld's Reports (ER 91) (volumes 1-3 covering the years 1689-1712; cited by volume and page)
SALR	South Australian Law Reports (Melbourne 1.1869 ff; cited by number and page)
SamL	*Sameigelova* (Co-Ownership Act, Norway); *Lag om samäganderätt* (Co-Ownership Act, Sweden)
SAP	*Sentencia de la Audiencia Provincial* (Decision of a Court of Appeal, Spain) cf. CA
SavZ Rom.Abt.	*Zeitschrift der Savigny-Stiftung für Rechtsgeschichte* (Vienna et al.; until vol. 31 divided into Germanist.Abt., Romanist.Abt. and Kanonist.Abt.; each department has its own system of numbering volumes. Rom.Abt.: 1=14.1880-64=77.1944; not published 1945/46; 65=78.1947 ff; cited by volume, year and page)
Sb.	*Sbírka zákonů* (Official Journal, Czech Republic)
SC	Session Cases, New Series. Cases decided in the Court of Session and also in the Court of Justiciary (SC (J) from 1907-1916; J.C. from 1917 ff) and the House of Lords (SC (HL)) (Edinburgh 1.1907 ff; cited by year and page)
SC	Supreme Court
Sc Jur	Scottish Jurist: containing reports of cases decided in the House of Lords, courts of session, teinds, and exchequer, and the jury and justiciary courts (Edinburgh 1.1829-7.1834/35(1935); 30.1857/58(1858)-45.1873; 8.1835/36-29.1856/57: Reports of cases decided in the Supreme Courts of Scotland and in the House of Lords on appeal from Scotland; cited by year, volume and page)
ScanStudL	Scandinavian Studies in Law (Stockholm 1.1957 ff; cited by volume, year and page)
sch.	schedule(s)
SchKG	*Bundesgesetz vom 11. April 1889 über Schuldbetreibung und Konkurs* (Debt Enforcement and Bankruptcy Act, Switzerland)

SchRG	*Gesetz über Rechte an eingetragenen Schiffen und Schiffsbauwerken* (Rights in Ships Act, Austria and Germany)
Scientia ivridica	*Scientia ivridica. Revista de direito comparado português e brasileiro* (Braga 1.1951/52 ff; cited by volume, year and page)
SCLR	Scottish Civil Law Reports (Edinburgh 1.1987 ff; cited by year and page)
Scot CS	Approved judgment of the Court of Session (Scotland)
Scot.Law Com.	Scottish Law Commission Report (Edinburgh 1.1966 ff; cited by number, year and paras.)
SCR	Canada Supreme Court Reports (Ottawa 1.1971 ff; cited by year and page)
SDR	Special Drawing Rights
SEK	Reference of the Commission General Secretary's Office and of the Council of the European Union
SemJur	*La Semaine Juridique. Edition Entreprise. Cahiers de Droit de l'entreprise* (Paris 1.1966 ff; cited by year, part and number), *Edition Générale* (also *Juris Classeur Périodique*; Paris 1.1927 ff; cited by year, part and number), *Edition Nouvelles*, *Panorama* (Pan.), *Sommaire* (Som.), also quoted as JCP, see there
sent.	sentence(s)
seq.	sequence(s)
SeuffArch	*Seuffert's Archiv für Entscheidungen der obersten Gerichte in den deutschen Staaten* (1.1847-98.1944; from 1.1847-11.1857: *Archiv für Entscheidungen der obersten Gerichte in den deutschen Staaten*; cited by volume, year, number and page)
Sez. giur.	*Sezione giurisdizionale* (Chamber with jurisdiction, Italy)
Sez. riun.	cf. Cass.sez.un.
SFA/99	Standard Form of Agreement for the Appointment of an Architect (United Kingdom)
SFS	*Svensk författningssamling* (Official Gazette, Sweden; Stockholm 1.1825 ff; cited by year and number)
SGA	Sale of Goods Act; abbreviation used coherent for the following Codes: *Kauppalaki* [KL] (Finland); *Kjøpsloven* [Kjl] (Norway); *Köplagen* [KöpL] (Sweden); Sale of Goods Act 1893 (Ireland); Sale of Goods Act 1979 (United Kingdom)
SGB	*Sozialgesetzbuch* (Social Security Code, Germany)
SGECC	Study Group on a European Civil Code
SH	*Sø- og Handelsretten* (Maritime and Commercial Court Copenhagen, Denmark)
Sh.Ct.	Sheriff Court (Court of First Instance in civil and criminal matters, Scotland)
ShApp	Shaw's Scottish Appeal Cases, House of Lords (Edinburgh 1821-1824; cited by year, book and page)
SHD	*Sø- og Handelsretsdom* (Judgement of the Maritime and Commercial Court Copenhagen, Denmark)
Sid	Siderfin's King's Bench Reports (ER 82) (volumes 1-2 covering the years 1657-1670; cited by volume and page)
Sim	Simons' Vice Chancellor's Reports (ER 57-60) (volumes 1-17 covering the years 1826-1849; cited by volume and page)
SJ	Solicitor's Journal (London 1.1857 ff; cited by year, volume and page)
sjøl.	*Sjøloven* (Maritime Code, Norway)
SJZ	*Schweizerische Juristenzeitung* (Zurich 1.1904/1905 ff; cited by year and page)

SKL	*Skadeståndslag* (Damages Liability Act, Sweden)
skr	*Svensk krona* (Swedish currency)
SLD	*Søndre Landsrets Dom* (Decisions of the southern court in Denmark)
SLPQ	Scottish Law and Practice Quarterly (London 1.1995-8.2003; cited by year, number and page)
SLR	Scottish Law Reporter (Edinburgh 1.1865-61.1925; cited by volume and page)
SLT	The Scots Law Times (Edinburgh 1.1893/94-16.1908; since 1909 published as The Scots Law Times with an integral News part and parts for law reports; cited by year and page of relevant part)
SN	*Sąd Najwyższy* (Supreme Court of Poland)
SN	Session Notes (Scotland 1925-1948; cited by year and page)
Snd. Bhd.	Sendirian Berhad (private company limited by shares, Malaysia)
Soc.	*Société* (company)
Soc. Kron.	*Sociaalrechtelijke kronieken/Chronique de droit social* (Brussels 1.1981 ff; cited by year and page)
Som.	cf. SemJur
somm.	*Sommaire* (Abstract, France)
SOU	*Statens offentliga utredningar* (Government Gazette, Sweden; Stockholm 1.1939 ff; cited by year, number, title and page)
SP	*Съвременно право* (Sofia 1.1990 ff; cited by year, volume and page)
Sp Ecc & Ad	Spinks' Ecclesiastical & Admiralty Reports (ER 164) (volumes 1-2 covering the years 1853-1855; cited by volume and page)
SPZ	*Stvarnopravni zakonik* (Property Code, Slovenia)
Sr	cf. CP
SR	*Systematische Sammlung des Bundesrechts* (Switzerland, since 1970; cited by number)
SR 1997	*Standaardvoorwaarden 1997 Rechtsverhouding opdrachtgever-architect* (General Rules on the Consumer-Architect Relations 1997, The Netherlands)
SR NSW	New South Wales, State Reports (Sydney 1.1901-72.1968/70; 1.1880-21.1900; 1971-1984/85; 1.1985/86 ff published as New South Wales law reports; cited by year, volume and page)
St Tr	State Trails (reports covering the years 1163-1820; cited by volume and page)
STA	*Supremo Tribunal Administrativo* (Supreme Court in administrative matters, Portugal)
Stark	Starkie's Nisi Prius Reports (ER 171) (volumes 1-3 covering the years 1814-1823; cited by volume and page)
StAZ	*Das Standesamt. Zeitschrift für Standesamtswesen, Familienrecht, Staatsangehörigkeitsrecht, Personenstandsrecht, internationales Privatrecht des In- und Auslands* (Frankfurt/M. 1.1949 ff; cited by year and page)
Stb.	*Staatsblad van het Koninkrijk der Nederlanden* (Official Gazette, The Netherlands; Zwolle 1.1813 ff; cited by year and page)
Stcrt.	*Staatscourant. officiële uitgave van het Koninkrijk der Nederlanden* ('s-Gravenhage 1985,190-2000,10; 2001,169 ff); previousely *Nederlandse staatscourant. Ministerie van Binnenlandse Zaken* ('s-Gravenhage 1813-1985,189; 2000,11-2001,168; cited by year and page)
StGB	cf. CP

STJ	*Supremo Tribunal da Justiça* (Supreme Court of Portugal). Most of the judgements of the Portuguese Supreme Court of Justice after September 2000 are unpublished, as the publication of the periodical BolMinJus (see there) came to an end. The same judgements may be, nevertheless, consulted in http://www.dgsi.pt, which corresponds to the juridical-documentary basis of the Institute of Technologies of Information in Justice, belonging to the Ministry of Justice
StPO	cf. CCrimProc
Strange	Strange King's Bench Reports (ER 93) (volumes 1-2 covering the years 1716-1749; cited by volume and page)
STRFL	cf. CP
Stud.Iuris	*Studium Iuris. Rivista per la formazione nelle professioni giuridiche* (Padova 1.1995 ff; cited by year and page)
Stud.Prawn.	*Studia Prawnicze* (Warsaw 1.1960 ff; cited by year and page)
StV	*Strafverteidiger* (Unterschleißheim (previously Frankfurt/M.) 1.1981 ff; cited by year and page)
StVG	*Straßenverkehrsgesetz* (Road Traffic Act, Germany)
StVO	*Straßenverkehrsordnung* (Road Traffic Regulations Act, Germany)
SUBB Iur.	*Studia Universitatis Babeş-Bolyai. Iurisprudentia* (Cluj-Napoca 1.1955 ff, until 1975 Studia Universitatis Babeş-Bolyai. Series Jurisprudentia; cited by issue, year and page)
sub-para(s).	sub-pararagraph(s)
subs.	subsections
Sup.Ct.	Supreme Court (Ireland)
Suppl.	Supplement
Suppl.ord.	*Supplemento ordinario* (Part of the Government Gazette, Italy)
Sv	cf. CCrimProc
SvJT	*Svensk Juristtidning* (Stockholm 1.1916 ff; cited by year and page)
SW (2d)	South Western Reporter (Second Series) (St. Pauls, Minnesota 1.1887-300.1928; 2nd Series 1.1928-737.1988 ; cited by volume and page)
Swab	Swabey's Admirality Reports (ER 166) (reports covering the years 1855-1859; cited by book and page)
SZ	*Entscheidungen des österreichischen Obersten Gerichtshofs in Zivilsachen* (Vienna 1.1919-20.1938; 21.1946 ff; with changing titles; until vol. 34.1961: *Entscheidungen des österreichischen Obersten Gerichtshofs in Zivil- und Justizverwaltungssachen*; cited by volume, number and page)
SZIER	*Schweizerische Zeitschrift für internationales und europäisches Recht* (Zurich 1.1991 ff; cited by year and page)
SZW	*Schweizerische Zeitschrift für Wirtschaftsrecht/Revue suisse de droit des affaires* (Zurich 62.1990-77.2005, since 78.2006 continued as *Schweizerische Zeitschrift für Wirtschafts- und Finanzmarktrecht/Revue suisse de droit des affaires et du marché financier*; cited by year and page) cf. RSDA
T. Not.	*Tijdschrift voor notarissen* (Bruges 1.1937 ff; cited by year and page)
T&C	*Tekst & Commentaar* (Law commentary, The Netherlands)
T.	*Tomo* (volume, Spain and Italy; cf. vol.)

T. Aann.	*Tijdschrift voor aannemingsrecht/L'entreprise et le droit* (Brussels 1.1969 ff; cited by year and page)
T. Gez.	*Tijdschrift voor gesondheitdsrecht/Revue de droit de la santé* (Mechelen 1.1995/96-12.2006/07; cited by year and page)
T. R.	Durnford & East's Term Reports, King's Bench (ER 99-101) (volumes 1-8 covering the years 1785-1800; cited by volume and page)
t/a	trading as
tab.	tabulae
TAgrR	*Tijdschrift voor agrarisch recht/Revue de droit rural* (Brussels 1.1979 ff; cited by year and page)
TAR	*Tribunale amministrativo regionale* (Administrative Court of First Instance, Italy)
Taunt	Taunton's Common Pleas Reports (ER 127-129) (volumes 1-8 covering the years 1809-1819; cited by volume and page)
TBBR	*Tijdschrift voor Belgisch Burgerlijk Recht/Revue générale de droit civil* (Antwerp 1.1987 ff; cf. RGDC)
TBH	*Tijdschrift voor Belgisch handelsrecht/Revue de droit commercial belge* (Antwerp 1.1967-29.1996; 103.1997 ff; continuation of the Jurisprudence commerciale de Belgique; cited by year and page) cf. RDC
TBP	*Tijdschrift voor Bestuurswetenschappen en Publiekrecht* (Brussels 1.1946 ff, from 1.1946 to 6.1951 published as *Tijdschrift voor Bestuurswetenschappen*; cited by year and page)
TBR	*Tijdschrift voor Brugse rechtspraak* (Brugge 1.1983 ff; cited by year and page)
TC	*Tribunal Constitucional* (Constitutional Court of Spain; Constitutional Court of Portugal)
TCC	Technology and Construction Court (United Kingdom)
TDG	*Gesetz über die Nutzung von Telediensten. Teledienstgesetz* (Telecommunications Services Act, Germany)
Tdo	*Trestní dovolání* (In references to cases from Czech Supreme Court, designates that the case concerns a criminal cases to the Supreme Court [*dovolání*], in distinction to "Cdo" [civil appeal cases] and "Odo" [commercial cases])
Tel Aviv UnivStudL	Tel Aviv University Studies in Law (Tel Aviv 1.1975 ff; cited by volume, year and page)
Temi	*Temi. Rivista di giurisprudenza Italiana* (Parma, Milan et al. N.S. 1 = 22.1946 ff; cited by year and page)
Temi nap.	*Temi napoletana* (Milan 1.1958 ff; cited by year and page)
Temi rom.	*Temi romana* (Milan 1.1929-5.1933; N.S. 1.1952-40.1991; cited by year and page)
TfR	*Tidsskrift for Rettsvitenskap* (Oslo 1.1888 ff; cited by year and page)
TGI	*Tribunal de grande instance* (Court of First Instance, France) cf. CFI
TGR	*Tijdschrift voor Gentse Rechtspraak* (cf. TGR-TWVR)
TGR-TWVR	*Tijdschrift voor Gentse en West-Vlaamse Rechtspraak* (Ghent 1.1985 ff; cited by year, volume and page)
Times	Times Newspaper Law Reports (1953 ff; cited by date)
Themis	*Εβδομαδιαία δικαστική εφημερίς εκδιδομένη εν Αθήναις* (Athens 1.1890/91-65.1954/55; cited by volume, year and page)
TI	*Tribunal d'instance* (Court of First Instance, France) cf. CFI

TKKST	*Tweede Kamer Kamerstukken* (Parliamentary Deliberations of the Second Chamber, The Netherlands; 's-Gravenhage/The Hague; cited by year, number of bill and page)
TLR	Annual Digest of the Times Law Reports (London 1.1884 ff; cited by volume, year and page)
TMA	*Tweemaandelijks tijdschrift voor milieu aansprakelijkheid* (Environmental Liability Law Review; Lelystad 1.1987 ff; cited by year and page)
ToΣ	*Το Σύνταγμα* (Athens 1.1975 ff; cited by volume, year and page)
TP	*Съвременно право* (Sofia 1992 ff; cited by year and page)
TPR	*Tijdschrift voor Privaatrecht* (Ghent 1.1964 ff; cited by year and page)
TR	*Tijdschrift voor rechtsgeschiedenis = Revue d'histoire du droit* (Leiden 1.1918/19-17.1941; 18.1950 ff; cited by volume, year and page)
TranspR	*Transportrecht* (Cologne 6.1983 ff; previously published as *Transport- + Speditionsrecht*: Frankfurt/M. 1.1978-2.1979, 3.1980-5.1982; cited by year and page)
Trb	*Tractatenblad van het Koninkrijk der Nederlanden* (Official Gazette recording treaties in force in the Netherlands, 's-Gravenhage/The Hague 1.1951 ff; cited by year and page)
Trib.	*Tribunale* (Court of First Instance, general jurisdiction; Court of Appeal in small claims matters, Italy); *Tribunal de première instance* (Court of First Instance, Belgium, France); *Tribunal d'arrondissement* (Court of First Instance, general jurisdiction, Luxembourg)
Trib.com.	*Tribunal de Commerce* (Commercial Court, Belgium and France)
Trib.Conf.	*Tribunal de Conflitos* (Department of the Supreme Court in administrative matters for the arbitration of conflicts between public authorities, Portugal)
Trib.Corr.	*Tribunal Correctionnel* (Criminal Court, Belgium)
Trib.enfants	*Tribunal pour enfants* (Youth Court, France)
TS	*Tribunal Supremo* (Supreme Court of Spain; if not specified: senate for civil matters)
TSJ	*Tribunal Superior de Justicia* (Supreme Court of the autonomous regions, Spain)
TSL	*Trafikskadelag* (Traffic Damages Act, Sweden)
TulCivLaw Forum	Tulane Civil Law Forum (New Orleans 1.1973-6./7.1991/92; since 8.1993 published as The Tulane European and civil law forum; cited by volume, year and page)
TulLRev	Tulane Law Review (New Orleans 1.1916 ff; cited by volume, year and page)
Turn. Rechtsl.	*Turnhouts rechtsleven* (Turnhout 1.1971 ff; not published: 1984-1986, 1996/1997; cited by year and page)
TvC	*Tijdschrift voor Consumentenrecht* (Deventer 1.1985 ff; cited by year and page)
TvG	*Tijdschrift voor Gezondheidsrecht* (Houten 1.1990 ff; cited by year and page)
TVR	*Tijdschrift vervoer en recht* (Mortsel 1.1996 ff; cited by year and page)
UCC	Uniform Commercial Code (United States of America)
UCP 500 (1993)	Uniform Customs and Practices for Documentary Credits, ICC Publication no. 500, entered into force on 1 January 1994
UfR	*Ugeskrift for Retsvæsen* (Copenhagen 1.1867 ff; as of 1902 division into: A = *Dansk domssamling*; B = *Juridiske afhandlinger, meddelelser*; C = Abstracts; cited by year and page)

UIC	*Ufficio Italiano dei Cambi* (Italian Foreign Exchange Office)
UKHL	Approved judgment of the House of Lords (United Kingdom)
UKPC	United Kingdom Privy Council Decisions (United Kingdom)
ULFIS	Unidroit Convention relating to a Uniform Law on the Formation of Contracts for the International Sale of Goods
Ulp.	*Ulpian (Dometius Ulpianus*, Roman jurist, died in 228)
UmweltHG	*Umwelthaftungsgesetz* (Environmental Liability Act, Germany)
UNCITRAL	United Nations Commission on International Trade Law
Unidroit	Unidroit Principles of International Commercial Contracts
UniflRev	Uniform Law Review/*Revue de droit uniforme* (cf. Rev.dr.uniforme)
UNTS	United Nations Treaty Series. Treaties and international agreements registered or filed and recorded with the Secretariat of the United Nations/ Recueil des traités et des engagement internationaus enregistrés par le Secrétariat de las Societé des Nations (Washington DC 1.1946/47 ff; cited by volume and page)
UrhG	*Urhebergesetz/Urheberrechtsgesetz* (Copyright Act, Austria and Germany)
USchadG	*Umweltschadensgesetz* (Environmental Damage Act, Germany)
UTR	*Umwelt- und Technikrecht* (Düsseldorf 1.1986 ff; cited by volume, year and page)
UWG	*Gesetz gegen den unlauteren Wettbewerb* (Unfair Competition Act, Austria and Germany)
V & F	*Vennootschapsrecht en Fiscaliteit* (Gent 1.1997-4.2000; continued as *Tijdschrift financieel recht*, 1.2000 ff; cited by year and page)
v.	*versus*
V.T.SV.	cf. CP
V°	*Verbo*
Városi Bíróság	City Court (Court of First Instance, Hungary)
V-C	Vice-Chancellor (United Kingdom)
VAT	Value added tax
VDI	*Verein Deutscher Importeure* (Association of German Engeneers, Düsseldorf)
Vent	Ventris' King's Bench Reports (ER 86) (volumes 1-2 covering the years 1668-1688; cited by volume and page)
Vern	Vernon's Chancery Reports (ER 23) (volumes 1-2 covering the years 1681-1719; cited by volume and page)
VersR	*Versicherungsrecht. Zeitschrift für Versicherungsrecht, Haftungs- und Schadensrecht* (Karlsruhe 1.1950 ff; cited by year and page)
VersRAI	*Versicherungsrecht. Zeitschrift für Versicherungsrecht, Haftungs- und Schadensrecht; Beilage Ausland* (Karlsruhe 1.1959/60, 2.1961 ff; cited by year and page)
Ves Jun	Vesey Junior's Chancery Reports (ER 30-34) (volumes 1-19 covering the years 1789-1817; cited by volume and page)
Ves Sen	Vesey Senior's Chancery Reports (ER 27-28) (volumes 1-2 covering the years 1746-1756; cited by volume and page)
VfGH	*Verfassungsgerichtshof* (Constitutional Court of Austria)
VfSlg	*Verfassungssammlung. Sammlung der Erkenntnisse und wichtigsten Beschlüsse des Verfassungsgerichtshofes* (Collection of cases before

	the Austrian Constitutional Court, Vienna 1.1919 ff, N.S. 33.1968 ff; cited by the number of the decision)
VG	*Verwaltungsgericht* (Administrative Court, Germany)
Vita not.	*Vita notarile* (Palermo 1.1949 ff; cited by year and page)
viz.	*videlicet*
VKS	*Върховен касационен съд* (Supreme Court of Cassation since 1996, Bulgaria; previously *Върховен съд* [VS], Supreme Court, 1948-1996)
VL	*Vestre Landsret* (Western High Court, Denmark)
VLD	*Vestre Landsrets dom* (Judgments of Western High Court, Denmark)
VLK	*Vestre Landsrets kendelse* (Decisions of Western High Court, Denmark)
vol(s).	volume(s)
VÕS	cf. LOA
VR	*Verkeersrecht* ('s-Gravenhage/The Hague 1.1953/54 ff; cited by year and page)
Vrb	*Verzekeringsrechtelijke berichten* (Zwolle 1.1989 ff; cited by year and page)
Vred	*Vredegerecht* (Magistrates court, Belgium)
VS	*Višje sodišče* (Court of Appeal, Slovenia); *Vrnchi soud* (Court of Appeal, Czech Republic); *Върховен съд* (Supreme Court, Bulgaria, 1948-1996; cf. VKS) cf. CA
VS RS	*Vrhovno Sodišče Republike Slovenije* (Supreme Court of Slovenia)
VuR	*Verbraucher und Recht: Zeitschrift für Wirtschafts- und Verbraucherrecht; Anlegerschutz, Konsumentenkredit Versicherung, private Altersvorsorge, Verbraucherinsolvenz, Verbraucherschutz* (Baden-Baden 1.1986 ff; cited by year and page)
VVDStRL	*Veröffentlichungen der Vereinigung Deutscher Staatsrechtslehrer* (Berlin 1.1924 ff; cited by volume, year and page)
VVG	*(Bundes-)Gesetz über den Versicherungsvertrag* (Germany and Switzerland); (Federal) Insurance Contracts Act
Vw	*Versicherungswirtschaft. Halbmonatsschrift für die deutsche Individualversicherung* (Karlsruhe 1.1946 ff; cited by year and page)
VwGH	*Verwaltungsgerichtshof* (Supreme Court in administrative matters of Austria)
W	*Weekblad van het Recht* (Zwolle et al., 1.1839-105.1943; since 1936 the same contents as *Nederlands Juristenblad* [cf. NJB]; cited by year, number and page)
W Rob	William Robinson's Admiralty Reports (ER 166) (volumes 1-3 covering the years 1838-1850; cited by volume and page)
WAM	*Wet betreffende de verplichte aansprakelijkheidsverzekering inzake motorrijtuigen/ Loi relative à l'assurance obligatoire de la responsabilité en matière de véhicules automoteurs* (Motor Insurance Liability Act, Belgium)
WAR	Western Australian Reports, incorporating Western Australian law reports, authorized law reports of the Supreme Court of Western Australia (Sydney 1960-1972; 1973/74(1973)-1989/90(1990); [N.S.] 1.1988/90(1991) ff; cited by year and page)
Warsaw Convention	Convention for the Unification of Certain Rules Relating to International Carriage by Air, Warsaw, 12 October 1929
WBl	*Wirtschaftsrechtliche Blätter. Zeitschrift für österreichisches und europäisches Wirtschaftsrecht* (Vienna 1.1987 ff; cited by year and page)

WGBO	*Wet op de geneeskundige behandelingsovereenkomst* (Medical Treatment Contract Act, The Netherlands)
WGO	*Monatshefte für Osteuropäisches Recht; die wichtigsten Gesetzgebungsakte in den Ländern Ost- und Südosteuropas, Abteilung für Ostrechtsforschung vom Seminar für Deutsche und Nordische Rechtsgeschichte der Universität Hamburg,* edited by Georg Geilke (Münster et al., 1.1959; cited by year and page)
WHG	*Wasserhaushaltsgesetz. Gesetz zur Ordnung des Wasserhaushalts* (Water Resources Act, Germany)
WiB	*Wirtschaftsrechtliche Beratung. Zeitschrift für Wirtschaftsanwälte und Unternehmensjuristen* (Munich, Frankfurt/M. 1.1994-4.1997; since 1.1998 published as *Neue Zeitschrift für Gesellschaftsrecht*; cited by year and page)
Wils KB	Wilson's King's Bench and Common Pleas Reports (ER 95) (volumes 1-3 covering the years 1742-1774; cited by volume and page)
WiRO	*Wirtschaft und Recht in Osteuropa. Zeitschrift zur Rechts- und Wirtschaftsentwicklung in den Staaten Mittel- und Osteuropas* (Munich 1.1992 ff; cited by year and page)
WL	West Law (www.westlaw.com)
WLR	The Weekly Law Reports (containing decisions in the House of Lords, the Privy Council, the Supreme Court of Judicature, Assize Courts; London 1.1953 ff; cited by year, book and page)
WM	*Wertpapier-Mitteilungen. Zeitschrift für Wirtschafts- und Bankrecht* (Frankfurt/M. et al. 1.1947 ff; cited by year and page)
Wokanda	*Wokanda* (Warsaw 1.1990,1-2.1991,51/52; [N.S.] 1.1992 ff; cited by year, volume and page)
WPNR	*Weekblad voor privaatrecht, notariaat en registratie* ('s-Gravenhage/The Hague 1.1870 ff; cited by year, number and page)
WR	The Weekly Reporter (London 1.1852/53 [1853]-54.1905/06 [1906]; cited by year, volume and page)
WRG	*Wasserrechtsgesetz* (Water Law Act, Austria)
WRP	*Wettbewerb in Recht und Praxis* (Frankfurt/M. 1.1955 ff; cited by year and page)
WVW	*Wegenverkeerswet* (Road Traffic Act, The Netherlands)
WWR	Western Weekly Reports (Calgary 1.1911/12 [1912]-10.1916; 1917-1950; N.S. 1.1951-75.1970; 1971 ff; cited by year, book and page)
Y & C CC	Younge & Collyer's Chancery Reports (ER 62-63) (volumes 1-2 covering the years 1841-1843; cited by volume and page)
Y & J	Younge and Jervis' Exchequer Reports (ER 148) (volumes 1-3 covering the years 1826-1830; cited by volume and page)
Yale L.J.	The Yale Law Journal/Yale Law School (New York 1.1891/92(1892) ff; cited by volume, year and page)
YAR	York Antwerp Rules (London 1996)
YhtOmL	*Laki eräistä yhteisomistussuhteista* (Co-ownership Act, Finland)
YSE 1998	*Yleiset Sopimusehdot* (General Conditions on Sub-contracting of Building and Constructions Work, Finland)

Z.z.	*Zbierka zákonov* (Official Journal since 1993, Slovakia)
Zacchia	*Zacchia. Archivio di medicina legale, sociale e criminologia* (Rome 1.1921-13.1934; 2nd series 1.1937 ff; cited by year and page)
ZAS	*Zeitschrift für Arbeits- und Sozialrecht* (Vienna 1.1966 ff; cited by year and page)
Zb.	*Zbirka Zakonu* (Official Journal until 1992, Slovakia) cf. Z.z.
ZBB	*Zeitschrift für Bankrecht und Bankwirtschaft* (Cologne 1.1989 ff; cited by year and page)
ZBernJV	*Zeitschrift des Bernischen Juristenvereins/Revue de la société des juristes bernois* (Bern 1.1864/65 ff; cited by volume, year and page)
ZBl	*Zentralblatt für die juristische Praxis* (Vienna 37.1919-56.1938; cited by year and page)
ZD	*Zakon odedovanju* (Inheritance Act, Slovenia)
ZEuP	*Zeitschrift für Europäisches Privatrecht* (Munich 1.1993 ff; cited by year and page)
ZEV	*Zeitschrift für Erbrecht und Vermögensnachfolge* (Munich, Frankfurt/M. 1.1994 ff; cited by year and page)
ZfRV	*Zeitschrift für Rechtsvergleichung* (Vienna 1.1960 ff; cited by year and page)
ZfS	*Zeitschrift für Schadensrecht* (Essen 1.1980 ff; cited by year and page)
ZfU	*Zeitschrift für Umweltpolitik und Umweltrecht. Journal of Environmental Law and Policy. Revue de la politique et du droit d'environnement* (Frankfurt/M. 1.1978 ff; cited by year and page)
ZfVB	*Zeitschrift für Verwaltung* (Supplement: decisions of the VfGH and VwGH [see there], Vienna 1.1976 ff; cited by year and page)
ZFZ	*Zakon o finančnih zavarovanjih* (Collateralization Act, Slovenia)
ZHR	*Zeitschrift für das gesamte Handelsrecht und Wirtschaftsrecht* (Heidelberg 1.1858-110.1944, 111.1948 under different titles: until vol. 60: *Zeitschrift für das gesamte Handelsrecht*, until vol. 124: *Zeitschrift für das gesamte Handels- und Wirtschaftsrecht*; then Frankfurt/M. 124.1961/62; cited by volume, year and page)
ZIK	*Zeitschrift für Insolvenzrecht und Kreditschutz* (Vienna 1.1995-3.1997; continued as *Insolvenzrecht & Kreditschutz aktuell*, 4.1997-10.2004; cited by year and page)
ZIP	*Zeitschrift für Wirtschaftsrecht* (Cologne 1.1980 ff; previously published under various titles; cited by year and page)
ZIZ	*Zakon o izvršbi in zavarovanju* (Enforcement of Judgments in Civil Matters and Insurance of Claims Act, Slovenia)
ZMTA	*Закон за международния търговски арбитраж* (International Commercial Arbitration Act, Bulgaria)
ZNP	*Zakon o nepravdnem postopku* (Non-contentious Civil Procedure Act, Slovenia)
ZON	*ZorgOnderzoek Nederland* (Organisation for Health Research and Development, The Netherlands)
ZOSRL	*Zakon o obligacijskih in stvarnopravnih razmerjih v letalstvu* (Obligations and Property Rights in Relation to Aviation Act, Slovenia)
ZPO	cf. CCP
ZPP	cf. CCP

ZPPSL	*Zakon o prisilni poravnavi, stečaju in likvidaciji* (Compulsory Settlement, Bankruptcy and Liquidation Act, Slovenia)
ZRP	*Zeitschrift für Rechtspolitik. Beilage zur NJW,* see there (Munich, Frankfurt/M. 1.1968 ff; cited by year and page)
ZSR/RDS	*Zeitschrift für Schweizerisches Recht/Revue de droit suisse/Rivista di diritto svizzero/Revista da dretg svizzer* (Basel 1.1852-22.1882, N.S. 1 = 23.1882 ff; cited by volume, year and page)
ZVersWiss	*Zeitschrift für die gesamte Versicherungswissenschaft* (Karlsruhe, later Berlin 1.1901-43.1943; not published from 1944-1954; [44.]1955-[48.]1959 published as *Versicherungswissenschaftliches Archiv*; 49.1960 ff; cited by year and page)
ZVglRWiss	*Zeitschrift für vergleichende Rechtswissenschaft. Archiv für internationales Wirtschaftsrecht* (Stuttgart 1.1878 ff; Berlin 103.1994 ff; cited by volume, year and page)
ZVR	*Zeitschrift für Verkehrsrecht* (Vienna 1.1956 ff; cited by year, number of the decision and page)
ZZP	*Zeitschrift für Zivilprozeß* (Cologne et al. 63.1943, 64.1950/51 ff; cited by volume, year and page)
ZZZDR	*Zakon o zakonski zvezi in družinskih razmerjih* (Marriage and Family Relations Act, Slovenia)

Table of codes and statutes*

Laws in alphabetical order according to the English translations

Austria

* The Table was compiled by *Daniel Smith* and *Julia Behrendt* (Osnabrück) with the assistance of *Aleksandra Izabela Kryśków*, *Denis Schlimpert* (Osnabrück), *Ashley Theunissen* (Edinburgh), *Florian Wolf* and *Joachim von Wrangel* (Osnabrück).

Advance Health Care Directives Act [*Patientenverfügungsgesetz 2006* – PatVG] of 1 June 2006 (BGBl. I 55/2006)
generally: VI. – 5:101, Notes I 7

Aviation Act [*Luftfahrtgesetz* – LFG] of 2 December 1957 (BGBl. 253/1957; amended by among others BGBl. I 194/1999 and BGBl. I 83/2008 of 26 June 2008)
§ 16: VIII. – 1:102, Notes III 44
§ 148: VI. – 3:206, Notes 8; VI. – 3:207, Notes 7

Avoidance Act [*Anfechtungsordnung* – AnfO] of 1 January 1915 (RGBl. 1914 no. 337); amended by among others *Gerichtsgebühren- und Insolvenzrechts-Novelle 2006* [*GIN 2006*] of 13 January 2006 (BGBl. I 8/2006)
§ 1: VIII. – 2:201, Notes VI 80
§ 2: VIII. – 2:201, Notes VI 80
§ 3: VIII. – 2:201, Notes VI 80

Award of Contracts Act [*Bundesvergabegesetz* – BvergG] of 14 July 1993 (BGBl. 462/1993, repromulgated by BGBl. I 56/1997 of 1 January 1997)
§ 338: II. – 3:301, Notes II 17

Banking Act [*Bankwesengesetz* – BWG] of 30 July 1993 (BGBl. 532/1993; amended by BGBl. I 22/2009 of 25 March 2009)
§ 1: IV. G. – 4:104, Notes I 1, 10

Basic Law on General Rights of Nationals [*Staatsgrundgesetz über die allgemeinen Rechte der Staatsbürger für die im Reichsrate vertretenen Königreiche und Länder*] of 21 December 1867 (RGBl. 142/1867)
art. 13: VI. – 7:101, Notes 2

§ 405:	VIII. – 7:103, Notes III 47
§ 407:	IV. D. – 1:101, Notes V 71
§ 414:	VIII. – 5:101, Notes I 1
§ 415:	VIII. – 5:201, Notes I 3, II 39, III 64; VIII. – 5:202, Notes I 2, II 33, III 55, IV 68, V 85
§ 416:	VII. – 2:101, Notes VI 112; VIII. – 5:201, Notes II 39, III 64; VIII. – 5:202, Notes II 33, III 55
§ 417:	IV. C. – 5:104, Notes III 3; VII. – 2:101, Notes VI 112; VIII. – 5:201, Notes II 39, III 64; VIII. – 5:202, Notes III 55
§ 418:	VIII. – 5:201, Notes III 64; VIII. – 5:202, Notes III 55
§ 419:	VIII. – 5:201, Notes III 64; VIII. – 5:202, Notes III 55
§ 422:	VI. – 5:201, Notes 7
§ 424:	VIII. – 2:101, Notes 9; VIII. – 2:304, Notes 2
§ 425:	VIII. – 2:101, Notes 9; VIII. – 2:104, Notes I 1
§ 426:	VIII. – 1:102, Notes II 21; VIII. – 1:203, Notes 8; VIII. – 2:101; Notes 9; VIII. – 2:103, Notes I 1; VIII. – 2:104, Notes I 1; VIII. – 2:105, Notes IV 70; VIII. – 2:201, Notes II 4; VIII. – 2:203, Notes II 20; VIII. – 2:302, Notes 2; VIII. – 3:101, Notes IV 67
§ 427:	VIII. – 1:203, Notes 8; VIII. – 2:101, Notes 9; VIII. – 2:104, Notes I 1, II 26; VIII. – 2:105, Notes II 24, IV 70; VIII. – 3:101, Notes IV 67
§ 428:	VIII. – 1:203, Notes 8; VIII. – 2:101, Notes 9; VIII. – 2:104, Notes I 1, II 26; VIII. – 2:105, Notes I 1, II 24, III 46, IV 70; VIII. – 2:201, Notes II 4; VIII. – 3:101, Notes IV 67
§ 429:	IV. A. – 5:202, Notes III 4; VIII. – 2:101, Notes 9; VIII. – 2:104, Notes I 1, II 26; VIII. – 2:201, Notes II 4, IV 38; VIII. – 3:101, Notes IV 67
§ 430:	VIII. – 2:301, Notes 1; VIII. – 6:302, Notes 1
§ 431:	II. – 1:106, Notes I 1, III 17
§ 434:	II. – 9:102, Notes II 9
§ 436:	VIII. – 2:101, Notes 9
§ 460:	VI. – 4:101, Notes I 8
§ 471:	VIII. – 7:104, Notes V 66
§ 476:	VII. – 2:101, Notes I(d) 32
§ 523:	VI. – 2:206, Notes I 7; VI. – 6:301, Notes 7; VIII. – 2:307, Notes 2; VIII. – 6:101, Notes I 3, II 17
§ 549:	V. – 1:102, Notes II 12
§ 569:	VI. – 6:103, Notes 8
§ 612:	II. – 9:104, Notes III 5
§ 632:	II. – 9:104, Notes III 5
§ 653:	II. – 9:104, Notes III 5
§ 696:	III. – 1:106, Notes II 2, VI 6
§ 704:	III. – 1:106, Notes III 3
§ 709:	VII. – 2:101, Notes I(b) 12
§ 769:	VII. – 2:101, Notes I(d) 32
§ 770:	VII. – 2:101, Notes I(d) 32
§ 830:	VIII. – 1:203, Notes 8
§ 841:	VIII. – 5:202, Notes IV 68
§ 843:	VIII. – 1:203, Notes 8

§ 1168a:	IV. C. – 2:104, Notes III 15; IV. C. – 2:107, Notes I 1, 2, II 3, III 15; IV. C. – 2:108, Notes I 2, II 4, III 17; IV. C. – 3:108, Notes I 1, 2, II 3, III 17; IV. C. – 4:107, Notes I 1, II 2
§ 1169:	IV. C. – 4:103, Notes I 1, II 2
§ 1170:	IV. C. – 3:107, Notes I 1, II 2
§ 1170a:	III. – 1:110, Notes I 6
§ 1171:	III. – 2:107, Notes I 3
§ 1171:	II. – 7:303, Notes 1
§ 1174:	VII. – 2:101, Notes I(a) 3, III(a) 49, VIII 122; VII. – 2:103, Notes I 4
§ 1210:	III. – 1:109, Notes II 2
§ 1214:	VII. – 2:101, Notes I(d) 32
§ 1247:	VII. – 2:101, Notes I(b) 12, VIII 122
§ 1275:	IV. A. – 1:201, Notes VI 19
§ 1276:	IV. A. – 1:201, Notes VI 20; VI. – 2:206, Notes I 7
§ 1279:	IV. C. – 6:103, Notes I 4
§ 1293:	VI. – 2:101, Notes I 7, II 19; VI. – 6:204, Notes 6
§ 1294:	VI. – 1:101, Notes III 9, IV 18; VI. – 2:206, Notes I 7; VI. – 3:101, Notes 7; VI. – 3:102, Notes I 8, II 17, II 22
§ 1295:	III. – 3:401, Notes II (b) 8; IV. B. – 6:101, Notes VI 12; IV. G. – 3:105, Notes I 1; VI. – 1:101, Notes II 2, III 9, 16, IV 20; VI. – 2:202, Notes VI 61; VI. – 2:203, Notes IV 35; VI. – 2:206, Notes I 7; VI. – 2:210, Notes 7, VI 61; VI. – 2:211, Notes 8; VI. – 3:101, Notes 7; VI. – 6:102, Notes 7; VI. – 6:104, Notes 8; VIII. – 5:201, Notes III 64; VIII. – 6:401, Notes I 2
§ 1296:	IV. C. – 7:106, Notes II 2; VI. – 1:101, Notes VI 30, 37; VI. – 4:101, Notes III 33
§ 1297:	IV. C. – 2:105, Notes I 1, II 2; IV. C. – 8:104, Notes II 8
§ 1298:	IV. B. – 6:101, Notes V10; IV. C. – 7:106, Notes II 2; V. – 1:101, Notes X 109; VI. – 1:101, Notes VI 37; VI. – 3:102, Notes III 34
§ 1299:	IV. C. – 2:105, Notes I 1, II 2; IV. C. – 2:108, Notes II 4; IV. C. – 3:103, Notes I 3, II 5; IV. C. – 6:103, Notes I 4; IV. C. – 7:104, Notes III 15; IV. C. – 8:104, Notes II 8, III 21; V. – 2:102, Notes III 24; IV. D. – 3:103, Notes 1; VI. – 2:207, Notes 6; VI. – 3:102, Notes I 8
§ 1300:	VI. – 2:207, Notes 6
§ 1301:	III. – 4:103, Notes II 3; VI. – 4:102, Notes 7; VI. – 6:105, Notes 8
§ 1302:	III. – 4:106, Notes II 2; VI. – 4:102, Notes 7; VI. – 6:105, Notes 8
§ 1304:	II. – 6:107, Notes III 7; III. – 3:705, Notes I (b) 4; IV. C. – 7:102, Notes 1; VI. – 5:101, Notes I 7; VI. – 5:102, Notes I 8; VI. – 5:102, Notes III 34
§ 1306:	V. – 3:103, Notes 4; VI. – 5:202, Notes III 25; VI. – 5:301, Notes 8; VI. – 6:202, Notes 7
§ 1307:	VI. – 5:102, Notes I 8; VI. – 5:301, Notes 8; VI. – 6:202, Notes 7
§ 1308:	VI. – 3:103, Notes I 8; VI. – 5:301, Notes 8
§ 1309:	VI. – 3:104, Notes I 9, II 24; VI. – 5:301, Notes 8
§ 1310:	V. – 2:102, Notes IV 35; V. – 3:103, Notes 4; VI. – 3:103, Notes I 8, II 20; VI. – 5:102, Notes I 8, III 34; VI. – 5:301, Notes 8; VI. – 7:105, Notes 2; VI. – 6:202, Notes 7; VI. – 7:105, Notes 2

§ 1358:	IV. G. – 2:113, Notes I 1, 13; IV. G. – 3:109, Notes III 10, IV 13; V. – 1:101, Notes II 14
§ 1359:	IV. G. – 1:107, Notes III 5, 10; IV. G. – 1:106, Notes I 1, II 4; IV. G. – 1:108, Notes 2
§ 1360:	IV. G. – 2:110, Notes V 16
§ 1361:	IV. G. – 2:112, Notes I 1, II 4, 10
§ 1363:	IV. G. – 1:101, Notes II 10; IV. G. – 2:103, Notes II 13, 14; IV. G. – 2:108, Notes II 4, 10; IV. G. – 2:110, Notes IV 11
§ 1364:	IV. G. – 2:110, Notes I 1, III 5, V 17; IV. G. – 2:111, Notes I 1, III 4, 11, IV 17
§ 1365:	III. – 5:119, Notes II 4; IV. G. – 2:111, Notes III 8, 13, IV 17; VIII. – 2:202, Notes I 16
§ 1369:	VIII. – 2:202, Notes I 16
§ 1373:	IV. G. – 2:111, Notes IV 17
§ 1393:	III. – 5:109, Notes 1; III. – 5:115, Notes 1; IV. G. – 2:102, Notes II 15; VI. – 6:106, Notes 7; VIII. – 2:105, Notes II 24
§ 1394:	III. – 5:115, Notes 1
§ 1395:	III. – 5:120, Notes 1
§ 1396:	III. – 5:116, Notes 1; III. – 5:117, Notes 1
§ 1396a:	III. – 5:108, Notes 2
§ 1397:	III. – 5:112, Notes 1
§ 1398:	III. – 5:112, Notes 1
§ 1401:	IV. B. – 7:101, Notes II 4; VIII. – 2:105, Notes II 24
§ 1405:	III. – 5:202, Notes I 1, III 7; III. – 5:204, Notes 2
§ 1406:	III. – 5:202, Notes I 1, III 7
§ 1407:	III. – 5:205, Notes 3
§ 1413:	III. – 2:103, Notes I 1
§ 1414:	III. – 2:108, Notes I 1
§ 1415:	III. – 2:110, Notes I 1, II 3, VI 12; III. – 6:106, Notes 1
§ 1416:	III. – 2:110, Notes III (b) 6, V 9; III. – 6:106, Notes 1
§ 1419:	III. – 2:111, Notes I 2
§ 1422:	V. – 1:101, Notes II 14; VIII. – 2:105, Notes II 24
§ 1423:	III. – 2:107, Notes I 1, II 4
§ 1425:	III. – 2:111, Notes II 5; III. – 2:112, Notes I 2, 3
§ 1431:	III. – 3:512, Notes 2; IV. B. – 4:102, Notes II 4; VII. – 1:101, Notes II 6, III 21, IV 32; VII. – 2:101, Notes I(a) 3, (d) 32, III(a) 49, IV(b) 94; VII. – 2:102, Notes II 14; VII. – 2:103, Notes IV 33; VII. – 3:101 and 3:102, Notes I 5, II 15; VII. – 7:101, Notes II 11, III 20; VII. – 7:103, Notes 4
§ 1432:	III. – 7:501, Notes III 5; IV. G. – 3:106, Notes V 12; VII. – 1:101, Notes III 21; VII. – 2:101, Notes III(b) 57, (c) 65; VII. – 2:103, Notes II 14; VII. – 7:101, Notes III 20
§ 1433:	VII. – 1:101, Notes III 21; VII. – 2:101, Notes III(b) 57; VII. – 2:103, Notes II 14
§ 1434:	VII. – 1:101, Notes III 21; VII. – 2:101, Notes I(a) 3, (c) 21, IV(b) 94
§ 1435:	VII. – 1:101, Notes III 21, IV 32; VII. – 2:101, Notes I(a) 3, (b) 12, II 40, III(a) 49, IV(a) 86, VIII 122; VII. – 7:101, Notes II 11; VIII. – 2:202, Notes III 49
§ 1436:	VII. – 2:101, Notes I(d) 32

Code of Civil Procedure [*Zivilprozessordnung* – CCP] of 1 January 1898
(RGBl. 113/1895; amended by among others BGBl. I 128/2004 of 1 January 2005 and BGBl. I 40/2009 of 8 April 2009)

Commercial Code Implementation Act [*Verordnung zur Einführung handelsrechtlicher Vorschriften im Lande Österreich* – EVHGB] (GBlÖ. 86/1939)

§ 8 no. 3:	III. – 3:712, Notes II 4
§ 8 no. 8:	III. – 2:109, Notes III 5, IV 7
§ 8 no. 10:	IV. D. – 7:102, Notes I 1
§ 8 no. 17:	IV. A. – 2:302, Notes IV 10
§ 8 no. 19:	IV. A. – 2:202, Notes III 11
§ 8 no. 20:	VIII. – 2:201, Notes II 4
§ 8 no. 21:	III. – 3:508, Notes III 8; IV. A. – 4:101, Notes II 12

Commercial Law Amendment Act [*Handelsrechts-Änderungsgesetz*] of 27 October 2005 (BGBl. I 120/2005)

§ I no. 132:	IV. G. – 2:105, Notes II 4
§ I no. 133:	IV. G. – 4:104, Notes I 10
§ I no. 153:	IV. G. – 4:104, Notes I 1

Composition with Creditors Act [*Ausgleichsordnung* – AO] of 14 September 1934 (BGBl. II 221/1934; amended by among others BGBl. I 18/2007 of 25 April 2007)

§ 7:	VIII. – 2:201, Notes V 55
§ 11:	VIII. – 2:201, Notes V 55
§ 20b:	VIII. – 2:201, Notes V 55; VIII. – 2:203, Notes II 20
§ 21:	VIII. – 6:101, Notes I 3; VIII. – 2:201, Notes V 55
§ 19:	III. – 6:101, Notes II 2
§ 48:	IV. G. – 2:102, Notes III 17

Conduit of Gas and Liquids Act [*Rohrleitungsgesetz*] of 3 July 1975 (BGBl. 411/1975, as amended by BGBl. I 115/2004)

§ 10:	VI. – 3:207, Notes 7
§ 12:	VI. – 5:302, Notes 8

Consumer Protection Act [*Konsumentenschutzgesetz* – ConsProtA] of 8 March 1979 (BGBl. 140/1979; amended by among others BGBl. I 21/2008 of 9 January 2008)

generally:	IV. A. – 1:204, Notes I 1
§ 1:	I. – 1:105, Notes I 3, II 15, III 18, IV 20, V 22, VII 28; IV. A. – 1:204, Notes III 12, 15, IV 18; IV. G. – 1:101, Notes IX 52, 56, 62; IV. G. – 4:101, Notes I 2
§ 2:	II. – 9:401, Notes 3; IV. A. – 1:101, Notes X 37; IV. G. – 4:102, Notes I 1, 2
§ 3:	II. – 5:103, Notes IV 16; III. – 3:106, Notes 1; IV. G. – 4:101, Notes III 30
§ 3a:	II. – 7:201, Notes I 2; III. – 3:106, Notes 1; VIII. – 2:202, Notes III 49
§ 5c:	II. – 3:104, Notes 3; II. – 3:106, Notes I 2
§ 5e:	III. – 3:106, Notes 1
§ 5f:	II. – 5:201, Notes III 20
§ 5g:	II. – 5:105, Notes III 9, IV 11
§ 5h:	II. – 5:106, Notes 4, 7
§ 5i:	III. – 2:102, Notes IV 8
§ 6:	II. – 1:108, Notes 2; II. – 8:103, Notes 1; II. – 8:104, Notes 1; II. – 9:402, Notes II 7; II. – 9:403, Notes I 2; II. – 9:410, Notes 2; III. – 3:105, Notes II 2,

Insolvency Act [*Konkursordnung* – KO; previously: *Insolvenzrechtseinführungsgesetz*] of 1 January 1915 (RGBl. 337/1914); amended by among others *Insolvenzrechtsänderungsgesetz 1982* of 22 July 1982 (BGBl. 370/1982) and *Zivilverfahrens-Novelle 2009* [*ZVN 2009*] of 11 March 2009 (BGBl. I 30/2009)

§ 2:	VIII.–2:201, Notes V 55
§ 11:	VIII.–2:201, Notes V 55
§ 14:	VIII.–2:201, Notes V 55
§ 19:	III.–6:101, Notes II 2
§ 21:	VIII.–2:201, Notes V 55; VIII.–2:203, Notes II 20
§ 25a:	VIII.–2:201, Notes V 55
§ 26:	IV. D.–7:102, Notes II 20; IV. D.–7:103, Notes I 1
§ 27:	VIII.–2:201, Notes VI 80
§ 28:	VIII.–2:201, Notes VI 80
§ 29:	VIII.–2:201, Notes VI 80
§ 30:	VIII.–2:201, Notes VI 80
§ 31:	VIII.–2:201, Notes VI 80
§ 38:	VIII.–2:201, Notes VI 80
§ 39:	VIII.–2:201, Notes VI 80
§ 40:	VIII.–2:201, Notes VI 80
§ 41:	VIII.–2:201, Notes VI 80
§ 44:	VIII.–6:101, Notes I 3; VIII.–2:201, Notes V 55; VIII.–2:203, Notes II 20
§ 45:	VIII.–2:201, Notes IV 38
§ 48:	VIII.–6:101, Notes I 3
§ 140:	VIII.–2:201, Notes V 55
§ 144:	VIII.–2:201, Notes V 55
§ 151:	IV. G.–2:102, Notes III 17

Insurance Contract Act [*Versicherungsvertragsgesetz* – VVG] in force since 12 December 1959 (BGBl. 2/1959)

generally:	VI.–6:101, Notes I 8
§ 67:	VI.–6:103, Notes 8

Interest Act [*Gesetz, wodurch die gegen den Wucher bestehenden Gesetze aufgehoben werden – Gesetzliche Zinsen*] of 1 July 1868 (RGBl. 62/1868; repealed by BGBl. I 118/2002)

§ 3:	III.–3:709, Notes IV 7, V 11

Land Register Act [*Bundesgesetz über die Grundbücher – Allgemeines Grundbuchsgesetz 1955*] of 11 June 1955 (BGBl. 39/1955); amended by among others *Grundbuchs-Novelle 2008* [*GB-Nov*] of 3 July 2008 (BGBl. 100/2008)

§ 22:	VIII.–2:303, Notes I 1
§ 31:	II.–1:106, Notes III 17

Landlord and Tenant Act [*Mietrechtsgesetz* – MRG] of 12 November 1981 (BGBl. 520/1981); amended by among others *Zivilverfahrens-Novelle 2009* of 31 March 2009 (BGBl. I 30/2009)

§ 27:	VII.–2:101, Notes III(e) 77

Lawyers Fees Act [*Rechtsanwaltstarifgesetz* – RATG] of 22 May 1969 (BGBl. 189/1969); amended by among others *Berufsrechts-Änderungsgesetz 2008* of 28 December 2007 (BGBl. I 111/2007)
§ 1: IV. D. – 1:101, Notes VII 100
§ 19: IV. D. – 1:101, Notes VII 100

Lawyers Act [*Rechtsanwaltsordnung* – RAO] of 15 July 1868 (RGBl. 96/1868); amended by among others *Berufsrechts-Änderungsgesetz für Notare, Rechtsanwälte und Ziviltechniker 2006 – BRÄG 2006* of 1 January 2006 (BGBl. I 164/2005)
§ 9: IV. D. – 1:101, Notes V 71
§ 14: II. – 6:104, Notes II 3

Media Act [*Mediengesetz* – MedienG] of 12 June 1981 (BGBl. 314/1981, in the revised version of BGBl. I 49/2005)
§ 6: VI. – 5:203, Notes 8
§ 7b: VI. – 2:204, Notes III 31

Mineral Resources Act [*Mineralrohstoffgesetz* – MinroG] of 1 January 1999 (BGBl. I 38/1999)
generally: VI. – 2:209, Notes II 8

Mining Act [*Berggesetz*] of 1 October 1975 (BGBl. 259/1975; repealed by BGBl. I 21/2001)
§ 185: VI. – 3:206, Notes 8; VI. – 3:207, Notes 7

Monuments Protection Act [*Bundesgesetz betreffend den Schutz von Denkmalen wegen ihrer geschichtlichen, künstlerischen oder sonstigen kulturellen Bedeutung, Denkmalschutzgesetz* – DMSG] of 1 January 2000 (BGBl. 533/1923); amended by among others *Bundesgesetz zur Änderung des Denkmalschutzgesetzes* of 19 August 1999 (BGBl. I 170/1999)
§ 6: VIII. – 3:101, Notes VII 131

Motor Vehicle Liability Insurance Act [*Kraftfahrzeug-Haftpflichtversicherungsgesetz* – KHVG 1994] of 1 September 1994 (BGBl. 651/1994; replaced by BGBl. I 115/2004)
§ 26: VI. – 3:205, Notes 9

Nuclear Liability Act [*Atomhaftungsgesetz 1999* – AtomHG] of 1 January 1999 (BGBl. I 170/1998, in the revised version of BGBl. I 33/2003)
§ 9: VI. – 5:302, Notes 8
§ 11: VI. – 3:206, Notes 8; VI. – 3:207, Notes 7
§ 12: VI. – 4:101, Notes III 33
§ 15: VI. – 6:202, Notes 7
§ 17: VI. – 3:201, Notes I 7
§ 29: VI. – 6:202, Notes 7

Patents Act [*Patentgesetz* – PatG] of 19 August 1970 (BGBl. 259/1970, as amended by among others BGBl. I 143/2001)
§ 150: VI. – 6:101, Notes II 21

Penal Code [*Strafgesetzbuch* – CP] of 23 January 1974 (BGBl. 60/1974, in the revised version of BGBl. I 15/2004)

§ 3:	VI. – 5:202, Notes I 7
§ 5:	VI. – 3:101, Notes 7
§ 6:	VI. – 3:101, Notes 7
§ 77:	VI. – 5:101, Notes I 7
§ 90:	VI. – 5:101, Notes I 7
§ 105:	II. – 7:206, Notes III 9
§ 144:	II. – 7:206, Notes III 9
§ 169:	VI. – 2:209, Notes II 8

Private Company Limited by Shares Act [*Gesetz vom 6. März 1906, über Gesellschaften mit beschränkter Haftung* – GmbHG] of 1 January 1991 (RGBl. 58/1906); amended by among others *Unternehmensrechts-Änderungsgesetz 2008* of 10 April 2008 (BGBl. I 70/2008)

§ 25:	IV. D. – 5:101, Notes II 8

Product Liability Act [*Bundesgesetz über die Haftung für ein fehlerhaftes Produkt, Produkthaftungsgesetz* – PHG] of 21 January 1988 (BGBl. 99/1988; amended by among others BGBl. I 98/2001 of 7 August 2001)

generally:	VI. – 3:204, Notes I 1, V 45
§ 1:	VI. – 1:103, Notes II 22
§ 2:	VI. – 3:204, Notes II (2) 25
§ 3:	VI. – 3:204, Notes II (1) 10
§ 4:	IV. A. – 1:101, Notes V 19
§ 8:	VI. – 3:204, Notes IV 40
§ 11:	VI. – 5:102, Notes IV 47
§ 14:	VI. – 3:204, Notes II (1) 10

Property Development Contract Act [*Bauträgervertragsgesetz* – BTVG] of 1 January 1997 (BGBl. I 7/1997; amended by among others BGBl. I 56/2008 of 1 July 2008)

§ 13:	II. – 6:104, Notes II 3

Public Liability Act [*Reichshaftpflichtgesetz* – RHG] of 7 June 1871 (dRGBl. 207/1871); amended by among others *Verkehrsopfer-Entschädigungsgesetz* [*VOEG*] *und Kraftfahrrechts-Änderungsgesetz 2007* [*KrÄG 2007*] of 29 June 2007 (BGBl. I 37/2007)

§ 7:	VI. – 6:202, Notes 7

Public Liability for Civil Servants Act [*Bundesgesetz, womit die Haftung des Bundes, der Länder, der Bezirke, der Gemeinden und der sonstigen Körperschaften und Anstalten des öffentlichen Rechts für den in Vollziehung der Gesetze zugefügten Schaden geregelt wird – Amtshaftungsgesetz* – AHG] of 18 December 1948 (BGBl. 20/1949; amended by among others BGBl. I 194/1999 of 3 September 1999)

§ 1:	VI. – 7:103, Notes 9
§ 2:	VI. – 7:103, Notes 9

Return of Cultural Objects Act [*67. Bundesgesetz zur Umsetzung der Richtlinie 93/7/EWG über die Rückgabe von unrechtmäßig aus dem Hoheitsgebiet eines Mitgliedstaates der Europäischen Gemeinschaft verbrachten Kulturgütern – Kulturgüterrückgabegesetz*] of 15 May 1998 (BGBl. I 67/1998)

generally:	VIII. – 3:101, Notes VII 131
§ 2:	VIII. – 4:102, Notes II 15
§ 11:	VIII. – 4:102, Notes II 15

Rights in Ships Act [*Gesetz über Rechte an eingetragenen Schiffen und Schiffsbauwerken* – SchRG] of 15 November 1940 (dRGBl. I 1940/1499; amended by BGBl. 304/1978 of 7 July 1978)

generally:	VIII. – 1:102, Notes II 21
§ 2:	VIII. – 1:102, Notes II 21
§ 3:	VIII. – 1:102, Notes II 21
§ 4:	VIII. – 1:102, Notes II 21

Road and Rail Traffic Liability Act [*Eisenbahn- und Kraftfahrzeughaftpflichtgesetz* – EKHG] of 21 January1959 (BGBl. 48/1959, in the revised version of BGBl. I no. 115/2004)

§ 3:	VI. – 3:205, Notes 9
§ 5:	VI. – 3:205, Notes 9
§ 6:	VI. – 3:205, Notes 9
§ 7:	VI. – 5:501, Notes 4
§ 9:	VI. – 3:205, Notes 9; VI. – 5:302, Notes 8
§ 15:	VI. – 3:205, Notes 9; VI. – 6:202, Notes 7
§ 16:	VI. – 3:205, Notes 9; VI. – 6:202, Notes 7
§ 19:	VI. – 3:201, Notes I 7; VI. – 3:205, Notes 9

Social Security Act [*Allgemeines Sozialversicherungsgesetz* – ASVG] of 30 September 1955 (BGBl. 189/1955); amended by among others BGBl. I 194/1999 of 3 September 1999 and Sozialrechts-Änderungsgesetz 2009 of 12 March 2009 (BGBl. I 33/2009)

generally:	VII. – 7:103, Notes 4

State Nature Conservation Law: Viennese Nature Conservation Act [*Landesrechtliches Naturschutzrecht: Wiener Naturschutzgesetz*] of 1 September 1998 (LGBl. 45/1998, in the revised version of LGBl. 12/2006 of 14 February 2006)

generally:	VI. – 2:209, Notes II 8
§ 17:	VI. – 2:209, Notes II 8

Surety Protection Act [*Bundesgesetz, betreffend Kautionen, Darlehen und Geschäftseinlagen von Dienstnehmern, Kautionsschutzgesetz* – KautSchG] of 14 July 1937 (BGBl. 229/1937); amended by among others(BGBl. I 98/2001 of 7 August 2001)

§ 1:	IV. G. – 4:101, Notes I 2, III 30
§ 4:	IV. G. – 4:101, Notes I 2

Timeshare Act [*Teilzeitnutzungsgesetz*] of 1 April 1997 (BGBl. I 32/1997; amended by among others BGBl. I 98/2001 of 7 August 2001)

§ 6:	II. – 5:103, Notes III 14; II. – 5:202, Notes II 7

§ 7: II. – 5:202, Notes III 13, 15
§ 13: II. – 5:202, Notes III 16

Trademark Act [*Bundesgesetz über den Schutz von Mustern, Musterschutzgesetz* – MuSchG] of 7 June 1990 (BGBl. 497/1990; amended by among others BGBl. I 131/2005 of 18 November 2005)
§ 55: VI. – 6:101, Notes II 21

Travel Agency Regulations Act [*Verordnung des Bundesministers für wirtschaftliche Angelegenheiten über Ausübungsvorschriften für das Reisebürogewerbe*] of 20 November 1998 (BGBl. II 401/1998)
§ 3: II. – 3:106, Notes II 4

Unfair Competition Act [*Bundesgesetz gegen den unlauteren Wettbewerb* – UWG] of 1984 (BGBl. 448/1984); amended by among others *UWG-Novelle 2007* of 13 November 2007 (BGBl. I 79/2007)
§ 2: II. – 3:102, Notes I 3, 4, II 6, 7; VI. – 2:208, Notes 7
§ 7: VI. – 2:208, Notes 7
§ 9: VI. – 6:101, Notes II 21
§ 11: VI. – 2:208, Notes 7
§ 12: VI. – 2:208, Notes 7
§ 13: VI. – 2:208, Notes 7
§ 14: VI. – 6:301, Notes 7
§ 16: VI. – 2:208, Notes 7
§ 20: VI. – 2:208, Notes 7

Waste Management Act [*Abfallwirtschaftsgesetz* – AWG] of 1 July 1990 (BGBl. 325/1990), repealed by *Abfallwirtschaftsgesetz 2002* of 16 July 2002 (BGBl. I 102/2002); amended by among others *Bundesgesetz, mit dem das Abfallwirtschaftsgesetz 2002 geändert wird (AWG-Novelle Batterien)* of 9 April 2008 (BGBl. I 54/2008)
§ 18: VI. – 3:208, Notes 6

Water Act [*Wasserrechtsgesetz 1959* – WRG] of 1 November 1959 (BGBl. 215/1959; in the revised version of BGBl. I 123/2006)
generally: VI. – 2:209, Notes II 8
§ 26: VI. – 3:206, Notes 8; VI. – 3:207, Notes 7

Belgium

Accidents at Work Act [*Loi du 10 avril 1971 sur les accidents du travail*] of 10 April 1971 (Monit. belge 24 April 1971)

art. 46: VI. – 7:104, Notes 2

Animal Welfare Act [*Dierenwelzijnwet*] of 14 August 1986 (Monit. belge 3 December 1986)

art. 10: IV. A. – 1:201, Notes IV 12
art. 12: IV. A. – 1:201, Notes IV 12

Anti-Discrimination (Gender Discrimination) Act [*Loi tendant à lutter contre la discrimination entre les femmes et les hommes*] of 10 May 2007 (Monit. belge 30 May 2007)

art. 2: II. – 2:103, Notes I 3
art. 4: II. – 2:101, Notes III 17, 18
art. 5: II. – 2:102, Notes I 4, II 8
art. 33: II. – 2:105, Notes I 4

Anti-Discrimination (Racial Discrimination) Act [*Loi tendant à lutter contre certaines formes de discrimination*] of 10 May 2007 (Monit. belge 30 May 2007)

art. 4: II. – 2:101, Notes II 13; II. – 2:102, Notes I 4; II. – 2:103, Notes I 3
art. 13: II. – 2:104, Notes II 7
art. 16: II. – 2:104, Notes I 2, 3
art. 17: II. – 2:104, Notes II 8
art. 18: II. – 2:104, Notes II 8
art. 30: II. – 2:105, Notes I 4

Architects Standard of Care Code [*Code de Déontologie des Architectes*] created by the law of 26 June 1963 (Monit. belge 5 July 1963)

generally:	IV. C. – 6:101, Notes I 1

Architects Standard of Care Regulation [*Orde van Architecten – Reglement van Beroepsplichten/Ordre des architects – Règlement de Déontologie*] of 18 April 1985 (Monit. belge 8 May 1985)

art. 1:	IV. C. – 6:103, Notes I 4
art. 15:	IV. C. – 6:107, Notes 1
art. 17:	IV. C. – 6:103, Notes II 5, 8

Aviation Act [*Arrêté royal réglementant la navigation aérienne*] of 15 March 1954 (Monit. belge 26 March 1954)

generally:	VIII. – 1:102, Notes III 50

Bankruptcy Act [*Loi sur les faillites/Wet betreffende het faillissement*] of 8 August 1997 (Monit. belge 28 October 1997; amended by Law of 6 December 2005, Monit. belge 22 December 2005)

art. 21:	IV. G. – 2:102, Notes III 17
art. 35:	IV. G. – 2:102, Notes III 17
art. 46:	VIII. – 2:201, Notes V 66
art. 103:	III. – 5:401, Notes 4; VIII. – 2:302, Notes 15
art. 104:	VIII. – 2:201, Notes IV 44

Blood and Blood Derivatives of Human Origin Act [*Wet betreffende bloed en bloederivaten van menselijke oorsprong*] of 5 July 1994 (Monit. belge 8 October 1994)

art. 5:	IV. A. – 1:201, Notes V 15

Civil Code [*Code Civil/Burgerlijk Wetboek – CC*] of 21 March 1804 (Monit. belge 3 September 1807)

generally:	II. – 6:109, Notes III 3; II. – 7:202, Notes 3; II. – 7:206, Notes V 11; III. – 5:104, Notes 3; III. – 5:302, Notes II 8; IV. C. – 6:101, Notes I 1; IV. C. – 6:103, Notes I 4; V. – 3:104, Notes II 14
art. 6:	II. – 7:302, Notes I 2
art. 130:	VIII. – 7:102, Notes III 33
art. 489:	VII. – 2:101, Notes III(b) 55
art. 544:	IV. A. – 5:101, Notes III 8; VI. – 2:206, Notes I 1; VII. – 7:101, Notes III 18; VIII. – 1:202, Notes I 12
art. 546:	VIII. – 5:202, Notes II 41
art. 548:	VIII. – 7:103, Notes IV 57
art. 549:	VIII. – 7:103, Notes III 32, IV 57
art. 550:	VIII. – 7:102, Notes II 16
art. 554:	VIII. – 1:202, Notes I 12
art. 565:	VIII. – 5:101, Notes I 4; VIII. – 5:201, Notes II 43; VIII. – 5:202, Notes II 41, V 89
art. 566:	VIII. – 5:202, Notes I 24, II 41, III 61
art. 567:	VIII. – 5:202, Notes II 41

art. 568: VIII. – 5:202, Notes II 41
art. 569: VIII. – 5:202, Notes II 41
art. 570: VIII. – 5:201, Notes I 15, II 43, III 52; VIII. – 7:104, Notes V 81
art. 571: VIII. – 5:201, Notes II 43, III 52
art. 572: VIII. – 5:201, Notes II 43
art. 573: VIII. – 5:202, Notes II 41, V 89
art. 574: VIII. – 5:202, Notes II 41, III 61, V 89
art. 575: VIII. – 5:202, Notes IV 70
art. 576: VIII. – 5:201, Notes II 43, III 52
art. 577: VIII. – 5:101, Notes II 28; VIII. – 5:201, Notes III 52; VIII. – 1:203, Notes 12
art. 583: VIII. – 7:103, Notes II 17
art. 584: VIII. – 7:103, Notes II 17
art. 653: VIII. – 1:203, Notes 12
art. 712: VIII. – 2:201, Notes II 16
art. 815: VIII. – 1:203, Notes 12
art. 832: III. – 4:202, Notes I 1
art. 867: VIII. – 7:104, Notes V 81
art. 887: II. – 7:207, Notes III 9
art. 900: II. – 1:108, Notes 1
art. 960: VII. – 2:101, Notes I(b) 9
art. 1097: IV. F. – 1:101, Notes V 15
art. 1101: II. – 1:101, Notes I 1
art. 1108: II. – 4:101, Notes I 1, IV (b) 19; II. – 4:103, Notes II 2, IV 9; II. – 7:102, Notes 1
art. 1109: II. – 7:101, Notes 1
art. 1110: II. – 7:201, Notes II 6, VI (c) 32
art. 1111: II. – 7:208, Notes II 2; VIII. – 4:101, Notes V 82
art. 1112: II. – 7:206, Notes 1, I 3, II 8; VIII. – 4:101, Notes V 82
art. 1113: VIII. – 4:101, Notes V 82
art. 1114: VIII. – 4:101, Notes V 82
art. 1115: VIII. – 4:101, Notes V 82
art. 1116: II. – 7:205, Notes I 2
art. 1117: II. – 7:101, Notes 1; II. – 7:209, Notes 2
art. 1118: II. – 7:207, Notes III 9
art. 1121: II. – 9:301, Notes 1
art. 1126: II. – 4:103, Notes II 2
art. 1128: IV. A. – 1:201, Notes I 1
art. 1129: II. – 7:302, Notes I 2; II. – 9:104, Notes II 4
art. 1130: IV. A. – 1:201, Notes VI 17
art. 1131: II. – 4:101, Notes IV (b) 19; II. – 7:302, Notes I 2; IV. G. – 1:101, Notes III 15; VII. – 2:101, Notes III(a) 47
art. 1132: II. – 4:101, Notes IV (b) 19
art. 1133: II. – 4:101, Notes IV (b) 19
art. 1134: II. – 1:102, Notes 1; III. – 1:103, Notes IV (a) 8, (b) 16; IV. C. – 3:102, Notes I 2; IV. D. – 2:101, Notes I 2; IV. D. – 4:103, Notes I 1; VII. – 7:101, Notes II 8

Compulsory Acquisition Act [*Loi relative à la dépossession involontaire des titres au porteur*] of 24 July 1921 (Monit. belge 10 August 1921)

generally:	VIII. – 3:101, Notes VI 123

Constitution [*La Constitution belge/Belgische Grondwet* – Const.] of 7 February 1831 (Monit. belge 7 February 1931), in the revised version of 14 July 1993

art. 16:	VIII. – 1:202, Notes IV 43
art. 22:	VI. – 2:203, Notes III 21; VI. – 2:205, Notes 1
art. 25:	VI. – 7:101, Notes 1

Consumer Credit Act [*Loi relative au crédit à la consummation/Wet op het consumentenkrediet* – ConsCredA] of 12 June 1991 (Monit. belge 9 July 1991 errata Monit. belge 6 August 1991; as amended by law of 24 March 2003, Monit. belge 2 June 2003)

art. 1:	IV. G. – 1:101, Notes 60, 61
art. 20bis:	II. – 5:106, Notes 4
art. 33:	IV. G. – 1:101, Notes I 1
art. 34:	IV. G. – 1:101, Notes I 1, VIII 45, IX 67; IV. G. – 4:101, Notes I 3; IV. G. – 4:102, Notes I 1; IV. G. – 4:103, Notes I 3, II 19; IV. G. – 4:104, Notes I 6, II 18; IV. G. – 4:105, Notes I 2, III 7; IV. G. – 4:107, Notes I 2
art. 35:	IV. G. – 1:101, Notes I 1; IV. G. – 2:107, Notes I 4, II 8; IV. G. – 4:106, Notes II 2
art. 36:	IV. G. – 1:101, Notes 1; IV. G. – 2:106, Notes III 8; IV. G. – 4:105, Notes II 3
art. 38:	IV. G. – 1:101, Notes I 1; IV. G. – 4:101, Notes II 18
art. 97:	IV. G. – 1:101, Notes I 1; IV. G. – 4:103, Notes V 44

Consumer Protection Act [*Loi sur les pratiques du commerce et sur línformation et la protection du consommateur/Wet betreffende de handelspraktijken en de voorlichting en bescherming van de consument* – ConsProtA] of 14 July 1991 (Monit. belge 29 August 1991, errata Monit. belge 10 October 1991); amended by among others *Arrêté royal excluant certains contrats à distance de fourniture de services d'hébergement, de transports, de restauration et de loisirs, du champ d'application des articles 79 et 80 de la loi du 14 juillet 1991 sur les pratiques du commerce et sur l'information et la protection du consommateur* of 18 November 2002 (Monit. belge 3 December 2002)

generally:	II. – 9:403, Notes I 3; II. – 9:406, Notes I 3
art. 1:	I. – 1:105, Notes I 3, II 12, VII 28; IV. G. – 1:101, Notes IX 60, 61
art. 13:	IV. A. – 6:103, Notes III 8
art. 24:	II. – 7:205, Notes II 3; II. – 9:102, Notes II 10
art. 31:	II. – 8:103, Notes 1; II. – 9:402, Notes II 6; II. – 9:403, Notes III 6, IV 10; II. – 9:406, Notes II 5; II. – 9:407, Notes I 2; II. – 9:408, Notes I 4
art. 32:	II. – 9:410, Notes 2; III. – 3:105, Notes VI 13
art. 78:	II. – 3:103, Notes I 3, II 7; II. – 3:104, Notes 3
art. 79:	II. – 3:109, Notes IV 13
art. 80:	II. – 5:103, Notes II 8, II 11; II. – 5:201, Notes III 16
art. 81:	II. – 5:105, Notes III 9; II. – 5:106, Notes 4; III. – 2:102, Notes IV 8
art. 83*decies*:	II. – 3:104, Notes 9
art. 83*undecies*:	II. – 5:201, Notes III 13
art. 88:	II. – 5:103, Notes IV 16

art. 422: V. – 1:103, Notes III 23
art. 434: VI. – 2:203, Notes I 1
art. 458: VI. – 2:205, Notes 1
art. 462: VIII. – 3:101, Notes V 99

Prescription Act [*Loi modifiant certaines dispositions en matière de prescription*] of 10 June 1998 (Monit. belge 17 July 1998)
generally: III. – 7:201, Notes III 4

Product Liability Act [*Loi du 25 février 1991 relative à la responsabilité du fait des produits défectueux/Wet van 25 februari 1991 betreffende de aansprakelijkheid voor produkten met gebreken*] of 25 February 1991 (Monit. belge 22 March1991)
generally: VI. – 3:204, Notes I 1, V 45
art. 8: VI. – 3:204, Notes IV 35
art. 11: VI. – 3:204, Notes II (1) 4, II (2) 20

Public Authority's Liability Act [*Loi relative à la responsabilité des et pour les membres du personnel au service des personnes publiques*] of 10 February 2003 (Monit. belge 27 February 2003)
art. 3: VI. – 7:103, Notes 2

Regional Electricity Acts [*Vlaams elektriciteitsdecreet*] (Flemish region) of 17 july 2000, [*Elektriciteitsordonnantie*] (Brussels region) of 19 July 2001, [*Décret relative à l' organisation du marché regional de l' électricité*] (Walloon region) of 12 April 2001 (Monit. belge 1 May 2001)
generally: IV. A. – 1:101, Notes V 22

Registration of Vehicles Decree [*Arrêté royal relatif à l'immatriculation de véhicules*] of 20 July 2001 (Monit. belge 8 August 2001)
art. 8: VIII. – 1:102, Notes I 9
art. 9: VIII. – 1:102, Notes I 9
art. 10: VIII. – 1:102, Notes I 9

Removal and Transplantation of Organs Act [*Wet betreffende het wegnemen en transplanteren van organen*] of 13 June 1986 (Monit. belge 14 February 1987, errata Monit. belge 26 February 1987)
art. 4: IV. A. – 1:201, Notes V 14

Royal Decree of 18 March 1935 [*Arrêté royal coordonnant les lois relatives à l'organisation et au fonctionnement de la Caisse des Dépôts et Consignations et y apportant des modifications en vertu de la loi du 31 juillet 1934*] (Monit. belge 7 May 1935)
generally: III. – 2:112, Notes I 2

Royal Decree of 6 September 1993 [*Arrêté royal portant des modalités particulières pour la vente à distance de certains produits ou catégories de produits*] (Monit. belge 5 October 1993)
art. 2: II. – 3:106, Notes I 2

Sale of Abandonned Goods Act [*Loi relative à la vente de certains objets abandonnés*] of 21 February 1983 (Monit. belge 2 April 1983)
generally: III. – 2:111, Notes III 10

Scientific Research on Embryos in Vitro Act [*Wet betreffende het onderzoek op embryo's in vitro*] of 11 May 2003 (Monit. belge 28 August 2003)
art. 5: IV. A. – 1:201, Notes V 14

Small Heritages Act [*Loi apportant des modifications au régime successoral des petits heritages/Wet tot wijziging van het erfstelsel voor de kleine nalatenschappen*] of 16 May 1900 (Monit. belge 21 May 1900)
art. 3: VIII. – 1:203, Notes 12

Timeshare Act [*Loi relative aux contrats portant sur l'acquisition d'un droit d'utilisation d'immeubles à temps partagé*] of 11 April 1999 (Monit. belge 30 April 1999)
generally: I. – 1:105, Notes IV 20
art. 2: I. – 1:105, Notes II 12
art. 7: II. – 5:104, Notes I 5
art. 9: II. – 5:102, Notes 5; II. – 5:103, Notes II 10, III 14; II. – 5:202, Notes II 6, III 11
art. 17: II. – 5:202, Notes III 16

Transport Contract Act [*Loi relative au statut des auxiliaires de transport de marchandises*] of 26 June 1967 (Monit. belge 27 September 1967)
art. 8: III. – 2:111, Notes III 10

Unfair Trade Practices Act [*Loi relative à la publicité trompeuse et à la publicité comparative, aux clauses abusives et aux contrats à distance en ce qui concerne les professions liberals/ Wet betreffende de misleidende en vergelijkende reclame, de onrechtmatige bedingen en de op afstand gesloten overeenkomsten inzake de vrije beroepen*] of 2 August 2002 (Monit. belge 20 November 2002)
art. 1: I. – 1:105, Notes VI 25
art. 2: I. – 1:105, Notes I 3, II 12; II. – 9:406, Notes I 2
art. 7: II. – 9:403, Notes I 3, IV 10
art. 14: II. – 5:106, Notes 4
art. 76: VIII. – 2:304, Notes 10
art. 79: II. – 3:106, Notes III 8

Bulgaria

Agricultural Enterprises' Protection Act [*Закон за опазване на селскостопанското имущество*] of 1 October 1974 (DV no. 54 of 12 July 1974, amended by among others DV no. 36 of 4 April 2008)

art. 30: VI.–5:201, Notes 5

Anti-Discrimination Act [*Закон за защита от дискриминация*] of 1 January 2004 (DV no. 86 of 30 September 2003; statute name changed by DV no. 68 of 22 August 2006; also amended by among others DV no. 108 of 19 December 2008)

generally: II.–2:101, Notes V 32
art. 1: II.–2:102, Notes III 13, IV 18
art. 3: II.–2:101, Notes IV (a) 21
art. 4: II.–2:101, Notes I 7, 8, II 13; II.–2:102, Notes I 2, II 8
art. 7: II.–2:103, Notes I 4
art. 9: II.–2:105, Notes I 6
art. 37: II.–2:101, Notes IV (b) 22, 23
art. 71: II.–2:104, Notes I 2, II 8

Assets, Property and Servitute Act [*Закон за имуществата, собствеността и сервитутите*] of 7 February 1904 (DV no. 29 of 7 February 1904; repealed by DV no. 92 of 16 November 1951)

art. 72: VII.–4:101, Notes IV 38
art. 74: VII.–4:101, Notes IV 38
art. 92: VII.–6:102, Notes 5
art. 302: VIII.–1:206, Notes IV 50
art. 309: VIII.–1:205, Notes II 16

Bar Association Act [*Закон за адвокатурата*] of 25 June 2004 (DV no. 55 of 25 June 2004; amended by among others DV no. 69 of 9 August 2008)

art. 26: IV. D.–6:103, Notes IV 41
art. 36: IV. D.–1:101, Notes IV 58
art. 43: IV. D.–5:102, Notes I 2, II 10
art. 77: IV. D.–3:302, Notes II 22

art. 5:	II.–3:101, Notes 8
art. 46:	II.–5:103, Notes II 7
art. 47:	II.–5:105, Notes II 5
art. 52:	II.–3:104, Notes 3; II.–3:106, Notes I 2
art. 54:	II.–3:106, Notes III 7
art. 55:	II.–5:105, Notes III 8
art. 56:	II.–5:106, Notes 6
art. 58:	III.–2:102, Notes IV 8
art. 62:	II.–3:401, Notes 5; VIII.–2:304, Notes 14
art. 131:	VI.–3:204, Notes II (1) 8, III 31
art. 137:	VI.–3:204, Notes IV 38
art. 139:	VI.–5:401, Notes 6
art. 145:	II.–9:406, Notes II 5; II.–9:407, Notes I 2
art. 146:	II.–9:403, Notes I 3; II.–9:408, Notes I 2
art. 154:	II.–5:103, Notes II 10
art. 156:	II.–5:202, Notes III 13

Consumer Protection and Trade Rules Act [*Закон за защита на потребителите и за правилата за търговия*] of 3 April 1999 (DV no. 30 of 2 April 1999, repealed by DV no. 99 of 9 December 2005)

generally:	VI.–3:204, Notes I 1

Copyright Act [*Закон за авторското право и сродните му права*] of 1 August 1993 (DV no. 56 of 29 June 1993, amended by among others DV no. 59 of 20 July 2007)

art. 94:	VI.–6:101, Notes II 19
art. 95:	VI.–6:301, Notes 5

Electronic Trade Act 2006 [*Закон за електронната търговия*] of 24 December 2006 (DV no. 51 of 23 June 2006; amended by among others DV no. 41 of 22 May 2007)

generally:	II.–3:105, Notes 2
art. 4:	II.–3:104, Notes 3
art. 5:	II.–3:104, Notes 3

Environmental Protection Act [*Закон за опазване на околната среда*] of 25 September 2002 (DV no. 91 of 25 September 2002, amended by among others DV no. 52 of 6 June 2008)

art. 170:	VI.–3:206, Notes 6
art. 171:	VI.–3:206, Notes 6
§ 1 (suppl. provisions):	VI.–3:206, Notes 6

Family Code [*Семеен кодекс*] of 28 May 1985 (DV no. 41 of 28 May 1985; amended by among others DV no. 59 of 20 July 2007)

art. 73:	VIII.–2:202, Notes II 32

Insurance Code [*Кодекс за застраховането*] of 1 January 2006 (DV no. 103 of 23 December 2005, amended by among others DV no. 69 of 5 August 2008)

art. 162:	IV. D.–1:101, Notes IV 58

art. 191: II. – 7:201, Notes I 4
art. 203: II. – 4:204, Notes II 11
art. 204: VIII. – 2:104, Notes II 42
art. 205: VI. – 6:104, Notes 6; VIII. – 2:104, Notes II 42; VIII. – 2:203, Notes II 35
art. 210: II. – 7:201, Notes I 2
art. 225: II. – 4:303, Notes 2
art. 227: VII. – 2:101, Notes I(b) 15
art. 233: VIII. – 1:206, Notes IV 50
art. 236: II. – 4:204, Notes II 11
art. 280: II. – 6:101, Notes II 3; IV. D. – 1:101, Notes I 3, II 22, III 41, IV 58, V 73, VII 102
art. 281: IV. D. – 3:101, Notes I 1; IV. D. – 3:103, Notes 2
art. 282: IV. D. – 3:101, Notes III 31; IV. D. – 3:201, Notes 3; IV. D. – 4:104, Notes I 1
art. 283: IV. D. – 3:302, Notes I 3; IV. D. – 4:104, Notes I 1
art. 284: IV. D. – 3:401, Notes 3; IV. D. – 3:402, Notes I 3, II 22
art. 285: IV. D. – 2:103, Notes I 3, II 22, IV 58, V 76
art. 286: IV. D. – 1:101, Notes VII 102; IV. D. – 2:103, Notes I 3
art. 287: IV. D. – 7:102, Notes I 3
art. 288: IV. D. – 1:104, Notes 3; IV. D. – 1:105, Notes 1; IV. D. – 2:102, Notes V 79; IV. D. – 2:103, Notes IV 58; IV. D. – 3:301, Notes III 41; IV. D. – 6:101, Notes II 17, III 30, IV 41; IV. D. – 6:102, Notes I 3; IV. D. – 6:103, Notes I 2; IV. D. – 7:103, Notes IV 52
art. 289: IV. D. – 4:201, Notes III 22; IV. D. – 6:101, Notes V 53; IV. D. – 6:104, Notes I 3, II 22, III 40; IV. D. – 6:105, Notes I 2, II 16; IV. D. – 6:105, Notes III 27
art. 290: IV. D. – 1:104, Notes 2; IV. D. – 6:101, Notes I 3; IV. D. – 6:102, Notes I 3
art. 291: IV. D. – 7:102, Notes I 3
art. 292: IV. D. – 1:101, Notes I 3, II 22, III 41, IV 58, V 73, VII 102; VIII. – 2:302, Notes 17
art. 368: II. – 4:201, Notes IV (d) 30
art. 369: II. – 4:201, Notes IV (d) 30

Law of Succession Act [*Закон за наследството*] of 30 April 1949
(DV no. 22 of 29 January 1949; amended by among others DV no. 59 of 20 July 2007)
art. 58: VIII. – 1:205, Notes II 16

Merchant Shipping Code [*Кодекс на търговското корабоплаване*] of 1 January 1971
(DV no. 55 of 14 July 1970; statute name changed by DV no. 113 of 3 December 2002; amended by among others DV no. 12 of 13 February 2009)
art. 46: VIII. – 1:102, Notes II 32
art. 47: VIII. – 1:102, Notes II 32
art. 119: VIII. – 2:104, Notes II 42

Ownership Act [*Закон за собствеността*] of 16 November 1951 (DV no. 96 of 16 November 1951; amended by among others DV no. 6 of 23 January 2009)
generally: VIII. – 6:202, Notes I 11
art. 30: VIII. – 5:201, Notes II 25, V 92

art. 45:	VIII. – 6:401, Notes I 11
art. 55:	VIII. – 6:101, Notes I 5; VIII. – 6:401, Notes I 11
art. 57:	VIII. – 6:401, Notes I 11
art. 59:	VIII. – 6:401, Notes I 11
art. 68:	VIII. – 1:206, Notes I 17; VIII. – 1:207, Notes 15
art. 69:	VIII. – 1:206, Notes II 34
art. 70:	VIII. – 1:206, Notes II 34, IV 50; VIII. – 3:101, Notes II 40
art. 73:	VIII. – 1:205, Notes V 74
art. 75:	VIII. – 1:206, Notes IV 50; VIII. – 6:204, Notes II 26, IV 64, V 82
art. 76:	VIII. – 1:206, Notes IV 50; VIII. – 6:201, Notes I 7; VIII. – 6:204, Notes II 26, III 46, IV 64, V 82
art. 78:	VIII. – 1:206, Notes IV 50; VIII. – 2:303, Notes II 36; VIII. – 3:101, Notes I 24, II 40, V 100, VI 124
art. 79:	VIII. – 1:205, Notes V 74; VIII. – 1:206, Notes IV 50
art. 80:	VIII. – 1:206, Notes IV 50
art. 81:	VIII. – 1:206, Notes IV 50
art. 88:	VIII. – 3:101, Notes V 100
art. 94:	VIII. – 5:201, Notes I 14; VIII. – 5:201, Notes II 25
art. 95:	VIII. – 5:201, Notes II 25
art. 97:	VIII. – 5:202, Notes I 18, II 26, III 50
art. 108:	VIII. – 1:202, Notes I 2; VIII. – 6:101, Notes I 5
art. 109:	VIII. – 6:101, Notes I 5

Patents and Registration of Useful Designs Act [*Закон за патентите и регистрацията на полезни модели*] of 2 April 1993 (DV no. 27 of 2 April 1993, amended by among others DV no. 36 of 4 April 2008)

art. 28:	VI. – 6:101, Notes II 19; VI. – 6:301, Notes 5

Penal Code [*Наказателен кодекс* – CP] of 1 May 1968 (DV no. 26 of 2 April 1968, amended by among others DV no. 67 of 29 July 2008)

art. 12:	VIII. – 6:202, Notes II 32
art. 12a:	VI. – 5:201, Notes 5
art. 194:	VIII. – 3:101, Notes V 100
art. 198:	VIII. – 3:101, Notes V 100

Persons and Family Act [*Закон за лицата и семейството*] of 10 September 1949 (DV no. 182 of 9 August 1949; amended by among others DV no. 120 of 29 December 2002)

art. 3:	VIII. – 1:206, Notes III 46
art. 4:	VIII. – 1:206, Notes III 46
art. 5:	VIII. – 1:206, Notes III 46

Rail Transport Act [*Закон за железопътния транспорт*] of 1 January 2002 (DV no. 97 of 28 November 2000; amended by among others DV no. 35 of 12 May 2009)

art. 92:	VII. – 4:103, Notes I 7

Road Traffic Act [*Закон за движението по пътищата*] of 1 September 1999 (DV no. 20 of 5 March 1999; amended by among others DV no. 192 of 28 November 2008)
art. 144: VIII. – 1:102, Notes I 10

Special Pledge Act [*Закон за особените залози*] of 1 April 1997 (DV no. 100 of 22 November 1996; amended by among others DV no. 24 of 31 March 2009)
art. 12: VIII. – 2:203, Notes II 35

Tax and Social Insurance Procedure Act [*Данъчно-осигурителен процесуален кодекс*] of 1 January 2006 (DV no. 105 of 29 December 2005; amended by among others DV no. 41 of 2 June 2009)
art. 118: VII. – 7:103, Notes 6
art. 162: VII. – 7:103, Notes 6

Croatia

Constitution [*Ustav Republike Hrvatske* – Const.] of 21 December 1990 (*Narodne novine* no. 56 of 22 December 1990; all amendments since then published in the consolidated text in *Narodne novine* no. 41 of 7 May 2001 together with its corrections published in *Narodne novine* no. 55 of 15 June 2001)
art. 48: VIII. – 1:202, Notes IV 45
art. 50: VIII. – 1:202, Notes IV 45, 47, 48

Cyprus

Unless otherwise stated, the "Caps" were proclaimed in the year 1960 and were published together as the "Chapters of the Laws of Cyprus".

Equal Treatment Law [*O Περί Ίσης Μεταχείρισης (Φυλετική η Εθνοτικη Καταγωγή) Νομός του 2004*] of 31 January 2003 (N. 59(I)/2004, E.E. *Πας*. I(I), no. 3828); amended by N. 147(I)/2006
s. 2: II. – 2:102, Notes I 2, II 8
s. 7: II. – 2:105, Notes I 6

Fishing Vessels (Registration, Sale, Transfer and Mortgage) Law [*O Περί Αλιευτικών Σκαφών (Νηολόγησης, Πώλησης, Μεταβίβασης και Υποθήκευσης) Νομός του 1971*] of 30. December 1971 (N. 77/1971, E.E. no. 913, *Μέρος I*)
generally: VIII. – 1:102, Notes II 39
s. 4: VIII. – 1:102, Notes II 39
s. 5: VIII. – 1:102, Notes II 39

Fraudulent Transfers Avoidance Law (Cap. 62) [*O Περί Δολίων Μεταβιβάσεων (Ακύρωση) Νομός*]
generally: VIII. – 2:201, Notes V 73; VIII. – 2:202, Notes I 10
s. 3: VIII. – 2:201, Notes VI 97

Immovable Property (Tenure, Registration and Valuation) Law (Cap. 224) [*O Περί Ακίνητης Ιδιοκτησίας (Διακάτοχοι, Εγγραφή και Εκτίμηση) Νομός*]; amended by among others N. 5(I)/2006; N. 55(I)/2006; N. 136(I)/2006; N. 120(I)/2007; N. 121(I)/2007; N. 150(I)/2007; N. 165(I)/2007
s. 9: VIII. – 4:101, Notes I 22

Limitation of Actions Law (Cap. 15) [*O Περί Παραγραφής Νομός*]; amended by among others N. 16(I)/2009
s. 3: VIII. – 4:101, Notes I 22
s. 5: VIII. – 4:101, Notes I 22

Merchant Shipping (Registration of Ships, Sales and Mortgages) Law [*O Περί Εμπορικής Ναυτιλίας (Νηολόγησης, Πώλησης και Υποθήκευσης Πλοίων) Νομός του 1963*] of 25 June 1963 (N. 45/2963, no. 259, *Μέρος* I); amended by among others N. 108(I)/2005
generally: VIII. – 1:102, Notes II 39
s. 3: VIII. – 1:102, Notes II 39

Motor Vehicles and Road Traffic Act [*Μηχανοκινήτων Οχημάτων και Τροχαίας Κινήσεως Νομός του 1972*] of 1 December 1972 (N. 86/1972, E.E. *Πας*. I, no. 976); amended by among others N. 102(I)/2008
generally: VIII. – 1:102, Notes I 18
s. 2: VIII. – 1:102, Notes I 18
s. 15: VIII. – 1:102, Notes I 18
s. 23: VIII. – 1:102, Notes I 18

Motor Vehicles and Road Traffic Regulations 1984 [*Μηχανοκινήτων Οχημάτων και Τροχαίας Κίνησης Κανονισμοί του 1984*] (E. E. *Πας*. *III(I)/84*, p. 235)
reg. 8: VIII. – 1:102, Notes I 18

Czech Republic

Administrative Procedures Act [*Zákon správní řád*] of 24 September 2004 (No. 500/2004 Sb.)

generally: VI. – 2:209, Notes I 1

Administrative Torts of Breeders and Penal Offences Act [*Zákon kterým se mění zákon České národní rady č. 246/1992 Sb., na ochranu zvířat proti týrání, ve znění pozdějších předpisů*] of 12 June 1997 (No. 243/1997 Sb.)

generally: IV. A. – 1:201, Notes IV 12

Bankruptcy and Settlement Act [*Zákon o konkursu a vyrovnání*] of 11 July 1991 (No. 328/1991 Sb.)

§ 14: VIII. – 2:201, Notes V 59
§ 15: VIII. – 2:201, Notes V 59, VI 84
§ 16: VIII. – 2:201, Notes V 59
§ 19: VIII. – 2:203, Notes II 24
§ 31: VIII. – 2:201, Notes V 59; VIII. – 2:203, Notes II 24
§ 42a: VIII. – 2:201, Notes V 59

Civil Aviation Act [*Zákon o civilním letectví a o změně a doplnění zákona č. 455/1991 Sb., o živnostenském podnikání (živnostenský zákon), ve znění pozdějších předpisů*] of 6 March 1997 (No. 49/1997 Sb.)

§ 4: VIII. – 1:102, Notes III 45

Civil Code [*Zákon č. 513/1991 Sb., občanský zákoník – CC*] of 26 February 1964 (No. 40/1964 Sb.)

generally: II. – 1:104, Notes III 14; II. – 4:103, Notes IV 21; II. – 4:104, Notes I 2; II. – 4:105, Notes III 15; II. – 4:201, Notes II 2; II. – 4:202, Notes II 8;

	II. – 4:206, Notes 5; II. – 4:210, Notes III 10; II. – 4:303, Notes 7; II. – 8:102, Notes 1; III. – 1:102, Notes 7; II. – 8:104, Notes 1; III. – 1:107, Notes 1; II. – 9:108, Notes II 6; III. – 3:102, Notes 1; III. – 3:203, Notes 5; III. – 5:114, Notes 4; III. – 5:117, Notes 1; III. – 6:108, Notes III 3; III. – 7:503, Notes 2; IV. A. – 1:101, Notes I 4; V. – 2:101, Notes IV 38; VIII. – 2:201, Notes V 59; VI. – 2:202, Notes II 10; VIII. – 3:101, Notes VI 111
§ 2:	II. – 1:102, Notes 3; IV. A. – 1:101, Notes X 37
§ 3:	I. – 1:109, Notes I 7; II. – 7:211, Notes 1; II. – 9:105, Notes III 5; II. – 9:106, Notes II 7; III. – 1:103, Notes IV (a) 8, (b) 18; III. – 7:304, Notes II 3
§ 5:	VIII. – 6:204, Notes II 20; VIII. – 6:401, Notes II 19
§ 6:	VIII. – 6:202, Notes I 6
§ 13:	III. – 3:701, Notes IV (a) 11; III. – 3:702, Notes III 5
§ 20:	II. – 6:103, Notes III 5
§ 23:	II. – 6:101, Notes II 3
§ 31:	II. – 6:103, Notes I 3
§ 32:	II. – 1:105, Notes I 1; II. – 7:208, Notes I 1
§ 34:	II. – 1:101, Notes II 11; II. – 4:101, Notes II 9; II. – 4:301, Notes 10
§ 35:	II. – 4:104, Notes I 2; II. – 4:302, Notes 2; II. – 7:211, Notes 1; II. – 8:101, Notes I 1, II 8, IV 16; II. – 8:202, Notes 2; III. – 1:103, Notes IV (b) 18
§ 36:	III. – 1:106, Notes II 2, IV 4, VI 6; VIII. – 2:203, Notes I 6; VIII. – 2:303, Notes II 25
§ 37:	II. – 4:101, Notes I 1, III 12; II. – 4:102, Notes I 8; II. – 4:201, Notes II 2; II. – 4:301, Notes 10; II. – 7:101, Notes 3; II. – 7:102, Notes 2; II. – 7:206, Notes I 4; II. – 9:107, Notes II 2; III. – 3:302, Notes III (b) 12; IV. B. – 2:102, Notes III 8
§ 38:	II. – 4:101, Notes I 1
§ 39:	II. – 7:301, Notes 6; II. – 7:302, Notes I 7
§ 40:	II. – 4:105, Notes III 15
§ 40a:	II. – 7:201, Notes IX 47; II. – 7:209, Notes 3; II. – 7:302, Notes II 12
§ 41:	II. – 7:210, Notes II 4; II. – 7:213, Notes 1
§ 41a:	II. – 9:201, Notes 4
§ 42:	II. – 7:214, Notes I 1
§ 43:	II. – 4:101, Notes II 9; II. – 7:204, Notes 2; III. – 1:103, Notes IV (a) 8, (b) 18
§ 43a:	I. – 1:109, Notes I 7; II. – 4:102, Notes I 8; II. – 4:201, Notes I 1, II 2; II. – 4:202, Notes II 7
§ 43b:	II. – 4:203, Notes 1; II. – 4:206, Notes 5
§ 43c:	II. – 4:205, Notes II 3, III 10; II. – 4:207, Notes I 1, II 3
§ 44:	II. – 4:101, Notes II 9; II. – 4:103, Notes IV 21; II. – 4:201, Notes I 1; II. – 4:204, Notes II 6; II. – 4:205, Notes II 3; II. – 4:208, Notes III 7
§ 45:	II. – 4:201, Notes I 1; II. – 7:202, Notes 5
§ 46:	II. – 1:106, Notes I 2, III 16; II. – 4:204, Notes I 4
§ 48:	II. – 5:105, Notes II 5; III. – 3:509, Notes I 9, II 10; VIII. – 2:202, Notes III 65
§ 49:	II. – 7:101, Notes 3; II. – 7:207, Notes I 7, V 12
§ 49a:	II. – 7:101, Notes 3; II. – 7:201, Notes II 16, III 20, VI (a) 27, (b) 30; II. – 7:205, Notes I 1

§ 513:	III. – 4:202, Notes II 2
§ 514:	III. – 4:102, Notes II 6
§ 515:	III. – 4:206, Notes 2
§ 516:	III. – 1:108, Notes 9; III. – 2:103, Notes III 4
§ 517:	III. – 3:103, Notes 3; III. – 3:106, Notes 3; III. – 3:202, Notes 14; III. – 3:502, Notes I 2, III 8; III. – 3:503, Notes I 4; III. – 3:506, Notes 1; III. – 3:509, Notes I 2, 9; III. – 3:701, Notes III (a) 5; III. – 3:708, Notes II (b) 7, IV 11; III. – 3:712, Notes I 2; IV. A. – 4:101, Notes I 1, 2, II 8, 10; IV. B. – 4:101, Notes IV 12; IV. B. – 6:101, Notes IV 7
§ 518:	III. – 3:511, Notes 7
§ 519:	III. – 3:102, Notes 1; III. – 3:601, Notes IV 8; III. – 3:708, Notes IV 11; III. – 3:712, Notes II 4; IV. A. – 4:101, Notes II 8
§ 520:	III. – 3:202, Notes 14; III. – 3:712, Notes I 3
§ 522:	III. – 3:712, Notes I 3; IV. A. – 3:104, Notes I 3; IV. A. – 4:101, Notes I 1, 2; IV. A. – 5:201, Notes 2, 4
§ 524:	II. – 1:106, Notes III 16; III. – 5:102, Notes 2; III. – 5:104, Notes 4; III. – 5:105, Notes 2; III. – 5:112, Notes 1; III. – 5:115, Notes 1
§ 525:	III. – 5:105, Notes 2; III. – 5:108, Notes 2; III. – 5:109, Notes 1
§ 526:	III. – 5:104, Notes 4; III. – 5:116, Notes 1; III. – 5:119, Notes II 3; III. – 5:120, Notes 3; III. – 5:121, Notes 1
§ 527:	III. – 5:112, Notes 1
§ 528:	III. – 5:116, Notes 1
§ 529:	III. – 6:102, Notes I 4
§ 531:	III. – 5:202, Notes II 4; III. – 5:204, Notes 2; III. – 5:205, Notes 10
§ 532:	III. – 5:205, Notes 10
§ 548:	III. – 6:102, Notes I 4
§ 557:	III. – 3:104, Notes III 15
§ 559:	III. – 1:102, Notes 7; III. – 1:103, Notes IV (a) 8, (b) 18; III. – 2:106, Notes 1; III. – 2:107, Notes II 9; III. – 2:114, Notes 1; III. – 4:108, Notes 1
§ 560:	III. – 2:104, Notes 1; III. – 3:401, Notes I 5, II (a) 7, III 14; IV. A. – 3:101, Notes II 10; IV. A. – 4:201, Notes II 6; IV. B. – 4:101, Notes III 6
§ 561:	III. – 2:105, Notes 1; IV. B. – 2:101, Notes I 2
§ 562:	IV. A. – 2:201, Notes I 4
§ 563:	III. – 2:102, Notes II 3; III. – 2:104, Notes 2; IV. B. – 2:101, Notes I 2; IV. B. – 4:103, Notes II 2
§ 566:	III. – 3:506, Notes 1; III. – 3:511, Notes 7
§ 567:	III. – 2:101, Notes I 1, 3, II 5; IV. A. – 2:202, Notes I 2; IV. A. – 3:101, Notes III 14, 15; IV. B. – 3:101, Notes IV 4
§ 568:	III. – 2:112, Notes I 1, 3, III 6
§ 570:	III. – 1:108, Notes 9
§ 571:	III. – 1:108, Notes 9
§ 572:	III. – 1:108, Notes 9
§ 573:	III. – 1:108, Notes 9
§ 574:	II. – 7:215, Notes 1; III. – 1:108, Notes 9; III. – 4:207, Notes I 1
§ 575:	II. – 9:106, Notes I (c) 6; III. – 1:110, Notes I 8; III. – 3:104, Notes I 6, II 12; III. – 3:302, Notes III (b) 12; III. – 4:109, Notes 1; III. – 3:502, Notes II 5; III. – 3:712, Notes I 3

Commercial Code [*Obchodní zákoník* – Ccom] of 5 November 1991 (No. 513/1991 Sb.)

§ 351:	III. – 3:509, Notes I 9, II 10, III 11
§ 352:	III. – 3:502, Notes II 5
§ 353:	III. – 3:103, Notes 3
§ 361:	III. – 6:108, Notes V 5
§ 365:	III. – 3:508, Notes I 2; IV. A. – 4:201, Notes I 5
§ 366:	III. – 3:202, Notes 14; IV. A. – 4:101, Notes II 6
§ 367:	III. – 3:101, Notes I 1; III. – 3:102, Notes 1; IV. A. – 4:101, Notes II 8
§ 368:	IV. A. – 5:101, Notes I 3
§ 369:	III. – 3:708, Notes III 10; III. – 3:712, Notes I 2, II 4, III 5
§ 369a:	II. – 1:104, Notes III 15
§ 370:	IV. A. – 5:201, Notes 4
§ 372:	IV. A. – 5:201, Notes 2
§ 373:	III. – 3:701, Notes III (a) 5
§ 375:	II. – 1:105, Notes II 6
§ 376:	III. – 1:102, Notes 7; III. – 3:705, Notes I (a) 3
§ 379:	III. – 3:702, Notes II 2; III. – 3:703, Notes I 5
§ 382:	III. – 3:101, Notes I 1
§ 384:	III. – 3:705, Notes I (a) 3
§ 385:	III. – 3:706, Notes 2
§ 386:	III. – 3:105, Notes V 11
§ 387:	III. – 3:303, Notes 1
§ 389:	III. – 7:501, Notes III 5
§ 392:	III. – 1:102, Notes 7
§ 397:	IV. A. – 4:302, Notes IX 27
§ 402:	III. – 7:301, Notes I 2; III. – 7:302, Notes VII 12
§ 403:	III. – 7:302, Notes VIII 13
§ 404:	III. – 7:302, Notes II 3
§ 407:	III. – 7:401, Notes 6
§ 408:	III. – 7:307, Notes I 2
§ 409:	II. – 9:104, Notes II 3; III. – 3:202, Notes 14; IV. A. – 1:101, Notes I 4; IV. A. – 2:101, Notes I 1; IV. A. – 3:101, Notes I 4
§ 410:	IV. A. – 1:101, Notes IV 14; IV. A. – 1:102, Notes I 1, 2, 4; IV. A. – 2:302, Notes VII 25
§ 412:	IV. A. – 2:201, Notes I 2; IV. A. – 2:202, Notes I 3; IV. A. – 2:204, Notes 1; IV. A. – 2:301, Notes III 14
§ 413:	IV. A. – 2:204, Notes 3
§ 417:	IV. A. – 2:101, Notes III 12
§ 418:	IV. A. – 2:202, Notes I 5; IV. A. – 2:203, Notes 2
§ 419:	IV. A. – 2:202, Notes I 5
§ 420:	II. – 9:108, Notes I 3; IV. A. – 2:302, Notes II 3, IV 10, V 13, 15
§ 422:	IV. A. – 4:303, Notes 3
§ 425:	IV. A. – 2:308, Notes I 2; IV. A. – 5:101, Notes II 5
§ 426:	IV. A. – 2:203, Notes 2
§ 427:	IV. A. – 4:301, Notes I 2, II 9, III 10, 11
§ 428:	IV. A. – 4:302, Notes I 1, 2
§ 433:	IV. A. – 2:306, Notes I 1
§ 435:	III. – 1:102, Notes 7

§ 436:	III. – 3:203, Notes 5; III. – 3:302, Notes V 30
§ 437:	III. – 3:203, Notes 5; III. – 3:204, Notes 3; III. – 3:302, Notes V 30
§ 442:	IV. A. – 3:105, Notes II 4, III 7
§ 443:	VIII. – 2:203, Notes II 24
§ 446:	VIII. – 3:101, Notes II 27, VI 111
§ 448:	II. – 9:104, Notes III 5; IV. A. – 3:101, Notes I 2, 4
§ 452:	IV. A. – 3:102, Notes 1
§ 453:	IV. A. – 3:104, Notes I 2; IV. A. – 4:101, Notes II 6
§ 455:	IV. A. – 5:102, Notes I 3; IV. A. – 5:201, Notes 3, 4
§ 456:	IV. A. – 5:201, Notes 6
§ 457:	IV. A. – 5:202, Notes III 4, 6
§ 458:	IV. A. – 5:102, Notes II 6; IV. A. – 5:201, Notes 7
§ 459:	VIII. – 2:201, Notes II 8
§ 460:	IV. A. – 5:203, Notes 2
§ 462:	III. – 2:111, Notes I 2, 4, II 5
§ 466:	III. – 2:111, Notes III 8, 11
§ 467:	III. – 2:111, Notes IV 14
§ 469:	III. – 3:706, Notes 2
§ 470:	III. – 3:707, Notes I 1
§ 477:	III. – 5:102, Notes 2
§ 489:	IV. B. – 1:101, Notes VI 9
§ 517:	III. – 1:102, Notes 7
§ 519:	III. – 1:102, Notes 7
§ 520:	III. – 1:102, Notes 7
§ 522:	III. – 1:102, Notes 7
§ 568:	III. – 1:102, Notes 7
§ 577:	VIII. – 2:302, Notes 5
§ 592:	III. – 1:102, Notes 7
§ 599:	III. – 1:102, Notes 7
§ 600:	III. – 1:102, Notes 7
§ 630:	IV. B. – 1:101, Notes IV 6
§ 631:	IV. B. – 4:101, Notes VI 17
§ 632:	IV. B. – 6:101, Notes V 10; IV. B. – 7:103, Notes I 1
§ 633:	IV. B. – 3:104, Notes II 10; IV. B. – 5:106, Notes III 4
§ 635:	IV. B. – 4:103, Notes II 2
§ 637:	IV. B. – 5:109, Notes II 4
§ 655:	III. – 1:103, Notes IV (a) 8, (b) 18
§ 662:	III. – 1:102, Notes 7
§ 725:	II. – 1:103, Notes II 16
§ 731:	III. – 2:108, Notes I 2; III. – 3:502, Notes II 5; III. – 3:713, Notes III 5
§ 732:	III. – 2:109, Notes II 3
§ 733:	III. – 2:109, Notes IV 8
§ 744:	III. – 2:109, Notes III 5
§ 750:	III. – 1:102, Notes 7

Consumer Credit Act [*Zákon o některých podmínkách sjednávání spotřebitelského úvěru a o změně zákona č. 64/1986 Sb.* – ConsCredA] of 17 August 2001 (No. 321/2001 Sb.)
§ 11: III. – 2:103, Notes II 3

Consumer Protection Act [*Zákon o ochraně spotřebitele* – ConsProtA] of 16 December 1992 (No. 634/1992 Sb.)
§ 3: II. – 9:102, Notes II 12; IV. A. – 2:302, Notes VII 27, VIII 29
§ 10: IV. A. – 2:302, Notes VI 19, VIII 30
§ 11: IV. A. – 6:103, Notes III 8
§ 13: IV. A. – 6:103, Notes III 8
§ 23: IV. A. – 6:103, Notes IV 12

Code of Civil Procedure [*Zákon občanský soudní řád* – CCP] of 4 December 1963 (No. 99/1963 Sb.)
§ 120: IV. A. – 2:308, Notes II 9
§ 352: III. – 2:112, Notes I 1, 2

Copyright Act [*Zákon o právu autorském, o právech souvisejících s právem autorským a o změně některých zákonů, i.e. "autorský zákon"*] of 7 April 2000 (No. 121/2000 Sb.)
§ 46: II. – 4:201, Notes III 11

E-Signature Act [*Zákon o elektronickém podpisu*] of 29 June 2000 (No. 227/2000 Sb.)
generally: II. – 3:105, Notes I 2

Government Regulation on Determining Civil Interests and on Penalties for Late Payments [*Nařízení vlády kterým se stanoví výše úroků z prodlení a poplatku z prodlení podle občanského zákoníku*] of 8 June 1994 (No. 142/1994 Sb.)
§ 1: III. – 3:708, Notes II (b) 7

Hunting Act [*Zákon o myslivosti*] of 27 November 2001 (No. 449/2001 Sb.)
generally: IV. A. – 1:201, Notes IV 12

Insolvency Act [*Zákon o úpadku a způsobech jeho řešení (insolvenční zákon)*] of 30 March 2006 (No. 182/2006 Sb.)
§ 140: III. – 6:101, Notes II 2

Insurance Contract Act [*Zákon o pojišťovnictví a o změně některých souvisejících zákonů, i.e. "zákon o pojišťovnictví*] of 21 December 1999 (No. 363/1999 Sb.)
§ 51: II. – 9:303, Notes 4

Labour Code [*Zákoník práce*] of 21 April 2006 (No. 262/2006 Sb.)
§ 51: III. – 1:109, Notes III 6

Maritime Act [*Zákon o námořní plavbě*] of 24 February 2000 (No. 61/2000 Sb.)
generally: VIII. – 1:102, Notes II 28

Ordinance of the Ministry of Justice on Rules of Procedure for District and Regional courts [*Vyhláška ministerstva spravedlnosti o jednacím řádu okresních a krajských soudů*] of 23 December 1991 (No. 37/1992 Sb.)
§ 105: III.–2:112, Notes I 1

Product Liability Act [Act on Responsibility for Damage Due to Defect of a Product] [*Zákon o odpovědnosti za škodu způsobenou vadou výrobku, ve znění pozdějších předpisů*] of 5 March 1998 (No. 59/1998 Sb., as amended by among others No. 209/2000 Sb.)
generally: VI.–3:204, Notes I 1

Protection of Animals against Mistreatment Act [*Zákon na ochranu zvířat proti týrání*] of 15 April 1992 (No. 246/1992 Sb.)
generally: IV. A.–1:201, Notes IV 12

Road Transport Act [*Zákon o provozu na pozemních komunikacích a o změnách některých zákonů (zákon o silničním provozu)*] of 14 September 2000 (No. 361/2000 Sb.)
§ 18: VIII.–1:102, Notes I 2

Transplantation Act [*Zákon o darování, odběrech a transplantacích tkání a orgánů a o změně některých zákonů, i.e. "transplantační zákon"*] of 30 May 2002 (No. 285/2002 Sb.)
generally: IV. A.–1:201, Notes V 14

Denmark

Copyright Act [*Ophavsretslov*] of 30 June 2006 no. 763

Credit Contract Act [*Kreditaftalelov*] of 13 June 1990 no. 398

Damages Liability Act [*Lovbekendtgørelse om erstatningsansvar – EAL*] of 4 September 2002 no. 750

generally:	VI. – 5:102, Notes I 13; VIII. – 5:101, Notes II 33
§ 1:	VI. – 2:101, Notes IV 36, V 49; VI. – 2:201, Notes II 5, V 33, VI 46
§ 2:	VI. – 2:201, Notes V 33; VI. – 6:103, Notes 13
§ 3:	III. – 3:701, Notes IV (c) 13; VI. – 2:101, Notes I 12, V 49; VI. – 2:201, Notes VII 61; VI. – 6:203, Notes 12
§ 4:	VI. – 2:101, Notes I 12, V 49; VI. – 2:201, Notes VII 61; VI. – 6:203, Notes 12
§ 5:	VI. – 2:101, Notes I 12; VI. – 2:201, Notes V 33; VI. – 5:102, Notes II 25
§ 6:	VI. – 2:101, Notes I 12
§ 7:	VI. – 6:103, Notes 13; VI. – 6:203, Notes 12
§ 12:	VI. – 2:202, Notes IV 39, V 52
§ 13:	VI. – 2:202, Notes V 52; VI. – 6:203, Notes 12
§ 14:	VI. – 2:202, Notes V 52; VI. – 6:203, Notes 12
§ 14a:	VI. – 2:202, Notes V 52; VI. – 6:203, Notes 12
§ 15:	VI. – 6:203, Notes 12
§ 18:	VI. – 2:201, Notes II 5; VI. – 6:106, Notes 11
§ 19:	VI. – 1:101, Notes IV 21; VI. – 3:101, Notes 12; VI. – 5:102, Notes IV 53; VI. – 6:103, Notes 13; VI. – 7:104, Notes 11; VI. – 7:105, Notes 3
§ 22:	VI. – 6:103, Notes 13
§ 23:	VI. – 7:104, Notes 11
§ 24:	VI. – 3:103, Notes I 12; VI. – 5:102, Notes I 13; VI. – 5:102, Notes IV 53; VI. – 6:202, Notes 11
§ 24a:	V. – 2:102, Notes IV 41; VI. – 3:103, Notes I 12
§ 24b:	VI. – 5:301, Notes 13
§ 25:	III. – 4:106, Notes II 2; VI. – 6:105, Notes 13
§ 26:	II. – 2:104, Notes I 2; III. – 3:701, Notes IV (c) 13; VI. – 2:101, Notes V 49; VI. – 2:203, Notes I 2, III 27, IV 39; VI. – 2:205, Notes 10; VI. – 5:203, Notes 13; VI. – 6:204, Notes 9
§ 26a:	VI. – 2:202, Notes II 18
§ 27:	VI. – 5:401, Notes 13

Depositing Act [*Lov om Skyldneres Ret til at frigøre sig ved Deponering*] of 16 Febraury 1932 no. 29

§ 1:	III. – 2:112, Notes I 1, II 5
§ 6:	III. – 2:112, Notes I 2

Distance and Doorstep Selling Act [*Lov om visse forbrugeraftaler*] of 9 June 2004 no. 451

§ 2:	II. – 5:201, Notes III 13
§ 3:	I. – 1:105, Notes I 3
§ 6:	VIII. – 2:304, Notes 20
§ 10:	II. – 5:103, Notes II 9
§ 11:	II. – 3:104, Notes 3; II. – 3:106, Notes I 2
§ 12:	II. – 3:106, Notes III 9
§ 18:	II. – 5:201, Notes III 18
§ 19:	II. – 5:102, Notes 2; II. – 5:105, Notes III 8

Guardianship Act [*Bekendtgørelse af værgemålsloven*] of 20 August 2007 no. 1015
generally: VII.–2:101, Notes III (b) 62; VII.–6:101, Notes 11

Insurance Agreement Act [*Forsikringsaftaleloven*] of 15 April 1930 no. 129, with frequent amendments (Lovtidende A 1930 p. 765)
§ 42: IV. G.–1:106, Notes I 1, II 11

Insurance Contracts Act [*Forsikringsaftaleloven* – FAL] of 24 October 1986 no. 726; amended by Law of 5 October 2006 no. 999
§ 19: VI.–3:103, Notes I 12; VI.–5:301, Notes 13
§ 37: VI.–6:101, Notes I 12
§ 54: VI.–6:104, Notes 11
§ 102: II.–9:303, Notes 4

Labour Insurance Employment Accidents Act [*Lov om arbejdskadesikring*] of 10 June 2003 no. 422
§ 4: V.–3:104, Notes II 21

Land Register Act [*Bekendtgørelse af lov om tingslysning*] of 9 March 2006 no. 158
§ 1: VII.–2:101, Notes VI 116
§ 5: VII.–2:101, Notes VI 116
§ 7: VII.–2:101, Notes VI 116

Lend-Lease Act [*Låne- og lejeloven*] of 11 March 1941
§ 11: III.–3:601, Notes I 1
§ 15: III.–3:601, Notes I 1
§ 16: III.–3:601, Notes I 1

Limited Liability Companies Act [*Lov om anpartsselskaber*] of 7 May 2000 no. 325 (Lovtidende A 2000 p. 2154)
§ 25: IV. G.–1:101, Notes V 31
§ 49: IV. G.–1:101, Notes V 31

Maritime Act [*Søloven*] of 15 June 2006 no. 538
§ 191: VI.–3:206, Notes 14; VI.–3:207, Notes 10

Maritime Amendment Act [*Lov om ændring af søloven*] of 19 December 2003 no. 1172
§ 28: VIII.–1:102, Notes II 37; VIII.–2:103, Notes I 23

Marketing Act [*Markedsføringsloven*] of 17 July 2000 no. 699; amended by Act of 21 December 2005 no. 1389
§ 1: VI.–2:208, Notes 12
§ 12: IV. A.–6:101, Notes I 3, II 11, III 17; IV. A.–6:104, Notes I 2
§ 12a: II.–3:102, Notes I 3, II 6, 7
§ 19: VI.–2:205, Notes 10
§ 20: VI.–2:208, Notes 12
§ 21: VI.–1:102, Notes I 9

§ 24: VI. – 2:204, Notes I 11
§ 69: VI. – 2:204, Notes I 11

Prescription Act [*Forældelseloven*] of 22 December 1908 no. 274; amended 6 June 2007 no. 522
generally: III. – 7:101, Notes IV 6; III. – 7:201, Notes II 2; III. – 7:401, Notes 5; IV. A. – 4:302, Notes IX 26
§ 1: III. – 7:202, Notes I 1
§ 2: III. – 7:302, Notes II 2; III. – 7:401, Notes 1, 5
§ 3: III. – 7:203, Notes I 1; III. – 7:301, Notes II 9

Products Liability Act [*Lov om produktansvar*] of 7 June 1989 no. 371
generally: VI. – 3:204, Notes I 1
§ 2: VI. – 3:204, Notes II (2) 27
§ 8: VI. – 3:204, Notes II (1) 15
§ 13: VI. – 3:204, Notes III 31

Promissory Note Act [*Gældsbrevsloven*] of 13 April 1938 no. 146, with frequent amendments (Lovtidende A 1938 p. 625)
generally: III. – 5:102, Notes 3
§ 2: III. – 4:102, Notes II 6; III. – 4:107, Notes I 1; III. – 4:108, Notes 1; IV. G. – 1:104, Notes II 2, V 27; IV. G. – 1:106, Notes I 1, II 4, 11
§ 3: III. – 2:101, Notes I 1, 2; III. – 5:117, Notes 1
§ 5: III. – 2:103, Notes II 3; IV. F. – 1:106, Notes III (a) 10, (d) 16
§ 7: III. – 2:109, Notes II 3, III 5, IV 7, 9
§ 9: III. – 5:112, Notes 1
§ 14: VIII. – 3:101, Notes I 18
§ 27: III. – 5:116, Notes 1
§ 28: III. – 5:116, Notes 3
§ 29: III. – 5:119, Notes II 3, 4; VII. – 4:103, Notes I 10
§ 31: III. – 5:120, Notes 2; III. – 5:121, Notes 1
§ 61: IV. G. – 1:106, Notes I 1, II 4, 11

Public Companies Act [*lov om aktieselskaber*] of 15 June 2006 no. 649
§ 60: II. – 6:103, Notes III 5

Railway Act [*Jernbaneloven*] of 2 December 2004 no. 1171
chap. 7: VI. – 3:207, Notes 10

Real Estate Agency Act [*lov om omsætning af fast ejendom*] of 2 November 2006 no. 1073
§ 15: IV. D. – 5:102, Notes II 11
generally: IV. D. – 2:102, Notes VI 94; IV. D. – 3:301, Notes III 42

Sale of Goods Act [*Købeloven* – SGA] of 28 March 2003 no. 237
generally: IV. A. – 1:101, Notes I 3; IV. A. – 1:201, Notes II 7; IV. A. – 6:104, Notes III 9
§ 1: IV. A. – 1:101, Notes X 38
§ 1a: IV. A. – 1:201, Notes II 7

§ 2:	IV. A. – 1:102, Notes I 1, 2; IV. A. – 1:203, Notes I 1
§ 4:	IV. A. – 1:204, Notes III 13, IV 18, 21
§ 5:	II. – 9:104, Notes III 6; II. – 9:105, Notes I 1; IV. A. – 3:101, Notes I 4
§ 8:	IV. A. – 3:103, Notes 1
§ 9:	IV. A. – 2:202, Notes I 2, 3; VIII. – 2:201, Notes II 24
§ 10:	IV. A. – 2:204, Notes 1; VIII. – 2:201, Notes II 24
§ 11:	IV. A. – 2:202, Notes I 4; VIII. – 2:201, Notes II 24
§ 12:	III. – 2:102, Notes II 3; IV. A. – 2:202, Notes II 9; IV. A. – 3:101, Notes II 10
§ 13:	III. – 2:102, Notes III 6; IV. A. – 2:202, Notes II 10
§ 14:	III. – 2:104, Notes 1; III. – 3:401, Notes I 2
§ 17:	IV. A. – 5:101, Notes I 3; IV. A. – 5:102, Notes I 3; VIII. – 2:201, Notes II 24
§ 18:	VIII. – 2:201, Notes III 37
§ 21:	III. – 3:302, Notes I 3; III. – 3:502, Notes IV 12; IV. A. – 2:101, Notes II 7
§ 22:	III. – 3:504, Notes II 3; III. – 3:506, Notes 1
§ 24:	III. – 3:104, Notes I 6
§ 25:	III. – 3:706, Notes 2; III. – 3:707, Notes I 1, II 3
§ 26:	III. – 3:302, Notes IV 21
§ 27:	III. – 3:507, Notes 2; III. – 3:508, Notes I 1
§ 28:	III. – 3:502, Notes IV 12; III. – 3:508, Notes III 8; VIII. – 2:202, Notes III 58
§ 29:	III. – 3:504, Notes II 3; III. – 3:506, Notes 1
§ 30:	III. – 3:706, Notes 2; III. – 3:707, Notes I 1
§ 32:	III. – 3:507, Notes 2; III. – 3:508, Notes I 1
§ 33:	III. – 2:111, Notes I 2
§ 34:	III. – 2:111, Notes III 8, 9
§ 35:	III. – 2:111, Notes IV 14
§ 36:	III. – 2:111, Notes I 4
§ 37:	VIII. – 2:201, Notes II 24
§ 39:	III. – 3:401, Notes III 15; III. – 3:504, Notes II 3; III. – 3:505, Notes 2; VIII. – 2:201, Notes IV 51
§ 40:	III. – 3:106, Notes 1; III. – 3:504, Notes II 3
§ 42:	III. – 3:502, Notes IV 12; III. – 3:601, Notes I 1; IV. A. – 2:301, Notes I 4; IV. A. – 4:201, Notes I 1, III 8, 12, IV 13
§ 43:	III. – 3:302, Notes V 24; III. – 3:502, Notes IV 12; III. – 3:601, Notes I 1; IV. A. – 4:201, Notes III 8, 12, IV 13
§ 44:	IV. A. – 5:101, Notes II 5
§ 45:	III. – 3:707, Notes I 1
§ 46:	III. – 3:504, Notes II 3; III. – 3:506, Notes 1; III. – 3:511, Notes 2
§ 47:	IV. A. – 2:307, Notes II 7
§ 49:	III. – 3:202, Notes 3; IV. A. – 2:203, Notes 2
§ 51:	IV. A. – 4:301, Notes I 2, II 9, III 10
§ 52:	III. – 3:507, Notes 2; III. – 3:701, Notes III (b) 7; IV. A. – 4:302, Notes I 1
§ 53:	IV. A. – 4:304, Notes 3
§ 54:	IV. A. – 4:302, Notes VII 17; IV. A. – 4:304, Notes 3
§ 57:	III. – 3:508, Notes II 5; III. – 3:510, Notes I 2
§ 58:	III. – 3:508, Notes II 5
§ 60:	IV. A. – 5:102, Notes III 8
§ 61:	III. – 3:106, Notes 1

§ 65:	IV. A. – 5:202, Notes I 2
§ 72:	IV. A. – 1:101, Notes I 5; IV. A. – 1:204, Notes I 3
§ 73:	VIII. – 2:201, Notes II 24
§ 75a:	IV. A. – 2:302, Notes II 3, III 5, IV 10, V 13, VII 23
§ 76:	II. – 9:102, Notes II 8; IV. A. – 2:303, Notes 2
§ 78:	III. – 3:302, Notes V 24
§ 80:	III. – 3:105, Notes V 12
§ 81:	IV. A. – 4:302, Notes III 8
§ 84:	IV. A. – 4:302, Notes III 9

Services in the Information Society (with particular Provision for E-commerce Transactions) Act [*Lov om tjenester i informationssamfundet, herunder visse aspekter af elektronisk handel*] of 22 April 2002 no. 227

§ 14:	VI. – 2:204, Notes IV 43

Share Companies Act [*Lov om aktieselskaber*] of 7 May 2000 no. 324 (Lovtidende A 2000 p. 2110)

§ 61:	IV. G. – 1:101, Notes V 31
§ 115:	IV. G. – 1:101, Notes V 31

Soil Pollution Act [*Lov om forurenet jord*] of 22 March 2007 no. 282

§ 41:	VI. – 3:206, Notes 14

Supervision Act [*Værgemålslov*] of 14 June 1995 no. 388

§ 45:	VI. – 2:210, Notes 11

Timeshare Act [*Lov om forbrugeraftaler, der giver brugsret til fast ejendom på timesharebasis*] of 2 April 1997 no. 234

§ 10:	II. – 5:202, Notes II 6
§ 12:	II. – 5:202, Notes III 12

Traffic Act [*Færdselslov* – FL] of 14 November 2005 no. 1079

§ 101:	VI. – 3:205, Notes 14; VI. – 3:206, Notes 14; VI. – 5:101, Notes II 27; VI. – 5:102, Notes III 39; VI. – 5:102, Notes IV 53; VI. – 5:501, Notes 7
§ 102:	VI. – 3:205, Notes 14
§ 103:	VI. – 5:102, Notes IV 53
§ 104:	VI. – 3:205, Notes 14
§ 105:	VI. – 3:205, Notes 14
§ 108:	VI. – 3:205, Notes 14

Work Injury Insurance Act [*Lovbekendtgørelse om arbejdsskadesikring*] of 7 March 2006 no. 154

generally:	VI. – 7:104, Notes 11
Part 3:	III. – 4:102, Notes II 6

Estonia

Administrative Procedure Act [*Haldusmenetluse seadus*] of 6 June 2001 (RT I 2001, 58, 354; entered into force 1 January 2002; amended by among others RT I 2009, 27, 164 of 29 May 2009)

§ 69: VII.–7:103, Notes 7

Bankruptcy Act [*Pankrotiseadus*] of 22 January 2003 (RT I 2003, 17, 95, entered into force on 1 January 2004; amended by among others RT I 2006, 61, 456 of 6 December 2006)

§ 46: VIII.–2:201, Notes V 62; VIII.–2:202, Notes I 22; VIII.–2:203, Notes II 26
§ 99: III.–6:101, Notes II 2
§ 109: VIII.–2:201, Notes VI 87
§ 110: VIII.–2:201, Notes VI 87
§ 123: VIII.–2:201, Notes V 62; VIII.–2:202, Notes I 22; VIII.–2:203, Notes II 26
§ 148: VIII.–2:201, Notes V 62
§ 149: VIII.–2:201, Notes V 62

Blood Act [*Vereseadus*] of 9 Febraury 2005 (RT I 2005, 13, 63, entered into force on 1 May 2005; amended by among others RT I 2007, 24, 127 of 15 Febraury 2007)

§ 10: IV. A.–1:201, Notes V 15

Code of Civil Procedure [*Tsiviilkohtumenetluse seadustik* – CCP] of 20 April 2005 (RT I 2005, 26, 197, entered into force 1 January 2006; amended by among others RT I 2007, 12, 66 of 24 January 2007)

§ 89: III.–2:101, Notes I 4
§ 225: II.–6:112, Notes VI 13
§ 233: VII.–5:104, Notes 8
§ 337: VIII.–6:204, Notes II 22
§ 468: VIII.–6:204, Notes II 22

Commercial Code [*Äriseadustik* – Ccom] of 5 Febraury 1995 (RT I 1995, 26/28, 355; entered into force 1 September 1995; amended by among others RT I 2006, 61, 456 of 6 December 2006)

§ 1:	II. – 1:107, Notes 1
§ 16:	II. – 6:103, Notes III 5
§ 50:	VI. – 2:208, Notes 11
§ 158:	VII. – 2:101, Notes VI 115
§ 280:	VII. – 2:101, Notes VI 115

Competition Act [*Konkurentsiseadus*] of 5 June 2001 (RT I 2001, 56, 332; entered into force 1 October 2001, amended by among others RT I 2007, 66, 408 of 14 December 2007)

§ 50:	VI. – 2:208, Notes 11

Constitution [*Eesti Vabariigi põhiseadus* – Const.] of 28 June 1992 (RT 1992, 26, 349, entered into force 3 July 1992; amended by among others RT I 2007, 33, 210 of 12 April 2007)

§ 12:	II. – 2:101, Notes V 28
§ 19:	II. – 1:102, Notes 2
§ 31:	II. – 1:102, Notes 2
§ 32:	II. – 1:102, Notes 2; VIII. – 1:202, Notes IV 44

Consumer Protection Act [*Tarbijakaitseseadus* – ConsProtA] of 11 February 2004 (RT I 2004, 13, 86, entered into force 15 April 2004, amended by among others RT I 2007, 56, 375 of 11 October 2007, entered into force 12 December 2007)

§ 2:	I. – 1:105, Notes I 3
§ 4:	II. – 3:101, Notes 6
§ 10:	IV. A. – 6:103, Notes V 14
§ 19:	II. – 3:103, Notes III 9
§ 31:	II. – 3:103, Notes III 9
§ 46:	II. – 5:201, Notes II 5

Employment Contracts Act [*Eesti Vabariigi töölepingu seadus*] of 15 April 1992 (RT 1992, 15/16, 241, entered into force 1 July 1992; repealed as of 1 July 2009 by RT I 2009, 5, 35 of 21 January 2009)

generally:	VI. – 7:104, Notes 13
§ 10:	II. – 2:101, Notes V 28
§ 129:	VII. – 2:101, Notes III(e) 81
§ 130:	VII. – 2:101, Notes III(e) 81
§ 131:	VII. – 2:101, Notes III(e) 81

Environmental Liability Act [*Keskkonnavastutuse seadus*] of 14 November 2007 (RT I 2006, 62, 396; entered into force 16 December 2007; amended by among others RT I 2009, 3, 5 of 9 January 2009)

generally:	VI. – 2:209, Notes I 1

Equal Treatment Act [*Võrdse kohtlemise seadus*] of 11 December 2008 (RT I 2008, 56, 315, entered into force 1 January 2009; amended by RT I 2009, 11, 67 of 13 February 2009)

generally:	II. – 2:101, Notes II 10

§ 1:	IV. B. – 1:101, Notes VIII 24; IV. D. – 1:101, Notes III 44
§ 2:	I. – 1:105, Notes I 3
§ 3:	VII. – 2:101, Notes V 105
§ 4:	VII. – 2:103, Notes II 19
§ 5:	II. – 1:102, Notes 2
§ 6:	II. – 8:102, Notes 5; III. – 1:103, Notes IV (a) 8, (b) 13; III. – 3:105, Notes IV 8; III. – 3:301, Notes II 5
§ 8:	II. – 1:101, Notes I 6
§ 9:	II. – 1:102, Notes 2; II. – 4:101, Notes II 11; II. – 4:103, Notes IV 20; II. – 4:205, Notes II 3, III 10, IV 17; II. – 4:211, Notes 2
§ 10:	II. – 4:201, Notes IV (c) 26
§ 11:	II. – 1:106, Notes I 1; III. – 5:110, Notes 1; III. – 5:202, Notes II 4; VII. – 2:101, Notes III(c) 70
§ 12:	II. – 7:101, Notes 7; II. – 7:102, Notes 7
§ 13:	II. – 4:105, Notes III 12, IV 18
§ 14:	II. – 3:101, Notes 8; II. – 3:109, Notes II 7; II. – 3:201, Notes 6; II. – 3:301, Notes I 10; II. – 3:302, Notes I 2; II. – 7:204, Notes 6; III. – 1:103, Notes IV (b) 13; IV. A. – 2:302, Notes VIII 30; VI. – 2:205, Notes 9; VI. – 2:210, Notes 11
§ 15:	II. – 7:304, Notes 1
§ 16:	II. – 4:201, Notes I 1, II 2
§ 17:	II. – 4:206, Notes 1
§ 18:	II. – 4:206, Notes 1
§ 19:	II. – 4:203, Notes 1; III. – 3:507, Notes 2
§ 20:	II. – 4:102, Notes I 2; II. – 4:204, Notes I 2, II 13
§ 21:	II. – 4:208, Notes I 1, II 2
§ 22:	II. – 4:207, Notes I 1, II 3
§ 23:	II. – 1:102, Notes 2; II. – 1:104, Notes III 13; II. – 9:101, Notes II 12; III. – 1:103, Notes IV (b) 13; III. – 1:104, Notes; IV. D. – 4:103, Notes I 4
§ 25:	II. – 1:104, Notes I 6, III 13, IV (a) 15
§ 26:	II. – 4:103, Notes IV 20; II. – 9:105, Notes I 1; II. – 9:106, Notes I (b) 3; II. – 9:107, Notes I 1; IV. A. – 3:102, Notes 2
§ 27:	II. – 4:103, Notes IV 20
§ 28:	II. – 4:103, Notes IV 20; II. – 9:104, Notes III 10; IV. A. – 3:101, Notes I 3; IV. B. – 5:101, Notes III 3
§ 29:	II. – 7:202, Notes 5; II. – 8:101, Notes I 1, II 8, III 13, IV 16; II. – 8:102, Notes 5; II. – 8:105, Notes 1; II. – 8:106, Notes 1; II. – 8:107, Notes 1
§ 31:	II. – 4:104, Notes I 1, IV 10, V 13
§ 32:	II. – 4:210, Notes I 2
§ 34:	IV. A. – 1:204, Notes III 12
§ 35:	II. – 1:110, Notes 1; II. – 9:403, Notes I 2; IV. B. – 1:104, Notes 4
§ 36:	II. – 9:406, Notes I 2
§ 37:	II. – 4:104, Notes IV 10; II. – 9:103, Notes I 10; II. – 9:404, Notes 3; II. – 9:405, Notes I 9; II. – 9:407, Notes II 9
§ 38:	II. – 8:104, Notes 1
§ 39:	II. – 8:101, Notes I 1; II. – 8:103, Notes 1; II. – 8:106, Notes 1; II. – 9:402, Notes II 6; II. – 9:408, Notes II 9

§ 40:	II. – 4:209, Notes II (a) 4
§ 41:	II. – 1:108, Notes 5; II. – 9:408, Notes III 11
§ 42:	II. – 7:209, Notes 4; II. – 9:403, Notes IV 11; II. – 9:404, Notes 3; II. – 9:405, Notes I 9; II. – 9:406, Notes II 5; II. – 9:407, Notes I 4; II. – 9:410, Notes 3; III. – 3:105, Notes IV 8, VI 13; III. – 7:601, Notes III 5
§ 44:	II. – 9:405, Notes I 9; II. – 9:410, Notes 3; III. – 3:105, Notes VI 13
§ 49:	II. – 5:102, Notes 2; II. – 5:105, Notes V 13
§ 51:	II. – 5:101, Notes II 5; II. – 9:401, Notes 3
§ 53:	II. – 5:201, Notes III 10, 11, 12, 13, 14, 15
§ 54:	II. – 3:103, Notes I 3, II 7; II. – 3:104, Notes 4; II. – 3:106, Notes I 2
§ 55:	II. – 3:106, Notes III 7; II. – 5:104, Notes II 9
§ 56:	II. – 5:105, Notes V 13
§ 57:	I. – 1:106, Notes 3; II. – 5:106, Notes 4
§ 59:	III. – 2:102, Notes IV 8
§ 62[1]:	II. – 9:103, Notes I 10
§ 63:	III. – 4:102, Notes III 7; III. – 4:104, Notes 1
§ 64:	III. – 4:102, Notes IV 9
§ 65:	III. – 4:102, Notes II 6; III. – 4:103, Notes I 1
§ 66:	III. – 4:109, Notes 1; III. – 4:207, Notes I 1, II 2
§ 67:	III. – 4:108, Notes 1; III. – 4:112, Notes I 1
§ 68:	III. – 4:108, Notes 2; III. – 4:111, Notes I 1; III. – 4:207, Notes II 2
§ 69:	III. – 4:106, Notes I 1; III. – 4:107, Notes II 2, III 3
§ 70:	III. – 4:111, Notes II 4
§ 71:	III. – 4:202, Notes III 3; III. – 4:203, Notes 1; III. – 4:204, Notes 1
§ 72:	III. – 4:202, Notes I 1; III. – 4:205, Notes 1
§ 73:	III. – 4:202, Notes II 2; III. – 4:207, Notes II 2; VI. – 6:104, Notes 10
§ 74:	III. – 4:207, Notes I 1, II 2
§ 75:	III. – 4:206, Notes 1
§ 76:	III. – 1:103, Notes IV (a) 8, (b) 13; VII. – 2:101, Notes I(c) 26
§ 77:	II. – 9:108, Notes 2, I 3; IV. A. – 2:302, Notes II 2, VII 25
§ 78:	III. – 2:107, Notes I 3, II 4, 5; VII. – 4:101, Notes V 51
§ 80:	II. – 9:301, Notes 1; II. – 9:302, Notes 4; II. – 9:303, Notes 6; VII. – 2:102, Notes I 8
§ 82:	III. – 2:102, Notes II 2, III 6; III. – 2:104, Notes 1, 3; IV. A. – 2:202, Notes II 7; IV. B. – 2:101, Notes I 2; IV. D. – 3:402, Notes I 6
§ 84:	III. – 2:103, Notes II 3, III 4; IV. A. – 3:105, Notes I 2; VII. – 2:101, Notes I(c) 26
§ 85:	III. – 2:101, Notes I 1, 2, II 6; III. – 5:117, Notes 1; IV. A. – 2:202, Notes I 2, 3; IV. A. – 3:101, Notes III 14; IV. B. – 3:101, Notes IV 4
§ 86:	III. – 2:105, Notes 1
§ 87:	III. – 2:105, Notes 1
§ 88:	III. – 2:110, Notes I 1, III (a) 5, (b) 6, V 9
§ 89:	VII. – 2:101, Notes I(a) 6; VII. – 5:102, Notes 8
§ 90:	III. – 2:113, Notes 1
§ 91:	III. – 2:108, Notes I 1, II 3; IV. A. – 3:101, Notes IV 18
§ 93:	III. – 2:109, Notes II 3, III 5, IV 10; III. – 3:713, Notes I 2
§ 94:	III. – 3:708, Notes II (b) 7

§ 97:	II. – 7:201, Notes I 2; III. – 1:103, Notes IV (b) 13; III. – 1:110, Notes I 9; IV. D. – 2:102, Notes III 44
§ 98:	III. – 3:505, Notes 2
§ 99:	II. – 3:401, Notes 2; VII. – 2:101, Notes VI 115; VIII. – 2:304, Notes 7
§ 100:	II. – 7:204, Notes 6; III. – 1:102, Notes 2; IV. A. – 2:301, Notes II 13; IV. A. – 4:101, Notes I 1; IV. D. – 3:101, Notes III 34, IV 53
§ 101:	III. – 1:103, Notes IV (b) 13; III. – 1:104, Notes 3; IV. D. – 2:101, Notes III 37; IV. D. – 3:402, Notes I 6; IV. D. – 4:103, Notes I 4
§ 103:	II. – 7:204, Notes 6; III. – 3:104, Notes I 1, 6, II 12; IV. B. – 4:101, Notes VI 17; VI. – 5:302, Notes 11
§ 104:	III. – 3:302, Notes III I 13; VI. – 3:101, Notes 11; VI. – 3:102, Notes I 12
§ 105:	III. – 3:104, Notes II 13; III. – 3:601, Notes I 1; III. – 3:708, Notes IV 17
§ 106:	III. – 3:105, Notes IV 8
§ 107:	III. – 3:202, Notes 13; III. – 3:203, Notes 2; III. – 3:204, Notes 1
§ 108:	III. – 3:302, Notes I 3, III (b) 12, (c) 13, (d) 17, IV 21, V 24, VI 31; III. – 3:514, Notes 2; IV. A. – 4:101, Notes II 6
§ 110:	VIII. – 2:103, Notes I 8; VIII. – 7:104, Notes V 67
§ 111:	II. – 5:105, Notes V 13; III. – 3:401, Notes I 1, II (a) 7, (b) 8, III 12; III. – 3:504, Notes II 9; III. – 3:505, Notes 2; IV. A. – 4:101, Notes II 7; IV. A. – 4:201, Notes II 6; VIII. – 2:103, Notes I 8; VIII. – 7:104, Notes V 67
§ 112:	III. – 3:601, Notes I 1; IV. A. – 4:201, Notes III 8, 11; IV. B. – 4:102, Notes I 2, II 4
§ 113:	III. – 3:708, Notes II (b) 7, III 10, IV 11, 17; IV. D. – 2:103, Notes IV 61
§ 114:	III. – 3:103, Notes 3; III. – 3:503, Notes I 10
§ 115:	II. – 3:109, Notes II 7; II. – 3:201, Notes 6; II. – 3:301, Notes I 10; II. – 7:204, Notes 6; III. – 3:102, Notes 1; III. – 3:103, Notes 3; III. – 3:502, Notes IV 23; IV. A. – 4:101, Notes II 8; IV. A. – 4:201, Notes IV 13, 14; IV. B. – 4:101, Notes VI 17
§ 116:	III. – 3:103, Notes 3; III. – 3:104, Notes II 13; III. – 3:202, Notes 13; III. – 3:502, Notes II 4, III 7, IV 23; III. – 3:503, Notes I 3; III. – 3:506, Notes 1; III. – 3:507, Notes 2; IV. A. – 3:104, Notes II 5; IV. A. – 4:101, Notes II 9, 10, 11; IV. B. – 6:101, Notes IV 7
§ 117:	III. – 3:401, Notes III 12; III. – 3:502, Notes IV 23; III. – 3:504, Notes II 9
§ 118:	III. – 1:103, Notes IV (b) 13; III. – 3:508, Notes I 1
§ 119:	III. – 1:104, Notes 3; III. – 2:111, Notes I 2
§ 120:	III. – 2:111, Notes I 4; III. – 2:112, Notes I 2, II 5, III 6
§ 121:	III. – 2:112, Notes I 1, 3
§ 122:	III. – 2:111, Notes II 5; III. – 2:112, Notes I 3
§ 124:	III. – 2:111, Notes II 5
§ 125:	III. – 2:111, Notes I 4, III 8, IV 14
§ 126:	IV. D. – 3:101, Notes III 34, IV 53
§ 127:	II. – 3:301, Notes III 26; III. – 3:702, Notes III 4, IV 6; III. – 3:703, Notes I 2, III 12, V 14; VI. – 4:101, Notes I 12; VI. – 6:101, Notes I 11; VI. – 6:103, Notes 12
§ 128:	III. – 3:701, Notes IV (b) 12; III. – 3:702, Notes II 2; III. – 3:705, Notes II 5; VI. – 2:101, Notes V 48; VI. – 2:206, Notes I 11
§ 129:	VI. – 2:202, Notes IV 39, V 51

§ 130:	VI. – 2:101, Notes V 32, 48; VI. – 2:201, Notes VII 60; VI. – 6:203, Notes 11
§ 131:	VI. – 2:101, Notes V 48
§ 132:	VI. – 2:206, Notes III 38
§ 133:	VI. – 2:209, Notes II 12
§ 134:	III. – 3:701, Notes IV (b) 12; VI. – 2:201, Notes V 48; VI. – 2:202, Notes II 16; VI. – 2:206, Notes III 38; VI. – 6:203, Notes 11
§ 135:	III. – 3:706, Notes 2
§ 136:	VI. – 6:101, Notes I 11; VI. – 6:203, Notes 11
§ 137:	III. – 4:103, Notes II 3; III. – 4:106, Notes II 2; VI. – 6:105, Notes 12
§ 138:	VI. – 4:103, Notes 11
§ 139:	III. – 3:705, Notes I (b) 4; III. – 3:707, Notes I 1; VI. – 5:101, Notes II 26; VI. – 5:102, Notes I 12, II 25, III 38, IV 51
§ 140:	VI. – 6:202, Notes 10; VI. – 7:105, Notes 2
§ 142:	III. – 5:202, Notes I 1
§ 144:	II. – 1:103, Notes II 15; II. – 4:303, Notes 7
§ 147:	III. – 7:203, Notes I 1, III 8
§ 154:	III. – 7:203, Notes I 1
§ 155:	II. – 1:103, Notes II 15; II. – 4:303, Notes 7; IV. A. – 6:102, Notes I 2
§ 158:	III. – 3:712, Notes I 2
§ 159:	III. – 1:103, Notes IV (b) 13; III. – 3:712, Notes II 4
§ 160:	III. – 3:712, Notes I 3; III. – 7:301, Notes I 2; III. – 7:302, Notes IV 9
§ 161:	III. – 3:712, Notes II 4
§ 162:	III. – 3:708, Notes IV 11; III. – 3:712, Notes III 5
§ 164:	III. – 5:102, Notes 2; III. – 5:104, Notes 5; III. – 5:121, Notes 1; VI. – 6:106, Notes 10; VIII. – 2:105, Notes II 31
§ 165:	III. – 5:106, Notes 2
§ 166:	III. – 5:105, Notes 2; III. – 5:108, Notes 1; VI. – 6:106, Notes 10
§ 167:	III. – 4:107, Notes II 2; III. – 5:115, Notes 1
§ 168:	III. – 7:302, Notes V 10
§ 169:	III. – 5:104, Notes 5; III. – 5:119, Notes II 4; VII. – 4:103, Notes I 9
§ 170:	VII. – 4:103, Notes I 9
§ 171:	III. – 5:116, Notes 4; VIII. – 2:105, Notes II 31
§ 172:	III. – 5:120, Notes 1
§ 175:	III. – 5:202, Notes III 6; III. – 5:204, Notes 2
§ 176:	III. – 5:205, Notes 1
§ 177:	III. – 5:205, Notes 1
§ 178:	III. – 5:202, Notes I 1
§ 179:	III. – 5:302, Notes I 1, 4
§ 186:	III. – 6:201, Notes 4
§ 188:	II. – 5:105, Notes II 5; II. – 5:105, Notes V 13; III. – 3:507, Notes 2; III. – 3:509, Notes I 5, III 11; VII. – 7:101, Notes II 15; VIII. – 2:202, Notes III 61
§ 189:	II. – 5:105, Notes V 13; III. – 3:510, Notes I 2; III. – 3:512, Notes 2, 4; III. – 3:513, Notes 2; III. – 3:514, Notes 2; VIII. – 2:101, Notes 18; VIII. – 2:202, Notes III 61
§ 190:	II. – 5:105, Notes V 13; III. – 3:512, Notes 4; III. – 3:513, Notes 2; III. – 3:514, Notes 2; VII. – 7:101, Notes II 15

§ 191:	II.–5:105, Notes V 13; III.–3:513, Notes 2
§ 194:	II.–5:105, Notes V 13
§ 195:	III.–3:509, Notes I 5; III.–3:511, Notes 1; IV.D.–6:102, Notes I 6; VII.–7:101, Notes II 15
§ 196:	III.–3:502, Notes II 4, III 7; III.–3:508, Notes I 1; III.–3:511, Notes 1
§ 197:	III.–6:102, Notes I 1, II 5, III 6, IV 7; III.–6:104, Notes 1; III.–6:107, Notes I 1
§ 198:	III.–6:105, Notes I 4
§ 199:	III.–6:102, Notes V 10
§ 200:	III.–6:103, Notes II 3; III.–6:108, Notes II 2, III 3, V 5; III.–7:503, Notes 1
§ 201:	III.–6:106, Notes 1
§ 202:	III.–6:108, Notes V 5
§ 206:	III.–6:201, Notes 4
§ 208:	III.–5:112, Notes 1; IV.A.–1:101, Notes I 2, 5, IV 14, V 19; IV.A.–1:102, Notes I 2, II 7; IV.A.–1:201, Notes I 3, 5, VI 17; IV.A.–1:202, Notes 1, 3; IV.A.–2:101, Notes I 1, II 7; IV.A.–3:104, Notes I 2
§ 209:	IV.A.–2:101, Notes II 7; IV.A.–2:201, Notes I 2; IV.A.–5:101, Notes II 6; IV.A.–5:201, Notes 7; IV.A.–5:202, Notes III 4; VIII.–2:101, Notes 33; VIII.–2:201, Notes II 11
§ 210:	IV.A.–2:204, Notes 2, 3, 4
§ 211:	IV.A.–2:101, Notes III 11, 12, 13; IV.A.–2:202, Notes I 5; IV.A.–2:302, Notes VI 17
§ 213:	IV.A.–1:204, Notes II 7; IV.A.–3:101, Notes II 11, 12, III 16; IV.A.–3:103, Notes 1
§ 214:	IV.A.–1:204, Notes II 7; IV.A.–5:101, Notes I 2; IV.A.–5:102, Notes I 3; IV.A.–5:103, Notes 1; IV.A.–5:201, Notes 3, 6; IV.A.–5:202, Notes III 4; IV.A.–5:203, Notes 2; VIII.–2:104, Notes II 34; VIII.–2:201, Notes II 11
§ 215:	III.–2:113, Notes 1; IV.A.–1:204, Notes II 7; IV.A.–2:202, Notes III 11, 12
§ 216:	IV.A.–5:101, Notes III 10
§ 217:	II.–7:201, Notes I 4; II.–7:205, Notes II 3; II.–9:102, Notes II 16; II.–9:108, Notes 2; IV.A.–2:101, Notes I 4; IV.A.–2:301, Notes I 2, II 13; IV.A.–2:302, Notes I 1, II 2, III 5, 9, V 13, 15, VI 17, VII 22, VII 25, VIII 29; IV.A.–2:303, Notes 2, 4; IV.A.–2:304, Notes 2; IV.A.–2:305, Notes I 1
§ 218:	II.–3:101, Notes 8; IV.A.–2:101, Notes I 4; IV.A.–2:307, Notes I 1, II 7; IV.A.–2:308, Notes I 2, 4, 5, II 7; IV.A.–4:302, Notes VII 19; IV.A.–5:101, Notes I 1, II 5
§ 219:	IV.A.–4:301, Notes I 2, II 9, III 10, 11
§ 220:	III.–3:601, Notes I 1; III.–3:701, Notes III (b) 7; IV.A.–4:302, Notes I 1, III 8, V 13, VI 14, 15
§ 221:	II.–3:101, Notes 8; IV.A.–2:302, Notes IV 11; IV.A.–2:309, Notes 3; IV.A.–4:304, Notes 2
§ 222:	III.–3:302, Notes V 24; III.–3:502, Notes IV 23; IV.A.–4:101, Notes I 2; IV.A.–4:201, Notes I 3
§ 223:	IV.A.–4:201, Notes V 15
§ 224:	III.–3:601, Notes I 1; IV.A.–4:201, Notes I 3, III 8, 10
§ 225:	IV.A.–4:201, Notes IV 13

§ 1034:	VII. – 2:101, Notes II 44, III(b) 61; VIII. – 7:103, Notes III 48; VIII. – 7:104, Notes V 67
§ 1035:	VII. – 2:103, Notes IV 36; VII. – 5:104, Notes 8; VII. – 6:101, Notes 10; VIII. – 7:102, Notes II 20, VIII. – 7:103, Notes IV 67
§ 1036:	VII. – 4:103, Notes II 15
§ 1037:	VI. – 6:101, Notes II 24; VII. – 1:101, Notes II 15; VII. – 3:101 and 3:102, Notes II 21; VII. – 4:101, Notes III 29; VII. – 4:103, Notes I 9; VII. – 4:104, Notes 7; VII. – 4:105, Notes 8; VII. – 5:103, Notes 7; VII. – 5:104, Notes 8; VIII. – 2:303, Notes II 28; VIII. – 5:202, Notes III 57; VIII. – 7:103, Notes III 48
§ 1038:	VII. – 6:101, Notes 10; VII. – 6:102, Notes 7; VIII. – 5:202, Notes III 57; VIII. – 7:103, Notes III 48
§ 1039:	VII. – 4:101, Notes III 29; VIII. – 7:103, Notes III 48, IV 67
§ 1040:	VIII. – 3:101, Notes III 51; VIII. – 7:103, Notes III 48
§ 1041:	VII. – 1:101, Notes II 15; VII. – 4:101, Notes V 51
§ 1042:	VII. – 1:101, Notes II 15; VII. – 3:101 and 3:102, Notes II 21; VII. – 4:101, Notes IV 40; VII. – 5:102, Notes 8; VII. – 5:103, Notes 7; VIII. – 7:104, Notes III 46
§ 1043:	VI. – 1:101, Notes II 5, III 9, IV 18, V 25; VI. – 1:103, Notes IV 40; VIII. – 7:102, Notes III 34
§ 1044:	III. – 3:702, Notes III 4; VI. – 1:103, Notes I 11; VII. – 7:101, Notes IV 33
§ 1045:	VI. – 1:101, Notes II 5, III 9, 15, 16, IV 20; VI. – 2:201, Notes I 1, II 3; VI. – 2:202, Notes I 1; VI. – 2:203, Notes I 2; VI. – 2:206, Notes I 11, II 24; VI. – 2:208, Notes 11; VI. – 2:210, Notes 5, 11; VI. – 2:211, Notes 6; VI. – 4:102, Notes 11; VI. – 5:202, Notes I 11, III 29; VI. – 5:203, Notes 12; VI. – 6:301, Notes 9; VIII. – 2:301, Notes 3
§ 1046:	VI. – 2:101, Notes VIII(1) 67; VI. – 2:203, Notes II 14, 26, IV 38; VI. – 5:203, Notes 12
§ 1047:	VI. – 2:204, Notes I 9
§ 1048:	VI. – 2:207, Notes 10; VI. – 2:210, Notes 11
§ 1049:	VI. – 2:208, Notes 11
§ 1050:	VI. – 1:101, Notes IV 18, VI 33; VI. – 3:102, Notes I 12; VI. – 3:103, Notes I 11
§ 1051:	VI. – 5:401, Notes 12
§ 1052:	VI. – 3:103, Notes I 11, II 20; VI. – 5:301, Notes 12
§ 1053:	VI. – 3:104, Notes I 13
§ 1054:	II. – 1:105, Notes II 4; VI. – 3:201, Notes I 11
§ 1055:	VI. – 1:102, Notes I 2; VI. – 6:301, Notes 9
§ 1056:	VI. – 3:202, Notes 12; VI. – 3:203, Notes 12; VI. – 3:205, Notes 13
§ 1057:	VI. – 3:205, Notes 13
§ 1058:	VI. – 3:202, Notes 12; VI. – 3:206, Notes 12
§ 1059:	VI. – 3:202, Notes 12
§ 1060:	VI. – 3:203, Notes 12
§ 1061:	VI. – 3:204, Notes I 1, II (1) 14
§ 1067:	VI. – 5:401, Notes 12
chap. 11, s. 1:	IV. A. – 1:204, Notes I 3

Law of Property Act [*Asjaõigusseadus* – LPA] of 9 June 1993 (RT I 1993, 39, 590, entered into force 1 December 1993; amended by among others RT I 2007, 24, 128 of 21 February 2007)

§ 32:	VIII. – 1:205, Notes III 28, VI 83
§ 33:	IV. B. – 3:101, Notes II 2; VIII. – 1:205, Notes IV 50; VIII. – 1:207, Notes 8; VIII. – 1:208, Notes 8
§ 34:	VIII. – 1:206, Notes II 28, IV 57
§ 35:	VIII. – 1:206, Notes IV 57; VIII. – 3:101, Notes II 28; VIII. – 4:101, Notes III 41
§ 36:	IV. B. – 3:101, Notes II 2; VIII. – 1:205, Notes II 10; VIII. – 2:104, Notes I 9; VIII. – 2:105, Notes III 54
§ 37:	VIII. – 2:104, Notes I 9
§ 39:	VIII. – 1:205, Notes II 10
§ 40:	VIII. – 1:205, Notes V 63; VIII. – 1:206, Notes IV 57; VIII. – 6:201, Notes I 4; VIII. – 6:202, Notes III 43; VIII. – 6:204, Notes IV 61
§ 41:	VIII. – 6:202, Notes I 8
§ 42:	VIII. – 6:202, Notes I 8
§ 44:	VIII. – 6:204, Notes II 22
§ 45:	VIII. – 6:204, Notes II 22, III 43
§ 46:	VIII. – 6:204, Notes IV 61
§ 47:	VIII. – 6:204, Notes III 43
§ 48:	VIII. – 6:204, Notes V 77
§ 49:	VIII. – 1:205, Notes IV 50; VIII. – 6:204, Notes III 43
§ 50:	VIII. – 1:205, Notes IV 50
§ 68:	VIII. – 1:202, Notes I 16; VIII. – 3:102, Notes 10
§ 70:	VIII. – 1:203, Notes 3
§ 71:	VIII. – 1:203, Notes 3
§ 73:	VIII. – 1:203, Notes 3
§ 76:	VIII. – 1:203, Notes 3; VIII. – 5:202, Notes IV 75
§ 77:	VIII. – 5:202, Notes IV 75
§ 80:	II. – 3:401, Notes 2; VII. – 4:101, Notes III 29; VII. – 7:101, Notes III 23; VIII. – 1:202, Notes I 2; VIII. – 2:304, Notes 7; VIII. – 7:104, Notes III 46
§ 84:	VIII. – 7:101, Notes 5; VIII. – 7:102, Notes II 20, III 34
§ 85:	VII. – 4:101, Notes III 29; VII. – 5:104, Notes 8; VIII. – 7:103, Notes III 48, IV 67
§ 88:	VIII. – 7:104, Notes III 46, IV 57, VI 95
§ 90:	VIII. – 1:206, Notes II 28; VIII. – 6:302, Notes 6
§ 92:	VIII. – 1:205, Notes V 63; VIII. – 2:101, Notes 18; VIII. – 2:104, Notes I 9, II 34; VIII. – 2:105, Notes I 9
§ 93:	VIII. – 2:104, Notes I 9, II 34; VIII. – 2:105, Notes II 31, IV 74
§ 94:	VIII. – 2:103, Notes I 8; VIII. – 2:104, Notes I 9, II 34
§ 95:	VII. – 2:101, Notes VI 115; VIII. – 1:205, Notes V 63; VIII. – 3:101, Notes I 8, II 28, IV 68, VI 112; VIII. – 3:102, Notes 10
§ 96:	VIII. – 1:205, Notes V 63
§ 98:	VIII. – 1:205, Notes V 63
§ 100:	VII. – 2:101, Notes VI 115
§ 106:	VIII. – 2:203, Notes II 26; VIII. – 5:201, Notes II 23

§ 107:	VII. – 4:105, Notes 8; VIII. – 2:203, Notes II 26; VIII. – 5:202, Notes I 6, II 32
§ 110:	VII. – 2:101, Notes VI 115; VIII. – 1:205, Notes V 63; VIII. – 1:206, Notes I 9; VIII. – 4:101, Notes I 9, II 30, III 41
§ 111:	VIII. – 4:101, Notes I 9, III 41, V 89; VIII. – 4:205, Notes 2; VIII. – 4:206, Notes II 27
§ 112:	VIII. – 4:103, Notes II 16; VIII. – 4:206, Notes I 6
§ 114:	VIII. – 4:103, Notes I 3
§ 119:	II. – 1:106, Notes III 15
§ 282:	VIII. – 1:205, Notes V 63; VIII. – 2:105, Notes IV 74
§ 314:	III. – 5:102, Notes 2
§ 315:	III. – 5:110, Notes 1
§ 619:	IV. D. – 1:101, Notes I 6
§ 916:	IV. D. – 1:101, Notes I 6

Law of Succession Act [*Pärimisseadus*] of 15 May 1996 (RT I 1996, 38, 752; entered into force 1 January 1997; repealed as of 1 January 2009 by RT I 2008, 7, 52 of 2 February 2008)

§ 2:	VI. – 2:202, Notes III 26

Law of Vessel Flags and Registers of Vessels Act [*Laeva lipuõiguse ja laevaregistrite seadus*] of 11 February 1998 (RT I 1998, 23, 321, entered into force 1 July 1998; amended by among others RT I 2008, 59, 330 of 31 December 2008)

§ 37:	VIII. – 1:102, Notes II 22
§ 40:	VIII. – 1:102, Notes II 22
§ 41:	VIII. – 1:102, Notes II 22

Penal Code [*Karistusseadustik*] of 6 June 2001 (RT I 2001, 61, 364; entered into force 1 September 2002; amended by among others RT I 2009, 27, 166 of 29 May 2009)

generally:	VII. – 6:103, Notes 8

State Liability Act [*Riigivastutuse seadus*] of 2 May 2001 (RT I 2001, 47, 260; entered into force 1 January 2002; amended by among others RT I 2006, 48, 360 of 8 November 2006)

generally:	VI. – 7:103, Notes 12
§ 22:	VII. – 5:101, Notes I 8; VII. – 7:103, Notes 7

Taxation Act [*Maksukorralduse seadus*] of 20 February 2002 (RT I 2002, 26, 150; entered into force 1 June 2002; amended by among others RT I 2009, 24, 146 of 7 May 2009)

§ 33:	VII. – 7:103, Notes 7

Traffic Act [*Liiklusseadus*] of 14 December 2000 (RT I 2001, 3, 6; consolidated text RT I 2002, 92, 531; amended by among others RT I 2004, 46, 329 of 1 July 2004)

§ 12:	VI. – 3:205, Notes 13

Transplantation of Organs and Tissues Act [*Elundite ja kudede siirdamise seadus*] of 30 January 2002 (RT I 2002, 21, 118; amended by among others RT I 2002, 110, 660 of 18 December 2002)

§ 3:	IV. A. – 1:201, Notes V 14

Wages Act [*Palgaseadus*] of 26 January 1994 (RT I 1994, 11, 154; entered into force 1 March 1994; repealed as of 1 July 2009 by RT I 2009, 5, 35 of 21 January 2009)
§ 37: VII.–2:101, Notes I(d) 35; VII.–2:103, Notes III 29

Finland

Air Traffic Act [*Ilmailulaki*] of 3 March 1995 no. 281
generally: VI.–3:206, Notes 15; VI.–3:207, Notes 10

chap. 5:	IV. A. – 1:204, Notes I 1, II 8; IV. A. – 6:101, Notes III 17; IV. B. – 1:102, Notes III 5
chap. 5 § 1:	IV. A. – 1:101, Notes VII 30; IV. A. – 1:201, Notes I 5
chap. 5 § 2:	IV. A. – 1:101, Notes X 37
chap. 5 § 3:	IV. A. – 2:202, Notes IV 14; IV. A. – 5:103, Notes 1, 3; VIII. – 2:201, Notes II 24
chap. 5 § 6:	VIII. – 2:201, Notes II 24
chap. 5 § 12:	IV. A. – 2:302, Notes III 5, IV 10, V 13, VII 21, 23, VIII 29; IV. A. – 2:307, Notes I 1
chap. 5 § 12a:	IV. A. – 2:302, Notes VI 17; IV. A. – 2:304, Notes 2
chap. 5 § 13:	IV. A. – 2:303, Notes 2
chap. 5 § 14:	IV. A. – 2:301, Notes IV 19
chap. 5 § 15:	IV. A. – 2:308, Notes I 2, II 7
chap. 5 § 15a:	IV. A. – 6:101, Notes I 3, II 10, III 17; IV. A. – 6:102, Notes I 2; IV. A. – 6:106, Notes 2; IV. A. – 6:107, Notes 3
chap. 5 § 15b:	IV. A. – 6:103, Notes I 1, II 4, III 7, IV 9
chap. 5 § 16:	IV. A. – 4:302, Notes III 8, 9
chap. 5 § 18:	IV. A. – 6:104, Notes III 9
chap. 5 § 17:	IV. A. – 4:201, Notes II 6
chap. 5 § 19:	IV. A. – 4:201, Notes III 8; IV. A. – 4:201, Notes V 15
chap. 5 § 20:	VI. – 1:103, Notes I 12
chap. 5 § 21:	VI. – 1:103, Notes I 12
chap. 5 § 23:	II. – 9:104, Notes III 6; IV. A. – 3:101, Notes I 3
chap. 5 § 24:	IV. A. – 3:101, Notes II 10, 11
chap. 5 § 28:	IV. A. – 1:204, Notes II 8
chap. 5 § 29:	VIII. – 2:201, Notes III 37
chap. 6:	II. – 5:103, Notes II 7; IV. A. – 1:204, Notes I 1
chap. 6 § 2:	II. – 5:201, Notes III 14
chap. 6 § 3:	II. – 5:201, Notes III 18
chap. 6 § 6:	II. – 5:201, Notes III 12, 13
chap. 6 § 7:	II. – 5:201, Notes III 14
chap. 6 § 8:	II. – 5:104, Notes I 4
chap. 6 § 9:	II. – 5:102, Notes 4; II. – 5:103, Notes II 12
chap. 6 § 13:	II. – 3:106, Notes I 2
chap. 6 § 15:	II. – 5:103, Notes II 11
chap. 6 § 16:	II. – 5:201, Notes III 18
chap. 6 § 17:	II. – 5:105, Notes III 9
chap. 6 § 18:	III. – 2:102, Notes IV 9
chap. 6 § 23:	IV. C. – 5:101, Notes II 12
chap. 6 § 24:	II. – 5:106, Notes 3, 5
chap. 6a:	IV. C. – 7:101, Notes II 4
chap. 7 § 3:	IV. B. – 1:101, Notes VI 9
chap. 7 § 15:	III. – 2:110, Notes I 1
chap. 8:	IV. B. – 1:102, Notes III 5; IV. C. – 1:101, Notes 3; IV. C. – 2:110, Notes I 2; IV. C. – 3:101, Notes I 1, II 6; IV. C. – 4:101, Notes I 2, II 7, III 19; IV. C. – 4:103, Notes II 4
chap. 8 § 1:	IV. C. – 5:101, Notes II 11

Contracts Act [*Laki varallisuusoikeudellisista oikeustoimista* – ContrA] of 13 June 1929 no. 228

§ 23:	III. – 3:302, Notes I 3; III. – 3:302, Notes III (b) 12, (c) 13, IV 21
§ 25:	III. – 3:103, Notes 3; III. – 3:502, Notes IV 12; III. – 3:503, Notes I 3
§ 27:	III. – 3:104, Notes I 1, 6
§ 28:	III. – 3:104, Notes III 15
§ 29:	III. – 3:507, Notes 2; III. – 3:508, Notes I 1; III. – 3:701, Notes III (b) 7
§ 30:	IV. A. – 4:201, Notes I 1
§ 31:	IV. A. – 4:301, Notes I 1, II 9, III 10, 11; IV. C. – 4:104, Notes II 11; IV. C. – 4:105, Notes I 1
§ 32:	III. – 3:508, Notes I 1; IV. A. – 4:302, Notes I 1, 2
§ 33:	IV. A. – 4:304, Notes 3
§ 34:	III. – 3:202, Notes 3, V 24
§ 36:	IV. A. – 2:308, Notes I 4
§ 37:	III. – 3:601, Notes I 1; IV. A. – 4:201, Notes III 10
§ 38:	III. – 3:601, Notes I 1; IV. A. – 4:201, Notes III 8, 11
§ 39:	III. – 3:502, Notes IV 12; III. – 3:507, Notes 2; III. – 3:508, Notes I 1
§ 40:	III. – 3:104, Notes I 1, 6, III 15; III. – 3:106, Notes 1; IV. A. – 4:201, Notes IV 13
§ 41:	III. – 5:112, Notes 1; IV. A. – 2:101, Notes I 1; IV. A. – 2:305, Notes I 1, 2, II 6, 7; IV. A. – 4:301, Notes I 8
§ 42:	III. – 3:401, Notes II (a) 7; IV. A. – 4:201, Notes II 6
§ 43:	III. – 3:506, Notes 1; III. – 3:511, Notes 2; IV. A. – 4:303, Notes 2
§ 44:	III. – 3:506, Notes 1; III. – 3:511, Notes 2
§ 45:	II. – 9:104, Notes III 6; II. – 9:105, Notes I 1; IV. A. – 3:101, Notes I 3; IV. A. – 3:105, Notes III 7; IV. D. – 2:102, Notes I 7
§ 46:	IV. A. – 3:103, Notes 1
§ 47:	II. – 9:104, Notes III 6; IV. A. – 3:101, Notes I 6
§ 48:	IV. A. – 3:101, Notes III 14; IV. A. – 3:101, Notes IV 18
§ 49:	III. – 3:401, Notes I 2; IV. A. – 3:101, Notes II 10, 11
§ 51:	IV. A. – 3:104, Notes I 3; IV. A. – 4:101, Notes II 6, 8, 9
§ 52:	III. – 3:301, Notes II 5; IV. A. – 4:101, Notes II 6
§ 54:	III. – 3:103, Notes 3; III. – 3:502, Notes IV 12; III. – 3:503, Notes I 3; III. – 3:508, Notes III 8; IV. A. – 4:101, Notes II 9, 10, 11, 12; VIII. – 2:202, Notes III 58
§ 55:	III. – 3:103, Notes 3; III. – 3:502, Notes IV 12; III. – 3:503, Notes I 3; IV. A. – 3:104, Notes II 5; IV. A. – 4:101, Notes II 9
§ 57:	III. – 3:104, Notes I 6; IV. A. – 4:101, Notes II 8
§ 58:	III. – 3:104, Notes III 15
§ 59:	III. – 3:507, Notes 2; III. – 3:508, Notes I 1; III. – 3:701, Notes III (b) 7
§ 60:	IV. A. – 3:102, Notes 1
§ 61:	III. – 3:401, Notes III 11; III. – 3:505, Notes 2; VIII. – 2:201, Notes IV 53
§ 62:	III. – 3:504, Notes I 1
§ 64:	III. – 3:510, Notes I 2, II 6
§ 66:	III. – 3:508, Notes II 5
§ 68:	III. – 3:706, Notes 2
§ 69:	III. – 3:707, Notes I 1
§ 70:	III. – 3:705, Notes I (b) 4; IV. A. – 4:202, Notes 2
§ 72:	III. – 2:111, Notes I 2; IV. A. – 2:101, Notes IV 16

France

art. 1654:	IV. A. – 4:101, Notes II 9
art. 1655:	IV. A. – 4:101, Notes II 10
art. 1657:	III. – 3:502, Notes I 1; IV. A. – 3:104, Notes I 2, II 5; IV. A. – 4:101, Notes II 13
art. 1659:	VIII. – 2:203, Notes I 10
art. 1674:	II. – 7:201, Notes VI (b) 30; II. – 7:207, Notes III 9; VII. – 7:101, Notes II 7
art. 1681:	II. – 7:207, Notes VI 14; VII. – 7:101, Notes II 7
art. 1682:	VII. – 7:101, Notes II 7
art. 1689:	III. – 5:104, Notes 3; VI. – 6:106, Notes 1
art. 1690:	III. – 5:104, Notes 3; III. – 5:113, Notes 3; III. – 5:116, Notes 1; VII. – 4:103, Notes I 1
art. 1692:	III. – 5:115, Notes 1; IV. G. – 2:102, Notes II 15
art. 1693:	II. – 9:108, Notes I 5; III. – 5:112, Notes 1
art. 1694:	II. – 9:108, Notes I 5; III. – 5:112, Notes 1
art. 1707:	III. – 3:401, Notes II (a) 7; IV. A. – 1:203, Notes I 1
art. 1709:	II. – 9:104, Notes II 4; IV. B. – 1:101, Notes III 3, V 7; IV. B. – 2:102, Notes IV 11
art. 1710:	IV. C. – 1:101, Notes 1; IV. C. – 2:101, Notes I 1, II 5
art. 1717:	IV. B. – 7:102, Notes I 1; IV. B. – 7:103, Notes I 1
art. 1719:	IV. B. – 3:101, Notes I 1, V 8; IV. B. – 3:104, Notes III 11
art. 1720:	IV. B. – 3:103, Notes II 3; IV. B. – 3:104, Notes III 11
art. 1721:	IV. B. – 4:101, Notes VI 17
art. 1722:	IV. B. – 3:104, Notes III 11; IV. B. – 4:101, Notes II 3; IV. B. – 4:102, Notes I 3; VII. – 7:101, Notes II 7
art. 1723:	IV. B. – 3:101, Notes V 8; IV. B. – 5:108, Notes II 5
art. 1724:	IV. B. – 4:102, Notes I 3; IV. B. – 5:108, Notes II 5, III 9
art. 1726:	IV. B. – 3:101, Notes V 8; IV. B. – 4:102, Notes I 3; IV. B. – 4:103, Notes II 2; IV. B. – 5:107, Notes I 4
art. 1727:	IV. B. – 3:101, Notes V 8
art. 1728:	IV. B. – 5:101, Notes I 1; IV. B. – 5:104, Notes I 1, II 4
art. 1729:	IV. B. – 6:101, Notes IV 7
art. 1730:	IV. B. – 5:109, Notes III 6
art. 1732:	IV. B. – 5:104, Notes III 6; IV. B. – 6:101, Notes V 10
art. 1733:	IV. B. – 6:101, Notes V 10
art. 1735:	III. – 2:106, Notes 2
art. 1736:	IV. B. – 2:102, Notes V 14, VI 15
art. 1737:	IV. B. – 2:102, Notes I 3, III 7
art. 1738:	IV. B. – 2:103, Notes I 2, II 4, V 11, VIII 15
art. 1739:	IV. B. – 2:103, Notes II 4, III 7
art. 1740:	IV. B. – 2:103, Notes VIII 16
art. 1741:	IV. B. – 4:101, Notes II 3, IV 12
art. 1743:	IV. B. – 7:101, Notes IV 6
art. 1753:	IV. B. – 7:103, Notes V 5
art. 1754:	IV. B. – 3:104, Notes III 11
art. 1755:	IV. B. – 3:104, Notes III 11
art. 1760:	III. – 3:705, Notes I (a) 1
art. 1779:	IV. C. – 1:101, Notes 1; IV. C. – 7:101, Notes II 3; IV. C. – 8:101, Notes II 5

art. 2225:	III. – 7:201, Notes II 2
art. 2226:	III. – 7:201, Notes II 2
art. 2227:	III. – 7:201, Notes II 2; VIII. – 1:202, Notes I 3; VIII. – 6:101, Notes V 48
art. 2229:	VII. – 2:101, Notes VI 108, 109; VIII. – 2:303, Notes II 37; VIII. – 3:101, Notes II 38; VIII. – 4:101, Notes I 2
art. 2230:	III. – 7:301, Notes I 2
art. 2232:	III. – 7:307, Notes I 1
art. 2232:	III. – 7:201, Notes III 3; III. – 7:203, Notes II 7; III. – 7:307, Notes II 4
art. 2234:	III. – 7:303, Notes II 2; VIII. – 4:202, Notes I 6, II 16
art. 2235 (old 2252):	III. – 7:305, Notes I 1; VIII. – 4:201, Notes I 8, II 21, III 25, IV 33
art. 2236:	III. – 7:305, Notes I 1, V 9; VIII. – 4:201, Notes IV 33
art. 2237:	III. – 7:306, Notes 1
art. 2238:	III. – 7:304, Notes I 1; VIII. – 4:204, Notes 7
art. 2240:	III. – 7:401, Notes 1; VIII. – 4:205, Notes 3
art. 2241 (old 2244 and old 2246):	III. – 7:302, Notes II 2; VIII. – 4:203, Notes I 12
art. 2243 (old 2247):	VIII. – 4:203, Notes I 12
art. 2244:	III. – 7:402, Notes 1; VIII. – 4:203, Notes III 28
art. 2246:	III. – 7:302, Notes III 6
art. 2247 (old 2223):	III. – 7:501, Notes I 1; VIII. – 4:301, Notes I 2
art. 2250 (old 2220):	IV. G. – 2:103, Notes II 10; VIII. – 4:301, Notes I 2
art. 2251:	III. – 7:303, Notes II 2
art. 2252:	III. – 7:305, Notes I 1
art. 2254:	III. – 7:601, Notes III 5
art. 2255 (old 2228):	VI. – 2:206, Notes II 16; VIII. – 1:205, Notes II 13, III 35
art. 2257 (old 2231):	VIII. – 6:201, Notes IV 33
art. 2261 (old 2229):	VIII. – 4:101, Notes I 2; VIII. – 4:205, Notes 3
art. 2262:	III. – 3:507, Notes 3; III. – 3:508, Notes I 1; IV. A. – 4:302, Notes IX 26; VII. – 2:101, Notes VI 108; VIII. – 2:303, Notes II 37; VIII. – 4:101, Notes I 2; VIII. – 6:101, Notes V 48
art. 2264 (old 2235):	VIII. – 4:103, Notes II 19
art. 2265 (old 2235):	VII. – 2:101, Notes VI 108; VIII. – 4:206, Notes I 3
art. 2267:	VIII. – 2:303, Notes II 37
art. 2268 (old 2238):	VIII. – 6:201, Notes IV 33
art. 2270:	III. – 7:201, Notes II 2
art. 2271:	III. – 7:201, Notes II 2; III. – 7:501, Notes II 4; VIII. – 4:103, Notes I 10

art. 2314 (old 2037):	IV. G. – 1:104, Notes V 22; IV. G. – 2:110, Notes I 1, V 13
art. 2315 (old 2038):	IV. F. – 1:104, Notes II 5; IV. G. – 2:103, Notes II 13
art. 2316 (old 2039):	IV. G. – 2:102, Notes IV 30; IV. G. – 2:111, Notes I 1, III 10
art. 2319:	IV. G. – 2:111, Notes IV 17
art. 2321:	IV. G. – 1:101, Notes III 11, 14, 18; IV. G. – 3:101, Notes I 1; IV. G. – 3:104, Notes I 1; IV. G. – 3:105, Notes I 4, II 14; IV. G. – 3:108, Notes II 9, III 14, IV 15
art. 2322:	IV. G. – 1:102, Notes II 6, 9
art. 2324:	IV. G. – 1:102, Notes II 9

Civil Law Enforcement Procedures Reform Act [*Loi portant réforme des procédures civiles d'exécution*] of 9 July 1991 no. 91-650 (JO no. 163 of 14 July 1991, p. 9228)

art. 1:	III. – 3:302, Notes I 4

Code of Administrative Justice [*Code de justice administrative*] of 4 May 2000 no. 2000-387 (JO no. 107 of 7 May 2000, p. 6904)

art. R441-1:	II. – 2:105, Notes II 11

Code of Civil Procedure [*Code de procédure civile* – CCP] of 14 April 1806; repealed by Decree no. 75-1123 of 5 December 1975 no. 75-1123 introducing the New Code of Civil Procedure [*Nouveau Code de procédure civile* – NCPC] (JO no. 279-303 of 9 December 1975, p. 12521); amended by among others *Loi no. 2007-1787 relative à la simplification du droit (1)* of 20 December 2007 (JO no. 296 of 21 December 2007, p. 20639) and renamed back to "*Code de procédure civile*"

art. 12:	II. – 7:302, Notes II 10; IV. G. – 1:104, Notes IV 13
art. 16:	II. – 7:302, Notes II 10
art. 31:	VI. – 2:101, Notes I 2, XI 123
art. 809:	VI. – 6:301, Notes 1
art. 849:	VI. – 6:301, Notes 1
art. 1425-1:	VIII. – 6:101, Notes I 10
art. 1264:	VIII. – 6:204, Notes IV 69
art. 1265:	VIII. – 6:204, Notes I 7
art. 1266:	VIII. – 6:204, Notes I 7
art. 1405:	VIII. – 6:101, Notes I 10
art. 2061:	III. – 3:509, Notes III 11

Code of Construction and Dwelling [*Code la construction et de l'habitation* – CCH] in the consolidated version of 28 March 2009

art. L261-11:	II. – 1:106, Notes III 15

Code of Criminal Procedure [*Code de procédure pénale/Loi no. 57-1426 du 31 décembre 1957 instituant un Code de procedure pénale* – CCrimProc] of 31 December 1957 (JO 8 January 1957, p. 258) and completed by *Ordonnance no. 58-1296 du 23 décembre 1958 modifiant et completant le Code de procedure pénale* (JO of 24 December 1958, p. 11711); amended by among others Anticorruption Act no. 2000-595 [*Loi modifiant le code pénal et le code de procédure pénale relative à la lutte contre la corruption*] of 30 June 2000, JO of 1 July 2000, p. 9944

Code of Medical Ethics [*Décret portant nomination du président de la Commission nationale de médecine et de biologie de la reproduction et du diagnostic prenatal*] of 6 November 1995 (JO no. 262 of 10 November 1995, p. 16552)

Commercial Agents Decree [*Decret relatif aux agents commerciaux*] of 23 December 1958 no. 58-1345 out of force since 27 March 2007 (JO 28 December 1958, p. 11947)

Commercial Code [*Code de commerce* – Ccom] (ordannance no. 2000-912) of 18 September 2000 (JO no. 219 of 21 September 2000, p. 14783); amended by among others Law no. 2005-845 on Safeguard of Enterprises [*Loi de sauvegarde des entreprises*] of 26 July 2005, JO no. 152-177 of 27 July 2005, p. 12187

Environmental Code [*Code de lÉnvironnement*] of by the Ordonnance no. 2000-914 of 18 September 2000 (JO no. 219 of 21 September 2000, p. 14792); amended by among others Act no. 2006-11 of 5 January 2006 (JO of 6 January 2006, p. 229)

generally:	VI. – 2:209, Notes I 1
art. L 142-1:	VI. – 2:209, Notes II 3
art. L 142-2:	VI. – 2:209, Notes II 3
art. L 571-1:	VI. – 2:209, Notes II 3

Estate Agents Act [*Loi action des Agences mobilières et immobilières, répertoire des agents*] of 2 January 1970 no. 70-9 (JO of 4 January 1970, p. 142)

generally:	IV. D. – 1:101, Notes I 8
art. 6:	IV. D. – 2:102, Notes I 8

Finance Amendment Act 2005 [*Loi de finances rectificative pour 2005*] of 30 December 2005 no. 2005-1720 (JO no. 304 of 31 December 2005, p. 20654)

generally:	VIII. – 1:102, Notes II 35

Freedom of Press Act [*Loi sur la liberté de la presse*] of 29 July 1881 (JO of 30 July 1881, p. 4201)

generally:	VI. – 5:203, Notes 1
art. 34:	VI. – 2:101, Notes VIII(2) 72

General Public Authority's Property Code [*Code général de la propriété des personnes publiques*] of 21 April 2006 no. 2006-460 (JO no. 95 of 22 April 2006, p. 6024)

art. L. 1122-1:	VI. – 3:205, Notes 1
art. L. 1123-1:	VI. – 3:205, Notes 1

Ill Persons Act [*Loi no. 2002-303 of 4 mars 2002 relative aux droits des malades et à la qualité du système de santé (1) – "Loi-Kouchner"*] (JO 5 March 2002, p. 4118, text no. 1)

generally:	VI. – 2:101, Notes X (3) 117
art. 1:	VI. – 2:101, Notes X (2) 107, (3) 117

Improvement of the Situation for Victims of Traffic Accidents and for the Acceleration of Compensation Proceedings Act ["Badinter Act"] [*Loi no. 85-677 du 5 juillet 1985 tendant à lámélioration de la situation des victimes daccidents de la circulation et à láccélération des procédures dindemnisation – Loi Badinter*] of 5 July 1985 (JO 6 July 1985, p. 7584)

generally:	VI. – 5:102, Notes III 28; VI. – 7:105, Notes 1
art. 1:	VI. – 3:205, Notes 1
art. 2:	VI. – 3:205, Notes 1; VI. – 5:102, Notes III 28; VI. – 5:302, Notes 1
art. 3:	VI. – 3:205, Notes 1; VI. – 5:102, Notes III 28
art. 4:	VI. – 3:205, Notes 1; VI. – 5:102, Notes III 28
art. 5:	VI. – 3:205, Notes 1; VI. – 5:102, Notes III 28

Individual Enterprise Act [*Loi relative à línitiative et à lentreprise individuelle – Loi Madelin*] of 11 February 1994 no. 94-126 (JO no. 26-49 of 13 February 1994, p. 2493); amended by Law no. 98-657 of 29 July 1998 against exclusions [*Loi dorientation relative à la lutte contre les exclusions*] (JO no. 150-175 of 31 July 1998, p. 1)
art. 47: IV. G. – 1:101, Notes VIII 45; IV. G. – 2:107, Notes I 4, II 7, 12, III 14, 15; IV. G. – 2:109, Notes I 3; IV. G. – 4:106, Notes II 3, 5

Insolvency Act [*Loi relative au redressement et à la liquidation judiciaires des entreprises*] of 25 January 1985 no. 85-98 (JO no. 1-26 of 26 January 1985, p. 1097); meanwhile integrated into the new Commercial Code of 2000 (Ccom art. L. 620-1 to art. L. 628-3)
art. 60: IV. G. – 2:113, Notes IV 29

Insurance Code [*Code des Assurances*] Décret no. 76-667 of 16 July 1976 (JO 21 July 1976, p. 4343); art. L 113-1 as amended by Law no. 81-5 of 7 January 1981, art. 28 II (JO of 8 January 1981, p. 194); amended by among others Law no. 2005-845 of 26 July 2005 (JO of 27 July 2005, p. 12187, text no. 5 and rectified by JO no. 247 of 22 October 2005, p. 16750)
art. L. 113-1: VI. – 3:101, Notes 1
art. L. 121-12: VI. – 4:102, Notes 1; VI. – 6:105, Notes 1
art. L. 132-9: II. – 9:303, Notes 4
art. L. 520-1: IV. D. – 1:101, Notes I 8

Intellectual Property Code [*Code de la propriété intellectuelle*] (Loi no. 92-597) of 1 July 1992 (JO no. 153 of 3 July 1992, p. 8801)
generally: VII. – 7:101, Notes III 18
art. L.131-1: IV. A. – 1:101, Notes VII 33
art. L.613-8: IV. A. – 1:101, Notes VII 33

Judicature Code [*Décret no. 78-329 du 16 mars 1978 instituant le Code de l'organisation judiciaire*] of 16 March 1978 (JO of 18 March 1978, p. 1129); revised by ordonnance no. 2006-637 of 8 June 2006 (JO no. 132 of 9 June 2006, p. 8710)
art. R. 311-1: VIII. – 6:101, Notes I 10
art. R. 211-4: VIII. – 6:204, Notes II 25
art. L. 141-1: VI. – 7:103, Notes 1

Judicial Deposits Act [*Loi relative aux consignations judiciaires*] of 28 July 1875 (D. 15 December 1875, amended by among others JO no. 99 of 27 April 2001)
generally: III. – 2:112, Notes I 2

Judicial Proceedings in Respect of Liability of Public Persons for Traffic Accidents Act [*Loi no. 57-1424 attribuant compétence aux tribunaux judiciaires pour statuer sur les actions en responsabilité des dommages causés par tout véhicule et dirigés contre une personne de droit public*] of 31 December 1957 (JO of 5 Januar 1958, p. 196)
generally: VI. – 7:103, Notes 1

Judicial Professions Act [*Loi no. 71-1130 portant reforme de certaines professions judicaires et juridiques*] of 31 Decenber 1971 (JO of 5 January 1972, p. 131)
generally: IV. D. – 1:101, Notes I 8
art. 55: IV. C. – 7:107, Notes II 3

Labour Accidents Liability Act [*Loi du 9 avril 1898 concernant les responsabilites dans les accidents du travail*] of 9 April 1898 (JO of 10 April 1898, p. 2209)
generally: VI. – 7:104, Notes 1

Labour Code [*Code du travail*] Act no. 73-4 of 2 January 1973 (JO of 3 Januar 1973, p. 52); reformed by *Ordonnance no. 2007-329 du 12 mars 2007 relative au code du travail*, in force since 1 March 2008 (JO of 13 March 2007, p. 4740)
art. L 1234-9: VI. – 7:104, Notes 1
art. L 1237-3: VI. – 2:211, Notes 1

Lawyers Act [*Décret organisant la profession d'avocat*] of 27 November 1991 no. 91-1197 (JO no. 277 of 28 November 1991, p. 15502)
art. 155: IV. C. – 7:107, Notes II 3; IV. D. – 5:102, Notes II 15

Legal Interest Act [*Loi relative au taux de l'intérêt légal*] of 11 July 1975 no. 75-619 (JO of 12 July 1975, p. 7180) as amended by *Loi relative à l'information et à la protection des consommateurs ainsi qu'à diverses pratiques commerciales* of 23 June 1989 no. 89-421 (JO of 29 June 1989, p. 8047)
art. 1: III. – 3:708, Notes II (b) 7

Legal Professions Act [*Loi no. 71-1130 du 31 décembre 1971 portant réforme de certaines professions judiciaires et juridiques*] of 31 December 1971 no. 71-1130 (JO of 5 Januar 1972, p. 131)
art. 26: VI. – 7:103, Notes 1
art. 27: VI. – 7:103, Notes 1

Liability for Sales at Public Auctions Act [*Loi portant réglementation des ventes volontaires de meubles aux enchères publiques*] of 10 July 2000 no. 2000-642 (JO no. 159 of 11 July 2000, p. 10474)
art. 30: III. – 7:201, Notes II 2

Maritime Vessels Act [*Décret application de la loi 675 du 03-01-1967 portant statut des navires et autres batiments de mer*] of 27 October 1967 no. 67-967 (JO of 4 November 1967, p. 10836)
art. 15: VIII. – 1:102, Notes II 35
art. 93: VIII. – 1:102, Notes II 35

Mining Code [*Code minier*] (Decret no. 56-838) of 16 August 1956 (JO of 21 August 1956, p. 8004)
art. 75-1: VI. – 3:206, Notes 1

Ministerial Order on the Registration of Cars [*Arrêté relatif a l'immatriculation des vehicules*] of 5 November 1984 (JO 22 December 1984, p. 11828)
art. 2: VIII. – 1:102, Notes I 11

Monetary and Financial Code [*Code monétaire et financier*] (ordonnance no. 2000-1223) of 14 December 2000 (JO no. 291 of 16 December 2000, p. 20004)
art. L. 313-7: IV. B. – 1:101, Notes VII 14
art. L. 313-22: IV. G. – 2:107, Notes I 4, III 14, 15; IV. G. – 2:109, Notes I 3; IV. G. – 4:106, Notes II 3, 5, 7
art. L. 313-27: IV. G. – 2:102, Notes II 15
art. L. 533-46: IV. C. – 7:107, Notes II 3

Notary Act [*Décret no. 71-941 relatif aux actes établies par les notairs*] of 26 November 1971 (JO of 3 December 1971, p. 11795)
art. 2: IV. D. – 5:102, Notes II 15

Penal Code [*Code Penal* – CP] of 12 February 1810; repealed by *Nouveau Code Pénal* [NCP] in force since 1 March 1994 (JO no. 169 of 23 July 1992, p. 9864); amended by among others Ordinance no. 2005-759 of 4 July 2005 (JO no. 156 of 6 July 2005, p. 11159, in force 1 July 2006)
art. 121-3: VI. – 3:102, Notes I 1
art. 122-4: VI. – 5:201, Notes 1
art. 122-5: VI. – 5:202, Notes I 1
art. 122-6: VI. – 5:202, Notes I 1
art. 122-7: VI. – 5:202, Notes III 19
art. 224-1: VI. – 2:203, Notes I 1
art. 226-13: VI. – 2:205, Notes 1
art. 311-1: VIII. – 3:101, Notes V 98; VIII. – 6:401, Notes I 6
art. 313-1: VIII. – 3:101, Notes V 98
art. 314-1: VIII. – 3:101, Notes V 98
art. 341-1: VIII. – 6:401, Notes I 6

Prescription Act [*Loi no. 2008-561 portant réforme de la prescription en matière civile*] of 17 June 2008 (JO no. 141 of 18 June 2008, p. 9856)
generally: III. – 7:203, Notes I 4; III. – 7:301, Notes II 6

Prevention of Enterprises's Insolvency and on Concordat Act [*Loi relative à la prevention et au règlement amiable des difficultés des entreprises*] of 1 March 1984 no. 84-148 (JO no. 52-78 of 2 March 1984, p. 751); integrated now into the new Commercial Code of 2000 (Ccom art. L. 611-1 to art. L. 612-5)
generally: IV. G. – 2:110, Notes V 13

Products Liability Act [*Loi no. 2006-406 du 5 April 2006 relative à la garantie de conformité du bien au contrat due par le vendeur au consommateur et à la responsabilité du fait des produits défectueux*] of 5 April 2006 (JO no. 82 of 6 April 2006, p. 5198)
generally: VI. – 3:204, Notes I 2

Public Health Code [*Code de la Santé Publique* – CSP] Decret no. 53-1001 of 5 October 1953 (JO of 7 October 1953, p. 8833)

generally:	IV. C. – 8:101, Notes II 5
art. L 1111-2:	IV. C. – 7:104, Notes IV 29; IV. C. – 8:105, Notes II 8, III 21, IV 30, V 43; IV. C. – 8:106, Notes II 3
art. L 1111-4:	IV. C. – 8:108, Notes II 8, III 19; IV. C. – 8:110, Notes III 9
art. L 1111-6:	IV. C. – 8:108, Notes IV 27
art. L 1111-7:	IV. C. – 8:109, Notes IV 33
art. L 1111-8:	IV. C. – 8:109, Notes II 9
art. L 1112-1:	IV. C. – 8:109, Notes IV 33, V 44
art. L 1112-2:	IV. C. – 8:109, Notes II 9
art. L 1142-1:	IV. C. – 8:103, Notes II 5; IV. C. – 8:104, Notes VI 65; VI. – 3:206, Notes 1
art. L 1142-1-1:	VI. – 3:206, Notes 1
art. L 1142-17:	VI. – 3:206, Notes 1

Responsibility of Judges Act [*Loi organique no. 79-43 du 18 janvier 1979 modifiant l'ord. 58-1270 du 22-12-1958 modifiée portant loi organique relative au statut de la magistrature*] of 18 January 1979 no. 79-43 (JO of 19 Januar 1979, p. 162)

art. 11-1:	VI. – 7:103, Notes 1

Rights and Liberties of Territorial Authorities Act [*Loi relative aux droits et aux libertés des collectivités locales*] of 2 March 1982 no. 82-213 (JO no. 51-76 of 3 March 1982, p. 730)

generally:	IV. G. – 1:101, Notes V 33

Road Traffic Code [*Code de la route*] of 27 May 1921; amended by *Ordonnance relative à la partie Législative du code de la route* of 22 September 2000 no. 2000-930 (JO no. 222 of 24 September 2000, p. 15056)

art. L. 323-2:	VIII. – 1:102, Notes I 11
art. R. 322-4:	VIII. – 1:102, Notes I 11
art. R. 322-5:	VIII. – 1:102, Notes I 11

Simplification of Law Act 2004 [*Loi de simplification du droit*] of 9 December 2004 no. 2004-1343 (JO of 10 December 2004, p. 20857)

generally:	VI. – 3:204, Notes II (1) 4

Social and Family Law Code [*Ordonnance relative au partie Législative du code le l'action sociale et des familles*] of 21 December 2000 no. 2000-1249 (JO no. 297 of 23 December 2000, p. 20471)

art. L. 114-5:	VI. – 2:101, Notes X (2) 107

Social Security Code [*Code de sécurité sociale*] Décret no. 56-1279 of 10 December 1956 (JO of 18 December 1956, p. 12140)

art. L 452-3:	VI. – 7:104, Notes 1

Subcontracting Act [*Loi no. 75-1334 relative à la sous-traitance*] of 31 December 1975 (JO of 3 January 1976, p. 148)

generally:	IV. G. – 1:104, Notes III 8

art. 1: IV. C. – 2:104, Notes II 6
art. 3: IV. C. – 2:104, Notes I 1, II 6
art. 12: VII. – 2:102, Notes I 1

Succession and Donation Reform Act [*Loi portant réforme des successions et des libéralités*] of 23 June 2006 no. 2006-728 (JO no. 145 of 24 June 2006, p. 9513)
chap. 6: IV. D. – 7:102, Notes I 8

Tourism Code [*Ordonnance no. 2004-1391 relative à la partie législative du code du tourisme*] of 20 December 2004 (JO no. 299 of 24 December 2004, p. 21896)
art. L. 211-9: II. – 3:106, Notes II 5

Trust in Digital Economics Act [*Loi pour la confiance dans l'économie numérique*] of 21 June 2004 no. 2004-575 (JO no. 143 of 22 June 2004, p. 11168)
generally: VI. – 2:204, Notes IV 37

Germany

Administrative Procedure Act [*Verwaltungsverfahrensgesetz* – VwVfG] of 25 May 1976 (BGBl. I, 1253); in the revised version of the publication of 23 January 2003 (BGBl. I, 102) and amended by among others Art. 10 of the Law of 17 December 2008 (BGBl. I, 2586)

Aviation Act [*Luftverkehrsgesetz* – LuftVG] of 1 August 1922 (RGBl. I, 681) in the revised version of 10 May 2007 (BGBl. I, 696) as amended by the publication of 1 June 2007 (BGBl. I, 986, 991)

Civil Code [*Bürgerliches Gesetzbuch* – CC] of 18 August 1896 (RGBl. 195) as amended by among others the publication of 2 January 2002 (BGBl. I, 42, corrected on page 2909 and BGBl. I 2003, 738)

§ 181:	II. – 6:109, Notes III 3, IV 5, V 6; IV. D. – 5:101, Notes I 3, II 16; IV. D. – 5:102, Notes I 3, II 16; VIII. – 4:201, Notes III 24
§ 182:	V. – 1:101, Notes IX 95
§ 184:	II. – 6:111, Notes III 5
§ 194:	VIII. – 1:202, Notes I 3
§ 195:	III. – 7:101, Notes IV 6; III. – 7:201, Notes III 8; IV. C. – 6:106, Notes 2; VIII. – 6:101, Notes V 39
§ 196:	III. – 7:201, Notes III 8
§ 197:	III. – 7:201, Notes III 8; III. – 7:202, Notes I 1, III 3, IV 5; VIII. – 4:101, Notes IV 69; VIII. – 6:101, Notes V 39;
§ 199:	III. – 7:201, Notes III 8; III. – 7:203, Notes II 5, III 8; III. – 7:301, Notes II 6; III. – 7:307, Notes I 1, II 4
§ 201:	III. – 7:203, Notes IV 10
§ 202:	III. – 7:601, Notes III 5; VI. – 5:401, Notes 7
§ 203:	III. – 7:301, Notes I 2; III. – 7:304, Notes I 1, III 5; VIII. – 4:204, Notes I 1
§ 204:	III. – 7:302, Notes I 1, III 6, V 10, VI 11, VII 12, VIII 13; VIII. – 4:203, Notes I 1, II 17
§ 205:	III. – 7:301, Notes I 1
§ 206:	III. – 7:303, Notes I 1, III 3; VIII. – 4:202, Notes I 1
§ 207:	III. – 7:301, Notes I 3; III. – 7:305, Notes III 6, V 9; VIII. – 4:201, Notes II 12, IV 27
§ 208:	III. – 7:305, Notes IV 8
§ 209:	III. – 7:301, Notes I 1
§ 210:	III. – 7:305, Notes II 2, 4, 5; VIII. – 4:201, Notes I 1, III 24
§ 211:	III. – 7:306, Notes 1
§ 212:	III. – 7:301, Notes I 1; III. – 7:401, Notes 1, 2, 4; III. – 7:402, Notes 1; VIII. – 4:203, Notes III 25
§ 214:	III. – 7:501, Notes I 1, III 5; VII. – 2:103, Notes II 16
§ 215:	III. – 6:102, Notes III 6; III. – 6:107, Notes II 4; III. – 7:101, Notes III 5; III. – 7:503, Notes 1
§ 217:	III. – 7:301, Notes I 1; III. – 7:502, Notes 1
§ 226:	VI. – 3:102, Notes III 33
§ 227:	VI. – 1:101, Notes III 15; VI. – 5:202, Notes I 6; VIII. – 6:201, Notes I 1; VIII. – 6:202, Notes I 1
§ 228:	VI. – 1:101, Notes III 15; VI. – 5:202, Notes III 24
§ 229:	VI. – 1:101, Notes III 15; VI. – 5:201, Notes 6; VIII. – 6:201, Notes I 1; VIII. – 6:202, Notes I 1
§ 241:	II. – 3:102, Notes III 13; II. – 3:105, Notes 13; II. – 3:109, Notes II 7; III. – 3:702, Notes III 4; IV. A. – 2:302, Notes VIII 30; IV. C. – 4:103, Notes I 1, II 6; IV. C. – 5:107, Notes 1; IV. C. – 6:102, Notes I 2
§ 241a:	VII. – 7:101, Notes I 5; VIII. – 2:304, Notes 1
§ 242:	III. – 1:103, Notes II (a) 3, 4, IV (a) 10; III. – 1:104, Notes 2; III. – 1:109, Notes IV 7; III. – 1:110, Notes I 3; III. – 2:102, Notes II 3; III. – 3:105, Notes II 2; III. – 3:712, Notes III 5; IV. B. – 5:108, Notes III 9; IV. B. – 6:101, Notes VI 12; IV. C. – 2:105, Notes I 1, II 7; IV. C. – 2:107, Notes I 1, II 7; IV. C. – 2:110, Notes II 6; IV. C. – 3:102, Notes I 4, III 21; IV. C. – 3:103, Notes III 23; IV. C. – 4:103, Notes I 1, II 6; IV. C. – 6:103, Notes I 3;

§ 308:	II. – 9:405, Notes I 9; II. – 9:410, Notes 3; III. – 2:102, Notes IV 10
§ 309:	II. – 7:304, Notes 1; II. – 9:405, Notes I 9; II. – 9:410, Notes 3; III. – 3:105, Notes IV 8, V 10, VI 13; IV. A. – 4:302, Notes VIII 22; IV. C. – 6:107, Notes 5; VI. – 5:401, Notes 7
§ 310:	II. – 9:103, Notes I 3; II. – 9:405, Notes I 9; II. – 9:407, Notes I 4; II. – 9:410, Notes 3; III. – 3:105, Notes V 10; IV. G. – 1:101, Notes IX 65
§ 311:	II. – 3:102, Notes III 13; II. – 3:105, Notes 13; II. – 3:109, Notes II 7; II. – 3:201, Notes 6; II. – 3:301, Notes I 3; II. – 7:201, Notes X 49; II. – 7:204, Notes 2; II. – 7:304, Notes 1; IV. C. – 6:102, Notes I 2; IV. G. – 4:103, Notes V 46
§ 311a:	III. – 3:101, Notes I 3
§ 311b:	II. – 1:106, Notes III 15; VII. – 2:101, Notes III(c) 67
§ 312:	I. – 1:105, Notes II 13; II. – 3:105, Notes 2; II. – 5:101, Notes II 6, II 7; II. – 5:201, Notes II 6; IV. G. – 4:101, Notes I 7, III 30
§ 312b:	II. – 5:201, Notes III 11, 12
§ 312c:	II. – 3:106, Notes I 2, III 7. 9
§ 312d:	II. – 5:201, Notes III 13, 17
§ 312e:	II. – 3:105, Notes 7, 13; II. – 3:201, Notes 2, 5
§ 312f:	IV. G. – 4:102, Notes I 2, 7
§ 313:	II. – 7:201, Notes I 2; II. – 9:107, Notes I 1; III. – 1:103, Notes II 6; III. – 1:110, Notes I 3; IV. B. – 4:101, Notes II 4; IV. C. – 2:109, Notes I 1, II 7
§ 314:	III. – 1:103, Notes II 6; III. – 1:109, Notes V 8; III. – 3:502, Notes I 3; III. – 3:508, Notes I 1; III. – 3:511, Notes 1; IV. B. – 2:102, Notes VII 17; IV. B. – 4:101, Notes IV 11; IV. B. – 6:101, Notes IV 7; IV. D. – 6:103, Notes I 7, II 21, IV 46; IV. D. – 6:105, Notes I 6, II 19, IV 38; IV. G. – 2:109, Notes I 7, 9
§ 315:	II. – 4:103, Notes IV 16; II. – 9:105, Notes I 1; IV. A. – 3:101, Notes I 4; IV. B. – 5:101, Notes III 3; IV. C. – 2:101, Notes III 17; IV. E. – 3:306, Notes 2; IV. E. – 4:301, Notes II 2
§ 316:	II. – 4:103, Notes IV 16; II. – 9:104, Notes III 6; II. – 9:105, Notes I 1; IV. A. – 3:101, Notes I 4; IV. B. – 5:101, Notes III 3; IV. C. – 2:101, Notes III 17; IV. E. – 3:306, Notes 2
§ 317:	II. – 9:106, Notes I (b) 3
§ 319:	II. – 9:106, Notes I (c) 6
§ 320:	III. – 2:104, Notes 1; III. – 3:401, Notes I 1, II (a) 7, (b) 8; IV. A. – 4:101, Notes II 7; IV. B. – 4:101, Notes III 6; IV. C. – 5:106, Notes II 3
§ 321:	III. – 3:401, Notes III 12; III. – 3:505, Notes 2
§ 323:	III. – 3:103, Notes 3; III. – 3:202, Notes 5; III. – 3:203, Notes 7; III. – 3:502, Notes I 3, II 5, IV 17; III. – 3:503, Notes I 2; III. – 3:504, Notes II 2; III. – 3:506, Notes 1; III. – 3:508, Notes I 1; III. – 3:511, Notes 1; IV. A. – 3:104, Notes II 5; IV. A. – 4:101, Notes II 10; VIII. – 2:202, Notes III 59
§ 324:	III. – 3:203, Notes 7; IV. A. – 5:201, Notes 2
§ 325:	III. – 3:102, Notes 1; III. – 3:509, Notes II 10; III. – 3:601, Notes IV 8
§ 326:	III. – 3:203, Notes 7; III. – 3:301, Notes II 4; III. – 3:502, Notes I 3; VIII. – 2:202, Notes III 59

§ 404:	III. – 5:116, Notes 1, 4; IV. G. – 2:113, Notes II 21
§ 406:	III. – 5:116, Notes 2, 4
§ 407:	III. – 5:119, Notes II 4; VII. – 4:103, Notes I 5
§ 408:	III. – 5:121, Notes 1
§ 409:	III. – 5:120, Notes 1
§ 410:	III. – 5:120, Notes 1
§ 412:	IV. G. – 2:113, Notes I 13, II 21, V 33; IV. G. – 3:109, Notes IV 14
§ 413:	III. – 5:101, Notes 2; VIII. – 1:203, Notes 1;
§ 414:	III. – 5:202, Notes I 1, III 6; III. – 5:204, Notes 2; IV. G. – 1:104, Notes III 5; V. – 3:101, Notes I 1
§ 415:	III. – 5:202, Notes III 6; V. – 3:101, Notes I 1
§ 417:	III. – 5:205, Notes 1
§ 418:	III. – 5:205, Notes 1
§ 420:	III. – 4:102, Notes III 7; III. – 4:104, Notes 1; III. – 4:202, Notes III 3; III. – 4:203, Notes 2; III. – 4:204, Notes 1; V. – 2:102, Notes II 11
§ 421:	III. – 4:102, Notes II 6; IV. G. – 1:104, Notes II 2
§ 422:	III. – 4:108, Notes 1; III. – 4:112, Notes I 1
§ 423:	III. – 4:109, Notes 1
§ 425:	III. – 4:108, Notes 2; III. – 4:110, Notes 2; III. – 4:111, Notes I 1
§ 426:	III. – 4:106, Notes I 1; III. – 4:107, Notes I 1, II 2, III 3; IV. G. – 1:104, Notes II 2; IV. G. – 1:106, Notes II 4, III 21, 23; IV. G. – 2:110, Notes IV 10; V. – 1:103, Notes II 12; VI. – 6:105, Notes 7; VII. – 4:101, Notes V 47; VIII. – 1:102, Notes II 21
§ 427:	III. – 4:103, Notes I 1; IV. G. – 1:104, Notes II 3; V. – 2:102, Notes II 11
§ 428:	III. – 4:202, Notes II 2; VI. – 6:104, Notes 7
§ 429:	III. – 4:207, Notes II 2
§ 430:	III. – 4:206, Notes 1
§ 431:	III. – 4:102, Notes I 2
§ 432:	III. – 4:202, Notes I 1; III. – 4:205, Notes 1; VI. – 6:104, Notes 7
§ 433:	IV. A. – 1:101, Notes I 2; IV. A. – 1:201, Notes I 2; IV. A. – 1:202, Notes 1; IV. A. – 2:101, Notes I 1, II 7; IV. A. – 3:104, Notes I 2; IV. A. – 4:101, Notes II 6, 8
§ 434:	II. – 7:201, Notes I 4; IV. A. – 2:301, Notes I 2, III 14; IV. A. – 2:302, Notes II 2, III 8, IV 11, V 14, VII 24; IV. A. – 2:303, Notes 2, 3, 4; IV. A. – 2:304, Notes 2; IV. A. – 2:308, Notes I 2; VII. – 2:101, Notes I(c) 23; VIII. – 2:304, Notes 1
§ 435:	IV. A. – 2:305, Notes I 1
§ 437:	II. – 7:102, Notes 1; III. – 3:302, Notes V 24; III. – 3:601, Notes I 1; IV. A. – 4:201, Notes I 1
§ 438:	III. – 7:201, Notes III 8; III. – 7:307, Notes III 6; IV. A. – 4:302, Notes IX 26; IV. A. – 4:304, Notes 3
§ 439:	III. – 3:302, Notes V 24; IV. A. – 4:101, Notes I 2
§ 440:	III. – 3:203, Notes 7
§ 441:	III. – 3:601, Notes I 1, II 6, III 7; IV. A. – 4:101, Notes I 2; IV. A. – 4:201, Notes III 8, 10, 11
§ 442:	IV. A. – 2:307, Notes I 1, 3

§ 443:	IV. A. – 6:101, Notes I 4, II 8, III 16, V 21, VI 26; IV. A. – 6:107, Notes 3; VIII. – 2:203, Notes II 19
§ 444:	IV. A. – 2:309, Notes 3
§ 446:	IV. A. – 5:101, Notes III 9; IV. A. – 5:102, Notes I 3; VIII. – 2:201, Notes II 3, III 26
§ 447:	IV. A. – 5:102, Notes II 6; IV. A. – 5:202, Notes II 3, III 4; VIII. – 2:201, Notes II 3
§ 448:	IV. A. – 2:202, Notes III 11, 12
§ 449:	VIII. – 2:203, Notes II 19
§ 451:	VIII. – 2:203, Notes I 6
§ 452:	IV. A. – 1:201, Notes III 8
§ 453:	IV. A. – 1:101, Notes V 19, 20; IV. A. – 1:201, Notes I 3, VI 20
§ 457:	VIII. – 2:203, Notes I 6
§ 459 (old):	III. – 3:502, Notes IV 16
§ 462 (old):	III. – 3:502, Notes IV 16
§ 474:	IV. A. – 1:101, Notes I 5; IV. A. – 1:204, Notes I 3; IV. A. – 5:103, Notes 1
§ 475:	IV. A. – 1:101, Notes X 38; IV. A. – 4:101, Notes III 16; IV. A. – 4:302, Notes VIII 23; IV. B. – 1:102, Notes III 6
§ 476:	IV. A. – 1:204, Notes II 7; IV. A. – 2:308, Notes II 7
§ 477:	IV. A. – 1:204, Notes II 7; IV. A. – 6:101, Notes I 4; IV. A. – 6:103, Notes I 1, II 4, III 7, IV 9
§ 478:	IV. A. – 1:204, Notes II 7
§ 480:	III. – 3:601, Notes I 1; IV. A. – 1:203, Notes I 1
§ 485:	II. – 5:202, Notes II 7, 9
§ 486:	II. – 5:202, Notes III 14
§ 488:	IV. F. – 1:101, Notes II 5, 7, V 13; IV. F. – 1:103, Notes 1; IV. F. – 1:104, Notes I 1, III 6; IV. F. – 1:106, Notes I 1, III (a) 7, V 22
§ 489:	III. – 2:103, Notes II 3; IV. F. – 1:106, Notes III (d) 16, V 22; IV. G. – 2:109, Notes I 9
§ 490:	III. – 2:103, Notes II 3; IV. F. – 1:106, Notes III (d) 16, V 22, VI (a) 29, (b) 32
§ 491:	IV. G. – 4:101, Notes I 7, III 30
§ 497:	III. – 2:110, Notes V 10
§ 500:	IV. B. – 1:102, Notes IV 11
§ 502:	VIII. – 2:203, Notes II 19
§ 506:	IV. G. – 4:102, Notes I 2, 7
§ 507:	IV. G. – 1:101, Notes IX 64
§ 516:	II. – 1:101, Notes I 4; II. – 4:101, Notes IV (c) 38; II. – 4:303, Notes 2
§ 518:	VII. – 2:101, Notes III(c) 67
§ 521:	VI. – 1:103, Notes I 6
§ 528:	VII. – 2:101, Notes I(b) 14
§ 530:	VII. – 2:101, Notes I(b) 14
§ 531:	VII. – 2:101, Notes I(b) 14
§ 535:	IV. B. – 1:101, Notes II 2, V 7; IV. B. – 2:101, Notes I 2; IV. B. – 3:101, Notes I 1, V 9; IV. B. – 3:103, Notes III 6; IV. B. – 3:104, Notes II 4; IV. B. – 5:101, Notes I 1
§ 536:	III. – 3:601, Notes I 1; IV. B. – 4:102, Notes I 2

§ 536a:	III. – 3:203, Notes 7; IV. B. – 4:101, Notes VI 17; IV. B. – 4:101, Notes VII 19; IV. B. – 5:105, Notes I 3; IV. B. – 5:106, Notes II 3
§ 536c:	III. – 3:203, Notes 7; IV. B. – 4:102, Notes II 4; IV. B. – 4:103, Notes II 2; IV. B. – 5:107, Notes I 2, II 6
§ 537:	III. – 3:301, Notes II 4; IV. B. – 6:101, Notes VI 12
§ 538:	IV. B. – 5:104, Notes I 2; IV. B. – 6:101, Notes V 10
§ 539:	IV. B. – 4:101, Notes VII 19; IV. B. – 5:106, Notes II 3
§ 540:	IV. B. – 7:102, Notes II 2; IV. B. – 7:103, Notes II 2, III 3, IV 4
§ 541:	IV. B. – 5:104, Notes I 2; IV. B. – 6:101, Notes II 4
§ 542:	IV. B. – 2:102, Notes I 3, III 7, V 14
§ 543:	IV. B. – 2:102, Notes VII 17; IV. B. – 4:101, Notes IV 10, 11; IV. B. – 5:104, Notes I 2; IV. B. – 6:101, Notes IV 7
§ 544:	IV. B. – 2:102, Notes IV 13
§ 545:	IV. B. – 2:103, Notes I 2, III 8, V 11, VIII 15
§ 546:	IV. B. – 5:109, Notes I 2
§ 546a:	IV. B. – 6:101, Notes V 11
§ 548:	III. – 7:201, Notes III 8; VI. – 1:103, Notes I 6
§ 552:	IV. B. – 5:106, Notes II 3
§ 554:	IV. B. – 5:108, Notes II 4
§ 565:	III. – 1:109, Notes III 5
§ 566:	III. – 5:302, Notes II 7; IV. B. – 7:101, Notes III 5
§ 566c:	VII. – 4:103, Notes I 5
§ 567b:	VII. – 4:103, Notes I 5
§ 578a:	IV. B. – 1:101, Notes IV 6
§ 579:	IV. B. – 5:102, Notes I 2
§ 580a:	IV. B. – 2:102, Notes VI 16
§ 581:	IV. B. – 1:101, Notes II 2; VII. – 4:103, Notes I 5
§ 599:	VI. – 1:103, Notes I 6
§ 606:	VI. – 1:103, Notes I 6
§ 607:	II. – 4:101, Notes IV (c) 38; IV. F. – 1:101, Notes II 5, V 13
§ 608:	IV. F. – 1:101, Notes V 13
§ 609:	IV. F. – 1:101, Notes V 13
§ 611:	IV. C. – 7:101, Notes II 3; IV. C. – 8:101, Notes II 6; IV. C. – 8:104, Notes II 14; IV. D. – 1:101, Notes I 9
§ 612:	IV. B. – 5:101, Notes III 3; IV. D. – 2:102, Notes I 9
§ 613:	IV. C. – 2:104, Notes I 1, II 7
§ 613a:	III. – 5:302, Notes II 7
§ 614:	IV. D. – 2:102, Notes II 28
§ 615:	III. – 3:301, Notes II 4
§ 618:	VI. – 3:102, Notes III 33
§ 620:	II. – 6:112, Notes I 2; III. – 1:109, Notes III 5; IV. E. – 2:301, Notes I 2
§ 621:	IV. D. – 1:104, Notes 7; IV. D. – 6:102, Notes I 9; IV. D. – 6:104 Notes I 9
§ 622:	III. – 1:109, Notes III 5
§ 624:	III. – 1:109, Notes II 2, III 5
§ 625:	IV. D. – 1:103, Notes II 7

IV 36, V 47; VII. – 5:101, Notes I 4; VII. – 5:103, Notes 4; VII. – 6:102, Notes 4; VII. – 7:103, Notes 5; VIII. – 2:202, Notes I 16; VIII. – 6:401, Notes I 1; VIII. – 2:202, Notes II 41, III 59; VIII. – 2:203, Notes II 19; VIII. – 2:304, Notes 1

§ 813: VII. – 2:101, Notes I(c) 23; VII. – 2:103, Notes II 16; VII. – 4:101, Notes I 4

§ 814: IV. G. – 3:106, Notes V 12; V. – 1:101, Notes V 50; VII. – 1:101, Notes V 47; VII. – 2:101, Notes II 42, II(c) 67; VII. – 2:103 Notes I 5, II 16, III 27

§ 815: VII. – 2:101, Notes VIII 122

§ 816: III. – 5:122, Notes 2; VII. – 2:101, Notes I(d) 33, VI 113; VII. – 3:101 and 3:102, Notes I 5; VII. – 4:101, Notes III 24; VII. – 4:103, Notes I 5, 6; VII. – 4:104, Notes 4; VII. – 4:105, Notes 5; VII. – 4:106, Notes 2; VIII. – 3:101, Notes III 52

§ 817: II. – 7:303, Notes 2; V. – 1:101, Notes V 50; VII. – 4:101, Notes I 4; VII. – 6:103, Notes 5

§ 818: V. – 1:101, Notes V 50; VII. – 4:101, Notes II 13, III 24; VII. – 4:103, Notes II 14; VII. – 5:101, Notes I 4, 10, II 13, III 21; VII. – 5:102, Notes 5; VII. – 5:103, Notes 4; VII. – 5:104, Notes 5; VII. – 6:101, Notes 5, 6; VII. – 6:102, Notes 4; VIII. – 1:203, Notes 1; VIII. – 5:201, Notes III 57

§ 819: VII. – 4:101, Notes II 13; VII. – 4:103, Notes II 14; VII. – 5:101, Notes III 21; VII. – 5:104, Notes 5; VII. – 6:101, Notes 6; VIII. – 1:203, Notes 1

§ 822: VII. – 2:103, Notes IV 34; VII. – 4:102, Notes 5; VII. – 4:103, Notes II 14

§ 823: IV. C. – 8:104, Notes II 14; IV. C. – 8:105, Notes II 9; VI. – 1:101, Notes II 4, III 9, 13, 16, IV 18, VI 35; VI. – 1:102, Notes I 6; VI. – 1:103, Notes I 6, III 32, IV 40; VI. – 2:101, Notes I 6, VIII(3) 78, IX 88, X (2) 112; VI. – 2:201, Notes I 1, II 3; VI. – 2:202, Notes I 1, II 11; VI. – 2:203, Notes I 2, IV 35; VI. – 2:204, Notes I 6, II 19, III 30, IV 38; VI. – 2:205, Notes 5; VI. – 2:206, Notes I 6, II 20; VI. – 2:208, Notes 6; VI. – 2:209, Notes II 7; VI. – 2:210, Notes 6; VI. – 2:211, Notes 7; VI. – 3:102, Notes II 21, III 33; VI. – 3:104, Notes I 8; VI. – 3:201, Notes I 6; VI. – 3:204, Notes II (1) 9, II (2) 24; VI. – 3:206, Notes 7; VI. – 4:101, Notes II 21, 22, III 32; VI. – 6:301, Notes 6; VI. – 7:104, Notes 7; VII. – 5:102, Notes 5; VIII. – 1:205, Notes V 79; VIII. – 2:304, Notes 1; VIII. – 2:307, Notes 1; VIII. – 6:101, Notes II 18; VIII. – 6:204, Notes III 36; VIII. – 6:401, Notes I 1, II 17

§ 824: VI. – 2:204, Notes I 4, 6, II 19, III 30; VI. – 2:208, Notes 6

§ 826: II. – 7:214, Notes I 1; IV. G. – 3:106, Notes V 14; VI. – 1:101, Notes II 4, III 16, IV 20; VI. – 2:202, Notes VI 60; VI. – 2:204, Notes I 6; VI. – 2:207, Notes 5; VI. – 2:208, Notes 6; VI. – 2:210, Notes 6; VIII. – 2:301, Notes 4

§ 827: V. – 2:102, Notes IV 32; VI. – 5:102, Notes I 7; VI. – 5:301, Notes 7

§ 828: VI. – 3:103, Notes I 7; VI. – 5:102, Notes III 33; VI. – 6:202, Notes 6

§ 829: VI. – 3:103, Notes II 20; VI. – 5:301, Notes 7

§ 830: VI. – 4:102, Notes 6; VI. – 4:103, Notes 7

§ 831: VI. – 1:101, Notes III 9, VI 39; VI. – 3:102, Notes II 21; VI. – 3:104, Notes II 23; VI. – 3:201, Notes I 6, II 20

§ 832: VI. – 1:101, Notes VI 39; VI. – 2:202, Notes II 11; VI. – 3:104, Notes I 8, II 23, 26; VI. – 5:301, Notes 7

§ 833: VI. – 3:203, Notes 7

§ 834: VI. – 3:203, Notes 7

§ 1029:	VIII. – 1:205, Notes III 24
§ 1056:	VII. – 4:103, Notes I 5
§ 1065:	VIII. – 6:101, Notes I 1
§ 1090:	VIII. – 6:101, Notes I 1; VIII. – 1:205, Notes III 24
§ 1138:	VII. – 4:105, Notes 5
§ 1207:	VII. – 4:105, Notes 5
§ 1227:	VIII. – 6:101, Notes I 1, III 21
§ 1273:	III. – 5:102, Notes 2
§ 1280:	III. – 5:106, Notes 2
§ 1281:	VI. – 6:104, Notes 7
§ 1415:	VIII. – 1:203, Notes 1
§ 1439:	III. – 6:103, Notes II 3
§ 1626:	IV. C. – 8:108, Notes II 10; VI. – 3:104, Notes I 8; VIII. – 6:201, Notes III 26
§ 1627:	IV. C. – 8:108, Notes II 10
§ 1629:	IV. C. – 8:108, Notes II 10
§ 1631:	VI. – 5:201, Notes 6
§ 1671:	VI. – 3:104, Notes I 8
§ 1757:	VI. – 3:104, Notes I 8
§ 1765:	VI. – 3:104, Notes I 8
§ 1793:	VI. – 3:104, Notes I 8
§ 1797:	VI. – 3:104, Notes I 8
§ 1800:	VI. – 3:104, Notes I 8
§ 1835:	IV. D. – 2:102, Notes I 9; V. – 3:102, Notes I 1
§ 1896:	VI. – 3:104, Notes II 23
§ 1909:	IV. C. – 8:108, Notes II 10; VI. – 3:104, Notes I 8
§ 1915:	VI. – 3:104, Notes I 8
§ 1968:	VI. – 2:202, Notes IV 34
§ 2018:	VIII. – 1:205, Notes III 24
§ 2032:	VIII. – 1:203, Notes 1
§ 2135:	VII. – 4:103, Notes I 5
§ 2366:	VII. – 4:105, Notes 5
§ 2380:	IV. A. – 5:102, Notes III 9

Civil Code Implementation Act [*Einführungsgesetz zum Bürgerlichen Gesetzbuch* – CCIA] of 31 August 1986, in the revised version of 21 September 1994 (BGBl. I, 2494)

art. 2:	VI. – 7:102, Notes 4

Civil Code Information Duties Act [*Verordnung über Informations- und Nachweispflichten nach bürgerlichem Recht* – BGB-InfoV] of 2 January 2002 (BGBl. I, 3002); amended by among others Decree of 23 October 2008 (BGBl. I, 2069)

§ 1:	II. – 3:103, Notes II 7
§ 2:	II. – 5:103, Notes II 10; II. – 5:202, Notes I 3
§ 5:	II. – 3:103, Notes I 2

Constitution [*Grundgesetz* – Const.] of 23 May 1949 (BGBl. I) as amended by the publication of 28 August 2006 (BGBl. I, 2034)

art. 5: VI. – 5:203, Notes 7
art. 8: VI. – 5:203, Notes 7
art. 14: VIII. – 1:202 Notes IV 45, 48; VIII. – 2:304, Notes 1
art. 34: VI. – 3:104, Notes II 23; VI. – 7:103, Notes 8

Copyright Act [*Gesetz über Urheberrecht und verwandte Schutzrechte vom 9 September 1965 Urheberrechtsgesetz* – UrhG] of 9 September 1965 (BGBl. I, 1273) as amended by the publication of 7 July 2008 (BGBl. I, 1191, 1201)
§ 97: VI. – 6:101, Notes II 20

Copyright on Works of Fine Art and Photography Act [*Gesetz betreffend das Urheberrecht an Werken der bildenden Künste und der Photographie – Kunsturhebergesetz* – KunstUrhG] of 9 January 1907 (RGBl. 1907, 7)
§ 22: VI. – 2:101, Notes VIII 68, 75

Deposits Regulations Act [*Hinterlegungsordnung*] of 10 March 1937 (RGBl. I, 285); amended by among others Art. 17(1) of the Law of 23 November 2007 (BGBl. I, 2614)
§ 1: III. – 2:112, Notes I 2

Doorstep Transactions Act [*Gesetz über den Widerruf von Haustürgeschäften und ähnlichen Geschäften*] of 16 January 1986 (BGBl. 1986 I, 122); now integrated into CC §§ 312 ff.
generally: IV. G. – 4:101, Notes I 7

Education Act [*Berufsbildungsgesetz* – BBiG] of 14 August 1969 (BGBl. I, 1112) as restated in the publication of 23 March 2005 (BGBl. I, 931)
§ 6: VI. – 3:104, Notes II 23

Employee Remuneration (Public Holidays and Illness) Act [*Entgeltfortzahlungsgesetz* – EntgFG] of 26 Mai 1994 (BGBl. I, 1014, 1065) as amended the publication of 23 December 2003 (BGBl. I, 2848)
§ 6: VI. – 2:202, Notes VI 60

Environmental Damage Act [*Umweltschadensgesetz* – USchadG] of 10 May 2007 (BGBl. I, 666)
generally: VI. – 2:209, Notes I 1

Environmental Liability Act [*Umwelthaftungsgesetz* – UmweltHG] of 10 December 1990 (BGBl. I, 2634) as amended by the publication of 23 November 2007 (BGBl. I, 2631)
§ 1: VI. – 2:209, Notes II 7; VI. – 3:206, Notes 7
§ 2: VI. – 3:206, Notes 7
§ 3: VI. – 3:206, Notes 7
§ 4: VI. – 3:206, Notes 7; VI. – 5:302, Notes 7
§ 6: VI. – 3:206, Notes 7; VI. – 4:101, Notes III 32
§ 7: VI. – 3:206, Notes 7; VI. – 4:101, Notes III 32
§ 14: VI. – 6:203, Notes 7
§ 15: VI. – 3:206, Notes 7; VI. – 2:202, Notes 6
§ 16: VI. – 2:209, Notes II 7

General Contract Terms Act [*Gesetz vom 9. Dezember 1976 zur Regelung des Rechts der Allgemeinen Geschäftsbedingungen* – AGBG] of 9 December 1976 (BGBl. I, 3317); repealed by *Gesetz zur Modernisierung des Schuldrechts* of 26 November 2001 (BGBl. I, 3138)

General Equal Treatment Act [*Allgemeines Gleichbehandlungsgesetz* – AGG] of 14 August 2006 (BGBl. I, 1897); amended by Art. 15(66) of the law of 5 February 2009 (BGBl. I, 160)

Genetic Engineering Act [*Gentechnikgesetz. Gesetz zur Regelung der Gentechnik vom 20. 06. 1990* – GenTG] of 20 June 1990 (BGBl. I, 1080) as restated in the publication of 16 December 1993 (BGBl. I, 2066) as amended by the publication of 16 August 2002 (BGBl. 2002 I, 3220-3244)

Hunting Act [*Bundesjagdgesetz* – BJagdG] of 29 September 1976 (BGBl. I, 2849)

Immission Control Act [*Bundesimmissionsschutzgesetz* – BImSchG] of 15 March 1974 (BGBl. I, 721, 1193) as amended by among others the publication of 26 September 2002 (BGBl. I, 3830)

Injunctions Act [*Gesetz über Unterlassungsklagen bei Verbraucherrechts- und anderen Verstößen* – UklaG] of 26 November 2001 (BGBl. I, 3422, 4346); amended by among others Art. 6 of the Law of 25 October 2008 (BGBl. I, 2074 (2009 I, 371))

Insolvency Act [*Insolvenzordnung* – InsO] of 5 October 1994 (BGBl. 1994 I, 2866)

§ 118: IV. D. – 7:102, Notes II 28
§ 119: IV. D. – 7:102, Notes II 28
§ 129: VIII. – 2:201, Notes VI 79
§ 130: VIII. – 2:201, Notes VI 79
§ 131: VIII. – 2:201, Notes VI 79
§ 132: VIII. – 2:201, Notes VI 79
§ 133: VIII. – 2:201, Notes VI 79
§ 134: VIII. – 2:201, Notes VI 79
§ 135: VIII. – 2:201, Notes VI 79
§ 136: VIII. – 2:201, Notes VI 79
§ 137: VIII. – 2:201, Notes VI 79
§ 138: VIII. – 2:201, Notes VI 79
§ 143: VIII. – 2:201, Notes VI 79
§ 144: VIII. – 2:201, Notes VI 79
§ 164: VIII. – 2:302, Notes 4
§ 254: IV. G. – 2:102, Notes III 17, 21; IV. G. – 2:111, Notes III 4
§ 286: IV. G. – 2:102, Notes III 24

Insurance Contract Law [*Versicherungsvertragsgesetz* – VVG] of 30 May 1908 (RGBl. 263) as amended by among others the publication of 23 November 2007 (BGBl. I, 2631)
§ 16 (old): VII. – 2:101, Notes III(e) 79
§ 67 (old): VI. – 2:201, Notes V 27; VII. – 2:201, Notes V 27
§ 86: VI. – 6:103, Notes 7
§ 159: II. – 9:303, Notes 4

Lawyers Regulations Act [*Bundesrechtsanwaltsordnung* – BRAO] of 1 August 1959 (BGBl. I, 565); amended by among others Art. 5 of the Law of 11 December 2008 (BGBl. I, 2418)
§ 49b: IV. D. – 2:102, Notes IV 66

Liability Act [*Haftpflichtgesetz* – HaftPflG] of 7 June 1871 (RGBl. 207) as restated by the publication of 4 January 1978 (BGBl. I, 145) as amended by among others the publication of 19 July 2002 (BGBl. I, 2674)
§ 1: VI. – 5:302, Notes 7
§ 2: VI. – 3:206, Notes 7; VI. – 5:302, Notes 7
§ 7: VI. – 5:401, Notes 7
§ 8: VI. – 6:203, Notes 7
§ 13: VI. – 5:302, Notes 7

Medicines Act [*Arzneimittelgesetz* – AMG] of 24 August 1976 (BGBl. I, 2445, 2448) as restated by the publication of 12 December 2005 (BGBl. I, 3394)
generally: IV. A. – 1:201, Notes V 14
§ 40: IV. C. – 8:104, Notes IV 38
§ 84: VI. – 3:204, Notes IV 39; VI. – 3:207, Notes 6

Mining Act [*Bundesberggesetz* – BBergG] of 13 August 1980 (BGBl. I, 1310) as amended by the publication of 9 December 2006 (BGBl. I, 2833)
§ 114: VI. – 3:206, Notes 7

Nuclear Energy Act [*Gesetz vom 31. Oktober 1976 über die friedliche Verwendung der Kernenergie und den Schutz gegen ihre Gefahren. Atomgesetz* – AtomG] of 23 December 1959 (BGBl. I, 814) as restated by the publication of 15 July 1985 (BGBl. I, 1565)

§ 25: VI. – 3:206, Notes 7
§ 31: VI. – 3:206, Notes 7

Penal Code [*Strafgesetzbuch* – CP] of 15 May 1871 (RGBl. 127) as restated by the publication of 13 November 1998 (BGBl. I, 3322)

§ 25: VI. – 4:102, Notes 6
§ 32: VI. – 5:202, Notes I 6
§ 34: VI. – 5:202, Notes III 24
§ 185: VI. – 3:102, Notes III 33
§ 193: VI. – 5:201, Notes 6
§ 201: VI. – 2:205, Notes 5
§ 203: IV. C. – 8:109, Notes V 46
§ 204: IV. C. – 8:109, Notes V 46
§ 263: VI. – 2:210, Notes 6; VI. – 3:102, Notes III 33
§ 266: VI. – 3:102, Notes III 33

Product Liability Act [*Produkthaftungsgesetz* – PHG] of 15 December 1989 (BGBl. I, 2198) as amended by the publication of 19 July 2002 (BGBl. I, 2674, 2679)

generally: VI. – 3:204, Notes I 1
§ 1: VI. – 3:204, Notes II (2) 24, IV 39
§ 8: VI. – 3:204, Notes III 31
§ 9: VI. – 6:203, Notes 7
§ 10: VI. – 3:204, Notes V 47; VI. – 6:202, Notes 6
§ 11: VI. – 3:204, Notes II (1) 9; VI. – 6:102, Notes 6
§ 14: VI. – 5:401, Notes 7

Protection against Displacement of Cultural Objects Act [*Gesetz zum Schutz deutschen Kulturgutes gegen Abwanderung* – KultSchG] of 8 July 1999 (BGBl. I, 1754); amended by among others the publication of 18 May 2007 (BGBl. I, 757)

generally: VIII. – 3:101, Notes VII 132

Restraints on Competition Act [*Gesetz gegen Wettbewerbsbeschränkungen* – GWB] of 27 July 1957 (BGBl. I p. 1081) as restated by the publication of 15 July 2005 (BGBl. I, 2114), as amended by among others the publication of 18 December 2007 (BGBl. I, 2966)

§ 33: VI. – 2:208, Notes 6

Return of Cultural Objects Act [*Kulturgüterrückgabegesetz* – KultGüRückG] of 18 May 2007 (BGBl. I, 757 (2547))

generally: VIII. – 3:101, Notes VII 132
§ 5: VIII. – 4:102, Notes II 14
§ 10: VIII. – 4:102, Notes II 14

Road Traffic Act [*Straßenverkehrsgesetz* – StVG] of 3 Mai 1909 (RGBl. 437) as restated by the publication of 5 May 2003 (BGBl. I, 310)
§ 1: VI.–3:205, Notes 8
§ 7: VI.–3:205, Notes 8; VI.–5:302, Notes 7
§ 8: VI.–3:205, Notes 8
§ 8a: VI.–5:401, Notes 7
§ 11: VI.–3:205, Notes 8
§ 12: VI.–3:205, Notes 8; VI.–6:202, Notes 6
§ 12a: VI.–3:205, Notes 8
§ 12b: VI.–3:205, Notes 8
§ 13: VI.–6:203, Notes 7
§ 17: VI.–5:302, Notes 7

Road Traffic Regulations Act [*Straßenverkehrsordnung* – StVO] of 16 November 1970 (BGBl. I, 1565) as amended by the publication of 28 November 2007 (BGBl. I, 2774)
generally: VI.–3:102, Notes III 33
§ 17: VI.–5:102, Notes III 33

Social Security Code, Book VII [*Sozialgesetzbuch, Siebtes Buch* – SGB VII] of 7 August 1996 (BGBl. I, 1254) as amended by the publication of 23 July 2004 (BGBl. I, 1842)
§ 104: VI.–7:104, Notes 7; VI.–7:105, Notes 2
§ 105: VI.–7:104, Notes 7; VI.–7:105, Notes 2
§ 110: VI.–7:104, Notes 7; VI.–7:105, Notes 2
§ 111: VI.–7:104, Notes 7; VI.–7:105, Notes 2

Social Security Code, Book X [*Sozialgesetzbuch, Zehntes Buch* – SGB X] of 18 August 1980 (BGBl. I, 1469)
§ 116: VI.–2:201, Notes V 27; VI.–6:103, Notes 7

Telecommunications Services Act [*Gesetz über die Nutzung von Telediensten* – TDG] as restated by the publication of 22 July 1997 (BGBl. I, 1870)
§ 5: VI.–2:204, Notes IV 38

Transplantation Act [*Gesetz über die Spende, Entnahme und Übertragung von Organen und Geweben, Transplantationsgesetz*] of 4 September 1997 (BGBl. I, 2206); amended by among others Art. 1 no. 1 of the Law of 20 July 2007 (BGBl. I, 1574 in force from 1 August 2007)
generally: IV. A.–1:201, Notes V 14

Unfair Competition Act [*Gesetz gegen den unlauteren Wettbewerb* – UWG] of 3 July 2004 (BGBl. I, 1414); amended among others by art. 1 of the Law of 22 December 2008 (BGBl. I, 2949)
§ 3: II.–3:105, Notes 13; II.–3:109, Notes IV 12; II.–3:201, Notes 5
§ 4: II.–3:105, Notes 13; II.–3:201, Notes 4
§ 8: II.–3:102, Notes III 13; II.–3:109, Notes IV 12
§ 9: II.–3:102, Notes III 13; II.–3:109, Notes IV 12
§ 10: II.–3:102, Notes III 13; II.–3:109, Notes IV 12
§ 16: II.–3:102, Notes III 13

Water Resources Act [*Wasserhaushaltsgesetz* – WHG] of 27 July 1957 (BGBl. I, 1110, 1386) as restated by the publication of 19 August 2002 (BGBl. I, 3245)
§ 22: VI. – 3:206, Notes 7

Greece

Act on the Extention of the Applicability of Certain Categories of Floatable Constructions (of Certain Provisions of the Public Maritime Law Code, the Private Maritime Law Code and the LD 3899/1958 "on the privileged ship mortgage") [*Περί εφαρμογής διατάξεών τινων του Κώδικος Δημοσίου Ναυτικού Δικαίου, του Κώδικος Ιδιωτικού Ναυτικού Δικαίου και του Ν.Δ. 3899/1958 "περί προτιμωμένης υποθήκης επί πλοίων" επί τινων κατηγοριών πλωτών ναυπηγημάτων*] of 18 October 1976 (*νόμος* 457/1976, ΦΕΚ Α' 276/1976)
art. 1: VIII. – 1:102, Notes II, 24

art. 190:	II. – 4:207, Notes II 3
art. 191:	II. – 4:207, Notes I 2; II. – 4:208, Notes I 1
art. 192:	II. – 4:205, Notes II 3; IV. G. – 1:103, Notes I 1
art. 193:	II. – 1:103, Notes II 12; II. – 4:205, Notes IV 15
art. 195:	II. – 4:103, Notes IV 16
art. 196:	II. – 4:103, Notes IV 16
art. 197:	II. – 3:301, Notes I 3; II. – 3:302, Notes I 1; II. – 7:204, Notes 1; IV. E. – 2:101, Notes II 2; IV. E. – 4:102, Notes I 4
art. 198:	II. – 3:301, Notes I 3; II. – 7:204, Notes 1; IV. E. – 2:101, Notes II 2; IV. E. – 4:102, Notes I 4
art. 199:	II. – 4:201, Notes IV (c) 26
art. 200:	II. – 4:102, Notes I 2; II. – 4:104, Notes II 7; II. – 8:101, Notes II 8; II. – 9:107, Notes II 2; III. – 1:103, Notes IV (b) 14; IV. B. – 5:105, Notes I 3; IV. G. – 2:107, Notes II 11
art. 201:	III. – 1:106, Notes II 2, III 3
art. 202:	III. – 1:106, Notes III 3; VIII. – 2:203, Notes I 4
art. 203:	III. – 1:106, Notes VI 6
art. 206:	VIII. – 2:203, Notes I 4, II 22
art. 207:	III. – 1:106, Notes IV 4; VII. – 2:101, Notes VIII 123
art. 211:	II. – 6:101, Notes II 3, V 6; IV. D. – 1:101, Notes I 10, III 48; VIII. – 2:303, Notes I 7
art. 212:	IV. D. – 1:101, Notes II 29; VIII. – 2:302, Notes 7
art. 213:	IV. D. – 1:101, Notes II 29
art. 214:	II. – 1:105, Notes I 3
art. 215:	II. – 1:105, Notes I 3
art. 216:	IV. D. – 1:101, Notes I 10, V 80
art. 217:	II. – 6:103, Notes I 3; IV. D. – 1:101, Notes I 10
art. 218:	II. – 6:112, Notes IV 8; IV. D. – 1:105, Notes 10
art. 219:	II. – 6:112, Notes V 11
art. 220:	II. – 6:112, Notes V 11
art. 221:	II. – 6:112, Notes V 11; IV. D. – 1:101, Notes I 10
art. 222:	II. – 6:112, Notes I 1, 2
art. 224:	II. – 6:112, Notes II 4
art. 225:	II. – 6:112, Notes II 4
art. 229:	II. – 6:107, Notes I 1; II. – 6:111, Notes I 1; V. – 3:106, Notes 2
art. 231:	II. – 6:107, Notes II 4, III 7; II. – 6:108, Notes III 3
art. 232:	VIII. – 2:202, Notes I 17
art. 235:	II. – 6:109, Notes III 3; IV. D. – 1:101, Notes III 48; IV. D. – 5:101, Notes II 17; IV. D. – 5:102, Notes II 17
art. 238:	II. – 6:111, Notes III 5; V. – 1:101, Notes IX 96
art. 239:	VIII. – 2:203, Notes II 22; VIII. – 2:307, Notes 3
art. 249:	III. – 7:201, Notes II 2; VIII. – 6:101, Notes V 40; VIII. – 6:401, Notes II 18
art. 250:	III. – 7:201, Notes II 2
art. 251:	III. – 7:203, Notes I 1
art. 252:	III. – 7:203, Notes V 11
art. 255:	III. – 7:301, Notes I 2; III. – 7:303, Notes I 1, III 3; III. – 7:304, Notes I 1; III. – 7:307, Notes III 6; VIII. – 6:204, Notes V 75

art. 446:	III. – 6:102, Notes V 10
art. 447:	IV. G. – 2:103, Notes III 21
art. 450:	III. – 6:108, Notes I 1, III 3
art. 451:	III. – 6:108, Notes II 2
art. 452:	III. – 6:106, Notes 1
art. 453:	III. – 6:201, Notes 5
art. 455:	III. – 5:104, Notes 4; IV. B. – 7:102, Notes I 1; IV. G. – 3:108, Notes II 5
art. 456:	III. – 5:107, Notes 1
art. 458:	III. – 5:115, Notes 1; IV. G. – 2:113, Notes V 33; IV. G. – 3:109, Notes IV 14
art. 460:	III. – 5:104, Notes 4
art. 461:	III. – 5:119, Notes II 3
art. 463:	III. – 5:116, Notes 1, 2; IV. B. – 7:101, Notes III 5; IV. G. – 2:113, Notes II 23
art. 464:	III. – 5:104, Notes 4; III. – 5:105, Notes 11
art. 465:	III. – 5:105, Notes 11; III. – 5:109, Notes 1
art. 466:	III. – 5:105, Notes 11; III. – 5:108, Notes 1
art. 471:	III. – 5:202, Notes I 1, III 9; III. – 5:204, Notes 2; V. – 3:101, Notes I 2
art. 472:	IV. G. – 1:104, Notes V 26
art. 473:	III. – 5:205, Notes 2; IV. G. – 1:104, Notes V 26
art. 474:	III. – 5:205, Notes 2
art. 475:	III. – 5:205, Notes 2
art. 477:	III. – 2:106, Notes 1; III. – 5:202, Notes I 1; IV. G. – 1:104, Notes III 5, IV 17
art. 478:	IV. G. – 1:104, Notes IV 17
art. 480:	III. – 4:102, Notes III 7; III. – 4:103, Notes I 1; III. – 4:104, Notes 1; III. – 4:204, Notes 1
art. 481:	III. – 4:102, Notes II 6
art. 482:	IV. G. – 1:106, Notes II 9
art. 483:	III. – 4:108, Notes 1
art. 484:	III. – 4:109, Notes 1
art. 486:	III. – 4:108, Notes 2; III. – 4:110, Notes 2; III. – 4:111, Notes I 1; III. – 4:112, Notes I 1
art. 487:	III. – 4:106, Notes I 1; III. – 4:107, Notes III 3; IV. G. – 1:104, Notes V 24; IV. G. – 1:106, Notes II 4, III 21, 23; IV. G. – 2:102, Notes I 2; V. – 1:103, Notes II 13
art. 488:	III. – 4:107, Notes II 2; V. – 1:103, Notes II 13
art. 489:	III. – 4:202, Notes II 2
art. 491:	III. – 4:207, Notes I 1, II 2
art. 492:	III. – 4:207, Notes II 2
art. 493:	III. – 4:206, Notes 1
art. 494:	III. – 4:102, Notes I 2
art. 495:	III. – 4:202, Notes I 1; VI. – 2:206, Notes II 22
art. 501:	IV. G. – 2:103, Notes VI 30
art. 505:	VIII. – 2:202, Notes III 60
art. 509:	VII. – 2:101, Notes I(b) 14; VIII. – 2:202, Notes III 60
art. 512:	VII. – 2:101, Notes I(b) 14
art. 513:	IV. A. – 1:201, Notes I 2; IV. A. – 1:202, Notes 1, 3
art. 514:	IV. B. – 3:101, Notes V 10
art. 516:	VIII. – 2:201, Notes II 6

art. 823:	IV. C. – 2:105, Notes I 1, II 8; IV. C. – 5:103, Notes I 1, II 10; IV. C. – 5:105, Notes II 7; VI. – 1:103, Notes I 8
art. 833:	IV. E. – 1:101, Notes 6
art. 844:	IV. G. – 2:103, Notes II 8
art. 845:	VII. – 2:103, Notes II 16
art. 847:	IV. G. – 1:101, Notes III 18; IV. G. – 1:104, Notes IV 12; IV. G. – 2:102, Notes I 2
art. 848:	IV. G. – 2:102, Notes I 6
art. 849:	IV. G. – 4:104, Notes I 1, II 19
art. 850:	IV. G. – 1:101, Notes II 10; IV. G. – 2:103, Notes II 3, 5
art. 851:	IV. G. – 1:104, Notes V 24; IV. G. – 2:102, Notes II 12; IV. G. – 2:103, Notes II 13
art. 852:	IV. G. – 2:104, Notes I 5
art. 853:	IV. G. – 2:103, Notes I 1, 2, IV 25, 27, VI 30
art. 854:	IV. G. – 2:110, Notes IV 11
art. 855:	IV. G. – 2:106, Notes I 1, II 3, III 9, 12
art. 856:	IV. G. – 2:106, Notes III 12
art. 857:	IV. G. – 2:106, Notes II 3, III 13, 16, 18
art. 858:	IV. G. – 1:104, Notes V 24; IV. G. – 2:113, Notes I 1, 3, 13, III 24; IV. G. – 3:109, Notes III 10
art. 859:	IV. G. – 2:112, Notes I 1, 3, II 4, 5, 9, V 14
art. 860:	IV. G. – 1:106, Notes I 1, II 4; IV. G. – 2:110, Notes IV 11
art. 861:	IV. G. – 2:111, Notes I 1, III 6, 8, 9, 13
art. 862:	IV. G. – 2:107, Notes II 11; IV. G. – 2:110, Notes III 7, V 15
art. 863:	IV. G. – 2:107, Notes II 11; IV. G. – 2:110, Notes I 1, III 7, IV 11, V 12, 15
art. 866:	IV. G. – 2:108, Notes II 4, 6, 12, 14, 16; IV. G. – 3:107, Notes I 3
art. 867:	IV. G. – 2:109, Notes I 8
art. 868:	IV. G. – 2:109, Notes I 8
art. 870:	IV. G. – 1:101, Notes III 18
art. 876:	IV. G. – 3:106, Notes III 4
art. 904:	II. – 4:101, Notes IV (b) 26; II. – 7:303, Notes 2; IV. G. – 2:113, Notes I 3; VI. – 3:201, Notes II 22; VII. – 1:101, Notes II 9, IV 35; VII. – 2:101, Notes I(b) 14, III(c) 67; VII. – 3:101 and 3:102, Notes II 16, III 27; VII. – 4:101, Notes V 47; VII. – 4:105, Notes 5; VIII. – 2:202, Notes I 17, III 60; VIII. – 2:303, Notes I 7; VIII. – 6:401, Notes I; VIII. – 7:101, Notes 12; VIII. – 7:103, Notes III 39
art. 905:	IV. G. – 3:106, Notes V 12; VII. – 1:101, Notes IV 35, V 48; VII. – 2:101, Notes I(c) 23, VIII 123; VII. – 2:103, Notes I 5
art. 906:	VII. – 2:103, Notes II 16
art. 907:	II. – 7:303, Notes 2; VII. – 1:101, Notes IV 35
art. 908:	VII. – 1:101, Notes IV 35; VII. – 7:101, Notes II 13; VIII. – 2:202, Notes I 17, III 60; VIII. – 7:101, Notes 12; VIII. – 7:103, Notes III 39
art. 909:	VII. – 4:105, Notes 5; VIII. – 2:202, Notes I 17
art. 911:	VII. – 4:105, Notes 5
art. 912:	VII. – 7:101, Notes II 13
art. 913:	VII. – 4:103, Notes II 15; VIII. – 3:101, Notes III 53

Environmental Protection Act [Για την προστασία του περιβάλλοντος] of 1 December 1986 (νόμος 1650/1986, ΦΕΚ Α' 160/1986; amended by among others νόμος 3164/2003, ΦΕΚ Α' 176/2003)

art. 2:	VI.–3:206, Notes 9
art. 29:	VI.–2:209, Notes II 9

Equal Treatment Act [Application of the Principle of Equal Treatment Regardless of Racial or National Origin, Religious or other Beliefs, Handicap, Age or Sexual Preferences] [Εφαρμογή της αρχής της ίσης μεταχείρισης ανεξαρτήτως φυλετικής ή εθνοτικής καταγωγής, θρησκευτικών ή άλλων πεποιθήσεων, αναπηρίας, ηλικίας ή γενετήσιου προσανατολισμού] of 27 January 2005 (νόμος 3304/2005, ΦΕΚ Α' 16/2005)

generally:	II.–2:104, Notes I 5
art. 2:	II.–2:102, Notes IV 17
art. 8:	IV.C.–3:101, Notes II 9
art. 14:	II.–2:105, Notes I 3, II 13

Financial Leasing Contracts Act [Συμβάσεις χρηματοδοτικής μίσθωσης] of 4 December 1986 (νόμος 1665/1986, ΦΕΚ Α' 194/1986; amended by among others νόμος 3483/2006, ΦΕΚ Α' 169/2006)

generally:	IV.B.–1:101, Notes VII 16

Insolvency Code [Πτωχευτικός Κώδικας] of 16 September 2007 (νόμος 3588/2007, ΦΕΚ Α' 153/2007)

art. 2:	VIII.–2:201, Notes V 57
art. 16:	VIII.–2:201, Notes V 57
art. 17:	VIII.–2:201, Notes V 57
art. 18:	VIII.–2:201, Notes V 57
art. 28:	VIII.–2:201, Notes V 57
art. 29:	VIII.–2:201, Notes V 57
art. 35:	VIII.–2:203, Notes II 22
art. 37:	VIII.–2:201, Notes V 57; VIII.–2:203, Notes I 4
art. 38:	VIII.–2:201, Notes V 57
art. 39:	VIII.–2:201, Notes IV 40, V 57
art. 42:	VIII.–2:201, Notes VI 82
art. 43:	VIII.–2:201, Notes VI 82
art. 44:	VIII.–2:201, Notes VI 82
art. 48:	VIII.–2:201, Notes VI 82
art. 49:	VIII.–2:201, Notes VI 82
art. 51:	VIII.–2:201, Notes VI 82

Insurance Contract Act [Ασφαλιστική σύμβαση, τροποποιήσεις της νομοθεσίας για την ιδιωτική ασφάλιση και άλλες διατάξεις] of 16 May/16 November 1997 (νόμος 2496/1997, ΦΕΚ Α' 87/1997; amended by νόμος 3377/2005, ΦΕΚ Α' 202/2005)

art. 11:	IV.G.–1:102, Notes III 16
art. 22:	IV.G.–1:102, Notes III 15, 16

Liability for Compensation to Workers and Employees having Suffered Accidents at Work Decree [*Περί κωδικοποιήσεως των νόμων περί ευθύνης προς αποζημίωσιν των εξ ατυχημάτων εν τη εργασία παθόντων εργατών ή υπαλλήλων*] of 25 August 1920 (RD of 24 July/25 August 1920, ΦΕΚ Α' 191/1920; amended by among others *νόμος* 6234/1934, ΦΕΚ Α' 265/1934)
generally: VI.–3:207, Notes 8

Liability for Damage Caused by Objects from Space Decree [*Περί κυρώσεως της εν Ουασιγκτώνι, Λονδίνω και Μόσχα ταυτοχρόνως τεθείσης προς υπογραφήν την 29ην Μαρτίου 1972 Συμβάσεως επί της Διεθνούς ευθύνης διά ζημίας προκαλουμένας εξ αντικειμένων εκτοξευομένων εις το διάταγμα*] of 12 March 1977 (PD 563/1977, ΦΕΚ Α' 75/1977)
generally: VI.–3:207, Notes 7

Maritime Pollution by Oil Act [Act on the ratification of the International Treaty signed in Brussels concerning the civil liability for damage caused by oil pollution, 1969, and the regulation of relevant issues] [*Περί κυρώσεως της υπογραφείσης εν Βρυξέλλαις Διεθνούς Συμβάσεως "περί Αττικής Ευθύνης συνεπεία ζημιών εκ ρυπάνσεως υπό πετρελαίου, 1969 και ρυθμίσεως συναφών θεμάτων*] 27 September 1976 (*νόμος* 314/1976, ΦΕΚ Α' 106/1976); Convention was renounced by the Greek Minister for Foreign Affairs on 2 May 1997 with the effects beginning on the 15 May 1998 (Ministry Announcement Φ.0546/16/ΑΣ460/Μ.3582-2251, ΦΕΚ Α' 146/1997)
generally: VI.–3:206, Notes 9; VI.–3:207, Notes 8

Mass Media Act [Legal Status of Commercial Television and Regional Radio Braodcasting Act] [*Νομικό Καθεστώς της Ιδιωτικής Τηλεόρασης και της Τοπικής Ραδιοφωνίας, Ρύθμιση Θεμάτων της Ραδιοτηλεοπτικής Αγοράς και άλλες διατάξεις*] of 3 August 1995 (*νόμος* 2328/1995, ΦΕΚ Α' 159/1995; amended by among others *νόμος* 3592/2007, ΦΕΚ Α' 161/2007 and PD 100/2000, ΦΕΚ Α' 98/2000)
art. 4: VI.–2:203, Notes IV 36; VI.–5:203, Notes 9

Medical (Deontology) Code [*Περί ασκήσεως του ιατρικού επαγγέλματος*] of 14 January 1939 (A. N. 1565/1939, ΦΕΚ Α' 1/1927; amended by among others A. N. 1853/1951; CP arts. 371, 473 and RD of 11 October/7 November 1957, ΦΕΚ Α' 225/1957)
art. 24: IV.C.–8:104, Notes II 15

Motor Vehicles Act [Act on Motor Vehicles, their Circulation and the Duties of the Drivers] [*Περί αυτοκινήτων, κυκλοφορίας αυτών και υποχρεώσεων των οδηγών*] of 31 July 1930 (*νόμος* 4841/1930, ΦΕΚ Α' 260/1930; amended with *νόμος* 614/1977, ΦΕΚ Α' 167/1977)
art. 45: VI.–3:205, Notes 10

Nuclear Energy Liability Act [Act on the Ratification of the Treaty on Civil Liability in the Field of Nuclear Energy] [*Περί κυρώσεως συμβάσεως περί της Αστικής Ευθύνης εις τον τομέα της Πυρηνικής Ενεργείας*] of 16 December 1969 (*νόμος* 336/1969, ΦΕΚ Α' 269; amended by *νόμος* 1758/1988, ΦΕΚ Α' 44/1988 ratifying the Additional Protokoll of 28 January 1964 amending the Treaty in question)
generally: VI.–3:206, Notes 9

Simplification of the Procedures for Issuing Circulation Permits and the Transfer of Ownership of Motor Vehicles and other Provisions Act [*Περί απλουστεύσεως της διαδικασίας χορηγήσεως των αδειών κυκλοφορίας και μεταβιβάσεως της κυριότητας των αυτοκινήτων οχημάτων και άλλων τινών διατάξεων*] of 8 October/8 November 1977 (*νόμος* 722/1977, ΦΕΚ Α' 299/1977; amended by among others *νόμος* 2963/2001, ΦΕΚ Α' 268/2001)

Special Provisions for Corporations Decree [*Περί ειδικών διατάξεων επί ανωνύμων εταιρειών*] of 13 August 1923 (LD of 17 July/13 August 1923, *ΕΚ Ά* 224/1923; amended by among others *νόμος* 1329/1983, *ΕΚ Ά* 25/1983)

Tax Reductions and Simplifications Act [*Φορολογικές ελαφρύνσεις και απλουστεύσεις και άλλες διατάξεις*] of 28 December 2000 (*νόμος* 2873/2000, *ΕΚ Ά* 285/2000; amended by among others *νόμος* 3697/2008, *ΕΚ Ά* 194/2008)

Timeshare Act [Decree on the Adjustment of the Greek Legislation to the Provisions of the Directive of the European Parliament and the Council 94/47/EC of October 26th 1994 "Concerning the Protection of Buyers in certain Aspects of the Contracts for the Acquisition of a Right to use Immoveable Property under the Time-sharing Regime", as published in the Official Journal of the European Communities Nr. L 280 of 29 October 1994] [*Προσαρμογή της Ελληνικής Νομοθεσίας προς τις διατάξεις της Οδηγίας του Ευρωπαϊκού Κοινοβουλίου και Συμβουλίου 94/47/ΕΚ της 26ης Οκτωβρίου 1994 "Περί της Προστασίας των αγοραστών ως προς ορισμένες πλευρές των συμβάσεων που αφορούν την απόκτηση δικαιώματος χρήσης ακινήτων υπό καθεστώς χρονομεριστικής μίσθωσης" που δημοσιεύθηκε στην Επίσημη Εφημερίδα των Ευρωπαϊκών Κοινοτήτων Αριθμ. L. 280 της 29. 10. 1994*] of 25 August 1999 (PD 182/1999; ΦΕΚ Α' 171/1999; amended by PD 293/2001; ΦΕΚ Α' 205/2001)

Transfer of Rights in rem of Motor Vehicles and Motorcycles Decree [*Περί τρόπου μεταβιβάσεως εμπραγμάτων δικαιωμάτων επί αυτοκινήτων οχημάτων και μοτοσυκλεττών*] of 1 April 1973 (LD 1146/1972, ΦΕΚ Α' 64/1972; amended by among others *νόμος* 3220/2004, ΦΕΚ Α' 158/2004)

Unfair Competition Act [*Περί αθεμίτου ανταγωνισμού*] of 27 January 1914 (*νόμος* 146/1914, ΦΕΚ Α' 21/1914; amended by LD 4181/1961, ΦΕΚ Α' 144/1961)

Hungary

Accounting Act [*2000. évi C. törvény a számvitelről*] of 2000
generally: IV. B. – 1:101, Notes VII 16

Aviation Traffic Act [*1995. évi XCVII. törvény a légi közlekedésről*] of 1995
§ 12: VIII. – 1:102, Notes III 47

Business Advertising Activity Act [*1997. évi LVIII. törvény a gazdasági reklámtevékenységről*] of 1997
generally: I. – 1:105, Notes I 6

Capital Market Act [*2001. évi CXX. törvény a tőkepiacról*] of 2001
§ 29: VI. – 2:207, Notes 4

Civil Code [*1959. évi IV. törvény a Polgári Törvénykönyvről – CC*] of 1959
generally: I. – 1:105, Notes I 6; I. – 1:109, Notes I 7; III. – 2:111, Notes IV 15; V. – 2:101, Notes IV 38; VIII. – 6:202, Notes II 26

§ 2:	VI.–2:101, Notes XI 125; VI.–5:201, Notes 4; VI.–5:203, Notes 5, VIII.–1:102 Notes II 25
§ 4:	II.–3:301, Notes I 11; III.–1:104, Notes 11; IV. B.–5:104, Notes II 4; VI.–3:102, Notes I 6
§ 5:	VI.–5:201, Notes 4; VI.–5:203, Notes 5; VIII.–1:203, Notes 5
§ 6:	VI.–2:207, Notes 4; VI.–2:210, Notes 4; VI.–3:101, Notes 5
§ 12:	VI.–3:103, Notes I 5
§ 13/B:	VII.–2:101, Notes III(b) 60
§ 15/A:	VIII.–2:202, Notes I 18
§ 16/A:	VII.–2:101, Notes III(b) 60
§ 75:	VI.–2:101, Notes VIII(4) 82; VI.–2:203, Notes II 9; VI.–5:101, Notes I 4; VI.–5:203, Notes 5
§ 76:	II.–2:101, Notes V 31; VI.–2:201, Notes I 1, II 3; VI.–2:203, Notes I 2; VI.–2:203, Notes I 2, II 9, IV 34; VI.–2:204, Notes II 18; VI.–5:203, Notes 5
§ 77:	VI.–2:101, Notes VIII(1) 67
§ 78:	VI.–2:203, Notes IV 34; VI.–2:204, Notes I 4; VI.–5:203, Notes 5
§ 79:	VI.–2:204, Notes I 4
§ 80:	VI.–2:101, Notes VIII(1) 68, 69; VI.–2:204, Notes III 29; VI.–5:203, Notes 5
§ 81:	II.–3:302, Notes I 6; VI.–2:205, Notes 4; VI.–5:203, Notes 5; VIII.–1:205, Notes V 81
§ 82:	III.–2:104, Notes 4
§ 83:	VI.–2:204, Notes I 4; VI.–5:203, Notes 5
§ 84:	II.–3:302, Notes I 6; VI.–2:101, Notes VIII(1) 67, 68, 69, (2) 75, (4) 82; VI.–2:203, Notes I 2, II 9; VI.–6:301, Notes 4
§ 85:	VI.–2:101, Notes,VIII(2) 75; VI.–5:203, Notes 5
§ 94:	IV. A.–1:101, Notes V 19, VII 31
§ 98:	VI.–2:206, Notes I 4
§ 99:	IV. A.–5:101, Notes I 2; VI.–2:206, Notes I 4; VI.–6:104, Notes 5; VIII.–2:201, Notes II 7
§ 100:	VI.–2:206, Notes I 4; VI.–5:201, Notes 4
§ 107:	VI.–1:101, Notes III 15; VI.–5:202, Notes I 4; VI.–5:202, Notes III 22
§ 109:	VII.–2:101, Notes VI 114; VII.–4:101, Notes IV 37
§ 110:	VII.–2:101, Notes VI 114; VII.–4:101, Notes IV 37; VIII.–6:201, Notes I 6
§ 112:	VI.–2:206, Notes I 4; VI.–3:208, Notes 4
§ 115:	VI.–2:206, Notes I 4; VI.–6:301, Notes 4; VII.–5:101, Notes I 5; VII.–7:101, Notes III 22; VIII.–2:202, Notes I 18
§ 117:	IV. A.–1:202, Notes 5; IV. A.–2:201, Notes II 6; IV. A.–5:102, Notes I 3; VII.–4:105, Notes 6; VIII.–3:101, Notes IV 71
§ 118:	VI.–1:103, Notes III 31; VIII.–3:101, Notes I 9, II 31, III 54, V 91, VI 115; VII.–4:105, Notes 6; VIII.–3:102, Notes 5
§ 119:	VII.–4:105, Notes 6; VIII.–3:101, Notes I 9
§ 121:	VII.–7:101, Notes III 22; VIII.–4:101, Notes I 15, V 85; VIII.–1:205, Notes V 67
§ 122:	VIII.–4:206, Notes I 12

§ 201:	II. – 4:101, Notes IV (a) 18; II. – 7:207, Notes V 13; IV. D. – 2:102, Notes III 49; VIII. – 2:202, Notes II 43
§ 202:	II. – 7:101, Notes 9; II. – 7:207, Notes V 13; VIII. – 2:202, Notes I 18
§ 204:	VII. – 2:103, Notes II 17
§ 205:	II. – 1:101, Notes I 6; II. – 3:101, Notes 8; II. – 3:301, Notes I 10; II. – 4:101, Notes I 3; II. – 4:103, Notes IV 22; IV. D. – 2:101, Notes I 11; IV. D. – 3:302, Notes II 30; VII. – 3:101 and 3:102, Notes II 17
§ 205/A:	II. – 1:110, Notes 3
§ 205/B:	II. – 9:407, Notes II 9
§ 206:	II. – 9:101, Notes II 14
§ 207:	II. – 4:102, Notes I 10; II. – 8:101, Notes IV 18; II. – 8:103, Notes 3; II. – 9:201, Notes 5; IV. D. – 3:301, Notes I 11; VII. – 2:103, Notes I 6
§ 209:	II. – 9:403, Notes III 6; II. – 9:405, Notes I 5; II. – 9:406, Notes I 2, II 5; II. – 9:407, Notes I 2
§ 209/A:	II. – 7:210, Notes I 3; II. – 9:408, Notes I 6; IV. B. – 1:104, Notes 7
§ 210:	II. – 7:101, Notes 9; II. – 7:206, Notes V 14; VI. – 2:210, Notes 4; II. – 7:208, Notes II 3; VII. – 2:103, Notes I 6, IV 35; VIII. – 2:202, Notes II 43
§ 211:	II. – 4:201, Notes I 1
§ 213:	II. – 4:103, Notes IV 22
§ 214:	I. – 1:109, Notes I 7, II 12; VII. – 7:101, Notes II 14
§ 216:	I. – 1:106, Notes 8; II. – 4:102, Notes I 10; II. – 9:101, Notes I 7
§ 216a:	II. – 1:106, Notes I 3
§ 217:	VII. – 2:101, Notes III(c) 68
§ 217a:	II. – 1:106, Notes II 10
§ 218:	II. – 4:105, Notes III 16
§ 219:	II. – 6:101, Notes II 3; II. – 6:103, Notes IV 9; II. – 6:105, Notes I 1; IV. D. – 1:101, Notes I 11
§ 220:	II. – 6:103, Notes IV 9
§ 221:	II. – 6:107, Notes II 6; II. – 6:109, Notes V 7; II. – 6:111, Notes I 1; IV. D. – 3:101, Notes IV 58; IV. D. – 5:101, Notes II 18, III 37; IV. D. – 5:102, Notes II 18; VI. – 2:206, Notes I 4; VII. – 4:104, Notes 5; VII. – 4:106, Notes 3
§ 222:	II. – 6:103, Notes IV 9; IV. D. – 3:101, Notes II 20
§ 223:	II. – 6:103, Notes IV 9; II. – 6:112, Notes II 5; IV. D. – 1:105, Notes 11; IV. D. – 6:101, Notes I 7; IV. D. – 6:103, Notes IV 48
§ 225:	IV. D. – 1:101, Notes I 11
§ 227:	II. – 7:102, Notes 8
§ 228:	III. – 1:106, Notes VI 7; VII. – 2:101, Notes IV(a) 88, (b) 96; VIII. – 2:203, Notes I 5
§ 229:	III. – 1:106, Notes VI 7; VIII. – 2:203, Notes I 5
§ 230:	III. – 2:105, Notes 2
§ 233:	II. – 9:301, Notes 4; VII. – 2:102, Notes I 6
§ 234:	VII. – 2:101, Notes III(a) 51; VIII. – 2:202, Notes I 18
§ 235:	VII. – 2:101, Notes II 42; VIII. – 2:202, Notes II 43
§ 236:	II. – 7:209, Notes 4; II. – 7:210, Notes I 3; II. – 7:211, Notes 1; VIII. – 2:202, Notes II 43

§ 340:	VI.–5:102, Notes I 4; VI.–6:202, Notes 4; VI.–6:302, Notes 4
§ 341:	VI.–1:102, Notes I 2; VI.–6:301, Notes 4
§ 342:	VI.–1:101, Notes III 15; VI.–3:101, Notes 5; VI.–5:101, Notes I 4; VI.–5:101, Notes II 19; VI.–5:401, Notes 5
§ 343:	VI.–1:101, Notes III 15; VI.–5:202, Notes I 3
§ 344:	VI.–2:211, Notes 5; VI.–3:203, Notes 5; VI.–4:102, Notes 5; VI.–6:104, Notes 5
§ 345:	VI.–1:101, Notes V 28; VI.–2:209, Notes II 6; VI.–3:201, Notes I 5; VI.–3:203, Notes 5; VI.–3:205, Notes 5; VI.–3:206, Notes 5; VI.–3:207, Notes 4; VI.–4:101, Notes I 5; VI.–5:102, Notes I 4; VI.–5:302, Notes 5
§ 346:	VI.–2:209, Notes II 6; VI.–3:203, Notes 5; VI.–3:205, Notes 5; VI.–5:102, Notes IV 44; VI.–5:302, Notes 5
§ 347:	VI.–3:103, Notes I 5, II 19; VI.–3:104, Notes I 6; VI.–4:101, Notes I 5; VI.–5:301, Notes 5
§ 348:	VI.–3:201, Notes I 5, II 19; VI.–3:203, Notes 5; VI.–7:104, Notes 6
§ 349:	VI.–3:201, Notes I 5, II 19; VI.–7:103, Notes 6
§ 350:	VI.–3:201, Notes I 5, II 19; VI.–3:203, Notes 5; VI.–7:104, Notes 6
§ 351:	VI.–3:203, Notes 5
§ 352:	VI.–3:202, Notes 5; VI.–5:302, Notes 5
§ 353:	VI.–3:202, Notes 5
§ 354:	VI.–2:101, Notes V 41
§ 355:	VI.–2:101, Notes III 25, V 41; VI.–2:206, Notes III 32; VI.–2:210, Notes 4; VI.–6:101, Notes I 5; VI.–6:203, Notes 5; VI.–6:302, Notes 4,
§ 356:	VI.–2:201, Notes V 25; VI.–6:203, Notes 5
§ 357:	VI.–2:201, Notes V 25; VI.–6:203, Notes 5
§ 358:	VI.–2:202, Notes V 45
§ 360:	VI.–1:101, Notes IV 19; VI.–3:101, Notes 5; VI.–6:106, Notes 4
§ 361:	VI.–6:101, Notes II 16; VII.–1:101, Notes II 10, 11, IV 36; VII.–2:101, Notes VIII 124; VII.–2:102, Notes II 16; VII.–2:103, Notes III 28; VII.–3:101 and 3:102, Notes I 6, II 17; VII.–4:101, Notes III 25; VII.–4:103, Notes II 16; VII.–5:101, Notes I 5, II 14, III 23; VII.–6:101, Notes 7; VII.–6:103, Notes 6; VIII.–1:202, Notes I 2
§ 362:	VII.–2:101, Notes V 103; VIII.–1:202, Notes I 2
§ 363:	VII.–5:101, Notes I 5, III 23; VII.–5:102, Notes 6; VII.–5:103, Notes 5; VII.–5:104, Notes 6; VIII.–1:202, Notes I 2
§ 364:	VIII.–1:202, Notes I 2
§ 365:	II.–1:106, Notes III 19; IV. A.–1:101, Notes I 2; IV. A.–1:201, Notes I 1; IV. A.–1:202, Notes 1, 3; IV. A.–2:101, Notes I 1, II 7; IV. A.–3:104, Notes I 2
§ 366:	IV. A.–3:103, Notes 1
§ 367:	IV. A.–2:101, Notes III 11, IV 17
§ 368:	VI.–6:104, Notes 5; VIII.–2:201, Notes II 7; VIII.–2:203, Notes II 23
§ 369:	IV. A.–2:305, Notes I 1; IV. A.–4:101, Notes I 3
§ 370:	IV. A.–2:305, Notes I 1
§ 372:	IV. A.–2:302, Notes IV 11
§ 373:	VIII.–1:203, Notes 5
§ 378:	IV. A.–1:203, Notes I 1

§ 486:	V. – 2:101, Notes III 23; V. – 2:103, Notes I 2; V. – 3:102, Notes I 2; VII. – 7:101, Notes IV 29
§ 487:	VII. – 7:101, Notes IV 29
§ 496:	VIII. – 2:201, Notes IV 41
§ 507:	II. – 6:106, Notes IV 9; IV. D. – 1:101, Notes II 30; VII. – 4:102, Notes 6; VIII. – 2:302, Notes 8
§ 508:	IV. D. – 4:101, Notes II 20
§ 509:	II. – 6:106, Notes IV 9; IV. D. – 3:103, Notes 11; VII. – 4:102, Notes 6; VIII. – 2:302, Notes 8
§ 510:	IV. D. – 5:101, Notes II 18, II 37; IV. D. – 5:102, Notes II 18
§ 511:	IV. D. – 2:102, Notes II 30, IV 68; IV. D. – 2:103, Notes I 11, II 30; IV. D. – 3:103, Notes 11; IV. D. – 5:101, Notes III 37; IV. D. – 6:102, Notes I 11
§ 512:	IV. D. – 1:105, Notes 11; IV. D. – 6:101, Notes I 7, IV 45: IV. D. – 6:102, Notes I 11; IV. D. – 6:103, Notes II 22, IV 48; IV. D. – 6:104, Notes I 11; IV. D. – 7:103, Notes II 30
§ 513:	II. – 6:106, Notes IV 9; IV. D. – 1:101, Notes II 30; IV. D. – 7:102, Notes I 11, II 30; VII. – 4:102, Notes 6
§ 522:	II. – 1:106, Notes III 19
§ 556:	VI. – 3:101, Notes 5
§ 559:	VI. – 3:101, Notes 5
§ 579:	II. – 1:103, Notes I 8; II. – 1:106, Notes III 19
§ 580:	VIII. – 2:202, Notes III 63
§ 581:	VI. – 3:101, Notes 5
§ 582:	VII. – 2:101, Notes I(b) 15, VIII 124
§ 583:	VIII. – 1:205, Notes III 32
§ 584:	VII. – 4:101, Notes IV 37
§ 592:	II. – 1:103, Notes I 8
§ 593:	II. – 1:103, Notes I 8
§ 685:	IV. A. – 1:204, Notes III 12, IV 18; VI. – 7:102, Notes 3
§ 686:	VI. – 3:202, Notes 5

Civil Code Implementation Act [*1960. évi 11. törvényerejű rendelet a Ptk. hatálybalépéséről és végrehajtásáról (Ptké.)*] of 1960

§ 3:	I. – 1:110, Notes III 8
§ 4:	I. – 1:110, Notes III 8; III. – 1:104, Notes 11
§ 27:	VIII. – 6:302, Notes 5; VIII. – 6:204, Notes II 19
§ 64:	VIII. – 6:204, Notes IV 59

Code of Civil Procedure [*1952. évi III. törvény a polgári perrendtartásról* – CCP] of 1952

§ 156:	VI. – 6:301, Notes 4
§ 164:	VIII. – 3:101, Notes II 31
§ 195:	I. – 1:106, Notes 8
§ 215:	VIII. – 6:302, Notes 5

Commercial Companies Act [*2006. évi IV. törvény a gazdasági társaságokról*] of 2006

§ 16:	VI. – 3:201, Notes II 19

Insolvency Act [Bankruptcy Proceedings, Liquidation Proceedings and Members' Voluntary Dissolution Act] [*1991. évi XLIX törvény a csődeljárásról és a felszámolási eljárásról*] of 1991

§ 35:	IV. D. – 7:102, Notes II 30; IV. D. – 7:103, Notes I 11
§ 40:	VIII. – 2:201, Notes VI 83
§ 47:	VIII. – 2:201, Notes V 58
§ 57:	VIII. – 2:201, Notes V 58

Labour Code [*1992. évi XXII. törvény a Munka Törvénykönyvéről*] of 1992

generally:	IV. D. – 1:101, Notes I 11
§ 76:	VII. – 2:101, Notes III(c) 68
§ 166:	VI. – 3:201, Notes I 5; VI. – 7:104, Notes 6
§ 167:	VI. – 3:201, Notes I 5; VI. – 7:104, Notes 6
§ 168:	VI. – 3:201, Notes I 5; VI. – 7:104, Notes 6
§ 169:	VI. – 7:104, Notes 6
§ 174:	VI. – 7:104, Notes 6
§ 175:	VI. – 7:104, Notes 6
§ 192/A:	VI. – 7:104, Notes 6
§ 193/C:	VI. – 3:201, Notes I 5

Lease of Apartments and Other Premises and their Alienation Act [*1993. évi* LXXVIII. *törvény a lakások és helyiségek bérletére, valamint az elidegenítésükre vonatkozó egyes szabályokról*] of 1993

generally:	VII. – 4:101, Notes IV 37
§ 42:	IV. B. – 1:101, Notes I 1

Mining Act [*1993. évi XLVIII. törvény a bányászatról*] of 1993

generally:	VI. – 3:206, Notes 5

Modification Act on Environmetal Liability Issues [*2007. évi XXIX. törvény egyes környezetvédelmi tárgyú törvények környezeti felelősséggel összefüggő módosításáról*] of 2007

generally:	VI. – 2:209, Notes 1

Nature Preservation Act [*1996. évi LIII. törvény a természet védelméről*] of 1996

§ 3:	VI. – 2:209, Notes II 6
§ 60:	VI. – 2:209, Notes II 6
§ 81:	VI. – 2:209, Notes II 6

Nuclear Energy Act [*1996. évi CXVI. törvény az atomenergiáról*] of 1996

generally:	VI. – 3:206, Notes 5; VI. – 3:207, Notes 4

Order with Statutory Force on the Entry into Force and Execution of the Civil Code [*1960. évi 11. törvényerejű rendelet a Polgári Törvénykönyv hatálybalépéséről és végrehajtásáról*] of 1960

§ 38:	I. – 1:106, Notes 8

Ireland

See also the United Kingdom table below for legislation between 1801 and 1922 and pre-Union statutes which were extended to Ireland.

Bankruptcy Act 1988 (no. 27 of 1988)

generally:	III. – 6:101, Notes II 2; IV. D. – 7:102, Notes II 31; VIII. – 2:201, Notes V 72
s. 7:	VIII. – 2:201, Notes V 72
s. 56:	VIII. – 2:201, Notes V 72
s. 57:	VIII. – 2:201, Notes VI 96
s. 58:	VIII. – 2:201, Notes VI 96

Civil Liability Act 1961 (no. 41 of 1961)

generally:	III. – 4:107, Notes II 2
s. 2:	III. – 3:705, Notes I (a) 3
s. 6:	VI. – 2:202, Notes III 28
s. 7:	VI. – 2:201, Notes VII 63, V 72; VI. – 2:202, Notes III 28, IV 40
s. 9:	III. – 7:306, Notes 1
s. 11:	III. – 4:103, Notes II 3
s. 12:	III. – 4:103, Notes II 3
s. 16:	III. – 4:108, Notes 1
s. 17:	III. – 4:108, Notes 1; III. – 4:109, Notes 1
s. 18:	III. – 4:110, Notes 2
s. 21:	III. – 4:103, Notes II 3; III. – 4:106, Notes II 2
s. 34:	III. – 3:705, Notes I (a) 3; VI. – 2:201, Notes V 35; VI. – 5:102, Notes I 15, II 27
s. 49:	VI. – 2:202, Notes IV 40, V 54
s. 50:	VI. – 2:202, Notes V 54
s. 56:	VIII. – 2:201, Notes V 72
s. 57:	VIII. – 2:201, Notes VI 96
s. 58:	VIII. – 2:201, Notes VI 96
Part. IV:	VI. – 2:202, Notes V 54

Civil Liability Amendment Act 1964 (no. 17 of 1964)

s. 2:	VI. – 6:103, Notes 15

Companies Act 1963 (no. 33 of 1963)

s. 8:	VIII. – 2:202, Notes I 9

Industrial Relations Act 1990 (no. 19 of 1990)
s. 11: VI. – 7:104, Notes 13
s. 12: VI. – 7:104, Notes 13
s. 13: VI. – 1:103, Notes IV 41

Liability for Defective Products Act 1991 (no. 28 of 1991)
generally: III. – 7:307, Notes I 1; VI. – 3:204, Notes I 1, V 45
s. 1: VI. – 3:204, Notes II (2) 28, III 31
s. 3: VI. – 3:204, Notes II (1) 17
s. 6: VI. – 3:204, Notes IV 44

Occupier's Liability Act 1995 (no. 10 of 1995)
generally: VI. – 3:203, Notes 15
s. 1: VI. – 3:202, Comments C, Notes 15; VI. – 3:203, Notes 15
s. 2: VI. – 3:202, Notes 15
s. 3: VI. – 3:202, Notes 15
s. 4: VI. – 3:202, Notes 15

Package Holidays and Travel Trade Act 1995 (no. 17 of 1995)
s. 12: II. – 3:106, Notes II 4

Powers of Attorney Act 1996 (no. 12/1996)
generally: IV. D. – 1:105, Notes 12; IV. D. – 6:102, Notes II 24
s. 20: IV. D. – 6:103, Notes IV 49

Privacy Bill 2006 [Seanad] [*An Bille um Príobháideacht 2006*] (no. 44 of 2006)
generally: VI. – 2:203, Notes IV 41

Protection of Consumers in Respect of Contracts made by Means of Distance Communication Regulation 2005 (SI no. 71 of 2005)
reg. 7: II. – 5:201, Notes III 14

Safety, Health and Welfare at Work Act 1989 (no. 7 of 1989)
s. 12: VI. – 2:201, Notes III 16

Sale of Goods Act 1893 (no. 27 of 1893)
generally: VIII. – 2:303, Notes I 20; VIII. – 3:101, Notes III 62
s. 2: VII. – 2:101, Notes III(b) 63; VII. – 3:101 and 3:102, Notes II 22
s. 4: II. – 1:106, Notes III 14
s. 8: II. – 9:104, Notes III 7
s. 11: VIII. – 2:202, Notes III 55
s. 14: II. – 9:108, Notes I 3
s. 16: VIII. – 2:201, Notes V 72; VIII. – 2:305, Notes I 3
s. 17: VIII. – 2:203, Notes II 36
s. 18: VIII. – 2:201, Notes II 21
s. 19: VIII. – 2:203, Notes II 36
s. 20: VIII. – 2:201, Notes II 21

Succession Act 1965 (no. 27 of 1965)
s. 78: V. – 1:101, Notes II 25

Supreme Court of Judicature Act (Ireland) 1877 (40 & 41 Vict. c. 57)
s. 27: III. – 6:102, Notes I 1
s. 28: VI. – 1:102, Notes I 10

Trade Marks Act 1996 (no. 6 of 1996)
generally: VI. – 2:206, Notes I 14

Workman's Compensation Act 1934 (no. 9 of 1934)
generally: VI. – 2:202, Notes III 28
s. 60: VI. – 7:105, Notes 4

Italy

Accidents at Work and Occupational Diseases Insurance Act [*Disposizioni in materia di assicurazione contro gli infortuni sul lavoro e le malattie professionali, a norma dell'articolo 55, comma 1, della legge 17 maggio 1999, n. 144*] of 23 February 2000, no. 38 (Gazz. Uff. 1 March 2000, no. 50)
art. 13: VI. – 7:104, Notes 5

Act on Taking Blood Samples and specific Somatic Cells and the Production of Blood Components [*Disciplina per le attività trasfusionali relative al sangue umano ed ai suoi componenti e per la produzione di plasmaderivati*] of 4 May 1990 no. 107 (Gazz. Uff. 11 May 1990 no. 108)
generally: VI. – 5:101, Notes I 3

Anti-Discrimination Decree [*Testo unico delle disposizioni concernenti la disciplina dell'immigrazione e norme sulla condizione dello straniero*] of 25 June 1998 no. 286 (Suppl.ord. no. 139 alla Gazz. Uff. 18 August 1998 no. 191)
art. 44: VI. – 2:101, Notes V 40

Antiracism Act [DLgs on the Implementation of Directive 2000/43/CE concerning the Treatment between Subjects regardless of the Racial or Ethnic Origin, Legislative decree] [*Attuazione della direttiva 2000/43/CE per la parità di trattamento tra le persone indipendentemente dalla razza e dall'origine etnica*] of 9 July 2003 no. 215 (Gazz. Uff. 12 August 2003 no. 186)
art. 2: II. – 2:102, Notes I 2, II 8, III 14, IV 17
art. 3: II. – 2:101, Notes IV (b) 23; II. – 2:103, Notes II 8
art. 4: II. – 2:104, Notes II 8; II. – 2:105, Notes I 7

Antitrust Law Act [*Norme per la tutela della concorrenza e del mercato*] of 10 October 1990 no. 287 (Gazz. Uff. 13 October 1990 no. 240)
art. 2: IV. G. – 4:102, Notes I 4

Banking Act [*Coordinamento del testo unico delle leggi in materia bancaria e creditizia (T. U. B.) e del testo unico delle disposizioni in materia di intermediazione finanziaria (T. U. F.)*] of 28 December 2005 no. 262 (Suppl.ord. no. 208 alla Gazz. Uff. 28 December 2005 no. 301)
art. 40: IV. F. – 1:106, Notes VI (b) 33

art. 1437:	VII. – 2:103, Notes III 25
art. 1439:	II. – 7:208, Notes II 2; IV. G. – 4:103, Notes III 36; VIII. – 2:202, Notes II 29
art. 1441:	II. – 7:201, Notes IX 47; II. – 7:209, Notes 2; VIII. – 2:202, Notes II 29
art. 1442:	II. – 7:210, Notes I 2; VIII. – 2:202, Notes II 29
art. 1443:	VII. – 2:101, Notes III(b) 57
art. 1444:	II. – 7:211, Notes 1; VII. – 2:101, Notes II 40; VIII. – 2:202, Notes II 29
art. 1445:	VII. – 2:101, Notes II 40
art. 1446:	VIII. – 2:202, Notes I 4, II 29
art. 1447:	II. – 7:207, Notes I 5; II. – 7:208, Notes II 2
art. 1448:	II. – 7:207, Notes I 5; II. – 7:208, Notes II 2
art. 1450:	II. – 7:207, Notes VI 14
art. 1453:	III. – 1:102, Notes 2; III. – 3:102, Notes 1; III. – 3:301, Notes I 1; III. – 3:302, Notes I 3; III. – 3:303, Notes 1; III. – 3:502, Notes I 1; IV. A. – 2:301, Notes III 15; IV. A. – 4:101, Notes I 1; IV. B. – 4:101, Notes IV 12; IV. B. – 6:101, Notes II 4; IV. D. – 3:101, Notes III 41
art. 1454:	III. – 3:103, Notes 3; III. – 3:503, Notes I 7; III. – 3:507, Notes 3
art. 1455:	III. – 3:502, Notes IV 19; IV. B. – 4:101, Notes IV 12; IV. D. – 3:101, Notes III 41
art. 1456:	III. – 3:502, Notes I 1; III. – 3:507, Notes 3
art. 1457:	III. – 3:507, Notes 3
art. 1458:	III. – 3:506, Notes 1; III. – 3:509, Notes I 3; III. – 3:510, Notes I 2, II 6; III. – 3:511, Notes 1; VII. – 7:101, Notes II 10
art. 1460:	III. – 2:104, Notes 1; III. – 3:401, Notes I 1, II (a) 7, (b) 8; IV. B. – 4:101, Notes III 9; IV. D. – 3:101, Notes III 41, IV 60
art. 1461:	III. – 3:401, Notes III 12; III. – 3:504, Notes II 6; III. – 3:505, Notes 2
art. 1463:	III. – 3:104, Notes II 14; III. – 3:302, Notes III (b) 12; III. – 3:502, Notes II 5; IV. B. – 4:101, Notes II 3; IV. B. – 4:102, Notes I 3; VII. – 7:101, Notes II 10
art. 1465:	IV. A. – 1:202, Notes 5; IV. A. – 5:102, Notes I 2; IV. C. – 3:108, Notes III 21; IV. C. – 4:107, Notes II 7; VIII. – 2:104, Notes II 41; VIII. – 2:201, Notes II 17
art. 1467:	III. – 1:109, Notes IV 7; III. – 1:110, Notes I 4; IV. C. – 2:109, Notes I 1, II 9; VII. – 2:101, Notes VIII 121
art. 1469:	II. – 8:103, Notes 1; VI. – 6:301, Notes 3
art. 1469bis (old):	IV. C. – 4:108, Notes I 1, II 7; IV. C. – 5:109, Notes II 2; IV. G. – 1:101, Notes IX 53, 55; IV. G. – 2:103, Notes IV 27; IV. G. – 4:101, Notes I 10; IV. G. – 4:102, Notes I 4
art. 1469ter:	IV. G. – 4:102, Notes I 4
art. 1469 quinquies:	IV. G. – 4:102, Notes I 4, II 12
art. 1470:	IV. A. – 1:101, Notes I 2; IV. A. – 1:201, Notes I 2; IV. A. – 1:202, Notes 3, 5; IV. A. – 2:101, Notes I 1, 4
art. 1472:	IV. A. – 1:201, Notes VI 17
art. 1473:	II. – 9:105, Notes III 4; II. – 9:106, Notes I (b) 3
art. 1474:	II. – 9:104, Notes II 3; IV. A. – 3:101, Notes I 4; VI. – 1:103, Notes I 4
art. 1476:	IV. A. – 2:101, Notes II 7; VIII. – 2:301, Notes 16; VIII. – 2:303, Notes II 38
art. 1477:	IV. A. – 2:101, Notes II 8
art. 1478:	II. – 7:102, Notes 1; VIII. – 2:102, Notes 15; VIII. – 2:203, Notes II 32
art. 1479:	III. – 3:510, Notes I 2

art. 2384:	IV. G. – 1:101, Notes V 31
art. 2392:	VI. – 3:201, Notes II 18
art. 2447:	VIII. – 2:201, Notes VI 91
art. 2501:	VIII. – 2:201, Notes VI 91
art. 2598:	II. – 3:102, Notes III 14; VI. – 2:208, Notes 4
art. 2599:	II. – 3:102, Notes III 14; VI. – 1:102, Notes I 4; VI. – 2:208, Notes 4
art. 2600:	II. – 3:102, Notes III 14; VI. – 2:208, Notes 4
art. 2643:	VIII. – 1:102, Notes I 12
art. 2644:	VIII. – 1:102, Notes I 12; VIII. – 2:301, Notes 16
art. 2645:	VIII. – 1:102, Notes I 12
art. 2646:	VIII. – 1:102, Notes I 12
art. 2647:	VIII. – 1:102, Notes I 12
art. 2652:	VIII. – 6:101, Notes I 7
art. 2653:	VIII. – 6:101, Notes I 7
art. 2657:	VIII. – 1:102, Notes II 33
art. 2679:	VIII. – 6:101, Notes I 7
art. 2683:	VIII. – 1:102, Notes II 33
art. 2684:	VIII. – 1:102, Notes I 12; VIII. – 1:102 Notes I 12; VIII. – 1:102, Notes II 33
art. 2685:	VIII. – 1:102, Notes I 12; VIII. – 1:102 Notes II 33
art. 2686:	VIII. – 1:102, Notes I 12; VIII. – 1:102 Notes II 33
art. 2687:	VIII. – 1:102, Notes I 12; VIII. – 1:102 Notes II 33
art. 2688:	VIII. – 1:102, Notes II 33
art. 2689:	VIII. – 1:102, Notes II 33
art. 2690:	VIII. – 1:102, Notes I 12; VIII. – 1:102 Notes II 33
art. 2691:	VIII. – 1:102, Notes II 33
art. 2692:	VIII. – 1:102, Notes II 33
art. 2693:	VIII. – 1:102, Notes I 12; VIII. – 1:102 Notes II 33
art. 2695:	VIII. – 1:102, Notes II 33
art. 2695:	VIII. – 1:102, Notes II 33
art. 2696:	VIII. – 1:102, Notes II 33
art. 2697:	V. – 1:101, Notes X 112; VI. – 1:101, Notes VI 30, 36; VII. – 1:101, Notes V 44
art. 2711:	II. – 4:104, Notes II 6
art. 2721:	II. – 1:106, Notes II 7
art. 2724:	II. – 1:106, Notes II 7
art. 2729:	II. – 2:105, Notes I 7
art. 2742:	VI. – 6:104, Notes 4
art. 2743:	VI. – 6:104, Notes 4
art. 2795:	IV. G. – 1:101, Notes X 70
art. 2822:	VIII. – 2:203, Notes II 32
art. 2858:	VI. – 3:208, Notes 3
art. 2868:	IV. G. – 1:101, Notes X 71
art. 2901:	VI. – 2:211, Notes 4; VIII. – 2:201, Notes VI 91
art. 2902:	VIII. – 2:201, Notes VI 91
art. 2905:	VIII. – 2:201, Notes VI 91
art. 2906:	VIII. – 1:102 Notes I 12
art. 2909:	VIII. – 6:204, Notes IV 65

Code of Civil Procedure [*Codice di Procedura Civile* – CCP] of 21 April 1942, RD 28 October 1940, no. 1443 (Gazz. Uff. 28 October 1940 no. 253); amended by among others DL 25 June 2008, no. 112 (Gazz. Uff. 25 June 2008 no. 147)

Code of Conduct of Lawyers [*Codice di deontologia forense*] of 17 April 1997 (last modified on 27 June 2008) enacted by *Consiglio Nazionale Forense* (CNF)

Code of Industrial Property Rights [*Codice della proprietà industrial* – CPI], DL of 10 February 2005 no. 30 (Suppl.ord. no. 28 alla Gazz. Uff. of 4 March 2005 no. 52)

Franchising Decree [*Norme per la disciplina dell affiliazione commerciale*] of 6 May 2004 no. 129 (Gazz. Uff. no. 120 of 24 May 2004)

generally:	IV. E. – 1:101, Notes III 3
art. 1:	IV. E. – 4:101, Notes I 1, II 6, III 7, IV 8, V 9; IV. E. – 4:202, Notes I 1
art. 3:	IV. E. – 4:101, Notes VI 10; IV. E. – 4:102, Notes II 7, IV 17
art. 4:	IV. E. – 4:102, Notes I 2, II 7, IV 18
art. 6:	IV. E. – 4:102, Notes I 2
art. 8:	IV. E. – 2:101, Notes I 1; IV. E. – 4:102, Notes III 12

Dispositions in Matter of Opening and Regulation of the Markets [*Disposizioni in materia di apertura e regolazione dei mercati*] of 5 March 2001 no. 57 (Gazz. Uff. 20 March 2001, no. 66)

art. 5:	VI. – 6:204, Notes 3

DLgs on Banking Law [*Testo unico delle leggi in materia bancaria e creditizia*] of 1 September 1993 no. 385 (Suppl.ord. no. 92 alla Gazz. Uff. 30 September 1993 no. 230)

generally:	IV. G. – 1:101, Notes IX 53
art. 115:	IV. G. – 4:103, Notes III 36
art. 116:	IV. G. – 4:103, Notes III 36
art. 117:	IV. G. – 4:103, Notes III 36; IV. G. – 4:104, Notes I 14
art. 119:	IV. G. – 1:103, Notes I 4; IV. G. – 2:107, Notes III 14; IV. G. – 4:103, Notes III 36; IV. G. – 4:106, Notes II 3, 5
art. 117:	VII. – 2:101, Notes III(c) 65
art. 124:	VII. – 2:101, Notes III(c) 65
art. 127:	IV. G. – 4:102, Notes I 2; IV. G. – 4:106, Notes II 7; VII. – 2:101, Notes III(c) 65

DLgs on the Reform of Company Law [*Riforma organica della disciplina delle società di capitali e società cooperative*] of 17 January 2003 no. 6 (Gazz. Uff. 22 January 2003 no. 17)

generally:	IV. G. – 1:101, Notes V 31

Doorstep Selling Act [*Attuazione della direttiva no. 85/577/CEE in materia di contratti negoziati fuori dei locali commerciali*] of 15 Jaunary 1992 no. 50 (Gazz. Uff. 3 February 1992 no. 27)

art. 10:	IV. G. – 4:102, Notes I 2

DPR on Customs Duties Law [*Approvazione del testo unico delle disposizioni legislative in materia doganale*] of 23 January 1973 no. 43 (Gazz. Uff. 28 March 1973 no. 8)

art. 87:	IV. G. – 1:102, Notes III 16

DPR on Value-added Tax [*Istituzione e disciplina dellimposta sul valore aggiunto*] of 26 October 1972 no. 633 (Gazz. Uff. 11 November 1972 no. 292)

art. 38bis:	IV. G. – 1:102, Notes III 16

E-Commerce Act [Implementation of the Directive 2000/31/CE concerning certain Legal Aspects of Information Society Services in the Internal Market, in particular Electronic Commerce, Legislative Decree *(decreto legislativo)*] [*Attuazione della direttiva 2000/31/CE relativa a taluni aspetti giuridici dei servizi della società dell'informazione nel mercato interno, con particolare riferimento al commercio elettronico*] of 9 April 2003 no. 70 (Suppl. Ord. no. 61 alla Gazz. Uff. 14 April 2003 no. 87)
art. 12: II. – 3:105, Notes 2, 3, 7
art. 21: II. – 3:105, Notes 11; II. – 3:201, Notes 3

Equal Treatment of Gender Act [Code of Equal Opportunities between Genera pursuant to Art. 6 of Act of 28 November 2005, no. 246, Legislative decree] [*Codice delle pari opportunità tra uomo e donna, a norma dell'art. 6 della legge 28 novembre 2005, n. 246*] of 11 April 2006 no. 198 (Suppl. Ord. no. 133 alla Gazz. Uff. 31 May 2006 no. 125)
art. 55: II. – 2:102, Notes I 2, II 8, III 14, IV 17; II. – 2:103, Notes I 6; II. – 2:104, Notes II 8; II. – 2:105, Notes I 7

Establishment of a Ministry for the Environment and Regulations on Environmental Damage Act [*Istituzione del Ministero dell'ambiente e norme in materia di danno ambientale*] of 8 July 1986 no. 349
art. 18: VI. – 2:209, Notes II 5; VI. – 3:206, Notes 4

Factoring Act [*Disciplina della cessione dei crediti di impresa*] of 21 February 1991 no. 52 (Gazz Uff. 25 February no. 47)
art. 3: III. – 5:106, Notes 3

General Products Safety Act [*Attuazione della direttiva n. 2001/95/CE relativa alla sicurezza generale dei prodotti*] DL of 21 March 2004 no. 172 (Gazz. Uff. of 16 July 2004 no. 165, p. 8)
generally: VI. – 3:204, Notes V 45

Guarantee Insurance for Public Credits Act [*Costituzione di cauzioni con polizze fideiussorie a garanzia di obbligazioni verso lo stato ed altri enti pubblici*] of 10 June 1982 no. 348 (Gazz. Uff. 14 June 1982 no. 161)
art. 1: IV. G. – 1:102, Notes III 16

Implementation of European Directives Act 2001 [*Disposizioni per l'adempimento di obblighi derivanti dall'appartenenza dell'Italia alle Comunita' europee, Legge comunitaria 2001*] of 1 March 2002 no. 39
generally: VI. – 2:204, Notes IV 38

Kidney Transplantation between Living Individuals Act [*Trapianto del rene tra persone viventi*] of 26 June 1967 no. 458 (Gazz. Uff. of 27 June 1967 no. 160, *edizione straordinaria)*
generally: VI. – 5:101, Notes I 3

Labour Act [*Statuto dei Lavoratori*] of 20 May 1970 no. 300 (Gazz. Uff. 27 May 1970 no. 131)
art. 28: VI. – 6:301, Notes 3

Medical Deontological Code [*Codice di deontologia medica*] of 16 December 2006, enacted by *Federazione Nazionale degli Ordini dei Medici Chirurghi e degli Odontoiatri* (FNOMCeO)

art. 4: IV. C. – 7:107, Notes II 4
art. 21: IV. C. – 2:103, Notes III 19; IV. C. – 8:109, Notes IV 34
art. 30: IV. C. – 8:105, Notes IV 32

Movement of Goods of Cultural Interest Act [*Norme sulla circolazione dei beni culturali*] of 30 March 1998 (Gazz. Uff. 10 April 1998 no. 84, rectified in Gazz. Uff. 21 July 1998 no. 168)

art. 2: VIII. – 3:101, Notes VII 135
art. 4: VIII. – 3:101, Notes VII 135
art. 5: VIII. – 3:101, Notes VII 135

Navigation Code [*Codice della Navigazione*] of 30 March 1942 no. 327 (Gazz. Uff. 18 April 1942 no. 93)

art. 245: VIII. – 1:102, Notes II 33
art. 249: VIII. – 1:102, Notes II 33
art. 250: VIII. – 1:102, Notes II 33
art. 252: VIII. – 1:102, Notes II 33
art. 253: VIII. – 1:102, Notes II 33
art. 255: VIII. – 1:102, Notes II 33
art. 257: VIII. – 1:102, Notes II 33
art. 756: VIII. – 1:102, Notes III 53
art. 756c: VIII. – 1:102, Notes III 53

Partial Transplantation of the Liver Act [*Norme per consentire il trapianto parziale di fegato*] of 16 December 1999 no. 483 (Gazz. Uff. of 20 December 1999 no. 297)

generally: VI. – 5:101, Notes I 3

Pacific Employment of Nuclear Energy Act [*Impiego pacifico dell'energia nucleare*] of 31 December 1962, no. 1860 (Gazz. Uff. of 30 January 1963 no. 27); modified and integrated by among others Presidents Decree [*Presidente della Repubblica*] of 30 December 1965, no. 1704 (Gazz. Uff. of 9 May 1966 no. 112)

generally: VI. – 3:206, Notes 4

Penal Code [*Codice Penale* – CP] RD of 19 October 1930 no. 1398 (Gazz. Uff of 28 September 1930 no. 253 Suppl.) as amended by among others RD of 13 February 2006, no. 59 (Gazz. Uff. of 2 March 2006 no. 51) and DL 23 May 2008, no. 92 (Gazz. Uff. of 26 May 2008, no. 122)

art. 40: VI. – 3:102, Notes II 19; VI. – 4:101, Notes I 4, II 19
art. 41: VI. – 4:101, Notes I 4, II 19
art. 43: VI. – 3:101, Notes 4; VI. – 3:102, Notes I 5, III 31
art. 50: VI. – 5:101, Notes I 3
art. 51: VI. – 5:201, Notes 3
art. 52: VI. – 5:202, Notes I 3
art. 54: VI. – 5:202, Notes III 21
art. 113: VI. – 4:102, Notes 4
art. 185: VI. – 2:101, Notes V 40; VI. – 2:202, Notes II 8

Rules for the Environment [*Norme in materia ambientale*] of 3 April 2006 no. 152 (Suppl.ord. no. 96 alla Gazz. Uff. 14 April 2006 no. 88)
art. 300: VI.–2:209, Notes I 1
art. 306: VI.–2:209, Notes I 1
art. 318: VI.–2:209, Notes I 1

Transparency of Banking and Financial Services Act [*Norme per la trasparenza delle operazioni e dei servizi bancari e finanziari*] of 17 February 1992 no. 154 (Gazz. Uff. 24 February 1992 no. 45)
generally: IV. G.–1:101, Notes VIII 44

Latvia

Cabinet Regulation no. 207 on Distance Contracts [*MK Noteikumi Nr. 207. "Noteikumi par distances līgumu"*] of 28 May 2002 ("LV", 81 (2656), 30 May 2002), in force from 31 May 2002; amended by Cabinet Regulation no. 161 of 8 March 2005 ("LV", 43 (3201), 15 March 2005, in force from 16 March 2005)
art. 2: II.–3:106, Notes I 2
art. 6: II.–3:106, Notes III 9
art. 8: II.–5:201, Notes III 13
art. 11: II.–3:109, Notes I 4
art. 15: II.–5:201, Notes III 18, 19
art. 19: II.–5:201, Notes III 13

Cabinet Regulation no. 327 (old) [Regulations Regarding Contracts Entered Into Outside the Permanent Location of Sale or Provision of Services of an Undertaking (Company)] [*MK noteikumi Nr. 327. "Noteikumi par līgumu, kas noslēgts ārpus uzņēmuma (uzņēmējsabiedrības) pastāvīgās tirdzniecības vai pakalpojumu sniegšanas vietas*] of 21. September 1999 ("LV", 313/316 (1773/1776), 24 September 1999); amended by Cabinet Regulation no. 320 [*MK noteikumi Nr. 320. "Noteikumi par ārpus pastāvīgās tirdzniecības vietas vai pakalpojumu sniegšanas vietas noslēgtajā līgumā ietveramo informāciju un atteikuma tiesību realizēšanas termiņu un kārtību"*] of 25 April 2006 ("LV", 68 (3436), 28 April 2006, in force from 29 April 2006)
art. 3: II.–5:102, Notes 3
art. 5: II.–5:104, Notes I 4

Cabinet Regulation no. 1037 [*MK noteikumi Nr. 1037. "Noteikumi par distances līgumu par finanšu pakalpojumu sniegšanu"*] of 21 December 2004 ("LV", 209 (3157), 29 December2004, in force from 30 December 2004)
art. 30: II.–3:103, Notes III 10

Civil Code [*Civillikums* – CC] of 28 January 1937; after the Latvian independency the validity was renewed in the years 1991-1992; cited in the text were articles of "Part Four. Obligations Law" [*Civillikums. Ceturtā daļa. Saistību tiesības*] (*Ziņotājs*, 1, 14 January 1993) in force from 1 March 1993; amended by among others *likums "Grozījumi Civillikumā"* of 22 June 2006 ("LV", 107 (3475), 7 July 2006, in force from 1 January 2007) and *likums "Grozījumi Civillikumā"* of 4 June 2009 ("LV", 94 (4080), 17 June 2009, in force from 1 July 2009)

art. 12: II. – 3:105, Notes 11; II. – 3:201, Notes 3
art. 13: II. – 3:105, Notes 11; II. – 3:201, Notes 3

Liability for Defective Goods and Deficient Services Act [*Par atbildību par preces un pakalpojuma trūkumiem*] of 5 July 2000 ("LV", 250/251 (2161/2162), 5 July 2000)
generally: VI. – 3:204, Notes I 1, V 45

Lithuania

Bankruptcy Act [Enterprise Bankruptcy Act] [*Įmonių bankroto statymas*] of 20 March 2001 no. IX-216 (*Valstybes zinios* of 11 April 2001, no. 31-1010; corrections in nos. 37 and 52)
art. 10: VIII. – 2:201, Notes V 63, VI 88
art. 35: VIII. – 2:201, Notes V 63

Civil Code [*Lietuvos civilinis kodeksas* – CC] of 18 July 2000 no. VIII-1864 (*Valstybes zinios* of 6 September 2000, no. 74-2262; corrections in nos. 77, 80 and 82); amended by among others *Civilinio kodekso 6.188 straipsnio pakeitimo ir papildymo statymas* of 16 December 2008 no. XI-65 (*Valstybes zinios* of 16 December 2008, no. 149-5997)
generally: VI. – 3:204, Notes V 45; VIII. – 6:202, Notes I 9
art. 1.39: IV. A. – 1:204, Notes III 13, IV 18
art. 1.75: VIII. – 1:102, Notes I 8
art. 1.78: VIII. – 2:202, Notes I 23, II 48
art. 1.79: VIII. – 2:202, Notes II 48
art. 1.80: VIII. – 2:202, Notes I 23; VIII. – 3:101, Notes I 6; VIII. – 2:303, Notes II 32
art. 1.81: VIII. – 2:202, Notes I 23
art. 1.84: VIII. – 2:202, Notes II 48
art. 1.86: VIII. – 2:202, Notes I 23
art. 1.87: VIII. – 2:202, Notes I 23
art. 1.90: VIII. – 2:202, Notes II 48
art. 1.91: VIII. – 2:201, Notes V 63; VIII. – 2:202, Notes II 48
art. 1.95: VIII. – 2:201, Notes V 63; VIII. – 2:202, Notes I 23
art. 1.96: VIII. – 2:202, Notes I 23
art. 1.98: IV. A. – 1:201, Notes III 8
art. 1.122: II. – 5:103, Notes IV 16
art. 1.129: VIII. – 4:201, Notes I 5 II 17, IV 35; VIII. – 4:202, Notes I 5
art. 1.130: VIII. – 4:203, Notes I 15
art. 1.139: VIII. – 6:202, Notes I 9
art. 2.25: IV. A. – 1:201, Notes V 14
art. 3.87: VIII. – 1:203, Notes 6
art. 4.9: VIII. – 3:102, Notes 11

Information Society Services Act [*Informacinės visuomenės paslaugų statymas*] of 25 May 2006 no. X-614 (*Valstybes zinios* of 10 June 2006, no. 65-2380)
generally: II.–3:105, Notes 2

Equal Treatment Act [*Lygių galimybių statymas*] of 18 November 2003, no. IX-1826 (*Valstybes zinios* of 5 December 2003, no. 114-5115); re-enacted by *Lygių galimybių statymo pakeitimo statymas* of 17 June 2008, no. X-1602 (*Valstybes zinios* of 5 July 2008, no. 76-2998)
art. 2: II.–2:102, Notes III 12, IV 17; II.–2:103, Notes I 5
art. 4: II.–2:105, Notes I 8

Maritime Shipping Act [*Prekybinės laivybos statymas*] of 12 September 1996, no. I-1513 (*Valstybes zinios* of 18 October 1996, no. 101-2300); amended by among others *Prekybinės laivybos statymo 11 straipsnio pakeitimo statymas* of 19 June 2008, no. X-1628 (*Valstybes zinios* of 3 July 2008, no. 75-2921)
art. 6: VIII.–1:102, Notes II 30, III 54

Luxembourg

Civil Code [*Code Civil* – CC] of 5 March 1803 (Mémorial A of 15 March 1803)
generally: II.–6:109, Notes III 3; II.–7:202, Notes 3; II.–7:206, Notes V 11; V.–3:104, Notes II 14
art. 6: II.–7:302, Notes I 2
art. 544: VI.–2:206, Notes I 1
art. 1097: IV. F.–1:101, Notes V 15
art. 1101: II.–1:101, Notes I 1
art. 1103: II.–1:101, Notes I 1
art. 1104: II.–1:101, Notes I 1
art. 1108: II.–4:101, Notes I 1, IV (b) 19; II.–4:103, Notes II 2, IV 9; II.–7:102, Notes 1
art. 1109: II.–7:101, Notes 1
art. 1110: II.–7:201, Notes II 6, VI (c) 32
art. 1111: II.–7:208, Notes II 2
art. 1112: II.–7:206, Notes 1, I 3, II 8
art. 1116: II.–7:205, Notes I 2
art. 1117: II.–7:101, Notes 1; II.–7:209, Notes 2

art. 1235: VII. – 2:103, Notes II 12; VII. – 4:101, Notes I 1
art. 1236: IV. G. – 2:103, Notes II 13; VII. – 4:101, Notes V 43
art. 1239: VII. – 4:104, Notes 1
art. 1246: II. – 9:108, Notes I 3
art. 1247: III. – 2:101, Notes I 3, II 6
art. 1250: IV. G. – 2:113, Notes V 33
art. 1251: IV. G. – 2:113, Notes I 13
art. 1254: III. – 2:110, Notes V 9
art. 1255: III. – 2:110, Notes IV 8
art. 1256: III. – 2:110, Notes III (b) 6
art. 1257: III. – 2:112, Notes I 1
art. 1264: III. – 2:111, Notes II 5
art. 1275: IV. G. – 1:104, Notes III 5, 8
art. 1281: IV. G. – 2:103, Notes II 13
art. 1289: III. – 6:102, Notes I 1
art. 1291: III. – 6:102, Notes II 5, III 6, IV 7; III. – 6:103, Notes I 1
art. 1294: IV. G. – 2:103, Notes III 21
art. 1295: III. – 5:102, Notes 2; III. – 5:116, Notes 2
art. 1296: III. – 6:102, Notes V 10
art. 1297: III. – 6:106, Notes 1
art. 1299: III. – 6:107, Notes I 3
art. 1321: II. – 9:201, Notes 4
art. 1326: IV. G. – 4:104, Notes I 6, 11, III 21, IV 22
art. 1338: II. – 6:111, Notes III 5; II. – 7:211, Notes 1
art. 1341: II. – 4:105, Notes II 7; II. – 6:103, Notes I 3
art. 1372: V. – 1:101, Notes I 7; V. – 2:101, Notes I 1, IV 36; V. – 2:103, Notes I 6, VI. – 1:103, Notes III 28
art. 1373: V. – 2:101, Notes IV 36
art. 1374: V. – 2:101, Notes I 1, II 14; V. – 2:102, Notes III 25
art. 1375: V. – 3:101, Notes I 5, II 15
art. 1376: VI. – 1:103, Notes III 28; VII. – 1:101, Notes IV 29; VII. – 2:101, Notes I(d) 29
art. 1377: VII. – 1:101, Notes IV 29; VII. – 2:101, Notes I(d) 29
art. 1378: VII. – 5:104, Notes 1
art. 1379: VII. – 5:101, Notes I 1
art. 1380: VII. – 5:101, Notes I 1
art. 1382: II. – 3:301, Notes I 4; II. – 7:214, Notes I 1; VI. – 1:101, Notes II 2, IV 18; VI. – 1:103, Notes IV 40; VI. – 2:204, Notes I 1; VI. – 3:102, Notes II 17, III 29
art. 1383: VI. – 1:101, Notes II 2, IV 18; VI. – 2:204, Notes I 1; VI. – 3:102, Notes II 17
art. 1384: VI. – 1:101, Notes V 26; VI. – 2:101, Notes V 38
art. 1385: VI. – 3:203, Notes 1
art. 1591: II. – 9:105, Notes II 3
art. 1592: II. – 9:106, Notes I (c) 6, II 8
art. 1596: II. – 6:109, Notes III 3
art. 1602: II. – 8:103, Notes 1
art. 1609: III. – 2:101, Notes I 3

Equal Treatment (Race) Act [*Loi portant 1. transposition de la directive 2000/43/CE du Conseil du 29 juin 2000 relative à la mise en oeuvre du principe de l'égalité de traitement entre les personnes sans distinction de race ou d'origine ethnique; 2. transposition de la directive 2000/78/CE du Conseil du 27 novembre 2000 portant création d'un cadre général en faveur de l'égalité de traitement en matière d'emploi et de travail*] of 28 November 2006 (Mémorial A no. 207 of 06 December 2006, p. 3584)

Labour Code [*Code du travail*] of 31 July 2006 (Mémorial A no. 149 of 29 August 2006 p. 2456)

Legal Interest Act [*Loi du 22 février 1984 relative au taux de l'intérêt legal*] of 22 February 1984 (Mémorial A no. 20 of 10 March 1984, p. 259)

Privacy Protection Act [*Loi concernant la protection de la vie privée*] of 11 August 1982 (Mémorial A no. 86 of 12 October 1982, p. 1840)

Products Liability Act [*Loi du 21 avril 1989 relative à la responsabilité civile du fait des produits défectueux*] of 21 April 1989 (Mémorial A no. 25 of 28 April 1989)

Social Insurance Code [*Code des assurances socials*] of 17 December 1925 (Mémorial A no. 63 of 31 December 1925)

State and other Public Bodies Civil Liability Act [*Loi du 1er septembre 1988 relative à la responsabilité civile de l'Etat et des collectivités publiques*] of 1 September 1988 (Mémorial A no. 51 of 26 September 1988)

Timeshare Act [*Loi relative aux contrats portant sur l'acquisition d'un droit d'utilisation à temps partiel de biens immobiliers*] of 18 December 1998 (Mémorial A no. 4 of 26 January 1999, p. 70)

Malta

Civil Code [CAP. 16, *Kodiċi Ċivili* – CC] of 22 January 1874 (Ordinance VII of 1868 (as amended by Ordinances: I of 1870, IV of 1907, XIV of 1913, II and V of 1920; Acts: III of 1930, XLII of 1933; Ordinances: XL of 1935, XIX of 1937, III of 1938, XXXIX of 1939 and XXV of 1940); Ordinance I of 1873 (as amended by Ordinances: I of 1908, XIII of 1932; Act XXI of 1933; Ordinances: XX of 1934, XVIII of 1938 and XXII of 1939); Article I of Ordinance VI of 1895 and Articles 2, 4, 5, 6, 7 (1) and 9 of Ordinance XIII of 1895. Amended by among others Acts III, IV and XV of 2008.)

art. 572:	VIII. – 5:101, Notes I 5; VIII. – 5:201, Notes II 43
art. 573:	VIII. – 5:202, Notes I 23, II 42, III 61
art. 574:	VIII. – 5:202, Notes II 42
art. 575:	VIII. – 5:202, Notes II 42
art. 576:	VIII. – 5:202, Notes II 42
art. 577:	VIII. – 5:201, Notes I 15; VIII. – 5:201, Notes II 43; III 52
art. 578:	VIII. – 5:201, Notes II 43
art. 579:	VIII. – 5:201, Notes II 43, III 52
art. 580:	VIII. – 5:202, Notes I 23, II 42
art. 581:	VIII. – 5:202, Notes II 42, III 61
art. 582:	VIII. – 5:202, Notes IV 70
art. 583:	VIII. – 5:201, Notes II 43; III 52
art. 584:	VIII. – 5:101, Notes II 28; VIII. – 5:201, Notes III 52
art. 1013:	V. – 1:101, Notes I 7; V. – 1:103, Notes I 5; V. – 2:101, Notes IV 36; V. – 2:103, Notes IV 39
art. 1014:	V. – 2:101, Notes IV 36
art. 1015:	V. – 2:101, Notes I 1, II 14
art. 1016:	V. – 2:101, Notes I 1, II 14
art. 1017:	V. – 2:102, Notes III 25
art. 1018:	V. – 3:101, Notes I 5
art. 1019:	V. – 1:101, Notes III 31
art. 1031:	VI. – 1:101, Notes II 2; VI. – 1:103, Notes IV 40
art. 1032:	VI. – 3:102, Notes I 3
art. 1033:	VI. – 3:102, Notes II 17
art. 1034:	VI. – 1:101, Notes VI 39
art. 1035:	VI. – 3:103, Notes I 16
art. 1036:	VI. – 3:103, Notes II 17
art. 1045:	VI. – 2:201, Notes V 22
art. 1046:	VI. – 2:202, Notes II 6
art. 1051A:	VI. – 5:103, Notes 1
art. 1526:	IV. B. – 1:101, Notes III 3, V 7; IV. B. – 2:102, Notes IV 11; IV. B. – 5:101, Notes I 1

Consumer Affairs Act [CAP. 378, *Att dwar Affarijiet tal-Konsumatur*] of 23 January 1996 (Act XXVIII of 1994; supplemented by Act V of 1995, Act XIX of 1996, Act XXVI of 2000, Act VI of 2001 and XV of 2006; Legal Notice 425 of 2007; and Act II of 2008)

Distance Selling Act [CAP. 378, Consumer Affairs Act; S. L. 378.08, Distance Selling Regulations 2001] [*Regolamenti ta' l-2001 dwar il-Bejgħ mill-Bogħod*] (A. L. 186 of 2001)

reg. 4:	II.–3:106, Notes I 2
reg. 5:	II.–5:106, Notes 3
reg. 14:	VIII.–2:304, Notes 16
reg. 28:	II.–3:104, Notes II 9

Doorstep Selling Act [CAP. 317, Doorstep Contracts Act] [*Att dwar Kuntratti fuq l-Għatba tal-Bieb*] of 15 March 1987 (Act VII of 1987, as amended by Acts XXVIII of 1994 and XXVI of 2000; Legal Notice 424 of 2007; and Act II of 2008)

art. 2:	II.–5:201, Notes II 7
art. 3:	II.–5:201, Notes II 6
art. 7:	II.–5:104, Notes I 5
art. 8:	II.–5:103, Notes IV 19
art. 11:	II.–5:101, Notes II 5
art. 25:	II.–5:103, Notes I 7

E-Commerce Act [CAP. 426. *Att dwar il-Komunikazzjonijiet u Transazzjonijiet Elettroniċi*] of 10 May 2002 (Act III of 2001, as amended by Acts XXVII of 2002, IV of 2004 and XIII of 2005; Legal Notice 426 of 2007; and Act XXX of 2007

art. 11:	II.–3:105, Notes 2, 7
art. 24:	II.–3:105, Notes 11; II.–3:201, Notes 3

Equal Treatment of Persons Order, 2007 [CAP. 460, European Union Act. *Ordni ta' l-2007 dwar Trattament Indaqs ta' Persuni*] of 3 April 2007 (A. L. 85 of 2007); amended by among others Equal Treatment of Persons (Amendment) Order, 2007 (A. L. 267 of 2007)

art. 2:	II.–2:102, Notes I 2, II 8, III 15, IV 17
art. 13:	II.–2:105, Notes I 3

Timeshare Act [CAP. Travel and Tourism Services Act, S. L. 409.02, Protection of Buyers in Contracts for Time Sharing of Immovable Property Regulations] [*Regolamenti ta' l-2000 dwar il-Protezzjoni ta' Xerrejja f'Kuntratti ta' Time Sharing fi Proprejtà Immobbli*] (A. L. 269 of 2000)

art. 4:	II.–5:104, Notes II 7
art. 8:	II.–5:102, Notes 5
art. 10:	II.–5:202, Notes III 12, 16

The Netherlands

Bankruptcy Act [*Wet op het faillissement en de surséance van betaling*] of 30 September 1893 (Stb. 1895, 155)

art. 14:	VIII. – 2:201, Notes V 64
art. 23:	VIII. – 2:102, Notes V 12
art. 35:	VIII. – 2:201, Notes V 64
art. 35b:	VIII. – 2:201, Notes V 64
art. 37:	VIII. – 2:201, Notes V 64
art. 37a:	VIII. – 2:201, Notes V 64
art. 38:	VIII. – 2:201, Notes V 64
art. 38a:	VIII. – 2:201, Notes V 64
art. 39:	VIII. – 2:201, Notes V 64
art. 40:	VIII. – 2:201, Notes V 64
art. 42:	VIII. – 2:201, Notes VI 89; VIII. – 2:202, Notes II 26
art. 43:	VIII. – 2:201, Notes VI 89
art. 45:	VIII. – 2:201, Notes VI 89
art. 47:	VIII. – 2:201, Notes VI 89
art. 51:	VIII. – 2:201, Notes VI 89
art. 60:	VIII. – 2:202, Notes III 51
art. 68:	VIII. – 2:102, Notes V 12
art. 160:	IV. G. – 2:102, Notes III 21
art. 241:	IV. G. – 2:102, Notes III 17
art. 272:	IV. G. – 2:102, Notes III 21
art. 300:	IV. G. – 2:102, Notes III 17
art. 340:	IV. G. – 2:102, Notes III 17

Civil Code [*Burgerlijk Wetboek* – CC] of 1 January 1992 (Book 1: Stb. 1969, no. 167 in conjunction with Stb. 1969 no. 259, in force since 1 January 1970; Book 2: Stb. 1976 no. 228 in conjunction with Stb. 1976 no. 342, in force since 26 July 1976; Book 3, 5, 6 and 7: Stb. 1991 no. 600 in conjunction with Stb. 1989 nos. 616 and 290, in force since 1 January 1992; Book 4: Stb. 1999 no. 300, in force since 1 January 2003; Book 7A: Stb. 1989 no. 378, in force as Book 4 of the old BW since 18 October 1838; Book 8: Stb. 1991 no. 126, in force since 1 April 1991)

generally:	II. – 4:101, Notes IV (b) 23; II. – 4:209, Notes II (c) 10; II. – 8:101, Notes I 3; III. – 3:103, Notes 2; III. – 3:508, Notes II 7; III. – 3:706, Notes 4; IV. C. – 2:105, Notes II 10; IV. C. – 6:101, Notes II 2; IV. C. – 8:109, Notes I 4; IV. C. – 8:111, Notes I 2; IV. F. – 1:104, Notes IX 25; V. – 3:104, Notes I 8; VI. – 3:204, Notes V 45
art. 1:88:	IV. G. – 1:101, Notes V 34; IV. G. – 4:101, Notes III 31
art. 1:89:	IV. G. – 1:101, Notes V 34
art. 1:125:	VI. – 3:104, Notes I 12
art. 1:233:	IV. C. – 8:108, Notes II 12
art. 1:234:	IV. C. – 8:108, Notes II 12
art. 1:266:	VI. – 3:104, Notes I 12
art. 1:269:	VI. – 3:104, Notes I 12
art. 2:9:	VI. – 3:102, Notes I 11
art. 2:48:	VI. – 3:102, Notes I 11
art. 2:138:	VI. – 3:102, Notes I 11
art. 2:226:	II. – 4:208, Notes I 1

art. 6:100:	III. – 3:702, Notes IV 6; VI. – 6:103, Notes 11
art. 6:101:	III. – 3:705, Notes I (b) 4; IV. C. – 2:108, Notes III 25; VI. – 2:101, Notes V 47; VI. – 3:101, Notes 10; VI. – 3:102, Notes I 11; VI. – 5:102, Notes I 11, II 24, III 37, IV 50; VI. – 5:202, Notes I 10; VI. – 6:105, Notes 11
art. 6:102:	IV. B. – 6:101, Notes VI 14; VI. – 4:102, Notes 10; VI. – 6:105, Notes 11
art. 6:103:	VI. – 6:101, Notes I 11; VI. – 6:201, Notes 7; VII. – 3:101 and 3:102, Notes II 20; VII. – 5:101, Notes I 7; VII. – 7:101, Notes IV 32; VIII. – 5:101, Notes II 27; VIII. – 6:401, Notes I 5
art. 6:104:	II. – 3:302, Notes II 9; VI. – 6:101, Notes II 23; VII. – 6:101, Notes 9; VII. – 7:101, Notes IV 32
art. 6:106:	III. – 3:701, Notes IV (c) 13; V. – 1:101, Notes II 18; V. – 3:103, Notes 8; VI. – 2:101, Notes VIII (2) 75; VI. – 2:201, Notes III 13, VII 59; VI. – 2:202, Notes II 15, III 26; VI. – 2:203, Notes I 2, II 13, III 26, IV 38; VI. – 2:206, Notes III 37; VI. – 3:101, Notes 10; VI. – 3:102, Notes I 11; VI. – 6:106, Notes 10
art. 6:107:	VI. – 2:101, Notes III 30; VI. – 2:201, Notes V 31, VI 45; VI. – 2:202, Notes III 26, VI 64; VI. – 5:501, Notes 6
art. 6:107a:	VI. – 2:202, Notes VI 64; VI. – 6:103, Notes 11
art. 6:108:	VI. – 2:101, Notes III 30; VI. – 2:202, Notes III 26, IV 38, V 50; VI. – 3:101, Notes 10; VI. – 3:102, Notes I 11; VI. – 5:501, Notes 6; VI. – 6:103, Notes 11
art. 6:109:	IV. A. – 4:202, Notes 2; V. – 2:102, Notes II 18, III 28; V. – 3:104, Notes II 19; VI. – 3:101, Notes 10; VI. – 3:102, Notes I 11; VI. – 3:205, Notes 12; VI. – 5:101, Notes II 25; VI. – 5:301, Notes 11; VI. – 5:401, Notes 11; VI. – 6:105, Notes 11; VI. – 6:202, Notes 10
art. 6:110:	VI. – 6:203, Notes 11
art. 6:112:	III. – 2:108, Notes I 1
art. 6:114:	III. – 2:108, Notes I 1
art. 6:115:	III. – 2:101, Notes I 1
art. 6:116:	III. – 2:101, Notes I 1; III. – 5:117, Notes 1
art. 6:117:	III. – 2:101, Notes I 2
art. 6:119:	III. – 3:708, Notes III 10; III. – 3:709, Notes II 2; IV. D. – 2:103, Notes IV 68
art. 6:120:	II. – 4:201, Notes IV (d) 30; III. – 3:708, Notes II (b) 8
art. 6:121:	III. – 2:109, Notes II 3, III 5; III. – 3:713, Notes I 2; VII. – 5:104, Notes 7
art. 6:124:	III. – 2:109, Notes IV 7
art. 6:125:	III. – 2:109, Notes IV 8
art. 6:126:	II. – 8:202, Notes 2
art. 6:127:	III. – 6:102, Notes I 1, II 5, III 6, IV 7; III. – 6:105, Notes I 4
art. 6:129:	III. – 6:104, Notes 1; III. – 6:107, Notes I 1, 2
art. 6:130:	III. – 5:116, Notes 2
art. 6:131:	III. – 7:503, Notes 1
art. 6:134:	III. – 6:107, Notes I 2
art. 6:135:	III. – 6:108, Notes II 2
art. 6:136:	III. – 6:103, Notes III 4
art. 6:137:	III. – 6:106, Notes 1
art. 6:138:	III. – 6:102, Notes V 10
art. 6:139:	IV. G. – 2:103, Notes III 22
art. 6:142:	III. – 5:115, Notes 1; IV. G. – 2:102, Notes II 15; IV. G. – 3:109, Notes III 9

art. 6:228:	II. – 7:101, Notes 1; II. – 7:201, Notes II 14, III 21, VI (a) 28, (b) 30, (c) 32, VII 37, VIII 43; IV. C. – 2:102, Notes II 6; IV. E. – 2:101, Notes III 3; IV. E. – 4:102, Notes III 13; IV. G. – 4:103, Notes IV 43; VII. – 2:101, Notes II 43; VIII. – 2:202, Notes II 26
art. 6:229:	VII. – 2:101, Notes II 43; VIII. – 2:202, Notes II 26
art. 6:230:	II. – 7:203, Notes 6; IV. E. – 4:102, Notes III 1; VII. – 2:101, Notes II 43; VIII. – 2:202, Notes II 26
art. 6:231:	II. – 9:403, Notes I 2; II. – 9:406, Notes II 5; IV. B. – 1:102, Notes III 5
art. 6:233:	II. – 7:215, Notes 1; II. – 9:103, Notes I 6; II. – 9:403, Notes III 7; II. – 9:407, Notes I 2, 3; II. – 9:408, Notes I 3; IV. B. – 1:104, Notes 12; VI. – 5:401, Notes 11; VII. – 2:101, Notes II 43
art. 6:234:	VII. – 2:101, Notes II 43
art. 6:235:	II. – 7:210, Notes II 4; II. – 9:103, Notes I 6; II. – 9:405, Notes I 8
art. 6:236:	II. – 9:405, Notes I 8; II. – 9:410, Notes 3
art. 6:237:	II. – 9:410, Notes 3; III. – 3:105, Notes VI 13; IV. C. – 4:108, Notes I 1, II 8
art. 6:246:	II. – 9:401, Notes 3
art. 6:248:	II. – 1:102, Notes 1; II. – 1:104, Notes IV (c) 19; II. – 7:215, Notes 1; II. – 9:101, Notes I 3; II. – 9:105, Notes I 1; II. – 9:106, Notes I (a) 2; II. – 9:403, Notes IV 9; III. – 1:103, Notes IV (a) 8, (b) 13; III. – 1:104, Notes 3; III. – 3:105, Notes III 3; IV. B. – 6:101, Notes VI 14; IV. C. – 3:102, Notes I 2; IV. C. – 5:107, Notes 1; IV. D. – 3:201, Notes 14; IV. E. – 2:302, Notes I 6; VII. – 2:101, Notes I(c) 25
art. 6:251:	IV. A. – 6:102, Notes II 3
art. 6:253:	II. – 4:303, Notes 2; II. – 9:301, Notes 1; II. – 9:302, Notes 5; II. – 9:303, Notes 2; VII. – 2:102, Notes I 7
art. 6:258:	II. – 9:107, Notes I 1; III. – 1:110, Notes I 3; IV. B. – 2:102, Notes IV 11; IV. B. – 6:101, Notes VI 14; IV. C. – 2:109, Notes I 1, II 10
art. 6:262:	III. – 3:401, Notes I 1, II (b) 8; IV. A. – 4:101, Notes II 7; IV. A. – 4:201, Notes II 6; IV. B. – 4:101, Notes III 6; IV. C. – 5:106, Notes II 3; IV. D. – 5:101, Notes III 40
art. 6:263:	III. – 3:401, Notes III 12
art. 6:265:	III. – 1:102, Notes 2; III. – 3:202, Notes 4; III. – 3:502, Notes II 4, IV 18; III. – 3:503, Notes I 6; III. – 3:506, Notes 1; III. – 3:601, Notes I 2; IV. A. – 4:101, Notes I 1, II 9, 13; IV. A. – 4:201, Notes III 9; IV. B. – 4:101, Notes IV 12
art. 6:267:	III. – 3:507, Notes 2
art. 6:269:	III. – 3:509, Notes I 5; VIII. – 2:202, Notes III 51
art. 6:270:	III. – 3:511, Notes 1; III. – 3:601, Notes I 2; IV. A. – 4:201, Notes III 11; IV. A. – 4:201, Notes III 9
art. 6:271:	III. – 3:509, Notes III 11; III. – 3:510, Notes I 2; VIII. – 2:202, Notes III 51
art. 6:272:	III. – 3:510, Notes I 2; III. – 3:512, Notes 2; VII. – 5:102, Notes 7
art. 6:275:	VIII. – 7:101, Notes 1; VIII. – 7:103, Notes III 31
art. 6:277:	III. – 3:102, Notes 1
art. 6:278:	VII. – 2:101, Notes III(b) 61; VII. – 5:101, Notes I 7
art. 7:1:	IV. A. – 1:101, Notes I 2, 5; IV. A. – 1:202, Notes 1; IV. A. – 1:204, Notes I 3
art. 7:4:	II. – 9:104, Notes III 5; IV. A. – 3:101, Notes I 3

Code of Civil Procedure [*Wetboek van Burgerlijke Rechtsvordering* – CCP] of 29 March 1828 (Stb. 1828 no. 14)
art. 150: VII.–1:101, Notes V 50
art. 177: VI.–1:101, Notes VI 29

Collective Labour Agreements Act [*Wet op de collectieve arbeidsovereenkomst*] of 24 December 1927 (Stb. 1927, 415; amended by among others Stb. 2006, 706 of 7 December 2006)
art. 3: VII.–2:101, Notes III (c) 69

Commercial Code [*Wetboek van Koophandel* – Ccom] of 23 March 1826 (Stb. 1826, 26; amended by among others Stb. 2007, 153 of 22 March 2007
§ 6.05: IV. G.–3:103, Notes II 6; IV. G.–3:109, Notes III 9

Constitution [*Grondwet* – Const.] of 24 August 1815 (Stb. 1815 no. 45); amended by among others Law of 27 June 2008 (Stb. 2008 nos. 272, 273)
art. 14: VIII.–1:202, Notes IV 43, 48
art. 81: VI.–7:102, Notes 5
art. 89: VI.–7:102, Notes 5
art. 93: VI.–2:203, Notes II 13

Cultural Heritage Preservation Act [*Wet tot behoud van cultuurbezit*] of 1 Febraury 1984 (Stb. 1984, 49); amended by among others Stb. 2008, 112 of 3 April 2008
generally: VIII.–3:101, Notes VII 134

Doorstep Selling Act [*Wet houdende regelen tot het tegengaan van misbruiken bij colportage; Colportagewet*] of 7 September 1973 (Stb. 1975, 393)
art. 1: II.–5:201, Notes II 7
art. 23: II.–5:101, Notes II 5
art. 25: II.–5:103, Notes II 7, IV 17

Environmental Management Act [*Wet Milieubeheer*] (Stb. 2005 no. 282)
art. 9.2. 3.1: VI.–3:206, Notes 11

General Equal Treatment Act [*Wet houdende algemene regels ter bescherming tegen discriminatie op grond van godsdienst, levensovertuiging, politieke gezindheid, ras, geslacht, nationaliteit, hetero- of homoseksuele gerichtheid of burgerlijke staat; Algemene Wet Gelijke Behandeling*] of 2 March 1994 (Stb. 1994, 230)
art. 1: II.–2:101, Notes I 6, 7, III 17; II.–2:102, Notes I 4, II 10
art. 2: II.–2:103, Notes I 6
art. 7: II.–2:101, Notes IV (b) 23
art. 9: II.–2:104, Notes II 7
art. 10: II.–2:105, Notes I 3
art. 15: II.–2:104, Notes II 8

Medical Treatment Contract Act [*Wet op de geneeskundige behandelingsovereenkomst – WGBO*] of 12 November 1994 (Stb. 1994, 845)

generally: IV. C. – 8:101, Notes II 9

Penal Code [*Wetboek van Strafrecht – CP*] of 3 March 1881 (Stb. 1881 no. 35)

art. 40: VI. – 5:302, Notes 12

art. 41: VI. – 5:202, Notes I 10

art. 42: VI. – 5:201, Notes 10

art. 328bis: VI. – 2:208, Notes 10

Road Traffic Act [*Wegenverkeerswet*] of 21 April 1994 (Stb. 1994 no. 475)

art. 1: VI. – 3:205, Notes 12

art. 185: VI. – 3:205, Notes 12

Oil Tankers (Third Party Liability) Act[*Wet tot uitvoering van het op 29 november 1969 te Brussel tot stand gekomen Internationaal Verdrag inzake de wettelijke aansprakelijkheid voor schade door verontreiniging door olie, met Bijlage (Trb. 1970, 196) alsmede regeling van die aansprakelijkheid in overeenstemming met dat Verdrag*] of 11 June 1975 (Stb. 1975, 677)

art. 10: VI. – 5:401, Notes 11

Norway

Acquisitive Prescription Act [*Lov om hevd. hevdslova* – hevdsl.] of 9 December 1966 no. 1

§ 2: VIII. – 1:205, Notes II 21; VIII. – 4:101, Notes III 56

§ 3: VIII. – 4:206, Notes I 15

§ 4: VIII. – 4:101, Notes III 56

§ 6: VIII. – 4:103, Notes I 11

Advertising Act [*Markedsføringsloven*] of 16 June 1972 no. 47

§ 2a: VIII. – 2:304, Notes 22

Poland

Atomic Law [*Prawo atomowe*] of 29 November 2000 (in the revised version of Dz. U. 2004 no. 70 pos. 632)

art. 100: VI. – 3:206, Notes 6

Banking Act [*Ustawa z dnia 29 sierpnia 1997 r. – prawo bankowe*] of 29. August 1997 (consolidated version in Dz. U. 2002 no. 72.poz. 665)

art. 69: IV. F. – 1:101, Notes I 1, V 13; IV. F. – 1:105, Notes 1
art. 70: IV. F. – 1:101, Notes I 1
art. 74: IV. F. – 1:105, Notes 1
art. 75: IV. F. – 1:105, Notes 1; IV. F. – 1:106, Notes III (d) 16, 17, V 24

Bankruptcy and Rehabilitation Act [*Prawo upadłościowe i naprawcze*] of 28 February 2003 (Dz. U. 2003 no. 60 poz. 535)

art. 58: III. – 6:101, Notes II 2
art. 93: III. – 6:101, Notes II 2
art. 102: IV. D. – 7:102, Notes II 34

Civil Code [*Kodeks cywilny – CC*] of 23 April 1964 (Dz. U. 1964 no. 16 poz. 93)

generally: II. – 4:101, Notes IV (b) 25; II. – 4:104, Notes II 8; II. – 7:211, Notes 1; III. – 2:114, Notes 1; III. – 3:401, Notes II (b) 8; IV. C. – 2:102, Notes II 7; VI. – 3:204, Notes V 45
art. 2: II. – 5:105, Notes II 5
art. 5: VI. – 5:103, Notes 1
art. 6: IV. C. – 7:106, Notes II 8; IV. C. – 7:109, Notes II 7; VI. – 1:101, Notes VI 30; VII. – 1:101, Notes V 49
art. 22: I. – 1:105, Notes I 3; IV. A. – 1:204, Notes III 12
art. 23: VI. – 2:101, Notes VIII (1) 67, 68; VI. – 2:203, Notes II 9; VII. – 4:101, Notes III 27

art. 119:	III. – 7:601, Notes I 1
art. 120:	III. – 7:203, Notes I 2, III 8
art. 121:	III. – 7:301, Notes I 4; III. – 7:305, Notes III 6, IV 8, V 9
art. 122:	III. – 7:305, Notes II 2, 4
art. 123:	III. – 7:302, Notes II 2; III. – 7:304, Notes II 4; III. – 7:402, Notes 1
art. 124:	III. – 7:302, Notes II 4
art. 125:	III. – 7:202, Notes I 1, III 3
art. 158:	II. – 1:106, Notes III 15
art. 180:	VI. – 3:208, Notes 4
art. 184:	IV. C. – 5:101, Notes VI 65
art. 185:	IV. C. – 5:101, Notes VI 65
art. 224:	VII. – 4:101, Notes III 27
art. 225:	VII. – 4:101, Notes III 27
art. 226:	VII. – 7:101, Notes IV 30
art. 282:	VII. – 2:101, Notes I(c) 24
art. 285:	VII. – 2:101, Notes I(c) 24
art. 292:	VII. – 2:101, Notes I(c) 24
art. 307:	II. – 4:101, Notes IV (c) 33
art. 318:	IV. C. – 5:101, Notes VI 65
art. 340:	VI. – 3:208, Notes 4
art. 341:	VI. – 3:208, Notes 4
art. 348:	IV. A. – 2:201, Notes I 2
art. 353:	II. – 4:103, Notes II 3
art. 353^1:	II. – 1:102, Notes 1; II. – 7:301, Notes 6
art. 354:	II. – 1:104, Notes III 12; III. – 1:104, Notes 6; IV. C. – 2:103, Notes II 10, III 21; IV. C. – 3:102, Notes II 13; IV. C. – 4:102, Notes II 10; IV. C. – 5:104, Notes II 2; IV. C. – 7:102, Notes 8; IV. C. – 7:103, Notes II 6; IV. C. – 7:108, Notes II 5
art. 355:	II. – 9:108, Notes II 6; III. – 3:101, Notes I 5; IV. C. – 2:104, Notes III 23; IV. C. – 2:105, Notes I 1, II 11; IV. C. – 3:102, Notes II 13; IV. C. – 3:103, Notes I 3, II 14; IV. C. – 6:103, Notes I 1; IV. C. – 7:103, Notes II 6; IV. C. – 7:104, Notes III 21, IV 33, V 43; IV. C. – 7:108, Notes II 5; IV. C. – 8:104, Notes II 17; IV. D. – 3:102, Notes I 15; IV. D. – 3:103, Notes 15; IV. D. – 4:101, Notes III 43; VI. – 3:102, Notes I 6
art. 356:	III. – 2:107, Notes I 3, II 8; IV. C. – 2:104, Notes II 10
art. 357:	II. – 9:108, Notes I 3; IV. B. – 3:103, Notes II 3; IV. D. – 2:102, Notes III 53
art. 357^1:	II. – 7:201, Notes I 2; III. – 1:110, Notes I 7; IV. B. – 4:101, Notes II 4
art. 358^1:	III. – 2:108, Notes I 1
art. 359:	III. – 3:708, Notes II (b) 8; IV. F. – 1:104, Notes VIII 18
art. 361:	III. – 3:702, Notes II 2; III. – 3:703, Notes III 11, V 16; VI. – 2:101, Notes III 25; VI. – 3:204, Notes III 31; VI. – 3:205, Notes 6; VI. – 4:101, Notes I 6
art. 362:	III. – 3:705, Notes I (a) 1; VI. – 5:102, Notes I 5; VI. – 5:102, Notes III 32
art. 365:	III. – 2:105, Notes 1; IV. D. – 6:104, Notes I 15
art. 365^1:	III. – 1:109, Notes III 6
art. 366:	III. – 4:102, Notes II 6; III. – 4:105, Notes 2; III. – 4:108, Notes 1
art. 368:	III. – 4:103, Notes III 4

art. 429:	II. – 1:105, Notes II 4; VI. – 1:101, Notes VI 39; VI. – 3:201, Notes I 5, II 19; VI. – 3:208, Notes 4
art. 430:	II. – 1:105, Notes II 4; VI. – 1:101, Notes V 26, VI 39; VI. Chap. 3, Introd. C 12; VI. – 3:201, Notes I 5, II 19; VI. – 5:102, Notes I 5,
art. 431:	VI. – 3:203, Notes 6; VI. – 3:208, Notes 4
art. 433:	VI. – 1:101, Notes V 26; VI. – 3:202, Notes 6; VI. – 3:207, Notes 5
art. 434:	VI. – 3:202, Notes 6; VI. – 3:208, Notes 4; VI. – 4:103, Notes 6
art. 435:	VI. – 2:101, Notes I 5; VI. – 3:205, Notes 6; VI. – 3:206, Notes 6; VI. – 3:207, Notes 5; VI. – 4:103, Notes 6; VI. – 5:302, Notes 6; VI. – 5:401, Notes 6
art. 436:	VI. – 3:205, Notes 6; VI. – 3:207, Notes 5; VI. – 3:208, Notes 4; VI. – 5:102, Notes III 32, IV 45; VI. – 5:401, Notes 6
art. 437:	VI. – 5:401, Notes 6
art. 439:	VI. – 1:102, Notes I 2
art. 441:	III. – 4:103, Notes II 3; III. – 4:106, Notes II 2
art. 442:	III. – 7:201, Notes III 5; III. – 7:203, Notes II 5; III. – 7:301, Notes II 7; III. – 7:307, Notes I 1
art. 443:	VI. – 1:103, Notes I 5
art. 444:	VI. – 2:101, Notes I 5; VI. – 2:201, Notes II 3, V 26
art. 445:	III. – 3:701, Notes IV (c) 13; VI. – 2:101, Notes I 5, V 42; VI. – 2:201, Notes I 3, IV 19, VII 54; VI. – 2:203, Notes I 2; VI. – 6:106, Notes 5
art. 446:	VI. – 2:201, Notes I 3; VI. – 2:202, Notes II 10, IV 33, V 46
art. 447:	VI. – 2:201, Notes I 3,5
art. 448:	III. – 3:701, Notes IV (c) 13; VI. – 2:101, Notes I 5, V 42; VI. – 6:106, Notes 5
art. 449:	VI. – 2:202, Notes III 23
art. 449^{1}:	VI. – 1:101, Notes V 26; VI. – 3:204, Notes III 31
art. 449^{2}:	VI. – 3:204, Notes II (2) 23
art. 449^{3}:	VI. – 3:204, Notes IV 38
art. 449^{7}:	VI. – 2:101, Notes I 5; VI. – 3:204, Notes I 8, II (1) 8
art. 449^{8}:	III. – 7:301, Notes II 7; III. – 7:307, Notes I 1
art. 450:	VII. – 2:101, Notes I(c) 24
art. 451:	III. – 2:110, Notes III (a) 5, (b) 6, IV 8, V 9; III. – 6:106, Notes 1
art. 454:	III. – 2:101, Notes I 1, 2, II 7; III. – 5:117, Notes 2; IV. A. – 2:202, Notes I 2; IV. A. – 3:101, Notes III 14; IV. B. – 3:101, Notes IV 4; IV. B. – 5:109, Notes II 4; IV. C. – 4:105, Notes II 11
art. 455:	III. – 2:102, Notes II 4; IV. A. – 2:202, Notes II 9; IV. B. – 2:101, Notes I 2; IV. C. – 3:107, Notes II 11; IV. C. – 4:105, Notes II 11; IV. C. – 5:106, Notes I 1
art. 457:	III. – 2:103, Notes II 3; VII. – 2:101, Notes I(c) 24
art. 458:	III. – 3:505, Notes 2
art. 467:	III. – 2:111, Notes II 5; III. – 2:112, Notes I 2
art. 468:	III. – 2:112, Notes II 5
art. 470:	III. – 2:112, Notes I 3, III 6
art. 471:	III. – 1:102, Notes 3; III. – 3:101, Notes I 5; III. – 3:104, Notes I 7; III. – 3:712, Notes I 3; IV. A. – 4:101, Notes I 1; IV. C. – 4:102, Notes II 10; IV. C. – 5:103, Notes II 13; IV. C. – 7:106, Notes II 8; IV. D. – 3:101, Notes III 43, IV 61; IV. D. – 3:201, Notes 15

art. 472:	III. – 3:101, Notes I 5; III. – 3:104, Notes I 7; IV. C. – 5:103, Notes II 13
art. 473:	III. – 3:101, Notes I 5; III. – 3:104, Notes I 8; III. – 3:105, Notes IV 7, VII 14; IV. C. – 4:108, Notes II 9; IV. C. – 5:109, Notes I 1; IV. C. – 6:107, Notes 6; VI. – 3:101, Notes 5
art. 474:	II. – 1:105, Notes II 4; III. – 2:106, Notes 1; III. – 3:104, Notes I 7; IV. C. – 5:103, Notes II 13; VI. – 5:102, Notes I 5
art. 475:	III. – 3:302, Notes III (b) 12; III. – 3:514, Notes 1; IV. D. – 7:103, Notes II 34
art. 476:	III. – 3:701, Notes III (a) 5
art. 477:	III. – 3:712, Notes II 4
art. 479:	III. – 3:706, Notes 3
art. 480:	III. – 3:706, Notes 3
art. 481:	III. – 3:708, Notes II (b) 8, III 10, IV 13
art. 482:	III. – 3:709, Notes IV 10, V 12
art. 483:	III. – 3:712, Notes I 2; IV. C. – 4:108, Notes II 9; VI. – 1:101, Notes II 4, 16
art. 484:	III. – 3:105, Notes VII 14; III. – 3:712, Notes II 4, III 5; IV. C. – 4:108, Notes II 9
art. 486:	III. – 2:111, Notes I 4, II 5; III. – 2:112, Notes I 2
art. 488:	III. – 2:104, Notes 1; III. – 3:401, Notes I 1, II (a) 7; III. – 3:505, Notes 2; IV. A. – 3:101, Notes II 9; IV. A. – 4:101, Notes II 7; IV. A. – 4:201, Notes II 6; IV. B. – 4:101, Notes III 6; IV. C. – 5:106, Notes II 3
art. 490:	III. – 3:401, Notes III 13
art. 491:	III. – 3:103, Notes 3; III. – 3:203, Notes 2; III. – 3:204, Notes 1; III. – 3:502, Notes III 7, IV 22; III. – 3:503, Notes I 3; III. – 3:506, Notes 1; III. – 3:507, Notes 2; III. – 3:508, Notes I 4; III. – 3:511, Notes 1; IV. A. – 2:301, Notes II 11; IV. A. – 4:101, Notes II 8, 9, 10
art. 492:	III. – 3:103, Notes 3; III. – 3:502, Notes IV 22; III. – 3:503, Notes I 3; III. – 3:508, Notes I 4
art. 493:	III. – 3:302, Notes III (b) 12; III. – 3:502, Notes II 5, IV 22; III. – 3:506, Notes 1
art. 494:	III. – 3:102, Notes 1; III. – 3:502, Notes IV 22; III. – 3:509, Notes I 6; III. – 3:510, Notes I 2; III. – 3:511, Notes 3; III. – 3:513, Notes 2
art. 495:	III. – 3:302, Notes III (b) 12
art. 498:	III. – 6:102, Notes I 1, II 5, III 6, IV 7; III. – 6:103, Notes II 3
art. 499:	III. – 6:105, Notes I 4; III. – 6:107, Notes I 1
art. 500:	III. – 6:102, Notes V 10
art. 502:	III. – 7:503, Notes 1
art. 503:	III. – 6:106, Notes 1
art. 505:	III. – 6:108, Notes II 2, III 3, V 5
art. 506:	III. – 5:204, Notes 5
art. 509:	III. – 5:104, Notes 4; III. – 5:105, Notes 10; III. – 5:109, Notes 1; III. – 5:115, Notes 1
art. 510:	III. – 5:102, Notes 4
art. 511:	III. – 5:110, Notes 1
art. 512:	III. – 5:104, Notes 4; III. – 5:119, Notes II 3; III. – 5:120, Notes 1; VII. – 4:103, Notes I 7
art. 513:	III. – 5:116, Notes 2
art. 514:	III. – 5:108, Notes 1

art. 669:	IV. B. – 5:101, Notes I 1; IV. B. – 5:102, Notes II 4
art. 670:	IV. C. – 5:101, Notes VI 65
art. 672:	IV. B. – 6:101, Notes IV 7
art. 673:	III. – 1:109, Notes III 6; IV. B. – 2:102, Notes II 5, V 14, VI 16
art. 674:	IV. B. – 2:103, Notes I 2, III 8, V 11
art. 675:	IV. B. – 4:103, Notes II 2; IV. B. – 5:109, Notes I 2
art. 676:	IV. B. – 5:106, Notes IV 5
art. 677:	III. – 7:201, Notes III 5
art. 678:	III. – 5:302, Notes II 16; IV. B. – 7:101, Notes II 4
art. 691:	III. – 5:302, Notes II 16
art. 694:	IV. B. – 1:101, Notes II 2
art. 700:	III. – 3:601, Notes I 1
art. 709:	IV. B. – 4:104, Notes II 3
art. 709^{1}:	IV. B. – 1:101, Notes VII 18
art. 709^{7}:	IV. B. – 3:104, Notes IV 16
art. 709^{8}:	IV. B. – 4:104, Notes IV 11
art. 710:	II. – 4:101, Notes IV (c) 33
art. 719:	III. – 7:201, Notes III 5
art. 720:	IV. F. – 1:101, Notes I 1, II 6, V 13; IV. F. – 1:103, Notes 1
art. 734:	II. – 6:101, Notes II 3; IV. D. – 1:101, Notes I 15; IV. D. – 3:101, Notes II 24
art. 735:	IV. C. – 2:101, Notes II 10, III 21; IV. D. – 2:102, Notes I 15
art. 736:	II. – 9:104, Notes II 4, III 8; IV. D. – 3:302, Notes II 34
art. 737:	IV. C. – 6:104, Notes I 1
art. 738:	IV. D. – 3:302, Notes I 15
art. 740:	IV. D. – 3:401, Notes 15; IV. D. – 3:402, Notes II 34
art. 742:	IV. D. – 2:103, Notes II 33, III 51
art. 743:	IV. D. – 2:102, Notes II 34; IV. D. – 2:103, Notes V 88
art. 744:	IV. D. – 2:102, Notes II 34
art. 746:	IV. D. – 1:104, Notes 10; IV. D. – 1:105, Notes 15; IV. D. – 6:101, Notes I 10, III 36; IV. D. – 6:102, Notes I 15; IV. D. – 6:103, Notes I 11
art. 747:	IV. D. – 7:102, Notes I 15
art. 748:	IV. D. – 6:103, Notes III 35; IV. D. – 7:103, Notes I 15
art. 750:	IV. C. – 8:101, Notes II 10; IV. D. – 1:101, Notes I 15, III 53, V 85
art. 751:	III. – 7:201, Notes III 5
art. 752:	V. – 1:103, Notes I 2; V. – 2:101, Notes I 2, II 9
art. 753:	V. – 1:101, Notes VIII 85; V. – 2:101, Notes IV 38; V. – 2:103, Notes I 2, II 12, III 25; V. – 3:101, Notes I 1
art. 754:	V. – 1:102, Notes I 2; V. – 3:101, Notes II 14
art. 755:	V. – 3:101, Notes II 14
art. 756:	V. – 1:101, Notes IX 100
art. 757:	V. – 2:102, Notes III 22; V. – 3:101, Notes II 14; VI. – 3:101, Notes 5
art. 758:	IV. E. – 1:101, Notes II 2; IV. E. – 3:101, Notes II 2, IV 5; IV. E. – 3:201, Notes II 4; IV. E. – 3:306, Notes 1
art. 760:	IV. E. – 2:201, Notes 2; IV. E. – 3:202, Notes 2; IV. E. – 3:203, Notes I 2; IV. E. – 3:307, Notes I 2; IV. E. – 3:308, Notes I 1, III 3; IV. E. – 3:309, Notes I 1, III 4
art. 760^{3}:	II. – 6:111, Notes II 3

Code of Civil Procedure [*Ustawa kodeks postępowania cywilnego* – CCP] of 17 Novermber 1964 (Dz. U. 1964 no. 43 poz. 296)

Compulsory Insurance, Guarantee Fund and Polish Office of Traffic Insurance Act [*Ustawa o ubezpieczeniach obowiązkowych, Ubezpieczeniowym Funduszu Gwarancyjnym i Polskim Biurze Ubezpieczycieli Komunikacyjnych*] of 22 May 2003 (Dz. U. 2003 no. 124 poz. 1152)

Penal Code [*Kodeks karny* – CP] of 6 June 1997 (Dz. U. 1997 no. 88 poz. 553)
art. 27: VI. – 5:101, Notes I 5
art. 192: VI. – 5:101, Notes I 5

Prevention and Repair of Damages to the Environment Act [*Ustawa o zapobieganiu szkodom w środowisku i ich naprawie*] of 13 April 2007 (Dz. U. 2007 no. 75 poz. 493)
art. 1: VI. – 3:206, Notes 6
art. 23: VI. – 2:209, Notes I 1

Products Liability Act [*Ustawa o ochronie niektórych praw konsumentów oraz o odpowiedzialności za szkodę wyrządzoną przez produkt niebezpieczny* = CC Book III, title VI[1]] of 2 March 2000 (Dz. U. 2000 no. 22 poz. 271)
generally: VI. – 3:204, Notes I 1

Professional Sports Act [*Ustawa o sporcie kwalifikowanym*] of 29 July 2005 (Dz. U. 2005 no. 155 poz. 1298)
art. 29: VI. – 5:101, Notes II 20

Timeshare Act [*Ustawa o ochronie nabywców prawa korzystania z budynku lub pomieszczenia mieszkalnego w oznaczonym czasie w każdym roku*] of 13 July 2000 (Dz. U. 2000 no. 74 poz. 855)
art. 7: II. – 5:202, Notes II 6
art. 8: II. – 5:202, Notes III 13

Portugal

Access to Administrative Documents Act [*Lei de Acesso aos Documentos da Administração*] of 16 July 1999 (Lei no. 94/99, DR 164 I-A)

generally: IV. C. – 8:109, Notes IV 39

Accidents at Work and Ocupational Diseases Act [*Regime jurídico dos acidentes de trabalho e das doenças profissionais*] of 13 September 1997 (Lei no. 100/97, DR 212/1997 I-A); repealed by Labour Code (see there)

art. 31: VI. – 2:202, Notes VI 63

Acquisition of Commerce Ships Decree Law [*Regime de aquisição e alienação de navios de comércio*] of 28 April 1988 (DL no. 150/1988, DR 150/88 I)

art. 2: VIII. – 1:102, Notes II 34
art. 3: VIII. – 1:102, Notes II 34
art. 4: VIII. – 1:102, Notes II 34
art. 5: VIII. – 1:102, Notes II 34
art. 6: VIII. – 1:102, Notes II 34
art. 7: VIII. – 1:102, Notes II 34

Administrative Tribunals' Procedure Code [*Código de Processo nos Tribunais Administrativos*] of 22 February 2002 (Lei no. 15/2002, DR 45/2002 I-A; revised by Lei no. 4-A/2003 of 19 February 2003, DR 42/2003 I-A)

art. 37: VII. – 7:103, Notes 5

Anti-Discrimination Act [Prevention of Racial and Ethical Discrimination Act] [*Quadro Jurídico para o Combate à Discriminação Baseada em Motivos de Origem Racial ou Étnica*] of 11 May 2004 (Lei no. 18/2004, DR 110/2004 I-A)

art. 1:	II. – 2:102, Notes III 13
art. 3:	II. – 2:101, Notes II 13, IV (b) 23; II. – 2:102, Notes I 2, II 8, IV 17
art. 6:	II. – 2:105, Notes I 3, II 11

Architects' Statutes Decree Law [*Estatuto da Ordem dos Arquitectos*] of 3 July 1998 (DL no. 176/98, DR 151/1998 I-A)

art. 49:	IV. C. – 6:103, Notes II 7

Association Act [*Regime geral do direito de associação*] of 7 November 1974 (DL no. 594/74, DG 259/74 I-A; amended by among others DL no. 71/77 of 25 February 1977, DR 47/77 I-A)

generally:	II. – 2:101, Notes IV 23

Automobile Act [*Regulamento das emissões de dióxido de carbono e consumo de combustível dos automóveis e regulamento da homologação CE de modelo de automóveis e reboques, seus sistemas, componentes e unidades técnicas*] of 28 October 2005 (DL no. 178/2005, DR 208/2005 I-A)

generally:	VIII. – 1:102, Notes I 13
art. 42:	VIII. – 1:102, Notes I 13

Automobile Register Act [*Registo da propriedade automóvel*] of 12 February 1975 (DL no. 55/75, DG 36/1975 I-A); revised by Unified Registration Documents for Vehicles Decree Law (cf. below)

generally:	VIII. – 1:102, Notes I 13

Bankruptcy Decree Law [*Código dos Processos Especiais de Recuperação da Empresa e de Falência*] of 23 April 1993 (DL no. 132/93, DR 95/1993 I-A)

art. 63:	IV. G. – 2:102, Notes III 21
art. 81:	IV. G. – 2:102, Notes III 21
art. 245:	IV. G. – 2:102, Notes III 21

Banks Duty of Information Decree Law [*Regime aplicável à informação que as instituições de crédito devem prestar aos seus clientes em matéria de taxas de juro e outros custos das operações de crédito*] of 23 August 1994 (DL no. 220/94, DR 194/1994 I-A)

art. 2:	IV. G. – 4:101, Notes I 12

Basic Environment Act [*Lei de Bases do Ambiente*] of 7 April 1987 (Lei no. 11/87, DR 81/1987 I-A)

art. 3(a):	VI. – 6:301, Notes 8
art. 40:	VI. – 2:209, Notes II 10; VI. – 6:301, Notes 8
art. 41:	VI. – 2:209, Notes II 10
art. 48:	VI. – 2:209, Notes II 10

Civil Code [*Código Civil* – CC] of 25 November 1966 (DL no. 47344, DG 274/1966 I-A; amended by among others DL no. 116/2008 of 4 July 2008, DR 128/2008 I)

art. 268:	II.–6:107, Notes I 1; II.–6:111, Notes I 1, II 4, III 5; V.–1:101, Notes IX 97; V.–3:106, Notes 3
art. 269:	II.–6:105, Notes II 4
art. 270:	III.–1:106, Notes II 2, III 3; VII.–2:101, Notes IV(a) 86, (b) 95; VIII.–2:203, Notes II 34
art. 272:	IV.G.–4:101, Notes II 26; VIII.–2:203, Notes I 14
art. 275:	III.–1:106, Notes IV 4
art. 276:	III.–1:106, Notes VI 6; VII.–2:101, Notes IV(a) 86, (b) 95; VIII.–2:203, Notes I 14
art. 277:	VII.–2:101, Notes IV(a) 86
art. 280:	II.–4:103, Notes II 2; II.–7:102, Notes 1; II.–7:215, Notes 1; II.–7:301, Notes 2; II.–7:302, Notes I 2; VII.–2:101, Notes III(a) 49; VII.–6:103, Notes 4; VIII.–2:202, Notes I 6
art. 281:	II.–7:301, Notes 2; VIII.–2:202, Notes I 6
art. 282:	II.–7:207, Notes I 5; II.–7:208, Notes II 2; IV.E.–4:102, Notes I 4
art. 283:	II.–7:207, Notes I 5, VI 14
art. 285:	VII.–2:101, Notes II 41; VII.–4:101, Notes II 12
art. 286:	VII.–2:101, Notes III(a) 49
art. 287:	II.–7:201, Notes IX 47; II.–7:210, Notes I 2; VII.–2:101, Notes II 41, III(b) 58
art. 288:	II.–7:211, Notes 1; VII.–2:101, Notes II 41; VIII.–2:202, Notes II 31
art. 289:	III.–3:510, Notes II 6; III.–3:512, Notes 1; VII.–2:101, Notes I(b) 13, II 41, III(a) 49, (b) 58, (c) 66; VII.–2:102, Notes II 14; VII.–2:103, Notes IV 33; VII.–4:101, Notes II 12; VII.–6:101, Notes 5; VII.–7:101, Notes II 12; VIII.–2:202, Notes I 6; VIII.–2:303, Notes II 39
art. 290:	VII.–2:101, Notes III(b) 58; VII.–7:101, Notes II 12
art. 291:	VIII.–3:101, Notes I 14
art. 292:	II.–7:213, Notes 1
art. 293:	II.–7:203, Notes 7; VII.–2:101, Notes III(c) 66
art. 294:	II.–7:302, Notes II 13; V.–2:102, Notes III 23; VII.–2:101, Notes III(a) 49; VII.–6:103, Notes 4
art. 295:	II.–4:301, Notes 2; II.–8:202, Notes 2
art. 298:	III.–7:101, Notes II 2, IV 6
art. 300:	III.–7:601, Notes I 1
art. 302:	III.–7:501, Notes IV 7
art. 303:	III.–7:501, Notes I 1
art. 304:	III.–7:501, Notes III 5; VII.–2:101, Notes VI 112; VII.–2:103, Notes I 4
art. 306:	III.–7:203, Notes I 1
art. 309:	III.–7:201, Notes II 2; VI.–1:103, Notes II 16
art. 310:	III.–7:201, Notes II 2
art. 311:	III.–7:202, Notes I 1
art. 312:	VIII.–4:201, Notes II 20
art. 316:	III.–7:501, Notes II 4
art. 318:	III.–7:305, Notes III 6, V 9; VIII.–4:201, Notes I 7, II 20, IV 32
art. 320:	III.–7:305, Notes II 2; VIII.–4:201, Notes I 7, II 20, III 26
art. 321:	III.–7:303, Notes I 1, III 3; III.–7:306, Notes 1; VIII.–4:202, Notes I 4, II 14

art. 482:	III. – 5:115, Notes 1; III. – 7:201, Notes II 2; IV. G. – 2:102, Notes II 15; VII. – 4:101, Notes I 3
art. 483:	IV. C. – 8:104, Notes II 18; VI. – 1:101, Notes III 9, 16, IV 18, V 25; VI. – 1:103, Notes IV 40; VI. – 2:101, Notes I 9, V 46, VII 62, IX 91; VI. – 2:201, Notes I 1; VI. – 2:203, Notes I 2, IV 37; VI. – 2:206, Notes I 9; VI. – 2:208, Notes 9; VI. – 2:210, Notes 9; VI. – 3:101, Notes 9; VI. – 3:102, Notes III 36; VI. – 3:204, Notes II (1) 12; VI. – 4:101, Notes I 10, II 21; VI. – 7:102, Notes 4; VIII. – 4:302, Notes 12; VIII. – 6:401, Notes I 10, II 21
art. 484:	VI. – 2:204, Notes I 8, II 22
art. 485:	VI. – 2:101, Notes X (1) 103; VI. – 2:207, Notes 8
art. 486:	VI. – 3:102, Notes II 17
art. 487:	IV. C. – 7:104, Notes III 22; IV. C. – 7:106, Notes II 9; IV. C. – 8:104, Notes II 18; V. – 1:101, Notes X 108; V. – 2:101, Notes I 2; VI. – 1:101, Notes VI 30, 39; VI. – 1:103, Notes III 35; VI. – 3:102, Notes I 10
art. 488:	V. – 2:102, Notes IV 34; VI. – 3:103, Notes I 9; VI. – 5:301, Notes 10
art. 489:	V. – 2:102, Notes IV 34; VI. – 3:103, Notes II 20; VI. – 5:301, Notes 10
art. 490:	V. – 1:103, Notes II 14; VI. – 2:211, Notes 10; VI. – 4:102, Notes 9; VI. – 6:105, Notes 10
art. 491:	V. – 2:102, Notes IV 34; VI. – 1:101, Notes VI 39; VI. – 3:104, Notes I 11, II 26,
art. 492:	VI. – 1:103, Notes I 9; VI. – 3:202, Notes 10; VI. – 6:301, Notes 8
art. 493:	IV. C. – 8:103, Notes II 12; VI. – 3:203, Notes 10; VI. – 3:206, Notes 10; VI. – 3:207, Notes 9; VI. – 3:208, Notes 7; VI. – 4:103, Notes 9; VI. – 6:301, Notes 8; VII. – 4:103, Notes II 14
art. 494:	VI. – 1:101, Notes IV 19; VI. – 3:101, Notes 9; VI. – 6:202, Notes 9
art. 495:	V. – 3:103, Notes 3; VI. – 2:202, Notes IV 37, V 49, VI 63; VII. – 2:103, Notes II 15
art. 496:	VI. – 2:101, Notes V 46; VI. – 2:202, Notes II 14, III 25; VI. – 3:204, Notes III 31; VI. – 6:102, Notes 8
art. 496 (old):	VIII. – 7:102, Notes III 49
art. 497:	III. – 4:103, Notes II 3; V. – 1:103, Notes II 14; VI. – 3:101, Notes 9; VI. – 3:104, Notes II 26; VI. – 3:201, Notes I 9; VI. – 4:102, Notes 9; VI. – 6:105, Notes 10
art. 498:	III. – 7:201, Notes II 2; III. – 7:301, Notes II 9; VI. – 1:103, Notes II 16, III 35; VII. – 7:101, Notes IV 28
art. 499:	II. – 9:302, Notes 2
art. 500:	VI. – 3:201, Notes I 9, II 23; VI. – 6:105, Notes 10
art. 501:	VI. – 3:201, Notes II 23; VI. – 7:103, Notes 11; VI. – 6:105, Notes 10
art. 502:	VI. – 3:203, Notes 10; VI. – 6:301, Notes 8
art. 503:	VI. – 3:201, Notes I 9; VI. – 3:205, Notes 11; VI. – 3:208, Notes 7; VI. – 5:102, Notes III 36; VI. – 5:302, Notes 10
art. 505:	VI. – 5:102, Notes III 36; VI. – 5:302, Notes 10
art. 506:	VI. – 3:101, Notes 9; VI. – 3:201, Notes I 9; VI. – 5:102, Notes III 36, IV 49
art. 507:	III. – 4:103, Notes II 3; VI. – 3:101, Notes 9; VI. – 6:105, Notes 10; VI. – 6:105, Notes 10
art. 508:	VI. – 3:206, Notes 10

art. 509: VI. – 1:103, Notes II 16; VI. – 3:206, Notes 10; VI. – 3:208, Notes 7; VI. – 5:302, Notes 10
art. 510: VI. – 3:206, Notes 10
art. 512: III. – 4:102, Notes II 6; III. – 4:103, Notes III 4; III. – 4:202, Notes II 2; IV. G. – 1:104, Notes II 2; V. – 1:103, Notes II 14; V. – 2:102, Notes II 13; VI. – 6:105, Notes 10
art. 513: III. – 4:103, Notes I 1; III. – 4:202, Notes III 3; IV. G. – 1:104, Notes II 3; IV. G. – 1:106, Notes II 18
art. 514: III. – 4:112, Notes I 1; III. – 4:207, Notes II 2
art. 516: III. – 4:106, Notes I 1; III. – 4:206, Notes 1; IV. G. – 1:104, Notes II 2, 3; IV. G. – 1:106, Notes III 21, 23
art. 518: IV. G. – 1:104, Notes II 2; IV. G. – 1:107, Notes II 8; V. – 2:102, Notes II 13
art. 519: IV. G. – 1:104, Notes II 2
art. 521: III. – 4:111, Notes I 1, II 2
art. 522: III. – 4:110, Notes 2
art. 523: III. – 4:108, Notes 1; V. – 1:103, Notes II 14
art. 524: III. – 4:107, Notes I 1; IV. G. – 1:104, Notes II 2; V. – 1:103, Notes II 14; V. – 2:102, Notes II 13
art. 525: III. – 4:112, Notes II 3
art. 526: III. – 4:107, Notes III 3
art. 528: III. – 4:202, Notes II 2
art. 530: III. – 4:207, Notes II 2
art. 532: III. – 4:207, Notes II 2
art. 533: III. – 4:206, Notes 1
art. 534: III. – 4:104, Notes 1; III. – 4:202, Notes III 3; III. – 4:204, Notes 1
art. 535: III. – 4:102, Notes I 2
art. 539: VIII. – 2:101, Notes 42
art. 542: VIII. – 2:101, Notes 42
art. 543: III. – 2:105, Notes 1
art. 546: VIII. – 6:401, Notes II 21
art. 548: III. – 2:105, Notes 1
art. 550: III. – 2:108, Notes I 1; III. – 2:109, Notes III 5
art. 558: III. – 2:109, Notes II 3
art. 559: III. – 3:708, Notes II (b) 8; V. – 1:103, Notes III 25
art. 560: III. – 3:709, Notes IV 6, 8, VII 15
art. 562: VI. – 1:103, Notes I 9; VI. – 2:101, Notes I 9; VI. – 4:101, Notes II 21; VI. – 6:101, Notes I 10; VIII. – 2:101, Notes 22
art. 563: VI. – 2:101, Notes I 9; VI. – 4:101, Notes I 10
art. 564: III. – 3:702, Notes II 2; VI. – 2:101, Notes I 9; VI. – 2:201, Notes V 30; VIII. – 6:401, Notes I 10
art. 566: III. – 3:302, Notes III (d) 17; III. – 3:705, Notes II 5; VI. – 2:101, Notes I 9; VI. – 6:101, Notes I 10; VI. – 6:103, Notes 10; VI. – 6:202, Notes 9; VII. – 5:101, Notes I 4; VII. – 6:101, Notes 5
art. 567: VI. – 6:101, Notes I 10; VI. – 6:203, Notes 10
art. 568: VI. – 6:103, Notes 10
art. 570: III. – 3:705, Notes I (b) 4; IV. C. – 7:102, Notes 9; V. – 2:102, Notes III 23; V. – 3:103, Notes 3; V. – 3:104, Notes II 14; VI. – 3:101, Notes 9; VI. – 4:101,

art. 647:	IV. G. – 2:112, Notes I 1, II 4, 11
art. 648:	IV. G. – 2:111, Notes I 1, III 7, 9, 11, 13, IV 15; IV. G. – 3:107, Notes II 12
art. 650:	IV. G. – 1:106, Notes I 1, II 4, 7
art. 651:	IV. G. – 2:103, Notes II 13
art. 652:	IV. G. – 2:109, Notes I 5
art. 653:	IV. G. – 2:110, Notes I 1, III 8, V 13
art. 654:	IV. G. – 2:102, Notes I 11
art. 674:	IV. G. – 1:101, Notes X 70
art. 679:	III. – 5:102, Notes 3
art. 715 (old):	VIII. – 2:101, Notes 22
art. 746 (old):	III. – 2:113, Notes 1
art. 754:	IV. E. – 2:401, Notes 2; VIII. – 7:104, Notes V 77
art. 756:	VIII. – 7:104, Notes V 77
art. 762:	III. – 1:103, Notes IV (a) 8, (b) 14; III. – 1:104, Notes 3; III. – 3:104, Notes III 16; IV. C. – 2:103, Notes II 11; IV. C. – 2:105, Notes I 1, II 12; IV. C. – 3:102, Notes I 2, II 14; IV. C. – 3:103, Notes I 3, II 15; IV. C. – 4:102, Notes I 1, II 11; IV. C. – 6:103, Notes I 3; IV. C. – 7:107, Notes II 7; IV. G. – 2:107, Notes II 11
art. 763:	VII. – 2:101, Notes I(c) 22
art. 764:	VII. – 2:102, Notes I 4
art. 767:	III. – 2:107, Notes I 2; IV. G. – 2:103, Notes II 13; VII. – 2:102, Notes I 4; VII. – 4:101, Notes V 46
art. 768:	III. – 2:107, Notes II 4; VII. – 2:102, Notes I 4
art. 769:	VII. – 2:102, Notes I 4; VII. – 4:104, Notes 3
art. 770:	VII. – 2:102, Notes I 4; VII. – 4:104, Notes 3
art. 772:	III. – 2:101, Notes I 2
art. 773:	III. – 2:101, Notes II 6
art. 774:	III. – 2:101, Notes I 1
art. 775:	III. – 2:101, Notes I 2
art. 777:	III. – 2:102, Notes II 3; III. – 2:103, Notes II 3
art. 779:	III. – 2:102, Notes III 6; III. – 2:103, Notes II 3
art. 780:	III. – 3:401, Notes III 12
art. 783:	III. – 2:110, Notes I 1
art. 784:	III. – 2:110, Notes III (b) 6
art. 785:	III. – 2:110, Notes V 9
art. 790:	III. – 1:102, Notes 6; III. – 3:104, Notes I 5; VII. – 7:101, Notes II 12
art. 792:	III. – 3:101, Notes I 3; III. – 3:104, Notes II 12
art. 793:	III. – 3:101, Notes I 3; VII. – 2:101, Notes I(c) 22
art. 794:	VI. – 2:211, Notes 10
art. 795:	III. – 3:101, Notes I 3; VII. – 7:101, Notes II 12
art. 796:	IV. A. – 2:308, Notes I 2; IV. A. – 5:101, Notes I 2; VIII. – 2:104, Notes II 41; VIII. – 2:201, Notes II 18
art. 797:	IV. A. – 5:202, Notes II 3, III 4
art. 798:	IV. C. – 2:106, Notes II 11; IV. C. – 3:104, Notes II 13; IV. C. – 8:104, Notes II 18; VI. – 1:103, Notes I 9; VII. – 7:101, Notes II 12
art. 799:	III. – 1:102, Notes 6; IV. C. – 2:106, Notes II 11; IV. C. – 3:104, Notes II 13; IV. C. – 8:104, Notes V 54; V. – 1:101, Notes X 108; V. – 2:101, Notes I 2;

Holday Camps Regulations Decree Law [*Regime Jurídico de Acesso e de Exercício da Actividade de Promoção e Organização de Campos de Férias*] of 9 December 2003 (DL no. 304/2003, DR 283/2003 I-A; revised by DL no. 109/2005 of 8 July 2005, DR 130/2005 I-A)

art. 10: VI. – 3:104, Notes II 26

Hunting Act [*Lei da caça*] of 27 August 1986 (DL no. 30/86; repealed by Lei no. 173/99 of 21 September 1999, DR 221/1999 I-A)

art. 33: VI. – 3:207, Notes 9

Industrial Property Decree Law [*Código da Propriedade Industrial*] of 25 July 2008 (DL no. 143/2008, DR 143/2008 I)

art. 317: VI. – 2:204, Notes III 33

Insolvency Code [*Código da insolvência e da recuperação das empresas*] of 18 August 2004 (DL no. 200/2004, DR 194/2004 I-A)

art. 99: III. – 6:101, Notes II 2
art. 102: VIII. – 2:201, Notes V 69
art. 103: VIII. – 2:201, Notes V 69
art. 104: VIII. – 2:203, Notes II 34
art. 120: VIII. – 2:201, Notes VI 93
art. 121: VIII. – 2:201, Notes VI 93

Labour Code [*Código do Trabalho*] of 27 August 2003 (Lei no. 99/2003, DR 197/2003 I-A)

art. 24: VI. – 2:201, Notes III 12
art. 115: VII. – 2:101, Notes III(e) 78; VII. – 4:101, Notes II 12
art. 117: VII. – 2:101, Notes III(e) 78
art. 120g: VI. – 3:207, Notes 9
art. 239: VI. – 3:207, Notes 9
art. 281: VI. – 3:207, Notes 9
art. 287: VI. – 4:101, Notes IV 47
art. 291: VI. – 5:302, Notes 10
art. 294: VI. – 2:202, Notes VI 63

Land Register Code [*Código do Registo Predial*] of 6 July 1984 (DL no. 224/84, DR 155/1984 I-A; as revised by DL no. 116/2008, DR 128/2008 I)

art. 17: VII. – 4:101, Notes III 23

Lawyers Standard of Care Act [*Estatuto da Ordem dos Advogados*] of 26 January 2005 (Lei no. 15/2005, DR 18/2005 I-A)

art. 83: IV. C. – 7:104, Notes III 22, IV 34; IV. C. – 7:107, Notes II 7

Motor Insurance Liability Decree Law [*Seguro obrigatório de responsabilidade civil automóvel*] of 31 December 1985 (DL no. 522/85, DR 301/1985 I-A; amended by DL no. 83/2006 of 3 May 2006, DR 85/2006 I-A)

art. 62: VI. – 7:105, Notes 2
art. 64: VI. – 7:105, Notes 2

Securities Code [*Código dos valores mobiliários*] of 13 November 1999 (DL no. 486/99, DR 486/99 I-A; amended by DL no. 357-A/2007 of 31 October 2007, DR 210/2007 I)
art. 283: III.–6:101, Notes II 2

Social Security Act [*Bases gerais do sistema de segurança social*] of 16 January 2007 (Lei no. 4/2007, DR 11/2007 I)
art. 60: VII.–7:103, Notes 5
art. 70: VI.–2:202, Notes VI 63

State Liability Act [*Regime da responsabilidade civil extracontratual do Estado e demais entidades públicas*] of 31 December 2007 (Lei no. 67/2007, DR 251/2007 I)
art. 11: VI.–7:103, Notes 11

Television Act [*Lei da Televisão*] of 30 July 2007 (Lei no. 27/2007, DR 145/2007 I)
art. 70: VI.–2:204, Notes IV 40

Timeshare Act [*Direito Real de Habitação Periódica*] of 5 August 1993 (DL no. 275/93; DR 182/1993 I-A; amended by among others DL no. 180/99 of 22 May 1999, DR no. 119/1999 I-A)
art. 14: II.–5:202, Notes III 11
art. 16: II.–5:202, Notes II 6, 9
art. 53: II.–5:202, Notes III 11
art. 54: II.–5:202, Notes III 16
art. 55: II.–5:202, Notes III 16

Traffic Code [*Código da estrada*] of 28 September 2001 (DL no. 265-A/2001, DR 226/2001 I-A)
art. 168: VIII.–1:102, Notes I 13

Ultra-light (non-motorised) Aircraft Decree Law [*Regime jurídico da utilização de aeronaves ultraleves*] of 2 March 1990 (DL no. 71/90; revised by DL no. 238/2007 of 13 August 2007, DR 155/2007 I)
art. 40: VI.–3:207, Notes 9

Unified Registration Documents for Vehicles Decree Law [*Documento único automóvel*] of 28 October 2005 (DL no. 178-A/2005, DR 08/2005 I-A)
generally: VIII.–1:102, Notes I 13
art. 42: VIII.–1:102, Notes I 13

Urban Constructions Decree Law [*Regulamento Geral das Edificações Urbanas* – RGEU] of 7 August 1951 (DL no. 38 382, DG 166/1951 I-A)
art. 15: IV. C.–3:103, Notes I 3, II 15
art. 135: IV. C.–3:103, Notes III 27

Urbanisation and Construction Decree Law [*Regime Jurídico da Urbanização e da Edificação*] of 16 December 1999 (DL no. 555/99, DR 291/1999 I-A; amended by among others DL no. 177/2001 of 4 June 2001, DR 129/2001 I-A)

art. 86: VI.–3:208, Notes 7

Unfair Commercial Practices Act [*Regime aplicável às práticas comerciais desleais das empresas nas relações com os consumidores*] of 26 March 2008 (DL no. 57/2008, DR 60/2008 I)

generally: II.–3:102, Notes II 6
art. 9: II.–3:102, Notes I 3, 4
art. 10: II.–3:102, Notes II 7
art. 20: II.–3:102, Notes III 16
art. 21: II.–3:102, Notes III 16

Voluntary Arbitration Act [*Lei da Arbitragem Voluntária*] of 29 August 1986 (Lei no. 31/86, DR 198/1986 I-A)

art. 2: I.–1:106, Notes 1

Water Quality Decree Law [*Normas para proteger o meio aquático e melhorar a qualidade das águas – Lei da qualidade das águas*] of 1 August 1998 (DL no. 236/98, DR 176/1998 I-A)

art. 73: VI.–2:209, Notes II 10

Romania

Anti-Discrimination Act [Government Decree on Prevention and Sanctioning of All Forms of Discrimination] [*Ordonanţă nr. 137 privind prevenirea şi sancţionarea tuturor formelor de discriminare*] of 31 August 2000 (initial version published in Monitorul Oficial, Partea I, no. 431 of 2 September 2000) amended and republished in Monitorul Oficial, Partea I no. 99 of 8 February 2007

art. 2: II.–2:102, Notes III 12, IV 17
art. 27: II.–2:105, Notes I 6

Doorstep Selling Act [Government Decree on Doorstep Selling] [*Ordonanţă nr. 106 privind contractele încheiate în afara spaţiilor comerciale*] of 30 August 1999 (initial version published in Monitorul Oficial, Partea I, no. 431 of 31 August 2008) amended and republished in Monitorul Oficial, Partea I, no. 168 of 5 March 2008

Draft Civil Code [*Proiectul Noului Cod civil*] (adopted by the Senate on 13 September 2004)

Government Decree on Package Travel [*Ordonanţă nr. 107 privind activitatea de comercializare a pachetelor de servicii turistice*] of 30 August 1999 (initial version published in Monitorul Oficial, Partea I, no. 431 of 31 August 1999) amended and secondly republished in Monitorul Oficial, Partea I, no. 448 of 16 June 2008

Government Emergency Decree on Environmental Liability [*Ordonanţă de urgenţă nr. 68 privind răspunderea de mediu cu referire la prevenirea şi repararea prejudiciului asupra mediului*] of 28 July 2007 (Monitorul Oficial, Partea I, no. 446 of 29 June 2007); approved by Act no. 19/2008 of 29 February 2008 (Monitorul Oficial, Partea I, no. 170 of 5 March 2008)

Judicial Review Act [*Legea nr. 554 contenciosului administrativ*] of 02 December 2004 (Monitorul Oficial, Partea I, no. 1154 of 07 December 2004)

Natural Persons and Juridical Persons Decree [*Decret nr. 31 privitor la persoanele şi persoanele juridice*] of 30 January 1954 (Buletinul Oficial, Partea I, no. 8 of 30 January 1954)
art. 56: VI.–2:101, Notes VIII (2) 75

Nuclear Energy Liability Act [*Lege nr. 703 privind răspunderea civilă pentru daune nucleare*] of 3 December 2001 (Monitorul Oficial, Partea I, no. 818 of 19 December 2001; republished in Monitorul Oficial, Partea I, no. 115 of 12 February 2002)
art. 4: VI.–3:207, Notes 5

Penal Code [*Lege nr. 15 Codul penal* – CP] of 21 June 1968 (Buletinul Oficial, no. 79-79bis of 21 June 1968; republished in Monitorul Oficial, Partea I, no. 65 of 16 April 1997)
art. 44: VI.–5:202, Notes I 5
art. 45: VI.–5:202, Notes III 22
art. 48: VI.–5:301, Notes 6

Prescription Decree [*Decret nr. 167 privitor la prescripţia extinctivă*] of 10 April 1958 (Buletinul Oficial no. 19 of 21 April 1958)
generally: VI.–7:102, Notes 3

Products Liability Act [*Lege nr. 240 privind răspunderea producătorilor pentru pagubele generate de produsele cu defecte*] of 7 June 2004 (Monitorul Oficial, Partea I no. 552 of 22 June 2004); amended and republished in Monitorul Oficial, Partea I, no. 313 of 22 April 2008)
generally: VI.–3:204, Notes I 1
art. 2: VI.–3:204, Notes III 31
art. 3: VI.–3:204, Notes V 45
art. 7: VI.–3:204, Notes IV 38

Timeshare Act [*Lege nr. 282 privind protecţia dobânditorilor cu privire la unele aspecte ale contractelor purtând asupra dobândirii unui drept de utilizare pe durată limitată a unor bunuri imobiliare*] of 23 June 2004 (Monitorul Oficial, Partea I, no. 580 of 30 June 2004)
art. 7: II.–5:202, Notes III 13

Unfair Commercial Practices Act [*Lege nr. 363 privind combaterea practicilor incorecte ale comercianţilor în relaţia cu consumatorii şi armonizarea reglementărilor cu legislaţia europeană privind protecţia consumatorilor*] of 21 December 2007 (Monitorul Oficial, Partea I, no. 899 of 28 December 2007)
art. 7: II.–3:102, Notes I 3, 4, II 6, 7

Unfair Contract Terms Act [*Lege nr.193 privind clauzele abuzive din contractele încheiate între comercianţi şi consumatori*] of 6 November 2000 (initial version published in Monitorul Oficial, Partea I, no. 560 of 10 November 2000) amended and secondly republished in Monitorul Oficial, Partea I, no. 305 of 18 April 2008
art. 3: II.–9:406, Notes I 2
art. 4: II.–9:403, Notes III 6; II.–9:406, Notes II 5; II.–9:407, Notes I 2
art. 14: II.–9:402, Notes II 11
Annex: II.–9:410, Notes 2

Russian Federation

Civil Code [*Гражданский Кодекс Российской Федерации* – CC], part I of 30 November 1994 (No. 51-*ФЗ*), part II of 26 January 1996 (No. 14-*ФЗ*), part III of 26 November 2001 (No. 146-*ФЗ*) and part IV of 18 December 2006 (No. 230-*ФЗ*) as amended by among others on 27 July 2007

art. 886:	IV. C. – 5:101, Notes I 3
art. 887:	IV. C. – 5:101, Notes I 3
art. 891:	IV. C. – 5:103, Notes I 1
art. 892:	IV. C. – 5:103, Notes I 3
art. 895:	IV. C. – 5:102, Notes I 2
art. 896:	IV. C. – 5:101, Notes I 4
art. 904:	IV. C. – 5:104, Notes I 1

Slovakia

Advocacy Act [*Zákon o advokácii a o zmene a doplnení zákona č. 455/1991 Zb. o živnostenskom podnikaní (živnostenský zákon) v znení neskorších predpisov*] of 4 December 2003 (Zákon no. 586/2003 Z. z.)

§ 18:	IV. D. – 3:102, Notes I 17

Anti-Discrimination Act [*Zákon č. 365/2004 Z. z. o rovnakom zaobchádzaní v niektorých oblastiach a o ochrane pred diskrimináciou a o zmene a doplnení niektorých predpisov (antidiskriminačný zákon)*] of 20 May 2004 (Zákon no. 365/2004 Z. z.; amended by among others Zákon no. 85/2008 Z. z., latter in force since 1 April 2008)

§ 2:	II. – 2:101, Notes I 7, II 13, V 29
§ 2a:	II. – 2:101, Notes IV (a) 21; II. – 2:102, Notes I 2, II 8, III 15, IV 18
§ 3:	II. – 2:101, Notes V 29
§ 5:	II. – 2:101, Notes IV (b) 27, V 29
§ 6:	II. – 2:101, Notes IV (b) 27
§ 8:	II. – 2:103, Notes I 6
§ 9:	II. – 2:104, Notes I 2, II 8

§ 109: III. – 7:201, Notes III 7

§ 110: III. – 7:201, Notes III 7; III. – 7:202, Notes I 1, III 4, IV 5; III. – 7:203, Notes IV 10; III. – 7:401, Notes 6

§ 112: III. – 7:302, Notes II 3, 5, IV 9, VIII 13; III. – 7:402, Notes 2

§ 114: III. – 7:301, Notes I 6; III. – 7:305, Notes III 7, V 10

§ 118: IV. A. – 1:101, Notes VII 29; IV. A. – 1:201, Notes I 2

§ 126: VIII. – 1:202, Notes I 2; VIII. – 2:304, Notes 5; VIII. – 6:204, Notes II 21, III 42, IV 60

§ 129: VIII. – 1:205, Notes II 9; VIII. – 1:205, Notes III 34; VIII. – 1:205, Notes V 82

§ 130: VIII. – 3:101, Notes II 33; VIII. – 1:205, Notes V 82

§ 131: VIII. – 1:205, Notes V 82

§ 133: IV. A. – 5:102, Notes I 3; IV. A. – 5:202, Notes III 4; VIII. – 2:301, Notes 11; VIII. – 2:303, Notes I 10

§ 134: VIII. – 4:101, Notes I 13, III 50, IV 73; VIII. – 4:206, Notes I 7, II 27

§ 135b: VIII. – 5:201, Notes II 28, III 53

§ 151c: III. – 5:106, Notes 5

§ 337: III. – 5:117, Notes 1

§ 342: III. – 2:103, Notes II 3

§ 409: VIII. – 3:101, Notes I 13

§ 415: II. – 3:109, Notes II 7; II. – 3:301, Notes I 7; II. – 7:204, Notes 5; VI. – 1:102, Notes I 2; VI. – 2:206, Notes I 5

§ 417: VI. – 1:102, Notes I 2

§ 419: VI. – 6:302, Notes 4

§ 420: II. – 3:109, Notes II 7; II. – 3:201, Notes 6; II. – 3:301, Notes I 7; II. – 3:302, Notes I 5; II. – 5:105, Notes V 14; II. – 7:214, Notes I 1; IV. B. – 4:101, Notes VI 17; VI. – 1:101, Notes II 3; VI. – 1:103, Notes IV 40; VI. – 2:101, Notes VII 61; VIII. – 2:301, Notes 11

§ 420a: II. – 5:105, Notes V 14

§ 422: VI. – 1:101, Notes VI 39; VI. – 3:103, Notes I 6; VI. – 3:104, Notes I 7, II 22

§ 424: II. – 3:301, Notes I 7; VI. – 1:101, Notes III 16, IV 20; VI. – 2:210, Notes 5; VI. – 2:211, Notes 6

§ 438: III. – 4:103, Notes II 3

§ 439: III. – 4:106, Notes II 2

§ 441: III. – 3:703, Notes III 10; III. – 3:705, Notes I (a) 1

§ 442: III. – 3:702, Notes II 2; VI. – 2:101, Notes III 25

§ 443: VI. – 2:101, Notes III 25

§ 444: VI. – 2:101, Notes V 42

§ 445: VI. – 2:101, Notes III 25; VI. – 2:201, Notes V 26

§ 448: VI. – 2:202, Notes V 46

§ 449: VI. – 2:201, Notes V 26; VI. – 2:202, Notes IV 33

§ 450: III. – 3:703, Notes I 6; VI. – 5:103, Notes 1

§ 451: II. – 3:401, Notes 3; II. – 5:105, Notes V 14; VIII. – 2:304, Notes 5

§ 455: III. – 7:501, Notes III 5

§ 457: III. – 3:510, Notes I 2; III. – 3:511, Notes 5; III. – 3:512, Notes 6

§ 458: II. – 3:401, Notes 3; III. – 3:510, Notes II 7; III. – 3:512, Notes 6; III. – 3:513, Notes 3; VIII. – 2:304, Notes 5

Code of Civil Procedure [*Zákon č. 99/1963 Zb., Občiansky súdny poriadok* – CCP] of 4 December 1963 (Zákon no. 99/1963 Zb.)

Commercial Code [*Obchodný zákonník* – Ccom] of 1 January 1991 (Zákon no. 513/1991 Zb.)

Labour Code [*Zákonník práce*] of 2 July 2001 (Zákon no. 311/2001 Z. z.)
§ 5: II. – 2:101, Notes V 29
§ 13: II. – 2:101, Notes V 29

Prevention and Repair of Damage to the Environment Law Act [Z. z. *o prevencii a náprave environmentálnych škôd a o zmene a doplnení niektorých zákonov*] of 3 August 2007 (Zákon no. 359/2007, Z. z. no. 158)
generally: VI. – 2:209, Notes I 1

Products Liability Act [Z. z. *o zodpovednosti za škodu spôsobenú vadným výrobkom*] of 2 November 1999 (Zákon no. 294/1999 Z. z.)
generally: VI. – 3:204, Notes I 1

Securities and Investment Services Act [*Zákon o cenných papieroch a investičných službách a o zmene a doplneni niektorych zákonov (zákon o cenných papieroch*] of 9 November 2001 (Zákon no. 566/2001 Z. z.)
§ 33: IV. D. – 5:101, Notes II 24

Veterinary Care Act [Z. z. *o veterinárnej starostlivosti*] of 12 December 2006 (Zákon no. 39/2007 Z. z.)
generally: IV. A. – 1:201, Notes IV 12

Slovenia

Aviation Act [*Zakon o letalstvu*] of 14 March 2001 (RS no. 18/2001); amended by among others *Odločba o oceni ustavnosti nekaterih določb Zakona o letalstvu* of 8 July 2008 (RS no. 68/2008)
art. 24: VIII. – 1:102, Notes III 48

Consumer Protection Act [*Zakon o varstvu potrošnikov* – ConsProtA] 13 March 1998 (RS no. 20/1998); amended by among others *Zakon o spremembah in dopolnitvah Zakona o varstvu potrošnikov (ZVPot-C)* of 31 December 2007 (RS no. 126/2007)

generally:	IV. A. – 1:204, Notes I 1; IV. A. – 2:303, Notes 4; VI. – 3:204, Notes I 1, V 45
§ 1:	I. – 1:105, Notes I 3, III 18, IV 20, V 23; II. – 5:101, Notes II 6; II. – 9:401, Notes 3; IV. A. – 1:204, Notes III 12, IV 18, 20
§ 2:	VI. – 3:204, Notes II (1) 8
§ 10:	VI. – 3:204, Notes IV 38
§ 15b:	IV. A. – 6:101, Notes I 2, II 10
§ 16:	IV. A. – 6:103, Notes I 2, III 7, 8
§ 18:	IV. A. – 6:101, Notes I 2, V 23; IV. A. – 6:103, Notes II 5, IV 10; IV. A. – 6:105, Notes 2
§ 19:	IV. A. – 6:104, Notes III 8
§ 22:	II. – 8:103, Notes 1; II. – 9:405, Notes I 7; II. – 9:407, Notes II 9; IV. A. – 6:106, Notes 2
§ 23:	II. – 9:405, Notes I 7
§ 24:	II. – 9:403, Notes III 6, IV 13; II. – 9:405, Notes I 7; II. – 9:407, Notes I 2; II. – 9:410, Notes 2
§ 36:	IV. A. – 1:101, Notes I 5; IV. A. – 2:302, Notes V 13, 15
§ 37:	II. – 9:102, Notes II 8; IV. A. – 2:303, Notes 2
§ 37a:	IV. A. – 4:302, Notes III 8
§ 37b:	IV. A. – 2:308, Notes II 7; IV. A. – 4:302, Notes VII 19
§ 37č:	IV. A. – 1:101, Notes X 37
§ 43a:	II. – 5:201, Notes III 10, 12, 13
§ 43b:	II. – 3:103, Notes I 3, II 7; II. – 3:106, Notes I 2; III. – 2:102, Notes V 12
§ 43c:	II. – 3:106, Notes III 7, 9
§ 43d:	II. – 5:105, Notes III 7, 8; II. – 5:202, Notes III 15
§ 43e:	III. – 2:102, Notes IV 9
§ 45:	II. – 3:401, Notes 2; VIII. – 2:304, Notes 6
§ 46:	II. – 5:201, Notes II 7
§ 60č:	II. – 5:202, Notes II 6, 7, 9, III 13, 15
§ 77:	IV. A. – 6:101, Notes I 2; IV. A. – 6:103, Notes IV 10

Decree on the Register of Non-Possessory Liens and Seized Immovable Property [*Uredba o registru neposestnih zastavnih pravic in zarubljenih nepremičnin*] of 12 March 2004 (RS no. 23/2004); amended by among others *Uredba o spremembah in dopolnitvah Uredbe o registru neposestnih zastavnih pravic in zarubljenih premičnin* of 15 Febraury 2008 (RS no. 16/2008)

generally:	VIII. – 1:102, Notes I 7

Electronic Commerce and Signature Act [*Zakon o elektronskem poslovanju in elektronskem podpisu*] of 23 June 2000 (RS no. 57/2000, consolidated version RS no. 28/2004); amended by among others Electronic Commerce Market Act [*Zakon o elektronskem poslovanju na trgu (ZEPT)*] of 13 June 2006 (RS no. 61/2006)

generally:	I. – 1:106, Notes 3
art. 7:	II. – 3:105, Notes 2

Enforcement of Judgments in Civil Matters and Insurance of Claims Act [*Zakon o izvršbi in zavarovanju* – ZIZ] of 17 July 1998 (RS no. 51/1998); amended by among others *Odločba o ugotovitvi, da četrti odstavek 33. člena Zakona o izvršbi in zavarovanju ni v neskladju z Ustavo* of 1 December 2008 (RS no. 113/2008)

art. 81:	VIII. – 1:102, Notes I 7

Foreign exchange Act [*Zakon o deviznem poslovanju-2*] of 15 Februar 2008 (RS no. 16/2008); previously *Zakon o deviznem poslovanju-1* of 8 April 1999 (RS no. 110/2003, consolidated version)

art. 4:	III. – 2:109, Notes II 3
art. 18:	III. – 2:109, Notes II 3

•

Inheritance Act [*Zakon odedovanju*– ZD] of 4 June 1976 (RS no. 15/1976); amended by among others Law of Obligations Act *(Obligacijski zakonik)*; see there

art. 143:	VIII. – 2:201, Notes V 61
art. 144:	VIII. – 1:203, Notes 7
art. 145:	VIII. – 1:203, Notes 7

Land Registry Act [*Zakon o zemljiški knjigi-1*] of 18 June 2003 (RS no. 58/2003); previously *Zakon o zemljiški knjigi* of 16 June 1995 (RS no. 33/1995); amended by among others *Zakon o spremembah in dopolnitvah Zakona o zemljiški knjigi (ZZK-1A)* of 9 May 2008 (RS no. 45/2008)

art. 33:	II. – 1:106, Notes III 17

Law of Obligations Act [*Obligacijski zakonik* – LOA] of 3 October 2001 (RS no. 83/2001, 8345; amended by among others *Zakon o spremembi in dopolnitvi Obligacijskega zakonika* of 7 May 2007 (RS no. 40/2007)

generally:	II. – 7:209, Notes 2; II. – 7:211, Notes 1; III. – 4:110, Notes 2; III. – 5:102, Notes 2
§ 2:	II. – 1:102, Notes 1
§ 3:	II. – 1:102, Notes 1
§ 5:	III. – 1:103, Notes IV (a) 10; III. – 1:104, Notes 2
§ 6:	II. – 9:108, Notes II 6; VI. – 3:102, Notes I 6
§ 9:	III. – 1:104, Notes 2
§ 12:	II. – 1:104, Notes IV (a) 15
§ 14:	II. – 4:301, Notes 3; II. – 8:202, Notes 2; VI. – 5:101, Notes I 5
§ 15:	II. – 4:101, Notes I 1; II. – 4:103, Notes IV 18
§ 18:	II. – 4:102, Notes I 9; II. – 9:102, Notes I 6
§ 20:	II. – 3:301, Notes I 3, II 12, 13; II. – 7:204, Notes 7
§ 21:	II. – 4:201, Notes I 1
§ 22:	II. – 4:103, Notes IV 18; II. – 4:201, Notes II 2, III 8; II. – 8:102, Notes 6
§ 23:	II. – 4:201, Notes III 8, IV (b) 23
§ 24:	II. – 4:201, Notes IV (a) 20
§ 25:	I. – 1:109, Notes I 6; II. – 4:202, Notes V 12
§ 26:	II. – 4:203, Notes 1; II. – 4:206, Notes 6
§ 28:	I. – 1:109, Notes I 6; II. – 4:205, Notes II 3, IV 15; II. – 4:206, Notes 6
§ 29:	II. – 4:208, Notes I 1, II 2; II. – 4:209, Notes I 3

§ 30:	II. – 4:204, Notes II 6, II 9, II 14
§ 31:	II. – 4:206, Notes 6; II. – 4:207, Notes I 2, II 3
§ 34:	II. – 4:101, Notes I 1; II. – 4:103, Notes II 2; II. – 7:102, Notes 2
§ 35:	II. – 7:102, Notes 2; II. – 7:302, Notes I 2; II. – 9:104, Notes II 3
§ 37:	VIII. – 2:203, Notes I 7
§ 38:	II. – 9:106, Notes I (c) 6
§ 39:	II. – 4:101, Notes I 1, IV (b) 19, IV (b) 24; II. – 7:302, Notes I 2
§ 40:	II. – 4:101, Notes IV (b) 24; II. – 7:302, Notes I 2
§ 45:	II. – 7:101, Notes 3; II. – 7:206, Notes 1, I 4, II 8, III 9, V 11; II. – 7:208, Notes II 2; VIII. – 2:202, Notes II 46
§ 45d:	II. – 2:202, Notes III 11
§ 46:	II. – 7:201, Notes II 17, VI (a) 28, (c) 32, VIII 43, IX 47; II. – 7:203, Notes 1; VIII. – 2:202, Notes II 46
§ 47:	II. – 7:201, Notes VI (a) 28; VIII. – 2:202, Notes II 46
§ 48:	II. – 1:105, Notes I 1
§ 49:	II. – 7:205, Notes I 1, IV 5; II. – 7:208, Notes II 2; VIII. – 2:202, Notes II 46
§ 50:	II. – 9:201, Notes 4
§ 51:	II. – 1:106, Notes I 1
§ 52:	II. – 1:106, Notes III 15; II. – 4:105, Notes I 3
§ 55:	VII. – 2:101, Notes III(c) 68
§ 56:	II. – 4:104, Notes III 9
§ 57:	I. – 1:106, Notes 3
§ 58:	VII. – 2:101, Notes III(c) 68
§ 59:	III. – 1:106, Notes II 2, III 3, IV 4; VII. – 2:101, Notes IV(a) 88, (b) 96; VIII. – 2:203, Notes I 7
§ 60c:	II. – 2:202, Notes III 11
§ 61:	VIII. – 2:201, Notes V 61
§ 63:	VIII. – 2:203, Notes I 7, II 28
§ 64:	II. – 1:101, Notes I 4
§ 69:	II. – 6:101, Notes II 3, V 6
§ 70:	II. – 1:105, Notes I 1; II. – 6:105, Notes I 1
§ 71:	II. – 6:104, Notes II 2, III 5
§ 72:	II. – 6:107, Notes I 1, II 3, III 7; II. – 6:111, Notes I 1, II 3, III 5
§ 73:	II. – 6:107, Notes I 1, II 3, III 7; II. – 6:111, Notes I 1
§ 75:	II. – 6:103, Notes I 3; II. – 6:111, Notes II 4
§ 76:	II. – 6:103, Notes I 2, II 4; II. – 6:104, Notes III 7
§ 77:	II. – 6:112, Notes I 2, III 6
§ 78:	II. – 6:112, Notes II 4
§ 79:	II. – 6:112, Notes I 2, VI 12
§ 80:	II. – 6:103, Notes IV 7
§ 81:	II. – 6:103, Notes IV 7
§ 82:	II. – 8:101, Notes I 1, II 8, III 12; II. – 8:102, Notes 6
§ 83:	II. – 8:103, Notes 1
§ 84:	II. – 8:102, Notes 6
§ 86:	VII. – 1:101, Notes III 24; VIII. – 2:101, Notes I 10; VIII. – 2:202, Notes I 21
§ 87:	VII. – 1:101, Notes III 24; VII. – 2:101, Notes II 42; VII. – 6:103, Notes 6
§ 88:	II. – 1:108, Notes 1; II. – 7:213, Notes 1; II. – 8:106, Notes 4

§ 89:	II. – 8:106, Notes 4
§ 90:	II. – 7:302, Notes II 13
§ 91:	II. – 7:102, Notes 2; II. – 7:304, Notes 1
§ 92:	II. – 7:210, Notes I 2
§ 94:	II. – 7:101, Notes 3; VIII. – 2:202, Notes II 46
§ 95:	VIII. – 2:202, Notes II 46
§ 96:	VII. – 1:101, Notes III 24; VII. – 2:101, Notes II 42; VIII. – 2:202, Notes II 46
§ 98:	VII. – 2:101, Notes III(b) 60
§ 99:	II. – 7:210, Notes I 2
§ 100:	II. – 1:101, Notes I 4; IV. A. – 1:102, Notes I 3; IV. A. – 2:301, Notes I 3
§ 101:	III. – 2:104, Notes 1; III. – 3:401, Notes I 1, II (a) 7; IV. A. – 4:101, Notes I 1; IV. A. – 4:201, Notes II 6; VIII. – 2:201, Notes IV 42, VI 86
§ 102:	III. – 3:401, Notes III 12; VIII. – 2:201, Notes IV 42
§ 103:	III. – 3:102, Notes 1; III. – 3:302, Notes I 3; III. – 3:303, Notes 1; III. – 3:509, Notes I 6; IV. A. – 2:301, Notes II 12, III 15; IV. A. – 4:101, Notes II 9; VIII. – 2:202, Notes III 68
§ 104:	III. – 3:103, Notes 3; III. – 3:502, Notes II 5
§ 105:	III. – 3:103, Notes 3; III. – 3:503, Notes I 3; IV. A. – 4:101, Notes II 10
§ 106:	III. – 3:504, Notes II 2; IV. A. – 4:101, Notes II 10; VI. – 3:202, Notes 6
§ 108:	III. – 3:506, Notes 1
§ 111:	II. – 5:105, Notes II 5; III. – 3:509, Notes I 6; III. – 3:510, Notes I 2, II 6; III. – 3:512, Notes 2; III. – 3:513, Notes 1; VIII. – 2:202, Notes III 68
§ 112:	III. – 1:110, Notes I 7
§ 116:	III. – 3:104, Notes I 5
§ 117:	III. – 3:105, Notes IV 5
§ 118:	II. – 7:201, Notes I 2, VI (b) 30; II. – 7:207, Notes I 3, III 9; II. – 7:210, Notes I 2
§ 119:	II. – 7:101, Notes 3; II. – 7:207, Notes I 3, VI 14; II. – 7:208, Notes II 2; II. – 7:210, Notes I 2
§ 120:	II. – 8:104, Notes 1
§ 121:	II. – 9:405, Notes I 7
§ 122:	III. – 5:302, Notes I 1
§ 126:	II. – 9:301, Notes 1; II. – 9:302, Notes 8
§ 127:	II. – 9:303, Notes 3
§ 128:	II. – 9:302, Notes 8
§ 131:	III. – 3:101, Notes I 3; VI. – 1:101, Notes II 3, III 12, IV 18, V 25, VI 33; VI. – 1:103, Notes IV 40; VI. – 2:101, Notes VII 61; VI. – 2:206, Notes I 5
§ 132:	VI. – 2:101, Notes I 5, III 25, V 42, VI 54; VI. – 2:201, Notes III 8; VI. – 2:206, Notes I 5
§ 133:	VI. – 1:102, Notes I 2
§ 134:	VI. – 2:203, Notes I 2, III 24
§ 135:	VI. – 1:101, Notes IV 18
§ 136:	VI. – 5:301, Notes 5
§ 137:	VI. – 3:103, Notes I 6
§ 138:	VI. – 5:202, Notes I 5, II 22
§ 140:	VI. – 5:101, Notes I 5
§ 142:	VI. – 3:104, Notes I 7

§ 144:	VI. – 3:104, Notes II 22
§ 145:	VI. – 3:104, Notes I 7
§ 146:	VI. – 5:301, Notes 5
§ 149:	VI. – 3:205, Notes 7; VI. – 4:101, Notes III 31
§ 150:	VI. – 3:205, Notes 7
§ 151:	VI. – 3:205, Notes 7
§ 153:	VI. – 5:102, Notes 6; VI. – 5:302, Notes 6
§ 154:	VI. – 3:205, Notes 7; VI. – 5:102, Notes 44
§ 156:	VI. – 3:207, Notes 5
§ 157:	VI. – 3:207, Notes 5
§ 158:	VI. – 3:203, Notes 6
§ 159:	VI. – 3:202, Notes 6
§ 164:	VI. – 6:101, Notes I 6
§ 170:	VI. – 6:202, Notes 4
§ 171:	VI. – 5:102, Notes 6, 19
§ 173:	VI. – 2:202, Notes V 46
§ 174:	II. – 1:105, Notes II 6; VI. – 2:201, Notes I 1, II 3, V 26
§ 176:	VI. – 2:202, Notes III 23
§ 177:	VI. – 2:204, Notes I 5; VI. – 5:203, Notes 6
§ 178:	III. – 3:701, Notes IV (c) 13; VI. – 2:101, Notes V 42; VI. – 6:101, Notes I 6
§ 179:	VI. – 2:101, Notes V 42; VI. – 2:201, Notes III 8, VII 54; VI. – 2:202, Notes II 10; VI. – 2:203, Notes I 2
§ 180:	VI. – 2:202, Notes II 10
§ 181:	VI. – 2:203, Notes II 9
§ 183:	VI. – 2:101, Notes VIII (4) 82
§ 184:	VI. – 6:106, Notes 5
§ 185:	VI. – 5:102, Notes 19
§ 186:	VI. – 4:102, Notes 5; VI. – 4:103, Notes 6; VI. – 6:105, Notes 6
§ 187:	VI. – 6:105, Notes 6; VIII. – 7:101, Notes 8; VIII. – 7:102, Notes II 15, III 35; VIII. – 7:103, Notes III 40
§ 190:	III. – 3:512, Notes 2; VII. – 1:101, Notes II 12, IV 36, V 49; VII. – 2:101, Notes I(c) 24, III(a) 51, IV(a) 88; VII. – 5:101, Notes I 5; VII. – 5:102, Notes 6; VIII. – 2:202, Notes I 21
§ 191:	VII. – 2:103, Notes I 7
§ 192:	VII. – 2:103, Notes II 17
§ 193:	VII. – 5:101, Notes I 5; VII. – 5:104, Notes 6
§ 194:	VII. – 4:101, Notes IV 38
§ 195:	VII. – 2:101, Notes VI 114
§ 196:	VII. – 7:101, Notes IV 31
§ 199:	V. – 1:101, Notes I 8
§ 200:	V. – 2:101, Notes III 23, IV 38
§ 201:	V. – 2:101, Notes II 13; VIII. – 2:203, Notes I 7
§ 204:	V. – 2:101, Notes II 13
§ 207:	II. – 1:103, Notes I 1
§ 208:	II. – 4:202, Notes VII 26
§ 210:	V. – 2:101, Notes I 5
§ 218:	VIII. – 2:105, Notes IV 77

§ 220:	VIII. – 2:105, Notes IV 77
§ 239:	III. – 3:701, Notes III (a) 5; IV. A. – 4:101, Notes II 8
§ 243:	III. – 3:702, Notes II 2, IV 6; III. – 3:703, Notes I 4; III. – 3:705, Notes I (b) 4; III. – 3:706, Notes 4
§ 245:	II. – 7:204, Notes 6
§ 246:	III. – 3:101, Notes I 3
§ 247:	III. – 3:712, Notes I 2
§ 252:	III. – 3:712, Notes II 4
§ 253:	III. – 3:712, Notes II 4
§ 261:	VIII. – 2:105, Notes II 30; VIII. – 2:202, Notes I 21
§ 264:	VIII. – 2:202, Notes I 21
§ 271:	III. – 1:104, Notes 2; III. – 2:107, Notes I 3, II 4
§ 272:	VII. – 2:103, Notes II 17
§ 286:	II. – 9:108, Notes I 3; IV. A. – 2:302, Notes VII 27
§ 287:	III. – 2:110, Notes I 1, III (b) 6, VI 12
§ 289:	III. – 2:102, Notes II 3
§ 290:	III. – 2:103, Notes II 3; IV. A. – 3:105, Notes I 2
§ 294:	III. – 2:101, Notes II 7
§ 295:	III. – 2:101, Notes I 2; IV. A. – 3:101, Notes III 14
§ 301:	III. – 2:111, Notes I 2
§ 302:	III. – 2:111, Notes II 5
§ 308:	III. – 2:111, Notes III 13
§ 311:	III. – 6:102, Notes I 1, II 5, III 6
§ 312:	III. – 6:102, Notes IV 7; III. – 6:105, Notes I 4; III. – 6:107, Notes I 1; III. – 7:503, Notes 1
§ 316:	III. – 6:108, Notes II 2, III 3, V 5
§ 328:	III. – 6:201, Notes 2
§ 329:	III. – 3:302, Notes III (b) 12; III. – 3:502, Notes II 5
§ 333:	III. – 1:109, Notes III 6, IV 7
§ 335:	III. – 7:101, Notes III 4; III. – 7:501, Notes I 1; VII. – 2:103, Notes II 17
§ 336:	III. – 7:203, Notes I 1
§ 340:	III. – 7:601, Notes I 1
§ 344:	III. – 7:502, Notes 1
§ 346:	III. – 7:201, Notes III 12
§ 352:	III. – 7:203, Notes II 5; III. – 7:301, Notes I 4
§ 356:	III. – 7:202, Notes I 1
§ 358:	III. – 7:301, Notes I 4
§ 360:	III. – 7:303, Notes I 1
§ 362:	III. – 7:305, Notes I 1
§ 364:	III. – 7:401, Notes 1
§ 365:	III. – 7:302, Notes II 2; III. – 7:402, Notes 1
§ 366:	III. – 7:302, Notes III 6
§ 369:	III. – 7:302, Notes II 2
§ 377:	III. – 3:708, Notes III 10
§ 378:	IV. A. – 4:101, Notes II 8
§ 380:	III. – 3:709, Notes II 2; IV. A. – 4:101, Notes II 8
§ 384:	III. – 2:105, Notes 1

Obligations and Property Rights in Relation to Aviation Act [*Zakon o obligacijskih in stvarnopravnih razmerjih v letalstvu* – ZOSRL] of 11 Febraury 2000 (RS no. 12/2000); amended by among others *Zakon o spremembah in dopolnitvah Zakona o obligacijskih in stvarnopravnih razmerjih v letalstvu* (ZOSRL-A) of 10 October 2007 (RS no. 92/2007)

art. 169: VIII. – 1:102, Notes III 48
art. 170: VIII. – 1:102, Notes III 48
art. 176: VIII. – 1:102, Notes III 48
art. 183: VIII. – 1:102, Notes III 48

Penal Code [*Kazenski zakonik* – CP] of 13 October 1994 (RS no. 63/1994); now replaced by the new Penal Code of 4 June 2008 (RS no. 55/2008, 5865), in force since 1 November 2008

art. 11: VI. – 5:202, Notes I 5

Prescribed Interest Rate Act [*Zakon o predpisani obrestni meri zamudnih obresti* – ZPOMZO-1] of 13 June 2003 (RS no. 56/2003); consolidated version of 9 February 2007 (RS no. 11/2007)

art. 1: III. – 3:708, Notes II (b) 7

Principle of Equal Treatment Implementation Act [*Zakon o uresničevanju načela enakega obravnavanja*] of 6 May 2004 (RS no. 50/2004); amended among other by *Zakon o uresničevanju načela enakega obravnavanja (uradno prečiščeno besedilo) (ZUNEO-UPB1)* of 12 October 2007 (RS no. 93/2007)

art. 1: II. – 2:101, Notes I 7, IV (b) 23
art. 2a: II. – 2:103, Notes I 6
art. 4: II. – 2:102, Notes I 2, II 8, IV 17
art. 22: II. – 2:105, Notes I 3, II 13

Property Code [*Stvarnopravni zakonik* – SPZ] of 17 October 2002 (RS no. 87/2002); amended by among others *Sklep o zavrnitvi pobude* of 28 February 2007 (RS no. 87/2007)

art. 7: VIII. – 2:101, Notes 35
art. 9: VIII. – 3:101, Notes II 34; VIII. – 4:101, Notes II 48
art. 15: IV. A. – 1:101, Notes V 19
art. 20: VIII. – 7:103, Notes II 23
art. 24: VIII. – 1:205, Notes II 12; VIII. – 1:206, Notes I 11; VIII. – 1:207, Notes 10
art. 26: VIII. – 1:208, Notes 8; VIII. – 6:202, Notes I 10
art. 27: VIII. – 1:206, Notes I 11; VIII. – 4:101, Notes II 30
art. 28: VIII. – 1:206, Notes IV 59; VIII. – 2:304, Notes 6; VIII. – 4:101, Notes II 48
art. 29: VIII. – 4:101, Notes I 11
art. 31: VIII. – 6:202, Notes I 10
art. 32: VIII. – 6:204, Notes II 24
art. 33: VIII. – 6:204, Notes II 24
art. 34: VIII. – 6:204, Notes II 24
art. 36: VIII. – 6:204, Notes I 6
art. 37: VIII. – 1:202, Notes I 16; VIII. – 1:202, Notes I 16, VIII. – 2:102, Notes 9
art. 39: VIII. – 1:203, Notes 7
art. 40: II. – 7:212, Notes II 4; VIII. – 2:101, Notes 10

Tax Procedure Act [*Zakon o davčnem postopku* – ZdavP-2] of 26 October 2006 (RS no. 117/2006); amended by among others *Zakon o spremembah Zakona o spremembah in dopolnitvah Zakona o dohodnini [ZDoh-2D]* of 5 March 2009 (RS no. 29/2009)

Unfair Commercial Practices Act [Consumer Protection against Unfair Commercial Practices Act] [*Zakon o varstvu potrošnikov pred nepoštenimi poslovnimi praksami*] of 15 May 2007 (RS no. 53/2007)

Spain

Administrative Court Procedure Act [*Ley 29/1998, de la Jurisdicción Contencioso-Administrativa*] of 13 July 1998 (BOE no. 167 of 14 July 1998)

generally: IV. B. – 1:101, Notes VII 20

Agency Act [*Ley 12/1992, de régimen jurídico del Contrato de Agencia* – LCA] of 27 May 1992 (BOE no. 129 of 29 May 1992)

generally: IV. E. – 1:101, Notes II 2
art. 1: IV. E. – 3:101, Notes II 2, IV 5; IV. E. – 5:101, Notes II 3
art. 2: IV. E. – 1:101, Notes IV 5
art. 5: IV. E. – 1:101, Notes IV 5
art. 6: IV. E. – 3:201, Notes II 4
art. 9: IV. E. – 1:101, Notes IV 5; IV. E. – 2:201, Notes 2; IV. E. – 2:202, Notes 2; IV. E. – 2:203, Notes I 3; IV. E. – 3:201, Notes I 2; IV. E. – 3:202, Notes 2, 4; IV. E. – 3:203, Notes I 2, III 4, IV 5; IV. E. – 3:204, Notes 1; IV. E. – 4:304, Notes I 2
art. 10: IV. E. – 1:101, Notes IV 5; IV. E. – 2:201, Notes 2; IV. E. – 2:202, Notes 2; IV. E. – 2:203, Notes I 3; IV. E. – 3:307, Notes II 3; IV. E. – 3:308, Notes I 1, II 2; IV. E. – 3:309, Notes I 1; IV. E. – 3:309, Notes II 2; IV. E. – 4:303, Notes II 5
art. 11: IV. E. – 3:306, Notes 1
art. 12: IV. D. – 2:102, Notes VI 105; IV. E. – 3:301, Notes II 2, 4
art. 13: IV. D. – 2:102, Notes VI 105; IV. E. – 3:303, Notes I 1
art. 14: IV. E. – 3:301, Notes II 4, III 6; IV. E. – 3:302, Notes III 4
art. 15: IV. E. – 3:310, Notes I 1, II 3
art. 16: IV. E. – 3:304, Notes 2

Civil Protection of the Rights to Honour, to Private Life and to one's own Image Act [*Ley Orgánica 1/1982 de protección civil del derecho al honor, a la intimidad personal y familiar y a la propria imagen*] of 5 May 1982 (BOE no. 115 of 14 May 1982)

art. 9: VI. – 1:102, Notes I 3; VI. – 2:101, Notes II 17, V 39, VIII (2) 74; VI. – 2:205, Notes 2; VI. – 6:101, Notes I 3, II 16; VI. – 6:204, Notes 2; VI. – 6:301, Notes 2; VII. – 4:101, Notes III 21
art. 184: VI. – 5:201, Notes 2

Civil Registry Act [*Ley del Registro Civil*] of 8 July 1957 (BOE no. 151 of 10 June 1957)

art. 53: VI. – 2:101, Notes VIII (1) 67; VI. – 2:203, Notes II 7

Clinical Autopsy Act [*Ley 29/1980, que regula las autopsias clínicas*] of 21 June 1980 (BOE no. 154 of 27 June 1980)

generally: IV. C. – 8:105, Notes II 16

Coast Act [*Ley 22/1988, de Costas*] of 28 July 1988 (BOE no. 181 of 29 July 1988)

art. 82: VIII. – 6:202, Notes I 14
art. 95: VI. – 2:209, Notes II 4
art. 100: VI. – 2:209, Notes II 4
art. 108: VIII. – 6:202, Notes I 14

Code of Civil Procedure [*Ley 1/2000, de enjuiciamiento civil* – CCP] of 7 January 2000 (BOE no. 7 of 8 January 2000, 575, adjusted by BOE no. 90, 15278 of 14 April 2000, in force since 1 January 2001)

generally: VIII. – 6:302, Notes 9
art. 113: V. – 3:105, Notes 1
art. 217: IV. C. – 7:106, Notes II 11; V. – 1:101, Notes X 111; VI. – 1:101, Notes VI 29; VI. – 4:101, Notes III 29; VII. – 1:101, Notes V 43; VIII. – 6:101, Notes I 8, IV 36
art. 222: VIII. – 6:101, Notes I 8
art. 250: VI. – 6:301, Notes 2; VIII. – 6:204, Notes II 28
art. 256: VIII. – 6:101, Notes I 8
art. 439: VIII. – 6:204, Notes V 79
art. 447: VIII. – 6:204, Notes II 28
art. 477: VI. – 4:101, Notes II 18
art. 479: VIII. – 4:204, Notes 4
art. 518: III. – 7:402, Notes 3
art. 545: VIII. – 6:101, Notes I 8
art. 576: III. – 3:708, Notes III 10
art. 593: VIII. – 6:101, Notes I 8
art. 594: VIII. – 6:101, Notes I 8
art. 595: VIII. – 6:101, Notes I 8, III 27
art. 599: VIII. – 6:101, Notes I 8
art. 603: VIII. – 6:101, Notes I 8
art. 658: VIII. – 6:101, Notes I 8
art. 701: VIII. – 6:101, Notes IV 36
art. 706: III. – 3:302, Notes III (d) 17
art. 709: III. – 3:302, Notes III (d) 17
art. 721: VI. – 6:301, Notes 2
art. 1652 (old): VIII. – 6:204, Notes IV 66

Code of Criminal Procedure [*Real Decreto que aprueba la Ley de Enjuiciamiento Criminal* – CCrimProc] of 14 September 1882 (Gaceta no. 260 of 17 September 1882)

Commercial Code [*Código de Comercio* – Ccom] of 22 August 1885 (Gaceta de Madrid nos. 289-328, 16 October-24 November 1885)

Compilation of 'Foral Civil Law' of Navarra Act [*Ley 1/1973, por la que se aprueba la Compilación del Derecho Civil Foral de Navarra*] of 1 March 1973 (BOE no. 57 of 7 March 1973)

Compulsory Expropriation Act [*Ley de Expropiación Forzosa* – LEF] of 16 December 1954 (BOE no. 351 of 17 December 1954)

Constitution [*Consticución Española* – Const.] of 27 December 1978, amended by the law of 27 August 1992 (BOE no. 311.1.)

Consumer Protection Act 1984 [*Ley 26/1984, General para la Defensa de los Consumidores y Usuarios*] of 19 July 1984 (BOE no. 176 of 24 July 1984); repealed by *Real Decreto Legislativo* 1/2007, cf. Consumer Protection Act 2007

Doorstep Transactions Act [*Ley 26/1991, sobre contratos celebrados fuera de los establecimientos mercantiles*] of 21 November 1991 (BOE no. 283 of 26 November 1991)
art. 7: III.–3:510, Notes II 9

E-Commerce Act [*Ley 34/2002, de servicios de la sociedad de la información y de comercio electrónico*] of 11 July 2002 (BOE no. 166 of 12 July 2002)
art. 27: II.–3:105, Notes 2, 3

Economic Policy Act 2004 [*Ley 63/2003, de medidas fiscales, administrativas y del orden social*] of 31 December 2003 (BOE no. 313 of 31 December 2003)
art. 28: II.–2:102, Notes I 3, II 8, 9, III 12, IV 17
art. 29: II.–2:101, Notes IV (b) 23
art. 32: II.–2:105, Notes I 3, II 13

Electricity Market Act [*Ley 54/1997, del Sector Eléctrico*] of 27 November 1997 (BOE no. 285 of 28 November 1997)
generally: IV. A.–1:101, Notes V 22

Employment Contract Act [*Real Decreto Legislativo 1/1995 por el que se aprueba el texto refundido de la Ley del Estatuto de los Trabajadores*] of 24 March 1995 (BOE no. 75 of 29 March 1995)
art. 2: VI.–3:201, Notes I 3
art. 9: VII.–2:101, Notes III (e) 75; VII.–4:101, Notes II 10; VII.–6:103, Notes 2
art. 28: II.–2:101, Notes V 30

Environmental Liability Act [*Ley 26/2007, de responsabilidad medioambiental*] of 23 October 2007 (BOE no. 225 of 24 October 2007)
generally: VI.–2:209, Notes I 1

Franchising Regulations [*Real Decreto 2485/1998, que desarrolla el artículo 62 de la Ley 7/1996, de 15-1-1996, de ordenación del comercio minorista, relativo a la regulación del régimen de franquicia y crea el Registro de Franquiciadores*] of 13 November 1998 (BOE no. 283 of 26 November 1998)
generally: IV. E.–1:101, Notes III 3
art. 2: IV. E.–4:101, Notes V 9; IV. E.–4:201, Notes I 4; IV. E.–4:203, Notes I 1; IV. E.–4:205, Notes 4
art. 3: IV. E.–2:101, Notes I 1; IV. E.–4:102, Notes I 2, II 7
art. 4: IV. E.–2:101, Notes I 1; IV. E.–2:203, Notes I 2

General Budgetary Act [*Ley 47/2003, General Presupuestaria*] of 26 November 2003 (BOE no. 284 of 27 November 2003)
art. 77: VII.–7:103, Notes 2

General Contract Terms Act [*Ley 7/1998, sobre Condiciones Generales de la Contratación*] of 13 April 1998 (BOE no. 89 of 14 April 1998)
generally: II.–9:405, Notes II 13
art. 4: II.–9:406, Notes I 2

Labour Procedure Act [*Real Decreto Legislativo 2/1995, que aprueba el texto refundido de la Ley de Procedimiento Laboral*] of 7 April 1995 (BOE no. 86 of 11 April 1995)

Leasing Act [*Real Decreto 1669/1980, de arrendamiento financiero de inmuebles*] of 31 July 1980 (BOE no. 208 of 29 August 1980), repealed by *Real Decreto 771/1989* of 23 June 1989 (BOE no. 152 of 27 June 1989); this repealed in turn by *Real Decreto 692/1996, que desarrolla el regimen jurídico de los establecimientos financieros de crédito* of 26 April 1996 (BOE no. 126 of 24 May 1996)

Legal Interest of Money Act [*Ley 24/1984, que modifica el tipo del interés legal del dinero*] of 29 June 1984 (BOE no. 158 of 2 July 1984)

Liability and Insurance for Motor Vehicle Traffic Act [*Real Decreto Legislativo 8/2004, que aprueba el texto refundido de la Ley sobre responsabilidad civil y seguro en la circulación de vehículos a motor*] of 29 October 2004 (BOE no. 267 of 5 November 2004)

Limited Liability Companies Act [*Ley 2/1995, de Sociedades de Responsabilidad Limitada*] of 23 March 1995 (BOE no. 71 of 24 March 1995)

Medicines Act [*Ley 29/2006, de garantía y uso racional de los medicamentos y productos sanitarios*] of 26 July 2006 (BOE no. 178 of 27 July 2006)

Mortgages and Land Register Act [*Ley Hipotecaria de 8 de febrero de 1946* – LH] of 8 February 1946 (BOE no. 58 of 27 February 1946)

art. 34: VII.–2:101, Notes VI 110; VII.–4:105, Notes 2; VIII.–6:101, Notes I 8
art. 38: VIII.–6:101, Notes I 8, IV 36
art. 41: VIII.–6:204, Notes II 28

Mounts in Common Hand Act [*Ley 55/1980, del regimen de los montes vecinales en mano común*] of 21 November 1980 (BOE no. 280 of 21 November 1980)

generally: VIII.–1:203, Notes 10

Movable Mortage Act [*Ley sobre hipoteca mobiliaria y prenda sin desplazamiento de posesión* – LHMPSD] of 16 December 1954 (BOE no. 352 of 18 December 1954)

art. 1: VIII.–1:203, Notes 10
art. 38: VIII.–1:102, Notes III 49

Nature Reserve and Flora and Fauna Act [*Ley 42/2007, del Patrimonio Natural y Biodiversidad*] of 13 December 2007 (BOE no. 299 of 14 December 2007)

art. 37: VI.–2:209, Notes II 4

Naval Hypothec Act [*Ley de Hipoteca Naval*] of 21 August 1893 (Gaceta of 23 August 1893)

generally: VIII.–1:102, Notes II 29

Nuclear Energy Act [*Ley 25/1964, reguladora de la energía nuclear*] of 29 April 1964 (BOE no. 107 of 4 May 1964)

generally: VI.–3:206, Notes 3; VI.–3:207, Notes 2
art. 45: VI.–5:102, Notes I 2; VI.–5:302, Notes 3
art. 52: VI.–6:105, Notes 3

Ordinance of the Register of Sales by Instalments of Movable Assets [*Ordenanza del Registro de Ventas de Bienes Muebles a Plazos de 19 de Julio de 1999* – ORVP] of 19 July 1999 (BOE no. 172 of 20 July 1999)

art. 24: VIII.–6:101, Notes I 8, IV 36
art. 29: VIII.–3:101, Notes I 11

Organic Act on Gender Discrimination [*Ley Orgánica 3/2007, para la igualdad efectiva de mujeres y hombres*] of 22 March 2007 (BOE no. 71 of 23 March 2007)

art. 3: II.–2:101, Notes V 30
art. 6: II.–2:102, Notes I 3, II 8, IV 17
art. 7: II.–2:102, Notes III 12
art. 8: II.–2:101, Notes III 17
art. 10: II.–2:104, Notes I 2, II 7
art. 13: II.–2:105, Notes I 3

Organic Act on Judiciary Power [*Ley Orgánica 6/1985, del poder judicial* – LOPJ] of 1 July 1985 (BOE no. 157 of 2 July 1985)

art. 5: VI.–7:101, Notes 1

art. 9:	VI.–7:104, Notes 4
art. 252:	VI.–7:103, Notes 4

Organic Act on Trade-Union Freedom [*Ley Orgánica 11/1985, de libertad sindical*] of 2 August 1985 (BOE no. 86 of 2 August 1985)

art. 5:	VI.–7:104, Notes 4

Patents and Utility Models Act [*Ley 11/1986, de patentes de invención y modelos de utilidad*] of 20 March 1986 (BOE no. 73 of 26 March 1986)

art. 62:	VI.–6:104, Notes 3
art. 63:	VI.–6:301, Notes 2
art. 66:	VI.–6:101, Notes II 16
art. 68:	VI.–6:104, Notes 3
art. 72:	VI.–6:104, Notes 3
art. 76:	IV. E.–2:203, Notes I 2
art. 77:	IV. A.–2:306, Notes I 4
art. 124:	VI.–6:104, Notes 3

Patients Act [*Ley 41/2002, básicareguladora de la autonomía del paciente y de derechos y obligaciones en materia de información y documentación clínica*] of 14 November 2002 (BOE no. 274 of 15 November 2002)

art. 2:	VI.–5:101, Notes I 2
art. 4:	IV. C.–8:105, Notes II 16
art. 5:	IV. C.–8:105, Notes II 16; IV. C.–8:107, Notes II 12; IV. C.–8:108, Notes II 16
art. 6:	IV. C.–8:105, Notes II 16
art. 7:	IV. C.–8:109, Notes V 51
art. 8:	VI.–5:101, Notes I 2
art. 9:	IV. C.–8:107, Notes II 12; IV. C.–8:108, Notes III 25
art. 10:	IV. C.–8:105, Notes II 16, V 50
art. 14:	IV. C.–8:109, Notes II 17
art. 15:	IV. C.–8:105, Notes II 16
art. 18:	IV. C.–8:109, Notes IV 40
art. 20:	IV. C.–8:105, Notes II 16; IV. C.–8:109, Notes IV 40
art. 43:	IV. C.–8:105, Notes II 16

Penal Code [*Nuevo Código Penal* – CP] of 24 November 1995 (*Ley Orgánica* 10/1995 of 23 November 1995, BOE no. 281 of 24 November 1995)

art. 20:	VI.–5:202, Notes I 2, III 20
art. 109:	VI.–2:203, Notes I 1; VI.–2:206, Notes I 2
art. 110:	VI.–2:101, Notes V 39; VI.–2:206, Notes I 2; VI.–6:101, Notes I 3
art. 111:	VI.–2:206, Notes I 2; VI.–6:101, Notes I 3
art. 112:	VI.–2:206, Notes I 2
art. 113:	VI.–2:202, Notes II 7
art. 114:	VI.–5:102, Notes I 2
art. 116:	VI.–4:102, Notes 3; III.–4:103, Notes II 3; VI.–6:105, Notes 3
art. 118:	VI.–5:202, Notes I 2, III 20; VI.–5:301, Notes 3

Securities Market Act [*Ley 24/1988, del Mercado de valores*] of 28 July 1988 (BOE no. 181 of 29 July 1988)
generally: III. – 5:101, Notes 2

Services of Information Companies and Electronic Commerce Act [*Ley 34/2002, de servicios de la sociedad de la información y de comercio electrónico*] of 11 July 2002 (BOE no. 166 of 12 July 2002)
generally: VI. – 2:204, Notes IV 37
art. 16: VI. – 2:204, Notes IV 37
art. 17: VI. – 2:204, Notes IV 37

Share Companies Act [*Real Decreto Legislativo 1564/1989, que aprueba el texto refundido de la Ley de Sociedades Anónimas*] of 22 December 1989 (BOE no. 310 of 27 December 1989)
art. 129: IV. G. – 1:101, Notes V 31

Social Benefits for Persons with Haemophilia and other Congenital Diseases Act [*Ley 14/2002, que establece ayudas sociales a las personas con hemofilia u otras coagulopatías congénitas que hayan desarrollado hepatitis C como consecuencia de haber recibido tratamiento con concentrados de factores de coagulación en el ámbito del sistema sanitario público, y otras normas tributarias*] of 5 June 2002 (BOE no. 135 of 6 June 2002)
generally: VI. – 7:105, Notes 2
art. 3: VI. – 7:105, Notes 2

Social Insurance Act [*Real Decreto Legislativo 1/1994, que aprueba el texto refundido de la Ley General de Seguridad Social*] of 20 June 1994 (BOE no. 154 of 29 June 1994)
art. 115: VI. – 5:302, Notes 3
art. 127: VI. – 2:201, Notes V 23

Solidarity with the Victims of Terrorism Act [*Ley 32/1999, de solidaridad con las víctimas del terrorismo*] of 8 October 1999 (BOE no. 242 of 9 October 1999)
generally: VI. – 6:103, Notes 3
art. 6: VI. – 6:106, Notes 2
art. 8: VI. – 6:106, Notes 2
Annex I: VI. – 6:106, Notes 2

Timeshare Act [*Ley 42/1998, sobre derechos de aprovechamiento por turno de bienes inmuebles de uso turístico y normas tributarias*] of 15 December 1998 (BOE no. 300 of 16 December 1998)
art. 10: II. – 5:103, Notes IV 16; II. – 5:202, Notes II 6
art. 11: II. – 5:202, Notes III 12, 14, 15

Trademarks Act [*Ley 17/2001, de marcas*] of 7 December 2001 (BOE no. 294 of 8 December 2001)
art. 41: VI. – 6:301, Notes 2
art. 43: VI. – 6:101, Notes II 16
art. 46: VI. – 6:104, Notes 3

Traffic Code [*Decreto*] of 25 September 1934 (Gaceta of 26 September 1934)
generally: VIII. – 1:102, Notes II 14

Traffic, Circulation of Motor Vehicles and Road Safety Act [*Real Decreto Legislativo no. 339/1990 por el que se aprueba el texto articulado de la Ley sobre Tráfico, Circulación de Vehículos a Motor y Seguridad Vial*] of 2 March 1990 (BOE no. 63 of 14 March 1990)
generally: VIII. – 1:102, Notes II 14

Transplantation Act [*Ley 30/1979, de extracción y transplante de órganos*] of 27 October 1979 (BOE no. 266 of 6 November 1979)
generally: IV. C. – 8:105, Notes II 16
art. 1: IV. A. – 1:201, Notes V 14

Unfair Competition Act [*Ley 3/1991, de Competencia Desleal* – LCD] of 10 January 1991 (BOE no. 10 of 11 January)
art. 2: VI. – 2:208, Notes 3
art. 3: VI. – 2:208, Notes 3
art. 5: VI. – 2:208, Notes 3
art. 9: VI. – 2:208, Notes 3
art. 13: IV. E. – 2:203, Notes I 2
art. 14: VI. – 2:208, Notes 3; VI. – 2:211, Notes 3
art. 16: II. – 2:101, Notes V 30; VI. – 2:208, Notes 3
art. 17: VI. – 2:208, Notes 3
art. 18: VII. – 4:101, Notes III 21; VII. – 7:101, Notes I 2; VII. – 7:102, Notes 2

Urban Leases Act [*Ley 29/1994, de arrendamientos urbanos*] of 24 November 1994 (BOE no. 282 of 25 November 1994)
generally: IV. B. – 1:104, Notes 9; IV. B. – 7:101, Notes IV 6
art. 8: IV. B. – 7:101, Notes II 4; IV. B. – 7:102, Notes II 3; IV. B. – 7:103, Notes I 1
art. 9: IV. B. – 2:102, Notes VII 17
art. 11: IV. B. – 2:102, Notes II 4
art. 13: IV. B. – 7:101, Notes II 4
art. 14: IV. B. – 7:101, Notes II 4
art. 21: IV. B. – 3:104, Notes II 7; IV. B. – 4:101, Notes VII 20; IV. B. – 5:108, Notes I 1
art. 22: IV. B. – 5:108, Notes I 1, II 4
art. 32: IV. B. – 7:102, Notes II 3
art. 56: IV. B. – 6:101, Notes VI 14

Urban Solid Waste Management (Galicia) Act [*Ley 10/1997, del Parlamento de Galicia, de residuos sólidos urbanos*] of 22 August 1997 (DO Galicia no. 168 of 2 September 1997)
art. 10: VI. – 3:208, Notes 2

Waste (Management) Act [*Ley 10/1998, de Residuos*] of 21 April 1998 (BOE no. 96 of 22 April 1998)
art. 36: VI. – 2:209, Notes II 4

Waste Management (Madrid) Act [*Ley 5/2003 de la Comunidad de Madrid, de residuos de la Comunidad de Madrid*] of 20 May 2003 (BOE Comunidad de Madrid no. 76 of 31 March 2003)
art. 25: VI. – 3:208, Notes 2

Water Act [*Real Decreto Legislativo 1/2001, por el que se aprueba el texto refundido de la Ley de Aguas*] of 20 July 2001 (BOE no. 176 of 24 July 2001)
art. 118: VI. – 2:209, Notes II 4

Working Document [*Documento de trabajo*] of 14 April 2005 for the implementation of Directive 2004/35/EC
art. 3: VI. – 2:209, Notes I 2

Sweden

Agreements Concluded under the Influence of Mental Illness Act [*Lag om verkan av avtal, som slutits under påverkan av en psykisk störning*] of 7 June 1924 (SFS 1924:323)

Amendment of the Environmental Code Act [*Lag om ändring av miljöbalken*] of 20 June 2007 (SFS 2007:660)

Ancient Land Code [*Byggningabalken*] of 23 January 1736 (SFS 1736:0123.1)

Banking and Financial Efficacy Act [*Lag om bank- och finansieringsrörelse*] of 19 May 2004 (SFS 2004:297)

Bankruptcy Act [*Konkurslag*] of 11 June 1987 (SFS 1987:672)

chap. 4 § 15:	VII. – 4:101, Notes IV 41; VIII. – 7:103, Notes I 11, III 35, IV 66; VIII. – 7:104, Notes II 26; VIII. – 7:104, Notes III 39, IV 62
chap. 5 § 4:	IV. G. – 1:104, Notes II 2
chap. 5 § 6:	VIII. – 2:201, Notes VI 100
chap. 5 § 8:	VIII. – 2:201, Notes VI 100
chap. 5 § 10:	VIII. – 2:201, Notes VI 100
chap. 5 § 15:	III. – 6:101, Notes II 2

Bill of Exchange Act [*Växellag*] of 13 May 1932 (SFS 1932:130); amended by among others *Lag om ändering i växellagen* (1932:131) of 8 June 2006 (SFS 2006:675)

§ 74:	VIII. – 6:401, Notes I 15

Bills of Sales Act [*Lag om handel med lösören*] of 20 November 1845 (SFS 1845:50 s 1)

generally:	VIII. – 1:102, Notes I 17

Cheque Act [*Checklag*] of 13 May 1932 (SFS 1932:131); amended by among others *Lag om ändering i checklagen* (1932:131) of 8 June 2006 (SFS 2006:676)

§ 57:	VIII. – 6:401, Notes I 15

Co-Ownership Act [*Lag om samäganderätt* – SamL] of 30 September 1904 (SFS 1904:48 s.1)

generally:	VIII. – 5:101, Notes I 14
§ 2:	VIII. – 1:203, Notes 21
§ 6:	VIII. – 5:202, Notes IV 82

Code of Judicial Procedure [*Rättegångsbalk*] of 18 July 1942 (SFS 1942:740)

chap. 12 § 9:	V. – 1:101, Notes II 20
chap. 12 § 20:	V. – 1:101, Notes II 20
chap. 12 § 23:	V. – 1:101, Notes II 20
chap. 13:	VIII. – 6:101, Notes I 15
chap. 15:	VIII. – 6:101, Notes I 15
chap. 15 § 3:	VI. – 1:102, Notes I 9; VI. – 6:301, Notes 10; VIII. – 6:101, Notes I 15
chap. 17:	VIII. – 6:101, Notes I 15
chap. 35 § 5:	VI. – 2:101, Notes IV 34

Commercial Agents Act [*Lag om handelsagentur* – HaL] of 2 May 1991 (SFS 1991:351)

generally:	IV. D. – 1:101, Notes I 19; IV. E. – 1:101, Notes II 2
§ 1:	IV. E. – 3:101, Notes II 2, III 4, IV 5
§ 5:	IV. D. – 3:102, Notes III 56; IV. D. – 3:401, Notes 19; IV. D. – 3:402, Notes I 19, III 56; IV. E. – 2:201, Notes 4; IV. E. – 2:203, Notes I 3; IV. E. – 3:201, Notes I 1; IV. E. – 3:202, Notes 2, 4; IV. E. – 3:203, Notes II 3
§ 7:	IV. D. – 4:103, Notes II 21; IV. E. – 2:201, Notes 4; IV. E. – 2:203, Notes I 3; IV. E. – 3:309, Notes I 1, II 2
§ 9:	IV. D. – 2:102, Notes I 19; IV. E. – 3:301, Notes II 2, 3
§ 10:	IV. D. – 2:102, Notes VI 106
§ 11:	IV. E. – 3:301, Notes III 6; IV. E. – 3:302, Notes III 4; IV. E. – 3:304, Notes 2
§ 12:	IV. E. – 3:305, Notes I 2, II 4
§ 15:	IV. E. – 2:401, Notes 2; VIII. – 7:104, Notes V 80

§ 16:	VIII. – 7:104, Notes V 80
§ 24:	IV. E. – 2:302, Notes I 2, II 9
§ 25:	IV. E. – 2:301, Notes III 7
§ 26:	IV. D. – 6:103, Notes III 38; IV. D. – 4:201, Notes I 11; IV. D. – 6:105, Notes II 26, III 34, IV 41; IV. E. – 2:304, Notes II 2, III 6, IV 12
§ 28:	IV. E. – 2:305, Notes I 4; IV. E. – 3:312, Notes II 8
§ 34:	IV. D. – 2:101, Notes III 50; IV. D. – 4:103, Notes II 21; IV. E. – 2:303, Notes I 2

Commercial Code [*Handelsbalken* – Ccom] of 23 January 1736 (SFS 1736:0123.2)

generally:	IV. D. – 1:101, Notes I 19
chap. 1 § 5:	VIII. – 2:301, Notes 21, 22
chap. 9 § 5:	III. – 2:105, Notes 1
chap. 10 § 8:	IV. G. – 1:101, Notes V 29
chap. 10 § 9:	IV. G. – 2:106 Notes I 1, II 6
chap. 10 § 11:	IV. G. – 1:106, Notes I 1, II 4, III 23
chap. 11 § 3:	VIII. – 7:104, Notes II 26, V 80
chap. 12 § 8:	VIII. – 7:104, Notes II 26, III 39, V 80
chap. 18:	IV. D. – 1:101, Notes I 19
chap. 18 § 1:	IV. D. – 3:103, Notes 19; IV. D. – 3:401, Notes 19; IV. D. – 3:402, Notes I 19, II 38, III 56
chap. 18 § 2:	IV. D. – 3:101, Notes I 9; IV. D. – 3:402, Notes I 19, III 56
chap. 18 § 3:	V. – 1:101, Notes IX 104; VIII. – 6:401, Notes I 15
chap. 18 § 5:	IV. D. – 2:102, Notes I 19; IV. D. – 2:103, Notes I 19
chap. 18 § 8:	IV. D. – 7:102, Notes I 19; IV. D. – 7:103, Notes I 19
chap. 18 § 9:	V. – 2:103, Notes I 10
chap. 18 § 10:	V. – 1:101, Notes I 10, II 20, VII 81; V. – 3:106, Notes 10

Commission Act [*Lag om Kommission* – KommL.] of 18 April 1914 (SFS 1914:45)

generally:	IV. D. – 1:101, Notes I 19, II 38; VIII. – 2:303, Notes II 41
§ 5:	II. – 4:204, Notes II 10
§ 6:	VIII. – 7:104, Notes V 80
§ 7:	IV. D. – 3:102, Notes III 56; IV. D. – 3:401, Notes 19; IV. D. – 3:402, Notes I 19, II 38, III 56; IV. D. – 3:403, Notes II 24; IV. E. – 2:203, Notes I 3; V. – 2:101, Notes II 19, III 30
§ 8:	IV. D. – 3:201, Notes 19; IV. D. – 4:102, Notes I 14; IV. D. – 4:104, Notes I 11; V. – 3:106, Notes 10
§ 27:	IV. D. – 2:102, Notes I 19, VI 106
§ 31:	VIII. – 7:104, Notes V 80
§ 32:	V. – 2:103, Notes II 21; VIII. – 7:104, Notes V 80
§ 33:	VIII. – 7:104, Notes V 80
§ 34:	VIII. – 7:104, Notes V 80
§ 35:	VIII. – 7:104, Notes V 80
§ 36:	VIII. – 7:104, Notes V 80
§ 37:	VIII. – 7:104, Notes V 80
§ 39:	VIII. – 7:104, Notes V 80
§ 40:	IV. D. – 5:101, Notes I 7, II 26

Contract Terms in Consumer Relationships Act [*Lag om avtalsvillkor i konsumentförhållanden*] of 15 December 1994 (SFS 1994:1512)

Contracts Act [*Lag om avtal och andra rättshandlingar på förmögenhetsrättens område – ContrA*] of 11 June 1915 (SFS 1915:218)

Electricity Act [*Ellag*] of 20 November 1997 (SFS 1997:857)
chap. 10: VI. – 3:206, Notes 13

Electronic Communication Act [*Lag om elektronisk kommunikation*] of 12 June 2003 (SFS 2003:389)
chap. 7 § 15: VI. – 2:205, Notes 10

Employment Accidents Act [*Lag om arbetsskadeförsäkring*] of 26 May 1976 (SFS 1976:380)
generally: V. – 3:104, Notes II 21

Enforcement Code [*Utsökningsbalk*] of 25 June 1981 (SFS 1981:774)
chap. 4 § 19: VIII. – 1:205, Notes IV 58

Environmental Code [*Miljöbalk*] of 11 June 1998 (SFS 1998:808)
chap. 2 § 8: VI. – 2:209, Notes II 12
chap. 10: VI. – 2:209, Notes II 12; VI. – 3:206, Notes 13
chap. 10 § 3: VI. – 2:209, Notes II 12
chap. 26 § 9: VI. – 2:209, Notes II 12
chap. 26 § 10: VI. – 2:209, Notes II 12
chap. 26 § 11: VI. – 2:209, Notes II 12
chap. 26 § 12: VI. – 2:209, Notes II 12
chap. 26 § 13: VI. – 2:209, Notes II 12
chap. 26 § 17: VI. – 2:209, Notes II 12
chap. 26 § 18: VI. – 2:209, Notes II 12
chap. 32: VI. – 3:202, Notes 13; VI. – 3:201, Notes I 12; VI. – 3:206, Notes 13; VI. – 3:208, Notes 8; VI. – 6:102, Notes 10
chap. 32 § 1: VI. – 3:206, Notes 13
chap. 32 § 3: VI. – 1:101, Notes VI 43; VI. – 3:206, Notes 13; VI. – 4:101, Notes III 36
chap. 32 § 4: VI. – 3:206, Notes 13
chap. 32 § 5: VI. – 3:206, Notes 13
chap. 32 § 12: VI. – 1:102, Notes I 9
chap. 33: VI. – 3:206, Notes 13
chap. 33 § 1: VI. – 2:209, Notes II 12
chap. 33 § 3: VI. – 2:209, Notes II 12

Financial Advice to Consumers Act [*Lag om finansiell rådgivning till konsumenter*] of 20 November 2003 (SFS 2003:862)
generally: IV. C. – 7:101, Notes II 3; IV. C. – 7:106, Notes II 12; IV. D. – 1:101, Notes I 19
§ 1: VI. – 2:207, Notes 11
§ 5: IV. C. – 7:102, Notes 11; IV. C. – 7:104, Notes III 25, V 46; IV. C. – 7:107, Notes II 10

Floating of Timber Act [*Lag om flottning i allmän flottled*] of 19 June 1919 (SFS 1919:426)
§ 20: V. – 2:103, Notes III 32
§ 33: VIII. – 7:104, Notes V 80
§ 68: VIII. – 7:104, Notes V 80

Housing Cooperatives Act [*Bostadsrättslag*] of 30 May 1991 (SFS 1991:614)
chap. 7 § 16: VIII. – 7:104, Notes V 80

Instalment Sales Act [*Lag om avbetalningsköp mellan näringsidkare m.fl.*] of 15 June 1978 (SFS 1978:599)
§ 1: IV. B. – 1:101, Notes VI 9
§ 7: VIII. – 2:103, Notes II 33
§ 8: VIII. – 2:103, Notes II 33

Insurance Agents Act [*Lag om försäkringsmäklare*] of 8 June 1989 (SFS 1989:508)
§ 13: IV. C. – 7:101, Notes II 3; IV. C. – 7:102, Notes 11

Insurance Contracts Act [*Lag om försäkringsavtal* – FAL] of 8 April 1927 (SFS 1927:77); repealed by *Försäkringsavtalslag* of 10 March 2005 (SFS 2005:104)
generally: IV. G. – 1:102, Notes III 16; VI. – 5:301, Notes 13
chap. 4 § 9: VI. – 3:103, Notes I 12
chap. 6 § 1: VI. – 6:101, Notes I 12
chap. 6 § 2: VI. – 6:101, Notes I 12
chap. 9 § 1: VI. – 6:104, Notes 11
chap. 14 § 1: II. – 9:303, Notes 4
chap. 14 § 2: II. – 9:303, Notes 4

Interest Act [*Räntelag*] of 5 June 1975 (SFS 1975:635)
§ 1: III. – 3:708, Notes III 10
§ 3: V. – 2:103, Notes I 10, III 32

Land Code [*Jordabalk* – JB] of 17 December 1970 (SFS 1970:994)
generally: IV. A. – 1:201, Notes II 7
chap. 3: VI. – 3:202, Notes 13
chap. 3 § 1: VI. – 6:102, Notes 10
chap. 3 § 3: VI. – 1:102, Notes I 9
chap. 3 § 4: VI. – 1:102, Notes I 9
chap. 4 § 1: II. – 1:106, Notes III 15; II. – 7:302, Notes II 16
chap. 4 § 3: VII. – 2:101, Notes IV(a) 90
chap. 4 § 4: VII. – 2:101, Notes IV(a) 90
chap. 5 § 1: VII. – 5:102, Notes 9
chap. 5 § 3: VII. – 4:101, Notes IV 41
chap. 16 § 1: VII. – 2:101, Notes VI 116
chap. 16 § 2: VII. – 2:101, Notes VI 116
chap. 17 § 1: VI. – 2:211, Notes 12
chap. 17 § 2: VI. – 2:211, Notes 12
chap. 18: VII. – 2:101, Notes VI 116

Liability for Damage Caused in the Course of Aviation Act [*Lag angående ansvarighet för skada i följd av luftfart*] of 26 May 1922 (SFS 1922:382)
generally: VI. – 3:206, Notes 13; VI. – 3:207, Notes 10
§ 2: VI. – 5:102, Notes IV 52

chap. 8 § 3:	VIII. – 4:101, Notes I 20
chap. 8 § 4:	VIII. – 4:101, Notes I 20
chap. 8 § 5:	VIII. – 3:101, Notes VI 129; VIII. – 4:101, Notes I 20
chap. 8 § 6:	VIII. – 3:101, Notes VI 129
chap. 8 § 7:	VIII. – 4:101, Notes I 20
chap. 8 § 8:	VIII. – 4:101, Notes I 20
chap. 8 § 9:	VIII. – 6:201, Notes I 15; VIII. – 6:202, Notes II 39
chap. 9 § 1:	VI. – 2:210, Notes 11
chap. 9 § 4:	VIII. – 3:101, Notes VI 129
chap. 20 § 3:	VI. – 2:205, Notes 10
chap. 24 § 1:	VI. – 5:202, Notes I 12
chap. 24 § 4:	VI. – 5:202, Notes III 30

Penal Code Promulgation Act [*Lag om införande av brottsbalken*] of 20 March 1964 (SFS 1964:163)

generally:	VIII. – 6:202, Notes I 20
§ 14:	VIII. – 6:201, Notes I 15; VIII. – 6:202, Notes II 39

Personal Data Act [*Personuppgiftslag*] of 29 April 1998 (SFS 1998:204)

§ 48:	VI. – 2:203, Notes II 15

Prescription Act [*Preskriptionslagen*] of 29 January 1981 (SFS 1981:130)

§ 2:	III. – 7:203, Notes I 1; IV. A. – 4:302, Notes IX 26
§ 5:	III. – 7:302, Notes II 2; III. – 7:304, Notes II 3; III. – 7:401, Notes 1
§ 7:	III. – 7:202, Notes I 1; III. – 7:203, Notes IV 10; III. – 7:302, Notes II 2
§ 8:	III. – 7:502, Notes 1
§ 9:	III. – 4:111, Notes I 1
§ 10:	III. – 6:107, Notes II 4; III. – 7:503, Notes 1
§ 11:	III. – 7:201, Notes III 4

Prison Treatment Act [*Lag om kriminalvård i anstalt*] of 19 April 1974 (SFS 1974:203)

generally:	VI. – 3:104, Notes II 29

Proceeding with Abandoned and Lost Property Act [*Lag om förfarande med förverkad egendom och hittegods m. m.*] of 29 November 1974 (SFS 1974:1066)

generally:	V. – 1:101, Notes II 22

Product Security Act [*Produktsäkerhetslagen*] of 27 May 2004 (SFS 2004:451)

generally:	IV. A. – 2:302, Notes VIII 29

Products Liability Act [*Produktansvarslag*] of 23 January 1992 (SFS 1992:18)

generally:	VI. – 3:204, Notes I 1
§ 1:	VI. – 3:204, Notes II (2) 27
§ 8:	VI. – 3:204, Notes II (1) 15, IV 42

Professional Medical Care Act [*Lag om yrkesverksamhet på hälso- och sjukvårdens område*] of 11 June 1998 (SFS 1998:531)

Prohibition of Discrimination Act [*Lagen om förbud mot diskriminering*] of 12 June 2003 (SFS 2003:307)

Promissory Note Act [*Lag om skuldebrev*] of 27 March 1936 (SFS 1936:81)

Protection of Commercial Secrets Act [*Lag om skydd för företagshemligheter*] of 31 May 1990 (SFS 1990:409)

Public Road Act [*Väglagen*] of 10 December 1971 (SFS 1971:948)

Railway Traffic Act [*Järnvägstrafiklag*] of 11 April 1985 (SFS 1985:192)

Real Estate Agents Act [*Fastighetsmäklarlag* – FmL] of 20 April 1995 (SFS 1995:400)

Securities Business Act [*Lag om värdepappersrörelse*] of 13 June 1991 (SFS 1991:981)
chap. 3 § 5: V. – 2:103, Notes III 32

Security Markets Act [*Lag om värdepappersmarknaden*] of 14 June 2007 (SFS 2008:914)
chap. 4 § 4: IV. C. – 7:107, Notes II 10

Special Enforcement Act [*Lag om betalningsföreläggande och handräckning*] of 14 June 1990 (SFS 1990:746)
generally: VIII. – 6:101, Notes I 15; VIII. – 6:204, Notes III 54
§ 4: VIII. – 6:204, Notes II 34
§ 43: VIII. – 6:204, Notes II 34

Stolen Goods Act [*Lag om visst stöldgods m. m.*] of 29 November 1974 (SFS 1974:1065)
§ 7: V. – 1:101, Notes II 22

Supervision of Dogs and Cats Act [*Lag om tillsyn över hundar och katter*] of 30 June 1943 (SFS 1943:459) repealed by *Lag om tillsyn över hundar och katter* of 29 November 2007 (SFS 2007:1150)
§ 1: VI. – 3:203, Notes 13
§ 6: VI. – 3:203, Notes 13
§ 19: VI. – 3:203, Notes 13

Timeshare Act [*Lag om konsumentskydd vid avtal om tidsdelat boende*] of 22 May 1997 (SFS 1997:218)
art. 12: II. – 5:103, Notes II 10
art. 13: II. – 5:202, Notes III 11, 16

Trademark Act [*Varumärkeslag*] of 2 December 1960 (SFS 1960:644)
§ 37a: VI. – 1:102, Notes I 9

Traffic Damages Act [*Trafikskadelag*] of 15 December 1975 (SFS 1975:1410)
generally: VI. – 3:206, Notes 13
§ 10: VI. – 3:205, Notes 14; VI. – 5:102, Notes IV 52
§ 11: VI. – 3:205, Notes 14
§ 12: VI. – 3:205, Notes 14; VI. – 5:101, Notes II 27; VI. – 5:102, Notes III 39, IV 52
§ 18: VI. – 5:102, Notes IV 52

Transplantation Act [*Lag om transplantation m. m.*] of 8 June 1995 (SFS 1995:831)
§ 15: IV. A. – 1:201, Notes V 14, 15, 16

Unfair Contract Terms Act [*Lag om avtalsvillkor i konsumentförhållanden*] of 15 December 1994 (SFS 1994:1512)
art. 11: II. – 9:403, Notes IV 14

Switzerland

Civil Code [*Zivilgesetzbuch* – CC] of 10 December 1907 (SR 210, AS 24 233)

generally:	VIII. – 6:101, Notes I 4
art. 2:	VIII. – 1:202, Notes I 20
art. 3:	VIII. – 3:101, Notes II 36; VIII. – 4:101, Notes V 88
art. 312:	IV. F. – 1:101, Notes I 1
art. 313:	IV. F. – 1:104, Notes I 4
art. 314:	IV. F. – 1:104, Notes III 6, VI 11, VII 15
art. 560:	VIII. – 1:205, Notes II 5
art. 598:	VIII. – 6:401, Notes I 3
art. 641:	VIII. – 1:202, Notes I 2; VIII. – 2:304, Notes 3; VIII. – 6:101, Notes I 4; VIII. – 6:401, Notes I 3
art. 646:	VIII. – 5:202, Notes II 29, IV 72, VI 96
art. 647c:	VIII. – 7:104, Notes II 15
art. 647d:	VIII. – 7:104, Notes II 15
art. 647e:	VIII. – 7:104, Notes II 15
art. 651:	VIII. – 5:202, Notes IV 72
art. 658:	VIII. – 1:205, Notes V 62
art. 661:	VIII. – 1:205, Notes V 62
art. 714:	VIII. – 3:101, Notes I 12; VIII. – 1:205, Notes V 62; VIII. – 2:203, Notes II 21
art. 715:	VIII. – 2:203, Notes I 3, II 21
art. 718:	VIII. – 1:205, Notes V 62
art. 722:	VIII. – 3:101, Notes II 36
art. 726:	VIII. – 5:101, Notes I 20, II 23; VIII. – 5:201, Notes I 6, II 31, III 58
art. 727:	VIII. – 5:101, Notes II 23; VIII. – 5:202, Notes I 3, II 30, III 53, V 86
art. 728:	VIII. – 4:101, Notes I 4, II 26, III 42, VI 99; VIII. – 4:103, Notes I 4; VIII. – 4:205, Notes 2, 4; VIII. – 4:301, Notes II 22; VIII. – 4:302, Notes 3; VIII. – 1:205, Notes V 62
art. 737:	VIII. – 6:101, Notes I 4
art. 746:	VIII. – 1:205, Notes V 62
art. 884:	VIII. – 1:205, Notes V 62
art. 895:	VIII. – 2:202, Notes I 2; VIII. – 7:104, Notes V 72
art. 900:	VIII. – 1:205, Notes V 62
art. 901:	VIII. – 1:205, Notes V 62
art. 909:	VIII. – 1:205, Notes V 62
art. 919:	VIII. – 6:202, Notes I 3; VIII. – 1:205, Notes II 5; VIII. – 1:205, Notes III 26
art. 920:	VIII. – 1:206, Notes I 3
art. 921:	VIII. – 1:205, Notes II 5
art. 922:	VIII. – 1:205, Notes II 5; VIII. – 2:202, Notes II 25

art. 924:	VIII. – 1:205, Notes II 5
art. 926:	VIII. – 4:103, Notes I 4; VIII. – 6:202, Notes I 3, II 24; VIII. – 1:205, Notes V 62
art. 927:	VIII. – 6:204, Notes I 3, II 18; VIII. – 6:401, Notes I 3; VIII. – 1:205, Notes V 62
art. 928:	VIII. – 6:204, Notes II 18; VIII. – 6:401, Notes I 3; VIII. – 1:205, Notes V 62
art. 929:	VIII. – 6:204, Notes V 74; VIII. – 1:205, Notes V 62
art. 930:	VIII. – 4:101, Notes II 26; VIII. – 1:205, Notes V 62
art. 931:	VIII. – 1:205, Notes V 62
art. 932:	VIII. – 1:205, Notes V 62
art. 933:	VIII. – 2:203, Notes II 21; VIII. – 3:101, Notes I 12, V 96; VIII. – 3:102, Notes 8; VIII. – 4:206, Notes I 8
art. 934:	VIII. – 3:101, Notes I 12, II 36, V 96, VI 119, VII 133; VIII. – 6:302, Notes 4; VIII. – 6:401, Notes I 3; VIII. – 1:205, Notes V 62
art. 934bis:	VIII. – 6:302, Notes 4
art. 935:	VIII. – 3:101, Notes I 12; VIII. – 4:206, Notes I 8
art. 936:	VIII. – 6:302, Notes 4; VIII. – 6:401, Notes I 3; VIII. – 1:205, Notes V 62
art. 937:	VIII. – 6:401, Notes I 3
art. 938:	VIII. – 7:101, Notes 2; VIII. – 7:102, Notes II 14; VIII. – 7:103, Notes III 43; VIII. – 1:205, Notes V 62
art. 939:	VIII. – 7:101, Notes 2; VIII. – 7:104, Notes III 36, V 72, VI 101; VIII. – 1:205, Notes V 62
art. 940:	VIII. – 7:101, Notes 2; VIII. – 7:102, Notes III 37; VIII. – 7:103, Notes IV 60; VIII. – 7:104, Notes IV 53; VIII. – 1:205, Notes V 62
art. 941:	VIII. – 4:206, Notes I 8, II 28; VIII. – 1:205, Notes V 62
art. 975:	VIII. – 6:401, Notes I 3

Consumer Credit Act [*Konsumkreditgesetz* – ConsCredA] of 23 March 2001 (SR 221.214.1, AS 2002 3846)

generally:	IV. B. – 1:102, Notes IV 11
art. 9:	VIII. – 2:203, Notes II 21

Constitution [*Bundesverfassung der Schweizerischen Eidgenossenschaft vom 18. April 1999* – Const.] of 18 December 1998 (SR 101, AS 1999 2556); amended by among others BB of 3 October 2003 (AS 2007 5765)

art. 26:	VIII. – 1:202, Notes IV 44, 48

Debt Enforcement and Bankruptcy Act [*Bundesgesetz vom 11. April 1889 über Schuldbetreibung und Konkurs* – SchKG] of 11 April 1889 (SR 281.1, AS 11 529); amended by among others BG of 16 December 2005 (Annex no. 3) (AS 2007 4791)

art. 106:	VIII. – 6:401, Notes I 3
art. 211:	VIII. – 2:201, Notes V 56; VIII. – 2:203, Notes II 21
art. 212:	VIII. – 2:201, Notes V 56
art. 242:	VIII. – 6:401, Notes I 3
art. 287:	VIII. – 2:201, Notes VI 81
art. 288:	VIII. – 2:201, Notes VI 81

United Kingdom

Access to Health Records Act 1990 (1990 c. 23) (Royal Assent 13th July 1990)

generally:	IV. C. – 8:109, Notes IV 32

Access to Medical Reports Act 1988 (1988 c. 28) (Royal Assent on 29th July 1988)

generally:	IV. C. – 8:109, Notes IV 32

Administration of Estates Act 1925 (1925 c. 23, 15 & 16 Geo. 5) (Royal Assent on 9th April 1925)

s. 27:	VII. – 4:103, Notes I 11
s. 33:	V. – 1:102, Notes II 16
s. 34:	V. – 1:102, Notes II 16

Administration of Justice Act 1982 (1982 c. 53) (Royal Assent on 28th October 1982, Act not wholly in force)

generally:	III. – 3:708, Notes I 2; VI. – 2:202, Notes II 19, V 53
s. 4:	VI. – 6:101, Notes I 13
s. 6:	VI. – 6:203, Notes 13
s. 7:	VI. – 2:201, Notes VI 47
s. 8:	V. – 3:105, Notes 1; VI. – 2:201, Notes VI 47
s. 9:	VI. – 2:201, Notes V 34
s. 10:	VI. – 2:201, Notes V 34
s. 13:	VI. – 2:201, Notes VI 47
s. 15:	VII. – 5:104, Notes 9

Adults with Incapacity (Scotland) Act 2000 (2000 asp 4) (Royal Assent on 9th May 2000)

generally:	IV. D. – 7:102, Notes I 16; VIII. – 2:202, Notes I 11
s. 47:	IV. C. – 8:108, Notes II 15

Age of Legal Capacity (Scotland) Act 1991 (1991 c. 50) (Royal Assent on 25th July 1991)

s. 1:	IV. C. – 8:108, Notes II 15; VI. – 3:301, Notes I 15
s. 2:	IV. C. – 8:108, Notes II 15; VIII. – 2:202, Notes I 11

Air Navigation Order 2005 (SI 2005 no. 1970) (Made on 19th July 2005; came into force 20th August 2005)

s. 2:	VIII. – 1:102, Notes III 60

Child Support, Pensions and Social Security Act 1991 (1991 c. 48) (Royal Assent on 25th July 1991)
Part 1: V. – 1:102, Notes II 16

Children Act 1989 (1989 c. 41) (Royal Assent on 16th November 1989)
generally: IV. C. – 8:108, Notes II 6
s. 3: V. – 1:101, Notes I 1
s. 29: V. – 1:102, Notes II 16
s. 105: VI. – 3:103, Notes I 13
Schedule 2: V. – 1:102, Notes II 16; V. – 1:103, Notes IV 30

Children and Young Persons Act 1933 (23 Geo. 5 c. 12) (Royal Assent on 13th April 1933)
s. 1: V. – 1:103, Notes III 24

Civic Government (Scotland) Act 1982 (1982 c. 45) (Royal Assent on 28th October 1982)
Part VI: V. – 1:103, Notes IV 30
s. 38: VIII. – 2:102, Notes 20
s. 73: VIII. – 3:101, Notes V 103

Civil Aviation Act 1982 (1982 c. 16) (Royal Assent on 27th May 1982)
s. 76: VI. – 3:206, Notes 16
s. 100: IV. A. – 1:201, Notes III 9

Civil Liability (Contribution) Act 1978 (1978 c. 47) (Royal Assent on 31st July 1978)
generally: III. – 4:107, Notes I 1; VI. – 7:104, Notes 14
s. 1: III. – 4:103, Notes II 3; III. – 4:111, Notes II 2; VI. – 6:105, Notes 14
s. 2: III. – 4:106, Notes II 2; VI. – 6:105, Notes 14

Civil Partnership Act 2004 (2004 c. 33) (Royal Assent on 18th November 2004)
generally: VI. – 2:202, Notes II 19, V 53

Civil Procedure Rules 1998 (SI 1998 no. 3132 L.17) (Made on 19th December 1998; in force since 26th April 1999)
generally: VI. – 6:101, Notes I 13
Part 41: VI. – 6:203, Notes I 13

Commercial Agents (Council Directive) Regulations 1993 (SI 1993 no. 3053) (Made on 7th December 1993; in force from 1st January 1994); amended by Commercial Agents (Council Directive) (Amendment) Regulations 1993 (SI 1993 no. 3173) (Made on 16th December 1993; in force from 1st January 1993)
generally: IV. E. – 1:101, Notes II 2
reg. 2: IV. E. – 3:101, Notes II 2, III 4, IV 5; IV. E. – 3:306
reg. 3: IV. E. – 3:201, Notes I 1; IV. E. – 3:202, Notes 2, 4; IV. E. – 3:203, Notes II 2
reg. 4: IV. E. – 3:307, Notes I 1; IV. E. – 3:308, Notes I 1; IV. E. – 3:309, Notes I 1
reg. 5: IV. E. – 3:308, Notes III 3; IV. E. – 3:309, Notes III 4
reg. 7: IV. E. – 3:301, Notes II 2, 4
reg. 8: IV. E. – 2:302, Notes II 2

reg. 9: IV. E. – 2:303, Notes I 1
reg. 10: IV. E. – 3:301, Notes III 6; IV. E. – 3:302, Notes III 4; IV. E. – 3:304, Notes 2
reg. 11: IV. E. – 3:305, Notes I 2
reg. 12: IV. E. – 3:310, Notes I 1, II 3, III 6; IV. E. – 3:311, Notes 4
reg. 13: IV. E. – 2:402, Notes I 1
reg. 14: IV. E. – 2:301, Notes III 7
reg. 15: IV. E. – 2:302, Notes I 2, II 12, IV 17
reg. 17: IV. E. – 2:305, Notes I 5, II 8; IV. E. – 3:312, Notes II 8

Commercial Agents (Council Directive) (Amendment) Regulations 1998 (SI 1998 no. 2868) (Made on 19th November 1998; in force from 16th December 1998)
generally: IV. E. – 1:101, Notes II 2

Common Law Procedure Act 1852 (1852 c. 76, 15 & 16 Vict.) (Royal Assent on 30th June 1852)
s. 3: VII. – 1:101, Notes II 16

Companies Act 1948 (1948 c. 38, 11 & 12 Geo. 6) (Royal Assent on 30th June 1948)
s. 54: VII. – 2:101, Notes III(a) 54

Companies Act 1985 (1985 c. 6) (Royal Assent on 11th March 1985)
generally: IV. G. – 2:111, Notes IV 15
s. 35A: VIII. – 2:202, Notes I 8
s. 108: IV. G. – 2:103, Notes II 6
s. 109: IV. G. – 2:103, Notes II 6
s. 111: IV. G. – 2:103, Notes II 6

Companies Act 1989 (1989 c. 40) (Royal Assent on 16th November 1989)
s. 108: VI. – 1:103, Notes IV 41

Companies Act 2006 (2006 c. 46) (Royal Assent on 8th November 2006)
s. 39: VI. – 3:201, Notes II 27
s. 678: VII. – 2:101, Notes III(a) 54

Compensation Act 1592 (1592 c. 61)
generally: III. – 6:103, Notes I 1

Constitutional Reform Act 2005 (2005 c. 4) (Royal Assent on 24th March 2005)
s. 59: VII. – 5:104, Notes 9

Constitutional Reform Act 2005 (Commencement No. 11) Order 2009 (SI 2005 no. 1604 (c. 83) (Made on 26th June 2009)
generally: VII. – 5:104, Notes 9

Consumer Credit Act 1974 (1974 c. 39) (Royal Assent on 31st July 1974; amended by Consumer Credit Act 2006 (2006 c. 14) of 30th March 2006)
generally: IV. G. – 4:101, Notes I 4; IV. G. – 4:105, Notes III 9

Consumer Credit (Guarantees and Indemnities) Regulations 1983 (SI 1983 no. 1556)

Copyright, Designs and Patents Act 1988 (1988 c. 48)
(Royal Assent on 15th November 1988)

s. 96:	VI. – 6:101, Notes II 26; VII. – 4:101, Notes III 31
s. 97:	VII. – 4:101, Notes III 31; VII. – 5:101, Notes III 27

County Courts Act 1984 (1984 c. 28) (Royal Assent on 26th June 1984)

s. 38:	VI. – 6:301, Notes 13
s. 51:	VI. – 6:203, Notes 13
s. 69:	VII. – 5:104, Notes 9

Courts Act 2003 (2003 c. 39) (Royal Assent on 20th November 2003)

s. 31:	VI. – 7:103, Notes 14
s. 32:	VI. – 7:103, Notes 14
s. 100:	VI. – 6:106, Notes 12; VI. – 6:203, Notes 13

Courts and Legal Services Act 1990 (2003 c. 39) (Royal Assent on 20th November 2003)

s. 3:	VI. – 6:301, Notes 11
s. 62:	VI. – 7:103, Notes 14

Criminal Justice and Police Act 2001 (2001 c. 16) (Royal Assent on 11th May 2001)

s. 57:	VII. – 2:101, Notes VI 117

Crown Proceedings Act 1947 (1947 c. 44, 10 & 11 Geo. 6) (Royal Assent on 31st July 1947)

generally:	VI. – 1:103, Notes IV 41
s. 2:	VI. – 7:103, Notes 14

Crown Proceedings (Armed Forces) Act 1987 (1987 c. 25) (Royal Assent on 15th May 1987)

generally:	VI. – 7:103, Notes 14

Customs and Excise Management Act 1979 (1979 c. 2) (Royal Assent on 22nd February 1979)

s. 137A:	VII. – 7:103, Notes 8

Damages Act 1996 (1996 c. 48) (Royal Assent on 24th July 1996; in force since 24th September 1996)

generally:	IV.C. – 6:101, Notes I 1
s. 2:	VI. – 6:106, Notes 12; VI. – 6:203, Notes 13
s. 2B:	VI. – 6:203, Notes 13
s. 3:	VI. – 6:203, Notes 13

Damages for Bereavement (Variation of Sum) (England and Wales) Order 2002 (SI 2002 no. 644) (Made 11th March 2002, in force since 1st April 2002)

generally:	VI. – 6:103, Notes 14

Damages for Bereavement (Variation of Sum) (England and Wales) Order 2007 (SI 2007 no. 3489) (Made 10th December 2007, in force since 1st January 2008)

art. 2:	VI. – 2:202, Notes II 19

Damages (Scotland) Act 1976 (1976 c. 13) (Royal Assent on 13th April 1976)

s. 1:	VI.–2:202, Notes II 19, IV 40, V 53
s. 1A:	VI.–2:202, Notes III 28
s. 2:	VI.–2:202, Notes III 28; VI.–6:203, Notes 13
s. 2A:	VI.–2:202, Notes III 28
s. 3:	VI.–2:202, Notes III 28
s. 4:	VI.–2:202, Notes III 28
s. 9A:	VI.–2:201, Notes VII 62
s. 10:	VI.–2:202, Notes II 19
Schedule 1:	VI.–2:202, Notes IV 40, V 53

Damages (Scotland) Act 1993 (1993 c. 5) (Royal Assent on 18th February 1993)

s. 1:	VI.–2:202, Notes II 19

Data Protection Act 1998 (1998 c. 29) (Royal Assent on 16th July 1998)

generally:	IV. C.–8:109, Notes IV 32

Defamation Act 1952 (1952 c. 66, 15 & 16 Geo. 6 & 1 Eliz. 2) (Royal Assent on 30th October 1952; in force since 30 November 1952); amended by Defamation Act 1996 (c. 31) (Royal Assent on 4th July 1996; so far as applicable, wholly in force in England and Wales from 28th February 2000 and in Scotland from 31st March 2001)

s. 3:	VI.–2:204, Notes I 14
s. 14:	VI.–2:204, Notes I 14

Defamation Act 1996 (1996 c. 31) (Royal Assent on 4th July 1996; so far as applicable, wholly in force in England and Wales from 28th February 2000 and in Scotland from 31st March 2001)

generally:	VI.–2:203, Notes IV 42
s. 1:	VI.–2:204, Notes I 12

Defective Premises Act 1972 (1972 c. 35) (Royal Assent on 29th June 1972)

generally:	IV. C.–6:101, Notes I 1
s. 1:	IV. C.–6:103, Notes I 1
s. 4:	VI.–3:202, Notes 14

Diplomatic Privileges Act 1964 (1964 c. 81) (Royal Assent on 31st July 1964)

generally:	VI.–7:103, Notes 14

Electricity Act 1989 (1989 c. 29) (Royal Assent on 27th July 1989)

s. 21:	VI.–5:401, Notes 14

Electronic Commerce (EC Directive) Regulations 2002 (SI 2002 no. 2013) (Made on 30th July 2002; reg. 16 in force from 23rd October 2002, remainder in force from 21st August 2002)

s. 9:	II.–3:105, Notes 2, 9, 14
s. 11:	II.–3:201, Notes 4
s. 12.	II.–3:105, Notes 9

Harbours, Docks and Piers Clauses Act 1847 (1847 c. 27, 10 & 11 Vict.)
(Royal Assent on 11th May 1847)
s. 56: VI.–3:207, Notes 11

Hire Purchase Act 1964 (1964 c. 53) (Royal Assent on 16th July 1964)
generally: VIII.–1:102, Notes I 19, 20
s. 27 VIII.–2:102, Notes 20; VIII.–1:102, Notes I 19

Hotel Proprietors Act 1956 (1956 c. 62, 4 & 5 Eliz. 2) (Royal Assent on 2nd August 1956)
generally: IV.C.–5:101, Notes V 54; IV.C.–5:110, Notes II 6

Housing Grants, Construction and Regeneration Act 1996 (1996 c. 53)
(Royal Assent on 24th July 1996)
Part II: IV.C.–3:101, Notes I 1
Part III: IV.C.–6:101, Notes I 1
s. 104: IV.C.–3:101, Notes II 5
s. 105: IV.C.–3:101, Notes II 5; IV.C.–4:101, Notes III 24

Hovercraft Act 1968 (1968 c. 59) (Royal Assent on 26th July 1968)
generally: IV.A.–1:201, Notes III 9

Human Rights Act 1998 (1998 c. 42) (Royal Assent on 9th November 1998; wholly in force from 2 October 2000)
generally: VI.–2:203, Notes II 19, III 30

Human Tissue Act 2004 (2004 c. 30) (Royal Assent on 15th November 2004)
generally: IV.A.–1:201, Notes V 14

Human Tissue (Scotland) Act 2006 (2006 asp 4) (Royal Assent on 16th March 2006)
generally: IV.A.–1:201, Notes V 14

Infants Relief Act 1874 (1874 c. 62, 37 & 38 Vict.) (Royal Assent on 7th August 1874)
generally: VIII.–2:202, Notes I 9

Inheritance Tax Act 1984 (1984 c. 51) (Royal Assent on 31st July 1984)
s. 235: VII.–7:103, Notes 8
s. 236: VII.–7:103, Notes 8
s. 241: VII.–7:103, Notes 8

Insolvency Act 1986 (1986 c. 45) (Royal Assent on 25th July 1986)
s. 29: VIII.–2:201, Notes V 71
s. 57: VIII.–2:201, Notes V 74
s. 72A: VIII.–2:201, Notes V 71
s. 86: VIII.–2:201, Notes VI 98
s. 122: VIII.–2:201, Notes V 71
s. 124: IV.G.–2:111, Notes IV 15
s. 129: VIII.–2:201, Notes VI 98

s. 178: VIII. – 2:201, Notes V 71
s. 186: VIII. – 2:201, Notes V 74
s. 238: VIII. – 2:201, Notes VI 95
s. 239: VIII. – 2:201, Notes VI 95
s. 240: VIII. – 2:201, Notes VI 95
s. 241: VIII. – 2:201, Notes VI 95
s. 242: VIII. – 2:201, Notes VI 98
s. 243: VIII. – 2:201, Notes VI 98
s. 245: VIII. – 2:201, Notes VI 98
s. 249: VIII. – 2:201, Notes VI 95
s. 281: IV. G. – 2:102, Notes III 17
s. 284: IV. D. – 7:102, Notes II 24
s. 315: VIII. – 2:201, Notes V 71
s. 323: III. – 6:101, Notes II 2
s. 339: VIII. – 2:201, Notes VI 95
s. 340: VIII. – 2:201, Notes VI 95
s. 423: VIII. – 2:201, Notes VI 95
s. 425: VIII. – 2:201, Notes VI 95
s. 435: VIII. – 2:201, Notes VI 95

Insolvency (Scotland) Rules 1986 (SI 1986 no. 1915); amended by among others The Insolvency (Scotland) Amendment Rules 2008 (SI 2008 no. 662; made on 9th March 2008, in force from 6th April 2008)
r 4.66: VIII. – 2:201, Notes VI 98

Law of Property Act 1925 (1925 c. 20, 15 & 16 Geo. 5) (Royal Assent on 9th April 1925)
s. 2: II. – 1:106, Notes III 15
s. 49: VII. – 2:101, Notes III(e) 83
s. 53: VII. – 2:101, Notes III(c) 72
s. 81: III. – 4:203, Notes 1
s. 136: III. – 5:104, Notes 7; III. – 5:120, Notes 1; IV. B. – 7:102, Notes II 2; VII. – 4:103, Notes I 11
s. 146: III. – 2:107, Notes II 9
s. 205: VII. – 5:101, Notes III 27

Law of Property (Miscellaneous Provisions) Act 1989 (1989 c. 34) (Royal Assent on 27th July 1989)
s. 2: I. – 1:106, Notes 3; VII. – 2:101, Notes III(c) 72
s. 53: VIII. – 1:203, Notes 15

Late Payment of Commercial Debts (Interest) Act 1998 (1998 c. 20) (Royal Assent on 11th June 1998)
generally: III. – 3:708, Notes I 2; III. – 3:709, Notes II 3
s. 1: IV. B. – 4:101, Notes VI 17

Road Traffic Act 1988 (1988 c. 52) (Royal Assent on 15th November 1988)

s. 149:	VI. – 5:101, Notes II 28
s. 157:	V. – 3:102, Notes I 12; V. – 3:104, Notes I, 11
s. 158:	V. – 3:102, Notes I 12; V. – 3:104, Notes I, 11; V. – 3:105, Notes 1
s. 159:	V. – 3:102, Notes I 12
s. 161:	V. – 3:102, Notes I 12

Roads (Scotland) Act 1984 (1984 c. 54) (Royal Assent on 31st October 1984)

s. 98:	V. – 1:103, Notes IV 30

Requirements of Writing (Scotland) Act 1995 (1995 c. 7) (Royal Assent on 1st May 1995)

generally:	II. – 1:106, Notes I 1
s. 1:	II. – 1:103, Notes I 5; II. – 1:106, Notes III 15; IV. A. – 6:103, Notes I 1

Sale and Supply of Goods to Consumers Regulations 2002 (SI 2002 no. 3045) (Made on 10th December 2002; in force from 31st March 2003)

generally:	IV. A. – 1:204, Notes I 3
s. 2:	IV. A. – 6:101, Notes II 7, III 16, V 21; IV. A. – 6:103, Notes IV 12
s. 15:	IV. A. – 6:101, Notes I 5, IV 20; IV. A. – 6:102, Notes I 2; IV. A. – 6:103, Notes I 1, II 4, III 7, 8, IV 12

Sale of Goods Act 1979 [SGA] (1979 c. 54) (Royal Assent on 6th December 1979); as amended by Sale and Supply of Goods Act 1994 (c. 35), Sale of Goods (Amendment) Act 1994 (c. 32) and Sale of Goods (Amendment) Act 1995 (c. 28)

generally:	II. – 1:107, Notes 2; II. – 9:102, Notes II 11; IV. A. – 1:101, Notes I 3, VII 32; IV. A. – 1:203, Notes I 2; IV. A. – 1:204, Notes I 3; IV. A. – 1:101, Notes X 39; IV. A. – 3:102, Notes 1; IV. A. – 3:101, Notes IV 17; VIII. – 3:101, Notes III 62, V 104; VIII. – 2:305, Notes I 2
s. 1:	II. – 9:108, Notes I 3
s. 2:	IV. A. – 1:202, Notes 1, 3; IV. A. – 2:101, Notes I 1
s. 3:	V. – 1:101, Notes IV 49, V 59; VII. – 2:101, Notes III(b) 63; VIII. – 2:202, Notes I 8
s. 5:	IV. A. – 1:201, Notes VI 18
s. 6:	II. – 7:102, Notes 5; III. – 7:201, Notes III 6
s. 8:	II. – 9:104, Notes III 7; IV. A. – 3:101, Notes I 3
s. 9:	II. – 9:106, Notes I (c) 6
s. 11:	V. – 1:101, Notes IV 49
s. 12:	IV. A. – 2:305, Notes I 3; IV. A. – 2:306, Notes I 2
s. 13:	I. – 1:105, Notes II 10; IV. A. – 2:301, Notes I 4, III 14
s. 14:	I. – 1:105, Notes II 10; II. – 3:101, Notes 5; II. – 9:108, Notes I 3; IV. A. – 1:204, Notes III 15, IV 21; IV. A. – 2:301, Notes I 4; IV. A. – 2:302, Notes II 2, III 5, 9, VI 18, VII 24; IV. A. – 2:303, Notes 2, 4; IV. A. – 2:304, Notes 3; IV. A. – 2:307, Notes I 1, II 7; IV. A. – 2:308, Notes I 2
s. 15:	I. – 1:105, Notes II 10; IV. A. – 2:302, Notes IV 10, 11
s. 16:	IV. A. – 5:102, Notes II 5; VIII. – 2:305, Notes I 1
s. 17:	III. – 7:201, Notes III 6; VIII. – 2:203, Notes II 38; VIII. – 2:301, Notes 17; VIII. – 2:303, Notes I 21, 23

Tables of cases*

ECHR

ECJ and CFI EC

* Table compiled by *Daniel Smith* (Osnabrück) with the assistance of *Christian Dankerl* (Osnabrück).

Common Law and Scots Cases

Bentall, Horsley and Baldry v. Vicary [1931] 1 KB 253	IV. D. – 2:102, Notes V 86; IV. D. – 3:301, Notes II 24, 31, III 43
Bernstein v. Pamson Motors (Golders Green) Ltd. [1987] 2 All ER 220	II. – 7:210, Notes I 1
Berry v. Humm & Co. [1915] 1 KB 627	VI. – 2:202, Notes V 54
Berry v. Irish Times Ltd. [1973] IR 368	VI. – 2:203, Notes IV 41
Beta Computers (Europe) Ltd. v. Adobe Systems (Europe) Ltd. 1996 SLT 604	IV. A. – 1:101, Notes VI 28
Betts v. Metropolitan Police District Receiver [1932] 2 KB 595	VII. – 4:105, Notes 9
Biffa Waste Services Ltd. v. Maschinenfibric Ernst Hese GmbH [2008] EWCA Civ 1257	VI. – 3:201, Notes I 13
Bigos v. Bousted [1951] 1 All ER 92	VII. – 6:103, Notes 10
Billings v. Arnott (1945) 80 ILTR 50	II. – 4:201, Notes III 15
Binning v. Brotherstones (1676) Mor 13401	VIII. – 7:104, Notes V 83
Binstead v. Buck (1777) 2 Black W 1117, 96 ER 660	V. – 3:102, Notes I 12
Bird v. Brown (1850) 4 Exch 786, 154 ER 1433	II. – 6:111, Notes I 1
Birell Ltd. v. City of Edinburgh District Council 1982 SLT 111	VIII. – 1:207, Notes 19
Bize v. Dickason (1786) 1 T. R. 285, 99 ER 1097	VII. – 2:103, Notes II 21
Black v. Cornelius (1879) 6 R 581	IV. D. – 3:302, Notes I 16
Black v. Ottoman Bank (1862) 15 Moore KB 472, 15 ER 573	IV. G. – 2:110, Notes III 6
Blackmore v. Bristol & Exeter Railway (1858) 8 E & B 1035, 120 ER 385	IV. B. – 3:104, Notes II 9
Blackpool & Fylde Aero Club Ltd. v. Blackpool Bororough Council [1990] 1 WLR 1195	II. – 3:301, Notes II 17
Blades v. Free (1829) 9 B & C 167, 109 ER 63	IV. D. – 7:102, Notes I 5, 12
Blades v. Higgs (1865) 11 HLC 621, 11 ER 1474	VIII. – 5:201, Notes II 40; VIII. – 6:202, Notes III 44
Blake v. Galloway [2004] EWCA Civ 814, [2004] 1 WLR 2844	VI. – 5:101, Notes I 12, II 28
Bliss v. SETRHA [1985] ICR 700	III. – 3:701, Notes IV (b) 12
Bloodworth v. Gray (1844) 7 Man & G 334, 135 ER 140	VI. – 2:203, Notes IV 41
Boak v. Megget (1844) 6 D 662	VIII. – 2:104, Notes I 20; VIII. – 2:105, Notes III 65
Boardman v. Phipps [1967] 2 AC 46	V. – 2:103, Notes II 22
Bolam v. Friern Hospital Management Committee [1957] 1 WLR 582	IV. C. – 2:105, Notes II 4; IV. C. – 6:103, Notes I 1; IV. C. – 7:104, Notes III 16; IV. C. – 8:101, Notes II 3; IV. C. – 8:104, Notes II 10
Bolitho v. City and Hackney HA (1993) 13 BMLR 111	IV. C. – 8:104, Notes II 10;

BP Refinery (Westernport) Pty Ltd. v. Shire of Hastings 52 ALJR 20	IV. C. – 4:102, Notes II 3; IV. C. – 4:104, Notes II 3
Brabant & Co. v. King [1895] AC 632	IV. B. – 5:105, Notes I 1; IV. C. – 4:103, Notes I 1, II 3; IV. C. – 5:102, Notes I 1, II 4; IV. C. – 5:103, Notes II 6
Bradbury v. Outram & Co. (1903) 11 SLT 71	VI. – 2:204, Notes I 14
Bradford Old Bank v. Sutcliffe [1918] 2 KB 833	IV. G. – 3:101, Notes II 10
Bradshaw v. Beard (1862) 12 CB (N. S.) 344, 142 ER 1175	V. – 1:102, Notes II 16
Brady v. St. Margaret's Trust Ltd. [1963] 2 QB 494	IV. B. – 3:104, Notes II 9
Braithwaite v. Bank of Scotland 1999 SLT 25	IV. G. – 4:103, Notes III 38
Branson v. Bower (No. 2) [2002] QB 737	VI. – 5:203, Notes 14
Brecknock Co. v. Pritchard (1976) 6 T. R. 750, 101 ER 807	IV. C. – 3:108, Notes I 1, II 5
Brennan v. Bolt Burdon [2004] EWCA Civ 1017, [2005] QB 303	II. – 7:201, Notes VI (d) 33
Brewer v. Dew (1843) 11 M & W 625, 152 ER 955	VI. – 2:206, Notes II 27
Brickenden v. London Loan and Savings Co. [1934] 3 DLR (1st) 465	IV. C. – 7:109, Notes II 2
Brinkibon Ltd. v. Stahag Stahl und Stahlwarenhandelsgesellschaft mbH (The Brimnes) [1983] 2 AC 34	II. – 8:202, Notes 1
Bristol & West Building Society v. Mothew [1998] Ch 1	VIII. – 2:302, Notes 23
Bristow v. Eastman (1794) Peake 291, 170 ER 160	VII. – 2:101, Notes III(b) 63
Bristow v. Eastman (1794) 1 Esp 172, 170 ER 317	VII. – 2:101, Notes III(b) 63
Bristow v. Whitmore (1861) 9 HLC 391, 11 ER 781	V. – 1:101, Notes IX 105
British Bank for Foreign Trade Ltd. v. Novinex Ltd. [1949] 1 KB 623	II. – 9:104, Notes III 7
British Bank of the Middle East v. Sun Life Assurance Co. [1983] 2 Lloyd's Rep 9	II. – 6:107, Notes I 1
British Crane Hire Corp. Ltd. v. Ipswich Plant Hire Ltd. [1975] QB 303	II. – 9:103, Notes I 2; IV. B. – 5:104, Notes III 7; IV. B. – 5:109, Notes II 4
British Motor Trade Association v. Gray 1951 SC 586	VI. – 2:101, Notes IX 94
British Road Services Ltd. v. Arthur V. Crutchley & Co. Ltd. (No. 1) [1967] 2 All ER 285	II. – 4:209, Notes II (b) 7
British Steel Corp. v. Cleveland Bridge Engineering Co. Ltd. [1994] 1 All ER 94	II. – 4:208, Notes IV 9
British Union and National Insurance Co. v. Rawson [1916] 2 Ch 476	IV. G. – 3:108, Notes II 6
British Wagon Co. Ltd. v. Shortt [1936] IR 164	VIII. – 6:201, Notes I 12
Broad v. Pitt (1828) 3 C & P 518, 172 ER 528	VI. – 2:205, Notes 13
Broadway Approvals v. Odhams Press Ltd. [1965] 1 WLR 805	VI. – 2:204, Notes II 25
Brock v. Hamilton, reported in a note to *Anderson v. Anderson* (1857) 9 D 701	VIII. – 1:203, Notes 18

Byrne v. Houlihan & De Courcy [1966] IR 274	VI. – 2:202, Notes IV 40, V 54
Byrne v. Ryan (2007) 26 ILT (N. S.) 276	VI. – 2:101, Notes X (1) 106
C. & P. Haulage Ltd. v. Middleton [1983] 1 WLR 1461	III. – 3:702, Notes V 8
C. I. B. C. Mortgages plc. v. Pitt [1994] 1 AC 200	VII. – 1:101, Notes V 53
Cadbury Ireland Ltd. v. Kerry Co-operative Creameries Ltd. [1982] ILRM 77	II. – 4:101, Notes II 6
Calico Printers' Association v. Barclays Bank (1931) 145 LT 51	IV. D. – 3:302, Notes I 5, I 12
Cambridge Water Co. v. Eastern Counties Leather plc. [1994] 2 AC 264	VI. – 3:206, Notes 16; VI. – 5:302, Notes 14
Cammell Laird & Co. Ltd. v. Manganese Bronze & Brass Co. Ltd. [1934] AC 402	IV. A. – 1:101, Notes V 14
Cammell v. Sewell (1858) 3 H & N 617, 157 ER 615	V. – 1:101, Notes VII 82, VIII 93
Campanari v. Woodburn (1854) 15 CB 400, 139 ER 480	IV. D. – 7:102, Notes I 5
Campbell v. Campbell's Exrs (1910) 47 SLR 837	IV. D. – 2:102, Notes I 16
Campbell v. Glenorchy (1668) Mor 10604	VIII. – 6:204, Notes III 53
Campbell v. Irish Press Ltd. (1955) 90 ILTR 105	VI. – 2:204, Notes II 26
Campbell v. Kennedy (1828) 6 S 806	IV. B. – 5:104, Notes II 5
Campbell v. Mirror Group Newspapers Ltd. [2002] EWHC 499 (QB), [2002] EMLR 30	VI. – 2:205, Notes 13
Campbell v. Mirror Group Newspapers Ltd. [2004] UKHL 22, [2004] 2 AC 457	VI. – 2:203, Notes II 17, 19, III 28, 30; VI. – 2:205, Notes 11; VI. – 7:101, Notes 4
Campbell v. Paddington Corp. [1911] 1 KB 869	VI. – 3:201, Notes II 27
Campbell, Robertson & Co. v. Shepherd & Paterson (1776) 2 Pat App 399	VIII. – 2:201, Notes V 74
Cantiere San Rocco SA v. Clyde Shipbuilding & Engineering Co. Ltd. 1923 SC (HL) 105	III. – 3:101, Notes I 2; III. – 3:510, Notes (b) 8; III. – 3:601, Notes V (b) 11; IV. B. – 4:101, Notes II 3
Caparo Industries plc. v. Dickman [1990] 2 AC 605	VI. – 2:101, Notes III 32; VI. – 2:207, Notes 12; VI. – 7:103, Notes 14
Capital & Counties plc. v. Hampshire County Council [1997] QB 1004	V. – 2:103, Notes I 10
Car & Universal Finance Co. Ltd. v. Caldwell [1965] 1 QB 525	I. – 1:109, Notes I 1, II 9; II. – 7:209, Notes 2; II. – 7:212, Notes II 4; III. – 3:106, Notes 8; VIII. – 2:202, Notes II 33, 34; VIII. – 3:101, Notes I 15

Commissioners for Public Works v. Swaine [2003] IESC 30, [2003] 1 IR 521	VI. – 2:201, Notes III 16
Commissioners of Public Works v. Brewer [2003] IESC 51, [2003] 3 IR 539	VI. – 2:201, Notes III 16
Commissioner of Stamp Duties (Queensland) v. Livingstone [1965] AC 694	VII. – 7:101, Notes III 24
Commissioner of State Revenue v. Royal Insurance Australia Ltd. (1994) 182 CLR 51	VII. – 3:102, Notes III 32
Commodity Broking Co. Ltd. v. Meehan [1985] IR 12	IV. G. – 1:103, Notes I 9
Compania Colombiana de Seguros v. Pacific Steam Navigation Co. [1965] 1 QB 101	VI. – 6:106, Notes 12
Compaq Computer v. Abercorn Group [1993] BCLC 602	VIII. – 2:203, Notes II 37
Comptoir d'Achat et de Vente Belge SA v. Luis de Ridder Limitada [1949] AC 293	II. – 1:104, Notes I 2
Connolly v. Bus Éireann, HC 29 January 1996, unreported	VI. – 2:201, Notes VII 63
Connolly v. Connolly (1866) 17 IrChR 208	VIII. – 1:203, Notes 17
Connolly v. South of Ireland Asphalt Co. Ltd. [1977] IR 99	VI. – 2:206, Notes II 27
Conway v. Archdall (1826) 1 Batt 182	VI. – 2:206, Notes II 27
Conway v. Irish National Teachers Organisation [1991] 2 IR 305	VI. – 6:101, Notes I 14
Cook v. Lewis [1951] SCR 830	VI. – 4:103, Notes 13
Cooke v. Falconer's Agents (1850) 13 D 157	IV. D. – 3:103, Notes 16
Cooke v. McGuigan (1927) 61 ILTR 45	VI. – 2:204, Notes I 13
Cooke v. Walsh [1984] ILRM 208	VI. – 2:201, Notes VII 63
Co-Operative Insurance Society Ltd. v. Argyll Stores (Holdings) Ltd. [1998] AC 1	III. – 3:302, Notes I 2
Coote v. Stone [1971] 1 WLR 279	VI. – 3:205, Notes 15
Cope v. Sharpe (No. 2) [1912] 1 KB 496	VI. – 5:202, Notes III 31
Copland v. Brogan 1916 SC 277	IV. D. – 1:101, Notes VII 115
Coppinger v. Sheehan [1906] 1 IR 519	VI. – 2:206, Notes II 27
Coppinger v. Waterford County Council, DPIJ: Hilary & Easter Terms 1996, p. 1	VI. – 2:201, Notes VII 63
Corcoran v. W. & R. Jacob & Co. Ltd. [1945] IR 446	VI. – 2:203, Notes IV 41
Cornford v. Carlton Bank Ltd. [1899] 1 QB 392	VI. – 1:103, Notes IV 41
Corr v. IBC Vehicles Ltd. [2006] EWCA Civ 331, [2007] QB 46	VI. – 4:101, Notes I 14
Corr v. IBC Vehicles Ltd. [2008] UKHL 13, [2008] 1 AC 884	VI. – 4:101, Notes I 15
Corran Construction Ltd. v. Bank of Ireland Finance Ltd. [1976] ILRM 175	VIII. – 2:201, Notes VI 96
Corset v. Husely (1689) Comb 135, 90 ER 389	V. – 3:106, Notes 11
Costello v. Chief Constable of Derbyshire Constabulary [2001] EWCA Civ 381, [2001] 1 WLR 1437	VII. – 2:101, Notes VI 117; VII. – 6:103, Notes 10; VIII. – 3:101, Notes V 104
Cotter v. Minister for Agriculture, HC 15 October 1991, unreported	II. – 9:106, Notes I (b) 3
Coulthart v. Clementson (1879) 5 QBD 42	IV. G. – 2:109, Notes I 4

D. & C. Builders Ltd. v. Rees [1966] 2 QB 617	III.–2:108, Notes II 4
D. & F. Estates v. Church Commissioners for England [1989] AC 177	VI.–1:103, Notes II 25
D. (A Minor) (Wardship: Sterilisation), Re [1976] 1 All ER 326	IV.C.–8:108, Notes II 6
D. v. East Bershire Community NHS Trust [2003] EWCA Civ 1151, [2004] QB 558	VI.–3:102, Notes I 14; VI.–7:103, Notes 14
Dalby v. India and London Life Assurance Co. (1854) 15 CB 365, 139 ER 465	IV.G.–2:113, Notes V 35
Dalgleish v. Glasgow Corp. 1976 SC 32	VI.–2:101, Notes V 51; VI.–2:201, Notes VII 62
Dalton v. Angus (1881) 6 App Cas 740	VI.–3:201, Notes I 13
Daly v. General Steam Navigation Ltd. [1981] 1 WLR 120	VI.–2:101, Notes IV 36
Daniell v. Aviemore Station Hotel Co. Ltd. 1951 SLT (Notes) 75	VI.–2:202, Notes V 53
Daniels v. Heskin [1954] IR 73	IV.D.–3:103, Notes 12
Danish Mercantile Co. Ltd. v. Beaumont [1951] Ch 680	V.–1:101, Notes IX 105
Darbishire v. Warran [1963] 1 WLR 1067	VI.–5:102, Notes II 26
Daulia Ltd. v. Four Millbank Nominees Ltd. [1978] Ch 231	IV.G.–1:103, Notes II 10
Davey v. Harrow Corp. [1958] 1 QB 60	VI.–2:206, Notes II 28
Davies v. Collins [1945] 1 All ER 247	IV.C.–2:104, Notes II 5
Davies v. Humphreys (1840) 6 M & W 153, 151 ER 361	IV.G.–2:113, Notes I 11, IV 28
Davies v. Mann (1842) 10 M & W 546, 152 ER 588	VI.–5:102, Notes I 14
Davis Contractors v. Fareham Urban District Council [1956] AC 696	III.–1:110, Notes II 11; IV.C.–2:109, Notes II 4
Dawkins v. Lord Rokeby (1875) LR 7 HL 744	VI.–7:103, Notes 14
Dawkins v. Lord Paulet (1869) LR 5 QB 94	VI.–7:103, Notes 14
Dawood Ltd. v. Heath Ltd. [1961] 2 Lloyd's Rep 512	III.–3:601, Notes V (b) 10; IV.B.–4:102, Notes III 5
Dawson International plc. v. Coats Paton plc. 1988 SLT 854	II.–3:301, Notes I 9
Dawson v. Great Northern & City Railway [1905] 1 KB 260	VI.–6:106, Notes 12
Dawson v. Sexton (1823) 1 LJ Ch (O.S.) 185	IV.D.–7:102, Notes II 24
De Bussche v. Alt (1878) 8 Ch. D 286	II.–6:104, Notes IV 8; IV.D.–3:302, Notes I 5, I 12, III 41, III 48; V.–2:103, Notes II 22; VIII.–2:302, Notes 23
De Freitas v. O'Brien [1995] 6 Med LR 108	IV.C.–8:104, Notes III 23
de la Bere v. Pearson Ltd. [1908] 1 KB 280	II.–4:101, Notes IV (a) 16
Dearie v. Hall (1828) 3 Russ & Ry 1, 38 ER 475	III.–5:121, Notes 1
Debtor (No. 627), Re [1937] Ch 156	IV.G.–2:113, Notes I 5
Dee Conservancy Board v. McConnell [1928] 2 KB 159	VI.–6:302, Notes 10
Deering v. Mahon (1851) 2 ICLR 25	VI.–2:206, Notes II 27
Defries v. Milne [1913] 1 Ch 98	VI.–6:106, Notes 12

Dougall v. National Bank of Scotland (1892) 20 R 8	IV. D. – 3:103, Notes 16
Douglas v. Hello! Ltd. (No. 1) [2001] QB 967	VI. – 2:205, Notes 11, 13
Douglas v. Hello! Ltd. (No. 3) [2003] EWHC 786 (Ch), 3 All ER 996	VI. – 2:203, Notes II 19; VI. – 2:205, Notes 13
Douglas v. Hello! Ltd. (No. 3) [2005] EWCA Civ 595; [2006] QB 125	VI. – 2:203, Notes III 28; VI. – 2:211, Notes 13
Dow Banking Corp. v. Mahnakh Spinning & Weaving Corp. [1983] 2 Lloyd's Rep 561	IV. G. – 2:104, Notes II 9
Doward, Dickson & Co. v. Williams & Co. (1890) 6 TLR 316	IV. D. – 1:105, Notes 5
Draper v. Hodder [1972] 2 QB 556	VI. – 3:203, Notes 14
Dredger Liesbosch v. Steamship Edison [1933] AC 449	VI. – 2:206, Notes III 40; VI. – 4:101, Notes IV 51
Drew v. Mackenzie & Co. (1862) 24 D 649	VI. – 2:204, Notes III 35
Drew v. Nunn (1879) 4 QBD 661	II. – 6:112, Notes II 4; IV. D. – 7:102, Notes I 5
Drummond v. Rannie (1836) 14 D 437	IV. G. – 2:110, Notes 12
Drury v. Secretary of State for the Environment, Food and Rural Affairs [2004] EWCA Civ 200, 1 WLR 1906	VI. – 1:102, Notes I 11
Duffield v. Police [1971] NZLR 381	VI. – 2:206, Notes II 27
Duffy v. Kinneil Cannel & Coking Co. Ltd. 1930 SC 596	VI. – 2:201, Notes VII 62
Duke of Gordon v. Innes (1824) 3 S 10	VIII. – 7:104, Notes V 83
Duke of Norfolk v. Worthy (1808) 1 Camp 337, 170 ER 977	VII. – 4:102, Notes 10
Dullaghan v. Hillen [1957] Ir Jur 10	VI. – 2:203, Notes I 3
Dunbar v. Wilson and Dunlop's Trustee (1887) 15 R 210	V. – 1:101, Notes VII 80
Duncan Fox & Co. v. North & South Wales Bank (1880-81) 6 App. Cas. 1	IV. G. – 2:113, Notes I 14, V 35; IV. G. – 3:109, Notes II 5
Duncan v. Blundell (1820) 3 Stark 6, 171 ER 749	IV. C. – 2:106, Notes II 4; IV. C. – 2:108, Notes II 6; III 19; IV. C. – 3:104, Notes II 5
Duncanson v. Jeffer's Tr (1881) 8 R 563	VIII. – 2:203, Notes II 39
Dundas v. Morrison (1857) 20 D 225	VIII. – 2:201, Notes V 74
Dunlop Pneumatic Tyre Co. Ltd. v. New Garage and Motor Co. Ltd. [1915] AC 79	III. – 3:712, Notes IV 6
Dunlop v. Kenny, SC 29 July 1969, unreported	VI. – 2:201, Notes V 35
Dunne v. National Maternity Hospital [1989] IR 91	VI. – 2:201, Notes VII 63
Dwek v. MacMillan Publishers Ltd. [2000] EMLR 284	VI. – 2:203, Notes IV 42
Dyster v. Randall & Sons [1926] Ch 932	VIII. – 2:302, Notes 24
E v. Australian Red Cross Society (1991-92) 105 ALR 53	IV. A. – 1:201, Notes V 15
E. Hobbs Farms Ltd. v. Baxendale Chemicak Co. Lt [1992] 1 Lloyd's Rep 54	VI. – 3:102, Notes II 26
E. Pfeiffer Weinkellerei- Weineinkauf GmbH & Co. v. Arbuthnot Factors Ltd. [1988] 1 WLR 150	VIII. – 2:203, Notes II 36
Earl of Breadalbane v. Jamieson 1877 4 R 667	VI. – 1:102, Notes I 12

Forsythe International (UK) Ltd. v. Silver Shipping Co. Ltd. [1994] 1 WLR 1334	VIII. – 3:101, Notes I 15, II 43
Fortune v. Young 1918 SC 1	IV. G. – 1:103, Notes I 6
Fouldes v. Willoughby (1841) 8 M & W 540, 151 ER 1153	VI. – 2:206, Notes II 27; VIII. – 6:201, Notes I 12
Fowler v. Lanning [1959] 1 QB 426	VIII. – 6:201, Notes II 24
Fowler, In the Goods of (1852) 16 Jur 894	V. – 1:103, Notes V 38
Fox v. Caulfield & Co. Ltd. 1975 SLT (Notes) 71	VI. – 2:201, Notes V 34
Fox, Walker & Co., Ex p. Bishop, Re (1880) 15 Ch. D 400	IV. G. – 2:113, Notes I 11
Francome v. Mirror Group Newspapers Ltd. [1984] 1 WLR 892	VI. – 2:205, Notes 13; VI. – 5:203, Notes 14
Francome v. Mirror Group Newspapers Ltd. [1984] 1 WLR 892	VI. – 2:203, Notes 14; VI. – 2:205, Notes 13
Franklin v. Giddins [1978] Qd R 72	VI. – 2:205, Notes 12
Fraser v. Andrew (1831) 9 S 345	IV. G. – 2:104, Notes II 20
Frawley v. Governor and Company of Bank of Ireland [1975] IR 376	III. – 6:102, Notes I 1
Fray v. Voules (1859) 1 E & E 839, 120 ER 1125	IV. D. – 3:201, Notes 5
Fredericks Inns Ltd., In Re [1994] ILRM 387	III. – 6:102, Notes I 1
Freeman v. East India Co. (1822) 5 B & Ald 617, 106 ER 1316	V. – 1:101, Notes VI 71, VII 82, VIII 93; V. – 3:106, Notes 11
Freeman v. Home Office (No. 2) [1984] QB 524	VI. – 5:101, Notes I 12
Freevale Ltd. v. Metrostore Holdings Ltd. [1984] Ch 199	VIII. – 2:201, Notes V 71
French & Co. v. Leston Shipping Co. Ltd. [1922] 1 AC 451	IV. D. – 2:102, Notes II 31
Friend v. Civil Aviation Authority (No. 1) [1998] IRLR 253	VI. – 2:203, Notes IV 42
Fry v. Lane (1888) 40 Ch. D 312	II. – 7:207, Notes I 4
G. & H. Montage GmbH v. Irvani [1990] 1 WLR 667	IV. G. – 1:102, Notes 18
G. E. Crane Sales Pty Ltd. v. Commissioner of Taxation (1971) 46 ALJR 15	VII. – 4:103, Notes I 11
G. H. Myers & Co. v. Brent Cross Service Co. [1934] 1 KB 46	IV. C. – 2:104, Notes III 17
G. J. Dawson (Clapham) Ltd. v. H. & G. Dutfield [1936] 2 All ER 232	IV. A. – 1:101, Notes V 14
G. M. Shepherd Ltd. v. North West Securities Ltd. 1991 SLT 499	IV. B. – 4:104, Notes II 9
Gaca v. Pirelli General plc. [2004] EWCA Civ 373, [2004] 1 WLR 2683	VI. – 6:103, Notes 14
Gadzeard v. Sheriff of Ayr [1781] Mor 14732	VIII. – 6:204, Notes III 53
Gaetano and Maria, The (1882) 7 PD 1	V. – 1:101, Notes VI 71, VIII 93; V. – 3:106, Notes 11
Gaetano and Maria, The (1882) 7 PD 137	V. – 1:101, Notes VI 71, VIII 93; V. – 3:106, Notes 11
Gahan v. Maingay (1793) Ridg L & S 20	VI. – 2:206, Notes II 27

Gripper v. British Railways Board 1991 SLT 659	VI.–2:201, Notes VI 47
Grist v. Bailey [1967] Ch 532	II.–7:201, Notes II 12
Guardians of Kelly Union v. Smith (1917) 52 ILTR 65	II.–3:301, Notes II 15
Guardians of the Poor of St. Mary Islington v. Biggenden [1910] 1 KB 105	V.–1:101, Notes V, 59
Gunn v. Roberts (1873-74) LR 9 CP 331	V.–1:101, Notes VII 82, IX 105; V.–2:101, Notes II 18; V.–3:101, Notes I 10; V.–3:106, Notes 11
Guthrie v. Armstrong (1822) 5 B & Ald 628, 106 ER 1320	II.–6:110, Notes 5
Gwilliam v. Twist [1895] 2 QB 84	V.–1:101, Notes II 24; VIII 93
H (Minors) (Sexual Abuse: Standard of Proof), Re [1996] AC 563	VI.–2:210. Notes 12
H. R. & S. Sainsbury Ltd. v. Street [1972] 1 WLR 834	III.–3:101, Notes I 2
H. West Ltd. v. Shephard [1964] AC 326	VI.–2:101, Notes V 51; VI.–6:204, Notes I 10
Haas v. Durant (Overweg, Re) [1900] 1 Ch 209	IV. D.–7:102, Notes I 5, 12
Hadley v. Baxendale (1854) 9 Ex. 431	III.–3:703, Notes I 1
Haggan v. Pasley (1878) 2 IrLR 573	VI.–2:206, Notes I 14
Hall v. Burke (1886) 3 TLR 165	IV. C.–2:106, Notes II 4
Hall v. Hollander (1825) 4 B & C 660, 107 ER 1206	VI.–2:202, Notes VI 66
Hallett's Estate, Re [1880] 13 ChD 696	VIII.–2:203, Notes II 37
Halpern v. Halpern (No. 2) [2006] EWHC 1728 (Comm), [2007] QB 88	VII.–2:101, Notes II 46
Halpern v. Halpern (Nos. 1 and 2) [2008] QB 195	VII.–2:101, Notes II 46
Halyburtons v. Graham (1735) Mor 2073	IV. G.–2:103, Notes II 9
Hamblin Equipment Pty Ltd. v. Federal Commissioner of Taxation (1974) 131 CLR 570	IV. B.–1:101, Notes I 1
Hambly v. Trott (1776) 1 Cowp 371, 98 ER 1136	VII.–4:101, Notes III 31; VII.–5:102, Notes 10
Hamburg, The (1863) 2 Moore PC (N. S.) 289, 15 ER 911	V.–1:101, Notes VI 71, VIII 93; V.–2:101, Notes IV 41
Hamilton Jones v. David & Snape (a firm) [2003] EWHC 3147 (Ch), [2004] 1 WLR 924	VI.–1:103, Notes I 13
Hamilton v. Arbuthnot (1750) Mor 13923	VI.–2:204, Notes I 14
Hamilton v. O'Reilly [1951] IR 200	VI.–2:202, Notes V 54
Hamilton v. Watson (1845) 12 Cl & Fin 109, 8 ER 1339	IV. G.–4:106, Notes II 4
Hamilton v. Western Bank of Scotland (1856) 19 D 152	VIII.–1:207, Notes 19
Hamilton v. Western Bank of Scotland (1861) 23 D 1033	II.–7:201, Notes IV 25
Hampden v. Walsh (1876) 1 QBD 189	IV. D.–6:102, Notes I 5
Hamps v. Darby [1948] 2 KB 311	VI.–2:206, Notes II 26
Hanak v. Green [1958] 2 All ER 151	III.–6:103, Notes I 2

Kanchenjunga, The [1990] 1 Lloyd's Rep 391	II. – 7:211, Notes 1; IV. A. – 2:203, Notes 2
Kane v. Governor of Mountjoy Prison [1988] ILRM 724	VI. – 2:203. Notes I 3
Karagozlu v. Metropolitan Police Commissioner [2006] EWCA Civ 1691, [2007] 1 WLR 1881	VI. – 7:103, Notes 14
Karen Oltmann, The [1976] 2 Lloyd's Rep 708	II. – 8:101, Notes IV 16
Karlshamns Oljefabriker A / B v. Eastport Navigation Corp. (The Elafi) [1982] 1 All ER 208	VIII. – 2:305, Notes I 1
Karnak, The (1867-69) LR 2 A & E 289	V. – 1:101, Notes VI 71, VIII 93; V. – 3:106, Notes 11
Karnak, The (1867-69) LR 2 PC 505	V. – 1:101, Notes VI 71
Kay v. Simpson (1801) Hume 328	IV. D. – 3:103, Notes 16
Kaye v. Robertson [1991] FSR 62	VI. – 2:101, Notes VIII (1) 70; VI. – 2:203, Notes IV 42
Kealy v. Minister for Health, HC 19 April 1999, unreported	VI. – 2:201, Notes VII 63
Kearney v. Minister for Justice, Ireland and the A-G [1986] IR 116	VI. – 2:203, Notes II 18
Keates v. Cadogan (Earl of) (1851) 10 CB 591, 138 ER 234	IV. E. – 1:201, Notes III 6; IV. E. – 4:102, Notes I 6
Keay v. Fenwick (1876) 1 CPD 745	V. – 1:101, Notes IX 105
Keenan Bros. Ltd. v. C. I. E., 97 ILTR 54	VIII. – 6:201, Notes III 51
Keighley Maxsted & Co. v. Durant [1901] AC 240	II. – 6:111, Notes I 2
Keighley, Maxsted & Co. v. Durant & Co. [1901] AC 240	IV. D. – 1:101, Notes II 24, 31; IV. D. – 3:101, Notes II 33; V. – 1:101, Notes VI 71
Kelly v. Cooper [1993] AC 205	IV. D. – 5:102, Notes II 12, II 19
Kelly v. Cruise Catering Ltd. [1994] 2 ILRM 394	II. – 4:203, Notes 3; II. – 4:205, Notes II 4
Kelly v. Hennessy [1995] 3 IR 253	VI. – 2:201, Notes III 16
Kelly v. Solari (1841) 9 M & W 54, 152 ER 24	VII. – 2:101, Notes I(d) 37, III(a) 54; VII. – 2:103, Notes III 31
Kelner v. Baxter (1866-67) LR 2 C. P. 174	V. – 1:101, Notes IX 105
Kelsen v. Imperial Tobacco Ltd. [1957] 2 QB 334	VI. – 6:301, Notes 11
Kemp v. Falk [1882] 7 App. Cas. 573	VIII. – 2:105, Notes III 62
Kendall v. Hamilton (1879) 4 App. Cas. 504	III. – 4:105, Notes 1
Kennaway v. Thompson [1981] 1 QB 88	VI. – 6:301, Notes 11
Kennedy & Arnold v. Ireland [1987] 1 IR 587	VI. – 2:203, Notes III 29; VI. – 2:205, Notes 12
Kennedy v. Glass (1890) 17 R 1085	IV. D. – 2:102, Notes I 16
Kennedy v. Kennedy (1843) 6 D 40	IV. D. – 7:102, Notes I 16

Kubiangha v. Ekpenyong [2002] EWHC 1567	VIII.–2:201, Notes VI 95
Kuwait Airways Corp. v. Iraqi Airways Co. (No 3) [2002] 2 AC 883	VIII.–6:201, Notes I 12; VIII.–6:204, Notes II 31
Krell v. Henry [1903] 2 KB 740	III.–1:110, Notes II 11
Kruppstahl AG v. Quitmann products Ltd. [1982] ILRM 551	VIII.–2:203, Notes II 37
Kuwait Airways Corp. v. Iraq Airways Co. (Nos. 4 and 5) [2002] UKHL 19, [2002] 2 AC 883	VI.–2:206, Notes I 13; VIII.–7:103, Notes I 13
Kwei Tek Chao v. British Traders and Shippers Ltd. [1954] 1 All ER 779	VIII.–2:202, Notes III 55
L Schuler AG v. Wickman Machine Tool Sales [1974] AC 235	IV. E.–2:304, Notes II 3
L'Estrange v. F. Graucob Ltd. [1934] 2 KB 394	II.–9:103, Notes I 2
La Ysabel (1812) 1 Dods 273, 165 ER 1308	V.–1:101, Notes VIII 93
Lachhani v. Destination Canada (UK) Ltd. (1997) 13 Const LJ 279	VII.–5:103, Notes 8
Lady Renton v. Her Son (1629) Mor 14733	VIII.–6:204, Notes III 53
Lafferty Construction Ltd. v. McCombe, 1994 SLT 858	VIII.–2:201, Notes VI 98
Lagden v. O'Connor [2003] UKHL 64, [2004] 1 AC 1067	VI.–2:206, Notes III 40; VI.–4:101, Notes IV 51
Lage v. Siemens Bros & Co. Ltd. (1932) 42 Lloyd's Rep 252	IV. D.–2:103, Notes II 24
Lamonby v. Foulds 1928 SC 89	IV. B.–7:102, Notes II 2; IV. B.–7:103, Notes II 2
Lamond v. Daily Record (Glasgow) Ltd. 1923 SLT 512	VI.–2:204, Notes I 14
Lancashire and Yorkshire Railway Co. v. MacNicoll (1918) 88 LJ KB (N. S.) 601	VIII.–6:201, Notes I 12
Lane v. Holloway [1968] 1 QB 379	VI.–5:103, Notes 2
Lang v. London Transport Executive [1959] 1 WLR 1168	VI.–1:101, Notes IV 22
Langan v. GWR Co. (1873) 30 LT (N. S.) 173	V.–1:101, Notes VII 82
Larner v. London County Council [1949] 2 KB 683	VII.–2:103, Notes II 21
Lathia v. Dronsfield Bros.Ltd. [1987] BCLC 321	VIII.–2:201, Notes V 71, 72
Laurie and Morewood v. Dudin and Sons [1926] 1 KB 223	VIII.–2:105, Notes II 39
Law Courts Chambers Co. Ltd., Re (1889) 61 LT 669	IV. G.–2:113, Notes I 5
Lawrence v. Cassel [1930] 2 KB 83	IV. C.–2:106, Notes II 4
Leaf v. International Galleries [1950] 2 KB 86	II.–7:210, Notes I 1
League against Cruel Sports Ltd. v. Scott [1986] QB 240	VI.–3:203, Notes 14
Lease Management Services Ltd. v. Purnell Secretarial Services Ltd. [1994] 13 TLR 337	II.–9:405, Notes I 11
Lee v. Griffin (1861) 1 B & S 272, 121 ER 716	IV. A.–1:101, Notes V 14
Lee v. Joyce, SC 3 December 1964, unreported	VI.–2:201, Notes VII 63
Leeds Industrial Co-operative Society Ltd. v. Slack [1924] AC 851	VI.–6:101, Notes I 13
Leggat Brothers v. Gray 1908 SC 67	III.–2:108, Notes II 3
Leigh v. Dickeson (1884-85) 15 QBD 60	V.–3:101, Notes II 21

Mackersy's Executors v. St. Giles Cathedral Managing Board (1904) 12 SLT 391	IV. D. – 2:102, Notes I 16
Mackersys v. Ramsays, Bonars & Co. (1843) 9 C & F 818, 8 ER 628	IV. D. – 3:302, Notes I 5
Mackintosh v. Morrice's Exrs [2005] CSOH 167, 2006 SLT 580	VI. – 2:202, Notes II 19, III 28, IV 40, V 53
Mackintosh v. Morrice's Exrs [2006] CSIH 43, 2007 SC 6	VI. – 2:202, Notes III 28
MacLeod v. Kerr 1965 SC 253	I. – 1:109, Notes I 1, II 9; II. – 7:201, Notes VI (c) 31; II. – 7:209, Notes 2; VIII. – 2:202, Notes II 36
Madden v. Irish Turf Club [1997] 2 IR 18	VI. – 1:103, Notes I 13
Magee v. D'Arcy (1879) 4 IrLR 312	VI. – 2:206, Notes I 14
Maher v. Jabil Global Services Ltd. [2005] IEHC 130	VI. – 2:201, Notes III 16
Majrowski v. Guy's & St. Thomas' NHS Trust [2005] EWCA Civ 251, [2005] QB 848	VI. – 3:201, Notes I 13
Malayan Credit Ltd. v. Jack Chia-MPH Ltd. [1986] 1 AC 549	VIII. – 1:203, Notes 15
Malone v. McQuaid [1998] IEHC 86	VI. – 2:204, Notes I 13
Malone v. Metropolitan Police Commissioner (No. 2) [1979] Ch 344	VI. – 2:205, Notes 12
Malynn v. Farrell (1956) 90 ILTR 137	VI. – 2:202, Notes V 54
MAN Nutzfahrzeuge AG v. Freightliner Ltd. [2005] EWHC 2347 (Comm)	VI. – 2:210, Notes 12
Manchester Trust v. Furness [1895] 2 QB 39	VIII. – 2:301, Notes 18
Mandla v. Dowell Lee [1983] 2 AC 548	II. – 2:101, Notes II 14
Manifest Shipping Co. Ltd. v. Uni-Polaris Insurance Co. Ltd. [2001] UKHL 1, [2003] 1 AC 469	VI. – 2:210, Notes 12
Mannai Investments Co. Ltd. v. Eagle Star Life Assurance Co. Ltd. [1997] AC 749	II. – 8:201, Notes 8
Mansfield v. Weetabix Ltd. [1998] 1 WLR 1263	VI. – 3:102, Notes I 14; VI. – 5:301, Notes 14
Marcic v. Thames Water Utilities Ltd. [2002] EWCA Civ 64, [2002] QB 929	VI. – 2:101, Notes V 50
Marcq v. Christie, Manson & Woods Ltd. [2003] EWCA Civ 731	IV. B. – 6:101, Notes II 4
Marman's Trust, Re (1878) 8 Ch. D 256	V. – 1:101, Notes V 59
Marsh v. Joseph [1897] 1 Ch 213	V. – 1:101, Notes IX 105
Marsh v. Keating (1834) 8 Bligh N. S. 651, 5 ER 1084	VII. – 4:105, Notes 9; VII. – 6:101, Notes 14
Marsh v. Keating (1834) 2 Cl & Fin 250, 6 ER 1149	VII. – 4:105, Notes 9; VII. – 6:101, Notes 14
Marsh v. Keating (1834) 1 Bing NC 198, 131 ER 1094	VII. – 4:105, Notes 9; VII. – 6:101, Notes 14
Marshall v. Renwick (1835) 13 S 1127	VI. – 2:204, Notes III 35
Marston Construction Co. Ltd. v. Kigass Ltd. (1990) 46 Build LR 109	VII. – 3:102, Notes II 22; VII. – 4:101, Notes IV 42
Martin v. Bell-Ingram 1986 SC 208	VI. – 2:101, Notes III 33; VI. – 2:207, Notes 12
Martin v. Mcguiness 2003 SLT 1424	VI. – 2:203, Notes III 30
Martin v. Nisbett (1893) 1 SLT 293	VI. – 1:102, Notes I 12

Planché v. Colburn (1831) 8 Bing 14, 131 ER 305	III. – 3:513, Notes 4; VII. – 4:101, Notes II 19
Plant v. Cotterill (1860) 5 H & N 430, 157 ER 1249	VI. – 2:206, Notes I 14
Playa Larga, The [1983] 2 Lloyd's Rep 171	VIII. – 6:201, Notes I 12; VIII. – 6:204, Notes II 31
Player & Wills (Ireland) Ltd. v. Gallagher (Dublin) Ltd., HC 26 September 1983, unreported	VI. – 2:206, Notes I 14
Pledge v. Buss (1860) Johns 663, 70 ER 585	IV. G. – 2:113, Notes V 35
PMPA Insurance Co. Ltd., In Re [1986] ILRM 524	VII. – 3:102, Notes III 32
Pocahontas Fuel Co. Inc. v. Ambatielos (1922) 10 Lloyd's L. Rep 188	V. – 1:101, Notes VII 82; V. – 2:101, Notes III 31; V. – 3:101, Notes II 21
Pole v. Leask (1862) 33 LJ Ch (N. S.)133	II. – 6:112, Notes II 4
Polemis and Furness Withy & Co. Ltd., Re [1921] 3 KB 560	VI. – 4:101, Notes I 15
Pollard v. Chief Constable of West Yorkshire Police [1999] PIQR P219	VI. – 5:201, Notes 13
Pollard v. Photographic Co. (1889) 40 Ch. D 345	VI. – 2:203, Notes II 19, III 30
Pollok v. Paterson 1811 FC 369	IV. D. – 7:102, Notes I 16, II 35
Polycell Products Ltd. v. O'Carroll & others [1959] Ir Jur 34	VI. – 2:206, Notes I 14
Pommer & Thomsen v. Mowat (1906) 14 SLT 373	IV. A. – 5:101, Notes I 2; IV. A. – 5:201, Notes I 5
Pontida, The (1884) 9 PD 102	V. – 1:101, Notes VII 82
Pontypridd Union v. Drew [1927] 1 KB 214	V. – 1:101, Notes VII 82, VIII 93; V. – 1:103, Notes IV 30; V. – 3:102, Notes I 12
Poole v. Burns [1944] Ir Jur 20	VIII. – 6:201, Notes I 12
Pool v. Pool (1889) 58 LJP 67	IV. D. – 7:102, Notes I 5, 12
Pope v. Andrews (1840) 9 C & P 564, 173 ER 957	IV. G. – 1:103, Notes I 2
Pope v. Outram 1909 SC 230	VI. – 2:204, Notes III 35
Port Caledonia and The Anna, The [1903] P 184	II. – 7:207, Notes I 4
Port Line Ltd. v. Ben Line Steamers Ltd. [1958] 2 QB 146	IV. B. – 1:101, Notes I 1; IV. B. – 7:101, Notes III 5
Porter v. Tottenham Urban DC [1915] 1 KB 776	IV. C. – 2:103, Notes II 5
Portman Building Society v. Hamlyn Taylor Neck (1999) 77 P & CR 66	VII. – 1:101, Notes II 16, IV 40; VII. – 2:101, Notes I(b) 18; VII. – 4:102, Notes 10
Poussard v. Spiers and Pond (1875-76) 1 QBD 410	III. – 3:101, Notes I 2
Powell & Thomas v. Evans Jones & Co. [1905] 1 KB 11	IV. D. – 3:302, Notes I 5
PQ v. Australian Red Cross Society [1992] 1 VR 19	IV. A. – 1:201, Notes V 15
Prager v. Blatspiel, Stamp & Heacock Ltd. [1924] 1 KB 566	V. – 1:101, Notes II, 24; III, 37, VIII 93

Thomas Witter Ltd. v.TBP Industries Ltd. [1976] 2 All ER 573	II. – 4:104, Notes II 3; III. – 3:105, Notes IV 9
Thompson v. Leach (1690) 2 Vent 198, 86 ER 391	II. – 9:303, Notes 3
Thomson v. Royal Bank of Scotland 2003 SCLR 964	IV. G. – 4:103, Notes III 30
Thornton v. Maynard (1874-75) LR 10 C. P. 695	IV. G. – 2:113, Notes II 22
Thow's Trustee v. Young 1910 SC 588	IV. G. – 1:106, Notes II 15; IV. G. – 2:113, Notes V 35
Tiedemann & Ledermann Frères Arbitration, Re [1899] 2 QB 66	V. – 1:101, Notes IV 49
Tinsley v. Milligan [1994] 1 AC 340	VII. – 6:103, Notes 10
Tolhurst v. Associated Portland Cement Manufacturers (1900) Ltd. [1902] 2 KB 660	III. – 5:119, Notes II 4
Tolley v. J. S. Fry & Sons Ltd. [1931] AC 333	VI. – 2:203, Notes II 19, III 30
Tomlinson (Hauliers) Ltd. v. Hepburn [1966] AC 451	VI. – 6:104, Notes 12
Tomlinson v. Congleton Borough Council [2003] UKHL 47, [2004] 1 AC 46	VI. – 5:101, Notes II 28
Toome Eel Fishery (Northern Ireland) Ltd. v. Cardwell [1966] NI 1	VI. – 2:206, Notes I 14
Tootal Clothing Ltd. v. Guinea Properties Ltd. (1992) 64 P & CR 455	VII. – 2:101, Notes III(c) 72
Torquay Hotel Co. Ltd. v. Cousins [1969] 2 Ch 106	VI. – 2:101, Notes IX 94
Tournier v. National Provincial & Union Bank of England [1924] 1 KB 461	VI. – 2:205, Notes 12
Toussaint v. Martinnant (1787) 2 T. R. 100, 100 ER 55	IV. G. – 2:113, Notes I 5
Tradax (Ireland) v. Irish Grain Board [1984] IR 1	II. – 9:105, Notes I 2
Trade Indemnity Co. Ltd. v. Workington Harbour & Dock Board (No. 1) [1937] AC 1	IV. G. – 2:102, Notes IV 27
Trapp v. Mackie 1977 SLT 194	VI. – 2:204, Notes I 14
Trapp v. Mackie 1979 SLT 126	VI. – 2:204, Notes I 14
Treasure Island Ltd. v. Zebedee Enterprises Ltd., HC 29 May 1987, unreported	VI. – 2:206, Notes I 14
Trendtex Trading Corp. v. Credit Suisse [1980] QB 629, [1982] AC 679	VI. – 6:106, Notes 12
Trendtex Trading Corp. v. Credit Suisse [1982] AC 679	VI. – 6:106, Notes 12
Trentham Ltd. v. Archital Luxfer Ltd. [1993] 1 Lloyd's Rep 25	II. – 4:208, Notes IV 9
Tribe v. Tribe [1996] Ch 107	VII. – 6:103, Notes 10
Triffit Nurseries v. Salads Etcetera Ltd. [1999] 1 Lloyd's Rep 697	IV. D. – 7:103, Notes I 5
Triodosbank NV v. Dobbs [2005] EWCA Civ 630, [2005] 2 Lloyd's Rep 588	IV. G. – 2:102, Notes IV 27
Tronson v. Dent (1853) 8 Moore PC 419, 14 ER 159	V. – 1:101, Notes VII 82; V. – 2:101, Notes IV 41
Truloc Ltd. v. District Judge McMenamin & Donegal County Council [1994] 1 ILRM 151	VI. – 2:206, Notes II 27
Trustee of the Property of F. C. Jones & Sons (a Firm) v. Jones [1997] Ch 159	VII. – 5:104, Notes 9

Table of treaties and enactments of the European Union*

Treaties and Conventions

Brussels Convention (Convention on Jurisdiction and the Enforcement of Judgments in Civil and Commercial Matters – consolidated version, concluded at Brussels on 27 September 1968, OJ EC C 27, 26 January 1998, 1-27)

generally:	IV.G. – 1:101; II. – 3:501, Comments A
art. 13:	I. – 1:105, Comments B, Notes VII 27
art. 14 :	I. – 1:105, Comments B, Notes VII 27
art. 15:	I. – 1:105, Comments B, Notes VII 27
art. 23:	II. – 1:106, Notes III 13

* Table compiled by *Daniel Smith* (Osnabrück).

CISG [also referred to as the Vienna Sales Convention or UN Convention]
(United Nations Convention on Contracts for the International Sale of Goods, concluded at Vienna on 11 April 1980)

Unidroit Convention on Stolen or Illegally Exported Cultural Objects
(concluded at Rome on 24 June 1995)
generally: VIII. – 4:102, Comments A, C, Notes I
art. 5: VIII. – 4:102, Notes I 8

Unidroit Convention relating to a Uniform Law on the Formation of Contracts for the International Sale of Goods (concluded at The Hague on 1 July 1964)
art. 5: II. – 4:202, Notes II 5

Regulations

Regulation 1182/71/EEC [also referred to as Computation of Time Regulation 1182/71]
(Regulation (EEC, Euratom) No. 1182/71 of the Council of 3 June 1971 determining the rules applicable to periods, dates and time limits, OJ EC L 124, 8 June 1971, 1-2)
art. 2: II. – 5:103, Notes I 1
art. 3: I. – 1:110, Comments C; III. – 2:102, Notes IV 9

Regulation 4087/88/EEC [also referred to as Franchising Agreements Regulation]
(Commission Regulation (EEC) No. 4087/88 of 30 November 1988 on the Application of Article 85(3) of the Treaty to Categories of Franchise Agreements, OJ EC L 359, 28 December 1988, 46-52)
generally: IV.E. – 4:101, Notes I 2, 3
art. 3: IV.E. – 4:101, Notes II 6, IV 8

Regulation 3911/92/EC (Council Regulation (EC) No. 3911/92 of 9 December 1992 on the Export of Cultural Goods, OJ EC L 395, 31 December 1992, 1-5)
generally: VIII. – 4:102, Notes I 1

Regulation 40/94/EC [also referred to as Community Trade Mark Regulation] (Council Regulation (EC) No. 40/94 of 20 December 1993 on the Community Trade Mark (CTMR), OJ EC L 11, 14 January 1994, 1)
art. 98: VI. – 1:103, Comments E

Regulation 1103/97/EC (Council Regulation (EC) No. 1103/97 of 17 June 1997 on certain Provisions relating to the Introduction of the Euro, OJ EC L 162, 19 June 1997, 1-3)
art. 2: VI. – 3:204, Comments B

Regulation 974/98/EC (EU-Regulation on the Introduction of the Euro, no. 974/98 of 3 May 1998 (OJ EC 1998, 139/1) which came into force on 1 January 1999)
art. 8: III. – 6:104, Comments A, B

Regulation 2790/99/EC (Commission Regulation (EC) No. 2790/99 of 22 December 1999 on the Application of Article 81(3) of the Treaty to Categories of vertical Agreements and concerted Practices, OJ EC L 336, 29 December 1999, 21-25)
generally: IV.E. – 3:101, Comments G; IV.E. – 4:101, Comments F; IV.E. – 5:101, Comments M, Notes III 6; IV.E. – 5:202, Comments E
art. 1: IV.E. – 1:101, Comments D; IV.E. – 4:202, Comments C, Notes I 1, 2
art. 2: IV.E. – 1:101, Comments A
art. 5: IV.E. – 1:101, Comments C; IV.E. – 2:301, Comments C

Regulation 44/2001/EC [also referred to as the Brussels I Regulation] (Council Regulation (EC) No. 44/2001 of 22 December 2000 on Jurisdiction and the Recognition and Enforcement of Judgments in Civil and Commercial Matters, OJ EC L 12, 16 January 2001, 1-23)
generally: II. – 9:409, Comments B
art. 15: I. – 1:105, Notes I 2, VII 27
art. 16: I. – 1:105, Notes I 2, VII 27
art. 17: I. – 1:105, Notes I 2, VII 27
art. 23: II. – 1:106, Notes III 13

Regulation 1400/2002/EC (Commission Regulation (EC) No. 1400/2002 of 31 July 2002 on the Application of Article 81(3) of the Treaty to Categories of vertical Agreements and concerted Practices in the Motor Vehicle Sector, OJ EC L 203, 1 August 2002, 30-41)
generally: IV.E. – 5:101, Comments M

Regulation 1435/2003/EC [also referred to as the Regulation on the Statute of the European Cooperative Society] (Council Regulation (EC) No. 1435/2003 of 22 July 2003 on the Statute for a European Cooperative Society (SCE), OJ EC L 207, 18 August 2003, 1-24)
art. 29: VIII. – 1:102, Notes III 60

Directives

Directive 68/151/EEC (First Council Directive 68/151/EEC of 9 March 1968 on co-ordination of safeguards which, for the protection of the interests of members and others, are required by Member States of companies within the meaning of the second paragraph of art. 58 of the Treaty, with a view to making such safeguards equivalent throughout the Community, OJ EC L 65 of 14 March 1968, 8-12)
art. 8: II.–6:103, Comments D

Directive 72/166/EEC ([First] Council Directive 72/166/EEC of 24 April 1972 on the approximation of the laws of Member States relating to insurance against civil liability in respect of the use of motor vehicles, and to the enforcement of the obligation to insure against such liability, OJ EC L 103 of 2 May 1972, 1-4)
generally: VI.–3:205, Comments B, Notes 3

Directive 76/207/EEC (Council Directive 76/207/EEC of 9 February 1976 on the implementation of the principle of equal treatment for men and women as regards access to employment, vocational training and promotion, and working conditions, OJ EC L 39 of 14 February 1976, 40-42)

generally:	II.–2:102, Notes I 1; II.–2:104, Notes I 1

Directive 84/5/EEC (Second Council Directive 84/5/EEC of 30 December 1983 on the approximation of the laws of the Member States relating to insurance against civil liability in respect of the use of motor vehicles, OJ EC L 8 of 11 January 1984, 17-20)

art. 2:	VI.–5:101, Notes II 14

Directive 85/374/EEC [also referred to as the Product Liability Directive] (Council Directive 85/374/EEC of 25 July 1985 on the Approximation of the Laws, Regulations and Administrative Provisions of the Member States concerning Liability for Defective Products, OJ EC L 210 of 7 August 1985, 29-33)

generally:	VI.–1:103, Notes I 12; VI.–2:206, Comments C; VI.–3:202, Comments B; VI.–3:204, Comments A, Notes I 1, II 13
art. 3:	IV.C.–8:111, Comments B; VI.–3:204, Notes I 2
art. 5:	VI.–6:105, Comments A
art. 6:	II.–3:101, Notes 3; IV.A.–2:302, Comments B
art. 9:	VI.–1:103, Comments D, Notes II 18; VI.–3:204, Comments B, C, Notes II (1) 16; VI.–6:102, Comments
art. 12:	VI.–3:204, Comments A; VI.–5:401, Comments D
art. 13:	VI.–1:103, Notes II 18; VI.–3:204, Comments A
art. 15:	VI.–3:204, Comments A; VI.–3:207, Comments B
art. 16:	VI.–3:204, Comments C

Directive 85/577/EEC [also referred to as the Doorstep Selling Directive] (Council Directive 85/577/EEC of 20 December 1985 to protect the Consumer in Respect of Contracts negotiated away from Business Premises, OJ EC L 372 of 31 December 1985, 31-33)

generally:	I.–1:105, Notes I 1, II 11, III 17, VI 24; II.–5:101, Notes I 1; II.–5:103, Comments D, Notes I 3, 4, III 13; II.–5:104, Notes I 2; II.–5:105, Notes I 2, III 6; II.–5:106, Notes I 1; IV.C.–2:102, Notes I 1; IV.G.–1:101, Notes IX 63; II.–5:201, Comments B, C
art. 1:	II.–5:201; Comments I, Notes I 3
art. 2:	I.–1:105, Notes VI 24, 26; IV.A.–1:204, Notes III 10; IV.G.–1:101, Notes IX 63
art. 3:	II.–5:201, Comments E, J, Notes II 4, 6
art. 4:	II.–3:103, Notes 4; II.–3:106, Notes 3; II.–5:101, Notes I 1; II.–5:103, Notes II 6; II.–5:104, Notes I 1, II 6
art. 5:	II.–3:109, Notes I 1; II.–5:101, Notes I 1; II.–5:102, Notes 1; II.–5:103, Notes I 1, II 6, IV 15; II.–5:105, Notes I 1, II 3; II.–5:201, Notes I 1
art. 6:	II.–5:101, Notes II 4; II.–9:401, Notes 1
art. 7:	II.–5:105; Notes I 1

Directive 86/653/EEC [also referred to as the Commercial Agents Directive] (Council Directive 86/653/EEC of 18 December 1986 on the coordination of the laws of the Member State relating to self-employed commercial agents, OJ EC L 382 of 31 December 1986, 17-21)

Directive 87/102/EEC [also referred to as the Consumer Credit Directive] (Council Directive 87/102/EEC of 22 December 1986 for the Approximation of the Laws, Regulations and Administrative Provisions of the Member States concerning Consumer Credit, OJ EC L 42, 12 February 1987, 48-53)

Directive 89/666/EEC (Council Directive 89/666/EEC of 21 December 1989 concerning disclosure requirements in respect of branches opened in a Member State by certain types of company governed by the law of another State)

Directive 98/7/EC (Directive 98/7/EC of the European Parliament and of the Council of 16 February 1998 amending Directive 87/102/EEC for the Approximation of the Laws, Regulations and Administrative Provisions of the Member States concerning Consumer Credit, OJ EC L 101 of 1 April 1998, 17-23)

generally: IV.A. – 1:204, Notes III 10

Directive 98/27/EC [also referred to as Injunctions Directive] (Directive 98/27/EC of the European Parliament and the Council of 19 May 1998 on injunctions for the protection of consumer interests, OJ EC L 166 of 11 June 1998, 51-55)

generally: II. – 3:109, Notes IV 10, 11; II. – 5:101, Notes I 1

Directive 1998/48/EC (Directive 98/48/EC of the European Parliament and of the Council of 20 July 1998 amending Directive 98/34/EC laying down a procedure for the provision of information in the field of technical standards and regulations, OJ EC L 217 of 5 August, 18-26)

art. 1: I. – 1:107, Comments D

Directive 1999/34/EC (Directive 1999/34/EC of the European Parliament and of the Council of 10 May 1999 amending Council Directive 85/374/EEC on the Approximation of the Laws, Regulations and Administrative Provisions of the Member States concerning Liability for Defective Products, OJ EC L 141 of 4 June 1999, 20-21; corrected by OJ EC L 283 of 6 November 1999, 20)

art. 1: VI. – 3:204, Comments A, Notes I 1

Directive 1999/44/EC [also referred to as the Consumer Sales Directive] (Directive 1999/44/EC of the European Parliament and of the Council of 25 May 1999 on certain Aspects of the Sale of Consumer Goods and Associated Guarantees, OJ EC L 171 of 7 July 1999, 12-16)

generally: I. – 1:105, Notes I 1, II 11, III 17, IV 20; II. – 3:101, Comments D; II. – 3:109, Notes III 8, 9; II. – 5:101, Notes I 1; III. – 3:601, Comments A; IV.A. – 1:101, Notes I 3; IV.A. – 1:102, Notes II 6, 7; IV.A. – 1:202, Comments A, Notes 2; IV.A. – 1:204, Comments A, Notes I 4, II 7, 9; IV.A. – 2:301, Notes I 2, 3, 9, 10; IV.A. – 2:302, Comments A; IV.A. – 2:303, Notes 4; IV.A. – 2:304, Comments A, Notes 1, 2; IV.A. – 2:307, Notes I 2; IV.A. – 2:309, Notes 1; IV.A. – 4:101, Comments C, Notes III 15, 17; IV.A. – 4:201, Notes I 4; IV.A. – 4:302, Notes VIII 23, IX 30; IV.A. – 5:103, Comments A; IV.A. – 6:101, Comments C, E, G, Notes I 1, 2, II 7, 9, V 23; IV.A. – 6:102, Notes II 3; IV.A. – 6:103, Comments C, F, G, Notes I 1, 2, 3, II 4, III 7; IV.A. – 6:104, Notes I 1; IV.A. – 6:108, Notes 1; IV.B. – 1:102, Notes I 1, III 6; IV.B. – 3:103, Notes IV 8; IV.B. – 3:105, Comments A

art. 1: IV.A. – 1:101, Notes V 23; IV.A. – 1:102, Comments C, Notes II 5, 7, 8; IV.A. – 1:201, Notes I 5; IV.A. – 1:204, Notes III 10; IV.A. – 2:301, Notes I 1; IV.A. – 2:304, Notes 1; IV.A. – 6:101, Notes II 6, III 15, IV 18, V 21, VI 24; IV.A. – 6:104, Notes III 7

Directive 2003/71/EC (Directive 2003/71/EC of the European Parliament and of the Council of 4 November 2003 on the prospectus to be published when securities are offered to the public or admitted to trading and amending Directive 2001/34/EC, OJ EC L 345 of 31 December 2003, 64-89)

art. 6:	VI. – 2:207, Comments A

Directive 2004/35/EC (Directive 2004/35/EC of the Council and the European Parliament of 21 April 2004 on environmental liability with regard to the prevention and remedying of environmental damage, OJ EC L 143, 30 April 2004, 56-75)

generally:	VI. – 2:209, Comments A, B, Notes I 1
recital 14:	VI. – 2:209, Comments A
art. 2:	VI. – 2:209, Comments C
art. 3:	VI. – 2:209, Comments A
art. 4:	VI. – 2:209, Comments A
art. 8:	VI. – 2:209, Comments A
art. 11:	VI. – 2:209, Comments B
art. 12:	VI. – 2:209, Comments B
art. 19:	VI. – 2:209, Comments A

Directive 2004/39/EC [also referred to as the Markets in Financial Instruments Directive] (Directive 2004/39/EC of the European Parliament and of the Council of 21 April 2004 on markets in financial instruments amending Council Directives 85/611/EEC and 93/6/EEC and Directive 2000/12/EC of the European Parliament and of the Council and repealing Council Directive 93/22/EEC, OJ EC L 145 of 30 April 2004, 1-44)

generally:	IV.D. – 1:101, Comments A
art. 4:	IV.F. – 1:101, Comments A
Annex I:	IV.F. – 1:101, Comments A

Directive 2004/48/EC (Directive 2004/48/EC of 29 April 2004 on the enforcement of intellectual property rights, OJ EC L 195 of 2 June 2004 16-25)

art. 7:	VI. – 2:205, Notes 14
art. 13:	VI. – 6:101, Comments F, Notes 28

Directive 2004/113/EC [also referred to as the General Sex Discrimination Directive] (Council Directive 2004/113/EC of 13 December 2004 implementing the principle of equal treatment between men and women in the access to and supply of goods and services, OJ EC L 373/37 of 21 December 2004)

generally:	II. – 2:101, Comments C, F, Notes I 2, III 15, 16, IV 22, V 29; II. – 2:105, Comments A, Notes I 7; VI. – 3:207, Comments B
recital 20:	II. – 2:101, Notes III 15
recital 21:	II. – 2:101, Notes IV 20
recital 22:	II. – 2:105, Notes I 1
art. 2:	II. – 2:101, Comments D, Notes I 5, III 15; II. – 2:102, Comments C, Notes I 1, II 7, III 11; VI. – 2:203, Comments B
art. 4:	II. – 2:101, Notes III 15; II. – 2:102, Notes IV 16; II. – 2:103, Comments B, Notes I 1

art. 5:	II. – 2:103, Notes I 1
art. 8:	II. – 2:104, Notes I 1; VI. – 2:203, Comments B; VI. – 5:401, Comments E
art. 9:	II. – 2:105, Notes I 1, II 9, 11

Directive 2005/29/EC [also referred to as the Unfair Commercial Practices Directive] (Directive 2005/29/EC of the European Parliament and of the Council of 11 May 2005 concerning unfair business-to-consumer commercial practices in the internal market and amending Council Directive 84/450/EEC, Directives 97/7/EC, 98/27/EC and 2002/65/EC of the European Parliament and of the Council and Regulation (EC) 2006/2004 of the European Parliament and of the Council, OJ EC L 149 of 11 June 2005, 22-39)

generally:	I. – 1:105, Notes I 1, III 17, VI 24; II. – 3:102, Notes I 2; II. – 3:103 Comments C
recital 18:	II. – 3:102, Comments B; II. – 9:402, Notes I 1
art. 2:	II. – 3:102, Comments C, Notes II 5
art. 6:	II. – 3:103, Notes 2
art. 7:	II. – 3:102, Comments A, B, D, Notes I 1, 3, 4, II 5, 6, 7; II. – 3:107, Notes 1; II. – 3:108, Notes 1
art. 11:	II. – 3:102, Notes III 8
art. 15:	VIII. – 2:304, Notes 1, 24
Annex II:	II. – 3:102, Notes I 1, 4

Directive 2006/54/EC [also referred to as the Directive on Principle of Equal Opportunities and Equal Treatment of Men and Women] (Directive 2006/54/EC of the European Parliament and of the Council of 5 July 2006 on the implementation of the principle of equal opportunities and equal treatment of men and women in matters of employment and occupation (recast), OJ EC L 151 of 7 June 2006, 11-21)

generally:	II. – 2:101, Notes I 1
recital 30:	II. – 2:105, Notes I 1
art. 2:	II. – 2:101, Comments D
art. 14	II. – 2:103, Notes II 7

Directive 2006/123/EC (Directive 2006/123/EC of the European Parliament and of the Council of 12 December 2006 on Services in the internal market, OJ EC L 376 of 27 December 2006, 36-68)

art. 22:	II. – 3:108, Notes 1

Directive 2007/64/EC (Directive 2006/123/EC of the European Parliament and of the Council of 13 November 2007 on payment services in the internal market amending Directives 97/7/EC, 2002/65/EC, 2005/60/EC and 2006/48/EC and repealing Directive 97/5/EC, OJ EC L 319 of 5 December 2007, 1-36)

art. 42:	II. – 3:108, Notes 1

Directive 2008/48/EC (Directive 2008/48/EC of the European Parliament and of the Council of 23 April 2008 on credit agreements for consumers and repealing Council Directive 87/102/EEC, OJ EC L 133 of 22 May 2008, 66-92)

generally:	IV.F. – 1:101, Comments A

art. 1: IV.F. – 1:101, Comments A
art. 2: IV.F. – 1:101, Comments A
art. 4: IV.F. – 1:101, Comments A

Directive 2008/52/EC (Directive 2008/52/EC of the European Parliament and of the Council of 21 May 2008 on certain Aspects of Mediation in Civil and Commercial Matters, OJ EC L 136 of 24 May 2008, 3-8)
art. 3: III. – 7:302, Comments C
art. 8: III. – 7:302, Comments C

Other General Sources

Council of Europe, Resolution (75)7 of 14 March 1975
no. 2.10: VI. – 2:202, Notes I 4
no. 3.6: VI. – 2:202, Notes I 4

EU Charter of Fundamental Rights (Charter of Fundamental Rights of the European Union, OJ EC C 364 of 18 December 2000, 1-22)
art. 21: II. – 2:101, Comments C, Notes I 1
art. 23: II. – 2:101, Notes I 1

PECL (Principles of European Contract Law, Parts I and II, *Ole Lando* and *Hugh Beale* [eds.], The Hague 1999; Part III, *Ole Lando*, *Eric Clive*, *André Prüm* and *Reinhard Zimmermann* [eds.], The Hague 2003): For this see the Tables of Destinations and Derivations.

European Code of Ethics (adopted by the European Franchise Federation in 1972 and amended on 5 December 2003)
art. 1: IV.E. – 4:101, Notes II 6, III 7, IV 8; IV.E. – 4:301, Notes I 1
art. 2: IV.E. – 4:304, Notes I 1

UNCITRAL Convention
generally: III. – 7:401, Notes 4
art. 13: III. – 7:302, Notes I 1
art. 14: III. – 7:302, Notes I 1, VIII 13
art. 21: III. – 7:303, Notes I 1, III 3
art. 22: III. – 7:601, Notes 1
art. 27: III. – 7:502, Notes 1

Table of literature cited in abbreviated form*

[1993] Scot Law Com., Rep. no. 144	*Scottish Law Commission*, Report No. 144 (1993) Report on the Formation of Contract: Scottish Law and the United Nations Convention on Contracts for the International Sale of Goods
[1994] Law Com., Rep. no. 227, Cm 2731	Law Commission, Restitution: Mistake of Law, Ultra Vires Public Authority Receipts and Payments [1994] Law Com., Rep. no. 227, Cm 2731
'T Kint and Derycke, Dessaisissement et situation des créanciers en cas de faillite	*F. 'T Kint and W. Derycke*, Dessaisissement et situation des créanciers en cas de faillite, in: Le nouveau droit du concordat judiciaire et de la faillite: les lois des 17 juillet et 8 août 1997 (Brussels 1997), 173-207
Aalto, Kauppaedustussopimuksen päättyminen	*Sakari Aalto*, Kauppaedustussopimuksen päättyminen (Helsinki 2002)
Aarnio and Helin, Suomen avioliittooikeus	*Aulis Aarnio and Markku Helin*, Suomen avioliittooikeus (Helsinki 1992)
Abas, Rebus sic stantibus[1, 2]	*Piet Abas*, Rebus sic stantibus: Eine Untersuchung zur Anwendung der clausula *rebus sic stantibus* in der Rechtsprechung einiger europäischer Länder (2nd ed., Cologne 1993), sometimes also quoted from the 1st ed. (Cologne 1989)
Abegglen, Aufklärungspflichten in Diensleistungsbeziehungen	*Sandro Abegglen*, Die Aufklärungspflichten in Dienstleistungsbeziehungen, insbesondere im Bankgeschäft: Entwurf eines Systems zu ihrer Konkretisierung (Bern 1995)
Abrantes Geraldes, Temas da responsabilidade civil I[2], II	*António Santos Abrantes Geraldes*, Temas da responsabilidade civil, vol. I: Indemnização do Dano da Privação do Uso (2nd ed., Coimbra 2005), sometimes also quoted from the 1st ed. (Coimbra 2001); vol. II: Indemnização dos Danos Reflexos (Coimbra 2005)
Acquarone, D. 1986 chron. 21	*Daniel Acquarone*, La nature juridique de la responsabilité civile du gérant d'affaire dans ses rapports avec le maître de l'affaire, D. 1986 chron. 21-26
Adam, Drept civil	*Ioan Adam*, Drept civil. Teoria generală a obligaţiilor (Bucharest 2004)
Adame Martínez, Asunción de Deuda en Derecho Civil	*Adame Martínez*, Asunción de Deuda en Derecho Civil (Granada 1996)
Adams/Atiyah/MacQueen, Sale of Goods[9, 11]	*John Adams, Patrick Selim Atiyah and Hector MacQueen*, The Sale of Goods (11th ed., London 2005), sometimes also quoted from the 9th ed. (London 1995)

* Table compiled by *Daniel Smith* (Osnabrück) together with *Florian Arensmann, Anneke Lohmann, Aleksandra Izabela Kryśków, Sebastian König* and *Florian Wolf* (Osnabrück).

Adams/Jones/Hickey, Franchising[3, 5]	*John Adams, Ken Prichard Jones and Julian Hickey*, Franchising, Practice and precedents in business format franchising (5th ed., London a.o. 2004), sometimes also quoted from the 3rd ed. (London 1990)
Adhar, LMCLQ 1990, 364	*Rex J. Ahdar*, Seller Cure in the Sale of Goods, LMCLQ 1990, 364-365
Adlercreutz, Avtalsrätt I[9, 10, 11], II[4]	*Axel Adlercreutz*, Avtalsrätt, vol. I (11th ed., Lund 2000), sometimes also quoted from the 9th/10th ed. (Lund 1989/1995), vol. II (4th ed., Lund 1996)
Aerts, De Zweedse no-fault verzekering ter vergoeding van medische schade, 259	*W. R. Aerts*, De Zweedse no-fault verzekering ter vergoeding van medische schade, in: M. van Delft-Baas and Ewoud H. Hondius (eds.), Jaarboek Konsumentenrecht 1990 (Deventer 1990), 259-273
Agallopoulou, Greek Civil law	*Penelope Agallopoulou*, Basic Concepts of Greek Civil law (Athens 2005)
Agalopoulou-Zervogiani, FS Litzeropoulos I, 27	*P. Agalopoulou-Zervogiani*, I simasia tis synaineseos tou travmatismenou se xirourgiki epemvasi kata to Astiko Dikaio, in: Festschrift für Alexandros Litzeropoulos, vol. I (Athens 1985), 27 ff
Agell, FS Ekelöf, 1	*Anders Agell*, Orsaksrekvisit och beviskrav i skadeståndsrätten, in: Henrik Hessler (ed.), Festschrift in honour of Per Olof Ekelöf (Stockholm 1972), 1-37
Agell, FS Grönfors, 9	*Anders Agell*, Skada i följd av trafik som ersättnings- och jämkningsgrund, in: Lars Gorton et al. (ed.), Festschrift in honour of Kurt Grönfors (Stockholm 1991), 9-28
Agell, Samtycke och risktagande	*Anders Agell*, Samtycke och risktagande (Stockholm 1962)
Agell, Skadeståndsansvaret vid obehöriga förfoganden över annans egendom, 197	*Anders Agell*, Skadeståndsansvaret vid obehöriga förfoganden över annans egendom, in: Familjerätt, skadeståndsrätt och annan förmögenhetsrätt – valda skrifter (Uppsala 1993), 197-239
Agell, SvJT 1991, 404	*Anders Agell*, Felbegreppet, funktionsgaranti och försäkring, SvJT 1991, 404-427
Agell, Växel, check och materiell fordran	*Anders Agell*, Växel, check och materiell fordran (Stockholm 1971)
Ajani/Ebers *(-author)*, Uniform Terminology for European Contract Law	Gianmaria Ajani and Martin Ebers (eds.), Uniform Terminology for European Contract Law (Baden-Baden 2005)
Akkermans, WPNR 1992, no. 6043, 249	*Arno J. Akkermans*, Veroorzaking van deelschade, WPNR 1992, no. 6043, 249-255
Alarcão, Obrigações	*Rui Alarcão* in cooperation with *J. Sousa Ribeiro, Sinde Monteiro* et al., Direito das Obrigações (Coimbra 1983)

Albaladejo *(-author)*, Comentarios al Código Civil y compilaciones forales I(1)^{2}, VIII(1), XV(1), XV(2), XVI(1)^{2}, XVII(2)^{2}, XXIII, XXIV	Manuel Albaladejo García (ed.), Comentarios al Código Civil y compilaciones forales, vol. I, part 1: arts. 1-7 (2nd ed., Madrid 1992); vol. VIII, part 1: arts. 609-617 (Madrid 1987); vol. XV, part 1: arts. 1088-1124 (Madrid 1989); vol. XV, part 2: arts. 1125-1155 (Madrid 1983); vol. XVI, part 1: arts. 1156-1213 (2nd ed., Madrid 1991); vol. XVII, part 2: arts. 1281-1314 (2nd ed. Madrid 1995); vol: XXIII: arts. 1822-1886; vol. XXIV: arts. 1887-1929 (Madrid 1984)
Albaladejo and Díaz Alabart *(-author)*, Comentarios al Código Civil y compilaciones forales, I(3)^{2}	Manuel Albaladejo García and Silvia Díaz Alabart (eds.), Comentarios al Código Civil y compilaciones forales, vol. I, part 3: arts. 17-41 (2nd ed., Madrid 1993), quoted here with the commentaries of *Francisco Capilla Roncero*
Albaladejo and Díaz Alabart, La donación	*Manuel Albaladejo García and Silvia Díaz Alabart*, La donación (Madrid 2006)
Albaladejo, ADC 1990, 25	*Manuel Albaladejo García*, La prescripción de la acción reivindicatoria, ADC 1990, 25 ff
Albaladejo, Derecho Civil I^{16}, II$^{9, 10, 12}$, III$^{8, 10}$	*Manuel Albaladejo García*, Derecho Civil, vol. I: Parte general (16th ed., Madrid 2004); vol. II: Derecho de obligaciones (12th ed., Madrid 2004), sometimes also quoted from the 9th/10th ed. (Barcelona 1994/1997); vol. III: Derecho de bienes, part 1: Parte general y derecho de propiedad (10th ed., Madrid 2004), sometimes also quoted from 8th ed. (Barcelona 1994)
Albanese, Il pagamento dell'indebito	*Antonio Albanese*, Il pagamento dell'indebito (Padua 2004)
Albanese, Resp.civ. e prev. 2004, 538	A. *Albanese*, Fatto illecito, fatto ingiusto e restituzione dell'arricchimento in assenza di danno, Resp.civ. e prev. 2004, 538-573
Albano, Foro it. 1956, I, 219	R. *Albano*, In tema di riconoscibilità dei vizi nell'appalto di costruzione di navi ed in quello di montaggio, Foro it. 1956, I, 219 ff
Alberts, NJW 1989, 609	*Michael Alberts*, Schadensersatz und Fremdwährungsrisiko, NJW 1989, 609-615
Alberts, Währungsschwankungen	*Michael Alberts*, Der Einfluß von Währungsschwankungen auf Zahlungsansprüche nach deutschem und englischem Recht (Frankfurt a. M. 1986)
Albiges, De l'équité en droit privé	*Christophe Albiges*, De l'équité en droit privé (Paris 2000)
Alcover Garau, La Transmisión Del Riesgo	*Guillermo Alcover Garau*, La transmisión Del Riesgo en la compraventa mercantil: derecho español e internacional (Madrid 1991)
Alepakos, Legal issues of the franchise agreement	*Konstantinos Alepakos*, Legal issues of the franchise agreement, NoB 1995, 933-948
Alexander, 50 AJCL 131	*Gregory S. Alexander*, Comparing two legal Realisms – American and Scandinavian, AJCL vol. 50 (2002), 131-151
Alexandridou, Arm 1996, 289	*Elisa Alexandridou*, O Nomos 2251/94 gia tin prostasia tou katanaloti. Omoiotites kai diafores apo to Nomo 1961/91, Arm 1996, 289-298

Alexandridou, Dikaio prostasias tou katanaloti	*Elisa Alexandridou*, Dikaio prostasias tou katanaloti (Thessaloniki 1996)
Alexandridou, To dikaio tou ilektronikou emporiou	*Elisa Alexandridou*, To dikaio tou ilektronikou emporiou (Athens 2004)
Alexiades, Eisagoge sto Iatriko Dikaio	*Aristeides-Dimitrios Alexiades*, Eisagoge sto Iatriko Dikaio (Thessaloniki 1996)
Ali, Marshalling of Securities	*Paul A. U. Ali*, Marshalling of Securities (Oxford 1999)
Allen, 40 (1931) Yale LJ, 331	*Carleton Kemp Allen*, Legal Duties, 40 (1931) Yale LJ, 331-380
Almeida Costa and Pinto Monteiro, CJ XI (1986-5), 15	*Mário Júlio de Almeida Costa and António Pinto Monteiro*, Garantias bancárias – o contrato de garantia à primeira solicitação (Parecer), CJ XI (1986-5), 15-34
Almeida Costa, Obrigações$^{6, 9, 10, 11}$	*Mário Júlio de Almeida Costa*, Direito das Obrigações (11th ed., Coimbra 2008), sometimes also quoted from the 6th ed. (Coimbra 1994), the 9th ed. (Coimbra 2001) and the 10th ed. (Coimbra 2006)
Almeida Costa, Responsabilidade civil pela ruptura	*Mário Júlio de Almeida Costa*, Responsabilidade civil pela ruptura das negociações preparatórias de um contrato (Coimbra 1994)
Almeida Costa, RLJ 114 [1983-84], 3708	*Mário Júlio de Almeida Costa*, Responsibilidade civil por ruptura das negociações preparatórias de um contrato, RLJ 114 [1983-84], 3708 ff
Almeida, Direito do Consumo	*Carlos Ferreira de Almeida*, Direito do Consumo (Coimbra 2005)
Almén, Lagen om avtal	*Tore Almén*, Lagen om avtal och andra rättshandlingar på förmögenhetsrättens område av den 11 juni 1915 (Stockholm 1916)
Alonso Espinosa *(-Díez Soto)*, Regimen Jurídico General del Comercio Minorista	*Carlos Manuel Díez Soto*, Comentario a los arts. 42 a 45 y Disposición Adicional 1ª de la Ley de Ordenación del Comercio Minorista, in: Régimen jurídico general del comercio minorista, coordinated by Francisco José Alonso Espina (Madrid 1999), 492-579 and 909-928
Alpa and Bessone *(-author)*, La responsabilità civile I^{2}, III, IV$^{1, 2}$	Guido Alpa and Mario Bessone (eds.), La responsabilità civile, vol. I (2nd ed., Turin 1980), vol. III (Turin 1987) and vol. IV (2nd ed., Turin 1997), sometimes also quoted from the 1st ed. (Turin 1991), quoted here with the contributions of *Massimo Dogliotti*, Profili di responsabilità civile nella tutela della persona (vol. III, chapter 1, 3-41), of *Vincenzo Zeno-Zencovich*, Onore, reputazione e identità personale (vol. III, chapter 2, 45-73), of *Fusaro*, La cessione del contratto (vol. IV) and of *Marco Lopez de Gonzalo*, La responsabilità extracontrattuale del vettore (vol. IV, chapter 2, 31-54)
Alpa and Bianca *(-author)*, Le clausole abusive nei contratti stipulati con i consumatori	Guido Alpa and Sesare Massimo Bianca (eds.), Le clausole abusive nei contratti stipulati con i consumatori, l'attuazione della direttiva comunitaria del 5 aprile 1993 (Padua 1996)
Alpa and Mariconda, Codice civile commentato IV	*Guido Alpa and Vincenzo Mariconda*, Codice civile commentato con Cd-ROM, vol. IV: Delle obbligazioni (arts. 1173-2059),

	coordinated by Guido Alpa, Vincenzo Cuffaro and Vincenzo Mariconda (Milan 2005)
Alpa, (2006) 17 EBLR, 1441	*Guido Alpa*, Strict Liability in Italian Law, (2006) 17 EBLR, 1441-1472
Alpa, Rischio	*Guido Alpa*, Rischio (dir. vig.), Enc.dir., vol. XL, Varese, 1144-1159
Alpa, Riv.it.med.leg. 1999, 15	*Guido Alpa*, La responsabilità medica, Riv.it.med.leg. 1999, 15-43
Alpa, Trattato di diritto civile IV	*Guido Alpa*, Trattato di diritto civile, vol. IV: La responsabilità civile (Milan 1999)
Y*Alpa/Bessone/Zeno-Zencovich*, Trattato di diritto privato XIV(6)	*Guido Alpa, Mario Bessone and Vincenzo Zeno-Zencovich*, coordinated by Pietro Rescigno, Trattato di diritto privato, vol. XIV, book 6: Obbligazioni e contratti (Turin 1999)
Álvarez Lata, Cláusulas restrictivas de responsabilidad civil	*Natalia Álvarez Lata*, Cláusulas restrictivas de responsabilidad civil (Granada 1998)
Álvarez Lata, InDret 2/2003	*Natalia Álvarez Lata*, El contrato de aparcamiento de vehículos – Notas a la Ley 40/2002 de 14 de noviembre, InDret 2/2003 (http://www.indret.com/pdf/137_es.pdf)
Álvarez Lata, La responsabilidad civil por daños al medio ambiente[3]	*Natalia Álvarez Lata*, La responsabilidad civil por daños al medio ambiente, in: Luis Fernando Reglero Campos (coord.), Tratado de responsabilidad civil (3rd ed., Navarra 2006), 1895-1956
Álvarez-Caperochipi, El enriquecimiento sin causa[3]	*José-Antonio Álvarez-Caperochipi*, El enriquecimiento sin causa (3rd ed., Granada 1993)
Álvaro Dias, Dano corporal	*João António Álvaro Dias*, Dano corporal: quadro epistemológico e aspectos ressarcitórios (Coimbra 2001)
Álvaro Dias, FS Almeida Costa, 753	*João António Álvaro Dias*, Consequências não pecuniárias de lesões não letais – algumas considerações, in: Júlio Gomes (ed.), Festschrift in honour of Mário Júlio de Almeida Costa (Lisbon 2002), 753-778
Álvaro Dias, Procriação Assistida e Responsabilidade Médica	*João António Álvaro Dias*, Procriação Assistida e Responsabilidade Médica (Coimbra 1996)
Álvaro Dias, RPDC IX [2000-10], 71	*João António Álvaro Dias*, Dano corporal; Uma realidade não subsumível à perda (ou diminuiçao) da capacidade de ganho, RPDC IX [2000-10], 71-98
Álvaro Dias, RPDC X [2001-11], 37	*João António Álvaro Dias*, Algumas considerações sobre o chamado dano corporal, RPDC X [2001-11], 37-75
Alves, A responsabilidade do produtor: soluções actuais e perspectivas futuras	*Francisco Luís Alves*, A responsabilidade do produtor: soluções actuais e perspectivas futuras (http://www.verbojuridico.net/doutrina/consumidor/responsabilidadeprodutor.html)
Amar-Layani, D. 1996, chron., 143	*Brigitte Amar-Layani*, La tacite reconduction, D. 1996, chron., 143-148

Ämmälä, Lojaliteettiperiaatteesta eräiden sopimustyyppien yhteydessä, 3	*Tuula Ämmälä*, Lojaliteettiperiaatteesta eräiden sopimustyyppien yhteydessä, in: Ari Saarnilehto (ed.), Lojaliteettiperiaatteesta, vastapuolen edun huonioonottamisesta eri oikeuden aloilla (Turku 1994), 3-50
Ämmälä, Uudistunut Kuluttajansuoja	*Tuula Ämmälä*, Uudistunut Kuluttajansuoja (Helsinki 1996)
Ämmälä, Virhe	*Tuula Ämmälä*, Virhe: Erityisesti Kuluttajankaupassa ja Asuntokaupassa (Helsinki 2002)
Amorth, L'obbligazione solidale	*Giorgio Amorth*, L'obbligazione solidale (Milan 1959)
Andenæs, Alminnelig strafferett	*Johannes Andenæs*, Alminnelig strafferett (5th ed., Oslo 2004)
Andenæs, Formuesforbrytelsene[4]	*Johannes Andenæs*, Formuesforbrytelsene (4th ed., Oslo 2001)
Andenæs, Konkurs	*Mads Henry Andenæs*, Konkurs (2nd ed., Oslo 1999)
Andersen and Møgelvang-Hansen, Udredning om bedre privatkundebeskyttelse inden for pengeinstitutsektoren	*Lennart Lynge Andersen and Peter Møgelvang-Hansen*, Udredning om bedre privatkundebeskyttelse inden for pengeinstitutsektoren (Copenhagen 2001)
Andersen and Nørgaard, Aftaleloven[2]	*Lennart Lynge Andersen and Jorgen Nørgaard*, Aftaleloven (2nd ed., Copenhagen 1993)
Andersen and Werlauff, Kreditretten[4]	*Lennart Lynge Andersen and Erik Werlauff*, Kreditretten (4th ed, Copenhagen 2005)
Andersen, Kaution og bankgarantier	*Lennart Lynge Andersen*, Lighedspunkterne mellem kaution og bankgarantier (Aalborg 2005)
Andersen, UfR 1977, B 241	*Lennart Lynge Andersen*, Godtgørelse for freds – og ærekrænkelser. Nogle lemærkninger om domstolens anvendelse af reglerne i ikrafttrædelsesldens § 15, UfR 1977, B 241-245
Andersen/Madsen/Nørgaard, Aftaler og mellemmænd[1, 2, 5]	*Lennart Lynge Andersen, Palle Bo Madsen and Jorgen Nørgaard*, Aftaler og mellemmænd (5th ed., Copenhagen 2006), sometimes also quoted from the 1st and 2nd ed. (Copenhagen 1987/1991)
Andersen/Møgelvang-Hansen/Ørgaard, Gældsbrevsloven	*Lennart Lynge Andersen, Peter Møgelvang-Hansen and Niels Ørgaard*, Gældsbrevsloven med kommentarer (Copenhagen 1997)
Anderson, Edingburgh LRev (2005) 9, 457	R. G. *Anderson*, Buchanan v Alba Diagnostics: Accretion of Title and Assignation of Future Patents, Edinburgh LRev, (2005) 9, 457 ff
Anderson, SLT (News) 2006, 221	C. *Anderson*, Bell v Inkersall Investments Ltd, 2006 SLT (News), 221 ff
Andersson and Söderlund, JT 2002-03, 3	*Eilert Andersson and Johan Söderlund*, Entreprenörens rätt till ersättning för ändringar och tilläggsarbeten, JT 2002-03, 3-15
Andersson, JT 2000-01, 897	*Håkan Andersson*, Judisk verklighetsbild – realitet eller simulacrum?, JT 2000-01, 897-909

Andersson, Kapitalskyddet i aktiebolag[4, 5]	Jan Andersson, Kapitalskyddet i aktiebolag. En lärbok (5th ed., Stockholm 2005), sometimes also quoted from the 4th ed. (Stockholm 2002)
Andersson, Pointlex 2004-12-20	*Håkan Andersson*, Tredjemansersättning – entydig princip eller konkretiserande intressekvalificering, Pointlex 2004-12-20 (www.pointlex.se)
Andersson, Pointlex 2007-07-06	*Håkan Andersson*, Undandragen nyttjandemöjlighet som skada, Pointlex 2007-07-06 (www.pointlex.se)
Andersson, Skyddsändamål och adekvans	*Håkan Andersson*, Skyddsändamål och adekvans (Uppsala 1993)
Andersson, Trepartsrelationer i skadeståndsrätten	*Håkan Andersson*, Trepartsrelationer i skadeståndsrätten (Uppsala 1997)
Andreani, Regresso	F. M. *Andreani*, Regresso (azione di), in: Enc.dir., vol. XXXIX (Milan 1988), 703-724
Andrews and Millet, Law of Guarantees[4]	*Geraldine Mary Andrews and Richard Millet*, Law of Guarantees (4th ed., London 2005)
Andrews, [1998] 57 CLJ, 589	N. H. *Andrews*, Reform of Limitation of Actions: The Quest for Sound Policy, [1998] 57 CLJ, 589-610
Androulidaki-Dimitriadi, I ipochreosi enimersosis tou asthenous	*Ismini Androulidaki-Dimitriadi*, I ipochreosi enimersosis tou asthenous (Athens 1993)
Androutsopoulos, The contract of commercial agency	D. *Androutsopoulos*, The contract of commercial agency (Athens 1968)
Angeloni, La natura giuridica dell'avallo	*Vittorio Angeloni*, La natura giuridica dell'avallo (Turin 1910)
Angst (*-author*), EO	Peter Angst (ed.), Kommentar zur Exekutionsordnung (Vienna 2000), quoted here with commentaries by *Werner Jakusch*
Anon., (1932) 76 SJ 663	*Anon.*, The Agent of Necessity, (1932) 76 SJ 663-664
Antoniolli and Veneziano, Principles of European contract law and Italian law	*Luisa Antoniolli and Anna Veneziano*, Principles of European contract law and Italian law (The Hague 2005)
Antonov, Nepozvoleno uvrejdane	*Dimitar Antonov*, Nepozvoleno uvrejdane (Sofia 1967)
Antunes Varela, Obrigações em geral I[5, 10], II[5-7]	*João de Matos Antunes Varela*, Das Obrigações em geral, vol. I (10th ed., Coimbra 2000), sometimes also quoted from the 5th ed. (Coimbra 1992), vol. II (7th ed., Coimbra 1999), sometimes also quoted from the 5th/6th ed. (Coimbra 1992/1995)
AnwKomm (*-author*), BGB [2005]	Barbara Dauner-Lieb and Werner Langen (eds.), Anwaltskommentar, Teilband 1, §§ 241-610 (Bonn 2005), quoted here with the commentaries by *Peter Krebs* and *Martin Schmidt-Kessel*
Apathy and Riedler, Bürgerliches Recht III[2, 3]	*Peter Apathy and Andreas Riedler*, Bürgerliches Recht, vol. III: Schuldrecht, Besonderer Teil (3rd ed., Vienna 2008), sometimes quoted from the 2nd ed (Vienna 2000)

Apathy, Aufwendungen zur Schadensbeseitigung	*Peter Apathy*, Aufwendungen zur Schadensbeseitigung (Vienna 1979)
Apathy, Die publizianische Klage	*Peter Apathy*, Die publizianische Klage, Das relative dingliche Recht des rechtmäßigen Besitzers (Vienna 1981)
Apathy, JBl 1985, 641	*Peter Apathy*, Zivilrechtliche Folgen der Nichtverwendung von Sicherheitsgurten, JBl 1985, 641-646
Apathy, JBl 1999, 205	*Peter Apathy*, Ausgewählte Fragen des Ersitzungsrechts, JBl 1999, 205-222
Apathy, ZVR 1981, 257	*Peter Apahy*, Fragen des Ersatzes von Reparaturosten nach der Beschädigung von Kraftfahrzeugen, ZVR 1981, 257-262
Apostolides	*Apostolides*, Enochikon Dikaion AK, vol. IV: Eidiko Meros, Arts. 709-946 (Athens 1946)
Apostolov, Obligazionno pravo, Obshto uchenie za obligazionnoto otnoshenie	*Ivan Apostolov*, Obligazionno pravo, Obshto uchenie za obligazionnoto otnoshenie (Sofia 1947)
Apostolov, Obligazionno pravo[2]	*Ivan Apostolov*, Obligazionno pravo, Chast purva, Obshto uchenie za obligaziyata (2nd ed., Sofia 1990)
Arendts, JuS 1994, 915	*Martin Arendts*, Die Haftung für fehlerhafte Anlageberatung, JuS 1994, 915-919
Argiroffi, Riv.Dir.Civ. 1976, II, 608	*Carlo Argiroffi*, Sul concorso delle azioni di rivendicazione e di ripetizione, Riv.Dir.Civ. 1976, II, 608-631
Argyriadis, Notice of termination of commercial agency I	A. *Argyriadis*, Termination of commercial agency – Requirements and Consequences, Epitheorisi Emporikou Dikaiou 1987, 53 ff
Argyriadis, Notice of termination of commercial agency II	A. *Argyriadis*, Notice of termination of commercial agency – Conditions and Consequences, Epitheorisi Emporikou Dikaiou 1987, 153 ff
Armbrüster, NJW 2003, 3087	*Christian Armbrüster*, Eigentumsschutz durch den Beseitigungsanspruch nach § 1004 I 1 BGB und durch Deliktsrecht, NJW 2003, 3087-3090
Arnau Raventós, Estudio de los artículos 77, 78 y 79 de la LC	*Lídia Arnau Raventós*, La declaración de concurso de persona casada y la composición de la masa activa. Estudio de los artículos 77, 78 y 79 de la Ley 22/2003, de 9 de julio, concursal (Barcelona 2006)
Arnholm, Almindelig avtaleret	*Carl Jacob Arnholm*, Almindelig avtaleret (Oslo 1949)
Arnholm, Sammansatte aftaler	*Carl Jacob Arnholm*, Sammansatte aftaler (Oslo 1952)
Arnholm, Streiftog i obligasjonsretten	*Carl Jacob Arnholm*, Streiftog i obligasjonsretten (Oslo 1939)
Arnold, VersR 2004, 309	*Kathrin Arnold*, "Kind als Schaden" in Frankreich – unter besonderer Berücksichtigung des "Anti-Perruche-Gesetzes", VersR 2004, 309-313
Aru, Gestione d'affari	*Luigi Aru*, Della gestione d'affari, in: Antonio Scialoja and Giuseppe Branca (eds.), Commentario al codice civile, vol. IV: Delle obbligazioni, arts. 2028-2042 (Bologna and Rome 1981)

Arxaniotakis, I astiki evthini tou nomikou prosopou idiotikou dikaiou	*Γεώργιος Αρχανιωτάκης*, Η αστική ευθύνη του νομικού προσώπου ιδιωτικού δικαίου: ερμηνευτική ένταξη της ΑΚ 71 στο γενικό σύστημα ευθύνης του Κώδικα (Thessaloniki 1989)
Ascensão, Teoria geral do direito civil III	*José de Oliveira Ascensão*, Teoria Geral do Direito Civil, vol. III (2nd ed., Lisbon 2003), sometimes also quoted from the 1st ed. (Lisbon 1992)
Ashworth, Principles of Criminal Law[3]	*Andrew Ashworth*, Principles of Criminal Law (3rd ed., Oxford 1999)
Asser *(-author)*, Bijzondere Overeenkomsten I[5, 6], IIA[8], III[7], IV[4, 5]	Carel Asser (estab.), Carel Asser's handleiding tot de beoefening van het Nederlands burgerlijk recht. Bijzondere overeenkomsten (5), part I: Koop en ruil (6th ed., Zwolle 2001), sometimes also quoted from the 5th ed. (Zwolle 1994), authored by *Jacob Hijma*, part IIA: Huur (8th ed., Deventer 2004), authored by *Piet Abas*, part III: Overeenkomst van opdracht, arbeidsovereenkomst, aanneming van werk (7th ed., Zwolle 1994), authored by *Sebastianus Constantinus Johannes Josephus Kortmann*, part IV: Bewaargeving, bruileen, verbruikleen, borgtocht, schenking, gevestigde en altijddurende renten, kansspelovereenkomst en lijfrente, spel en weddenschap, vaststellingsovereenkomst en dading (combined 4th/5th ed., Zwolle 1988), authored by *W. M. Kleijn*
Asser *(-author)*, De Vertegenwoordiging I[8]	Carel Asser (estab.), Carel Asser's handleiding tot de beoefening van het Nederlands burgerlijk recht. Vertegenwoordiging en Rechtspersoon (2), part I: De Vertegenwoordiging (8th ed., Deventer 2004), authored by *Sebastianus Constantinus Johannes Josephus Kortmann*
Asser (*-author*), Verbintenissenrecht I[11, 12], II[10, 12], III[10-12]	Carel Asser (estab.), Carel Asser's handleiding tot de beoefening van het Nederlands burgerlijk recht. Verbintenissenrecht (4), part I: De verbintenis in het algemeen (12th ed., Deventer 2004), part II: Algemene leer der overeenkomsten (12th ed., Deventer 2005), part III: De verbintenis uit de wet (12th ed., Deventer 2006), authored by *Arthur Severijn Hartkamp*, sometimes also quoted from previous editions (Deventer 1998, 2000 and 2002)
Asser *(-Dam, Mijnsen and Velten)*, Goederenrecht II[14]	Carel Asser (estab.), Carel Asser's handleiding tot de beoefening van het Nederlands burgerlijk recht. Goederenrecht (3), part II: Zakelijke rechten (14th ed., Deventer 2002), authored by *C. C. van Dam, F. H. J. Mijnsen and A. A. van Velten*
Asser *(-Mijnssen and De Haan)*, Goederenrecht I[14]	Carel Asser (estab.), Carel Asser's handleiding tot de beoefening van het Nederlands burgerlijk recht. Goederenrecht (3), part I: Algemeen Goederenrecht (14th ed., Deventer 2001), authored by *F. H. J. Mijnssen and P. de Haan*

Asser/Van Dam/Mijnssen/Van Velten, 3-II Goederenrecht. Zakelijke rechten[14]	Carel Asser (estab.), Carel Asser's handleiding tot de beoefening van het Nederlands burgerlijk recht. Goederenrecht (3), part II: Zakelijke rechten (14th ed., Deventer 2002), authored by C. C. *van Dam, F. H. J. Mijnsen and* A. A. *van Velten*
Association of Italian Banks – Model Contract for Global Security	*Associazione Bancaria Italiana*, Schema di fideiussione omnibus (Rome 2003)
Astuti and Trabucchi, Arricchimento (azione di), 52	*Guido Astuti and Alberto Trabucchi*, Arricchimento (azione di), in: Enc.dir., vol. III (Milan 1958), 52-76
Asua González, Responsabilidad civil médica[3]	*Clara I. Asua González*, Responsabilidad civil médica, in: Luis Fernando Reglero Campos (coord.), Tratado de responsabilidad civil (3rd ed., Navarra 2006), 1153-1232
Ataz López, Homenaje al Profesor Juan Roca Juan, 33	*Joaquín Ataz López*, Sobre la interversión posesoria. Notas al artículo 436 del Código Civil, in: Homenaje al Profesor Juan Roca Juan (Festschrift in honour of Prof. Roca Juan) (Murcia 1989), 33 ff
Attard, Le contrat de prêt d'argent	*Jérôme Attard*, Le contrat de prêt d'argent, contrat unilatéral ou contrat synallagmatique? (Aix-en-Provence 1999)
Aubert, JCP 1970, II no. 16445	*Jean-Luc Aubert*, note Cass. civ. 1 December 1969, JCP 1970, II, no. 16445
Aubry and Rau *(-author)*, Droit civil français VI[7]	Charles Aubry and Charles Frédéric Rau (eds.), Droit civil français, vol. VI: Contrats civils divers, quasi-contrats, responsabilité civile (7th ed., Paris 1975), quoted here with the commentaries of *Noël Dejean de la Bâtie, Paul Esmein* and *André Ponsard*
Auby and Périnet-Marquet, Droit de l'urbanisme et de la construction[7]	*Jean-Bernard Auby and Hugues Périnet-Marquet*, Droit de l'urbanisme et de la construction (7th ed., Paris 2004)
Augitidis, ChrID, A/2001, 590	D. *Augitidis*, Systems of distribution and indemnification for goodwill, ChrID A/2001, 590 ff
Aurejärvi and Hemmo, Luottoikeuden perusteet	*Erkki Aurejärvi and Mika Hemmo*, Luottoikeuden perusteet (Helsinki 2004)
Aurejärvi and Hemmo, Velvoiteoikeuden oppikirja	*Erkki Aurejärvi and Mika Hemmo*, Velvoiteoikeuden oppikirja (Helsinki 1998)
Avancini/Iro/Koziol *(-author)*, Österreichisches Bankvertragsrecht II	Peter Avancini, Gert Iro and Helmut Koziol (eds.), Österreichisches Bankvertragsrecht, vol.: II (Vienna 1993)
Avenarius, JZ 1994, 511	*Martin Avenarius*, Übereignung besitzloser Sachen und Vindikationszession, JZ 1994, 511-512
Avgoustianakis, NoB 39 (1991) 1340	*Michalis K. Avgoustianakis*, Η εννοια της "ανισχυρης" δικαιοπραξιας και οι ειδικοτερες μορφες της, NoB 39 (1991) 1340-1367
Axberg, Franchising	*Curt Axberg*, Franchising: En handbok (Malmö 1993)
Axberger, JT 1994-95, 716	*Hans-Gunnar Axberger*, Ära och integirtet, JT 1994-95, 716-728

Aynès and Crocq, Les Sûretés[2]	*Laurent Aynès and Pierre Crocq*, Les Sûretés, La publicité foncière (2nd ed., Paris 2006)
Aynès, D. 1998, chron. 25-26	*Laurent Aynès*, Cession de contrat: nouvelles precisions sur le role du cédé, D. 1998, chron. 2-26
Aynès, D. 1999, 116	*Laurent Aynès*, Paiement de la dette d'autrui (note to Cass.civ. 13 October 1998), D. 1999 Somm.Comm., 116-117
B. Christ, Der Darlehensvertrag, SPR VII/ 2, 221-276	*Bernhard Christ*, Der Darlehensvertrag, in SPR (Schweizer Privatrecht) VII/2, 221-276
B.H.Verb. *(-author)*, II(4), II(5)	Jan Roodhooft (ed.), Bestendig Handboek Verbintenissenrecht, title II: Bronnen, chapter 4: De overeenkomst, chapter 5: De quasi-contracten, Loose-Leaf (Antwerp 1998 ff), quoted here with the commentaries by *Tom Hens* and *Jan Roodhooft*
Badenes Gasset, El contrato de compraventa I[3], II[3]	*Ramón Badenes Gasset*, El contrato de compraventa, vol. I and II (3rd ed., Barcelona 1995)
Baird, 19 (1990) J Legal Studies, 583	*D. G. Baird*, Self-interest and Co-operation in Long-Term Contracts, 19 (1990) J Legal Studies, 583 ff
Baker/Langan/Turner, Snell's equity[29, 31]	*Paul Vivian Baker, Peter St. John Langan and Edmund Henry Turner*, Snell's equity (31st ed., London 2005), sometimes also quoted from the 29th ed. (London 1990)
Balaguer Callejón, Los derechos fundamentales al honor	*María Luisa Balaguer Callejón*, Los derechos fundamentales al honor, a la intimidad personal y familiar y a la propia imagen, in: Francisco Balaguer Callejón (ed.), Derecho Constitucional, vol. II (Madrid 1999)
Baldi, Il contratto di agenzia	*Roberto Baldi*, Il contratto di agenzia. La concessione di vendita. Il franchising (Milan 2001)
Baldus, JR 2002, 441 f	*Christian Baldus*, Abhandenkommen und 'genereller Besitzwillen', JR 2002, 441-444
Balis, Empragmato Dikaio[2]	*Georgios Balis*, Empragmato Dikaio (2nd ed., Athens 1951)
Balis, Enochikon Dikaion Geniko meros[3]	*Georgios Balis*, Enochikon Dikaion Geniko meros (3rd ed., Athens 1969)
Balis, Genikai Archai[8]	*Georgios Balis*, Genikai Archai tou Astikou Dikaiou (8th ed., Athens 1961, reprint 1969)
Ballarín Hernández, Comentario Del Código Civil II	*Rafael Ballarín Hernández*, in: Comentario del Código Civil, coordinated by Cándido Paz-Ares Rodríguez et al., vol. II (Madrid 1991)
Ballon, Artikel 76 WHPC in Artikelsgewijze commentaar handles	*E. Ballon*, Artikel 76 WHPC, in: Artikelsgewijze commentaren Handles- en economisch recht, edited by R. Steennot, J. Stuyck, H. Vanhees, E. Wymeersch (Deventer 1997)
Balodis, Likums un Tiesības 2002, 4.sēj., no.9 (37), 279	*K. Balodis*, Labas ticības principa loma mūsdienu Latvijas civiltiesībās, Likums un Tiesības 2002, 4.sēj., no.9 (37), 279-286
Baltoudis, I evthini apo ta elattomatika prioionta	*Αναστάσιος Βαλτούδης*, Η ευθύνη από τα ελαττωματικά προϊόντα κατά το άς. 6 Ν. 2251/1994 (Thessaloniki 1999)
Bamberger and Roth (*-author*), BGB I[1, 2], II[2]	Heinz Georg Bamberger and Herbert Roth (eds.), Kommentar zum Bürgerlichen Gesetzbuch, vol. I: §§ 1-610 (2nd ed.,

	Munich 2007), sometimes also quoted from the 1st ed. (Munich 2003), vol. II: §§ 611-1296 (2nd ed., Munich 2008)
Bamforth, Eur.L.Rev. 1999, 410	*Nicholas Bamforth*, The Limits of European Union Consumer Law, E. L.Rev. 1999, 410-418
Bankton, Institute of the Laws of Scotland I, II	*Andrew MacDowall Bankton*, An Institute of the Laws of Scotland in civil rights, with observations upon the agreement or diversity between them and the laws of England, vol. I (Edinburgh 1993) and vol. II (Edinburgh 1994)
Bant, (2004) RLR, 151	*Elise Bant*, Identifying Enrichment, (2004) RLR, 151-155
Baptista Lopes, Do Contrato de Compra e Venda no Direito Civil	*Manuel Baptista Lopes*, Do Contrato de Compra e Venda no Direito Civil, Comercial e Fiscal (Coimbra 1971)
von Bar *(-author)*, Sachenrecht in Europa I-V	Christian von Bar (ed.), Sachenrecht in Europa (Osnabrück 1999-2001): Vol. 1: Denmark *(Tanya-Caroline Hitchock* and *Malene Stein Poulsen)*, Sweden *(Dirk Westermann* and *Reinhard Herrmann)*, Finland *(Matias Collan* and *Juha Koivula)*, England *(Sean Middleton)*, 2000; Vol. 2: Poland *(Jerzy Poczobut)*, Hungary *(Lajos Vékás)*, Czech Republic *(Michaela Zuklinnová)*, 2000; Vol. 3: Greece *(Evlalia Eleftheriadou)*, Portugal *(Maria Margarida R. A. C. de Seabra* and *Yanko Marcius de Alencar Xavier)*, The Netherlands *(Franz Nieper* and *Hendrik Ploeger)*, 1999; Vol. 4: Belgium and France *(Erwin Beysen)*, Italy *(Lucas Plancker* and *Karl Pfeifer)*, Spain *(Elena Mariscal Rodriguez)*, 2001
von Bar and Drobnig, Interaction of Contract and Tort	*Christian von Bar and Ulrich Drobnig*, The Interaction of Contract Law and Tort and Property Law in Europe (Munich 2004)
von Bar and Mankowski, Internationales Privatrecht I^2	*Christian von Bar and Peter Mankowski*, Internationales Privatrecht, vol. I: Allgemeine Lehren (2nd ed., Munich 2003)
von Bar, Common European Law of Torts I, II	*Christian von Bar*, The common European law of torts, vol. I: The core areas of tort law, its approximation in Europe, and its accomodation in the legal system (Oxford 1998), vol. II: Damage and damages, liability for and without personal misconduct, causality, and defences (Munich 2000)
von Bar, Essays in Honour of Lord Goff of Chieveley, 23	*Christian von Bar*, Damage without Loss, The Search for Principle, in: Essays in Honour of Lord Goff of Chieveley (Oxford 2000), 23-43
von Bar, FS Deutsch, 27	*Christian von Bar*, Schmerzensgeld in Europa, in: Hans-Jürgen Ahrens, Christian von Bar, Gerfried Fischer, Andreas Spickhoff and Jochen Taupitz (eds.), Festschrift in honour of Erwin Deutsch (Cologne 1999), 27-43
von Bar, FS Egon Lorenz, 73	*Christian von Bar*, Die Billigkeitshaftung in den kontinentalen Rechten der Europäischen Union, in: Ulrich Hübner (ed.), Recht und Ökonomie der Versicherung, Festschrift in honour of Egon Lorenz (Karlsruhe 1994), 73-93

von Bar, FS Schlechtriem, 699	*Christian von Bar*, Geschäftsbesorgungen im Sinne des Rechts der Geschäftsführung ohne Auftrag, in: Ingeborg Schwenzer and Günter Hager (eds.), Festschrift für Peter Schlechtriem zum 70. Geburtstag (Tübingen 2003), 699-719
von Bar, FS Sturm, 1151	*Christian von Bar*, Der deliktsrechtliche Lebensschutz in Europa, in: Editions Juridiques de la Faculté de Droit de Liège (ed.), Festschrift in honour of Fritz Sturm (Liège 1999), 1151-1163
von Bar, FS Werner Lorenz, 441	*Christian von Bar*, Die Äquivalente des Common Law für das kontinentaleuropäische Konzept der berechtigten Geschäftsführung ohne Auftrag, in: Thomas Rauscher and Heinz Peter Mansel (eds.), Festschrift für Werner Lorenz zum 80. Geburtstag (Munich 2001), 441-461
von Bar, Verkehrspflichten	*Christian von Bar*, Verkehrspflichten. Richterliche Gefahrsteuerungsgebote im deutschen Deliktsrecht (Cologne 1980)
von Bar, ZEuP 2000, 119	*Christian von Bar*, Wrongful life in Frankreich – Neue Urteile der französischen Cour de Cassation, ZEuP 2000, 119-124
Barbero, Nov.Dig.it. 1957, III, 1099	*D. Barbero*, voce Condizione, Noviss. Dig. It. 1957, vol. III, 1097 ff
Barbiera, L'ingiustificato arricchimento	*Lelio Barbiera*, L'ingiustificato arricchimento (Naples 1964)
Barbieri, Giur.it. 1999, I, 502	*Carmelo Barbieri*, La polizza fideiussoria tra normativa tipica e prassi contrattuale, Giur.it. 1999, I, 502-504
Barcellona, Riv.trim.dir.proc. civ. 1965, 11	*Barcellona*, Note critiche in tema di rapporti fra negozio e giusta causa dell'attribuzione, Riv.trim.dir.proc.civ. 1965, 11-79
Barceló Domenech, Responsabilidad extracontractual del empresario	*Javier Barceló Domenech*, Responsabilidad extracontractual del empresario por actividades de sus dependientes (Madrid 1995)
Bárdos, Kárfelelősség a Polgári Törvénykönyv rendszerében	*Péter Bárdos*, Kárfelelősség a Polgári Törvénykönyv rendszerében (Budapest 2001)
Bárdos, Polgári Jogi Kodifikáció 5-6/2004, 3	*Péter Bárdos*, Az új Ptk. kárfelelősségi fejezete (Változat egy témára), Polgári Jogi Kodifikáció 5-6/2004, 3-6
Barendrecht and van den Akker, Informatieplichten van dienstverleners	*J. M. Barendrecht and E. J. A. M. van den Akker*, Informatieplichten van dienstverleners. Van dwaling tot zelfstandig leerstuk: informatieplichten van artsen, advocaten, notarissen, banken, aannemers, verzekeraars en anderen (Deventer 1999)
Barendrecht and van Peursem, Distributieovereenkomst	*J. M. Barendrecht and G. R. B. van Peursem*, Distributieovereenkomst (Deventer 1997)
Barendrecht, NJB 1994, 561	*J. M. Barendrecht*, De redelijkheid en billijkheid en het einde van de distributieovereenkomst, NJB 1994, 561-567
Barillà, BBTC 2004, II, 633	*Giovanni Battista Barillà*, Il Garantievertrag nella prassi: qualificazione giuridica e disciplina applicabile, BBTC 2004, II, 633-642

Barillà, BBTC 2005, II, 85	*Giovanni Battista Barillà*, L'abuso nell'escussione nelle garanzie "quadrangolari", BBTC 2005, II, 85-98
Bärlund/Nybergh/Petrell, Finlands civil- och handelsrätt	*Johan Bärlund, Frey Nybergh and Katarina Petrell*, Finlands civil- och handelsrätt, en introduktion (Helsinki 2000)
Barnich/Colle/Cousy/Tilleman/Foriers, De koop – La vente, in: Recht en onderneming	*L. Barnich, Ph. Colle, H. Cousy, B. Tilleman and P. A. Foriers*, De koop – La vente, in: Recht en onderneming (Brugge 2002)
Barres Benlloch, La Ley 1993, III, 314	*Maria Teresa Barres Benlloch*, El aval bancario como garantía autónoma, La Ley 1993, III, 314-319
Barta, Zivilrecht II^{2}	*Heinz Barta*, Zivilrecht. Grundriss und Einführung in das Rechtsdenken, vol. II (2nd ed., Vienna 2004)
Bartels, De titel van overdracht	*Steven E. Bartels*, De titel van overdracht in driepartijenverhoudingen (The Hague 2004)
Bartels, Gron O & MXIX (2003), 47	*Steven E. Bartels*, De receptie van het titelbegrip van Hartkamp, Gron O & MXIX (2003), 47-61
Bártfai, A jótállásra vonatkozó szabályozás változásai, 46	*Judit Bártfai*, A jótállásra vonatkozó szabályozás változásai, in: *Judit Bártfai, Erika Bozzay, Ágnes Kertész, Lajos Wallacher*, Új szavatossági és jótállási szabályok (Budapest 2004), 46 ff
Bártolo, Venda de bens alheios	*Diogo Bártolo*, Venda de bens alheios, in: Estudos em homenagem ao Prof. Doutor Inocêncio Galvão Telles, edited by António Menezes Cordeiro, Luís Menezes Leitão and Januário da Costa Gomes (Coimbra 2003), vol. IV: Novos estudos de direito privado, 383-436
Bartsch/Pollak/Buchegger (*-author*), Insolvenzrecht I^{4}	*Robert Bartsch, Rudolf Pollak and Walter Buchegger*, Österreichisches Insolvenzrecht, Kommentar, vol. I: §§ 1 bis 43 Konkursordnung (4th ed., Vienna 2000), quoted, here with the commentaries of *Helmut Koziol and Raimund Bollenberger*
Basedow/Hopt/Kötz (*-author*), FS Drobnig	*Luboš Tichý*, Secured Transactions Involving Movables in Czech Law: Selected Issues, in: Jürgen Basedow, Klaus J. Hopt and Hein Kötz (eds.), Festschrift für Ulrich Drobnig zum siebzigsten Geburtstag (Tübingen 1998), 683-711
Basozabal Arrue, ADC 1997, 1287	*Xabier Basozabal Arrue*, Método triple de cómputo del daño: la indemnización del lucro cesante en las leyes de propiedad industrial e intelectual, ADC 1997, 1287 ff
Basozábal Arrúe, Enriquecimiento injustificado	*Xabier Basozabal Arrue*, Enriquecimiento injustificado por intromisión en derecho ajeno (Madrid 1998)
Bassi, Factoring	*Amedeo Bassi*, Factoring e cessione dei crediti d'impresa, BBTC XV, 1993
Battersby, [2001] JBL, 1	*Graham Battersby*, A Reconsideration of "Property" and "Title" in the Sale of Goods Act, [2001] JBL, 1-13
Baudry-Lacantinerie, De la prescription^{3}	*Gabriel Baudry-Lacantinerie*, Traité théorique et pratique de droit civil, vol. XXV: De la prescription (3rd ed., Paris 1905)

Baudry-Lacantinerie, Traité théorique et preatique de droit civil	*Gabriel Baudry-Lacantinerie*, Traité théorique et pratique de droit civil (Paris 1878)
Baumbach and Hopt (*-author*), HGB[29]	*Adolf Baumbach and Klaus J. Hopt*, Handelsgesetzbuch mit Nebengesetzen (29th ed., Munich 1995)
Baur and Stürner, Sachenrecht[17]	*Jürgen F. Baur and Rolf Stürner*, Sachenrecht (17th ed., Munich 1999)
Baur, JZ 1952, 328	*Fritz Baur*, Zur "dinglichen Seite" der Geschäftsführung ohne Auftrag, JZ 1952, 328-329
Beale, Remedies	*Hugh G. Beale*, Remedies for breach of contract (London 1980)
Beale/Harris/Sharpe, La distribution automobile au Royaume-Uni	*Hugh G. Beale, D. Harris and T. Sharpe*, La distribution automobile au Royaume-Uni, une technique contractuelle complexe, in: Le contrat aujourd'hui: comparaisons Franco-Anglaises, edited by Denis Tallon (Paris 1987)
Beale/Hartkamp/Kötz/Tallon, Cases, Materials and Text on Contract Law	*Hugh G. Beale, Arthur Hartkamp, Hein Kötz and Denis Tallon*, Cases, Materials and Text on Contract Law (Oxford a.o. 2002)
Beatson, The Use and Abuse of Unjust Enrichment	*Jack Beatson*, The Use and Abuse of Unjust Enrichment (Oxford 1991)
Bechtold, NJW 1983, 1393	*Rainer Bechtold*, Ausgleichsansprüche für Eigenhändler dargestellt am Beispiel des Automobilvertriebs, NJW 1983, 1393-1399
Beck Thomsen, Kaution	*Hans Helge Beck Thomsen*, Kaution og andre solidariske skyldforhold (Copenhagen 2004)
Beck-Mannageta, FS Wesener, 47	*Margarethe Beck-Mannageta*, Überlegungen zur Geschichte des österreichischen Bereicherungsrechts, in: Georg Klingenberg (ed.), Vestigia Iuris Romani: Festschrift in honour of Gunter Wesener zum 60. Geburtstag am 3. Juni 1993 (Graz 1992), 47-58
Begg, Treatise on the law relating to law agents	*John Henderson Begg*, Treatise on the law relating to law agents: including the law of costs as between agent and client; with an appendix of relative statutes, acts of sederunt, and all the tables of fees, etc. (Edinburgh 1873)
Bejček/Eliáš/Raban, Kurz obchodního práva[3]	*Josef Bejček, Karel Eliáš and Přemysl Raban*, Kurz obchodního práva: Obchodní závazky (3rd ed., Prague 2003)
Belfiore, La presupposizione	*Angelo Belfiore*, Il contratto in generale, vol. IV: La presupposizione, in: Mario Bessone (ed.), Trattato di diritto privato, vol. XIII (Turin 2003)
Bell, Commentaries I[7], II[7]	*George Joseph Bell*, Commentaries on the Law of Scotland and on the Principles of Mercantile Jurisprudence, vols. I and II, edited by John McLaren (7th ed., 1870), reprinted with an introduction by Robert Black (Edinburgh 1990)
Bell, Modern Property Law	*Andrew P. Bell*, Modern Law of Personal Property in England and Ireland (Dublin 1989)
Bell, Personal Property	*Andrew P. Bell*, Modern Law of Personal Property (London 1989)

Bell, Principles of the Law of Scotland[10]	*George Joseph Bell*, Principles of the Law of Scotland (10th ed., Edinburgh 1899), sometimes also quoted from earlier editions
Beltjens, Code civil	*Gustave Beltjens*, Encyclopédie du droit civil belge, vol. I: Code civil annoté d'après les principes juridiques, la doctrine des auteurs belges et français reproduite ou analysée, les décisions des tribunaux et des cours de Belgique et de France de 1814 à 1904 (Brussels 1905-1907)
Bénabent, Contrats spéciaux[6, 7]	*Alain Bénabent*, Droit civil: Les contrats spéciaux civils et commerciaux (7th ed., Paris 2008), sometimes also quoted from the 6th ed. (Paris 2006)
Bénabent, Les obligations[7, 9, 10, 11]	*Alain Bénabent*, Droit civil: Les obligations (11th ed., Paris 2007), sometimes also quoted from earlier editions
Benatti, Culpa	*Francesco Benatti*, Culpa in contraendo, in: Contratto e impresa (Milan 1987)
Benedetti, Trusts e attività fiduciarie 2000, 208	*Alberto Maria Benedetti*, La moglie garante del marito: vero consenso o abuso di intimità familiare?, Trusts e attività fiduciarie 2000, 208-216
Bengtsson and Strömbäck, Skadeståndslagen[1, 2]	*Bertil Bengtsson and Erland Strömbäck*, Skadeståndslagen: en kommentar (2nd ed., Stockholm 2006), sometimes also quoted from the 1st edition (Stockholm 2002)
Bengtsson and Victorin, Hyra och annan nyttjanderätt till fast egendom[5, 6]	*Bertil Bengtsson and Anders Victorin*, Hyra och annan nyttjanderätt till fast egendom (6th ed., Stockholm 2004), sometimes also quoted from the 5th ed. (Stockholm 1997)
Bengtsson, 21 uppsatser	*Bertil Bengtsson*, 21 uppsatser: skadestånd och försäkring, grundlag, fastighetsrätt och miljö. Ur domarens synvinkel (Lund 2003)
Bengtsson, Det allmännas ansvar enligt skadeståndslagen	*Bertil Bengtsson*, Det allmännas ansvar enligt skadeståndslagen (Stockholm 1990)
Bengtsson, Ersättning vid offentliga ingrepp II	*Bertil Bengtsson*, Ersättning vid offentliga ingrepp, vol. II: Allmänna ersättningsprinciper (Stockholm 1991)
Bengtsson, Om jämkning av skadestånd	*Bertil Bengtsson*, Om jämkning av skadestånd (Stockholm 1982)
Bengtsson, Särskilda avtalstyper I[2]	*Bertil Bengtsson*, Särskilda avtalstyper I (2nd ed., Stockholm 1976)
Bengtsson, Skadestånd vid sport, lek och sällskapsliv	*Bertil Bengtsson*, Skadestånd vid sport, lek och sällskapsliv (Stockholm 1962)
Bengtsson, SvJT 1961, 627	*Bertil Bengtsson*, Om ansvarsförsäkringens betydelse i skadeståndsmål, SvJT 1961, 627-645
Bengtsson, SvJT 1976, 593	*Bertil Bengtsson*, Nyheter i skadeståndslagstiftningen, SvJT 1976, 593-618
Benjamin, Sale of Goods[4, 6, 7]	*Judah Philip Benjamin*, Benjamin's Sale of Goods, edited by Anthony Gordon Guest (7th ed., London 2006), sometimes also quoted from the 6th ed. (London 2002) and the 4th ed. (London 1992)

Bercovitz *(-author)* Comentarios a Ley de propiedad intelectual^{2}	Rodrigo Bercovitz Rodríguez-Cano (coord.), Comentarios a Ley de propiedad intelectual (2nd ed., Madrid 1997)
Bercovitz *(-author)*, Comentarios a la Ley Concursal I, II	Rodrigo Bercovitz Rodríguez-Cano (coord.), Comentarios a la Ley Concursal, vols. I and II (Madrid 2004)
Bercovitz *(-author)*, Comentarios a la Ley de Arrendamientos Urbanos	Rodrigo Bercovitz Rodríguez-Cano (coord.), Comentarios a la Ley de Arrendamientos Urbanos (4th ed., Cizur Menor 2005)
Bercovitz Álvarez, Tradición Instrumental y Posesión	*Gérman Bercovitz Álvarez*, Tradición Instrumental y Posesión (Pamplona 1999)
Bercovitz and Calzada Conde, Contratos Mercantiles I^{3}, II^{3}	*Alberto Bercovitz Rodríguez-Cano and María Angeles Calzada Conde*, Contratos Mercantiles (3rd ed., Madrid 2007)
Bercovitz, CCJC (38) 1995, 549	*Rodrigo Bercovitz Rodríguez-Cano*, Tarjeta de crédito. Cancelación de la misma por error. Cancelación del seguro correspondiente; indemnización de los daños y perjuicios derivados de muerte del titular de la tarjeta; moderación de la responsabilidad, CCJC (38) 1995, 549-564
Bercovitz, Comentarios a le Ley de Arbitraje	*Rodrigo Bercovitz Rodríguez-Cano*, Comentarios a le Ley de Arbitraje (Madrid 1991)
Bercovitz, Comentarios al Código Civil$^{1, 2}$	*Rodrigo Bercovitz Rodríguez-Cano*, Comentarios al Código Civil (2nd ed., Navarra 2006), sometimes also quoted from the 1st ed. (Navarra 2001)
Bercovitz, La cláusula de reserva de dominio	*Rodrigo Bercovitz Rodríguez-Cano*, La cláusula de reserva de dominio estudio sobre su naturaleza jurídica en la compraventa a plazos de bienes muebles (Madrid 1971)
Bercovitz, Manual de Derecho Civil	*Rodrigo Bercovitz Rodríguez-Cano*, Manual de Derecho Civil, Contratos. Adenda Manual de Derecho Civil (Madrid 2003)
Bercovitz, Manual de propiedad intelectual	*Rodrigo Bercovitz Rodríguez-Cano*, Manual de propiedad intelectual (Valencia 2006)
Bercovitz, Principio de igualdad y Derecho privado	*Rodrigo Bercovitz Rodríguez-Cano*, Principio de igualdad y Derecho privado, ADC 1990, 408 ff
Berden et al. *(-author)*, Novo Stvarno pravo [2002]	*Andrej Berden, Tomaž Keresteš, Renato Vrenčur, Vesna Rijavec, Tone Frantar, Tomaž Keresteš and Miha Juhart*, Novo Stvarno pravo (Maribor 2002)
Berg, Das neue spanische Gesetz gegen den unlauteren Wettbewerb von 1991	*Axel Berg*, Das neue spanische Gesetz gegen den unlauteren Wettbewerb von 1991: eine rechtsvergleichende Interpretation des spanischen Gesetzes mit einer Darstellung der bisherigen Rechtsprechung – zugleich eine kritische Betrachtung des deutschen Rechts aus wettbewerbsfunktionaler Sicht (Munich 1997)
Berg, Die Rückabwicklung gescheiterter Verträge im spanischen und deutschen Recht	*Daniel Friedrich Berg*, Die Rückabwicklung gescheiterter Verträge im spanischen und deutschen Recht (Frankfurt a. M. 2002)

Berg, Jussens Venner 1999, 18	*Borgar Høgtveit Berg*: Rettsvern for lausøyrekjøp – avtale eller overlevering (tradisjon)?, Jussens Venner 1999, 18 ff
Bergel/Bruschi/Cimamonti, Les biens	*Jean-Louis Bergel, Marc Bruschi and Sylvie Cimamonti*, Les biens, in: J. Ghestin (dir.), Traité de Droit civil (Paris 2000)
Bergström, Garantieverträge	*Svante Bergström*, Garantieverträge im Handelsverkehr, in: Wolfgang Marshall von Bieberstein (ed.), Arbeiten zur Rechtsvergleichung, no. 59 (Frankfurt a. M. 1972), 7-14
Bernat, JBl 2004, 311	*Erwin Bernat*, Zur Ersatzfähigkeit des Unterhaltsschadens nach "wrongful birth", JBl 2004, 311-317
Bernau, FamRZ 2007, 92	*Falk Bernau*, Die Elternhaftung aus § 832 BGB. Eine Übersicht der seit 2000 veröffentlichten Rechtsprechung, FamRZ 2007, 92-99
Bernitz, JT 2005-06, 620	*Ulf Bernitz*, Skadeståndsansvar för otillåtet ingripande i avtalsförhållande och medverkan till kontraktsbrott; HD utvidgar ansvaret för ren förmögenhetsskada, JT 2005-06, 620-629
Bernitz, Standardavtalsrätt^{6}	*Ulf Bernitz*, Standardavtalsrätt (6th ed., Stockholm 1993)
Bertrams, Bank guarantees^{2}	*Roeland I. V. F. Bertrams*, Bank guarantees in international trade (2nd ed., The Hague 1996)
Besenyei, A bérleti szerződés^{2}	*Lajos Besenyei*, A bérleti szerződés (2nd ed., Budapest 2003)
Bessone, Adempimento e rischio contrattuale	*Mario Bessone*, Adempimento e rischio contrattuale (Milan 1969)
Betti, Teoria generale delle obbligazioni I	*Emilio Betti*, Teoria generale delle obbligazioni, vol. I: Prolegomeni: funzione economico-sociale dei rapporti d'obbligazione (Milan 1953)
Beuter, Kreditversicherung	*Hubert Beuter*, Kreditversicherung, in: Dieter Farny (ed.), Handwörterbuch der Versicherung (Karlsruhe 1988), 409-416
Beysen, VersRAI 2004, 10	*Erwin Beysen*, Neue Entwicklungen in der belgischen höchstrichterlichen Rechtsprechung zur deliktischen Äquivalenztheorie, VersRAI 2004, 10-15
Beysen, VersRAI 2004, 41	*Erwin Beysen*, Der Wegfall von Einkünften aus Schwarzarbeit: ein ersatzfähiger Schaden im Sinne des französischen und des belgischen Deliktsrechts?, VersRAI 2004, 41-48
Bianca and Bonell (*-author*), CISG	*Cesare Massimo Bianca and Michael Joachim Bonell*, Commentary on the International Sales Law: The 1980 Vienna Sales Convention (Milan 1987)
Bianca, Diritto civile I^{2}, III^{1,2}, IV, V, VI	*Cesare Massimo Bianca*, Diritto civile, vol. I: La norma giuridica – I soggetti (2nd ed., Milan 2002), vol. III: Il contratto (2nd ed., Milan 2000; reprint Milan 2003), sometimes also quoted from the 1st ed. (Milan 1987), vol. IV, L'obbligazione (Milan 1990, reprint 2003); vol. V: La responsabilità (Milan 1994, reprint 2003), vol. VI: La proprietà (Milan 1999, reprint 2004)
Bianca, La proprietà in Diritto Civile	*Cesare Massimo Bianca*, La proprietà in Diritto Civile, vol. VI (Milan 1999)
Bianca, La vendita e la permuta	*Cesare Massimo Bianca*, La vendita e la permuta, in: Filippo Vassalli, Trattato di diritto civile italiano, vol. VII, part. 1

	(2nd ed., Turin 1993), sometimes also quoted from the 1st ed. (Turin 1972)
Bianchi d'Espinosa, Avallo	*Bianchi d'Espinosa*, Avallo, in: Enc.dir., vol. IV (Milan 1959), 576-582
Biemans, WPNR 2004, no. 6584, 532	*J. W. A. Biemans*, Kritische kanttekeningen bij wetsvoorstel 28 878 (cessie zonder mededelingsvereiste), WPNR 2004, no. 6584, 532-539
Bieniek (*-author*) I[6, 7],II, III(1)[5, 6]	Komentarz do kodeksu cywilnego, vol I: Część ogólna, arts. 1-125, edited by *Stanisław Dmowski* and *Stanisław Rudnicki* (7th ed., Warsaw 2006), sometimes also quoted from the 6th ed. (Warsaw 2004); vol. II: Własność i inne prawa rzeczowe, arts. 126-352, edited by *Stanisław Rudnicki* (Warsaw 2006); vol. III: Zobowiązania, part 1: arts. 353-534, edited by *Gerard Bieniek, Helena Ciepła, Stanisław Dmowski, Jacek Gudowski, Krzysztof Kołakowski, Marek Sychowicz, Tadeusz Wiśniewski, Czesława Żuławska* (6th ed., Warsaw 2005), sometimes also quoted from the 5th ed. (Warsaw 2003)
Bigliazzi Geri, Della tutela dei diritti	*Lina Bigliazzi Geri*, Della tutela dei diritti, in Commentario al Codice Civile, (Turin 1980)
Bigliazzi Geri, Oneri reali e obbligazioni 'propter rem'	*Lina Bigliazzi Geri*, Oneri reali e obbligazioni 'propter rem' (Milan 1984)
Bigliazzi Geri, Revocatoria	*Lina Bigliazzi Geri*, Revocatoria, in: Enc.giur. Treccani, vol. XXVIII, 1991, 1-14
Billiau and Jamin, D. 1997, 588	*Billiau and Jamin*, La cession conventionelle de contrat exige le consentement, Commentary to Cass of 6 May 1997, D. 1997, 588
Billiau, La délégation de créance	*Billiau*, La délégation de créance, Essai d'une théorie juridique de la délégation en droit des obligations, (Paris 1989)
Bin, La vendita IV(2)	*Marino Bin* (a cura di), La vendita, vol. IV, part 2 (Padua 1996)
Binder, Sachenrecht[2]	*Martin Binder*, Sachenrecht (2nd ed., Vienna 2003)
Biondi, Foro it. 1954, I, 98	*Biondo Biondi*, Gestione rappresentativa e ratifica, Foro it. 1954, I, 98-102
Biquet-Mathieu and Wery, La nouvelle garantie	*Christine Biquet-Mathieu and Patrick Wéry* (eds.), La nouvelle garantie des biens de consommation et son environnement légal (Bruges 2005)
Birks, 24 (1971) CurrLegProbl., 110	*Peter Birks*, Negotiorum Gestio and the Common Law, 24 (1971) CurrLegProbl., 110 ff
Birks, An Introduction to the Law of Restitution	*Peter Birks*, An Introduction to the Law of Restitution (Oxford 1985)
Birks, English Private Law I, II	*Peter Birks*, English Private Law, vol. I: Sources of law, law of persons, law of property; vol. 2: Law of obligations (Oxford 2000)
Birks, Unjust Enrichment[2]	*Peter Birks*, Unjust Enrichment (2nd. ed., Oxford 2005)
Bíró and Lenkovics, Általános tanok[4]	*György Bíró and Barnabás Lenkovics*, Magyar polgári jog, Általános tanok (4th ed., Miskolc 2006, reprint of 2002)

Bíró, A kötelmi jog és a szerződéstan közös szabályai[6]	*György Bíró*, Magyar polgári jog, A kötelmi jog és a szerződéstan közös szabályai (6th ed., Miskolc 2001)
Bíró, A megbízási szerződés[2]	*György Bíró*, A megbízási szerződés (2nd ed., Budapest 2001)
Bíró, Kötelmi jog – közös szabályok, szerződéstan[8]	*György Bíró*, Magyar polgári jog, Kötelmi jog – közös szabályok, szerződéstan (8th ed., Miskolc 2006)
Bíró, Szerződési alaptípusok	*György Bíró*, Magyar polgári jog, Szerződési alaptípusok (Miskolc 2003)
Bitāns, Civiltiesiskā atbildība un tās veidi	A. *Bitāns*, Civiltiesiskā atbildība un tās veidi (Riga 1997)
Björne, Nordische Rechtssysteme	*Lars Björne*, Nordische Rechtssysteme (Ebelsbach a. M. 1987)
Black, Principal and Agent	A. C. *Black*, Principal and Agent, in: Green's Encyclopaedia of the Law of Scotland (2nd ed., vol. IX (1913) 461)
Blank and Börstinghaus, Miete-Komm[2]	*Hubert Blank and Ulf P. Börstinghaus*, Miete. Kommentar. Das gesamte BGB-Mietrecht (2nd ed., Munich 2004)
Blomkwist, Borgtocht[2]	*J. W. H. Blomkwist*, Borgtocht (2nd ed., Deventer 1998)
Bloth, Produkthaftung	*Christian Bloth*, Produkthaftung in Schweden, Norwegen und Dänemark (Heidelberg 1993)
Bobatinov and Vlahov, Veshtno pravo[2]	*Mario Bobatinov and Krasimir Vlahov*, Veshtno pravo, Prakticheski problemi (2nd ed., Sofia 2007)
Bocken and Boone, TPR 2002, 1625	*Hubert Bocken and Ingrid Boone*, Causaliteit in het Belgische recht, TPR 2002, 1625-1693
Bocken, TBBR 1988, 268	*H. Bocken*, Enkele hoofdthema's van de causaliteitsproblematiek, TBBR 1988, 268-273
Boele-Woelki, in: Europees privaatrecht, 85-138	Katharina Boele-Woelki and Frederik W. Grosheide (eds.), Europees privaatrecht (Lelystad 1997), 85-138
Boero, Riservato dominio per immobili e mobili registrati	*Pietro Boero*, Riservato dominio per immobili e mobili registrati, in Studi e materiali 1983-1985 (Bari 1986)
Bogaert and Lohmann, Commercial Agency and Distribution Agreements	*Geert Bogaert and Ulrich Lohmann*, Commercial Agency and Distribution Agreements: Law and Practice in the Member Stastes of the European Union (3rd ed., The Hague a.o. 2000)
Bollenberger, Das stellvertretende Commodum	*Raimund Bollenberger*, Das stellvertretende Commodum: Die Ersatzherausgabe im österreichischen und deutschen Schuldrecht unter Berücksichtigung weiterer Rechtsordnungen (Vienna 1999)
Bollenberger, Irrtum über die Zahlungsunfähigkeit	*Raimund Bollenberger*, Irrtum über die Zahlungsunfähigkeit: Aussonderung durch Anfechtung (Vienna 1995)
Bollenberger, JBl 1997, 284	*Raimund Bollenberger*, Drittschaden bei obligatorischer Gefahrverlagerung, JBl 1997, 284-303
Bollenberger, ÖJZ 1995, 641	*Raimund Bollenberger*, Veräußerung von Vorbehaltsgut, ÖJZ 1995, 641-652
Bollenberger, ÖJZ 1996, 851	*Raimund Bollenberger*, Gutglaubenserwerb nach Maßgabe der Zahlung – Anhaltspunkte in der Rechtsordnung, ÖJZ 1996, 851-860
Bona, Danno e resp. 2005, 353	*Marco Bona*, Stati pregressi di vulnerabilità: Quid juris?, Danno e resp. 2005, 353-364

Bonell, Contratti internazional	*Michael Joachim Bonell*, Contratti internazionali, in: Enc.guir. Treccani, vol. IX (Rome 1988)
Bonelli, DCI 1988, 485	*Franco Bonelli*, Escussione abusiva delle garanzie bancarie a prima domanda, DCI, 1988, 485-530
Bonelli, Le garanzie bancarie	*Franco Bonelli*, Le garanzie bancarie a prima domanda nel commercio internazionale (Milan 1991)
Bonelli, Le garanzie contrattuali	*Franco Bonelli*, Le garanzie bancarie "a prima domanda", in: Ugo Draetta and Cesare Vaccà (eds.), Le garanzie contrattuali, Fideiussioni e contratti autonomi di garanzia nella prassi interna e nel commercio internazionale (Milan 1994), 199-237
Bonnington, (1992) SLT, 289	*Alistair J. Bonnington*, Letting the Right Alone, (1992) SLT, 289-293
Bordwell, Seisin and Disseisin	*Percy Bordwell*, Seisin and Disseisin, 34 [1921] Harv.LR, 592-624
Borgmann and Haug, Anwaltshaftung[3]	*Brigitte Borgmann and Karl H. Haug*, Anwaltshaftung. Systematische Darstellung der Rechtsgrundlagen für die anwaltliche Berufstätigkeit (3rd ed., Munich 1995)
Bork, Insolvenzrecht[4]	*Reinhard Bork*, Einführung in das Insolvenzrecht (4th ed., Tübingen 2005)
Bortolotti and Bandanini, Il contractto di agenzia commerciale	*F. Bortolotti* and G. *Bandanini*, Il contractto di agenzia commerciale (Milan 2003)
Bosdas, NoB 18 (1970), 769	*Dimitrios Bosdas*, Symvoli eis tin ennolian tis dioikiseos allotrion, NoB 18/1970, 769-779
Boselli, Nov.Dig.it. 1960, VI, 331	*Boselli*, voce Eccessiva onerosità, in Nov.Dig.it. 1960, VI, 331 ff
Boukema, Samenloop	*Cornelis Alet Boukema*, Samenloop (Mon. Nieuw BW, A-Serie, 21) (Deventer 1992)
Boulanger, D. 2005, 2245	*François Boulanger*, Autorité parentale et responsabilité des père et mère des faits dommageables de l'enfant mineur après la réforme du 4 mars 2002. Réflexions critiques, D. 2005, 2245-2249
Bouma, VR 1995, 207	*H. Th. Bouma*, Psychische schade, smartegeld en verplichting tot schadebeperking, VR 1995, 207-210
Bourrié-Quenillet, JCP éd. G 1998, I no. 112	*Martine Bourrié-Quenillet*, Le préjudice moral des proches d'une victime blessée, JCP éd. G 1998, I no. 112, 319-325
Bourrié-Quenillet, JCP éd. G 2004, I no. 136	*Martine Bourrié-Quenillet*, Droit du dommage corporel et prix de la vie humaine, JCP éd. G 2004, I no. 136, 941-948
Bout/Brusc/Luby/Poillot-Perruzzetto, Lamy Droit économique	*Bout, Brusch, Luby and Poillot-Perruzzetto*, Lamy Droit économique (Paris 2006)
Bowstead *(-Reynolds and Graziadei)*, Agency[16, 17, 18]	*Francis Martin Baillie Reynolds*, Bowstead and Reynold on Agency (18th ed., London 2006), sometimes also quoted from earlier editions (London 1996 and 2001), with the contribution of *Michele Graziadi*

Bowstead and Reynolds on Agency[17]	*William Bowstead and F. M. B. Reynolds*, with the assistance of Michele Graziadei, Bowstead and Reynolds on Agency (17th ed., London 2001)
Boyanov, Veshtno pravo[6]	*Georgi Boyanov*, Veshtno pravo (6th ed., Sofia 2004)
Boytha, Polgári Jogi Kodifikáció 1/2003, 3	*György Boytha*, A személyiségi jogok megsértésének vagyoni szankcionálása, Polgári Jogi Kodifikáció 1/2003, 3-6
Bozzi, L'autonomia negoziale	*Giuseppe Bozzi*, L'autonomia negoziale nel sistema delle garanzie personali (Naples 1990)
Bozzi, La fideiussione	*Giuseppe Bozzi*, La fideiussione, le figure affini e l'anticresi, in: Pietro Rescigno (ed.), Trattato di diritto privato,vol. XIII, part 9: Obbligazioni e contratti (Turin 1985), 205-294
Bozzi, Le garanzie	*Giuseppe Bozzi*, Le garanzie atipiche (Milan 1999)
Bradgate and White, Commercial Law	*Robert Bradgate and Fidelma White*, Commercial Law (revised edition, Oxford 2005)
Bradgate, Commercial Law[3]	*Robert Bradgate*, Commercial Law (3rd ed., London 2000)
Brækhus and Hærem, Norsk Tingsrett	*Sjur Brækhus and Axel Hærem*, Norsk Tingsrett (Oslo 1964)
Brækhus, Omsetning of kreditt 3 og 4	*Sjur Brækhus*, Omsetning og kreditt 3 og 4 (Oslo 1998)
Braga, Contrato de Compra e Venda	*Armando Braga*, Contrato de Compra e Venda: Estudo Prático, Doutrina e Jurisprudência (Porto 1994)
Brakel, TVR 2000, 129	A. M. *Brakel*, Electronic Bills of Lading, Over een elektronisch equivalent van het papieren cognossement, TVR 2000, 129-135
Bramsjö, Om avtals återgång	*Sven Bramsjö*, Om avtals återgång. En studie över innehållet i återgångspåföljden (Lund 1950)
Brandão Proença, A conduta do lesado	*José Carlos Brandão Proença*, A conduta do lesado como pressuposto e critério de imputação do dano extracontratual (Coimbra 1997)
Brandão Proença, Resolução do contrato	*José Carlos Brandão Proença*, A Resolução do contrato no direito civil: no enquadramento e do regime (Coimbra 1996)
Brazier, Medicine, patients and the law[1-3]	*Margeret Brazier*, Medicine, patients and the law (3rd ed., London 2003), sometimes also quoted from the 2nd ed. (London 1992) and the 1st ed. (London 1987)
Breccia, Il pagamento dell'indebito	*Umberto Breccia*, Il pagamento dell'indebito, in: Pietro Rescigno (ed.), Trattato di diritto privato, vol. IX, part 1: Obbligazioni e contratti (2nd ed., Turin 1999, reprint 2002)
Breccia, L'arricchimento senza causa I[2]	*Umberto Breccia*, L'arricchimento senza causa, in: Pietro Rescigno (ed.), Trattato di diritto privato, vol. IX, part 1: Obbligazioni e contratti (2nd ed., Turin 1999, reprint 2002)
Breccia, La gestione di affari IX(1)[2]	*Umberto Breccia*, La gestione di affari, ripetizione dell'indebito, in: Pietro Rescigno (ed.), Trattato di Diritto Privato, vol. IX: Obbligazioni e contratti, part 1 (2nd ed., Turin 1999, reprint 2002)
Breccia, Le obbligazioni	*Umberto Breccia*, Le obbligazioni, in: Giovanni Iudica and Paolo Zatti (eds.), Trattato di diritto privato (Milan 1991)

Breccia, Riv.Dir.Civ. 1974, I, 130	*Umberto Breccia*, La buona fede nel pagamento dell'indebito, Riv.Dir.Civ. 1974, I, 130 ff
Brehm and Berger, Sachenrecht[1, 2]	*Wolfgang Brehm and Christian Berger*, Sachenrecht (2nd ed., Tübingen 2006), sometimes also quoted from the 1st ed. (Tübingen 2000)
Bridge, Personal Property Law[2, 3]	*Michael G. Bridge*, Personal Property Law (3rd ed., Oxford 2002), sometimes also quoted from the 2nd ed. (London 1996)
Bridge, Sale of Goods	*Michael G. Bridge*, The Sale of Goods (Oxford 1998)
Brito, Factoring	*Maria Helena Brito*, O Factoring Internacional e a Convenção do Unidroit (Lisbon 1998)
Broeckx, RW 1994-1995, 248	*Karen Broeckx*, Vertegenwoordiging in rechte en naamlening in het geding, RW 1994-1995, 248-253
Bronzini, Dir.fall. 1968, II, 900	*Bronzini*, Estensione del fallimento a chi presta fideiussioni bancarie?, Dir.fall. 1968, II, 900-906
Brown, Commercial Law[7]	*Ian Brown*, Commercial Law (7th ed., Oxford 2001)
Brox and Walker, Schuldrecht BT[31]	*Hans Brox and Wolf-Dietrich Walker*, Besonderes Schuldrecht (31th ed., Munich 2006)
Brückner and Böhme, MDR 2002, 1406.	*Sascha Brückner and Antja Böhme*, Neues Kaufrecht – Wann ist ein Tier "gebraucht"?, MDR 2002, 1406-1409
Brüggemeier, WM 2002, 1376	*Gert Brüggemeier*, Das neue Kaufrecht des Bürgerlichen Gesetzbuchs, WM 2002, 1376-1387
Brun, Responsabilité civile extracontractuelle	*Philippe Brun*, Responsabilité civile extracontractuelle (Paris 2005)
Brunet/Servais/Resteau, RPDB	Emile Brunet, Jean Servais and Charles Resteau (eds.), Répertoire Pratique du Droit Belge. Législation, doctrine et jurisprudence. Cited by key-words; "Cautionnement", vol. I (Brussels 1949); "Les garanties bancaires autonomes", Complément vol. VII (Brussels 1990); "Quasi contrat", vol. XI (Brussels 1951), 1-49; "Saisie-exécution immobilière", Complément vol. VIII (Brussels 1995); "Possession", Complément vol. X (Brussels 2007); "Prescription en matière civile", vol. X (Brussels 1951)
Brunner and de Jong, Verbintenissenrecht algemeen	*C. J. H. Brunner and G. T. de Jong*, Verbintenissenrecht algemeen (Deventer 1999)
Brunner, AA 44 (1995), 932	*Christiaan Johan Henri Brunner*, Is beroepsaansprakelijkheid iets bijzonders? Rode draad. Artikelen, AA 44 (1995), 932-941
Brunner, in: Quod licet – Kleijn-bundel, 45	*C. J. H. Brunner*, Dief wordt eigenaar, in: Ewoud H. Hondius (red.), Quod licet – Kleijn-bundel (Deventer 1992), 45-53
Bryde Andersen and Lookofsky, Obligationsret I[2]	*Mads Bryde Andersen and Joseph Lookofsky*, Lærebog i obligationsret, vol. I: Ydelsen, beføjelser (2nd ed., Copenhagen 2005)
Bryde Andersen, Grundlæggende aftaleret	*Mads Bryde Andersen*, Grundlæggende aftaleret (2nd ed., Copenhagen 2002)
Bryde Andersen, Praktisk aftaleret	*Mads Bryde Andersen*, Praktisk aftaleret (Copenhagen 1995)

BSK (-*author*), OR I[3]	Heinrich Honsell (ed.), Basler Kommentar zum schweizerischen Privatrecht. Vol. I: Obligationsrecht (3rd ed., Basle 2003)
BSK (-*author*), ZGB II[2, 3]	Heinrich Honsell et al. (eds.), Basler Kommentar, Zivilgesetzbuch, vol. II (3rd ed., Basle 2007), sometimes also quoted from the 2nd ed. (Basle 2003)
Bufnoir, Propriété et contrat	C. *Bufnoir*, Propriété et contrat: théorie des modes d'acquisition des droits réels et des sources des obligations (Paris 1924)
Bülow, Ausgleich	*Peter Bülow*, Sicherungsgeberausgleich, in: Günther Jahr (ed.), Gedächtnisschrift für Dietrich Schultz (Cologne a. o. 1987), 49-64
Bülow, Kreditsicherheiten[6]	*Peter Bülow*, Recht der Kreditsicherheiten (6th ed., Heidelberg 2003)
Buonocore and Luminoso, Codice della vendita[1, 2]	*Vincenzo Buonocore and Angelo Luminoso*, Codice della vendita (2nd ed., Milan 2005), sometimes also quoted from the previous edition (Milan 2001)
Bureš/Drápal/Krčmář, Občanský zákoník[7]	*J. Bureš, L. Drápal, Z. Krčmář a. o.*, Občanský zákoník, Komentář (7th ed., Prague 2006)
Burov, Grajdanska otgovornost za vredi, prichineni pri avtomobilna zlopoluka	*Boris Burov*, Grajdanska otgovornost za vredi, prichineni pri avtomobilna zlopoluka (Sofia 1970)
Burrows and McKendrick, Cases and Materials	*Andrew S. Burrows and Ewan McKendrick*, Cases and Materials on the Law of Restitution (Oxford 1997)
Burrows, (1968) 31 MLR, 390	*John F. Burrows*, Contractual Cooperation and the Implied Term, (1968) 31 MLR, 390 ff
Burrows, (1984) 47 MLR 76	*A. S. Burrows*, The Law Commission Report on Pecuniary Restitution on Breath of Contract, (1984) 47 MLR, 76-86
Burrows, The Law of Restitution[1, 2]	*Andrew Burrows*, The Law of Restitution (2nd ed., London 2002), sometimes also quoted from the 1st ed. (London 1993)
Busch, Informationspflichten im Wettbewerbs- und Vertragsrecht	*Christoph Busch*, Informationspflichten im Wettbewerbs- und Vertragsrecht (Tübingen 2008)
Busch, The Principles	Danny Busch (ed.), The Principles of European Contract Law and Dutch Law (Nijmegen 2002)
Busnelli, Contr. Impr. 1991, 561	*Francesco Donato Busnelli*, Itinerari europei nella "terra di nessuno tra contratto e fatto illecito": la responsabilità da informazioni inesatte, Contr. Impr. 1991, 539-577
Busnelli, Foro it. 1965, IV, 47	*Francesco Donato Busnelli*, Perdita di una "chance" e risarcimento del danno (Nota alla sent. App. Parigi 6 marzo 1964), Foro it. 1965, IV, 47-52
Busnelli, Il danno biologico	*Francesco Donato Busnelli*, Il danno biologico, Dal "diritto vivente" al "diritto vigente" (Turin 2001)
Busnelli, in: Studi sulla buona fede	*Francesco Donato Busnelli*, Buona fede in senso soggettivo responsabilità per fatto "ingiusto", in: Studi sulla buona fede (Milan 1975), 591 ff

Busnelli, L'obbligazione soggettivamente complessa	*Francesco Donato Busnelli*, L'obbligazione soggettivamente complessa, Profili sistematici (Milan 1974)
Bussani, La colpa soggettiva	*Mauro Bussani*, La copa soggettiva, Modelli di valutazione della condotta nella responsabilità extracontrattuale (Padua 1991)
Bussani, Libertà contrattuale	*Mauro Bussani*, Libertà contrattuale e diritto europeo (Turin 2005)
Busto Lago, La antijuridicidad del daño	*José Manuel Busto Lago*, La antijuridicidad del daño resarcible en la responsabilidad civil extracontractual (Madrid 1998)
Busto Lago, La responsabilidad civil de las administraciones públicas[3]	*José Manuel Busto Lago*, La responsabilidad civil de las administraciones públicas, in: Luis Fernando Reglero Campos (coord.), Tratado de responsabilidad civil (3rd ed., Navarra 2006), 1710-1833
Bustos Pueche, La Ley 1997, V, 1699	*José Enriqe Bustos Pueche*, Un caso de voluntarismo judicial: la sentencia del Tribunal Supremo de 6 de junio de 1997, La Ley 1997, V, 1699-1701
Bydlinski, AcP 196 (1996), 281	*Peter Bydlinski*, Die Aufrechnung mit verjährten Forderungen – Wirklich kein Änderungsbedarf?, AcP 196 (1996), 276-304
Bydlinski, Bürgerliches Recht I[3]	*Peter Bydlinski*, Bürgerliches Recht I. Allgemeiner Teil (3rd ed., Vienna and New York 2005).
Bydlinski, Die Kreditbürgschaft[2]	*Peter Bydlinski*, Die Kreditbürgschaft im Spiegel von aktueller Judikatur und Formularpraxis (2nd ed., Vienna 2003)
Bydlinski, FS Larenz, 1025	*Franz Bydlinski*, Rechtsgesinnung als Aufgabe, in: FS für Karl Larenz zum 80. Geburtstag am 23. April 1983 (Munich 1983), 1025 ff
Bydlinski, Grundzüge[7]	*Peter Bydlinski*, Grundzüge des Privatrechts für Ausbildung und Praxis (7th ed., Vienna 2007)
Bydlinski, JBl 1965, 173 and 237	*Franz Bydlinski*, Der Ersatz ideellen Schadens als sachliches und methodisches Problem, JBl 1965, 173-194 (part 1) and 237-254 (part 2)
Bydlinski, JBl 1983, 410	*Peter Bydlinski*, Die Stellung der laesio enormis im Vertragsrecht, JBl 1983, 410-420
Bydlinski, JBl 1986, 626	*Franz Bydlinski*, Schadenersatz wegen materiell rechtswidriger Verfahrensfehler, JBl 1986, 626-639
Bydlinski, System und Prinzipien des Privatrechts	*Franz Bydlinski*, System und Prinzipien des Privatrechts (Vienna 1996)
Bygglin, Oikeustiede-Jurisprudentia 1978, 89	*Gustaf Bygglin*, Om franchiseavtal och upplösningsfrihet med särskild hänsyn till förhållandena på dagligvaruhandelns område, Yearbook of the Finnish Law Society, Oikeustiede-Jurisprudentia 1978, 89-157
Byttebier, Handboek financieel recht	*Koen Byttebier*, Handboek financieel recht (Antwerp 1995)
Cabanillas Sánchez, ADC 1993, 1957	*Antonio Cabanillas Sánchez*, La responsabilidad por inmisiones industriales (Comentario a la sentencia del TS de 15 de marzo de 1993), ADC 1993, 1957-1994

Cabrillac and Mouly, Droit des sûretés[7]	*Cabrillac and Mouly*, Droit des sûretés (7th ed., Paris 2004)
von Caemmerer and Schlechtriem, Kommentar zum einheitlichen UN-Kaufrecht[2]	*Ernst von Caemmerer and Peter Schlechtriem*, Kommentar zum einheitlichen UN-Kaufrecht (2nd ed., Munich 1995)
Cagnasso and Cottino, Contratti Commerciali	*Oreste Cagnasso and Gastone Cottino*, Contratti Commerciali, in: Gastone Cottino, Trattato di Diritto Commerciale, vol. IX (Milan 2000)
Cagnasso, La Concessione di Vendita, Problemi di Qualificazione	*Oreste Cagnasso*, La Concessione di Vendita, Problemi di Qualificazione (Milan 1983)
Cahen, Overeenkomst en derden[2]	*Jean L. P. Cahen*, Overeenkomst en derden (2nd ed., Deventer 2004)
Cahen-Bundel *(-Salomons)*, Recht voor verstrooiden	*Arthur Frans Salomons*, Recht voor verstrooiden, in: J. L. P. Cahen-Bundel (Deventer 1997)
Calderale, Demand Guarantees	*Alfredo Calderale*, Le nuove norme della Camera di Commercio Internazionale sulle "Demand Guarantees" e la riforma dell'art. 5 dell'Uniform Commercial Code negli Stati Uniti, in: Ugo Draetta and Cesare Vaccà (eds.), Le garanzie contrattuali, Fideiussioni e contratti autonomi di garanzia nella prassi interna e nel commercio internazionale (Milan 1994), 97-151
Calderale, Fideiussione	*Alfredo Calderale*, Fideiussione e contratto autonomo di garanzia (Bari 1989)
Calvão da Silva, CJ(ST) II (1994-1), 15	*João Calvão da Silva*, Crédito documentário e conhecimento de embarque (Parecer), CJ(ST) II (1994-1), 15-22
Calvão da Silva, Compra e venda de coisas defeituosas[4]	*João Calvão da Silva*, Compra e venda de coisas defeituosas (4th ed., Coimbra 2006)
Calvão da Silva, Responsabilidade civil do produtor	*João Calvão da Silva*, Responsabilidade civil do produtor (Coimbra 1990)
Calvo Caravaca and Fernández de la Gándara, Contratos Internacionales	*Alfonso Luis Calvo Caravaca and Luis Fernandez de la Gandara*, Contratos Internacionales (Madrid 1997)
Calvo, I contratti del consumatore	*Roberto Calvo*, I contratti del consumatore, in: Francesco Galgano (ed.), Trattato di diritto commerciale e di diritto pubblico dell'economia, vol. XXXIV (Padua 2005)
Camacho de los Ríos, El seguro de caución, 765	*Francisco Javier Camacho de los Ríos*, El seguro de caución como garantía personal, in: Ubaldo Nieto Carol and José I. Bonet Sánchez (eds.), Tratado de garantías en la contratación mercantil (Madrid 1996), 765-812
Cámara Alvarez and Díez-Picazo, Dos estudios sobre el enriquecimiento sin causa	*Manuel de la Cámara Alvarez and Luis Díez-Picazo*, Dos estudios sobre el enriquecimiento sin causa (Madrid 1988, reprint 1991)
Campeis and De Pauli, La responsabilità	G. *Campeis and* A. *De Pauli*, La responsabilità civile dello straniero (Milan 1982)

Campogrande, Trattato della fideiussione	*Valerio Campogrande*, Trattato della fideiussione nel diritto odierno (Turin 1902)
Canaris, Bankvertragsrecht^{2,3}	*Claus-Wilhelm Canaris*, Bankvertragsrecht (3rd ed., Berlin 1988), sometimes also quoted from the 2nd ed. (Berlin 1981)
Canaris, ZIP 1998, 493	*Claus-Wilhelm Canaris*, Die Bedeutung des "materiellen" Garantiefalles für den Rückforderungsanspruch bei der Garantie "auf erstes Anfordern", ZIP 1998, 493-502
Cannata/Prosperetti/Visintini, L'adempimento delle obbligazioni I^{2}	*Carlo Augusto Cannata, Marco Prosperetti and Giovanna Visintini*, L'adempimento delle obbligazioni, in: Pietro Rescigno (ed.), Trattato di diritto privato, vol. IX: Obbligazioni e contratti, part 1 (2nd ed., Turin 1999, reprint 2002)
Cantillo, La buona fede nella fideiussione "omnibus"	*Michele Cantillo*, La buona fede nella fideiussione "omnibus" secondo l'attuale orientamento della Corte di Cassazione, in: Alessandro Munari (ed.), Fideiussione omnibus e buona fede (Milan 1992), 57-67
Cantillo, Le obbligazioni II	*Michele Cantillo*, Le obbligazioni, vol. II, in: Walter Bigiavi (establ.), Giurisprudenza sistematica di diritto civile e commerciale (Turin 1992)
Capelo de Sousa, O direito geral de personalidade	*Rabindranath Valentino Aleixo Capelo de Sousa*, O direito geral de personalidade (Coimbra 1995)
Capo, Riv.dir. impresa 1992, 141	G. *Capo*, Fideiussione, clausola di pagamento a prima richiesta e contratto autonomo di garanzia, Riv.dir.impresa 1992, 141-159
Cappellari, Resp.civ. e prev. 2000, 1061	*Laura Cappellari*, In tema di valutazione della sussitenza del requisito della "comunicazione a più persone" quale elemento costitutivo dell'illecito diffamatorio in sede sia penale che civile, note under Cass. 19 May 1999, no. 4855, Resp. civ. e prev. 2000, 1061-1069
Carbone, Danno e resp. 2000, 1173	*Vincenzo Carbone*, Sviluppi ed orientamenti della responsabilità professionale medica nei confronti dell'embrione, Danno e resp. 2000, 1173-1185
Carbonnier, Droit civil I, II, III^{19}, IV^{21}	*Jean Carbonnier*, Droit civil, vol. I: Introduction, les personnes, la famille, l'enfant, le couple (Paris 2004), vol. II: Les biens: Les obligations (Paris 2004), vol. III: Les biens: monnaie, immeubles, meubles (19th ed., Paris 2000); vol. IV: Les obligations (21st ed., Paris 1998)
Carbonnier, Le principe du nominalisme monétaire et ses limites en droit français	*Jean Carbonnier*, Le principe du nominalisme monétaire et ses limites en droit français, in: Travaux et conferences de l'Univ. Libre de Brussels, vol. VIII, 1960
Cardoso da Costa, BolMinJus 396 (1990) 5	*José Manuel* M. *Cardoso da Costa*, A hierarquia das normas constitucionais e a sua função na protecção dos direitos fundamentais, BolMinJus 396 (1990) 5-27
Carey Miller and Combe, EJCL 10.3	*David* L. *Carey Miller and Malcolm* M. *Combe*, The Boundaries of Property Rights in Scots Law, EJCL 10.3 (December 2006) (http://www.ejcl.org/103/art103-4.pdf)
Carey Miller and Irvine, Corporeal Moveables^{2}	D. L. *Carey Miller and* D. *Irvine*, Corporeal Moveables in Scots Law (2nd ed., Edinburgh 2005)

Carey Miller, (1996) 1 SLPQ 115	*David Carey Miller*, Title to art: developments in the USA, (1996) 1 SLPQ 115-124
Carey Miller, Edinburgh LRev (2005) 9, 150	*David Carey Miller*, Plausible Rogues: Contract and Property, Edinburgh LRev (2005) 9, 150-156
Caringella and De Marzo, Manuale di diritto civile I	*Francesco Caringella and Giuseppe De Marzo*, Manuale di diritto civile, vol. 1: Persone, famiglia, successioni e proprietà (Milan 2007)
Caringella/Della Valle/Della Valle, Codice Civile	*Francesco Caringella, Francesca Della Valle and Sandra Della Valle*, Codice Civile -Annotato con la giurisprudenza (Milan 2006)
Carnegie, (1969) 85 LQR, 392	*A. R. Carnegie*, Terminability of contracts of unspecified Duration, (1969) 85 LQR, 392 ff
Carneiro da Frada, Teoria da confiança	*Manuel António de Castro Portugal Carneiro da Frada*, Teoria da confiança e responsabilidade civil (Coimbra 2001)
Carneiro da Frada, Uma terceira via	*Manuel António Carneiro da Frada*, Uma "terceira via" no direito da responsabilidade civil? O problema da imputação dos danos causados a terceiros por auditores de sociedades (Coimbra 1997)
Carpino, Obbligazioni e contratti III	*Brunetto Carpino*, Obbligazioni e contratti, vol. III, in: Pietro Rescigno, Trattato di diritto privato (Turin 1992)
Carpino, Rivendicazione	*Brunetto Guido Carpino*, Rivendicazione (azione di), in Enc. guir. Treccani, vol. XVII, 1991, 1-5
Carr, Possesion in the Scots Law	*D. Carr*, Possession in Scots Law: Selected Themes (Unpublished University of Edinburgh MSc Thesis, 2005), Company Law Review Group First Report (2000-2001), available at http://www.clrg.org/_fileupload/1streport/clrg_master.pdf
Carrasco Perera, ADC 1987, 1055	*Ángel Carrasco Perera*, Restitución de provechos (I), ADC 1987, 1055-1148
Carrasco Perera, ADC 1988, 5	*Ángel Carrasco Perera*, Restitución de provechos (II), ADC 1988 (1), 5-152
Carrasco Perera, AJA 2002 (557), 2	*Ángel Carrasco Perera*, Aparcamientos: una superfluidad normativa, AJA 2002 (557), 2
Carrasco Perera, Aranzadi Civil 1996, II, 51	*Ángel Carrasco Perera*, Reparación del daño en forma específica, Aranzadi Civil 1996, II, 51-68
Carrasco Perera, CCJC 1993, 1105	*Ángel Carrasco Perera*, 14 de diciembre de 1993. Propiedad intelectual. Derecho moral de autor. Indemnización del daño moral, CCJC 1993, 1105-1119
Carrasco Perera, CuadCivJur 1990, 653	*Ángel Carrasco Perera*, Comentario á la STS 19 de mayo de 1990, CuadCivJur 1990, 653-666
Carrasco Perera, Derecho Civil[1, 2]	*Ángel Carrasco Perera*, Derecho Civil. Introducción. Derecho De La Persona. Derecho Subjetivo. Derecho De Propiedad (2nd ed., Madrid 2004), sometimes also quoted from the 1st ed. (Madrid 1996)
Carrasco Perera, Failure, breach and non conformity, 297	*Ángel Carrasco Perera*, Failure, breach and non conformity in contracts. A Spanish and European approach, in: Santiago Espiau Espiau a. o. (eds.) Bases of a European Contract Law (Valencia 2003), 297-320

Carrasco Perera, Fianza	*Ángel Carrasco Perera*, Fianza, accesoriedad y contrato de garantía (Madrid 1992)
Carrasco Perera, INDRET 1/2006, http://www.indret.com/pdf/320_es.pdf	*Ángel Carrasco Perera*, Reparación en forma específica y reparación a costa el deudor en la responsabilidad por ruina, INDRET 1/2006 (http://www.indret.com/pdf/320_es.pdf)
Carrasco Perera, Las nuevas garantías, 623	*Ángel Carrasco Perera*, Las nuevas garantías personales: las cartas de patrocinio y las garantías a primer requerimiento, in Ubaldo Nieto Carol and José I. Bonet Sánchez (eds.), Tratado de Garantías en la Contratación Mercantil, vol. I (Madrid 1996), 623-763
Carrasco Perera, Los derechos de garantía	*Ángel Carrasco Perera*, Los derechos de garantía en la ley concursal (Madrid 2004)
Carrasco Perera, ZEuP 2006, 552	*Ángel Carrasco Perera*, Nichterfüllung, Pflichtverletzung und Schlechterfüllung im Vertragsrecht – Ein spanischer und europäischer Ansatz, ZEuP 3/2006, 552-582
Carrasco Perera/Cordero Lobato/González Carrasco, Derecho de la Construcción y la Vivienda[4, 5]	*Ángel Carrasco Perera, Encarna Cordero Lobato and Carmen González Carrasco*, Derecho de la Construcción y la Vivienda (5th ed., Madrid 2005), sometimes also quoted from the 4th ed. (Madrid 2003)
Carrasco Perera/Cordero Lobato/Marín López, Derechos de Garantía	*Ángel Carrasco Perera, Encarna Cordero Lobato and Manuel Jesús Marín López*, Tratado de los Derechos de Garantía (Pamplona 2002)
Carstensen, Formueretlige emner[4]	*Vagn Carstensen*, Særlige erhvervelsesmåder, in: Palle Bo Madsen (ed.), Formueretlige emner (4th ed., Copenhagen 2004)
Carstensen, Særlige erhvervelsesmåder	*Vagn Carstensen*, Særlige erhvervelsesmåder, in: Hans Henrik Vagner (ed.), Formueretlige emner (2nd ed., Copenhagen 1996), 67-97
Carter-Ruck/Walker/Starte, Libel and Slander[4]	*Peter Frederick Carter-Ruck, Richard Walker and Harvey N. A. Starte*, Carter-Ruck on Libel and Slander (4th ed., London 1992)
Carusi, Rass.dir.civ. 1991, 485	*Donato Carusi*, Responsabilità del medico e obbligazioni di mezzi, Rass.dir.civ. 1991, 485-508
Carval, La responsabilité civile dans sa fonction de peine privée	*Suzanne Carval*, La responsabilité civile dans sa fonction de peine privée (Paris 1995)
Carvalho Fernandes, Lições de Direitos Reais[5]	*Luís A. Carvalho Fernandes*, Lições de Direitos Reais (5th ed., Lisbon 2007)
Carvalho Fernandes, Teoria geral do direito civil II[3]	*Luís A. Carvalho Fernandes*, Teoria geral do direito civil, vol. II (3rd ed., Lisbon 2001)
Carvalho Rebelo, A responsabilidade civil pela televisão	*Maria da Glória Carvalho Rebelo*, A responsabilidade civil pela informação transmitida pela televisão (Lisbon 1998)
Carver, Carver's Carriage by Sea[12]	*Thomas Gilbert Carver* in cooperations with *Raoul P. Colinvaux*, Carver's Carriage by Sea (12th ed., London 1971)

Casas Vallés, RJC 1989, 285	*Ramón Casas Vallés*, Honor, Intimidad e Imagen. Su tutela en la LO 1/82, RJC 1989, 285-372
Casella, Le garanzie personali	*Casella*, Le garanzie personali in Italia nei secoli XIX e XX, in: Recueils de la Société Jean Bodin, Les sûretés personnelles (Brussels 1969), 179-281
Cassano and Cimino, Giur.it. 2004, 671	*Giuseppe Cassano and Jacopo Pietro Cimino*, Il nuovo regime di responsabilità dei *providers*: verso la creazione di un novello "censore telematico"? Un primo commento agli arts. 14-17 del D. Lgs. n. 70/2003, Giur.it. 2004, 671-675
Cassano, La giurisprudenza del danno esistenziale	*Giuseppe Cassano*, La giurisprudenza del danno esistenziale (Piacenza 2002)
Cassera, Giust.civ. 1993, I, 2765	*F. Cassera*, Contratto autonomo di garanzia, escussione fraudolenta del garante ed exceptio doli, Giust.civ. 1993, I, 2765-2768
Cassidy, [2004] LSG 98, 14	*Pamela Cassidy*, A model decision, [2004] LSG 98 (5), 14-17 (http://www.ucc.ie/law/irlii/periodicals/12lsgdisp.php?yr=2004)
Castelletta, Responsabilité médicale[2]	*Angelo Castelletta*, Responsabilité médicale: droit des malades (2nd ed., Paris 2004)
Castelo Branco, ROA 1993-1, 61	*Manuel Castelo Branco*, A garantia bancária autónoma no âmbito das garantias especiais das obrigações, ROA, 1993-1, 61-83
Castilla Barea, El nuevo régimen legal de saneamiento	*Margarita Castilla Barea*, El nuevo régimen legal de saneamiento en la venta de bienes de consumo (Madrid 2005)
Castilla Barea, La imposibilidad de cumplir los contratos	*Margarita Castilla Barea*, La imposibilidad de cumplir los contratos (Madrid 2000)
Castrén, Jälleenmyyntisopimus vientikaupassa	*Martti Castrén*, Jälleenmyyntisopimus vientikaupassa (Helsinki 1975)
Castro Mendes, Teoria geral do direito civil II	*João de Castro Mendes*, Teoria geral do direito civil, vol. II (Lisbon 1979)
Castronovo, Danno e resp. 2004, 237	*Carlo Castronovo*, Il danno alla persona tra essere e avere, Danno e resp. 2004, 237-247
Castronovo, Europa e dir. priv. 2004, 69	*Carlo Castronovo*, Le due specie della responsabilità civile e il problema del concorso, Europa e diritto privato 2004, 69-129
Castronovo, La nuova responsabilità civile[2, 3]	*Carlo Castronovo*, La nuova responsabilità civile (3rd ed., Milan 2006), sometimes also quoted from the 2nd ed. (Milan 1997)
Castronovo, Liability between Contract and Tort	*Carlo Castronovo*, Liability between Contract and Tort, in: Thomas Wilhelmsson, Perspectives of Critical Contract Law (Aldershot 1993), 273 ff
Castronovo, Obblighi di Protezione	*Carlo Castronovo*, Obblighi di Protezione, in: Enc.giur. Treccani, vol. XXI (Rome 1990)
Catelani, Locazione[3]	*Giulio Catelani*, Manuale della locazione (3rd ed., Milan 2001)
Cattaneo, La cooperazione del creditore all'adempimento	*Giovanni Cattaneo*, La cooperazione del creditore all'adempimento (Milan 1964)

Cattaneo, La responsabilità	*Giovanni Cattaneo*, La responsabilità del professionista, (Milan 1958)
Cattaneo, Riv.trim.dir.proc. civ. 1965, 945	*Giovanni Cattaneo*, Riserva della proprietà e aspettativa reale, Riv.trim.dir.proc.civ. 1965, 945-1004
Cauffman, De verbindende eenzijdige belofte	*Caroline Cauffman*, De verbindende eenzijdige belofte (Antwerp 2005)
Cauffman, De verbindende eenzijdige wilsuiting	*Caroline Cauffman*, De verbindende eenzijdige wilsuiting, in: Eric Dirix (ed.), Bijzondere overeenkomsten, Commentaar met overzicht van rechtspraak en rechtsleer (Loose-leaf, Antwerp 2005)
Cavanillas Múgica and Tapia Fernández, La concurrencia de responsabilidad contractual y extracontractual	*Santiago Cavanillas Múgica and Isabel Tapia Fernández*, La concurrencia de responsabilidad contractual y extracontractual. Tratamiento sustantivo y procesal (Madrid 1992)
Ceci, Rass.dir.civ. 1989, 289	*Ceci*, La contrattualità dell'espromissione cumulativa, Rass.dir. civ. 1989, 289-306
Cendon *(-author)*, Commentario al codice civile IV(1), IV(2), VI	Paolo Cendon (ed.), Commentario al codice civile, vol. IV, part 1: arts. 1173-1654 (Turin 1991, reprinted 1999), part 2: arts. 1655-2059 (Turin 1999) and vol. VI: arts. 2643-2969 (Turin 1999), quoted here with the commentaries of *Massimo C. Bianca, Guigi Gaudino, Enrico Tomasi, Francesco Realmonte*
Cendon and Ziviz *(-author)*, Il danno esistenziale	Paolo Cendon and Patrizia Ziviz (eds.), Il danno esistenziale. Una nuova categoria della responsabilità civile (Milan 2000), quoted here with the contributions of *Patrizia Ziviz*: Verso un altro paradigma risarcitorio, 25-55 and *Pier Giuseppe Monateri*: Verso una teoria del danno esistenziale, 713-724
Cenni, La formazione del contratto	*Daniela Cenni*, La formazione del contratto tra realità e consensualità (Padua 1998)
Cerdá Olmedo, Derecho de los Negocios 1991, no. 15, 7	*Miquel Cerdá Olmedo*, El aval a primer requerimiento, Derecho de los Negocios 1991, no. 15, 7-13
Cerdá Olmedo, Garantía independiente	*Miquel Cerdá Olmedo*, Garantía independiente (Granada 1991)
Cerini, Assicurazione	*Diana Cerini*, Assicurazione e garanzia del credito: prospettive di comparazione (Milan 2003)
Cerini, Riv.Dir.Civ. 2000, I, 539	*Diana Cerini*, L'assicurazione del credito interno in Francia: brevi riflessioni su un modello autoctono, Riv.Dir.Civ. 2000, I, 539-580
Cervilla Garzón, La prestación de Servicios Profesionales	*María Dolores Cervilla Garzón*, La prestación de Servicios Profesionales (Valencia 2001)
Chapus, Droit administratif général I[11]	*René Chapus*, Droit administratif général, vol I: nos. 1523 ff (11th ed., Paris 1997)
Charlesworth and Percy *(-author)*, Negligence[11]	*John Charlesworth and Rodney A. Percy*, Negligence (11th ed., London 2007)

Charlesworth/Dobson/ Schmitthoff, Charlesworth's Business Law[16]	*J. Charlesworth, P. Dobson and Clive M. Schmitthoff*, Charlesworth's Business Law (16th ed., London 1997)
Chartier, D. 1984 jur. 215	*Yves Chartier*, Note under Court d'Appel de Paris 10 November 1983, D. 1984 jur. 215-216
Chartier, La réparation du préjudice dans la responsabilité civile	*Yves Chartier*, La réparation du préjudice dans la responsabilité civile (Paris 1983)
Chatzinikolaou-Aggelidou, The aircraft as an object of transactions[3]	*R. Chatzinikolaou-Aggelidou*, The aircraft as an object of transactions (3rd ed., Athens, Thessaloniki 2001, in Greek)
Chelidonis, EED 2001, 351	M. *Apostolos Chelidonis*, Schesi tis AK 862 me tin AK 863, Me tin eykairia tis Apofasis Ol.AP. 6/2000, EED 2001, 351-359
Chelidonis, EllDik 2000, 613	M. *Apostolos Chelidonis*, The unspecific performance in case of a generic obligation, EllDik 2000, 613 ff
Chelidonis, EllDik 39 (1998), 1019	M. *Apostolos Chelidonis*, Epektasi tou pistotikou oriou kai oria tis euthinis tou eggyitou, EllDik 39 (1998), 1019-1036
Chianale, Fideiussione in diritto comparato	*Chianale*, Fideiussione in diritto comparato, in: Dig.Disc.Priv., Sezione civile, vol. VIII (Turin 1992), 275-276
Chindemi, Resp.civ. e prev. 2006, 549	*Domenico Chindemi*, Il risarcimento del danno non patrimoniale nel nuovo codice delle assicuriazioni: risarcimento o indennizzo?, Resp.civ. e prev. 2006, 549-569
Chinè, I contratti di garanzia	*Giuseppe Chinè*, I contratti di garanzia, in: Nicolò Lipari (ed.), Trattato di diritto privato europeo vol. IV, (2nd ed., Padua 2003), 309-332
Chinè, Polizza fideiussoria	*Giuseppe Chinè*, Polizza fideiussoria, in: V. Cuffaro (ed.), Le garanzie rafforzate del credito (Turin 2000) 45-82
Chitty on Contracts I[27, 29, 30], II[27, 29, 30]	Hugh G. Beale (ed.), Chitty on Contracts, vol. I: General principles, vol. II: Specific contracts (30th ed., London 2008), sometimes also quoted from the 29th ed. (London 2004) and the 27th ed. (London 1994)
Christ, Der Darlehensvertrag	*Bernhard Christ*, Der Darlehensvertrag, in: *Max Gutzwiller et al.*, Schweizerisches Privatrecht, vol. VII, part 2: Obligationenrecht: Besondere Vertragsverhältnisse (Basle a.o. 1979)
Christensen, Studier i köprätt	*Anna Christensen*, Studier i köprätt (Stockholm 1970)
Cian and Trabucchi, Commentario breve[3, 6, 7, 8]	*Giorgio Cian and Alberto Trabucchi* in cooperation with *Bruno Barel*, Commentario breve al codice civile (8th ed., Padua 2007), sometimes also quoted from previous editions (Padua 1988, 2002 and 2004)
Cian, Antigiuridicità e colpevolezza	*Giorgio Cian*, Antigiuridicità e colpevolezza, Saggio per una teoria dell'illecito civile (Padua 1966)
Cicala, Accollo	*R. Cicala*, Accollo, in: Enc.dir., vol. I (Milan 1958), 282-293
Cigoj, Institucije obligacij[2, 3]	*Stojan Cigoj*, Institucije obligacij – posebni del obligacijskega prava: kontrakti in reparacije (3rd ed., Ljubljana 1998)
Cigoj, Komentar I, II	*Stojan Cigoj*, Veliki komentar zakona o obligacijskih razmerjih (Ljubljana 1985)

Cigoj, Teorija obligacij	*Stojan Cigoj*, Teorija obligacij: Splošni del obligacijskega prava (Ljubljana 2003)
Cigoj, Veliki komentar zakona o obligacijskih razmerjih	*Stojan Cigoj*, Veliki komentar zakona o obligacijskih razmerjih (Ljubljana 1985)
Cigoj, Komentar obligacijskih razmerij	*Stojan Cigoj*, Komentar obligacijskih razmerij, Veliki komentar Zakona o obligacijskih razmerjih (Ljubljana 1984)
Civillikums, Saistību tiesības	*Kalvis Torgāns*, Civillikums, vol. IV: Saistību tiesības. Un komentāri pie Civillikuma Saistību tiesību daļas nodaļām (Riga 1996)
Claeys, RW 1998-99, 377	*Ignace Claeys*, De nieuwe verjaringswet: een inleidende verkenning, RW 1998-99, 377-403
Claeys, Samenhangende overeenkomsten en aansprakelijkheid	*Ignace Claeys*, Samenhangende overeenkomsten en aansprakelijkheid. De quasi-immuniteit van de uitvoeringsagent herbekeken (Antwerp 2003)
Clark and Smith, Intellectual Property Law in Ireland[2]	*Robert Clark and Shane Smith*, Intellectual Property Law in Ireland (2nd ed., Haywards Heath 2005)
Clark, Contract Law[3, 4]	*Robert Clark*, Contract Law in Ireland (4th ed., Dublin 1998), sometimes also quoted from the 3rd ed. (Dublin 1992)
Clark, Product Liability	*Alistair M. Clark*, Product liability (London 1989)
Clarke and Kohler, Property Law	*Alison Clarke and Paul Kohler*, Property Law (Cambridge 2005)
Claussen, Bank- und Börsenrecht	*Carsten Peter Claussen*, Bank- und Börsenrecht (Munich 1996)
Clavie, Le prêt	*Magali Clavie*, Le prêt, in M. *Clavie*, *I. Durant*, *P. A. Foriers*, M. *Grégoire*, M. *Von Kuegelgen*, Les contrats spéciaux, formation pernanente CUP (Commission – Université Palais), vol. XXXIV, 1999, 69-104
Clerk and Lindsell (-author), *Torts*[16, 18, 19]	John Frederick Clerk, Anthony M. Dugdale, Michael A. Jones (general eds.), Clerk & Lindsell on torts (19th ed., London 2006), quoted here with the commentaries by *Margaret Brazier, Andrew Burrows, Korieh Doudu, Anthony* M. *Dugdale, Michael* A. *Jones, John Murphy, David Price* and *Andrew Tettenborn*, sometimes also quoted from previous editions (London 1989 and 2000)
Clive/Watt/McKain, Scots Law for Journalists[5]	*Eric* M. *Clive, George* A. *Watt and Bruce McKain*, Scots Law for Journalists (5th ed., Edinburgh 1988)
Cobo, Derecho de Obligaciones	*Juan José Cobo*, Compendio de Jurisprudencia Civil, vol. III: Derecho de Obligaciones, contratos en particular (Madrid 1997)
Collart Dutilleul and Delebecque, Contrats civils et commerciaux[5, 7, 8]	*François Collart Dutilleul and Philippe Delebecque*, Contrats civils et commerciaux (8th ed., Paris 2007), sometimes also quoted from the 7th ed. (Paris 2004) and the 5th ed. (Paris 2001)
Collins, The Law of Contract[3]	*Hugh Collins*, The Law of Contract (3rd ed., London 1997)
Colombi Ciacchi, ERPL 3/2005, 281	*Aurelia Colombi Ciacchi*, The Protection from Unfair Suretyships in Europe, ERPL 3/2005, 281-283

Comai, Il danno ambientale	*Chiara Comai*: Il danno ambientale, in: *Giulio Ponzanelli*, La responsabilità civile, tredici variazioni sul tema (Padua 2002), 89-118
Commission of the European Communities, Green Paper, COM(1999) 396 final	Commission of the European Communities, Liability for Defective Products – Green Paper. COM(1999) 396 final (Brussels, 28 July 1999)
Commission of the European Communities, Green Paper, COM(2005) 672 final	Commission of the European Communities, Damages actions for breach of the EC antitrust rules, Green Paper, COM(2005) 672 final (Brussels, 19 December 2005)
Commission of the European Communities, Green Paper, COM(2006) 744 final	Commission of the European Communities, Review of the Consumer Acquis, Green Paper. COM(2006) 744 final (Brussels, 8 February 2007)
Commission of the European Communities, Report, COM(2000) 893 final	Commission of the European Communities, Report from the Commission on the Application of Directive 85/374 on Liability for Defective Products, COM(2000) 893 final (Brussels, 31 January 2001)
Communication from the Commission to the European Parliament and the Council, COM(2004) 651 final	Communication from the Commission to the European Parliament and the Council, "European Contract Law and the revision of the Acquis: the way forward", COM(2004) 651 final (11 October 2004)
Concheiro del Río, El enriquecimiento injusto en el Derecho laboral	*Jaime Concheiro del Río*, El enriquecimiento injusto en el Derecho laboral (Barcelona 2007)
Connolly, Construction Law	*James P. Connolly*, Construction Law (Edinburgh 1999)
Conradi, Brottsskadelagen	*Erland Conradi*, Brottsskadelagen: kommentar och rättsfall (Stockholm 1989)
Conradi, SvJT 1989, 225	*Erland Conradi*, Några rättsfall om intressekollision, SvJT 1989, 225-234
Consumer Council and Financial Council, The agreement between the Consumer Council and the Financial Council of 17 September 2001	*Consumer Council and Financial Council*, The agreement between the Consumer Council and the Financial Council of 17 September 2001, http://www.fbr.dk/pm/alle/kaution/aftale/
Contamine-Raynaud, La garantie	M. *Contamine-Raynaud*, Les rapports entre la garantie à première demande et le contrat de base en droit français, iMélanges Roblot 1984, 411- 432
Conti, Danno e resp. 2006, 237	*Roberto Conti*, Il diritto di proprietà è un diritto umano? Ricadute in tema di danno morale (*rectius* non patrimoniale), Danno e resp. 2006, 237-243
Conti, Riv.it.med.leg 1998, 1171	A. *Conti*, Pretura Circondariale di Nuoro, 18 May 1996, no. 117, Riv.it.med.leg. 1998, fasc. 6 (December), 1171
Cooper, Defamation and Verbal Injury[2]	*Frank Towers Cooper*, The Law of Defamation and Verbal Injury (2nd ed., Edinburgh 1906)
Coote, [1970] CLJ, 221	*Brian Coote*, The effect of discharge by breach on exception clauses, [1970] CLJ, 221-240

Cork, Insolvency Law and Practice: Report of the Review Committee	*Kenneth Cork*, Insolvency Law and Practice: Report of the Review Committee (London 1982)
Cornelis and Claeys, TBBR 2003, 586	*Ludo Cornelis and Ignace Claeys*, Sport en aansprakelijkheid – Een stand van zaken, TBBR 2003, 586-596
Cornelis, Algemene theorie van de verbintenis	*Ludo Cornelis*, Algemene theorie van de verbintenis, (Antwerp 2000)
Cornelis, Belgian Report	*Ludo Cornelis*, Belgian report, in: Ewoud H. Hondius (ed.), Precontractual liability, Reports of the XIIIth Congress of the International Academy of Comparative Law (Deventer 1991), 53-90
Cornelis, Handboek	*Ludo Cornelis*, Algemene Theorie van de Verbintenis (Antwerp 2000)
Cornelis, Responsabilité extra-contractuelle	*Ludo Cornelis*, Principes du droit belge de la responsabilité extra-contractuelle, L'acte illicite (Brussels 1991)
Cornu, Droit civil[10-12]	*Gérard Cornu*, Droit civil. Introduction, les personnes, les biens (12th ed., Paris 2005), sometimes also quoted from the 10th ed. (Paris 2001) and the 11th ed. (Paris 2003)
Corrado, La Somministrazione	*Renato Corrado*, La Somministrazione, in: Filippo Vassalli, Trattato di diritto civile italiano, vol. VII (3rd ed., Turin 1963)
Corsaro, Responsabilità civile	*Luigi Corsaro*, Responsabilità civile. Diritto civile, in: Enc.giur. Treccani, vol. XXVI (Rome 1987/1991), 2/37
Cortez, ROA 1992-2, 513	*Francisco Cortez*, A garantia bancária autónoma – alguns problemas, ROA 1992-2, 513-609
Costa Basto, Personal injury compensation in Portugal, 395	*António da Costa Basto*, Personal injury compensation in Portugal, in: Marco Bona and Philip Mead (eds.), Personal injury compensation in Europe, a comperative study of and guide to right to claim full and fair compensation, protection of primary victims, recoverable losses, psychiatric damage, limitation law, harmonisation (Deventer 2003), 395-419
Costa Gomes, A Estrutura Negocial da Fiança e a jurisprudência recente	M. *J. Costa Gomes*, A Estrutura Negocial da Fiança e a jurisprudência recente, in: António Marques dos Santos, António Menezes Cordeiro and Armindo Ribeiro Mendes (eds.), Estudos em memória do Professor Doutor João de Castro Mendes (Lisbon 1995), 321-369
Costa, Dal credito documentario	*Costa*, Dal credito documentario alla lettera di credito come forma di garanzia nel commercio internazionale: le lettere di credito *stand-by*, in: Ugo Draetta and Cesare Vaccà (eds.), Le garanzie contrattuali, Fideiussioni e contratti autonomi di garanzia nella prassi interna e nel commercio internazionale (Milan 1994), 265-279
Costa, Direito das obrigações[10]	*Mário Júlio Costa*, Direito das obrigações (10th ed., Coimbra 2006)
Costantini, CELB 12 (2006), 1	*Cristina Costantini*, Glie effetti dell'azione revocatoria, The Cardozo Electronic Law Bulletin, vol. 12, 2006, 1-6 http://www.jus.unitn.it/cardozo/Review/2006/Costantini.pdf

Costanza, Giust.civ. 1995, I, 2418	*Maria Costanza*, L'assicurazione fideiussoria non è una fideiussione, Giust.civ. 1995, I, 2418-2421
Costanza, Lettere di patronage	*Maria Costanza*, Lettere di patronage "deboli" e responsabilità del patronnant, in: Ugo Draetta and Cesare Vaccà (eds.), Le garanzie contrattuali, Fideiussioni e contratti autonomi di garanzia nella prassi interna e nel commercio internazionale (Milan 1994), 485-490
Courtney, The Law of Private Companies[2]	*Thomas B. Courtney*, The Law of Private Companies (2nd ed., Dublin 2002)
Cousy/Thevenoz/Tilleman/ Verbeke (*-author*), Droit des contrats	Herman Cousy, Luc Thevenoz, Bernard Tilleman and Alain Verbeke (dir.), Droit des contrats, France, Suisse, Belgique (Brussels 2006), quoted here with the contributions of *B. du Laing*
Cresswell/Blair/Hill/Hooley/ Phillips/Wood, Encyclopaedia of Banking Law I[51]	*P. J. Cresswell, W. J. L. Blair, G. J. S. Hill, R. J. A. Hooley, P. M. Phillips and P. R. Wood*, Encyclopaedia of Banking Law, vol. I (Loose-leaf, 51st ed., London 2000)
Crilley, [1994] RLR 57, 68	*D. Crilley*, A Case of Proprietary Overkill, [1994] RLR 57, 68-70
Cristas, Transmissão Contratual do Direito de Crédito	*Maria de Assunção Oliveira Cristas*, Transmissão Contratual do Direito de Crédito. Do carácter real do direito de crédito (Coimbra 2005)
Cruz Moreno, CCJC 2003, 915	*Maria Cruz Moreno*, Cesión de créditos. Prenda del derecho de crédito. Principio de autonomía de la voluntad. Contrato de Seguro. Prenda del crédito, cesión del mismo, exigencia de un requisito (consentimiento del asegurador) que no se cumplió, CCJC 2003, 915-924
Cubeddu, L'importanza dell'inadempimento	*Maria Giovanna Cubeddu*, L'importanza dell'inadempimento (Turin 1995)
Cuccovillo, Giur. civ. comm. 2006, II, 103	*Mariella Cuccovillo*, Garanzie autonome, "prova liquida" e inibitoria di pagamento, Giur. civ. comm. 2006, II, 103-110
Cuilleron, RTD civ 1986, 504	*Monique Cuilleron*, Revendication des meubles perdus ou volés et protection possessoire, RTD civ 1986, 504-523
Cunhal Sendim, Responsabilidade civil por danos ecológicos	*José de Sousa Cunhal Sendim*, Responsabilidade civil por danos ecológicos (Coimbra 2002)
Cusine (*-author*), A Scots Coveyancing Miscellany	Douglas J. Cusine (ed.), A Scots Conveyancing Miscellany: Essays in Honour of Professor J. M. Halliday (Edinburgh 1987)
Czachórski and Ignatowicz, System prawa cywilnego II	*Witold Czachórski and Jerzy Ignatowicz* (eds.), System prawa cywilnego, vol. II: Prawo własności i inne prawa rzeczowe (Wrocław 1977)
Czachórski, Zobowiązania[8, 9, 10]	*Witold Czachórski* (establ.), Zobowiązania. Zarys wykładu, continued by Adam Brzozowski, Marek Safjan, Elżbieta Skowrońska – Bocian (10th ed., Warsaw 2007), sometimes also quoted from the 8th and 9th eds. (Warsaw 2003 and 2004)

D'Ercole, L'azione revocatoria	*Stefano D'Ercole*, L'azione revocatoria, in Pietro Rescigno (ed.), Trattato di diritto privato, vol. 20/II, 141-166 (Milan 1985)
D'Onofrio, Dell'arricchimento senza causa	*Paolo D'Onofrio*, Pagamento dell'indebito, Arricchimento senza causa, in: Commentario del codice civile, established by Antonio Scialoja and Giuseppe Branca, continued by Francesco Galgano (ed.), vol. IV: Delle obbligazioni, arts. 1992-2059 (Bologna/Rome 1958)
D'Onofrio, Dell'arricchimento senza causa[2]	*Paolo D'Onofrio*, Dell'arricchimento senza causa, in: Commentario del codice civile, established by Antonio Scialoja and Giuseppe Branca, continued by Francesco Galgano (ed.), vol. IV: Delle obbligazioni, arts. 2028-2042 (2nd ed., Bologna/Rome 1981)
Dacoronia, Sublease of a thing	*Eugenia Dacoronia*, Sublease of a thing (Athens 1994, in Greek)
Dacoronia, The plea of 374 CC as to the lease of a thing	*Eugenia Dacoronia*, The plea of 374 CC as to the lease of a thing, in: Michael Stathopoulos, Kostas Beis, Philipos Doris and Johannes Karakostas (eds.), Essays in honour of Apostolos Georgiades, vol. I (Athens 2006, in Greek)
Dahl et al. *(-author)*, Danish Law in a European Perspective[2]	Børge Dahl, Torben Melchior, Lars Adam Rehof and Ditlev Tamm (eds.), Danish Law in a European Perspective (2nd ed., Copenhagen 2002)
Dahl/Melchior/Rehof/Tamm, Danish Law in a European Perspective	*Børge Dahl, Torben Melchior, Lars Adam Rehof and Ditlev Tamm* (eds.), Danish Law in a European Perspective (Copenhagen 1996)
Dalbosco, Della compensazione guidiziale	*Maria Cristina Dalbosco*, Della compensazione giudiziale ovvero di un'apparenza normativa, Riv.Dir.Civ. 1991, 715-788
Dalbosco, La compensazione per atto unilaterale	*Maria Cristina Dalbosco*, La compensazione per atto unilaterale (c.d. compensazione legale) tra diritto sostanziale e processo, Riv.Dir.Civ. 1989, I, 357 ff
Dalcq and Schamps, RCJB 1995, 525 and 663	*Roger O. Dalcq and Geneviève Schamps*, Examen de jurisprudence (1987 à 1993), La responsabilité délictuelle et quasi délictuelle, RCJB 1995, 525-638 (part 1) and 663-777 (part 2)
Dalcq, Responsabilité civile I[2]	*Roger O. Dalcq*, Traité de la responsabilité civile, vol. I: Les causes de responsabilité (2nd ed., Brussels 1967)
Dalman, SvJT 1985, 177	*Lena Dalman*, Några problem rörande first demand-garantier, SvJT 1985, 177-219
Danis-Fatôme, Apparence et contrat	*Anne Danis-Fatôme*, Apparence et contrat (Paris 2004)
Dannemann, Karatzenis and Thomas, RabelsZ 55 (1991), 702	*Gerhard Dannemann, Fotios Karatzenis and Geoffrey V. Thomas*, Reform des Verjährungsrechts aus rechtsvergleichender Sicht – Hans Stoll zum 65. Geburtstag am 4. August 1991, RabelsZ 55 (1991), 697-731
Danos, Propriété, possession et opposabilité	*Frédéric Danos*, Propriété, possession et opposabilité (Paris 2007)
Danovi, Foro pad. 1991, IV, 2, 99	*Remo Danovi*, La responsabilità del direttore dei lavori, Foro pad. 1991, IV, 2, 99-110

Davies, Gower and Davies' Principles of Modern Company Law[7]	*Paul L. Davies*, Gower and Davies' Principles of Modern Company Law (7th ed., London 2003)
de Ángel Yágüez, Responsabilidad civil por actos medicos	*Ricardo de Ángel Yágüez*, Responsabilidad civil por actos medicos. Problemas de prueba (Madrid 1999)
de Ángel Yágüez, Revista de Derecho y Genoma Humano 1996, V, 105	*Ricardo de Ángel Yágüez*, Diagnósticos genéticos prenatales y responsabilidad (part 2), Revista de Derecho y Genoma Humano 1996, V, 105-117
de Ángel Yágüez, Tratado de responsabilidad civil[3]	*Ricardo de Ángel Yágüez*, Tratado de responsabilidad civil (3rd ed., Madrid 1993)
de Bersaques, RCJB 1949, 125	A. *de Bersaques*, Commentary to Cour de Cassation of 24 April 1947, RCJB 1949, 125, no. 8
de Bersaques, RCJB 1970, 494	A. *de Bersaques*, L'indépendance de l'architecte vis-à-vis de l'entrepreneur dans le contrat d'entreprise (note to CA Liège 7 April 1967), RCJB 1970, 494-506
de Bersaques, RCJB 1977, 10	A. *de Bersaques*, La lésion qualifiée et sa sanction, RCJB 1977, 10-37
De Boeck, De precontractuele aansprakelijkheid	*Annick De Boeck*, De precontractuele aansprakelijkheid: een vergelijking tussen het Belgische recht en de Principles of European Contract Law, in: Jan Smits (ed.), Totstandkoming van de overeenkomst naar Belgisch en Nederlands recht (Antwerp 2002), 79 ff
de Boeck/Dhondt/Kairis/Kinart/Vanbrabant/Van Couter, De consumentenkoop	S. de Boeck, H. Dhondt, E. Kairis, S. Kinart, B. Vanbrabant, Y. Van Couter (eds.), De consumentenkoop: de wet van 1 september 2004 betreffende de bescherming van de consumenten bij verkoop van consumptiegoederen (Gent 2005)
De Bruyne, V & F 1997, 99	*Pieter De Bruyne*, Schenking van delen en aandelen, V & F 1997, 99-109
de Bustos Gómez-Rico et al., Código Civil[15]	*Modesto de Bustos Gómez-Rico et al.*, Código civil: comentarios y jurisprudencia (15th ed., Madrid 2005)
de Caprio, Riv.it.med.leg 1998, 901	*L. de Caprio* et al., Consenso informato e decadimento cognitivo, Riv.it.med.leg. 1998, I, 901 ff
De Castro y Bravo, El Negocio Jurídico	*Federico de Castro y Bravo*, El negocio jurídico (Madrid 1967, reprint 1985)
de Coninck, De voorwaarde in het contractenrecht	*Julie de Coninck*, De voorwaarde in het contractenrecht (Bruges 2007)
De Coninck, Le droit commun de la rupture des négociations précontractuelles	*Bertrand De Coninck*, Le droit commun de la rupture des négociations précontractuelles, in: Marcel Fontaine (ed.), Le processus de formation du contrat (Brussels 2002), 17-52
De Cossío, RDP 1944, 361	*Alfonso de Cossío y Corral*, Los riesgos en la compraventa civil y en la mercantil, RDP 1944, 361-399
de Cupis, Giur.it. 1984, IV, 70	*Adriano de Cupis*, La scusabilità dell'errore nel diritto civile, Giur.it. 1984, IV, 70-73
de Cupis, Il danno I-III[3]	*Adriano de Cupis*, Il danno. Teoria generale della responsabilità civile, vols. I-III (3rd ed., Milan 1979)

de Groote, De onrechtmatige daad op het internet	*Bertel de Groote*, De onrechtmatige daad op het internet, in: Karen Broeckx, Bart Claessens, Delphine Counye a. o. (eds.), Privaatrecht in de rëele en virtuele wereld, Postuniversitaire cyclus Willy Delva, 27ste, 2000-2001 (Antwerp 2002), 657-754
de Kezel, NjW 2004, 546	*Evelien Nicole de Kezel*, Wrongful birth en wrongful life. Een stand van zaken, NjW 2004, 546-551
de Klerk-Leenen and Wessels *(-author)*, Bijzondere overeenkomsten	A. P. A. de Klerk-Leenen and B. Wessels (eds.), Bijzondere overeenkomsten, book 7, edited by M. *B. de Boer*, C. *E. du Perron and* M. *Haentjens*, Loose-leaf (Deventer 01/2000 and 08/2005)
de la Cuesta Rute, Contratos Mercantiles I, II	*José María de la Cuesta Rute* (director), Contratos Mercantiles, vol. I, II, edited by Eduardo Valpuesta Gastaminza and Maria Belén Cilveti Gubía (Barcelona 2001)
de la Vega García, Responsabilidad civil derivada del producto defectuoso	*Fernando L. de la Vega García*, Responsabilidad civil derivada del producto defectuoso. Un estudio de la Ley 22/1994 en el sistema de responsabilidad civil (Madrid 1998)
de Marez, DAOR 2000, 304	*Anders D. de Marez*, Garantieformalisme als eerste maatstaf van het beroep op een bankgarantie en de toepassing van deze regel bij de beoordeling van het "extend or pay"-verzoek, DAOR 2000, 304-344
de Martini, Nov.Dig.it 1957, vol. IV, 1050	A. *de Martini*, Evizione, Diritto civile, Nov.Dig.it 1957, vol. IV, 1050 ff
de Marzo, I contratti a distanza	*Giuseppe de Marzo*, I contratti a distanza, commento al decreto legislative 22 maggio 1999, no. 185 (Milan 1999)
de Nictolis, Nuove garanzie personali e reali	*Rosanna de Nictolis*, Nuove garanzie personali e reali: Garantievertrag, fideiussione omnibus, lettere di patronage, sale-lease-back (Padua 1998)
de Oliveira, O direito do diagnóstico pré-natal[2], 217	*Guilherme Freire Falcão de Oliveira*, O direito do diagnóstico pré-natal, in: Temas de direito da medicina (2nd ed., Coimbra 2005), 217-237
De Pablo Contreras/Martínez de Aguirre/Pérez Álvarez, Curso de Derecho Civil III	*Pedro de Pablo Contreras, Carlos Martínez de Aguirre and Aldaz Miguel Ángel Pérez Álvarez*, Curso de Derecho Civil, vol. III (Madrid 2004)
de Page and Dekkers, Traité élémentaire de droit civil belge V[2]	*Henri de Page and René Dekkers*, Traité élémentaire de droit civil belge: principes, doctrine, jurisprudence, vol. V: Les principaux contrats usuels (part 2), Les biens (part 1) (2nd ed., Brussels 1975)
de Page and Dekkers, Traité élémentaire de droit civil belge VI[2]	*Henri de Page and René Dekkers*, Traité élémentaire de droit civil belge: principes, doctrine, jurisprudence, vol. VI: Les sûretés (part 1), Les biens (part 2) (2nd ed., Bussels 1975)
de Page and Dekkers, Traité élémentaire de droit civil belge VII[2]	*Henri de Page and René Dekkers*, Traité élémentaire de droit civil belge: principes, doctrine, jurisprudence, vol. VII: Les privilèges, les hypothèques, la transcription, les droits réels immobiliers, la prescription (2nd ed., Brussels 1972)

de Page and Masson, Traité élémentaire de droit civil belge II^{3,4}	*Henri de Page and Jean-Pol Masson*, Traité élémentaire de droit civil belge: principes, doctrine, jurisprudence, vol II: les personnes (4th ed., Brussels 1990), sometimes quoted from the 3rd ed. (Brussels 1964)
de Page and Meinertzhagen-Limpens, Traité élémentaire de droit civil belge IV(1)^{3,4}	*Henri de Page and Anne Meinertzhagen-Limpens*, Traité élémentaire de droit civil belge: principes, doctrine, jurisprudence, vol. IV: Les principaux contrats (part 1) (4th ed., Brussels 1997), sometimes quoted from the 3rd ed. (Brussels 1972)
de Page, Traité élémentaire de droit civil belge I^{3}	*Henri de Page* Traité élémentaire de droit civil belge: principes, doctrine, jurisprudence, vol I: Introduction, théorie générale des droits et des lois, les personnes, la famille (3rd ed., Brussels 1962)
de Page, Traité élémentaire de droit civil belge III^{3}	*Henri de Page*, Traité élémentaire de droit civil belge: principes, doctrine, jurisprudence, vol. III: Les obligations (part 2) (3rd ed., Brussels 1967)
de Page, Traité élémentaire de droit civil belge VIII^{2}	*Henri de Page*, Traité élémentaire de droit civil belge: principes, doctrine, jurisprudence, vol. VIII, Les liberlaités (généralités), les donations (2nd ed., Brussels 1962)
de Rooy, NJB 1983, 1113	*Per de Rooy*, Standby letters of credit, NJB 1983, 1113-1115
de Theije, TBH 2004, 476	*Marc de Theije*, Compensatie na cessie, commentary to Cour de Cassation 26 June 2003 (in R.W. 2003-2004, 1419), Rev. not.b. 2003, 620 = TBH 2004, 476
de Theux, Ann. Louv. 2002, 287	*Olivier de Theux*, La liberté d'expression de la presse face à la protection civile de la vie privée et de l'honneur et la réputation, Ann. Louv. 2002, 287-348
de Vries, AA 1995, 186	*F. J. de Vries*, Vrijtekening van beroepsaansprakelijkheid, AA 1995, 186-192
de Vries, Rapport Néerlandais	*Gérard de Vries*, Rapport Néerlandais, in: Travaux de l'Association Henri-Capitant, Les garanties de financement, 1998, 463-479
De Vuyst, Documentaire kredieten	*Bruno M. De Vuyst*, Documentaire kredieten: Algemene Praktische Rechtsverzameling (Ghent 1981)
Debaene and Soens *(-author)*, Aansprakelijkheidsrecht. Actuele tendensen	Maarten Debaene and Paul Soens (eds.), Aansprakelijkheidsrecht. Actuele tendensen (Brussels 2005), 29-66
Deckers, Le mandat	*F. Deckers*, Le mandat (Brussels 1979)
Deixler-Hübner, ÖJZ 1999, 201	*Astrid Deixler-Hübner*, Probleme der Leistungsabgeltung im Zusammenhang mit der Auflösung der Lebensgemeinschaft, ÖJZ 1999, 201-212
Dekkers *(-author)*, Handboek burgerlijk recht II^{3}, III^{3}	*René Dekkers and Eric Dirix*, Handboek burgerlijk recht, vol. II, Zakenrecht, zekerheden, verjaring (3rd ed., Antwerp 2007); *René Dekkers and Alain Verbeke*, Handboek burgerlijk recht, vol. III: Verbintenissen, bewijsleer, gebrujkelijke contracten (3rd ed., Antwerp 2007)
Dekkers, De patiënt en het recht op informatie	*F. Dekkers*, De patiënt en het recht op informatie (Leiden 1979)

Dekkers, Précis de droit civil belge I, II	*René Dekkers*, Précis de droit civil belge, vol. I: Introduction, les personnes, les biens, la transcription, la prescription (Brussels 1954); vol. II: Les obligations, les preuves, les contrats, les sûretés (Brussels 1955)
Dekkers, RW 1973, 1937	*René Dekkers*, Inzake roerend goed Geldt Bezit als Titel doch niet als wettige Titel, RW 1973, 1937-1940
Del Olmo García, ADC 2001, 257	*Pedro Del Olmo García*, Responsabilidad por daño puramente económico causado al usuario de informaciones falsas, ADC 2001, 257-368
Del Olmo García, Pago de tercero y subrogación	*Pedro Del Olmo García*, Pago de tercero y subrogación (Madrid 1998)
del Pilar de Salas Murillo/ Weyts/Gonçalo Dias Pereira, ERPL 1/2004, 111	*Sofia del Pilar de Salas Murillo, Britt Weyts and André Gonçalo Dias Pereira*, Cour de Cassation française, 2e chambre civile, 4 juillet 2002 – On the Assumtion of Risk, ERPL 1/2004, 111-132
Delany, Equity and the law of trusts in Ireland$^{1-3}$	*Hilary Delany*, Equity and the law of trusts in Ireland (3rd ed., Dublin 2003), sometimes also quoted from the 1st/2nd ed. (Dublin 1996/1999)
Delebecque and Pansier, Droit des obligations I^{3}	*Philippe Delebecque and Frédéric-Jérôme Pansier*, Droit des obligations, vol. I: Contrat et quasi-contrat (3rd ed., Paris 2000)
Delebecque, Contrat de renseignement	*Philippe Delebecque*, Contrat de renseignement, JurClCiv: Contrats et Distribution, Fasc. 795, 1991
Delebecque, D. 1990, 255	*Philippe Delebecque*, Les incidences de la loi du 31 décembre 1989 sur le surendettement, D. 1990, 255-258
Delforge, La formation des contrats	C. *Delforge*, La formation des contrats sous un angle dynamique. Réflexions comparatives, in: Marcel Fontaine (ed.), Le processus de formation du contrat (Brussels 2002) 139-140
Delgado Echeverría and Parra Lucán, Las nulidades de los contratos	*Jesús Delgado Echeverría* and *Maria Ángeles Parra Lucán*, Las nulidades de los contratos (Madrid 2005)
Delierneux, La pratique des garanties	*Delierneux*, La pratique des garanties à première demande en droit belge, in Houssa/Association Luxembougeoise des Juristes de Banque (eds.), L'actualité des garanties à première demande/actualia inzake garanties op eerste verzoek (Cahiers AEDBF/EVBFR-Belgium no. 4, Brussels) 1998, 17-47
Deliyannis and Kornilakis, Eidiko Enochiko Dikaio I – III	*Johannes Deliyannis und Panos Kornilakis*, Eidiko Enochiko Dikaio, vols. I – III (Thessaloniki 1992)
Deliyannis, AID 15/1951-52, 153	*Johannes Deliyannis*, To paranomo os stoicheion tis ennoias tou astikou adikimatos. Symvoli eis tin ermineian tou arthrou Astikou Kodikos, AID 15/1951-52, 153-195
Deliyannis, EllDik 32 (1991), 1215	*Ioannis Deliyannis*, Νομολογια πολιτικων δικαστηριων νομολογια αρειον παγον, EllDik 32 (1991), 1215-1230
Deliyannis, FS Michaelides-Nouaros I, 303	*Johannes Deliyannis*, I paranomia os proypothesi tis adikopraktikis evthinis, in: Festschrift in honour of Georges Michaelides-Nouaros, vol. I (Athens 1987), 303-348

Dellinger, Vorstands- und Geschäftsführerhaftung im Insolvenzfall	*Markus Dellinger*, Vorstands- und Geschäftsführerhaftung im Insolvenzfall (Vienna 1991)
Deloddere, NjW 2004, 38	*Sophie Deloddere*, Ecologische schade en het herstel ervan, NjW 2004, 38-44
Deloukas, Maritime Law[2]	*N. Deloukas*, Maritime Law (2nd ed., Athens 1979, in Greek)
Delport, De handgift	*F. Delporte*, De handgift, in: Advocatenpraktijk. Burgerlijk recht (Antwerp 1997)
Demetriades, I eggyitiki epistoli	*Κωνσταντίνος Δημητριάδης*, Η εγγυητική επιστολή κατά το ισχύον δίκαιο (Athens 1992)
Demogue, Traité des Obligations en général	*René Demogue*, Traité des Obligations en général (Paris 1925-33)
den Boer and Wildenburg, TvC 1993, 281	*W. A. den Boer and A. C. A. Wildenburg*, Recente ontwikkelingen in de ambachtelijke dienstverlening, TvC 1993, 281-295
Depadt-Sebag, D. 2006, 2113	*Valérie Depadt-Sebag*, Faut-il abroger l'article 1386 du code civil?, D. 2006, 2113-2115
Derains/Goffin/Hanotiau/Herbots/Marchandise/Renaudière, Le contrat en formation	*Yves Derains* (ed.), *F. Goffin*, *B. Hanotiau*, *J. Herbots*, *Ph. Marchandise*, *Ph. Renaudière*, Le contrat en formation (2nd ed., Brussels 1993)
Derleder, NJW 1986, 97	*Peter Derleder*, Die unbegrenzte Kreditbürgschaft, NJW 1986, 97-104
Derleder/Knops/Bamberger (*-author*), Bankrecht	Peter Derleder, Kai-Oliver Knops and Heinz Georg Bamberger (eds.), Handbuch zum deutschen und europäischen Bankrecht (Berlin 2004)
Des Longrais, La Conception Anglaise de la Saisine du XIIe au XIVe Siècle	*Frédéric Joüon de Longrais*, La Conception Anglaise de la Saisine du XIIe au XIVe Siècle (Paris 1925)
Des Longrais, La Conception Anglaise de la Saisine du XIIe au XIVe Siècle	*F. Jouon Des Longrais*, La Conception Anglaise de la Saisine du XIIe au XIVe Siècle (Paris 1925)
Devèze/Couret/Hirigoyen, Lamy Droit du financement	*Devèze, Couret and Hirigoyen*, Lamy Droit du financement (Paris 2005)
Devos, BankFin 1989, II, 29	*D. Devos*, Garantie à première demande – caractère unilateral – appel abusif ou frauduleux, note under Brussels 15 Oct. 1987, BankFin, 1989, 2, 29-32
di Giandomenico, Il contratto e l'alea	*Giovanni di Giandomenico*, Il contratto e l'alea (Verona 1987)
di Majo, Clausola "omnibus", 41	*Adolfo di Majo*, Clausola "omnibus" nella fideiussione e buona fede, in: Alessandro Munari (ed.), Fideiussione omnibus e buona fede (Milan 1992), 41-56
di Majo, Dell'adempimento in generale	*Adolfo di Majo*, Dell'adempimento in generale, in: Commentario del codice civile, established by Antonio Scialoja and Giuseppe Branca, continued by Francesco Galgano (ed.), vol. IV: Delle obbligazioni, arts. 1177-1200 (Bologna/Rome 1981, reprint 1994)

di Majo, L'adempimento dell'obbligazione	*Adolfo Di Majo*, Obbligazioni e contratti: L'adempimento dell'obbligazione (Bologna 1993)
di Majo, Obbligazioni solidali	*Adolfo di Majo*, Obbligazioni solidali, in: Enc.dir., vol. XXIX (Milan 1979), 298-329
di Majo, Problemi e metodo del diritto civile III[4]	*Adolfo di Majo*, Problemi e metodo del diritto civile, vol. III: La tutela civile dei diritti (4th ed., Milan 2003)
di Majo, Riv.Dir.Civ. 1994, I, 781	*Adolfo di Majo*, Causa e imputazione negli atti solutori, Riv.Dir.Civ. 1994, I, 781-798
Di Meo, Pagamenti internazionali[3]	*Antonio Di Meo*, Pagamenti internazionali e crediti documentari: assicurazione crediti all'export; bonifici ed assegni bancari esteri; incassi documentari, incassi semplici ed elettronici (3rd ed., Santarcangelo di Romagna 2004)
Di Prisco, I modi di estinzione	*N. Di Prisco*, I modi di estinzione delle obbligazioni diversi dall'adempimento, in: Piero Rescigno (ed.), Trattato di diritto privato, vol. IX/1 (2nd ed., Turin 1999)
Di Sabato, Riv.Dir.Civ. 1961, II, 490	*F. Di Sabato*, Fideiussione e negozi di assunzione del debito altrui: criteri d'interpretazione, Riv.Dir.Civ. 1961, II, 490-502
Diamond, Contract and Tort	*Aubrey L. Diamond*, The Law of Contract and Tort, in: Gerald Gardiner and Andrew Martin (eds.), Law Reform Now (London 1964)
Diamond, Review of Security Interests in Property	*Aubrey L. Diamond*, Review of Security Interests in Property, 'Eighth Report of the Law Reform Committee for Scotland' (London 1989)
Dias Oliveira, Proteção dos consumidores	*Elsa Dias Oliveira*, A proteção dos consumidores nos contratos celebrados através da internet (Coimbra 2002)
Dias Pereira, BFD LXXVI (2000), 433	*André Gonçalo Dias Pereira*, O consentimento para intervencões médicas prestado em formulários: uma proposta para o seu controlo jurídico, BFD LXXVI (2000), 433-471
Dias Pereira, O consentimento informado	*André Gonçalo Dias Pereira*, O consentimento informado na relação médico-paciente: Estudo de Direito Civil (Coimbra 2004)
Dias, [1967] CLJ, 155	*R. W. M. Dias*, Employer's Liability for Employee's Negligent Misrepresentation, [1967] CLJ, 155-157
Díaz Alabart and Alvarez Moreno, Garantía	*Silvia Díaz-Alabart* (ed.) and *Maria Teresa Alvarez Moreno*, Garantía en la venta de bienes de consumo (Ley 23/2003, de 10 de julio) (Madrid 2006)
Díaz Alabart, ADC 1987, 795	*Silvia Díaz Alabart*, La responsabilidad por los actos ilícitos dañosos de los sometidos a patria potesta do tutela, ADC 1987, 795-894
Díaz Alabart, ADC 1988, 1133	*Silvia Díaz Alabart*, La facultad moderadora del artículo 1.103 del Código Civil, ADC 1988, 1133-1224
Díaz Alabart, Poder Judicial 1988, 135	*Silvia Díaz Alabart*, Comentario a la Sentencia del Tribunal Supremo de 2 de marzo de 1988, Poder Judicial 1988, 135-138
Díaz-Regañón, La resolución unilateral del contrato de servicios	*Calixto Díaz-Regañón García-Alcalá*, La resolución unilateral del contrato de servicios (Granada 2000)

Dieckmann, Derivativregreß	*Johann Andreas Dieckmann*, Der Derivativregreß des Bürgen gegen den Hauptschuldner im englischen und deutschen Recht (Berlin 2003)
Díez Soto, Concurrencia y prelación de créditos	*Carlos Manuel Díez Soto*, Concurrencia y prelación de créditos: teoría general (Madrid 2006)
Díez Soto, El Depósito Profesional	*Carlos Manuel Díez Soto*, El Depósito Profesional (Barcelona 1995)
Díez Soto, Libro Homenaje al Profesor Manuel Albaladejo I	*Carlos Manuel Díez Soto*, El régimen de gananciales en la nueva Ley Concursal, in: J. M. González Porras and F. P. Méndez González (coord.), Libro Homenaje al Profesor Manuel Albaladejo (Festschrift in honour of Prof. Albaladejo, vol. I (Murcia 2004), 1.277-1.314
Díez-Picazo *(-author)*, La Compraventa Internacional de mercaderías	Luis María Díez-Picazo (director and coordinator), La compraventa internacional de mercaderías: comentario de la Convención de Viena (Madrid 1998)
Díez-Picazo and Gullón, Instituciones I, II	*Luis María Díez-Picazo and Antonio Gullón*, Instituciones de Derecho Civil, vol. I: Introducción, parte general y derecho de la persona. Disciplina general de los contratos y de las obligaciones. Contratos en particular, cuasicontratos, enriquecimiento sin causa y responsabilidad extracontractual, vol. II: Derecho reales, derecho de familia, derecho de sucesiones (Madrid 1995)
Díez-Picazo and Gullón, Sistema I[10, 11], II[6-9], III[6]	*Luis María Díez-Picazo* and *Antonio Gullón*, Sistema de derecho civil, vol.I: Introducción, derecho de la persona, autonomía privada, persona jurídica (11th ed., Madrid 2003), sometimes also quoted from the 10th ed. (Madrid 2001), vol. II: El contrato en general, la relación obligatoria, contratos en especial, cuasi contratos, enriquecimiento sin causa, responsabilidad extracontractual (9th ed., Madrid 2001), sometimes also quoted from the 6th/7th/8th ed. (Madrid 1992/1995/2000), vol. III: Derecho de cosas y derecho inmobiliario registral (6th ed., Madrid 1998)
Díez-Picazo Giménez, La Ley 1998, III, 1700	*Gema Díez-Picazo Giménez*, La imposibilidad de abortar: un supuesto más de responsabilidad civil, La Ley 1998, III, 1700-1710
Díez-Picazo, ADC 1966, 555	*Luis Díez-Picazo*, La tradición y los acuerdos traslativos en el Derecho español, ADC 1966, 555 ff
Díez-Picazo, ADC 2007, 1601	*Luis Díez-Picazo*, Commodum ex negotiatione, ADC 2007, 1601-1617
Díez-Picazo, Derecho de daños	*Luis María Díez-Picazo*, Derecho de daños (Madrid 1999)
Díez-Picazo, FS Lacruz Berdejo II, 1223	*Luis Díez-Picazo*, La anulabilidad de los contratos, in: Festschrift in honour of José Luis Lacruz Berdejo, vol. II (Barcelona 1993), 1221-1230
Díez-Picazo, Fundamentos I[4, 6], II[4, 5], III[4]	*Luis María Díez-Picazo*, Fundamentos del Derecho Civil patrimonial, vol. I: Introducción. Teoría del contrato

	(6th ed., Madrid 2007 and 4th ed., Madrid 1993), vol. II: Las relaciones obligatorias (5th ed., Madrid 1996 and 4th ed., Madrid 1993), vol. III: Las relaciones juridico-reales. El registro de la propiedad. La posesion (4th ed., Madrid 1995)
Díez-Picazo, Homenaje al Profesor Juan Roca Juan, 221	*Luis María Díez-Picazo*, Las relaciones entre usucapión y prescripción extintiva, y la prescripción extintiva de la acción reivindicatoria, in: Homenaje al Profesor Juan Roca Juan (Festschrift in honour of Prof. Roca Juan) (Murcia 1989), 221 ff
Díez-Picazo, La liquidación de las nulidades contractuales	*Luis Díez-Picazo*, La liquidación de las nulidades contractuales, in: El negocio jurídico, La ineficacia del contrato (Madrid 1994)
Díez-Picazo, La prescripción extintiva	*Luis María Díez-Picazo*, La prescripción extintiva (en el Código Civil y en la jurisprudencia del Tribunal Supremo) (Madrid 2003)
Díez-Picazo, La representación	*Luis María Díez-Picazo*, La representación en Derecho privado (Madrid 1979)
Dimopoulou, Evthini apo diakindinevsi	*Ζαφειρία Δημοπούλου*, Ευθύνη από διακινδύνευση: οι λόγοι περιορισμού και απαλλαγής [από την ευθύνη] (Athens, Thessaloniki 2003)
Dirix *(-author)*, Bijzondere overeenkomsten	Eric Dirix (ed.), Bijzondere overeenkomsten. Artikelgewijze commentaar met overzicht van rechtspraak en rechtsleer (Loose-leaf, Antwerp 1985), quoted here with the commentaries by *Christophe Dehouck*, A. *Christiaens*, I. *Samoy* and M. *Taeymans*
Dirix and De Corte, Zekerheidsrechten[3, 5]	*Eric Dirix and Rogier De Corte*, Zekerheidsrechten, in: Roger Dillemans and Walter van Gerven (eds.), Beginselen Belgisch Privaatrecht, vol. XII (5th ed., Mechelen 2006), sometimes also quoted from the 3rd ed. (Antwerp 1999)
Dirix and van Oevelen, RW 1992-1993, 1209	*Eric Dirix and Alois van Oevelen*, Kroniek van het verbintenissenrecht 1985-1992, RW 1992-1993, 1209-1237 and 1249-1265
Dirix and Vriesendorp *(-author)*, De kwaliteitsrekening, zakenrechtelijk bekeken	M. E. *Storme*, De kwaliteitsrekening, zakenrechtelijk bekeken, in: Eric Dirix and Reinoud D. Vriesendorp (eds.), Inzake kwaliteit: de kwaliteits- of derdenrekening naar Belgisch en Nederlands recht (Deventer 1998)
Dirix, Actuele trends in de zakelijke zekerheidsrechten, 1	*Eric Dirix*, Actuele trends in de zakelijke zekerheidsrechten, in: Zakenrecht: absoluut niet een rustig bezit (Antwerp 1995), 1-32
Dirix, Het begrip schade	*Eric Dirix*, Het begrip schade (Antwerp a. o. 1984)
Dirix, Obligatoire	*Eric Dirix*, Obligatoire verhoudingen tussen contractanten en derden, (Antwerp 1984)
Dirix, RW 1985-86, 1082	*Eric Dirix*, Eigendomsoverdracht bij gedwongen openbare verkoop van onroerend goed, noot onder Hof Antwerp, RW 1985-86, 1082 ff
Dirix, TBH 1988, 660	*Eric Dirix*, Over de beperkende werking van de goude trouw, TBH 1988, 660-667

Dirix, Zekerheidsrechten en uitwinning	*Eric Dirix*, Zekerheidsrechten en uitwinning, in: Actuele ontwikkelingen in de rechtsverhouding tussen bank en consument (Antwerp 1994), 313-342
Dirix/Vriesendorp [-*Storme*], De kwaliteitsrekening, zakenrechtelijk bekeken, 56	M. E. *Storme*, De kwaliteitsrekening, zakenrechtelijk bekeken, in: Eric Dirix and Reinout David Vriesendorp (eds.), Inzake Kwaliteit, de kwaliteits- und derdenrekening naar Belgisch en Nederlands Recht (Deventer 1998), 55-80
Distaso, Beneficio di escussione	*Distaso*, Beneficio di escussione, in Enc.dir., vol. V (Milan 1959), 103-123
Dittrich and Tades, ABGB^{35}	*Robert Dittrich and Helmuth Tades* (eds.), Das Allgemeine Bürgerliche Gesetzbuch: samt den einschlägigen Gesetzen und Verordnungen, verweisenden und erläuternden Anmerkungen, Literaturangaben und einer Übersicht über die Rechtsprechung der Gerichte, insbesondere des Obersten Gerichtshofs, Manz Große Ausgabe der österreichischen Gesetze (35th ed., Vienna 1999), quoted here with the commentaries by *Hans Kapfer*
Djerov, Veshtno pravo^{6}	*Alexander Djerov*, Veshtno pravo (6th ed., Sofia 2003)
D-Karnov 2003, 2004, 2005, 2006 III, IV *(-author)*	Karnovs lovsamling, edited by Bo von Eyben, Jan Pedersen and Thomas Rørdam, vol. III: 3663-5394, vol. IV: 5395-7240 (Copenhagen 2007), quoted here with the commentaries of Straffeloven by *Michael Elmer*, 4952-5100, Erstatningsansvarsloven by *Bo von Eyben*, 5628-5654, Produktansvarsloven by *Børge Dahl*, 5776-5785, E-handelsloven by *Tom Latrup-Pedersen*, 7062-7066, Markedsføringslov by *Eva Aaen Skovbo*, 6655-6679
Dogaru and Drăghici, Drept civil	*Ion Dogaru and Pompil Drăghici*, Drept civil. Teoria generală a obligaţiilor (Bucharest 2002)
Dölle *(-author)*, Kommentar zum einheitlichen Kaufrecht	*Hans Dölle*, Kommentar zum einheitlichen Kaufrecht (Munich 1976)
Dolmetta and Portale, BBTC 1999, I, 76	*Aldo Angelo Dolmetta and Giuseppe B. Portale*, Cessione del credito e cessione in garanzia nell'ordinamento italiano, BBTC 1999, I, 76-118
Dominguez García, Los contractos de distribución	*Manuel Antonio Dominguez García*, Los contractos de distribución: agencia mercantil y concesión comercial, in: L. Fernández de la Gándara and A. L. Clavo Caravaca (eds.), Contratos Internacionales (Madrid1997)
Dominguez Luelmo, Derecho sanitario y responsabilidad médica	*Andrés Dominguez Luelmo*, Derecho sanitario y responsabilidad médica (Valladolid 2003)
Dommering-van Rongen, Produktenaansprakelijkheid	*Loes Dommering-van Rongen*, Produktenaansprakelijkheid, Een nieuwe Europese privaatrechtelijke regeling vergeleken met de produktenaansprakelijkheid in de Verenigde Staten (Deventer 1991)

Donnelly, From Possession to Ownership	C. *Donnelly*, From Possession to Ownership: An Analytical Study of the Declining Role of Possession in Scottish Property Law, 2006 Juridical Review, 267 ff
Donnelly, The Law of Banks	*Mary Donnelly*, The Law of Banks and Credit Institutions (Dublin 2000)
Doreste Hernández, http://www.eeb.org/publication/METAMORPHOSIS-38.pdf	*Jaime Doreste Hernández*, Putting Environmental Liability in Practice – Spain sets the example, Metamorphosis, The European Environmental Bureau Newsletter 2005, no. 38, 7-8 (http://www.eeb.org/publication/METAMORPHOSIS-38.pdf)
dos Santos, Nota sobre a nova lei portuguesa relativa à arbitragem voluntária	*António Novais Marques dos Santos*, Nota sobre a nova lei portuguesa relativa à arbitragem voluntária – Lei n/ 31/86, de 29 de Agosto, Revista de la corte Española de Arbitrage 1987, 15-50
Dósa, *Állam- és Jogtudomány 1-2/2000, 143*	*Ágnes Dósa*, Az orvos polgári jogi felelőssége az egészséges, nem kívánt gyermek születéséért, Állam- és Jogtudomány, 1-2/2000, 143-153
Dósa, Az orvos kártérítési felelőssége	*Ágnes Dósa*, Az orvos kártérítési felelőssége (Budapest 2004)
Dotevall, Mellanmannens kunskap och huvudmannens bundenhet	*Rolf Dotevall*, Mellanmannens kunskap och huvudmannens bundenhet (Stockholm 1998)
Doublis, DEE 1998, 238	*Βασίλειος Δούβλης*, Oi prosfates nomologiakes exelixeis sto pedio efarmogis ton AK 862-863 stis trapezikes chrimatodotiseis, DEE 1998, 238-243
Doublis, I metavivasi Trapezikis pistosis	*Βασίλειος Δούβλης*, Η μεταβίβαση τραπεζικής πίστωσης με αλληλόχρεο λογαριασμό (Athens 1994)
Douchy, Notion de quasi-contrat	*Melina Douchy*, La notion de quasi-contrat en droit positif français (Paris 1997)
Douglas, LMCLQ 2008, 129	*Simon Douglas*, Converting Contractual Rights, LMCLQ 2008, 129-134
Du Laing, AJT 1999-2000, 853	*Bart Du Laing*, Het verhaalsrecht van de betalende borg en de omvang van de bijdrageplicht van de medeborgen (art. 2033 BW), AJT 1999-2000, 853-865
du Laing, RDC 2000, 227	*Bart du Laing*, Naar een veralgemeende afwijzing van het zakelijk karakter van de geldlening, Note to Cass. 27 May 1998, RDC 2000, 227-232
du Perron, Overeenkomsten en derden	*Charles Edgar du Perron*, Overeenkomsten en derden (Deventer 1999)
Duarte Pinheiro, ROA 1992-2, 417	*Jorge Duarte Pinheiro*, Garantia bancária autónoma, ROA 1992-2, 417-465
Duarte, BFD LXXV (1999), 649	*Paulo Duarte*, O conceito jurídico de consumidor, segundo o art. 2°/1 da Lei de Defesa do Consumidor, BFD LXXV (1999) 649-703
Dufwa, Flera skadeståndsskyldiga	*Bill W. Dufwa*, Flera skadeståndsskyldiga (Stockholm 1993)
Dufwa, JT 1990-91, 456	*Bill W. Dufwa*, Medverkan utan medvållande och ett par andra skadeståndsrättsliga spörsmål, JT 1990-91, 456-467

Dufwa, SvJT 1979, 401	*Bill W. Dufwa*, Vår komplicerade trafikskaderätt och framtiden, SvJT 1979, 401-490
Dullinger and Riedler, JBl 2002, 182	*Silvia Dullinger and Andreas Riedler*, Erfordernisse des Buchvermerks bei der Sicherungszession/ Schadenersatzanspruch wegen Verletzung fremder Rechte, JBl 2002, 182-187
Dullinger, Handbuch der Aufrechnung	*Silvia Dullinger*, Handbuch der Aufrechnung (Vienna 1995)
Dullinger, RZ 1986, 202	*Silvia Dullinger*, Die gesetzliche Vertretung Minderjähriger bei Rechtsgeschäften, RZ 1986, 202 ff
Durán Rivacoba, Evicción y saneamiento	*Ramón Durán Rivacoba*, Evicción y saneamiento (Pamplona 2002)
Durany Pich, FS Díez-Picazo II, 1749	*Salvador Durany Pich*, Responsabilidad civil y Derecho penal de menores, in: Antonio Cabanillas Sánchez, Jorge Caffarena Laporta, José María Miquel González, Vicente L. Montés Penadés, Antonio Manuel Morales Moreno and Fernando Pantaleón Prieto (eds.), Estudios jurídicos en homenaje al Profesor Luis Díez-Picazo (Festschrift in honour of Luis Díez-Picazo), vol. II: Derecho civil, derecho de obligaciones (Madrid 2003), 1749-1764
Duyvensz, De redelijkheid van de exoneratieclausule	*J. H. Duyvensz*, De redelijkheid van de exoneratieclausule (The Hague 2003)
Dybowski, Ochrona własności w polskim prawie cywilnym	*Tomasz Dybowski*, Ochrona własności w polskim prawie cywilnym (rei vindicatio – actio negatoria) (Warsaw 1969)
Ebbink, WPNR 1984, no. 5705, 433 and no. 5706, 453	*R. E. Ebbink*, Uitzonderingen op de betalingsplicht van de bank onder het documentair krediet, WPNR 1984, no. 5705, 433-438 and no. 5706, 453-458
Ebenroth/Boujong/Joost *(-author)*, HGB	Carsten Thomas Ebenroth, Karlheinz Boujong and Detlev Joost (eds), Handelsgesetzbuch, vol. I: §§ 1-342e (2nd ed., Munich 2008), vol. II: 343-475h, Transportrecht, Bank- und Börsenrecht (Munich 2001), quoted here with the commentaries by *Michael Hakenberg*
Ebers, ADC 2006, 229-238	*Martin Ebers*, Quien es consumidor?, ADC 2006, 229-238
Echebarría Sáenz, El contrato de franquicia	*Joseba A. Echebarría Sáenz*, El contrato de franquicia: Definición y conflictos en las relaciones internas (Madrid 1995)
Edelman, (2006) 122 LQR, 391	*James Edelman*, Restitutionary Damages for Torts, (2006) 122 LQR, 391-393
Edelman, D. 1992, Chron. 91	*Bernard Edelman*, La rue et le droit d'auteur, D. 1992, Chron. 91
Egglmeier, NZ 1997, 33	*Barbara Egglmeier-Schmolke*, Zur Zulässigkeit auflösend bedingter Übereignung im österreichischen Recht, NZ 1997, 33 ff
Ehrenzweig and Ehrenzweig, System II(1)[2, 3]	*Adolf Ehrenzweig and Armin Ehrenzweig* in cooperation with *Heinrich Mayrhofer*, System des österreichischen allgemeinen Privatrechts, vol. II, part 1: Das Recht der Schuldverhältnisse (3rd. ed., Vienna 1986), sometimes also quoted from 2nd ed. (Vienna 1928)

Ehrenzweig, Sachenrecht[2]	*Armin Ehrenzweig*, System des österreichischen allgemeinen Privatrechts, vol. I, part 2: Das Sachenrecht (2nd ed., Vienna 1875)
Eisenhardt, JZ 1991, 271	*Ulrich Eisenhardt*, Die Einheitlichkeit des Rechtsgeschäfts und die Überwindung des Abstraktionsprinzips, JZ 1991, 271-277
Eisfeld, WiRO 2006, 225	*Gero Eisfeld*, Wettbewerbsordnung in Litauen – Wettbewerbs- und Werbegesetz im Überblick, WiRO 2006, 225-230
Ekström, Om borgen[3]	*F. W. Ekström*, Om borgen (3rd ed., Helsinki 1927)
Eleftheriadou, Die Haftung aus Verkehrspflichtverletzung im deutschen und griechischen Deliktsrecht	*Evlalia Eleftheriadou*, Die Haftung aus Verkehrspflichtverletzung im deutschen und griechischen Deliktsrecht (Cologne a.o. 2005)
Eleftheriadou, PHI 1999, 102	*Evlalia Eleftheriadou*, Neue Produkthaftung in Griechenland, PHI 1999, 102-108
Ellilä, Oikeudenkäynti ja täytäntöönpano	*Tauno Ellilä*, Oikeudenkäynti ja täytäntöönpano (Porvoo 1976)
Elmer and Skovby, Ejendomsretten I[4]	*Michael Elmer and Lise Skovby*, Ejendomsretten, vol. I (4th ed., Copenhagen 2001)
Embid Irujo, El seguro de caución, 1849	*José Miguel Embid Irujo*, El seguro de caución, in: Julián Martinez-Simancas Sanchez and Alberto Alonso Ureba (eds.), Instituciones del mercado financiero, vol. IV (Madrid 1999), 1849-1864
Emmerich and Sonnenschein (*-author)*, Hk-Miete[8]	Volker Emmerich and Jürgen Sonnenschein, Miete. Handkommentar. §§ 535 bis 580a des Bürgerlichen Gesetzbuches (8th ed., Berlin 2003)
Emmerich, JuS 2006, 81	*Volker Emmerich*, Reparaturpflicht des Vermieters – Grenzen der Reparaturpflicht – Unmöglichkeit und Opfergrenze, JuS 2006, 81 ff
Engelhard and van Maanen, NTBR 1998, 309	*E. F. D. Engelhard and G. E. van Maanen*, De vordering uit ongerechtvaardigde verrijking; géén billijkheidsactie! Het hek moet wer op de dam..., NTBR 1998, 309-314
Engels, Uitvoerend Beslag	*Christian Engels*, Het uitvoerend beslag op onroerend goed en de daarbijhorende rangregeling, (Antwerp 1981)
English Law Commission Consultation Paper No. 151 on Limitation of Actions	English Law Commission Consultation Paper No. 151 on Limitation of Actions (London 1998)
Ensink, Bank Guarantees in the Netherlands	*Tom Ensink*, Bank Guarantees in the Netherlands, in: Friedrich Graf von Westphalen and Brigitta Jud (eds.), Die Bankgarantie im internationalen Handelsverkehr (3rd ed., Heidelberg 2005), 548-561
Eörsi, A tulajdonátszállás kérdéséről	*Gyula Eörsi*, A tulajdonátszállás kérdéséről (Budapest 1947)
Eörsi, Kártérítés jogellenes magatartásért	*Gyula Eörsi*, Kártérítés jogellenes magatartásért (Budapest 1958)
Erichsen, Medicine and Law 2001, 355	*Martin Erichsen*, The Danish patient insurance system, Medicine and Law 2001, 355-369

ErmAK *(-author)*	Ermineia tou Astikou Kodikos, edited by professors and academics of the universities of Athens and Thessaloniki (Athens 1949 ff), quoted here with the commentaries of *Gafos, Gasis, Kapodistrias, Litzeropoulos, Michaelides-Nouaros, Sakketas* and *Spiliopoulos*
Erman *(-author)*, BGB I[9-12], II[11, 12]	Walter Erman (editor until 4th ed.) and Harm Peter Westermann (ed.), Handkommentar zum Bürgerlichen Gesetzbuch in zwei Bänden, vol. I: §§ 1-811 (11th ed., Münster 2000), vol. II: §§ 812-2385 (11th ed., Münster 2004), sometimes also quoted from the 9th ed. (Münster 1993), the 10th ed. (Münster 2000) and the 12th ed. (Cologne 2008)
Ernst and Zimmermann, Zivilrechtswissenschaft und Schuldrechtsreform	*Wolfgang Ernst and Reionhard Zimmermann,* Zivilrechtswissenschaft und Schuldrechtsreform: Zum Diskussionsentwurf eines Schuldrechtsmodernisierungs-gesetzes des Bundesministeriums der Justiz (Tübingen 2001)
Erskine, An Institute of the Law of Scotland II(3),(4)[1, 8]	*John Erskine of Carnock,* An Institute of the Law of Scotland, edited by James Badenach Nicholson, in four books, in the order of Sir George Mackenzie's Institutions of that law, vol. II, book 3 and 4 (8th ed., Edinburgh 1871, reprint 1989), sometimes also quoted from the 1st ed. (Edinburgh 1828)
Erskine, Institute[8]	*John Erskine of Carnock,* An Institute of the Law of Scotland, edited by James Badenach Nicholson, in four books, in the order of Sir George Mackenzie's Institutions of that law vols. I and II (8th ed., Edinburgh 1871, reprint 1989)
Ertl, JBl 1974, 281 and 342	*Gunter Ertl,* Aneignung preisgegebener Sachen. Das Autowrack als Rechtsproblem, JBl 1974, 281-293 and 342-356
Esmein, JCP 1956, II, no. 9087	*Paul Esmein,* note Cass. Civ. 16. November 1955, JCP 1956, II, no. 9087
Esmein, JCP 1959, II, no. 11187	*Paul Esmein,* note Cass. Civ. 27. May 1959, JCP 1959, II, no. 11187
Espejo Lerdo De Tejada, Reserva de Dominio	*Manuel Espejo Lerdo De Tejada,* La reserva de Dominio inmobiliaria en el concurso (Navarra 2006)
Esperança Pina, A Responsabilidade dos Médicos[1, 3]	*José António Esperança Pina,* A Responsabilidade dos Médicos (3rd ed., Lisbon/Oporto 2003), sometimes also quoted from the 1st ed. (Lisbon 1991)
Espiau Espiau and Mullerat Balmaña, RDP 1996, 786	*Santiago Espiau Espiau* and *Ramón María Mullerat Balmaña,* Relaciones contractuales de hecho y contratos de adhesión: Notas para el estudio del contrato de aparcamiento público, RDP 1996, 787-814
Esser and Weyers, Schuldrecht II(2)[8]	*Josef Esser and Hans-Leo Weyers,* Schuldrecht, vol. II: Besonderer Teil, part 2: Gesetzliche Schuldverhältnisse (8th ed., Heidelberg 2000)
Esteve Gonzáles, Ley aplicable al enriquecimiento sin causa	*Lydia Esteve González,* Ley aplicable al enriquecimiento sin causa en el derecho internacional privado español (Madrid 1998)
Evaluation Report, COM(2001) 106 final	Evaluation Report from the Commission to the Council and the European Parliament on the application of Council

	Recommendation of 24 September 1998 concerning the protection of minors and human dignity, COM(2001) 106 final (Brussels, 27 February 2001)
von Eyben and Isager, Lærebog i erstatningsret[5, 6]	*Bo von Eyben and Helle Isager*, Lærebog i erstatningsret (6th ed., Copenhagen 2007), sometimes also quoted from the 5th ed. (Copenhagen 2003)
von Eyben, Domstols afgørelser after patientforsikringsloven	*Bo von Eyben*, Domstols afgørelser after patientforsikringsloven, in: De første 10 år. I anledning af Patientforsikringens 10 års jubilæum i 2002 (Copenhagen 2002)
von Eyben, Formueretten	*William Edler von Eyben*, Formueretten (Copenhagen 1991)
von Eyben, Formuerettigheder[7]	*William Edler von Eyben*, Formuerettigheder (7th ed., Copenhagen 1983)
von Eyben/Mortensen/Sørensen, Obligationsret II	*Bo von Eyben, Peter Mortensen and Ivan Sørensen*, Lærebog i Obligationsret, vol. II: Personskifte i skyldforhold, fordringers, ophør, hæftelsesformer (Copenhagen 2000, reprint 2005)
Eypeltauer, RZ 1991, 26	*Hawel Eypeltauer*, Verjährungshemmung und Familie, Ein Beitrag zur Auslegung von § 1495 S 1 ABGB, RZ 1991, 26-31
Faber and Lurger *(-author)*, National Reports I-VI	*Brigitta Lurger* and *Wolfgang Faber*, National Reports on the Transfer of Movables in Europe: Vol. I: Austria (quoted here with the report by *Wolfgang Faber)*; Estonia (quoted here with the report by *Kai Kullerkupp)*; Italy (quoted here with the report by *Alessio Greco)*; and Slovenia (quoted here with the report by *Claudia Rudolf*, *Vesna Rijavec* and *Tomaž Keresteš)*; Vol. II: Cyprus (quoted here with the report by *Stephanie Laulhé Shaelou, Stelia Stylianou* and *Karolina Anastasiou)*; England and Wales (quoted here with the report by *Sandra Frisby* and *Michael Jones)*; Ireland (quoted here with the report by *Caterina Gardiner)* and Scotland (quoted here with the report by *David L. Carey Miller, Malcolm M. Combe, Andrew J. M. Steven* and *Scott Wortley)*; Vol. III: Germany (quoted here with the report by *Mary-Rose McGuire)*; Greece (quoted here with the report by *Christina Klaoudatou)*; Hungary (quoted here with the report by *Ferenc Szilágyi)* and Lithuania (quoted here with the report by *Valentinas Mikelenas)*; Vol. IV: Belgium (quoted here with the report by *Caroline Cauffman* and *Vincent Sagaert)*; Bulgaria (quoted here with the report by *Dimitar Stoimenov)*; France (quoted here with the report by *Eleanor Cashin-Ritaine)*; and Portugal (quoted here with the report by *Jose Caramelo-Gomes/José Carlos de Medeiros Nóbrega)*; Vol. V: Denmark and Norway (quoted here with the report by *Jan-Ove Færstad)*; Finland (quoted here with the report by

	Miki Kuusinen); and Spain (quoted here with the report by *Isabel González Pacanowska and Carlos Manuel Díez Soto)*; Vol. VI: Czech Republic (quoted here with the report by *Luboš Tichý)*, Malta (quoted here with the report by *Patrick Galea)*; The Netherlands (quoted here with the report by *Arthur F. Salomons)*; Slovakia (quoted here with the report by *Ivan Petkov)* and Switzerland (quoted here with the report by *Benedict Foëx* and *Sylvian Marchand)*
Faber and Lurger *(-author)*, Rules for the Transfer of Movables	Wolfgang Faber and Brigitta Lurger (eds.), Rules for the transfer of movables: a candidate for European harmonisation or national reforms? (Munich 2008), quoted with the commentaries by *Steven Bartels*, *Selma de Groot*, *Wolfgang Faber*, *Claes Martinson* and *Vincent Sagaert*.
Faber, ZEuP 1998, 854	*Wolfgang Faber*, Elemente verschiedener Verbraucherbegriffe in EG-Richtlinien, zwischenstaatlichen Übereinkommen und nationalem Zivil- und Kollisionsrecht, ZEuP 1998, 854-892
Fabre-Magnan, De l'obligation d'information dans les contrats	*Muriel Fabre-Magnan*, De l'obligation d'information dans les contrats. Essai d'une théorie (Paris 1992)
Fabre-Magnan, Les obligations	*Muriel Fabre-Magnan*, Les obligations (Paris 2004)
Fagnart, JT 1969, 253	*Jean-Luc Fagnart*, Chronique de jurisprudenze. La responsabilité aquilienne (1955-1967), JT 1969, 253-260
Fagnart, RCJB 1986, 285	*Jean-Luc Fagnart*, L'exécution de bonne foi des conventions: un principe en expansion, note to Cass. (B) 19 September 1983, RCJB 1986, 285-316
Fagnart, RGAR 2006, no. 14080-3	*Jean-Luc Fagnart*, Petite navigation dans les méandres de la causalité, RGAR 2006, no. 14080-3
Faistenberger, Österreichisches Schuldrecht: Besonderer Teil und Schadenersatz[2]	*Christoph Faistenberger*, Österreichisches Schuldrecht: Besonderer Teil und Schadenersatz (2nd ed., Vienna 1988)
Falcone, Dir.b.merc.fin. 2003, 81	*Giovanni Falcone*, Alcune riflessioni a margine del recente schema di contratto di fideiussione "omnibus" concordato tra la Associazione Bancaria Italiana e talune associazioni di consumatori, Dir.b.merc.fin. 2003, 81-94
Falkanger and Falkanger, Tingsrett[6]	*Thor Falkanger and Aage Thor Falkanger*, Tingsrett (6th ed., Oslo 2007), sometimes also quoted from the 5th ed. (Oslo 2000)
Falkanger, Leie av skib	*Thor Falkanger*, Leie av skib. Rettslige studier i bare-boat certepartiets problemer (Oslo 1969)
Falkanger, Tingsrett[5]	*Thor Falkanger*, Tingsrett (5th ed., Oslo 1999)
Fallon, Ann.Dr.Liège 33 (1988), 77	*Marc Fallon*, La monnaie du jugement en matière de contrats, Annal.Dr.Liege 33 (1988), 77-89
Fanelli, Assicurazione	*Guiseppe Fanelli*, Assicurazione contro i danni, in: Enc.giur., vol. III (Rome 1988)
Farmakidis,The contractual exclusive distribution	O. *Farmakidis*, The contractual exclusive distribution (Athens 1990)

Farny *(-author)*, Handwörterbuch der Versicherung	Dieter Farny (ed.), Handwörterbuch der Versicherung (Karlsruhe 1988)
Faure and Koziol *(-author)*, Cases on Medical Malpractice	*Michael Faure and Helmut Koziol*, Cases on Medical Malpractice in a Comparative Perspective (Vienna and New York 2001), quoted here with the commentaries by *Jorge Sinde Monteiro* and *Manuel Valoso*
Faust, Die Vorhersehbarkeit des Schadens gemäß Art. 74 Satz 2 UN-Kaufrecht	*Florian Faust*, Die Vorhersehbarkeit des Schadens gemäß Art. 74 Satz 2 UN-Kaufrecht (Tübingen 1996)
Favara, Riv.giur.edil. 1965, I, 945	*E. Favara*, Limiti del controllo del committente sull'opera dell'appaltatore (note to Cass. 10 May 1965, no. 891), Riv. giur.edil. 1965, I, 945 ff
Favre Rochex, GazPal 1998, doctr., 355	*André Favre Rochex*, Accidents de la circulation: la très riche année 1997, GazPal 1998, doctr., 355-357
Feenstra, Romeinsrechtelijke grondslagen van het Nederlands privaatrecht	*Robert Feenstra*, Romeinsrechtelijke grondslagen van het Nederlands privaatrecht (Leiden 1990)
Feil, Konkurs, Ausgleichs- und Anfechtungsordnung^2	*Erich Feil*, Ausgleichsordnung, Konkursordnung, Anfechtungsordnung (2nd ed., Vienna 1988)
Fekete, Občiansky zákonník	*Imrich Fekete*, Občiansky zákonník (Bratislava 2007)
Felstead, The Corporate Paradox- power and control in the business franchise	*Alan Felstead*, The Corporate Paradox- power and control in the business franchise (London 1994)
Felten, JT 1989, 579	*Edward Felten*, L'exception à la restitution du paiement indu, prévue par l'article 1377, alinéa 2, du Code civil (note to Cass.civ. 22 January 1988 – Prix du "Journal des Tribunaux" 1989), JT 1989, 579-583
Fenoy Picón, CCJC 2005, 509	*Nieves Fenoy Picón*, Comentario a la STS de 10 de julio de 2003, CCJC 2005, 509-556
Fenoy Picón, El sistema de protección del comprador	*Nieves Fenoy Picón*, El sistema de protección del comprador, Colegio de Registradores de la Propiedad y Mercantiles de España (Madrid 2006), 149 -187
Fenoy Picón, Falta de conformidad	*Nieves Fenoy Picón*, Falta de conformidad e incumplimiento en la compraventa (Evolución del Ordenamiento español) (Madrid 1996)
Ferid and Sonnenberger, Das französische Zivilrecht I^2	*Murad Ferid and Hans Jürgen Sonnenberger*, Das französische Zivilrecht, vol. I: Allgemeine Lehren des französischen Zivilrechts (2nd ed., Heidelberg 1994)
Fernández Campos, El fraude de acreedores	*Juan Antonio Fernández Campos*, El fraude de acreedores: la acción pauliana (Bologna 1998)
Fernández González-Regueral, Resolución por incumplimiento	*Maria Angeles Fernández González-Regueral*, La resolución por incumplimento en las obligaciones bilaterales (Madrid 1998)
Fernández Gregoraci, ADC 2002, 1717	*Beatriz Fernández Gregoraci*, Representación indirecta y Undisclosed agency: su convergencia, ADC 2002, 1717-1749

Fernández-Nóvoa, El enriquecimiento injustificado en el Derecho industrial	*Carlos Fernández-Nóvoa*, El enriquecimiento injustificado en el Derecho industrial (Madrid 1997)
Ferrando, Riv.crit.dir.priv. 1998, 86	*Gilda Ferrando*, Consenso informato del paziente e responsabilità del medico, principi, problemi e linee di tendenza, Riv.crit.dir.priv. 1998, 86 ff
Ferreira de Almeida, Contratos I	*Carlos Ferreira de Almeida*, Contratos, vol I: Concieto, fontes, formação (3rd ed., Coimbra 2005)
Ferreira Dias, O dano moral	*Pedro Branquinho Ferreira Dias*, O dano moral: na doutrina e na jurisprudência (Coimbra 2001)
Ferrer Correia, RDE 1982, 247	*António de Arruda Ferrer Correia*, Notas para o estudo do contrato de garantia bancária, RDE 1982, 247-258
Ferrer i Riba, InDret 4/2001	*Josep Ferrer i Riba*, Relaciones familiares y límites del derecho de daños, InDret 4/2001, (http://www.indret.com/pdf/065_en.pdf)
Ferri, La vendita in generale	G. B. *Ferri*, La vendita in generale, in: Tratt. Rescigno, II (Turin 1984)
Ferrier, Droit de la distribution[3]	*Didier Ferrier*, Droit de la distribution (3rd ed., Paris 2002)
Fiala, Důsledky zákona č. 136/2002 Sb. Pro určení odpovědnosti za vady při prodeji v obchodě, Právní zpravodaj, 2003(1)	J. *Fiala*, Důsledky zákona č. 136/2002 Sb. Pro určení odpovědnosti za vady při prodeji v obchodě, in: Právní zpravodaj, 2003(1)
Figueiredo Dias *(-author)*, Comentário conimbricense do Código Penal I	*Manuel da Costa Andrade*, in: Jorge de Figueiredo Dias et al., Comentário conimbricense do Código Penal, vol. I: arts. 131-201 (Coimbra 1999)
Figueiredo Dias and Sinde Monteiro, BolMinJus 332 (1984) 21	*Jorge de Figueiredo Dias and Jorge Ferreira Sinde Monteiro*, Responsabilidade médica em Portugal, BolMinJus 332 (1984) 21-79
Figueiredo Dias and Sinde Monteiro, Responsabilidade médica na Europa ocidental	*Jorge de Figueiredo Dias and Jorge Ferreira Sinde Monteiro*, Responsabilidade médica na Europa ocidental. Considerações de lege ferenda. Scientia Ivridica (Braga 1984)
Fikentscher and Heinemann, Schuldrecht[10]	*Wolfgang Fikentscher and Andreas Heinemann*, Schuldrecht (10th ed., Berlin 2006)
Filar/Krześ/Marszałkowska-Krześ/Zaborowski, Odpowiedzialność lekarzy i zakładów opieki zdrowotnej	*Marian Filar, Sławomir Krześ, Elwira Marszałkowska-Krześ, Piotr Zaborowski*, Odpowiedzialność lekarzy i zakładów opieki zdrowotnej (Warsaw 2004)
Filios, Empragmato Dikaio[2]	*Pavlos Filios*, Empragmato Dikaio (2nd ed., Athens 2006)
Filios, Enochiko Dikaio I[2, 6], II(1)[4], II(2)[3, 4]	*Pavlos Filios*, Enochiko Dikaio, vol. I: Geniko meros (6th ed., Athens 2005), sometimes also quoted from the 2nd ed. (Athens 1981), vol. II: Eidiko meros, part 1 (4th ed., Athens 1998), vol. II: Eidiko meros, part 2 (4th ed., Athens 1998), sometimes also quoted from the 3rd ed. (Athens 1992)

Filios, L'enrichissement sans cause en droit privé français	*Christian Filios*, L'enrichissement sans cause en droit privé français, analyse interne et vues comparatives (Lille 1999)
Finardi, Fallim 2000, 777	*Dario Finardi*, Efficacia reale del pegno rotativo: posizione consolidata della giurisprudenza, Fallim 2000, 777-780
Fínez Ratón, Los efectos de la declaración de quiebra	*J. M. Fínez Ratón*, Los efectos de la declaración de quiebra en los contratos bilaterales (Madrid 1992)
Finkelstein, Legal Aspects of Commercial Letters of Credit	*Herman N. Finkelstein*, Legal Aspects of Commercial Letters of Credit (New York 1930)
Finkenauer, NJW 1998, 960	*Thomas Finkenauer*, Gutgläubiger Erwerb des bösgläubigen Erben – Das Bernsteinzimmermosaik, NJW 1998, 960-962
Finnish Franchising Association, Ethical Rules	Ethical Rules of the Finnish Franchising Association (http://www.franchising.fi/esittely/saannot.htm)
Fiori, Riv.it.med.leg. 1998, 1150	*A. Fiori*, Per un riequilibrio tra dovere di globale beneficialità nella prassi medica ed esigenze del diritto in tema di consenso informato (note to Trib. Milano, 4 December 1997), Riv.it. med.leg, 1998, fasc. 6 (December), 1150 ff
Fisch, Professional services	*William B. Fisch*, Professional services, International Encyclopaedia of Comparative Law, vol. VIII, chap. 9
Fischer, WM 2001, 1049	*Gero Fischer*, Aktuelle höchstrichterliche Rechtsprechung zur Bürgschaft und zum Schuldbeitritt, WM 2001, 1049-1060
Fischer-Czermak, Mobilienleasing	*Constanze Fischer-Czermak*, Mobilienleasing (Vienna 1995)
Fitger and Mellqvist, Domstolsprocessen[2]	*Peter Fitger and Mikael Mellqvist*, Domstolsprocessen. En kommentar till rättegångsbalken (2nd ed., Stockholm 2002)
Fitz, Risikozurechnung	*Hanns Fitz*, Risikozurechnung bei Tätigkeit im fremden Interesse (Berlin 1985)
Fleischer, WM 1999, 666	*Holger Fleischer*, Gegenwartsprobleme der Patronatserklärung im deutschen und europäischen Privatrecht, WM 1999, 666-676
Fleming, Law of Torts[9]	*John G. Fleming*, The Law of Torts (9th ed., Sydney 1998)
Flere, Retention of title	*Pavle Flere*, Retention of Title in International Sale – Comparison between American and Slovenian Law – in and out of Bankruptcy (Budapest 2004)
Flessner, ZEuP 1997, 255	*Axel Flessner*, Befreiung vom Vertrag wegen Nicht-Erfüllung, ZEuP 1997, 255-320
Fletcher and Roxburgh, The Law and Practice of Receivership in Scotland[3]	*Ian Fletcher and Roy Roxburgh*, The Law and Practice of Receivership in Scotland (3rd ed., Haywards Heath 2005)
Flohr, Der Franchise-Vertrag[2]	*Eckard Flohr*, Der Franchise-Vertrag – Formularhandbuch (2nd ed., Munich 2001)
Flores and Buzzi, Resp.civ. e prev. 1998, 1297	*A. Flores and F. Buzzi*, Ancora sull'obbligo di informazione nei confronti del paziente: questa volta in relatione al rischio di contagio virale da plasmaferesi, in Resp.civ. e prev. 1998, fasc. 1 (febbraio), 1297 ff
Flour/Aubert/Savaux, Droit civil I[10], II[9-11], III[3]	*Jacques Flour, Jean-Luc Aubert and Éric Savaux*, Droit civil. Les obligations, vol. I: l'acte juridique (10th ed. Paris 2002); vol.

	II: Le fait juridique. Quasi-contrats, responsabilité délictuelle (11th ed., Paris 2005), sometimes also quoted from the 9th/10th ed. (Paris 2001/2003); vol. III: Le rapport d'obligation: la preuve, les effets de l'obligation, la responsabilité contractuelle, transmission, transformation, extinction (3rd ed., Paris 2004)
Flume, Allgemeiner Teil des Bürgerlichen Rechts II[3]	*Werner Flume*, Allgemeiner Teil des Bürgerlichen Rechts, vol. II: Das Rechtsgeschäft (3rd ed., Berlin 1979)
Flume, ZIP 2000, 1427	*Werner Flume*, Vom Beruf unserer Zeit für Gesetzgebung, ZIP 2000, 1427-1430
Foëx, Transfert et engagement des valeurs mobilières "intermédiées" en droit suisse, 55	*B. Foëx*, Transfert et engagement des valeurs mobilières "intermédiées" en droit suisse, in: Journée 2003 de droit bancaire et financier, edited by *L. Thevenoz* and *C. Bovet* (Zurich 2004), 55 ff
Folkesson, Företaget i ekonomisk kris[4, 6]	*Enar Folkesson*, Företaget i ekonomisk kris (6th ed., Stockholm 2006), sometimes also quoted from the 4th ed. (Stockholm 2002)
Fontaine, Contracts à long terme, 681	*Marcel Fontaine*, Contracts à long terme et code civil Européen, in: Liber Amicorum Lucien Simont (Brussels 2002), 681-693
Fontaine, Droit des Contrats Internationaux	*Marcel Fontaine*, Droit des Contrats Internationaux: Analyse et rédaction des clauses (Paris 1989)
Fontaine, Offre et acceptation, approche dépassée du processus de formation des contrats?	*Marcel Fontaine*, Offre et acceptation, approche dépassée du processus de formation des contrats?, in: Mélanges offerts à Pierre Van Ommeslaghe (Brussels 2000), 115-133
Fontaine, RCJB 1990, 382	*Marcel Fontaine*, La rétroactivité de la résolution des contrats pour inexécution fautive, RCJB 1990, 379-401
Fontaine/Viney (*-author*), Les sanctions de l'inexécution des obligations, 113	*Marcel Fontaine and Geneviève Viney*, Les sanctions de l'inexécution des obligations contractuelles: études de droit comparé (Brussels 2001), quoted here with contributions by Rémy Libchaber
Forde, Bankruptcy Law in Ireland	*Michael Forde*, Bankruptcy Law in Ireland (Dublin 1990)
Forde, Commercial Law in Ireland	*Michael Forde*, Commercial Law in Ireland (Dublin 1990)
Forges, La cession de rémunération	*Forges*, La cession de rémunération et les garanties personnelles, in: Le crédit à la consommation (Brussels 1997), 225-348
Foriers and Glansdorff, Contrats spéciaux	*Paul Alain Foriers and Francois Glansdorff*, Contrats spéciaux, vol. I (15th ed., Brussels 1996) and vol. III (15th ed., Brussels 1998)
Foriers, JT 1980, 417	*Paul Alain Foriers*, Observations sur le contrat de prête-nom et la théorie des extensions de faillite, JT 1980, 417-424
Foriers, La caducité des obligations contractuelles par disparition d'un élément essentiel à leur formation	*Paul Alain Foriers*, La caducité des obligations contractuelles par disparition d'un élément essentiel à leur formation (Brussels 1998)

Foriers, Le droit commun des intermédiairs commerciaux: courtiers, commissionnaires, agents	*Paul-Alain Foriers*, Le droit commun des intermédiairs commerciaux: courtiers, commissionnaires, agents, in: B. Glansdorff (ed.), Les intermédiaires commerciaux (Brussels 1990)
Forssell, Tredjemansskyddets gränser	*Hans Forssell*, Tredjemansskyddets gränser (Stockholm 1976)
Forte (*-author*), Good Faith in Contract and Property Law	Angelo D. M. Forte (ed.), Good Faith in Contract and Property Law (Oxford 2000)
Forte, Good Faith in Contract and Property Law	*Angelo D. M. Forte*, Good Faith in Contract and Property Law (Oxford 1999)
Fortino, La responsabilità civile	*Marcella Fortino*, La responsabilità civile del professionista (Milan 1984)
Foschini, Riv.Dir.Com. 1957, II, 450	*Foschini*, Fideiussione per obbligazione determinabile e per obbligazione futura, Riv.Dir.Com. 1957, II, 450-473
Fötschl, ERPL 2002, 550	*Andreas Fötschl*, note under BGH, Urteil v. 23. Sept. 1999 – Zum Vergütungsanspruch eines "Erbensuchers" gegen einen ermittelten unbekannten Erben, ERPL 2002, 550-578
Fötschl, ÖJZ 2004, 781	*Andreas Fötschl*, Zur Ausgleichsfähigkeit von Kosten eines Vorprozesses, ÖJZ 2004, 781-789
Fötschl, VersRAI 2002, 57 and VersRAI 2003, 9	*Andreas Fötschl*, Zum Deliktsschutz relativer Rechte in der Rechtsprechung des OGH, VersRAI 2002, 57-63 (part 1), VersRAI 2003, 9-15 (part 2)
Fötschl, ZVR 2003, 220	*Andreas Fötschl*, Reservehaltungskosten und Geschäftsführung ohne Auftrag, ZVR 2003, 220-234
Foundedaki, EllDik 35 (1994), 1226	*Katerina Foundedaki*, To provlima toū outiodoūs syndesmoū stin iatriki evthini, EllDik 35 (1994), 1226-1239
Foundedaki, Medical liability in civil law	*Katerina Foundedaki*, Medical liability in civil law after the Act 2251/94, Kritiki Epitherosi 1996, 183 ff
Fox, [2006] CLJ, 330	*David Fox*, Relativity of Title at Law and Equity, [2006] CLJ, 330-365
Frades de la Fuente, La responsabilidad profesional	*Eva Frades de la Fuente*, La responsabilidad profesional frente a terceros por consejos negligentes (Madrid 1999)
Fragali, Confideiussione	*Fragali*, Confideiussione e pluralità di fideiussioni autonome, BBTC 1963, I, 196-227
Fragali, Della fideiussione	*Michele Fragali*, Della fideiussione. Del mandato di credito, in: Commentario del codice civile, established by Antonio Scialoja and Giuseppe Branca, continued by Francesco Galgano (ed.), vol. IV: Delle obbligazioni, arts. 1936-1953 (Bologna/Rome 1957)
Fragali, Fideiussione	*Michele Fragali*, Fideiussione (dir. Priv.), in: Enc.dir., vol. XVII (Milan 1968), 346-383
Fragali, Garanzia	*Michele Fragali*, Garanzia (dir. Priv.), in: Enc.dir., vol. XVIII (Milan 1969), 446-466
Fragistas, Amoibaiai apaitiseis epi sympsifismou	*Χαράλαμπος Φραγκίστας*, Amoibaiai apaitiseis epi sympsifismou, se Nomikai Meletai 3 (Athens 1987), 1349-1410

François, Les sûretés personnelles VII	*Jérome François*, Les sûretés personnelles (Paris 2004), in: Christian Larroumet (director), Droit Civil, vol. VII
Frantar, Podjetje in Delo 1999/6-7, 1075	*Tone Frantar*, Nekatera vprašanja varstva posestnih razmerij, Podjetje in delo 1999/6-7, 1075
Frantar, Stvarno pravo	*Tone Frantar*, Stvarno pravo (Ljubljana 1993)
Franzoni, Dei fatti illeciti	*Massimo Franzoni*, Dei fatti illeciti, in: Commentario del codice civile, established by Antonio Scialoja and Giuseppe Branca, continued by Francesco Galgano (ed.), vol. IV: Delle obbligazioni, arts. 2043-2059 (Bologna/Rome 1993)
Franzoni, Dei fatti illeciti – supplemento	*Massimo Franzoni*, Dei fatti illeciti, in: Commentario al codice civile, established by Antonio Scialoja and Giuseppe Branca, continued by Francesco Galgano (ed.), vol. IV: Delle obbligazioni-titolo IX: Dei fatti illeciti, supplemento, arts. 2043, 2056-2059 (Bologna/Rome 2004)
Franzoni, Trattato della responsabilità civile	*Massimo Franzoni*, Trattato della responsabilità civile. Il danno risarcibile (Milan 2004)
Frati/Montanari Vergallo/Di Luca, Riv.it.med.leg. 2003, 533	*Paola Frati, Gianluca Montanari Vergallo and Natale Mario di Luca*, Il mobbing: evoluzione giurisprudenziale e normativa, Riv.it.med.leg. 2003, 533-548
Fredericq, Droit commercial III	*Louis Fredericq*, Traité de droit commercial belge, vol. III: La vente commercial: les assurances terrestres; le contrat de transport (Gent 1947)
Fredericq, Handboek van Belgisch Handelsrecht	*Louis Fredericq*, Handboek van Belgisch Handelsrecht (Brussels 1976-1981)
Fredericq, Handboek van Belgisch Handelsrecht	*Louis Fredericq*, Handboek van Belgisch Handelsrecht (2nd ed., Brussels 1976-1981)
Frenk and Messer, NJB 1993, 45	*Niels Frenk and Ward Messer*, Art. 47 lid 5 jo. Art. V. Wet bodembescherming: Much ado about nothing?', NJB 1993, 45-49
Fridman, Agency[5]	G. H. L. *Fridman*, The law of agency (5th ed., London 1983)
Frignani, Il Franchising	*Aldo Frignani*, Il Franchising (Turin 1990)
Frotz, Kreditsicherungsrecht	*Gerhard Frotz*, Aktuelle Probleme des Kreditsicherungsrechts (Vienna 1970)
Fuchs, Das Wesen der Dinglichkeit	*Eugen Fuchs*, Das Wesen der Dinglichkeit: Ein Beitrag zur allgemeinen Rechtslehre und zur Kritik des Entwurfs eines bürgerlichen Gesetzbuches für das Deutsche Reich (Berlin 1889)
Fuller and Perdue, Yale L.J. 46 (1936), 52	L. L. *Fuller and William R. Perdue*, Reliance interest in contract damages, Yale L.J. 46 (1936), 52 ff
Füller, Sachenrecht	*Jens Thomas Füller*, Eigenständiges Sachenrecht? (Tübingen 2006)
Gabaldón, Navegación maritíma	*José Luis Gabaldón Garcia*, Manual de derecho de la navegacion maritíma (Madrid 2002)
Gade, Finansiel leasing	*Poul Gade*, Finansiel leasing. Leje og leasing af erhvervsløsøre (Copenhagen 1997)

Gál and Németh, Ítélőtáblai Határozatok 1/2005, 87	*Judit Gál and László Németh*, Az álképviselő által kötött szerződés megítélésével kapcsolatos vitás kérdések, in: Ítélőtáblai Határozatok 1/2005, 87-90
Galan Corona, RIE 1986, 687	*Eduardo Galan Corona*, Los contratos de Franchising ante el Derecho Comunitario de la Libre Competencia (comentario a la Sentencia del Tribunal de Justicia de las comunidades Europeas de 28 de Enero de 1986), RIE 1986, 687-702
Galán Cortés, Responsabilidad civil médica	*Julio César Galán Cortés*, Responsabilidad civil médica (Madrid 2005)
Galgano, Diritto civile e commerciale II(1)^{2}, (2)$^{3, 4}$	*Francesco Galgano*, Diritto civile e commerciale, vol. II: Le obbligazioni e i contratti, part 1: Obbligazioni in generale, contratti in generale (2nd ed., Padua 1993); part 2: I singoli contratti, gli atti unilaterali e i titoli di credito, i fatti illeciti e gli altri fatti fonte di obbligazione, la tutela del credito (4th ed., Padua 2004), sometimes also quoted from the 3rd ed. (Padua 1999)
Galgano, Il fallimento delle società	*Francesco Galgano*, Il fallimento delle società, in: Trattato di diritto commerciale e di diritto pubblico dell'economia, X (Padua 1988)
Galgano, Il negozio giuridico	*Francesco Galgano*, Il negozio giuridico (Milan 1988)
Galgano, Il negozio giuridico^{2}	*Francesco Galgano*, Il negozio giuridico (2nd ed., Milan 2002)
Gallego Sánchez, La Franquicia	*Esperanza Gallego Sánchez*, La Franquicia (Madrid 1991)
Gallo, Arricchimento senza causa e quasi contratti	*Paolo Gallo*, Arricchimento senza causa e quasi contratti (i rimedi restitutori), in: Trattato di diritto civile, directed by Rodolfo Sacco (Turin 1996)
Gallo, L'arricchimento senza causa	*Paolo Gallo*, L'arricchimento senza causa (Padua 1990)
Galvão Telles, Manual^{4}	*Inocêncio Galvão Telles*, Manual dos contratos em geral (4th ed., Coimbra 2002)
Galvão Telles, O Direito 120 (1988) III-IV, 275	*Inocêncio Galvão Telles*, Garantia bancária autónoma, O Direito 120 (1988) III-IV, 275-293
Galvão Telles, Obrigações$^{6, 7}$	*Inocêncio Galvão Telles*, Direito das obrigações (7th ed., Coimbra 1997), sometimes also quoted from the 6th ed. (Coimbra 1989)
Gambaro, Abuso del diritto	*Antonio Gambaro*, Abuso del diritto. II Diritto comparato e straniero, in Enc.giur., vol. I (Rome 1988)
Gambaro, Il diritto di proprietà	*Antonio Gambaro*, Il diritto di proprietà, in: Trattato di diritto civile e commerciale, established by Antonio Cicu and Francesco Messineo, continued by Luigi Mengoni (ed.), vol. VIII, part 2 (Milan 1995)
Gammerschlag and Perband, VersR 2002, 287	*Hans-Karl Gammerschlag and Inga Perband*, Mobbing – verstärkter Rechtsschutz gegen ein Massenphänomen in der Arbeitswelt, VersR 2002, 287-291

Ganter, WM 1996, 701	*Hans Gerhard Ganter*, Die Rechtsprechung des Bundesgerichtshofs zu den Belehrung-, Hinweis- und Warnpflichten des Notars seit 1992, WM 1996, 701-711
García Cantero, Exégesis comparativa del Art. 1.902 CC, 875	*Gabriel García Cantero*, Exégesis comparativa del articulo 1.902 del Código civil, in: Asociación de Profesores de derecho civil (ed.), Centenario del Código civil (1889-1989), vol. I (Madrid 1990), 875-884
García Cortés, El aval cambiario, 500	*Juan Carlos García Cortés*, El aval cambiario. Cosuscripción cambiaria, in: Ubaldo Nieto Carol and José I. Bonet Sánchez (eds.), Tratado de garantías en la contratación mercantil, vol. I (Madrid 1996), 500-574
García Goyena, Código Civil Español	*Florencio García Goyena*, Concordancias, Motivos y Comentarios del Código Civil Español (Zaragoza 1974)
García Herrera, La duración en el contrato de distribución exclusiva	*Alicia García Herrera*, La duración en el contrato de distribución exclusiva (Valencia 2006)
García Rubio, La Ley 2003, no. 2, 1529	*María Paz García Rubio*, La transposición de la Directiva 1999/44/CE al derecho español. Análisis del Proyecto de ley de garantías en la venta de bienes de consumo, La Ley 2003, no. 2, 1529-1537
García Solé *(-Gómez Gálligo)*, Derecho de los bienes muebles	Fernando García Solé and Francisco Javier Gómez Gálligo, Derecho de los bienes muebles. Financiación y garantías en la contratación mobiliaria (Madrid/Barcelona 2002)
García Vicente, CCJC 2005, 1093	*José Ramón García Vicente*, Sentencia de 6 de octubre de 2004: Contrato de factoring: transmisión plena de los créditos cedidos y tercería de dominio; el riesgo de insolvencia del deudor cedido: naturaleza disponible de los arts. 1529 CC y 348 C de C", CCJC 2005, 1093-1106
García Vicente, Rev. Der. Patrim. 9/2002, 117	*José Ramón García Vicente*, La intimidación en los contratos (Estudio jurisprudencial), Rev. Der. Patrim. 9/2002, 117 ff
García, Los contratos de compraventa de bienes de consumo	*Javier Avilés García*, Los contratos de compraventa de bienes de consumo. Problemas, propuestas y perspectivas de venta y garantías en la Directiva 1999/44/CE y la Ley 23/2003 (Granada 2006)
Garcia-Bragado Manen, [2006] 14 ILT, 220	*Sofia Garcia-Bragado Manen*, The Environmental Liability Directive, [2006] 14 ILT, 220-224
Gardner, (1996) 112 LQR 56	*Simon Gardner*, Knowing Receipt and Knowing Assistance: Taking Stock, (1996) 112 LQR 56-93
Garrigues, Derecho Mercantil II, III	*Joaquín Garrigues*, Tratado de Derecho Mercantil, vols. II, III (Madrid 1983 and 1963)
Gaudemet, La clause reputée non écrite	*Sophie Gaudemet*, La clause reputée non écrite (Paris 2004)
Gavalda and Stoufflet, RTD com 1980, 1	*Gavalda and Stoufflet*, La lettre de garantie internationale, RTD com 1980, 1-23
Gavella, Stvarno pravo	*Nikola Gavella*, Stvarno pravo (Zagreb 1998)

Gázquez Serrano, La indemnización por causa de muerte	*Laura Gázquez Serrano*, La indemnización por causa de muerte (Madrid 2000)
Gazzoni, Manuale di diritto privato[9-12]	*Francesco Gazzoni*, Manuale di diritto privato (12th ed., Naples 2006), sometimes also quoted from the 9th/10th/11th ed. (Naples 2001/2003/2004)
Gazzoni, Riv.Dir.Civ. 1973, I, 287	*Francesco Gazzoni*, La giustificazione causale del negozio attributivo di conferma, Riv.Dir.Civ. 1973, I, 287 ff
Gebauer and Wiedmann (*-author*), Zahlungszeit und Verzug	Martin Gebauer and Thomas Wiedmann (eds.), Zivilrecht unter europäischem Einfluss: die richtlinienkonforme Auslegung des BGB und anderer Gesetze (Stuttgart 2005), quoted here with the contribution by *Martin Schmidt-Kessel*, Zahlungszeit und Verzug
Geddes, Product and Service Liability	*Andrew Geddes*, Product and Service Liability in the EEC: the new strict liability regime (London 1992)
Geel, NTBR 1996, 100	*J. W. A. Geel*, Inhoudsbepaling van de distributieovereenkomst, NTBR 1996, 100-109
Gehrlein, Leitfaden zur Arzthaftpflicht	*Markus Gehrlein*, Leitfaden zur Arzthaftpflicht: nach der Rechtsprechung des Bundesgerichtshofs (Munich 2006)
Geigel (*-author*), Der Haftpflichtprozess[23, 24]	Robert Geigel (estab.), Günter Schlegelmilch (ed.), Der Haftpflichtprozess: mit Einschluss des materiellen Haftpflichtrechts (24th ed., Munich 2004), quoted here with the commentaries of chapter 25: Haftung des Kraftfahrzeughalters und –führers by *Michael Kaufmann* and the commentaries of chapter 33: Haftung der juristischen Person und der nicht rechtsfähigen Personenvereinigung by *Roland Rixecker*, sometimes also quoted from the 23rd ed. (Munich 2001)
Gellért (*-author*), A Polgári Törvénykönyv Magyarázata[6]	György Gellért (ed.), A Polgári Törvénykönyv Magyarázata, vols. I and II (6th ed., Budapest 2004) quoted here with the contribution of *Károly Benedek, Lajos Besenyei, Attila Harmathy, László Kecskés, Béla Kemenes, Ferenc Petrik, Tamás Sárközy, Lászlóné Sőth, Lajos Vékás, Ödön Zoltán*
Gentili, La risoluzione parziale	*Aurelio Gentili*, La risoluzione parziale (Naples 1990)
Genzow, Vertragshändler-vertrag	*Christian F. Genzow*, Vertragshändlervertrag (Cologne 1996)
Georgakopoulos, Commercial Law	*L. Georgakopoulos*, The Modern Practice of Commercial Law (Athens 1992)
Georgakopoulos, DEE 1998, 112	*L. Georgakopoulos*, Claim for indemnification for distributorship network and unlawful termination of a distribution contract, DEE 1998, 112 ff
Georgakopoulos, EEmpD 21 (1970), 253	*L. Georgakopoulos*, Eggyitiki epistoli trapezis, EEmpD 21 (1970), 253-260
Georgakopoulos, Long-term obligations	*L. Georgakopoulos*, The law of long-term obligations (Athens 1979)
Georgakopoulos, Maritime Law	*L. Georgakopoulos*, Maritime Law (in Greek, Athens 2006)

Georgakopoulos, Text-book on Commercial Law, Commercial contracts	*L. Georgakopoulos*, Text-book on Commercial Law, Commercial contracts (in Greek, Athens 1999)
Georgiades	*Apostolos Georgiades*, I exasfalisi ton pistoseon (Athens 2001)
Georgiades and Stathopoulos (*-author*)	Apostolos Georgiades and Michael Stathopoulos (eds.), Astikos Kodix. Kat'arthro ermineia, vol. I: Genikai Archai (Athens 1978), vol. II: Geniko Enochiko (Athens 1979); vol. III: Eidiko Enochiko (Athens 1980); vol. IV: Eidiko Enochiko (Athens 1982), quoted here with the commentaries of *Antapasis*, *Dimakous*, *Doris*, *Georgiades*, *Kardaras*, *Karasis*, *Kritikos*, *Minoudis*, *Papanikolaou*, *Poullos*, *Rapsomanikis*, *Stathopoulos*, *Tabakis*, *Verveniotis*, *Vosinakis* and *Vrellis*
Georgiades, Diki 6/1975, 43	*Apostolos Georgiades*, I "syrroi axioseon" epi syndromis symvatikis kai adikopraktikis evthinis, Diki 6/1975, 43 ff
Georgiades, Empragmato Dikaio I	*Apostolos Georgiades*, Empragmato Dikaio, vol. I (Athens 1991)
Georgiades, Enochiko Dikaio I	*Asterios Georgiades*, Enochiko Dikaio, Geniko meros, vol. I (Thessalonika 1993)
Georgiades, Enochiko Dikaio, Eidiko meros I	*Apostolos Georgiadis*, Enochiko Dikaio, Eidiko meros, vol. I (Athens 2004)
Georgiades, Enochiko Dikaio, Geniko meros	*Apostolos Georgiades*, Enochiko Dikaio, Geniko meros (Athens 1999)
Georgiades, FS Kiantou-Pampouki, 143	*Asterios Georgiades*, I evthini tou parechontos ypiresies, in: Festschrift in honour of Aliki Kiantou-Pampouki (Thessalonika 1998), 143-155
Georgiades, FS Larenz 1983, 175	*Apostel Georgiades*, Standpunkt und Entwicklung des griechischen Deliktsrechts, in: Claus-Wilhelm Canaris and Uwe Diederichsen (eds.), Festschrift in honour of Karl Larenz zum 80. Geburtstag am 23. April 1983 (Munich 1983), 175-198
Georgiades, Genikes Arches Astiku dikaiu	*Apostolos Georgiades*, Genikes Arches Astiku dikaiu (Athens 1996)
Georgiades, New contractual forms of the modern economy[3, 4]	*Apostolos Georgiades*, New contractual forms of the modern economy, Leasing/Factoring/Forfaiting/Franchising (4th ed., Athens 2000, in Greek), sometimes also quoted from the 3rd ed. (Athens 1998, in Greek)
Georgiades, The assignment of future receivables	*Georgios A. Georgiades*, The assignment of future receivables (Athens 2006)
Geortay, JT 1996, 853	*P. Geortay*, Réaffirmation du caractère accessoire du cautionnement: un arrêt en trompe-l'oeil, JT 1996, 853-862
Gérard Mémeteau, Droit des biens	*Gérard Mémeteau*, Droit des biens (3rd ed., Orléans 2006)
Gerdjikov, Komentar na Turgovskiya zakon I	*Ognyan Gerdjikov*, Komentar na Turgovskiya zakon, vol. I (Sofia 1991)
Gerhardt, Mobiliarsachenrecht[5]	*Walter Gerhardt*, Mobiliarsachenrecht (5th ed., Munich 2000)

von Gerlach, VersR 2002, 917	*Jürgen von Gerlach*, Gewinnherausgabe bei Persönlichkeitsverletzungen nach schweizerischem Vorbild?, VersR 2002, 917-927
Gevers, De rechter en het medisch handelen[3]	*J. K. M. Gevers*, De rechter en het medisch handelen (3rd ed, Deventer 1998)
Ghestin and Desché, La vente	*Jacques Ghestin and Bernard Desché*, Traité des contrats, La vente (Paris 1990)
Ghestin and Desché, Traité des contrats	*Jacques Ghestin and Bernard Desché*, Traité des contrats, La vente (Paris 1990)
Ghestin, D. 1981, p. 1	*Jacques Ghestin*, Chroniques – Réflexions d'un civiliste sur la clause de réserve de propriété, D. 1981, chron. 1-16
Ghestin, La formation du contrat[3]	*Jacques Ghestin*, La formation du contrat (3rd ed, Paris 1993), in: Jacques Ghestin (dir.), Traité de droit civil: Les Obligations
Ghestin, Les Clauses limitatives	*Jacques Ghestin*, Les Clauses limitatives ou exonératoires de responsabilité en Europe (Paris 1990)
Ghestin/Billiau/Loiseau, Régime des créances et des dettes	*Jaques Ghestin, Marc Billiau and Grégoire Loiseau*, Le régime des créances et des dettes (Paris 2005), in: Jacques Ghestin (dir.), Traité de droit civil
Ghestin/Jamin/Billiau, Les Effets du contrat[2, 3]	*Jacques Ghestin, Christophe Jamin and Marc Billiau*, Les Effets du contrat (2nd ed., Paris 1994 and 3rd ed., Paris 2001), in: Jacques Ghestin (dir.), Traité de droit civil: Les obligations
Ghozi, D. 1986, chr. 317	*Alain Ghozi*, Nature juridique et transmissibilité de la clause de réserve de propriété, D. 1986, chr. 317-322
Giannakaki, DEE 1997, 1046	*S. Giannakaki*, Legal issues and practice of the franchise agreement in Greece, DEE 1997, 1046 ff
Giannattasio, L'Appalto	*Carlo Giannattasio*, L'Appalto (Milan 1967)
Giesen, Bewijslastverdeling	*I. Giesen*, Bewijslastverdeling bij beroepsaansprakelijkheid (Deventer 1999)
Giesen, Handelspraktiken	*Giesen*, Handelspraktiken, in: Ewoud H. Hondius and G. J. Rijken (eds.), Handboek Consumentenrecht (2nd ed., Zutphen 2006), 363-385
Giesler and Nauschütt, Franchiserecht	*J. Patrick Giesler and Jürgen Nauschütt*, Franchiserecht (Neuwied a.o. 2002)
Giglio, Ox JLS 23 (2003), 455	*Francesco Giglio*, A Systematic Approach to 'Unjust' and 'Unjustified' Enrichment, Ox JLS 23 (2003), 455-482
Gimpel-Hinteregger, ÖJZ 1991, 145	*Monika Gimpel-Hinteregger*, Anspruchsgrundlagen für den Ersatz von Umweltschäden, ÖJZ 1991, 145-154
Giorgianni, L'inadempimento	*Michele Giorgianni*, L'inadempimento (Milan 1974)
Giorgianni, Nov.Dig.it 1965, XI, 581	*Giorgianni*, V° Obbligazioni (teoria gen.), Nov.Dig.it. 1965, XI, 581 ff
Girot, User Protection in IT Contracts	*Clarisse Girot*, User Protection in IT Contracts: A comparative study of the protection of the user against defective performance in information technology (The Hague 2001)
Gitter, Gebrauchsüberlassungs-verträge	*Wolfgang Gitter*, Gebrauchsüberlassungsverträge (Tübingen 1988)

Giusti, La fideiussione	*Alberto Giusti*, La fideiussione e il mandato di credito, in: Trattato di diritto civile e commerciale, established by Antonio Cicu and Francesco Messineo, continued by Luigi Mengoni (ed.), vol. XVIII, part 3 (Milan 1998)
Glansdorff and Legros, RCJB 1974, 60	*François Glansdorff and Pierre Legros*, La réparation du préjudice subi par l'auteur d'un acte de sauvetage, RCJB 28 (1974) 60-87
Gloag and Henderson, The Law of Scotland[10-12]	*William Murray Gloag and Robert Candlish Henderson*, The Law of Scotland (12th ed., Edinburgh 2007), sometimes also quoted from the 10th/11th ed. (Edinburgh 1995/2001)
Gloag and Irvine, Law of Rights in Security	*William M. Gloag and J. M. Irvine*, Law of Rights in Security Heritable and Moveable Including Cautionary Obligations (Edinburgh 1897)
Gloag, Law of Contract[2]	*William M. Gloag*, The Law of Contract: A Treatise on the Principles of Contract in the Law of Scotland (2nd ed., Edinburgh 1929)
Gniewek *(-author)*, Kodeks cywilny II	Edward Gniewek (ed.), Kodeks cywilny, vol. II: arts. 535-1088 (Warsaw 2004), quoted here with the commentaries by *Julian Jezioro*
Goff and Jones, The Law of Restitution[4, 5, 6, 7]	*Robert Goff and Gareth Jones*, The Law of Restitution (7th ed., London 2007), sometimes also quoted from the 4th/5th/6th ed. (London 1993/1998/2002)
Goleminov, Neosnovatelno obogatyavane	*Chudomir Goleminov*, Neosnovatelno obogatyavane (Sofia 1998)
Goleva, Obligazionno pravo[2, 4]	*Polya Goleva*, Obligazionno pravo (4th ed., Sofia 2008), sometimes also quoted from the 2nd ed. (Sofia 2004)
Goleva, Pravha misul 1985 [4], 46-56	*Polya Goleva*, Suglasieto i poemaneto na riska ot postradaliya pri nepozvoleno uvrejdane-ponyatie i pravni posledizi, Pravha misul 1985 [4], 46-56
Goleva, Turgovsko pravo I	*Polya Goleva*, Turgovsko pravo, vol. I (Sofia 2002)
Gomard and Rechnagel, International Købelov	*Bernhard Gomard and Hardy Rechnagel*, International Købelov (Copenhagen 1990)
Gomard, Almindelig kontraktsret[1, 2]	*Bernhard Gomard*, Almindelig kontraktsret (2nd ed., Copenhagen 1996), sometimes also quoted from the 1st ed. (Copenhagen 1988)
Gomard, Forholdet mellem erstatningsregler i og uden for kontraktsforhold	*Bernhard Gomard*, Forholdet mellem erstatningsregler i og uden for kontraktsforhold (Copenhagen 1990)
Gomard, J 2003, 121	*Bernhard Gomard*, Dansk erstatningsret i lovgivning og retspraksis, J 2003, 121-134
Gomard, Obligationsret I[2, 4], II[1, 2], III, IV[3]	*Bernhard Gomard*, Obligationsret, vol. I (2nd/4th ed., Copenhagen 1989/2006), vol. II (1st/2nd ed., Copenhagen 1991/1995), vol. III (Copenhagen 1993), Vol. IV (3rd ed., Copenhagen 1994)
Gomard, Obligationsretten[6]	*Bernhard Gomard*, Tilæg til Obligationsretten i en nøddeskal (6th ed., Copenhagen 1989)

Gomes, Conceito de enriquecimento	*Júlio Manuel Vieira Gomes*, O conceito de enriquecimento, o enriquecimento forçado e os vários paradigmas do enriquecimento sem causa (Coimbra 1998)
Gomes, Dir.just. 1994, VIII, 119	*Fátima Gomes*, Garantia bancária autónoma à primeira solicitação, Dir.just. 1994, VIII, 119-210
Gomes, Direito do trabalho I	*Júlio Manuel Vieira Gomes*, Direito do trabalho, vol. I: Relações individuais de trabalho (Coimbra 2007)
Gomes, Gestão de negócios	*Júlio Manuel Vieira Gomes*, A gestão de negócios. Um instituto jurídico numa encruzilhada (Coimbra 1993)
Gómez Calle, La responsabilidad civil de los padres	*Esther Gómez Calle*, La responsabilidad civil de los padres (Madrid 1992)
Gómez Calle, Los deberes precontractuales de informacion	*Esther Gómez Calle*, Los deberes precontractuales de informacion (Madrid 1994)
Gómez Calle, Los sujetos de la responsabilidad civil[1, 3]	*Esther Gómez Calle*, Los sujetos de la responsabilidad civil. La responsabilidad por hecho ajeno, in: *Luis Fernando Reglero Campos* (coord.), Tratado de responsabilidad civil (3rd ed., Navarra 2006), 461-538, sometimes also quoted from the 1st ed. (Navarra 2002), 395-444
Gómez Calle, Responsabilidad de padres y centros docentes[1, 3]	*Esther Gómez Calle*, Responsabilidad de padres y centros docentes, in: *Luis Fernando Reglero Campos* (coord.), Tratado de responsabilidad civil (3rd ed., Navarra 2006), 1234-1332, sometimes also quoted from the 1st ed. (Navarra 2002), 1033-1106
Gómez Jara, La responsabilidad profesional sanitaria	*Mariano Gómez Jara*, La responsabilidad profesional sanitaria (Barcelona 2007)
Gómez Pomar, InDret 1/2005	*Fernando Gómez Pomar*, El sudor de la frente y el daño moral: Comentario a la STS, 1ª, 22. 9. 2004, InDret, February 2005, (http://www.indret.com/pdf/337_es.pdf)
Gómez Pomar, InDret 4/2002	*Fernando Gómez Pomar*, Comentario a la sentencia del Tribunal Supremo, Sala 1ª, 20. 2. 2002: el daño moral de las personas jurídicas. InDret, October 2002, (http://www.indret.com/pdf/105_es.pdf)
González Poveda, Compraventa y Opción de compra	*Pedro González Poveda*, Compraventa y Opción de compra (Madrid 1994)
Goode, [1979] 42 MLR, 553	*Royston Miles Goode*, Inalienable Rights?, [1979] 42 MLR, 553 ff
Goode, Commercial Law[2, 3]	*Royston Miles Goode*, Commercial Law (3rd ed., London 2004), sometimes also quoted from the 2nd ed. (London 1995)
Goode, Credit and Security[3]	*Royston Miles Goode*, Legal Problems of Credit and Security (3rd ed., London 2003, reprint 2005)
Goode, Legal Problems[3]	*Royston Miles Goode*, Legal Problems of Credit and Security (3rd ed., London 2003)
Goode, Payment Obligations	*Royston Miles Goode*, Payment Obligations in Commercial and Financial Transactions (London 1983)

Goode, Principles of Corporate Insolvency Law[3]	*Royston Miles Goode*, Principles of Corporate Insolvency Law (3rd ed., London 2004)
Goossens, Aanneming van werk	*W. Goossens*, Aanneming van werk: Het gemeenrechtelijk dienstencontract (Bruges 2003)
Göranson, Ogiltighet i sakrätten	*Ulf Göranson*, Ogiltighet i sakrätten. Svag ogiltighets genomslagskraft mot medkontrahents singularsuccessor (Uppsala 1984)
Göransson, Traditionsprincipen	*Ulf Göransson*, Traditionsprincipen de svenska reglerna om köparens skydd mot säljarens borgenärer i komparativ och historisk belysning (Uppsala 1985)
Gordillo Cañas, ADC 1988, 469	*Antonio Gordillo Cañas*, Apuntes para una relectura de la teoría de las Fuentes del Derecho, ADC 1988, 469-515
Gordon, Scottish Land Law[2]	*William M. Gordon*, Scottish Land Law (2nd ed., Edinburgh 1999)
Goré, D. 1954, 175	*François Goré*, Le transfert de la propriété dans les ventes de choses de genre, D. 1954, 175 ff
Gore, RTD civ 1947, 168	*F. Gore*, Le moment de transfert de propriété dans les ventes à livrer, RTD civ 1947, 160-161
Gorla and Zanelli, Del pegno, Delle ipoteche	*Gino Gorla and Pietro Zanelli*, Del pegno, Delle ipoteche, in: Commentario al codice civile, established by Antonio Scialoja and Giuseppe Branca, continued by Francesco Galgano (ed.), vol. VI: Della tutela dei diritti, arts. 2784-2899 (4th ed., Bologna/Rome 1992)
Gorton, JBL 1997, 240	*Lars Gorton*, Draft Uncitral Convention on Independent Guarantees, JBL 1997, 240-253
Gorton, JFT 2001, 577	*Lars Gorton*, Suretyship and guarantees – some Swedish viewpoints, JFT 2001, 577-598
Gorton, JFT 2005, 452	*Lars Gorton*, Condictio indebiti i nyare svensk rättspraxis, JFT 2005, 452-470
Goudy, Bankruptcy[4]	*Henry Goudy*, A Treatise on the Law of Bankruptcy in Scotland (4th ed., Edinburgh 1914)
Gouskou	*Gouskou-Selekou*, I eggyitiki epistoli me ritra pliromis "se proti zitisi", Diatribi (Athens 1995)
Gouveia de Andrade, Da ofensa do crédito	*Maria Paula Gouveia de Andrade*, Da ofensa do crédito e do bom nome: contributo para o estudo do art. 484/ do Código Civil (Lisbon 1996)
Gow, Mercantile and Industrial Law of Scotland	*James John Gow*, Mercantile and Industrial Law of Scotland (Edinburgh 1964)
Gozzi, Der Anspruch iure proprio auf Ersatz des Nichtvermögensschadens	*Caterina Gozzi*, Der Anspruch iure proprio auf Ersatz des Nichtvermögensschadens wegen der Tötung eines nahen Angehörigen in Deutschland und Italien (Göttingen 2006)
Graf, Vertrag und Vernunft	*Georg Graf*, Vertrag und Vernunft: eine Untersuchung zum Modellcharakter des vernünftigen Vertrages (Vienna 1997)
Gräfe/Lenzen/Rainer, Steuerberaterhaftung[2]	*Jürgen Gräfe, Rolf Lenzen and Thomas Rainer*, Steuerberaterhaftung (2nd ed., Herne 1988)
Granecki, PiP 2003 (1), 68	*Paweł Granecki*, W sprawie wykładni art. 362 kodeksu cywilnego, PiP 2003 (1), 68 ff

Grauers, Fastighetsköp[15]	*Folke Grauers*, Fastighetsköp (15th ed., Lund 2000)
Gravells, Land Law[2]	*Nigel P. Gravells*, Land Law: Text and Materials (3rd ed., London 2004)
Gray and Gray, Elements of Land Law[3]	Kevin J. Gray and Susan Francis Gray, Elements of Land Law (4th ed., Oxford 2005), sometimes also quoted from the 3rd ed. (Oxford 2004)
Grazia, Giur.it. 2000, I, 1817	*Matteo Grazia*, Danni da carenza strutturali ed organizzative e accertamento della causalità nella responsabilità medica, Giur.it. 2000, 1817-1819
Greger, Haftungsrecht des Straßenverkehrs[3]	*Reinhard Greger*, Haftungsrecht des Straßenverkehrs: Großkommentar zu §§ 7 bis 20 Straßenverkehrsgesetz und zur Haftpflicht unter Einschluß des Delikts-, Vertrags-, und Versicherungsrechts sowie des Schadensregresses (3rd ed., Berlin 1997)
Greger, Haftungsrecht des Straßenverkehrs[4]	*Reinhard Greger*, Haftungsrecht des Straßenverkehrs, Handbuch und Kommentar (4th ed., Berlin 2007)
Gretton, (1978) SLT, 145	*George Gretton*, Reparation and Negotiorum Gestio, SLT 1978, 145 ff
Gretton, 1988 JLSS, 53	*G. L. Gretton*, Using Trusts as Commercial Securities, 1988 JLSS, 53 ff
Grimaldi, Avant-projet de texte du Groupe de travail relatif à la réforme du droit des sûretés du 31 mars 2005	*Grimaldi*, Avant-projet de texte du Groupe de travail relatif à la réforme du droit des sûretés du 31 mars 2005 (Paris 2005)
Griss, JBl 2005, 273	*Irmgard Griss*, Der Entwurf eines neuen österreichischen Schadenersatzrechts, JBl 2005, 273-288
Griss/Kathrein/Koziol (*-author*), Entwurf eines neuen österreichischen Schadenersatzrechts XV	Irmgard Griss, Georg Kathrein and Helmut Koziol (ed.), Entwurf eines neuen österreichischen Schadenersatzrechts, vol. XV: (Vienna 2006), quoted here with the contribution of Produkt- und Umwelthaftung by *Monika Hinteregger*, 119-125
Grönfors and Dotevall, Avtalslagen[2, 3]	*Kurt Grönfors and Rolf Dotevall*, Avtalslagen (3rd ed., Stockholm 1995), sometimes also quoted from the 2nd ed. (Stockholm 1989)
Grönfors, ScanStudL VI (1962), 95	*Kurt Grönfors*, Powers of Positions in Swedish Law of Agency, ScanStudL IV (1962), 95 ff
Grönfors, Ställningsfullmakt	*Kurt Grönfors*, Ställningsfullmakt och bulvanskap (Stockholm 1961)
Grosheide, Franchising	*F. W. Grosheide*, Franchising en harmonisering van het recht in de EU (Lelystad 1994)
Großerichter and Rageade, ZEuP 2002, 611	*Helge Großerichter and Jean-Philippe Rageade*, Eine Revolution mit ungewissem Ausgang: Der Ausschluss der Eigenhaftung des Verrichtungsgehilfen durch die französische Cour de cassation, ZEuP 2002, 611-628
Grua, D. 2003, 1492	*François Grua*, Le prêt d'argent consensuel, D. 2003, 1492-1495
Grulich, Pra 1998 (7), 5	*T. Grulich*, Vybrané druhy movitých věcí a zástavní právo, Pra 1998 (7), 5 ff

Grundmann, AcP 198 (1998), 457	*Stefan Grundmann*, Zur Dogmatik der unentgeltlichen Rechtsgeschäfte, AcP 198 (1998), 457-488
Grundmann, ERPL 9/2001, 239	*Stefan Grundmann*, European sales law – reform and adoption of international models in German sales law, ERPL 9/2001, 239-258
Grünfeld, De nordiske patientforsikrings ordninger-ligheder og forskelle	*Arne Grünfeld*, De nordiske patientforsikringsordninger – ligheder og forskelle, in: De første 10 år. I anledning af Patientforsikringens 10 års jubilæum i 2002 (Copenhagen 2002)
Grunsky, JuS 1984, 497	*Wolfgang Grunsky*, Sicherungsübereignung, Sicherungsabtretung und Eigentumsvorbehalt in der Zwangsvollstreckung und im Konkurs des Schuldners, JuS 1984, 497-504
Grzybowski, RPEiS 1967 (1), 41	*Stefan Grzybowski*, Umowa kontraktacji w systemie kodeksu cywilnego, RPEiS 1967 (1), 41 ff
Gschnitzer, Sachenrecht[2]	*Franz Gschnitzer*, Österreichisches Sachenrecht (2nd ed., Vienna 1985)
Gschnitzer, Schuldrecht, Besonderer Teil und Schadensersatz[2]	*Franz Gschnitzer*, Österreichisches Schuldrecht. Besonderer Teil und Schadenersatz, quoted here with the contributions by *Christoph Faistenberger*, *Heinz Barta* and *Bernhard Eccher* (2nd ed., Vienna 1988)
Gschnitzer/Faistenberger/ Barta/Call/Eccher, Sachenrecht[2]	*F. Gschnitzer, Ch. Faistenberger, H. Barta, G. Call and G. Eccher* (eds.), Sachenrecht (2nd ed., Vienna 1985)
Gsell, JZ 2001, 65	*Beate Gsell*, Kaufrechtsrichtlinie und Schuldrechtsmodernisierung, JZ 2001, 65-75
Guardiola Sacarrera, Contratos de Collaboration en el Comercio internacional[1]	*Enrique Guardiola Sacarrera*, Contratos de colaboratión en el comercio internacional (Barcelona 1998)
Guest *(-author)*, Oxford Essays	Anthony Gordon Guest (ed.), Oxford Essays in Jurisprudence (Oxford 1961)
Guhl *(-author)*, OR[9]	Theo Guhl (ed.), Das schweizerische Obligationenrecht (9th ed., Zürich 2000)
Guidelines on Vertical Restraints	Commission Notice: Guidelines on Vertical Restraints, OJ EC C 291 of 13 October 2001, 1-44
Guilarte Gutiérrez, ADC 1992, 875	*Vicente Guilarte Gutiérrez*, La naturaleza de la actual sociedad de gananciales, ADC 1992, 875-928
Guilarte Gutiérrez, CCJC 1994, 669	*Vicente Guilarte Gutiérrez*, Comentario a la STS de 4 de Marzo de 1994, CCJC 1994, 669 ff
Guilarte Zapatero, RDP 1975, 891	*Vicente Guilarte Zapatero*, Notas sobre la cofianza y su régimen en el Código civil español, RDP 1975, 891-920
Guldix and Wylleman, TPR 1999, 1589	*Erna Guldix and Annelies Wylleman*, De positie en de handhaving van persoonlijkheidsrechten in het Belgisch privaatrecht, TPR 1999, 1589-1657
Gullón, FS Batlle Vázquez, 367	*Antonio Gullón*, Cobro de lo indebido, in: Festschrift in honour of Manuel Batlle Vázquez (Madrid 1978), 367-371

Gurry, Breach of Confidence	*Francis Gurry*, Breach of Confidence (New York 1984)
Gursky, AcP 185 (1985), 13	*Karl Heinz Gursky*, Der Tatbestand der Geschäftsführung ohne Auftrag, AcP 185 (1985), 13-45
Gursky, JZ 1991, 496	*Karl-Heinz Gursky*, Die neue höchstrichterliche Rechtsprechung zum Mobiliarsachenrecht – Teil 1, JZ 1991, 496-503
Gursky, Schuldrecht BT[4]	*Karl Heinz Gursky*, Schuldrecht Besonderer Teil (4th ed., Heidelberg 2002)
Guyenot and Fresy, GazPal 1984, Doct. 116	*Jean Guyenot and Annie Fresy*, Similtudes et Divergences de la conception de la reserve de propriété en droit français et anglais, GazPal 1984, doct. 116-119
Haab/Simonius/Scherrer/ Zobl (*-author*), Zürcher Kommentar IV.1[2]	*R. Haab, A. Simonius, W. Scherrer* and *D. Zobl*, Das Eigentum, Zürcher Kommentar, vol. IV.1 (2nd ed., Zurich 1977)
Haager, NJW 2002, 1463	*Bernd Christian Haager*, Die Entwicklung des Franchiserechts in den Jahren 1999, 2000 und 2001, NJW 2002, 1463-1475
Haak and Koot, Bewuste roekeloosheid in het privaatrecht	*K. F. Haak and F. L. Koot*, Bewuste roekeloosheid in het privaatrecht (Rotterdam 2004)
Haak and Zwitser, Opdracht aan hulppersonen	*K. F. Haak and R. Zwitser*, Opdracht aan hulppersonen. Over logistieke dienstverlening in het vervoer (2nd ed., Rotterdam 2003)
Haanappel/Mackaay/ Warendorf/Thomas, Netherlands Business Legislation	*Peter P. C. Haanappel, Ejan Mackaay, Hans C. S. Warendorf and Richard Thomas*, Netherlands Business Legislation, Loose-leaf (The Hague 1999-12.2004), translated by *Peter P. C. Haanappel, Ejan Mackaay, Hans C. S. Warendorf and Richard Thomas*
Hadding/Häuser/Welter, Bürgschaft und Garantie, 571	*W. Hadding, F. Häuser and R. Welter*, Bürgschaft und Garantie, in: Bundesminister der Justiz (ed.), Gutachten und Vorschläge zur Überarbeitung des Schuldrechts, vol. III (Cologne 1983), 571-759
Hager and Leonhard, FS Stoll, 167	*Günter Hager and Marc Leonhard*, Neuere Entwicklungen im europäischen Umwelthaftungsrecht: Der Ersatz von Schäden am Naturhaushalt, in: Rainer Frank, Gerhard Hohloch and Peter Schlechtriem (eds.), Festschrift in honour of Hans Stoll (Tübingen 2001), 167-184
Hager, ZEuP 2006, 21	*Günter Hager*, Die europäische Umwelthaftungsrichtlinie in rechtsvergleichender Sicht, ZEuP 2006, 21-44
Hagstrøm and Aarbakke, Obligasjonsrett[2]	*Viggo Hagstrøm and Magnus Aarbakke*, Obligasjonsrett (2nd ed., Oslo 2003)
Hahto, JFT 2005, 250	*Vilja Hahto*, Offrets medverkan i straff- och skadeståndsrätten, JFT 2005, 250-277
Hakulinen, Obligationsrätt	*Yrjö Juho Hakulinen*, Obligationsrätt, vol. I: Allmänna läror (Helsinki 1962)

Hakulinen, Perusteettoman edun palautus: Siviilioikeudellinen tutkimus	*Yrjö Juho Hakulinen*, Perusteettoman edun palautus: Siviilioikeudellinen tutkimus (Helsinki 1931)
Hakulinen, Velkakirjalaki^{2}	*Yrjö Juho Hakulinen*, Velkakirjalaki (2nd ed., Porvoo 1965)
Halfmeier, GPR 2005, 184	*Axel Halfmeier*, Obligationenrecht – Widersprüchliches Verhalten als opt-out aus dem Europäischen Verbraucherschutzrecht?, GPR 2005, 184-189
Halila and Hemmo, Sopimustyypit	*Heikki Halila and Mika Hemmo*, Sopimustyypit (Helsinki 1996)
Halsbury's Laws of England II(3), III(1)^{4}, IX^{4}, XX^{4}, XLV^{4}	*Halsbury's* Laws of England, established by Hardinge Stanley Giffard of Halsbury, edited by Hailsham of St. Marylebone (ed. in chief), Reissue volumes since August 1998 edited by Lord Mackay of Clashfern (ed. in chief), quoted here with the Reissue volumes II(3): Aviation (4th ed., London 2003); III(1): Banking (4th ed., London 1989); IX: Consumer Credit (4th ed., London 1998); XX: Guarantee and Indemnity (4th ed., London 1993); XVL: Shipping and Navigation (4th ed., London 1997)
Hamangiu and Georgean, Codul civil adnotat II	*Constantin Hamangiu and Nicolae Georgean*, Codul civil adnotat, Codul civil adnotat: cu textul art. Corespunzător francez, italian şi belgian; cu trimiteri la doctrina franceză şi română şi jurisprudenţa completă de la 1868-1925, vol. II (arts. 644-1168) (reprint Bucharest 1999)
Hamel *(-author)*, Le contrat de commission	Joseph Hamel (ed.), Le contrat de commission (Paris 1949), quoted here with commentaries by *B. Starck*
Hamelink and Snaet, OGP 1998, I.N.	*P. Hamelink and S. Snaet*, OGP, vol. I.N., Bezit van onroerend goed en verkrijgende verjaring (usucapio) (Antwerp 1998)
Hammerstein and Vranken, Beëindiging en wijzigen van de overeenkomst^{2}	*Alfred Hammerstein and Johannes B. M. Vranken*, Beëindiging en wijzigen van de overeenkomst. Een horizontale vergelijking (2nd ed., Deventer 2003)
Hamson, (1949) 10 CLJ 249	*C. J. Hamson*, Illegal Contracts and Limited Interests, (1949) 10 CLJ 249-259
Hanbury and Martin, Modern Equity^{17}	*Harold Greville Hanbury and Jill E. Martin*, Modern Equity (17th ed., London 2005), sometimes also quoted from the 13th ed.: *Harold Greville Hanbury and Ronald Harling Maudsley*, Modern Equity (London 1989)
Hanbury, Agency^{2}	*Harold Greville Hanbury*, The Principles of Agency (2nd ed., London 1960)
HandKomm OR *(-author)*	Jolanta Kren Kostkiewicz (ed.), OR. Handkommentar zum Schweizerischen Obligationenrecht (Zürich 2002)
Hansenne, Introduction au droit privé	*Jacques Hansenne*, Introduction au droit privé (Brussels 1990)
Hansenne, Les biens I(1)	*Jacques Hansenne*, Les biens, vol. I, part 1 (Brussels 1996)
Hapgood, Paget's Law of Banking^{12}	*Mark Hapgood*, Paget's Law of Banking (12th ed., London 2003)

Harboe Wissum, UfR 1986, B 340	*Christian Harboe Wissum*, Comfort letters. Støtteerklæringer i finansieringsforhold, UfR 1986, B 340-344
Harloff, Tartan & Torts	*Stephanie Harloff*, Tartan & Torts. Das schottische "law of delict" im Vergleich zum englischen "tort law" (Münster 2002)
Harmel, Rép.Not. 7, 1.1	*Pierre Harmel*, Théorie générale de la vente, in: Rép.Not. vol. VII: La vente, book 1.1 (Brussels 1985)
Harrer, Schadenersatzrecht	*Friedrich Harrer*, Schadenersatzrecht (Vienna 1999)
Harrer, Vertragstypen	*Friedrich Harrer*, Neue Vertragstypen des Handelsrechts (Vienna 2001)
Harris/Campbell/Halson, Remedies in Contract and Tort	*D. Harris, D. Campbell and R. Halson*, Remedies in Contract and Tort (London 1999)
Hartkamp, Civil Code	*Arthur Severijn Hartkamp*, Civil Code Revision in the Netherlands 1947-1992, in: P. P. C. Haanappel and Ejan Mackaay (eds./transl.), Nieuw Nederlands Burgerlijk Wetboek, Het Vermogensrecht (Deventer 1990), XIII-XXVI
Hartkamp, Compendium Vermogensrecht volgens het nieuwe BW[5]	*Arthur Severijn Hartkamp*, Compendium Vermogensrecht volgens het nieuwe Burgerlijk Wetboek (5th ed., Deventer 1999)
Hartkamp, Compendium[6]	*Arthur Severijn Hartkamp*, Compendium van het vermogensrecht volgens het nieuwe Burgerlijk Wetboek (6th ed., Deventer 2005)
Hartkamp, Indirect representation	*Arthur S. Hartkamp*, Indirect representation according to principles of European Contract Law, the Unidroit Agency Convention and the Dutch Civil Code, in: Festschrift für Ulrich Drobnig zum 70. Geburtstag, edited by Jürgen Basedow (Tübingen 1998), 45-46
Hartkamp, Interplay	*Arthur Severijn Hartkamp*, Interplay between Judges, Legislators and Academics, the Case of the New Civil Code of the Netherlands, in: Basis S. Markesinis (ed.), Law Making, Law Finding and Law Shaping (Oxford a.o. 1997), 91 ff
Hartkamp, WPNR 1974, no. 5267/5268, 375 or 393	*Arthur Severijn Hartkamp*, Het begrip leveringstitel, WPNR 5267/5268 (1974), 375-383 and 393- 399
Hartkamp, WPNR 2001, no. 6440, 311 and no. 6441, 327	*Arthur Severijn Hartkamp*, Ongerechtvaardigte verrijking naast overeenkomst en onrechtmatige daad, WPNR 2001, no. 6440 p. 311-318 (part I) and WPNR 2001, no. 6441 p. 327-334 (part II)
Hartkamp/Hesselink/ Hondius/Joustra/du Perron *(-author)*, Towards a European Civil Code[2, 3]	Arthur Severijn Hartkamp, Martijn Hesselink, Ewoud Hondius, Carla Joustra, Edgar du Perron (eds.), Towards a European Civil Code (2nd ed., Nijmwegen 1988) quoted here with the contribution Vicarious Liability by *Christian von Bar*, (chapter 27, 431-447) and (3rd ed., Nijmwegen 2004) quoted here with the contribution Limitations Periods (520 ff)
Hartlief and Tjittes, NJB 2001, 1459	*Tom Hartlief and Riema-Jan Tjittes*, Kroniek van het vermogensrecht, NJB 2001, 1459-1473

Hartlief, Borgtocht	*Tom Hartlief*, Borgtocht, in: Ewoud H. Hondius and G. J. Rijken (eds.), Consumentenrecht (Deventer 1996), 211-231
Hartlief, NTBR 2001, 58	*Tom Hartlief*, Verjaring, rechtszekerheid en billijkheid, Enkele beschouwingen naar aanleiding van HR 28 April 2000, NJ 2000, 430 en 431 (ARB), NTBR 2001, 58-66
Håstad, Den nya köprätten$^{3, 4, 5}$	*Torgny Håstad*, Den nya köprätten (5th ed., Uppsala 2003), sometimes also quoted from the 4th ed. (Uppsala 1998) and 3rd ed. (Uppsala 1994)
Håstad, FS Smith, 433	*Torgny Håstad*, Löftesmannens (kausjonistens) kvittningsrätt med debitors motfordran hos kreditor, in: Festskrift til Carsten Smith (Stockholm 2002), 433-448
Håstad, JT 2002-03, 745	*Torgny Håstad*, Inför en europeisk sakrätt – några principfrågor, JT 2002-03, 745-777
Håstad, Sakrätt^{6}	*Torgny Håstad*, Sakrätt avseende lös egendom (6th ed., Stockholm 1996), with Supplement 2000 and 2004
Håstad, Tjänster utan uppdrag	*Torgny Håstad*, Tjänster utan uppdrag (Stockholm 1973)
Haug, Die Amtshaftung des Notars	*Karl H. Haug*, Die Amtshaftung des Notars. Handbuch der Berufungspflichten unter besonderer Berücksichtigung der gesamten Haftpflicht-Rechtsprechung des Bundesgerichtshofes (2nd ed., Munich 1997)
Hausmaninger, Casebook	*Herbert Hausmaninger*, Casebook po rimsko chastno pravo (Sofia 2000)
Havansi, Oikeudenkäynti ja täytäntöönpano	*Erkki Havansi*, Oikeudenkäynti ja täytäntöönpano (Helsinki 2002)
Häyhä, Defensor Legis 1996, 313	*Juha Häyhä*, Lojaliteettiperiaate ja sopimusoppi, Defensor Legis 1996, 313-327
Hayton/Kortmann/Verhagen (*-author*), European Trust Law	D. J. Hayton, S. C. J. J. Kortmann and H. L. E. Verhagen, Principles of European Trust Law (The Hague and Deventer 1999)
Heck, Grundriss^{2}	*Philipp Heck*, Grundriß des Sachenrechts (2nd ed., Tübingen 1930)
Hedley, (1985) 5 Legal Studies 56	*Steve Hedley*, Unjust enrichment as the basis of Restitution – an overworked concept, (1985) 5 Legal Studies 56 ff
Hedley, (2004) 63 CLJ 435	*Steve Hedley*, Implied contract and restitution, (2004) 63 CLJ 435-455
Hedman, Ansvar och ersättning vid medicinsk verksamhet	*Anders Hedman*, Ansvar och ersättning vid medicinsk verksamhet (Stockholm 1984)
Hegel, Grundlinien der Philosophie des Rechts	*Georg Wilhelm Friedrich Hegel*, Elements of the philosophy of right (13th ed., Cambridge 2008)
Heinrich, JCP éd. E 1984 II	*J.-B. Heinrich*, La vente à réméré d'obligation, JCP éd. E 1984, II, no. 14282
Hellner and Johansson, Skadeståndsrätt^{6}	*Jan Hellner and Svante Johansson*, Skadeståndsrätt (6th ed., Stockholm 2000)
Hellner and Radetzki, Skadeståndsrätt^{7}	*Jan Hellner and Marcus Radetzki*, Skadeståndsrätt (7th ed., Stockholm 2006)

Hellner and Ramberg, Speciell avtalsrätt I[2]	*Jan Hellner and Jan Ramberg*, Speciell avtalsrätt, vol. I: Köprätt (2nd ed., Stockholm 1991)
Hellner, Causality and Causation in Law, 111	*Jan Hellner*, Causality and Causation in Law, in: Peter Wahlgren (ed.), Tort liability and insurance, Scandinavian studies in law, vol. 40 (Stockholm 2001), 111-134
Hellner, Försäkringsrätt	*Jan Hellner*, Försäkringsrätt (Stockholm 1959)
Hellner, FS Goode, 167	*Jan Hellner*, Linked Contracts, in: Ross Cranston (ed.), Making Commercial Law – Essays in Honour of Roy Goode (Oxford 1997), 167-190
Hellner, FS Limpens, 53	*Jan Hellner*, Strict Liability in Sweden, in: Festschrift in memory of Jean Limpens (Antwerp 1987), 53-63
Hellner, JFT 1982, 483	*Jan Hellner*, Review of: *Hjalmar Karlgren*, Obehörig vinst och värdeersättning, JFT 1982, 483-487
Hellner, JT 1991-92, 252	*Jan Hellner*, Medverkan till skada vid strikt ansvar, JT 1991-92, 252-274
Hellner, JT 1999-2000, 409	*Jan Hellner*, Betalning av misstag, JT 1999-2000, 409-415
Hellner, Kommersiell avtalsrätt[4]	*Jan Hellner*, Kommersiell avtalsrätt (4th ed., Stockholm 1993)
Hellner, Obehörig vinst	*Jan Hellner*, Om obehörig vinst. Särskilt utanför kontraktsförhållanden (Uppsala 1950)
Hellner, Skadeståndsrätt	*Jan Hellner*, Skadeståndsrätt (5th ed., Stockholm 1995)
Hellner, Speciell avtalsrätt II(2)[3]	*Jan Hellner*, Speciell Avtalsrätt, vol. II: Kontraktsrätt, part 2: Allmänna ämnen (3rd ed., Stockholm 1996)
Hellner, SvJT 1969, 332	*Jan Hellner*, Ersättning till tredje man vid sak- och personskada, SvJT 1969, 332-361
Hellner/Hager/Persson, Speciell avtalsrätt II(1)[4], (2)[4]	*Jan Hellner, Richard Hager and Annina H. Persson*, Speciell avtalsrätt, vol. II: Kontraktsrätt, part 1: Särskilda avtal; part 2: Allmänna ämnen (4th ed., Stockholm 2005)
Helmich, ecolex 2003, 888	*Elisabeth Helmich*, Schadenersatz bei Eingriffen in die Privatsphäre, ecolex 2003, 888-890
Hemmo, Defensor legis 1996, 328	*Mika Hemmo*, Irtisanomisvapaus ja pitkäkestoiset liikesopimukset, Defensor legis 1996, 328-346
Hemmo, Sopimusoikeuden oppikirja	*Mika Hemmo*, Sopimusoikeuden oppikirja (Helsinki 2006)
Hemmo, Sopimusoikeus I[2], II[2]	*Mika Hemmo*, Sopimusoikeus, vols. I, II (2nd ed., Helsinki 2003), sometimes also quoted from the previous ed. (Helsinki 1997)
Hendrych *(-author)*, Právnický slovník[6]	Dušan Hendrych (ed.), Právnický slovník (6th ed., Prague 2006), quoted here with the commentaries by *Josef Fiala, Věra Korecká and Miloš Tomsa*
Hentschel *(-author)*, Straßenverkehrsrecht[37, 39]	*Johannes Floegel* (establ.), continued by *Peter Hentschel*, edited by *Peter König and Peter Dauer*, Straßenverkehrsrecht: Straßenverkehrsgesetz, Straßenverkehrs-Ordnung, Fahrerlaubnis-Verordnung, Fahrzeug-Zulassungsverordnung, Straßenverkehrs-Zulassungs-Ordnung, Bußgeldkatalog, Gesetzesmaterialien, Verwaltungsvorschriften und einschlägige Bestimmungen des StGB und der StPO, quoted here with the

	commentaries by *Peter Hentschel, Peter König* and *Peter Dauer* (39th ed., Munich 2007), sometimes also quoted from the 37th ed. (Munich 2003)
Herbosa Martínez, La responsabilidad extracontractual por ruina de los edificios	*Inmaculada Herbosa Martínez*, La responsabilidad extracontractual por ruina de los edificios (desputes de la Ley 38/1999, de 5 de noviembre, sobre Ordenación de la Edificatión (Madrid 2002)
Herbots, Bijzondere overeenkomsten	*Jacques H. Herbots* (ed.), Bijzondere overeenkomsten, Actuele problemen (Antwerp, 1980), quoted here with the contribution, De bewaargeving' by *J. H. Herbots*, 267-282
Herbots, Contract Law in Belgium	*Jacques H. Herbots*, Contract Law in Belgium (Brussels 1995)
Herbots/Pauwels/Degroote, TPR 1997, 647	*Jacques H. Herbots, C. Pauwels and E. Degroote* in cooperation with *L. Lamine and F. Convent*, Overzicht van Rechtspraak. Bijzondere Overeenkomsten (Rechtspraak verschenen van 1 januari 1988 tot eind 1994), TPR 1997, 647-1281
Herbots/Stijns/Degroote/Lauwers/Samoy, TPR 2002, 57	*Jacques H. Herbots, S. Stijns, E. Degroote, W. Lauwers and I. Samoy*, Overzicht van rechtspraak (1995-1998): Bijzondere Overeenkomsten, TPR 2002, 57-923
Hernández Gil, La posesión	*Antonio Hernández Gil*, La posesión como institución jurídica y social (Madrid 1987)
Hernando Giménez, El Contrato de franquicia de empresa	*Aurora Hernando Giménez*, El Contrato de franquicia de empresa (Madrid 2000)
Herpai, Magyar Jog 11/2005, 691	*Annamária Herpai*, Újabb jelenségek a születéssel kapcsolatos kártérítési igények körében, Magyar Jog 11/2005, 691-701
Herpai, VersRAI 2005, 29 and 43	*Annamária Herpai*, Grundfragen der Reform des ungarischen Deliktsrechts, VersRAI 2005, 29-32 (part 1) and 43-48 (part 2)
Herre, Ersättningar i köprätten	*Johnny Herre*, Ersättningar i köprätten: Särskilt om skadeståndsberäkning (Stockholm 1996)
Herre, JT 2001-02, 120	*Johnny Herre*, Fel i såld segelbåt, JT 2001-02, 120-129
Herre, Konsumentköplagen[2]	*Johnny Herre*, Konsumentköplagen (2nd ed., Stockholm 2004)
Hertz, UfR 2004, B 180	*Ketilbjørn Hertz*, Erstatningsansvar for psykiske skader, UfR 2004, B 180-183
von Hertzen, Sopimusneuvottelut	*Hannu von Hertzen*, Sopimusneuvottelut siviilioikeudellinen tutkimus (Helsinki 1983)
Hesselink, De redelijkheid en billijkheid in het Europese privaatrecht	*Martijn Willem Hesselink*, De redelijkheid en billijkheid in het Europese privaatrecht (Deventer 1999)
Hesser, Immateriella upptragsavtal	*Jacob Hesser*, Immateriella uppdragsavtal (Stockholm 2006)
Hessler, Allmän sakrätt	*Henrik Hessler*, Allmän sakrätt (Stockholm 1973)
Hessler, SvJT 1955, 38	*Henrik Hessler*, Växel- och checkrätt 1945-1953, SvJT 1955, 36-44

Heymann *(-author)*, HGB[1, 2]	Ernst Heymann (establ.), Norbert Horn (ed.) Handelsgesetzbuch, Kommentar (2nd ed., Berlin 1995 ff), sometimes also quoted from the 1st ed. (Berlin 1989-90)
Heyvaert, TPR 1983, 169	A. *Heyvaert*, Bezit geeft verscheidene titels, TPR 1983, 169-195
Hijma and Olthof, Compendium van het Nederlands Vermogensrecht[3]	*Jacob Hijma and* M. M. *Olthof*, Compendium van het Nederlands Vermogensrecht (3rd ed., Deventer 1988)
Hijma, WPNR 1993 (6101), 561	*Jacob Hijma*, De eigendom van ongevraagd toegezonden zaken, WPNR 1993, no. 6101, 561-562
Hilty and Henning-Bodewig *(-author)*, Law Against Unfair Competition	Reto M. Hilty and Frauke Henning-Bodewig (eds.), Law Against Unfair Competition (Heidelberg 2007)
Hinderling, in: Schweizerisches Privatrecht V/1, 403	H. *Hinderling*, Der Besitz, in: *Max Gutzwiller et al.*, Schweizerisches Privatrecht, vol. V, part 1 (Basle 1977), 403 ff
Hirsch, JBl 1998, 541	*Christine Hirsch*, Ist der Unterlassungsanspruch wirklich verschuldensunabhängig?, JBl 1998, 541-550
HK Law Ref Com, Consultation Paper, Civil Lability for Invasion of Privacy	The Law Reform Commission's Sub-Committee on Privacy, chaired by Mr. Justice Mortimer, Civil Lability for Invasion of Privacy (August 20, 1999), http://www.hkreform.gov.hk/en/docs/privacyp-e.pdf
HK Law Ref Com, Consultation Paper, The Regulation of Media Intrusion	The Law Reform Commission's Sub-Committee on Privacy, chaired by Mr. Justice Mortimer, The Regulation of Media Intrusion (August 20, 1999), http://www.hkreform.gov.hk/en/docs/privacyp-e.pdf
Hk-BGB[2, 5] *(-author)*	*Heinrich Dörner and Rainer Schulze*, Bürgerliches Gesetzbuch: Handkommentar (5th ed., Baden-Baden 2007), sometimes also quoted from the 2nd ed. (Baden-Baden 2002)
Hodgin, Professional Liability	*Ray W. Hodgin*, Professional Liability: Law and Insurance (London 1996)
Hoekema, NJB 1980, 977	*A. J. Hoekema*, Rechtssociologische aantekeningen bij het schadevergoedingsrecht, NJB 1980, 977-1000
Hoeren and Martinek, Systematischer Kommentar zum Kaufrecht	*Thomas Hoeren and Michael Martinek* (eds.), Systematischer Kommentar zum Kaufrecht (Recklinghausen 2002), quoted here with the commentaries by *Malzer*
Hoffmann, Das spanische Strafgesetzbuch	*Markus Hoffmann* in cooperation with Manuel Cancio Meliá, Das spanische Strafgesetzbuch vom 23. November 1995 nach dem Stand vom 31. Dezember 2001 – Código Penal (Freiburg 2002)
Hofmann, NJW 1961	*Hofmann*, Zum Begriff der Neuheit in § 950 BGB, NJW 1961, 1246 ff
Hogg, (1992) SLT, 349	*Martin A. Hogg*, Privacy: A Valuable and Protected Interest in Scots Law, (1992) SLT, 349-353
Hogg, (2005) 9 Edinburgh LRev, 156	*Martin Hogg*, Duties of care, Causation, and the implications of Chester v Afshar, (2005) 9 Edinburgh LRev, 156-167

Hogg, Obligations$^{1, 2}$	*Martin Hogg*, Obligations (2nd ed., Edinburgh 2006), sometimes also quoted from the 1st ed. (Edinburgh 2003)
Højrup, Kaution	*Hans Verner Højrup*, Kaution (Copenhagen 1977)
Holdsworth, A History of English Law II	*William Holdsworth*, A History of English Law, vol. II: Anglo-saxon antiguities, The medieval common law part 1 (4th ed., London 1936, reprint 1971)
Holmqvist et al. *(-author)*, Brottsbalken^{6}	Lena Holmqvist et al., Brottsbalken – En kommentar (6th ed., Stockholm 2009)
Holub *(-author)*, OZ I^{2}, II^{2}	Milan Holub and Jaroslav Bičovský (eds.), Občanský zákoník, Poznámkové vydání s judikaturou a novou literaturou (včetně věcného rejstříku), Komentář, vols. I and II (2nd ed., Prague 2003), quoted here with the commentaries by *Balík, Eliáš, Piková and Pokorná*
Holzhammer, Allgemeines Handelsrecht	*Richard Holzhammer*, Allgemeines Handelsrecht und Wertpapierrecht (8th ed., Vienna 1998)
Holzhammer, Insolvenzrecht^{5}	*Richard Holzhammer*, Österreichisches Insolvenzrecht: Konkurs und Ausgleich (Vienna 1996)
Holzhauer, RM-Themis 1986, 4	*R. W. Holzhauer*, Psychische schade in het aansprakelijkheidsrecht, RM-Themis 1986, 4-29
Holzner, JBl 1995, 401	*Christian Holzner*, Bereicherungsausgleich bei Zahlungen an den Zessionar – Die Rechtsprechung des BGH als Vorbild?, JBl 1995, 401-405
Holzner, ÖJZ 1996, 372	*Christian Holzner*, Gutglaubenserwerb nur nach Maßgabe der Zahlung? ÖJZ 1996, 372-377
Holzner, ÖJZ 1997, 499	*Christian Holzner*, Umdenken beim Gutglaubenserwerb?, ÖJZ 1997, 499-504
Holzner, Vermengung und Eigentum, JBl 1988, 532 and 632	*Christian Holzner*, Vermengung und Eigentum, JBl 1988, 564-571 and 632-640
Hondius *(-author)*, Pre-contractual Liability	*Ewoud H. Hondius*, Pre-contractual Liability: Reports to the 13th Congress of the International Academy of Comparative Law, Montréal, Canada, 18-24 August 1990 (Deventer 1991)
Hondius *(-author)*, Verbintenissenrecht	Ewoud H. Hondius (ed.), Verbintenissenrecht, Loose-leaf (Deventer, March 1991 ff), quoted here with the commentaries by *Busch*, *Heisterkamp* and *Scheltema*
Hondius, NTBR 2000, 275	*Ewoud H. Hondius*, Mesothelioom en verjaring: de billijkheid zegeviert, NTBR 2000, 275 ff
Hondius, Ontwikkelingen in de civielrechtelijke aansprakelijkheid van arts en ziekenhuis, 59	*Ewoud H. Hondius*, Ontwikkelingen in de civielrechtelijke aansprakelijkheid van arts en ziekenhuis, in: J. H. Hubben (ed.), De geneeskundige behandelingsovereenkomst, Tekst en analyse van het wetsvoorstel (Lochem 1990), 59-78
Honnold, Uniform Law for International Sales^{2}	*John O. Honnold*, Uniform Law for International Sales under the 1980 United Nations Convention (2nd ed., Deventer 1991)
Honoré, Ownership	A. M. *Honoré*, Ownership, in: A. G. Guest, Oxford Essays in Jurisprudence (Oxford 1961), 107 ff

Honsell, JuS 1976, 621	*Heinrich Honsell*, Probleme der Haftung für Auskunft und Gutachten, JuS 1976, 621 ff
Honsell, OR-BT[7]	*Heinrich Honsell*, Schweizerisches Obligationenrecht. Besonderer Teil (7th ed., Bern 2003)
Hoppu, Handels-och förmögenhetsrätten i huvuddrag[2]	*Esko Hoppu*, Handels-och förmögenhetsrätten i huvuddrag (2nd ed., Helsingfors 1995)
Horn, Bürgschaften[8]	*Norbert Horn*, Bürgschaften und Garantien (8th ed., Cologne 2001)
Horn, FS Brandner, 623	*Norbert Horn*, Der Rückforderungsanspruch des Garanten nach ungerechtfertigter Inanspruchnahme, in: Gerd Pfeiffer (ed.), Festschrift für Hans Erich Brandner zum 70. Geburtstag (Cologne 1996), 623-634
Horn, ZIP 1997, 525	*Norbert Horn*, Zur Zulässigkeit der Globalbürgschaft – Bestimmtheitsgrundsatz und Verbot der Fremddisposition im Bürgschaftsrecht, ZIP 1997, 525-530
Hornslet, UfR 1987, B 288	*Mogens Hornslet*, Ansvar for kloakanlæg, UfR 1987, B 288-291
Horozov, SP 1995/3, 37	*Georgi Horozov*, Pravna harakteristika, predmet i znachenie na otchetnite operazii pri kosvenoto predstavitelstvo, Suvremenno pravo (SP), 1995/3, 37-47
Horozov, SP 1996/6, 26	*Georgi Horozov*, Pridobivane na prava ot svoe ime za chujda smetka- terminologichni i tulkuvatelni vuprosi, Suvremenno pravo (SP), 1996/6, 26-33
Hörster, Parte geral	*Heinrich Ewald Hörster*, A parte geral do código civil português: teoria geral do direito civil (Coimbra 1992)
Hov, Kontraktsret I[3]	*Jo Hov*, Kontraktsret, vol. I: Avtaleslutning og ugyldighet (3rd ed., Oslo 2002)
Howells and Wilhelmsson, EC Consumer Law	*Geraint G. Howells and Thomas Wilhelmsson*, EC Consumer Law (Aldershot 1997)
Hoyer, GS Hofmeister	*Hans Hoyer*, Zeitlich begrenztes Eigentum durch Vertrag?, GS Hofmeister, 283-294
Huber, JBl 1985, 531	*Christian Huber*, Die Verjährung von gesetzlichen Rückersatzansprüchen, JBl 1985, 531-538
Huber, JBl 1986, 227	*Christian Huber*, Zur Verjährung des Schadenersatzanspruchs gegen den Frachtführer, JBl 1986, 227-230
Huber, NZI 2004, 57	*Michael Huber*, Rücktrittsrecht des Vorbehaltsverkäufers in der Insolvenz des Vorbehaltskäufers, NZI 2004, 57-63
Huber, Überarbeitung des Schuldrechts, 647	*Ulrich Huber*, "Empfiehlt sich die Einführung eines Leistungsstörungsrechts nach dem Vorbild des Einheitlichen Kaufgesetzes? Welche Änderungen im Gesetzestext und welche praktischen Auswirkungen im Schuldrecht würden sich dabei ergeben?" in: Gutachten und Vorschläge zur Überarbeitung des Schuldrechts, vol. I (1981), 647-909
Huber, ZVR 2000, 218	*Christian Huber*, Antithesen zum Schmerzengeld ohne Schmerzen – Bemerkungen zur objektiv-abstrakten und subjektiv-konkreten Schadensberechnung, ZVR 2000, 218-232

Huet, Contrats spéciaux[1, 2]	*Jerôme Huet*, Les principaux contrats spéciaux, Traité de droit civil sous la direction de Jacques Ghestin (2nd ed., Paris 2001), sometimes quoted from the 1st ed. (Paris 1996)
Huet, De la "vente" de logiciel	*Jerôme Huet*, De la "vente" de logiciel in Mélanges Catala Paris 2001, 799-800
Huet, Responsabilité du vendeur et garantie contre les vices cachés	*Jérôme Huet*, Responsabilité du vendeur et garantie contre les vices cachés (Paris 1987)
Huguenin, OR-BT[2]	*Claire Huguenin*, Obligationenrecht, Besonderer Teil (2nd ed., Zürich 2004)
Huls, Wet op het consumentenkrediet	*N. J. Huls*, Wet op het consumentenkrediet (Deventer 1993)
Hult, Condictio indebiti	*Phillips Hult*, Condictio indebiti, Juridisk debatt. Valda rättsvetenskapliga uppsatser (Uppsala 1952)
Hult, Lärobok I värdepappersrätt[6]	*Phillips Hult*, Lärobok I värdepappersrätt (6th ed., Stockholm 1969)
Hultmark and Ramberg, Avtalsrätten	*Christina Hultmark and Jan Ramberg*, Avtalsrätten – en introduktion (Stockholm 1999)
Hume, 2 (1956) Sydney L Rev, 109	S. G. *Hume*, Dead Bodies, 2 (1956) Sydney L Rev, 109 ff
Hume, Lectures on the Law of Scotland III	*Baron David Hume*, edited by G. Campbell H. Paton, Baron David Hume's Lectures 1786-1822, vol. III (Edinburgh 1952)
Hussar and Kivisild, Juridica IV/2005, 272	*Ave Hussar and Triin Kivisild*, Alusetu rikastumine puudustega pangaülekande puhul Eesti ja Saksa õiguses, Juridica IV/ 2005, 272 ff
Hyvärinen, Ulkomaankaupan edustussopimukset	E. *Hyvärinen*, Ulkomaankaupan edustussopimukset (Helsinki 1997)
ICC Guide to Penalty and Liquidated Damages Clauses	ICC Guide to Penalty and Liquidated Damages Clauses, no. 478
Igartua Arregui, La Ley 1990, I, 1066	*Fernando Igartua Aregui*, La protección de los aspectos personales y patrimoniales de los bienes de la personalidad tras la muerte de la persona, La Ley 1990, I, 1066-1080
Iglesias Prada (*-García Villaverde)*, Estudios Jurídicos En Homenaje Al Profesor Aurelio Menéndez III	R. *García Villaverde*, Una forma especial de garantía: Los efectos de la declaración de la quiebra y la suspensión de pagos sobre las relaciones jurídicas bilaterales preexistentes y pendientes de ejecución, in: Estudios jurídicos en homenaje al Profesor Aurelio Menéndez, edited by *Juan Luis Iglesias Prada*, vol. III: Contratos mercantiles, derecho concursal y derecho de la navegación (Madrid 1996), 3.531 ff
Illescas Ortiz, Cartas de acreditación, 1283	*Rafael Illescas Ortiz*, Cartas de acreditación y cartas de garantía, in: Estudios de derecho bancario y bursátil. Homenaje a Evelio Verdera y Tuells (Madrid 1994), 1283-1300
Illum and Carstensen, Dansk tingsret[3]	*Knud Illum and Vagn Carstensen*, Dansk tingsret (3rd ed., Copenhagen 1976)

Illum, UfR 1939 B, 47	*Knut Illum*, Anmeldelser af Carl Jacob Arnholm, Streiftog i obligasjionsretten, UfR 1939 B, 47-50
Instituto Nacional de Consumo, Green Paper	Instituto Nacional de Consumo (ed.), Green Paper – Liability for Defective Products (Madrid 1999)
Intersimone, Giur.mer. 1995, 753	S. *Intersimone*, Vendita di 'aliud pro alio', note to Pret. Salerno sez. Eboli 24 March 1994, Giur.mer. 1995, 753-754
Inzitari, Effetti del fallimento	*Bruno Inzitari*, Effetti del fallimento per i creditori, in: Commentario del codice civile, established by Antonio Scialoja and Giuseppe Branca, continued by Francesco Galgano (ed.), arts. 51-63 (Bologna/Rome 1988)
Iro, Besitzerwerb	*Gert Michael Iro*, Besitzerwerb durch Gehilfen (Vienna 1982)
Iro, ÖJZ 1983, 505	*Gert Michael Iro*, Die Warnpflicht des Werkunternehmers, ÖJZ 1983, 505-514
Iro, Sachenrecht^{3}	*Gert Michael Iro and Peter Apathy*, Bürgerliches Recht, vol. IV: Sachenrecht (3rd ed., Vienna 2008)
Iversen, Erstatningsberegning i kontraktsforhold	*Torsten Iversen*, Erstatningsberegning i kontraktsforhold: et bidrag til undersøgelsen af de i dansk ret gældende principper for erstatningsberegning i kontraktsforhold med særlig henblick på ikke-opfyldelse af aftaler om køb, leje og entreprise (Copenhagen 2000)
Iversen, Støtteerklæringer	*Torsten Iversen*, Støtteerklæringer (Copenhagen 1994)
Izorche, D. 1999, chr. 369	*Marie-Laure Izorche*, A propos du "mandat sans representation", D. 1999, chr. 369
Jabornegg, ÖJZ 1983, 365	*Peter Jabornegg*, Privates Nachbarrecht und Umweltschutz, ÖJZ 1983, 365-373
Jabornegg, Zurückbehaltungsrecht	*Peter Jabornegg*, Zurückbehaltungsrecht und die Einrede des nicht erfüllten Vertrages: Zugleich ein Beitrag zur Lehre vom Synallagma (Vienna 1982)
Jack, Malek and Quest	*Raymond Jack, Ali Malek and David Quest*, Documentary Credits (3rd ed., London, Dublin and Edinburgh 2001)
Jacobs, JR 2004, 490	*Matthias Jacobs*, Deliktsschutz bei der Beschädigung unbestellter Waren durch Dritte, JR 2004, 490-493
Jahn, Bills of Exchange	*Uwe Jahn*, Bills of Exchange (Paris 1999)
James, Construction Law^{2}	*Michael F. James*, Construction Law: Liability for the Construction of Defective Buildings (2nd ed., Basingstoke 2002)
Jansen, De toepassing van de "Sowiesokostenregel" door de Raad van Arbitrage voor de Bouw, 253	*Christian E. C. Jansen*, De toepassing van de "Sowiesokostenregel" door de Raad van Arbitrage voor de Bouw, in: Matheus Antonius Marinus Cornelis van den Berg, M. A. B. Chao-Duivis and H. Langendoen (eds.), Aangenomen werk: Opstellen aangeboden aan A. J. Van Wijngaarden in herinnering aan Prof. Mr. M. A. van Wijngaarden (Zwolle 2003), 253-265
Jansen, Defects liability	*Christian E. C. Jansen*, Towards a European building contract law. Defects liability: a comparative legal analysis of English, German, French, Dutch and Belgian law (Deventer 1998)

Jansen, Onrechtmatige daad: algemene bepalingen[2]	C. H. M. *Jansen*, Onrechtmatige daad: algemene bepalingen (2nd ed., Deventer 1996)
Janssen, ZRP 2003, 156	*André Janssen*, Das Angehörigenschmerzensgeld in Europa und dessen Entwicklung. Verpasst Deutschland den Anschluss?, ZRP 2003, 156-159
Januzzi, L'appalto: rassegna di giurisprudenza commentata I	A. *Januzzi*, L'appalto: rassegna di giurisprudenza commentata, vol. I (Milan 1978)
Jarkina, Jurista Vārds 2007, 478	V. *Jarkina*, Ceļā uz Latvijas Republikas Civillikuma modernizāciju, Jurista Vārds 2007, 478 ff
Jassogne, Traité pratique de droit commercial II	*Christian Jassogne*, Traité pratique de droit commercial, vol. II (Brussels 1992)
Jauernig (*-author*), BGB[10, 11]	Othmar Jauernig (ed.), Bürgerliches Gesetzbuch: Kommentar (11th ed., Munich 2004), sometimes also quoted from the 10th ed. (Munich 2003)
Jauernig, JuS 1994, 721	*Othmar Jauernig*, Trennungsprinzip und Abstraktionsprinzip, JuS 1994, 721-727
JClCiv (*-author*)	*Alex Weill* (ed. until 1979), *Pierre Catala and Philippe Simler* (eds. since 1980), Collection des Juris-Classeurs. Juris-Classeur Civil Code (Loose-leaf, Paris 1962 ff), cited by author, keyword, article, and if necessary fasc.; quoted here with the commentaries of Civil Code art. 9, V° Jouissance des droits civils, Fasc. 10 by *Jacques Ravanas*, arts. 1184, Exception d'inéxecution ou 'exceptio non adimpleti contractus by *Huet*, arts. 1235-1248, Fasc. 2 by *Issa Sayegh*, arts. 1253-1255 by *Couturier*, arts. 1370-1371, V° Quasi-contrats, Fasc. 10 by *Jean-Michel Jacquet*, arts. 1370-1381, V Quasi-contrats, Enrichissement sans cause by *Xavier Pin*, arts. 1372-1375, V° Quasi-contrats. Gestion d'affaires – Conditions d'existence, Fasc. 10 by *Roger Bout*, arts. 1376-1381 by *Yves Strickler*, arts. 1382-1386, V° Responsabilité civile, Fasc. 110, n° 18 by *Sabine Bertolaso*, arts. 1382-1386, V° Banquier. Responsabilité civile d'ordre général, Fasc. 335-10, n° 80-85 by *François Grua*, arts. 1382-1386, V° Régime de la réparation, Fasc. 220 n° 9 by *Patric Maistre du Chambon* and arts. 1708-1762, fasc. 660, nos. 44-49 by Jocelyne *Cayron*
Jeandin, Les effets de la faillite sur le contrat de durée, 71	N. *Jeandin*, Les effets de la faillite sur le contrat de durée, in: Le contrat dans tous ses états, edited by F. *Bellanger*, F. *Chaix*, C. *Chappuis* and A. *Heritier* (Bern 2004), 71 ff
Jehoram, WPNR 1968, no. 5014, 447	*Herman Cohen Jehoram*, De Zaakwaarneming in het ontwerp nieuw BW, WPNR 1968, no. 5014, 446-449
Jeloschek, ERPL 9/2001, 163	*Christoph Jeloschek*, The Transposition of Directive 99/44/EC into Austrian Law, ERPL 9/2001, 163-175
Jenny and Kälin (*-author*), Die Schweizerische Rechtsordnung	Guido Jenny and Walter Kälin (eds.), Die Schweizerische Rechtsordnung in ihren internationalen Bezügen: Festgabe zum Schweizerischen Juristentag 1988 (Bern 1988)

Jensen and Rasmussen, Familie Retten	*Finn Taksøe-Jensen and Jesper Vorstrup Rasmussen*, Familie Retten (Copenhagen 1990)
Jensen, UfR 1988, B 383	*Gert Drews Jensen*, Personskade ved kørsel med spirituspåvirket fører, UfR 1988, B 383-389
Jespersen	*Halfdan Krag Jespersen*, Kaution (Copenhagen 1965)
Ježek, PP 1998 (2), 35	*I. Ježek*, Současná úprava zástavního práva, PP 1998 (2), 35
Jiménez Horwitz, FS Albaladejo I, 2527	*Margarita Jiménez Horwitz*, El contrato y la propiedad respecto de terceros: la acción de enriquecimiento, una alternative, in: José Manuel González Porras (coord.), Festschrift Manuel Albaladejo, vol. I, 2527-2532
Jiménez Horwitz, FS Díez-Picazo II, 2073	*Margarita Jiménez Horwitz*, El enriquecimiento indirecto, in: Festschrift in honour of Luis Díez-Picazo, vol. II: Derecho civil, derecho de obligationes (Madrid 2003), 2073-2102
Jobbágyi, Jogtudományi Közlöny 2004, 1	*Gábor Jobbágyi*, Az ember, mint kár?, in: A joggyakorlat és – elmélet ellentmondásai az Alkotmánybíróság második abortuszdöntése nyomán Jogtudományi Közlöny 2004, 1-9
Joerges, Franchising and the Law: Theoretical and Comparitive Approaches	*Christian Joerges*, Franchising and the Law: Theoretical and Comparitive Approaches in Europe and the United States (Baden-Baden 1991)
Johansson, Stoppningsrätt	*Svante O. Johansson*, Stoppningsrätt under godstransport (Stockholm 2001)
Johansson, SvJT 1997, 343	*Marcus Johansson*, Ändamålsenliga sakrättsmoment- om rådighet, sken och rådighetssken, SvJT 1997, 343-377
Johnston, [2004] CLJ, 15	*Angus Johnston*, Putting the cart before the horse? Privacy and the Wainwrights, [2004] CLJ, 15-19
Johnston, Banking and Security Law in Ireland	*William Johnston*, Banking and Security Law in Ireland (Dublin 1998)
Jokela, Oikeudenkäynti II	*Antti Jokela*, Oikeudenkäynti, vol. II (Helsinki 2002)
Jongeneel and Klik, Koop en consumentenkoop[5]	*R.H.C. Jongeneel and P. Klik*, Koop en consumentenkoop (5th ed., Deventer 2002)
Jongeneel, Koop en consumentenkoop[3]	*Rokus Han Cornelis Jongeneel*, Koop en consumentenkoop (3rd ed., Zwolle 1993)
Jordano Fraga, La responsabilidad contractual	*Francisco Jordano Fraga*, La responsabilidad contractual (Madrid 1987)
Jørgensen, Erstatning for personskade og tab af forsørger[3]	*Stig Jørgensen*, Erstatning for personskade og tab af forsørger (3rd ed., Copenhagen 1972)
Jørgensen, Kontraktsret I, II	*Stig Jørgensen*, Kontraktsret, vols. I and II (Copenhagen 1973)
Jørgensen, UfR 1963 B, 157	*Stig Jørgensen*, Forudsætning og mangel, UfR 1963 B, 157-176
Josserand, Cours de droit civil français II	*Louis Josserand*, Cours de droit civil français, vol. II: Théorie générale des obligations: les principaux contrats de droit civil, les suretés (2nd ed, Paris 1933)
Jourdain, La réforme de l'indemnisation des dommages médicaux, 92	*Patrice Jourdain*, La réforme de indemnisation des dommages médicaux et la place de la responsabilité médicale, in: P. Jourdain et al. (eds.), Le nouveau droit des malades (Paris 2002), 92

Jourdain, Les Biens	*Patrice Jourdain*, Les Biens, in: Gabriel Marty and Pierre Raynaud, Droit Civil, vol. II, part 2 (Paris 1995)
Jourdain, RTD civ 2003, 716	*Patrice Jourdain*, La Cour de cassation nie toute obligation de la victime de minimiser son propre dommage (note under Cass. civ. 19.06.2003 (arrêt n° 1 and arrêt n° 2), RTD civ 2003, 716-719
Jud and Spitzer, Die Bankgarantie im österreichischen Recht, 385	*Brigitta Jud and Martin Spitzer*, Die Bankgarantie im österreichischen Recht, in: Friedrich Graf von Westphalen and Brigitta Jud (eds.), Die Bankgarantie im internationalen Handelsverkehr (3rd ed., Heidelberg 2005), 385-426
Juhart and Plavšak *(-author)*, OZ I, II, III, VI	Miha Juhart and Nina Plavšak (eds.), Obligacijski zakonik (OZ) s komentarjem, vol. I: Splošni del, arts. 1-189 (Ljubljana 2003); vol. II: Splošni del, arts. 190-434 (Ljubljana 2003); vol. III: Posebni del, arts. 435-703 (Ljubljana 2004); vol. IV: Posebni del, arts. 704-1062 (Ljubljana 2004)
Juhart and Plavšak, Obligacijski zakonik s komentarjem	*Miha Juhart and Nina Plavšak*, Obligacijski zakonik s komentarjem (Ljubljana 2003)
Juhart et al. *(-author)*, SPZ s komentarjem [2004]	*Miha Juhart, Andrej Berden, Tomaž Keresteš, Vesna Rijavec, Matjaž Tratnik, Ana Vlahek* and *Renato Vrenčur*, Stvarnopravni Zakonik (SPZ) s komentarjem (Ljubljana 2004)
Juhart, Podjetje in delo 2000/6-7, 1461	*Miha Juhart*, Pridobitev lastninske pravice, Podjetje in delo 2000/6-7, 1461
Juhart/Tratnik/Vrenčur *(-author)*, Stvarno pravo [2007]	*Miha Juhart, Matjaž Tratnik* and *Renato Vrenčur*, Stvarno pravo (Ljubljana 2007)
Juurela, Agenttisopimus	*Teuvo Juurela*, Agenttisopimus (Helsinki 1994)
Juurela, Jälleenmyyntisopimus ja kilpailuoikeus	*Teuvo Juurela*, Jälleenmyyntisopimus ja kilpailuoikeus (Helsinki 1994)
Käerdi, Abgrenzung der vertraglichen und außervertraglichen Haftungssysteme	*Martin Käerdi*, Abgrenzung der vertraglichen und außervertraglichen Haftungssysteme im deutschen und estnischen Kaufrecht und im Einheitsrecht. Eine rechtsvergleichende Studie (Baden-Baden 2006)
Käerdi, Die Neukodifikation des Privatrechts der Baltischen Staaten in vergleichender Sicht	*Martin Käerdi*, Die Neukodifikation des Privatrechts der Baltischen Staaten in vergleichender Sicht, in: H. Heiss (ed.), Zivilrechtsreform im Baltikum (Tübingen 2006)
Käerdi, Estonia and the process towards new civil law	*Martin Käerdi*, Estonia and the process towards new civil law: Inspiration, Models and Perspectives, in: H. L. MacQueen et al. (eds.), Regional Private Laws and Codification in Europe (Cambridge 2003), 250-259
Käerdi, Juridica Int. 2001, 66	*Martin Käerdi*, Regulation of Limitation Periods in Estonian Private Law: Historical Overview and Prospects, Juridica Int. 2001, 66-77

Kæstel, Bankjura IV	*Richard Kæstel*, Bankjura, vol. IV (4th ed., Copenhagen 1981)
Kafkas, Enochiko Dikaio I[7]	*K. Kafkas*, Enochiko Dikaio, Eidiko meros, vol. I (7nd ed., Athens, Thessalonika 1993)
Kaisto, Pantti tai muu vakuus	*Janne Kaisto*, Pantti tai muu vakuus (Helsinki 2006)
Kaisto, Tiesi tai olisi pitänyt tietää	*Janne Kaisto*, Tiesi tai olisi pitänyt tietää (Helsinki 1997)
Kalaydjiev, Bezkasovoto plasthane	*Angel Kalaydjiev*, Bezkasovoto plasthane (Sofia 1999)
Kalaydjiev, Obligazionno pravo, Obshta chast[1, 4]	*Angel Kalaydjiev*, Obligazionno pravo, Obshta chast (4th ed., Sofia 2007), sometimes also quoted from the 1st ed. (Sofia 2001)
Kallimopoulos, I mi gnisia dioikisi allotrion (A. K. 739)	*Georgios D. Kallimopoulos*, I mi gnisia dioikisi allotrion (A. K. 739), Symvoli sti theoria tis exodikaiopraktikis evthinis (Athens 1978)
Kallimopoulos, To dikaio toy chrimatos	*Georgios D. Kallimopoulos*, To dikaio toy chrimatos (Athens 1993)
Kämpf, Gewährleistung und Verbraucherschutz	*Hanno M. Kämpf*, Gewährleistung und Verbraucherschutz, Europa auf dem Weg zu einheitlichem Zivilrecht (Baden-Baden 2007)
Kapsalis, Persönlichkeitsrecht und Persönlichkeitsschutz	*Christos Kapsalis*, Persönlichkeitsrecht und Persönlichkeitsschutz nach griechischem Privatrecht unter Berücksichtigung des deutschen Rechts (Cologne 1983)
Karakatsanis, Syrroi eggyiseos kai ypothikis	*Ιωάννης Καρακατσάνης*, Syrroi eggyiseos kai ypothikis, se: Zitimata Astikou Dikaiou (Athens 1978), 117-142
Karakostas, Dikaio prostasias tou katanaloti	*Johannes Karakostas*, Dikaio prostasias tou katanaloti (Athens 2004)
Karakostas, Genikoi oroi ton trapezikon synallagon	*Johannes Karakostas*, Genikoi oroi ton trapezikon synallagon (Athens 2001)
Karakostas, I evthini tou paragogou gia elattomatika proionta	*Johannes Karakostas*, I evthini tou paragogou gia elattomatika proionta (Athens 1995)
Karakostas, Perivallon kai Astiko Dikaio	*Johannes Karakostas*, Perivallon kai Astiko Dikaio (Athens 1986)
Karakostas, Prosopikotita kai tipos	*Johannes Karakostas*, Prosopikotita kai tipos (Athens 1991)
Karakostas, Prostasia tou katanaloti	*Johannes Karakostas*, Prostasia tou katanaloti (Athens 1997)
Karakostas, ZeuP 2005, 107	*Johannis Karakostas*, Die Entschädigung in Geld für Nichtvermögensschäden und die Anerkennung eines Angehörigenschmerzensgeldes im griechischen Recht, ZEuP 2005, 107-117
Karasek, ecolex 1996, 836	*Georg Karasek*, Die Übernahme des Bauwerkes nach CC und den ÖNORM B2110, ecolex 1996, 836-839
Karasis, I ennoia tis ofeilis eis olokliron, I[2]	*Karasis*, I ennoia tis ofeilis eis olokliron, vol. I: I ennoia (2nd ed., Thessalonika 1990)

Karlgren, *Minnesskrift tillägnad 1734 års lag, 631*	*Hjalmar Karlgren*, Utan det vises, att det honom till nytta använt är, in: Minnesskrift tillägnad 1734 års lag (Stockholm 1934), 631-667
Karlgren, Obehörig vinst och värdeersättning	*Hjalmar Karlgren*, Obehörig vinst och värdeersättning (Stockholm 1982)
Karlgren, Skadeståndsrätt[5]	*Hjalmar Karlgren*, Skadeståndsrätt (5th ed., Stockholm 1972)
Karlgren, SvJT 1940, 331	*Hjalmar Karlgren*, Kvittning och condictio indebiti, SvJT 1940, 331-341
Karlgren, TfR 1951, 171	*Hjalmar Karlgren*, Bokanmeldelse: Jan Hellner: Om obehörig vinst särskilt utanför kontraktsförhållanden. Ett civilrättsligt problem i komparativ belysning. Akad. Avh. Uppsala 1950, TfR 1951, 171-183
Karner, Der Ersatz ideeller Schäden bei Körperverletzung	*Ernst Karner*, Der Ersatz ideeller Schäden bei Körperverletzung (Vienna 1999)
Karner, Gutgläubiger Mobiliarerwerb	*Ernst Karner*, Gutgläubiger Mobiliarerwerb, Zum Spannungsverhältnis von Bestandsschutz und Verkehrsinteressen (Vienna 2006)
Karner, ZfRV 2004, 83	*Karner, Ernst*, Der redliche Mobiliarerwerb aus rechtsvergleichender und rechtsgeschichtlicher Perspektive, ZfRV 2004, 83-93
Karollus, JBl 1994, 573	*Martin Karollus*, Bereicherungsausgleich bei Zahlung an den Zessionar, JBl 1994, 573 ff
Karollus, Schutzgesetzverletzung	*Martin Karollus*, Funktion und Dogmatik der Haftung aus Schutzgesetzverletzung: zugleich ein Beitrag zum Deliktssystem des ABGB und zur Haftung für casus mixtus (Vienna 1992)
Kartio, Esineoikeuden perusteet	*Leena Kartio*, Esineoikeuden perusteet (Helsinki 2001)
Kartio, Esineoikeuden perusteet	*Leena Kartio*, Esineoikeuden perusteet (Helsinki 2001)
Kasprzyk, Stud.Prawn. 1988, 149	*Rafał Kasprzyk*, Bezprawność względna, Stud.Prawn. 1988 no. 3, 149-172
Kassabova, TP 2006, 159	*Kameliya Kassabova*, Novoto vuv figurata na turgovskiya predstavitel sled porednata intervenziya v Turgovskiya zakon, Turgovsko pravo (TP) 2006, 159-170
Kassabova, Turgovski predstavitel	*Kameliya Kassabova*, Turgovski predstavitel (Sofia 2005)
Kastelein, TvG 1998, 134	*W. R. Kastelein*, Informed consent en medische aansprakelijkheid; jurisprudentie 1994-1998, TvG 1998, 134-146
Katzenmeier, Arzthaftung	*Christian Katzenmeier*, Arzthaftung (Tübingen 2002)
Katzenstein, RdA 2003, 346	*Matthias Katzenstein*, Die Außenwirkung der arbeitsrechtlichen Haftungsbeschränkungen, RdA 2003, 346-356

Kaulamo, Probleme des finnischen Wettbewerbs- und Marketingrechts	*Katja Kaulamo*, Probleme des finnischen Wettbewerbs- und Marketingrechts: unter Berücksichtigung der Harmonisierung auf europäischer Ebene und mit rechtsvergleichenden Bezügen zum deutschen Recht (Cologne 2004)
Kavkas and Kavkas, Enochikon Dikaion II (2)[3, 7]	*Konstantin Kavkas and Dimitrios Kavkas*, Enochikon Dikaion (Erminia kata arthron), Eidiko meros, vol. II, arts. 730-944 (7nd ed., Athens 1993), sometimes also quoted from the 3rd ed. (Athens 1961)
Kazarov, Turgovsko pravo[4]	*Konstantin Kazarov*, Sistematichen kurs po bulgarsko turgovsko pravo (4th ed., Sofia 1990)
Kazay, Gazdaság és Jog 9/ 2005, 12	*László Kazay*, Az érvénytelenségen alapuló törlési perekről, Gazdaság és Jog 9/2005, 12-18
Keane, Company Law[3]	*R. Keane*, Company Law (3rd ed., Dublin 2000)
Keane, Equity and Law of Trusts	*Ronan Keane*, Equity and the Law of Trusts in the Republic of Ireland (London 1988)
Kegel, Aufrechnung	*Gerhard Kegel*, Probleme der Aufrechnung: Gegenseitigkeit und Liquidität rechtsvergleichend dargestellt (Berlin 1938)
Kéita, JCP éd G 2004, II, 10026	*Mamadou Kéita*, Détermination de l'étendue des prestations restituables par suite de l'annulation du contrat (note to Cass.com. 24 September 2003), JCP éd. G 2004, II, no. 10026
Kelly, [1998] 16 ILT, 10 and 39	*Gillian Kelly*, Post Traumatic Stress Disorder: A Recognisable Psychiatric Illness: Part 1 [1998] 16 ILT, 10- 13 and Part 3 [1998] 16 ILT, 39-42
Kelp, Timesharing-Verträge	*Ulla Kelp*, Timesharing-Verträge (Baden-Baden 2005)
Kemenes, Gazdaság és Jog 10/ 2001, 18	*István Kemenes*, A szerződés semmisségének újabb joggyakorlati kérdései, Gazdaság és Jog 10/2001, 18-22
Kemenes, Jogász Szövetségi Értekezések, 55	*István Kemenes*, A szerződés érvénytelensége a módosított Ptk tükrében, Jogász Szövetségi Értekezések (Budapest 1980), 55-107
Kemenes, Polgári Jogi Kodifikáció 2/2002, 7	*István Kemenes*, A szerződés érvénytelenségének egyes kérdései a gazdasági szerződéses gyakorlatban, Polgári Jogi Kodifikáció 2/2002, 7-27
Kemp and Kemp, The Quantum of Damages	*David A. Kemp and Margaret Sylvia Kemp*, The quantum of damages in personal injury and fatal accident claims, loose-leaf issue, volumes 1 to 3 (London 1982 ff)
Kennedy and Grubb, Medical Law[3]	*Ian Kennedy and Andrew Grubb*, Medical Law (3rd ed., London 2000)
Kepplinger, ZIK 2000, 110	*Kepplinger*, Der Eigentumsvorbehalt in der Insolvenz, ZIK 2000, 110 ff
Kerameus and Kozyris, Introduction[2]	*Konstantinos D. Kerameus and Phaedon John Kozyris* (eds.), Introduction to Greek Law (2nd ed., London 1993)
Kersby, JT 1997-98, 143	*Sara Kersby*, Due Diligence särskilt om advokats ansvar vid dess genomförande, JT 1997-98, 143-163
Kerschner, JBl 1988, 541	*Ferdinand Kerschner*, Der OGH auf dem Weg zur Saldotheorie?, JBl 1988, 541-551

Kessler, JCP éd. G 2004, I, 154	*Guillaume Kessler*, Restitutions en nature et indemnité de jouissance, JCP éd. G 2004, I, no. 154
Kingisepp, Juridica I 1999, 27	*Magnus Kingisepp*, Principles of legal regulation by contracts concluded through means of distance communication, Juridica I 1999, 27-31
Kisfaludi, Az adásvételi szerződés[2]	*András Kisfaludi*, Az adásvételi szerződés (2nd ed., Budapest 2003)
Kivimäki and Ylöstalo, Lärobok i Finlands civilrätt	*Toivo Mikael Kivimäki and Matti Ylöstalo*, Lärobok i Finlands civilrätt: allmän del (Helsinki 1961)
Klami, JFT 1990, 116	*Hannu Tapani Klami*, 'Dold äganderätt' och förvärvstillstånd – Synpunkter på svensk och finsk rätt, JFT 1990, 116-130
Klang (*-author*), ABGB II[2], IV(1)[2], (2)[2], V[2], VI[2]	Heinrich Klang and Franz Gschnitzer (eds.), Kommentar zum Allgemeinen bürgerlichen Gesetzbuch, vol. II: §§ 285-530 (2nd ed., Vienna 1950), vol. IV, part 1: §§ 859-1044 (2nd ed., Vienna 1968), vol. IV, part 2: §§ 1045-1089 (2nd ed., Vienna 1978), vol. V: §§ 1090-1292 (2nd ed., Vienna 1954), vol. VI: §§ 1293-1502 (2nd ed., Vienna 1951), quoted here with the commentaries by *Franz Bydlinski*, *Franz Gschnitzer*, *Heinrich Klang*, *Gustav Stanzl* and *Karl Wahle*
Klauser, ecolex 2005, 430	*Alexander Klauser*, Zinsenstreit auf der Zielgeraden, ecolex 2005, 430-434
Klein, Ustawowe prawo odstąpienia od umowy wzajemnej	A. *Klein*, Ustawowe prawo odstąpienia od umowy wzajemnej (Wrocław 1964)
Kleineman, FS Walin, 207	*Jan Kleineman*, Utomkontraktuella lojalitetsplikter – ett sakrättsligt problem?, in: Festskrift till Gösta Walin (Stockholm 2002), 207-225
Kleineman, JT 1993-94, 718	*Jan Kleinemann*, Begreppsbildningen och den skadeståndsrättsliga analysen – en renässans för begreppsjurisprudensen?, JT 1993-94, 718-733
Kleineman, JT 2000-01, 920	*Jan Kleineman*, Arbeitsgivarnas s. k. principalansvar – två nya avgöranden i HD, JT 2000-01, 920-927
Kleineman, JT 2001-02, 625	*Jan Kleineman*, Om den befogade tillitens skadeståndsrättsliga relevans, JT 2001-02, 625-635
Kleineman, Ren förmögenhetsskada	*Jan Kleineman*, Ren förmögenhetsskada: särskilt vid vilseledande av annan kontraktspart (Stockholm 1987)
Kleineman, SvJT 1998, 185	*Jan Kleineman*, Rådgivares informationsansvar – en probleminventering, SvJT 1998, 185-211
Kletečka and Schauer (*-author*), ABGB	Andreas Kletečka and Martin Schauer (eds.,) Kommentar zum ABGB (Vienna 2008), quoted here with the commentaries by *Brigitta Lurger* and *Peter Mader*
Klik, Koop en consumentenkoop[6]	*Peter Klik*, Koop en consumentenkoop (6th ed., Deventer 2004)
Kluyskens, Beginselen van burgerlijk recht IV	*Albert Kluyskens*, Beginselen van burgerlijk recht, vol. IV: De ontracten (2nd ed., Antwerp 1952)

Knapp et al., I[2], II[2]	*Viktor Knapp, Marta Knappová, Jiří Švestka, Jan Dvořák, Ludvik Kopáč and Antonin Kanda*, Občanské právo hmotné, vols. I and II (2nd ed., Prague 1997)
Knapp, Právní praxe	*Viktor Knapp*, Quieta non movere (§ 5 Obč.zák.), Právní praxe 1993/5, 265 ff
Knapp, Vlastnictví v lidové demokracii	*Viktor Knapp*, Vlastnictví v lidové demokracii (Prague 1952)
Knappová (*-author*), Civil Law I[3, 4], II[3, 4], III[3, 4]	Marta Knappová, Jiří Švestka and Jan Dvořák (eds.), Občanské právo hmotné (Substantive Civil Law), vol. I, II and III (4th ed., Prague 2005), sometimes also quoted from the 3rd ed. (Prague 2002), quoted here with the commentaries by *Dvořák, Knapp, Knappová, Mikeš, Salač and Švestka*
Knappová, Držba	*Marta Knappová*, Držba, in: Právo a zákonnost, 1992/10, 579 ff
Knocke, Post-construction Liability and Insurance[1]	*Jens Knocke*, Post-construction Liability and Insurance (London 1993)
Knottenbelt, Hoofdstukken produktaansprakelijkheid	*J. Knottenbelt*, Hoofdstukken produktaansprakelijkheid, Buitencontractuele aansprakelijkheid van de producent van een gebrekkig produkt voor persoonschade (Zwolle 1991)
Kocsis-Kupper, Európai Jog 3/2002, 14	*Zsuzsanna Kocsis-Kupper*, A romániai eredetű cianid-szennyezés hatása az európai és nemzetközi környezetjogra, Európai Jog 3/2002, 14-19
Kodek, Besitzstörung	*Georg E. Kodek*, Die Besitzstörung (Vienna 2002)
Köhler and Lettl, WRP 2003, 1019	*Helmut Köhler and Tobias Lettl*, Das geltende europäische Lauterkeitsrecht, der Vorschlag für eine EG-Richtlinie über unlautere Geschäftspraktiken und die UWG-Reform, WRP 2003, 1019-1057
Kojucharov, Obligazionno pravo I, II	*Alexander Kojucharov*, Obligazionno pravo, Obshto uchenie za oblagazionnoto otnoshenie, vols. I and II (Sofia 1996)
Koktedgaard and Levin, Immaterialrätt[7]	*Mogens Koktvedgaard and Marianne Levin*, Lärobok i immaterialrätt (7th ed., Stockholm 2002)
Köles, Orvosi műhiba perek	*Tibor Köles*, Orvosi műhiba perek (Budapest 1999)
Koller/Roth/Morck, HGB[2]	*Ingo Koller, Wulf-Henning Roth and Winfried Morck*, Handelsgesetzbuch: Kommentar (2nd ed., Munich 1999)
Koller/Roth/Zimmermann (-author), Schuldrechtsmodernisierungsgesetz 2002	*Ingo Koller, Herbert Roth and Reinhard Zimmermann*, Schuldrechtsmodernisierungsgesetz 2002 (Munich 2002)
Kommission BGB-Entwurf, Protokolle, II, Recht der Schuldverhältnisse	Protokolle der Kommission für die zweite Lesung des Entwurfs des Bürgerlichen Gesetzbuchs, II, Recht der Schuldverhältnisse (Berlin 1898)
Konecny and Schubert, Insolvenzgesetze	*Andreas Konecny and Günter Schubert*, Kommentar zu den Insolvenzgesetzen (Loose-leaf, Vienna 1997-2008)
König, Anfechtung[3]	*Bernhard König*, Die Anfechtung nach der Konkursordnung (3rd ed., Vienna 2003)
Konov, Osnovanie na grajdanskata otgovornost[2]	*Trayan Konov*, Osnovanie na grajdanskata otgovornost (2nd ed., Sofia 2002)

Kopetzki, RdM 1999, 177	*Christian Kopetzki*, note under Austrian Supreme Court, 25 May 1999, SZ 72/91, RdM 1999, 177 ff
Koppensteiner and Kramer, Ungerechtfertigte Bereicherung[2]	*Hans-Georg Koppensteiner and Ernst A. Kramer*, Ungerechtfertigte Bereicherung (2nd ed., Berlin and New York 1988)
Koppensteiner, Wettbewerbsrecht[3]	*Hans-Georg Koppensteiner*, Österreichisches und europäisches Wettbewerbsrecht: Wettbewerbsbeschränkungen, unlauterer Wettbewerb, Marken (3rd ed., Vienna 1997)
Kornilakis, Eidiko Enochiko Dikaio I	*Panos Kornilakis*, Eidiko Enochiko Dikaio, vol. I (Athens 2000)
Kornilakis, I evthini apo diakindinevsi	*Panos Kornilakis*, I evthini apo diakindinevsi (Thessalonika 1982)
Kornilakis, Obligations SP	*Panos Kornilakis*, Law of Obligations – Special Part, vol I, (Thessalonika 2002)
Korthals Altes, Borgtocht	*Regorus Korthals Altes*, Borgtocht naar hedendaagsch Nederlandsch recht (Amsterdam 1933)
Korthals Altes, WPNR 1943, no. 3859, 340	*Regorus Korthals Altes*, Het verhaalsrecht van den betaald hebbenden borg op zijn medeborgen, WPNR 1943, no. 3859, 340-341
Kosadinos, NoB 1967, 762	*Kosadinos*, Kataschesis eis cheiras tritou ypo daneistou, NoB 1967, 762-763
Kosesnik-Wehrle/Lehofer/ Mayer *(-author)*, KSchG	Heinz Kosesnik-Wehrle, Hans P. Lehofer and Gottfried Mayer (eds.), Konsumentenschutzgesetz (Vienna 2004)
Kossak, ZVR 2001, 227	*Wolfgang Kossak*, Schmerzengeld nach Tagessätzen, ZVR 2001, 227-229
Kostakis, Franchising	*D. Kostakis*, Franchising: Legal and business dimensions (Athens 1998)
Kotsiris, Arm 38/1984, 601	*Lampros Kotsiris*, Provlima astikis evthinis trapeson enanti triton kara tin askisi tis pistotikis leitourgeias, Arm 38/1984, 601-614
Kotsiris, Bankruptcy[7]	*Lambros E. Kotsiris*, Bankruptcy Law (7th ed., Thessaloniki 2008)
Kottenhagen-Edzes, Onrechtmatige daad en milieu	*Pepita Areane Kottenhagen-Edzes*, Onrechtmatige daad en milieu: het gebruik van privaatrecht bij het voorkomen van milieu-aantasting en het verhaal van milieuschade (Arnhem 1992)
Kötz, European Contract Law I	*Hein Kötz*, European Contract Law, vol. I: Formation, validity, and content of contracts; contracts and Third Parties (Oxford 1997)
Koukiadis, Over long-term obligational contracts	*I. Koukiadis*, Over long-term obligational contracts (Harmenopoulos 1974)
Koulu, Palautus-ja korvausvastuu konkurssitakaisinsaannissa	*Risto Koulu*, Palautus-ja korvausvastuu konkurssitakaisinsaannissa (Helsinki 1999)
Kõve, Juridica Int. 2001, 30	*Villu Kõve*, Applicable Law in the Light of Modern Law of Obligations and Bases for the Preparation of the Law of Obligations Act, Juridica Int. 2001, 30-37

Kõve, Juridica IV 2003, 230	*Villu Kõve*. Lepingu ühepoolse lõpetamisega seotud küsimused võlaõigusseaduses. Juridica IV 2003, 230 ff
Kõve, Näidised ja kommentaarid II	*Villu Kõve*, Lepingud, Näidised ja kommentaarid, vol. II: Käsiraamatute kirjastus (Tallinn 2002)
Kozel, Problémy konkurzního řízení a jejich řešení^{2}	*Roman Kozel*, Problémy konkurzního řízení a jejich řešení (2nd ed., Prague 2003)
Koziol *(-author)*, ABGB	Helmut Koziol (ed.), Kurzkommentar zum AGBG (Vienna 2005)
Koziol and Welser, Bürgerliches Recht I$^{10-13}$, II$^{12, 13}$	*Helmut Koziol* (ed. until the 10th ed.) *and Rudolf Welser* (ed.), Grundriß des bürgerlichen Rechts auf Grundlage der von Helmut Koziol und Rudolf Welser gemeinsam herausgegebenen 1.-10. Auflage, in cooperation with Brigitta Jud and Christian Rabl, vol. I: Allgemeiner Teil, Sachenrecht, Familienrecht (13th ed., Vienna 2005) and vol. II: Schuldrecht Allgemeiner Teil, Schuldrecht Besonderer Teil, Erbrecht (12th ed., Vienna 2001), sometimes quoted from earlier editions
Koziol, Die Beeinträchtigung fremder Forderungsrechte	*Helmut Koziol*, Die Beeinträchtigung fremder Forderungsrechte (Vienna 1967)
Koziol, FS Bydlinski, 175	*Helmut Koziol*, Die Bereicherung des Schädigers als schadenersatzrechtliches Zurechnungsmoment? Zur Auflockerung der Grenze zwischen Schadenersatz- und Bereicherungsrecht, in: Helmut Koziol and Peter Rummel (eds.), Festschrift in honour of Franz Bydlinski (Vienna 2002), 175-195
Koziol, Garantievertrag	*Helmut Koziol*, Der Garantievertrag (Vienna 1981)
Koziol, Gläubigeranfechtung	*Helmut Koziol*, Grundlagen und Streitfragen der Gläubigeranfechtung (Vienna 1991)
Koziol, Haftpflichtrecht I^{3}, II^{2}	*Helmut Koziol*, Österreichisches Haftpflichtrecht, vol. I: Allgemeiner Teil (3rd ed., Vienna 1997); vol. II: Besonderer Teil, mit einem Abschnitt über den "Unlauten Wettbewerb" von Peter Rummel (2nd ed., Vienna 1984)
Koziol, JBl 1977, 617	*Helmut Koziol*, Streckengeschäft und Anweisung, JBl 1977, 617 ff
Koziol, JBl 1978, 239	*Helmut Koziol*, Der Verwendungsanspruch bei Ausnützung fremder Kenntnisse und schöpferischer Leistung, JBl 1978, 239-243
Koziol, JBl 1997, 201	*Helmut Koziol*, Die Zurechnung des Gehilfenverhaltens im Rahmen des § 1304 ABGB, JBl 1997, 201-210
Koziol, Unification of Tort Law: Wrongfulness	*Helmut Koziol* (ed.) *and Francesco Donato Busnelli*, Unification of Tort Law: Wrongfulness (The Hague 1998)
Koziol/Bydlinski/ Bollenberger *(-author)*, ABGB$^{1, 2}$	Helmut Koziol, Peter Bydlinski and Raimund Bollenberger (eds.), Kurzkommentar zum ABGB. Allgemeines bürgerliches Gesetzbuch samt Ehegesetz und Konsumentenschutzgesetz (2nd ed., Vienna 2007), sometimes also quoted from the previous ed., (Vienna 2005), quoted here with the commentaries by *Ernst Karner, Raimund Bollenberger, Helmut Koziol Karl-Heinz Danzl, Matthias Neumayr, Peter Bydlinski, Wilma Dehn* and *Bernhard Eccher*

Krag Jespersen, FS Brækhus, 253	*Halfdan Krag Jespersen*, Brugsretten som en tingligt beskyttet ret. In Lov, dom bok: Festskrift til Sjur Brækhus, 19. Juni 1988 (Oslo 1988), 253-268
Kramer (*-author*), Neue Vertragsformen[2]	Ernst A. Kramer, Neue Vertragsformen der Wirtschaft (2nd ed., Bern 1992)
Krämer, NJW 1997, 2580	*Gerd Krämer*, Bernsteinzimmer-Mosaik – Ersitzung durch den gutgläubigen Erben des bösgläubigen Besitzers, NJW 1997, 2580-2581
Kramer, ÖJZ 1972, 90	*Ernst A. Kramer*, Gebrauchentbehrung und Verwendungsanspruch, ÖJZ 1972, 90-95
Kranjc, Gospodarsko pogodbeno pravo	*Vesna Kranjc*, Gospodarsko pogodbeno pravo (Ljubljana 2006)
Krejci (*-author*), Reformkommentar	Heinz Krejci (ed.), Reformkommentar zum neuen Unternehzmensgesetzbuch (Vienna 2007), quoted here with the commentaries by *Martin Schauer*
Krejci, Grundriss des Handelsrechts	*Heinz Krejci*, Grundriss des Handelsrechts (Vienna 1995)
Kristensen/Lando/Møgelvang-Hansen/Schützsack, Nye regler om forbrugerkøb	*Bo Kristensen, Henrik Lando, Peter Møgelvang-Hansen, Ole Schützsack*, Nye regler om forbrugerkøb: En empirisk undersøgelse (Copenhagen 2005)
Kritikos, Aposimiosi apo trochaia avtokinitika atichimata	*Athanassios Kritikos*, Aposimiosi apo trochaia avtokinitika atichimata (Athens 1992)
Kroitzsch, BB 1977, 1631	*Hermann Kroitzsch*, Der Ausgleichsanspruch des Vertragshändlers und seine kartellrechtlichen Grenzen, BB 1977, 1631-1634
Krokeide, TfR 1982, 353	*Kjetil Krokeide*, Restitusjon og berikelse ved ineffektive kontrakter, TfR 1982, 353-533
Kropholler, Studienkommentar BGB[6]	*Jan Kropholler*, Studienkommentar BGB (6th ed., Munich 2004)
Krüger Andersen (*-author*), Dansk Privatret[13]	Paul Krüger Andersen, Nils Jul Clausen, Hans Henrik Edlund, Bent Iversen, Aage Michelsen and Hans Viggo Godsk Pedersen (eds.), Dansk Privatret (13th ed., Copenhagen 2003), quoted here with the commentaries by *Hans Viggo Godsk Pedersen*
Krüger, Norsk kjøpsrett[4]	*Kai Krüger*, Norsk kjøpsrett (4th ed., Bergen 1999)
Kruithof, FS Dekkers, 281	*Robert Kruithof*, Schuld, risico, imprevisie en overmacht bij niet-nakoming van contractuele verbintenissen in Hommage/Hulde René Dekkers (Brussels 1982), 281
Kruithof, RCJB 1989, 12	*Robert Kruithof*, L'obligation de la partie lésée de restreindre le dommage, note to Cour de Cassation of 22 March 1985, RCJB 1989, 12-55
Kruithof, TPR 1983, 495	*Robert Kruithof*, Overzicht van rechtspraak 1974-1980 Verbintenissen, TPR 1983, 495-717
Kruithof, TPR 1984, 233	*Robert Kruithof*, Contractuele Aansprakelijkheidsregelingen, TPR 1984, 233-298

Kruithof/Bocken/De Ly/De Temmerman, TPR 1994, 171	*Robert Kruithof, Hubert Bocken, Filip De Ly and Bart De Temmerman*, Overzicht van rechtspraak (1981-1992), Verbintenissen, TPR 1994, 171-721
von Kuegelgen, Réflexions sur le régime des nullités et des inopposabilités	*Manuela von Kuegelgen*, Réflexions sur le régime des nullités et des inopposabilités, in: Xavier Dieux a.o. (eds.), Les obligations contractuelles (Brussels 2000), 569-628
Kull and Hussar, Revista Catalana de Dret Privat, vol. 6, 2006, 167-194	*Irene Kull, Hussar*, Codi del dret civil d'Estonia, Procés i experiencia en l'aplicacio de la nova llei, Revista Catalana de Dret Privat, vol. 6, 2006, 167-194
Kull, Hea usu põhimõte kaasaegses lepinguõiguses	*Irene Kull*, Hea usu põhimõte kaasaegses lepinguõiguses (Tartu 2002)
Kull, Juridica Int. 1998, 98	*Irene Kull*, Effect of Harmonisation of European Civil Law on Development of Estonian Law of Obligations, Juridica Int. 1998, 98-102
Kull, Juridica Int. 1999, 147	*Irene Kull*, Legal Remedies Provided in the Estonian Draft Law of Obligations Act For Breach of Contractual Obligations, Juridica Int. 1999, 147-159
Kull, Juridica Int. 2001, 44	*Irene Kull*, About Grounds for Exemption from Performance under the Draft Estonian Law of Obligations Act. Juridica Int. 2001, 44-52
Kull, Juridica Int. 2002, 142	*Irene Kull*, Principle of Good Faith and Constitutional Values in Contract Law. Juridica Int. 2002, 142-149
Kull, Juridica Int. 2004, 32	*Irene Kull*, European and Estonian Law of Obligations – Transposition of Law or Mutual Influence?, Juridica Int. 2004, 32-44
Kull, Juridica Int. 2007 I, 36	*Irene Kull*, Unfair Contracts of Suretyship – a Question about the Horizontal Effect of Fundamental Rights or about the Application of Contract Law Principles?, Juridica Int. 2007 I, 36-45
Kull, Lepinguõigus I (1999)	*Irene Kull*, Lepinguõigus, vol. I (Tallinn 1999)
Kull, Principle of Freedom of Contract, 226-236	*Irene Kull*, Principle of Freedom of Contract in European Civil Law and Reform of Law of Obligations in Estonia – Problems of Transformation of Law in Connection with European Integration. International Conference (Riga 2002), 226-236
Kull, The Principle of Private Autonomy and Harmonization of Estonian Contract Law	*Irene Kull*, The Principle of Private Autonomy and Harmonization of Estonian Contract Law, in *Ferdinand J. Feldbrugge* (ed.), Law in Transition. Netherland (The Hague 2002) 55-80
Kull/Käerdi/Kõve, Võlaõigus I	*Irene Kull, Martin Käerdi and Villu Kõve*, Võlaõigus, vol. I: Üldosa (Tallinn 2004)
Kull/Kõve/Käerdi, Law of Obligations I	*Irene Kull, Villu Kõve and Martin Käerdi*, Law of Obligations, vol. I: General Part (Tallinn 2004; in Estonian)
Kullmann, VersR 1999, 1190	*Hans Josef Kullmann*, Schadensersatzpflicht bei Verletzung der ärztlichen Aufklärungspflicht bzw. des Selbstbestimmungsrechts des Patienten ohne Entstehung eines Eingriffsschadens, VersR 1999, 1190-1192

Kupisch, FS Wiegand, 469	*Berthold Kupisch*, Ungerechtfertigte Bereicherung und Europäisches Zivilgesetzbuch, in: Eugen Bucher, Claus-Wilhelm Canaris, Heinrich Honsell and Thomas Koller (eds.), Festschrift für Wolfgang Wiegand zum 65. Geburtstag (Bern and Munich 2005), 469-534
Küpper, OER 2003, 495	*Herbert Küpper*, Deliktsrecht in Osteuropa – Herausforderungen und Antworten, OER 2003, 495-541
Kurkela, JFT 2003, 40	*Matti S. Kurkela*, On the Liability of Directors in Finnish Corporations: to whom and for what?, JFT 2003, 40-56
Küstner and Thume, Außendienstrecht III^2	*Wolfram Küstner and Karl-Heinz Thume*, Handbuch des gesamten Aussendienstrechts, vol. III: Vertriebsrecht (2nd ed., Heidelberg 1998)
La Torre, Scritti di diritto assicurativo	*Antonio La Torre*, Scritti di diritto assicurativo (Milan 1979)
Lábady, A magyar magánjog (polgári jog) általános része	*Tamás Lábady*, A magyar magánjog (polgári jog) általános része (Budapest 1997)
Lábady, A nem vagyoni kártérítés újabb bírói gyakorlata	*Tamás Lábady*, A nem vagyoni kártérítés újabb bírói gyakorlata (Budapest 1992)
Lábady, Családi Jog 3/2006, 15	*Tamás Lábady*, A fogyatékossággal született gyermek saját jogú kártérítési igényéről, Családi Jog 3/2006, 15-25
Lacruz Berdejo and Rivero Hernández, Elementos I(3)^2, II(1)$^{2-4}$, (2)^{3,4}, III, III(1)^2	*José Luis Lacruz Berdejo and Francisco Rivero Hernández*, Elementos de Derecho Civil, vol. I: Parte General, part 3: Derecho subjetivo. Negocio jurídico (2nd ed., Madrid 2000); vol. II: Derecho de Obligaciones, part 1: Parte General. Teoría General del Contrato (4th ed., Madrid 1999); part 2: Contratos y cuasicontratos. Delitos y cuasidelitos (4th ed., Madrid 1999), sometimes also quoted from earlier editions; vol. III: El Derecho subjectivo (Barcelona 1984); vol. III: Derecho de Obligaciones, part 1: Posesión y propiedad (2nd ed., Madrid 2003)
Lacruz Berdejo, Pago de lo indebido y transmisión de la propiedad, 11	*José Luis Lacruz Berdejo*, Pago de lo indebido y transmisión de la propiedad, in: Lacruz Berdejo, Estudios de Derecho Privado Común y Foral, vol. II: Obligaciones y Sucesiones (Zavagoza 1957), 11-31
Lacruz Berdejo, RCDI 1975, 249	*José Luis Lacruz Berdejo*, La gestión de negocios sin mandato, RCDI 1975, 249-270
Lacruz Berdejo, Rev.Crit.Der. Inm. 1969, 5851	*José Luis Lacruz Berdejo*, Notas sobre el enriquecimiento sin causa, RCDI 1969, 5851 ff
LaHaye and Vankerckhove, Le Louage de Choses I^2	*Marcel LaHaye and Joseph Vankerckhove* (eds.), Le louage de choses, vol. I: Les baux en général (2nd ed., Brussels 2000)
Lahe and Tampuu, National Court Practice and European Tort Law I	*Janno Lahe and Tambet Tampuu*, National Court Practice and European Tort Law I, Causation, Principles of European Tort Law, Research Unit for European Tort Law (Vienna 2007)
Lahe and Tampuu, Training Guide for Judges 2006	*Janno Lahe, Tambet Tampuu* a.o., Establishment of the Necessary Cause in the Case Law Concerning Claims for the

	Compensation of Damage, Training Guide for Judges 2006 (Tartu 2006, in Estonian)
Lahe, About Judge-made Law	*Janno Lahe*, About Judge-made Law and the Role of the Supreme Court in Developing the Preconditions for Delictual Liability, Decisions of the Supreme Court in the Estonian Legal Order: Implication and Critique, A Compilation of the Supreme Court Research Competition (Tartu 2005, in Estonian)
Lahe, Fault in the Law of Delict	*Janno Lahe*, Süü deliktiõiguses (The Fault in the Law of Delict) (Tartu 2005)
Lahe, Juridica 2002, 30	*Janno Lahe*, Presumption of the Fault of Persons Causing Loss, Juridica 2002, 30-36 (in Estonian)
Lahe, Juridica 2002, 391	*Janno Lahe*, Incapacity to Commit a Criminal Offence as a Circumstance Precluding Wrongful Liability, Juridica 2002, 391-400 (in Estonian)
Lahe, Juridica 2003, 236	*Janno Lahe*, The Role of the Subjective Element in the Preconditions for Liability under Contract Law, Juridica 2003, 236-242 (in Estonian)
Lahe, Juridica 2003, 83	*Janno Lahe*, The Fault of Injured Party in Causing Loss as Grounds for Reduction of Damages, Juridica 2003, 83-91 (in Estonian)
Lahe, Juridica 2004, 681	*Janno Lahe*, Civil Law Liability Pursuant to the Infringement of Pre-contractual Obligations and Preliminary Contracts, Juridica 2004, 681-687 (in Estonian)
Lahe, Juridica Int. 2005, 60	*Janno Lahe*, Forms of Liability in the Law of Delict: Fault-Based Liability and Liability without Fault, Juridica Int. 2005, 60-70
Lahe, Juridica International 2001, 125	*Janno Lahe*, Subjective Fault as a Basis of Delictual Liability, Juridica International 2001, 125-132
Lahe, Juridica International 2004, 108	*Janno Lahe*, The Concept of General Duties of Care in the Law of Delict, Juridica International 2004, 108-115
Lahti, Towards a comprehensive legislation governing the rights of patients, 207	*Raimo Lahti*, Towards a comprehensive legislation governing the rights of patients: the Finnish experience, in: L. Westerhäll and C. Phillips (eds.), Patients rights: informed consent, access and equality (Gothenburg 1994), 207-221
Lambert-Faivre, D. 2002, 1217	*Yvonne Lambert-Faivre*, La loi n° 2002-303 du 4 mars 2002 relative aux droits des malades et à la qualité du système de santé, D. 2002, 1217-1220
Lambert-Faivre, D. 2003, 361	*Yvonne Lambert-Faivre*, La responsabilité médicale: la loi du 30 décembre modifiant la loi du 4 mars 2002, D. 2003, 361-365
Lambert-Faivre, Droit du dommage corporel[5]	*Yvonne Lambert-Faivre*, Droit du dommage corporel. Systèmes d'indemnisation (5th ed., Paris 2004)
Lambsdorff and Skora, Handbuch des Bürgschaftsrechts	*Hans Georg Lambsdorff and Bernd Skora*, Handbuch des Bürgschaftsrechts (Munich 1994)
Lando and Beale, Principles of European Contract Law I, II	*Ole Lando and Hugh Beale*, Principles of European Contract Law, vols. I and II (combined and revised edition, The Hague

	2000), sometimes also quoted from the previous edition (Copenhagen 1999)
Lando, RabelsZ 44 (1980), 1	*Ole Lando*, The EEC Draft Directive relating to self-employed commercial agents, The English Law Commission versus the EC Commission, RabelsZ 44 (1980), 1-16
Lando, UfR 1988, B 1	*Ole Lando*, Kampen om formularen, UfR 1988, B 1-12
Lando/Clive/Prüm/ Zimmermann, Principles of European Contract Law III	*Ole Lando, Eric Clive, André Prüm and Reinhard Zimmermann*, Principles of European Contract Law, vol. III (The Hague a.o. 2003)
Langenbucher *(-author)*, Europarechtliche Bezüge des Privatrechts	*Katja Langenbucher*, Europarechtliche Bezüge des Privatrechts (Baden-Baden 2005)
Langsted, Rådgivning I	*Lars Bo Langsted*, Rådgivning I: Det professionelle erstatningsansvar (Copenhagen 2004)
Lappalainen, Siviiliprosessioikeus I, II	*Juha Lappalainen*, Siviiliprosessioikeus, vol. I (Helsinki 1995), vol. II (Helsinki 2001)
Lappi-Seppälä, Rikosoikeus	*Tapio Lappi-Seppälä*, Rikosoikeus (Helsinki 1999)
Larenz and Canaris, Schuldrecht I^{14}, II(1)^{13}, II(2)^{13}	*Karl Larenz, Claus-Wilhelm Canaris (continued)*, Lehrbuch des Schuldrechts, vol. I: Allgemeiner Teil (14th ed., Munich 1987), vol. II: Besonderer Teil (13th ed., Munich 1986 [part 1] and 1994 [part 2])
Laroche, Revendication et propriété	*Maud Laroche*, Revendication et propriété, du droit des procédures collectives au droit des biens (Paris 2007)
Larroumet, D. 1972, 436	*Christian Larroumet*, note under Cass. Civ. 1. July 1971, D. 1972, 436-439
Larroumet, D. 1998, Jur. 92	*Christian Larroumet*, Note to CA Paris 14 October 1997, D. 1998, Jur. 92
Larroumet, Les biens II^{5}	*Christian Larroumet*, Droit civil, vol. II: Les biens, Droits réels principaux (5th ed., Paris 2006)
Larroumet, Les obligations. Le contrat^{3}	*Christian Larroumet*, Droit civil, vol. III, Les obligations. Le contrat (5th ed., Paris 2003)
Lasarte Álvarez, Manual de protección	*Carlos Lasarte Álvarez*, Manual sobre protección de consumidores y usuarios (Madrid 2003)
Lasarte Álvarez, Principios de derecho civil II^{8,9}, III^{3,7}, IV^{5}	*Carlos Lasarte Álvarez*, Principios de Derecho Civil, vol. II: Derecho de obligationes (9th ed., Madrid 2004), sometimes also quoted from the 8th ed. (Madrid 2003), vol. III: Contratos (3rd ed., Madrid 1995 and 7th ed., Madrid 2003)
Lassen, Haandbog i obligationsretten	*Julius Severin Vilhelm Lassen*, Haandbog i obligationsretten, Speciel del (Copenhagen 1897)
Lassen, Handlinger paa fremmed formueretsomraade i romersk og dansk ret	*Julius Severin Vilhelm Lassen*, Handlinger paa fremmed formueretsomraade i romersk og dansk ret (Copenhagen 1880)
Lassen, Obligationsrettens specielle del	*Julius Severin Vilhelm Lassen*, Lærebog i obligationsrettens specielle del (Copenhagen 1912)
Laudisa, Garanzia autonoma	*Luciana Laudisa*, Garanzia autonoma e tutela giurisdizionale (Milan 1993)

Laufs and Uhlenbrück, Handbuch des Arztrechts[2]	*Adolf Laufs and Wilhelm Uhlenbrück*, Handbuch des Arztrechts, (2nd ed., Munich 1999)
Laurent, Principes de droit civil	*F. Laurent*, Principes de droit civil français (Brussels 1878)
Lavery, Commercial Secrets	*Paul Lavery*, Commercial Secrets: The Action for Breach of Confidence in Ireland (Dublin 1996)
Law Commissions Report SOU 1994: 120	Law Commissions Report SOU 1994: 120, Finansiell leasing av fast egendom (Stockholm 1994)
Law Ref Com 1991, Consultation Paper on the Civil Law of Defamation	The Law Reform Commission 1991, Consultation Paper on the Civil Law of Defamation (Ireland, March 1991), (http://www.lawreform.ie/publications/data/volume8/lrc_61.html)
Lazar et al., OPH I, II	*Ján Lazar et al.*, Občianske právo hmotné, vol. I (Bratislava 2006) and vol. II (Bratislava 2004)
Lazar, Základy občianskeho hmotného práva	*Ján Lazar*, Základy občianskeho hmotného práva (Bratislava 2000)
Le Roy, L'évaluation du préjudice corporel[17]	*Max Le Roy*, L'évaluation du préjudice corporel: expertises, principes, indemnités (17th ed., Paris 2004)
Le Tourneau and Cadiet, Droit de la responsabilité et des contrats (2002/2003), (2004/2005), (2006/2007)	*Philippe le Tourneau and Loïc Cadiet*, Droit de la responsabilité et des contrats: responsabilités administrative et pénale, responsabilité civile délictuelle et quasi délictuelle, formation et exécution des contrats, défaillances contractuelles et professionnelles, contrats civils et commerciaux, construction, garantie de la conformité du bien contrat, régimes spéciaux d'indemnisation, accidents de la circulation, produits défectueux, réparation, actions récursoires, garanties de l'assurance, assurances construction et automobile, in cooperation with *Christophe Guettier, André Guidicelli, Didier Krajeski, Jérôme Julien, Michel Leroy, Philippe Stoffel-Munck* (Paris 2006), sometimes also quoted from earlier editions
Le Tourneau, GazPal 1988, doctr., 446	*Philippe le Tourneau*, Le contrat de maintenance, GazPal 1988, 2. Semester, doctr., 446-447
Le Tourneau, JCP 1982, I, no. 3078	*Philippe le Tourneau*, Très brèves observations sur la nature des contrats relatifs aux logiciels, JCP éd. G 1982, I, 3078
Le Tourneau, Le parasitisme	*Philippe Le Tourneau*, Le parasitisme: agissements parasitaires et concurrence parasitaire; protection contre les agissements et la concurrence parasitaires; sauvegarde du savoir-faire, des informations, des données et des connaissances des entreprises (Paris 1998)
Le Tourneau, Les contracts de franchisage	*Philippe le Tourneau*, Les contracts de franchisage. Franchisage de distribution, de comptoir, industriel, artisanal, financier. Franchisage de service. Franchisage international. Réseaux de franchisage (Paris 2003)
Lebon, ERPL 9/2001, 417	*Caroline Lebon*, Notes to Vorlagebeschluss of June 29, 1999 – The protection of 'vulnerable sureties' as to German, French, Belgian, Dutch, English and Scottish law, ERPL 9/2001, 417-440

Lebon, TBBR 2002, 462	*Caroline Lebon*, Borgtocht: het voorrecht van uitwinning en de insolventie van de hoofdschuldenaar (art. 2023 BW), TBBR 2002, 462-471
Leclercq, JT 1976, 105	M. J. *Leclercq*, Réflexions sur un principe général de droit: la répétition de l'indu, JT 1976, 105-116
Lefebre, Memento Práctico	*Francis Lefebre*, Memento Práctico – Contratos Mercantiles 2001-2002 (Madrid 2000) and 2003-2004 (Madrid 2003)
Lefebvre, Rev.not.b. 1988, 226	*Lefebvre*, Les effets de la résolution judiciaire des contrats successifs, Rev.not.b. 1988, 226
Legeais, JCP éd. E 1998, II no. 44	*Legeais*, La réforme du cautionnement par la loi du 29 juillet 1998 relative à la lutte contre les exclusions, JCP éd. E 1998, II no. 44, 1724-1730
Legemaate, Advocatenblad 1999, 197	*Johan Legemaate*, Het recht van de patiënt op informatie, Recente jurisprudentie, Advocatenblad 1999, 197-200
Legemaate, Verantwoordingsplicht en aansprakelijkheid in de gezondheidszorg	*Johan Legemaate*, Verantwoordingsplicht en aansprakelijkheid in de gezondheidszorg (Zwolle 1996)
Legerer, ÖJZ 1998, 607	*Joseph Legerer*, Zur Zulässigkeit des Abschleppens besitzstörend abgestellter. Fahrzeuge von Privatgrundstücken, ÖJZ 1998, 607 ff
Légrádi, Polgári Jogi Kodifikáció 4/2003, 20	*Gergely Légrádi*, Az utaló magatartás (biztatási kár) a Ptk.-ban és a bírói gyakorlatban, Polgári Jogi Kodifikáció 4/2003, 20-27
Lehmann-Richter, NJW 2003, 1717	*Arnold Lehmann-Richter*, Possessorische Besitzschutzansprüche und petitorische Einwendungen im einstweiligen Rechtsschutz, NJW 2003, 1717-1718
Lehrberg, Borgen	*Bert Lehrberg*, Borgen. Förutsättningsfrågor, regressfrågor, konsumentfrågor (Stockholm 1995)
Lehrberg, Förutsättningsläran	*Bert Lehrberg*, Förutsättningsläran, Allmänna betingelser för möjligheten att frånträda rättshandlingar på grund av okända eller oförutsedda omständigheter (Uppsala 1989)
Leitão, Cessão de Créditos	*Luís Manuel Teles de Menezes Leitão*, Cessão de Créditos (Coimbra 2005)
Leite de Campos, A subsidiariedade da obrigação de restituir o enriquecimento	*Diogo José Paredes Leite de Campos*, A subsidiariedade da obrigação de restituir o enriquecimento (Coimbra 1974, reprint 2003)
Leite de Campos, BFD L (1974), 247	*Diogo José Leite de Campos*, A indemnização do dano da morte, BFD L (1974), 247-297
Leite de Campos, BolMinJus 365 (1987) 5	*Diogo José Leite de Campos*, A vida, a morte e a sua indemnização, BolMinJus 365 (1987) 5-20
Leitner, ÖBA 2002, 517	*Sabine Leitner*, Die Patronatserklärung, ÖBA 2002, 517-527
Leitner, ÖJZ 2005, 321	*Max Leitner*, Schadensersatz im Zinsenstreit, ÖJZ 2005, 321-328
Lejman, SvJT 1949, 641	*Fritjof Lejman*, Principen obehörig vinst i svensk lagstiftning, SvJT 1949, 641-655
Leloup, les agents commerciaux	*Jean-Marie Leloup*, les agents commerciaux (5th ed. Paris 2001)

Lenkovics, Dologi jog^{6}	*Barnabás Lenkovics*, Magyar polgári jog, Dologi jog (6th ed., Budapest 2001)
Lennander, Återvinning i konkurs^{2,3}	*Gertrud Lennander*, Återvinning i konkurs (3rd ed., Stockholm 2004), sometimes also quoted from the 2nd ed. (Stockholm 1999)
Lepeska, RdU 2000, 97	*Guido Lepeska*, Der verschuldensunabhängige Beseitigungsanspruch nach dem ABGB als Instrument des Umweltschutzes, RdU 2000, 97 ff
Leroyer and Rochfeld, RTD civ 2008, 558	*Anne-Marie Leroyer and Judith Rochfeld*, Législation française, RTD civ 2008, chron. 558-574
von Lersner/Berendes/Reinhardt *(-author)*, Handbuch des Deutschen Wasserrechts	Heinrich Freiherr von Lersner, Konrad Berendes, Michael Reinhardt (eds.), Handbuch des Deutschen Wasserrechts (HDW), Neues Recht des Bundes und der Länder established by *Alexander Wüsthoff* and *Walther Kumpf* (Loose-leaf, Berlin 1958)
Leslie, (1981) SLT, 259	*R. D. Leslie*, Negotiorum Gestio in Scots Law, SLT 1981, 259-261
Leslie, JurRev 1983, 12	*R. D. Leslie*, Negotiorum Gestio in Scots Law: The Claim of the Privileged Gestor, JurRev 1983, 12-35
Lete Achirica, A.C. 1999, 1365	*J. Lete Achirica*, La Directiva sobre la venta y las garantías de los bienes de consumo de 25 de mayo de 1999 y su transposición en el Derecho español, A.C. 1999, no. 4, 1365-1385
Lete del Río and Lete Achirica, Derecho de obligaciones II	*José Manuel Lete del Río and Javier Lete Achirica*, Derecho de obligaciones, vol. II: Contratos (Cizur Menor 2006)
Lete del Río, Derecho de obligaciones II^{3}, III^{4}	*José Manuel Lete del Río*, Derecho de obligaciones, vol. II: El contrato en general. Cuasicontratos. Enriquecimiento sin causa. Responsabilidad extracontractual (3rd ed., Madrid 1998), vol. IV: Contratos en particular (4th ed., Madrid 2003)
Łętowska, Bezpodstawne	*Ewa Łętowska*, Bezpodstawne wzbogacenie (Warsaw 2000)
Łętowska, Europejskie prawo umów konsumenckich	*Ewa Łętowska*, Europejskie prawo umów konsumenckich (Warsaw 2004)
Łętowska, Prawo umów konsumenckich^{2}	*Ewa Łętowska*, Prawo umów konsumenckich (2nd ed., Warsaw 2002)
Lettany, Het consumentenkrediet	*P. Lettany*, Het consumentenkrediet. De wet van 12 juni 1991 (Antwerp 1993)
Lettl, GRURInt 2004, 85	*Tobias Lettl*, Der lauterkeitsrechtliche Schutz vor irreführender Werbung in Europa, GRURInt 2004, 85-96
Lettl, JuS 2002, 866	*Tobias Lettl*, Die Falschlieferung durch den Verkäufer nach der Schuldrechtsreform, JuS 2002, 866-872
Lettl, ZHR 167 (2003), 473	*Tobias Lettl*, Der Schadensersatzanspruch gemäß § 823 Abs. 2 BGB i.V. mit Art. 81 EG, ZHR 167 (2003), 473-493
Levi, Il pagamento dell'indebito	*Giulio Levi*, Il pagamento dell'indebito (Milan 1989)
Lévy and Castaldo, Histoire du droit civil	*Jean-Philippe Lévy and André Castaldo*, Histoire du droit civil (Paris 2002)

Lewaszkiewicz-Petrykowska, Uwagi o zawodowym obowiązku udzielania informacji	*Biruta Lewaszkiewicz-Petrykowska*, Uwagi o zawodowym obowiązku udzielania informacji, in: Jan Błeszyłski et al. (eds.), Zagadnienia Współczesnego Prawa Cywilnego. Festschrift in honour of Tomasz Dybowski (Warsaw 1994), 47-54
Liakopoulos, General Commercial Law	*Th. Liakopoulos*, General Commercial Law (Athens 1990)
Liakopoulos, NoB 1987, 283	*Th. Liakopoulos*, Eggyitiki epistoli me ritra pliromis se "proti zitisi" kai kataxrisi dikaiomatos, NoB 1987, 283-307
Liapis, DEE 2003, 138	*Dimitrios Liappis*, Η αιτιώδης συνάφεια στην ευθύνη από ενημερωτικό δελτίο. Συμβολή στις έννοιες της θεμελιωτικής, πληρωτικής και τυποποιημένης αιτιότητας, DEE 2003, 138 ff
Libchaber, Def. 2002, 262	*R. Libchaber*, Pour les contrats réels, quand même!, (obs. sous Cass.fr. 1er civ. 27 November 2001), Def. 2002, 262
Libchaber, Le portefeuille de valeurs mobilières: bien unique ou pluralité de biens?, Def. 1997, no. 2, 65	*Rémy Libchaber*, Le portefeuille de valeurs mobilières: bien unique ou pluralité de biens?, Def. 1997, no. 2, 65-91
Liebscher and Zoll, Einführung in das polnische Recht	*Marc Liebscher and Fryderyk Zoll*, Einführung in das polnische Recht (Munich 2005)
Lienhard, D. 2002, 2531	*Alain Lienhard*, note under Cass. Ch. Mixte 6. Sept. 2002, D. 2002, 2531-2532
Liet-Veaux and Thuillier, Droit de la construction[11]	*Georges Liet-Veaux* and *Andrée Thuillier*, Droit de la construction (11th ed., Paris 1994)
Likillimba, RTD civ. 2005, 1	*Guy-Auguste Likillimba*, La possession corpore alieno, RTD civ. 2005, 1-32
Lilleholt, Alminnelig formuerett[12], 163	*Kåre Lilleholt*, Alminnelig formuerett, in: Knophs Oversikt over Norges rett, edited by Kåre Lilleholt (12th ed., Oslo 2004), 162-201
Lilleholt, Godtruerverv[3]	*Kåre Lilleholt*, Godtruerverv og kreditorvern (3rd ed., Oslo 1999)
Limpens and Heenen, La vente	*Jean Limpens* and *Jaques Heenen*, La vente en droit belge (Brussels 1960).
Lindenbergh, AA 52 (2003), 365	*S. D. Lindenbergh*, Blij met de geboorte van ... een schadeclaim. Schadevergoeding wegens wrongful birth en wrongful life, AA 52 (2003), 365-374
Lindenbergh, TPR 2002, 1421	*S. D. Lindenbergh*, Schade van derden door verwonding of overlijden van een naaste, TPR 2002, 1421-1473
Lindenmaier and Möhring, Nachschlagewerk des BGH	*Fritz Lindenmaier and Philipp Möhring*, Nachschlagewerk des Bundesgerichtshofs (Loose-leaf, 9th series, Munich 2001 ff)
Lindskog, Kvittning[2]	*Stefan Lindskog*, Kvittning: om avräkning av privaträttsliga fordringar (2nd ed., Stockholm 1993)
Lindskog, Lagen om handelsbolag och enkla bolag	*Stefan Lindskog*, Lagen om handelsbolag och enkla bolag. En kommentar (Stockholm 2001)

Lindskog, Preskription[1, 2]	*Stefan Lindskog*, Preskription: om civilrättsliga förpliktelsers upphörande efter viss tid (2nd ed., Stockholm 2002), sometimes also quoted from the 1st ed. (Stockholm 1990)
Lingard, Bank Security Documents[4]	*James R. Lingard*, Bank Security Documents (4th ed., London 2006)
Lipari, Giust.civ. 1986, II, 133	M. *Lipari*, La natura giuridica dell'assicurazione fideiussoria, Giust.civ. 1986, II, 133-170
Litzeropoulos, Stoicheia Enochikou Dikaiou II	*Alexandru Litzeropoulos*, Stoicheia Enochiku Dikaiu, vol. II (Athens 1960)
Liuksiala, Rakennussopimukset	*Aaro Liuksiala*, Rakennussopimukset (5th ed. Helsinki 2003)
Livanis, I efarmogi tou arthrou 300 is to pedion tis antikimenikis evthinis	*Νικόλαος Λιβάνης*, Η εφαρμογή του άς. 300 εις το πεδίον της αντικειμενικής ευθύνης (Athens 1970)
Llamas Pombo, FS Díez-Picazo II, 2203	*Eugenio Llamas Pombo*, La tutela inhibitoria del daño (la otra manifestación del derecho de daños), in: Antonio Cabanillas Sánchez, Jorge Caffarena Laporta, José María Miquel González, Vicente L. Montés Penadés, Antonio Manuel Morales Moreno and Fernando Pantaleón Prieto (eds.), Estudios jurídicos en homenaje al Profesor Luis Díez-Picazo, vol. II: Derecho civil, derecho de obligaciones (Madrid 2003), 2203-2225
Lobinger, AcP 195 (1995), 274	*Thomas Lobinger*, Irrtumsanfechtung und Reurechtsausschluß, AcP 195 (1995), 274-282
Lobuono, Contratto	*Michele Lobuono*, Contratto e attività economica nelle garanzie personali (Naples 2002)
Locher, Das private Baurecht[5]	*Horst Locher*, Das private Baurecht (5th ed., Munich 1993)
Locke, The Second Treatise of Civil Government	*John Locke*, The Second Treatise of Civil Government and a Letter concerning Toleration (3rd ed., Oxford 1976)
Locke, The Second Treatise on Civil Government	*John Locke*, The Second Treatise on Civil Gouvernment (London 1690)
Locre, Législation civile, commerciale et criminelle	J. G. *Locre*, Législation civile, commerciale et criminelle, ou commentair et complément des code Français (Brussels 1836)
Lookofsky and Ulfbeck, Køb[2]	*Joseph Lookofsky and Vibe Ulfbeck*, Køb (2nd ed., Copenhagen 2008)
Lookofsky, Køb	*Joseph Lookofsky*, Køb (Copenhagen 1996)
Loos, Consumentenkoop	M. B. M. *Loos*, De energieleveringsovereenkomst. Algemene voorwaarden voor de levering van energie aan consumenten (Deventer 1998)
Loos, Consumentenkoop	*Marcus Bernardus Maria Loos*, Consumentenkoop (Deventer 2004)
Loos, De energieleveringsovereen-komst	*Marcus Bernardus Maria Loos*, De energieleveringsovereenkomst (Deventer 1998)

Looschelders and Benzenberg, VersR 2005, 231	*Dirk Looschelders and Elke Benzenberg*, Reichweite der Beweislastumkehr beim Verbrauchsgüterkauf, VersR 2005, 231 ff
Lopes, Do contrato de compra e venda no direito civil	*Manuel Baptista Lopes*, Do contrato de compra e venda no direito civil, comercial e fiscal (Coimbra 1971)
López Beltrán, La nulidad	*Carmen López Beltrán de Hereida*, La nulidad contractual consecuencias (Valencia 1995)
López y López/Montés Penadés/Roca i Trías, Derechos reales^{2}	*Ángel M. López y López, Vicente L. Montés Penadés and Encarna Roca i Trías*, Derechos reales y derecho inmobiliario registral (2nd ed., Valencia 2001)
López, Fianza y nuevas modalidades de garantía	*María José Reyes López*, Fianza y nuevas modalidades de garantía (Valencia 1996)
López/Montés/Roca i Trías *(-author)*, Derecho Civil^{4}	Ángel López y López, Vicente Luis Montés Penadés and Encarna Roca i Trías (eds.), Derecho Civil, Derecho de Obligaciones y Contratos (4th ed., Valencia, 2001), quoted here with the commentaries by *Francisco Capilla Roncero, Encarna Roca i Trías, María Rosario Valpuesta Fernández* and *Rafael Verdera Server*
Loukopoulos, EEmpD 41 (1990), 730	*Loukopoulos*, Gnomodotisi, EEmpD 41 (1990), 730-740
Lukas, Zession	*Meinhard Lukas*, Zession und Synallagma: Abtretungsverbot, Drittschuldanerkenntnis und Konkurs des Zedenten (Vienna 2000)
Luminoso, I contratti tipici e atipici, 3	A. *Luminoso*, I contratti tipici e atipici, I, in: Trattato di diritto privato a cura di Iudica e Zatti (Milan 1995), 3-190
Luminoso, La compravendita: corso di diritto civile^{2}	A. *Luminoso*, La compravendita: corso di diritto civile (2nd ed., Turin 1998)
Luminoso, Vendita, 607	A. *Luminoso*, Vendita, in: Dig.Disc.Priv., Sezione civile, vol. XIX (Turin 1999), 607-653
Luna Yerga, La prueba de la responsabilidad civil medico-sanitaria	*Álvaro Luna Yerga*, La prueba de la responsabilidad civil medico-sanitaria. Culpa y responsabilidad (Madrid 2004)
Luna Yerga/Piñeiro Salguero/Ramos González/Rubí i Puig, InDret 2/2002	*Álvaro Luna Yerga, José Piñeiro Salguero, Sonia Ramos González and Antoni Rubí i Puig*, Reparación in natura y por equivalente: opciones de la víctima en el derecho español, InDret, April 2002
Lupan, Răspunderea civilă	*Ernest Lupan*, Răspunderea civilă. În contextul răspunderii juridice (Cluj-Napoca 2003)
Lwowski, Das Recht der Kreditsicherung^{8}	*Hans-Jürgen Lwowski*, Das Recht der Kreditsicherung (8th ed., Berlin 2000)
Lycke/Runesson/Swahn, Ansvar vid finansiell rådgivning	*Johan Lycke, Eric M. Runesson and Mikael Swahn*, Ansvar vid finansiell rådgivning (Stockholm 2003)
Lynch/Marshall/O'Farrell, Corporate Insolvency and Rescue: Law and Practice	*I. Lynch, J. Marshall and R. O'Farrell*, Corporate Insolvency and Rescue: Law and Practice (Dublin 1996)
Lyngsø, Afbestillingsret	*Preben Lyngsø*, Afbestillingsret (Copenhagen 1971)

Lyngsø, Færdselsansvar[3]	*Preben Lyngsø*, Færdselsansvar (3rd ed., Copenhagen 1996)
Macario, Foro it. 1990, I, 573	*Francesco Macario*, Eccessiva onerosità, riconduzione ad equità e poteri del giudice, Foro it. 1990, I, 573 ff
Macgregor and Busch, The Unauthorised Agent: Perspectives from European and Comparative Law	*Laura J. Macgregor* and *Danny Busch*, The Unauthorised Agent: Perspectives from European and Comparative Law (Cambridge 2009)
Macgregor, (2000) Edinburgh LRev, 19	*Laura J. Macgregor*, Illegal Contracts and Unjustified Enrichment, Edinburgh LRev 2000, 19-45
Macgregor, Agency and Mandate	*James Dalrymple Stair*, The Laws of Scotland: Stair memorial encyclopaedia, founded by James Dalrymple Stair, edited by Thomas Smith, vol. I: Reissue 'Agency and Mandate' by *Laura J. Macgrgor* (Edinburgh 2002)
Machado, A resolução por não cumprimento e indemnização	*Machado*, A resolução por não cumprimento e indemnização, Obra Dispersa I (1991), 195 ff
Mackenzie, (2002) SLT, 98	*Andrew P. Mackenzie*, Privacy – A New Right in UK law?, (2002) SLT, 98-101
MacMahon and Binchy, Torts[2, 3]	*Bryan M. E. McMahon and William Binchy*, Law of torts (3rd ed., Dublin 2000), sometimes also quoted from the 2nd ed. (Dublin 1990)
MacQueen and Thomson, Contract Law in Scotland	*Hector L. MacQueen and Joe M. Thomson*, Contract Law in Scotland (Edinburgh 2000)
MacQueen and Zimmermann *(-author)*, European Contract Law	Hector L. MacQueen and Reinhard Zimmermann (eds.), European Contract Law (Edinburgh 2006)
MacQueen et al. *(-Carey Miller)*, Regional Private Laws and Codification in Europe	Hector L. MacQueen et al. (eds.), Regional Private Laws and Codification in Europe (Cambridge a.o. 2003), quoted here with the contribution by *David Carey Miller*
MacQueen, (1994) JuridRev, 137	*Hector L. MacQueen*, Unjustified Enrichment and Breach of Contract, JuridRev 1994, 137-166
MacQueen, (2003) 78 TulLRev, 363	*Hector L. MacQueen*, Human rights and private law in Scotland: a response to President Barak, (2003) 78 TulLRev, 363-378
MacQueen, (2004) 8 Edinburgh LRev, 249	*Hector L. MacQueen*, Protecting Privacy, (2004) 8 Edinburgh LRev, 249-254
MacQueen, Unjustified Enrichment	*Hector L. MacQueen*, Unjustified Enrichment (Edinburgh 2004)
Madanska, Proiyvodstvo po nesustoitelnost[2]	*Neli Madanska*, Proiyvodstvo po nesustoitelnost (2nd ed., Sofia 2005)
Madaus, Schuldbeitritt	*Stephan Madaus*, Der Schuldbeitritt als Personalsicherheit (Berlin 2001)

Mader, FS Mayer-Maly, 417	*Peter Mader*, Dolo facit qui petit quod redditurus est, in: Iurisprudentia universalis: Festschrift für Theo Mayer-Maly zum 70. Geburtstag, edited by Martin Josef Schermeier (Cologne a.o. 2002), 417-430
Mader, JBl 1986, 7	*Peter Mader*, Verjährung und außergerichtliche. Auseinandersetzung, JBl 1986, 7 ff
Madl, Grundprobleme der Verarbeitung	*Raimund Madl*, Grundprobleme der Verarbeitung nach österreichischen Recht (Vienna 1999)
Magazzù, Clausola penale	A. *Magazzù*, voce "Clausola penale", in Enc.dir., vol. VII (Milan 1960), 186 ff.
Mähönen, Siviilioikeuden yleiset periaatteet	*Jukka Mähönen*, Siviilioikeuden yleiset periaatteet, in: Ari Saarilehto (ed.), Varallisuusoikeuden kantavat periaatteet (Helsinki 2000)
Malaurie and Aynès, Contrats et quasi-contrats VI(2)[11]	*Philippe Malaurie and Laurent Aynès*, Cours de droit civil, vol. VI: Les obligations, part 2: Contrats et quasi-contrats (11th ed., Paris 2001)
Malaurie and Aynès, Les biens[2]	*Philippe Malaurie and Laurent Aynès*, Les biens (2nd ed., Paris 2005)
Malaurie and Aynès, Les biens[5]	*Philippe Malaurie and Laurent Aynés*, Cours de droit civil, vol. IV: Les Biens, la publicité foncière (5th ed., Paris 2002)
Malaurie and Aynès, Les obligations[9, 10]	*Philippe Malaurie and Laurent Aynès*, Cours de droit civil, vol. VI: Les obligations (10th ed., Paris 1999), sometimes also quoted from 9th ed. (Paris 1998)
Malaurie and Aynès, Les successions, les libéralités[2]	*Philippe Malaurie and Laurent Aynès*, Les successions, les libéralités (2nd ed., Paris 2006)
Malaurie and Aynès, Responsabilité délictuelle VI(1)[11]	*Philippe Malaurie and Laurent Aynès*, Cours de droit civil, vol. VI: Les obligations, part 1: Responsabilité délictuelle (11th ed., Paris 2001)
Malaurie, D. 1998, chr. 317	*V. Malaurie*, Baisse des taux d'intérêt, prêts à long terme et renégociation, D. 1998, chr. 317
Malaurie/Aynès/Gautier, Contrats spéciaux	*Phlippe Malaurie, Laurant Aynès and Pierre-Yves Gautier*, Les contrats spéciaux (3rd ed., Paris 2007), sometimes also quoted from 2nd ed. (Paris 2005)
Malaurie/Aynès/Gautier, Contrats spéciaux VIII[8, 9, 10, 14]	*Philippe Malaurie, Laurent Aynès and Pierre-Yves Gautier*, Cours de droit civil, vol. VIII: Les contrats spéciaux: civils et commerciaux (14th ed., Paris 2001), sometimes also quoted from earlier editions
Malaurie/Aynès/Stoffel-Munck, Les obligations[1, 2]	*Philippe Malaurie, Laurent Aynès and Philippe Stoffel-Munck*, Les obligations (2nd ed., Paris 2005), sometimes also quoted from the previous ed. (Paris 2003)
Malinvaud, Construction	*Philippe Malinvaud*, Dalloz Action: Construction (Paris 1998)
Malinvaud, Droit des obligations[7-9]	*Philippe Malinvaud*, Droit des obligations (9th ed., Paris 2005), sometimes also quoted from the 8th ed. and 7th ed. (Paris 2003/2001)
Mallet-Bricout, La substitution de mandataire	*Blandine Mallet-Bricout*, La substitution de mandataire (Paris 2000)

Mallet-Bricout, Rebout-Maupin, D. 2005, pan. 2352-2359	*Bladine Mallet-Bricout and Nadège Rebout-Maupin*, Droit des biens: Panorama 2005, D. 2005, pan. 2352-2359
Malmström and Agell, Civilrätt[15, 17]	*Åke Malmström and Anders Agell*, Civilrätt (17th ed., Malmö 2001), sometimes also quoted from the 15th ed. (Malmö 1997)
Mancini, Espromissione	*Mancini*, Espromissione, in: Dig.Disc.Priv., Sezione civile, vol. VIII (Turin 1992), 1-4
Mancini, La delegazione	*Mancini*, La delegazione, l'espromissione, l'accollo, in: Pietro Rescigno (ed.), Trattato di diritto privato, vol. IX (Turin 1999), 483-515
Mangini, Il contratto di appalto[2]	*Vito Mangini*, Il contratto di appalto (2nd ed., Turin 1997)
Mankowski, VuR 2001, 364	*Peter Mankowski*, Verbraucherschutzrechtliche Widerrufsbelehrung und Sprachrisiko, VuR 2001, 364-370
Manner and Mohs, ZEuP 2007, 872	*Simon Manner and Florian Mohs*, Bereicherungsanspruch auf Rückerstattung gemeinschaftsrechtswidrig erhobener Steuern in England, Entscheidung des englischen House of Lords vom 25. Oktober 2006, ZEuP 2007, 872-887
Mantzoufas, Enochikon Dikaion[3]	*Georgios Mantzoufas*, Enochikon Dikaion (3rd ed., Athens 1959)
Mantzoufas, Triprosopoi enochikai sxeseis	*Georgios Mantzoufas*, Triprosopoi enochikai sxeseis (Athens 1967)
Marando, Resp.civ. e prev. 1998, 33	*Guiseppe Marando*, Sicurezza del lavoro e responsabilità nell'appalto, nel contratto d'opera e nella gestione dei cantieri edili, Resp.civ. e prev. 1998, 33-56
Marasinghe, 8 (1976) Ottawa L Rev, 573	M. L. *Marasinghe*, The Place of Negotiorum Gestio in English Law, 8 (1976) Ottawa L Rev, 573 ff
Marcadé, Abriß des Französischen Civilrechts II	*Victor Marcadé*, Abriß des Französischen Civilrechts, vol. II (Heidelberg 1865)
Marek, Právní fórum 6/2005	*Karel Marek*, K limitaci náhrady škody a smluvním pokutám, Právní fórum 6/2005
Mariano Yzquierdo Tolsada, Daños a los derechos de la personalidad[1, 3]	*Mariano Yzquierdo Tolsada*, Daños a los derechos de la personalidad (honor, intimidad y propia imagen), in: Luis Fernando Reglero Campos (ed.), Tratado de responsabilidad civil (3rd ed., Navarra 2006), 1333-1423, sometimes also quoted from the 1st ed. (Navarra 2002), 1107-1174
Marimón Durá, Garantía independiente, 479	*Rafael Marimón Durá*, Garantía independiente o a primer requerimiento, in: Rafael Marimón Durá et al. (eds.), Estudios sobre jurisprudencia bancaria (2nd ed., Navarra 2002), 479-522
Marimón Durá, Planteamiento, 375	*Rafael Marimón Durá*, Planteamiento jurisprudencial sobre la naturaleza jurídica del crédito documentario y de las reglas que lo regulan, in: Rafael Marimón Durá et al. (eds.), Estudios sobre jurisprudencia bancaria (2nd ed., Navarra 2002), 375-408

Marimón Durá, RDM 1997, 2065	*Rafael Marimón Durá*, El aval bancario y la cuestión de la solidaridad en el afianzamiento mercantil, RDM 1997, 2065-2079
Marimón Durá, RGD 1993, 3057	*Rafael Marimón Durá*, Última jurisprudencia sobre el contrato de garantía a primer requerimiento, RGD 1993, 3057-3075
Marin López, Las garantías	M. J. *Marin López*, Las garantías en la venta de bienes de consumo en la Unión Europea. La Directiva 1999/44/CE y su incorporación en los Estados miembros (Madrid 2004)
Marinelli, Giust.civ. 1982, II, 116	*Fabrizio Marinelli*, La responsabilità del committente per danni cagionati a terzi dall'appaltatore nel corso dell'esecuzione dell'opera, Giust.civ., 1982, II, 116 ff
Marinos, DEE 1999, 671	M. *Marinos*, The prohibition of competition during the contract of commercial agency and distribution, DEE 1999, 671
Markesinis/Unberath/Johnston, The German Law of Contract[2]	*Basil S. Markesinis, Hannes Unberath and Angus Charles Johnston*, The German Law of Contract: A comparative Treatise (2nd ed., Oxford 2006)
Markou, DEE 2002, 362	*Markou*, I ypoxreosi tou daneisti pros pliroforisi tou eggyiti, DEE 2002, 362-368
Markou, Enstaseis epi prosopikon	*Markou*, Enstaseis epi prosopikon eggyodotikon symbaseon (Athens 1997)
Markowetz, ÖJZ 2001, 581	*Klaus Markowetz*, Bereicherungsrechtliche Rückabwicklung im Rahmen der Forderungsabtretung, ÖJZ 2001, 581-592
Marshall, General Principles of Scots Law[5]	*Enid Ann Marshall*, General Principles of Scots Law (5th ed., Edinburgh 1999)
Marshall, Scots Mercantile Law[3]	*Enid Ann Marshall*, Scots Mercantile Law (3rd ed., Edinburgh 1997)
Martín Bernal, Responsabilidad médica	*José Manuel Martín Bernal*, Responsabilidad médica y derechos de los pacientes (Madrid 1998)
Martín Casals, FS Díez-Picazo II, 2471	*Miquel Martín Casals*, A través del espejo: concurrencia de culpa de la víctima y culpa del causante del daño, in: Antonio Cabanillas Sánchez, Jorge Caffarena Laporta, José María Miquel González, Vicente L. Montés Penadés, Antonio Manuel Morales Moreno and Fernando Pantaleón Prieto (eds.), Estudios jurídicos en homenaje al Profesor Luis Díez-Picazo, vol. II: Derecho civil, derecho de obligaciones (Madrid 2003), 2471-2490
Martín Casals, Notas sobre la indemnización del daño moral en las acciones por difamación de la LO 1/1982, 1231	*Miquel Martín Casals*, Notas sobre la indemnización del daño moral en las acciones por difamación de la LO 1/1982, in: Asociación de Profesores de derecho civil (ed.), Centenario del Código civil (1889-1989), vol. II (Madrid 1990), 1231-1273
Martín Santisteban, El depósito y la responsabilidad del depositario	*Sonia Martín Santisteban*, El depósito y la responsabilidad del depositario (Cizur Menor 2002)

Martín Vida, InDret 2/2005	*María Ángeles Martín Vida*, Responsabilidad civil extracontractual por ruidos en Derecho alemán y en Derecho español, InDret, October 2005, (http://www.indret.com/pdf/304_es.pdf)
Martín Vida, VersRAI 2004, 20	*María Ángeles Martín Vida*, Lärmimmissionen. Gerichtlicher Schutz gegen Lärm in Spanien – zugleich Anmerkung zur Entscheidung des spanischen Tribunal Supremo vom 29.4.2003, VersRAI 2004, 20-23
Martín Vida, VersRAI 2005, 57 and 2006, 5	*María Ángeles Martín Vida*, Deliktsrechtliche Haftung für Lärm in Spanien, VersRAI 2005, 57-63 (part 1) and 2006, 5-8 (part 2)
Martín Villa and Blanco López, RDP 1992, 662	*Pascual Martín Villa and María Dolores Blanco López*, Sobre la transmisibilided de las obligaciones "ex cuasi delicto", RDP 1992, 662-665
Martin, D. 2002, Chr. 3279	*Didie Martin*, De la revendication des sommes d'argent, D. 2002, Chr. 3279-3284
Martinek and Semler, Handbuch des Vertriebsrechts	*Martin Martinek and Franz-Jörg Semler*, Handbuch des Vertriebsrechts (Munich 1996)
Martinek, AcP 188 (1988)	*Michael Martinek*, Traditionsprinzip und Geheißerwerb, AcP 188 (1988), 573-648
Martinek, Moderne Vertragstypen II	*Michael Martinek*, Moderne Vertragstypen, vol. II: Franchising, Know-How-Verträge, Management- und Consultingverträge (Munich 1992)
Martínez de Aguirre Aldaz, Derecho de Obligaciones	*Carlos Martínez de Aguirre Aldaz*, Curso de Derecho Civil, vol. II: Derecho de Obligaciones (Madrid 2000)
Martínez Mas, El Contrato de Obra	*Francisco Martínez Mas*, El Contrato de Obra y la Responsabilidad de Promotores, Constructors, Técnicos y Subcontratistas (Las Palmas de Gran Canaria 2002)
Martinez Mas, La recepción en el contrato de obra	*Francisco Martinez Mas*, La recepción en el contrato de obra (Madrid 1998)
Martínez Rosado, Compraventa con reserva de dominio	*Javier Martínez Rosado*, La compraventa a plazos de bienes muebles con reserva de dominio en el concurso (Madrid 2005)
Martinez Sanz, La indemnización por clientela en los contratos de agencia y concesión^{2}	*Fernando Martinez Sanz*, La indemnización por clientela en los contratos de agencia y concesión (2nd ed., Madrid 1998)
Martinez, Código do Trabalho anotado^{4}	*Pedro Romano Martinez*, Código do Trabalho anotado (4th ed., Coimbra 2006)
Martinez, Da cessação do contrato	*Pedro Romano Martinez*, Da cessação do contrato (Coimbra 2005)
Martínez, La reserva del dominio en el concurso	*María Belén Andreu Martínez*, La reserva del dominio en el concurso (Granada 2009)
Martinson, Kreditsäkerhet i fakturafordringar	*Claes Martinson*, Kreditsäkerhet i fakturafordringar: en förmögenhetsrättslig studie (Uppsala 2002)

Martinson, National Report: Sweden	*Claes Martinson*, National Report: Sweden, in: Johannes Michael Rainer (ed.), Transfer of Title Concerning Movables, part III (Frankfurt a.M. 2006)
Marton, A polgári jogi felelősség	*Géza Marton*, A polgári jogi felelősség (Budapest 1992)
Marttila (*-author*), Franchising-käsikirja	Kimmo Marttila et al. (eds.), Franchising-käsikirja: yhdistä osaaminen, yhteistyö, resurssit ja yrittäjyys kilpailueduksi (Helsinki 1998)
Marty and Raynaud, Droit Civil II(1)[2]	*Gabriel Marty and Pierre Raynaud*, Droit Civil, vol. II: Les obligations, part 1: Les sources (2nd ed., Paris 1988)
Marty, Raynaud and Jestaz, Droit Civil II(2)[2]	*Gabriel Marty, Pierre Raynaud and Philippe Jestaz*, Droit civil, vol. II: Les obligations, part 2: La régime (2nd ed., Paris 1989)
Mäsch, Chance und Schaden: zur Dienstleisterhaftung bei unaufklärbaren Kausalverläufen	*Gerald Mäsch*, Chance und Schaden: zur Dienstleisterhaftung bei unaufklärbaren Kausalverläufen (Tübingen 2004)
Masi, Il possesso e la denuncia di nuova opera e di danno temuto	*Antonio Masi*, Il possesso e la denuncia di nuova opera e di danno temuto, in: Pietro Rescigno (ed.), Trattato di Diritto Privato, vol. VIII (Turin 2002), 531-642
Mason and Brodie, (2005) 9 Edinburgh LRev, 298	*J. Kenyon Mason and Douglas Brodie*, Bolam, Bolam – Wherefore Art Thou Bolam?, (2005) 9 Edinburgh LRev, 298-306
Mason and McCall Smith, Law and Medical Ethics[7]	*John K. Mason and Alexander McCall Smith*, Law and Medical Ethics (7th ed., Oxford 2006)
Mastropaolo, I contratti autonomi di garanzia	*Fulvio Mastropaolo*, I contratti autonomi di garanzia (Turin 1989)
Maurenbrecher, Das verzinsliche Darlehen im schweizerischen Recht	*Benedikt Maurenbrecher*, Das verzinsliche Darlehen im schweizerischen Recht: Dogmatische Grundlagen und praktische Konsequenzen (Bern 1995)
May, Keating on Building Contracts[6]	*Anthony May*, Keating on Building Contracts (6th ed., London 1995)
Mayer-Maly, ZNR 1990, 164	*Theo Mayer-Maly*, Kauf und Eigentumsuebergang im oesterreichischen Recht, ZNR 1990, 164-168
Mazeaud and Chabas, Leçons de droit civil I(1)[12], II(1)[6, 9],(2)[8]	*Henri Mazeaud, Jean Mazeaud and Léon Mazeaud* (establ.), continued by *François Chabas*, Leçons de droit civil, vol. I, part 1: Introduction à l'étude du droit (12th ed., Paris 2000), vol. II, part 1: Obligations: théorie générale (9th ed., Paris 1998), sometimes also quoted from the 6th ed. (Paris 1978), part 2: Biens: droit de propriété et ses démembrements (8th ed., Paris 1994)
Mazeaud, D. 2002, 2963	*Denis Mazeaud*, note under Cass. Ch. Mixte 6. Sept. 2002, D. 2002, 2963-2967
Mazeaud, Def. 1997, 977	*Denis Mazeaud*, Commentary to Cass of 6 May 1997, Def. 1997, 977
Mazeaud, Principaux contrats[5]	H., L., and J. *Mazeaud*, Lecon de Droit civil, Vol. III: Principaux contrats (5th ed., Paris 1981)

Mazeaud, RTD civ 1956, 356	*Henri and Léon Mazeaud*, obs. Under Cass. Civ. 16. Nov. 1955, RTD civ 1956, 356
Mazeaud/Mazeaud/Tunc, Traité théorique et pratique de la responsabilité civile délictuelle et contractuelle[6]	*Henri Mazeaud*, *Léon Mazeaud* and *André Tunc*, Traité théorique et pratique de la responsabilité civile délictuelle et contractuelle (6th ed., Paris 1965)
Mazis, Empragmati exasfalisi trapezon kai anonymon etairion[2]	*Mazis*, Empragmati exasfalisi trapezon kai anonymon etairion (2nd ed., Athens 1993)
Mazzamuto, L'attuazione degli obblighi di fare	*Salvatore Mazzamuto*, L'attuazione degli obblighi di fare (Naples 1978)
Mazzoni, Le lettere di patronage nei rapporti tra società madre e società figlia all'interno di un gruppo di imprese	*Alberto Mazzoni*, Le lettere di patronage nei rapporti tra società madre e società figlia all'interno di un gruppo di imprese, in: Ugo Draetta and Cesare Vaccà (eds.), Le garanzie contrattuali, Fideiussioni e contratti autonomi di garanzia nella prassi interna e nel commercio internazionale (Milan 1994), 463-484
Mazzoni, Lettere di patronage	*Alberto Mazzoni*, Lettere di patronage, in: Dig.Disc.Priv., Sezione commerciale, vol. VIII (Turin 1992), 563-580
McBryde, Bankruptcy[2]	*William W. McBryde*, The Law of Bankruptcy in Scotland (2nd ed., Edinburgh 1995)
McBryde, Law of Contract in Scotland[1, 2]	*William W. McBryde*, The law of contract in Scotland (2nd ed. with suppl., Edinburgh 2002-2003), sometimes also quoted from the 1st ed. (Edinburgh 1987)
McCamus, 11 (1979) Ottawa L Rev, 297	*John D. McCamus*, Necessitous Intervention: The Altruistic Intermeddler and the Law of Restitution, 11 (1979) Ottawa L Rev, 297 ff
McCormack, Reservation of Title Clauses[2]	*Gerard McCormack*, Reservation of Title Clauses (2nd ed., London 1995)
McDermott, Contract	*Paul Anthony McDermott*, Contract law (Dublin 2001)
McDonald, Irish Law of Defamation[2]	*Marc McDonald*, Irish Law of Defamation (2nd ed., Dublin 1989)
McGregor, Damages[17]	*Harvey McGregor*, McGregor on Damages (17th ed., London 2003)
McInnes, (1998) 57 CLJ 472	*Mitchell McInnes*, At the Plaintiff's Expense: Quantifying Restitutionary Relief, (1998) 57 CLJ 472-480
McKendrick, (1989) LMCLQ 378	*Ewan McKendrick*, Incontrovertible Benefit – a Postscript, (1989) LMCLQ 378 ff
McKendrick, (1991) LMCLQ 378	*Ewan McKendrick*, Tracing Misdirected Funds, (1991) LMCLQ 378-390
McKendrick, Contract Law[3, 4, 6]	*Ewan McKendrick*, Contract Law (6th ed., Basingstoke 2005), sometimes also quoted from the 3rd/4th ed. (Basingstoke 1997/2000)
McKenzie Skene, Insolvency Law	*Donna W. McKenzie Skene*, Insolvency Law in Scotland (Edinburgh 1999)

McKnight, Restrictions on Dealing with Assets in Financing Documents: Their Role, Meaning and Effect	*Andrew McKnight*, Restrictions on Dealing with Assets in Financing Documents: Their Role, Meaning and Effect, [2002] Journal of International Banking Law, 193-204
McMeel, 2003 LMCLQ, 169	G. *McMeel*, The Redundancy of Bailment, [2003] LMCLQ, 169 ff
Medicus and Lorenz, Schuldrecht I[18]	*Dieter Medicus and Stephan Lorenz*, Schuldrecht, vol. I: Allgemeiner Teil (18th ed., Munich 2008)
Medicus, Bürgerliches Recht[17, 20]	*Dieter Medicus*, Bürgerliches Recht. Eine nach Anspruchsgrundlagen geordnete Darstellung zur Examensvorbereitung (20th ed., Cologne 2004), sometimes also quoted from the 17th ed. (Cologne 1996)
Medicus, NJW 1992, 2384	*Dieter Medicus*, Vorschläge zur Überarbeitung des Schuldrechts – Das allgemeine Recht der Leistungsstörungen, NJW 1992, 2384-2389
Medicus, Schuldrecht I[13-17]	*Dieter Medicus*, Schuldrecht I, Allgemeiner Teil (17th ed., Munich 2006), sometimes also quoted from earlier editions
Medicus, Schuldrecht II[12-14]	*Dieter Medicus*, Schuldrecht II, Besonderer Teil (14th ed., Munich 2007), sometimes also quoted from 13th ed. (Munich 2006) and the 12th ed. (Munich 2004)
Medina Alcoz, La culpa de la víctima	*María Medina Alcoz*, La culpa de la víctima en la producción del daño extracontractual (Madrid 2003)
Medina Crespo, La valoración civil del daño corporal III(1)	*Mariano Medina Crespo*, La valoración civil del daño corporal, vol. III, part 1: Las reglas generales del sistema (Madrid 1999)
Medrano, El derecho fundamental a la propia imagen	*Amelia Pascual Medrano*, El derecho fundamental a la propia imagen. El Fundamento, Contenido, Titularidad y Límites (Navarra 2003)
von Mehren, Formation of contracts	*Arthur T. von Mehren*, "Formation of contracts", in: International Encyclopedia of Comparative Law, vol. VII, chap. 9 (Tübingen 1992)
Meier and Zimmermann, (1999) 115 LQR 556	*Sonja Meier and Reinhard Zimmermann*, Judicial development of the law, *error iuris* and the law of unjustified enrichment, (1999) 115 LQR 556-565
Meier-Hayoz (*-author*), Schweizerisches Privatrecht V/1	Arthur Meier-Hayoz (ed.), Schweizerisches Privatrecht, vol. V: Sachenrecht/1, quoted here with the contribution by *Peter Liver*, Das Eigentum
Meira Lourenço, A função punitiva da responsabilidade civil	*Paula Meira Lourenço*, A função punitiva da responsabilidade civil (Coimbra 2006)
Meissel, GoA	*Franz-Stefan Meissel*, Geschäftsführung ohne Auftrag: zwischen Quasikontrakt und aufgedrängter Bereicherung (Vienna 1993)
Mellenec, Rev.dr.sanit.soc, 271	*Mellenec*, La responsabilité médicale doit être fondée sur la notion de risque, Rev.dr.sanit.soc, 271

Mellqvist and Persson, Fordran och skuld[6, 7]	*Mikael Mellqvist* and *Ingemar Persson*, Fordran och skuld (7th ed., Uppsala 2004), sometimes quoted also from the 6th ed. (Uppsala 2001)
Mellqvist, Obeståndsrätten[2]	*Mikael Mellqvist*, Obeståndsrätten (2nd ed., Stockholm 2000)
Melo Franco and Antunes Martins, Dicionário de conceitos	*João Melo Franco and António Herlander Antunes Martins*, Dicionário de conceitos e princípios jurídicos (3rd ed., Coimbra 1995)
Mendelsohn, Franchising Law[2]	*Martin Mendelsohn*, Franchising Law (2nd ed., Richmond 2004)
Mendes, RDES XXXVII (1995), 97	*Evaristo Mendes*, Fiança geral (jurisprudência crítica), RDES XXXVII (1995) 1-3, 97-158
Méndez Tomás and Vilalta Nicuesa, Saneamiento por evicción	R.M. *Méndez Tomás and* A.E. *Vilalta Nicuesa*, Saneamiento por evicción y por gravámenes ocultos en el contrato de compraventa (Barcelona 2001)
Menéndez and Díez-Picazo (*-author*), Comentarios a la Ley sobre condiciones generales de la contratación	Aurelio Menéndez and Luis Díez-Picazo (eds.), Comentarios a la Ley sobre condiciones generales de la contratación (Madrid 2002), quoted here with the commentaries by *José María Miquel González*
Menéndez, RDM 1951, 227	*Aurelio Menéndez*, La transferencia de la propiedad y del riesgo en la compraventa mercantil, RDM 1951, 227 ff
Menezes Cordeiro, Da boa fé no Direito Civil I	*António Menezes Cordeiro*, Da boa fé no Direito Civil, vol. I (Coimbra 1984)
Menezes Cordeiro, Da pós-eficácia das obrigações	*António Menezes Cordeiro*, Da pós-eficácia das obrigações (Coimbra 1991)
Menezes Cordeiro, Direito Bancário	*António Menezes Cordeiro*, Manual de Direito Bancário (Coimbra 1998)
Menezes Cordeiro, Direito Comercial I	*António Menezes Cordeiro*, Manual de Direito Comercial I (Coimbra 2007)
Menezes Cordeiro, Direitos Reais	*António Menezes Cordeiro*, Direitos Reais (Lisbon 1979, reprint 1993)
Menezes Cordeiro, Obrigações I, II	*António Menezes Cordeiro*, Direito das obrigações, vols. I and II (Lisbon 1980, reprint 1994)
Menezes Cordeiro, Posse[3]	*António Menezes Cordeiro*, A posse: perspectivas dogmáticas actuais (3rd ed., Coimbra 2000)
Menezes Cordeiro, ROA 1991-2, 543	*Menezes Cordeiro*, Anotação ao Acordão do STJ de 19. 02. 1991, ROA 1991-2, 543-572
Menezes Cordeiro, Tratado I(1),(3)	*António Menezes Cordeiro*, Tratado de direito civil português, vol. I: Parte geral, part 1: Introdução, doutrina geral, negócio juridico (Coimbra 1999) and part 3: Pessoas (Coimbra 2004)
Menezes Leitão, Enriquecimento sem causa	*Luís Manuel Teles de Menezes Leitão*, O enriquecimento sem causa no direito civil: estudo dogmático sobre a viabilidade da configuração unitária do instituto, face à contraposição entre as diferentes categorias de enriquecimento sem causa (Lisbon 1996, Reprint Coimbra 2005)
Menezes Leitão, Garantias das obrigações	*Luís Manuel Teles de Menezes Leitão*, Garantias das obrigações (Coimbra 2006)
Menezes Leitão, Obrigações I[3-5], II[4], III[4]	*Luís Manuel Teles de Menezes Leitão*, Direito das Obrigações, vol. I: Introdução, da constituição das obrigações (5th ed.,

	Coimbra 2006), sometimes also quoted from 3rd ed. (Coimbra 2003) and 4th ed. (Coimbra 2005); vol. II: Trasmissão e extinção das obrigações. Não cumprimento e garantias do crédito (4th ed., Coimbra 2006); vol. III (4th ed., Coimbra 2006).
Menezes Leitão, Responsabilidade civil na Internet, 147	*Luís Manuel Teles de Menezes Leitão*, A responsabilidade civil na Internet, in: Associação Portuguesa do Direito Intelectual (ed.), Direito da sociedade da informação, vol. III (Coimbra 2002), 147-167
Menezes Leitão, Responsabilidade do gestor	*Luís Manuel Teles de Menezes Leitão*, A responsabilidade do gestor perante o dono do negócio no direito civil português (Lisbon 1991)
Mengoni, Gli acquisti a non domino	*Luigi Mengoni*, Gli acquisti a non domino (Milan 1975)
Mengoni, Responsibilità contrattuale	*Luigi Mengoni*, Responsibilità contrattuale, in: Enc.dir., vol. XXXIX, 1988, 1072 ff
Mengoni, Riv.Dir.Com. 1954, I, 185	*Luigi Mengoni*, Obbligazioni di risultato e obbligazioni di mezzi, Riv.Dir.Com. 1954, I, 185 ff
Menyhárd, Dologi jog	*Attila Menyhárd*, Dologi jog (Budapest 2007)
Mesquita, CJ XI (1986-4), 23	*Manuel Henrique Mesquita*, Fiança, CJ XI (1986-4), 23-29
Mesquita, Direitos Reais	*Manuel Henrique Mesquita*, Direitos Reais: sumários das lições ao curso de 1966-1967 (Coimbra 1967)
Mesquita, RLJ 125 [1992/1993], 92	*Manuel Henrique Mesquita*, Note under STJ Acórdão de 29 de Abril de 1992, RLJ 125 [1992/1993], 92-96, 100-103, 158-160
Mesquita, RLJ 128 [1995/1996], 154	*Manuel Henrique Mesquita*, Note under STJ Acórdão de 04 de Outubro de 1994, RLJ 128 [1995-1996] 154-160, 186-192
Messineo, Contratto, 784	*Messineo*, Contratto (dir. priv.), in: Enc.dir., vol. IX, 1961, 784
Mestre and Fages, RTD civ 2003, 94	*Jacques Mestre and Bertrand Fages*, obs. Under Cass. Ch. Mixte 6. September 2002, RTD civ 2003, 94
Mestre, Rev.trim.dr.civ. 1997, 936	*Jacques Mestre*, Commentary to Cass. Com of 6 May 1997 in Rev.trim.dr.civ. 1997, 936
Metzger, AcP 204 (2004), 231	*Axel Metzger*, Der neue § 651 BGB, AcP 204 (2004), 231-263
Mevorah/Lidji/Farhi, Komentar III	*Nisim Mevorah, David Lidji and Leon Farhi*, Komentar na Zakona za zaduljeniyata i dogovorite, vol. III (Sofia 1928)
Meyer, Kreditversicherung[4]	*Bernd H. Meyer*, Die Kreditversicherung (4th ed., Frankfurt 1997)
Michaelides-Nouaros, EllDik 29 (1988), 1641	*Georgios Michaelides-Nouaros*, Ευθύνη του προστήσαντος για τις παράνομες του προστηθέντος (ΑΚ 922), EllDik 29 (1988), 1641-1651
Michaux, Le contrat de prêt	S. *Michaux*, Le contrat de prêt, in Les contrats spéciaux, Chronique de jurisprudence 1996-2000, Les dossiers du Journal des tribunaux (Brussels 2002), 73-100
Michiels van Kessenich-Hoogendam, Beroepsfouten[3]	*Irene P. Michiels van Kessenich-Hoogendam*, Beroepsfouten (3rd ed., Zwolle 1995)
Migsch, FS Welser, 711	*Erwin Migsch*, Faustpfandprinzip und Publizitätsprinzip – Dargestellt anhand der Verpfändung eines Warenlagers, in:

	Festschrift für Rudolf Welser zum 65. Geburtstag, edited by Constanze Fischer-Czermak (Vienna 2004), 711 ff
Mijnssen and Boll, De bankgarantie	*F. H. J. Mijnssen and J. M. Boll*, De bankgarantie (Zwolle 1984)
Mikeš and Švestka, PR 2000, No. 7	*Jiří Mikeš and Jiří Švestka*, Odstoupení od smlouvy ve vztahu ke kupní smlouvě o převodu nemovitostí (Contract Cancellation in Relationship to the Buying Contract Concerning the Immovable Property Transfer), PR 2000, no. 7, 283-290
Mikkonen, Medicine and Law 2001, 347	*Martti Mikkonen*, The Nordic model: Finnish experience of the patient injury act in practice, Medicine and Law 2001, 347-353
Miller/Harvey/Parry, Consumer and Trading Law	*C. J. Miller, Brian W. Harvey, Deborah L. Parry*, Consumer and Trading Law: Text, Cases and Materials (New York and Oxford 1998)
Millqvist, JT 1998-99, 387	*Göran Millqvist*, Skadeståndsansvar för panthållare som utlämnar pant till pantsättaren utan panthavarens vetskap, JT 1998-99, 387-390
Millqvist, Sakrättens grunder	*Göran Millquist*, Sakrättens grunder (Stockholm 2000)
Minoudis, DEE 1997, 669	*M. Minoudis*, Exclusive or selective contracts, (reasoned consultation), DEE 1997, 669-676
Miquel González, ADC 1983, 1501	*José María Miquel González*, Observaciones en torno a la responsabilidad extracontractual por el hecho de un contrato independiente, ADC 1983 (4), 1501-1514
Miquel González, ADC 1999, 565	*José María Miquel González*, Notas sobre el artículo 464 del Código Civil y la reciente jurisprudencia, ADC 1999, 565 ff
Miquel González, Enriquecimiento injustificado	*José María Miquel González*, Enriquecimiento injustificado, in: Enciclopedia Jurídica Básica (Madrid 1995)
Miquel Gonzalez, La posesión de bienes muebles	*José María Miquel Gonzáles*, La posesión de bienes muebles (Estudio del art. 464,1 del Código Civil) (Madrid 1979)
Mirabelli, Dei singoli contratti[2]	*Guiseppe Mirabelli*, Dei singoli contratti (2nd ed., Turin 1968)
Miranda, Manual de Direito Constitucional IV[2, 3]	*Jorge Miranda*, Manual de Direito Constitucional, vol. IV: Direitos Fundamentais (3rd ed., Coimbra 2000), sometimes also quoted from the 2nd ed. (Coimbra 1998)
Miranda, Practical Commercial Law	*Susana Miranda*, Practical Commercial Law (London 1993)
Mirbeau-Gauvin, D. 1995, chr. 46	*J. R. Mirbeau-Gauvin*, Le remboursement anticipé du prêt en droit français, D., 1995, chr. 46
Miskolczi Bodnár, Gazdaság és Jog 1/1997, 3	*Péter Miskolczi Bodnár*, Atipikus szerződések. Lízing, faktoring, franchise, Gazdaság és Jog 1/1997, 3-11
Mistretta, JCP 2003 éd. G, I no. 57	*Patrick Mistretta*, La Loi n° 2002-1577 du 30 décembre 2002 relative à la responsabilité médicale. Premiers correctifs de la loi n° 2003-303 du 4 mars 2002, JCP 2003 éd. G, I no. 57, 165-166

Mohr, AcP 204 (2004), 660	*Jochen Mohr*, Der Begriff des Verbrauchers und seine Auswirkungen auf das neugeschaffene Kaufrecht und das Arbeitsrecht, AcP 204 (2004), 660-696
Moitinho de Almeida, BolMinJus 228 (1973) 5	*José Carlos Moitinho de Almeida*, A responsabilidade civil do projectista e o seu seguro, BolMinJus 228 (1973) 5-59
Møller and Wiisbye, Erstatningsansvarsloven^{6}	*Jens Møller and Michael S. Wiisbye*, Erstatningsansvarsloven med kommentarer (6th ed., Copenhagen 2002)
Möller, AcP 203 (2003), 319	*Cosima Möller*, Der Franchisevertrag im Bürgerlichen Recht, AcP 203 (2003), 319-347
Möller, Civilrätten vid financiell leasing	*Mikael Möller*, Civilrätten vid financiell leasing: en översikt over svensk, utländsk och internationell rätt (Uppsala 1996)
Monateri, Cumulo di responsabilità contrattuale e extracontrattuale	*Pier Giuseppe Monateri*, Cumulo di responsabilità contrattuale e extracontrattuale: analisi comparata di un problema (Padua 1989)
Monateri, Le fonti delle obbligazioni III	*Pier Guiseppe Monateri*, Le fonti delle obbligazioni, vol. III: La responsabilità civile, in: Trattato di diritto civile, directed by Rodolfo Sacco (Turin 1998)
Monateri, Manuale della responsabilità civile	*Pier Giuseppe Monateri*, Manuale della responsabilità civile (Turin 2001)
Monfort Ferrero, La restitución	*María Jesús Monfort Ferrero*, La restitución en la resolución por incumplimiento de los contratos traslativos de dominio (Valencia 2000)
Monsen, Berikelsekrav	*Erik Monsen*, Berikelsekrav. Vederlagskrav og vinningsavståelsekrav (Oslo 2007)
Monsen, Jussens venner 2005, 157	*Erik Monsen*, Om restitutionskrav på ulovfestet grunnlag, Jussens venner 2005, 157-197
Monteleone, Articolo 3	*C. Monteleone*, Articolo 3, in: Catelani a. o. (eds.), Codice del consumo. Commento al D.Lgs. 6 settembre 2005, n. 206, Milan 2006, 24-35
Montés Penadés, FS Díez-Picazo II, 2591	*Vicente L. Montés Penadés*, Causalidad, imputación objetiva y culpa en la "concurrencia de culpas", in: Antonio Cabanillas Sánchez, Jorge Caffarena Laporta, José María Miquel González, Vicente L. Montés Penadés, Antonio Manuel Morales Moreno and Fernando Pantaleón Prieto (eds.), Estudios jurídicos en homenaje al Profesor Luis Díez-Picazo, vol. II: Derecho civil, derecho de obligaciones (Madrid 2003), 2591-2627
Montrose, (1958) 21 MLR, 259	*J. L. Montrose*, Is negligence an ethical or a sociological concept?, (1958) 21 MLR, 259-264
Morales Moreno, ADC 1980, 585	*Antonio Manuel Morales Moreno*, El alcance protector de las acciones edilicias, ADC 1980, 585-686
Morales Moreno, ADC 1982, 591	*Antonio Manuel Morales Moreno*, El dolo como criterio de imputación de responsabilidad al vendedor por los defectos de la cosa, ADC 1982, 591-684
Morales Moreno, ADC 1999, 265	*Antonio Manuel Morales Moreno*, Declaraciones públicas y vinculación contractual: Reflexiones sobre una propuesta de Directiva, ADC 1999, no. 1, 265-288

Morales Moreno, ADC 2003, 1623	*Antonio Manuel Morales Moreno*, Adaptación del código civil al derecho europeo: la compraventa, ADC 2003, 1623 ff
Morales Moreno, El error en los contratos	*Antonio Manuel Morales Moreno*, El error en los contratos (Madrid 1988)
Morales Moreno, La modernización del Derecho de obligaciones	*Antonio Manuel Morales Moreno*, La modernización del Derecho de obligaciones (Madrid 2006)
Morales Moreno, Posesión	*Antonio Manuel Morales Moreno*, Posesión y usucapión (Madrid 1971)
Moreau-Margrève, JT 1968, 241	*Irma Moreau-Margrève*, Note to Comm. Liège 2 January 1968, JT 1968, 241-244
Moreno Martínez *(-author)*, Perfiles de la responsabilidad civil en el nuevo milenio	Juan Antonio Moreno Martínez (coord.), Perfiles de la responsabilidad civil en el nuevo milenio (Madrid 2000), quoted here with the contribution "Responsabilidad por informar" by *Ricardo de Ángel Yágüez*, 171-203 and "Responsabilidad civil por daños causados por inmisiones en el código civil español y la proteccion frente a humos, ruidos, olores y similares perturbaciones entre vecinos" by *Esther Algarra Prats*, 638-644
Mortensen, Tingsretten	*Peter Mortensen*, Inledning til Tingsretten, tredjemands-konflikter vedrørende løsøre (Copenhagen 2003)
Moscati, Pagamento dell'indebito	*Enrico Moscati*, Pagamento dell'indebito, in: Commentario del codice civile, established by Antonio Scialoja and Giuseppe Branca, continued by Francesco Galgano (ed.), vol. IV: Delle Obbligazioni, arts. 2028-2042 (Bologna/Rome 1981)
Moscati, Riv.Dir.Civ. 1975, I, 314	*Enrico Moscati*, Spunti storico-ricostruttivi sulla pretesa contrapposizione tra indebito oggettivo e soggettivo, Riv.Dir. Civ. 1975, I, 314-336
Mota Pinto, Cessão da posição contratual	*Carlos Alberto da Mota Pinto*, Cessão da posição contratual (Coimbra 1970, reprint 2003)
Mota Pinto, Declaração tácita	*Paulo Mota Pinto*, Declaração tácita e comportamento concludente no negócio jurídico (Coimbra 1995)
Mota Pinto, Teoria Geral do Direito Civil[3, 4]	*Carlos Alberto da Mota Pinto*, Teoria Geral do Direito Civil (3rd ed. Coimbra 1985); 4th ed. prepared by *António Pinto Monteiro* and *Paulo Mota Pinto* (Coimbra 2005)
Mougenot and Mougenot, La preuve[3]	*Dominique Mougenot and Raymond Mougenot*, La preuve (3rd ed., Brussels 2002)
Mouly, D. 2006, 2756	*Jean Mouly*, Quelle faute pour la responsabilité civile du salarié?, D. 2006, Chron. 2756-2763
Mourlon	*Claude Etienne Frédéric Mourlon*, Répétition écrites sur le droit civil (12th ed. Paris, 1892)
Mousseva, Suvremenno pravo 6/2003	*Boryana Mousseva*, Dopustima li e avtonomiyata na volyata pri nepozvoleno uvrejdane spored bulgarskoto mejdunarodno chastno pravo?, Suvremenno pravo, H. 6/2003, Sofia
Moxica Román, La Ley del Contrato de Agencia	*José Moxica Román*, La ley del contrato de agencia: análisis de doctrina y jurisprudencia, formularios (2nd ed., Pamplona 2000)

Možina and Schlechtriem, Pravo mednarodne prodaje	*Damjan Možina* and *Peter Schlechtriem*, Pravo mednarodne prodaje (Ljubljana 2006)
Možina, Kršitev pogodbe	*Damjan Možina*, Kršitev pogodbe (Ljubljana 2006)
Možina, Podjetje in delo 2/2004, 310	*Damjan Možina*, Potrošniška prodajna pogodba v evropskem in slovenskem pogodbenem pravu, Podjetje in delo, 2/2004, 310-329
Muccioli, Riv.Dir.Com. 2004, 211	*N. Muccioli*, Un contratto reale senza consenso?, Riv.Dir.Com. 2004, 211-240
Muda, Juridica Int. 2002, 106	*Merle Muda*, Regulation of Gender Equality as a Fundamental Right in Estonia, Juridica Int. 2002, 106-116
Mugdan, Die gesamten Materialien zum bürgerlichen Gesetzbuch für das Deutsche Reich I, II	*Benno Mugdan*, Die gesamten Materialien zum bürgerlichen Gesetzbuch für das Deutsche Reich, vol. I: Einführungsgesetz und Allgemeiner Theil, vol. II: Recht der Schuldverhältnisse (Berlin 1899)
Mülbert, AcP 192 (1992), 452	*Peter O. Mülbert*, Das verzinsliche Darlehen: Konsensualvertrag statt Realkontrakt – oder: synallagmatischer Entgelt statt akzessorischer Zinsen, AcP 192 (1992), 447-515
Mülbert, WM 2002, 465	*Peter O. Mülbert*, Die Auswirkungen der Schuldrechtsmodernisierung im Recht des Bürgerlichen Darlehensvertrags, WM 2002, 465-476
Müller-Helle, Die Zusendung unbestellter Ware	*Adrian Müller-Helle*, Die Zusendung unbestellter Ware: Europäische Privatrechtsangleichung durch die Fernabsatzrichtlinie (Berlin 2005)
Müller-Laube, JuS 1993, 529	*Hans-Martin Müller-Laube*, Die Konkurrenz zwischen Eigentümer und Anwartschaftsberechtigtem um die Drittschutzansprüche, JuS 1993, 529-536
MünchKomm *(-author)*, BGB[2, 3, 4, 5]	Kurt Rebmann, Franz Jürgen Säcker and Roland Rixecker (eds.), Münchener Kommentar zum Bürgerlichen Gesetzbuch, vol. I: Allgemeiner Teil, §§ 1-240 (4th ed., Munich 2001), vol. IIa: Schuldrecht Allgemeiner Teil, §§ 241-432 (4th ed., Munich 2002), vol. III: Schuldrecht Besonderer Teil I, §§ 433-610, Finanzierungsleasing, HeizkostenV, BetriebskostenV, CISG (4th ed., Munich 2004), vol. V: Schuldrecht, Besonderer Teil III: §§ 705-853; Partnerschaftsgesellschaftsgesetz, Produkthaftungsgesetz (4th ed., Munich 2004), sometimes also quoted from ealier editions
MünchKomm *(-author)*, HGB	Karsten Schmidt (ed.), Münchencher Kommentar zum Handelsgesetzbuch, vol. I: §§ 1-104 (2nd ed., Munich, 2005, vol VI: §§ 373-406, CISG (2nd ed., Munich 2007)
MünchKomm *(-author)*, InsO[2]	Hans-Peter Kirchhof, Hans-Jürgen Lwowski and Rolf Stürner (eds.), Münchener Kommentar zur Insolvenzordnung, vol. I: §§ 1-102 (2nd ed., Munich 2007)
Murphy, Street on Torts[12]	*John Murphy*, Street on Torts (12th ed., Oxford 2007)
Musielak, JuS 1992, 713	*Hans-Joachim Musielak*, Eigentumserwerb an beweglichen Sachen nach § 932 ff., JuS 1992, 713-723

Musielak, NJW 2003, 89	*Hans-Joachim Musielak*, Die Falschlieferung beim Stückkauf nach dem neuen Schuldrecht, NJW 2003, 89-92
Müssig, NJW 1989, 1697	*Peter Müssig*, Falsche Auskunftserteilung und Haftung, NJW 1989, 1697-1704
Muukkonen, Lakimies 1993:7, 1030	*P. J. Muukkonen*, Sopimusoikeuden yleinen lojaliteettiperiaate, Lakimies 7/1993, 1030-1048
Muukkonen, Yhteistyösopimukset ja lojaliteettivelvollisuus	*P. J. Muukkonen*, Yhteistyösopimukset ja lojaliteettivelvollisuus (Helsinki 1975)
Nanni, CI 1986, 197	*L. Nanni*, L'uso giurisprudenziale dell'exceptio doli generalis, CI 1986, 197-226
Nannini, Il consenso al trattamento medico	*Ubaldo G. Nannini*, Il consenso al trattamento medico (Milan 1989)
Napierała, Odpowiedzialność dłużnika za nieuchronne niewykonanie zobowiązania	*Jacek Napierała*, Odpowiedzialność dłużnika za nieuchronne niewykonanie zobowiązania (Warsaw 1997)
Nappi, Contributo	*Filippo Nappi*, Contributo alla teoria della compensazione: per una rivisitazione dell'istituto in una prospettiva transnazionale (Turin 1999)
Natoli, Azione revocatoria	*Ugo Natoli*, Azione revocatoria, in: Enc.dir., vol. IV (Milan 1959), 888-901
Navarretta, Diritti inviolabili e risarcimento del danno	*Emanuela Navarretta*, Diritti inviolabili e risarcimento del danno (Turin 1996)
Navarro Castro, La tradición instrumental	*Miguel Navarro Castro*, La tradición instrumental (Barcelona 1997)
Navarro Pérez, La cesión de créditos	*José Luis Navarro Pérez*, La cesión de créditos en el derecho civil español (Córdoba 1998)
Navarro Pérez, La compraventa civil	*José Luis Navarro Pérez*, La compraventa civil: antecedentes, comentario doctrinal, jurisprudencia y formularios (Granada 1993)
Navas Navarro, El incumplimiento no esencial de la obligación	*S. Navas Navarro*, El incumplimiento no esencial de la obligación. Análisis del incumplimiento no esencial de las obligaciones contractuales de dar (Madrid 2004)
Nehrman, Inledning till then Swenska Iurisprudentiam Civilem	*David Nehrman*, Inledning till then Swenska Iurisprudentiam Civilem (Lund 1729)
Nelson-Jones and Stewart, Product Liability	*Rodney Nelson-Jones and Peter Stewart*, Product liability: the new law under the Consumer Procetion Act 1987 (London 1987)
Neocleous & *Co*, Introduction to Cyprus Law	*Andreas Neocleous and Dennis Campbell*, Introduction to Cyprus Law (Salzburg 2000)
Neocleous and Campbell (*-author)*, Introduction to Cyprus Law	Andreas Neocleous and Dennis Campbell (eds.), Introduction to Cyprus Law (Salzburg a.o. 2000), quoted here with the commentaries of chapter 13: Law of Torts by *Takis Christoforou*, *Antonis Glykis* and *Christina Markouli*

Nesterowicz, Prawo i Medycyna 2000, 163	*Mirosław Nesterowicz*, Glosa do wyroku SN z dnia 1 grudnia 1998r, II CKN 741/98, Prawo i Medycyna 2000, nos. 6-7, 163 ff
Nesterowicz, Prawo Medyczne[7]	*Mirosław Nesterowicz*, Prawo Medyczne (7th ed., Toruń 2005)
Neto, Código Civil Anotado[8, 13, 14, 15]	*Abílio Neto*, Código Civil Anotado (15th ed., Lisbon 2006), sometimes also quoted from the 8th ed. (Lisbon 1993), the 13th ed. (Lisbon 2001) and the 14th ed. (Lisbon 2004)
Neto, Código Comercial Anotado[12]	*Abílio Neto*, Código Comercial, código das sociedades, legislação complementar, anotados (12th ed., Lisbon 1996)
Nicholas, French Law of Contract[2]	*Barry Nicholas*, The French Law of Contract (2nd ed., Oxford 1992)
Nicholls, FS Jones, 231	*Lord Nicholls*, Knowing Receipt: The Need for a New Landmark, in: William R. Cornish a.o. (eds.), Restitution, Past, Present and Future, Essays in honour of Gareth Jones (Oxford 1998), 231-246
Nicholson, CrimLR 1992, 611	*Donald Nicholson*, The Citizen's Duty to Assist the Police, CrimLR 1992, 611-622
Nicolò, Azione surrogatoria e revocatoria	*Rosario Nicolò*, Azione surrogatoria e revocatoria, in: Commentario del Codice Civile, established by Antonio Scialoja and Giuseppe Branca (Bologna 1953)
Nicolò, L'adempimento dell'obbligo altrui	*Rosario Nicolò*, L'adempimento dell'obbligo altrui, in: R. Nicolo, Raccolta di scritti, vol. II (Milan 1980), 967-1282
Nicolussi, Lesione del potere di disposizione e arricchimento	*Andrea Nicolussi*, Lesione del potere di disposizione e arricchimento, Un'indagine sul danno non aquiliano (Milan 1998)
Nieskens-Isphording and van der Putt-Lauwers, Derdenbescherming[3]	B. W. M. *Nieskens-Isphording and* A.E.M. *van der Putt-Lauwers*, Derdenbescherming (3rd ed., Deventer 2002)
Nieskens-Isphording, Het fait accompli in het vermogensrecht	*Benita* W. M. *Nieskens-Isphording*, Het fait accompli in het vermogensrecht (Deventer 1991)
Nieskens-Isphording, NTBR 1998, 239	*Benita* W. M. *Nieskens-Isphording*, M. W. Scheltema, Onverschuldigde betaling (recensie), NTBR 1998, 239-246
Niestrate, Die Architektenhaftung[2]	*Helmut Niestrate*, Die Architektenhaftung (2nd ed., Cologne 2003)
Nieuwenhuis/Stolker/Valk *(-author)*, T & C Burgerlijk Wetboek[2, 3, 4]	J. H. Nieuwenhuis, C. J. J. M. Stolker and W. L. Valk (eds.), Burgerlijk Wetboek, Tekst & Commentaar. De tekst van de Boeken 1, 2, 3, 5, 6, 7 en 8 van het BW voorzien van commentaar (4th ed., Deventer 2001), sometimes also quoted from the 3rd ed. (Deventer 1998) and the 2nd ed. (Deventer 1994), quoted here with the commentaries by A. G. *Castermans*, J. *Hijma*, H. B. *Krans*, G. H. *Lankhorst*, S. D. *Lindenbergh*, W. J. G. *Oosterveen*, E. B. *Rank-Berenschot*, C. J. J. M. *Stolker and* W. L. *Valk*

Nieuwenhuis/Stolker/Valk (*-author*), T & C Burgerlijk Wetboek[7]	J. H. Nieuwenhuis, C. J. J. M. Stolker and W. L. Valk (eds.), Burgerlijk Wetboek, Tekst & Commentaar, vol. I: Boeken 1, 2, 3 en 4, vol. II: Boeken 5, 6, 7 en 8 (7th ed., Deventer 2007), quoted here with the commentaries by *A. G. Castermans, J. Hijma, H. B. Krans, G. H. Lankhorst, S. D. Lindenbergh, W. J. G. Oosterveen, E. B. Rank-Berenschot, C. J. J. M. Stolker and W. L. Valk*
Nikolaidis, Termination of commercial agency and compensation for goodwill	G. *Nikolaidis*, Termination of commercial agency and compensation for goodwill (Athens 2000)
Niyonzima, La clause de monnaie étrangère	*Matthias Niyonzima*, La clause de monnaie étrangère dans les contrats internationaux (Brussels 1991)
Nóbrega, ERPL 8/2000, 658	*José Carlos de Medeiros Nóbrega*, Note to Cass.fr. 15 December 1998, Enrichissement sans cause, ERPL 8/2000, 658-662
Nørager-Nielsen and Theilgaard, Købeloven med kommentarer[2]	*Jacob Nørager-Nielsen and Søren Theilgaard*, Købeloven med kommentarer (2nd ed., Copenhagen 1993)
Nordenson, Trafikskadeersättning	*Ulf Nordenson*, Trafikskadeersättning: kommentar till trafikskadelagstiftingen (Stockholm 1977)
Norrie, (1984) JuridRev, 163	*Kenneth McK. Norrie*, Hurts to Character, Honour and Reputation: A Reappraisal, (1984) JuridRev, 163-184
Norrie, Defamation and Related Actions in Scots Law	*Kenneth McK. Norrie*, Defamation and Related Actions in Scots Law (Edinburgh 1995)
Nudelhole, L'obligation sans cause, l'obligation sur une fausse cause et l'erreur sur le mobile déterminant	*S. J. Nudelhole*, L'obligation sans cause, l'obligation sur une fausse cause et l'erreur sur le mobile déterminant, in: Mélanges John Kirkpatrick (Brussels 2004), 709 ff
Nudelhole, RCJB 1988, 223	*S. J. Nudelhole*, Les incidences de la théorie des risques sur les restitutions consécutives à l'annulation d'un contrat (note to Cass. 13 September 1985), RCJB 1988, 223-240
Núñez Lagos, El enriquecimiento sin causa en el Derecho español	*Rafael Núñez Lagos*, El enriquecimiento sin causa en el Derecho español (Madrid 1934)
Núñez Lagos, Pago de lo indebido sin error	*Rafael Núñez Lagos*, Pago de lo indebido sin error (Madrid 1946)
Nygaard, Placing the Burden of Proof of a Hypothetical Cause, 421	*Nils Nygaard*, Placing the Burden of Proof of a Hypothetical Cause, in: Peter Wahlgren (ed.), Tort liability and insurance, Scandinavian studies in law, vol. 41 (Stockholm 2001), 421-452
Nysten-Haarala, Kaukoviisas ennakoiva oikeusajattelu ja jälkiviisas tuomioistuinjuridiikka, 141	*Soili Nysten-Haarala*, Kaukoviisas ennakoiva oikeusajattelu ja jälkiviisas tuomioistuinjuridiikka, in: Soile Pohjonen (ed.), Ennakoiva sopiminen (Helsinki 2002), 141-188.
Nysten-Haarala, Long-term Contract	*Soili Nystén-Haarala*, Long-term Contract. Contract Law and Contracting (Helsinki 1998)

O'Callaghan, Compendio de Derecho Civil II(2)[2]	*Xavier O'Callaghan Muñoz*, Compendio de Derecho Civil, vol. II: Derecho De Obligaciones, part 2: Contratos en Particular (2nd ed., Madrid 1996)
O'Dell, 15 DULJ (1993), 27	*Eoin O'Dell*, The Principle Against Unjustified Enrichment, 15 DULJ (1993), 27-58
O'Dell, 20 DULJ (1998), 101	*Eoin O'Dell*, Bricks and Stones and the Structure of the Law of Restitution, 20 (1998) DULJ, 101-182
O'Dell, Annual Review of Irish Law (1997), 607	*Eoin O'Dell*, Restitution, Annual Review of Irish Law (1997), 607-610
O'Donovan and Phillips, The Modern Contract of Guarantee	*James O'Donovan and John Phillips*, The Modern Contract of Guarantee, English edition (London 2004)
Øe and Røn, J 2004, 85	*Henrik Øe and Jens Røn*, Godtgørelse til efterladte ved dødsfald, J 2004, 85-92
Oetker and Maultzsch, Vertragliche Schuldverhältnisse[2]	*Hartmut Oetker and Felix Maultzsch*, Vertragliche Schuldverhältnisse (2nd ed., Berlin 2004)
Oetker, Das Dauerschuldverhältnis und seine Beendigung	*Hartmut Oetker*, Das Dauerschuldverhältnis und seine Beendigung (Tübingen 1994)
Ofner, Urentwurf I, 213	Julius Ofner (ed.), Der Ur-Entwurf und die Berathungs-Protokolle des Österreichischen Allgemeinen Bürgerlichen Gesetzbuches, vol. I (Vienna 1889)
Ohanowicz, Niesłuszne wzbogacenie	*Alfred Ohanowicz*, Niesłuszne wzbogacenie (Warsaw 1956)
Ohly, JZ 2003, 545	*Ansgar Ohly*, Geistiges Eigentum?, JZ 2003, 545-554
Oker-Blom, Yhteistyö, liikkeen perustaminen tai hankinta, 192	*Max Oker-Blom*, Yhteistyö, liikkeen perustaminen tai hankinta, in: Lena Sisula-Tulokas (ed.), Ulkomaankauppaoikeus (Helsinki 1998), 192-226
Olivecrona, ScanStudL 3 (1959), 125	*Karl Olivecrona*, The Legal Theories of Axel Hägerström and Vilhelm Lundstedt, Scandinavian Studies in Law 3 (1959), 125-150
Oliveira Ascensão, Direito de autor e direitos conexos	*José de Oliveira Ascensão*, Direito civil – Direito de autor e direitos conexos (Coimbra 1992)
Olsen, Konsumentskyddets former	*Lena Olsen*, Konsumentskyddets former (Uppsala 1995)
Onrechtmatige Daad I, II, III, IV *(-author)*	Onrechtmatige Daad, vols. I-VI, Loose-leaf (Deventer, August 1991 ff.), quoted here with the contributions of C. H. M. *Jansen*, G. A. I. *Schuijt*, C. J. J. C. *van Nispen*, G. E. *Van Maanen*, B. T. M. *Van der Wiel*, F. T. *Oldenhuis*, C. J. J. M. Stolker, H. A. *Bouman and* S. *Slabbers*
Orti Vallejo, La responsabilidad civil[3], 1629	*Antonio Orti Vallejo*, La responsabilidad civil en la prática de actividades de ocio peligrosas, in: *L. Fernando Reglero Campos* (coord./ed.), Tratado de responsabilidad civil (3rd ed., Navarra 2006), 1629-1894

Orti Vallejo, Los defectos de la cosa en la compraventa civil y mercantil	*Antonio Orti Vallejo*, Los defectos de la cosa en la compraventa civil y mercantil: El nuevo régimen jurídico de las faltas de conformidad según la Directiva 1999/44/CE (Granada 2002)
Orti Vallejo, Responsabilidad en la explotación, 1357	*Antonio Orti Vallejo*, Responsabilidad en la explotación y práctica de actividades de riesgo, in *L. Fernando Reglero Campos* (coord.): Tratado de responsabilidad civil (1st ed., Navarra 2002), 1357-1389
Oulík, Prodej v obchodě a odpovědnost za vady	*Jiří Oulík*, Prodej v obchodě a odpovědnost za vady (Prague 1983)
Ovečková, Obchodný zákonník[1, 2]	*Olga Ovečková et al.*, Obchodný zákonník – komentár (2nd. ed., Bratislava 2008), sometimes also quoted from the 1st ed. (Bratislava 2005)
Overeem, Smartegeld	*R. Oevereem*, Smartegeld, een rechtsvergelijkende beschouwing over de vergoeding van niet-economische schade (Zwolle 1979)
Pabbruwe, Bankgarantie[4]	*Herman Johan Pabbruwe*, Bankgarantie (4th ed., Deventer 2000)
Pabbruwe, WPNR 1979, no. 5471, 181	*Herman Johan Pabbruwe*, Een bijzondere bankgarantie, WPNR 1979, no. 5471, 181-185
Pabst, NJW 2002, 999	*Heinz-Joachim Pabst*, Der postmortale Persönlichkeitsschutz in der neueren Rechtsprechung des BVerfG, NJW 2002, 999-1004
Padrón Díaz, La responsabilidad de los distintos agentes intervinientes en el proceso edificatorio	C. Padrón Díaz, La responsabilidad de los distintos agentes intervinientes en el proceso edificatorio. Jornada sobre diferentes aspectos de la Ley de Ordenación de la Edificación (Gran Canaria 2000)
Pagh, Miljøansvar	*Peter Pagh*, Miljøansvar – en ret for hvem (Copenhagen 1998)
Pahlmann, Medicine and Law 1996 15(4), 591	*I. Pahlmann* et al., Three years in force: has the Finnish act on the status and rights of the patients materialized?, in: Medicine and Law 1996 15(4), 591-603
Paisant, JCP éd. G 2003, I no. 121	*Paisant*, A la recherche du consommateur: pour en finir avec l'actuelle confusion née de l'application du critère du "rapport direct", JCP éd. G 2003, I no. 121, 549-554
Paisley, Edinburgh LRev 9 (2005), 267	*Roderick R. M. Paisley*, Real Rights: Practical Problems and Dogmatic rigidity, (2005) 9 Edinburgh LRev, 267-297
Pajor, Odpowiedzialność dłużnika za niewykonanie zobowiązania	*Tomasz Pajor*, Odpowiedzialność dłużnika za niewykonanie zobowiązania (Warsaw 1982)
Palandt *(-author)*, BGB[56-67]	Otto Palandt (establ.), Bürgerliches Gesetzbuch (67th ed., Munich 2008), quoted here with the commentaries of §§ 125, 194, 227, Pref. to § 249 and §§ 251, 253, 254, 276, 420 by *Helmut Heinrichs*, Intro. to § 677 and §§ 823, 826, 828, 830, 833, 836, 838, 839, 840 by *Heinz Thomas* (until 64th ed.) and §§ 812, 823, 824, 826, 828, 821, 830, 832, 833, 836 by *Hartwig Sprau* (since 65th ed.), of § 611 by *Walter Weidenkaff*, of §§ 859,

	1004 by *Peter Bassenge*, sometimes also quoted from earlier editions
Palmer and McKendrick (*-author*), Interests in Goods^{2}	Norman E. Palmer and Ewan McKendrick (eds.), Interests in Goods (2nd ed., London and Hong Kong 1998), sometimes also quoted from the 1st ed. (London 1993)
Palmer, Bailment^{2}	*Norman E. Palmer*, Bailment (2nd ed., London 1991)
Palmieri, Foro it. 2001, I, 1590	A. *Palmieri*, Fideiussione e clausole vessatorie: quali garanzie per il consumatore?, Foro it. 2001, I, 1590-1599
Pålsson and Samuelsson, SvJT 1999, 529	*Anne-Marie Pålsson and Per Samuelsson*, Banks ansvar för ekonomisk rådgivning, SvJT 1999, 529-561
Pane, Solidarietà sociale e gestione di affari altrui	*Rosanna Pane*, Solidarietà sociale e gestione di affari altrui (Naples 1996)
Pantaleón Prieto, ADC 1988, 1033	*Fernando Pantaleón Prieto*, Cesión de créditos, ADC 1988, 1033-1132
Pantaleón Prieto, ADC 1991, 1019	*Fernando Pantaleón Prieto*, El sistema de responsabilidad contractual (Materiales para un debate), ADC 1991, 1019-1091
Pantaleón Prieto, ADC 1993, 1719	*Fernando Pantaleón Prieto*, Las nuevas bases de la responsabilidad contractual, ADC 1993, 1719-1745
Pantaleón Prieto, CCJC 1983, 447	*Fernando Pantaleón Prieto*, Comentario a la sentencia de 10 de marzo de 1983. Responsabilidad civil extracontractual, CCJC 1983, 447-458
Pantaleón Prieto, De la clasificación de los créditos	*Angel Fernando Pantaleón Prieto*, De la clasificación de los créditos, in: *Luis Fernandez de la Gandara* and *Manuel María Sánchez Álvarez* (coords.), Comentarios a la Ley Concursal (Madrid 2004), 501 ff
Pantaleón Prieto, La Ley 1997, 1460	*Angel Fernando Pantaleón Prieto*, Prenda de créditos: nueva jurisprudencia y tarea para el legislador concursal, La Ley 1997, 1460-1464
Pantaleón Prieto, Procreación artificial y responsabilidad civil	*Fernando Pantaleón Prieto*, Procreación artificial y responsabilidad civil, in: La filiación a finales del siglo XX. Problemática planteada por los avances científicos en materia de reproducción asistida, II Congreso Mundial Vasco, Ponencias y Comunicaciones (Madrid 1988), 245-317
Pantaleón Prieto, Responsabilidad por hecho ajeno	*Fernando Pantaleón Prieto*, Responsabilidad por hecho ajeno, in: Alfredo Montoya Melgar (ed.), Enciclopedia Jurídica Básica, vol. IV (Madrid 1995), 5957
Pantaleón, La Ley 1996 (2), 1689	*Fernando Pantaleón*, La Constitución, el honor y unos abrigos, La Ley 1996 (2), 1689 ff
Papantoniou, Genikes Arches tou Astikou dikaiou	*Nikolaos Papantoniou*, Genikes Arches tou Astikou dikaiou (Athens 1983)
Paparigopoulou-Skorrini, NoB 25 (1977), 278	*Phoni Paparigopoulou-Skorrini*, I pliroforisi tou koinou dia tou typou kai i prostasia tou katigoroumeneou, NoB 25 (1977), 278-286
Pape and Uhlenbruck, Insolvenzrecht	*Gerhard Pape and Wilhelm Uhlenbruck*, Insolvenzrecht (Munich 2002)

Paquay, RM Themis 1994, 491	G. B. A. *Paquay*, De aansprakelijkheid van de bewaarnemer, RM Themis 1994, 491-505
Parance, La possession des biens incorporels	*Béatrice Parance*, La possession des biens incorporels (Paris 2008)
Pardolesi, Contratti di Distribuzione	*Roberto Pardolesi*, Contratti di Distribuzione, in: Enc.giur., vol. IX (Rome 1988), 1-8
Pardolesi, I contratti di distribuzione	*Roberto Pardolesi*, I contratti di distribuzione (Naples 1979)
Parlementaire Geschiedenis III, VI	Parlementaire Geschiedenis van het Nieuwe Burgerlijk Wetboek. Parlementaire stukken systematisch gerangschikt en van noten voorzien door C. *J. Van Zeben, J. W. Du Pon* in cooperation with M. M. *Olthof*, book III: Vermogensrecht in het algemeen (Deventer 1981), book VI: Algemeen Gedeelte van het Verbintenissenrecht (Deventer 1981)
Parlementaire Geschiedenis Inv. III, V, VI, VII	Parlementaire Geschiedenis van het Nieuwe Burgerlijk Wetboek (Invoering). Invoering Boeken 3, 5 en 6, book III: Vermogensrecht in het algemeen, book V: Zakelijke rechten, book VI: Algemeen gedeelte van het verbintenissenrecht, book VII: Bijzondere overeenkomsten by *W. H. M. Reehuis* and *E. E. Slob* (Deventer 1990)
Pärna, Asjaõigusseadus	*Priidu Pärna*, Asjaõigusseadus, Kommenteeritud väljaanne (Tallinn 2004)
Parra Lucán, Aranzadi civil 2006, 2223	*María Angeles Parra Lucán*, La función de garantía del leasing financiero mobiliario, Aranzadi civil 3/2006, 2223-2251
Pasquau Liaño *(-author)*, Jurisprudencia civil comentada I	Miguel Pasquau Liaño (ed.), Jurisprudencia civil comentada, vol. I (Granada 2000)
Pasquau Liaño, La gestión de negocios ajenos	*Miguel Pasquau Liaño*, La gestión de negocios ajenos, estudio critico de sus caracteres y de su función practica en el ordenamiento jurídico español (Madrid 1986)
Patakyová *(-author)*, Commercial Code	*Mária Patakyová*, Obchodný zákonník. Komentár (Bratislava 2006)
Paterakis, I chrimatiki ikanopoiisi gia ithiki vlavis	*Stylianos Paterakis*, I chrimatiki ikanopoiisi gia ithiki vlavis (Athens 1995)
Paterson and Ritchie, Law, Practice and Conduct for Solicitors	*Alan Paterson and Bruce Ritchie*, Law, Practice and Conduct for Solicitors (Edinburgh 2006)
Pau Pedrón, Las limitaciones patrimoniales del concursado	*Antonio Pau Pedrón*, Las limitaciones patrimoniales del concursado (Madrid 2004)
Paulus and Boes, Lastgeving	C. *Paulus and* R. *Boes*, Lastgeving (Gent 1978)
Paulus, Zaakwaarneming	C. *Paulus*, Zaakwaarneming (Brussels 1970)
Pavlova, Grajdansko pravo	*Maria Pavlova*, Grajdansko pravo, Obshta chast (Sofia 1995)
Paz-Ares/Díez-Picazo/ Bercovitz/Salvador *(-author)*, Código Civil I^2, $II^{1,2}$	Cándido Paz-Ares Rodriguez, Luis Díez-Picazo Ponce de Leon, Rodrigo Bercovitz and Pablo Salvador Coderch (eds.), Comentario del Código Civil, vols. I and II, (2nd ed., Madrid 1993), sometimes also quoted from the 1st ed. (Madrid 1991)

Pearce and Stevens, The Law of Trusts and Equitable Obligations^{3}	*Robert A. Pearce and John Stevens*, The Law of Trusts and Equitable Obligations (3rd ed., London a. o. 2002)
Peces, Cuadernos de Derecho Judicial, 1994 T. XVIII, 128	*Ángel Juanes Peces*, El deber médico como fuente de responsabilidad civil, Cuadernos de Derecho Judicial 1994 T. XVIII, 128 ff
Peczenik, Causes and Damages	*Aleksander Peczenik*, Causes and Damages (Lund 1979)
Pedain, [2004] CLJ, 19	*Antje Pedain*, Unconventional Justice in the House of Lords, [2004] CLJ, 19-21
Pedersen, Bankgarantier	*Hans Viggo Godsk Pedersen*, Bankgarantier (Copenhagen 1995)
Pedersen, Kaution^{7}	*Hans Viggo Godsk Pedersen*, Kaution (7th ed., Copenhagen 2005)
Peeters, De indicatieve table	*Walter Peeters*, De indicatieve table (Antwerp 2001)
PEL/*von Bar and Swann*, Unj. Enr.	*Christian von Bar and Stephen Swann*, Principles of European Law. Study Group on a European Civil Code. Unjustified Enrichment (PEL Unj.Enr.) (Munich 2009)
PEL/*von Bar*, Ben.Int.	*Christian von Bar*, Principles of European Law. Study Group on a European Civil Code. Benevolent Intervention in Another's Affairs (PEL Ben.Int.) (Munich 2006)
PEL/*von Bar*, Liab.Dam.	*Christian von Bar*, Principles of European Law. Study Group on a European Civil Code. Non-Contractual Liability Arising out of Damage Caused to Another (Munich 2009)
Pelikánová et al. (*-author*), Obchodní právo^{2}	*Irena Pelikánová*, Obchodní právo (2nd ed., Prague 2005)
Pelikánová, Commercial Code I-V	*Irena Pelikánová*, Komentář k obchodnímu zákoníku, vols. I-V (Prague 1995-1999)
Pélissier, Possession et meubles incorporels	*Anne Pélissier*, Possession et meubles incorporels (Paris 2001)
Pelly, [2002] 20 ILT, 9	*Niall Pelly*, Products Liability: Is European Products Liability more protective than the Restatement (Third) of Torts: Product Liability? – Part II, [2002] 20 ILT, 9-12
Peña Bernaldo de Quirós, Derechos reales: Derecho hipotecario^{4}	*Manuel Peña Bernaldo de Quirós*, Derechos reales: Derecho hipotecario (4th ed., Madrid 2001)
Peña López, La culpabilidad en la responsabilidad civil extracontractual	*Fernando Peña López*, La culpabilidad en la responsabilidad civil extracontractual (Granada 2002)
Pendón Meléndez, Los títulos representativos de la mercancía	*Miquel Angel Pendón Meléndez*, Los títulos representativos de la mercancía (Madrid 1994)
Penha Gonçalves, Curso de direitos reais^{2}	*Augusto da Penha Gonçalves*, Curso de direitos reais, 2nd ed. (Lisbon 1993)
Penn and Shea, Domestic Banking^{2}	G. A. *Penn and* A. M. *Shea*, Banking Law, vol. I: The Law Relating to Domestic Banking (2nd ed., London 2000)
Penneau, Faute et erreur en matière de responsabilité médicale	*Jean Penneau*, Faute et erreur en matière de responsabilité médicale (Paris 1973)

Perakis, Geniko meros tou emporikou dikaiou	*Perakis*, Geniko meros tou emporikou dikaiou (Athens 1999)
Perales Viscasillas, A.C. 2003, 1199.	*P. Perales Viscasillas*, Hacia un nuevo concepto del contrato de compraventa: desde la Convención de Viena de 1980 sobre compraventa internacional de mercancías hasta y después de la Directiva 1999/44/CE sobre garantías en la venta de bienes de consumo", A.C. 2003, 1199-1224
Pereira Coelho, O enriquecimento e o dano	*Francisco Manuel Pereira Coelho*, O enriquecimento e o dano (Coimbra 1999)
Pereira Coelho, O problema da causa virtual	*Francisco Manuel Pereira Coelho*, O problema da causa virtual na responsabilidade civil (Coimbra 1998)
Pereira Coelho, Obrigações	*Francisco Manuel Pereira Coelho*, Obrigações. Sumários das lições ao curso de 1966-1967 (Coimbra 1967)
Perlingieri, Cessione dei crediti	*Pietro Perlingieri*, Cessione dei crediti, in: Enc.giur. Treccani, 7 ff
Perlingieri, Della cessione dei crediti	*Pietro Perlingieri*, Della cessione dei crediti, in: Antonio Scialoja and Giuseppe Branca (founders), continued by Francesco Galgano (ed.), Commentario del codice civile, vol. IV: Delle obbligazioni (arts. 1260-1267) (Bologna and Rome 1982)
Perlingieri, Estinzione	*Pietro Perlingieri*, Dei modi di estinzione delle obbligazioni diversi dall'adempimento, in: Commentario del codice civile, established by Antonio Scialoja and Giuseppe Branca, arts. 1230-1259 (Bologna and Rome 1975)
Perlingieri, Riv.Dir.Com. 1974, 75	*Pietro Perlingieri*, Regolamento compensativo, Riv.Dir.Com. 1974, 75 ff
Perner/Spitzer/Kodek, Bürgerliches Recht^{2}	*Stefan Perner, Martin Spitzer and Georg Kodek*, Bürgerliches Recht. Lernen – Üben – Wissen (2nd ed., Vienna 2008)
Perrick, WPNR 2008, no. 6753, 345	S. *Perrick*, Zaaksvervanging en de regels van het goederenrecht, WPNR 2008, no. 6753, 345-353
Perrins, Understanding land law^{3}	*Bryn Perrins*, Understanding land law (3rd ed., London 2000)
Persico, L'eccezione di inadempimento	*Giovanni Persico*, L'eccezione di inadempimento (Milan 1955)
Persson, Förbehållsklausuler	*Annina H. Persson*, Förbehållsklausuler. En studie om en säkerhetsrätts nuvarande och framtida ställning (Stockholm 1998)
Perulli, Contratto d'opera e professioni intellettuali	*Adalberto Perulli*, Il lavoro autonomo – Contratto d'opera e professioni intellettuali, in: Trattato di diritto civile e commerciale, established by Antonio Cicu and Francesco Messineo, continued by Luigi Mengoni (ed.), vol. XXVII (Milan 1996)
Pessoa Jorge, BolMinJus 281 (1978) 5	*Fernando Pessoa Jorge*, A limitação convencional da responsabilidade civil, BolMinJus 281 (1978) 5-32
Pessoa Jorge, Ensaio sobre os pressupostos da responsabilidade civil	*Fernando Pessoa Jorge*, Ensaio sobre os pressupostos da responsabilidade civil (Coimbra 1995)

Pessoa Jorge, O mandato sem representação	*Fernando de Sandy Lopes Pessoa Jorge*, O mandato sem representação (Coimbra 2001)
Pestana de Vasconcelos, O Contrato de Franquia	*Luís Miguel Pestana de Vasconcelos*, O Contrato de Franquia (Franchising) (Coimbra 2000)
Pétel, Les obligations du mandataire	*Philippe Pétel*, Les obligations du mandataire (Paris 1988)
Peterka, Les dons manuels	*Natalie Paterka*, Les dons manuels (Paris 2001)
Petrik (*-author*), Polgári jog I^2, II^2, III^2	Ferenc Petrik (ed.), Polgári jog, Kommentár a gyakorlat számára, vols. I, II and III, Loose-leaf (2nd ed., Budapest 2001-2004) quoted here with the commentary by György *Bíró*, *Attila Harmathy*, *László Kazay*, *András Kisfaludi*, *Tibor Köles*, *Ferenc Petrik*, *Tamás Sárközy*, György *Wellmann*, *Lajos Vékás*
Petrik, Kártérítési jog	*Ferenc Petrik*, Kártérítési jog – az élet, testi épség, egészség megsértésével szerződésen kívül okozott károk megtérítése (Budapest 2002)
Petrik, Polgári Jogi Kodifikáció 1/2003, 6	*Ferenc Petrik*, A nem vagyoni kár megtérítése védelmében, Polgári Jogi Kodifikáció 1/2003, 6-8
Petrik, Polgári Jogi Kodifikáció 3/2007, 15	*Ferenc Petrik*, Dologi ügylet – vagy ügyletegység Civil Law Codification 3/2007, 15-19
Petrik, Tulajdonjogunk ma	*Ferenc Petrik*, Tulajdonjogunk ma a dologi jog mai érvényében (Budapest 2007)
Petschek/Reimer/Schiemer, Insolvenzrecht	*Georg Petschek, Otto Reimer and Karl Schiemer*, Das österreichische Insolvenzrecht (Vienna 1973)
Petti, La fideiussione	*Giovanni Battista Petti*, La fideiussione e le garanzie personali del credito (Padua 2000)
Philippe, Changement	*Denis Philippe*, Changement de circonstances et bouleversement de l'économie contractuelle (Brussels 1986)
Philippe, Le Leasing^2	*Denis Philippe*, Le leasing, in: Claudine Weyne (ed.), Guide Juridique de l'entreprise (2nd ed., loose-leaf, Brussels)
Phillipson, [2003] MLR, 726	*Gavin Phillipson*, Transforming Breach of Confidence? Towards a Common Law Right of Privacy under the Human Rights Act, [2003] MLR, 726-758
Piazza, Garanzia	*L. Piazza*, Garanzia (I) Diritto civile, in: Enc.giur., vol. XIV (Rome 1989)
Pichler, Arzthaftungsdynamik	*Johannes W. Pichler*, Arzthaftungsdynamik versus alternative, verschuldensunabhängige Entschädigungssysteme, in *Laufs and Uhlenbrück*, Handbuch des Arztrechts, 173 ff
Pichonnaz, TR 68 (2000), 541	*Pascal Pichonnaz*, The retroactive effect of set-off (compensatio), TR 68 (2000), 541-564
Picod, JCP éd. G 1988, I no. 3318	*Y. Picod*, L'obligation de cooperation dans l'éxecution du contrat, JCP éd. G 1988, I no. 3318
Piedelièvre, D. 2000, 482	*S. Piedelièvre*, Vers la disparition des contrats réels?, note to Cass.civ. 28 mars 2000, D. 2000, 482-484
Piedelievre, D. 2000, II, 484	*S. Piedelievre*, Vers la disparition des contrats réels?, D. 2000, II, 484 ff.

Piedelièvre, JCP éd. G 1998, I no. 170	*Stéphane Piedelièvre*, Le cautionnement dans la loi relative à la lutte contre les exclusions, JCP éd. G 1998, I no. 170, 1795-1800
Piedelièvre, Les sûretés[2]	*Stéphane Piedelièvre*, Les sûretés (2nd ed., Paris 2000)
Pietrzykowski, Kodeks cywilny I[3, 4], II[4]	Krzysztof Pietrzykowski (ed.), Kodeks cywilny, Vol. I: arts. 1-449 (4th ed., Warsaw 2005), quoted here with the commentaries by *Marek Safjan Zbigniew Banaszczyk*, *Kazimierz Zawada* (sometimes also quoted from 3rd ed., Warsaw 2002), Vol. II: arts. 450-1088 (4th ed., Warsaw 2005), quoted here with the commentaries by *Krzysztof Pietrzykowski, Wojciech Popiołek and Elżbieta Skowrońska-Bocian*
Pignarre, Rev.trim.dr.civ. 2001, no. 25, 69	G. *Pignarre*, A la redécouverte de l'obligation de praestare: Pour une relecture de quelques articles du code civil, Rev.trim.dr. civ. 2001, no. 25, 69-70
Pinna, Lex Medicinae 2004, 83	*Andrea Pinna*, Le nouveau droit français de l'obligation d'information sur les risques médicaux, Lex Medicinae 2004, 83-96
Pinna, The Obligations to Inform and to Advise	*Andrea Pinna*, The Obligations to Inform and to Advise. A Contribution to the Development of European Contract Law (The Hague 2003)
Pinto Monteiro, Agência e distribuição commercial	*António Pinto Monteiro*, Agência e distribuição comercial, in: Dereito: Revista Xurídica da Universidade de Santiago de Compostela, vol. III, no. 1, 1994, 48 ff
Pinto Monteiro, Cláusula Penal e Indemnização	*António Pinto Monteiro*, Cláusula Penal e Indemnização (Coimbra 1999)
Pinto Monteiro, Cláusulas limitativas e de exclusão de responsabilidade civil	*António Pinto Monteiro*, Cláusulas limitativas e de exclusão de responsabilidade civil (Coimbra 2003, reprint of the 1985 edition)
Pinto Monteiro, Contrato de agência[3]	*António Pinto Monteiro*, Contrato de agência (anotoção) (3rd ed., Coimbra 1998)
Pinto Monteiro, Direito Comercial	*António Pinto Monteiro*, Direito Comercial: contratos de distribuição comercial (Coimbra 2002)
Pinto Monteiro, RLJ 134 [2001-2002], 371	*António Pinto Monteiro*, Direito a não nascer?, RLJ 134 [2001-2002], 371-384
Pintos Ager, Baremos, seguros y derecho de daños	*Jesús Pintos Ager*, Baremos, seguros y derecho de daños (Madrid 2000)
Piotet, Transfert de propriété	P. *Piotet*, Transfert de propriété, expectatives réelles et substitutions fidéicommissaires (Bern 1992)
Pires de Lima and Antunes Varela, Código Civil Anotado I[4], II[3], III[2], IV[2]	*Fernando Andrade Pires de Lima and João de Matos Antunes Varela* with the contribution of *Manuel Henrique Mesquita*, Código Civil Anotado, vol. I: arts. 1-761 (4th ed., Coimbra 1987), vol. II: arts. 762-1250 (3rd ed., Coimbra 1986), vol. III: arts. 1251-1575 (2nd ed., Coimbra 1987), vol. IV: arts. 1576-1795 (2nd ed., Coimbra 1992)
Pitlo *(-author)* VI[9]	Adriaan Pitlo (establ.), Het Nederlands burgerlijk recht, part VI: Bijzondere overeenkomsten (9th ed., Arnhem 1995)

Pitlo et al., Goederenrecht[11, 12]	A. *Pitlo, W. H. M. Reehuis, A. H. T. Heisterkamp, G. E. van Maanen and G. T. de Jong*, Het Nederlands Burgerlijk Wetboek, vol. III: Goedenrecht (12th ed., Deventer 2006), sometimes also quoted from the 11th ed. (Deventer 2001)
Pitlo, Zakenrecht	*Adriaan Pitlo*, Het Nederlands burgerlijk wetboek, vol. II: Het zakenrecht (9th ed., Arnhem 1987)
Planiol and Ripert (*-author*), Traité pratique de droit civil VII[2], X[2]	Marcel Planiol and Georges Ripert (eds.), Traité pratique de droit civil français, vol. VII: Obligations, deuxième partie (2nd ed., Paris 1954), quoted here with the commentaries by *Paul Esmein*; vol. X: Contrats civils, prèmiere partie (2nd ed., Paris 1956), quoted here with commentaries by *Joseph Hamel*
Plank e.a., Občianske právo s vysvetlivkami I	*Karol Plank et al.*, Občianske právo s vysvetlivkami, vol. I (Bratislava 1996)
Plavšak and Prelič, ZPPSL komentarjem	*Nina Plavšak and Saša Prelič*, Zakon o prisilni poravnavi, stečaju in likvidaciji s komentarjem (Ljubljana 2000)
Pletzer, Doppelveräußerung und Forderungseingriff	*Renate Pletzer*, Doppelveräußerung und Forderungseingriff: die Auswirkungen der mehrfachen Veräußerung beweglicher Sachen und Liegenschaften (Vienna 2000)
Pochmarski and Strauss, JBl 2002, 353	*Konstantin Pochmarski and Clemens Strauss*, Die Rechtsprechung des OGH zum Regress von Prozesskosten, JBl 2002, 353-374
Podehl, BB 2006, 2484	*Jörg Podehl*, Einstweiliger Rechtsschutz bei Doppelverkäufen, BB 2006, 2484-2487
Pohjonen, Ennakoiva sopiminen	*Soile Pohjonen*, Ennakoiva sopiminen – liiketoimien suunnittelu, toteuttaminen ja riskien hallinta (Lakitieto 2002)
Polak, Aanspraak en aansprakelijkheid uit onrechtmatige daad	*Rudolf Jan Polak*, Aanspraak en aansprakelijkheid uit onrechtmatige daad (Zwolle 1949)
Pollock and Maitland, History of English Law I[2], II[2]	*Frederick Pollock and Frederic William Maitland*, The History of English Law Before the Time of Edward I, vols. I and II (Cambridge 1898, reprint 1996)
Pollock and Wright, Possession in the Common Law	*Frederick Pollock and Robert Samuel Wright*, An Essay on Possession in the Common Law (Oxford 1888)
Pomeisl, Gazdaság és Jog 11/2004, 3	*András József Pomeisl*, Néhány gondolat a semmisségől, Gazdaság és Jog 11/2004, 3-9
Poncet, Du prête-nom	*André Poncet*, Du prête-nom (Paris 1901)
Pontiroli, Garanzia	*Luciano Pontiroli*, Garanzia (contratti autonomi di), in: Digeste delle discipline privatistiche, Sezione commerciale, vol. VI (4th ed., Turin 1991), 348-376
Pontiroli, Il credito documentario	*Luciano Pontiroli*, Il credito documentario: esigenze del commercio internazionale e regole nazionali nel diritto delle lettere di credito commerciali e standby (Milan 2000)
Pontiroli, Le garanzie autonome	*Luciano Pontiroli*, Le garanzie autonome ed il rischio del creditore: un contributo alla lettura del sistema (Padua 1992)
Ponzanelli, Danno e resp. 2004, 964	*Giulio Ponzanelli*, Il commento, note under Il caso Azzolina le duplicazioni sono dietro l'angolo, Cassazione Civile, Sez. III, 27 april 2004, no. 7980, Danno e resp. 2004, 964-965

Ponzanelli, Foro it. 1994, I, 3297	*Giulio Ponzanelli*, La Corte costituzionale e il danno da morte (Nota a Corte Cost. 27 ottobre 1994, n. 372), Foro it. 1994, I, 3297-3305
Ponzanelli, Le clausole di esonero della responsabilità civile	*Giulio Ponzanelli*, Le clausole di esonero della responsabilità civile, Studio di diritto comparato (Milan 1984)
Portale, Fideiussione	*Guiseppe B. Portale*, Fideiussione e Garantievertrag nella prassi bancaria, in: Guiseppe B. Portale (ed.), Le operazioni bancarie (Milan 1978), 1043-1078
Portale, Le garanzie bancarie	*Guiseppe B. Portale*, Le garanzie bancarie internazionali (problemi e questioni), BBTC 1988, I, 1-55
Portellano Díez, La defensa del derecho de patente	*Pedro Portellano Díez*, La defensa del derecho de patente (Madrid 2003)
Portigliatti Barbos, Riv.it.dir. proc.pen. 1998, 894	*Mario Portigliatti Barbos*, Il modulo medico di consenso informato: adempimento giuridico, retorica, finzione burocratica?, Riv.it.dir.proc.pen. 1998, 894 ff
Pothier, Oeuvres complètes	*Robert-Joseph Pothier*, Oeuvres complètes (Paris 1822)
Pothier, Traité du domaine de propriété	*Robert-Joseph Pothier*, Traité du domaine de propriété, in: Oeuvres de Pothier (Paris 1819)
Pouliadis, Culpa in Contrahendo	*Athanassios K. Pouliadis*, Culpa in Contrahendo und Schutz Dritter. Betrachtungen zur Rechtsprechung des BGH unter vergleichender Berücksichtigung des griechischen Rechts (Berlin 1982)
Poullet, Les garanties autonomes	*Y. Poullet*, Les garanties autonomes: les exceptions au devoir de paiement, in: Houssa/Association Luxembougeoise des Juristes de Banque (eds.), L'actualité des garanties à première demande/Actualia inzake garanties op eerste verzoek (Cahiers AEDBF/EVBFR-Belgium no. 4) (Brussels 1997), 123-169
Pöyhönen, Sopimusoikeuden järjestelmä ja sovittelu	*Juha Pöyhönen*, Sopimusoikeuden järjestelmä ja sovittelu (Helsinki 1988)
Pradel, Le préjudice dans le droit civil de la responsabilité	*Xavier Pradel*, Le préjudice dans le droit civil de la responsabilité (Paris 2004)
Prata, Cláusulas de Exclusão	*Ana Prata*, Cláusulas de Exclusão e de Limitação da Responsabilidade Contratual (Coimbra 1985)
Prata, Dicionário jurídico[4]	*Ana Prata*, Dicionário jurídico. Direito civil, direito processual civil, organização judiciaria (4th ed., Coimbra 2005)
Prata, Notas sobre responsabilidade pré-contratual	*Ana Prata*, Notas sobre responsabilidade pré-contratual (Lisbon 2005)
Pratsikas, Empragmato Dikaio	*Χρήστος Πράτσικας and Έλλη Νικολετοπούλου-Κρίσπη*, Εμπράγματον Δίκαιον κατά τον Αστικόν Κώδικα μετά ευρείας συγκρίσεως προς το Βυζαντινόν δίκαιο και τους κώδικας Ιόνιον – Σαμιακόν – Κρητικόν: κατά τας παραδόσεις του καθ. Χς. Πράτσικα (2nd ed., Athens 1951)
Pratt, Franchising Law and Practice	*John Pratt*, Franchising, Law and Practice (London 2000)

Prisching, Gutgläubiger Erwerb	*Margareth Prisching*, Gutgläubiger Erwerb an beweglichen Sachen im Rechtsvergleich. Ein Beitrag zur Diskussion um ein europäisches Zivilgesetzbuch (Graz 2006)
Prosser, [1957] Cornell LR, 168	*William L. Prosser*, The Nature of Conversion, [1957] Cornell LR, 168 ff
Proto Pisani, Provvedimenti d'urgenza	*Andrea Proto Pisani*, Provvedimenti d'urgenza, Enc.guir. Treccani, vol. XXV (Milan 1991), 1-29
Proto Pisani, Riv.trim.dir.proc. civ. 1979, I, 620	*Andrea Proto Pisani*, Appunti sulla tutela di mero accertamento, Riv.trim.dir.proc.civ. 1979, I, 620-671
Proudhon, Traité du domaine de propriété ou de la distinction des biens	*Jean-Babtiste Victor Proudhon*, Traité du domaine de propriété ou de la distinction des biens considérés prncipalement par rapport au domaine privé (Paris 1839)
Provera, Locazione, disposizioni generali	*Giuseppe Provera*, Locazione, disposizioni generali, in: Commentario del codice civile, established by Antonio Scialoja and Giuseppe Branca, vol. IV: Delle obbligazioni, arts. 1571-1606 (Bologna and Rome 1980)
Prum, Les garanties à première demande	*André Prum*, Les garanties à première demande (Paris 1994)
Prütting, Sachenrecht[30, 33]	*Hanns Prütting*, Sachenrecht (33rd ed., Munich 2008)
Prütting/Wegen/Weinreich *(-author)*, BGB[2, 3]	Hanns Prütting, Gerhard Wegen and Gerd Weinreich (eds.), BGB: Kommentar (3rd ed., Cologne 2008)
Przybylska, MoP 2003/16/ 740, LEX no. 38745	*Justyna Przybylska*, Cywilnoprawne aspekty instytucji zgody pacjenta na interwencję medyczną i jej definicja, MoP 2003/16/740, LEX no. 38745
Psychomanis, NoB 42 (1994), 594	*Psychomanis*, Zitimata eggyitikon epistolon, NoB 42 (1994), 594-623
Psychomanis, Trapeziko Dikaio[5]	*Psychomanis*, Trapeziko Dikaio – Dikaio Trapezikon Symbaseon (5th ed., Athens 2001)
Puelinckx-Coene, TPR 1994, 1615	M. *Puelinckx-Coene*, Overzicht van Rechtspraak. Giften (1985-1992), TPR 1994, 1615-1856
Puelinckx-Coene/Geelhand/ Buyssens, TPR 1999, 779	M. *Puelinckx-Coene*, *N. Geelhand and F. Buyssens*, Giften 1993-1998, TPR 1999, 779-1117
Puig Brutau, Compendio II[2,3]	*José Puig Brutau*, Compendio de Derecho Civil, vol. II: Derecho de obligaciones, contratos y cuasi contratos, Obligaciones derivadas de actos ilícitos (3rd ed., Barcelona 1997), sometimes also quoted from the 2nd ed. (Barcelona 1994)
Puig Brutau, Fundamentos de Derecho Civil III(1)[3]	*José Puig Brutau*, Fundamentos de Derecho Civil, vol. III, part 1 (3rd ed., Barcelona 1989)
Puig Ferriol/Gete-Alonso/ Gil Rodríguez/Hualde Sánchez *(-author)*, Manual de Derecho Civil II[3]	Lluís Puig i Ferriol, María del Carmen Gete-Alonso y Calera, Jacinto Gil Rodríguez and José Javier Hualde Sánchez (eds.), Manual de Derecho Civil, vol. II: Derecho de obligaciones, Responsabilidad civil, Teoría general del contrato (3rd ed., Barcelona 2000), quoted here with the contribution "La responsabilidad (II)" by *Clara I. Asúa González* (Chapter 20, 495-523)
Pulgar Ezquerra, RDM 2003, 1425	*Juana Pulgar Ezquerra*, El acreedor hipotecario en la nueva Ley Concursal, RDM 2003, 1425-1477

Puttemans, Droits intellectuels et concurrence déloyale	*Andrée Puttemans*, Droits intellectuels et concurrence déloyale, pour une protection des droits intellectuels par l'action en concurrence déloyale (Brussels 2000)
Quesada Sánchez, La Ley 2005 (4) 1719	*Antonio José Quesada Sánchez*, Un ejemplo jurisprudencial de enriquecimiento sin causa: las impensas, La Ley, 2005 (4) 1719-1731
Quicios Molina, Efectos de las garantías	*Susana Quicios Molina*, Efectos de las garantías reguladas por la Ley de Venta a Plazos de Bienes Muebles en caso de incumplimiento del comprador y concurrencia de acreedores (Cizur Menor 2006)
Raaijmakers, Garanties bij overnames	G. *Raaijmakers*, Garanties bij overnames, Over garanties bij professionele koop, meer in het bijzonder bij bedrijfsovernames (The Hague 2002)
Rabel, Das Recht des Warenkaufs I	*Ernst Rabel*, Das Recht des Warenkaufs, vol. I (Berlin 1936, reprint 1957)
Rabl, FS Welser, 833	*Christian Rabl*, Die Konzentration der Gattungsschuld – Eine Relativierung, in: Festschrift für Rudolf Welser zum 65. Geburtstag, edited by Constanze Fischer-Czermak (Vienna 2004), 833 ff
Rabl, Gefahrtragung	*Christian Rabl*, Die Gefahrtragung beim Kauf (Vienna 2002)
Rabl, Schadenersatz wegen Nichterfüllung	*Christian Rabl*, Schadenersatz wegen Nichterfüllung (Vienna 1998)
Radetzki, Skadeståndsberäkning vid sakskada	*Marcus Radetzki*, Skadeståndsberäkning vid sakskada (Stockholm 2004)
Radwański *(-author)*, System prawa cywilnego III(1)	Zbigniew Radwański (ed.), System prawa cywilnego, vol. III, part 1: prawo zobowiązań – część ogólna (Wrocław 1981), quoted here with the contribution by *Tomasz Dybowski and Alfred Ohanowicz*
Radwański *(-Panowicz-Lipska)*, System prawa prywatnego VIII	Janina Panowicz-Lipska (ed.), System prawa prywatnego, vol. VIII: Prawo zobowiązań – część szczegółowa (Warsaw 2004)
Radwański *(-Pazdan)*, System prawa prywatnego II	Zbigniew Radwański (ed.), System prawa prywatnego, vol. II: Prawo cywilne – część ogólna (Warsaw 2002), quoted here with the contribution by *Maksymilian Pazdan*
Radwański *(-Rajski)*, System prawa prywatnego VII[2]	Jerzy Rajski (ed.), System prawa prywatnego, vol. VII: Prawo Zobowiązań – część szczegółowa (2nd ed., Warsaw 2004) quoted here with the contribution by *Wojciech J. Katner*
Radwański and Dybowski *(-Gniewek)*, System prawa prywatnego III	Zbigniew Radwański and Tomasz Dybowski (eds.), System prawa prywatnego, vol. III: Prawo rzeczowe (Warsaw 2003), quoted here with the contribution by *Edward Gniewek*
Radwański and Łętowska *(-Machnikowski)*, System prawa prywatnego V	Ewa Łętowska (ed.), System prawa prywatnego. Prawo zobowiązań – część ogólna (Warsaw 2006) quoted here with the contribution by *Piotr Machnikowski*

Radwański and Olejniczak, Zobowiązania – część ogólna[2, 5, 6, 7]	*Zbigniew Radwański* and *Adam Olejniczak*, Zobowiązania – część ogólna (7th ed., Warsaw 2006), sometimes also quoted from previous editions
Radwański and Panowicz-Lipska, Zobowiązania – część szczegółowa[3, 5]	*Zbigniew Radwański* and *Janina Panowicz-Lipska*, Zobowiązania – część szczegółowa (5th ed., Warsaw 2004), sometimes also quoted from the 3rd ed. (Warsaw 2001)
Radwański, Prawo cywilne – część ogólna[8]	*Zbigniew Radwański*, Prawo cywilne – część ogólna (8th ed., Warsaw 2005)
Rainer and Filip-Fröschl (*-author*), Transfer of Title in Movables I	Johannes Michael Rainer and Johanna Filip-Fröschl (eds.), Transfer of Title Concerning Movables Part I – Eigentumsübertragung an beweglichen Sachen in Europa Teil I (Frankfurt a. M. 2006)
Raiser, Quaderni Fiorentini 5/6 (1976/77), 753	*Ludwig Raiser*, Das Eigentum im Deutschen Rechtsdenken seit 1945, Quaderni Fiorentini 5/6 (1976/77), 753-777
Ramberg and Herre, Allmän köprätt[2]	*Jan Ramberg and Johnny Herre*, Allmän köprätt (2nd ed., Stockholm 2003)
Ramberg and Hultmark, Allmän avtalsrätt[5]	*Jan Ramberg and Christina Hultmark*, Allmän avtalsrätt (5th ed., Stockholm 2000)
Ramberg and Ramberg, Allmän avtalsrätt[6]	*Jan Ramberg and Christina Ramberg*, Allmän avtalsrätt (6th ed., Stockholm 2003)
Ramberg, Allmän avtalsrätt[4]	*Jan Ramberg*, Allmän avtalsrätt (4th ed., Stockholm 1996)
Ramberg, Internet Marketplaces	*Christina Ramberg*, Internet Marketplaces: The Law of Auctions and Exchanges Online (Oxford 2002)
Ramberg, Kontraktstyper	*Christina Ramberg*, Kontraktstyper (Solna 2005)
Ramberg, Köplagen	*Jan Ramberg*, Köplagen (Stockholm 1995)
Ramberg, Stockholm Arbitration Report 1999:1	*Jan Ramberg*, The Arbitration Agreement, Stockholm Arbitration Report 1999:1
Ranieri, Verwirkung et rénonciation tacite	*Filippo Ramieri*, Verwirkung et rénonciation tacite: quelques remarques de droit comparé, in: Mélanges en l'honneur de Daniel Bastian (Paris 1974)
Rankine, Landownership[4]	*John Rankine*, The Law of Landownership in Scotland (4th ed., Edinburgh 1909)
Rapisarda, Profili della tutela civile inibitoria	*Cristina Rapisarda*, Profili della tutela civile inibitoria (Padua 1987)
Rappaport, FS zur Jahrhundertfeier des ABGB II, 399	*Achill Rappaport*, Über die Bedeutung des Titels für die Gültigkeit der Eigentumsübergabe nach dem allgemeinen bürgerlichen Gesetzbuch, in: FS zur Jahrhundertfeier des ABGB, vol. II (Vienna 1911), 399 ff
Ravarani, Jurisprudence récente	*Georges Ravarani*, Le cautionnement à la lumière de la jurisprudence luxembourgeoise récente, in: Droit bancaire et financier au Grand-Duché de Luxembourg (Luxembourg 1994), 897-920
Ravarani, La responsabilité civile[1, 2]	*Georges Ravarani*, La responsabilité civile des personnes privées et publiques (2nd ed., Luxembourg 2006), sometimes also quoted from the previous edition (Luxembourg 2000)

Ravarani, Pas. luxemb. (31) 2000, 431	*Georges Ravarani*, Panorama de jurisprudence en matiére d'indemnisation du dommage (octobre 2002), Pas. luxemb. (31) 2000-2001, 431-492
Ravarani, Rapport Luxembourgeois	*Goerges Ravarani*, Rapport Luxembourgeois, in: Travaux de l'Association Henri-Capitant, Les garanties de financement (Paris 1998), 421-445
Ravazzoni, Fideiussione	*Rileva Ravazzoni*, Fideiussione, in: Dig.Disc.Priv., Sezione civile, vol. VIII (4th ed., Turin 1992), 254-275
Ravnkilde, Betalingskorrektioner	*Jens Ravnkilde*, Betalingskorrektioner (Copenhagen 2001)
Rebe, AcP 173 (1973), 186	*Bernd Rebe*, Zur Ausgleichsfunktion von § 935 BGB zwischen Vertrauensschutz und Eigentümerinteressen beim gutgläubigen Mobiliarerwerb, AcP 173 (1973), 186-202
Rebhahn, JBl 2000, 265	*Robert Rebhahn*, Schadenersatz wegen der Geburt eines nicht gewünschten Kindes?, JBl 2000, 265-271
Recalde Castells, El conocimiento de embarque y otros documentos del transporte	*Andéws Recalde Castells*, El conocimiento de embarque y otros documentos del transporte – Función representativa (Madrid 1992)
Rechberger and Simotta, Grundriß^{5}	*Walter H. Rechberger and Daphne-Ariane Simotta*, Grundriß des österreichischen Zivilprozeßrechts: Erkenntnisverfahren (5th ed., Vienna 2000)
Rechberger and Thurner, Insolvenzrecht^{2}	*Walter H. Rechberger and Mario Thurner*, Insolvenzrecht (2nd ed., Vienna 2000)
Reehuis and Slob, Parlementaire Geschiedenis, III	W. H. M. Reehuis and E. E. Slob (eds.), Parlementaire Geschiedenis van het Nieuwe Burgerlijk Wetboek (Invoering). Invoering book III: Vermogensrecht in het algemeen (Deventer 1990)
Reglero Campos, El nexo causal^{1,3}	*Luis Fernando Reglero Campos*, El nexo causal. Las causas de exoneración de responsabilidad: culpa de la víctima y fuerza mayor. La concurrencia de culpas, in: *Luis Fernando Reglero Campos* (coord.), Tratado de responsabilidad civil (3rd ed., Navarra 2006), 339-459, sometimes also quoted from the 1st ed. (Navarra 2002), 285-394
Reglero Campos, Los sistemas de responsabilidad civil^{1,3}	*Luis Fernando Reglero Campos*, Los sistemas de responsabilidad civil, in: *Luis Fernando Reglero Campos* (coord.), Tratado de responsabilidad civil (3rd ed., Navarra 2006), 211-248, sometimes also quoted from the 1st ed. (Navarra 2002), 163-200
Reglero Campos, Responsabilidad civil por daños a la propiedad industrial^{3}, 2119	*Luis Fernando Reglero Campos*, Responsabilidad civil por daños a la propiedad industrial, in: *Luis Fernando Reglero Campos* (coord.), Tratado de responsabilidad civil (3rd ed., Navarra 2006), 2119-2220
Reglero Campos, Responsabilidad civil y seguro en la circulación de vehículos de motor^{1,3}	*Luis Fernando Reglero Campos*, Responsabilidad civil y seguro en la circulación de vehículos de motor, in: *Luis Fernando Reglero Campos* (coord.), Tratado de responsabilidad civil (3rd ed., Navarra 2006), 847-1151, sometimes also quoted from the 1st ed. (Navarra 2002), 717-958

Reid and Blackie, Personal Bar	*Elspeth Christie Reid and John W. G. Blackie*, Personal Bar (Edinburgh 2006)
Reid and Zimmermann *(-author)*, Private Law in Scotland I, II	Kenneth Reid and Reinhard Zimmermann (eds.), A History of Private Law in Scotland, vol. I: Introduction and Property, vol. II: Obligations (Oxford 2000)
Reid, 1994 JuridRev 167	*Kenneth* G. C. *Reid*, Unjustified Enrichment and Property Law, 1994 JuridRev 167
Reid, The Law of Property in Scotland	*Kenneth* G. C. *Reid*, The Law of Property in Scotland (Edinburgh 1996)
Reifegerste, JCP éd. G 2002, II no. 10173	*Stephan Reifegerste*, note under Cass. Ch. Mixte 6. Sept. 2002, JCP 2002 éd. G, II no. 10173
Reinhard and Chazal, Droit commercial^{6}	*Yves Reinhard and Jean-Pascal Chazal*, Droit commercial (6th ed., Paris 2001)
Reinicke and Tiedtke, Bürgschaftsrecht^{2}	*Reinicke and Tiedtke*, Bürgschaftsrecht (2nd ed., Neuwied, Kriftel and Berlin 2000)
Reinicke and Tiedtke, DNotZ, 291	*Dietrich Reinicke and Klaus Tiedtke*, Ausgleichsansprüche des Bürgen gegen andere Sicherungsgeber, DNotZ 1993, 291-297
Reinicke and Tiedtke, Kreditsicherung^{4}	*Dietrich Reinicke and Klaus Tiedtke*, Kreditsicherung: durch Schuldbeitritt, Bürgschaft, Patronatserklärung, Garantie, Sicherungsübereignung, Sicherheitsabtretung, Eigentumsvorbehalt, Pool-Vereinbarungen, Pfandrecht an beweglichen Sachen und Rechten, Hypothek und Grundschuld (4th ed., Neuwied and Kriftel 2000)
Reischauer, JBl 1991, 559	*Rudolf Reischauer*, Zur Verjährungshemmung nach § 1495 S. 1 ABGB, JBl 1991, 559-565
Reischauer, JBl 1998, 473 and 560	*Rudolf Reischauer*, Neuere Rechtsprechung und Lehre zu § 1298 ABGB, JBl 1998, 473-487 and 560-570
Relatório da Comissão Nacional de Protecção de Dados 1999 and 2001/2002	Relatório da Comissão Nacional de Protecção de Dados 1999 (Lisbon 2000) (http://www.cnpd.pt/bin/relatorios/anos/relat99.htm) and 2001/2002 (Lisbon s.d.) (http://www.cnpd.pt/bin/relatorios/anos/relat01-02.htm)
Remien, RabelsZ 53 (1989), 245	*Oliver Remien*, Die Währung von Schaden und Schadensersatz, RabelsZ 53 (1989), 245-292
Renner, Die deliktische Haftung für Hilfspersonen in Europa	*Cornelius Renner*, Die deliktische Haftung für Hilfspersonen in Europa (Berlin 2002)
Rennie, Solicitor's Negligence	*Robert Rennie*, Solicitor's Negligence (Edinburgh 1997)
Rép.Dr.Civ. *(-author)* IV^{2}, V^{2}, VII, VIII^{2}, IX^{2}	Pierre Raynaud, Jean-Luc Aubert, Éric Savaux (eds.), Répertoire de Droit Civil, Loose-leaf (2nd ed., Paris 1970-), quoted here with the contributions by Anbert de Vincelles, vol. II, v° Bail (September 2007), *Jean Penneau*, vol. IV, v° Corps humain (June 1995), *F. Derrida*, vol IV, v° Dommages-Intérêts (1989), *Christian Lapoyade Deschamps*, vol. V, v° Dommages et intérêts (June 1997), *Ponsard and Blondel*, vol. V, v° Paiement, *Philippe le Tourneau*, vol. VI, v° Gestion d'affaires (2002), vol. IX, v° Quasi-contrat (2002), *Yves Picod*, vol. VII, v° Nullité (1998/2004), *Denis Tallon*, vol. VIII, v° Personnalité (Droits de

	la) (October 1996), *Catherine Caillé*, vol. IX, v° Responsabilité du fait des produits défectueux (April 2003), *Philippe le Tourneau*, vol. IX, v° Quasi-contrat (September 2002), *Jacques Ghestin and Marc Billiau*, vol. X, v° Répétition de l'indu (1991), *Mélina Douchy-Oudot*, vol. IX, v° Répétition de l'indu (2004), *Anne-Marie Romani*, vol. V, v° Enrichissement sans cause (1998), *Alain Sériaux*, vol. VIII, v° Propriété (2003)
Rép.Dr.Com. *(-author)*	Louis Vogel (ed.), Répertoire de droit Commercial (Loose-leaf, Paris 1972 ff), quoted here with the contributions by *Yves Serra* and *Duranton*
Réponse Ministerielle no. 949, JCP 1982, IV, 166	Réponse Ministerielle no. 949 concerning civil responsability, JCP, 1982, IV, 166
Rescigno *(-author)*, Codice civile^{5}	Pietro Rescigno, Codice civile (5th ed., Milan 2003)
Rescigno, Delegazione	*Pietro Rescigno*, Delegazione, in: Enc.dir., vol. XI (Milan 1962), 929-982
Rescigno, Proprietà II^{2}	*Pietro Rescigno*, Proprietà, in: Pietro Rescigno, Trattato di diritto privato, vol. XIII/2 (2nd ed., Turin 2002)
Rescigno, Studi sull'accollo	*Pietro Rescigno*, Studi sull'accollo (Milan 1958)
Ress, FS Ishikawa, 429	*Georg Ress*, Schmerzensgeld für juristische Personen?, in: Gerhard Lüke, Takehiko Mikami and Hanns Prütting (eds.), Festschrift in honour of Akira Ishikawa (Berlin 2001), 429-442
Reuter and Martinek, Ungerechtfertigte Bereicherung	*Dieter Reuter and Michael Martinek*, Ungerechtfertigte Bereicherung, in: Joachim Gernhuber (ed.), Handbuch des Schuldrechts, vol. IV (Tübingen 1983)
Rey, Grundlagen^{3}	*Heinz Rey*, Die Grundlagen des Sachenrechts und das Eigentum (3rd ed., Bern 2007)
RGRK *(-author)*, BGB^{12}	Das Bürgerliche Gesetzbuch mit besonderer Berücksichtigung der Rechtsprechung des Reichsgerichts und des Bundesgerichtshofes: Kommentar, edited by members of the Bundesgerichtshof, vol. II, part 5: §§ 812-831 (12th ed., Berlin 1989), quoted here with the commentaries by *Erich Steffen* and *Georg Heimann-Trosien*
Ribas, El pago de lo indebido y la transmisión de la propiedad por tradición en el sistema del Código Civil español (Barcelona 1989)	*Carmen Vila Ribas*, El pago de lo indebido y la transmisión de la propiedad por tradición en el sistema del Código Civil español (Barcelona 1989)
Ribeiro de Faria, Direito das Obrigações I, II	*Jorge Leite Areias Ribeiro de Faria*, Direito das Obrigações, vols. I and II (Coimbra 1990)
Ribeiro de Sousa, Contrato de agencia	E. *Ribeiro de Sousa*, Contrato de agencia (Coimbra 1992)
Riedl, Franchising	K. *Riedl*, Franchising, Transnational governance through incomplete contracts and incomplete regulations (Florence 2001)

Riesenhuber, Party Autonomy and Information in the Sales Directive	*Karl Riesenhuber*, Party Autonomy and Information in the Sales Directive, in: Stefan Grundmann, Wolfgang Kerber and Stephen Weatherill (eds.), Party Autonomy and the Role of Information in the Internal Market (Berlin 2001)
Ripert and Roblot *(-author)*, Droit Commercial II[11,17]	*Georges Ripert and René Roblot* (establs.), authored by *Philippe Delebecque* and *Michel Germain*, Traité de droit commercial, vol. II: Effets de commerce, banque, contrats commerciaux, procédures collectives (17th ed., Paris 2004), sometimes quoted from the 11th ed. (Paris 1989)
Ripert, La règle morale[4]	*Georges Ripert*, La règle morale dans les obligations civiles (4th ed., Paris 1949)
Ripert/Roblot/Vogel, Traité de droit commercial I(1)[18]	*Georges Ripert and René Roblot* (establs.), continued by *Louis Vogel*, Traité de droit commercial, vol. I, part 1: Commerçants, tribunaux de commerce, fonds de commerce, propriété industrielle, concurrence (droits communautaire et français) (18th ed., Paris 2001)
Riss, Erhaltungspflicht	*Olaf Riss*, Die Erhaltungspflicht des Vermieters (Vienna 2005)
Rives-Lange and Contamines-Raynaud, Droit bancaire[6]	*Jean-Louis Rives-Lange and Monique Contamines-Raynaud*, Droit bancaire (6th ed., Paris 1995)
Rives-Lange, Les engagements abstraits pris par le banquier	*Jean-Louis Rives-Lange*, Les engagements abstraits pris par le banquier, in: La responsabilité du banquier: aspects noveaux, Travaux de l'association Henri Capitant, vol. XXXV (Paris 1984), 301-318
Roca i Trias, ADC 1998, 7	*Encarna Roca i Trias*, La acción de repetición prevista en el artículo 1904 del Código Civil, ADC 1998 (1), 7-40
Roca i Trias, Derecho de daños[3]	*Encarna Roca i Trias*, Derecho de daños: textos y materiales (3rd ed., Valencia 2000)
Roca i Trias, FS Albaladejo II, 4251	*Encarna Roca i Trias*, Resarcir o enriquecer. La concurrencia de indemnizaciones por un mismo daño, in: J. M. González Porras and F. P. Méndez González (eds.), Festschrift in honour of Manuel Albaladejo García, vol. II (Murcia 2004), 4251-4277
Roca Trias, Rasgos básicos, 127	*Encarna Roca Trias*, Rasgos básicos de la regulación española en materia de negocios de garantía, in: Ubaldo Nieto Carol and José I. Bonet Sánchez (eds.), Tratado de garantías en la contratación mercantil, vol. I (Madrid 1996), 127-164
Rocas, Elements of commercial law I	K. *Nikolaos Rocas*, Elements of commercial law I (Athens 1998)
Rodger, (1992) 109 LQR, 570	*Lord Rodger of Earlsferry*, The Codification of Commercial Law in Victorian Britain, (1992) 109 LQR, 570-590
Rodger, 1970 STL [News], 33	A. F. *Rodgers*, Spuilzie in the Modern World, 1970 SLT [News], 33-35
Rodhe, Handbok i sakrätt	*Knut Rodhe*, Handbok i sakrätt (Stockholm 1985)
Rodhe, Obligationsrätt	*Knut Rodhe*, Obligationsrätt (Stockholm 1984), sometimes also quoted from the reprinted ed. (Stockholm 1994)

Rodière and Tallon, Harmonisation	*René Rodière and Denis Tallon*, Harmonisation du droit des pays du marché commun du contrat, Les modifications du contrat en cours d'éxecution en raison de circonstances nouvelles (Paris 1986)
Rodotà, Espromissione	S. *Rodotà*, Espromissione, in: Enc.dir., vol. XV (Milan 1966), 781-790
Rodotà, Il terribile diritto	*Stefano Rodotà*, Il terribile diritto. Studi sulla proprietà privata (Bologna 1990)
Rodrigues and Soares, A Posse	*Manuel Rodrigues and Fernando Luso Soares*, A Posse: estudo de direito civil português (3rd ed., Coimbra 1980)
Rodrigues Bastos, Código Civil Português[11]	*Jacinto Fernandes Rodrigues Bastos*, Código Civil Português anotado (11th ed., Coimbra 1996)
Rodríguez y Rowinski, Die Haftung für Hilfspersonen im spanischen Recht	*Miguel Félix Rodríguez y Rowinski*, Die Haftung für Hilfspersonen im spanischen Recht (Frankfurt a. M. 2001)
Roger Vide, La responsabilidad civil extracontractual en el Derecho español	*Carlos Roger Vide*, La responsabilidad civil extracontractual en el Derecho español (Madrid 1976)
Rogers, *Winfield* & *Jolowicz* on Tort[16, 17]	*William V. H. Rogers*, *Percy Henry Winfield* & *John A. Jolowicz* on Tort (17th ed., London 2006), sometimes also quoted from the 16th ed. (London 2002)
Rohe, Netzverträge	*Matthias Rohe*, Netzverträge: Rechtsprobleme komplexer Vertragsverbindungen (Tübingen 1998)
Rojo and Beltrán Sanchez (*-author*), Comentario de la Ley Concursal I	Angel Rojo and Emilio Beltrán Sanchez, Comentario de la Ley Concursal, vol. I (Madrid 2004)
Rokas, Bankruptcy[2]	K. *Nikolaos Rokas*, Elements of Bankruptcy Law (2nd ed., Athens 1997)
Rokas, Evthini gia ta proionta	*Ioannes Rokas*, Evthini gia ta proionta (Athens 1997)
Rokas, Idiotiki asfalisi	*Ioannes Rokas*, Idiotiki asfalisi (Athens 1998)
Roland and Boyer, Adages du droit français[4]	*Henri Roland and Laurent Boyer*, Adages du droit français (4th ed., Paris 1999)
Romain, TBBR 1989, 429	J. F. *Romain*, Principes d'interprétation et de qualification des garanties indépendantes à première demande, note under Brussels 3 April 1987, TBBR 1989, 429-437
Romano Martinez, Cuprimento defeituoso	*Pedro Romano Martinez*, Cumprimento defeituoso, em especial na compra e venda e na empreitada (Coimbra 1994)
Romano Martinez, Direito das obrigações[1, 2]	*Pedro Romano Martinez*, Direito das obrigações: (parte especial); Contratos; Compra e venda, locação, empreitada (2nd ed., Coimbra 2005), sometimes also quoted from the 1st ed. (Coimbra 2000, reprint 2001)
Romoşan, Vinovăţia	*Ioan Dorel Romoşan*, Vinovăţia în dreptul civil român (Bucharest 1999)
Rongen and Verhagen, WPNR 2003, no. 6546, 679	*Martijn H. E. Rongen and Hendrik L. E. Verhagen*, De cessie naar huidig en komend recht: de cirkel is weer rond, WPNR 2003, no. 6546, 679-693

Ronse (-de Wilde/Claeys/Mallems), Schade en schadeloosstelling I^{2}	*Jan Ronse*, Schade en schadeloosstelling, vol. I actualised by *Lode de Wilde, Antoon Claeys and Ingrid Mallems* (2nd ed., Brussels 1988)
Roodhooft *(-author)*, Bestendig Handboek Verbintenissenrecht V	Jan Roodhooft and Bart Claessens (eds.), Bestendig Handboek Verbintenissenrecht V, loose-leaf edition, (Antwerp 1998 ff)
Roos, JFT 1992, 75	*Ole Roos*, För mycket obehörig vinst?, JFT 1992, 75-97
Roppo, Il contratto	*Vincenzo Roppo*, Il contratto (Milan 2001), in: Giovanni Iudica and Paolo Zatti (eds.), Trattato di diritto private
Rørdam and Carstensen, Pant^{4}	*Thomas Rørdam and Vagn Carstensen*, Pant (4th ed., Copenhagen 1989)
Roscam Abbing, Nederlands Tijdschrift voor Geneeskunde 1994, 286	H. D. C. *Roscam Abbing*, Alternatieve beroepsuitoefening: een gezondheidsrechtelijke plaatsbepaling, Nederlands Tijdschrift voor Geneeskunde 1994, 286-288
Roselli and Vitucci, Prescrizione	*Federico Roselli and Paolo Vitucci*, La prescrizione e la decadenza, in: Pietro Rescigno, Trattato di diritto privato, vol. XX/2 (2nd ed., Turin 1998)
Roselli, Recesso dal contratto	*Federico Roselli*, Recesso dal contratto, in: Mario Bessone, Trattato di diritto privato, vol. XIII/5 (Turin 2002)
Rosselli, Economic Impact of the Development Risk Clause as provided by Directive 85/374/EEC on Liability for Defective Products	*Fondazione Rosselli*, Analysis of the Economic Impact of the Development Risk Clause as provided by Directive 85/374/EEC on Liability for Defective Products (Study for the European Commission, Contract No. ETD/2002/B5, 2003) http://ec.europa.eu/enterprise/regulation/goods/docs/liability/2004-06-dev-risk-clause-study_en.pdf
Rossello, L'errore nel contratto	*Carlo Rossello*, L'errore nel contrato, in: Piero Schlesinger, Il Codice Civile – Commentario, arts. 1427-1433 (Milan 2004)
Rossetti, Contratto autonomo di garanzia I	M. *Rossetti*, Contratto autonomo di garanzia, in: P. Cendon (ed.), I nuovi contratti nella prassi civile e commerciale, vol. XIX (Turin 2004), 1-38
Roth, AJP 2002, 968	*Jürg Roth*, Leasing im Lichte des revidierten Konsumkreditgesetzes, AJP 2002, 968-977
Roth, Wertpapierrecht^{2}	*Günter H. Roth*, Grundriß des österreichischen Wertpapierrechts (2nd ed., Vienna 1999)
Roussel Galle, Réforme du droit des entreprises en difficulté, no. 253	*Philippe Roussel Galle*, Réforme du droit des entreprises en difficulté, Bibliothèque de droit public, no. 253 (Paris 2007)
Roussos, ElIDik 35 (1994), 1492	*Kleanthes Roussos*, Aitiodis synafeia kai themeliosi evthinis kat'AK 914, 71 i kat'AK 914, 922, ElIDik 35 (1994), 1492-1497
Routamo and Ramberg, Kauppalain Kommentaari	*Eero Routamo and Jan Ramberg*, Kauppalain Kommentaari (Helsinki 1997)
Routamo, Kaupan lait	*Eero Routamo*, Kaupan lait: kotimainen ja kansainvälinen irtaimen kauppa (Helsinki 1996)
Rowlatt, The Law of Principal and Surety^{4}	*Sidney Arthur Taylor Rowlatt*, The Law of Principal and Surety (4th ed., London 1982)

Rubino and Iudica, Dell'appalto[3]	*Domenico Rubino and Giovanni Iudica*, Dell'appalto, in: Commentario del codice civile, established by Antonio Scialoja and Giuseppe Branca, continued by Francesco Galgano (ed.), vol. IV: Delle obbligazioni, arts. 1655-1677 (3rd ed., Bologna 1992)
Rubino, Delle obbligazioni	*Domenico Rubino*, Delle obbligazioni; obbligazioni alternative; obbligazioni in solido; obbligazioni divisibili e indivisibile, in: Commentario del codice civile, established by Antonio Scialoja and Giuseppe Branca, vol. IV: Delle obbligazioni, arts. 1285-1320 (Bologna and Rome 1958)
Rubino, La compravendita	*Domenico Rubino*, La compravendita, in: Trattato di diritto civile e commerciale, established by Antonio Cicu and Francesco Messineo, continued by Luigi Mengoni (ed.), vol. XXIII (Milan 1971)
Rubino-Sammartano, Foro pad. 1986 I, 1, 43	*Mauro Rubino-Sammartano*, Appalti privati: responsabilità dell'appaltatore e sua prescrizione nei vari ordinamenti europei, Foro pad. 1986, I, 1, 43-47
Rubio Garrido, CCJC 2005, 457	*Tomás Rubio Garrido*, Comentario a la STS de 18 de Mayo de 2005, CCJC 2005, 457 ff
Rubio Garrido, Contrato de compraventa y transmisión de la propiedad	*Tomás Rubio Garrido*, Contrato de compraventa y transmisión de la propiedad (Bolonia 1993)
Rubio Garrido, La doble venta y la doble disposición	*Tomás Rubio Garrido*, La doble venta y la doble disposición (Barcelona 1994)
Rubio Torrano *(-author)*, Comentarios al Fuero Nuevo	Enrique Rubio Torrano (dir.), Comentarios al Fuero Nuevo, compilación del derecho civil foral de Navarra (Cizur Menor 2002), quoted here with the commentaries by *María Ángeles Egusquiza Balmaseda*
Ruda González, CuadCivJur. 71 [2006], 695	*Albert Ruda González*, Sentencia de 14 de marzo de 2005 Responsabilidad civil medioambiental. Contaminación del aire. Carácter objetivo de la responsabilidad. Antijuricidad. El sujeto responsable. El abuso de derecho. Prevención de daños. Daño indemnizable: en ccommodat, el lucro cesante. El problema del daño ecológico puro. Transposición de la Directiva 2004/35/CE del Parlamento Europeo y del Consejo, de 21 de abril de 2004, sobre responsabilidad medioambiental en relación con la prevención y reparación de daños medioambientales, CuadCivJur. 71 [2006], 695-744
Ruda González, El contrato de cesión de suelo por obra	*Albert Ruda González*, El contrato de cesión de suelo por obra (Valencia 2002)
Rudden, TulCivLaw Forum 6/7 (1991-92), 105	*Bernard Rudden*, Torticles, TulCivLaw Forum 6/7 (1991-92), 105-129
Rudnicki, Komentarz do kodeksu cywilnego II[6]	*Stanisław Rudnicki*, Komentarz do kodeksu cywilnego, vol. II: Własność i inne prawa rzeczowe (6th ed., Warsaw 2004)
Rueb/Vrolijk/Wijkerslooth-Vinke *(-author)*, Huurrecht	A. S. Rueb, H. E. M. Vrolijk and E. E. De Wijkerslooth-Vinke, Het niuwe Huurrecht per artikel verklaard (Deventer 2003)

Rueb/Vrolijk/Wijkersslooth-Vinke, De huurbepalingen verklaard	A. S. *Rueb*, H. E. M. *Vrolijk and* E. E. *De Wijkersslooth-Vinke*, De huurbepalingen verklaard (Deventer 2006)
Ruggeri, Rass.dir.civ 2002, 656	L. *Ruggeri*, Fideiussione bancaria e tutela del consumatore: il problema dell'applicazione dell'art. 25 della l. 21 dicembre 1999, n. 526 ai rapporti in corso, Rass.dir.civ. 2002, 656-686
Ruiz Larrea, La Ley 1998, I, 2039	*Nekane Ruiz Larrea*, "El daño de procreación": ¿un caso de responsabilidad civil de los progenitores por las enfermedades y malformaciones transmitidas a sus hijos?, La Ley 1998, I, 2039-2046
Rummel (*-author*), ABGB $I^{2,3}$, $II^{2,3}$, $II(1)^3$, $II(2b)^3$, $II(3)^3$	Peter Rummel (ed.), Kommentar zum Allgemeinen Bürgerlichen Gesetzbuch in zwei Bänden; mit IPR-Gesetz, Ehegesetz, Mietrechtsgesetz, Wohnungseigentumsgesetz, Landpachtgesetz, Konsumentenschutzgesetz, vol. I: §§ 1-1174 ABGB (3rd ed., Vienna 2000), sometimes also quoted from the 2nd ed. (Vienna 1990), vol. II, part 2b: §§ 1313-1341 (3rd ed., Vienna 2004), sometimes also quoted from the 2nd ed. (Vienna 1992), vol. II, part 3: §§ 1175-1502 ABGB (3rd ed., Vienna 2002), quoted here with the commentaries by *Josef Aicher, Rudolf Reischauer, Karl Spielbüchler, Peter Rummel, H. Krejci, Rudolf Welser, Helmut Gamerith, Franz Bydlinski, Rudolf Strasser, Hofmann* and *Helmut Würth*
Rummel, ÖJZ 1978, 253	*Peter Rummel*, Kondiktion bei verbotenen und sittenwidrigen Rechtsgeschäften, ÖJZ 1978, 253-258
Russchen, WPNR 1994, no. 6154, 710	*W. Russchen*, Volg het spoor terug, WPNR 1994, no. 6154, 710-713
Rutgers, Bewaarneming	*Gerrit R. Rutgers*, Bewaarneming (Deventer 1998)
Sá Gomes, Breves notas sobre o cumprimento defeituoso na empreitada	*Rui Sá Gomes*, Breves notas sobre o cumprimento defeituoso na empreitada, in: *João de Matos Antunes Varela* et al. (coord.), Ab Vno ad Omnes – 75 anos da Coimbra Editora (Coimbra 1998)
Saare, Juridica 2000, 203	*Kalev Saare*, Operation of Legal Persons in Private Law through their Bodies and Liability for Activities of the Bodies, Juridica 2000, 203-211 (in Estonian)
Saare, Juridica 2003, 673	*Kalev Saare*, Judgement of a Private Law Legal Person on the Basis of the Conduct of a Member of the Management Body, Juridica 2003, 673-683 (in Estonian)
Saare/Sein/Simovart, Juridica Int. 2007 I, 142	*Kalev Saare, Karin Sein and Mari-Ann Simovart*, Differentiation of Mistake and Fraud as Grounds for Rescission of Transaction, Juridica Int. 2007 I, 142-151.
Saarnilehto, Oikeustieto 2/1997, 2	*Ari Saarnilehto*, Välityslausekkeen kohtuuttomuus, Oikeustieto 2/1997, 2 ff
Saarnilehto, Vuokraoikeus	*Ari Saarnilehto*, Vuokraoikeus. Yleiset periaatteet ja erityssääntely (Helsinki 2006)
Sacco, Il possesso	*Rodolfo Sacco*, Il possesso, in Trattato di diritto civile e commerciale, established by Antonio Cicu and Francesco Messineo, vol. VII (Milan 1988)

Sacco, Il possesso[2]	*Rodolfo Sacco and Raffaele Caterina*, Il possesso (2nd ed., Milan 2000)
Sacco, L'arricchimento ottenuto mediante fatto ingiusto	*Rodolfo Sacco*, L'arricchimento ottenuto mediante fatto ingiusto: contributo alla teoria della responsabilità estracontrattuale (Turin 1959)
Sacco, La conclusione dell'accordo, 23	*Rodolfo Sacco*, La conclusione dell'accordo, in: Pietro Rescigno (ed.), Trattato di diritto privato, vol. X: Obbligazioni e contratti, part 2 (2nd ed., Turin 1995), 23-108
Sacco, La consegna ed altri atti di esecuzione	*Rodolfo Sacco*, La consegna ed altri atti di esecuzione, in: Pietro Rescigno (ed.), Trattato di Diritto Privato, vol. 10/XI (Turin 1982), 339-352
Sacco, Possesso	*Rodolfo Sacco*, Possesso (dir. priv.), in: Enc.dir., vol. XXXIV (Milan 1985), 491-519
Sacco, Riv.Dir.Civ. 1959, I, 250	*Rodolfo Sacco*, La presunzione di buona fede, Riv.Dir.Civ. 1959, I, 250-288
Sacco, Rivista trimestrale di diritto e procedura civile 1966, 785	*Rodolfo Sacco*, Autonomia contrattuale e tipi, Rivista trimestrale di diritto e procedura civile 1966, 785-808
Safjan, FS Adam Szpunar, 255	*Marek Safjan*, Naprawienie krzywdy niemajątkowej w ramach odpowiedzialności ex contractu, in: Małgorzata Pyziak-Szafnicka (ed.), Odpowiedzialność cywilna, Festschrift in honour of Adam Szpunar (Kraków 2004), 255-280
Safjan, FS Maksymilian Pazdan	*Marek Safjan*, Problematyka tzw. bezprawności względnej oraz związku przyczynowego na tle odpowiedzialności za niezgodne z prawem akty normatywne, in: Leszek Ogiegła, Wojciech Popiołek and Maciej Szpunar (eds.), Festschrift in honour of Maksymilian Pazdan (Kraków 2005)
Sagaert, RW 2002-03, 661	*Vincent Sagaert*, Kan een betaling in uitvoering van een rechterlijke beslissing een onverschuldigde betaling zijn? (note to Cass. 16 May 2002), RW 2002-03, 661-663
Sagaert, Zakelijke subrogatie	*Vincent Sagaert*, Zakelijke subrogatie (Antwerp 2003)
Sagert, Consensus versus delivery systems	*Vincent Sagaert*, Consensus versus delivery systems. Consensus about tradition?, in: Wolfgang Faber and Britta Lurger (eds.), Rules for the transfer of movables. A candidate for European harmonization or national reforms? (Munich 2008), 9-46
Saintier, Commercial Agency Law	*Séverine Saintier*, Commercial Agency Law, a comparative analysis (Ashgate 2002)
Saladžius, Real property rights	*Jonas Saladžius, Maksimas Saveljevas and Robert Juodka*, Real property rights in Lithuania (Vienna and Graz 2005)
Salaris, Unione e commistione	*Fernando Salaris*, Unione e commistione, in: Trattato di Diritto Privato vol. VIII, 784-785 (2nd. ed, Torino 2002)
Salmond and Heuston on the law of torts[20, 21]	*John William Salmond* (establ.), *Robert Francis Vere Heuston* and *Richard A. Buckley*, Salmond and Heuston on the law of torts (21st ed., London 1996), sometimes also quoted from the 20th ed. (London 1992)

Salmond, Law of Torts[9]	*John William Salmond*, Salmond's Law of torts: a treatise on the English law of liability for civil injuries (9th ed., London 1936)
Salomons, AA 40 (1991), 10, 114	*Arthur Frans Salomons*, De pijlers onder de vertrouwensbescherming van artikel 3:86 Nieuw BW, AA 40 (1991) 10, 114-123
Salomons, ERPL 6/2004, 804	*Arthur Frans Salomons*, The effect of annulment in bankruptcy as against a third party acquirer in good faith, note to Hof van cassatie van België/Cour de cassaton de Belgique, 31 January 2002, ERPL 6/2004, 804-809
Salomons, Richtlijn 93/7/EEG, 153	*Arthur Frans Salomons*, Richtlijn 93/7/EEG betreffende de teruggave van cultuurgoederen die op onrechtmatige wijze buiten het grondgebied van een lidstaat zijn gebracht, in: Arthur S. Hartkamp (ed.), De invloed van het Europese recht op het Nederlandse privaatrecht (Deventer 2007), 153-177
Salomons, Schadevergoeding	*R. A. Salomons*, Schadevergoeding: zaakschade (Deventer 1983)
Salomons, WPNR 2001, no. 6467, 993	*Arthur Frans Salomons*, Verrijking, billijkheid en verdelende gerechtigdheid, WPNR 2001, no. 6467, 993-995
Salomons, WPNR 6298 (1998), 46	*Arthur Frans Salomons*, Plaats voor derdenbescherming?, WPNR 6298 (1998), 46 ff
Salomons, WPNR 6427 (2000), 901	*Arthur Frans Salomons*, Inpassen of aanpassen? Vermogensrecht voor het digitale tijdperk, WPNR 2000, no. 6427, 901-907
Salvador and Santidumenge, PJ 1988, no. 10, 117	*Pablo Salvador and Josep Santidumengo*, La acción negatoria, PJ 1988, no. 10, 117 ff
Salvador Coderch *(-author)*, El mercado de las ideas	*Pablo Salvador Coderch* (coord.), El mercado de las ideas (Madrid 1990)
Salvador Coderch and Gómez Ligüerre, InDret 3/2002	*Pablo Salvador Coderch and Carlos Ignatio Gómez Ligüerre*, Respondeat Superior II. De la responsabilidad por hecho de otro a la responsabilidad de la organización, InDret, July 2002, (http://www.indret.com/pdf/088_ca.pdf)
Salvador Coderch, Green Paper – Civil Liability for Defective Products	*Pablo Salvador Coderch a. o.*, Green Paper – Civil Liability for Defective Products (Barcelona 1999), (http://ec.europa.eu/enterprise/regulation/goods/docs/liability/1999-greenpaper-replies/gpaper.pdf)
Salvador/Ramos/Luna, InDret 3/2000	*Pablo Salvador Coderch, Sònia Ramos González and Álvaro Luna Yerga*, Un ojo de la cara (I), InDret, July 2000, (http://www.indret.com/pdf/023_es.pdf)
Salvi, Il danno extracontrattuale	*Cesare Salvi*, Il danno extracontrattuale. Modelli e funzioni (Naples 1985)
Salvi, La responsabilità civile[2]	*Cesare Salvi*, La responsabilità civile, in: Trattato di diritto privato a cura di Iudica e Zatti (2nd ed., Milan 2005), sometimes also quoted from the 1st ed. (Milan 1997)
Samoy, De gevolgen van gesimuleerde rechtshandelingen	*Ilse Samoy*, De gevolgen van gesimuleerde rechtshandelingen, in: Sophie Stijns and Jan Smits (ed.), Inhoud en werking van de overeenkomst naar Belgisch en Nederlands recht (Antwerp 2005), 249 ff

Samoy, Middellijke vertegenwoordiging	*Ilse Samoy*, Middellijke vertegenwoordiging, Vertegenwoordiging herbekeken vanuit het optreden in eigen naam voor andermans rekening (Antwerp/Oxford 2005)
Samoy, TBBR 2000, 238	*I. Samoy*, Financieren op eigen risico?, TBBR 2000, 238-247
Samuelsson and Søgaard, Rådgiveransvaret	*Morten Samuelsson and Kjeld Søgaard*, Rådgiveransvaret: erstatingsansvar og forsikring for professionelle rådgivere (Rungsted Kyst 1993)
San Miguel Pradera, Resolución del contrato	*Lis Paula San Miguel Pradera*, Resolución del contrato por incumplimiento y modalidades de su ejercicio (Madrid 2004)
Sánchez Calero, Instituciones de Derecho mercantil II[22, 23]	*Fernando Sánchez Calero*, Instituciones de Derecho mercantil, vol. II, (23rd ed., Madrid 2000), sometimes also quoted from the 22nd. ed. (Madrid 1999)
Sánchez Calero, La obligación de saneamiento por vicios o gravámenes ocultos y la ley de garantías en la venta de bienes de consumo	*Francisco Javier Sánchez Calero*, La obligación de saneamiento por vicios o gravámenes ocultos y la ley de garantías en la venta de bienes de consumo (Ley 23/2003, de 10 de julio), Cuadernos de Derecho Judicial 2005, XI, 61-92
Sánchez Caro, La Ley 1993, III, 946	*Javier Sánchez Caro*, El derecho a la información en la relación sanitaria: aspectos civiles, La Ley 1993, III, 946 ff
Sánchez Jordán, Gestión de negocios	*María Elena Sánchez Jordán*, La gestión de negocios ajenos (Madrid 2000)
Sánchez-Beato and Martín Vida, Los derechos fundamentales	*Estefanía Jerónimo Sánchez-Beato and María Ángeles Martín Vida*, Los derechos fundamentales en las relaciones sanitarias (Granada 2002)
Sánchez-Calero, El contrato autónomo	*Juan Sánchez-Calero Guilarte*, El contrato autónomo de garantía. Las garantías a primera demanda (Madrid 1995)
Sánchez-Calero, RDBB 1984, 51 and 587	*Juan Sánchez-Calero Guilarte*, Comentario sobre el Proyecto de Código para la práctica de garantías y fianzas a primera demanda de la Cámara de Comercio Internacional, RDBB 1984, 51-127 and 587-636
Sánchez-Calero, RDBB 1993, 541	*Juan Sánchez-Calero Guilarte*, El reconocimiento jurisprudencial de la garantía a primera solicitud, RDBB 1993, 541-561
Sanders, De advocaat met raad en daad	*D. Sanders*, De advocaat met raad en daad (Arnhem 1962)
Sándor and Vékás, Nemzetközi adásvétel[2]	*Tamás Sándor* and *Lajos Vékás*, Nemzetközi adásvétel (2nd ed., Budapest 2005)
Sandstedt, JT 2003-04, 376	*Johan Sandstedt*, Om avtalsrättslig ogiltighet, sakrättsliga anspråk, preskription och hävd, JT 2003-04, 376-392
Sandstedt, VersRAI 2002, 11	*Johan Sandstedt*, Schmerzensgeld für Angehörige? – Kommentar zu der neusten schwedischen Entwicklung, VersRAI 2002, 11-15
Sandstedt, VersRAI 2002, 9	*Johan Sandstedt*, Kurze Informationen über die Änderungen im schwedischen Deliktsrecht, VersRAI 2002, 9-11
Sandstedt, VersRAI 2003, 43	*Johan Sandstedt*, Weiteres zum schwedischen Angehörigenschmerzensgeld, VersRAI 2003, 43-48

Sandstedt, VersRAI 2004, 23	*Johan Sandstedt*, Entführung und Angehörigenschmerzensgeld, VersRAI 2004, 23-28
Sandstedt, VersRAI 2004, 28	*Johan Sandstedt*, Neues über die Höhe des Angehörigenschmerzensgeldes in Schweden, VersRAI 2004, 28-30
Sandstedt, VersRAI 2007, 44	*Johan Sandstedt*, Verleitung zum Vertragsbruch in Schweden (Teil 2), VersRAI 2007, 44-48
Sandvik, JFT 1998, 544	*Björn Sandvik*, Hur strikt är det strikta skadeståndsansvaret enligt Lagen om ersättning för miljöskador?, JFT 1998, 544-570
Santini, Riv.Dir.Civ. 1959, I, 125	*Gerardo Santini*, Concorrenza sleale ed impresa, Riv.Dir.Civ. 1959, I, 125-147
Santos Briz, La responsabilidad civil I[7], II[7]	*Jaime Santos Briz*, La responsabilidad civil. Derecho sustantivo y Derecho procesal, vol. I and II (7th ed., Madrid 1993), sometimes also quoted from earlier editions
Santos Morón, FS Díez-Picazo II, 3015	*María José Santos Morón*, Acerca de la tutela civil del medio ambiente: algunas reflexiones críticas, in: Antonio Cabanillas Sánchez, Jorge Caffarena Laporta, José María Miquel González, Vicente L. Montés Penadés, Antonio Manuel Morales Moreno and Fernando Pantaleón Prieto (eds.), Estudios jurídicos en homenaje al Profesor Luis Díez-Picazo, vol. II: Derecho civil, derecho de obligaciones (Madrid 2003), 3015-3038
Santos Silva, ERPL 2006, 826	*Marta Lívia dos Santos Silva*, Comment on the decision of the Court of Cassation (Commercial, Financial and Economic Chamber) of April 5th 2005, ERPL 2006, 826-838
Santosuosso, Sentenze e rapporto tra medici e pazienti	*Amedeo Santuosso*, Sentenze e rapporto tra medici e pazienti: il punto, in: Professione: Sanità Pubblica e Medicina Pratica 1997, vol. IV, 53 ff
Saracini and Toffoletto, Il contratto d'agenzia	*E. Saracini and F. Toffoletto*, Il contratto d'agenzia (Milan 1996)
Sargos, GazPal 1988, doctr., 209	*P. Sargos*, L'opération "Glasnost" de la Cour de cassation en matière de cautionnement ou cinq brèves observations sur une jurisprudence, GazPal 1988, I, 209-210
Saria, RdW 1997, 647	*Gerhard Saria*, Rechtsfragen des neuen § 864 Abs 2 ABGB, RdW 1997, 647 ff
Savatier, D. 1972, chr. 157	*R. Savatier*, Les contrats de conseil professionnel en droit privé, D. 1972, chr. 157
Savatier, Traité de la responsabilité civil II[2]	*René Savatier*, Traité de la responsabilité civil en droit français civil, administratif, professionnel, procédural, vol. II: Conséquences et aspects divers de la responsabilité (2nd ed., Paris 1951)
Savaux, Def. 2002, art. 37644, 1608	*Eric Savaux*, note under Cass. Ch. Mixte 6. Sept. 2002, Def. 2002, art. 37644, 1608-1614
Saxén, Skadestånd vid avtalsbrott	*Hans Saxén*, Skadestånd vid avtalsbrott – HD praxis i Finland (Stockholm 1995)
Saxén, Skadeståndsrätt	*Hans Saxén*, Skadeståndsrätt (Åbo 1975)

Saxén, Tillägg till skadeståndsrätt	*Hans Saxén*, Tillägg till skadeståndsrätt (Åbo 1983)
Schadevergoeding I, II (*-author)*	Anneke Toos Bolt (ed.), Schadevergoeding, vols. I and II, (Loose-leaf Deventer 1992-November 2005), quoted here with the commentaries of arts. 6:95, 6:96, 6:97, 6:106, 6:108 by *S. D. Lindenbergh*, arts. 6:98, 6:99, 6:101 by *R. J. B. Boonekamp*, arts. 6:103, 6:104, 106 by *T. E. Deurvorst*, art. 6:107 by *A. T. Bolt*
Schellen, Toerekening naar redelijkheid	*Jan van Schellen*, Toerekening naar redelijkheid: naar huidig en komend recht (Zwolle 1985)
Scheltema, Onverschuldigde betaling	*Martijn Willem Scheltema*, Onverschuldigde betaling (Deventer 1997)
Scheltema, RM-Themis 2000, 123	*Martijn Willem Scheltema*, Onverschuldigde betaling in meerpartijenverhoudingen, RM-Themis 2000, 123-140
Schettino, Vita not. 1976, 308	*Schettino*, La fideiussione e le figure affini, Vita not. 1976, 308-314
Schilcher and Kleewein, in: von Bar (ed.), Deliktsrecht in Europa	*Bernd Schilcher and Wolfgang Kleewein*, Landesbericht Österreich, in: Christian von Bar (ed.) in cooperation with Helmut Grothe and Andreas Spickhoff, Deliktsrecht in Europa (Cologne a. o. 1993)
Schilcher, JBl 1964, 395	*Bernd Schilcher*, Die Preisgefahr beim Kauf, JBl 1964, 395 ff
Schima, RdW 1996, 319	*Georg Schima*, Betriebsübergang durch "Vertragsnachfolge"?, RdW 1996, 319 ff
Schimansky/Bunte/Lwowski (*-author)*, Bankrechts-Handbuch I, II^{2}	Herbert Schimansky, Hermann-Josef Bunte and Hans-Jürgen Lwowski (eds.), Bankrechts-Handbuch, vols. I and II (2nd ed., Munich 2001)
Schlechtriem and Schmidt-Kessel, Schuldrecht, Allgemeiner Teil^{6}	*Peter Schlechtriem and Martin Schmidt-Kessel*, Schuldrecht, Allgemeiner Teil (6th ed., Tübingen 2005)
Schlechtriem and Schwenzer (*-author)*, CISG^{4}	*Peter Schlechtriem and Ingeborg Schwenzer*, Kommentar zum Einheitlichen UN-Kaufrecht – CISG (4th ed., Munich 2004)
Schlechtriem, Einheitliches UN-Kaufrecht	*Peter Schlechtriem*, Einheitliches UN-Kaufrecht (Tübingen 1981)
Schlechtriem, FS von Caemmerer, 1013	*Peter Schlechtriem*, Ausgleich zwischen mehreren Sicherern fremder Schuld, in: Hans Claudius Ficker (ed.), Festschrift für Ernst von Caemmerer zum 70. Geburtstag (Tübingen 1978), 1013-1047
Schlechtriem, Juridica Int., 2001, 16	*Peter Schlechtriem*, The New Law of Obligations in Estonia and the Developments Towards Unification and Harmonisation of Law on Europe, Juridica International 2001, 16-22.
Schlechtriem, Juridica Int., 2005, 27	*Peter Schlechtriem*, Basic Structures and General Concepts of the CISG as Models for a Harmonisation of the Law of Obligations, Juridica International 2005, 27-36.
Schlechtriem, Restitution und Bereicherungsausgleich in Europa I, II	*Peter Schlechtriem*, Restitution und Bereicherungsausgleich in Europa, Eine rechtsvergleichende Darstellung, vol. I (Tübingen 2000), vol. II (Tübingen 2001)

Schlechtriem, ROW 1988, 505	*Peter Schlechtriem*, Voraussehbarkeit und Schutzzweck einer verletzten Pflicht als Kriterium der Eingrenzung des ersatzfähigen Schadens im deutschen Recht, in: Recht in Ost und West (Tokyo 1988), 505-518
Schlechtriem, Schuldrecht, Besonderer Teil[5]	*Peter H. Schlechtriem*, Schuldrecht, Besonderer Teil (5th ed., Tübingen, 1998)
Schlegelberger (*-author*), HGB[5]	Franz Schlegelberger and Ernst Geßler, Handelsgesetzbuch: Kommentar (5th ed., Munich 1973-1992)
Schlesinger, Riv.Dir.Com. 1957, I, 58	*Piero Schlesinger*, L'indebito soggettivo ex latere solventis e la sua influenza sul rapporto obbligatorio, Riv.Dir.Com. 1957, I, 58 ff
Schlosser (-author)	Peter Schlosser (ed.), AGB-Gesetz (Berlin 1980)
Schmid and Hürlimann-Kaup, Sachenrecht[2]	*J. Schmid and B. Hürlimann-Kaup*, Sachenrecht (2nd ed., Zurich 2003)
Schmidt-Futterer (*-author*), Mietrecht[9]	*Wolfgang Schmidt-Futterer and Hubert Blank*, Mietrecht. Grosskommentar des Wohn- und Gewerberaummietrechts (9th ed., Munich 2007)
Schmidt-Kessel, Reform des Schadenersatzrechts I	*Martin Schmidt-Kessel* in cooperation with *Sandra B. Müller*, Reform des Schadenersatzrechts, vol. I: Europäische Vorgaben und Vorbilder (Vienna 2006)
Schmitthoff, International Trade Usages	*Clive M. Schmitthoff*, International Trade Usages: Institute of International Business Law and Practice Newsletter, special issue (Paris 1987)
Schmitz, FS Merz, 553	*K. B. Schmitz*, Der Ausgleich zwischen Bürgschaft und Schuldbeitritt, in: Gerhardt, Henkel a. o. (eds.), Festschrift für Franz Merz (Cologne 1992), 553-561
Schnauder, NJW 1991, 1642	*Franz Schnauder*, Sachenrechtliche und wertpapierrechtliche Wirkungen der kaufmännischen Traditionspapiere, NJW 1991, 1642-1649
Schneiderhan, Der Quasi-Contract	*Peter Schneiderhan*, Der Quasi-Contract im schottischen und englischen Recht (Tübingen 1995)
Schobel, RdW 2002, 206	*Thomas Schobel*, Ersatzfähigkeit reiner Trauerschäden – Generelle Rechtsprechungswende bei immateriellen Trauerschäden, RdW 2002, 206-209
Schönherr and Kucsko, GRUR Int 1980, 282	*Fritz Schönherr and Guido Kucsko*, Schadenersatz im gewerblichen Rechtsschutz und Urheberrecht Österreichs, GRUR Int 1980, 282-286
Schönle, Züricher Kommentar V(2a)[3]	*H. Schönle*, Kauf und Schenkung. Erste Lieferung, Zürcher Kommentar, vol. V.2.a (3rd ed., Zurich 1993)
Schoordijk, Het algemeen gedeelte van het verbintenissenrecht	*Hermanus Cornelis Franciscus Schoordijk*, Het algemeen gedeelte van het verbintenissenrecht naar het Nieuw Burgerlijk Wetboek (Deventer 1979)
Schoordijk, Onverschuldigde betaling	*H. C. F. Schoordijk*, Onverschuldigde betaling en ongerechtvaardigde verrijking bij zogenaamde driehoeksverhoudingen, een rechtsvergelijkende studie (Deventer 1999)

Schoordijk, Vermogensrecht in het algemeen	H. C. F. *Schoordijk*, Vermogensrecht in het algemeen naar Boek 3 van het nieuwe B.W. (titel 1 t/m 5, titel 11), (Deventer 1986)
Schoordijk, Zaakwaarneming	*Hermanus Cornelis Franciscus Schoordijk*, Zaakwaarneming: een onderbelichte bron van verbintenis (Deventer 1988)
Schrage, Van delict tot onrechtmatige daad	*Eltjo J. H. Schrage*, Van delict tot onrechtmatige daad (Nijmegen 1998)
Schrage, Verbintenissen uit andere bron	*Eltjo J. H. Schrage*, Verbintenissen uit andere bron dan onrechtmatige daad of overeenkomst (Deventer 1998)
Schrans and Steennot, Algemeen deel van het financieel recht	*Guy Schrans and Reinhard Steennot*, Algemeen deel van het financieel recht (Antwerp 2003)
Schrans, Nieuwe regels voor documentaire kredieten	*Schrans*, Nieuwe regels voor documentaire kredieten en autonome garanties, in Storme, Wymeersch and Braeckmans (eds.), Handels-, economisch en financieel recht, 312-335, Postuniversitaire cyclus Willy Delva 1994/1995 (Ghent 1995)
Schrans, TPR 1982, 145	G. *Schrans*, Het beding van eigendomsvoorbehoud en zijn externe werking tegenover de schuldeisers van de koper van een zaak, TPR 1982, 145-170
Schryvers and Ulrichts, Schaderegeling in België^{5}	*Jacques Schryvers and Hilde Ulrichts*, Schaderegeling in België (5th ed., Mechelen 2004)
Schuermans/Van Oevelen/Persyn/Ernst/Schuermans, TPR 1994, 851	*Luc Schuermans, Aloïs van Oevelen, Chris Persyn, Philippe Ernst and Jean-Luc Schuermans*, Overzicht van rechtspraak. Onrechtmatige daad. Schade en schadeloosstelling (1983-1992), TPR 1994, 851-1430
Schultz, Kausalitet	*Mårten Schultz*, Kausalitet: studier i skadeståndsrättslig argumentation (Stockholm 2007)
Schulze, Die Naturalobligation	*Götz Schulze*, Die Naturalobligation, Rechtsfigur und Instrument des Rechtsverkehrs einst und heute – zugleich Grundlegung einer zivilrechtlichen Forderungslehre (Tübingen 2008)
Schulze, Franchising im Europäischen Privatrecht	*Reiner Schulze*, Franchising im Europäischen Privatrecht (Baden-Baden 2001)
Schürnbrand, Der Schuldbeitritt	*Jan Schürnbrand*, Der Schuldbeitritt zwischen Gesamtschuld und Akzessorietät (Berlin 2003)
Schut, Onrechtmatige daad^{4}	*Gerhardus Hendrik Adriaan Schut*, Onrechtmatige daad volgens BW en NBW (4th ed., Zwolle 1990)
Schütze, Das Dokumentenakkreditiv^{4}	*Rolf A. Schütze*, Das Dokumentenakkreditiv im Internationalen Handelsverkehr (4th ed., Heidelberg 1996)
Schütze, Münchener Vertragshandbuch III	*Rolf A. Schütze*, Münchener Vertragshandbuch, vol. III (Munich 1997)
Schwarz, NJW 2001, 1449	*Günter Christian Schwarz*, 241a BGB als Störfall für die Zivilrechtsdogmatik: Zu den systemwidrigen Folgen der Umsetzung der EG-Fernabsatz-Richtlinie, NJW 2001, 1449-1454
Schwimann *(-author)*, ABGB II^{3}, IV^{3}, V$^{2, 3}$, VI^{3}, VII^{2}	Michael Schwimann (ed.), Praxiskommentar zum Bürgerlichen Gesetzbuch samt Nebengesetzen in acht Bänden, vol. II:

	§§ 285-530 (3rd ed., Vienna 2005), vol. IV: §§ 859-1089 ABGB (3rd ed., Vienna 2006), vol. V: §§ 1090-1092 ABGB (3rd ed., Vienna 2006), vol. VI: §§ 1293-1502 ABGB (3rd ed., Vienna 2006), vol. VII: Haftpflichtgesetze (2nd ed., Vienna 1997), quoted here with with the commentaries of *Thomas Klicka, Peter Apathy, Friedrich Harrer, Albert Heidinger, Heinrich Honsell, Peter Mader, Doris Kiendl-Wendner, Wolfgang Faber, Peter Mader, Martin Binder, Andreas Riedler, Sonja Janisch, Barbara Egglmeier-Schmolke, Michael Gruber* and *Helga Sprohar-Heimlich*
Scognamiglio, Dei contratti in generale	*Renato Scognamiglio*, Dei contratti in generale, in: Commentario del codice civile, Antonio Scialoja and Giuseppe Branca (estab.), continued by Francesco Galgano (ed.), arts. 1321-1352 (Bologna/Rome 1970)
Scognamiglio, Giur.it. 1995, IV, 356	*Claudio Scognamiglio*, Sulla responsabilità dell'impresa bancaria per violazione di obblighi discendenti dal proprio *status*, Giur.it. 1995, IV, 356-370
Scognamiglio, Riv.Dir.Civ. 1957, I, 277	*Renato Scognamiglio*, Il danno morale, – Contributo alla teoria del danno extracontrattuale, Riv.Dir.Civ. 1957, I, 277-336
Scozzafava, Riv.Dir.Com. LXXVIII (1980), 327 ff	*Oberdan Tommaso Scozzafava*, La soluzione proprietaria di Robert-Joseph Pothier, Riv.Dir.Com. LXXVIII (1980), 327 ff
Sealy and Milman, Annotated Guide to the Insolvency Legislation 2006/2007[9]	*Len Sealy and David Milman*, Annotated Guide to the Insolvency Legislation 2006/2007 (9th ed., London 2006)
Seavey, 56 [1942] Harv.LR, 72	*Warren A. Seavey*, Principles of Torts, 56 [1942] Harv.LR, 72-98
Seiler, negotiorum gestio	*Hans Hermann Seiler*, Der Tatbestand der negotiorum gestio im römischen Recht (Cologne 1968)
Sein, Ettenähtavus ja rikutud kohustuse eesmärk kui lepingulise kahjuhüvitise piiramise alused	*Karin Sein*, Ettenähtavus ja rikutud kohustuse eesmärk kui lepingulise kahjuhüvitise piiramise alused (Tartu 2007)
Sein, Juridica Int. 2007 I, 46	*Karin Sein*, Should Estonian Law Provide for an Award of Punitive Damages? Juridica Int. 2007 I, 46-54
Sein, Juridica Int., 2005, 51	*Karin Sein*, Damage arising from Defect in Object of Contract to Creditor's Absolute Legal Rights: Contractual or Delictual Liability? Juridica International 2005, 51-59.
Selb *(-author)*, Forschungsband Franz von Zeiller, 1	*Theo Mayer-Maly*, Zeiller, das ABGB und wir, in: Walter Selb (ed.), Forschungsband Franz von Zeiller (1752-1828): Beiträge zur Gesetzgebungs- und Wissenschaftsgeschichte (Vienna 1980), 1-13
Selvig, Såkalte husbondsansvar	*Erling Selvig*, Det såkalte husbondsansvar. Studier i ulike typer av ansvar for hjelpere, herunder rederansvaret efter sjoel. § 8 (Oslo 1968)
Sendim and Mendes, A natureza do aval	*Paulo Sendin and Evaristo Mendes*, A natureza do aval e a questão da necessidade ou não do protesto para accionar o avalista do aceitante (Coimbra 1991)

Serda, Nienależne świadczenie	*Wiktor Serda*, Nienależne świadczenie (Warsaw 1988)
Sériaux, Droit des obligations[2]	*Alain Sériaux*, Droit des obligations, (2nd ed., Paris 1998)
Sériaux, La notion de contrat synallagmatique	*Alain Sériaux*, La notion de contrat synallagmatique, in: Etudes offertes à Jacques Ghestin: Le contrat au début du XXIe siècle (Paris 2001), 780 ff
Serlachius, TfR 1903, 137	*Julian Serlachius*, Stadganden om oberättigadt riktande i finsk rätt, TfR 1903, 137-174
Serra Rodriguez, Las claúsulas abusivas en la contratación	*Adela Serra Rodriguez*, Las claúsulas abusivas en la contratación (Pamplona 1996)
Serrera Contreras, El contrato de depósito mercantil	*Pedro Luis Serrera Contreras*, El contrato de depósito mercantil (Barcelona 2001)
Sevón/Wilhelmsson/Koskelo, Huvudpunkter i köplagen	*Leif Sevón*, *Thomas Wilhelmsson* and *Pauliine Koskelo*, Huvudpunkter i köplagen (Helsinki 1987)
Sheridan, Rights in Security	*L. A. Sheridan*, Rights in Security (London 1974)
Sieburgh, WPNR 2001, no. 6450, 588	*Carla Heleen Sieburgh*, Wat beweegt de buitencontractuele aansprakelijkheid omstreeks 2000, WPNR 2001, no. 6450, 588-591
Siegel, Produkthaftung im polnischen, tschechischen und slowenischen Recht	*Katharina Siegel*, Produkthaftung im polnischen, tschechischen und slowenischen Recht (Frankfurt a. M. 2002)
Sierra Gil de la Cuesta (*-author)*, Código Civil[1, 2]	Ignacio Sierra Gil de la Cuesta et al. (eds.), Comentario del Código Civil (1st ed., Barcelona 2000 and 2nd ed., Barcelona 2006); quoted were among others the commentaries by *F. Hernández Gil*
Sillero Crovetto, A.C. 1996, 525	*Blanca Sillero Crovetto*, Los actos meramente tolerados y la posesión, A.C. 1996, no. 36, 525-556
Simantiras, Zitimata ek tou arthrou	*Simantiras*, Zitimata ek tou arthrou 849 AK anaforika me ton typo tis eggyisis, NDTrEl 10 (1958), 138-161
Simester and Chan, [2004] CLJ, 132	*H. P. Simester and Winnie Chan*, Inducing Breach of Contract: One Tort or two?, [2004] CLJ, 132-165
Simler, Cautionnement et garanties autonomes[3]	*Philippe Simler*, Cautionnement et garanties autonomes (3rd. ed., Paris 2000)
Simoens, Beginselen van Belgisch privaatrecht XI(2)	*Dries Simoens*, Beginselen van Belgisch privaatrecht, vol. XI: Buitencontractuele aansprakelijkheid, part 2: Schade en schadeloosstelling (Antwerp 1999)
Simoens, RW 2000-01, 1577	*Dries Simoens*, Het verkeersongevallenartikel 29bis W.A.M.: stand van zaken na de wijzigingswet van 19 januari 2001, RW 2000-01, 1577-1586
Simões Patrício, ROA 1983-3, 677	*José Simões Patrício*, Preliminares sobre a garantia "on first demand", ROA 1983-3, 677-718
Simonetos, Η νόμιμος αιτία	*Γεώργιος Σιμωνέτος*, Η νόμιμος αιτία κατά την μεταβίβασιν της κυριότητος: συμβολαί εις το πρόβλημα της μεταβιβάσεως της κυριότητας κατά το αρχαίον ελληνικόν, το βυζαντινορωμαϊκόν και το ισχύον αστικόν δίκαιον (Athens 1947)

Simont and Bruyneel, BankFin 1989, 519	*L. Simont and A. Bruyneel*, Chronique de droit bancaire privé. Les opérations de banque: garanties indépendantes (1979-1988), BankFin 1989, 519-531
Simont, Garantie indépendente ou cautionnement	*L. Simont*, Garantie indépendente ou cautionnement (interprétation des textes des garanties), in: Houssa/ Association Luxembougeoise des Juristes de Banque (eds.), L'actualité des garanties à première demande/Actualia inzake garanties op eerste verzoek, (Cahiers AEDBF/EVBFR-Belgium no. 4) (Brussels 1997), 99-116
Simont, L'engagement unilatéral	*Lucien Simont*, L'engagement unilatéral, in: Les obligations en droit français et en droit belge (Paris 1994), 4 ff
Sinaiskis, Civiltiesības: Latvijas vispārējo civīltiesību zinātniskā apstrādājumā	*Vasilijs Sinaiskis*, Civiltiesības: Latvijas vispārējo civīltiesību zinātniskā apstrādājumā (Riga 1935)
Sinaiskis, Latvijas civiltiesību apskats	*Vasilijs Sinaiskis*, Latvijas civiltiesību apskats: Lietu tiesības. Saistību tiesības (Riga 1996)
Sinde Monteiro, Estudos sobre a responsabilidade civil I, II	*Jorge Ferreira Sinde Monteiro*, Estudos sobre a responsabilidade civil, vol. I: Introdução, vol. II: Responsabilidade por culpa, responsabilidade objectiva, seguro de acidentes (Coimbra 1983)
Sinde Monteiro, Responsabilidade por conselhos	*Jorge Ferreira Sinde Monteiro*, Responsabilidade por conselhos, recomendações ou informações (Coimbra 1989)
Sinde Monteiro, RLJ 131 [1998/99], 48	*Jorge Ferreira Sinde Monteiro*, Note under Supremo Tribunal de Justiça Acórdão de 12 de Novembro de 1996, RLJ 131 [1998/99], 48-50
Šinkovec and Tratar, Obligacijski zakonik	*Janez Šinkovec and Boštjan Tratar*, Obligacijski zakonik s komentarjem in sodno prakso (Lesce 2001)
Sirena, Gestione di affari	*Pietro Sirena*, La gestione di affari altrui, Ingerenze altruistiche, ingerenze egoistiche e restituzione del profitto (Turin 1999)
Sisula-Tulokas, Contract and tort law: twenty cases from the Finnish Supreme Court	*Lena Sisula-Tulokas*, Contract and tort law: twenty cases from Finnish Supreme Court (Helsinki 2001)
Sisula-Tulokas, Felpåföljden prisavdrag	*Lena Sisula-Tulokas*, Felpåföljden prisavdrag (Helsinki 1990)
Sisula-Tulokas, Felpåföljden prisavdrag	*Lena Sisula-Tulokas*, Felpåföljden prisavdrag (Helsingfors 1990)
Sisula-Tulokas, Hotel Liability	*Lena Sisula-Tulokas*, Hotel Liability, in: Hugo Tiberg, Malcolm Clarke, Anders Beskow, Mia Carlsson, Rose-Marie Lundström, Thomas Utterström and Simon Arvmyren (eds.), Essays on Tort, Insurance, Law and Society in Honour of Bill W. Dufwa (Stockholm 2006), 1049-1063
Sisula-Tulokas, JFT 2000, 634	*Lena Sisula-Tulokas*, Ersättning för ideell personskada – Norden och utvecklingen i Europa, JFT 2000, 634-651
Sisula-Tulokas, Ulkomaankauppaoikeus	*Lena Sisula-Tulokas*, Ulkomaankauppaoikeus (Helsinki 1998)

Sivesand, The Buyer's remedies for Non-Conforming Goods	*Hanna Sivesand*,The Buyer's remedies for Non-Conforming Goods (Munich 2005)
S-Karnov 2005/06, 2006/07 *(-author)*	Karnov, Svensk lagsamling med kommentarer, edited by *Birgitta Blom, Anders Eriksson, Johan Hirschfeldt* and *Jan Ramberg*, vol. II: 1487-3000 (Stockholm 2005) quoted here with the commentaries by *Nils Cederstierna, Sven Johannisson, Cecilia Nordenfelt, Nils Rekke, Göran Rosenberg, Göran Rosvall, Hedvig Trost, Josef Zila, Bjarne Karlsson, Gertrud Lennander and Johnny Herre*
Skoghøy, Panterett	*Jens Edvin A. Skoghøy*, Panterett (Oslo 2004)
Skorini-Paparrigopoulou, I prostasia tou katanaloti	*Skorini-Paparrigopoulou*, I prostasia tou katanaloti sti symbasi ektos emporikou katastimatos (Athens 1999)
Skovbo, Erstatning for uphavsretliga krænkelser	*Eva Aaen Skovbo*, Erstatning for ophavsretlige krænkelser (Copenhagen 2005)
Sladić and Sladić, PP 2001/ 19, 3	*Jorg Sladić and Pavla Sladić*, K razpravi o novem Stvarnopravnem zakoniku, PP 2001/19, 3
Slicāne, Jurista Vārds 2007, 459	*E. Slicāne*, Labas ticības princips un tā piemērošana Latvijas civiltiesībās, Jurista Vārds, 2007, 459 ff
Sluyters and Biesaart, De geneeskundige behandelingsovereenkomst	*B. Sluyters and M. C. I. H. Biesaart*, De geneeskundige behandelingsovereenkomst na invoering van de WGBO (Zwolle 1995)
Sluyters, Gezondheidsrecht	*B. Sluyters* et al. (eds.), Tekst & Commentaar Gezondheidsrecht (Deventer 1999)
Sluyters, TvG 1996, 2	*B. Sluyters*, De WGBO, onderdeel van het burgerlijk recht, TvG 1996, 2-7
Smit, (1975) 23 AJCL, 342	*H. Smit*, The Convention on the Limition Period in the International Sale of Goods: UNCITRAL's first born, (1975) 23 AJCL, 342-355
Smit, Advocatenblad 1993, 369	*F. M. Smit*, Opzegging van distributieovereenkomsten, Advocatenblad 1993, 369-372
Smit, De agentuurovereen-komst tussen handelsagent en principaal	*F. M. Smit*, De agentuurovereenkomst tussen handelsagent en principaal (2nd ed., Zwolle 1996)
Smit, WPNR 1979, no. 5488, 489	*H. J. Smit*, Hoe abstract is een bankgarantie?, WPNR 1979, no. 5488, 489-491
Smith *et al. (-Crerar)*, Stair Memorial Encyclopaedia	*James Dalrymple Stair and Thomas Smith*, The Laws of Scotland: Stair memorial encyclopaedia, founded by James Dalrymple Stair, edited by Thomas Smith, vol. II: Reissue 'Banking, Money and Commercial Paper' by *Lorne D. Crerar* (Edinburgh 2000)
Smith, (1974) 48 TulLRev, 1029	*Thomas Broun Smith*, Exchange or Sale?, (1974) 48 TulLRev, 1029-1042
Smith, (1991) 11 Ox JLS, 481	*Lionel D. Smith*, Three-Party Restitution: A Critique of Birks's Theory of Interceptive Subtraction, (1991) 11 Ox JLS, 481 ff

Smith, (1999) 115 LQR, 245	*Stephen A. Smith*, Concurrent Liability in Contract and Unjustified Enrichment: the Fundamental Breach Requirement, (1999) 115 LQR, 245 ff
Smith, Assignment	*Marcus Smith*, The law of assignment: the creation and transfer of choses in action (Oxford 2007)
Smith, Laws of Scotland	*Thomas Broun Smith*, A Short Commentary on the Laws of Scotland (Edinburgh 1962)
Smith, Property Problems in Sale	*Thomas Broun Smith*, Property Problems in Sale (London 1978)
Smits, Het vertrouwensbeginsel in de contractuele gebondenheid	*Jan Martien Smits*, Het vertrouwensbeginsel in de contractuele gebondenheid (Arnhem 1995)
Snell's Equity^{29}	*Paul Vivian Baker and Peter St. John Langan*, Snell's Equity, founded by Edmund Henry Turner Snell (29th ed., London 1990)
Snell's Equity^{30}	*John McGhee*, Snell's Equity, founded by Edmund Henry Turner Snell (30th ed., London 2000)
Snijders and Rank-Berenschot, Goederenrecht *(-author)*	*H. J. Snijders and E. B. Rank-Berenschot*, Goederenrecht (Deventer 1994)
Snijders and Rank-Berenschot, Goederenrecht II^{4}	*H. J. Snijders and E. B. Rank-Berenschot*, Goederenrecht. Studiereeks burgerlijk recht 2 (4th ed., Deventer 2007)
Snijders, Produktenrecht	*Gerardus Marinus Franciscus Snijders*, Produktenrecht, Drie aspecten in Europees perspectief (Deventer 1990)
Soares and Ramos, Contratos internacionais	*Mária Ângela Bento Soares and Rui Moura Ramos*, Contratos internacionais – compra e venda – cláusulas penais – arbitragen (Coimbra 1995, reprint of 1st ed. 1989)
Soares Veiga, Direito Bancário^{2}	*Vasco Alberto L. Soares Veiga*, Direito Bancário (2nd ed., Coimbra 1997)
Söderlund, Agenträtt	*Herbert Söderlund*, Agenträtt: Kommentar till lagen om handelsagentur (Stockholm 1994)
Soergel *(-author)*, BGB$^{11, 12, 13}$	Hans Theodor Soergel, Bürgerliches Gesetzbuch: mit Einführungsgesetz und Nebengesetzen, established by Hans Theodor Soergel, edited by Wolfgang Siebert, vol. II: §§ 104-240 (13th ed., Stuttgart 1999); vol. IV: §§ 705-853 (11th ed., Stuttgart a.o. 1985); vol. X: §§ 823-853, ProdHG, UmweltHG (13th ed., Stuttgart 2005), sometimes also quoted from earlier editions, quoted here with the commentaries by *Andreas Sprickhoff, Axel Beater, Jürgen F. Baur, Harald Vinke, Manfred Wolf, Martin Henssler, Rüdiger Krause, Otto Mühl and Astrid Stadler*
Sohlberg, Franchisejuridik	*Stig Sohlberg*, Franchisejuridik (Stockholm 1991)
Sohm-Bourgeois, Rép.Dr.Civ. Dalloz VIII, v° Prescription civile (1985)	A.-M. *Sohm-Bourgeois*, Prescription civile, Rép.Dr.Civ. Dalloz vol. VIII (1985)
Solé Feliu, ADC 1997, 865	*Josep Solé Feliu*, La concurrencia de culpa de la víctima en la jurisprudencia reciente del Tribunal Supremo, ADC 1997, 865-902

Solé Feliu, FS Díez-Picazo II, 3097	*Josep Solé Feliu*, Los perfiles borrosos de la asunción del riesgo en el Derecho comparado, in: Antonio Cabanillas Sánchez, Jorge Caffarena Laporta, José María Miquel González, Vicente L. Montés Penadés, Antonio Manuel Morales Moreno and Fernando Pantaleón Prieto (eds.), Estudios jurídicos en homenaje al Profesor Luis Díez-Picazo, vol. II: Derecho civil, derecho de obligaciones (Madrid 2003), 3097-3123
Solomon, ZEuP 2005, 919	*Dennis Solomon*, Aufgedrängte Bereicherung vor dem englischen Court of Appeal, ZEuP 2005, 919-935
Soria, El agente de Comercio	*José Vincente Soria Ferrando*, El agente de Comercio (Valencia 1996)
Sottomayor, BFD LXXI (1995), 403	*Maria Clara Sottomayor*, A responsabilidade civil dos pais pelos factos ilícitos praticados pelos filhos menores, BFD LXXI (1995), 403-468
Soufleros, The franchise agreement	*H. Soufleros*, The franchise agreement in the light of the Greek and European law of competition (Athens 1989)
Sourioux, JCP 1982 I, 3058	*Jean-Louis Sourioux*, La Croyance Légitime, JCP 1982 I, 3058
Sourlas, NoB 33 (1985), 728	*Pavlos Sourlas*, Aposimiosi gia sterisi chriseos pragmatos, NoB 33 (1985), 728-744
Sousa Antunes, FS Almeida Costa, 643	*Henrique Mário Nunes Sousa Antunes*, Ambiente e responsabilidade civil, in: Júlio Gomes (ed.), Festschrift in honour of Mário Júlio de Almeida Costa (Lisbon 2002), 643-664
Sousa Dinis, CJ (ST) IX (2001-1), 5	*Joaquim José de Sousa Dinis*, Dano corporal em acidentes de viação: cálculo da indemnização em situações de morte, incapacidade total e incapacidade parcial; perspectivas futuras, CJ (ST) IX (2001-1), 5-12
Sousa Dinis, RPDC XIII [2004-14], 9	*Joaquim José de Sousa Dinis*, A baremização de dano corporal na responsabilidade civil (excluídos os acidentes laborais), RPDC XIII [2004-14], 9-17
Spaun, Herausgabeanspruch	*Susanne Spaun*, Der Herausgabeanspruch bei Diebstahl oder illegalem Export von Kulturgütern (Frankfurt a.M. 2003)
Spielbüchler, Der Dritte im Schuldverhältnis	*Karl Spielbüchler*, Der Dritte im Schuldverhältnis (Vienna 1973)
Spielbüchler, JBl 1971, 589	*Karl Spielbüchler*, Übereignung durch mittelbare Leistung, JBl 1971, 589-600
Spielbüchler, JBl 1981, 505	*Karl Spielbüchler*, Zur dinglichen Rechtsstellung des Vorbehaltskäufers, JBl 1981, 505-511
Spielbüchler, JBl 2001, 38	*Karl Spielbüchler*, Die Leistungskondiktion im System der kausalen Übereignung – Folgen für ein europäisches Bereicherungsrecht, JBl 2001, 38 ff
Spier, Schade en loss occurrence-verzekeringen	*Jaap Spier*, Schade en loss occurrence-verzekeringen (Deventer 1999)
Spier, Schadevergoeding	*Jaap Spier*, Schadevergoeding: algemeen, deel 3 (Deventer 1992)

Spier/Hartlief/Van Maanen/ Vriesendorp, Verbintenissen uit de wet en Schadevergoeding (*-author*)[2]	*Jaap Spier, Tom Hartlief, G. E. van Maanen and R. D. Vriesendorp*, Verbintenissen uit de wet Schadevergoeding (2nd ed., Deventer 2000)
Spiro, Begrenzung	*Karl Spiro*, Die Begrenzung privater Rechte durch Verjährungs-, Verwirkungs- und Fatalfristen (Bern 1975)
Spiro, FS Bosch, 975	*Karl Spiro*, Verjährung und Hausgemeinschaft, in: Festschrift für Friedrich Wilhelm Bosch zum 65. Geburtstag, 2. Dezember 1976, edited by *Walther J. Habscheid* (Bielefeld 1976), 975-981
Spiro, FS Müller-Freienfels, 617	*Karl Spiro*, Zur Reform der Verjährungsbestimmungen, in: *Albrecht Dieckman, Rainer Frank, Hans Hanisch* and *Spiros Simitis* (ed.), Festschrift für Wolfram Müller-Freienfels (Baden-Baden 1986), 617-630
Spyridakis and Perrakis, Civil Code III	*Ioannis Spyridakis and Evaggelos Perrakis*, Civil Code, vol. III: Property Law (Athens 1977)
Spyridakis, Empragmato Dikaio	*Ioannis Spyridakis*, Egcheiridio astiku dikaiu, vol. III: Empragmato Dikaio (Athens 1983)
Spyridakis, To dikaion tis empragmatou	*Ioannis Spyridakis*, To dikaion tis empragmatou asfaleias (2nd ed. Athens 1976)
St Clair and Lord Drummond Young, The Law of Corporate Insolvency in Scotland[3]	*John St. Clair and the Honourable Lord Drummond Young*, The Law of Corporate Insolvency in Scotland (3rd ed., Edinburgh 2004)
Staake, WM 2005, 2113	*Marco Staake*, Die Bestimmung des Leistenden im Bereicherungsrecht, WM 2005, 2113-2122
Stabentheiner, Mietrecht	*Johannes Stabentheiner*, Mietrecht (Vienna 2004)
Stadler, Gestaltungsfreiheit und Verkehrsschutz durch Abstraktion	*Astrid Stadler*, Gestaltungsfreiheit und Verkehrsschutz durch Abstraktion: eine rechtsvergleichende Studie zur abstrakten und kausalen Gestaltung rechtsgeschäftlicher Zuwendungen anhand des deutschen, schweizerischen, österreichischen, französischen und US-amerikanischen Rechts (Tübingen 1996)
Staehelin, AJP 2004, 363	*D. Staehelin*, Vertragsklauseln für den Insolvenzfall, AJP 2004, 363 ff
Stair, Institutions I[5, 10], II[6], III	*James Dalrymple Stair*, The Institutions of the Law of Scotland, deduced from its originals, and collated with the civil, canon and feudal laws, and with the customs of neighbouring nations in four books, vol. I, II and III, edited by John Schank More (5th ed., Edinburgh 1832), sometimes also quoted from the 10th ed. (Edinburgh 1981) edited by David M. Walker
Stair, The Laws of Scotland III, VII, VIII, XIII, XV,XVIII, XX,	*James Dalrymple Stair*, The Laws of Scotland: Stair memorial encyclopaedia, founded by James Dalrymple Stair, edited by Thomas Smith, vols. III, VII, VIII, XIII, XV, XVIII, XX (Edinburgh 1987 ff)

Stair, The Laws of Scotland, Reissue 'Agency and Mandate'	*James Dalrymple Stair*, The Laws of Scotland: Stair memorial encyclopaedia, founded by James Dalrymple Stair, edited by Thomas Smith, vol. I: Reissue: 'Agency and Mandate' by *Laura J. Macgregor* (Edinburgh 2002)
Stair, The Laws of Scotland, Reissue 'Leasing and hire of movables'	*James Dalrymple Stair*, The Laws of Scotland: Stair memorial encyclopaedia, founded by James Dalrymple Stair, edited by Thomas Smith, vol. VII: Reissue: 'Leasing and hire of movables' by *R. Bruce Wood* (Edinburgh 2004)
Stair, The Laws of Scotland, Reissue 'Medical Law'	*James Dalrymple Stair*, The Laws of Scotland: Stair memorial encyclopaedia, founded by James Dalrymple Stair, edited by Thomas Smith, vol. VII: Reissue: 'Medical Law' by *Murray Earle* (Edinburgh 2006)
Staneva, Otgovornost za vredi, prichineni ot deza i nesposobni	*Anna Staneva*, Otgovornost za vredi, prichineni ot deza i nesposobni (Sofia 1991)
Stanton, (2004) 120 LQR, 324	K. M. *Stanton*, New Forms of the Tort of Breach of Statutory Duty, (2004) 120 LQR, 324-341
Stapleton, (1988) 104 LQR, 213 and 389	*Jane Stapleton*, The Gist of Negligence, part I: Minimum Actionable Damage, part II: The Relationship between "Damage" and Causation, (1988) 104 LQR, 213-238 and 389-409
Starck/Roland/Boyer, Obligations I^{5}, II^{6}, III^{5}	*Boris Starck, Henri Roland and Laurent Boyer*, Obligations, vol. I: Responsabilité délictuelle (5th ed., Paris 1996), vol. II: Contrat (6th ed., Paris 1998); vol. III: Régime général (5th ed., Paris 1997)
Stark, Berner Kommentar IV. 3. 1^{3}	E. W. Stark, Der Besitz, Berner Kommentar, vol. IV. 3. 1 (3rd ed., Bern 2001)
Starosselets, Effets	*Taras Starosselets*, Effets de la dissolution ex tunc, in: Patrick Wéry (ed.), La fin du contrat (Liège 2001), 193-260
Starosselets, TBBR 2003, 67	*T. Starosselets*, Restitutions consécutives à la dissolution ex tunc, TBBR 2003, 67-86
Stathopoulos, Axiosis adikaiologitou ploutismou	*Michael Stathopoulos*, Axiosis adikaiologitou ploutismou (Athens 1972)
Stathopoulos, Contract Law in Hellas	*Michael Stathopoulos*, Contract Law in Hellas (Athens 1995)
Stathopoulos, FS Larenz, 631	*Michael Stathopoulos*, Bemerkungen zum Verhältnis zwischen Fahrlässigkeit und Rechtswidrigkeit im Zivilrecht, in: Claus-Wilhelm Canaris and Uwe Diederichsen (eds.), Festschrift in honour of Karl Larenz (Munich 1983), 631-647
Stathopoulos, Geniko Enochiko Dikaio A(1)$^{2, 4}$	*Michael Stathopoulos*, Geniko Enochiko Dikaio, vol. A(1) (4th ed., Athens 2004), sometimes also quoted from the 2nd ed. (Athens 1993)
Stathopoulos, Law of Obligations$^{3, 4}$	*Michael Stathopoulos*, Law of Obligations, General Part (3rd ed. Athens 1998) and (4th ed. Athens and Thessaloniki 2004)
Staudinger *(-author)*, BGB$^{12, 13}$	Julius von Staudinger's Kommentar zum Bürgerlichen Gesetzbuch mit Einführungsgesetz und Nebengesetzen, book 1: Allgemeiner Teil, §§ 1-14 (Berlin 2004), §§ 90-133

	(Berlin 2004), §§ 134-163 (Berlin 2003), §§194-225 (Berlin 2004); book 2: Recht der Schuldverhältnisse, §§ 249-254 (Berlin 2005), §§ 397-432 (Berlin 2005), §§ 433-487 (Berlin 2004), §§ 765-778 (13th ed., Berlin 1997), §§ 812-820 (Berlin 2004), §§ 823-825 (13th ed., Berlin 1999), §§ 840-853 (Berlin 2007), §§ 854-883 (Berlin 2007); book 3: Sachenrecht, §§ 925-984 (13th ed., Berlin 1999 and Berlin 2004), quoted here with the commentaries by *Johannes Hager, Gottfried Schiemann, Andreas Bergmann, Manfred Löwisch, Karl-Heinz Gursky, Reinhard Richardi, Werner Lorenz, Stephan Lorenz, Wolfgang Wiegand, Hans Hermann Bork, Hans Hermann Seiler, Herbert Roth, Detlev W. Belling, Christina Eberl-Borges, Norbert Horn, Claudia Bittner, Wittmann, Frank Peters and Elmar Bund*
Staudinger *(-author)*, Eckpfeiler des Zivilrechts [2008]	Julius von Staudinger and Roland Michael Beckmann (eds.), Eckpfeiler des Zivilrechts (2nd ed., Berlin 2008), quoted here with the contribution by *Martin Schmidt-Kessel*
Staudinger, RIW 1999, 915	*Ansgar Staudinger*, Das Zusammenspiel von HaustürWG, VerbrKrG, TzWrG und AGBG bei verbundfinanzierten Timesharing-Verträgen im Binnenmarkt, RIW 1999, 915-924
Stavrou, TP 2006, 325	*Stoyan Stavrou*, Kosveno predstavitelstvo, Turgovsko pravo (TP) 2006, 325-343
Stavrou, Vuprosi na bulgarskoto veshtno pravo	*Stoyan Stavrou*, Vuprosi na bulgarskoto veshtno pravo (Sofia 2008)
Stefanicki, Ochrona konsumenta	*Robert Stefanicki*, Ochrona konsumenta w świetle ustawy o szczególnych warunkach sprzedaży konsumenckiej (Warsaw 2006)
Stefanov, Turgovsko pravo 3/2000, 53	*Stefan Stefanov*, Zakonut za osobenite zalozi i zalogut vurhu nalichni zenni knija, Turgovsko pravo 3/2000, 53-63
Steinauer, Les droits réels I^{4}, II^{3}	*Paul Henri Steinauer*, Les droits réels, vol. I (4th ed., Bern 2007); vol. II (3rd ed., Bern 2002)
Štenglová/Plíva/Tomsa, Commercial Code$^{10, 11}$	I. Štenglová, S. Plíva, M. Tomsa (eds.), Obchodní zákoník, Komentář (11th ed., Prague 2006), sometimes also quoted from the 10th ed. (Prague 2005) and the 9th ed. (Prague 2004)
Stenvik, TfR 2003, 601	*Are Stenvik*, Rettsbeskyttelse av personlig særpreg, TfR 2003, 601-647
Steven, (2007) 11 Edinburgh LRev, 411	A. J. M. *Steven*, By the Book: Enrichment by Interference, (2007) 11 Edinburgh LRev, 411 ff
Steven, JuridRev 2005, 293	*Andrew J. M. Steven*, Property Law and Human Rights, JuridRev 2005, 293-310
Stevens, Transportrecht	*Frank Stevens*, Vervoer onder cognossement in Bibliotheek Handelsrecht, Transportrecht (Brussels 2001)
Stewart, Delict$^{3, 4}$	*William J. Stewart*, Delict (4th ed., Edinburgh 2004), sometimes also quoted from the 3rd ed.: Delict and related obligations (Edinburgh 1998)

Stijns and Samoy, La confiance légitime en droit des obligations	*Sophie Stijns and Ilse Samoy*, La confiance légitime en droit des obligations, in: Sophie Stijns and Patrick Wéry (eds.), Les sources d'obligations extracontractuelles (Brussels 2007), 47 ff
Stijns and Stuyck, Het nieuwe kooprecht	*Sophie Stijns and Jules Stuyck*, Het nieuwe kooprecht, De wet van 1 september 2004 betreffende de bescherming van de consumenten bij verkoop van consumptiegoederen (Antwerp 2005)
Stijns, De gerechtelijke en de buitengerechtelijke ontbinding van overeenkomsten	*Sophie Stijns*, De gerechtelijke en de buitengerechtelijke ontbinding van overeenkomsten, onderzoek van het Belgische recht getoetst aan het Franse en het Nederlandse recht (Antwerp 1994)
Stijns, Les contrats et les tiers, 189	*Sophie Stijns*, Les contrats et les tiers, in: Patrick Wéry (ed.), Le droit des obligations contractuelles et le bicentenaire du Code civil (Brussels 2004), 189-239
Stijns, Verbintenissenrecht I	*Sophie Stijns*, Verbintenissenrecht, vol. I (Bruges 2005)
Stijns/Van Gerven/Wéry, JT 1996, 689	*Sophie Stijns, Dirk Van Gerven and Patrick Wéry*, Chronique de jurisprudence. Les obligations: Les sources (1985-1995), JT 1996, 689-752
Stillfried and Stockenhuber, WBl 1995, 301 and 345	*Georg Stillfried and Peter Stockenhuber*, Schadenersatz bei Verstoß gegen das Kartelverbot des Art. 85 EG-V, WBl 1995, 301-308 (part 1) and 345-352 (part 2)
Stoffels, LMK 170499	*Markus Stoffels*, Gewährleistung beim Finanzierungsleasing und Verbrauchsgüterkauf, LMK 170499
Stolfi, Appalto	*Mario Stolfi*, Appalto, trasporto (Milan 1961)
Stolfi, Assicurazioni 1958, I, 61	*Guiseppe Stolfi*, Natura giuridica dell'assicurazione cauzionale, Assicurazioni 1958, I, 61-77
Stolfi, Giur. It. 1975, I, 1, 1373	*Giuseppe Stolfi*, Note under Cass. 25. January 1974, no. 199, Giur. It. 1975, I, 1, 1373-1375
Stolfi, Teoria del negozio giuridico^{2}	*Giuseppe Stolfi*, Teoria del negozio giuridico (2nd ed., Padua 1961)
Stoljar, Agency	*Samuel Jacob Stoljar*, The Law of Agency, its history and present principles (London 1961)
Stoljar, Negotiorum Gestio	*Samuel Jacob Stoljar*, Negotiorum Gestio, in: Peter Schlechtriem (ed.), IECL vol. X: Restitution – unjust enrichment and negotiorum gestio, chapter 17, 141-222
Stolker, AA 1995, 13	*Carel Jan Jozef Marie Stolker*, Aansprakelijkheid voor beroepsfouten – van droom – nachtmerrie, AA 1995, 13-25
Stolker, Aansprakelijkheid van de arts voor mislukte sterilisaties	*Carel Jan Jozef Marie Stolker*, Aansprakelijkheid van de arts voor mislukte sterilisaties (Deventer 1988)
Stolker, RM-Themis 1988, 3	*Carel Jan Jozef Marie Stolker*, Besef als vereiste voor vergoeding van immateriële schade, RM-Themis 1988, 3-29
Stone, Offences against the Person	*Richard Stone*, Offences against the Person (London 1999)

Storme, De invloed van de goede trouw op de kontraktuele schuldvorderingen	*Matthias E. Storme*, De invloed van de goede trouw op de kontraktuele schuldvorderingen (Brussels 1990)
Storme, ERPL 5/1997, 792	*Matthias E. Storme*, Constitutional review of disproportionately different periods of limitation of actions (prescription), ERPL vol. V, 1997, 79-89
Storme, Proces & bewijs 1994, 53	*Matthias E. Storme*, De bescherming van de wederpartij en van het dwingend recht bij middellijke vertegenwoordiging, m.b. naamlening, in het burgerlijk procesrecht, en de betwistbare verwoording daarvan in de cassatiearresten van 25 november 1993, Proces & bewijs 1994, 53-61
Storme, RW 1989-90, 313	*Matthias E. Storme*, De exceptio non adimpleti contractus, als uitlegvraag. Uitwerking van enkele aspekten in de verhouding tussen partijen, meer bepaald evenredigheid en volgorde van de prestaties, R.W. 1989-90, 313-324
Storme, TBBR 1991, 101	*Matthias E. Storme*, Het ingaan en de terugwerkende kracht van de ontbinding van wederkerige overeenkomsten, TBBR 1991, 101-119
Storme, TPR 1998, 703	*Matthias E. Storme*, Van trust gespeend? Trusts en fiduciaire figuren in het Belgisch privaatrecht, TPR 1998, 703-819
Stoufflet, La garantie indépendante	*Stoufflet*, La garantie indépendante, Juris-Classeur Banque et Bourse, no. 610 (Paris 2006)
Straube *(-author)*, HGB I[2, 3]	Manfred Straube (ed.), Kommentar zum Handelsgesetzbuch, vol. I (3rd ed., Vienna 2003), sometimes also quoted from 2nd ed. (Vienna 1995),
Street *(-Brazier and Murphy)*, Torts[10]	*Margaret Brazier and John Murphy*, established by *Harry Street*, The law of torts. Street on torts (10th ed., London 1999)
Strömholm, Right to Privacy and Rights of Personality	*Stig Strömholm*, Right to Privacy and Rights of Personality (Stockholm 1967)
Strömholm, SvJT 1971, 695	*Stig Strömholm*, Integritetsskydd. Ett försök till internationell lägesbestämning, SvJT 1971, 695-736
Stürner, JZ 1996, 741	*Rolf Stürner*, Der hundertste Geburstag des BGB – nationale Kodifikation im Greisenalter, JZ 1996, 741-752
Sverne and Sverne, Patientens rätt[3]	*Ebba Arvill Sverne and Tor Sverne*, Patientens rätt (3rd ed., Stockholm, 1993)
Švestka/Jehlička/Škárová, OZ[9, 10]	O. *Jehlička*, J. *Švestka*, M. *Škárová et al.*, Občanský zákoník, Komentář (10th ed., Prague 2006), sometimes also quoted from the 9th ed. (Prague 2004) and 8th ed. (Prague 2004)
Svoboda et al. *(-author)*, Komentár a súvisiace predpisy[3-5]	*Jaromír Svoboda et al.*, Občiansky zákonník. Komentár a súvisiace predpisy (5th ed., Bratislava 2004), sometimes also quoted from the 3rd and 4th ed. (Bratislava 1998 and 2000)
Swaaij, Beschikken en rechtsovergang	*Joseph Hubertus Maria van Swaaij*, Beschikken en rechtsovergang. De temporele dimensie van de overdracht: levering van toekomstige goederen, levering onder eigendomsvoorbehoud en levering onder voorbehoud van eigendomsherkrijging (The Hague 2000)

Swadling, (2005) 121 LQR	*Willian J. Swadling*, Rescission, Property and the Common Law, (2005) 121 LQR 123-153
Swahn and Wendleby, Lagen om finansiell rådgivning till konsumenter	*Mikael Swahn* and *Björn Wendleby*, Lagen om finansiell rådgivning till konsumenter: en kommentar (Stockholm 2005)
Szalma, Okozatosság és polgári jogi felelősség	*József Szalma*, Okozatosság és polgári jogi felelősség – az európai és a magyar jogban (Miskolc 2000)
Szécsényi, ZfRV 1999, 175	*László Szécsényi*, Grundzüge des ungarischen Deliktsrechts, ZfRV 1999, 175-184
Szladits (*-author*), Magyar magánjog IV	Károly Szladits (ed.), Magyar magánjog IV, Kötelmi jog különös része (Budapest 1942). Quoted here with commentaries by *Mihály Antalffy*, *Személyi Kálmán* and *Miklós Ujlaki*
Szpunar, Odszkodowanie za szkodę majątkową	*Adam Szpunar*, Odszkodowanie za szkodę majątkową. Szkoda na mieniu i osobie (Bydgoszcz 1998)
Szpunar, Rejent no. 2001 (6) 13	*Adam Szpunar*, Przyczynienie się do powstania szkody w wypadu komunikacyjnym, Rejent 2001, no. 6, 13-27
Szpunar, Zadośćuczynienie	*Adam Szpunar*, Zadośćuczynienie za szkodę niemajątkową (Bydgoszcz 1999)
T' Kint, Droit de poursuite des créanciers	*Francois T' Kint*, Sûretés et principes généraux du droit de poursuite des créanciers (4th ed., Brussels 2004)
Tabuteau, La sécurité sanitaire[2]	*Didier Tabuteau*, La sécurité sanitaire (2nd ed., Paris 2002)
Tadjer, Veshtno pravo IV	*Vitali Tadjer*, Veshtno pravo na NRB, vol. IV: Vladenie (Sofia 1970)
Tafforeau, Droit de la propriété intellectuelle	*Patrick Tafforeau*, Droit de la propriété intellectuelle, propriété littéraire et artistique, propriété industrielle, droit international (Paris 2004)
Taipale, Accept af risiko, 375	*Erkki-Juhani Taipale*, Accept af risiko (risikoovertagelse) og samtykke som civil- og strafferetlig problem, in: Forhandlingerne på det 32. Nordiske juristmøde i Reykjavik den 22.-24. august 1990, vol. I (Reykjavik 1990), 375-386, http://jura.ku.dk/njm/32/32_14.pdf
Takki, Defensor legis 1990, 51	*Tapio Takki*, Oikeuttaako kauppa-agentin huono myyntitulos päämiehen purkamaan sopimuksen "tärkeästä syystä"?, Defensor legis 1990, 51-57
Takki, Oikeustiede-jurisprudentia 1982, 183	*Tapio Takki*, Itsenäistä kauppaedustajaa koskevan edustussopimuksen purkaminen "tärkeästä syystä", Oikeustiede–jurisprudentia XV 1982, 183-277
Takoff, Dobrovolno predstavitelstvo	*Christian Takoff*, Dobrovolno predstavitelstvo (Sofia 2006)
Takoff, FS Apostolov, 419	*Christian Takoff*, Abstraktinite sdelki v svetlinata na ponyatiyata za abstraktnost i kausalitet, in: Festschrift in honour of Ivan Apostolov, 419-451 (Sofia 2001)
Takoff, Obzor na deliktnoto pravo na Bulgaria	*Christian Takoff*, Obzor na deliktnoto pravo na Bulgaria, Bulgarian online version of *Christian Takoff*, Bulgaria, in: Helmut Koziol and Barbara C. Steininger (eds.), European

	Tort Law 2005, Tort and Insurance Law Yearbook (Vienna 2005), 614-649, see http://www.geocities.com/christian_takoff/Articles.htm
Takoff, Personalnata simulaziya-vidove, hipotezi, sravnenie s drugi pravni figure	*Christian Takoff*, Personalnata simulaziya-vidove, hipotezi, sravnenie s drugi pravni figure, Juristische Welt no. 2/2005
Takoff, Zakon za zaduljeniyata i dogovorite[6]	*Christian Takoff*, Zakon za zaduljeniyata i dogovorite, (6th ed., Sofia 2008)
Tallon, Erreur sur la substance et garantie des vices cachés dans la vente mobilière	*Denis Tallon*, Erreur sur la substance et garantie des vices cachés dans la vente mobilière, étude comparé des droits français et anglais, in Mélanges Hamel (1961), 435.
Tammiste, Juridica 2004, 129	*Heleri Tammiste*, Non-proprietary Damage in the Estonian Case Law, Juridica 2004, 129-141 (in Estonian)
Tammiste, Juridica 2005, 385	*Heleri Tammiste*, Compensating Purely Economic Damage Caused by an Erroneous Opinion of an Expert, Juridica 2005, 385-395 (in Estonian)
Tampakis, Arm 1973, 423	*Tampakis*, I ypokatastasi os parepomeno tis anagogis (Subrogation as reimbursement's subsequent feature), Arm 1973, 423-429
Tampuu, Juridica 2002, 454	*Tambet Tampuu*, Unjustified enrichment in the Law of Obligations Act, Juridica 2002, 454-466
Tampuu, Juridica 2003, 161	*Tambet Tampuu*, Strict Liability and Producer's Liability in the Law of Obligations Act, Juridica 2003, 161-168 (in Estonian)
Tampuu, Juridica 2003, 464	*Tambet Tampuu*, Delict Law Liability for Damage Caused by another Person, Juridica 2003, 464-474 (in Estonian)
Tampuu, Juridica 2003, 71	*Tambet Tampuu*, Tort law in the Law of Obligations Act: general problems and liability, Juridica 2003, 71-82 (in Estonian)
Tampuu, Lepinguväliste võlasuhete õigus	*Tambet Tampuu*, Lepinguväliste võlasuhete õigus (Tallinn 2007)
Taschner, NJW 1986, 611	*Hans Claudius Taschner*, Die künftige Produzentenhaftung in Deutschland, NJW 1986, 611-616
Tassev, Nepozvoleno uvrejdane	*Simeon Tassev*, Nepozvoleno uvrejdane: otgovornost za vredi, prichineni ot veshti i jivotni (Sofia 1995)
Tatarelli, Mass.giur.lav. 2001, 123	*Maurizio Tatarelli*, Provvedimento d'urgenza: tutela cautelare in appello e 'fumus boni iuris', Mass.giur.lav. 2001, 123-125
Tate, Ownership and Possession in the early Common Law	*Joshua C. Tate*, Ownership and Possession in the early Common Law, (2006) 48 American Journal of Legal History, 280-313
Tavits, Juridica Int. 2005, 71	*Gaabriel Tavits*, Indispensability of the Law of Obligations in Employment Relationships: Problems in Application of the Law of Obligations to Employment Relationships in Estonia, Juridica International 2005, 71-78.
Taxell, Avtal och rättskydd	*Lars Erik Taxell*, Avtal och rättskydd (Åbo 1972)
Taxell, Avtalsrättens normer	*Lars Erik Taxell*, Avtalsrättens normer (Turku 1987)

Taxell, Defensor legis 1977, 148	*Lars Erik Taxell*, Om lojalitet i avtalsförhållanden, Defensor legis 1977, 148-155
Taxell, JFT 1944, 367	*Lars Erik Taxell*, Till frågan om skadelidandens medverkan i utomobligatoriskt skadefürorsakande, JFT 1944, 367-387
Taxell, Skadestånd vid avtalsbrott	*Lars Erik Taxell*, Skadestånd vid avtalsbrott (Turku 1993)
Tedeschi	*Guido U. Tedeschi*, La cambiale, in: Pietro Rescigno (ed.), Trattato di diritto privato, vol. XIII (Turin 1985), 495-579
Telaranta, Sopimusoikeus	K. A. *Telaranta*, Sopimusoikeus (Helsinki 1990)
Teleranta, Kauppaedustaja, myyntimies ja yksinmyyjä	K. A. *Telaranta*, Kauppaedustaja, myyntimies ja yksinmyyjä (Helsinki 1993)
Tellis, The compensation for goodwill in commercial agency	N. *Tellis*, The compensation for goodwill in commercial agency (Athens 1997)
Tepora, Johdatus esineoikeuteen	*Jarno Tepora*, Johdatus esineoikeuteen (Helsinki 2006)
Tercier, Les contrats spéciaux	*Pierre Tercier*, Les contrats spéciaux (2nd ed., Zurich 1995)
Tercier, Les Contrats spéciaux[3]	*Pierre Tercier*, Les Contrats spéciaux (3rd ed., Zurich 2003)
Terré and Simler, Les biens[4, 5, 7]	*François Terré and Philippe Simler*, Droit civil, Les Biens (7th ed., Paris 2006), sometimes also quoted from the 4th (Paris 1992) and 5th ed. (Paris 1998)
Terré/Simler/Lequette, Les obligations[6-9]	*François Terré, Philippe Simler and Yves Lequette*, Les obligations (9th ed., Paris 2005), sometimes also quoted from earlier editions
Terrile, DCI 1999, 591	*Terrile*, L'entrata in vigore della United Nations Convention on Independent Guarantees and Stand-By Letters of Credit e la disciplina delle garanzie indipendenti, DCI 1999, 591-635
Tettenborn, [2007] LMCLQ 392	*Andrew Tettenborn*, Assignment of rights to compensation, [2007] LMCLQ 392-408
Tettenborn, Restitution[3]	*Andrew M. Tettenborn*, Law of Restitution in England and Ireland (3rd ed., London 2002)
The Finnish Association for Franchising, Franchising Suomessa 2002	The Finnish Association for Franchising, Franchising Suomessa 2002 (Lohja 2002)
The ICC Model International Franchising Contract, ICC International Contracts Series	The ICC Model International Franchising Contract, ICC International Contracts Series (Paris 2000)
Theodoropoulos	*Theodoropoulos*, I eggyisis kata ton isxionta AK (Athens 1953)
Thevenoz and Werro (*-author*), Commentaire Romand	Luc Thevenoz and Franz Werro (eds.), Commentaire Romand (Geneva 2003)
Thiers, De la propriété	*Adolphe Thiers*, De la propriété (Paris 1848)
Thomas, Property's Properties: From Hegel to Locke	*Paul Thomas*, Property's Properties: From Hegel to Locke (Berkeley 2003)

Thomson, (2005) SLT, 121	E. A. C. *Thomson*, Nasciturus and Delict – Born Yesterday?, (2005) SLT, 121-126
Thomson, Delictual Liability[3]	*Joe Thomson*, Delictual Liability (3rd ed., Edinburgh 2004)
Tiberg and Dotevall, Mellanmansrätt[9]	*Hugo Tiberg and Rolf Dotevall*, Mellanmansrätt (9th ed., Göteborg 2003)
Tiberg, Fordringsrätt[5]	*Hugo Tiberg*, Fordringsrätt (5th ed., Stockholm 1986)
Tiberg, Skuldebrev, växel och check[6]	*Hugo Tiberg*, Skuldebrev, växel och check (6th ed., Stockholm 1989)
Tichý, BA 1983 (4), 244	*Luboš Tichý*, Místo plnění závazku, zejména peněžitého, BA 1983(4), 244 ff
Tiivel, Asjaõigus	*Rein Tiivel*, Asjaõigus: Loengukonspekt (Tallinn 2003)
Tilleman and Claeys (*-author*), Buitencontractuele aansprakelijkheid	Bernard Tilleman and Ignace Claeys (eds.), Buitencontractuele aansprakelijkheid, Die Keure (Bruges 2004), quoted here with the contributions: "Responsabilité du fait d'autrui" by *Jean-Luc Fagnart*, 169-211, "Fout, overmacht en rechtvaardigingsgronden. Zoveel hoofden" by *Ignace Claeys*, 1-42 and *Frederiek Baudoncq* and *Maarten Debeane*, "De aansprakelijkheid voor zaken in het licht van artikel 1384", 83-124, lid 1 B.W.
Tilleman and Du Laing (*-author*), Onderneming en effecten	H. *Laga and V. Lietaer*, Eigendomsbetwistingen bij aandelen, in: B. Tilleman and B. Du Laing (eds.), Onderneming en effecten (Brugge 2001), 466-476
Tilleman and Foriers (*-author*), De koop, in Recht en onderneming	Bernard Tilleman and P.-A. Foriers (eds.), De koop, in Recht en onderneming (Brugge 2002), with the contribution by *Ph. Colle* and *B. Van den Brande*, Het eigendomsvoorbehoud verbintenisrechtelijk bekeken en tegenwerpelijkheid van het beding in verschillende samenloopsituaties, 163-196
Tilleman and Verbeke, Bijzondere overeenkomsten in kort bestek	*Bernard Tilleman and Alain Verbeke*, Bijzondere overeenkomsten in kort bestek (2nd ed., Antwerp 2005)
Tilleman, Lastgeving	*Bernard Tilleman*, Lastgeving (Deurne 1997)
Tilleman, Overeenkomsten II	*Bernard Tilleman*, Overeenkomsten, vol. II: Bijzondere overeenkomsten. A Verkoop, part 1: Totstandkoming en kwalificatie van de koop, in: R. Dillemans and W. van Gerven (eds.), Beginselen van Belgisch privaatrecht (Antwerp 2001)
Timonen, Inledning till Finlands rättsordning	*Pekka Timonen*, Inledning till Finlands rättsordning (Jyväskylä 1996)
Tirado Suárez, Ley de Contrato de Seguro II	*Javier Tirado Suárez*, Ley de Contrato de Seguro, vol. II (Madrid 1985)
Tirkkonen, Siviiliprosessioikeus I	*Tauno Tirkkonen*, Siviiliprosessioikeus, vol. I (Helsinki 1976)
Tjittes, Bezwaarde verwanten	R. P. J. L. *Tjittes*, Bezwaarde verwanten (Deventer 1996)
Tjittes, WPNR 2001, no. 6442, 347	R. P. J. L. *Tjittes*, Ongeschreven zorgplichten van de schuldeiser jegens de aspirant-borg bij het aangaan van de overeenkomst van borgtocht, WPNR 2001, no. 6442, 347-356
TKKST 1987-88, 19 636	Tweede Kamer vergaderjaar 1987-1988, Kamerstukken no. 19 636 (The Hague 1988)

TKKST 1988-1989, 21 202	Tweede Kamer vergaderjaar 1988-1989, Kamerstukken no. 21 202 (The Hague 1989)
TKKST 2003-2004, 28 781	Tweede Kamer vergaderjaar 2003-2004, Kamerstukken no. 28 781 (The Hague 2004)
Todd, Bills of Lading and Documentary Credits[3]	*Paul Todd*, Bills of Lading and Documentary Credits (3rd ed., London 1998)
Tolonen, Siviilioikeuden yleiset periaatteet	*Hannu Tolonen*, Siviilioikeuden yleiset periaatteet, in: Ari Saarilehto (ed.), Varallisuusoikeuden kantavat periaatteet (Helsinki 2000)
Tomassetti, Il possesso	*Alesssandro Tomassetti*, Il possesso, in: Paolo Cendon (ed.), Giurisprudenza critica (Turin 2005)
Tomkin and Hanafin, Irish Medical Law	*David Tomkin and Patrick Hanafin*, Irish Medical Law (Dublin 1995)
Tommaseo, Autonomia negoziale	*Ferruccio Tommaseo*, Autonomia negoziale e tutela giurisdizionale nei rapporti di garanzia a prima richiesta, in: Studi in onore di Vittorio Denti, vol. II: Il processo di cognizione (Padua 1994), 411-438
Tommaseo, Vizi del consenso	*Ferruccio Tommaseo*, Vizi del consenso, exceptio doli, cavalli miliardari e abuso dell'inibitoria urgente delle garanzie a prima richiesta, Giur.it. 1996, I, 2, 427-430
Tonner, VuR 2005, 207	*Martin Tonner*, Ansprüche des Käufers bei Selbstvornahme der Mängelbeseitigung, VuR 2005, 207-210.
Torgāns, Jurista Vārds 2007, 481	*Kalvis Torgāns*, Vairāki zaudējumus (kaitējumu) izraisoši cēloņi, Jurista Vārds 2007, 481 ff
Torgāns, Latvijas Zinātņu akadēmijas vēstis 2002, 34	*Kalvis Torgāns*, "Eiropas līgumu tiesību principi" un Latvijas civiltiesības, Latvijas Zinātņu akadēmijas vēstis 2002, 34-41
Torrente, La donazione	*Andrea Torrente*, La donazione (Milan 1956)
Toulson and Phipps, Confidentiality[2]	*Roger G. Toulson and Charles M. Phipps*, Confidentiality (2nd ed., London 2006)
Toussis, Empragmaton Dikaion[4]	*Andreas Toussis*, Empragmaton Dikaion (4th ed., Athens 1988)
Toussis, Enochiko Dikaio	A. *Toussis*, Enochiko Dikaio, Eidiko meros (Athens 1975)
Trabucchi, Istituzioni[38]	*Alberto Trabucchi*, Istituzioni di diritto civile (38th ed., Padua 1998)
Trapp, ZIP 1997, 1279	*Andreas Trapp*, Zur Wirksamkeit der weiten Sicherungszweckvereinbarung bei Bürgschaften, ZIP 1997, 1279-1284
Tratnik and Vrenčur, Pravnik 1999, 6-8, 333	*Matjaž Tratnik and Renato Vrenčur*, O sistemu abstraktne ter kavzalne tradicije v stvarnem pravu, Pravnik 1999, 6-8, 333
Tratnik, PP 2003, 27-28, I	*Matjaž Tratnik*, Kolizije neposestnih premičninskih zavarovanj, PP 2003/27-28, I
Tratnik, PP Priloga 2002/36, I	*Matjaž Tratnik*, Stvarnopravnik zakonik, PP Priloga 2002/36, I
Tratnik, Stvarnopravni zakonik	*Matjaž Tratnik*, Stvarnopravni zakonik z uvodnimi pojasnili (Ljubljana 2002)
Tratnik, Zastavna pravica	*Matjaž Tratnik*, Zastavna pravica (Ljubljana 2006)

Tratnik/Rijavec/Keresteš/Vrenčur (*-author*), Stvarnopravna zavarovanja	*Matjaž Tratnik, Vesna Rijavec, Tomaž Keresteš* and *Renato Vrenčur*, Stvarnopravna zavarovanja (Maribor 2002)
Traviesas, RDP 1920, 206	M. *Traviesas*, Extinción y reivindicación de la propiedad, RDP 1920, 206 ff
Treitel, Frustration	*Guenter H. Treitel*, Frustration and force majeure (London 1994)
Treitel, Remedies for Breach of Contract	*Guenther H. Treitel*, Remedies for Breach of Contract: A Comparative Account (Oxford 1988)
Treitel, The Law of Contract[9-12]	*Guenther H. Treitel*, The Law of Contract (12th ed., London 2007), sometimes also quoted from earlier editions
Tricot-Chamard, JCP éd. G 2004, I, no. 112	*Tricot-Chamard*, Les vicissitudes de la mention manuscrite dans le cautionnement: suite ou fin?, JCP éd. G 2004, I, no. 112, 329-335
Trigeaud, La possession des biens immobiliers	*Jean-Marc Trigeaud*, La possession des biens immobiliers: nature et fondement (Paris 1981)
Trimarchi, L'arricchimento senza causa	*Pietro Trimarchi*, L'arricchimento senza causa (Milan 1962)
Trimarchi, Riv.Dir.Civ. 1983, I, 217	*Pietro Trimarchi*, Sulla responsabilità del terzo per pregiudizio al diritto di credito, Riv.Dir.Civ. 1983, I, 217-236
Trolle, Risiko & Skyld[2]	*Jørgen Trolle*, Risiko & skyld i erstatningspraxis (2nd ed., Copenhagen 1969)
Trstenjak, WGO 2002, 90	*Verica Trstenjak*, Das neue slowenische Obligationenrecht, WGO 2002, 90-110
Trstenjak, ZEuP 2000, 77	*Verica Trstenjak*, Zivilrecht in Slowenien: Entwicklung und Stand der Dinge heute, ZEuP 2000/1, 77-89
Truli, Dienstleistungshaftung	*Emmanuela Truli*, Probleme und Entwicklungen der Dienstleistungshaftung im griechischen, deutschen und Gemeinschaftsrecht (Berlin 2001)
Tuor et al., ZGB[12]	*P. Tuor, B. Schneyder, J. Schmid and A. Rumo-Jungo*, Das schweizerische Zivilgesetzbuch (12th ed., Zurich 2006)
Twigg-Flesner, Information Disclosure about the Quality of Goods – Duty or Encouragement?, 135	*Twigg-Flesner*, Information Disclosure about the Quality of Goods – Duty or Encouragement?, in *Howells/Janssen/Schulze* (eds.), Information Rights and Obligations (Aldershot 2005), 135-153
Tzachev, Zakon za zaduljeniyata i dogovorite I[2]	*Lubomir Tzachev*, Zakon za zaduljeniyata i dogovorite, Tekst, sudebna praktika, literatura i kratki belejki, vol. I (2nd ed., Sofia 1991)
Tzonchev, Podobreniyata	*Krustyo Tzonchev*, Podobreniyata (Sofia 2001)
Tzouganatos, The agreements of exclusive and selective distribution and the law of competition	*D. Tzouganatos*, The agreements of exclusive and selective distribution and the law of competition (Athens 2001)
Ude, Arbitražno pravo, 82	*Lojze Ude*, Arbitražno pravo, 82 (Ljubljana 2004)
Ude, Civilno procesno pravo	*Lojze Ude*, Civilno procesno pravo (Ljubljana 2002)

Uff, Construction Law[8]	*John Uff*, Construction Law, law and practice relating to the construction industry (8th ed., London 2002)
Ujlaki, Gazdaság és Jog 10/ 2001, 24	*László Ujlaki*, Ingatlan sajátjakénti értékesítése megbízás nélküli ügyvivő részéről, Gazdaság és Jog 10/2001, 24-25
Ujváriné, Felelősségtan[7]	*Edit Ujváriné Antal*, Magyar polgári jog, Felelősségtan (7th ed., Miskolc 2002)
Ulfbeck, Erstatningsretlige grænseområder	*Vibe Ulfbeck*, Erstatningsretlige grænseområder professionsansvar og produktansvar (Copenhagen 2004)
Ulfbeck, Kontrakters relativitet	*Vibe Ulfbeck*, Kontrakters relativitet: det direkte ansvar i formueretten (Copenhagen 2000)
Ulmer, Der Vertragshändler	*Peter Ulmer*, Der Vertragshändler (Munich 1969)
Ulmer/Brandner/Hensen (*-author*), AGBG[9]	Peter Ulmer, Erich Brandner and Horst-Diether Hensen (eds.), AGB-Gesetz: Kommentar zum Gesetz zur Regelung des Rechts der allgemeinen Geschäftsbedingungen (9th ed., Cologne 2001)
Undén, Svensk sakrätt i lös egendom[10]	*Östen Undén*, Svensk sakrätt i lös egendom (10th ed., Stockholm 1995)
Uría, Derecho Mercantil[21]	*Rodrigo Uría*, Derecho Mercantil (21st ed., Madrid 1994)
Ursa, SUBB Iur. 1/1977, 55	*Victor Ursa*, Aspecte ale evoluţiei practicii judiciare privitoare la îmbogăţirea fără temei legitim, SUBB Iur. 1/1977, 55-62
Ussing, Aftaler[3]	*Henry Ussing*, Aftaler paa formuerettens omraade (3rd ed., Copenhagen 1950)
Ussing, Enkelte Kontrakter	*Henry Ussing*, Enkelte Kontrakter (2nd ed., Copenhagen 1946)
Ussing, Erstatningsret	*Henry Ussing*, Erstatningsret (Copenhagen 1937)
Ussing, Kaution	*Henry Ussing*, Kaution (Copenhagen 1928)
Ussing, Obligationsretten[4]	*Henry Ussing*, Obligationsretten. Almindelig Del (4th ed., Copenhagen 1961)
Ussing, Retstridighed	*Henry Ussing*, Retstridighed. Strejflys over nordisk retslaere (Copenhagen 1949)
Ussing, UfR 1937 B, 108	*Henry Ussing*, Indfrielse af andres Forpligtelser, UfR 1937 B, 108-115
Ussing, UfR 1950 B, 137	*Henry Ussing*, Berigelsekrav eller restitutionskrav, UfR 1950 B, 137-159
Uusen-Nacke, Vertrag mit Schutzwirkung zugunsten Dritter im deutschen und estnischen Schuldrecht	*Triin Uusen-Nacke*, Vertrag mit Schutzwirkung zugunsten Dritter im deutschen und estnischen Schuldrecht (Rostock 2003)
Vaccà, La qualificazione giuridica della cosiddetta polizza fideiussoria	*Cesare Vaccà*, La qualificazione giuridica della cosiddetta polizza fideiussoria, in: Ugo Draetta and Cesare Vaccà (eds.), Le garanzie contrattuali, Fideiussioni e contratti autonomi di garanzia nella prassi interna e nel commercio internazionale (Milan 1994), 167-182
Vael, TPR 1999, 79	*Luc Vael*, Altruïsme tot recht gekomen (1), TPR 1999, 79-129
Valentina, Diritto e giurisprudenza 1997, 207	*R. Valentina*, Vizi, mancanza di qualità ed aliud pro alio datum: differenze ed analogie tra i tre aspetti dell'inadempimento,

	Note to Cass. sez. II civ. 28 January 1997, Diritto e giurisprudenza 1997, 207-229.
Vallet de Goytisolo, AAMN 1954, 559	*Juan Berchams Vallet de Goytisolo*, Contrato de compraventa a favor de persona a determinar, AAMN 1954, vol. VIII, 559 ff
Vallet de Goytisolo, ADC 1956, 361	*Juan Berchams Vallet de Goytisolo*, La reivindicación mobiliaria como tema fundamental del art. 464 del Código Civil, ADC 1956, 361-431
Vallet de Goytisolo, ADC 1980, 243	*Juan Berchams Vallet de Goytisolo*, De nuevo sobre la posesión de bienes muebles: Tres estudios en torno al artículo 464,1 del Código Civil, ADC 1980, 243-334
Valpuesta Fernández, Acción reivindicatoria, titularidad dominical y prueba	*María Rosario Valpuesta Fernández*, Acción reivindicatoria, titularidad dominical y prueba (Valencia 1993)
van Boom, Hoofdelijke verbintenissen	*Willem Hendrik van Boom*, Hoofdelijke verbintenissen (Tilburg 1999)
van Buchem-Spapens and Pouw, Faillissement, surseance van betaling en schuldsanering[7]	A. M. J. *van Buchem-Spapens and Th. A. Pouw*, Faillissement, surseance van betaling en schuldsanering (7th ed., Deventer 2004)
van Dam, Smartengeld voor affectieschade en shockschade[15], 6	*Cornelis Christiaan van Dam*, Smartengeld voor affectieschade en shockschade, in: Smartengeld: uitspraken van de Nederlandse rechter over de vergoeding van immateriële schade, verzameld en bewerkt door Marijke Jansen (ed.) (15th ed., The Hague 2003), 6-16
van Dam, VR 2005, 301	M. *van Dam*, De betrokkenheid bij een verkeersongeval in de zin van artikel 185 WVW, VR 2005, 301-306
van de Gehuchte, De aansprakelijkheid voor produkten	*Dirk van de Gehuchte*, De aansprakelijkheid voor produkten: de aansprakelijkheid ten opzichte van de consument voor onveilige produkten (Deurne 1992)
van de Paverd, De opzegging van distributieovereenkomsten	C. A. M. *van de Paverd*, De opzegging van distributieovereenkomsten (Deventer 1999)
van den Berg, Samenwerkingsvormen in de bouw	M. A. M. C. *van den Berg*, Samenwerkingsvormen in de bouw (Deventer 1990)
van den Berg, Verdeling van aansprakelijkheden en risico's bij moderne bouwcontractvormen, 59	M. A. M. C. *van den Berg*, Verdeling van aansprakelijkheden en risico's bij moderne bouwcontractvormen, in: M. A. M. C. van den Berg and C. E. C. Jansen (eds.), De ontwerpende bouwer, Over turnkey- en design & build-contracten (Deventer 1996), 59-96
van den Haute, Harmonisation européenne du crédit hypothécaire	*Erik van den Haute*, Harmonisation européenne du crédit hypothécaire, perspectives en droit comparé, en droit international privé et en droit européen, Thèses de l'ULB (Brussels 2008)
van der Grinten, Lastgeving	*Willem Christiaan Leonard van der Grinten*, Lastgeving (Deventer 1993)
van der Heiden, Franchising	A. J. J. *van der Heiden*, Franchising (Deventer 1999)

van der Lely, Levering van roerende zaken	A. J. *van der Lely*, Levering van roerende zaken door middel van een zakenrechtelijk waardepapier (Groningen 1996)
van der Perre and Lejeune, Droit commercial I	V. *van Der Perre and* A. *Lejeune*, Droit commercial: de la commission I (Brussel 1931)
van Der Wielen and Wallemacq, DAOR 1992/23, 19	*van Der Wielen and Wallemacq*, La valeur contraignante de la loi du 12 juin 1991 relative au crédit de la consommation, DAOR 1992/23, 19-24
van Dunné, Verbintenissenrecht I^{5}, II^{5}	*Jan Meinard van Dunné*, Verbintenissenrecht, vol. I: Contractenrecht (5th ed. Deventer 2004); vol. II: Onrechtmatige daad. Overige verbintenissen (5th ed. Deventer 2004)
van Erp and Vaquer *(-author)*, Introduction	Sjef van Erp and Antoni Vaquer (eds.), Introduction to Spanish Patrimonial Law (Granada 2006)
van Erp, ERPL 3/2005, 309	*Sjef van Erp*, Surety Agreements and the Principle of Accessority – Personal Security in the Light of a European Property Law Principle, ERPL 3/2005, 309-331
van Esch/Winter/van der Ziel *(-author)*, Preadvies van de Vereeniging 'Handelsrecht'	R. E. van Esch, J. W. Winter and G. J. van der Ziel (eds.), Afscheid van papier, handelsrecht en moderne technologie, Preadvies van de Vereeniging 'Handelsrecht' (Deventer 2001), quoted here with the contributions of *G. J. van der Ziel*, Naar de afschaffing van het papieren cognossement, een case studie, p. 19 ff
van Gerven and Covemaeker, Verbintenissenrecht^{2}	*Walter van Gerven and Sofie Covemaeker*, Verbintenissenrecht (2nd ed., Leuven 2006)
van Gerven and Dewaele, Goede trouw en getrouw beeld	*Walter van Gerven and Anne Dewaele*, Goede trouw en getrouw beeld, in: Liber Amicorum Jan Ronse (Brussels 1986), 103-126
van Gerven, Algemeen deel	*Walter van Gerven*, Algemeen deel, in: Walter van Gerven, Beginselen van het Belgisch privaatrecht, (Brussels 1987)
van Gerven, Verbintenissenrecht I^{6}, II^{7}	*Walter van Gerven*, Verbintenissenrecht, vol. I: Verbintenissen uit meerzijdige en eenzijdige rechtshandelingen (6th ed., Leuven 1999); vol. II: Verbintenissen uit de wet (7th ed., Leuven 2000)
van Hoof, Overdracht van intellectuele rechten en voorwerp van zekerheden	*Jan van Hoof*, Overdracht van intellectuele rechten en voorwerp van zekerheden, in: Vlaams Pleitgenootschap bij de balie te Brussel (ed.), Intellectuele eigendomsrechten (Kalmthout 1995), 119-170
van Houtte, International trade	*Hans van Houtte*, The law of international trade (London 1995)
van Kooten, NTBR 1995, 99	*H. J. van Kooten*, Jeroen M. J. Chorus, Privaatrecht voor rovers en moordenaars. Historisch-kritische kanttekerungen bij artikel 6:211 BW (recensie), NTBR 1995, 99-102
van Laarhoven, WPNR 2002, no. 6484, 287	*M. J. van Laarhoven*, Aansprakelijkheid voor het verschaffen van onjuiste informatie in een precontractuele verhouding, WPNR 2002, no. 6484, 287-294

van Lier, JT 1980, 345	H. *van Lier*, Les garanties dites "à première demande" ou abstraite, JT 1980, 345-357
van Maanen, Ongerechtvaardigde verrijking	G. E. *van Maanen*, Ongerechtvaardigde verrijking (Nijmegen 2001)
van Maanen, WPNR 2001, no. 6446, 490	G. E. *van Maanen*, 'Verrijking' en 'verarming' in art. 6:212 BW. Een vraag aan Hartkamp, WPNR 2001, no. 6446, 490-491
van Malderen, De overdracht van verbintenissen ut singuli	G. *van Malderen*, De overdracht van verbintenissen ut singuli, in: J. Roodhooft (ed.), Bestendig handboek verbintenissenrecht (Loose-leaf, Antwerp 1998)
van Neste, Beginselen van Belgisch Privaatrecht V^2	*Fernand van Neste*, Beginselen van Belgisch Privaatrecht Vol. V: Zakenrecht (2nd ed., Gent 1984)
van Neste, Eigendom, toch meer dan een zakelijk recht, 511	*Fernand van Neste*, Eigendom, toch meer dan een zakelijk recht, in: Het zakenrecht, absoluut niet een rustig bezit; XVIII° Postuniversitaire Cyclus Willy Delva 1991-1992 (Antwerp 1992), 511-538
van Neste/Derine/ Vandenberghe, Zakenrecht	*F. van Neste, R. Derine and H. Vandenberghe*, Zakenrecht, in: Roger Dillemans and Walter van Gerven (eds.), Beginselen Belgisch Privaatrecht, vol. V, part 1A (Antwerp 1974)
van Nispen/van Mierlo/ Polak *(-author)*, T & C Burgerlijke Rechtsvordering	C. J. J. C. van Nispen, A. I. M. van Mierlo, M. V. Polak (eds.), Tekst & Commentaar Burgerlijke Rechtsvordering (Deventer 2002)
van Oevelen, RCJB 1991, 68	*Alain van Oevelen*, De juridische grondslag en de toepassingsvoorwaarden van de verbondenheid van de lastgever bij een schijnmandaat, RCJB 1991, 68-73
van Oevelen, RW 1987-88, 1168	A. *van Oevelen*, De civielrechtelijke aansprakelijkheid van de werknemer en van de werkgever voor de onrechtmatige daden de werknemer in het raam van de uitvoering van de arbeidsovereenkomst, RW 1987-88, 1168-1205
van Ommeslaghe, Droit des obligations $II(1)^2$	*Pierre van Ommeslaghe*, Droit des obligations, vol. II, part 1: Les sources des obligations (2nd ed., Brussels 1987)
van Ommeslaghe, JT 1982, 144	*Pierre van Ommeslaghe*, L'engagement par volonté unilatérale en droit belge, JT 1982, 144 ff
van Ommeslaghe, La simulation en droit des obligations	*Pierre van Ommeslaghe*, La simulation en droit des obligations, in Dieux, Romain, van Ommeslaghe, Foriers, Wéry, Stijns, Biquet-Mathieu, Grégoire et von Kuegelen, Les obligations contractuelles (Brussels 2000), 147-219
van Ommeslaghe, RCJB 1970, 326	*Pierre van Ommeslaghe*, Observations sur la théorie de la cause dans la jurisprudence et dans la doctrine moderne, RCJB 1970, 326-367
van Ommeslaghe, RCJB 1975, 423 and 597	*Pierre van Ommeslaghe*, Examen de jurisprudence, Les obligations 1968-1973, RCJB 1975, 423-538 and 597-736
van Ommeslaghe, RCJB 1975, 597	*Pierre van Ommeslaghe*, Examen de jurisprudence (1968 à 1973). Les obligations (suite), RCJB 1975, 597-736
van Ommeslaghe, RCJB 1986, 32 and 1988, 33	*Pierre van Ommeslaghe*, Examen de jurisprudence. Les obligations 1974-1982, RCJB 1986, 32 and 1988, 33-199

van Ommeslaghe, RCJB 1988, 33	*Pierre van Ommeslaghe*, Examen de jurisprudence (1974 à 1982), Les obligations (suite), RCJB 1988, 33-199
van Ommeslaghe, RGDC 1987, 101	*Pierre van Ommeslaghe*, L'exécution de bonne foi, principe général de droit?, RGDC 1987, 101-112
van Quickenborne, Borgtocht	*Marc van Quickenborne*, Borgtocht (Algemene Praktische Rechtsverzameling) (Antwerp 1999)
van Ransbeeck, TBBR 1998, 173	*R. van Ransbeeck*, De borgtocht op eerste verzoek. Een geldige rechtsfiguur?, TBBR 1998, 173-194
van Rossum, Rechtskarakter van een garantie, 1	*Madeleine M. van Rossum*, Rechtskarakter van een garantie, in: Madeleine M. van Rossum (ed.), Garanties in de rechtspraktijk (Deventer 2002), 1-49
van Ryn and Heenen, Principes de droit commercial belge I^2, III^2, IV^2	*Jean van Ryn and Jacques Heenen*, Principes de droit commercial belge, vol. I (2nd ed., Brussels 1976), vol. III (2nd ed., Brussels 1981), vol. IV (2nd ed., Brussels 1987)
van Schaick, Contractsvrijheid en nietigheid	A. C. *van Schaick*, Contractsvrijheid en nietigheid (Zwolle 1994)
van Schaick, WPNR 2000, no. 6414, 591	*Albertus C. van Schaick*, Actioni non natae non praescribitur? Verjaring en redelijkheid en billijkheid, WPNR 2000, no. 6414, 591-597
van Schellen, Toerekening naar redelijkheid	*Jan van Schellen*, Toerekening naar redelijkheid, naar huidig en komend recht (Zwolle 1985)
van Vliet, Transfer of movables	*Lars Peter Wunibald van Vliet*, Transfer of movables in German, French, English and Dutch law (Nijmegen 2000)
van Wassenaer, Eigen Schuld	*Arent Jacob Otto Baron van Wassenaer van Catwijck*, Eigen Schuld (Groningen 1971)
van Wijmen, Geneeskundige behandelingsovereen-komst, 155	*F. C. B. van Wijmen*, Geneeskundige behandelings-overeenkomst, in: Ewoud H. Hondius and G. J. Rijken (eds.), Consumentenrecht (Deventer 1996), 155-174
van Wijngaarden and Chao-Duivis, Hoofdstukken Bouwrecht^4	*Maarten Aart van Wijngaarden and Monica Adriana Bernardina Chao-Duivis*, Hoofdstukken Bouwrecht (4th ed., Zwolle 2001)
Vanbelle, AJT-dossier 1994-95, 61	*J. Vanbelle*, Geld juridisch bekeken, AJT-dossier 1994-95, 61-72
Vandenberghe/van Quickenborne/Wynant/Debaene, TPR 2000, 1551	*Hugo Vandenberghe, Marc van Quickenborne, Luc Wynant and Maarten Debaene*, Overzicht van rechtspraak. Aansprakelijkheid uit onerechtmatige daad 1994-1999, TPR 2000, 1551-1955
Vandenberghe/van Quickenborne/Geelen/De Coster, TPR 1987, 1255	*Hugo Vandenberghe, Marc van Quickenborne, Koen Geelen and Steven De Coster*, Overzicht van rechtspraak (1979-1984). Aansprakelijkheid uit onrechtmatige daad, TPR 1987, 1255-1615
Vandeputte, Het aquiliaans foutbegrip	*Robert Vandeputte*, Het aquiliaans foutbegrip (Antwerp 1983)

Vansweevelt, De civielrechtelijke aansprakelijkheid van de geneesheer en het ziekenhuis	*Thierry Vansweevelt*, De civielrechtelijke aansprakelijkheid van de geneesheer en het ziekenhuis (Antwerp a.o. 1992)
Vanwijck-Alexandre, Aspects nouveaux de la protection du créancier à terme	*Michèle Vanwijck-Alexandre*, Aspects nouveaux de la protection du créancier à terme ; les droits belge et français face à l' "anticipatory breach " de la common law (Liège 1982)
Vaquer Aloy, La Ley 2001, I, 1632	*Antoni Vaquer Aloy*, La responsabilidad civil en la Ley Orgánica de responsabilidad penal de los menores: una propuesta de interpretación, La Ley 2001, I, 1632-1638
Varul, Juridica Int. 2000, 104	*Paul Varul*, Legal Policy Decisions and Choices in the Creation of New Private Law in Estonia, Juridica Int. 2000, 104-118
Varul, Rth 2001, 349	*Paul Varul*, Creation of New Private Law in Estonia, Rth 2001, 349-367
Varul, UnifLRev 2003-1/2, 209	*Paul Varul*, CISG: a Source of Inspiration for the Estonian Law of Obligations, Uniform Law Review 2003-1/2, 209-210.
Varul/Kull/Kõve/Käerdi *(-author)*, Võlaõigusseadus I, II	*Paul Varul, Irene Kull, Villu Kõve and Martin Käerdi*, Võlaõigusseadus, vol. I: Üldosas (§§ 1-207), Kommenteeritud väljaanne (Tallinn 2006), vol. II: 2.-7 osa (§§ 208-618), Kommenteeritud väljaanne (Tallinn 2007), quoted her with the commentaries by *Parkel*
Vasconcelos Abreu, FS Magalhães Collaço II, 458	*Luís Vasconcelos Abreu*, A violação de direitos de personalidade pela comunicação social e as funções da responsabilidade civil. Recentes desenvolvimentos jurisprudenciais. Uma breve comparação Luso-Alemã, in: Rui Manuel de Moura Ramos, Carlos Ferreira de Almeida, António Marques dos Santos, Pedro Pais de Vasconcelos, Luís de Lima Pinheiro, Maria Helena Brito and Dário Moura Vicente (eds.), Festschrift in honour of Isabel de Magalhães Collaço, vol. II (Coimbra 2002), 458-475
Vasconcelos Casimiro, A responsabilidade civil pelo conteúdo da informação	*Sofia de Vasconcelos Casimiro*, A responsabilidade civil pelo conteúdo da informação transmitida pela Internet (Coimbra 2000)
Vasseur, RTD civ 1954, 405	*Michel Vasseur*, Urgence en droit civil, RTD civ 1954, 405-437
Vassilev, L., and Goleminov, Bulgarsko veshtno pravo^{2}	*Lyuben Vassilev*, Bulgarsko veshtno pravo (2nd ed. revised by *Tchudomir Goleminov*, Sofia 2001)
Vassilev, B., Spezialna chast	*Bojidar Vassilev*, Obligazionno pravo, Spezialna chast, Otdelni vidove dogovori (Sofia 1992)
Vassilev, L., Grajdansko pravo^{2}	*Lyuben Vassilev*, Grajdansko pravo, Obshta chast (Varna 1993)
Vassilev, L., Obligazionno pravo	*Lyuben Vassilev*, Obligazionno pravo, Otdelni vidove obligazionni otnosheniya (Sofia 1954)
Vassilev, L., Obligazionno pravo^{2}	*Lyuben Vassilev*, Obligazionno pravo, Otdelni vidove obligazionni otnosheniya (2nd ed., Sofia 1958)
Vavouskos, Empragmato Dikaio^{5}	*Κωνσταντίνος Βαβούσκος*, Εμπράγματον Δίκαιον (5th ed., Thessaloniki 1979)

Vavouskos, FS Michaelides-Nouaros I, 87	*Konstantinos Vavouskos*, I adikos astiki praxis eis tin synchroni epistimi kai nomologia, in: Festschrift in honour of Georges Michaelides-Nouaros, vol. I (Athens 1987), 87-109
Vavouskos, I paraleipsis os simiogono gegonos eis ta adikimata tou Astikou Dikaiou	*Konstantin Vavouskos*, I paraleipsis os simiogono gegonos eis ta adikimata tou Astikou Dikaiou. Simvoli eis tin ermineian ton arthron 914 kai 919 AK (Athens 1954)
Vaz Rodrigues, O consentimento informado para o acto médico	*João Vaz Rodrigues*, O consentimento informado para o acto médico no ordenamento jurídico português (elementos para o estudo da manifestação da vontade do paciente) (Coimbra 2001)
Vaz Serra, Assunção de dívida	*Adriano Paes da Silva Vaz Serra*, Assunção de dívida, BolMinJus 72 (1958) 189-305
Vaz Serra, BolMinJus 101 (1960) 15 and 163	*Adriano Paes da Silva Vaz Serra*, Direito das obrigações (Parte resumida) and Direito das obrigações (Parte extensa), BolMinJus 101 (1960) 15-161 and 163-408
Vaz Serra, BolMinJus 103 (1961) 5	*Adriano Paes da Silva Vaz Serra*, Perfeição da declaração de vontade – eficácia da emissão de declaração – requisitos especiais da conclusão do contrato, BolMinJus 103 (1961) 5-153
Vaz Serra, BolMinJus 66 (1957) 45	*Adriano Paes da Silva Vaz Serra*, Gestão de negócios, BolMinJus 66 (1957) 45-283
Vaz Serra, BolMinJus 68 (1957) 13	*Adriano Paes da Silva Vaz Serra*, Culpa do devedor ou do agente, BolMinJus 68 (1957) 13-151
Vaz Serra, BolMinJus 72 (1958) 259	*Adriano Paes da Silva Vaz Serra*, Responsabilidade do devedor pelos factos dos auxiliares, dos representantes legais ou dos substitutos, BolMinJus 72 (1958) 259-305
Vaz Serra, BolMinJus 74 (1958) 333	*Adriano Paes da Silva Vaz Serra*, Efeitos dos contratos (princípios gerais), BolMinJus 74 (1958) 333-369
Vaz Serra, BolMinJus 81 (1958) 5 and 82 (1959) 5	*Adriano Paes da Silva Vaz Serra*, Enriquecimento sem causa, BolMinJus 81 (1958) 5-245; Enriquecimento sem causa (Continação), BolMinJus 82 (1959) 5-289
Vaz Serra, BolMinJus 82 (1959) 5	*Adriano Paes da Silva Vaz Serra*, Enriquecimento sem causa, BolMinJus 82 (1959) 5-287
Vaz Serra, BolMinJus 83 (1959) 69	*Adriano Paes da Silva Vaz Serra*, Reparação do dano não patrimonial, BolMinJus 83 (1959) 69-111
Vaz Serra, BolMinJus 84 (1959) 5	*Adriano Paes da Silva Vaz Serra*, Obrigação de indemnização (Colocação. Fontes. Conceito e espécies de dano. Nexo causal. Extensão do dever de indemnizar. Espécies de indemnização). Direito de abstenção e de remoção, BolMinJus 84 (1959) 5-303
Vaz Serra, BolMinJus 85 (1959) 115	*Adriano Paes da Silva Vaz Serra*, Responsabilidade contratual e responsabilidade extracontratual, BolMinJus 85 (1959) 115-241
Vaz Serra, BolMinJus 85 (1959) 13	*Adriano Paes da Silva Vaz Serra*, Causas justificativas do facto danoso, BolMinJus 85 (1959) 13-113

Vaz Serra, BolMinJus 85 (1959) 345	*Adriano Paes da Silva Vaz Serra*, Responsabilidade de terceiros no não-cumpimento de obrigações, BolMinJus 85 (1959) 345-360
Vaz Serra, BolMinJus 85 (1959) 381	*Adriano Paes da Silva Vaz Serra*, Responsabilidade de pessoas obrigadas a vigilância, BolMinJus 85 (1959) 381-444
Vaz Serra, BolMinJus 86 (1959) 21	*Adriano Paes da Silva Vaz Serra*, Responsabilidade pelos danos causados por animais, BolMinJus 86 (1959) 21-101
Vaz Serra, BolMinJus 90 (1959) 5	*Adriano Paes da Silva Vaz Serra*, Fundamento da responsabilidade civil (em especial, responsabilidade por acidentes de viação terrestre e por intervenções lícitas), BolMinJus 90 (1959) 5-322
Vaz Serra, BolMinJus 92 (1960) 139	*Adriano Paes da Silva Vaz Serra*, Responsabiblidade pelos danos causados por instalações de energia eléctrica ou gás e por produção e emprego de energia nuclear, BolMinJus 92 (1960) 139-157
Vaz Serra, BolMinJus 93 (1960) 5	*Adriano Paes da Silva Vaz Serra*, Algumas questões em matéria de responsabilidade civil, BolMinJus 93 (1960) 5-79
Vaz Serra, BolMinJus 71 (1957) 19	*Adriano Paes da Silva Vaz Serra*, Fiança e figuras análogas, BolMinJus 71 (1957) 19-331
Vaz Serra, RLJ 103 [1970/1971], 168	*Adriano Paes da Silva Vaz Serra*, Note under STJ Acórdão de 16 Junho de 1970, RLJ 103 [1970/1971], 168-176
Vaz Serra, RLJ 104 [1971], 204	*Adriano Paes da Silva Vaz Serra*, Anotação Ac. 30/61 1970, RLJ 104 (1971), 204 ff
Vaz Serra, RLJ 105 [1972/1973], 5	*Adriano Paes da Silva Vaz Serra*, Prescrição e caducidade, RLJ 105 [1972/1973], 5-248
Vaz Serra, RLJ 106 [1973/1974], 202	*Adriano Paes da Silva Vaz Serra*, Note under STJ Acórdão de 14 de Junho de 1972, RLJ 106 [1973/1974], 202-204
Vaz Serra, RLJ 107 [1974/1975], 254	*Adriano Paes da Silva Vaz Serra*, Note under STJ Acórdão de 2 de Novembro de 1973, RLJ 107 [1974/1975], 254-262
Vaz Serra, RLJ 109 [1976/1977], 285	*Adriano Paes da Silva Vaz Serra*, Note under STJ Acórdão de 17 de Outubro de 1975, RLJ 109 [1976/1977], 285-295
Vaz Serra, RLJ 111 [1978/1979], 276	*Adriano Paes da Silva Vaz Serra*, Note under STJ Acórdão de 09 de Março de 1987, RLJ 111 [1978/1979], 276-283
Vaz Serra, RLJ 113 [1980/1981], 322	*Adriano Paes da Silva Vaz Serra*, Note under STJ Acórdão de 22 de Janeiro de 1980, RLJ 113 [1980/1981], 322-328
Vazquez Garcia, La póliza de controgarantía, 467	*Ramón José Vazquez Garcia*, La póliza de controgarantía, in: *Ubaldo Nieto Carol* and *José I. Bonet Sánchez* (eds.), Tratado de garantías en la contratación mercantil, vol. I (Madrid 1996), 467-499
Veaux, Contrat de conseil	*D. Veaux*, Contrat de conseil, JClCiv, Contrats et Distribution, fasc. 430, 1992
Vecchi, Il principio consensualistico, radici storiche e realtà applicativa	*P. M. Vecchi*, Il principio consensualistico, radici storiche e realtà applicativa (Turin 1999)
Vegter, NJB 2002, 1935	*Marlies S. A. Vegter*, Aansprakelijkheid, van de werkgever voor overbelasting (stress) en andere vormen van psychisch letsel, NJB 2002, 1935-1942

Veiga Copo, RDBB 2003, 281	*Abel Benito Veiga Copo*, La pignoración de un seguro de crédito y la necesidad del consentimiento de la aseguradora, RDBB 2003, 281-316
Veiga Copo, RDBB 2004, 117	*Abel Benito Veiga Copo*, Los créditos privilegiados en la nueva Ley Concursal, RDBB 2004, 117-174
Vékás (*-author*), Szakértői Javaslat az új Polgári Törvénykönyv tervezetéhez	*Lajos Vékás*, Szakértői Javaslat az új Polgári Törvénykönyv tervezetéhez (Budapest 2008), quoted here with the commentaries by *Lajos Vékás* and *István Gardós*
Vékás, FS Boytha, 331	*Lajos Vékás*, Sérelemdíj – fájdalomdíj: Gondolatok az új Ptk. reformjavaslatáról a német jog újabb fejleményei tükrében, in: Festschrift in honour of György Boytha (Budapest 2004), 331-358
Vékás, JbOstR XIX (1978), 243	*Lajos Vékás*, Bereicherungsansprüche im ungarischen Zivilrecht, JbOstR XIX (1978), 243-252
Vékás, Magyar Jog 11/2000, 646	*Lajos Vékás*, A fogyasztói adásvételről szóló EK-irányelv és átültetése a magyar polgári jogba, Magyar Jog 11/2000, 646-660
Vékás, Magyar Jog 7/2003, 385	*Lajos Vékás*, Érvénytelen szerződés és jogalap nélküli gazdagodás, Magyar Jog 7/2003, 385-400
Vela, Gestione di affari	A. *Vela*, Gestione di affari, in: Lucio Lanfranchi, Brunetto Carpino and Pietro Masi (gen. eds.), Enciclopedia giuridica Treccani, vol. XV (Rome 1992)
Velentzas, Dikaio trapezikon symbaseon	*Ιωάννης Βελέντζας*, Dikaio trapezikon symbaseon (Thessaloniki 1996)
Venedikov, Novo veshtno pravo	*Petko Venedikov*, Novo veshtno pravo (Sofia 1995)
Venedikov, Novo veshtno pravo	*Petko Venedikov*, Novo veshtno pravo (Sofia 1995)
Ventura, ROA 1980-2, 305	*Raul Ventura*, O contrato de compra e venda no Código Civil – venda de bens alheios – venda com expedição, ROA 1980-2, 305-348
Verbeke (*-author*), Handboek bouwrecht	Kurt Deketelaere, Marco Schoups and Alain Verbeke (eds.), Handboek bouwrecht (2nd ed., Antwerp 2005)
Verbraeken and De Schoutheete	*Claude Verbraeken and Aimery De Schoutheete*, Le contrat de travail d'employé (Brussels 1994)
Verburg, De vrijwillige zaakwaarneming	*Gerhardus Verburg*, De vrijwillige zaakwaarneming (Amsterdam 1949)
Vercellone, Riv.trim.dir.proc.civ. 1995, 1163	*Paolo Vercellone*, Diritti della personalità e rights of publicity, Riv.trim.dir.proc.civ. 1995, 1163-1174
Verda y Beamonte, Saneamiento por vicios ocultos	J. R. *Verda y Beamonte*, Saneamiento por vicios ocultos. Las acciones edilicias (Navarra 2004)
Vergez, La protección del consumidor	M. *Vergez*, La protección del consumidor en la Ley de garantías en la venta de bienes de consumo (Navarra 2004)
Verheij, NTBR 1998, 324	A. J. *Verheij*, Vergoeding van affectieschade, NTBR 1998, 324-332

Verheij, Vergoeding van immateriële schade	A. J. *Verheij*, Vergoeding van immateriële schade wegens aantasting in de persoon (Amsterdam 2002)
Verkade, FS van der Grinten, 561	*D. W. F. Verkade*, Aangepaste veroordelingen, in: E. A. A. Luijten, J. M. M. Maeijer, A. V. M. Struycken and H. J. M. N. Honée (eds.), Festschrift in honour of Willem Christiaan Leonard van der Grinten (Zwolle 1984), 561-576
Verlinden, Twintig jaar productaansprakelijkheid, 29	*Joost Verlinden*, Twintig jaar productaansprakelijkheid. Een stand van zaken, in: Maarten Debaene and Paul Soens (eds.), Aansprakelijkheidsrecht. Actuele tendensen (Brussels 2005), 29-66
Vermander, De interpretatie en aanvulling	*Flavie Vermander*, De interpretatie en aanvulling van een overeenkomst naar Belgisch recht, in: Sophie Stijns and Jan Smits (eds.), Inhoud en werking van de overeenkomst naar Belgisch en Nederlands recht (Antwerp 2005), 21 ff
Verougstraete, in: Stuyck and Wytinck (eds.), Nieuwe wet handelspraktijken, 129	*Ivan Verougstraete*, Praktijken strijdig met de eerlijke gebruiken, in: Jules Stuyck and Peter Wytinck (eds.), De nieuwe wet handelspraktijken: wet van 14 juli 1991 betreffende de handelspraktijken en de voorlichting en bescherming van de consument (Brussels 1992), 129-147
Vettori, Materiali e commenti sul nuovo diritto dei contratti	*Giuseppe Vettori*, Materiali e commenti sul nuovo diritto dei contratti (Padua 1999)
Viale, Le garanzie bancarie	*Mirella Viale*, Le garanzie bancarie, in: Francesco Galgano (ed.), Trattato di diritto commerciale e di diritto pubblico dell'economia, vol. XVIII (Padua 1994)
Vicent Chuliá, Compendio crítico de Derecho Mercantil II[3]	*Francisco Vicent Chuliá*, Compendio crítico de Derecho Mercantil (3rd ed., Valencia 1990/1991)
Vicent Chuliá, Introducción al studio de la garantías personales en el Ordinamento español, 367	*Francisco Vicent Chuliá*, Introducción al studio de la garantías personales en el Ordinamento español, in: *Ubaldo Nieto Carol* and *José I. Bonet Sánchez* (eds.), Tratado de garantías en la contratación mercantil, vol. I (Madrid 1996), 367-420
Vicente Domingo, El daño[1, 3]	*Elena Vicente Domingo*, El daño, in: *Luis Fernando Reglero Campos* (coord./ed.), Tratado de responsabilidad civil (3rd ed., Navarra 2006), 249-337, sometimes also quoted from the 1st ed. (Navarra 2002), 201-283
Vicente Domingo, Los daños corporales	*Elena Vicente Domingo*, Los daños corporales: tipología y valoracion (Barcelona 1994)
Vieira, Direitos Reais	*José Alberto C. Vieira*, Direitos Reais (Coimbra 2008)
Vilalta and Méndez, Responsabilidad Médica	*Aura Esther Vilalta and Rosa M. Méndez*, Responsabilidad Médica (Barcelona 1999)
Villanacci, Performance bond caratteri e funzioni	*Gerardo Villanacci*, Performance bond caratteri e funzioni (Naples 1995)
Vinding Kruse, A., Erstatningsretten[5]	*Anders Vinding Kruse*, Erstatningsretten (5th ed., Copenhagen 1989)

Vinding Kruse, A., Restitutioner	*Anders Vinding Kruse*, Restitutioner. Et Bidrag til Undersøgelsen af Berigelsesgrundsætningen i dansk og fremmed Ret (Copenhagen 1950)
Vinding Kruse, F., A Nordic Draft Code	*Fredrik Vinding Kruse*, A Nordic Draft Code, A Draft Code for Denmark, Finland, Iceland, Norway and Sweden (Copenhagen 1963)
Vinding Kruse, F., Ejendomsretten 1[3]	*Frederik Vinding Kruse*, Ejendomsretten, vol. I (3rd ed., Copenhagen 1951)
Vinding Kruse, F., Ejendomsretten 2[3]	*Frederik Vinding Kruse*, Ejendomsretten, vol. II (3rd ed., Copenhagen 1951)
Vinding Kruse, F., En nordisk lovbog	*Fredrik Vinding Kruse*, En nordisk lovbog: Udkast til en fælles borgerlig lovbog for Danmark, Finland, Island, Norge og Sverrig (Copenhagen 1948)
Viney and Jourdain, Les conditions de la responsabilité[1, 2, 3]	*Geneviève Viney and Patrice Jourdain*, Les conditions de la responsabilité (2nd ed., Paris 1998 and 3rd ed., Paris 2006), in: Jacques Ghestin (dir.), Traité de droit civil: Les Obligations
Viney and Jourdain, Les effets de la responsabilité[1, 2]	*Geneviève Viney and Patrice Jourdain*, Les effets de la responsabilité (1st ed., Paris 1988 and 2nd ed., Paris 2001), in: Jacques Ghestin (dir.), Traité de droit civil: Les Obligations
Viney, Introduction à la responsabilité[2]	*Geneviève Viney*, Introduction à la responsabilité (2nd ed., Paris 1995), in: Jacques Ghestin (dir.), Traité de droit civil: Les Obligations
Viney, JCP éd. E 2002, II no. 1687	*Geneviève Viney*, note under Cass. ch. mixte 6. Sept. 2002, JCP 2002 éd. E, II no. 1687, 1869-1874
Viney, JCP éd. E 2002, II no. 47	*Geneviève Viney*,note to jurisprudence, n° 1687 of 21 novembre 2002, JCP éd. E, no. 47, 1869-1870
Viney, JCP éd. G 1998, I no. 144	*Geneviève Viney*, La convention d'assistance bénévole, JCP 1998 éd. G, I no. 144, 1095-1096
Viney, JCP éd. G 1998, II no. 10102	*Geneviève Viney*, Enrichissement sans cause, JCP éd. G 1998, II, no. 10102, 1157-1159
Viney, JCP éd. G 2002, I no. 186	*Geneviève Viney*, note under Cass. ch. mixte 6. Sept. 2002, JCP 2002 éd. G, I no. 186
Viney, L'indemnisation des victimes d'accidents de la circulation	*Geneviève Viney*, L'indemnisation des victimes d'accidents de la circulation (Paris 1992)
Virgo, [2004] CLJ, 280	*Graham Virgo*, Enrichment: The Case of the Cherished Mark, (2004) CLJ, 280-282
Virgo, Restitution	*Graham Virgo*, The Principles of the Law of Restitution (Oxford 1999)
Visintini, I fatti illeciti I[2], II[2], III	*Giovanna Visintini*, I fatti illeciti, vol. I: Ingiustizia del danno. Imputabilitá (2nd ed., Padua 1997), vol. II: L'imputabilità e la colpa in rapporto agli altri criteri di imputazione della responsabilità (2nd ed., Padua 1998), vol. III: Causalità e danno (Padua 1999)
Visintini, Trattato breve della responsabilità civile[3]	*Giovanna Visintini*, Trattato breve della responsabilità civile: fatti illeciti, inadempimento, danno risarcibile (3rd ed., Padua 2005)

Vitucci, La prescrizione I, II	*Paolo Vitucci*, La prescrizione, vols. I and II, in: Piero Schlesinger, Il Codice Civile – Commentario (Milan 1990)
Vliegen, Autonome garanties	*K. Vliegen*, Autonome garanties, in: E. Dirix a.o. (eds.), Borgtocht & garanties. Actualia (Grondige studies no. 3) (Antwerp 1997), 184-230
Voirin and Goubeaux, Droit civil I^{30}	*Pierre Voirin and Gilles Goubeaux*, Personnes, Famille, Incapacités, Biens, Obligations, Sûretés (31st ed., Paris 2007), in: Pierre Voirin (ed.), Droit civil, vol. I
Völkl-Torggler, JBl 1984, 74	*Sabine Völkl-Torggler*, Die Rechtsnatur des ärztlichen Behandlungsvertrages in Österreich, JBl 1984, 74-83
Volpe Putzolu, BBTC 1982, 245	*Giovanna Volpe Putzolu*, Assicurazioni fideiussorie, fideiussioni omnibus e attività assicurativa, BBTC 1982, II, 245-258
Voltaggio Lucchesi, Giust.civ 1956, I, 1096	*Franco Voltaggio Lucchesi*, Verifica dell'opera appaltata e presunzione di accettazione (note to Cass., 15 December 1955), Giust.civ 1956, I, 1096 ff
Voltaggio Lucchesi, Giust.civ. 1959, I, 1780	*Franco Voltaggio Lucchesi*, Responsabilità decennale dell'appaltatore, vizi del progetto fornito dal committente e "gravi difetti" ex. Art. 1669 cc, Giust.civ. 1959, I, 1780 ff.
Vorwerk, ZIP 2005, 1157	*Volkert Vorwerk*, Unberechtigte Schutzrechtsverwarnung auf dem Prüfstand, ZIP 2005, 1157-1164
Voulgaris, NoB 1998, 897	*I. Voulgaris*, The franchise agreements in the international commercial and legal practice, NoB 1998, 897 ff
Vranken, Mededelings-, informatie- en onderzoeksplichten in het verbintenissenrecht	*J. B. M. Vranken*, Mededelings-, informatie- en onderzoeksplichten in het verbintenissenrecht (Zwolle 1989)
Vranken, NedJur 2004, no. 112, 891	*J. B. M. Vranken*, Smartengeld en bewusteloosheid (Note under Hoge 20 September 2002), NedJur 2004, no. 112, 891-893
Vrellis, in: von Bar [ed.], Deliktsrecht in Europa	*Spyridon Vrellis*, Landesbericht Griechenland, in: Christian von Bar (ed.) in cooperation with Helmut Grothe and Andreas Spickhoff, Deliktsrecht in Europa (Cologne a.o. 1993)
Vrenčur, Moderne oblike zavarovanja plačil (2005)	*Renato Vrenčur*, Moderne oblike zavarovanja plačil, (Ljubljana 2005)
Vrenčur, Podjejte in delo 2000/6-7, 1454	*Renato Vrenčur*, Lastniška posest, Podjetje in delo 2000/6-7, 1454
Vrenčur, Podjetje in delo 1996/8, 1364	*Renato Vrenčur*, Izguba pravic izločitvenih upnikov, Podjetje in delo 1996/8, 1364
Vrenčur, Podjetje in delo 2002/6-7, 1404	*Renato Vrenčur*, Stvarnopravni zakonik in stečajno pravo, Podjetje in delo 2002/6-7, 1404
Vrenčur, Podjetje in delo 2005/6-7, 1366	*Renato Vrenčur*, Pridržek lastninske pravice, Podjetje in delo 2005/6-7, 1366
Vrenčur, PP 2000/35, 8	*Renato Vrenčur*, Anticipiran posestni konstitut, PP 2000/35, 8
Vrenčur, PP 2002/17, V	*Renato Vrenčur*, Pridržek lastninske pravice v pogojih insolventnosti in izvršbe, PP 2002/17, V
Vrenčur, PP 2003/26, 5	*Renato Vrenčur*, Omejitev razpolaganja po volji lastnika na področju nepremičnin, PP 2003/26, 5

Vrenčur, PP Priloga 2001/32-33	*Renato Vrenčur*, Globalna fiduciarna cesija, PP Priloga 2001/32-33, XII
Wacke, JA 1981, 233	A. *Wacke*, Mala fides superveniens non nocet – scientia superveniens nocet, JA 1981, 233-234
Wacke, ZEuP 2000, 254	*Andreas Wacke*, Eigentumserwerb durch schlichten Konsens oder erst mit Übergabe? Unterschiede im Rezeptionsprozeß und ihre mögliche Überwindung, ZEuP 2000, 254-262
Waelbroeck, Le transfert de la proprieté	M. *Waelbroeck*, Le transfert de la propriété dans la vente d'objets mobiliers corporels en droit comparé, in Collection du Centre interuniversitaire de droit comparé (Brussels 1961)
Waelbroek, Le transfert de la proprieté	*Michel Waelbroek*, Le transfert de la proprieté dans la vente d'objets mobiliers corporels en droit comparé (Brussels 1961)
Wagemans, Le mandat	*Marc Wagemans*, Le mandat, la commission, le courtage et la filialisation, in: A. C. Delcorde (ed.), La distribution commerciale dans tous ses états (Brussels 1997)
Wagner, JZ 2004, 319	*Gerhard Wagner*, Ersatz immaterieller Schäden: Bestandsaufnahme und europäische Perspektiven, JZ 2004, 319-331
Wagner, VersR 2005, 177	*Gerhard Wagner*, Die gemeinschaftsrechtliche Umwelthaftung aus der Sicht des Zivilrechts, VersR 2005, 177-189
Walin, Borgen och tredjemanspant[2, 3]	*Gösta Walin*, Borgen och tredjemanspant (3rd ed., Stockholm 2002), sometimes also quoted from the 2nd ed. (Stockholm 1996)
Walin, Lagen om skuldebrev[2]	*Gösta Walin*, Lagen om skuldebrev: ga°volagen, räntelagen, deposition, dödning (2nd ed., Stockholm 1997)
Walin, Separationsrätt	*Gösta Walin*, Separationsrätt (Stockholm 1975)
Walker, Contract[3]	*David Maxwell Walker*, The law of contracts and related obligations in Scotland (3rd ed., Edinburgh 1995)
Walker, Delict[2]	*David Maxwell Walker*, The law of delict in Scotland (2nd ed., Edinburgh 1981)
Walker, Principles of Scottish Private Law II(4)[4], III[3]	*David Maxwell Walker*, Principles of Scottish Private Law, vol. II, book IV: Law of Obligations (4th ed., Oxford 1988), vol. III: Law of Property (3rd ed., Oxford 1983)
Wallace, Hudson's Building and Engineering Contracts II[11]	I. N. *Duncan Wallace*, Hudson's Building and engineering contracts: including the duties and liabilitis of architects, engineers and surveyors, vol. II (11th ed., London 1995)
Wallacher, Az új szavatossági szabályok a 2002. évi XXXVI. törvény alapján	*Lajos Wallacher*, Az új szavatossági szabályok a 2002. évi XXXVI. törvény alapján, in: *Judit Bártfai, Erika Bozzay, Ágnes Kertész, Lajos Wallacher*, Új szavatossági és jótállási szabályok, (Budapest 2004), 7 ff
Walschot, Het vierhoekenbeding	*Francis Walschot*, Het vierhoekenbeding, in: L. Demeyere, A. van Oevelen and F. Walschot (eds.), Nuttige tips voor goede contracten (Mechelen 2004), 151 ff
Wammes, WPNR 1991, no. 6004, 293	H. *Wammes*, Betaling aan een onbevoegde, Enkele aantekeningen bij de artt. 6:32, 6:33, 6:34 en 6:36 Nieuw BW, WPNR 1991, no. 6004, 293-298

Warkałło, PiP 1965, nos. 8-9	*W. Warkałło*, Wykonywanie zobowiązań i skutki ich niewykonania według kodeksu cywilnego, PiP 1965, nos. 8-9, 216 ff
Warkałło, Stud.Prawn. 1973, no. 37	W. Warkałło, Ogólne zasady wykonywania zobowiązań, Studia Prawnicze 1973, no. 37, 41 ff
Weber, Kreditsicherheiten[4]	*Hansjörg Weber*, Kreditsicherheiten (4th ed., Munich 1994)
Weir, [1999] CLJ, 643	*Tony Weir*, Book Reviews: The Limits of Liability: Keeping the Foodgates Shut. Edited by J. Spier (The Hague a. o. 1996), The Limits of Expanding Liability: Eight Fundamental Cases in a Comperative Perspective. Edited by J. Spier (The Hague a. o. 1998), Unification of Tort Law: Wrongfulness. Edited by H. Koziol (The Hague a. o. 1998), [1999] CLJ, 643-645
Weir, A Casebook on Tort	*Tony Weir*, A Casebook on Tort (10th ed., London 2004), sometimes also quoted from the 9th ed. (London 2000) and the 8th ed. (London 1996)
Weiss, A szerződés érvénytelensége a polgári jogban	*Emilia Weiss*, A szerződés érvénytelensége a polgári jogban (Budapest 1969)
Welser and Rabl, Produkthaftungsgesetz[2]	*Rudolf Welser and Christian Rabl*, Produkthaftungsgesetz: Kommentar (2nd ed., Vienna 2004)
Welser, Die Haftung für Rat, Auskunft und Gutachten	*Rudolf Welser*, Die Haftung für Rat, Auskunft und Gutachten (Vienna 1983)
Welser, ÖJZ 1973, 281	*Rudolf Welser*, Das Verschulden beim Vertragsabschluss im österreichischen bürgerlichen Recht, ÖJZ 1973, 281-288
Welser, Schadenersatz statt Gewährleistung	*Rudolf Welser*, Schadenersatz statt Gewährleistung (Vienna 1994)
Werlauff, J 2002, 1	*Erik Werlauff*, Ytringsbegrep og ytringsingreb – hensyn, modhensyn og proportionalitet efter EMK, J 2002, 1-19
Werlauff, UfR 2006, 307	*Erik Werlauff*, Vederlag for hævd, UfR 2006, 307
Wernecke, Abwehr und Ausgleich aufgedrängter Bereicherungen	*Frauke Wernecke*, Abwehr und Ausgleich "aufgedrängter Bereicherungen" im Bürgerlichen Recht (Berlin 2004)
Wéry, Le mandat	*Patrick Wéry*, Droit des contrats: Le mandat (Brussels 2000)
Wery, Le mandat, in: Répertoire notarial (2000)	*P. Wéry*, Le mandat, in: Répertoire notarial: Encyclopédie juridique permanente, loose-leaf (Brussels 2000)
Wery, RCJB 2003, 78	*Patrick Wery*, Le mobile illicite unilatéral, cause de nullité des actes juridiques, Note to Cass. 12 October 2000, RCJB 2003, 78-115
Wéry, Vue d'ensemble sur les causes d'extinction des contrats	*Patrick Wéry*, Vue d'ensemble sur les causes d'extinction des contrats, in: Patrick Wéry (ed.), La fin du contrat (Liège 2001), 5-42
Wessels, Koop: algemeen	B. *Wessels*, Koop: algemeen (Deventer 1997)
Wessels, NBW 1994/1, 6	B. *Wessels*, Persoonlijke garanties in de praktijk, NBW, 1994/1, 6-8
Wessels, WPNR 1990, no. 5982, 748	B. *Wessels*, Bewaarneming in het nieuwe BW, WPNR 1990, no. 5982, 748-756

Westermann *(-author)*, Sachenrecht^{7}	Harry Westermann (establ.), Sachenrecht, continued by Harm Peter Westermann, Karl-Heinz Gursky and Dieter Eickmann (7th ed., Heidelberg 1998)
Westermann, Sachenrecht^{6}	*Harry Westermann*, Sachenrecht (6th ed., Heidelberg 1986)
von Westphalen, Die Bankgarantie im internationalen Handelsverkehr [Deutsches Recht]	*Freidrich Graf von Westphalen*, Die Bankgarantie im internationalen Handelsverkehr [Deutsches Recht], in: Freidrich Graf von Westphalen and Brigitta Jud (eds.), Die Bankgarantie im internationalen Handelsverkehr (3rd ed., Heidelberg 2005), 1-384
Weyts, Notarieel contractenrecht	*Luc Weyts*, Notarieel contractenrecht, vol. I: Verkoop uit de hand – Vrijwillige openbare verkoop (Antwerp 1999)
Weyts, RW 1998/99, 930	*Britt Weyts*, De toepassingsvoorwaarden van art. 1385 B.W. en de bewaring van een ontsnapt of verdwaald dier, noot onder Vred. Wolvertem, 13 februari 1997, RW 1998/99, 930-934
White and Fletcher, Delictual Damages	*Robin M. White and Michael J. Fletcher*, Delictual damages (Edinburgh 2000)
White, Commercial Law	*Fidelma White*, Commercial Law (Dublin 2002)
White, Irish Law of Damages	*John P. M. White*, Irish Law of Damages for Personal Injuries and Death, vol. I: Law and practice, vol. II: Quantum for non-pecuniary loss (Dublin 1989)
Whitty, (1994) JuridRev, 200	*Niall R. Whitty*, Indirect Enrichment in Scots Law, Part III: Negotiorum Gestio and Indirect Enrichment, JuridRev 1994, 200-282
Wiegand, AcP 190 (1990), 112	*Wolfgang Wiegand*, Die Entwicklung des Sachenrechts im Verhältnis zum Schuldrecht, AcP 190 (1990), 112-138
Wieling, Sachenrecht I^{2}	*Hans Josef Wieling*, Sachenrecht, vol. I: Sachen, Besitz und Rechte an beweglichen Sachen (2nd ed., Berlin 2006)
Wieling, Sachenrecht^{5}	*Hans Josef Wieling*, Sachenrecht (5th ed., Berlin 2007)
Wierciński, Niemajątkowa ochrona czci	*Jacek Wierciński*, Niemajątkowa ochrona czci (Warsaw 2002)
Wilburg, AcP 163 (1964), 346	*Walter Wilburg*, Zusammenspiel der Kräfte im Aufbau des Schuldrechts, AcP 163 (1964), 346-379
Wilburg, Die Lehre von der ungerechtfertigten Bereicherung	*Walter Wilburg*, Die Lehre von der ungerechtfertigten Bereicherung nach österreichischem und deutschem Recht (Graz 1934)
Wilburg, JBl 1992, 545	*Walter Wilburg*, Die "Subsidiarität" des Verwendungsanspruchs, JBl 1992, 545 ff
Wilburg, JBl 1992, 545	*Walter Wilburg*, Die "Subsidiarität" des Verwendungsanspruchs, JBl 1992, 545-557
Wilburg, JhJb 82 (1932), 51	*Walter Wilburg*, Zur Lehre von der Vorteilsausgleichung, JhJb 82 (1932), 51 ff
Wilburg, Lehre von der ungerechtfertigten Bereicherung	*Walter Wilburg*, Die Lehre von der ungerechtfertigten Bereicherung nach österreichischem und deutschem Recht: Kritik und Aufbau (Graz 1934)
Wilhelmsson and Sevón, Räntelag och dröjsmålsränta	*Thomas Wilhelmsson and Leif Sevón*, Räntelag och dröjsmålsränta (Vammala 1983)

Wilhelmsson, Perspectives of Critical Contract Law	*Thomas Wilhelmsson*, Perspectives of Critical Contract Law (Aldershot 1993)
Wilhelmsson, Private Law Remedies against Breach of Information Requirements of EC Law	*Thomas Wilhelmsson*, Private Law Remedies against Breach of Information Requirements of EC Law, in: Rainer Schulze, Martin Ebers and Hans Christoph Grigoleit (eds.), Informationspflichten und Vertragsschluss im Acquis Communautaire (Tübingen 2003)
Wilhelmsson, Standardavtal^{2}	*Thomas Wilhelmsson*, Standardavtal (2nd ed., Helsingfors 1995)
Wilhelmsson, SvJT 1989, 451	*Thomas Wilhelmsson*, Anmälan av Bert Lehrberg: Förutsättningsläran, Allmänna betingelser för möjligheten att frånträda rättshandlingar på grund av okända eller oförutsedda omständigheter, SvJT 1989, 451-459
Williston, 22 (1944) Can. Bar Rev., 492	*Walter B. Williston*, Agency of Necessity, 22 (1944) Can. Bar Rev., 492 ff
Wilson and Duncan, Trusts^{2}	*William Adam Wilson and A. G. M. Duncan*, Trusts, Trustees, and Executors (2nd ed., Edinburgh 1995)
Wilson, Scottish Law of Debt^{2}	*William Adam Wilson*, The Scottish Law of Debt (2nd ed., Edinburgh 1991)
Wilson, SLT [News] 1983, 108	*W. A. Wilson*, Romalpa and Trust, 1983 SLT (News), 108 ff
Wimmer *(-author)*, Frankfurter Kommentar^{4}	Klaus Wimmer (ed.), Frankfurter Kommentar zur Insolvenzordnung (4th ed., Neuwied 2006)
Winfield and Jolowicz *(-author)*, Tort$^{14\text{-}16}$	Percy Henry Winfield (establ.), John Anthony Jolowicz and William Vaughan Horton Rogers, Winfield and Jolowicz on tort (16th ed., London 2002), sometimes also quoted from the 14th/15th ed. (London 1994/1998)
Wirth, Das neue Recht des unlauteren Wettbewerbs in Spanien	*Andreas Wirth*, Das neue Recht des unlauteren Wettbewerbs in Spanien: eine Darstellung des Gesetzes 3/1991 über unlauteren Wettbewerb mit rechtsvergleichenden Bezügen (Frankfurt a. M. 1996)
Witt, AcP 201 (2001), 165	*Carl-Heinz Witt*, Die Rechtsfigur des Besitzdieners im Widerstreit zwischen Bestands- und Verkehrsschutz, AcP 201 (2001), 165-201
Wittmann, Begriff und Funktionen der Geschäftsführung ohne Auftrag	*Roland Wittmann*, Begriff und Funktionen der Geschäftsführung ohne Auftrag. Eine zivilistisch-dogmengeschichtliche Abhandlung (Munich 1981)
Wolf and Wellenhofer, Sachenrecht^{24}	*Manfred Wolf and Marina Wellenhofer*, Sachenrecht (24th ed., Munich 2008)
Wolf, JZ 1997, 1087	*Christian Wolf*, Übertriebener Verkehrsschutz, JZ 1997, 1087-1094
Wolf, Sachenrecht^{22}	*Manfred Wolf*, Sachenrecht (22nd ed., Munich 2006)
Wolff and Raiser, Sachenrecht^{10}	*Martin Wolff and Ludwig Raiser*, Sachenrecht (10th ed., Tübingen 1957)
Wood, Medieval Economic Thought	*Diana Wood*, Medieval Economic Thought (Cambridge 2002)
Worthington, Personal Property Law	*Sarah Worthington*, Personal Property Law: Text and Materials (Oxford 2000)

Wünsch, FS Hämmerle	*Horst Wünsch*, Zur Lehre vom Selbstkontrahieren im Gesellschaftsrecht, in: Horst Wünsch (ed.), Festschrift für Hermann Hämmerle (Graz 1972), 451-474
Wymeersch, Bank guarantees	*E. Wymeersch*, Bank guarantees on first demand under Belgian law, in: C. C. A. Voskuil, Z. Parac and J. A. Wade (eds.), Credit guarantees and guarantee financing transfer of technology (Dordrecht 1987), 91-116
Wymeersch, TPR 1986, 471	*E. Wymeersch*, Garanties op eerste verzoek, TPR 1986, 471-503
Wymeersch/Dambre/Troch, TPR 1999, 1779	*E. Wymeersch, M. Dambre and K. Troch*, Overzicht van rechtspraak privaat bankrecht (1992-1998), TPR 1999, 1779-2034
Yester-Ouisse, JCP éd. G 2001, I, 290	*Véronique Yester-Ouisse*, La caducité en matière contractuelle: une notion à réinventer, JCP éd. G. 2001, I, 290ff
Yzquierdo Tolsada, Aspectos civiles del nuevo Código Penal	*Mariano Yzquierdo Tolsada*, Aspectos civiles del nuevo Código Penal (Responsabilidad civil, tutela del derecho de crédito, aspectos de Derecho de familia y otros extremos) (Madrid 1997)
Yzquierdo Tolsada, Daños a los derechos de la personalidad[1, 3]	*Mariano Yzquierdo Tolsada*, Daños a los derechos de la personalidad (honor, intimidad y propia imagen), in: *Luis Fernando Reglero Campos* (coord.), Tratado de responsabilidad civil (3rd ed., Navarra 2006), 1333-1423, sometimes also quoted from the 1st ed. (Navarra 2002), 1107-1174
Yzquierdo Tolsada, La responsabilidad civil del profesional liberal	*Mariano Yzquierdo Tolsada*, La responsabilidad civil del profesional liberal (Madrid 1989)
Yzquierdo Tolsada, Sistema de responsabilidad civil	*Mariano Yzquierdo Tolsada*, Sistema de responsabilidad civil, contractual y extracontractual (Madrid 2001)
Zackariasson, Direktkrav	*Laila Zackariasson*, Direktkrav: om rätt att rikta anspråk mot gäldenärens gäldenär (Uppsala 1999)
Zahíno Ruiz, La transposición de la Directiva 2000/35/CE	M. L. *Zahíno Ruiz*, "La transposición de la Directiva 2000/35/CE, por la que se establecen medidas de lucha contra la morosidad en las operaciones comerciales en el Derecho Privado español", in: Ferran Badosa Coll and Esther Arroyo i Amayuelas (coords.), La armonización del Derecho de obligaciones en Europa (Valencia 2006), 334ff
Zahn/Eberding/Ehrlich, Zahlung und Zahlungssicherung im Außenhandel[6]	*Johannes C. D. Zahn, Ekkard Eberding and Dietmar Ehrlich*, Zahlung und Zahlungssicherung im Außenhandel (6th ed., Berlin a.o. 1986)
von Zeiller, Commentar zum ABGB II-IV	*Franz von Zeiller*, Commentar über das Allgemeine bürgerliche Gesetzbuch für die gesammten Deutschen Erbländer der Oesterreichischen Monarchie, Commentar vol. II (Vienna and Trieste 1811); vol. III (Vienna and Trieste 1812)

Zenati and Revet, Les biens[2]	*Frédéric Zenati-Castaign* and *Thierry Revet*, Les biens (3rd ed., Paris 2008) sometimes also cited from the 2nd ed. (Paris 1997)
Zenati, Rev.trim.dr.civ. 1996, 422	*Frédéric Zenati*, Revendication des créances, Rev.trim.dr.civ. 1996, 422-425
Zepos, Enochikon Dikaion II[2]	*Panagiotis Zepos*, Enochikon Dikaion, vol. II, 2nd ed., (Athens 1965)
Zepos, Interpretation of the Civil Code	*Panagiotis Zepos*, Erminia tou astikou kodikos, Arthra 847-872, (Athens 1953)
Zepos, Law of Obligations	*Panagiotis Zepos*, Enochikon Dikaion, A. Meros Genikon (2nd ed., Athens 1955)
Zeranski, JuS 2002, 340	*Dirk Zeranski*, Prinzipien und Systematik des gutgläubigen Erwerbs beweglicher Sachen, JuS 2002, 340-348
Zimmermann and Whittaker, Good faith in European contract law	*Reinhard Zimmermann and Simon Whittaker*, Good faith in European contract law (Cambridge 2000)
Zimmermann, 1 Colum.J.Eur.L. (1994/95), 63	*Reinhard Zimmermann*, Civil Code and Civil Law, Civil Code and Civil Law – The "Europeanization" of Private Law within the European Community and the Re-Emergence of a European Legal Science, 1 Colum.J.Eur.L. (1994/95), 63-105
Zimmermann, FS Medicus, 707	*Reinhard Zimmermann*, Die Aufrechnung – Eine rechtsvergleichende Skizze zum Europäischen Vertragsrecht, in: Festschrift für Dieter Medicus (Cologne 1999), 707-739
Zimmermann, JZ 2000, 853	*Reinhard Zimmermann*, "- ut sit finis litium", JZ 2000, 853-866
Zimmermann, Law of Obligations	*Reinhard Zimmermann*, The Law of Obligations: Roman Foundations of the Civilian Tradition (Cape Town 1990)
Zimmermann/Leenen/Mansel/Ernst, JZ 2001, 684	*Reinhard Zimmermann, Detlef Leenen, Heinz-Peter Mansel, Wolfgang Ernst*, Finis Litium? Zum Verjährungsrecht nach dem Regierungsentwurf eines Schuldrechtsmodernisierungsgesetzes, JZ 2001, 684-699
Zinnen/Pretto/Janssen/Meilhac-Redon/Pasa/Ebers/Arroyo i Amayuelas/Michalowska, ERPL 3/2003, 412	*Horst Zinnen, Arianna Pretto, André Janssen, Gaelle Meilhac-Redon, Barbara Pasa, Martin Ebers, Esther Arroyo i Amayuelas and Katarzyna Michalowska*, Hoge Raad, Judgment of 22 February 2002 – On compensation for psychiatric injury and emotional distress suffered by close relatives, ERPL 3/2003, 412-476
Zitting and Rautiala, esineoikeuden oppikirja[3]	*Simo Zitting and Martti Rautialai*, esineoikeuden oppikirja (3rd ed., Helsinki 1982)
Zitting, Omistajan oikeuksista ja velvollisuuksista	*Simo Zitting*, Omistajan oikeuksista ja velvollisuuksista, LM 1952, 394 ff
Ziviz, Resp.civ. e prev. 2006, 641	*Patrizia Ziviz*, La valutazione del danno biologico nel nuovo codice delle assicurazioni, Resp.civ. e prev. 2006, 641-646
Ziviz, Resp.civ. e prev. 2007, 517	*Patrizia Ziviz*, Lo spettro die danni bagatellari, Resp.civ. e prev. 2007, 517-528
Zlinszky, Polgári Jogi Kodifikáció 1/2005, 18	*János Zlinszky*, Alkotmányos tulajdonvédelem – biztonság a jogállamban – és a Ptk. 118. §, Polgári Jogi Kodifikáció 1/2005, 18-20

Zoltán, Adásvétel és csere	*Ödön Zoltán*, Adásvétel és csere (Budapest 1962)
Zürcher Kommentar (*-author*)	Peter Gauch (ed.), Kommentar zum Schweizerischen Zivilgesetzbuch, Zürcher Kommentar, vol. V: Obligationenrecht (3rd ed., Zürich 2003), quoted here with the commentary no. 107 to art. 312 OR by *Peter Higi*
Zwalve, RM-Themis 1998, 206	*W. J. Zwalve*, Mr. M. W. Scheltema, Onverschuldigde betaling (recensie), RM-Themis 1998, 206-208
Zweigert and Kötz, An Introduction to Comparative law[3]	*Konrad Zweigert and Hein Kötz*, An Introduction to Comparative law, translated by Tony Weir (3rd ed., Oxford 1998)

Index to Model Rules and Definitions*

* Prepared by Dr. Martina Schulz, Pohlheim.

欧洲私法的原则、定义与示范规则：欧洲示范民法典草案(全译本)总目录

第 1 册

导论

学术贡献者

第四章　指导和变更

　第一节　指导

　第二节　委托合同的变更

第五章　利益冲突

第六章　未履行终止之外的通知终止

第七章　终止的其他原因

第五编　商事代理、特许经营和分销

第一章　一般规定

　第一节　适用范围

　第二节　其他一般规定

第二章　适用于本部分范围内的所有合同的规则

　第一节　先合同

　第二节　当事人的义务

　第三节　合同关系的终止

　第四节　其他一般规定

第三章　商事代理

　第一节　一般规定

　第二节　商事代理人的义务

　第三节　委托人的义务

第四章　特许经营

　第一节　一般规定

　第二节　特许人的义务

　第三节　被特许人的义务

第五章　分销

　第一节　一般规定

　第二节　供应商的义务

　第三节　分销商的义务

第六编　借贷合同

第七编　保证

第一章　一般规则

第二章　从属保证

第三章　独立保证

第四章　消费者保证的特殊规则

第八编　赠与

第一章　范畴与一般条款

　第一节　范畴与定义

第3册

第 5 册

第十卷　信托

图书在版编目(CIP)数据

欧洲私法的原则、定义与示范规则:欧洲示范民法典草案:全译本. 第9卷、第10卷/(德)克莱夫,(德)巴尔主编;徐强胜译. —北京:法律出版社,2014.4

书名原文:Principles, definitions and model rules of European private law: Draft common frame of reference (full edition)

ISBN 978-7-5118-6212-9

Ⅰ.①欧… Ⅱ.①克…②巴…③徐… Ⅲ.①私法—研究—欧洲 Ⅳ.①D950.03

中国版本图书馆CIP数据核字(2014)第057310号

欧洲私法的原则、定义与示范规则:欧洲示范民法典草案(全译本):第9卷、第10卷	责任编辑 韩满春 装帧设计 乔智炜

开本 787毫米×1092毫米 1/16	**印张** 73.25 **字数** 1781千
版本 2014年6月第1版	**印次** 2014年6月第1次印刷
出版 法律出版社	**编辑统筹** 学术·对外出版分社
总发行 中国法律图书有限公司	**经销** 新华书店
印刷 北京北苑印刷有限责任公司	**责任印制** 陶 松

法律出版社/北京市丰台区莲花池西里7号(100073)

电子邮件/info@lawpress.com.cn　　销售热线/010-63939792/9779

网址/www.lawpress.com.cn　　咨询电话/010-63939796

中国法律图书有限公司/北京市丰台区莲花池西里7号(100073)

全国各地中法图分、子公司电话:

第一法律书店/010-63939781/9782　　西安分公司/029-85388843

重庆公司/023-65382816/2908　　上海公司/021-62071010/1636

北京分公司/010-62534456　　深圳公司/0755-83072995

书号:ISBN 978-7-5118-6212-9　　**定价**:180.00元

(如有缺页或倒装,中国法律图书有限公司负责退换)